C/C++
Kompendium

Dirk Louis

C/C++

Professionell Programmieren mit aktuellen Standards

KOMPENDIUM

Einführung
Arbeitsbuch
Nachschlagewerk

Markt+Technik Verlag

Bibliografische Information Der Deutschen Bibliothek

Die Deutsche Bibliothek verzeichnet diese Publikation in der Deutschen Nationalbibliografie; detaillierte bibliografische Daten sind im Internet über <http://dnb.ddb.de> abrufbar.

Umwelthinweis:
Dieses Buch wurde auf chlorfrei gebleichtem Papier gedruckt.

10 9 8 7 6 5 4 3 2

08 07 06

ISBN 3-8272-6812-5

Einbandgestaltung: Grafikdesign Heinz H. Rauner, Gmund
Lektorat: Brigitte Bauer-Schiewek, bbauer@pearson.de
Herstellung: Kunigunde Huber, khuber@pearson.de
Satz: reemers publishing services gmbh, Krefeld (www.reemers.de)
Druck und Verarbeitung: Bercker, Kevelaer
Printed in Germany

C/C++ Kompendium

Inhaltsübersicht

Inhaltsverzeichnis

Es war einmal ...

Es war einmal ein gar allerliebstes Ding von einem Mädchen, das hatte eine Mutter und eine Großmutter, die waren gar gut und hatten das kleine Ding sehr lieb. Am allerliebsten hatte es die Großmutter, die gar nicht wusste, wie gut sie's mit dem Enkelchen meinen sollte, schenkte ihm immer dies und das und hatte ihm auch einmal ein feines Käppchen von rotem Samt geschenkt, das dem Kind besonders hübsch stand. Dies wusste auch das kleine Mädchen, und so wollte es nichts anderes mehr tragen. Darum hieß es bei Alt und Jung nur das Rotkäppchen.

Mutter und Großmutter wohnten aber nicht beisammen in einem Häuschen, sondern eine halbe Stunde voneinander, und zwischen den Häusern lag ein Wald. Da sprach eines Morgens die Mutter zu Rotkäppchen: »Liebes Rotkäppchen, Großmutter ist schwach und krank geworden und kann nicht zu uns kommen. Ich habe Kuchen gebacken, geh und bring Großmutter von dem Kuchen, und auch eine Flasche Wein, und grüße sie recht schön von mir und sei recht vorsichtig, dass du nicht fällst und etwa die Flasche zerbrichst, sonst hätte die kranke Großmutter nichts. Laufe nicht im Wald herum, bleibe hübsch auf dem Wege, und bleibe auch nicht zu lange aus.«

»Das will ich alles so machen, wie du befiehlst, liebe Mutter«, antwortete Rotkäppchen, band ihr Schürzchen um, nahm einen leichten Korb, in den es die Flasche und den Kuchen von der Mutter legen ließ, legte selbst noch ein Buch dazu und ging fröhlichen Schrittes in den Wald hinein. Wie es so völlig arglos dahinwandelte, kam ein Vertreter eines großen Compiler-Herstellers daher. Das gute Kind kannte noch keine Vertreter und hatte keine Furcht. Als der Vertreter näher kam, sagte er: »Guten Tag, Rotkäppchen!«

»Schönen Tag, Herr Graurock!«

»Wo soll es denn hingehen, so in aller Frühe, mein liebes Rotkäppchen?«, fragte der Vertreter.

»Zur alten Großmutter, die nicht wohl ist!«, antwortete Rotkäppchen.

»Was willst du denn dort machen? Du willst ihr wohl was bringen?«

»Ei, freilich, wir haben Kuchen gebacken, und Mutter hat mir auch Wein mitgegeben, den soll sie trinken, damit sie wieder stark wird.«

»Sage mir doch noch, mein liebes charmantes Rotkäppchen, wo wohnt denn deine Großmutter? Ich möchte wohl einmal, wenn ich an ihrem Hause vorbeikomme, ihr meine Hochachtung an den Tag legen«, fragte der Vertreter.

»Ei, gar nicht weit von hier, ein Viertelstündchen, da steht ja das Häuschen gleich am Walde, Ihr müsst ja daran vorbeigekommen sein. Es stehen Eichenbäume dahinter und am Gartenzaun wachsen Haselnüsse!«, plauderte das Rotkäppchen.

»O du süßes Ding, du«, dachte der Vertreter, »was für eine allerliebste Nachricht«, und der Geifer lief ihm das Kinn herunter. Und er tat, als wolle er Rotkäppchen noch ein Stück begleiten, und sagte zu ihm: »Sieh nur, wie da drüben und dort drüben so schöne Blumen stehen, und horch nur, wie allerliebst die Vögel singen! Ja, es ist sehr schön im Walde, sehr schön, und wachsen so gute Kräuter hierinnen, Heilkräuter, mein liebes Rotkäppchen.«

»Ihr seid gewiss ein Doktor, werter grauer Herr?«, fragte Rotkäppchen. »Weil Ihr die Heilkräuter kennt. Da könntet Ihr mir ja ein Heilkraut für meine kranke Großmutter zeigen!«

»Du bist ein ebenso gutes als kluges Kind!«, lobte der Vertreter. »Ei, freilich bin ich ein Doktor, und die Kräuter kenne ich auch alle. Siehst du, hier steht gleich eines, Calendula officinalis, dort im Schatten wächst Crateaegus oxyacantha und hier am sonnigen Rain blüht die Wegwarte, Cichorium intybus, dort drüben findet man Cannabis sativa.«

»Fangen denn alle Kräuter mit C an?«, fragte Rotkäppchen.

»Die besten, nur die besten, mein liebes, frommes Kind!« sprach der Vertreter mit rechtem Hohn.

Rotkäppchen wollte aber in ihrer Unschuld der Großmutter solche Kräuter als Heilkräuter pflücken und mitbringen, und der Vertreter sagte:

»Lebewohl, mein gutes Rotkäppchen, ich habe mich gefreut, deine Bekanntschaft zu machen; ich habe Eile, muss eine alte, schwache Kranke besuchen!«

Und damit eilte der Vertreter von dannen und spornstreichs nach dem Hause der Großmutter, während das Rotkäppchen sich schöne Waldblumen zum Strauße pflückte und die vermeintlichen Heilkräuter sammelte.

Als der Vertreter an das Häuschen der Großmutter des Rotkäppchens kam, fand er es verschlossen und klopfte an. »Wer ist draußen?«, fragte die Alte.

»Das Rotkäppchen!«, rief der Vertreter mit verstellter Stimme. »Die Mutter schickt der guten Großmutter Wein und auch Kuchen! Wir haben gebacken!«

»Greife unter die Fußmatte, da liegt der Schlüssel!«, rief die Alte, und der Vertreter tat also, öffnete die Türe, trat in das Häuschen, in das Stübchen und überrumpelte die Großmutter.

Nach einer Weile kam das Rotkäppchen; es war sehr verwundert, alles so offen zu finden, da doch sonst die Großmutter sich selbst gern unter Schloss und Riegel hielt, und es ward ihm schier bänglich um das junge Herzchen.

Wie das Rotkäppchen nun in den Raum trat, saß die Großmutter an ihrem Küchentisch vor einem fabrikneuen Computer, hackte auf der Tastatur herum und sah gar schrecklich aus.

Der Blutdrang ins Gehirn war so groß, dass ihre Ohren ganz rot und aufgequollen waren.

Ihre Augen waren weit aufgerissen und starrten auf den Bildschirm.

Die gichtigen Hände waren wie Klauen, die die Tastatur malträtierten.

Die Lippen sogen gierig an einer selbst gedrehten Zigarette.

»Großmutter, was ist mit dir?«, fragte das Rotkäppchen in seiner Not.

Da drehte sich die Großmutter zu dem Rotkäppchen um und mit einem irren Lächeln im Gesicht sagte sie: »Ich muss dieses C-Programm zum Laufen kriegen, ich muss dieses C-Programm zum Laufen kriegen.«

Da tröstete das Rotkäppchen seine Großmutter, nahm das C/C++-Kompendium aus seinem Korb und reichte es der Großmutter mit den Worten: »Hier steht alles drin, was man über C und C++ wissen muss.« Und während die Großmutter begann, in dem Buch zu schmökern, nahm das Rotkäppchen die gesammelten Kräuter und bereitete einen wohl tuenden, heißen Tee daraus. Dann setzte sich das Rotkäppchen mit seiner Großmutter vor den Computer, und zusammen programmierten die beiden bis tief in die Nacht hinein, während draußen, angelockt von dem heimeligen Licht, das aus dem Küchenfenster drang, die Wölfe ums Haus schlichen. Und wenn ihr Computer nicht abgestürzt ist, dann programmieren sie noch heute.

Über dieses Buch

Die Arbeit an einem Buch beginnt nicht einfach damit, dass man sich an seine Schreibmaschine oder seinen Computer setzt und die ersten Zeilen aufsetzt. Tage oder gar Wochen zuvor schon beschäftigt man sich mit dem Thema und versucht, sich über Konzept, Aufbau und Stil des Buches klar zu werden.

Im Fall des vorliegenden Buches begann alles mit der Frage, ob es ein Buch über C, ein Buch über C++, je ein Buch zu C und C++ oder ein gemeinsames Buch über C und C++ werden sollte.

Nur ein Buch über C zu schreiben, ohne einen Titel zu C++ nachfolgen zu lassen, schien mir ein recht fruchtloses Unterfangen, da C immer mehr von C++ verdrängt wird und der objektorientierten Programmierung unbestreitbar die Zukunft gehört. Viele Programmierer, die noch rein in C programmieren, benutzen einen C++-Compiler zur Kompilation ihrer Programme, und es dürfte nur eine Frage der Zeit sein, bis sich auch diese Programmierer ganz auf C++ umstellen (sofern sie nicht von ihrem Arbeitgeber auf C festgelegt sind). Auf C++ umzustellen bedeutet aber vor allem, die Möglichkeiten der objektorientierten Programmierung zu nutzen. Wenn es denn also ein Buch zu C++ statt zu C werden sollte, sollte man sich dann ganz auf die Möglichkeiten der objektorientierten Programmierung beschränken oder sollte man auch die grundlegenden Programmiertechniken, die von C stammen, beschreiben? Nun, da man von einem Kompendium zu Recht erwarten darf, dass es das gewählte Themengebiet umfassend abdeckt, war diese Entscheidung schnell getroffen. Ein umfassendes Werk zu C++ schließt aber auch automatisch C mit ein, wie ja auch die Programmiersprache C++ die Sprache C mit einschließt. Es bot sich daher förmlich an, das Buch so aufzubauen, dass man es sowohl als C- wie auch als C++-Buch lesen kann. Wer sich mit C++ bereits auskennt, weiß, dass dies keine künstliche Trennung ist, sondern im Grunde durch die Konzeption von C++ (möglichst vollständige Kompatibilität zu C bei gleichzeitiger Erweiterung um objektorientierte Techniken) vorgegeben ist.

So gliedert sich dieses Buch in zwei große Teile:

- Einen C-Teil, in dem es vornehmlich um Datentypen, Kontrollstrukturen und Funktionen geht. Dieser Teil kann wie ein eigenes Lehr- und Referenzbuch zu C gelesen werden. Wo es Unterschiede zwischen C und C++ gibt, sind diese extra gekennzeichnet: in den Kapitelüberschriften durch den Vermerk (C++), in den Fließtexten durch die Marginalie »C versus C++«.

- Einen C++-Teil, in dem es ausschließlich um die objektorientierte Programmierung geht. Da die objektorientierte Programmierung mindestens ebenso sehr eine Philosophie wie eine Technik darstellt, wurde in diesem Teil – mehr noch als im ersten Teil – auf die Hintergründe, Intention und den sinnvollen Einsatz der verschiedenen Konzepte eingegangen.

Abgerundet wird das Buch mit Kapiteln und Anhängen zur Programmierung mit Strings (Zeichenketten), Streams (Ein- und Ausgabe) und den Funktionen und Klassen der Laufzeitbibliothek. Eine Reihe von Bonuskapitel auf der Buch-CD gewähren Einblicke in weiterführende Programmierthemen (Systemprogrammierung, Assembler, Windows-Programmierung, objektorientiertes Design, etc.)

Einsteiger in die Programmierung

INFO

Dieses Buch richtet sich vornehmlich an fortgeschrittene Programmierer oder Programmierer, die zumindest schon erste Erfahrungen mit C oder C++ gesammelt haben. Da es aber versucht, Fachchinesisch zu vermeiden und auch kompliziertere Konzepte verständlich zu vermitteln, dürfte es auch für Anfänger, die einen gewissen Ehrgeiz mitbringen, geeignet sein.

Diese sollten dann unbedingt mit dem Programmierkurs aus Kapitel 3 beginnen, der speziell für Einsteiger in C gedacht ist. Bei der weiteren Lektüre des Buches sollten Anfänger darauf achten, in den einzelnen Kapiteln und Unterkapitel nur die ersten Abschnitte zur Syntax und Funktionsbeschreibung zu lesen, und detaillierte Ausführungen, die zu sehr in die Tiefe gehen oder speziellen Problemen gewidmet sind, erst einmal auszulassen, um Verwirrung zu vermeiden.

Beim Aufsetzen dieses Buches wurde sehr auf Korrektheit und Aktualität geachtet. Dies gilt für den Inhalt wie für die mitgelieferten Programme, die ausnahmslos ausgetestet wurden. Trotzdem ist es bei einem so umfangreichen Buch über C/C++ kaum auszuschließen, dass sich Fehler einschleichen. Abgesehen davon, dass Sie sich bei Problemen natürlich an mich wenden können, sollten Sie daher auch keine Scheu haben, mich über Fehler, die Ihnen auffallen, zu informieren.

Sie erreichen mich per E-Mail

`dirk.louis@mut.de`

oder über die Website:

`http://www.carpelibrum.de`

Dirk Louis

Diese Icons begleiten Sie durch das Buch:

Verweis auf Datei der Begleit-CD

Weiterführende Information zum Thema, zur Vertiefung, als Hintergrund-, Ergänzungswissen

Verweis auf andere Textstelle im selben Buch oder auf Fachliteratur von Pearson oder des Softwareherstellers

Achtung! Warnung! Vorsicht! (häufig, aber nicht zwingend, mit Alternative verknüpft)

Hinweis, Empfehlung, Ratschlag für andere Möglichkeit, alternatives Vorgehen, komfortableren Weg

Teil 1 Zur Einstimmung

1 A, B, C – die Geschichte von C und C++

C wurde keineswegs – wie viele glauben – entwickelt, um Programmierneulinge zu verschrecken und Novizen zu quälen. Tatsächlich wurde C aus einem ganz konkreten Anlass entwickelt, nämlich zur Implementierung des Betriebssystems Unix. Doch ich greife vor.

A

Vor C kam B, und vor B kam ... Nein, nicht A, sondern BCPL.

BCPL (Basic Combined Programming Language) wurde Mitte der 60er von Martin Richard an den Universitäten von Cambridge und London entwickelt. Während sich seine Zeitgenossen mit Blumen behängten und von so abstrusen Dingen wie Love and Peace schwärmten, kreisten Richards Gedanken um Bits und Bytes und die Konzeption einer Programmiersprache, die man für die Entwicklung von Betriebssystemen und Compilern nutzen könnte. Heraus kam BCPL, das wenige Jahre später der Urvater von C werden sollte.

INFO

Dr. Martin Richard doziert heute an der Universität von Cambridge, von deren Servern man sich BCPL herunterladen kann.

B

Ken Thompson, der zusammen mit Dennis Ritchie für Bell Laboratories arbeitete, war etwa zur gleichen Zeit damit beschäftigt, ein neues Betriebssystem für den DEC-PDP-7-Computer zu entwickeln. Man hatte aus früheren Fehlern gelernt, und das neue Betriebssystem wurde nach dem Motto »schlank ist schön« konzipiert. Brian Kernighan taufte das neue Betriebssystem 1970 auf den Namen »Unix«.

Bis zu diesem Zeitpunkt war Unix in Assembler programmiert. Entsprechend langwierig war die Entwicklung und Wartung. Thompson suchte nach einer höheren Programmiersprache, die diese Arbeiten vereinfachen würde. Es sollte sein Schicksal sein, keine passende Sprache zu finden. Also nahm er sich BCPL als Vorbild und reduzierte es (in jeder Hinsicht) zur Sprache B.

B war kein besonders großer Erfolg. Es litt vor allem an den Beschränkungen, die ihm die Hardware des PDP-7-Rechners auferlegte. Anders aber als die Ehe zwischen MS-DOS und Intel, die sehr zum Übel der PC-Anwender auch noch hielt, als die neuen Intel-Prozessoren das DOS-Betriebssystem weit hinter sich ließen, war es um B geschehen, als 1970 der PDP-11-Rechner herauskam.

Thompson biss in den sauren Apfel und rüstete Unix für den PDP-11 ein weiteres Mal in Assembler auf.

C

Dennis Ritchie konnte das Ganze schließlich nicht mehr mit ansehen und portierte B auf den PDP-11.

Der PDP-11 war großzügiger mit Speicher ausgestattet als der PDP-7, sodass Ritchie das »Neue B« als Compiler implementieren konnte (während B interpretiert wurde). Zudem unterstützte der PDP-11 verschiedene fundamentale Datentypen und Ritchie nahm diese Datentypen in die Programmiersprache auf (während der PDP-7 und B nur einen Datentyp kannten und die Interpretation der Speicherbereiche als Ganzzahlen, Gleitkommazahlen, Zeichen etc. dem Programmierer oblag).

Das »Neue B« wurde bald als C bezeichnet, und 1972 wurde Unix nun endlich in einer höheren Programmiersprache, in C, implementiert.

C wird flügge

Es dauerte nicht lange, da kamen die ersten frei verfügbaren Compiler für C auf den Markt, und ein aus heutiger Sicht kaum nachvollziehbarer Siegeszug begann.

C war nie für die Software-Entwicklung gedacht. Es war auf die PDP-11-Architektur ausgerichtet und sollte mehr den Compiler-Herstellern das Leben erleichtern als den Software-Entwicklern. Viele Unterschiede in der Konzeption von Pascal und C (beispielsweise im Typenmodell, den internen Typumwandlungen oder dem Beginn der Array-Indizierung) lassen sich dadurch erklären, dass bei der Entwicklung von C an die Bedürfnisse derjenigen Programmierer gedacht wurde, die Compiler für C schreiben, während Pascal vor allem darauf abzielt, die Programmierer zu einem guten Programmierstil anzuhalten.

Die Maschinennähe, die Mächtigkeit, die gute Portabilität, die Schnelligkeit der erzeugten Programme und schließlich die Verbreitung in Zusammenhang mit Unix machten C jedoch bald zu einer der erfolgreichsten Programmiersprachen überhaupt.

Der ANSI-C-Standard

Einer der großen Vorteile von C ist seine Portabilität. D.h., sofern Sie keine hardware- oder betriebssystemspezifischen Operationen ausführen, können Sie ein C-Programm auf jeder beliebigen Plattform ausführen. Sie müssen es allerdings zuvor auf der jeweiligen Maschine neu kompilieren, da bei der Kompilation ja der Quelltext in Objektcode umgewandelt wird und verschiedene Prozessoren natürlich über unterschiedliche Befehlssätze verfügen können. Damit aber ein C-Programm von verschiedenen Compilern (beispielsweise dem Borland-Compiler auf einem PC und dem GNU-Compiler auf einer Unix-Workstation) in gleicher Weise übersetzt werden kann, müssen beide Compiler den gleichen Sprachumfang kennen und verarbeiten. Das ist aber nicht ganz selbstverständlich, denn natürlich fühlt sich jeder Compiler-Hersteller befähigt und auserkoren, die Programmiersprache zu erweitern und zu verbessern oder unnötige Teile wegzulassen. Auf diese Weise ist eine ganze Reihe von verschiedenen C-Dialekten entstanden, was die Portierung von C-Programmen mit der Zeit erheblich erschwerte.

An diesem Punkt griff schließlich das American National Standard Institute (kurz ANSI) ein und rief ein Komitee aus Compiler-, Hardware- und Software-Entwicklern zusammen, um einen gemeinsamen Standard festzulegen. 1989 wurde der vom Komitee vorgelegte Entwurf dann akzeptiert und anerkannt (kurz darauf wurde der Standard auch noch von der International Standards Organization, ISO, übernommen).

Damit war dem ANSI-Komitee gelungen, wovon die Menschheit seit dem Turmbau zu Babylon höchstens träumt: Aus dem Wirrwarr der Dialekte wurde wieder eine gemeinsame Sprache geboren.

Die wichtigsten Erweiterungen des ANSI/ISO-Standards wurden 1995 in dem Amendment 1 festgehalten. Es umfasst die Einführung der ISO-646-Zeichen sowie die Unterstützung erweiterter Zeichensätze (wchar_t).

Der ANSI-Standard kann unter dem Titel ISO / IEC 9899:1990 zusammen mit dem Amendment 1 von 1995 über den

Beuth-Verlag
Burggrafenstr.6
10787 Berlin
Telefon 030 / 2601-0

oder über

IHS Information Handling Services
Tel.: +49 / (0) 89 / 89 52 69-0
Internet: www.ihs.de

bezogen werden.

C++

Die Erweiterung der Sprache C um die objektorientierten Konzepte ist vor allem Bjarne Stroustrup zu verdanken. Die Betonung liegt dabei auf dem Wort »Erweiterung«, denn die Kompatibilität zu C war bei der Entwicklung von C++ ein vordringliches Designmerkmal. Eine der ersten Stationen auf dem Weg zu C++ wurde daher noch als »C mit Klassen« bezeichnet. 1985 kam dann eine Version heraus, die bereits zu Recht als objektorientierte Programmiersprache gelten kann und die unter dem Namen C++ bekannt wurde. Mittlerweile ist C++ voll ausgereift und ebenso erfolgreich wie C.

Ein Grund hierfür ist sicherlich die (nahezu) vollständige Kompatibilität zu C, die dem C-Programmierer den Einstieg in die objektorientierte Programmierung wesentlich erleichtert und die Verwertbarkeit bereits existierenden C-Codes garantiert.

Im Gegensatz zu rein objektorientierten Sprachen wie Modula oder Smalltalk besteht damit allerdings auch die Gefahr, C++ lediglich als weniger strikte C-Version einzusetzen. Programmieren in C++ ist daher nicht automatisch mit objektorientierter Programmierung gleichzusetzen.

Echte objektorientierte Programmierung beginnt mit der Nutzung und Implementierung von Klassen und endet irgendwo mit der Nutzung des Exception-Handlings, der Mehrfachvererbung und der Typenunabhängigkeit durch Templates.

C++ unterstützt all diese Konzepte und geht damit in seinen objektorientierten Möglichkeiten weiter, als es manchen Programmierern (speziell Compiler-Herstellern) lieb ist.

So sieht der neue ANSI-C++-Standard beispielsweise vor, dass man innerhalb eines Klassen-Templates ein Funktions-Template mit eigenen Platzhaltern definieren kann. Compiler, die diese Sprachkonstrukte unterstützen, muss man aber suchen gehen.

Ein anderen Weg gingen die Entwickler von Java. Sie speckten C++ einfach um alle Konzepte ab, die ihnen überflüssig und zu kompliziert erschienen. Java kennt daher weder Templates noch Mehrfachvererbung, aber auch keine Funktionen außerhalb von Klassen.

Der ANSI-C++-Standard

Fast 13 Jahre warteten C++-Programmierer in allen Teilen der Welt auf die Standardisierung ihrer Programmiersprache. 1998 ist es dann passiert. Nachdem das ANSI-C++-Komitee mehrere Jahre mit dem Entwurf des kommenden Standards schwanger gegangen ist, wurde der Standard nun endlich ratifiziert und veröffentlicht.

Natürlich hatte auch bei der Ausarbeitung des C++-Standards die Kompatibilität zu bestehendem Code oberste Priorität, und so richtet sich der neue Standard naturgemäß weitgehend nach dem Buch »The C++ Programming Language« von Bjarne Stroustrup, das bis dato einen Quasi-Standard darstellte (Bjarne Stroustrups Webseite finden Sie im Übrigen unter `http://www.research.att.com/~bs/homepage.html`).

Auffallendste Neuerung im Sprachumfang ist neben einer Reihe zusätzlicher Schlüsselwörter die Einführung von Namensbereichen (name spaces), die es dem Programmierer ermöglichen, eigene Gültigkeitsbereiche zu definieren. Erfreulich auch die Festlegung einer umfangreichen Standardbibliothek mit den Bereichen:

CONTAINER: Eine Sammlung der verschiedensten abstrakten Datentypen. Container dienen dazu, Objekte beliebigen Typs aufzunehmen und nach bestimmten Regeln zu verwalten. Unterstützt werden sie dabei von Iteratoren, über die man auf die einzelnen Elemente eines Containers zugreifen kann, und durch eine Sammlung verschiedenster Algorithmen zur Bearbeitung der Elemente eines Containers. Dieser Teil der zukünftigen ANSI-C++-Bibliothek wurde von Hewlett Packard übernommen und ist bereits unter dem Titel STL (Standard Template Library) bekannt geworden.

EIN- UND AUSGABE: Auch die Klassen für die Streamein- und -ausgabe wurden standardisiert. Der ANSI-Entwurf sieht vor, dass diese Klassen als Templates zu implementieren sind, um beliebige Zeichentypen zu unterstützen.

STRINGS: Für die Stringklassen gilt das Gleiche wie für die Streamklassen.

LOKALISIERUNG: Der ANSI-Standard sieht auch eine ganze Reihe von Klassen zur Lokalisierung vor, das heißt zur Anpassung von Programmen an nationale Besonderheiten.

VERMISCHTES: Hierzu gehören verschiedene Klassen zur Behandlung von komplexen Zahlen, zur Speicherverwaltung, zur Ableitung von Exceptions, zur Einrichtung von Funktionsobjekten, etc.

Das wesentliche Merkmal der zukünftigen C++-Standardbibliothek ist ihre weitgehende Typenunabhängigkeit, die durch die konsequente Implementierung ihrer Klassen und Funktionen in Form von Templates erreicht wurde. Sollten Sie sich also bislang noch nicht mit der Definition und dem Gebrauch von Templates vertraut gemacht haben, ist es nun an der Zeit, dies nachzuholen, bevor die Entwicklung Sie überholt hat.

Den ANSI-C++-Standard können Sie über

IHS Information Handling Services
Tel.: +49 / (0) 89 / 89 52 69 99
Internet: www.ihs.de

beziehen.

C versus C++

C wurde ursprünglich als High-Level-Sprache zur Systemprogrammierung, namentlich zur Entwicklung des Betriebssystems Unix, konzipiert. Insofern war C nur ein untergeordnetes Hilfsmittel, und C-Programme sollten einfach zu kompilieren und schnell sein. Das Ergebnis war eine Sprache, die sich durch

- ihren geringen Umfang an Sprachelementen,
- die schnelle Laufzeit ihrer Programme,
- die Unterstützung modularer Programmierung und
- ihre gute Portabilität bei gleichzeitiger Systemnähe

auszeichnete.

Heutzutage sieht die Situation so aus, dass Rechenzeit immer billiger und der Programmieraufwand immer kostspieliger wird. Ziel der objektorientierten Programmierung mit C++ ist es daher, Quellcode zu schaffen, der sich durch

- einfache und sichere Verwendung,
- hohe Wiederverwertbarkeit,
- einfache Wartbarkeit,
- gute Verständlichkeit und Lesbarkeit

auszeichnet.

2 Allgemeine Konzeption einer Programmiersprache

Der Titel dieses Kapitels lässt vermuten, dass es sich hier um ein rein theoretisches, ja in geradezu abstoßender Weise theoretisches Kapitel handeln könnte. Tatsächlich werden Sie hier eher selten auf Listings und Tipps zur Programmierung stoßen, doch darf ich Ihnen versichern, dass hier keine Theorie gelehrt wird, die von der Praxis so weit entfernt ist wie die Werbeversprechen verschiedener Software-Häuser von der Realität ihrer Produkte.

Ich bin überzeugt, dass einige Leser gerade dieses Kapitel als das interessanteste überhaupt ansehen werden. Nicht etwa weil dieses Kapitel mit irgendwelchen atemberaubenden Neuigkeiten oder geheimnisvollen Insider-Informationen aufwarten würde, sondern weil es doch eine Reihe von Programmierern gibt, die sich für C/C++ interessieren und in C/C++ programmieren, die aber nie über ein gewisses Niveau hinauskommen, weil ihnen das Hintergrundwissen über die CPU und die Arbeitsweise des Compilers fehlt.

Nun ist es ja andererseits gerade die Aufgabe einer höheren Programmiersprache und des zugehörigen Compilers, den Programmierer von dem Ach und Wehe der maschinennahen Programmierung mit Assembler zu befreien, und wenn man nun schon eine höhere Programmiersprache zur Verfügung hat, warum sollte man dann wieder den Schritt zurück machen und sich über die Arbeitsweise der CPU oder den vom Compiler erzeugten Maschinencode den Kopf zerbrechen? Ibsens Nora hat ihrem Puppenheim ja auch nicht nachgeweint, nachdem sie die Trennung von ihrem Helmer erst einmal durchgestanden hatte.

Helmer war allerdings auch ein Mensch, mit dem eine emanzipierte Frau nur schlecht zusammenleben konnte. Die Hardware des Computers und die Maschinenbefehle des Prozessors darf man dagegen nicht als etwas ansehen, das man überwinden müsste. Sie stellen vielmehr die Grundlagen, die Basis all unserer Bemühungen dar, und jede höhere Programmiersprache ist letztendlich nur eine Krücke, die zwischen uns und dem Prozessor vermittelt.

Manche höheren Programmiersprachen wie Pascal oder Basic sind schon keine Krücken mehr, es sind Rollstühle – was bedeuten soll, dass Sie in diesem Falle die Programmiersprache tatsächlich weitgehend von den Prozessor-Interna abschottet. C ist dagegen eine sehr maschinennahe Sprache, und wenn man mit C prinzipiell auch so programmieren kann, als ob man einen

Pascal-Dialekt vor sich hätte, ist doch zu beachten, dass viele Konzepte der Sprache eng mit der Maschinenrealität verquickt sind. Um diese Konzepte verstehen und nutzen zu können, bedarf es einfach bestimmter Grundkenntnisse über die Arbeitsweise der CPU und des Compilers.

Verständnis für Speicherklassen

Ein Beispiel:

Als Einsteiger in C oder C++ muss man sich mit so vielen fremdartigen Konzepten und schwer verständlichen Syntaxregeln auseinander setzen, dass viele Einsteigerbücher (nicht ganz zu Unrecht) auf die Erläuterung fortgeschrittener oder seltener benötigter Sprachelemente und -konzepte verzichten (oder diese nur kurz ansprechen, sodass der Einsteiger es zwar zur Kenntnis nimmt, aber nicht versteht und folglich sofort wieder vergisst).

Hierunter fallen typischerweise die Speicherklassenspezifizierer. Unter Umständen dauert es Jahre, bis man das Schlüsselwort `static` entdeckt. Dieses Schlüsselwort ist eng mit der Art und Weise verbunden, wie der Compiler die Variablen im Speicher verwaltet. Man kann das Schlüsselwort `static` als ein Hilfsmittel sehen, mit dem man bestimmte Programmierprobleme lösen kann (beispielsweise die Implementierung von Aufrufzählern für Funktionen, siehe Kapitel 4.4.1). Ein tieferes Verständnis stellt sich allerdings erst dann ein, wenn man versteht, wie der Compiler Variablen standardmäßig im Speicher organisiert, und erkennt, dass man mit dem Schlüsselwort `static` wie mit den anderen Speicherklassenspezifizierern auf diese standardmäßige Verarbeitung Einfluss nehmen kann.

Gehen wir noch einen Schritt weiter und betrachten den Speicherklassenspezifizierer `register`, zu dem der ANSI-Standard anmerkt:

> »A declaration of an identifier for an object with storage-class specifier register suggests that access to the object be as fast as possible. The extent to which such suggestions are effective ist implementation-defined.«

Wer keine Vorstellung davon hat, wie eine CPU funktioniert, wird nur schwer begreifen, was sich hinter diesem Schlüsselwort verbirgt und wie und ob er es nutzen soll. Wer jedoch weiß, was ein Register ist und welche Stellung den Registern in der CPU zukommt, wird sich die Funktion und die Einsatzmöglichkeiten dieses Schlüsselwortes ohne große Probleme selbst ableiten können.

Seien Sie also nicht der ewige Überläufer von Pascal zu C, der mit C wie mit einem Pascal-Dialekt programmiert. In diesem Buch finden Sie etliche Rückbezüge auf die Arbeitsweise des Compilers und der CPU. Die Grundlagen für das Verständnis dieser Rückbezüge werden in den folgenden Abschnitten vermittelt.

2.1 Die Hardware

Einer der wesentlichen Vorteile von C/C++ ist, dass C-Programme (als Quelltext) recht gut portabel sind (zumindest sein können). Soweit Sie sich also bei der Programmierung an den ANSI-Standard halten und die ANSI-Bibliotheken verwenden (wie in diesem Buch beschrieben), dürfen Sie davon ausgehen, dass Sie Ihre Programme mit entsprechenden Compilern auf jedem beliebigen Rechner übersetzen lassen und ausführen können.

Da C/C++ Sie nicht auf eine bestimmte Plattform oder Rechnerarchitektur festlegt, werde ich es auch nicht tun. Die folgenden Ausführungen beschreiben also nicht irgendeinen speziellen Computer, sondern eher ein allgemeines Modell eines Rechners.

2.1.1 Die Hardware-Umgebung

Unabhängig davon, was für einen Rechner Sie vor sich haben und wie Sie diesen ausgestattet haben, dürfte er mit an Sicherheit grenzender Wahrscheinlichkeit über folgende Komponenten verfügen:

ALU (Rechenwerk) ALU steht für »Arithmetic and Logic Unit«. Wie der Name bereits sagt, werden in ihr alle arithmetischen und logischen Operationen durchgeführt. Sie stellt also die eigentliche Recheneinheit des Computers dar. Die ALU ist als Teil der CPU auf dem Prozessor-Chip untergebracht.

CPU (Prozessor) CPU steht für »central processing unit«. Sie stellt das Herz des Computers dar und wird im nachfolgenden Abschnitt näher beschrieben. In der CPU werden die Befehle eines Programms nacheinander ausgeführt. Die Daten, die im Laufe des Programms benötigt werden, werden über Busse aus dem Arbeitsspeicher in die CPU geladen, dort in Registern abgespeichert und schließlich in der ALU verarbeitet. Wenn nötig sorgt die CPU auch dafür, dass Daten von einer Eingabeeinheit in den Arbeitsspeicher gelesen oder auf die Ausgabeeinheit ausgegeben werden. Die CPU führt die Programme aus und koordiniert die Abläufe im Rechner.

Arbeitsspeicher Der Arbeitsspeicher (auch RAM genannt) steht in enger Verbindung mit der CPU. Die Kapazität des Arbeitsspeichers ist zwar üblicherweise gering im Vergleich zu den Festspeichern der Rechner, doch ist er schnell ansprechbar, weswegen die CPU ihn als Zwischenspeicher nutzt. So werden beim Aufruf eines Programms üblicherweise sowohl der Code als auch die statischen Daten des Programms in den Arbeitsspeicher geladen. Diese Darstellung ist natürlich sehr vereinfacht und ignoriert sämtliche modernen Errungenschaften, wie Cache, Paging, Auslagerungsdateien, DLLs etc., doch gibt sie das Grundkonzept korrekt wieder.

Festspeicher

Der Arbeitsspeicher ist nur ein Zwischenspeicher, dessen Inhalt sich laufend ändert und beim Ausschalten des Rechners verloren geht. Der Computer braucht darüber hinaus aber eine Möglichkeit, Daten über längere Zeiträume hinweg zu speichern. Dies leistet der Festspeicher. Festspeicher sind Massenspeicher, die zwar viele Daten aufnehmen können, aber unter recht langen Zugriffszeiten leiden. Lese- und Schreibzugriffe auf Festspeicher werden daher üblicherweise gepuffert (siehe Kapitel 24.2.5).

Eingabeeinheit

Hierunter fällt eine Reihe peripherer Geräte, über die man Daten einlesen kann. Prinzipiell kann man zwischen der Tastatur (siehe Kapitel 24.3), den Diskettenlaufwerken und den externen Geräten unterscheiden, die über Ports angesprochen werden (siehe Kapitel 26.5).

Abbildung 2.1: Die Rechnerarchitektur

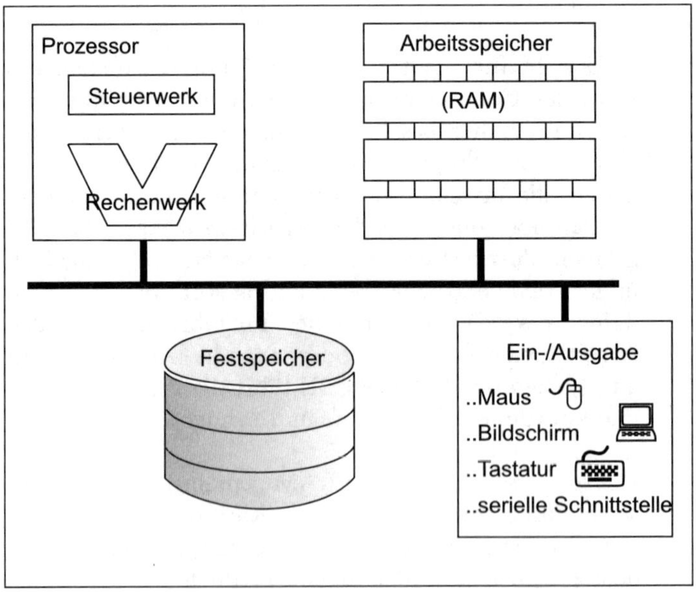

Ausgabeeinheit

Hierunter fällt eine Reihe peripherer Geräte, über die man Daten ausgeben kann. Prinzipiell kann man zwischen dem Bildschirm (siehe Kapitel 24.3), den Diskettenlaufwerken und den externen Geräten unterscheiden, die über Ports angesprochen werden (siehe Kapitel 26.5).

2.1.2 Die CPU

Die eigentliche Arbeit wird in der CPU erledigt. Sie koordiniert die grundlegenden Abläufe im Rechner und führt Ihre C-Programme aus. Es lohnt sich also, einen genaueren Blick auf die CPU zu werfen.

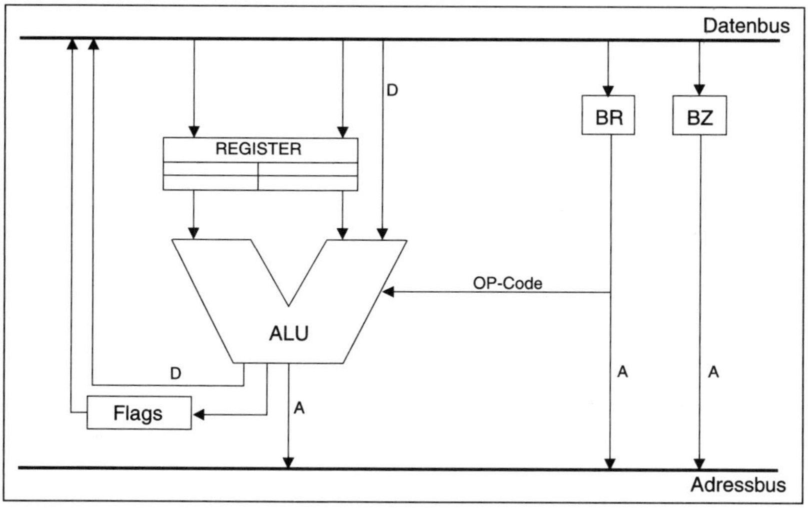

Abbildung 2.2: Die CPU

Aufbau und Arbeitsweise der CPU

Die wichtigsten Elemente der CPU sind

- die ALU,
- die Register, einschließlich des Akkumulators,
- der Befehlszähler und das Befehlsregister,
- ein Flag-Register,
- ein Adress- und ein Datenbus.

All diese Elemente müssen sinnvoll miteinander verschaltet werden und zwar so, dass die verschiedenen Maschinenbefehle, die der Prozessor unterstützen soll (der Befehlssatz), ausgeführt werden können.

In Kapitel 30 werde ich Ihnen den Befehlssatz des Intel-Prozessors ein wenig näher bringen. Im Folgenden aber werden wir uns nur einige ausgesuchte Befehle herauspicken und anhand dieser Befehle eine Verschaltung für unsere CPU entwickeln.

Register

Die Register sind die internen Speicher der CPU. Daten, die sich die CPU aus dem Arbeitsspeicher holt, werden üblicherweise in den verschiedenen Registern abgelegt, bei Bedarf zwischen den Registern hin- und hergeschoben, um irgendwann wieder im Arbeitsspeicher abgelegt zu werden oder durch Überschreibung verloren zu gehen.

Rechner verwenden ein mehrstufiges Speichermodell

Wir haben also ein dreistufiges Speichermodell vorliegen:

1. Festspeicher
2. Arbeitsspeicher (RAM)
3. Register

wobei die Zugriffszeiten sowie die Verweildauer der Daten in den Speichermedien von 1 nach 3 abnehmen.

Bei Aufruf eines Programms wird dieses (Code und statische Daten) von der Festplatte in den Arbeitsspeicher geladen. (Moderne Betriebssysteme verwenden spezielle Verfahren, die es ermöglichen, größere Programme nicht ganz, sondern immer nur teilweise in Blöcken zu laden, aber diese Möglichkeiten unterschlagen wir hier, da sie für unser Modell nicht relevant sind.)

Die CPU kommuniziert vornehmlich mit dem Arbeitsspeicher und lädt aus diesem nach und nach die auszuführenden Maschinenbefehle des Programms sowie die benötigten Daten (für die Operanden der Befehle). Umgekehrt speichert sie die Ergebnisse ihrer Berechnungen bei Bedarf in den Zellen des Arbeitsspeichers ab (Zuweisungen an Variablen, Informationen zu Funktionsaufrufen, Zeiger auf dynamisch reservierte Speicherbereiche).

Daten, mit denen die CPU augenblicklich arbeitet, werden möglichst in Registern gehalten, da die CPU auf diese am schnellsten zugreifen kann. Da man in einem Register aber nur einen Wert abspeichern kann und die CPU nur wenige Register zur Verfügung hat, ist dieser Speicher natürlich nur sehr begrenzt.

Wichtige Register sind:

Der Akkumulator — Der Akkumulator ist das am meisten benutzte Register überhaupt. Im Falle der arithmetischen Operationen enthält er üblicherweise vor Ausführung der Berechnung einen der Operanden und nach Ausführung der Berechnung das von der ALU berechnete Ergebnis.

Das Befehlsregister Enthält den aktuell auszuführenden Maschinenbefehl.

Der Befehlszähler Enthält die Adresse des als Nächstes auszuführenden Maschinenbefehls.

Das Flag-Register Enthält das Statuswort, das die Informationen über die zuletzt von der ALU ausgeführte Operation enthält.

Zusätzliche Register dienen zum Aufbewahren weiterer Operanden, zur Überwachung der Stackgröße oder auch zur Verwahrung von Schleifenvariablen (siehe Kapitel 11) oder der Anfangsadressen von Datenstrukturen (siehe Kapitel 8).

In Kapitel 30 finden Sie eine Übersicht der wichtigsten Register der Intel-Prozessoren.

Intel

Die ALU

Die ALU wurde bereits im vorangehenden Abschnitt kurz erwähnt. In ihr finden die eigentlichen Berechnungen statt – sie stellt also das Herzstück unserer CPU dar.

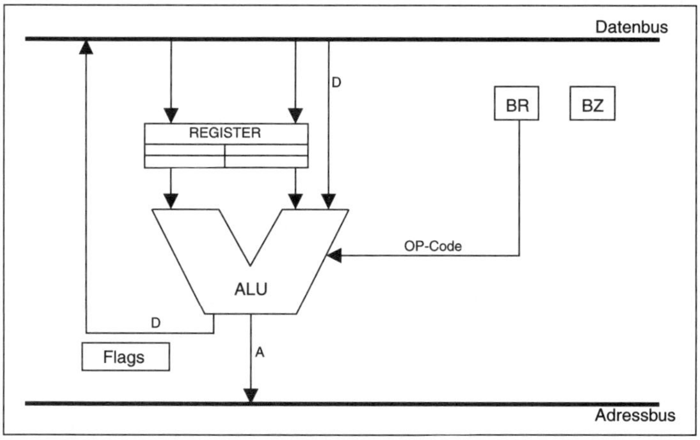

Abbildung 2.3: Verschaltung der ALU

Damit sie einfache Befehle wie die Addition zweier Werte ausführen kann

```
add r1, r2      ; addiere Inhalt der Register r1 und r2
```

➠ muss die ALU über den auszuführenden Befehl informiert werden. Der gesamte Maschinenbefehl (Code der auszuführenden Operation, Information über die Operanden) ist im Befehlsregister abgespeichert.

Wir verbinden also das Befehlsregister mit der ALU.

- müssen die Operanden an die ALU übergeben werden. Operanden werden entweder aus einem Register oder direkt vom Datenbus übernommen.

Wir verbinden also die Register und den Datenbus mit den Eingängen der ALU. Die Register erhalten ihre Daten ebenfalls vom Datenbus.

Konstanten, die direkt im Maschinenbefehl codiert sind, werden üblicherweise nicht über ein Register oder den Datenbus an die ALU übergeben. Sie werden direkt vom Befehlsregister an die ALU weitergegeben.

- muss das Ergebnis zurückgegeben werden.

Wir legen also eine Verbindung vom Ausgang der ALU zum Datenbus. Da es sich bei dem Ergebnis auch um eine Adresse handeln kann, richten wir noch eine weitere Verbindung von der ALU zum Adressbus ein.

Das Flag-Register

Abbildung 2.4: Verschaltung des Flag-Registers

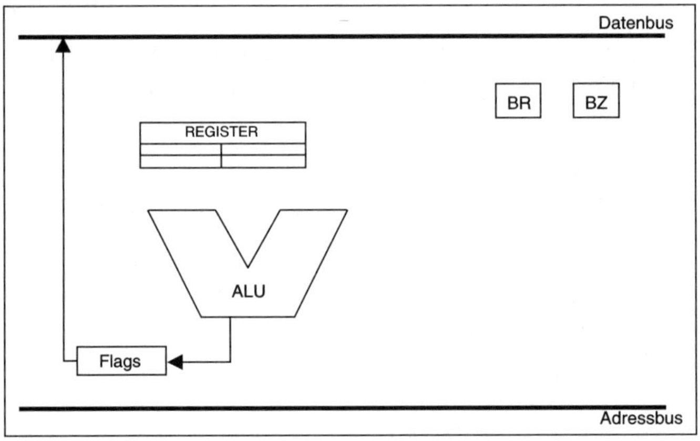

Das Flag-Register enthält Statusinformationen über die zuletzt ausgeführte Operation. Hierzu gehören beispielsweise die Flags für Overflow und Carry:

Overflow-Flag	zeigt an, dass es bei einer Berechnung mit vorzeichenbehafteten Zahlen (`signed`) zu einem Überlauf durch zu große oder zu kleine Werte kam.
Carry-Flag	zeigt an, dass für die Abspeicherung des Ergebnisses einer Operation mehr Bits benötigt würden, als für den Datentyp des Ergebnisses zur Verfügung stehen. Wenn Sie beispielsweise einen Datentyp mit 8 Bit zur Repräsentation von natürlichen Zahlen verwenden, können

Sie die beiden Zahlen 240 und 20 beide in Variablen dieses Typs abspeichern. Das Ergebnis der Addition dieser beiden Zahlen ist allerdings nicht mehr durch eine Binärzahl mit nur 8 Stellen codierbar:

```
  11110000
+ 00010100
----------
 100000100
```

Die Informationen für die Flags entstammen der ALU, also verbinden wir die ALU mit dem Flag-Register. Zum Auslesen der Flags verbinden wir das Flag-Register mit dem Datenbus.

Befehlszähler und Befehlsregister

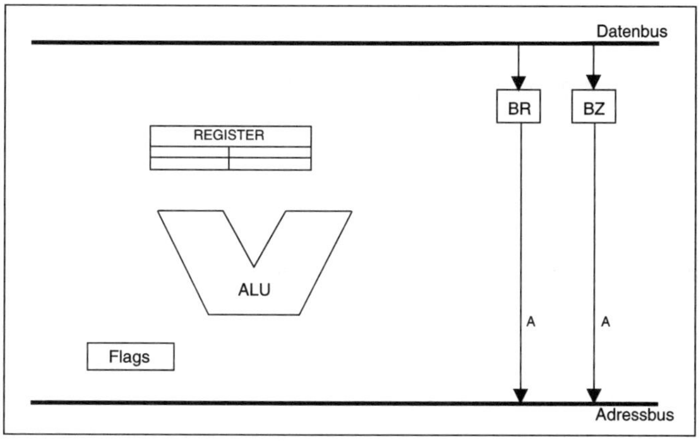

Abbildung 2.5: Verschaltung der Befehlsregister

Der Befehlszähler überwacht die Ausführung des Programms und enthält stets die Adresse im Arbeitsspeicher, an der der nächste Maschinenbefehl abgelegt ist. Sofern der Befehlszähler nicht durch einen Sprungbefehl (beispielsweise einen Funktionsaufruf) explizit gesetzt wird, wird er automatisch nach jedem ausgeführten Befehl inkrementiert.

Die einzelnen Maschinenbefehle werden im Befehlsregister abgelegt. Unsere nächste Sorge ist nun, Befehlszähler und Befehlsregister zu verschalten, sodass die Maschinenbefehle geladen werden können.

- Nächsten Befehl holen:

  Der Befehlszähler enthält die Adresse des nächsten auszuführenden Befehls. Diese Adresse schickt er über den Adressbus an den Arbeitsspeicher (wir verbinden den Befehlszähler mit dem Adressbus).

  Der Maschinenbefehl wird über den Datenbus zurückgeliefert. Um den Maschinenbefehl im Befehlsregister ablegen zu können, verbinden wir das Befehlsregister mit dem Datenbus.

- Sprünge:

  Um Sprünge ausführen zu können (beispielsweise für Funktionsaufrufe), müssen wir in der Lage sein, die Adresse des als Nächstes auszuführenden Maschinenbefehls direkt in den Befehlszähler schreiben zu können. Wir verbinden daher auch den Befehlszähler mit dem Datenbus.

- Inhalt einer Speicheradresse laden:

  Um den Inhalt einer Variablen in ein Register zu laden, müssen wir zuerst die Adresse auf den Adressbus legen. Dies kann auf dem Weg über die ALU geschehen, aber auch direkt vom Befehlsregister aus, wenn die Adresse im Maschinenbefehl enthalten ist. Wir verbinden das Befehlsregister daher mit dem Adressbus.

  Der über den Datenbus zurückgelieferte Speicherinhalt kann in ein Register abgelegt werden. Es kann aber auch interessant sein, den Wert direkt als Operand in die ALU einzufüttern. Wir legen daher eine direkte Verbindung vom Datenbus zum zweiten ALU-Eingang.

Adress- und Datenbus

Was wir in unserem Modell ganz vernachlässigt haben, sind Kontrollbausteine, die den Verkehr über die Schaltungen und Busse steuern und synchronisieren. Hier kommt auch der Taktgeber des Prozessors ins Spiel, der die Ausführung eines Befehls in Takte untergliedert.

Eine einfache Addition umfasst viele Arbeitsschritte

Um beispielsweise zu dem Inhalt des Akkumulators den Wert einer Speicherzelle zu addieren, sind folgende Aktionen erforderlich:

1. Der neue Befehl wird geladen.
2. Die Adresse der angesprochenen Speicherzelle ist im Maschinenbefehl codiert. Sie wird auf den Adressbus gelegt und an den Arbeitsspeicher geschickt. Der Arbeitsspeicher ist wiederum mit eigenen Kontrollelementen ausgestattet, die die angeforderte Adresse aufspüren und den Inhalt der entsprechenden Speicherzelle über den Datenbus zurückschicken.
3. Der Inhalt der angeforderten Speicherzelle wird vom Datenbus in den zweiten Eingang der ALU übertragen.
4. Der Inhalt des Akkumulators wird an den ersten Eingang der ALU weitergegeben.
5. Die ALU addiert beide Werte.
6. Das Ergebnis wird über den Datenbus zurück an den Akkumulator geschickt.

Dies alles verbirgt sich hinter einer einfachen Addition. Bei einigen Teilschritten kommt es auf die korrekte zeitliche Abfolge an. Beispielsweise darf die ALU nicht addieren, bevor nicht die korrekten Operanden an die Eingänge übergeben wurden. Ebenso empfindlich ist der Einsatz des Datenbusses, der hier dreimal benutzt wird:

Die einzelnen Arbeitsschritte müssen synchronisiert werden

- zuerst wird der neue Maschinenbefehl an das Befehlsregister geschickt,
- dann wird der Inhalt der angeforderten Speicherzelle an die ALU geschickt,
- zum Schluss wird das Ergebnis der Berechnung in den Akkumulator übertragen.

Andere Schritte können gleichzeitig durchgeführt werden. Beispielsweise könnte der Inhalt des Akkumulators an die ALU weitergegeben werden, während das Befehlsregister gerade die Adresse der Speicherzelle an den Arbeitsspeicher schickt.

Dafür, dass die Maschinenbefehle in der CPU korrekt bearbeitet werden, sorgt ein internes Steuerwerk und die Taktung der Busse und Schaltelemente.

2.2 Assembler

Im vorangehenden Abschnitt war viel von den Maschinenbefehlen die Rede. Einen dieser Maschinenbefehle haben wir auch schon ein wenig näher kennen gelernt: die Addition der Inhalte zweier Register:

```
add r1, r2
```

Aber natürlich ist dies nur eine sinnbildliche Darstellung eines Maschinenbefehls. Die Maschinenbefehle, die im Befehlsregister abgelegt werden (bzw. als Code im Arbeitsspeicher), sind natürlich binärcodiert. Sie enthalten üblicherweise Informationen darüber, welche Art von Operation ausgeführt werden soll, welche Operanden benötigt werden und von wo diese geladen werden sollen – sowie gelegentlich weitere interne Informationen.

Assembler-Befehle sind Mnemonics

Wenn der `add`-Befehl und die Register `r1` und `r2` beispielsweise durch folgende Bitfolgen identifiziert würden:

```
add    00111000
r1     11000001
r2     11000010
```

könnte man den Maschinenbefehl als

```
00111000   11000001   11000010
```

schreiben. Ein Programm als eine Abfolge solcher Maschinenbefehle aufzusetzen, ist natürlich ein Alptraum (wobei die Zusammensetzung der Maschinenbefehle im Detail noch um ein gutes Stück komplizierter ist – obwohl sich inhaltlich kaum etwas ändert). Aus diesem Grunde ist man dazu übergegangen, eine niedere Programmiersprache zu entwickeln, in der die verschiedenen Maschinenbefehle durch besser verständliche Kürzel (auch als Mnemonics bezeichnet) repräsentiert werden.

In unserem Beispiel wäre also

```
add r1, r2
```

ein Mnemonic für

```
00111000   11000001   11000010.
```

Assembler steht für die Programmiersprache und den Übersetzer

Diese niedere Programmiersprache nennt man Assembler. Den Übersetzer, der die Mnemonics in die korrespondierenden Maschinenbefehle umwandelt, nennt man übrigens auch Assembler.

Eine kurze Einführung in die Assembler-Programmierung finden Sie in Kapitel 30. Hier vollziehen wir gleich den Sprung zu den höheren Programmiersprachen, denen ja unser eigentliches Interesse gebührt.

Die niederen Programmiersprachen orientieren sich in ihrer Syntax noch direkt an den Maschinenbefehlen des Prozessors. Höhere Programmiersprachen dagegen orientieren sich stärker an der Denkweise der Programmierer (die sich allerdings auch ein wenig an die Logik der verwendeten Programmiersprache anpassen muss).

C und C++ sind zwei solche höhere Programmiersprachen, und die Übersetzerprogramme, die aus einem C/C++-Quelltext ein ausführbares Programm (sprich eine Datei mit Maschinenbefehlen) machen, nennt man Compiler.

2.3 Der Compiler

Aufgabe des Compilers ist es, die in der Syntax der jeweiligen Programmiersprache aufgesetzten Anweisungen in Maschinenbefehle zu übersetzen.

Schreibt der Programmierer beispielsweise

```
x = x + y;
```

übersetzt der Compiler diese Anweisung in Maschinenbefehle, die sich in Assembler-Notation als

```
mov ax, adr_x
mov bx, adr_y
add ax, bx
mov adr_x, ax
```

beschreiben lassen.

2.3.1 Ablauf der Programmerstellung

Natürlich übersetzt der Compiler keine einzelnen Anweisungen, sondern immer nur ganze Quelltextdateien. Aus diesen erzeugt der Compiler ein ausführbares Programm.

Aber eins nach dem anderen.

Zuerst einmal ist festzuhalten, dass es bei den meisten heutigen Programmiersprachen nicht mehr mit einer einfachen Übersetzung in Maschinencode getan ist. Vielmehr ist an dem Übersetzungsprozess und der Erzeugung der resultierenden ausführbaren Datei (bei der es sich auch um eine statische oder dynamische Bibliothek handeln könnte) eine Reihe von kleineren und größeren Programmen beteiligt. Die drei wichtigsten möchte ich kurz vorstellen:

Der Präprozessor

Als Erstes wird der Präprozessor zur Verarbeitung des Quelltextes aufgerufen. Aufgabe des Präprozessors ist es, den Quelltext für die nachfolgende Übersetzung durch den Compiler vorzubereiten.

Er führt einige Quelltextersetzungen durch:

- Trigraph-Sequenzen werden ersetzt (siehe Kapitel 7.14). Man darf wohl vermuten, dass Trigraph-Sequenzen von westlichen Programmierern kaum genutzt werden – sie sind für Programmierer gedacht, die bestimmte Zeichen der C-Syntax ({ ,] etc.) nicht ohne Probleme über die Tastatur eingeben können.
- Zeilenumbrüche, denen ein Backslash vorangeht, werden entfernt. Programmierer nutzen den Backslash gelegentlich, um längere String-Literale im Quelltext umzubrechen.
- Kommentare werden entfernt (und durch Leerzeichen ersetzt).
- Die Präprozessor-Direktiven werden aufgelöst. Symbolische Konstanten werden ersetzt (`#define`), Header- und Quelldateien werden in den Quelltext kopiert (`#include`), die Direktiven zur bedingten Kompilierung werden ausgewertet (`#ifdef`).

- Aufeinander folgende String-Literale werden zusammengefasst (konkateniert).
- Whitespace-Zeichen zwischen Tokens werden gelöscht. (Ein Token ist ein Bezeichner, der im Programm syntaktische Bedeutung hat.)

Der Compiler

Als Nächstes kommt der Compiler zum Zug. Er analysiert den Quelltext und übersetzt ihn in Maschinencode. Treten keine Fehler auf, erzeugt er eine Objektdatei.

Der Compiler selbst kann auch wieder in verschiedene Unterprogramme geteilt werden:

- einen *Parser* zur Analyse und Zerlegung des Quelltextes,
- einen *Code-Generator*, der Assembler-Code erzeugt,
- einen *Optimierer*, der den Code hinsichtlich Größe oder Ausführungsgeschwindigkeit optimiert,
- einen *Assembler*, der echten Maschinencode erzeugt.

Der Linker

Zuletzt kommt der Linker an die Reihe. Dieser bindet mehrere Objektdateien zu einem Programm zusammen und löst die externen Referenzen zwischen den Objektdateien auf.

Mehrere Objektdateien erhalten Sie beispielsweise, wenn Sie den Quelltext Ihres Programms auf mehrere Quelltextdateien aufteilen, die Sie getrennt voneinander übersetzen lassen. Man spricht in diesem Zusammenhang auch von Übersetzungseinheiten.

Definition

Als eine *Übersetzungseinheit* (translation unit) bezeichnet man eine Quelltextdatei mit allen per `#include` direkt oder indirekt einkopierten weiteren Quelltextdateien. Eine Übersetzungseinheit wird vom Compiler immer als Ganzes in eine Objektdatei übersetzt. Besteht ein Programm aus mehreren Übersetzungseinheiten, können diese über Variablen und Funktionen mit externer Bindung (Linkage) Daten austauschen (siehe Kapitel 25).

Sie können auf den Linker aber auch dann nicht verzichten, wenn Ihr Programm nur aus einer einzigen Quelltextdatei besteht, denn praktisch jedes C-Programm ist auf irgendwelche Funktionen der Laufzeitbibliothek angewiesen. Die Einbindung der Laufzeitbibliothek in das fertige Programm ist auch Aufgabe des Linkers.

Glücklicherweise müssen Sie zur Übersetzung Ihrer Quelltexte diese Programme nicht alle explizit aufrufen. Üblicherweise rufen Sie nur den Compiler auf, genauer gesagt einen Meta-Compiler, der dann automatisch alle Übersetzungsprogramme in der korrekten Reihenfolge aufruft.

Meist lassen sich die einzelnen Übersetzungsprogramme gar nicht explizit aufrufen, da sie nur als Teile des Meta-Compilers existieren. Wir wären damit wieder bei unserer anfänglichen Aussage:

> »Aus den Quelltextdateien erzeugt der Compiler ein ausführbares Programm.«

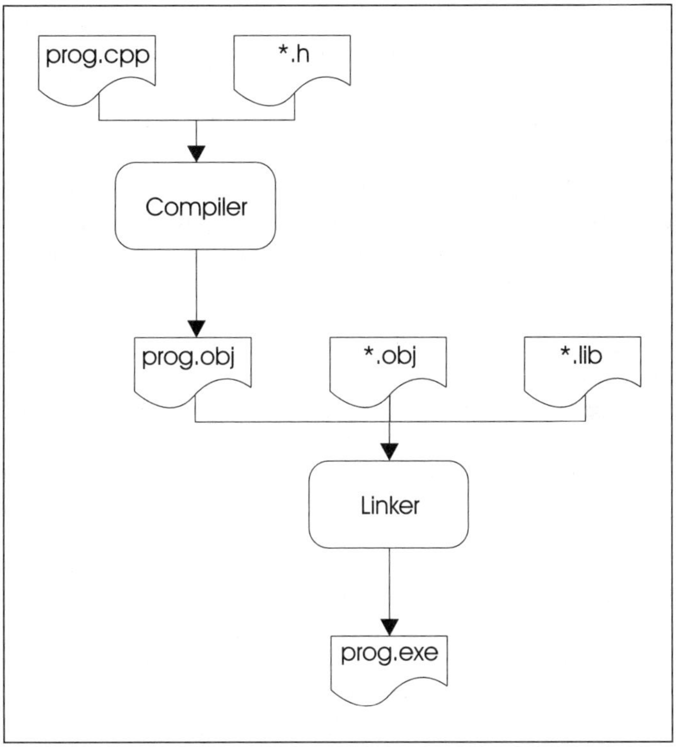

Abbildung 2.6: Schema der Programmerstellung

2.3.2 Größere Programme erstellen

Der Aufruf des Compilers für größere Programme, die aus mehreren Übersetzungseinheiten bestehen und viele Compiler-Optionen erfordern, kann schnell lästig werden. Umso mehr, da sich der Aufruf während des Entwicklungsprozesses meist gar nicht oder nur in kleinen Details ändert.

C/C++-Compiler und -Entwicklungsumgebungen erlauben daher üblicherweise das Abspeichern von Compileraufrufen in Form von:

Make-Dateien — Compiler ohne grafische Entwicklungsumgebung arbeiten meist mit Make-Dateien zusammen. Diese sind in einer speziellen Syntax aufgesetzt, die den Aufruf des Compilers zur Erstellung eines oder mehrerer Programme kodiert.

Projektdateien — Compiler mit grafischer Entwicklungsumgebung verwalten Quelltexte üblicherweise in Projekten. Ein Projekt besteht aus allen Quelltextdateien, die zu einem Programm gehören, plus den Informationen und Optionen für den Aufruf des Compilers.

2.3.3 Compiler versus Interpreter

Bei den kompilierten Programmiersprachen (zu denen auch C und C++ gehören) wird der Quelltext des Programms als Ganzes vom Compiler in Maschinencode übersetzt. Die resultierende ausführbare Datei kann dann direkt ausgeführt werden.

Kompilation

Die Kompilation ist allerdings nicht die einzige Möglichkeit, um einen Quelltext in Maschinencode umzuwandeln und ausführen zu lassen. Statt ein Programm zu kompilieren, kann man es auch interpretieren lassen. (Ob ein Programm kompiliert oder interpretiert wird, ist allerdings nicht Entscheidung des Programmierers. Die Art der Programmerstellung wird von der Programmiersprache vorgegeben. C/C++-Programme werden beispielsweise immer kompiliert.)

Interpretation

Bei den interpretierten Programmiersprachen werden die Quelltexte der Programme schrittweise übersetzt und gleichzeitig ausgeführt. Dazu ist es erforderlich, dass bei Aufruf des Programms zuerst der Interpreter geladen wird. Dieser übersetzt das Programm dann Stück für Stück und lässt es ausführen.

Vergleich Compiler / Interpreter

Tabelle 2.1: Vergleich Compiler versus Interpreter

	Compiler	Interpreter
Ausführungsgeschwindigkeit	Die Ausführungsgeschwindigkeit kompilierter Programme ist meist schneller als die interpretierter Programme, weil die Übersetzung bereits vor der Ausführung stattgefunden hat und weil die meisten Compiler den Quellcode hinsichtlich Laufzeit und Codegröße optimieren.	Die Ausführungsgeschwindigkeit interpretierter Programme wird durch die gleichzeitige Übersetzung meist erheblich verlangsamt.
Portabilität	Kompilierte Programme können bestenfalls als Quelltext portiert werden und müssen auf den verschiedenen Maschinen neu kompiliert werden.	Interpretierte Programme sind besser portierbar, da der Übersetzungsprozess mit der Ausführung zusammenfällt. Im günstigsten Fall kann ein und dasselbe Programm auf jeder beliebigen Maschine ausgeführt werden, auf der ein passender Interpreter installiert ist.
Copyright-Schutz	Kompilierte Programme sind automatisch vor Nachahmern geschützt, da sie nicht als Quelltext, sondern als Maschinencode ausgeliefert werden.	Interpretierte Programme, die als Quelltext ausgeliefert werden, sind nur schlecht geschützt.
Beispiele	C, C++, Pascal	Basic, Perl

Java und C#

Die beiden jüngsten Programmiersprachen, Java und C#, sind weder rein kompilierte noch rein interpretierte Sprachen. Stattdessen versuchen Sie durch eine Kombination aus Kompilation und Interpretation die Vorteile beider Systeme zu nutzen.

Nach dem Aufsetzen des Quelltextes wird dieser wie ein C++-Programm kompiliert. Das Ergebnis ist jedoch kein plattformspezifischer Maschinencode, sondern ein allgemeiner, plattformunspezifischer Objektcode – für Java der so genannte Bytecode, bei C# der Intermediate Language Code, kurz IL-Code. Dieser plattformunspezifische Objektcode wird dann im zweiten Schritt von einem Interpreter ausgeführt.

Gegenüber rein kompilierten Sprachen hat dieses System den Vorteil, dass ein einmal erstelltes Programm (oder Programmmodul) ohne Neukompilation auf sämtlichen Systemen ausgeführt werden kann, auf denen die zugehörige Laufzeitumgebung (zu der insbesondere der Interpreter gehört) installiert ist bzw. installiert werden kann. Gegenüber rein interpretierten Sprachen hat es den Vorteil, dass die Interpretation des bereits vorkompilierten Objektcodes wesentlich schneller abläuft als die Interpretation von Quelltext (mittlerweile reicht die Ausführungsgeschwindigkeit vorkompilierter, interpretierter Programme sogar an die Ausführungsgeschwindigkeit von C++-Programmen heran).

2.3.4 Die Kommunikation mit dem Compiler

Die vorangehenden Abschnitte hatten alle irgendwie mit einem gemeinsamen Thema zu tun: wie uns der Compiler bei der Programmierung entgegenkommt und wie dankbar wir sein sollten, dass es ihn gibt.

Ohne den Compiler müssten wir in Maschinencode oder Assembler programmieren – auf die Dauer eine Qual für jeden, der nicht gewisse masochistische Veranlagungen mitbringt oder wenigstens von mütterlicher Seite von einem Computer abstammt.

Doch auch der Compiler schafft nur den halben Weg. Er erspart uns die Assembler-Programmierung, aber er erlaubt uns nicht, in unserer natürlichen Sprache zu programmieren. Stattdessen erwartet er von uns, dass wir ihm ebenfalls ein wenig entgegenkommen und in C (bzw. C++) programmieren. Wie dies geht – das kann man nicht in wenigen Sätzen zusammenfassen, dazu müssen Sie schon das ganze Buch lesen.

Wenn man sich aber schon die Mühe macht, eine so fremdartige und kryptische Sprache wie C/C++ zu erlernen, dann möchte man doch wenigstens wissen wozu. Warum gibt es keine Compiler, die Anweisungen in natürlicher Sprache in Maschinencode übersetzen können?

Compiler sind keine Sprachgenies

Compiler sind wie kleine Jungs, die man nötigt, Französisch zu lernen. Zumindest haben beide mit den gleichen Schwierigkeiten zu kämpfen.

Zweifelsohne sind Sie des Französischen mächtig und ich brauche Ihnen nicht von den Vorzügen dieser herrlichen Sprache vorzuschwärmen, deren einzelne Worte wie aufgehende Hefebrötchen, die zu dicht auf das Backblech gesetzt wurden, zu einem einzigen lang gezogenen Singsang verschwimmen.

Plötzlich steht ein französischer Tourist vor Ihnen und fragt Sie:

```
Pardonnezmoimonsieur ouestlavenuedelopera?
```

Natürlich konnten Sie weder damit rechnen, von diesem fremden Mann angesprochen zu werden, noch dass der Mann Französisch sprechen würde. Vollkommen unvorbereitet konnten Sie die Frage nicht gleich verstehen, haben den Satz aber noch als phonetische Lauffolge im Ohr.

Ähnlich geht es dem Compiler, wenn Sie ihm einen ASCII-Text mit folgendem Inhalt präsentieren:

```
int i = 1;
while (i < 10)
  {
  i++;
  }
```

Um die Anfrage des Touristen zu verstehen und in Ihre eigene Sprache übersetzen zu können, bedarf es der gleichen Schritte, die auch der Compiler zur Übersetzung eines Quelltextes durchläuft.

Die lexikalische Analyse

Zuerst sprechen Sie sich den Satz in Gedanken noch einmal vor und versuchen, aus dem Singsang einzelne Wörter und Satzpausen herauszuhören:

```
Pardonnez-moi, monsieur, où est l´avenue de l´Opéra?
```

In gleicher Weise identifiziert der Compiler bei der lexikalischen Analyse die Schlüsselwörter der Sprache (`while`), die Bezeichner für Variablen (`i`), Funktionen etc. sowie Operatoren (++), Konstanten (`10`) und anderes mehr.

Syntaktische Analyse

Der nächste Schritt ist, den Satzaufbau zu erkennen. Der Franzose hat Sie höflich angesprochen und Ihnen dann eine Frage gestellt. Diese Analyse dürfte Ihnen nicht schwer fallen, denn der Satz folgt einem einfachen typischen Muster.

In Bild 2.7 sehen Sie, wie der Satz des Franzosen Schritt für Schritt in immer detailliertere Untereinheiten aufgeschlüsselt wird. Man bezeichnet dies auch als Ableitung. Die Regeln, nach denen eine solche Ableitung von Ebene zu Ebene fortschreitet, sind durch die Grammatik der jeweiligen Sprache gegeben.

Eine ebensolche Ableitung erstellt auch der Compiler für den zu übersetzenden Quelltext. Findet er eine Ableitung, bedeutet dies unter anderem, dass der Quelltext den Regeln der Grammatik gehorcht – Sie also ein syntaktisch korrektes Programm formuliert haben.

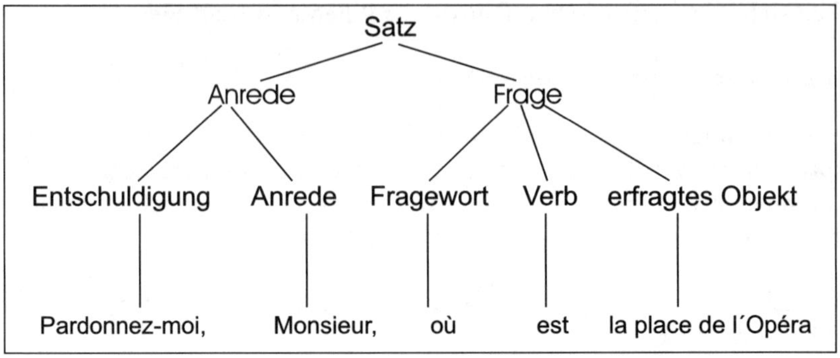

Abbildung 2.7: Ableitungsbaum der syntaktischen Analyse

Wenn es aber nur darum geht, eine Grammatik zu finden, mit deren Regeln man alle möglichen Sätze einer Sprache herleiten kann, dann sollte es doch auch möglich sein, einen Compiler zu programmieren, der nach den Regeln dieser Grammatik eine natürliche Sprache (Deutsch oder Französisch) analysieren und in Maschinencode übersetzen kann?!

Leider ist dem nicht so, denn unterschiedliche Grammatiken (gegeben als Ableitungsregeln) haben unterschiedliche Komplexität und Eigenschaften. Nach Noam Chomsky, einem US-amerikanischen Sprachwissenschaftler, unterteilt man die Grammatiken in vier Kategorien (wobei die höheren Kategorien alle Grammatiken niederer Kategorien einschließen):

Tabelle 2.2: Chomsky-Hierarchie

Chomsky-Klasse	
Typ 0, rekursiv aufzählbar	Beliebig komplexe Grammatiken.
Typ 1, kontext-sensitiv	Grammatiken, bei deren Ableitungen Kontextinformationen berücksichtigt werden.
Typ 2, kontextfrei	Grammatiken, bei deren Ableitungen keine Kontextinformationen berücksichtigt werden. Kontextfreie Grammatiken erlauben auch die Analyse geklammerter Ausdrücke und sind häufig die Basis von Compilern.
Typ 3, regulär	Grammatiken mit sehr einfachen Ableitungsregeln, die folglich nur sehr einfache »Sprachen« erzeugen können. Mit regulären Grammatiken lassen sich – wer hätte das vermutet – reguläre Ausdrücke (Terme mit Platzhaltern) beschreiben.

Natürliche Sprachen können nur durch Typ-0-Grammatiken beschrieben werden. Diesen Grammatiken haftet aber nicht nur das Problem an, dass sie aufwändig zu implementieren sind, sondern auch, dass es keine Möglichkeit gibt zu entscheiden, ob ein gegebener Satz dieser Grammatik folgt oder nicht. Anders ausgedrückt, könnte der Compiler für eine Typ-0-Grammatik nicht entscheiden, ob ein Quelltext syntaktisch korrekt ist oder nicht.

Programmiersprachen basieren üblicherweise auf kontextfreien Grammatiken, da diese einen guten Kompromiss aus Mächtigkeit der Sprache und Schnelligkeit der Analyse bieten. Meist können allerdings nicht alle Konzepte einer Programmiersprache durch kontextfreie Sprachen beschrieben werden (beispielsweise Typverträglichkeit, Überprüfung der Anzahl der Parameter in einem Funktionsaufruf). Statt hierfür den Schritt zu einer komplexeren kontext-sensitiven Grammatik zu vollziehen, behilft man sich in solchen Fällen jedoch lieber mit einigen expliziten Zusatzregeln.

Semantische Analyse

Nach der syntaktischen Strukturanalyse muss man noch herausfinden, was der Satz zu bedeuten hat.

Wenn Ihre Französischkenntnisse Sie nicht ganz im Stich lassen und Sie alle Vokabeln kennen, werden Sie schnell herausfinden, dass Ihr Gegenüber die Opernstraße sucht.

Auch der Compiler muss jetzt herausfinden, was die einzelnen Definitionen, Anweisungen und Sprachkonstrukte wie Schleifen und Bedingungen zu tun haben und sie dann in bedeutungsgleiche Maschinenanweisungen umsetzen.

Hier zeigt sich wiederum, dass es frappante Unterschiede zwischen einer natürlichen Sprache wie Deutsch oder Französisch und der Sprache einer kontextfreien Grammatik gibt.

Menschliche Sprachen sind nie kontextfrei.

- Wenn ich hier beispielsweise von unserem Franzosen rede, denken Sie automatisch an den netten Touristen, der die Opernstraße sucht. Dies können Sie aber nicht aus dem Wort »Franzosen« herauslesen, sondern nur, indem Sie sich noch an die Ausführungen aus den vorangehenden Sätzen erinnern.
- Wenn ich Ihnen erzähle, dass der Franzose ein großer Mann ist, gehe ich davon aus, dass Sie das Adjektiv »groß« im Sinne von »großgewachsen« und nicht von »bedeutend« auffassen.
- Wenn ich weiterhin erzähle, dass der Franzose aus Amiens stammt, appelliere ich an Ihr Weltwissen, das Ihnen sagt, dass Amiens eine Stadt und nicht etwa ein Landstrich oder ein ganz fremdes Land ist.

Die menschliche Sprache ist voll von solchen Kontextbezügen und Mehrdeutigkeiten, die eine semantische Analyse schwierig bis unmöglich machen (man denke nur an die verzweifelten Bemühungen der KI-Forschung, Übersetzer-Programme für menschliche Sprachen zu entwickeln).

Für Programmiersprachen, die auf kontextfreien Grammatiken beruhen, gibt es die Möglichkeit, die einzelnen Teile der bei der syntaktischen Analyse aufgebauten Ableitungsbäume mit Attributen zu versehen, die die semantische Analyse erleichtern.

Kontextfreie Grammatiken mit Attributen bezeichnet man als attributierte Grammatiken.

2.4 Entwicklungsumgebungen

Der Compiler ist zwar eines der wichtigsten Hilfsmittel zur Programmentwicklung, aber bei weitem nicht das einzige. Bevor aus einer Idee ein ausführbares Programm wird, kommt eine ganze Reihe von Hilfsprogrammen zum Einsatz:

- ASCII-Editor
- Compiler
- Projektverwaltung
- Debugger
- Profiler (zur Laufzeitanalayse)

Meist ist es notwendig, zwischen diesen Programmen hin und her zu springen. Wenn Sie einem typischen Programmierer über die Schulter schauen, sieht das so aus:

Editor:	Quelltext aufsetzen und abspeichern.
Compiler:	Programm kompilieren. Es werden Syntaxfehler angezeigt.
Editor:	Fehler korrigieren.
Compiler:	Programm erneut kompilieren.
OS:	Programm ausführen. Das Programm stürzt ab.
Debugger:	Das Laufzeitverhalten des Programms nach Fehlern untersuchen.

Editor: Mutmaßliche Fehler korrigieren.

Compiler: Programm erneut kompilieren.

OS: Programm ausführen. Das Programm tut nicht, was es tun soll.

Zimmer: Wild auf und ab gehen.

Debugger: Das Laufzeitverhalten des Programms nach Fehlern untersuchen.

und so weiter und so fort.

Dies kann sehr mühselig sein, insbesondere wenn Sie in einer Single-Thread-Umgebung arbeiten, in der Sie nur eine Konsole zur Verfügung haben (wie es früher unter MS-DOS der Fall war), denn dann müssen Sie den Editor jedes Mal schließen, bevor Sie den Compiler oder ein anderes Programm aufrufen können.

IDE

Unter DOS kamen daher relativ früh die so genannten »*integrierten Entwicklungsumgebungen* (IDE)« auf. Dabei handelt es sich um Programme, die eine übergeordnete Oberfläche mit Menüleiste darbieten, in der Sie Ihren Quelltext aufsetzen und bearbeiten können, aus der heraus Sie Compiler, Debugger und andere Hilfsprogramme aufrufen können und die üblicherweise auch die Quelldateien Ihrer Programme in Projekten verwalten.

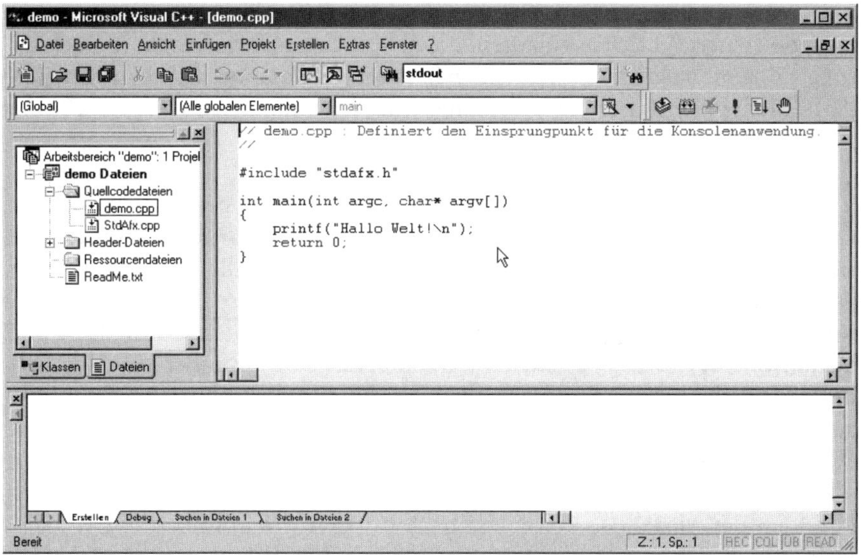

Abbildung 2.8: Die IDE von Visual C++ 6

Die ersten integrierten Entwicklungsumgebungen für den PC waren Turbo Pascal und Turbo C von Borland. Heute gibt es für nahezu alle wichtigen Programmiersprachen und Plattformen integrierte Entwicklungsumgebungen.

Viele Programmierer möchten sich aber nicht mit der Entwicklung von Konsolenanwendungen begnügen, sondern suchen Unterstützung für die Programmierung von Windows-Anwendungen (MS Windows, X etc.).

Die Compiler-Entwickler reagierten auf die zunehmende Nachfrage erst mit Klassenbibliotheken (OWL, MFC, OSF Motif) später mit visueller Programmierung und RAD (Rapid Application Development).

Visuelle Programmierung

Abbildung 2.9: Die RAD-Umgebung des C++Builders

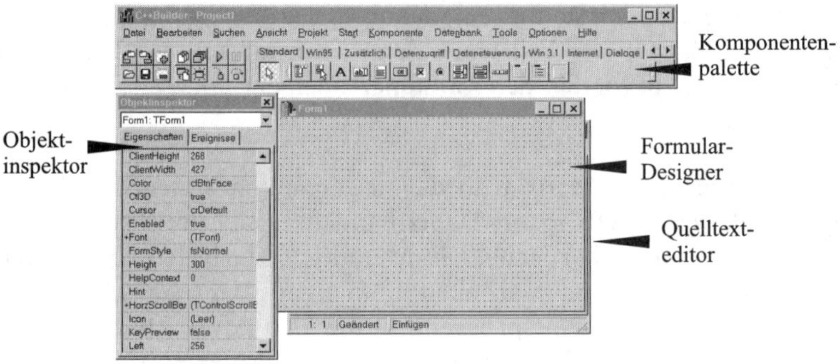

Noch vor wenigen Jahren war die Erstellung von Windows-Programmen hartgesottenen Profis vorbehalten, die nicht nur das Erlernen einer hochleistungsfähigen Programmiersprache wie Pascal oder C auf sich nahmen, sondern auch die Auseinandersetzung mit der Windows-API oder einer geeigneten Klassenbibliothek nicht scheuten.

Visual Basic läutete hier eine Wende ein. Visual Basic propagierte als erste Entwicklungsumgebung die visuelle, komponentengestützte Programmierung von Windows-Anwendungen. Heute gibt es für alle bedeutenden Programmiersprachen leistungsfähige RAD-Entwicklungspakete (RAD steht für Rapid Application Development) – beispielsweise Visual Basic für Basic, Delphi und Kylix für Pascal, C++-Builder für C++, JBuilder für Java. Mit diesen Entwicklungsumgebungen wird die Windows-Programmierung (fast) zum Kinderspiel, so dass nun auch Programmierneulinge direkt mit der Windows-Programmierung beginnen können.

Die Idee der visuellen, komponentengestützten Programmierung ist, dass viele typische Elemente von Windows-Anwendungen, insbesondere die Elemente der grafischen Oberfläche (Menüleisten, Eingabefelder, Optionsfelder, etc.) in Form von fertig programmierten Komponenten (Bausteinen) zur Verfügung gestellt werden können. Der Programmierer braucht nun nur noch ein neues Fenster (Formular) anzulegen, die gewünschten Komponenten per Drag&Drop in dem Formular abzulegen und dort mit Hilfe eines speziellen Eigenschaftseditors zu konfigurieren. Eigenen Quellcode schreibt er nur, wenn er bestimmte Ereignisse (wie zum Beispiel das Laden des Formulars, den Aufruf eines Menübefehls oder das Anklicken einer Schaltfläche) mit der Ausführung eigenen Codes verbinden will.

3 Das Programmgerüst – Einführung für Programmieranfänger

Dieses Kapitel ist als Orientierungskapitel für Programmieranfänger gedacht, die noch keinerlei oder nur ganz wenig Erfahrungen im Umgang mit C oder C++ gemacht haben.

Zuerst wird der Frage nachgegangen, was ein Programm eigentlich ist.

Danach schauen wir uns ein einfaches Programm an, das einmal in C und einmal in C++ implementiert ist und anhand dessen die wichtigsten Programmelemente vorgestellt werden.

Im dritten Abschnitt geht es um die Programmerstellung. Für vier verschiedene Compiler und Entwicklungsumgebungen ist beschrieben, wie die Programme kompiliert, gelinkt und ausgeführt werden.

Zum Abschluss werden die wichtigsten Regeln und Begriffe noch einmal zusammengefasst.

REF

Programme, für die im Listing der Dateiname angegeben ist, brauchen Sie nicht abzutippen. Die zugehörigen Quelldateien sind auf der Buch-CD enthalten. Hinweise zur Erstellung der Programme finden Sie im Anhang zur Buch-CD.

3.1 Was ist ein Programm?

Einfach ausgedrückt, ist ein Programm eine Abfolge von Befehlen, die vom Prozessor des Computers nacheinander ausgeführt werden.

In Kapitel 2.3 wurde bereits ausgeführt, dass es dabei ein Kommunikationsproblem zwischen Mensch und Rechner gibt, denn der Computer versteht nur die Befehle aus dem Befehlssatz seines Prozessors – und diese sind zudem noch binär codiert.

Aus diesem Grunde wurden die höheren Programmiersprachen entwickelt, zu denen auch C und C++ gehören. Statt sein Programm als eine Abfolge von binär codierten Maschinenbefehlen aufsetzen zu müssen, kann sich der Programmierer der leichter verständlichen Syntax und der Konstrukte von

C und C++ bedienen und einem Compiler die Übersetzung dieser Programme in Maschinenbefehle überlassen.

Ein und dasselbe Programm liegt damit in zwei Erscheinungsformen vor:

- einmal als Quelltext, der in C/C++ formuliert ist,
- einmal als ausführbare Datei, die den Maschinencode aus der Übersetzung des Quelltextes enthält.

Wie wird ein C-Programm als Quelltext aufgebaut?

Am einfachsten wäre es sicherlich, wenn man die C-Anweisungen untereinander eintippen würde und dann die Programmausführung mit der obersten Anweisung beginnen ließe. (Ich werde im Zusammenhang mit C von Anweisungen und im Maschinenkontext von Befehlen sprechen, um beide deutlich zu unterscheiden und anzudeuten, dass eine C-Anweisung komplexer ist als ein Maschinenbefehl – sprich: für die Übersetzung einer C-Anweisung meist mehrere Maschinenbefehle erforderlich sind.)

Nach diesem Modell werden beispielsweise die Batch-Dateien unter DOS, die früheren Basic-Programme oder auch Assembler-Programme ausgeführt. Das Aufsetzen und Warten größerer Programme würde damit allerdings zur Qual. Aus diesem Grunde unterstützen fast alle höheren Programmiersprachen die Strukturierung und Modularisierung des Quellcodes.

Die Unterscheidung in modulare und nichtmodulare Programmierung entspricht im Wesentlichen dem Unterschied zwischen einem Roman und diesem Buch.

- Romane bestehen aus einem einzigen lang gezogenen Fließtext. Wunderbar zu lesen, aber schlecht zum Nachschlagen. Haben Sie einmal versucht, in Peter Høegs Krimi »Fräulein Smillas Gespür für Schnee« die Stelle zu finden, wo Fräulein Elsa Lübing gegenüber Fräulein Smilla ihre Vermutungen über die Expeditionen von 1966 äußert?
- Bücher, die auch zum Nachschlagen geeignet sein sollen, strukturieren ihren Text in betitelte Kapitel und Unterkapitel. An den Kapiteltiteln kann man dann ablesen, welche Informationen in dem Text des Kapitels zu finden sind (vorausgesetzt der Autor versucht nicht, die Kapiteltitel zur Demonstration seiner literarischen Bildung und seines Sprachwitzes zu missbrauchen – wie in den folgenden Kapiteln aus einem – ansonsten von mir sehr geschätzten – Buch zur Windows-Programmierung: »Von Menschen und Mäusen«, »Feuerzangenbowle«, »Eierwärmer«, »Weichzeichnen und Scharfmachen«). Des Weiteren erlaubt die Kapitelstruktur auch die Angabe von Verweisen, wenn für das tiefere Verständnis der in einem Kapitel dargelegten Sachverhalte die Informationen aus einem anderen Kapitel erforderlich sind.

In C entspricht die Kapitelstruktur der Modularisierung durch Funktionen.

Buch	C-Quelltext
Buch, das die Zubereitung eines chinesischen Gerichts beschreibt:	Programm, das die Zubereitung eines chinesischen Gerichts simuliert:
Kapitel 1: Vorbereitung	`int vorbereiten();`
Kapitel 2: Zutaten schneiden	`int schneiden(char * gemuese);`
Kapitel 3: Soße anrühren	`int sosse_vorb(char * sosse);`
Kapitel 4: Fleisch anbraten	`int fleisch_braten(int garzeit);`
Kapitel 5: Soße hinzufügen	`int sosse_zugeben();`
Kapitel 6: Servieren	`int servieren();`
	`int main()    // Hauptprogramm`

Verweise	Aufrufe

aus Kapitel 5:
Nachdem das Fleisch 2 Minuten pfannengerührt wurde, können Sie die Soße (siehe Kapitel 3) hinzugießen.
	`int sosse_zugeben()`
	`{`
	`sosse_vorb(»SuessSauer«);`
	`...`
	`}`

Modularisierung durch Funktionen

In C werden Anweisungen in Funktionen zusammengefasst. In einem C-Programm können beliebig viele Funktionen an beliebigen Stellen im Quelltext definiert werden, wobei in einem guten C-Programm jede Funktion so implementiert ist, dass sie eine spezielle Aufgabe erfüllt. So könnte man beispielsweise eine Funktion namens `printf()` aufsetzen, die eine Zeichenkette auf den Bildschirm ausgibt. Diese Funktion kann dann über ihren Namen aus anderen Funktionen heraus aufgerufen werden. Die Programmausführung springt dann zu den Anweisungen der Funktion `printf()` und kehrt nach deren Abarbeitung in die aufrufende Funktion zurück.

Daraus ergeben sich drei wichtige Vorteile:

- Der Quelltext wird durch die Aufteilung in Funktionen besser lesbar.
- Wann immer eine Ausgabe auf den Bildschirm benötigt wird, braucht man nur noch die Funktion über ihren Namen aufzurufen, anstatt die ganzen Anweisungen, die in der Funktion definiert sind, erneut einzutippen.
- Hat sich ein Fehler in den Anweisungen zur Ausgabe der Zeichenkette eingeschlichen, braucht dieser nur einmal in der Definition der Funktion `printf()` korrigiert zu werden.

C/C++ kennt keine untergeordneten Funktionen

Um noch einmal auf den Vergleich mit den Büchern zurückzukommen: In einem Buch kann man den Text in Kapitel, diese wiederum in Unterkapitel und diese wieder in einzelne Abschnitte mit eigenen Überschriften unterteilen. Kann man nun gleichermaßen in einer Funktion eine weitere untergeordnete Funktion definieren, Funktionen also quasi verschachteln? Man kann, allerdings nicht in C. In C sind alle Funktionen gleichberechtigt. Eine Funktion kann eine andere Funktion aufrufen, aber sie kann keine untergeordnete Funktion beinhalten. In anderen Sprachen wie z.B. Pascal ist es aber durchaus erlaubt, Funktionen innerhalb von Funktionen zu definieren.

Modularisierung durch Klassen und Quellmodule

C++ bietet durch sein Klassenkonzept viel weitreichendere Möglichkeiten zur Strukturierung von Quelltexten. In Klassen kann man mehrere Funktionen zusammenfassen, man kann Funktionen und Variablen zusammenfassen, man kann Klassen verschachteln (was mit C-Funktionen wie gesagt nicht erlaubt ist). Das soll nun aber nicht heißen, dass man Klassen vornehmlich zur Strukturierung von Quellcode verwendet. Sie sollten Klassen als ein Mittel zur Repräsentation von Objekten (siehe Kapitel 15) und zur Definition eigener Datentypen (siehe Kapitel 8.5) sehen. Die Strukturierung des Quelltextes ist dabei ein sich zwangsläufig einstellender, positiver Nebeneffekt.

C wie C++ erlauben Ihnen auch die Aufteilung Ihres Quelltextes auf mehrere Dateien. Der Inhalt verschiedener Dateien kann mithilfe der `#include`-Direktive zu einer Übersetzungseinheit (siehe Kapitel 25) zusammengefasst werden. Mehrere Übersetzungseinheiten können vom Linker zu einem Programm zusammengebunden werden. Die Aufteilung des Quelltextes in mehrere Dateien und Übersetzungseinheiten dient ebenfalls der Strukturierung des Codes und erleichtert insbesondere die Arbeit an größeren Programmen (gerade auch, wenn mehrere Programmierer an einem Projekt zusammenarbeiten). Der Modularisierung durch Übersetzungseinheiten ist Kapitel 25 gewidmet. Im Moment brauchen Sie sich damit nicht zu belasten; die meisten Beispiele dieses Buches bestehen aus einer einzigen Quelltextdatei.

Programmstart mit main()

Wenn in einem C-Programm alle Anweisungen in Funktionen gekapselt werden und diese Funktionen an beliebiger Stelle im Quelltext definiert werden können, mit welcher Anweisung oder mit welcher Funktion beginnt dann das Programm?

Zu diesem Zweck definiert der C-Standard eine besondere Funktion, die so genannte Eintrittsfunktion. Der Name dieser Funktion ist vorgegeben: Sie heißt `main()`. Jedes funktionsfähige C-Programm muss eine `main()`-Funktion definieren. Die Programmausführung beginnt mit dem Aufruf dieser Funktion und der Ausführung der Anweisungen in der Definition von `main()`. Innerhalb der Funktion `main()` kann man dann andere im Programm definierte Funktionen aufrufen.

Bis dato besteht unser C-Programm lediglich aus einer Ansammlung von Funktionsdefinitionen. Innerhalb der Funktionsdefinitionen stehen die Anweisungen, die die eigentlichen Befehle darstellen.

Diese Anweisungen dienen zum Teil dazu, den Programmfluss zu steuern. Die meisten Anweisungen dienen aber der Verarbeitung von Daten.

Daten

In C-Programmen werden Daten in Form von Variablen oder Konstanten repräsentiert. Bevor man mit Variablen arbeiten, d.h. ihnen Werte zuweisen oder ihre Werte abfragen kann, muss man sie definieren.

Ein C-Programm ist letztlich also eine Ansammlung von Variablen- und Funktionsdefinitionen.

3.2 Ein einführendes Beispiel

Seit dem Erscheinen des Klassikers »Programmieren in C« von Kernighan und Ritchie beginnen die meisten C-Lehrbücher mit einem einfachen Beispielprogramm, das nichts anderes macht, als die Grußworte »Hello, world« auszugeben.

3.2.1 Hello, world in C und C++

In C sieht das »Hello, world«-Programm wie folgt aus:

```
#include <stdio.h>

int main()
  {
  printf("Hello, world\n");
  return 0;
  }
```

Dieses Programm definiert lediglich die Eintrittsfunktion `main()`, in der nur eine einzige Anweisung steht: der Aufruf der Funktion `printf()`. Diese Funktion wurde bereits für uns definiert. Sie ist Teil der Standardbibliothek von C. Um sie benutzen zu können, muss ihre Deklaration in den Quelltext aufgenommen werden. Dies geschieht mithilfe der `#include`-Direktive.

!! STOP

Beachten Sie beim Abtippen, dass C/C++ zwischen Groß- und Kleinschreibung unterscheidet.

Da C++ die Sprache C fast vollständig und ohne große Anpassungen einschließt, ist das obige Programm auch ein absolut korrektes C++-Programm. Was C++ aber auszeichnet, ist die objektorientierte Programmierung, d.h. die Programmierung mit Klassen und Klasseninstanzen. Dies spiegelt sich auch in den mit C++ ausgelieferten Bibliotheken wider. Während in den C-Bibliotheken die Ein- und Ausgabeoperationen in Form von Funktionen implementiert sind, sieht C++ zum gleichen Zwecke spezielle Klasseninstanzen und eigens überladene Operatoren vor. Unter Ausnutzung dieser Konzepte würde das Programm dann wie folgt aussehen:

```
#include <iostream>
using namespace std;

int main()
  {
  cout << "Hello, World\n";
  return 0;
  }
```

E/A in C und C++

Ob man nun aber `printf()` oder `cout` verwendet, macht keinen allzu großen Unterschied. Beide haben ihre Vor- und Nachteile, und es steht Ihnen frei, in einem Programm beide Konzepte durcheinander zu verwenden.

Ich werde es in diesem Buch so halten, dass ich in den ersten Kapiteln, die sich vornehmlich mit den Konzepten beschäftigen, die schon in C vorhanden waren, nur die C-Funktionen verwenden werde. Beispielprogramme, die spezielle Konzepte von C++ erläutern, verwenden dagegen die Klasseninstanzen `cout` und `cin`.

In den Kapiteln 23 und 24 werden die von C und C++ zur Verfügung gestellten Möglichkeiten zur Ein- und Ausgabe bzw. zur String-Behandlung eingehender beschrieben und gegenübergestellt.

3.2.2 Einbindung der Header-Dateien

Um Funktionen (oder auch andere Elemente wie Konstanten oder Klassen) der Laufzeitbibliothek nutzen zu können, müssen die passenden Header-Dateien mithilfe von `#include`-Direktiven eingebunden werden.

Abgesehen davon, dass man wissen muss, welche Header-Datei für welche Funktion eingebunden werden muss, spielt auch die korrekte Syntax der `#include`-Direktiven eine große Rolle.

C versus C++

Die genaue Syntax hängt dabei ganz wesentlich von Ihrem Compiler ab.

C-Compiler

In C endet der Name der Header-Datei immer auf .h – beispielsweise

```
include <stdio.h>
```

C++-Compiler

In C++ haben die Header-Dateien keine Extension mehr:

```
include <iostream>
```

Die alten C-Header-Dateien werden durch ein vorangehendes »c« gekennzeichnet:

```
include <cstdio>
```

Alle Elemente dieser Header-Dateien sind zudem in den Namensbereich `std` eingefasst. Man muss daher nach Auflistung der Header-Dateien diesen Namensbereich einführen:

```
using namespace std;
```

Unabhängig davon können C++-Compiler die C-Header-Dateien auch im alten Stil einbinden (die Funktionen sind dann nicht in den `std`-Namensbereich eingefasst).

Übergangs-Compiler

Alte C++-Compiler verwenden für die speziellen C++-Header-Dateien die gleiche Nomenklatur wie für die C-Header-Dateien:

```
include <iostream.h>
```

Diese Header-Dateien kennen ebenfalls keinen Namensbereich `std`. (Auch die Namen dieser Dateien sind nicht einheitlich, manche Compiler bezeichnen die Header-Datei mit den Stream-Klassen beispielsweise als `stream.h` statt als `iostream.h`.)

Es gibt auch die Möglichkeit, dass ein Compiler die neuen Namen für die Header-Dateien unterstützt, aber nicht den Namensbereich `std`.

Eine Übersicht der Header-Dateien zu den Laufzeitbibliotheken und der Funktionen und Klassen, die in den einzelnen Header-Dateien enthalten sind, finden Sie im Anhang.

REF

3.2.3 Ein umfangreicheres Beispiel

Zur Übung erstellen wir nun ein etwas umfangreicheres Programm, das entscheiden soll, ob (irischer) Whiskey das Gleiche ist wie (schottischer) Whisky.

```
/* Whisky.cpp - Ein erstes C-Programm */
#include <stdio.h>
#include <stdlib.h>
#include <string.h>

int main() {
  char lebenswasser1[20];
  char lebenswasser2[20];

  strcpy(lebenswasser1, "Whiskey");
  strcpy(lebenswasser2, "Whisky");
  if (strcmp(lebenswasser1,lebenswasser2) == 0)
     printf("%s und %s sind das gleiche\n",
                                  lebenswasser1,lebenswasser2);
     else
     printf("%s ist nicht gleich %s \n",
                                  lebenswasser1,lebenswasser2);
  return 0;
  }
```

Ein solcher Programmtext oder Quellcode kann mit jedem Texteditor erstellt werden, der den Text ohne Formatierungszeichen als ASCII-Text abspeichern kann. Bequemer ist es natürlich, den Quelltexteditor einer Entwicklungsumgebung zu benutzen (beispielsweise Borland C++ oder Visual C++). Nachdem der Quelltext im Editor eingegeben ist und sicherheitshalber schon als Datei abgespeichert wurde, wird der Compiler aufgerufen, um den C++-Quellcode in Binärformat umzuschreiben. Das Ergebnis ist eine Objektdatei mit der Extension .obj. Obwohl das Programm in dieser Datei in maschinenlesbarer Form vorliegt, ist es so noch nicht ausführbar. Erst muss noch zusätzlicher Code in das Programm eingebunden werden. Diese Aufgabe übernimmt der Linker, der automatisch aufgerufen wird, wenn der Compiler das Programm korrekt übersetzen konnte. Das Ergebnis ist eine ausführbare .exe-Datei. Diese kann direkt aufgerufen werden.

Doch nicht immer geht bei der Programmierung alles so glatt.

Während der Compiler den Quelltext in Objektcode übersetzt, prüft er, ob der Quelltext auch den in C++ geltenden Syntaxregeln entspricht. Ist dies nicht der Fall, weiß der Compiler nicht, wie er den Quelltext übersetzen soll, und gibt eine Fehlermeldung aus.

Konnte der Compiler dagegen seine Arbeit erfolgreich beenden, heißt dies, dass ein syntaktisch korrektes C++-Programm erstellt wurde. Ob dieses Programm lauffähig ist, entscheidet allerdings erst der Linker. Beispielsweise ruft obiges Programm eine Funktion mit Namen `printf()` auf. Diese Funktion hat die Aufgabe, die Antwort auf unsere Frage auf den Bildschirm auszugeben. Wo aber ist definiert, wie diese Funktion ihre Aufgabe erfüllt?

Die Funktion `printf()` (wie auch `strcpy()` und `strcmp()`) ist Teil des Standardsprachumfangs von C/C++ und liegt als bereits kompilierter Objectcode in einer der mitgelieferten Bibliotheken vor. Der Linker sucht die entsprechende Bibliothek, in der die Funktion definiert ist, und bindet sie mit der .obj-Datei des Programms zusammen. Das Ergebnis ist ein lauffähiges Programm. Doch ob dieses Programm auch seine Aufgabe erfüllt, ist immer noch nicht sichergestellt. Verhält sich das Programm anders als geplant oder stürzt es gar ab, liegen logische Fehler vor. Solche Fehler sind oft nur schwer zu finden. Um sie zu erkennen und zu lokalisieren, bedient man sich eines Debuggers

Tabelle 3.1: Ablauf der Programmerstellung

Schritt	Ergebnis
1. Quellcode in Editor eingeben	KEINNAME.cpp
2. Quellcode speichern	DATEINAME.cpp
3. Programm kompilieren	DATEINAME.obj
4. Programm linken	DATEINAME.exe
5. Programm ausführen	

Im folgenden Abschnitt werden wir obiges Programm genauer auf seine einzelnen Elemente und seine Syntax hin untersuchen.

3.3 Ein einführender Programmierkurs

Die wichtigsten Elemente, aus denen praktisch jedes C-Programm zusammengesetzt ist, sind

- Kommentare,
- Datenelemente,
- Operationen auf Daten,
- Konstrukte zur Steuerung des Programmablaufs,
- Funktionen,
- Präprozessor-Direktiven.

3.3.1 Kommentare

Umfangreichere Kommentare beginnen stets mit /* und enden mit */. Alles dazwischen wird vom Compiler ignoriert.

Das hat zur Folge, dass sich die Kommentar-Marker nicht verschachteln lassen. Ein Nachteil, der besonders beim Debuggen deutlich wird.

C versus C++

C++ stellt darüber hinaus eine weitere, sehr bequeme Art der Kommentierung zur Verfügung. Mittels // können Sie dem Compiler mitteilen, dass der Rest der aktuellen Zeile nur noch Kommentar beinhaltet.

```
#include <stdio.h>

/* Eintrittsfunktion */
int main()
  {
  printf("Hello, world\n");    // Ausgabe
  return 0;
  }
```

Diese Form der Auskommentierung ist so praktisch und übersichtlich, dass sie auch nachträglich in den ANSI-C-Standard aufgenommen wurde.

!! STOP

Wenn Sie mit einem älteren C-Compiler arbeiten, kann es sein, dass dieser die //-Kommentare in den Beispiellistings nicht akzeptiert. Schreiben Sie die Kommentare dann in die / */-Syntax um oder löschen Sie die Kommentare.*

3.3.2 Datenelemente

Datenelemente dienen dazu, Ihre Daten (Zahlen, Wörter etc.) aufzunehmen und zu repräsentieren. Man unterscheidet Konstanten und Variablen. Während eine Konstante durch einen festen (konstanten) Wert gegeben ist, kann sich der Wert einer Variablen im Laufe des Programms ändern (ist also variabel). Dies stellt aber für das Programm (beziehungsweise den Rechner, der das Programm ausführt) ein organisatorisches Problem dar.

Die M8-50-Schraube

Nehmen wir einmal an, Sie verfügen wie ich über leidliche handwerkliche Fähigkeiten (gepaart mit großen handwerklichen Ambitionen). Des Weiteren nehmen wir an, Sie haben ein paar Schrauben mit M8-Gewinde und 50 mm lang, die Sie in einer kleinen Schublade verwahren. Wenn neue M8-50-Schrauben hinzukommen, legen Sie diese dazu. Wenn Sie Schrauben zum Aufbau eines Regals benötigen, entnehmen Sie sie der Schublade. Wenn Sie einfach nur wissen wollen, wie viele M8-50-Schrauben Sie noch haben, schauen Sie in die Schublade rein und zählen nach.

Der Inhalt der Schublade ist also variabel – in dem Sinne, dass sich die Anzahl der Schrauben ändern kann.

Wir können dies auf unser Programm übertragen. Statt einer Schublade verwendet der Rechner Speicherzellen. Statt Schrauben legt er in der Speicherzelle Zahlen ab (allgemeiner ausgedrückt, Daten eines bestimmten Datentyps). Der Wert dieser Zahl entspricht der Anzahl der Schrauben und kann sich im Laufe des Programms ändern.

M8-50 und M16-120

Mittlerweile haben Sie sich auch einen Vorrat an M16-Schrauben zugelegt, die 120 mm lang sind. Sie verwahren diese in einer eigenen Schublade, die aber natürlich größer sein muss als die Schublade für die 50-mm-Schrauben.

Übertragen auf unser Programm bedeutet dies, dass der Speicherbereich, der für eine Variable bereitgestellt wird, sich danach richtet, welche Art von Objekten darin abgespeichert wird (ganze Zahlen, Gleitkommazahlen, Zeichen – in C spricht man in diesem Zusammenhang von Datentypen).

Schraubenmagazine

Irgendwann haben Sie eine Sammlung von 20 bis 30 verschiedenen Schraubenarten und für jede Schraubenart ihre eigene Schublade. Um nicht die Übersicht zu verlieren, haben Sie die einzelnen Schubladen natürlich beschriftet, damit Sie die passende Schraube immer schnell finden.

Aus dem gleichen Grund geben Sie jeder Variablen einen Namen.

Tabelle 3.2: Analogie Schrauben – Variablen

Schrauben-Beispiel	Variable
Schublade	Speicherzelle
Schraubenzahl	Wert der Variablen
Schraubenart und -größe	Datentyp
Beschriftung	Variablenname

Wenn Sie also eine neue Variable brauchen, um in dieser einen Wert zu speichern, ist das, als würden Sie eine neue Schublade einrichten – nur dass Sie viel Arbeit an den Compiler und den Rechner delegieren.

Sie selbst brauchen die Variable nur zu deklarieren:

```
int n;
```

Dabei geben Sie der Variablen einen eindeutigen Namen (entspricht der Beschriftung einer Schublade) und teilen dem Compiler mit, welche Art von Objekten in der Variablen verwahrt wird und wie groß deren Speicherbedarf ist.

In obigem Fall sollen in der Variablen n natürliche Zahlen abgespeichert werden, wir haben daher den Datentyp »int« gewählt. Da ganze Zahlen (Integer-Werte) in 32-Bit-Umgebungen durch eine 32-stellige binäre Zahl kodiert werden, also aus 4 Byte bestehen, reserviert der Compiler für eine int-Variable auch genau 4 Byte im Arbeitsspeicher.

Bei der Deklaration einer Variablen geschieht also erst einmal zweierlei:

- In Abhängigkeit davon, welche Werte die Variable aufnehmen soll (festgelegt durch den Datentyp; in obigem Beispiel also »int«), wird ein Speicherbereich für die Variable reserviert.
- Die Adresse des Speicherbereichs wird mit dem Variablennamen verbunden. Während wir bei der Programmierung unter einer Variablen meist ihren zugeordneten Wert (Speicherinhalt) verstehen, ist die Variable für den Computer eine Adresse im Speicherraum.

Der nächste Schritt besteht nun darin, der Variablen n einen Wert zuzuweisen, d.h. eine natürliche Zahl in der Speicherzelle abzulegen:

```
n = 10;
```

Abbildung 3.1: Variablendefinition

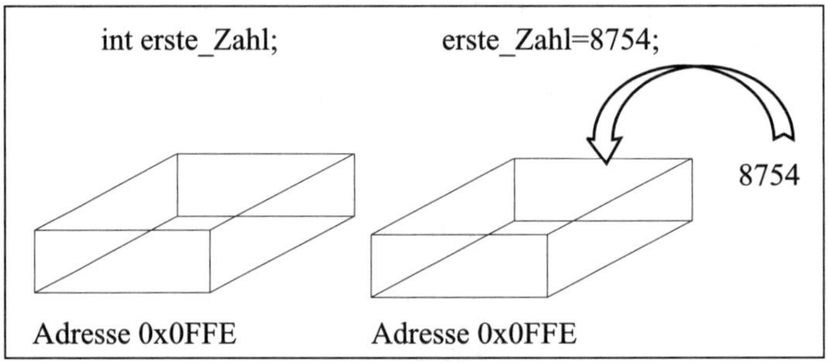

Eine andere Möglichkeit wäre, einer Variablen den Wert einer anderen Variablen zuzuordnen:

```
int n1;
int n2;

n1 = 10;
n2 = n1;
```

Danach würde in beiden Variablen der Wert 10 stehen. Da es in den meisten Fällen nicht notwendig ist, zwischen der Variablen als einer reservierten Speicherzelle und dem Inhalt dieser Speicherzelle zu unterscheiden, kann man auch sagen: Die Variablen n1 und n2 sind beide gleich 10.

3.3.3 Operationen auf Daten

Neben der Zuweisung von Werten gibt es noch andere Operationen auf Daten. Dabei legt der Datentyp (siehe Kapitel 6.1) bereits fest, welche Operationen auf die Daten angewendet werden dürfen. Integer-Werte lassen sich zum Beispiel addieren, subtrahieren, dividieren und multiplizieren:

```
1:  /* mult.cpp Multiplikation */
2:  #include <stdio.h>

3:  int main()
4:    {
5:    int n1, n2;          // Variablendeklaration

6:    n1 = 10;             // Initialisierung von n1
7:    n2 = n1;             // Initialisierung von n2
8:    n1 = n1 * n2;        // Multiplikation

9:    printf("Ergebnis der Multiplikation = %d\n",n1);
10:   return 0;
11: }
```

Die Nummerierung der Zeilen dient nur der besseren Orientierung im Listing; sie ist nicht Bestandteil des Programmcodes.

Ausgabe:

```
Ergebnis der Multiplikation = 100
```

Analyse

Die Variablendeklaration wurde hier etwas vereinfacht. Für Variablen gleichen Datentyps – hier `int` – genügt es, den Datentyp an den Anfang zu stellen und danach die Variablen durch Kommata getrennt aufzulisten. Abgeschlossen wird die Deklaration wiederum mit einem Semikolon.

In der Zeile 6 wird der Variablen `n1` der Wert `10` zugewiesen. In der darauf folgenden Zeile wird der Variablen `n2` der Wert der Variablen `n1` zugewiesen. Beide Variablen sind jetzt also gleich `10`.

In Zeile 8 steht die Variable `n1` sowohl links wie auch rechts vom Gleichheitszeichen! Der Compiler löst dies so auf, dass er zuerst die rechte Seite berechnet. Nach der Berechnung wird das Ergebnis der Variablen `n1` zugewiesen (jetzt erst wird der Speicherinhalt von `n1` überschrieben). In der 8. Zeile werden also nacheinander zwei Operationen ausgeführt: Multiplikation (Operator *) und Zuweisung (Operator =).

Schließlich wird die Funktion `printf()` aufgerufen, um das Ergebnis anzuzeigen.

Damit haben Sie bereits die wirklich grundlegenden Konzepte von C++ – Daten und Operationen auf Daten – kennen gelernt. Viel mehr bedarf es nicht, um eine so erfolgreiche und mächtige Sprache wie C oder C++ zu schaffen bzw. zu beherrschen. Allerdings wäre es recht mühsam, wenn man jedes Programm Anweisung für Anweisung niederschreiben müsste. Obiges Programm berechnet das Quadrat von 10. Wie aber, wenn wir ein Programm schreiben möchten, das uns die Quadratzahlen von 1 bis 10 ausgeben soll?

```
int main()
  {
  int n1;

  n1 = 1;
  n1 = n1 * n1;
  printf("Das Quadrat von 1 ist = %d\n",n1);

  n1 = 2;
  n1 = n1 * n1;
  printf("Das Quadrat von 2 ist = %d\n",n1);

  n1 = 3;
  n1 = n1 * n1;
  printf("Das Quadrat von 3 ist = %d\n",n1);

  n1 = 4;
  n1 = n1 * n1;
  printf("Das Quadrat von 4 ist = %d\n",n1);

  ...

  return 0;
  }
```

Analyse

Das Programm wurde zwar noch etwas vereinfacht, indem die zweite Variable `n2` weggelassen wurde, aber es wird deutlich, dass es keinen Spaß macht, auf diese Weise ein Programm zu schreiben, das die Quadratzahlen von 1 bis 1000 berechnet. Die Lösung liegt darin, den Programmablauf in einer Schleife auszuführen.

!! STOP

Die Ellipse »...« ist natürlich nicht Teil des Programms, sondern soll Ihnen nur anzeigen, dass hier noch die entsprechenden Anweisungen für die Quadratzahlen von 5 bis 10 folgen sollen.

3.3.4 Programmablauf

Verschiedene Konstrukte dienen dazu, den Programmablauf zu regeln. Neben dem linearen Ablauf gibt es Verzweigungen und Schleifen. Die `for`-Schleife wird häufig verwendet, wenn der Programmierer bereits weiß, wie oft die Schleife durchlaufen werden soll:

```
1:  /* forschleife.cpp   for-Schleife  */
2:  #include <stdio.h>

3:  int main()
4:   {
5:   int loop;
6:   int nl;

7:   for(loop = 1; loop <= 10; loop++)
8:     {
9:     nl = loop * loop;
10:    printf("Das Quadrat von %d ist = %d\n",loop, nl);
11:    }
12:  return 0;
13:  }
```

Ausgabe:

```
Das Quadrat von  1 ist = 1
Das Quadrat von  2 ist = 4
Das Quadrat von  3 ist = 9
Das Quadrat von  4 ist = 16
Das Quadrat von  5 ist = 25
Das Quadrat von  6 ist = 36
Das Quadrat von  7 ist = 49
Das Quadrat von  8 ist = 64
Das Quadrat von  9 ist = 81
Das Quadrat von 10 ist = 100
```

Analyse

In Zeile 7 beginnt die Schleife, eingeleitet durch das Schlüsselwort `for`. In der nachfolgenden Klammer wird festgelegt, wie oft die Schleife durchlaufen wird. Dazu bedarf es einer Schleifenvariablen, die ich »`loop`« genannt habe. Bei Eintritt in die Schleife muss der Schleifenvariablen ein Anfangswert zugewiesen werden. Dies geschieht in der Anweisung:

```
loop = 1;
```

Dahinter ist die Abbruchbedingung formuliert, die festlegt, wann die Schleife verlassen wird:

```
loop <= 10;
```

»<=« ist ein Vergleichsoperator, der überprüft, ob ein Wert (hier der Wert der Schleifenvariablen `loop`) kleiner oder gleich einem zweiten Wert (hier 10) ist.

Solange die Bedingung erfüllt ist, d.h. solange die Schleifenvariable `loop` kleiner oder gleich 10 ist, wird die Schleife ausgeführt. Die dritte Anweisung wird nach Abarbeitung des Schleifenkörpers ausgeführt. Der Schleifenkörper ist durch die geschweiften Klammern in den Zeilen 8 und 11 markiert.

Beim ersten Schleifendurchgang hat die Schleifenvariable `loop` noch den Anfangswert 1. Folglich bekommt `n1` den Wert `1 * 1 = 1` zugewiesen. Das Ergebnis der Berechnung wird in Zeile 10 ausgegeben. Am Ende der Schleife wird die dritte Anweisung

```
loop++
```

ausgeführt.

!! STOP

Bitte beachten Sie, dass die letzte Anweisung im Schleifenkopf nicht mit einem Semikolon abgeschlossen wird.

Die Anweisung `loop++` ist identisch zu `loop = loop + 1`. Sie ist also nur eine kürzere Schreibweise für die Addition von 1, auch als Inkrement bezeichnet. Danach springt das Programm zurück an den Schleifenanfang. Die Zuweisung

```
loop = 1;
```

wird nun nicht mehr ausgeführt, wohl aber die Überprüfung der Abbruchbedingung. Da nach jedem Schleifendurchgang die Variable `loop` um 1 erhöht wird, wird `loop` nach dem zehnten Durchgang den Wert `11` haben. Die Überprüfung der Abbruchbedingung ergibt, dass `loop` nun größer als 10 ist, und die Schleife wird verlassen. Das Programm wird in Zeile 12 fortgesetzt.

Wichtig ist, dass die Schleife auch wirklich wieder verlassen wird. Betrachten Sie folgende Schleife:

```
for(loop=1; loop <= 10; loop--)
  {
  ...
  }
```

Hier wird die Schleifenvariable `loop` nach jedem Schleifendurchgang dekrementiert, das heißt um 1 vermindert. Das heißt, `loop` wird nie größer als 10 werden und die Schleife wird nie verlassen! Das Gleiche kann einem passieren, wenn man die Schleifenvariable in der Schleife auf ungünstige Art verändert:

```
for(loop=1; loop <= 10; loop++)
  {
  ...
  loop--;
  }
```

Hier wird die Variable loop zwar nach jedem Durchgang ordnungsgemäß um 1 erhöht; da loop aber zuvor in der Schleife um 1 erniedrigt wurde, heben sich die beiden Anweisungen gegeneinander auf. Die Variable loop hat bei Überprüfung der Abbruchbedingung immer den Wert 1, weshalb die Schleife nicht verlassen wird.

Solche Endlosschleifen sind ein häufiges Beispiel für logische Fehler innerhalb eines syntaktisch korrekten Programms.

Wir haben nun gesehen, wie sich der Programmieraufwand mittels einer for-Schleife wesentlich verringern kann. Es gibt aber noch weitreichendere Möglichkeiten, ein Programm zu strukturieren. Dazu gehört beispielsweise die Kapselung von Teilproblemen in Funktionen.

3.3.5 Funktionen

Funktionen bestehen aus einem Funktionskopf und einem Funktionskörper. Der Funktionskörper kapselt die zur Funktion gehörenden Anweisungen in geschweiften Klammern. Der Funktionskopf deklariert die Funktion und legt die Schnittstelle zur Außenwelt fest.

Eine Funktion zur Berechnung des Quadrats könnte wie folgt aussehen:

```
int quadrat(int n)      // Funktionskopf
   {                    // Beginn des Funktionskörpers
   int ergebnis;

   ergebnis = n * n;
   return (ergebnis);
   }                    // Ende des Funktionskörpers
```

Es ist sinnvoll, den Funktionsnamen so zu wählen, dass daraus der Gebrauch der Funktion direkt ersichtlich ist. Hinter dem Funktionsnamen folgt in Klammern die Liste der Parameter, die der Funktion übergeben werden. Im obigen Fall wird der Funktion nur ein Parameter übergeben. Um den Parameter aufzunehmen, wird für die Funktion eine Integer-Variable n eingerichtet. Eine weitere Variable ergebnis wird eingerichtet, um das berechnete Quadrat aufzunehmen. Mittels der Anweisung

```
return (ergebnis);
```

wird das Ergebnis der Berechnung als Wert der Variablen ergebnis zurückgeliefert. Das Schlüsselwort int vor dem Funktionsnamen gibt an, dass es sich bei dem von der Funktion zurückgelieferten Wert um einen Integer-Typ handelt.

Den Informationsfluss in die Funktion hinein und aus ihr heraus wollen wir uns noch einmal am vollständigen Programm gründlicher anschauen:

```
1:  /* FUNC_A.CPP Funktionen */
2:  #include <stdio.h>

3:  int quadrat(int n)      // Funktionsdeklaration
4:   {
5:   int ergebnis;

6:   ergebnis = n * n;
7:   return (ergebnis);     // Funktion liefert Ergebnis zurueck
8:   }

9:  int main()
10:  {
11:  int n_main;

12:  n_main = 10;
13:  n_main = quadrat(n_main);           // 10 * 10   = 100
14:  printf("1. Quadrat = %d\n",n_main);

15:  n_main = quadrat(n_main);           // 100 * 100 = 10000
16:  printf("2. Quadrat = %d\n",n_main);
17:  return 0;
18:  }
```

Ausgabe:

```
1. Quadrat = 100
2. Quadrat = 10000
```

Analyse Um keine Verwirrung zu stiften, wurden die Variablennamen umbenannt.

In Zeile 12 wird der Variable `n_main` der Wert 10 zugewiesen.

In Zeile 13 erfolgt der erste Aufruf der Funktion `quadrat()`. Dabei wird der Wert der Variablen `n_main` an die Variable `n` der Funktion `quadrat()` übergeben. Physikalisch gesehen bedeutet dies, dass der Inhalt der Speicherzelle `n_main` in die Speicherzelle der Funktionsvariablen `n` kopiert wird. Das Programm springt jetzt in Zeile 4 und wird dort fortgesetzt. Wenn die Funktion beendet wird, springt das Programm zurück in Zeile 13, von wo aus die Funktion aufgerufen wurde. Der Wert der Variablen `ergebnis` wird der Variablen `n_main` zugewiesen.

Wenn Sie detaillierter nachvollziehen wollen, was in dem Programm geschieht, können Sie es in einem Debugger schrittweise ausführen und sich die Inhalte der Variablen dabei anzeigen lassen oder das folgende Programm ausführen.

```
/* FUNC_B.CPP Funktionen */
#include <stdio.h>

int quadrat(int n)     // Funktionsdeklaration
  {
  int ergebnis;

  printf("\t Dies ist die Funktion quadrat()\n");
  printf("\t n = %d\n",n);
  ergebnis = n * n;
  printf("\t ergebnis = %d\n",ergebnis);
  return (ergebnis);
  }

int main()
  {
  int n_main;

  printf("Dies ist die Funktion main()\n");
  n_main = 10;
  printf("n_main = %d\n",n_main);
  n_main = quadrat(n_main);                // 10 * 10   = 100
  printf("Dies ist die Funktion main()\n");
  printf("n_main = %d\n",n_main);
  n_main = quadrat(n_main);                // 100 * 100 = 10000
  printf("Dies ist die Funktion main()\n");
  printf("n_main = %d\n",n_main);
  getchar();
  return 0;
  }
```

Ausgabe:

```
Dies ist die Funktion main()
n_main = 10
     Dies ist die Funktion quadrat()
     n = 10
     ergebnis = 100
Dies ist die Funktion main()
n_main = 100
     Dies ist die Funktion quadrat()
     n = 100
     ergebnis = 10000
Dies ist die Funktion main()
n_main = 10000
```

Es ist angebracht, an dieser Stelle noch zwei Begriffe klarzustellen:

Definition

Parameter — Als *Parameter* einer Funktion werden einfach diejenigen Variablen der Funktion bezeichnet, die innerhalb der Klammern im Funktionskopf deklariert werden (im Gegensatz zu den Variablen, die zu Beginn des Funktionskörpers deklariert werden).

Argumente — Die Werte, die beim Funktionsaufruf an die Parameter übergeben werden, nennt man auch *Argumente*.

Analyse In den Zeilen 13 und 15 des Programms *FUNC_A.CPP* wird also der Wert der Variablen `n_main` als Argument an die Parametervariable `n` der Funktion `quadrat()` übergeben.

Die Eintrittsfunktion

Wie Sie sicherlich bemerkt haben, haben wir schon die ganze Zeit von Funktionen Gebrauch gemacht, denn

```
int main()
  {
  ...
  }
```

ist ebenfalls eine Funktion. Die Funktion `main()` ist insofern jedoch ausgezeichnet, als sie die Haupt- und Eintrittsfunktion jedes Programms darstellt. Das heißt, jedes C-Programm beginnt mit der `main()`-Funktion (und nicht etwa in der ersten Zeile des Quelltextes!). Daraus folgt, dass jedes ausführbare Programm eine Funktion mit Namen `main` haben muss!

!! STOP

Obige Feststellung gilt nur für Textbildschirm-Anwendungen. Windows-Anwendungen beginnen mit der Eintrittsfunktion `WinMain()`.

Funktionen sind in C/C++ sehr gebräuchlich. Zum einem kann man Funktionen im Programm einmalig definieren und braucht sie dann bei Bedarf nur noch aufzurufen (wie oben gesehen), zum anderen bietet es sich an, Sammlungen von Funktionen in spezielle Dateien auszulagern und anderen Programmen zur Verfügung zu stellen. Dabei ist zwischen Include-Dateien und Bibliotheken zu unterscheiden. Include-Dateien beinhalten normalen Quelltext und werden vom Compiler in das aufrufende Programm einkopiert, Bibliotheken beinhalten bereits übersetzten Objektcode und werden vom Linker eingebunden.

Das Programm *FUNC_C.CPP* benutzt beispielsweise die Funktion `quadrat()` aus der Include-Datei *QUADR.BIB*:

```
/*  Quadr.bib  */
int quadrat(int n)
 {
 int ergebnis;

 ergebnis = n * n;
 return (ergebnis);
 }
```

Das dazugehörige Hauptprogramm (und nur dieses brauchen Sie aufzurufen und auszuführen):

```
/* FUNC_C.CPP Funktionen */
#include <stdio.h>
#include "quadr.bib"

int main(int argc, char **argv)
  {
  int n_main;

  n_main = 10;
  n_main = quadrat(n_main);           // 10 * 10   = 100
  printf("1. Quadrat = %d\n",n_main);

  n_main = quadrat(n_main);           // 100 * 100 = 10000
  printf("2. Quadrat = %d\n",n_main);
  getchar();
  return 0;
  }
```

Die Einbindung von Include-Dateien führt uns zu den Präprozessor-Direktiven.

3.3.6 Präprozessor-Direktiven

Betrachten wir die 3. Zeile des Beispielprogramms *FUNC_C.CPP*:

```
#include "quadr.bib"
```

`#include` ist eine Präprozessor-Direktive (Präprozessor-Direktiven sind an dem vorangestellten Doppelkreuz # erkennbar), die den Compiler anweist, die in Hochkommata oder eckigen Klammern angegebene Datei an die entsprechende Stelle in den Quelltext zu kopieren. Häufig benutzte Funktionen lassen sich so Ihren Programmen bequem einverleiben. Steht der Dateiname in Hochkommata, sucht der Compiler nur im aktuellen Verzeichnis nach der Datei, während er im Fall von eckigen Klammern den Include-Pfad durchsucht (Einstellung des Compilers).

Nach der Kopieraktion wird das Programm normal übersetzt.

Bibliotheken

Sind die in der Include-Datei stehenden Funktionen sehr umfangreich, führt dies zu einer beträchtlichen Aufblähung Ihres Quelltextes und verlängert die Kompilierung. Dies ist besonders ärgerlich, wenn in der Include-Datei viele Funktionen stehen, die Ihr Programm gar nicht benutzt. Einen Ausweg daraus bieten die Bibliotheken. In Bibliotheken sind die Funktionen in kompilierter Form abgespeichert. Solche Dateien können selbstverständlich nicht mehr als Include-Dateien in den Quelltext hineinkopiert werden, da sie binär codiert sind und vom Compiler nicht verstanden würden. Bibliotheken werden stattdessen vom Linker in das Programm eingebunden. Dabei ergibt sich jedoch ein Problem. Wenn wir die Funktion `quadrat()` als OBJ-Datei vom Linker einbinden lassen, statt sie als Include-Datei einzukopieren, stolpert der Compiler bei der Bearbeitung des Hauptprogramms darüber, dass er auf einen Namen (nämlich »`quadrat`«) stößt, der ihm gänzlich unbekannt ist. Was der Compiler braucht, ist eine Deklaration des Namens, der ihm zum einen angibt, dass es sich um eine Funktion handelt, und zum anderen, wie viele Parameter der Funktion übergeben werden und welchen Typ diese Parameter sowie der Rückgabewert haben. Im Prinzip also den vollständigen Funktionskopf:

```
int quadrat(int);
```

Diese Deklaration können Sie entweder an den Anfang Ihres Programmes schreiben oder in eine Header-Datei (*Headername.h*), die dann mit einem Include-Befehl in das Programm kopiert wird. Der Vorteil ist, dass nur noch Funktionsdeklarationen kopiert und kompiliert werden, während der umfangreichere Funktionskörper erst in das endgültige Programm eingebunden wird.

Damit wäre unser Streifzug durch die verschiedenen Elemente eines C-Programms schon fast beendet. Wahrscheinlich werden Sie einige Konzepte als ungewohnt oder schwierig empfinden. Ihre Kenntnisse werden sich jedoch bald festigen und Sie werden schnell an Sicherheit gewinnen. Mit wachsender Erfahrung werden Ihre Programme umfangreicher und leider auch trotz guten Programmierstils immer schwerer verständlich. C bietet daher die Möglichkeit, Programme mit Kommentaren zu versehen.

Bevor wir nun in den nachfolgenden Kapiteln tiefer in die C-Programmierung einsteigen, kehren wir noch einmal zu unserem anfänglichen Programm zurück, das wir nun schon wesentlich besser verstehen:

```
/* Whisky.cpp - Ein erstes C-Programm */
#include <stdio.h>
#include <stdlib.h>
#include <string.h>

int main()
  {
  char lebenswasser1[20];
  char lebenswasser2[20];

 strcpy(lebenswasser1, "Whiskey");
 strcpy(lebenswasser2, "Whisky");
 if (strcmp(lebenswasser1,lebenswasser2) == 0)
    printf("%s und %s sind das gleiche\n",
                          lebenswasser1,lebenswasser2);
    else
    printf("%s ist nicht gleich %s \n",
                          lebenswasser1,lebenswasser2);
 return 0;
 }
```

Analyse

In Zeile 1 steht ein kurzer Kommentar zu Dateiname und Programm.

In Zeile 2 bis 5 werden verschiedene Header-Dateien aufgerufen. Im Prinzip brauchen wir von diesen Header-Dateien nur `<string.h>` und `<stdio.h>`, die die Deklarationen zu den im Programm verwendeten Funktionen `strcpy()`, `strcmp()` und `printf()` beinhalten. Die Funktion `strcpy()` dient dazu, Zeichenketten (Strings) zu kopieren, `strcmp()` vergleicht zwei Zeichenketten und liefert als Ergebnis `0` zurück, wenn beide Zeichenketten identisch sind, und `printf()` schließlich wird dazu verwendet, Strings auf den Bildschirm auszugeben.

In Zeile 5 wird die Hauptfunktion `main()` aufgerufen.

In den Zeilen 7 und 8 werden die vom Programm benötigten Variablen definiert. Die Variablen `lebenswasser1` und `lebenswasser2` können jeweils 20 Elemente vom Typ `char` aufnehmen (die einzelnen Typen werden in den nachfolgenden Kapiteln genauer besprochen).

In den Zeilen 9 und 10 werden den beiden String-Variablen Textstrings zugewiesen (da wir dem Computer leider keine zwei Gläser mit irischem Whiskey und schottischem Whisky einschenken können, legen wir einfach zwei String-Variablen an und weisen diesen die beiden unterschiedlichen Bezeichnungen zu).

In Zeile 11 muss sich der Computer dann damit begnügen, die beiden Bezeichnungen statt der beiden Whisky-Sorten zu vergleichen. Glücklicherweise kommt er dennoch zu dem richtigen Ergebnis, denn die Funktion `strcmp()` stellt natürlich fest, dass die beiden Strings nicht identisch sind und liefert einen Wert ungleich Null zurück. Aus diesem Grunde springt das Programm direkt in Zeile 14 (in Kapitel 11.1 wird die `if`-Verzweigung ausführlicher beschrieben).

In Zeile 14 wird die Funktion `printf()` aufgerufen. Diese kopiert den Inhalt der beiden Variablen `lebenswasser1` und `lebenswasser2` in den übergebenen Text; und zwar anstelle der Platzhalter `%s`.

Danach wird das Programm beendet.

3.3.7 Die Funktion printf()

Die Funktion `printf()` dient zur Textausgabe unter C/C++. Sie ist fester Bestandteil der Laufzeitbibliothek von C (ihre Deklaration steht in der Header-Datei *stdio.h*).

Anmerkung

Da C++ die Laufzeitbibliothek von C vollständig übernommen hat, können Sie `printf()` auch in C++-Programmen zur Ausgabe von Text auf den Bildschirm verwenden (Gleiches gilt für die mit `printf()` verwandten Funktionen zum Einlesen von der Tastatur (`scanf`) und zur Datei-Ein-/Ausgabe [`fprintf`, `fputs`, `fscanf`, `fgets`]). Darüber hinaus verfügt C++ aber auch über eigene Möglichkeiten der Ein- und Ausgabe. Da diese Formen der Ein- und Ausgabe an spezielle C++-Klassen gebunden sind und folglich auch nicht unter C verwendet werden können, werden wir uns mit ihnen erst später beschäftigen (siehe Kapitel 24).

Zurück zur Funktion `printf()`. Ihr Aufruf sieht folgendermaßen aus:

```
printf(FORMATSTRING, ARGUMENT1, ARGUMENT2, ...);
```

`FORMATSTRING` stellt dabei eine Zeichenkette in Hochkommata dar, die eine beliebige Anzahl von Platzhaltern für Argumente von Variablen enthalten kann. Für jeden Platzhalter muss ein Argument nachfolgen, zum Beispiel also eine Variable, deren Wert dann anstelle des Platzhalters ausgegeben wird. Zu beachten ist dabei, dass die Typspezifikation des Platzhalters und der Typ der Variablen ineinander konvertierbar sind (siehe zum Beispiel Programm *Interpret.cpp* aus 6.1.3). Die Platzhalter haben folgendes Aussehen:

```
% [FLAG] [BREITE] [.PRÄZISION] [GRÖSSE] TYP
```

Dabei sind die Spezifikationen in Klammern optional. Welche Werte Sie angeben können, entnehmen Sie den nachfolgenden Tabellen.

Tabelle 3.3: FLAG

Flag	Ausgabe
-	Ordnet die Ausgabe linksbündig im spezifizierten Feld an.
+	Zeigt das Vorzeichen eines Werts an.
Leerstelle	Zeigt eine Leerstelle vor der Ausgabe an, wenn der Wert positiv ist; ansonsten wird ein Minuszeichen angezeigt.
#	Konvertierung des Arguments in 'alternativer Form'.

BREITE: Gibt die minimale auszugebende Zeichenzahl an.

.PRÄZISION: Gibt die gewünschte Genauigkeit in den Nachkommastellen an (für `float`- und `double`-Werte).

Tabelle 3.4: GRÖSSE

Size	Standardgröße des Arguments
N	near-Zeiger
F	far-Zeiger

Tabelle 3.4: GRÖSSE (Forts.)

Size	Standardgröße des Arguments
h	short int
l	long
L	long double

Tabelle 3.5: TYP

Kategorie	Typzeichen	Ausgabe
Zeichen	c	Einzelne Zeichen
	d	Vorzeichenbehafteter dezimaler Integer
	i	Vorzeichenbehafteter dezimaler Integer
	o	Vorzeichenloser oktaler Integer
	u	Vorzeichenloser dezimaler Integer
	x	Vorzeichenloser hexadezimaler Integer
	X	Vorzeichenloser hexadezimaler Integer (verwendet Großbuchstaben)
Zeiger	p	Gibt Zeiger in hexadezimaler Form aus
Zeiger auf int	n	Speichert an der Position, auf die das Eingabeargument zeigt, die Anzahl der bis jetzt ausgegebenen Zeichen
Real	f	Vorzeichenbehaftete Werte im Format [-]dddd.dddd
	e	Vorzeichenbehaftete Werte in wissenschaftlicher Schreibweise
	E	Vorzeichenbehaftete Werte in wissenschaftlicher Schreibweise
	g	Vorzeichenbehaftete Werte im Format f oder e, je nach Wert und Genauigkeit
	G	Vorzeichenbehaftete Werte im Format f oder e, je nach Wert und Genauigkeit
Zeiger auf Zeichenketten	s	Zeigt die Zeichen an, bis der Endbegrenzer erreicht ist

Schließlich gibt es noch eine Reihe von Escape-Sequenzen, mit denen bestimmte Sonderzeichen für Zeilenumbrüche und andere spezielle Zeichen ausgegeben werden können. Nachfolgende Tabelle gibt diese Sequenzen an:

Tabelle 3.6: Escape-Zeichen

Sequenz	Dezimalwert	Hex-Wert	Aufgabe
\a	7	0x07	Ton
\b	8	0x08	Backspace
\f	12	0x0C	Seitenvorschub
\n	10	0x0A	Neue Zeile
\r	13	0x0D	Wagenrücklauf
\t	9	0x09	Horizontaler Tabulator
\v	11	0x0B	Vertikaler Tabulator
\\	92	0x5C	Backslash
\'	44	0x2C	Einfaches Anführungszeichen
\"	348	0x08	Doppeltes Anführungszeichen
\?	63	0x3F	Fragezeichen
\000			1 bis 3 Stellen für oktale Zahlen
\Xhhh		0xhhh	Hexadezimaler Wert
\xhhh		0xhhh	Hexadezimaler Wert

Im nachfolgenden Listing werden die wichtigsten Einsatzmöglichkeiten der Formatierungsoptionen für die `printf`-Funktion vorgestellt:

```
/* printf.cpp   Daten ausgeben */
#include <stdio.h>
#include <stdlib.h>
#include <string.h>

int main()
  {
  int     i1 = 1000;
  int     i2 = -1;
  float   f1 = 3.1416;
  char    ch = 'A';
  char    str[2] = "A";

  printf(" %d  \t %d  \t %f    \t %c \t %s\n"
                                      ,i1,i2,f1,ch,str);
  printf(" %3d \t %3d \t %3.1f \t %c \t %s\n"
                                      ,i1,i2,f1,ch,str);
  printf(" %03d\t %03d\t %03.1f \t %c \t %s\n"
                                      ,i1,i2,f1,ch,str);
  return 0;
  }
```

Ausgabe:

```
1000   -1   3.141600     A  A
1000   -1  3.1  A  A
1000 -01 3.1  A  A
```

3.3.8 scanf() und wie man es vermeiden kann

Die Funktion `scanf()` ist das Pendant zu `printf()`. Mittels `scanf` können Eingaben von der Tastatur aus eingelesen und an Variablen übergeben werden. Die Syntax entspricht weitgehend der Syntax von `printf()`. Allerdings erwartet `scanf()` als Argumente Adressen. Um die Adresse einer Variablen zu bekommen, benutzt man den Adressoperator `&`, der direkt vor den Variablennamen gestellt wird. Der Compiler weiß dann, dass nicht der Wert der Variablen, sondern die Adresse ihrer Speicherzelle gemeint ist.

Die Funktion `scanf()` kann bei unsachgemäßem Aufruf jedoch allerlei Probleme machen (siehe Kapitel 24.3.1). Es ist daher empfehlenswert, das Einlesen aufzugliedern:

1. Definition eines Eingabepuffers

   char zeile[100];

2. Einlesen der Tastatureingabe in Puffer

   fgets (zeile, sizeof(zeile), stdin);

3. Formatiertes Einlesen von Puffer in Variablen. (Der Puffer ist üblicherweise ein String, daher das zusätzliche s in `sscanf`.)

   ```
   sscanf (zeile, FORMATSTRING, &var1, &var2,..);
   ```

Das folgende Programm verdeutlicht, wie auf beide Weisen von der Tastatur aus eingelesen werden kann.

```
/* scanf.cpp   Daten einlesen */
#include <stdio.h>
#include <stdlib.h>
#include <string.h>

int main()
  {
  char zeile[100];
  char vorname[40]= "";
  int alter=0;

  printf("Geben Sie Ihren Vornamen und ihr Alter an: \n\n\t");
  fgets(zeile, sizeof(zeile), stdin);
  sscanf(zeile,"%s %d\n", vorname, &alter);
  printf("Sie heissen %s und sind %d Jahre alt\n\n",vorname,alter);
```

```
printf("Geben Sie Ihren Vornamen und ihr Alter an: \n\n\t");
scanf("%s %d",vorname, &alter);
printf("Sie heissen %s und sind %d Jahre alt\n\n",vorname,alter);
fflush(stdin);
return 0;
}
```

Ausgabe:

```
Geben Sie Ihren Vornamen und ihr Alter an

   Dirk 33
    Sie heissen Dirk und sind 33 Jahre alt

Geben Sie Ihren Vornamen und ihr Alter an:

   Ken 26
    Sie heissen Ken und sind 26 Jahre alt
```

Analyse Das Argument `stdin` im Aufruf von `fgets()` gibt an, dass von der Standardeingabe gelesen werden soll – also üblicherweise von der Tastatur. Die Funktion `sscanf()` wird im Prinzip genauso aufgerufen wie `scanf()`, nur dass nicht direkt von `stdin`, sondern von einem String, der als erster Parameter übergeben wird, gelesen wird. Zeichenketten wie `vorname[40]` brauchen keinen Adressoperator `&` im Aufruf von `scanf()` oder `sscanf()`, da sie von C/C++ sowieso als Adressen behandelt werden (mehr dazu später im Abschnitt 8.2.4 zu den Arrays).

3.4 Stil

Zum Abschluss noch ein Wort über guten und schlechten Stil.

C/C++ besitzt eine sehr kryptische Syntax, die daraus resultiert, dass es viele bedeutungstragende Syntax-Elemente gibt, die durch einzelne Zeichen dargestellt werden ({, (, ++, %, ., -> etc.), und dass sich die einzelnen Syntax-Elemente zu den merkwürdigsten Konstrukten verbinden lassen (`for(;;)` oder `while(strcmp(getc(),'c'))`).

Zwar kann man den sich daraus ergebenden Quelltexten eine gewisse asketische Eleganz kaum absprechen, doch trägt dies weder zur Lesbarkeit noch zur Wartbarkeit der Programme bei – was umso schwerer wiegt, als ein Tippfehler in nur einem Zeichen in C schnell zu einem katastrophalen Fehler führen kann.

Tun Sie also zumindest Ihr Übriges, um den Quelltext übersichtlich und gut lesbar zu gestalten.

Verbessern Sie die Lesbarkeit Ihrer Programme durch Einrücken und Kommentare

Wenn Sie beispielsweise Ihre Funktionen wie folgt formulieren:

```
int main(){printf("Hello, World\n"); return 0;}
```

um die Codegröße gegenüber der Version

```
/* Hauptfunktion */
int main()
  {
  printf("Hello, World\n");
  return 0;
  }
```

zu reduzieren, liegen Sie gleich in zweierlei Hinsicht falsch:

1. Man sollte die Codegröße zwar nicht unnötig aufblähen, doch sollte man alles in der richtigen Relation sehen. Geringe Einsparungen fallen bei den heutzutage zur Verfügung stehenden RAM-Kapazitäten kaum ins Gewicht und lohnen die Mühe nicht.
2. Für die Code-Reduzierung ist nur die Größe der resultierenden EXE-Datei maßgeblich und nicht die Größe des Quelltextes. Obige Reduzierung wurde beispielsweise nur dadurch erreicht, dass alle so genannten Whitespace-Zeichen (Leerzeichen, Tabulatoren, Zeilenumbruch) und Kommentare zwischen den bedeutungstragenden Elementen gelöscht wurden. Dies macht der Compiler aber vor der Übersetzung automatisch. Es ist also ganz unnötig, dass Sie dies selbst tun.

Verbessern Sie also die Lesbarkeit Ihrer Programme, indem Sie

- in eine Zeile nur eine Anweisung schreiben

```
printf("Hello, World\n");
return 0;
```

  statt

```
printf("Hello, World\n"); return 0;
```

- Blöcke durch Leerzeichen oder Tabulatoren einrücken

```
int main()
  {
  int i, n;
  for (i=1; i < 10; i++)
    {
     n = i * i;
     printf("%d\n",i);
    }
  }
```

  statt

```
int main()
{
int i, n;
for (i=1; i < 10; i++)
{
n = i * i;
printf("%d\n",i);
}
}
```

- bedeutungstragende Elemente durch Whitespace-Zeichen trennen, wenn dies die Lesbarkeit fördert

```
while( (i<12) &&
       ((n>100) || (n<0))  )
```

statt

```
while((i<12)&&((n>100)||(n<0)))
```

aber nicht etwa

```
i = n  ++  +  m;
```

statt

```
i = n++  +  m;
```

- Ihre Programme kommentieren, wobei Sie weder zu ausgiebig noch zu sparsam kommentieren sollten. Schön wäre es, wenn Sie
  - einzelne Funktionen mit einem vorangehenden Kommentar versehen, der die Aufgabe der Funktion beschreibt und die Parameter und den Rückgabewert erklärt,
  - wichtige Variablen durch sinnvolle Namen und einen kurzen //-Kommentar beschreiben,
  - interessante Code-Blöcke, die eine in sich abgeschlossene Aufgabe erfüllen, ebenfalls kurz kommentieren.

INFO

Sie werden beim Durchsehen der Beispielprogramme aus diesem Buch wahrscheinlich feststellen, dass ich mich leider selbst nicht immer an obige Regeln halte. Mein schlechtes Beispiel soll für Sie allerdings nicht maßgeblich sein. Versuchen Sie, es mit der Kommentierung nicht zu übertreiben (nicht dass es Ihnen dann irgendwann lästig fällt und Sie überhaupt nicht mehr kommentieren), aber versuchen Sie auch, die Kommentierung als essenziellen Bestandteil der Programmentwicklung zu sehen.

```
/* FUNC_A.CPP Funktionen */
#include <stdio.h>

   /* Funktion zur Berechnung des Quadrats         */
```

```
  /* Parameter n: Wert, für den das              */
 /*               Quadrat berechnet werden soll */
/* Rueckgabe: Das berechnete Quadrat           */

int quadrat(int n)
  {
  int ergebnis;

  ergebnis = n * n;
  return (ergebnis);
  }

int main(int argc, char **argv)
  {
  int n_main;                  // Argument fuer Fkt-Aufruf

  n_main = 10;

  // Quadrat berechnen
  n_main = quadrat(n_main);

  // Ergebnis ausgeben
  printf("Quadrat = %d\n",n_main);

  return 0;
  }
```

Wo Whitespace-Zeichen nicht eingefügt werden dürfen:

Oben habe ich angemerkt, dass der Compiler Whitespace-Zeichen zwischen den bedeutungstragenden Elementen löscht, weswegen man sie zur übersichtlicheren Gestaltung des Quelltextes nutzen sollte. Es gibt allerdings einige Ausnahmefälle, in denen man Whitespace-Zeichen nicht so freizügig setzen darf:

- *String-Literale*
  In String-Literalen (»Dies ist ein String-Literal«) werden Whitespace-Zeichen natürlich nicht gelöscht – sie sind ja Teil des Strings.

  In Escape-Sequenzen (\n, \r) dürfen zwischen dem Backslash und dem Sonderzeichen keine Whitespace-Zeichen stehen.

- *Makros und Bezeichner*
  In Bezeichnern dürfen keine Whitespace-Zeichen vorkommen. Dies gilt insbesondere für die Bezeichner von Makros:

```
#define inc(a) ++(a)   // korrekt
#define inc  (a) ++(a)  // falsch: ersetzt inc durch a ++a
```

- *Template-Parameter (nur C++)*
  Wenn bei der Deklaration von Templates Template-Instanzen als Argumente eingesetzt werden, ist darauf zu achten, dass die schließenden eckigen Klammern durch Leerzeichen getrennt sind: `template<class T = class X<int> >`.

Umgekehrt nutzt der Compiler die Whitespace-Zeichen zur lexikalischen Analyse, denn Whitespace-Zeichen dienen zur Trennung der syntaktischen Elemente (Schlüsselwörter, Operatoren, Bezeichner, etc.). Fehlen Whitespace-Zeichen zwischen diesen Elementen, versucht der Compiler die Grenzen zwischen den Elementen selbst zu ermitteln, indem er versucht, von links nach rechts lesend so viele Zeichen wie möglich zu einem Element zusammenzunehmen. Der folgende Ausdruck:

```
j = n+++m;
```

würde also als

```
j = n++ +m;
```

und nicht als

```
j = n+ ++m;
```

interpretiert.

3.5 Allgemeine Hinweise

Zum Abschluss dieser Einführung noch ein paar Tipps für Ein- und Umsteiger.

3.5.1 Goldene Regeln für Anfänger

Niemals

1. `short`-Variablen verwenden.
2. `unsigned-int`-Variablen verwenden.
3. `goto`-Sprünge verwenden.
4. Makros nur für symbolische Konstanten und nicht etwa als eine Art Autokorrektur oder Ersetzen-Befehl für abgekürzte Code-Fragmente nutzen.
5. einen Zeiger dereferenzieren, der keine gültige Adresse beinhaltet.
6. Funktionsaufrufe als Operanden einsetzen.

Immer daran denken:

7. Die Array-Indizierung beginnt bei 0, und der größte erlaubte Index ist 1 kleiner als die Anzahl der Elemente im Array!
8. Jeden deklarierten Zeiger sofort initialisieren (zumindest mit `NULL`).
9. Bevor man beginnt, einen Zeiger zu dereferenzieren, prüfen, ob der Zeiger ungleich `NULL` ist.

10. Jeden Zeiger, dessen Objekt freigegeben wurde (mit `free` oder `delete`), auf `NULL` setzen.

3.5.2 Von A wie Anweisung bis W wie Whitespace

Anweisung Einzelner Befehl eines Programms. In C/C++ werden Anweisungen mit Semikolon abgeschlossen.

```
int var1;              // Deklaration
var1 = (var2 + 3) * 3; // Zuweisung
```

Argument Wert, der einem Funktionsparameter beim Aufruf der Funktion übergeben wird (meist eine Konstante, eine Variable oder der Rückgabewert einer anderen Funktion).

```
func1(var1, 3);
```

Ausdruck Einheit aus Operatoren und deren Operanden.

```
(i < 9)
(var2 + 3) * 3
```

Block In geschweifte Klammern ({ }) eingeschlossene Folge von Anweisungen und Deklarationen. Blöcke können ineinander verschachtelt sein.

```
{
var1 = (var2 +3);
if (var1 < 10)
  {
  printf("Hurra!\n");
  }
}
```

Definition Einführung eines Bezeichners inklusive Speicherreservierung für das Objekt, das der Bezeichner repräsentiert.

Deklaration Einführung eines Bezeichners ohne Speicherreservierung.

Funktion Ausgelagerter Anweisungsblock, der eine in sich abgeschlossene Aufgabe erfüllt. Der Anweisungsblock ist an einen Funktionsnamen gebunden, über den er aufgerufen und ausgeführt werden kann. Mittels Parameter und Rückgabewert kann eine Funktion Daten mit anderen Funktionen austauschen.

Parameter Variablen, die Teil der Schnittstelle einer Funktion darstellen. Beim Aufruf der Funktion werden den Parametern Werte übergeben.

Variable In ein Programm eingeführter Bezeichner, der mit einer Speicherzelle verbunden ist und je nach Kontext deren Adresse oder Inhalt repräsentiert.

Whitespace Leerzeichen, Tabulatoren, Zeilenumbruch.

Ein ausführlicheres Glossar finden Sie im Anhang des Buches.

3.5.3 Hinweise für Umsteiger von Pascal

Einige Sprachelemente in C führen bei Pascal-Programmierern besonders häufig zu Fehlern oder zu Verwirrung. Die wichtigsten finden Sie in unten stehender Tabelle.

Tabelle 3.7: Entsprechungen C – Pascal

C	Pascal	Bedeutung
`int`	`Integer`	Ganze Zahlen
`0, !0 ( C)` `bool (C++)`	`Boolean`	Boolescher Wahrheitswert
`float`	`Single`	Fließkommazahlen
`double`	`Double`	Fließkommazahlen
`char *, char str[]`	`String`	Strings, Zeichenketten
`=`	`:=`	Zuweisung
`==`	`=`	Vergleich auf Gleichheit
`/`	`/ oder div`	Division
`%`	`mod`	Rest der Division
`&&`	`and`	logisches UND
`||`	`or`	logisches ODER
`!`	`not`	Negation
`switch`	`case`	bedingte Entscheidung
`do-while`	`repeat-until`	Schleife
`float feld[5][3];`	`feld : array[1..5][1..3] of real;`	Array-Deklaration Vorsicht: Indizierung beginnt in C/C++ immer mit 0
`bioskey(1), kbhit()` `(kein ANSI)`	`keypressed`	Tastaturabfrage

C	Pascal	Bedeutung
`printf`	`write`	Ausgabe
`scanf`	`read`	Eingabe

Tabelle 3.7: Entsprechungen C – Pascal (Forts.)

Vergessen Sie auch nicht, dass C/C++ im Unterschied zu Pascal zwischen Groß- und Kleinschreibung unterscheidet.

3.5.4 Hinweise für Umsteiger von Java

Im Unterschied zu Java

- kennt C/C++ keine Packages, sondern macht die Klassen und Funktionen von Bibliotheken über Header-Dateien verfügbar und definiert Namensbereiche zur Vermeidung von Namenskonflikten.
- kann man Variablen und Funktionen auch unabhängig von Klassen definieren.
- wird die Eintrittsfunktion `main()` nicht als statische Klassenmethode, sondern als unabhängige Funktion definiert.
- erlaubt C++ die Mehrfachvererbung. Schnittstellen werden in Form von abstrakten Klassen und Funktionen definiert.
- erlaubt C++ die Arbeit mit Templates.
- erlaubt C++ die Programmierung mit Zeigern.
- werden String-Literale mit WideCharacters nicht mit einem `u`, sondern mit einem `L` gekennzeichnet: `u"" -> L""`.

3.6 Abschlussquiz: Wie ein Zeichen ein Programm verändert

Manchem Außenstehenden kommt C wie das reinste Chinesisch vor. Und obwohl C nicht für »C wie Chinesisch« steht, gibt es Parallelen. So kann man beispielsweise im Chinesischen den Sinn eines ganzen Schriftzeichens durch Auslassung oder Ersetzung eines einzelnen kleinen Striches verändern. In gleicher Weise gibt es eine Reihe von Situationen, in denen man den Sinn einer C-Anweisung durch den Austausch eines einzelnen kleinen Zeichens verändern kann.

Gemeint ist hier natürlich nicht, dass man die Bedeutung einer Addition

```
var = 3 + 4;
```

verändert, indem man einer Zahl ein Negationszeichen voranstellt oder den Plus-Operanden durch den Minus-Operanden ersetzt. Gemeint sind hier bestimmte tückische Ersetzungen und Tippfehler, die wegen ihrer Unauffälligkeit oft nur schwer zu finden sind.

Vielleicht versuchen Sie selbst einmal, die Fehler zu finden:

1.

```
while(i <= MAX)
  {
  if ( ((x <= 100) && (x >= 0)) || ((x = 1) && (y != 0)) )
    printf("x = %d\n",x);
    else
    continue;
  i++;
  }
```

2.

```
for(int i = 3; i <= MAX; i++);
  {
  x = y*x;
  if ( x < y  )
    {
    ...
```

3.

```
float var_x;
...
printf("12,3 mal var_x = %f\n",var_x*12,3);
```

Und hier kommen die Auflösungen.

Zu 1. Zuweisung statt Vergleich

Hier wird in einem Teilausdruck der `if`-Bedingung der Variablen `x` der Wert 1 zugewiesen:

```
...(x = 1)...
```

Gewollt war natürlich der Vergleich von `x` gegen 1: `(x == 1)`.

Der Compiler führt die Zuweisung durch und interpretiert dann den Inhalt von `x` als Wahrheitswert. Da `x` nun gleich 1 ist, ist der Wahrheitswert gleich `true`. In obiger Bedingung führt dies dazu, dass die gesamte Bedingung immer erfüllt ist.

Zu 2. Semikolon nach Bedingung oder Schleifenkopf

Hier wurde der Kopf der for-Schleife mit einem Semikolon abgeschlossen:

```
for(int i = 3; i <= MAX; i++);
```

Zu einem Schleifenkopf gehört aber kein abschließendes Semikolon (ebenso wenig wie zu einer if-Bedingung). Der Compiler interpretiert das Semikolon als leere Anweisung und führt diese so oft aus, wie es die for-Schleife verlangt. Danach wird der nachfolgende, in Klammern gefasste Anweisungsblock ausgeführt – genau einmal.

Zu 3. Überflüssiges Komma in printf()

Hier wurde die Fließkommazahl 12.3 in der printf()-Anweisung mit Komma geschrieben:

```
printf("12,3 mal var_x = %f\n",var_x*12,3);
```

Fließkommazahlen müssen aber mit Punkt statt Komma geschrieben werden. Der Compiler interpretiert dies so, dass printf() drei Argumente übergeben werden. Außer dem Formatstring die Ausdrücke:

```
var_x*12
```

und

```
3
```

Den ersten Ausdruck baut er in den Formatstring ein, den zweiten unterschlägt er einfach.

Teil 2 Die Daten

Letztendlich dienen alle Programme der Verarbeitung und Manipulation von Daten, ja im Grunde genommen machen Programme gar nichts anderes. Dies gilt für ein Datenbankprogramm ebenso wie für einen Bildschirmschoner oder die Implementierung eines Taschenrechners. Was die verschiedenen Programme unterscheidet, ist nur die Art der Daten und der Verarbeitung – so konzentriert sich der Taschenrechner auf Zahlen, die er gemäß mathematischer Operationen verrechnet, der Bildschirmschoner manipuliert die Farbinformationen für die Pixel des Bildschirms, die Datenbankanwendung verwaltet Adressen oder ähnliches.

Da die Datenverarbeitung ein so essentieller Aspekt der Programmierung ist, kommt zwangsläufig auch der Repräsentation dieser Daten in einer Programmiersprache eine große Bedeutung zu.

C/C++ unterscheidet diesbezüglich zuerst einmal zwischen Variablen (siehe Kapitel 4) und Konstanten (siehe Kapitel 5). Beide repräsentieren Daten (Werte), doch während eine Konstante einen festen Wert hat, kann sich der Wert einer Variablen im Laufe des Programms ändern.

Daten können ganz unterschiedlich strukturiert sein. Am einfachsten nachzuvollziehen ist für den Menschen sicherlich die Unterscheidung in Zahlen und Zeichen (Buchstaben und Sonderzeichen aus der Tastaturbelegung). C/C++ geht mit der Klassifizierung der Daten aber noch weiter und unterscheidet zwischen 4 (C) bis 6 (C++) elementaren Datentypen (siehe Kapitel 6). Der Grund für diese Aufteilung in verschiedene Datentypen besteht einfach darin, daß alle Daten letztendlich als binäres Bitmuster im Speicher abgelegt werden müssen, daß aber die Regeln für die Umwandlung der Daten in Bitmuster von der Art der Daten abhängen. Der Datentyp legt also fest, nach welchen Regeln die Daten dieses Typs in Bitmuster umgewandelt werden und wie umgekehrt dieses Bitmuster beim Auslesen der Daten zu interpretieren ist.

C/C++ kennt nur wenige elementare Datentypen zur Repräsentation von Zahlen und Zeichen. Gäbe es nur diese elementaren Datentypen, würde sich die Datenverarbeitung in vielen Bereichen äußerst umständlich gestalten. C/C++ erlaubt daher

- zum einen die Definition eigener Datentypen, die aus Daten elementarer Datentypen zusammengestellt werden (siehe Kapitel 8),
- zum anderen die direkte Manipulation von Speicherinhalten – und zwar mit Hilfe der sogenannten Zeiger (siehe Kapitel 9).
- In C++ werden die Möglichkeiten zur Definition eigener Datentypen dann auf die Spitze getrieben. Das Konzept der Klassen (siehe Kapitel 16) und der objektorientierten Programmierung ist nichts anderes als eine Revolutionierung des bestehenden Datenmodells.

Es lohnt, sich ein wenig eingehender mit dem Datenmodell von C zu beschäftigen, denn viele Merkwürdigkeiten und Unzulänglichkeiten von C lassen sich aus der Konzeption dieses Datenmodells erklären.

4 Variablen

Variablen dienen dazu, Daten abzuspeichern.

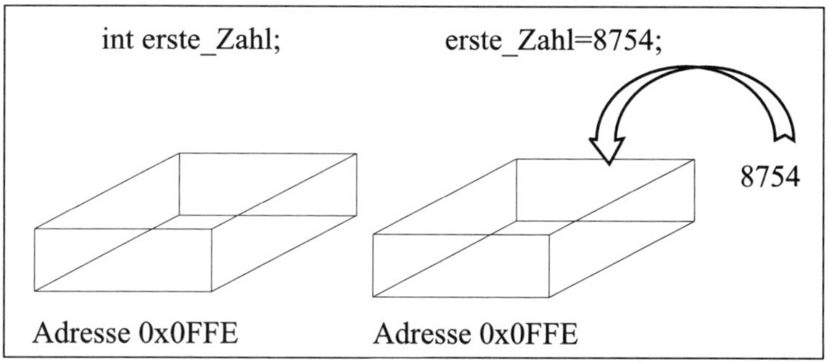

Abbildung 4.1: Variable und Speicher

Zu diesem Zweck muss für jede Variable ein passender Speicherbereich im RAM reserviert und mit dem Namen der Variablen verbunden werden. Beides geschieht automatisch, wenn der Programmierer eine Variable deklariert und definiert.

Eine deklarierte und definierte Variable ist ein Synonym für den Inhalt des ihr zugewiesenen Speicherbereiches. Der Variablenname kann daher sowohl zum Ablegen von Werten im Speicherbereich der Variablen als auch zum Abfragen des aktuell im Speicherbereich abgelegten Wertes genutzt werden. Der Einfachheit halber spricht man in diesen Fällen nur noch davon,

- dass der Variablen ein Wert zugewiesen wird bzw.
- dass die Variable den Wert x hat.

Eine anschauliche theoretische und praktische Einführung zur Programmierung mit Variablen finden Sie in Kapitel 3.3.

4.1 Deklaration und Definition

Bevor eine Variable benutzt werden kann, muss sie deklariert und definiert werden. Dazu gehören zumindest die Angabe des Variablennamens und eine vorangestellte Typenbezeichnung:

```
typ variablenname;
```

- *typ*: Erlaubt ist jeder elementare oder selbst definierte Datentyp. Dabei muss es sich nicht um den Bezeichner eines bereits zuvor definierten Datentyps handeln, der Datentyp kann auch direkt im Zuge der Variablendeklaration definiert werden.
- *variablenname*: Bezeichner der einzurichtenden Variablen. Der Bezeichner ist unter Einhaltung der im Abschnitt 4.1.2 aufgelisteten Regeln frei wählbar.

Mithilfe des Komma-Operators kann man mehrere Variablen des gleichen Datentyps hintereinander definieren:

```
typ    var1, var2, var3;
```

Zudem sind weitere Spezifizierer (siehe Abschnitt 4.4) für die Deklaration erlaubt. Diese werden dem Datentyp vorangestellt:

```
speicherklasse typqualifizierer     typ var;
```

Zu guter Letzt kann die Variable auch noch im Zuge der Deklaration initialisiert (siehe Abschnitt 4.1.4), d.h. mit einem Anfangswert versehen werden.

```
typ var = wert;
```

Beispiele für gültige Deklarationen sind:

```
int i;
int i, j, n;
long zaehler;
char zeichenkette[120];
register int loop;
double bruch = 3.0/2.0;
```

C versus C++

In C wie in C++ können Variablen lokal innerhalb eines Blocks deklariert werden. In C müssen die Deklarationen allerdings ganz zu Anfang des Blocks (vor den Anweisungen) stehen, während sie in C++ beliebig im Block platziert werden dürfen.

4.1.1 Die Bedeutung der Deklaration

Durch die Deklaration wird der Variablenname dem Compiler bekannt gemacht. Im nachfolgenden Code kann der Variablenname dann synonym für den Speicherbereich der Variablen bzw. deren Wert verwendet werden (siehe Abschnitt 4.1.5).

Der Datentyp gibt dem Compiler (ebenso wie dem Programmierer) weitere wichtige Informationen über die Variable an die Hand. Im Einzelnen wären dies:

Der Variablenname steht je nach Kontext für den Inhalt oder die Adresse eines Speicherbereiches

Die *Größe des Speicherbereiches*, der zum Ablegen der Werte dieses Datentyps benötigt wird – beispielsweise 2 Byte für `int`-Variablen, 4 Byte für `long`-Variablen, 4 Byte für `double`-Variablen etc. Die genaue Größe der Datentypen wird vom ANSI-Standard nicht vorgegeben – sie ist plattformabhängig (siehe Tabelle 6.8).

Der Compiler reserviert für die Variable also genau so viel Speicher, wie für den Datentyp der Variablen erforderlich ist.

Die *Interpretation des Speicherbereiches*. Im Speicher stehen immer nur Folgen von Nullen und Einsen. Ob diese Bitfolge eine natürliche Zahl, eine Gleitkommazahl (rationale Zahl) oder einen Buchstaben kodiert, wird ebenfalls durch den Datentyp angezeigt.

Die *Operationen*, die für Werte der Variablen erlaubt sind. Der Datentyp legt auch fest, welche Operationen auf den Werten der Variablen erlaubt und wie diese auszuführen sind. So entspricht die Division von zwei `int`-Werten beispielsweise bei weitem nicht der Division von zwei `float`-Werten.

Die *Gültigkeit, Sichtbarkeit und Lebensdauer* der Variablen. Diese Attribute werden durch den Ort der Deklaration festgelegt (siehe Abschnitt 4.2) und können durch die Speicherklassenqualifizierer (siehe Abschnitt 4.4) angepasst werden.

4.1.2 Namensgebung für Bezeichner

Die Namen für die Variablen sind frei wählbar. Gleiches gilt für die Namen von Funktionen, selbst definierten Datentypen und anderen Elementen, die der Programmierer selbst einführt und per Deklaration beim Compiler bekannt macht. Statt von Namen spricht man hier auch von *Bezeichnern*, und obwohl der Programmierer in der Auswahl dieser Bezeichner im Wesentlichen ganz frei ist, gibt es doch einige Regeln zu beachten.

Regeln für Bezeichner

- In Bezeichnern sind erlaubt: alle Buchstaben des lateinischen Alphabets, die Ziffern 0 bis 9 und der Unterstrich _.
- Das erste Zeichen muss ein Buchstabe oder ein Unterstrich sein.
- Ein Bezeichner darf nicht mit einem Schlüsselwort der Sprache identisch sein.

Des Weiteren sollte man beachten,

1. dass Bezeichner eindeutig sein müssen, da sie ja zur Adressierung und Unterscheidung der verschiedenen Programmelemente (Variablen, Funktionen, Makros, Label etc.) verwendet werden.

   Wobei zu beachten ist, dass C/C++ zwischen Groß- und Kleinschreibung unterscheiden, die Bezeichner `var` und `Var` also voneinander verschieden sind.

2. dass Bezeichner nur innerhalb ihres Gültigkeitsbereiches (scope) eindeutig sein müssen, d. h., für zwei Objekte (beispielsweise Variablen), die unterschiedlichen Gültigkeitsbereichen angehören, kann man den gleichen Bezeichner vergeben (intern erweitert der Compiler den Bezeichner um eine Angabe des Gültigkeitsbereiches).

C versus C++

3. dass man einen Bezeichner für einen selbst definierten Datentyp durchaus als Bezeichner für eine Variable wieder verwenden darf. (In C darf man sogar den Bezeichner eines Strukturtyps zur Bezeichnung eines mit `typedef` eingeführten Typs wieder verwenden.)

4. dass man die Bezeichner der Elemente der Laufzeitbibliotheken ungestraft wieder verwenden darf.

5. dass Bezeichner zwar prinzipiell beliebig lang sein können, dass dem aber natürlich Grenzen gesetzt sind. Der ANSI-Standard legt lediglich fest, dass

   - Bezeichner mit interner Bindung zumindest nach den ersten 31 Zeichen
   - Bezeichner mit externer Bindung zumindest nach den ersten 6 Zeichen,

   unterschieden werden. Für Bezeichner mit externer Bindung kann je nach Implementierung sogar die Unterscheidung zwischen Groß- und Kleinschreibung aufgehoben werden.

Diese Regeln mögen ein wenig verwirrend sein und in unangenehmer Weise an Amtsdeutsch erinnern, besagen aber im Prinzip nur, dass der Name einer Variablen nicht in der gleichen Funktion zur Deklaration einer weiteren Variablen verwendet werden darf:

```
int func()
  {
   double my_var;
   ...
  struct vektor {
    int x,y;
    } my_var;     // Fehler, my_var schon benutzt
  }
```

Gleiches gilt sinngemäß für globale Variablen und Funktionen, die im Dateibereich oder einem Namensbereich (siehe Abschnitt 4.3) deklariert werden.

Es besagt aber auch, dass die folgende Deklaration

```
struct vektor {
  int x,y;
  struct vektor vektor;
  } vektor;
```

durchaus erlaubt ist (Anwendung der Regeln 2 und 3).

Wenn Sie verhindern möchten, dass irgendjemand beim Durchlesen Ihrer Quelltexte versteht, was Sie da programmiert haben, werden Sie diese Syntax zu schätzen wissen – wie man in C überhaupt Programme aufsetzen kann, für die sich jede Codierung zum Schutz vor Nachahmern erübrigt. Als verantwortungsbewusster Programmierer sollten Sie diese Form der Syntax aber vermeiden und prinzipiell darauf achten, dass jeder Bezeichner eindeutig ist.

4.1.3 Unterschied zwischen Deklaration und Definition

Deklaration und Definition dienen dazu, neue Elemente wie Variablen, Funktionen, eigene Datentypen und andere in einem Programm einzuführen. Dazu gehört, dass das Element genau beschrieben wird, dass ein Speicherbereich für das Element reserviert wird und dass das Element mit einem Namen verbunden wird, über den es im weiteren Quelltext angesprochen wird.

Welche Aufgabe kommt dabei der Deklaration, welche Aufgabe der Definition zu? Worin unterscheiden sich Deklaration und Definition?

Obwohl in der Praxis die Unterscheidung zwischen Deklaration und Definition zu zerfließen scheint, sind beide Konzepte dennoch klar voneinander zu trennen.

Deklaration

Die Deklaration macht einen Bezeichner beim Compiler bekannt

Die Deklaration ist die Beschreibung des einzuführenden Elements. Zu ihr gehören alle Angaben, die vor allem für den Compiler von Bedeutung sind, denn anhand der Deklaration des Elements wird der Compiler später prüfen, ob das Element im weiteren Programm korrekt eingesetzt wird – beispielsweise, ob eine Funktion mit der korrekten Anzahl von Parametern aufgerufen wird oder ob einer `int`-Variablen auch wirklich so etwas wie eine natürliche Zahl und nicht eine Zeichenkette zugewiesen wird.

Definition

Die Definition reserviert Speicher

Eine Definition liegt vor, wenn Speicherbereich für ein Element reserviert wird. Erst durch die Definition wird das Element also erzeugt. Während der Compiler vornehmlich an den Deklarationen interessiert ist, beschäftigt sich der Linker eher mit den Definitionen. Er stellt beispielsweise sicher, dass jedes eingeführte Element über einen eindeutigen Speicherplatz und einen eindeutigen Namen verfügt.

Deklaration und Definition sind zwei ganz wichtige Konzepte, deren Verständnis Voraussetzung für ein tieferes Verständnis von C/C++ ist. Die folgenden Fallbeispiele sollen im praktischen Bezug demonstrieren, wann eine Deklaration und wann eine Definition vorliegt, und welche Auswirkungen beide auf ein Programm haben können.

Deklaration und Definition von Variablen

Die Deklaration einer Variablen geht standardmäßig immer mit der Reservierung eines passenden Speicherbereiches für die Variable einher. Eine Variablendeklaration ist grundsätzlich also auch eine Definition.

Dies führt zu Problemen, wenn ein Programm aus mehreren Quelltextdateien (allgemeiner: Modulen) zusammengesetzt wird und die verschiedenen Quelltextdateien gemeinsame globale Variablen benutzen wollen.

```
Datei 1                     Datei 2

#include <stdio.h>          #include <stdio.h>

int i;                      int i;

int main () ...
```

Werden obige Quelltextdateien kompiliert und zusammengebunden, beschwert sich der Linker, dass der Bezeichner `i` zweimal definiert ist (also mit zwei Speicherbereichen verbunden werden soll).

Die Lösung ist der Speicherklassen-Spezifizierer `extern`. Vor eine Variablendeklaration gestellt, bewirkt `extern`, dass die Deklaration nur zur Bekanntmachung des Bezeichners dient und nicht mit einer Speicherreservierung einhergeht (diese muss an anderer Stelle erfolgen).

```
Datei 1                 Datei 2

#include <stdio.h>      #include <stdio.h>

int i;                  extern int i;

int main () ...
```

Mehr zur Aufteilung des Programmtextes in mehrere Dateien finden Sie im Kapitel 25.

Beachten Sie, dass eine gleichzeitige Initialisierung den Effekt der `extern`-Deklaration aufhebt. `extern int i = 1;` wäre also wieder eine Definition. Dies ist logisch, denn die Zuweisung eines Wertes erfordert das Vorhandensein eines Speicherplatzes.

Deklaration und Definition von Funktionen

Die Deklaration einer Funktion besteht aus der Angabe

- des Rückgabetyps,
- des Funktionsnamens,
- der Parameterliste (siehe Kapitel 12).

```
int func (int a, float b);
```

Die Definition einer Funktion besteht aus dem Funktionskopf, der der Deklaration entspricht, und dem Funktionsrumpf, der die auszuführenden Anweisungen enthält. Funktionen werden im Speicher als Code abgelegt.

```
int func (int a, float b)
  {
  return a+b;
  }
```

Wird eine Funktion in dem gleichen Quelltext definiert, in dem sie auch benutzt wird, bietet es sich an, die Funktion am Anfang der Quelltextdatei vor allen Aufrufen der Funktion zu definieren. Da die Definition die Deklaration beinhaltet, ist die Funktion nach ihrer Definition bekannt.

Dies funktioniert freilich nicht, wenn sich zwei Funktionen wechselseitig aufrufen. In diesem Fall muss zumindest eine Funktion vorwärtsdeklariert werden.

Bibliotheken

Funktionen, die von allgemeinem Interesse sind, werden üblicherweise in speziellen Quelldateien zusammengefasst und für sich kompiliert – so geschehen für die Funktionen der ANSI-Standardbibliothek. Um in einem Programm eine solche ausgelagerte Funktion aufrufen zu können,

- muss die Bibliothek mit den Funktionsdefinitionen vom Linker zur ausführbaren Datei hinzugebunden werden,
- muss die Deklaration der Funktion in dem Programm wiederholt werden, um den Funktionsnamen dem Compiler bekannt zu machen.

Damit man nicht jedes Mal den korrekten Wortlaut der Deklaration im Quelltext der Bibliothek nachschlagen muss, legt man üblicherweise für solche Funktionssammlungen Header-Dateien an, die die Deklarationen aller Funktionen (ohne Definitionen) enthalten. Diese Header-Dateien bindet man dann per `#include`-Anweisung in den Quelltext ein, der die Funktion benutzt.

Deklaration und Definition von Datentypen

Mit dem Schlüsselwort `typedef` werden keine echten neuen Datentypen definiert, sondern lediglich Aliase für gängige Datentypen deklariert.

Mit den Schlüsselwörtern `enum`, `union`, `struct` und `class` (nur C++) können neue Datentypen deklariert oder definiert werden. Zur Definition gehört dabei die Angabe der Zusammensetzung des neuen Datentyps.

```
struct vektor
  {
  int x;
  int y;
  };
```

Eine Deklaration liegt vor, wenn lediglich der Name des neuen Datentyps bekannt gemacht wird.

```
struct vektor;
```

Deklaration und Definition von Namensbereichen (nur C++)

Namensbereiche werden durch Angabe der in ihr enthaltenen Elemente definiert. Eine Besonderheit der Namensbereiche ist, dass die Definition von Namensbereichen erweitert werden kann (siehe Abschnitt 4.3.4).

```
namespace nvector {
    struct vektor;
    vektor add (vektor a, vektor b);
    }
```

Um einen Namensbereich verwenden zu können, deklariert man ihn mithilfe des Schlüsselworts `using`.

```
using nvector;
```

Deklaration und Definition von Sprungmarken

Sprungmarken (Labels) werden automatisch deklariert, wenn sie in einer `goto`-Anweisung benutzt werden, und sie werden automatisch definiert, wenn sie zur Markierung einer Anweisung verwendet werden.

Sprungmarken brauchen also nicht explizit deklariert zu werden und sind automatisch überall in der Funktion, in der sie verwendet werden, gültig (siehe Kapitel 11.6).

4.1.4 Initialisierung

Von Initialisierung spricht man, wenn einer Variablen im Zuge ihrer Definition ein Wert zugewiesen wird.

```
int i = 3;
long j = 3 * 5;
double  = 3.4 * j;
char dateiname[100] = "demo.txt";
int *p_i = &i;
int vektor[2] = {3,15};
```

Elementare Datentypen

Variablen der elementaren Datentypen werden initialisiert, indem man ihnen einfach einen passenden Wert zuweist.

```
int i = 3;
```

Zusammengesetzte Datentypen

Initialisierungslisten

Variablen der zusammengesetzten Datentypen werden mithilfe von Initialisierungslisten initialisiert. Initialisierungslisten bestehen aus einer Folge von Werten für die einzelnen Elemente des Datentyps. Die Werte werden durch Kommata getrennt und in geschweifte Klammern eingeschlossen. Beispiele hierzu finden Sie bei der Besprechung der jeweiligen Datentypen.

```
struct vektor {
  int x;
  int y;
  } v1 = {3, 4};
```

Für String-Literale wird intern Speicher reserviert

Zeichenketten (Arrays von Zeichen) können in einer verkürzten Syntax initialisiert werden, indem man ihnen ein String-Literal in Hochkommata zuweist.

```
char *ptr_c = "Text";
```

Grundsätzlich müssen Variablen nicht initialisiert werden; es ist nur darauf zu achten, dass der Variablen ein definierter Wert zugewiesen wird, bevor sie auf der rechten Seite von Ausdrücken oder in Funktionsaufrufen benutzt wird.

Welchen Wert hat eine Variable, die nicht explizit initialisiert wurde?

- Wurde die Variable global (im file scope) definiert, ist es Aufgabe des Compilers, die Variable mit dem Nullwert ihres Datentyps zu initialisieren.
- Wurde die Variable lokal (im block scope) definiert, ist ihr Wert undefiniert. Dies ist immer eine mögliche Gefahrenquelle. Speziell wenn es sich um Zeiger handelt.
- Handelt es sich um eine statische Variable, ist es wiederum Aufgabe des Compilers, die Variable mit dem Nullwert ihres Datentyps zu initialisieren.

const-Variablen

Mithilfe des Typqualifizierers `const` kann man eine Variable als konstant deklarieren – was nichts anderes bedeutet, als dass ihr Wert nach der Definition nicht mehr über den Variablennamen verändert werden kann.

const-Variablen sind keine echten Konstanten

Man muss hier bei der Formulierung äußerste Vorsicht walten lassen, denn `const`-Variablen sind keineswegs echte Konstanten und der Wert einer `const`-Variablen kann sich durchaus im Verlaufe eines Programms ändern. Doch dazu mehr im Abschnitt 4.4.2.

Jedenfalls gilt, dass man einer `const`-Variablen nach der Definition nicht mehr mit dem Zuweisungsoperator = einen Wert zuweisen kann. Will man der `const`-Variablen also einen definierten Wert zuweisen, muss man dies in Form einer Initialisierung erledigen.

```
const int i = 12;          // korrekte Initialisierung
i = 3;                     // Fehler
```

static-Variablen

Die Initialisierung lokaler statischer Variablen ist nicht vorgeschrieben, aber angebracht.

Statische Klassenelemente

Statische Variablen, die innerhalb einer Klassendefinition deklariert sind, gehören dem Gültigkeitsbereich der Klasse an, müssen aber außerhalb der Klasse im umliegenden Namensbereich nochmals definiert werden.

Auch die Initialisierung dieser Variablen erfolgt im umliegenden Namensbereich – unter Verwendung des Klassennamens und des Gültigkeitsbereichoperators.

```
int Baelle::anzahl = 0;  // Initialisierung einer statischen
                         // Klassenvariablen der Klasse Baelle
```

Parameter

Parameter werden beim Aufruf der Funktion initialisiert, und zwar mit den Werten der übergebenen Argumente.

Zeiger

Zeiger sind Variablen, die Adressen enthalten (und die über eine besondere Syntax den direkten Zugriff auf den Speicherinhalt an dieser Adresse erlauben – die so genannte Dereferenzierung).

Zeiger werden daher mit Adressen initialisiert. Diese Adressen erzeugt man nicht selbst, sondern lässt sie sich vom Compiler liefern (entweder in Form der Adresse einer bereits deklarierten Variablen oder durch Aufruf einer Funktion zur Speicherallokation).

Da bei der Dereferenzierung von nichtinitialisierten Zeigern wahllos auf Speicherbereiche zugegriffen wird, sollte man Zeiger immer initialisieren (zumindest durch Zuweisung von NULL).

!! STOP

Klassen

Klasseninstanzen werden bei der Definition mithilfe des Konstruktors (einer speziellen Methode der Klasse) initialisiert (siehe Kapitel 16.2 und 16.6).

4.1.5 Variablen in Anweisungen

Es gibt verschiedene Möglichkeiten, um einer Variablen einen Wert zuzuweisen:

- Durch Zuweisung einer Konstanten

```
int i;
i = 3;
i = 3 + (2*5);
```

- Durch Zuweisung des Werts einer anderen Variablen

```
int i, j = 12;
i = j;
i = 3*j;
```

- Durch Zuweisung des Rückgabewerts einer Funktion

```
int func(int par) {return par*par;}
int i;
i = func(3);
```

- Durch Einlesen eines Werts aus einer Datei oder von der Tastatur

```
int i;
printf("Geben Sie eine Zahl zwischen 0 und 9 ein: \n");
scanf("%d",&i);
```

L- und R-Wert

Variablen repräsentieren in Programmen zweierlei:

- zum einen den Speicherbereich, der für die Variable reserviert wurde,
- zum anderen den Wert, der augenblicklich im Speicherbereich der Variablen abgelegt ist.

Wofür ein Vorkommen eines Variablennamens gerade steht, hängt vom Kontext ab. Betrachten wir dazu die folgende Anweisung:

```
x = x + 1;
```

Hier taucht die Variable `x` auf beiden Seiten des Zuweisungsoperators auf. Sinn dieser Anweisung ist es, den Wert in der Variablen `x` um eins zu erhöhen. Der Weg, den man dazu einschlägt, ist, der Variablen `x` den aktuellen Wert von `x` plus `1` zuzuweisen. Dass der Compiler dies tatsächlich so umsetzt, wie man es als Programmierer erwartet, liegt daran, dass der Compiler auf der linken Seite einer Anweisung immer einen L-Wert erwartet und rechts immer R-Werte.

L-Wert Ein L-Wert ist dabei ein beliebiger Ausdruck, der als Adresse eines Objekts im Speicher interpretiert werden kann. Dies ist für Variablennamen der Fall, denn der Compiler kennt nach der Definition der Variablen die Adresse, an der der für die Variable reservierte Speicherbereich beginnt.

R-Wert Ein R-Wert ist ein Ausdruck, der einen Wert repräsentiert. Auch hierfür kann ein Variablenname verwendet werden. Der Compiler nimmt dann für den Variablennamen automatisch den Wert der Variablen.

L-Wert und R-Wert sind nicht mit Adressen und Werten zu verwechseln! Wenn an einer Stelle in einem Programm (wie z.B. links von einer Zuweisung) ein L-Wert benötigt wird, bedeutet dies, dass der Compiler eine Adresse auf einen Speicherbereich erwartet, in den er Werte abspeichern kann. Die Adresse einer Funktion wäre also kein gültiger L-Wert. Gültige L-Werte sind Variablennamen, Zeiger und Ausdrücke, die auf Speicherobjekte verweisen (beispielsweise `*(p++)` für einen Zeiger `p`).

Ein R-Wert stellt einen gültigen Wert dar; dies kann eine natürliche Zahl oder eine Gleitkommazahl sein, es kann aber auch eine Adresse sein. Der folgende Code weist einer Variablen `x` beispielsweise die eigene Adresse zu:

```
x = &x;
```

4.2 Gültigkeitsbereiche, Speicherklasse und Lebensdauer

Eine irgendwo im Quelltext eines Programms definierte Variable (oder allgemein ein Bezeichner) ist nicht automatisch im ganzen Programm gültig. Tatsächlich sind Variablen und andere Elemente, die der Programmierer per Definition einführt, immer nur in einem Teilbereich des Programms gültig – ihrem so genannten Gültigkeitsbereich (englisch scope).

4.2.1 Gültigkeitsbereiche

C unterscheidet vier Gültigkeitsbereiche, C++ kennt zusätzlich den Klassenbereich und die Definition eigener Gültigkeitsbereiche in Form von Namensbereichen.

Dateibereich (file scope)

Bezeichner, die außerhalb jedes anderen Gültigkeitsbereiches deklariert werden (also weder innerhalb eines Anweisungsblocks noch in einer Parameterliste einer Funktion noch in einer Klasse oder einem Namensbereich), haben file scope, d. h., sie sind ab dem Ort ihrer Deklaration im gesamten nachfolgenden Quelltext des Programms gültig und einsatzbereit.

Funktionen werden meist im Dateibereich deklariert, Variablen, die im Dateibereich deklariert werden, bezeichnet man auch als **globale Variablen.**

Blockbereich (block scope)

Bezeichner, die innerhalb eines Anweisungsblocks oder einer Parameterliste einer Funktion deklariert werden, haben block scope, d. h., sie sind ab dem Ort ihrer Deklaration in dem jeweiligen Anweisungsblock gültig.

Variablen, die im Blockbereich deklariert werden, bezeichnet man auch als **lokale Variablen.**

C versus C++

In C können Deklarationen nur am Anfang eines Blocks stehen, in C++ sind sie an beliebiger Stelle im Block erlaubt.

In C++ kann man zudem Variablen in `if`-, `switch`-, `for`- und `while`-Anweisungen deklarieren. Die Variable ist dann nur für den Anweisungsblock der Verzweigung oder Schleife gültig. (Achtung! Hier gab es eine Änderung im C++-Standard. Bislang waren derart deklarierte Variablen nicht im Block der Verzweigung oder Schleife, sondern im umliegenden Block gültig.)

Funktionsprototypbereich (function prototype scope)

Dieser Gültigkeitsbereich ist nur für den Compiler interessant. Er bezieht sich auf die Parameter in einem Funktionsprototyp (d.h. der Vorwärtsdeklaration einer Funktion, die keine Definition ist). Der Gültigkeitsbereich endet sofort wieder mit dem Ende der Deklaration.

Funktionsbereich (function scope)

Dieser Gültigkeitsbereich gilt nur für Sprungmarken (Labels). Eine Sprungmarke ist automatisch überall in der Funktion gültig, in der sie verwendet wird.

Beachten Sie, dass eine Sprungmarke immer nur in einer Funktion gültig ist, d.h. Sprünge aus einer Funktion heraus sind nicht möglich. Zwei gleichnamige Sprungmarken in zwei verschiedenen Funktionen sind zwei separate Sprungmarken.

Klassenbereich (class scope – nur C++)

Elemente von Klassen sind nur innerhalb ihrer Klasse gültig. Da eine Klasse keinen eigentlichen Anweisungsteil besitzt, ist es notwendig, genauer zu spezifizieren, was Gültigkeit hier bedeutet: Gültigkeit bezieht sich hier auf die Art und Weise, wie das Klassenelement angesprochen werden kann (vorausgesetzt, die Zugriffsspezifizierer [siehe Kapitel 16.4] erlauben einen solchen Zugriff):

Elementfunktionen (Methoden) der gleichen oder einer abgeleiteten Klasse können das Element direkt über seinen Namen ansprechen.

Instanzen der Klasse oder abgeleiteter Klassen können mittels des .-Operators auf das Element zugreifen.

Zeiger auf Instanzen der Klasse oder abgeleiteter Klassen können mittels des ->-Operators auf das Element zugreifen.

Namensbereich (namespace scope – nur C++)

In C++ ist es möglich, den globalen Gültigkeitsbereich durch die Deklaration von Namensbereichen aufzuteilen. Die Deklaration eines Namensbereiches fasst eine Reihe von Deklarationen (und auch Definitionen) in geschweifte Klammern zusammen. Eingeleitet wird die Deklaration durch das Schlüsselwort `namespace`.

```
#include <stdio.h>
#include <string.h>

int i;                    // globaler Gültigkeitsbereich

namespace gipsy
  {
  int i;                  // hat den Namensbereich gipsy als
```

```
  }                         // Gültigkeitsbereich

class demo
  {
  public:
    char *str;              // hat die Klasse demo als
                            // Gültigkeitsbereich

    void ausgeben()         // hat die Klasse demo als
      {                     // Gültigkeitsbereich
      printf("%s\n",str);
      }
  };

void func(int i);           // i hat Funktionsprototyp als
                            // Gültigkeitsbereich

int main()
  {
  char *str;                // lokale Variable
  return 0;
  }
```

Strukturen sind in C++ Klassen, was bedeutet, dass sie in C++ auch einen eigenen Gültigkeitsbereich darstellen.

4.2.2 Sichtbarkeit

Gültigkeitsbereiche besitzen die Eigentümlichkeit, dass sie ineinander verschachtelt sein können.

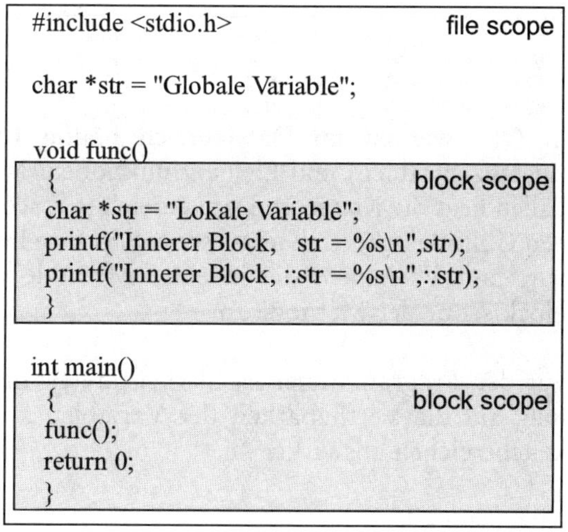

Abbildung 4.2: Globale und lokale Variablen

Variablen, die in einer Funktion deklariert sind, haben als Gültigkeitsbereich den Blockbereich (block scope) der Funktion. Da die Funktion selbst aber auch in einem Gültigkeitsbereich deklariert ist (meist im Dateibereich [file scope]), ist der Gültigkeitsbereich dieser Variablen im Gültigkeitsbereich der Funktion eingeschlossen.

Abbildung 4.3: class-Gültigkeitsbereich

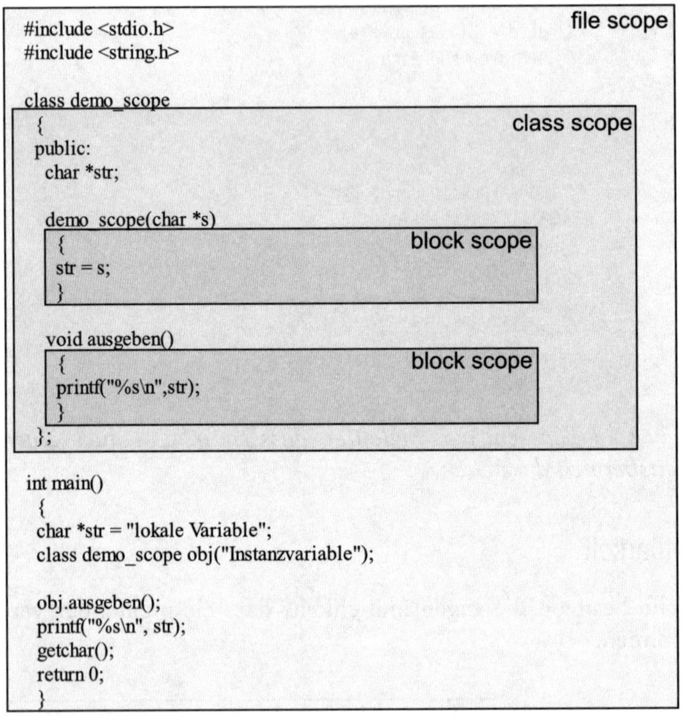

In C++ werden im Dateibereich häufig Klassen mit Elementvariablen (Instanzvariablen) und Elementfunktionen (Methoden) definiert. In solchen Fällen liegt die Klasse im Dateibereich (file scope), sie selbst stellt einen eigenen Gültigkeitsbereich (class scope) für ihre Instanzvariablen und Methoden dar, und Variablen, die in einer Methode deklariert sind, gehören dem block scope der Methode an.

Für den Programmierer ist hierbei interessant, wie sich diese Verschachtelung auf die Verfügbarkeit der Variablen aus den verschachtelten Gültigkeitsbereichen auswirkt.

Allgemein gilt:

- Eine Variable (allgemeiner: ein Bezeichner) ist ab dem Ort ihrer Deklaration in ihrem Gültigkeitsbereich verfügbar.

- Zum Gültigkeitsbereich einer Variablen gehören auch alle eingeschlossenen Gültigkeitsbereiche.

Problematisch ist jetzt nur die Frage, was passiert, wenn in einem umliegenden und einem eingeschlossenen Gültigkeitsbereich zwei gleichlautende Bezeichner deklariert werden?

```
#include <stdio.h>

int var = 12;

int main()
  {
  int var = 0;

  printf("var = %d\n", var);
  return 0;
  }
```

In solchen Fällen gilt, dass der Bezeichner, der im eingeschlossenen Gültigkeitsbereich deklariert wurde, in diesem seinem Gültigkeitsbereich Priorität über gleichnamige Bezeichner umliegender Gültigkeitsbereiche hat.

Wenn der Compiler beim Kompilieren des obigen Beispielcodes in der Funktion `main()` auf die Zeile

```
printf("var = %d\n", var);
```

trifft, prüft er zuerst, ob im aktuellen Gültigkeitsbereich (Blockbereich der Funktion `main()`) ein Bezeichner namens `var` deklariert ist. Ist dies der Fall, verbindet er den Bezeichner mit der lokalen Definition. Ist dies nicht der Fall, setzt er die Suche nach einer passenden Deklaration im umliegenden Gültigkeitsbereich fort – und so weiter, bis er in einem der umliegenden Gültigkeitsbereiche eine passende Deklaration findet. Kann er selbst im Dateibereich keine passende Deklaration finden, gibt er eine Fehlermeldung aus.

Verdeckung und Sichtbarkeit

Aus obigem Beispiel wird ersichtlich, dass der Gültigkeitsbereich einer Variablen (allgemein eines Bezeichners) nicht unbedingt mit seiner Verfügbarkeit zusammenfällt. Der Grund hierfür ist, dass Bezeichner aus umliegenden Gültigkeitsbereichen durch Deklarationen gleich lautender Bezeichner in eingeschlossenen Gültigkeitsbereichen verdeckt werden.

Regeln zur Verdeckung

- Grundsätzlich ist eine Variable (allgemeiner: ein Bezeichner) ab dem Ort ihrer Deklaration in ihrem Gültigkeitsbereich verfügbar.

- Deklarationen gleich lautender Variablen in eingeschlossenen Gültigkeitsbereichen verdecken Variablen aus umliegenden Gültigkeitsbereichen.
- Eine Variable, die nicht verdeckt ist, ist sichtbar.
- Innerhalb eines eingeschlossenen Gültigkeitsbereiches kann es zwar mehrere gültige Variablen mit gleich lautenden Namen geben, doch kann immer nur eine von diesen Variablen sichtbar sein.
- In C++ besteht die Möglichkeit, mittels entsprechender Syntax auch auf bestimmte verdeckte Variablen zuzugreifen.
  (In C ermöglicht die Anwendung des `extern`-Schlüsselwortes den Rückgriff auf eine verdeckte globale Variable, siehe Abschnitt 4.4.1).
- Auf verdeckte Variablen, die innerhalb eines Namensbereiches deklariert sind, kann man über den Bezeichner des Namensbereiches zugreifen.

```
namespace gipsy
  {
  int i;
  }
...
int func(int i)
  {
  gipsy::i = 3;
  ...
```

- Auf verdeckte globale Variablen kann man mithilfe des ::-Operators zugreifen. Die Betonung liegt dabei auf »global« im Gegensatz zu »gleichnamige Variable im umliegenden Gültigkeitsbereich«. Wenn Sie es nicht glauben wollen, probieren Sie das folgende Listing aus:

```
#include <stdio.h>

char *str = "Globale Variable";

int main()
  {
  char *str = "Lokale Variable";
    {
    char *str = "Lokale Variable, Block 2";
    printf("Innerer Block,   str = %s\n",str);
    printf("Innerer Block, ::str = %s\n",::str);
    }
  return 0;
  }
```

Fallbeispiele

Blättern Sie ein paar Seiten zurück zum Anfang dieses Kapitels. Dort konnten Sie lesen:

> »Variablen, die in einer Funktion deklariert sind, haben als Gültigkeitsbereich den Blockbereich (block scope) der Funktion. Da die Funktion selbst aber auch in einem Gültigkeitsbereich deklariert ist (meist im Dateibereich [file scope]), ist der Gültigkeitsbereich dieser Variablen im Gültigkeitsbereich der Funktion eingeschlossen.«

Haben Sie das verstanden?

Wenn ja, wie sieht die Ausgabe des folgenden Programms aus, in dem die Funktion `func()` aus der Funktion `main()` heraus aufgerufen wird? Beachten Sie, dass in `main()` eine lokale Variable `str` definiert ist!

```
#include <stdio.h>

char *str = "Globale Variable";

int func()
  {
  printf("Innerer Block,   str = %s\n",str);
  printf("Innerer Block, ::str = %s\n",::str);
  }

int main()
  {
  char *str = "Lokale Variable";

  func();

  return 0;
  }
```

Haben Sie sich verwirren lassen? Nein? Die richtige Lösung lautet: Es wird zweimal der Text der globalen Variablen ausgegeben. Der Grund dafür ist, dass der umliegende Gültigkeitsbereich der Funktion `func()` der Dateibereich und nicht etwa der Gültigkeitsbereich der aufrufenden Funktion (im Beispiel also `main()`) ist.

Schauen Sie sich auch noch einmal Bild 4.3 an. Warum gibt die Zeile

```
obj.ausgeben();
```

»Instanzvariable« aus?

In der Methode `ausgeben()` wird eine Variable `str` gesucht. In `ausgeben()` ist keine Variable unter diesem Namen definiert, also wird im umliegenden

Gültigkeitsbereich gesucht. Dies ist der class scope der Klasse, und dort findet sich eine Definition von `str` (die bei der Erzeugung des Klassenobjekts `obj` mit dem String »`Instanzvariable`« initialisiert wurde).

4.2.3 Speicherklasse und Lebensdauer

Der Ort der Deklaration eines Objekts bestimmt aber nicht nur dessen Gültigkeitsbereich, er legt auch die Speicherklasse und damit die Lebensdauer fest.

Bei der Speicherklasse geht es prinzipiell darum, wie ein Objekt (beispielsweise eine Variable) am günstigsten im Arbeitsspeicher verwaltet wird. Man kann sich leicht klarmachen, dass dies eng mit dem Gültigkeitsbereich verbunden ist.

Stellen Sie sich vor, Sie haben eine globale Variable definiert (file scope). Diese ist ab dem Ort ihrer Deklaration überall im Rest der Quelltextdatei gültig, d.h., man kann nach der Deklaration jederzeit mit der Variablen arbeiten. Dies setzt natürlich voraus, dass auch der Speicherbereich, der für diese Variable reserviert wurde, für die ganze restliche Dauer des Programms mit der Variablen verbunden bleibt.

Stellen Sie sich nun vor, Sie haben innerhalb einer Funktion eine lokale Variable definiert (block scope). Diese ist ab dem Ort ihrer Deklaration überall im nachfolgenden Code der Funktion (in ihrem Block) gültig. Außerhalb der Funktion kann man auf die Variable aber nicht zugreifen, da sie im umliegenden Gültigkeitsbereich nicht gültig ist. Man benötigt den Speicherbereich für diese Variable also im Grunde nur so lange, wie die Funktion ausgeführt wird. Nach Ausführung der Funktion würde die Variable nur unnötig Speicherplatz belegen. Aus diesem Grund sorgt der Compiler dafür, dass der für die lokalen Variablen reservierte Speicherbereich automatisch wieder freigegeben wird, wenn die Ausführung der Funktion, in der die Variablen definiert sind, beendet wird (siehe Abbildung 4.4).

Lokale Variablen existieren also nur von dem Zeitpunkt ihrer Deklaration bis zum Ende ihres Blocks.

Wo finden Sie weitere Informationen?

Das grundlegende Prinzip der Speicherklassen und Gültigkeitsbereiche sollte damit klar sein. Denkt man aber etwas intensiver darüber nach – was immer eine gefährliche Sache ist –, tauchen sofort neue Fragen auf. Um Einsteiger, die sich gerade ein grundlegendes Verständnis erarbeitet haben, nicht zu verwirren und mich selbst in diesem Buch nicht allzu oft wiederholen zu müssen, habe ich die Beantwortung einiger dieser Fragen auf andere Kapitel aufgeteilt:

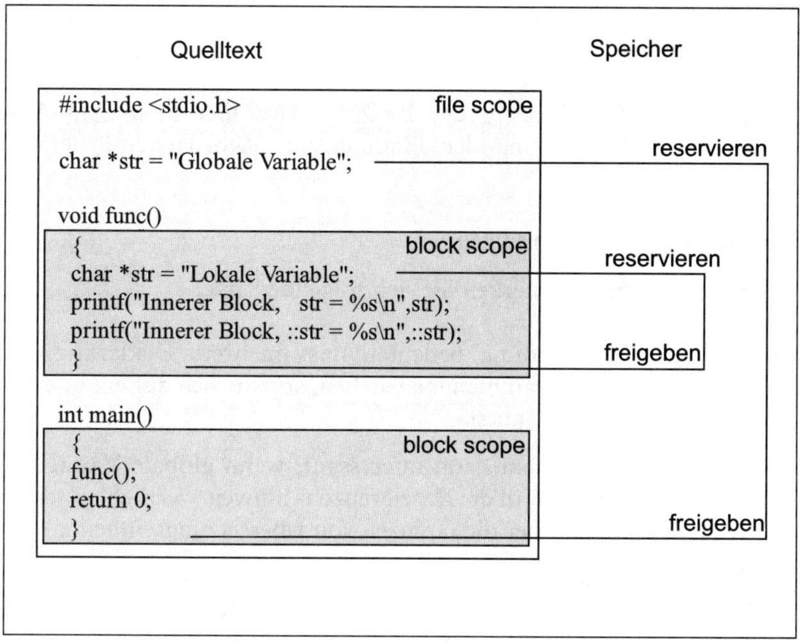

Abbildung 4.4: Gültigkeitsbereich und Speicherklasse

- Der wichtigste Blockbereich ist der Anweisungsteil von Funktionen. Was genau passiert beim Aufruf einer Funktion? Wie werden lokale Variablen im Speicher verwaltet? Dies bringt uns zum Stack-Konzept, das im Kapitel 12 zu den Funktionen beschrieben wird.
- Bei der Verwendung von Zeigern als lokale Variablen ergibt sich eine Reihe von potenziellen Fußangeln, auf die in Kapitel 9.4.6 hingewiesen wird.
- Wie kann man eine Speicherklasse verändern? Dies ist Aufgabe der Speicherklassenspezifizierer (siehe Abschnitt 4.4.1).

4.2.4 Linkage

Linkage bedeutet, dass die Deklaration eines Bezeichners mit einer anderen Deklaration des gleichen Bezeichners verbunden ist (»is linked«).

In vielen Büchern liest man, dass Linkage (im Deutschen als Bindung zu übersetzen) die Sichtbarkeit von Bezeichnern in Programmen aus mehreren Übersetzungseinheiten (sprich über Quelltextdateigrenzen hinweg) bestimmt.

Gegen eine solche Vereinfachung ist nichts zu sagen, didaktisch gesehen ist sie sogar beinahe zwingend. Trotzdem möchte ich mich dem Thema hier auf andere Weise nähern, denn aus eigener Erfahrung weiß ich, dass man auf dem Weg über die Mehrdateien-Programme nur schwer Zugang zum Konzept der Bindung findet. Man weiß dann zwar, wie man eine externe

Bindung über Dateigrenzen hinweg aufbaut, aber man hat bei weitem noch nicht verstanden, wie das Bindungsmodell von C/C++ aufgebaut ist.

Das grundlegende Konzept der Bindung wird hier in diesem Abschnitt behandelt, die Bedeutung der Bindung für Mehrdateien-Programme in Kapitel 25.

Was Sie im Kopf behalten sollten

Bevor Sie weiterlesen, merken Sie sich folgende Sätze:

- Linkage oder Bindung bedeutet, dass mehrere Deklarationen eines Bezeichners in Zusammenhang stehen, sprich: sich auf ein und dasselbe Objekt beziehen können.
- Linkage ist vor allem dann interessant, wenn globale Variablen (oder auch Funktionen) über Dateigrenzen hinweg verfügbar sein sollen (genauer gesagt, über die Grenzen von Übersetzungseinheiten).
- Eine Übersetzungseinheit besteht aus einer Quelltextdatei und allen per `#include` eingeschlossenen weiteren Dateien. Eine Übersetzungseinheit besitzt einen gemeinsamen globalen Dateibereich (file scope) und wird als eine Einheit vom Compiler übersetzt.

Drei Arten von Linkage

Insgesamt muss man drei Arten von Bindung unterscheiden. Jeder Bezeichner, den Sie einführen, gehört genau einem Typ von Bindung an.

Externe Bindung	Alle Vorkommen[1] eines Bezeichners mit externer Bindung beziehen sich für das gesamte Programm (alle zugehörigen Übersetzungseinheiten) auf das gleiche Objekt. Die externe Bindung ist es, die den Zugriff auf Variablen und Funktionen über Dateigrenzen hinweg ermöglicht.
Interne Bindung	Alle Vorkommen eines Bezeichners mit interner Bindung beziehen sich für die aktuelle Übersetzungseinheit auf das gleiche Objekt. Die interne Bindung erlaubt die Redeklaration innerhalb einer Quelltextdatei.

1 Ein Vorkommen kann eine Definition, eine Deklaration oder eine Verwendung im Quelltext sein.

Keine Bindung — Alle Vorkommen eines Bezeichners ohne Bindung beziehen sich für den aktuellen Gültigkeitsbereich auf das gleiche Objekt.

Wie wird die Linkage festgelegt?

Die Regeln für die Bestimmung der Linkage eines Bezeichners sind relativ komplex, und ich möchte es mir daher ersparen, einfach den ANSI-Standard zu zitieren.

Stattdessen werde ich Ihnen einige allgemeine Regeln präsentieren sowie eine tabellarische Übersicht über die wichtigsten Kombinationen von Deklaration und Linkage. Danach werden wir einige praktische Implikationen anhand kleiner Beispiele untersuchen. Wem dies nicht genügt, der möge im ANSI-Standard nachschlagen (Bezugsquellen siehe Anhang und Kapitel 1).

Prinzipiell gilt:

- Globale Bezeichner haben externe Linkage.
- Globale Bezeichner, die als `static` deklariert sind, haben interne Linkage.
- Lokale Variablen haben keine Linkage.
- Lokale Variablen, die als `static` deklariert sind, haben interne Linkage.
- Bezeichner, die als `extern` deklariert sind, richten sich nach der Linkage einer vorangehenden Deklaration des gleichen Bezeichners. Gibt es keine vorangehende Deklaration, hat der Bezeichner externe Linkage.

Tabelle 4.1: Übersicht zur Linkage

Deklaration			**Daraus folgen**	
Ort (Gültigkeitsbereich)	Typ	Speicherklassenspezifizierer	Linkage	Lebensdauer
Datei (oder Namensbereich)				
	Var / Fkt	–	external	Programm
	Var / Fkt	static	internal	Programm
	Var / Fkt	extern	external / wzd[a]	Programm
	Variable	const	external (C) internal (C++)	Programm
	Variable	extern const	external	Programm

Tabelle 4.1: Übersicht zur Linkage (Forts.)

Deklaration			**Daraus folgen**	
	Funktion	inline	internal / wzd	Programm
	Funktion	inline extern	external / wzd	Programm
	Datentyp		external	Programm
Blockbereich				
	Variable		keine	Block
	Variable	static	internal	Programm
	Variable	extern	external / wzd	Block
	Funktion[b]		external / wzd	Block
	Funktion	static	internal	Programm
		Datentyp	keine	Block
Klassenbereich				
	Richtet sich nach Linkage der Klasse			

a. wzd steht für »wie zuvor deklariert« und bedeutet, dass sich die Linkage nach der Linkage einer vorangehenden Deklaration des gleichen Bezeichners richtet. Gibt es keine vorangehende Deklaration, hat der Bezeichner die angegebene Linkage.
b. Funktionen können in Blöcken nur deklariert, nicht definiert werden (C/C++ kennen keine verschachtelten Funktionen).

Zur Einstimmung

Die gute Nachricht ist, dass Sie, wenn Sie bisher Ihre Programme aufgesetzt haben, ohne sich um die Linkage Ihrer Bezeichner Gedanken zu machen, auch weiterhin ohne solche Überlegungen programmieren können.

Wenn Sie ein Programm wie das folgende aufsetzen:

```
#include <stdio.h>

int i;

int main()
  {
  int n;
  ...
  return 0;
  }
```

braucht es Sie prinzipiell nicht zu interessieren, dass `i` externe Linkage und `n` keine Linkage hat.

Und wenn das Programm aus mehreren Übersetzungseinheiten besteht, von denen mehrere die globale Variable i verwenden sollen, reicht es meist zu wissen, dass die Variable i nur einmal definiert und ansonsten nur mit extern deklariert werden darf (siehe Kapitel 25).

Werden globale Funktionen und Variablen gleich behandelt?

Tabelle 4.1 können Sie entnehmen, dass Funktionen und Variablen, die im Dateibereich deklariert werden, externe Linkage haben. Trotzdem gibt es einen entscheidenden Unterschied zwischen einer global deklarierten Funktion und einer global deklarierten Variablen. Betrachten Sie dazu das folgende Listing:

```
#include <stdio.h>

int i;

int func(int par)
  {
  printf("%d\n",par);
  }

 int main()
  {
  i = 3;
  func(i);
  return 0;
  }
```

Besteht das Programm nur aus einer Übersetzungseinheit, wird der Unterschied nicht deutlich, wohl aber wenn Sie eine weitere Übersetzungseinheit hinzunehmen, in der Sie auf func() und i zugreifen wollen.

Zuerst werden Sie die Deklaration der Funktion und der Variablen in beide Quelltextdateien aufnehmen (direkt oder über eine Header-Datei), damit die Bezeichner bei der Kompilation der jeweiligen Dateien bekannt sind:

```
/* Quelltext1.cpp */

#include <stdio.h>

int func(int par);
int i;

int func(int par)
  {
  printf("%d\n",par);
  }

int main()
  {
```

```
/* Quelltext2.cpp */

#include <stdio.h>

int func(int par);
int i = 3;

...
```

```
func(i);
return 0;
}
```

Bei der Kompilation des Programms erkennt der Compiler, dass der Bezeichner func() in beiden Fällen externe Linkage hat. Er bezieht also beide Vorkommen in beiden Dateien auf ein und dieselbe Definition. Gleiches gilt für die Variable i, doch während er für die Funktion eine gemeinsame Definition in *Quelltext1.cpp* findet, trifft er für die Variable i auf zwei Definitionen, d. h., er müsste für eine Variable (eine Adresse) zwei Speicherbereiche reservieren. Der Linker wird dies mit einer Fehlermeldung quittieren.

Es genügt halt nicht, die auszutauschenden Bezeichner nur mit externer Linkage zu deklarieren, Sie müssen natürlich auch weiterhin sicherstellen, dass es zu jedem Bezeichner in seinem Gültigkeitsbereich nur eine Definition gibt.

extern

Obiges Problem löst man dadurch, dass man alle bis auf eine Deklaration der Variablen i als extern kennzeichnet.

```
extern int;                    int i = 3;
```

(Das Schlüsselwort extern bewirkt, dass die Deklaration nur als Deklaration und nicht als gleichzeitige Definition angesehen wird. Denken Sie aber daran, dass eine gleichzeitige Initialisierung den Effekt des Schlüsselworts extern aufhebt.)

static

Sie hätten auch die Deklaration von i in der zweiten Quelltextdatei als static deklarieren können:

```
int i = 3;                    static int i;
```

Für C++ empfiehlt es sich, statt der static-Deklaration unbenannte Namensbereiche einzurichten (siehe Kapitel 4.3.6)

Dann hätten Sie aber nicht eine Variable i, auf die Sie aus beiden Dateien zugreifen können, sondern zwei verschiedene Variablen i, denn die mit

```
static int i;
```

deklarierte Variable hat interne Linkage und wird nicht mit gleichnamigen Variablen anderer Übersetzungseinheiten verbunden.

Die letzte Möglichkeit bringt mich auf eine weitere Merkwürdigkeit:

Extern bewirkt keine externe Bindung

Das Schlüsselwort extern wird meist aus zwei Gründen verwendet:

- entweder man möchte dem Compiler mitteilen, dass eine Variablendeklaration nur eine Deklaration und keine Definition ist,

- oder man möchte eine Variable »extern« machen, soll heißen: mit einer Definition einer gleichnamigen Variablen in einer anderen Datei verbinden.

Letzterem Punkt liegt die Vorstellung zugrunde, dass das Schlüsselwort `extern` eine externe Linkage herstellt. Dies ist aber eine dieser wunderbaren Binsenwahrheiten über C/C++, die in 99% aller Fälle zutrifft, aber eben doch nur eine Halbwahrheit darstellt.

Betrachten Sie folgendes Programm aus zwei Übersetzungseinheiten:

```
/* Quelltext1.cpp */

#include <stdio.h>

int i;

int main()
  {
  i = 3;
  func(i);
  return 0;
  }
```

```
/* Quelltext2.cpp */

#include <stdio.h>

static int i = 3;

void func()
   {
   extern int i;
   printf("%d\n",i);
   }
```

Hier wurde, wie im vorhergehenden Abschnitt vorgeschlagen, die Variable `i` in *Quelltext2.cpp* als `static` deklariert, um sie von der gleichnamigen Variablen aus *Quelltext1.cpp* zu unterscheiden.

Jetzt möchte der Programmierer aber in der Funktion `func()` auf die Variable `i` aus *Quelltext1.cpp* zugreifen. Er deklariert daher eine lokale Variable `i` mit dem Schlüsselwort `extern` – in der Hoffnung, dass diese lokale Variable nun externe Bindung hat und folglich mit der Definition aus *Quelltext1.cpp* verbunden wird.

Leider funktioniert dies nicht, denn das Schlüsselwort `extern` bewirkt nur, dass die Linkage der lokalen Variablen sich nach der Linkage einer gleichnamigen Definition aus dem Dateibereich richtet – in diesem Fall also nach `static int i = 3;` mit dem der Bezeichner dann auch verbunden wird. Der Bezeichner `i` hat also danach interne Linkage.

Nur wenn im Dateibereich keine gleichnamige Deklaration zu finden wäre, würde die lokale Variable wie gewünscht mit externer Bindung versehen.

Als extern deklarierte externe Variable externer Bindung

Dreimalig externe Variablen können extrem verwirrend sein. Umso lehrreicher ist es, die Begriffe korrekt voneinander abzugrenzen.

- Eine externe Variable ist gemäß dem ANSI-Standard einfach eine Variable, die außerhalb aller Funktionen – also im Dateibereich – deklariert ist.
- Ein Variablenname mit externer Bindung bezieht sich in allen Übersetzungseinheiten auf ein und dasselbe Objekt. Dass eine externe Variable nicht immer externe Linkage haben muss, können Sie der Tabelle 4.1 entnehmen.
- Wenn Sie eine externe Variable mit externer Bindung als `extern` deklarieren, teilen Sie dem Compiler mit, dass die Deklaration dieser Variablen nicht mit einer Definition einhergehen soll (diese wird irgendwo anders bereitgestellt).

```
#include <stdio.h>

extern int i;  // extern deklarierte
               // externe Variable externer Bindung

int main()
  {
  ...
  return 0;
  }
```

Typdefinitionen ohne Linkage

Laut ANSI-C++-Standard kann ein Typ, der ohne Bindung deklariert wurde, nicht zur Deklaration einer Variablen mit Bindung verwendet werden. Wie der Compiler darauf zu reagieren hat, ist allerdings nicht festgelegt:

```
int func()
  {
  struct Vektor {
    int x, y;
    };
  extern struct Vektor v; // nicht korrekt
  }
```

4.3 Namensbereiche (nur C++)

Globale Variablen sind ein einfaches, wenn auch nicht immer zu empfehlendes Mittel, Daten über Klassen, Funktions- und Dateigrenzen hinweg auszutauschen.

Bei größeren Projekten mit mehreren Modulen taucht dabei aber schnell das Problem von Namenskonflikten zwischen globalen Bezeichnern auf – insbesondere dann, wenn mehrere Programmierer an einem Projekt arbeiten.

Schließlich passiert es nur allzu schnell, dass man sich globale Hilfsstrukturen oder -klassen wie »Vektor« oder »Liste« oder globale Variablen namens »datei« oder so definiert. Beim Zusammenbinden der Übersetzungseinheiten zu einem Programm findet der Linker dann mehrere Definitionen zu einem Namen, und die Programmierer stehen vor dem Problem, wie man diese Namenskonflikte am geschicktesten auflöst.

Diesem Manko begegnet nun das Konzept der Namespaces, das mit dem neuen ANSI-C++-Standard eingeführt wurde. Es beruht einfach darauf, dass der Programmierer die Möglichkeit erhält, den globalen Gültigkeitsbereich durch die Deklaration von Namensbereichen aufzuteilen. Im Fachjargon würde man sagen, dass man den globalen Gültigkeitsbereich in »deklarative Regionen« unterteilt.

4.3.1 Namensbereiche und globaler Gültigkeitsbereich

Bisher haben wir den Term »Gültigkeitsbereich« etwas lasch und ungenau verwendet. So wurde als Gültigkeitsbereich sowohl der Bereich eines Programms bezeichnet, in dem ein Bezeichner nur einmal definiert sein darf, als auch der Bereich, in dem ein Bezeichner gültig ist. Das klingt jetzt wieder sehr kompliziert, ist aber ganz einfach, denn es beschreibt genau die Art und Weise, in der wir die ganze Zeit schon programmiert haben:

```
#include <iostream>
#include <string>
using namespace std;

int func()
  {
  cout << glob_str << endl; // Fehler
  }

string glob_str("Globale Variable");

int main()
  {
  func();
  return 0;
  }
```

Hier ist die globale Variable `glob_str` im Gültigkeitsbereich »Datei« deklariert (und definiert). Eine Variable gleichen Namens könnte zwar in einem anderen Gültigkeitsbereich (einem Block oder einer Klasse) definiert werden, nicht aber noch einmal im Dateibereich.

Gültig ist die Variable aber nicht im ganzen Dateibereich, sondern erst ab dem Ort ihrer Deklaration. Die Verwendung in der zuvor definierten Funktion `func()` führt daher zu einem Compiler-Fehler.

Wir haben daher zwischen der deklarativen Region (in der der Bezeichner deklariert ist) und dem eigentlichen Gültigkeitsbereich (in dem der Bezeichner verwendet werden kann) zu unterscheiden. (Nicht zu vergessen, dass ein Bezeichner in seinem Gültigkeitsbereich auch verdeckt sein kann, siehe Abschnitt 4.2.2.)

Abbildung 4.5: Deklarative Regionen

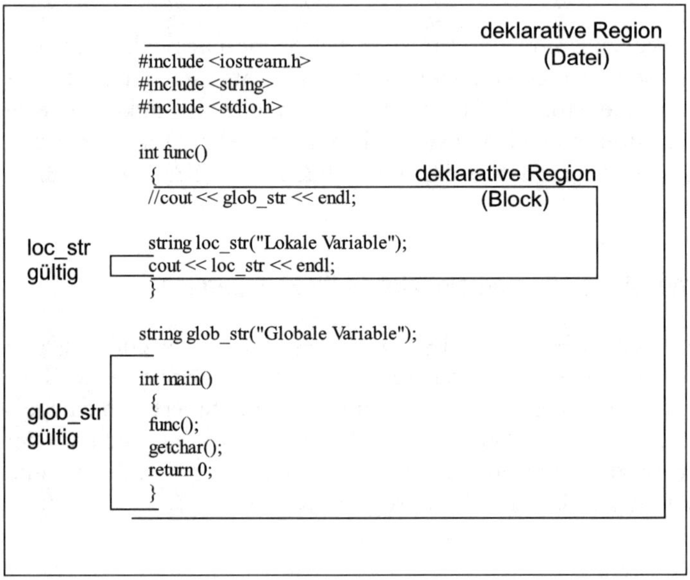

Nachdem wir nun die Trennung zwischen deklarativer Region und Bereich, in dem ein deklarierter Bezeichner gültig ist, vollzogen haben, sollte es nicht mehr schwer fallen zu verstehen, was ein Namensbereich ist.

Was ist ein Namensbereich?

Definition

- Ein Namensbereich (engl. namespace) ist eine vom Programmierer explizit eingeführte deklarative Region, die mit einem Namen gekennzeichnet wird.
- Namensbereiche können nur im globalen Dateibereich oder einem anderen Namensbereich definiert werden. (Tatsächlich können Namensbereiche überhaupt nur in anderen Namensbereichen definiert werden, denn der globale Dateibereich von C ist in C++ ein spezieller vordefinierter Namensbereich – der globale Namensbereich.)

Namensbereiche sind benannte deklarative Regionen

Wozu braucht ein Namensbereich einen expliziten Namen?

- Zum einen, damit man mehrere Namensbereiche (und damit auch gleich lautende Bezeichner aus unterschiedlichen Namensbereichen) unterscheiden kann.

Zwei Programmierer, die jeder an einer eigenen Quelltextdatei für ein gemeinsames Programm arbeiten, können also ruhig gleich lautende globale Bezeichner deklarieren, solange sie diese in unterschiedlich benannten Namensbereichen ablegen.

- Zum anderen, weil für einen Namensbereich deklarative Region und Gültigkeitsbereich nicht zusammenfallen.

  Prinzipiell sind Bezeichner, die innerhalb eines Namensbereiches deklariert wurden, ebenso wie Bezeichner des Dateibereiches ab dem Punkt der Deklaration ihres Namensbereiches sichtbar. Die Gruppierung der Deklarationen und ihre Bindung an einen Namensbereich erlaubt es aber auch, die Deklarationen eines Namensbereiches in einen anderen Gültigkeitsbereich einzuführen (siehe die nachfolgenden Abschnitte). Auf diese Weise können Namensbereiche über Dateigrenzen hinweg deklariert und ausgetauscht werden.

- Schließlich können Namensbereiche mehrfach deklariert werden, wobei nachfolgende Deklarationen als Erweiterungen behandelt werden.

4.3.2 Namensbereiche definieren

Die Definition eines Namensbereiches fasst eine Reihe von Deklarationen in geschweiften Klammern zusammen. Eingeleitet wird die Deklaration durch das Schlüsselwort namespace.

```
namespace BEZEICHNER { ... Deklarationen, Definitionen ... }
```

Auf das Schlüsselwort namespace folgt der Name für diesen Namensbereich, für den die gleichen Regeln gelten wie für alle Bezeichner. Danach folgt in geschweiften Klammern eine Reihe von Deklarationen, wobei Variablen direkt initialisiert und Funktionen definiert werden können).

```
namespace ShiHuangDi_der_erste_Kaiser
  {
  enum Tage {montag, dienstag, mittwoch, donnerstag, freitag,
             samstag, sonntag};
  class string str = "Namespace Shi Huang Di";
  void func() {cout << str;}
  }
```

4.3.3 Auf Elemente aus Namensbereichen zugreifen

Um nun auf ein Element aus einem Namensbereich zugreifen zu können, haben Sie drei Möglichkeiten.

1. Zugriff über Gültigkeitsbereichoperator ::

Verwenden Sie den Gültigkeitsbereichoperator ::, um dem Bezeichner des Elements den Bezeichner des Namensbereiches voranzustellen.

Beispielsweise:

```
cout << ShiHuangDi_der_erste_Kaiser::str << endl;
```

Der Vorteil ist, dass Sie selbst explizit festlegen, auf welchen Bezeichner Sie zugreifen möchten und dass es keine Konflikte mit gleich lautenden lokalen Bezeichnern gibt.

```
// NAMESPC1.CPP Zugriffsoperator
#include <iostream>
#include <string>
using namespace std;

namespace ShiHuangDi_der_erste_Kaiser
  {
  enum Tage {montag, dienstag, mittwoch, donnerstag, freitag,
             samstag, sonntag};
  string str("Namespace-Variable");
  void func() {cout << str << " aus Funktionsaufruf\n";}
  }

string str("globale Variable");

int main()
  {
  string str("lokale Variable");
  cout << str << endl;
  cout << ::str << endl;
  cout << ShiHuangDi_der_erste_Kaiser::str << endl;
  if(ShiHuangDi_der_erste_Kaiser::montag==0);
    ShiHuangDi_der_erste_Kaiser::func();
  return 0;
}
```

Ausgabe:

```
lokale Variable
globale Variable
Namespace-Variable
Namespace-Variable aus Funktionsaufruf
```

2. Zugriff mithilfe der using-Deklaration

using gibt es als Deklaration und als Anweisung

Durch die using-Deklaration führen Sie gezielt einen Bezeichner aus einem Namespace in einen Gültigkeitsbereich ein:

Beispielsweise:

```
using ShiHuangDi_der_erste_Kaiser::str;
```

Der Vorteil ist, dass Sie in diesem Gültigkeitsbereich für alle nachfolgenden Zugriffe auf den Bezeichner keinen Zugriffsoperator mehr benötigen.

Der Nachteil ist, dass dies einer Deklaration gleichkommt, d. h., es dürfen keine gleich lautenden Bezeichner in diesem Gültigkeitsbereich verwendet werden.

```
// NAMESPC2.CPP   using-Deklaration
#include <iostream>
#include <string>
using namespace std;

namespace ShiHuangDi_der_erste_Kaiser
  {
  enum Tage {montag, dienstag, mittwoch, donnerstag, freitag,
             samstag, sonntag};
  string str("Namespace-Variable");
  void func() {cout << str << " aus Funktionsaufruf\n";}
  }

string str("globale Variable");

int main()
  {
  using ShiHuangDi_der_erste_Kaiser::str;
  // die nachfolgende Deklaration wuerde zu einem
  // Compiler-Fehler fuehren
  // string str("lokale Variable");
  cout << ::str << endl;
  cout << str << endl;
  if(ShiHuangDi_der_erste_Kaiser::montag==0);
    ShiHuangDi_der_erste_Kaiser::func();
  return 0;
}
```

Ausgabe:

```
globale Variable
Namespace-Variable
Namespace-Variable aus Funktionsaufruf
```

using in Klassen

Wird `using` innerhalb einer Klassendefinition benutzt, muss der eingeführte Name ein Element einer Basisklasse der aktuellen Klasse bezeichnen.

Eine auf diese Weise eingeführte Methode einer Basisklasse wird in der abgeleiteten Klasse als eigenes Element angesehen und kann daher zum Beispiel direkt überladen werden.

3. Zugriff mithilfe der using-Anweisung

Die using-Anweisung führt einen ganzen Namensbereich in einen Gültigkeitsbereich ein.

Beispielsweise:

```
using namespace ShiHuangDi_der_erste_Kaiser;
```

Der Vorteil ist, dass Sie in diesem Gültigkeitsbereich für alle nachfolgenden Zugriffe auf irgendwelche Bezeichner des Namensbereiches keinen Zugriffsoperator mehr benötigen.

Ein weiterer Vorteil ist, dass dies keiner Deklaration der Bezeichner in diesem Gültigkeitsbereich entspricht (wie etwa bei der using-Deklaration). Allerdings kann es durch die Verwendung gleich lautender Bezeichner zu nicht aufzulösenden Zugriffen kommen.

```
// NAMESPC3.CPP   using-Anweisung
#include <iostream>
#include <string>
using namespace std;

namespace ShiHuangDi_der_erste_Kaiser
  {
  enum Tage {montag, dienstag, mittwoch, donnerstag, freitag,
             samstag, sonntag};
  string str("Namespace-Variable");
  void func() {cout << str << " aus Funktionsaufruf\n";}
  }

string str("globale Variable");

int main()
  {
  using namespace ShiHuangDi_der_erste_Kaiser;
  string str("lokale Variable");
  cout << str << endl;
  cout << ::str << endl;
  cout << ShiHuangDi_der_erste_Kaiser::str << endl;
  if(montag==0);
    func();
  return 0;
  }
```

Ausgabe:

```
lokale Variable
globale Variable
Namespace-Variable
Namespace-Variable aus Funktionsaufruf
```

Analyse

In diesem Beispiel sehen Sie, dass wir für alle Bezeichner aus dem Namespace auf den Namespace-Bezeichner verzichten können – mit Ausnahme für den String `str`. Dies liegt daran, dass es hier zu einem Namenskonflikt zwischen dem lokalen String `str` und dem String `str` aus dem Namensbereich kommt. In diesem Fall geht der Compiler so vor, dass er dem lokalen String den Vorzug gibt. Um auf den String aus dem Namensbereich zugreifen zu können, benötigen wir also wiederum den Namespace-Bezeichner.

4.3.4 Erweiterung von Namensbereichen

Namensbereiche sind keine statischen Gebilde, sie lassen sich nämlich beliebig erweitern. Wurde ein Namensbereich einmal eingerichtet, ist jede weitere Definition dieses Namensbereiches eine Erweiterung – und nicht etwa eine Redeklaration.

!! STOP

`using`-Anweisungen beziehen sich jeweils nur auf den Teil eines Namensbereiches, der bereits vor ihrem Aufruf definiert war, und nicht auf die Teile, die dem Namensbereich erst später hinzugefügt wurden.

4.3.5 Aliase

Wenn Sie Wert darauf legen, dass die Bezeichner aus Ihren Namensbereichen auch in größeren Projekten, an denen mehrere Programmierer arbeiten, eindeutig sind, sollten Sie keine allzu kurzen oder nahe liegenden Namen für Ihre Namensbereiche wählen. Dies kann dann allerdings zu äußerst unbequem einzutippenden Bezeichnernamen führen (siehe obige Beispiele). Unangenehm können die Aufrufe allerdings auch dann werden, wenn Sie Namensbereiche verschachteln, beispielsweise:

```
namespace HuangDi_der_gelbe_Kaiser {
  namespace ShiHuangDi_der_erste_Kaiser {
    namespace CiXi_die_Kaiserin_Witwe {
      namespace PuYi_der_letzte_Kaiser {
      ...}
    ...}
  ...}
}
```

Um sich in solchen Fällen die Aufrufe zu vereinfachen, können Sie Aliase definieren, beispielsweise:

```
namespace CiXi = HuangDi_der_gelbe_Kaiser::
                     ShiHuangDi_der_erste_Kaiser::
                            CiXi_die_Kaiserin_Witwe;
```

4.3.6 Unbenannte (anonyme) Namespaces statt statischer Variablen

Mit dem Schlüsselwort `static` können Sie festlegen, dass globale Variablen nur für das Modul definiert sind, in dem ihre Deklaration steht. Gleiches können Sie mithilfe der so genannten anonymen oder unbenannten Namensbereiche erreichen. Dies ist einfach ein Namensbereich, dem Sie keinen Bezeichner zuordnen. Wenn Sie einen solchen Namensbereich beispielsweise in einer Header-Datei definieren und dann per `#include` in mehrere Quelltextmodule eines Projekts aufnehmen, sind die in dem Namensbereich deklarierten Elemente für jedes Quelltextmodul eindeutig definiert und es kommt zu keinen Konflikten wegen gleich lautender Namen in mehreren Modulen.

Vertiefung

Der Trick bei den anonymen Namensbereichen ist, dass der Compiler zur Übersetzungszeit den anonymen Namensbereichen Bezeichner zuweist, die für jedes Quelltextmodul eindeutig sind.

4.4 Spezifizierer für die Variablendeklaration

Die Einsatzmöglichkeiten einer Variablen können Sie bei der Deklaration durch Zuweisung eines

- Speicherklassenspezifizierers und/oder eines
- CV-Qualifizierers

an Ihre Bedürfnisse anpassen.

Spezifizierer für die Funktionsdeklaration werden im Kapitel 12 behandelt.

4.4.1 Speicherklassenspezifizierer

Bei der Deklaration einer Variablen kann die Typangabe durch die Angabe einer Speicherklasse ergänzt werden. Die Speicherklasse bestimmt in Wechselwirkung mit dem Ort der Deklaration die Sichtbarkeit und die Lebensdauer der Variablen.

Es kann immer nur höchstens einer dieser Speicherklassenspezifizierer in einer Deklaration verwendet werden.

Tabelle 4.2: Speicherklassenspezifizierer

auto	register	static
extern	mutable	

Speicherklasse auto

Das Schlüsselwort auto weist einer Variablen explizit die automatische Speicherklasse zu, d. h., die Variable existiert nur so lange, wie der Block, in dem sie deklariert wurde, ausgeführt wird.

Betrachten Sie folgende Funktion

```
int func ()
  {
  auto int i;              // entspricht int i;
  ...
  }
```

Wenn diese Funktion aufgerufen wird, wird Speicher für die Variable i allokiert. Bei Beendigung der Funktion wird die Variable aufgelöst und der zugehörige Speicher wieder freigegeben. Wird die Funktion ein weiteres Mal aufgerufen, wird die Variable wieder mit einem Speicherbereich verbunden und am Ende der Funktion wieder aufgelöst und so weiter.

auto ist überflüssig

Dieses Verfahren ist sehr speicherschonend, da die Variable nur zu der Zeit Speicher belegt, zu der sie auch wirklich verwendet wird. Aus diesem Grund ist auto die Standard-Speicherklasse jeder lokalen Variablen (und auch der Funktionsparameter), sodass das Schlüsselwort auto im Grunde überflüssig ist.

```
int func (int par1, float par2)
  {
  int i;              // entspricht auto int i;
  ...
  }
```

Die Speicherklasse auto ist vor allem für den Compiler-Hersteller interessant. Beim Anlegen der Symboltabelle (in die alle vom Programmierer eingeführten Bezeichner und relevanten Informationen eingetragen werden) kann er das Schlüsselwort zur Kennzeichnung der Speicherklasse lokaler Variablen nutzen.

In Programmen wird es höchstens dann explizit angegeben, wenn man eine Variablendeklaration als solche deutlich kenntlich machen möchte. (Durch die Einführung eigener Datentypbezeichner kann es schon einmal passieren, dass eine Deklaration mit gleichzeitiger Initialisierung auf den ersten Blick wie eine Anweisung aussieht.)

```
typedef int ichliebekryptischeNamen;

int func() {
   ichliebekryptischeNamen i = 3;
   ...
```

Speicherklasse register

Grundsätzlich entspricht der Spezifizierer `register` dem Schlüsselwort `auto`. Es teilt dem Compiler darüber hinaus aber mit, dass auf die derart deklarierte Variable so schnell wie möglich zugegriffen werden soll.

*`register` **ist nur eine Empfehlung***

Für den Compiler bedeutet dies, dass die Variablen in die Register des Prozessors geladen werden sollen (siehe Kapitel 2.1.2). Der Compiler braucht dies jedoch nicht zu tun – sei es, dass kein Register mehr für die Variable frei ist, sei es, dass der Datentyp der Variablen keine Abspeicherung in einem Register erlaubt.

```
/* Register.cpp  Laufzeitverbesserung */
#include <stdio.h>
#include <time.h>

int main()
  {
  long start1, start2, end1, end2;
  int a1, a2;
  register int r1, r2;

  printf("Programm zur Zeitmessung - bitte warten\n\n");

  time(&start1);
  for (a1 = 0; a1 < 10000; a1++)
    for (a2 = 0; a2 < 10000; a2++)
      ;
  time(&end1);

  time(&start2);
  for (r1 = 0; r1 < 10000; r1++)
    for (r2 = 0; r2 < 10000; r2++)
      ;
  time(&end2);

  printf("Die auto-Schleife benoetigte %d Sekunden.\n",
          end1-start1);
  printf("Die register-Schleife benoetigte %ld Sekunden.\n",
          end2-start2);
  return 0;
}
```

Da die Verarbeitung des Schlüsselworts durch den Compiler nicht definitiv vorgegeben ist und es andererseits dem Compiler freisteht, beliebige Variablen in Registern zu verwalten, wenn es ihm sinnvoll erscheint (Schleifenvariablen, Funktionsparameter), ist das Ergebnis einer `register`-Deklaration nur schwer vorherzusehen.

Meist ist es sinnvoller, das Schlüsselwort `register` nicht zu verwenden, da die heutigen Compiler die Register meist viel effektiver einzusetzen wissen als die Programmierer und eine explizite Deklaration auf Quelltextebene dem Compiler nur dazwischenfunkt. Wenn Sie das Schlüsselwort setzen, sollten Sie in jedem Fall den Laufzeitunterschied messen!

!! STOP

Auch die Laufzeitmessung kann zu sehr verwirrenden Ergebnissen führen. Ihre Befunde werden abhängen von:

- *dem verwendeten Compiler.*
- *von der Art der Optimierung durch den Compiler (für GNU beispielsweise -O, -O1, -O2, -O3 oder -O0); Sie können auch die Variablen* `a1` *und* `a2` *als* `volatile` *deklarieren (siehe unten), um deren Optimierung zu unterbinden.*
- *von dem Betriebssystem (MS-DOS oder Win32, unter dem mehrere Threads ausgeführt werden und die Zeit der anderen Threads mit gemessen wird).*

C versus C++

In C kann im Gegensatz zu C++ die Adresse eines Objekts, das mit `register` deklariert worden ist, nicht mehr ermittelt werden, gleichgültig, ob dieses Objekt sich in einem Prozessorregister befindet oder nicht. In C gibt es daher keine Zeiger auf `register`-Variablen, und auch der Adress-Operator & kann nicht angewendet werden.

Speicherklasse static

Lokale Variablen (deklariert in block scope) sind standardmäßig als `auto` deklariert, was bedeutet, dass sie bei Bedarf erzeugt und bei Beendigung des umgebenden Blocks aufgelöst werden. Prinzipiell ist das von Vorteil, doch es verhindert auch, dass eine lokale Variable zwischen zwei Ausführungen des umgebenden Blocks ihren Wert beibehält.

Nehmen Sie an, der umgebende Block wäre der Anweisungsteil einer Funktionsdefinition und Sie wollten für die Funktion einen Zähler implementieren, der mitzählt, wie oft die Funktion aufgerufen wurde.

Wie lässt sich dies implementieren?

1. Ansatz: Parameter

```
int func (int counter)
  {
   counter ++;
   ...
   return counter;
   }
```

Beim Aufruf der Funktion wird der Stand des Zählers an den Parameter `counter` übergeben. Beim Verlassen der Funktion wird der Wert des inkrementierten Zählers zurückgegeben (um im umliegenden Block in irgendeiner Variablen bis zum nächsten Funktionsaufruf gespeichert zu werden).

Dieses Verfahren ist zum einen sehr umständlich, zum anderen sollte man nicht unnötig Funktionsparameter einrichten, wenn es bessere Wege gibt.

2. Ansatz: Globale Variable

```
int counter;  // global deklariert
...
int func ()
  {
   counter ++;
   ...
  }
```

Dieses Verfahren wäre durchaus praktikabel, doch die Verwendung von globalen Variablen birgt immer gewisse Risiken, da eine globale Variable eben global verfügbar ist. Für obiges Beispiel bedeutet dies, dass es durchaus passieren kann, dass der Wert der globalen Variablen counter nicht nur in der Funktion func(), sondern durch einen Programmierfehler auch in irgendeiner anderen Funktion verändert werden kann.

Was man bräuchte, wäre eine Möglichkeit, die Variable counter so zu deklarieren, dass sie nur in der Funktion func() gültig ist, der ihr zugewiesene Speicherbereich allerdings nicht bei Verlassen des Gültigkeitsbereiches aufgelöst wird. Dies leistet das Schlüsselwort static.

3. static-Variable

```
int func ()
  {
  static int counter = 0;
  counter ++;
   ...
  }
```

Hier wird beim ersten Aufruf der Funktion func() die Variable counter erzeugt, mit einem Speicherbereich verbunden und initialisiert (für lokale Variablen ist im Gegensatz zu globalen Variablen nicht garantiert, dass sie automatisch zu 0 initialisiert werden). Danach wird die Variable inkrementiert.

Bei Beendigung der Funktion wird der Speicherbereich der Variablen nicht freigegeben und beim wiederholten Aufruf der Funktion werden Deklaration und Initialisierung einfach übergangen.

Implementieren Sie einmal folgende Funktion mit eingebautem Zähler:

INFO

```
int func ()
  {
  int counter;
  counter ++;
  printf("%d-ter Aufruf\n", counter);
  }
```

Womöglich werden Sie feststellen, dass auch dieser Zähler funktioniert. Wenn ja, so ist dies ein Trugschluss, der darauf beruht, dass bei den verschiedenen Aufrufen der Funktion immer der gleiche Speicherbereich mit der Variablen `counter` *verbunden wird. Wurde dieser zwischen zwei Funktionsaufrufen nicht überschrieben, enthält der Speicherbereich (und damit die lokale Variable* `counter`*) beim Wiedereintritt in die Funktion den alten Wert, ganz so als wäre der Speicherbereich die ganze Zeit fest mit ihr verbunden gewesen.*

Wir halten fest:

Mithilfe des Schlüsselworts `static`

- kann man erreichen, dass eine lokale Variable zwischen zwei Ausführungen ihres Blockes ihren Wert beibehält.
- kann man abgestuft globale Variablen schaffen (eine `static`-Variable behält wie eine globale Variable den ihr zugewiesenen Speicherbereich für die gesamte Dauer des Programms bei, ist aber wie eine lokale Variable nur im Gültigkeitsbereich sichtbar).

Das Schlüsselwort `static` kann aber nicht nur auf lokale Variablen angewendet werden.

Übersicht static

Grundsätzlich impliziert das Schlüsselwort `static` lokale Gültigkeit und einmalige Allokation.

`static` ***hat je nach Kontext unterschiedliche Bedeutung***

Damit ergeben sich folgende wichtige Einsatzbereiche:

LOKALE VARIABLEN	Lokale Variablen von Funktionen (oder allgemeinen Blöcken) werden bei Aufruf der Funktion neu allokiert und bei Verlassen der Funktion zerstört. Wird eine solche Variable als `static` deklariert, wird nur beim ersten Aufruf der Funktion Speicherplatz für die Variable reserviert und gegebenenfalls initialisiert. Zusätzlich endet ihre Lebensdauer erst mit dem Programm und nicht mit der Funktion. Die Sichtbarkeit bleibt unverändert.

GLOBALE VARIABLEN

Bezeichner, die global deklariert sind, haben üblicherweise externe Bindung (d.h. in Programmen, die aus mehreren Modulen zusammengelinkt werden, bezeichnen sie in allen Modulen das gleiche Objekt). Werden sie als `static` deklariert, sind sie nur innerhalb ihres Moduls gültig (siehe auch Kapitel 25).

FUNKTIONEN

Deklarationen von Funktionsparametern und Funktionsdeklarationen in einem Blockbereich können nicht als `static` spezifiziert werden.

KLASSEN

Klassen können nicht als `static` deklariert werden, aber Klassenelemente.

KLASSEN-ELEMENTARDATEN

Ein statisches Klassen-Datenelement erfüllt ähnliche Aufgaben wie eine globale Variable. Ein solches Datenelement wird nur einmal initialisiert (und zwar außerhalb der Klasse im Dateibereich) und dann von allen Instanzen der Klasse geteilt. Der Zugriff auf ein statisches Klassenelement kann über den Namen einer Instanz, den Namen der Klasse oder die Methoden der Klasse erfolgen (soweit es die Zugriffsspezifizierer erlauben; siehe Kapitel 16.3.2).

KLASSENMETHODEN

Eine statische Klassenmethode ist eine Methode, die nur auf statische Klassenelemente zugreifen kann und wie ein statisches Klassenelement über den Klassennamen aufgerufen werden kann (siehe Kapitel 16.4.5).

Speicherklasse extern

Mit dem Spezifizierer `extern` kann man:

Achtung! Bei gleichzeitiger Initialisierung ist eine Variablendeklaration trotz `extern` eine Definition

- dem Compiler mitteilen, dass eine Variablendeklaration nur eine Deklaration und keine Definition ist.
- einen als `extern` deklarierten Bezeichner mit einer vorangehenden Deklaration eines gleichnamigen Bezeichners im Dateibereich verbinden.

Was man nicht kann, ist,

- dem Compiler eine Variablendefinition mit gleichzeitiger Initialisierung als eine Deklaration zu verkaufen.
- Klassenelemente und Funktionsparameter als `extern` zu deklarieren.

Der Einsatz des Schlüsselworts extern ist vor allem dann interessant, wenn ein Programm aus mehreren Quelltextmodulen besteht. Dann kann man nämlich das Schlüsselwort extern verwenden, um eine globale Variable einzuführen, die in einer anderen Datei des Programms definiert wird.

Die Deklaration

```
extern int var;        // global in Dateibereich
```

zeigt in einem solchen Fall dem Compiler an, was er sich unter dem Bezeichner var vorzustellen hat, teilt ihm aber gleichzeitig mit, dass er für var keinen Speicherbereich einrichten muss (nur Deklaration, keine Definition), weil die Variable var schon in einer anderen Datei des Programms definiert ist.

Für Funktionen ist eine extern-Deklaration üblicherweise nicht erforderlich, da global definierte Funktionen einerseits standardmäßig externe Bindung haben (die Funktionsnamen also über Dateigrenzen hinweg verbunden werden können) und andererseits eine Funktionsdeklaration ohne Anweisungsteil keine Definition ist (die Unterbindung einer impliziten Definition wie für Variablen üblich also nicht erforderlich ist).

Sollte Ihnen der Sinn dieser zugegebenermaßen »merkwürdigen« Praktiken nicht ganz klar sein, lesen Sie bitte im Kapitel 25 zur modularen Programmierung nach.

Zwei weitere Einsatzmöglichkeiten des Schlüsselwortes extern sollen aber bei all dem Gerede über die »modulare Programmierung« nicht vergessen werden:

- wie man in C auf verdeckte globale Variablen zugreifen kann,
- wie man aus einem C++-Programm auf die Funktionen einer C-Bibliothek zugreifen kann (und warum dies überhaupt ein Problem ist).

In C auf verdeckte globale Variablen zugreifen

Auch in C kann man auf verdeckte globale Variablen zugreifen – wenn auch manchmal nur mithilfe eines Tricks. (Wenn Sie mit einem C++-Compiler arbeiten, sollten Sie lieber den ::-Operator nutzen – es sei denn, Sie haben ein Faible für ausgefallenen, trickreichen Code.)

Betrachten wir also folgendes Programm:

```
#include <stdio.h>

int i = 3;
```

```
int main()
  {
  int i = 55;
  ...
  extern int i;
  printf("i = %d\n",i );

  return 0;
  }
```

Hier wird versucht, im Anweisungsblock der Funktion `main()` den Bezeichner `i` mittels einer `extern`-Deklaration auf die globale Definition zu beziehen. Dies funktioniert aber nicht, weil wir im gleichen Gültigkeitsbereich eine Deklaration von `i` ohne Linkage haben (zur Erinnerung: Lokale Variablen haben standardmäßig keine Linkage, siehe Tabelle 4.1). Der Compiler sieht dies daher als eine Mehrfachdeklaration an.

Der Trick besteht nun darin, einen eigenen Block für `extern int i` zu erzeugen:

```
#include <stdio.h>

int i = 3;

int main()
  {
  int i = 55;
  ...
    {
    extern int i;
    printf("i = %d\n",i );
    }
  return 0;
  }
```

Die Ausgabe des Programms ist nun 3.

extern »C«

Wenn Sie schon einmal versucht haben, aus Ihrem in C++ geschriebenen Programm auf eine Funktion aus einer externen Bibliothek zuzugreifen, haben Sie vielleicht auch schon einmal das Problem gehabt, dass der Linker die Funktion einfach nicht finden konnte, obwohl Sie absolut sicher sind, dass die Funktion in der Bibliothek enthalten ist. In einem solchen Fall können Sie davon ausgehen, dass die Bibliothek mit einem C-Compiler übersetzt wurde.

Funktionsnamen in C und C++

Das Problem kommt daher, dass ein Compiler die Funktionsnamen meist ein klein wenig verändert. Wenn Sie also eine Funktion `func()` deklariert haben, könnte ein C-Compiler die Funktion intern unter dem Namen `_func` führen. Ein C++-Compiler wird sich aber mit einer solchen Änderung meist nicht zufrieden geben.

C++ erlaubt die mehrfache Definition von Funktionen gleichen Namens, soweit sich diese durch Anzahl und Typen ihrer Parameter unterscheiden (siehe Überladung, Kapitel 12.6). Dies führt zu einer Namensmehrdeutigkeit, die vom Compiler aufgelöst werden muss (sonst würde sich ja ein und derselbe Name auf mehrere Code-Blöcke beziehen).

Der C++-Compiler geht dabei so vor, dass er den einzelnen Funktionsdefinitionen neue Namen zuordnet, in die die Parameter in codierter Form mit aufgenommen sind: für eine Funktion

```
double func(int, int)
```

könnte der interne Name dann beispielsweise

```
_func_i_i
```

lauten.

Kommen wir zurück zu unserem anfänglichen Beispiel.

Angenommen, Sie wollen in Ihrem C++-Programm die Funktion

```
double func(int, int);
```

verwenden. Diese ist aber in einer C-Bibliothek definiert, also einer Bibliothek, die mit einem C-Compiler übersetzt wurde. In dem Code dieser Bibliothek wird die Funktion also unter ihrem C-Namen `_func` geführt. Wenn Sie das Programm mit Ihrem C++-Compiler kompilieren, sucht der Linker in der Bibliothek aber nach der Funktion `_func_i_i`, die er natürlich nicht finden kann.

Was Sie daher tun müssen, ist dem Compiler mitzuteilen, nach welcher Konvention er den internen Namen für die Funktion erzeugen soll:

```
extern "C" double func(int, int);
```

Umgekehrt können Sie auch explizit die C++-übliche Namensgebung auswählen:

```
extern "C++" double func(int, int);
```

const aufheben (nur C++) mutable

Wenn Sie eine Instanz einer Klasse als const deklarieren, bedeutet dies, dass die Datenelemente der Klasse von außen nicht verändert werden können:

```
class Demo {
  public:
    int i;

    ...
  };

int main()
  {
  const Demo d1;          // Instanz als const deklariert
  d1.i = 4;               // Fehler!!
  ...
```

Wenn Sie möchten, dass die Werte bestimmter Datenelemente immer veränderbar sind (auch wenn die betreffende Instanz als const deklariert ist), können Sie diese Datenelemente als mutable deklarieren:

```
/* Mutable.cpp    const-Deklaration aufheben */
#include <iostream>
using namespace std;

class Demo {
  public:
    int i;
    mutable int n;

    Demo() {};
  };

int main()
  {
  Demo d1;
  d1.i = 4;              // o.k.
  d1.n = 4;              // o.k.

  const Demo d2;
  // d2.i = 4;           // Compiler-Fehler
  d2.n = 4;              // o.k.

  return 0;
  }
```

Beachten Sie,

- dass alle Datenelemente einer const-Instanz auch weiterhin über die Methoden der Klasse verändert werden können.

- dass das Schlüsselwort `mutable` nicht auf Datenelemente angewendet werden kann, die zudem als `const` oder `static` deklariert werden.
- dass Instanzvariablen, die als `mutable` deklariert sind, auch von `const`-Methoden der Klasse verändert werden dürfen.
- dass ein Zeiger auf ein `const`-Element nicht selbst `const` ist. Sie können also schreiben:

```
class Demo {
   mutable const int* ptr;    // mutable Zeiger auf const int
```

- aber nicht

```
class Demo {
   mutable int* const ptr;    // Fehler: mutable const-Zeiger
```

4.4.2 Die Typqualifizierer const und volatile

Typqualifizierer **const**

Gelegentlich steht man vor dem Problem, dass man eine Variable einführt und am liebsten sicherstellen würde, dass sich der Wert dieser Variablen nach ihrer Initialisierung nicht mehr ändert. Hierzu dient das Schlüsselwort `const`.

Statt selbst aufzupassen, dass bestimmte Variablen, insbesondere Parameter, nicht überschrieben werden, deklarieren Sie sie einfach als `const` und lassen Sie den Compiler für sich wachen.

Mit dem Typqualifizierer `const` wird ein Objekt (Variable oder Klasseninstanz) als »unveränderbar« gekennzeichnet. Ein Objekt, das als Konstante deklariert wurde, kann nicht auf der linken Seite einer Zuweisung stehen, sein Wert kann nicht in- oder dekrementiert werden.

Variablen, die als `const` deklariert wurden, sind keine echten Konstanten, denn der Speicherbereich, mit dem sie verbunden sind, kann immer noch von außen manipuliert werden (siehe unten).

Einsatzbereiche für const

Das Schlüsselwort `const` kann in verschiedenen Kontexten auf die unterschiedlichsten Weisen mit unterschiedlichen Effekten angewendet werden. Ich hoffe, dass ich die wichtigsten Fälle hier übersichtlich zusammengetragen habe, aber sicher kann man bei einer Sprache wie C/C++ natürlich nie sein. Sollten Sie weitere Fälle kennen, würde ich mich sehr über Ihre Mail freuen.

Typensichere Konstanten

Konstante Variablen erhält man, indem man der Variablendeklaration das Schlüsselwort `const` voranstellt:

```
const int MONATE = 12;
```

In C++ können konstante Variablen wie echte Konstanten (`#define`, Literale) eingesetzt werden. Sie bieten darüber hinaus noch etliche Vorteile wie Typenüberprüfung durch den Compiler, anwendbar auf selbst definierte Typen und anderes (siehe Kapitel 5 für eine detailliertere Gegenüberstellung von Literalen, symbolischen Konstanten und konstanten Variablen).

C versus C++

In C können konstante Variablen nicht an Stellen verwendet werden, an denen der Compiler eine Konstante bzw. einen konstanten Ausdruck erwartet – also

- nicht bei der Angabe der Größe eines Arrays,
- nicht als `case`-Marken.

Für C wie C++ gilt, dass konstante Variablen nicht vollkommen vor Veränderungen ihres Wertes geschützt sind (siehe unten).

Konstanten beliebiger Datentypen

Während man für die elementaren Datentypen Konstanten in Form von Literalen oder symbolischen Konstanten (`#define`) einrichten kann (siehe Kapitel 5), ist dies für selbst definierte Datentypen nicht möglich.

Mithilfe des Schlüsselworts `const` kann man aber auch Variablen selbst definierter Datentypen (Arrays, Strukturen, Klassen) als `const` deklarieren.

Konstante Arrays

Deklariert man ein Array als `const`, bedeutet dies, dass jedes Element im Array `const` ist.

Konstante Zeiger

Bei Zeigern haben Sie die Möglichkeit,

- entweder den Zeiger selbst als konstant zu deklarieren (der Zeiger muss mit einer Adresse initialisiert werden, die sich danach nicht mehr ändern kann)
- oder aber das Objekt, auf das der Zeiger verweist, als konstant zu deklarieren (der Zeiger selbst muss dann nicht bei der Deklaration initialisiert werden, da er ja nicht konstant ist; allerdings können Sie das Objekt, auf das der Zeiger verweist, nicht über diesen Zeiger verändern).

```
char c = 'A';
const char* pc;       // Zeiger auf nicht-veraenderbares Zeichen
char const* pc;       // Zeiger auf nicht-veraenderbares Zeichen
char *const pc = &c;        // konstanter Zeiger
```

```
char* const pc = &c;          // konstanter Zeiger
const char* const pc = &c;    // konstanter Zeiger auf nicht-
                              // veraenderbares Zeichen
```

Die Idee, dass man sowohl einen konstanten Zeiger als auch einen Zeiger auf einen konstanten Typ definieren kann, ist absolut logisch und nicht schwer zu begreifen. Ganz im Gegensatz zur zugehörigen Syntax. Überfliegt man obige Deklarationen, entsteht schnell der Eindruck, dass man einen konstanten Zeiger daran erkennt, dass der Zeiger direkt initialisiert wird, während die Platzierung des `const`-Schlüsselwortes willkürlich ist.

Nun, dem ist natürlich nicht so. Ob ein Zeiger konstant ist oder auf einen konstanten Typ weist, wird allein durch die Platzierung des `const`-Schlüsselwortes bestimmt.

- Steht das Schlüsselwort `const` neben einem Typspezifizierer, bezieht es sich auf den Typ.
- Steht das Schlüsselwort `const` rechts neben dem Sternchen für die Zeigerdeklaration, bezieht es sich auf den Zeiger.

const-Parameter

Es gibt zwei Gründe, einen Parameter als `const` zu deklarieren:

1. Der Wert des Parameters soll sich in der Funktion nicht ändern
2. Es soll möglich sein, dem Parameter beim Funktionsaufruf auch eine `const`-Variable übergeben zu können.

Zu 1:

Zeigerparameter werden besonders häufig als Zeiger auf konstante Typen deklariert. Dies liegt daran, dass es eine Reihe von Gründen gibt, die für die Übergabe von Zeigern an Funktionen sprechen oder diese sogar erfordern, obwohl man damit ungewollt der Funktion die Möglichkeit an die Hand gibt, den Wert von Objekten zu verändern, die auch von den aufrufenden Funktionen verwendet werden (siehe call by value/call by reference in Kapitel 12).

In solchen Fällen erreicht man durch die Deklaration des Parameters als Zeiger auf einen konstanten Typ, dass man einen Zeiger als Parameter definieren kann, der Funktion aber die Möglichkeit nimmt, den Wert des Objekts, auf das der Zeiger verweist, zu ändern.

Als Beispiel schauen Sie sich einmal die Deklaration der C-Funktion `strcpy()` an:

```
char *strcpy(char *s1, const char *s2);
```

Diese Funktion kopiert die Zeichenkette aus s2 (Quelle) in den Speicherbereich, auf den s1 (Ziel) verweist. Die Adresse von s1 wird zusätzlich als Rückgabewert zurückgeliefert.

In C ist ein String eine Zeichenkette, die an einer bestimmten Adresse beginnt und irgendwo mit dem Nullterminierungszeichen '\0' endet. C-Strings werden daher üblicherweise (fast könnte man sagen: notgedrungen) als Zeiger auf die Anfangsadresse der Zeichenkette übergeben:

```
char *s
```

Der String, auf den s2 verweist, soll von der Funktion strcpy() in s1 kopiert, aber selbst nicht verändert werden. Der Parameter s2 wird daher als Zeiger auf const char definiert. Anders der Parameter s1. Die Funktion muss beim Kopieren in seinen Speicherbereich schreiben – der Parameter wird also nur als Zeiger auf char deklariert und die Funktion kann den Speicherinhalt, auf den der Parameter verweist, ändern – mit dem angenehmen Nebeneffekt, dass das Ergebnis der Kopieraktion direkt in der aufrufenden Funktion sichtbar ist:

```
/* Const1.cpp      strcpy() */
#include <stdio.h>
#include <string.h>

int main()
  {
  char str1[20] = "Erster String";      // als Array wegen
                                        // zusätzlichem Speicher-
                                        // bedarf für str2
  char *str2    = "Zweiter String!";


  strcpy(str1, str2);                   // kopiert str2 in str1

  printf("Nach Kopieren: %s\n",str1);   // str1 enthält jetzt den
                                        // String aus str2

  return 0;
  }
```

INFO

Dass der Zeiger auf den Zielstring auch noch als Rückgabewert der Funktion strcpy() zurückgeliefert wird, liegt daran, dass die Funktion dann als Platzhalter für ihren Rückgabewert in Ausdrücken und Funktionsaufrufen eingesetzt werden kann:

```
printf("Nach Kopieren: %s\n", strcpy(str1, str2));
```

Zu 2:

Der zweite Grund dafür, dass man Zeiger auf konstante Typen als Parameter übergibt, liegt darin begründet, dass Sie einem Zeiger auf einen nichtkonstanten Typ keinen Zeiger auf einen konstanten Typ (oder die Adresse eines konstanten Objekts) übergeben können. Wohl aber können Sie einem Zeiger auf einen konstanten Typ Zeiger auf konstante wie auch nichtkonstante Objekte übergeben.

Dies liegt daran, dass die Übergabe eines Arguments an einen Funktionsparameter einer Zuweisung entspricht und C/C++ allgemein fordert, dass alle Deklarationsspezifizierer des Objekts auf der rechten Seite einer Anweisung auch für das Objekt auf der linken Seite deklariert sein müssen.

Sie können die Funktion `strcpy(char *s1, const char *s2)` also auch mit einem `const-char*`-Zeiger als zweitem Argument aufrufen:

```
char str1[20]       = "Erster String";
const char *str2    = "Zweiter String!";

strcpy(str1, str2);
```

Sie können die Funktion aber nicht mit einem `const-char*`-Zeiger als erstem Argument aufrufen:

```
const char str1[20] = "Erster String";
char *str2          = "Zweiter String!";

strcpy(str1, str2);  // Fehler
```

const für Klassen

const ***für Klassen***

In Zusammenhang mit Klassen gibt es drei zusätzliche Einsatzmöglichkeiten für das Schlüsselwort `const`:

- Sie können einzelne Instanzvariablen einer Klasse als `const` deklarieren.
- Sie können einzelne Methoden einer Klasse als `const` deklarieren.
- Sie können Instanzen der Klasse als `const` deklarieren.

Konstante Instanzvariablen

```
class Demo {
  public:
    const int j;       // konstante Instanzvariable

    ...
  };
```

Instanzvariablen, die als `const` deklariert sind, müssen von einem Konstruktor mit Initialisierungsliste initialisiert werden:

```
class Demo {
  public:
    const int j;       // konstante Instanzvariable
```

```
    Demo() : j(2)      // Initialisierung
    ...
  };
```

Instanzvariablen, die als const deklariert sind, können nicht verändert werden.

```
Demo d1;
d1.j = 4;     // Fehler
```

Konstante Methoden

Um eine Methode als const zu deklarieren, wird das Schlüsselwort const der Deklaration nachgestellt:

```
typ  fkt_name (parameter) const;
```

Methoden, die als const deklariert sind, ist es nicht erlaubt, die Werte von Instanzvariablen zu ändern (seien diese konstant oder nicht konstant). Nur durch die Deklaration einer Instanzvariablen als mutable kann erreicht werden, dass auch const-Methoden der Klasse den Wert dieser Instanzvariablen verändern dürfen.

Konstante Instanzen einer Klasse

Sie können eine ganze Klasseninstanz mit dem Schlüsselwort const definieren, wodurch festgelegt wird, dass alle Instanzvariablen dieser Instanz (die nicht als mutable oder static deklariert sind) von außen als konstant angesehen werden.

Die Instanzvariablen einer const-Instanz können also von innen (über die Methoden der Klasse), nicht aber von außen in ihrem Wert verändert werden.

Zudem können für const-Instanzen nur const-Methoden der Klasse aufgerufen werden. (Einige Compiler geben bei Zuwiderhandlung allerdings nur eine Warnung aus.)

```
/* const2.cpp      const fuer Klassen */
#include <iostream>
using namespace std;

class Demo {
  public:
    int i;
    const int j;
    mutable int n;

    Demo() : j(2)        // Initialisierung
           {
```

```
            i = 1;
            //j = 2;      // Fehler: Zugriff auf const-Objekt
            n = 3; };

    void inkr() {
            i++;
            //j++;        // Fehler: Zugriff auf const-Objekt
            n++;
            }

    void c_inkr() const {
            //i++;        // Fehler: Zugriff aus const-Fkt
            //j++;        // nicht erlaubt
            n++;
            }
 };

int main()
 {
 Demo d1;
 d1.i = 4;
 //d1.j = 4;            // Fehler: Zugriff auf const-Objekt
 d1.n = 4;
 d1.inkr();
 d1.c_inkr();

 const Demo d2;
 //d2.j = 4;            // Fehler: Zugriff auf const-Objekt
 //d2.j = 4;            // Fehler: Zugriff auf const-Objekt
 d2.n = 4;
 d2.inkr();             // Warnung: nicht-konstante Fkt fuer
                        //      konstante Instanz aufgerufen
 d2.c_inkr();

 return 0;
 }
```

Ein wenig vereinfacht und ungeachtet der zusätzlichen Kombinationsmöglichkeiten, die sich durch die Deklaration von const-Methoden ergeben, können Sie Instanzvariablen also auf drei Ebenen schützen:

Tabelle 4.3: const in Klassen

const-Deklaration	Wertänderung der Instanzvariablen	
	von außen	von innen
const-Instanzvariable	nein	nein
const-Instanz	nein	ja
const-Instanz, mutable-Element	ja	ja
keine const-Deklaration	ja	ja

!! STOP

Im Unterschied zu den Zugriffsmodifizierern, die den Zugriff auf die Klassenelemente regeln, kann man mit dem Schlüsselwort `const` *lediglich steuern, ob der Wert einer Instanzvariablen, auf die der Zugriff erlaubt ist, auch geändert oder nur gelesen werden kann.*

const-Variablen sind keine Konstanten

Eingangs dieses Abschnitts wurde bereits erwähnt, dass `const`-Variablen in C-Programmen (im Gegensatz zu C++) nicht als `case`-Marken oder als Größenangabe in Array-Deklarationen verwendet werden können.

Unabhängig davon, wie die einzelnen Compiler die konstanten Variablen behandeln, ist der wesentlichste Unterschied zwischen einer als `const` deklarierten Variablen und einem Literal oder einer symbolischen Konstanten (siehe Kapitel 5) natürlich der, dass eine Variable immer mit einem Speicherbereich verbunden und ihr Wert in diesem Speicherbereich zu finden ist. (Als Ausnahme sind hier die String-Literale zu nennen, für die der Compiler ebenfalls Speicher bereitstellt.)

Wenn der Wert aber im RAM-Speicher abgelegt und seine Adresse bekannt ist, sollte er auch veränderbar sein. (Der ANSI-Standard fordert nicht, dass der Speicher für `const`-Variablen im ROM-Speicher eines Rechners reserviert werden muss – was auf einigen Systemen auch schwierig wäre.)

Über externe Programme ist dies immer möglich, aber kann nicht vielleicht auch das eigene Programm den Wert einer `const`-Variablen verändern?

Natürlich kann es. Wie schnell dies passieren kann, hängt allerdings wesentlich von dem verwendeten Compiler ab.

1. Versuchen wir es auf dem Weg über einen Zeiger:

```
/* Const3.c  Zugriff ueber Zeiger */
#include <stdio.h>

int main()
  {
  const int i = 1;
  int *ptr    = &i;

  *ptr = 300;
  printf("%d\n",*ptr);
  return 0;
  }
```

Hier wird einfach ein Zeiger `ptr` auf `int` definiert und mit der Adresse der konstanten `int`-Variablen `i` initialisiert. Danach wird der Zeiger dereferenziert und der Wert der Variablen `i` verändert. Wie der Compiler eine solche Dereferenzierung verarbeitet, wird vom ANSI-Standard nicht definiert, was bedeutet, dass der Compiler-Hersteller selbst entscheiden kann, wie er auf diese – eigentlich nicht erlaubte – Operation reagiert.

C versus C++

Interessant ist aber auch die Initialisierung des Zeigers ptr. Hier wird ein Zeiger auf int mit einer Adresse einer const-int-Variablen initialisiert. In C geht dies noch durch, ein guter C++-Compiler sollte hier allerdings eine explizite Typumwandlung fordern, beispielsweise

```
int *ptr    = (int *) &i;
```

oder

```
int *ptr = const_cast <int*> (&i);
```

Eine weitere Möglichkeit wäre die Zuweisung über die Tastatur:

```
/* Const4.c  Zugriff ueber scanf() */
#include <stdio.h>

int main()
  {
  const int i=1;

  scanf("%d",&i);
  fflush(stdin);

  printf("%d\n",i);
  return 0;
  }
```

C versus C++

Mit einem C-Compiler übersetzt, wird der Aufruf von scanf() den Speicherinhalt der konstanten Variablen i überschreiben.

Mit einem C++-Compiler übersetzt, wird der Aufruf von scanf() den Speicherinhalt der konstanten Variablen i nicht überschreiben. Ein Versuch mit cin dürfte direkt bei der Kompilation zu einem Compiler-Fehler führen.

Auch wenn der C++-Compiler mehr Sicherheit bietet, kann man natürlich auch ihn austricksen: zumindest indem man entsprechende Assembler-Anweisungen in das Programm aufnimmt und dem Compiler damit die Kontrolle entzieht.

Typqualifizierer volatile

Wenn das Schlüsselwort volatile bei der Definition einer Variablen benutzt wird, nimmt der Compiler an den Anweisungen, in denen die so definierten Objekte verwendet werden, keine aggressiven Optimierungen vor.

Meist wird es eingesetzt, wenn das Objekt zu einem beliebigen Zeitpunkt durch Prozesse verändert werden kann, die außerhalb der Kontrolle des Programms liegen, wie beispielsweise Interrupts.

Von der Syntax her wird das Schlüsselwort ganz analog zum Schlüsselwort `const` behandelt (weswegen auch beide unter dem Begriff der Typqualifizierer zusammengefasst werden).

Von der Semantik her wird es dazu verwendet, Optimierungen durch den Compiler zu unterbinden.

4.5 Abschlussquiz: Deklarationen und Typen

Das grundlegende Konzept der Deklaration ist an sich gar nicht so schwer. Doch leider gilt dies nur für die Theorie, die Praxis sieht, wie so oft, anders aus.

Wenn Sie bereits ein mehr oder weniger erfahrener C/C++-Programmierer sind, nehmen Sie doch an dem nachfolgenden kleinen Quiz teil. Zu gewinnen gibt es nichts, aber strengen Sie sich trotzdem an, damit Sie nicht beim Zusammenzählen der Punkte feststellen müssen, dass Sie besser in Pascal programmieren sollten.

Programmieranfänger muss ich warnen. Das Quiz enthält auch Fragen zur Deklaration von Zeigern und Funktionen. Lesen Sie also erst ein wenig weiter, bevor Sie sich an dem Quiz versuchen. Im Übrigen ist das Quiz nicht gerade leicht und keineswegs dazu gedacht, Gelerntes zu überprüfen oder zu festigen. Man sollte es eher als eine Herausforderung sehen.

Die Fragen

Beantworten Sie die Fragen bitte schriftlich in kurzen Stichworten, um Ihre Antworten später mit den Lösungen vergleichen zu können.

1. Worin besteht der Unterschied zwischen den beiden folgenden Deklarationen?

```
double *r, s;
double* r, s;
```

2. Sind die folgenden Deklarationen mit gleichzeitiger Initialisierung korrekt?

```
int i = 2, j = 3, n = 4;
```

3. Welchen Typ haben die Variablen i und j?

```
#define Ein_Typ int*
Ein_Typ i,j;
```

4. Deklarieren Sie einen Zeiger namens `func_ptr` auf Funktionen mit einem `int`- und einem `char*`-Parameter und `void` als Rückgabewert.

5. Worin besteht der Unterschied zwischen den folgenden Deklarationen?

```
int *f1(int, int);
int *(*f2)(int, int);
int *(*f3(int))(int, int);
```

6. Was wird in der nachfolgenden Zeile deklariert?

```
const int *(*i[12]) (int *);
```

7. Kann man einem `const-int`-Parameter den Wert einer `int`-Variablen zuweisen?

8. Kann man einem Parameter vom Typ »Zeiger auf `const int`« den Wert eines Zeigers auf eine `int`-Variable zuweisen? Kann man einem Parameter vom Typ »Zeiger auf Zeiger auf `const int`« den Wert eines Zeigers auf einen Zeiger auf eine `int`-Variable zuweisen?

9. Warum wird das folgende Programm in C, nicht aber in C++ korrekt übersetzt?

```
#include <stdio.h>

int i;
int i;

int main()
  {
  return 0;
  }
```

10. Ist die folgende Deklaration korrekt?

```
const n = 3;
```

Die Antworten

Wenn Sie Teillösungen zu Fragen gefunden haben, für die es mehr als einen Punkt gibt, dürfen Sie selbst entscheiden, wie viele Punkte Ihre Lösung anteilig wert ist.

1. Zwischen beiden Deklarationen gibt es keinen echten Unterschied. Ob Sie das Sternchen direkt hinter den Datentyp oder direkt vor den Variablenbezeichner stellen, ist ohne Bedeutung.

   (1 Punkt)

2. Die Deklarationen sind absolut korrekt.

   (1 Punkt)

3. Die Variable `i` ist ein Zeiger auf `int`, die Variable `j` hat einfach den Datentyp `int`.

   (1 Punkt)

4. `void (*func_ptr)(int, char*);`

   (2 Punkte)

5. Die drei Deklarationen bedeuten:

Deklaration	Bedeutung	Punkte
`int *f1(int, int);`	`f1` ist eine Funktion mit zwei Parametern vom Typ `int` und dem Rückgabetyp `int*`.	2
`int *(*f2)(int, int);`	`f2` ist ein Zeiger auf Funktionen mit zwei Parametern vom Typ `int` und dem Rückgabetyp `int*`.	2
`int *(*f3(int))(int, int);`	`f3` ist eine Funktion mit einem int-Parameter und dem Rückgabetyp: »Zeiger auf Funktionen mit zwei Parametern vom Typ `int` und dem Rückgabetyp `int*`« Hier sind die Deklaration der Funktion `f3` und ihres Rückgabetyps besonders schön ineinander geschachtelt. Der Rückgabetyp selbst ist identisch zu `f2`. Statt aber den Rückgabetyp mit einem Bezeichner zu versehen, steht hier an der Stelle von `f2` die Deklaration der Funktion, die diesen Rückgabetyp haben soll.	4

Deklarationen sind manchmal ganz schön schwer zu entschlüsseln. Wenn Sie einmal nicht gleich verstehen, was eine C-Deklaration bedeutet, wenden Sie folgende Regeln an:

A) Suchen Sie den Bezeichner.

B) Erweitern Sie die Deklaration vom Bezeichner ausgehend nach links und rechts, wobei Sie folgende Prioritäten zu beachten haben:

B1) Einheiten, die durch Klammern zusammengefasst sind.

B2) Der Postfix-Operator () zeigt an, dass es sich um eine Funktion handelt. Der Postfix-Operator [] zeigt an, dass es sich um ein Array handelt.

B3) Der Präfix-Operator * zeigt an, dass es sich um einen Zeiger handelt.

C) `const` (und `volatile`) beziehen sich auf den direkt nebenstehenden Typ oder das Sternchen * direkt links.

6. `const int *(*i[12]) (int *)` deklariert ein Array von 12 Zeigern auf Funktionen, die einen `int*`-Parameter erwarten und einen Zeiger auf einen konstanten `int`-Wert zurückliefern.

   (3 Punkte)

7. Ja. Die Parameterübergabe beim Aufruf entspricht einer Initialisierung, sodass hier auch Werte an `const`-Parameter übergeben werden können.

   (2 Punkte)

8. Die erste Frage ist mit Ja zu beantworten, die zweite mit Nein, weil `const int **` und `int **` Zeiger auf zwei verschiedene Typen von Zeigern sind.

   (4 Punkte)

9. In C wird die Deklaration eines Bezeichners im Dateibereich ohne Initialisierung und bestenfalls mit `static` als Speicherklassenspezifizierer als tentative (verzögerte) Definition gehandhabt, d.h., mit der Deklaration ist nicht sofort eine Definition verbunden und der gleiche Bezeichner kann später nochmals deklariert und definiert werden (allerdings unter Beibehaltung der bisherigen Linkage).

   In C++ gibt es keine tentativen Definitionen.

   (4 Punkte)

10. Die Deklaration ist in C korrekt, da C fehlende Typangaben in Deklarationen automatisch mit dem Datentyp `int` vervollständigt.

    In C++ wäre die Deklaration nicht korrekt, da C++ diese Form der automatischen Typergänzung nicht kennt.

    (2 Punkte)

Die Auswertung

0 Punkte	Sind Sie sicher, dass Sie mit C/C++ programmieren wollen? Vielleicht sollten Sie doch bei Pascal oder Basic bleiben.
1–7 Punkte	Sie sind der Typ, der sich an einem heiteren Juni-Tag lieber im Garten auf einer Liege sonnt und mit einem starken Buch und einem noch stärkeren Getränk verwöhnt, anstatt drinnen vor Ihrem Computer zu sitzen und an Ihrem letzten C-Programm zu feilen.

8–20 Punkte	Sie gehören dem klassischen Mittelfeld an. Ihre Kenntnisse sind je nach Punktezahl irgendwo zwischen ausreichend und gut einzustufen – auf jeden Fall aber noch ausbaufähig. Im Grunde genommen sind Sie der eigentliche Gewinner dieses Quiz, denn für Sie gibt es den einzigen verfügbaren Preis: viele wunderbare Stunden ungetrübter und lehrreicher Lektüre mit diesem Buch.
21–25 Punkte	Pfui, Sie sollten sich schämen! Ohne bei der Benotung zu schummeln, konnten Sie dieses Traumergebnis doch gar nicht erreichen.
25–28 Punkte	Sie sollten an meiner Stelle Bücher über C/C++ schreiben.

5 Konstanten

Neben den Variablen stellen die Konstanten die zweite Möglichkeit zur Repräsentation von Daten in Programmen dar. Der Unterschied zwischen Variablen und Konstanten liegt auf der Hand: Während eine Variable im Laufe eines Programms unterschiedliche Werte annehmen und repräsentieren kann, stellt eine Konstante immer einen festen Wert dar.

Prinzipiell ist die Verwendung von Konstanten so einfach wie:

```
x = 3.1415;      // weist x einen Näherungswert für PI zu
```

Nun, C/C++ schafft es sogar, ein so einfaches Konzept wie die Konstanten zu verkomplizieren, und so muss man zwischen 3 verschiedenen Typen von Konstanten unterscheiden:

- Literale,
- symbolische Konstanten,
- konstante Variablen.

5.1 Literale – konstante Werte

Die einfachste Form der Konstante ist ein konstanter Wert. Konstante Werte werden beispielsweise in Zuweisungen oder Vergleichen verwendet:

```
int i = 0;        // Initialisierung
double var;
var = 999.99;     // Zuweisung
char c;
if (i < 100)      // Vergleich
if (c < 'a')      // Vergleich
```

Konstante Werte werden bei der Übersetzung durch den Compiler hartkodiert, d.h., die Werte sind nicht irgendwo im Speicher abgelegt, von wo sie bei Bedarf ausgelesen werden können, sondern die Werte stehen direkt in den betreffenden Maschinenbefehlen. Um sie von den konstanten Variablen zu unterscheiden, bezeichnet man die konstanten Werte auch als Literale.

Ein Literal verfügt also weder über einen Namen noch eine Adresse, und weil kein Speicherbereich mit ihm verbunden ist, kann es auch nicht als L-Wert verwendet werden (darf also nicht rechts von einer Zuweisung stehen, siehe Kapitel 4.1.5).

!! STOP

Die einzige Ausnahme:

Für String-Literale wird Speicher reserviert, doch hat der Programmierer üblicherweise keinen Zugriff auf diesen Speicherbereich.

```
printf("Hello World\n");
```

Die automatische Speicherallokation erlaubt allerdings die Zuweisung von String-Literalen an Zeiger auf `char`*.*

```
char str1;
   str1 = "Hello World\n";
```

Literale für die elementaren Datentypen

Wichtig bei der Verwendung von Literalen ist, dass Sie sich an die vorgesehene Syntax zur Angabe der Werte halten, damit der Compiler aus dem Wert auch den zugehörigen Datentyp ablesen kann.

Tabelle 5.1: Literale

Datentyp	Literal
bool	true, false
char	'c', 'Ü', '\n', '\\', 'ab' (Multibyte-Zeichen)
wchar_t	L'c', L'Ü', L'\n', L'\\', L'ab' (Multibyte-Zeichen)
Zeichenketten (char*)	"Dies ist ein String"
Zeichenketten (wchar_t*)	L"Dies ist ein String"
short	12, -128
int	12, -128, 128u, 1277U 012, -077 (Oktal) 0x12, 0XEE (Hexadezimal)
long	12l, 1400000L, 12lu
float	47.11f, 12.0F, 10e-2F
double	47.11, 12.0, 10e-2
long double	47.11l, 12.0L, 10e-2L

Einzelne Zeichen-Literale ('d') haben in C den Datentyp `int` und in C++ den Datentyp `char`. Dies führt zu Abweichungen, wenn man die Größe des Datentyps mit `sizeof()` abfragt:

C versus C++ Wie groß ist sizeof('A')

```
sizeof('A'); // liefert unter Win32 4 für C und 1 für C++
```

Einsatz von Literalen

Literale werden in Programmen häufig eingesetzt.

- Um beispielsweise Daten in ein Programm einzuführen, kann man diese von außen einlesen (von der Tastatur oder aus einer Datenbank) oder man kodiert sie fest im Programm als Literale.

```
int i;
i = 513;     // statt scanf("%d\n",&i);
```

- Man kann mit ihrer Hilfe Arrays initialisieren.

```
double feld[30];
```

- Man verwendet sie in Bedingungen.

```
if( (x < 100) && (x > 50))
if(!strcmp(str,"Vergleichstext");
```

- Man verwendet sie in Formeln.

```
/* Tempert.c   Umrechnung von Celsius in Fahrenheit */
#include <stdio.h>

int main()
  {
  float Tc,Tf,t;
  char c;

  printf("Eingabe in (C)elsius oder (F)ahrenheit:  ");
  scanf("%c",&c);
  printf("Temperatur                             :  ");
  scanf("%f",&t);
  fflush(stdin);

  switch (c)
    {
    case 'c':
    case 'C': Tc = t;
              Tf = 9*Tc/5.0 + 32;
              break;
    case 'f':
    case 'F': Tf = t;
              Tc = 5*(Tf-32)/9.0;
              break;
```

```
    default: printf("Falsche Eingabe\n");
    }

  printf("\n");
  printf("Temperatur in Celsius: %f\n",Tc);
  printf("Temperatur in Fahrenheit: %f\n",Tf);
  }
```

Ungünstig ist ihr Einsatz aber meist, wenn ein bestimmter konstanter Wert mehrfach benötigt wird oder wenn sich der konstante Wert im Laufe der Programmerstellung irgendwann ändern könnte.

Literale versus *#define*

Wenn Sie mit Arrays arbeiten (siehe Kapitel 8.2), wird es in Ihrem Programm vermutlich mehrere for-Schleifen geben, die das Array durchlaufen. Als Abbruchbedingung wird dann zumeist überprüft, ob die Schleifenvariable größer oder gleich der maximalen Anzahl der Elemente im Array ist:

```
double feld[30];
...
for (int i = 0; i < 30; i++) {...}
```

Wenn Sie dreizehn solcher Schleifen definiert haben und dann irgendwann die Größe des Arrays von 30 auf 50 heraufsetzen wollen, müssen Sie alle for-Schleifen aufsuchen und die Abbruchbedingung in diesen anpassen.

Dies ist zeitaufwändig und fehleranfällig, da man in größeren Programmen schnell einmal ein Vorkommen übersieht.

Für solche Fälle stellt C/C++ die so genannten symbolischen Konstanten zur Verfügung.

5.2 #define – symbolische Konstanten

Wird eine Konstante mehrfach verwendet, ist es sinnvoll, sie vorab zu deklarieren und mit einem symbolischen Namen zu verbinden, der dann im weiteren Verlauf des Programms die Konstante repräsentiert. Dies ermöglicht die Präprozessor-Direktive #define:

```
#define  symbolBezeichner  KONSTANTE
```

Beispiele hierfür sind:

```
#define STUNDE 60
#define dutzend 12
#define Name "C++Compiler"
```

Danach kann der symbolische Bezeichner im weiteren Quelltext stellvertretend für die Konstante eingesetzt werden. Bei der Kompilation werden dann alle Vorkommen des symbolischen Bezeichners durch die zugehörige Konstante ersetzt.

Der Vorteil besteht einmal darin,

- dass Sie eine Konstante mit einem aussagekräftigen Namen verbinden können, und
- zum anderen nur die `#define`-Anweisung anpassen müssen, wenn Sie die Konstante mit einem anderen Wert verbinden wollen (beispielsweise ist es sinnvoll, Obergrenzen für Arrays, Abbruchbedingungen für Schleifen oder Schalter für die bedingte Kompilation mithilfe von `#define` am Dateianfang festzulegen, damit man sie später bei Bedarf schnell findet und zentral ersetzen kann).

Symbolische Konstanten und der Präprozessor

Symbolische Bezeichner werden vor der Kompilation ersetzt

Beachten Sie, dass der symbolische Bezeichner nicht mit einem Variablennamen zu vergleichen ist, d.h., er steht nicht für eine Adresse oder einen Speicherbereich, in dem der Wert der Konstante abgelegt ist.

Der symbolische Bezeichner ist lediglich ein Aliasname für ein Literal. Vor der eigentlichen Übersetzung in Objektcode geht der Compiler (genauer gesagt der Präprozessor) den Quelltext durch und ersetzt alle Vorkommen des symbolischen Bezeichners durch die zugehörige Konstante. Wenn es dann an die eigentliche Übersetzung geht, sieht der Quelltext so aus, dass es keine symbolischen Konstanten, sondern nur noch Literale gibt.

Original-Quelltext:

```
#define MAX 30
double feld[MAX];
...
for (int i = 0; i < MAX; i++) {...}
...
for (int i = 0; i < MAX; i++) {...}
...
if (i < MAX) {...}
```

Nach Bearbeitung durch Präprozessor:

```
double feld[30];
...
for (int i = 0; i < 30; i++) {...}
...
for (int i = 0; i < 30; i++) {...}
...
if (i < 30) {...}
```

Vordefinierte Konstanten

Eine Reihe interessanter Konstanten ist bereits in den Header-Dateien der Standardbibliothek vordefiniert, so zum Beispiel

Tabelle 5.2: Vordefinierte symbolische Konstanten

Header-Datei	Konstante	Wert
math.h	M_PI	3.14159265358979323846 (kein ANSI, aber recht nützlich)
math.h	M_E	2.71828182845904523536 (kein ANSI, aber recht nützlich)
stddef.h	NULL	Makro, das zu einer implementierungs-spezifischen Nullzeigerkonstante expandiert wird, beispielsweise 0 oder 0L
stdio.h	EOF	Üblicherweise -1 bzw. (wint_t)(0xFFFF) für `wchar_t`
	FOPEN_MAX	Makro, das zu einem Integer-Wert expandiert wird, der die Mindestanzahl der Dateien anzeigt, die gleichzeitig geöffnet werden können
limits.h	CHAR_BIT	8 (Anzahl Bits in Typ `char`)
	MB_LEN_MAX	Maximale Anzahl von Bytes in Multibyte-Zeichen, beispielsweise 2
	INT_MIN	-2147483647L-1 (für 32-Bit-System)
	INT_MAX	2147483647L (für 32-Bit-System)
	FLT_RADIX	2 (Basis der Exponentdarstellung)
	FLT_DIG	6 (Anzahl der Dezimalstellen)

5.3 const – konstante Variablen

Die letzte Form der Konstanten ist die konstante Variable – eine Variable, deren Wert nach der Initialisierung nicht mehr verändert werden kann.

Konstante Variablen werden mit dem Schlüsselwort `const` deklariert.

```
const int monate = 12;
int func (const int par1, const char *par2);
```

Einsatzbereiche für konstante Variablen

Konstante Variablen sind aus Sicht des Compilers keine echten Konstanten, sondern vielmehr Variablen, die er vor dem Überschreiben schützt. Wie dieser Schutz aussieht und welche Unterschiede es dabei zwischen C und C++ gibt, wurde bereits in Kapitel 4.4.2 ausgeführt. Hier soll es vornehmlich darum gehen, inwieweit konstante Variablen als Konstanten eingesetzt werden können.

In C wie C++ kann man mit `const`

- beliebige Objekte (also auch Variablen selbst definierter Datentypen wie Strukturen und Klassen) als konstant deklarieren,
- verhindern, dass als Zeiger übergebene Funktionsargumente in einer Funktion verändert werden,
- Zuweisungsmöglichkeiten erweitern,
- stärker von der Typenprüfung des Compilers profitieren.

C versus C++

In C++ wird eine konstante Variable wie eine echte Konstante angesehen.

In C, das nach ANSI ebenfalls das Schlüsselwort `const` kennt, können konstante Variablen jedoch nicht an Stellen verwendet werden, an denen der Compiler eine Konstante bzw. einen konstanten Ausdruck erwartet – also

- nicht bei der Angabe der Größe eines Arrays,
- nicht als `case`-Marken.

Mehr zur Verwendung des Schlüsselworts `const` finden Sie in Kapitel 4.4.2.

5.4 Abschlussprogramm: Umrechnung zwischen Zahlensystemen

Das folgende Programm (das Sie natürlich auch auf der Begleit-CD finden) soll Ihnen die Umrechnung zwischen Konstanten verschiedener Zahlensysteme erleichtern.

Sie können es beispielsweise nutzen, um Dezimalzahlen ins Hexadezimal- oder Binärsystem umzurechnen.

Das Programm rechnet eine eingegebene Zahl in ein anderes Zahlensystem um. Welchem Zahlensystem die eingegebene Zahl angehört und in welches System die Zahl umgerechnet werden soll, können Sie vorab angeben:

- Die möglichen Werte für die Systeme sind 2–16.
- Für Systeme >10 werden als zusätzliche Zeichen: A=10 B=11 ... F=15 verwendet.

Bei der Ausgabe steht hinter der Zahl das System in Klammern.

- Das Programm prüft nicht, ob Ihre Eingaben korrekt sind.
- Bruchzahlen und negative Eingaben sind nicht erlaubt.
- Das Programm wird mit der Eingabe von 0 beendet.

```
/* Zahlsys.cpp  Umrechnung zwischen Zahlensystemen */
#include <stdio.h>


int a,b,n,n1,sys1,sys2;           // globale Variablen
char c[20]="0123456789ABCDEF";    // der Zeichensatz

// Die Funktion liest eine Zahl von der Tastatur ein
//  und liefert den Wert im 10er-System zurueck
int eingabe()
  {
  int a,i,j,b;
  char s[20];

  printf("Geben Sie Ihre Zahl ein\n");
  scanf("%s",&s);

  a = 0;
  j = 0;
  i = 0;

  // berechnet den Wert von s im 10er-System
  do
    {
    if(s[i]!='\0')
      printf("%c",s[j]);

    for(i=0;i<=15;i++)
      {
      if(s[j]==c[i])
        b=i;
      }

    if(s[j]!='\0')
      a=a*sys1+b;

    j++;
    } while(s[j]!='\0');

 printf(" (%d) = ",sys1);
 return a;
 }
```

```
void main()
  {
  printf("Geben Sie das Ursprungszahlensystem an (2-16): ");
  scanf("%d",&sys1);
  a=1;b=0;

  printf("Geben Sie das Zielzahlensystem an (2-16): ");
  scanf("%d",&sys2);

  do
    {
    n=eingabe();
    n1=n;

    // sucht die erste Potenz von sys2 die groesser als n ist
    while (n>=a)
      a*=sys2;

    // berechnet alle Stellen von der groessten zur kleinsten
    while (a!=1)
      {
      a/=sys2;

      // berechnet die aktuelle Stelle
      b=n/a;
      n%=a;
      printf("%c",c[b]);
      }
    printf(" (%d)\n",sys2);
    }
  while(n1!=0);
  }
```

6 Elementare Datentypen

Die Bedeutung der Datentypen für die Variablendeklaration und die Arbeit des Compilers wurde bereits in Kapitel 4 angesprochen. Diesbezüglich gäbe es noch einiges hinzuzufügen und zu vertiefen, doch zuvor sollten wir uns eine Übersicht über die zur Verfügung stehenden Datentypen verschaffen und einige Begriffe klären.

6.1 Klassifizierung der elementaren Datentypen

C kennt die folgenden elementaren Datentypen:

Tabelle 6.1: Elementare Datentypen

Datentyp	**repräsentiert folgende Daten**
char	Zeichen aus 7- oder 8-Bit-Zeichensätzen
wchar_t	Zeichen aus größeren Zeichensätzen (beispielsweise UNICODE), nur als `typedef` in die Sprache aufgenommen
short, int, long	ganze Zahlen
float, double, long double	Gleitkommazahlen
void	zur Anzeige, dass kein spezieller Datentyp vorliegt

C++ kennt zusätzlich noch die folgenden elementaren Datentypen:

Datentyp	**repräsentiert folgende Daten**
wchar_t	Zeichen aus größeren Zeichensätzen (beispielsweise UNICODE), jetzt als Schlüsselwort
bool	Boolesche Wahrheitswerte

6.1.1 Was sind elementare Datentypen?

Elementare Datentypen sind Datentypen, die fester Bestandteil der Programmiersprache sind – im Gegensatz zu Datentypen, die von der Programmiersprache zwar ebenfalls unterstützt werden, die aber zuvor erst im Programm definiert werden müssen (Arrays, Strukturen, Klassen etc.).

Elementare Datentypen repräsentieren ganz einfach strukturierte Daten (natürliche Zahlen, Gleitkommazahlen, Zeichen).

Elementare Datentypen sind die Grundlage der komplexeren Datentypen, was bedeutet, dass die komplexeren, selbst definierten Datentypen immer auf elementare Datentypen zurückzuführen sind bzw. aus diesen zusammengesetzt werden.

6.1.2 Wie werden die elementaren Datentypen klassifiziert?

Ein Datentyp repräsentiert – innerhalb eines angemessenen Wertebereichs – alle Daten eines bestimmten Typs. Der Datentyp `int` repräsentiert beispielsweise die ganzen Zahlen (auf 32-Bit-Plattformen üblicherweise im Wertebereich von -2147483648 bis +2147483647). Der Datentyp `char` repräsentiert dagegen die Zeichen eines 7- oder 8-Bit-kodierten Zeichensatzes.

Bestimmte Datentypen sind sich dabei sehr ähnlich, sodass man sie in einer Gruppe zusammenfasst. Beispielsweise repräsentieren die Datentypen `int` und `long` beide natürliche Zahlen und unterscheiden sich bestenfalls im Wertebereich. Beide Datentypen zählt man daher zu den arithmetischen Datentypen.

Diese Klassifizierung der Datentypen ist nicht nur eine terminologische Spielerei, sie ist auch für die Programmierpraxis von Bedeutung. Dies liegt daran, dass bestimmte Programmkonstrukte bestimmte Datentypen erfordern.

Welchen Datentyp muss beispielsweise eine Variable haben, auf die man den +-Operator anwenden will?

Oder von welchem Datentyp darf eine Variable sein, die in einer `switch`-Bedingung ausgewertet wird?

Statt in solchen Fällen jedes Mal die erlaubten Datentypen aufzuzählen, gibt man einfach die jeweilige Datentyp-Kategorie an.

Die wichtigsten Datentyp-Kategorien sind:

- **Integrale Typen**: Der Datentyp `bool`, die Datentypen `char` und `wchar_t`, die Datentypen `int` und `long`, Aufzählungen (`enum`), Bitfelder. Integrale Datentypen sind als Datentyp für `switch`-Variablen erlaubt.
- **Arithmetische Typen**: Alle integralen Typen plus die Datentypen `float`, `double` und `long double`. Sie sind als Operanden für die arithmetischen Operatoren (+, –, *, /) erlaubt.
- **Skalare Typen**: Arithmetische Datentypen und Zeiger. Sie sind als Schleifenvariablen für `for` erlaubt.
- **Objekttypen**: Arrays und Klassen (inklusive Strukturen und Unions).

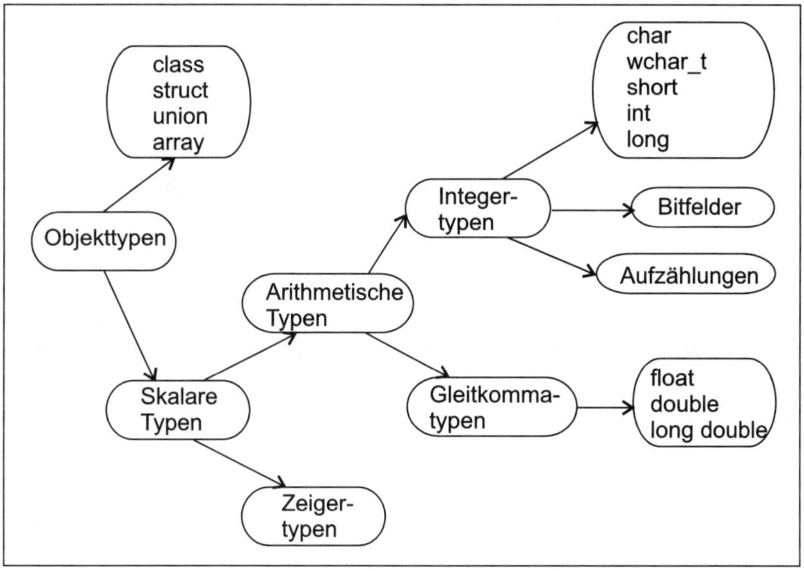

Abbildung 6.1: Klassifizierung der Datentypen

6.1.3 Wofür werden Datentypen benötigt?

Die Angabe eines Datentyps ist unverzichtbarer Bestandteil einer jeden Variablendeklaration.

Der Programmierer teilt dem Compiler über den Datentyp mit, welche Art von Daten durch die betreffende Variable repräsentiert werden soll.

Der Compiler kann dann einen passenden Speicherbereich für die Variable bereitstellen und weiß, wie die Daten im Speicher abgelegt werden müssen.

Beide, Programmierer und Compiler, können am Datentyp ablesen, wie man mit der Variablen arbeiten kann.

Im Einzelnen sind es folgende Attribute, die durch den Datentyp festgelegt werden:

Die Größe des Speicherbereichs

Die Größe des Speicherbereichs, der zum Ablegen der Werte dieses Datentyps benötigt wird. Die genaue Größe der Datentypen wird vom ANSI-Standard nicht vorgegeben – sie ist plattformabhängig (siehe Tabelle 6.8). Der ANSI-Standard begnügt sich damit, die Größe der Datentypen zu umschreiben – etwa in Hinblick auf den zu repräsentierenden Wertebereich (s.u.) oder in Relation zu anderen Datentypen.

So muss der Datentyp `char` beispielsweise groß genug sein, dass alle Zeichen des unterstützten Zeichensatzes (üblicherweise ASCII oder ANSI) in `char`-Variablen abgespeichert und unterschieden werden können.

Der Datentyp `int` soll dagegen der »natürlichen« Größe der jeweiligen Rechnerarchitektur entsprechen, was für eine 16-Bit-Umgebung 2 Byte und auf einer 32-Bit-Umgebung 4 Byte entspricht.

Damit nun aber nicht das völlige Chaos ausbricht und jeder Compiler die Größe der Datentypen und damit letztendlich die erlaubten Wertebereiche für die Datentypen willkürlich festlegt, gibt der Standard für jeden Datentyp an, wie groß der kleinste und der größte Wert zumindest sein müssen. Der Standard legt also für jeden elementaren Datentyp einen auf jeden Fall zu unterstützenden Wertebereich fest, und der Programmierer kann sich darauf verlassen, dass – solange er den Variablen nur Werte aus diesen Wertebereichen zuweist – sein Programm immer korrekt läuft, unabhängig davon, mit welchem ANSI-Compiler er es kompiliert.

Die vom ANSI-Standard vorgeschriebenen minimalen und maximalen Werte für die verschiedenen Datentypen sind in Tabelle 6.8 zusammengefasst. Jeder Compiler-Hersteller hat die Freiheit, diese Werte zu übernehmen oder in ihrem absoluten Betrag zu vergrößern (nicht aber zu verkleinern). Die implementierungsspezifischen Werte sind in C in den Konstanten aus den Header-Dateien *limits.h* und *float.h* und in C++ in den Spezialisierungen der Klasse `numeric_limits` aus der Header-Datei *limits* abgespeichert. Der folgende Programmauszug ermittelt mithilfe des `sizeof`-Operators und der Konstanten aus den Header-Dateien die vom Compiler gewählte Größe einiger ausgewählter Integer-Typen sowie deren implementierungsspezifische Wertebereiche. (Anmerkung: Auf der Begleit-CD finden Sie auch eine C++-Version des Programms, das die Informationen aus der Klasse `numeric_limits` abfragt.)

```
/* Limits.c   Vorgaben fuer die Datentypen */
#include <stdio.h>
#include <limits.h>

int main()
```

```
{
char c;
int i_c;

printf("\nLimits verschiedener Integer-Typen:\n\n");
printf("Typ\t BYTES\t\t MIN\t\t MAX\n");
printf("Char: \t %5d\t%12d\t%12d\n",
              sizeof(char),CHAR_MIN, CHAR_MAX);
printf("Short:\t %5d\t%12d\t%12d\n",
              sizeof(short),SHRT_MIN, SHRT_MAX);
printf("Int:  \t %5d\t%12d\t%12d\n",
              sizeof(int),INT_MIN, INT_MAX);
printf("Long: \t %5d\t%12d\t%12d\n",
              sizeof(long),LONG_MIN, LONG_MAX);
printf("\n\n");

printf("Weitere Limits der char-Zeichen:\n\n");
printf("Anzahl Bits:  \t %11d\n",CHAR_BIT);
printf("Bytes in MB:  \t %11d\n",MB_LEN_MAX);
c = 'A' - 100;
i_c = c;
printf("Char ist signed?\t %s\n",
         (i_c < 0 ? "true" : "false"));
return 0;
}
```

Ausgabe:

```
Limits verschiedener Integer-Typen:

Typ        BYTES         MIN           MAX
Char:        1          -128           127
Short:       2        -32768         32767
Int:         4   -2147483648    2147483647
Long:        4   -2147483648    2147483647

Weitere Limits der char-Zeichen:

Anzahl Bits:              8
Bytes in MB:              1
Char ist signed?          true
```

Die Interpretation des Speicherbereichs

Im Speicher stehen immer nur Folgen von Nullen und Einsen. Ob diese Bitfolge eine natürliche Zahl, eine Gleitkommazahl (rationale Zahl) oder einen Buchstaben kodiert, wird ebenfalls durch den Datentyp angezeigt.

Die üblichen Kodierungsverfahren für die elementaren Datentypen werden in den folgenden Abschnitten zu den einzelnen Datentypen vorgestellt.

Einen Eindruck davon, wie ein und derselbe Speicherinhalt unterschiedlich interpretiert werden kann, erhält man, wenn man in einer `printf`-Anweisung verschiedene Formatspezifizierer (siehe Kapitel 3.3.7) verwendet, um den Inhalt einer Variablen auszugeben.

```
/* Interpret.cpp */
#include <stdio.h>

int main()
{
char var = 'C';
printf("Das in var stehende Bitmuster kann auf \n"
       "unterschiedliche Art und Weise "
       "interpretiert werden: \n\n");
printf("als Zeichen:            %c\n",var);
printf("als Integer:            %d\n",var);
printf("als Hexadezimalzahl:    %X\n",var);
printf("als Fliesskommazahl:    %e\n",var);
printf("als Adresse:            %p\n",var);
return 0;
}
```

Ausgabe:

```
Das in var stehende Bitmuster kann auf
unterschiedliche Art und Weise interpretiert werden:

als Zeichen:          C
als Integer:          67
als Hexadezimalzahl:  43
als Fliesskommazahl:  2.246364e+16
als Adresse:          0x43
```

Die Operationen

Der Datentyp legt auch fest, welche Operationen auf den Werten der Variablen erlaubt sind und wie diese auszuführen sind.

So entspricht die Division von zwei `int`-Werten beispielsweise bei weitem nicht der Division von zwei `float`-Werten.

```
3 / 4;         // ergibt 0
3.0 / 4.0;     // ergibt 0.75
3.0 / 4;       // ergibt 0.75, weil der Compiler
               // alle Operanden in größten
               // Datentyp konvertiert
```

Der Datentyp legt natürlich auch fest, welche Werte man einer Variablen zuweisen kann. Einer `float`-Variablen kann man beispielsweise Gleitkommawerte zuweisen:

```
float f;
f = 3.6;
```

Dass man einer `float`-Variablen auch natürliche Zahlen zuweisen darf, ist nur deshalb möglich, weil der Compiler intern eine automatische Typkonvertierung (siehe Abschnitt 6.9.2) vornehmen kann.

```
float f;
int i = 3;
f = i;
```

Datentypen, für die es keine automatische Typkonvertierung gibt, sind dagegen unverträglich – die folgende Zuweisung ist daher nicht erlaubt:

```
float f;
char str[3];
f = str;
```

Der Datentyp legt auch den Einsatzbereich der Variablen fest. Beispielsweise muss eine `switch`-Variable einem integralen Datentyp angehören.

Wertebereich

Die Größe des Speicherbereichs bestimmt auch den Wertebereich der Variablen. Dies wird sofort ersichtlich, wenn man sich vergegenwärtigt, dass alle Werte (egal welchen Datentyps) im Speicher binärkodiert, also als eine Folge von Nullen und Einsen, abgelegt werden.

Stellt man einen Speicherbereich von nur einem Bit zur Verfügung, kann man in diesem Speicherbereich entweder eine 0 oder eine 1 speichern – man kann also nur zwei Werte unterscheiden.

Stellt man zwei Bits zur Verfügung, kann man folgende Kombinationen abspeichern:

00, 01, 10, 11 – man kann also insgesamt 4 Werte unterscheiden.

Das Ganze folgt einer wohl bekannten Gesetzmäßigkeit. Da für jedes Bit zwei Möglichkeiten gegeben sind (0 oder 1), gibt es für n-Bits 2^n Kombinationsmöglichkeiten.

2^8 256

2^{16} 65.536

2^{32} 4.294.967.296

Wenn für einen Datentyp also 2 Byte Speicher zur Verfügung gestellt werden, kann man für diesen Datentyp 2^{16} = 65.536 Werte unterscheiden.

Ob diese Werte als die Zahlen von 0 bis 65.536 oder von -32.768 bis 32.768 oder gar von 0,00000 bis 0,65536 interpretiert werden, hängt wieder vom Datentyp ab.

In den folgenden Abschnitten werden wir uns ansehen, was dies für die elementaren Datentypen von C und C++ bedeutet.

6.2 short, int und long

Die Datentypen `short`, `int` und `long` dienen der Repräsentation ganzer Zahlen.

```
short s;
int i;
long n;
```

Tabelle 6.2: Die Datentypen `short`, `int` und `long`

	short	**int**	**long**
Größe (16Bit)	2 Byte	2 Byte	4 Byte
Größe (32Bit)	2 Byte	4 Byte	4 Byte
typischer Wertebereich (32Bit)	-32.768 bis 32.767	-2.147.483.648 bis 2.147.483.647	-2.147.483.648 bis 2.147.483.647
ANSI-Konstanten für Wertebereich	SHRT_MIN, SHRT_MAX numeric_limits<short>	INT_MIN, INT_MAX numeric_limits<int>	LONG_MIN, LONG_MAX numeric_limits<long>
erlaubte Typspezifizierer	signed, unsigned	short, long, signed, unsigned	signed, unsigned

Speicherbelegung und Kodierung

Abbildung 6.2: Speicherbelegung für `int`

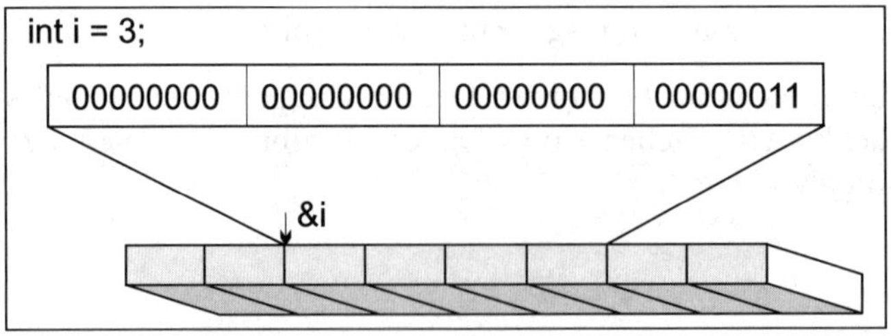

2er-Komplement

Natürliche Zahlen werden üblicherweise durch das 2er-Komplement, genauer gesagt, das 2n+1-Komplement dargestellt. Mathematisch ausgedrückt, entspricht das 2er-Komplement der folgenden Abbildung:

$$\partial\ (a_n,\dots,a_0) := \begin{cases} \sum_{i=0}^{n-1} a_i \cdot 2^i & \text{für } a_n = 0 \\ \sum_{i=0}^{n-1} a_i \cdot 2^i - 2^n & \text{für } a_n = 1 \end{cases}$$

Warum diese etwas umständlich anmutende Darstellung? Schließlich wäre es doch auch möglich, die ganzen Zahlen einfach durch die Umrechnung vom Dezimalsystem ins Binärsystem zu kodieren. Das folgende Beispiel erarbeitet anhand eines einfachen Integer-Typs, für dessen Variablen jeweils nur 3 Bit im Speicher zur Verfügung stehen, die Vorteile des 2er-Komplements.

Umwandlung vom Dezimalsystem ins Binärsystem

Die einfachste Möglichkeit, ganze Zahlen in Binärdarstellung umzuwandeln, wäre die direkte Umwandlung ins Binärsystem – beispielsweise durch fortgesetzte Division durch 2 und Notierung der Reste der Teildivisionen in umgekehrter Reihenfolge:

97	: 2	
48	1	97 = 1100001
24	0	
12	0	
6	0	
3	0	
1	1	
0	1	

Dezimal	**0**	**1**	**2**	**3**	**4**	**5**	**6**	**7**
Binär	000	001	010	011	100	101	110	111

Zum Austesten finden Sie auf der Begleit-CD das Programm zahlsys.cpp, *das Zahlen aus den wichtigsten Zahlensystemen ineinander umwandelt.*

CD

Darstellung negativer Zahlen

Diese direkte Umrechnung wäre vollkommen ausreichend, gäbe es nicht die negativen Zahlen. Für die Unterscheidung in positive und negative Zahlen wird üblicherweise das höchstwertige Bit verwendet. Ist dieses auf 0 gesetzt, handelt es sich um eine positive Zahl; ist das höchstwertige Bit auf 1 gesetzt, handelt es sich um eine negative Zahl.

Wäre das höchstwertige Bit die einzige Unterscheidung, ergäbe sich für die Kodierung der Zahlen -3 bis 3 das folgende Bild:

Dezimal	-3	-2	-1	-0	0	1	2	3
Binär	111	110	101	100	000	001	010	011

Das Problem bei dieser Codierung erkennt man sofort, wenn man in der Binärdarstellung -2 + 1 rechnet und dann statt -1 den Wert -3 erhält.

Was man also braucht, ist eine Kodierung, die

- negative und positive Zahlen unterscheidet.
- eine leichte Umwandlung von positiven in negative Zahlen und umgekehrt erlaubt.
- die Rechengesetze erhält.

Dies leistet das 2er-Komplement, bei dem man das negative Pendant zu einer positiven Zahl dadurch erhält, dass man alle Bits invertiert.

Dezimal	-3	-2	-1	-0	0	1	2	3
Binär	100	101	110	111	000	001	010	011

Man kann nun leicht nachrechnen, dass die übliche Addition auch für die negativen Zahlen erhalten geblieben ist.

```
-2 + 1 =    101
           +001
           ------------
            110=-1
```

Unschön ist allerdings, dass es für die Darstellung der Null zwei Möglichkeiten gibt.

Aus diesem Grund addiert man bei der Umwandlung einer positiven Zahl in eine negative Zahl immer noch eine 1 dazu und spricht vom 2n+1-Komplement.

Für die Kodierung der Zahlen -3 bis +3 ergibt sich nun das folgende endgültige Bild:

Dezimal	-4	-3	-2	-1	0	1	2	3
Binär	100	101	110	111	000	001	010	011

-2 + 1 =110
+001

111=-1

Und was ist mit dem übrig gebliebenen Wert 100? Mit ihm wird der Wertebereich der negativen Zahlen ausgedehnt.

Dass zur Kodierung von `int`*-Variablen das 2er-Komplement verwendet wird, liegt daran, dass der ANSI-Standard festlegt, dass der Datentyp* `int` *vorzeichenbehaftet ist. Mit dem Typspezifizierer* `unsigned` *können Sie aber auch Variablen definieren, die nur positive Zahlen enthalten. Für die Kodierung dieser Zahlen wird nicht das 2er-Komplement, sondern nur die einfache Binärkodierung verwendet, mit der wir unsere Überlegungen gestartet haben. Mehr zu den* `signed`*- und* `unsigned`*-Typen erfahren Sie in Abschnitt 6.8.*

INFO

Programm zur Kodierung

Wenn Sie selbst einmal prüfen wollen, wie Ihr Compiler die Werte von Variablen kodiert, dann können Sie dazu das folgende Programm verwenden:

```
/* Bitmst.cpp    Gibt Speicher einer Variablen aus */
#include <stdio.h>

void anleitung()
  {
  printf(" Mit dem folgenden Programm kann man das Bitmuster\n");
  printf(" von Integer-Typen anzeigen lassen.\n\n");
  printf(" Geben Sie eine ganze Zahl ein und druecken\n");
  printf(" Sie die Eingabetaste\n");
  printf(" Um das Programm abzubrechen, geben Sie bitte 0 "
         "ein\n\n");
  }

    /*  Funktion zur Ausgabe des Bitmusters von Integer-Typen   */
   /*                                                           */
  /* Die Funktion erwartet als Parameter                        */
 /*    - die Adresse auf den Speicher einer Integer-Variablen */
/*    - die Groesse des Datentyps der Variablen in Bytes     */
void anzeige (void* n, int groesse)
  {
  char* p;
  int i,j;

  p= (char*) n;
  p+=groesse-1;              // Ausgabe mit letztem Byte beginnen
  for (i=1;i<=groesse;i++)
    {
    // Ausgabe des Bitmusters eines Bytes
    for (j=128; j>=1; j/=2)
```

```
      {
      if(j & *p)
        printf("1");
        else
        printf("0");
      }
    p--;
    printf(" ");
    }
  printf("\n");
  }

int main()
  {
  int n;        // Bitmuster von n wird ausgegeben
                // Sie können den Datentyp von n ändern
                // z.B.: short, long, unsigned int
                // Sie müssen aber auch den Aufruf von scanf
                // ändern

  anleitung();
  while(1)
    {
    printf("n= ");
    scanf("%d",&n);
    fflush(stdin);
    if (n == 0)
      break;
    anzeige(&n,sizeof(n));
    }
  return 0;
  }
```

Analyse Um einen beliebigen Speicherbereich überprüfen zu können, wurde eine eigene Funktion implementiert (`anzeige()`), die als Parameter einen generischen Zeiger auf den Anfang des Speicherbereichs und die Größe des Speicherbereichs (in Bytes) erwartet. Um dieser Funktion die Adressen von Variablen beliebigen Datentyps übergeben zu können, wurde der Parameter auf den Anfang des Speicherbereichs als Zeiger auf `void` definiert.

In der Funktion wird der Zeiger auf `void` an einen Zeiger auf `char` übergeben. Mithilfe dieses Zeigers wird der Speicherbereich dann in 1-Byte-Einheiten untersucht und ausgegeben (`char` hat die Größe 1 Byte).

!! STOP

Achtung: Es ist üblich, dass die Bits von Integer-Datentypen in der umgekehrten Reihenfolge abgelegt werden. Die Funktion arbeitet sich also vom letzten Byte des Speicherbereichs zum ersten Byte vor, um die Bitfolge für die Ausgabe in die richtige Reihenfolge zu bringen.

Anpassung des Programms für andere Datentypen

Um das Programm auf einen anderen Integer-Datentyp (`char`, `unsigned int`, `short` etc.) einzustellen, genügt es, den Datentyp der Variablen `n` und gegebenenfalls den Typspezifizierer im Formatstring von `scanf()` anzupassen.

Bei Komplikationen und unerwarteten Ergebnissen sollten Sie es zuerst einmal durch direkte Zuweisung von Werten an `n` probieren (und `scanf()` auskommentieren).

Für die Überprüfung der Speicherbelegung für beliebige Datentypen (`float`, `structs` etc.) müssen Sie auch die Funktion `anzeige()` anpassen.

6.3 float, double und long double

Die Datentypen `float`, `double` und `long double` dienen der Repräsentation reeller Zahlen.

```
float i;
double n;
long double r;
```

Tabelle 6.3: Die Datentypen `float`, `double` und `long double`

	float	double	long double
Größe	4 Byte	8 Byte	10 Byte
typischer Wertebereich (32Bit)	(-) 3.40282e+38	(-)1.79769e+308	(-)1.18973e+4932
ANSI-Konstanten für Wertebereich	FLT_..., s.u. numeric_limits <float>	DBL_..., s.u. numeric_limits <double>	LDBL_..., s.u. numeric_limits <long double>
erlaubte Typspezifizierer	–	–	–

Speicherbelegung und Kodierung

Gleitkommazahlen können nicht so einfach wie ganze Zahlen im 2er-Komplement abgespeichert werden. Der Grund hierfür liegt einfach darin, dass Gleitkommazahlen ja vor allem Zahlen mit Nachkommastellen repräsentieren müssen und dies erfordert eine etwas abgewandelte Speicherbelegung.

Um die Problematik deutlich zu machen, überlegen wir zuerst einmal ganz naiv, wie sich einfache Bruchzahlen in einem 16-Bit-Datentyp darstellen ließen.

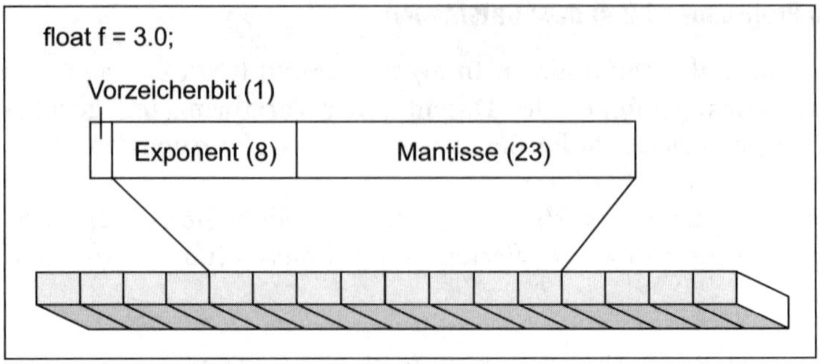

Abbildung 6.3: Speicherbelegung für `float`

Naiver Ansatz zur Darstellung von reellen Zahlen

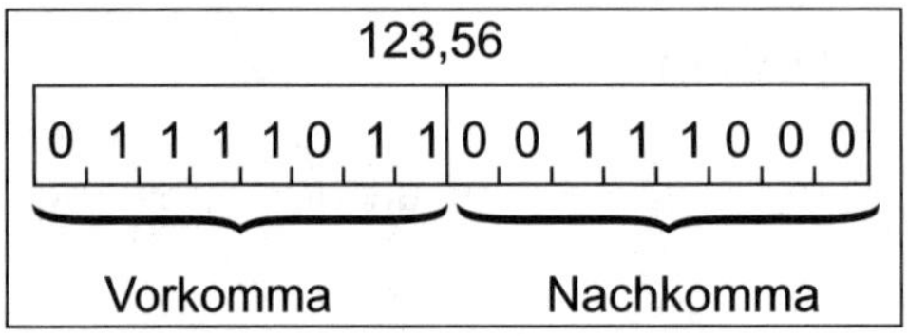

Per Definition legen wir fest, dass die ersten 8 Bit die Vorkommastellen definieren und die letzten 8 Bit die Nachkommastellen. Die Kodierung würde dann wie in obiger Abbildung aussehen.

Probleme gibt es aber bereits, wenn wir versuchen, die Zahl 1045,0 darzustellen. 8 Bit für die Vorkommastellen reichen nur aus, um Zahlen kleiner 256 zu kodieren. Hinzu kommt, dass wir uns noch keine Gedanken um die Darstellung negativer Zahlen gemacht haben. Das erste Bit müsste also eigentlich als Vorzeichenbit verwendet werden, sodass nur noch 7 Bit für die Vorkommastellen bleiben.

Man könnte nun festlegen, dass das erste Bit das Vorzeichen, die nachfolgenden 13 Bit die Vorkommastellen und die letzten beiden Bit die Nachkommastellen kodieren. Dann könnte man zwar Zahlen bis zu 8192 kodieren, doch als Nachkommastellen sind nur die Ziffern 0, 1, 2 und 3 erlaubt. Die Zahl PI (= 3,1415...) könnte man dann leider nur als 3,1 abspeichern – was bei Berechnungen schnell zu enormen Rundungsfehlern führt.

Das Problem liegt auf der Hand: Verschiebe ich die Kommastelle nach vorne, kann ich nur kleine Zahlen darstellen, verschiebe ich die Kommastelle nach hinten, nimmt die Genauigkeit ab.

Das Gleitkomma

Ein erster Schritt zur Lösung des Zwiespalts zwischen großem Wertebereich und zufrieden stellender Genauigkeit ist, die Position des Kommas nicht vorzugeben, sondern mit abzuspeichern (daher der Name »Gleit- oder Fließkommazahl«).

Dies muss allerdings auf intelligentere Weise geschehen, als einfach noch einmal 4 Bit zu opfern, nur um festzuhalten, ab welchem Bit der Nachkommaanteil beginnt. Hier kommt uns die Exponentialschreibweise zu Hilfe:

Exponent und Mantisse

Die Exponentialschreibweise beschreibt eine reelle Zahl als das Produkt einer Bruchzahl m (auch Mantisse genannt) und eines Faktors (als Exponent e zu einer Basis b):

$x = m * b^e$

Der Vorteil dieser Darstellung ist, dass durch den Faktor

- die Kommastelle bestimmt und
- ein großer Wertebereich Platz schonend kodiert werden kann.

So kann man die Zahl 3000,1 beispielsweise sowohl als

$3000,1 * 10^0$

wie auch als

$300,01 * 10^1$

schreiben. Interessant wird es aber erst, wenn man die Mantisse so formuliert, dass es nur noch eine Stelle vor dem Komma gibt.

Normalisierung

Indem man die Exponentialdarstellung einer beliebigen reellen Zahl so umformuliert, dass die Mantisse nur noch eine Stelle vor dem Komma enthält, verdrängt man das Komma aus der Mantisse und kodiert die Information über die Kommastelle im Exponenten.

So wird aus

$3000,1 * 10^0$

$3,0001 * 10^4$

aus 3,1415 würde $3,1415 * 10^0$

und so weiter und so fort.

Wenn Sie die Gleitkommazahl als Binärzahl formulieren (also zur Basis 2 statt zu 10 wie in den obigen Beispielen), hat man zudem den Vorteil, dass die Mantisse nur mit 1, ... beginnen kann. Die Vorkommaziffer 1 muss folglich nicht mehr abgespeichert werden.

Durch die Normalisierung werden alle reellen Zahlen so umgeschrieben, dass die Information über die Kommastelle in den Exponenten verlagert wird. Es wird also kein Extraspeicher für die Kommastelle benötigt, da der Exponent ja sowieso abgespeichert wird.

Modell und Wirklichkeit

Die Kodierung von Gleitkommazahlen ist leider noch etwas komplizierter als hier dargestellt, denn erstens muss der Exponent auch negative Werte kodieren können (für Zahlen zwischen -1 und 1) und zweitens würde die oben beschriebene Normalisierung mit der 1 vor dem Komma dazu führen, dass eine relativ große Lücke zwischen der Null und der nächstgrößeren Zahl besteht:

0,0000

1,0000 * e^{-xxx}

1,0001 * e^{-xxx}

1,0010 * e^{-xxx}

...

Die meisten konkreten Implementierungen tragen diesem Umstand Rechnung, sodass die vorangehende Beschreibung nur als Modell angesehen werden kann[1]. Im nachfolgenden Beispiel finden Sie ein Beispiel dafür, wie dieses Modell unter Berücksichtigung der Norm IEEE 754 umgesetzt werden kann.

Anmerkungen zum Gleitkommatyp

IEEE 754

Gemäß der Norm IEEE 754 werden Gleitkommazahlen entweder mit einfacher oder doppelter Genauigkeit dargestellt.

1 Meist wird die Mantisse binär so normalisiert, dass sie mit 0,1 beginnt und man erst ab der zweiten Position hinter dem Komma die Ziffern abspeichern muss. Die Null wird definiert als jeder Wert mit dem Exponenten -128, was Vergleiche sehr kleiner Zahlen mit 0.0 zu einem Problem werden lassen kann.

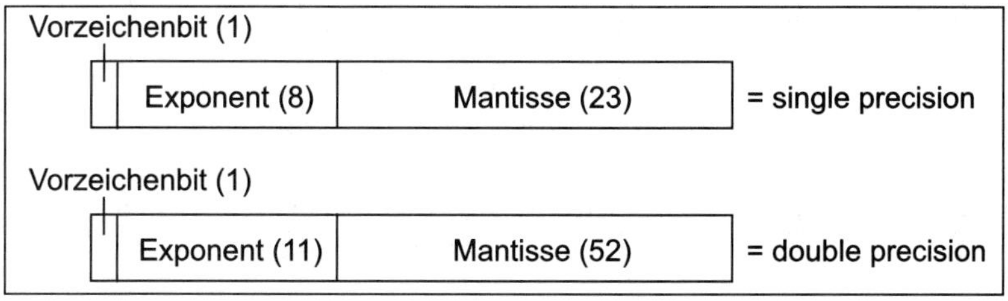

Der Exponent verfügt über kein einfaches Vorzeichenbit und benutzt auch keine 2er-Komplement-Darstellung, sondern erzeugt negative Werte durch Abzug eines Bias. Für einen 8-Bit-Exponenten wäre der Bias gleich: 0111 1111 (= 127).

Kodierung mit Bias	Exponent
0111 1110	(126 – 127 =) -1
0111 1111	(127 – 127 =) 0
1000 0000	(128 – 127 =) 1
1000 0001	(129 – 127 =) 2

Die Mantisse ist immer positiv und die führende 1 muss nicht abgespeichert werden.

Rechenbeispiel

Wie würde nun die Zahl 5,25 als Gleitkommazahl zur Basis 2 abgespeichert?

Zuerst berechnet man die Mantisse als Summe der Potenzen von 2:

5,25 = 1*4 + 0*2 + 1*1 + 0*0,5 + 1*0,25 = 10101

Da die führende 1 nicht abgespeichert werden muss, wird im Mantissenteil der Gleitkommazahl nur 0101 abgelegt.

Danach wird der Exponent bestimmt. Der höchste Exponent ist 4 oder 2 zur Basis 2: $4 = 2^2$. Zu der 2 addiert man den Bias, sodass sich 129 ergibt. Binär kodiert entspricht 129 der Bitfolge 1000 0001.

Das Vorzeichen ist positiv und wird durch eine 0 symbolisiert.

Für die gesamte Bitfolge ergibt sich somit:

5,25 = 0 1000 0001 01010000000000000000000

Signifikante Ziffern

In der normalisierten Darstellung einer Gleitkommazahl steht die gesamte Zahleninformation in der Mantisse (und die Kommastelle ist im Exponenten kodiert). Die einzelnen Ziffern in der Mantisse bezeichnet man daher auch als signifikante Ziffern und die Anzahl der Ziffernstellen, die für die Mantisse aufgewendet werden, bestimmt die Präzision der Gleitkommadarstellung.

In der Mantisse stehen sowohl die Ziffern des Vorkomma- als auch des Nachkommaanteils. Wie in dem einleitenden Beispiel geht ein größerer Vorkommateil zu Lasten des Nachkommateils und umgekehrt. Dies stellt in der normalisierten Exponentialschreibweise kein wirkliches Problem dar, weil die Kommastelle ja angepasst ist:

- Für kleine Zahlen (wie Pi oder andere) bleiben viele Nachkommastellen übrig; sie können also mit hoher Genauigkeit angegeben werden.
- Für sehr große Zahlen bleiben immer weniger Nachkommastellen, die Genauigkeit sinkt. Allerdings wird es vermutlich nur sehr wenige Berechnungen geben, in denen es beim Rechnen mit hohen Zahlen im Bereich 10^{38} noch auf die Stellen hinterm Komma ankommt.

In den ANSI-Konstanten `FLT_DIG`, `DBL_DIG` und `LDBL_DIG` ist angegeben, bis auf wie viele Stellen genau die Mantisse einer dezimalen Gleitkommazahl ohne Rundungsfehler kodiert wird.

Ist der Wert von `FLT_DIG` beispielsweise gleich 6, bedeutet dies, dass bei der Kodierung im Gleitkomma-Format keine Fehler in den ersten 6 Stellen der Mantisse auftreten. Zahlen wie

12345.6 oder 123.456

würden also korrekt wiedergegeben. Bei Zahlen mit mehr Ziffern müsste man mit Rundungsfehlern rechnen und bei noch mehr Ziffern können die Zahlen schließlich überhaupt nicht mehr unterschieden werden.

!! STOP

Die Zahlen 12345.6000 und 123456000 verfügen ebenfalls nur über 6 signifikante Stellen, da die Nullen wegfallen oder im Exponenten kodiert werden.

Aber auch eine Zahl wie 123456789.1234567 kann im Endeffekt nur über 6 signifikante Ziffern verfügen, wenn der Speicherbereich des Gleitkommatyps nicht ausreicht, um mehr als 6 signifikante Ziffern zu kodieren.

Fehlerbehaftete Werte

Das folgende Beispiel soll an einem der tragischsten Ereignisse der bemannten Raumfahrt demonstrieren, wie schnell Rundungsfehler zu dramatischen Folgen führen können und wie schwer hier die Verantwortung des Programmierers wiegt.

Im Jahre 1003 nach der Gründung ihrer schönen Stadt sahen sich die Bürger Schildas den größer und größer werdenden Müllhaufen um ihre Stadt herum nicht mehr gewachsen (die grüne Revolution hatte Schilda aufgrund einer länger andauernden Sonnenfinsternis verschlafen).

Man beschloss daher, sich mit einer Rakete auf den Mond zu schießen und dort ein zweites Schilda zu gründen. Die Astronomie in Schilda war eine angesehene Wissenschaft und man wusste bereits, dass der Mond 28 Tage für einen Umlauf um die Erde benötigt und dass man für den Flug von Schilda zum Mond 3 Tage benötigen würde.

Um nun nicht am Mond vorbeizufliegen, wollte man warten, bis der Mond senkrecht über Schilda stand. Dann würde man die Rakete starten. Da sich der Mond aber während der Flugzeit der Rakete aus seiner Umlaufbahn weiterbewegen würde, durfte man die Rakete nicht senkrecht starten, sondern in einem bestimmten Winkel zur Senkrechten, der sie genau zu dem Punkt der Umlaufbahn bringen würde, den auch der Mond 3 Tage später kreuzen würde.

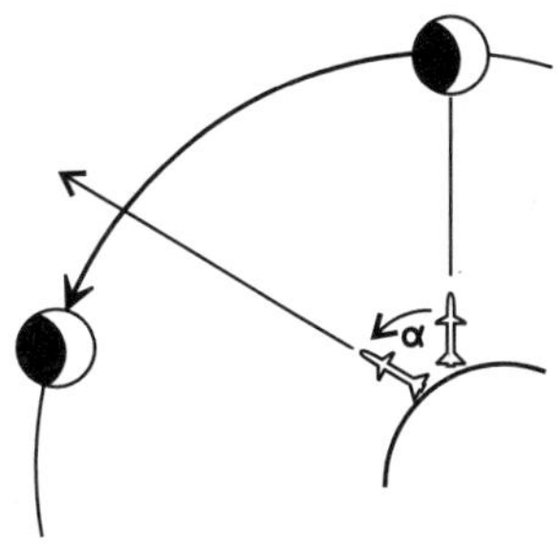

Abbildung 6.4: Berechnung des Abschusswinkels

Der Informatiker der Stadt Schilda schrieb ein Programm, das den einzustellenden Winkel nach der Formel:

$$\text{Winkel} = \frac{360}{T} * dt$$

berechnete, wobei T die Umlaufzeit des Mondes und dt die Reisezeit darstellt. Die Reisezeit betrug wie gesagt genau 3 Tage, die Umlaufzeit des Mondes beträgt bekanntermaßen 28 Tage.

Das Programm:

```
#include <stdio.h>
#include <math.h>

int main()
  {
  float winkel;             // einzustellender Winkel
  float dt    = 3;          // Reisezeit
  float T     = 28;         // Umlaufzeit des Mondes

  winkel = (360.0/T) * dt;
  printf("Der einzustellende Winkel betraegt %f Grad\n",winkel);

  return 0;
  }
```

lieferte für den einzustellenden Winkel:

38,571430 Grad

Leider, leider beträgt die Umlaufzeit des Mondes nicht genau 28 Tage, sondern nur 27,32166 Tage, und der richtige Wert für den Winkel wäre deshalb

39,529079 Grad gewesen.

Umgerechnet auf einen ungefähren Abstand von 380.000 km zwischen Schilda und Mond führt dieser Winkelfehler zu einer Abweichung von ca. 4932 km – mehr als der Durchmesser des Mondes. Die Schildbürger wären also auf Nimmerwiedersehen im All verschwunden, wenn nicht, ja wenn sie nicht die Anziehungskraft der Erde unterschätzt hätten. Um nämlich der Anziehungskraft der Erde zu entkommen (die wie eine angezogene Bremse wirkt), muss eine Rakete nämlich eine Startgeschwindigkeit von 11,2 km/sec haben. Die Rakete der Schildbürger erreichte diese Geschwindigkeit bei weitem nicht, beschrieb einen Bogen und fiel zurück auf die Erde, wo die Schildbürger, im Glauben auf dem Mond gelandet zu sein, ihr zweites Schilda aufbauten.

Was lehrt uns dies?

Programme sind nicht nur von Bugs durchsetzt; auch ein korrekt ablaufendes Programm kann falsche Ergebnisse liefern, wenn die Ausgangswerte fehlerbehaftet sind. Fehlerbehaftete Werte ergeben sich aber nicht nur durch die Struddeligkeit des Programmierers, sie ergeben sich zwangsläufig, wenn eine reelle Zahl in den Gleitkomma-Formaten des Rechners nicht ohne Rundungsfehler abgespeichert werden kann.

Fehlerfortpflanzung

Gelegentlich sind die Werte, mit denen man rechnet, nicht exakt, weil es Messwerte sind – man denke nur an die Angaben für die Lichtgeschwindigkeit. Man misst eine Größe 50-mal und erhält 50 unterschiedliche Werte, die alle mehr oder weniger stark um einen Mittelwert streuen.

In solchen Fällen ist es meist empfehlenswert (auch für Programmierer), die Fehlerfortpflanzung durchzuführen – d.h. abzuschätzen, welche Folgen es hat, wenn man die fehlerhaften Werte in eine Formel einsetzt (wie groß der resultierende Fehler in den Funktionswerten ist).

Man verwendet dazu die Entwicklung einer Funktion als Taylor-Reihe:

$$f(x+dx, y+dy) =$$

$$f(x,y) + \frac{\delta f}{\delta x} * dx + \frac{\delta f}{\delta y} * dy + \frac{\delta^2 f}{\delta x^2} * dx2 + \frac{\delta^2 f}{\delta x \delta y} * dxdy + \ldots$$

Wenn man Glück hat, kann man die Reihe nach den linearen Gliedern abbrechen und schätzt den Fehler durch die Summe der partiellen Ableitungen ab:

$$f(x+dx, y+dy) - f(x,y) \approx \frac{\delta f}{\delta x} * dx + \frac{\delta f}{\delta y} * dy$$

Greifen wir noch einmal das Beispiel der Schildbürger-Rakete auf. Das folgende Programm berechnet in der Funktion `fehlerf()` den Gesamtfehler im Startwinkel (genauer gesagt die Unsicherheit des Startwinkels). Als Parameter erwartet die Funktion die Angabe der Fehler in den Werten, die in die Winkelberechnung eingehen. In der Funktion sind die partiellen Ableitungen für die Winkelberechnung gebildet. Als Ergebnis wird der Gesamtfehler berechnet und zurückgeliefert.

```
/* Fehlerf.cpp  Programm zur Fehlerfortpflanzung */
#include <stdio.h>
#include <math.h>

float T  =  27.3;     // Umlaufzeit des Mondes in Tagen
float dT =   3.1;     // Reisezeit der Rakete
float r  = 3.8e5;     // Radius der Umlaufbahn des Mondes


// Fehlerfortpflanzung des Winkels alpha
// fuer die Gleichung alpha=(360/T)*dT+alpha0
// (alpha0 ist der Anfangswinkel des Mondes)
// e1 ist der Fehler in T
```

```
// e2 ist der Fehler in dT
// e3 ist der Fehler in alpha0

// berechnet den Gesamtfehler
float fehlerf (float e1, float e2, float e3)
  {
  float f1,f2,f3;

  // part Ableitung der Gleichung nach T
  f1 = -360/(T*T)*dT;

  // part Ableitung der Gleichung nach dT
  f2 = 360/T;

  // part Ableitung der Gleichung nach alpha0
  f3 = 1;

  // Gesamtfehler
  return abs(f1)*e1+abs(f2)*e2+abs(f3)*e3;
  }


int main()
  {
  double f_winkel;
  f_winkel = fehlerf(0.5, 0.1, 0.3);

  printf("Fehler in Winkel: %f\n", f_winkel);
  printf("Fehler in km     : %f\n", sin(M_PI*f_winkel/180)*r);

  return 0;
  }
```

Ausgabe:

```
Fehler in Winkel:  1.700000

Fehler in km     : 11273.172970
```

Gleitkommavorgaben nach ANSI

Der ANSI-Standard macht wenig Vorgaben bezüglich der konkreten Implementierung der Gleitkommatypen. In obiger Ausführung sind wir beispielsweise immer von Exponenten zur Basis 10 ausgegangen (Faktoren 1, 10, 100). Dem Compilerbauer steht es aber frei, eine beliebige andere Basis (beispielsweise 2 oder 16) zu verwenden. Auch die Anzahl der Stellen in der Mantisse oder der darstellbare Wertebereich können vom Compilerhersteller selbst festgelegt werden. Und wie die durch das Gleitkommamodell beschriebenen Zahlen dann als Bitfolge kodiert im Speicher abgelegt werden, ist ehedem die private Angelegenheit des Compilers.

Was der ANSI-Standard vorgibt, sind eine Formel für die Darstellung normalisierter Gleitkommazahlen sowie eine Reihe von Konstanten, denen der Compilerhersteller passend zu der von ihm gewählten Implementierung Werte zuweisen muss.

Formel

Gemäß ANSI ist eine Gleitkommazahl `x` definiert als

$$x = s \cdot b^e \cdot \left[\sum_{k=1}^{p} f_k \cdot b^{-k} \right], \quad e_{\min} \leq e \leq e_{\max}$$

s = Vorzeichen
b = Basis des Exponenten
e = Exponent
p = Anzahl Stellen der Mantisse (bestimmt die Genauigkeit)
f_k = Ziffer der Mantisse

Abbildung 6.5: Das ANSI-Gleitkomma-Modell

Gleitkomma-Konstanten

Die folgende Tabelle listet die verschiedenen ANSI-Konstanten zu den Gleitkommatypen auf. In der linken Spalte steht die ANSI-C-Konstante (aus `<float.h>`) und in Klammern die zugehörige Methode oder Konstante aus dem Template `numeric_limit<T>` für C++ (`<limits.h>`). Das Template `numeric_limit<T>` ist für die Datentypen `float`, `double` und `long double` spezialisiert und liefert weitgehend die ANSI-C-Konstanten zurück.

Tabelle 6.4: Die Gleitkomma-Konstanten

Konstante	Bedeutung
FLT_RADIX (radix)	Basis des Exponenten (b) Gilt auch für `double`- und `long-double`-Zahlen. Meist wird mit Binärzahlen gerechnet, sodass b = 2 ist.
FLT_MANT_DIG (digits)	Anzahl der Ziffern in der Mantisse, wenn dargestellt, zur Basis FLT_RADIX (p).
FLT_DIG (digits10)	Anzahl der signifikanten Ziffern in der Mantisse, wenn dargestellt, zur Basis 10. Dieser Wert ist wichtig zur Abschätzung der Präzision von Gleitkommazahlen.
FLT_MIN_EXP (min_exponent)	Kleinste negative Zahl für den Exponenten zur Basis FLT_RADIX (emin).
FLT_MIN_10_EXP (min_exponent10)	Kleinste negative Zahl für den Exponenten zur Basis 10.

Tabelle 6.4: Die Gleitkomma-Konstanten (Forts.)

Konstante	Bedeutung
FLT_MAX_EXP (max_exponent)	Größte positive Zahl für den Exponenten zur Basis FLT_RADIX (emax).
FLT_MAX_10_EXP (max_exponent10)	Größte positive Zahl für den Exponenten zur Basis 10.
FLT_MAX (max())	Größte positive Zahl. Die kleinste negative Zahl ist -FLT_MAX.
FLT_MIN (min())	Kleinste positive Zahl. (Wie nah kommt man an 0 heran?)
FLT_EPSILON (epsilon())	Differenz zwischen 1 und der nächstgrößeren darstellbaren Zahl.
FLT_ROUNDS (round_style)	Modus, nach dem Zahlen gerundet werden: -1 unbestimmt 0 zu Null 1 zum nächsten Wert 2 zu +unendlich 3 zu -unendlich Gilt auch für `double`- und `long-double`-Zahlen.

6.4 bool (nur C++)

Zur Repräsentation von Wahrheitswerten (Ergebnis boolescher Ausdrücke).

```
bool b;
```

Größe1

Wertebereich true, false

Der Datentyp `bool` dient zur Repräsentation von Wahrheitswerten. Variablen vom Typ `bool` können daher nur zwei Werte annehmen: `true` oder `false`, die beide als Schlüsselworte in der Sprache (C++) verankert sind.

Da der Datentyp in seiner Funktion als Wahrheitswert kompatibel zu den Ergebnissen von booleschen Ausdrücken sein muss, diese aber bereits ein wichtiger Bestandteil von C waren (`if`-Bedingungen etc.), musste sichergestellt werden, dass die Behandlung von booleschen Ausdrücken in C und C++ nach außen unverändert bleibt.

C versus C++

C kennt keinen Datentyp bool. Stattdessen fasst es den Integer-Wert 0 als false und jeden Integer-Wert ungleich 0 als true auf.

```
if(0) // 0 = false -> Bedingung nie erfüllt
if(12) // 12 = true -> Bedingung immer erfüllt
```

Damit C++ das gleiche Verhalten zeigt, sorgt es in Fällen, da ein Integer-Wert für einen erwarteten bool-Wert angegeben wird, für eine automatische Konvertierung.

So interpretiert auch C++ den Integer-Wert 0 als false und irgendeinen Integer-Wert ungleich 0 als true. Umgekehrt kann der Integer-Wert 0 in false und irgendein Integer-Wert ungleich 0 in true umgewandelt werden.

Schaltervariablen

Variablen des Datentyps bool können nicht nur als Wahrheitswerte eingesetzt werden, man kann sie auch als »Schaltervariablen« ansehen – also Variablen, die nur zwei Werte annehmen können, die unterschiedliche Zustände repräsentieren (an – aus, schwarz – weiß, gesetzt – nicht gesetzt).

Texteditoren

Zur Implementierung eines Texteditors geht man z.B. üblicherweise so vor, dass man während der Bearbeitung des Textes diesen im Arbeitsspeicher behält. Wenn der Anwender eine Datei öffnet, wird diese also komplett in den Arbeitsspeicher gelesen. Alle Änderungen, die der Anwender am Text vornimmt, werden nur im Arbeitsspeicher eingetragen. Erst wenn der Anwender den Text explizit speichert, wird der überarbeitete Text zurück in die Datei geschrieben. Dieses Konzept hat verschiedene Vorteile:

- Man muss nicht wegen jedes einzelnen eingetippten Zeichens in die Datei schreiben (was die Laufzeit drastisch verschlechtern würde).
- Man kann einmal vorgenommene Änderungen leichter zurücknehmen.

Es hat aber auch den Nachteil, dass Änderungen verloren gehen können, weil der Anwender vergisst, die Datei abzuspeichern. Aufgabe eines guten Programms ist es daher, zu überwachen, ob beim Schließen der Datei noch nicht gespeicherte Änderungen vorliegen, und den Anwender gegebenenfalls zum Speichern aufzufordern.

Hierzu kann man gut eine bool-Variable verwenden, die anzeigt, ob nicht gespeicherte Änderungen vorliegen oder nicht. Englischsprachige Programmierer nennen diese Variable meist »dirty« und ich möchte diesen netten Namen beibehalten.

```
#include <...>
bool dirty;
```

```
int oeffnen()
  {
  dirty = false;
  ...
  }

int bearbeiten()
  {
  dirty = true;
  ...
  }

int speichern()
  {
  dirty = false;
  ...
  }

int schliessen()
  {
  if(dirty == true)
    printf("Noch nicht gespeicherte Änderungen\n");
  ...
  }

int main()
  {
  ...
  }
```

Analyse Das Programm setzt beim Öffnen der Datei die Variable `dirty` auf `false` (keine Änderungen).

Wird die Datei bearbeitet, wird `dirty` auf `true` gesetzt.

Wird die Datei gespeichert, wird `dirty` wieder auf `false` zurückgesetzt.

Schließt der Anwender die Datei, wird der Wert von `dirty` abgefragt und der Anwender gegebenenfalls zum Speichern aufgefordert.

6.5 char und wchar_t

Die Datentypen `char` und `wchar_t` dienen der Repräsentation von Zeichen (Buchstaben, Ziffern etc.)

```
char c;
wchar_t wc;
```

Tabelle 6.5: Die Datentypen `char` und `wchar_t`

char	wchar_t	
Größe	1	2
erlaubte Typspezifizierer	`signed`, `unsigned`	`signed`, `unsigned`

Zeichen char

Der Datentyp `char` (Zeichen) belegt genügend Speicherplatz für die Aufnahme eines Zeichens aus dem Ausführungs-Zeichensatz. Typischerweise ist dies genau 1 Byte, da mit einem Byte (= 8 Bit) $2^8 = 256$ verschiedene Werte kodiert werden können.

Der ANSI-Standard unterscheidet zwischen dem Quell-Zeichensatz, der zum Aufsetzen des Quelltextes verwendet wird, und dem Ausführungs-Zeichensatz zur Interaktion mit der Umgebung des laufenden Programms.

Der Ausführungs-Zeichensatz umfasst die Zeichen des Quell-Zeichensatzes:

Tabelle 6.6: Quellzeichensatz

A	B	C	D	E	F	G	H	I	J	K	L	M
N	O	P	Q	R	S	T	U	V	W	X	Y	Z
a	b	c	d	e	f	g	h	i	j	k	l	m
n	o	p	q	r	s	t	u	v	w	x	y	z
0	1	2	3	4	5	6	7	8	9	!	"	#
%	&	'	(	)	*	+	,	-	.	/	:	;
<	=	>	?	[	\	]	^	{	|	}	~	

plus den Whitespace-Zeichen (Leerzeichen, Tabulator, Neue Zeile) und die folgenden Escape-Zeichen:

Tabelle 6.7: Escape-Sequenzen

Escape-Zeichen	Bedeutung
\a	Warnung (Signalton)
\b	Ein Zeichen zurück (backspace)
\f	Seitenvorschub (form feed)
\n	Zeilenumbruch (new line)
\r	Wagenrücklauf (carriage return)

Tabelle 6.7: Escape-Sequenzen (Forts.)

Escape-Zeichen	Bedeutung
\t	Tabulator, horizontal
\v	Tabulator, vertikal
\'	Hochkomma
\"	Anführungszeichen
\?	Fragezeichen
\\	Umgekehrter Schrägstrich (backslash)
\ooo	Oktaler Zeichencode
\xhhh	Hexadezimaler Zeichencode

Alle oben aufgeführten Zeichen müssen also unterstützt werden. Da alle diese Zeichen im ASCII-Code enthalten sind, implementieren die meisten Compiler-Hersteller den ASCII-Code.

Erweiterte Zeichensätze

Der ursprüngliche ASCII-Code (American Standard Code for Information Interchange) definiert lediglich die Kodierung von 127 Zeichen und benötigt daher nur 7 Bit. Die ASCII-Kodierung wird meist übernommen, wobei das erste Bit auf 0 gesetzt wird und die restlichen 7 Bit das Zeichen kodieren. Die Zeichen des ASCII-Codes entsprechen also den dezimalen Zahlen von 0 bis 127.

Die Kodierung der weiteren 127 Zeichen (128–256) ist implementierungsspezifisch, folgt aber üblicherweise dem gleichen Kodierungsschema wie für die ersten 127 Zeichen.

Beachten Sie, dass der Compiler nur festlegt, wie ein Zeichen, das Sie im Quelltext eintippen, in ein Bitmuster umgewandelt wird.

So entspricht beispielsweise das ASCII-Zeichen Nr. 60:

<

dem Bitmuster

0011 1100 (Dezimal = 60, Hexadezimal = 3C)

Wenn Sie in Ihrem Quelltext ein Zeichen verwenden, das nicht zum Quellzeichensatz gehört (beispielsweise ä), ist das Verhalten des Compilers nicht definiert (meist wird er das Zeichen bemäkeln).

Sie können solche Zeichen allerdings in Zeichen- oder String-Literalen verwenden:

```
char c1 = 'ä';         // aus ASCII
char c2 = '±';         // aus ANSI
char *str = "tåpe";    // Norwegischer Zeichensatz
                       // (in ANSI enthalten)
```

Wenn Sie solche Zeichen ausgeben, geben Sie kein wirkliches Zeichen aus, sondern nur eine Bitfolge, die wiederum durch die Ausgabegeräte (-programme) interpretiert wird. Wenn Sie unter Win32 arbeiten, können Sie dies mit dem folgenden Programm ausprobieren:

```
/* Zsatz.cpp   Gibt ASCII- oder ANSI-Zeichensatz aus */
#include <stdio.h>

int main()
  {
  for(int i=0; i < 241; i+=10)
    {
    printf("%4d %4c %4c %4c %4c %4c %4c %4c %4c %4c %4c \n",
             i,i,i+1,i+2,i+3,i+4,i+5,i+6,i+7,i+8, i+9);
    }
  printf("%4d %4c %4c %4c %4c %4c %4c\n",
           250,250,251,252,253,254,255);
  return 0;
  }
```

Das obige Programm gibt alle Zeichen von 0 bis 255 aus. Wenn Sie das Programm in einem MS-DOS-Fenster ausführen, werden Sie für die Zeichen mit den Werten von 128 bis 255 die Zeichen des erweiterten ASCII-Zeichensatzes angezeigt bekommen. Dies liegt daran, dass DOS den IBM-Zeichensatz (OEM) unterstützt.

Wenn Sie dagegen die Ausgabe des Programms mit einem Pipe umleiten:

```
zsatz > ausgabe.txt
```

und die Datei *ausgabe.txt* dann in einem Windows-Editor betrachten, bekommen Sie für die Zeichen von 128 bis 255 die Zeichen des ANSI-Zeichensatzes angezeigt.

char und int

C/C++ kennt im Vergleich zu Pascal keine strenge Unterscheidung zwischen einem `char` und einem `int`. Beide Typen können intern vom Compiler ineinander umgewandelt werden. Das obige Programm zur Zeichenausgabe nutzte dies z. B., indem es der `printf`-Funktion statt der Zeichen einfach nur die zugehörigen Dezimalzahlen übergab. (Der Formatierer `%c` sorgt dann dafür, dass der Integer-Wert nicht als Zahl, sondern als Zeichen ausgegeben wird.)

Wide characters — wchar_t

Der Datentyp `wchar_t` für »wide characters« (in C noch mittels `typedef` definiert) wurde eingerichtet, um mit Zeichensätzen arbeiten zu können, die entgegen dem ASCII-Zeichensatz nicht durch 8 Bit kodiert werden können.

Der Datentyp `wchar_t` ist besonders für UNICODE-Programme interessant, da UNICODE-Zeichen durch 16 Bit kodiert werden.

Es ist allerdings anzumerken, dass der ANSI-Standard für `wchar_t` *keine definierte Länge von 16 Bit vorgibt; es wäre also durchaus möglich, dass ein Compilerhersteller 32 Bit für* `wchar_t` *belegt, was dann zu Schwierigkeiten bei der Verwendung von UNICODE-Zeichen führen kann.*

Die Kodierung der 127 Zeichen des ASCII-Zeichensatzes bleibt im UNICODE unverändert erhalten.

Multibyte-Zeichen

Wide characters sind nicht mit Multibyte-Zeichen zu verwechseln. Während die wide characters zu den Integer-Typen gehören, werden Multibyte-Zeichen als Folge von Bytes behandelt. Die Anzahl der Bytes, die zu einem Multibyte-Zeichen gehören, kann dabei variieren. Dies kann sehr speichersparend sein, beispielsweise wenn man in einer Datei deutschen Text (für dessen Zeichen man nur 1 Byte benötigt) mit chinesischen Schriftzeichen (für deren Kodierung mindestens 2 Byte benötigt werden) mischt. Alle gängigen Multibyte-Kodierungsverfahren verwenden daher irgendwelche Escape-Sequenzen, die dazu dienen, zwischen verschiedenen Zeichensätzen hin und her zu schalten und anzuzeigen, ob die nachfolgenden Zeichen durch eines oder zwei oder mehrere Bytes kodiert werden.

Abbildung 6.6: Multibyte-Text

	\ASCII	d	e	u	t	s	c	h	\CHIN	中	文

Innerhalb eines Programms werden Multibyte-Zeichen allerdings wegen ihrer variablen Länge und unbequemen Handhabung kaum verwendet. Meist wandelt man daher Multibyte-Zeichen beim Einlesen der Datei in WideCharacter-Zeichen um, arbeitet mit diesen und schreibt das Ergebnis dann wieder als Multibyte-Zeichen in die Datei zurück.

Die C-Bibliothek enthält zu diesem Zweck eine Reihe von Funktionen für die Programmierung mit Multibyte-Zeichen. Man erkennt diese Funktionen an der Zeichenfolge »mb«, wie in:

mblen(), mbrlen(), mbtowc(), wctomb() oder

mbstowcs(), wcstombs(), mbsinit() für Multibyte-Strings.

Strings

Viele Sprachen kennen einen eigenen elementaren Datentyp zur Repräsentation von Strings. In C/C++ ist dies nicht so, was die Textverarbeitung in C/C++-Programmen nicht gerade erleichtert.

In C werden Strings als eine Folge von Zeichen definiert. Eine Reihe von Funktionen der ANSI-C-Bibliothek dient der Manipulation dieser Zeichenketten, doch ihr Einsatz ist etwas unhandlich und auch fehleranfällig, da die korrekte Speicherverwaltung für die Zeichenketten ganz in Händen des Programmierers liegt (siehe Kapitel 23.1).

Für C++ wurde die Klasse `string` definiert, die fester Bestandteil der ANSI-C++-Bibliothek ist. Die Klasse `string` vereinfacht die Behandlung von Strings in C++ und befreit den Programmierer vor allem von der leidigen Speicherverwaltung (siehe Kapitel 23.2).

6.6 void

Deklarationen erfordern immer die Angabe eines Datentyps. In zwei Situationen ist dies allerdings lästig.

Generische Zeiger

Bei der Deklaration von Zeigervariablen muss man stets den Datentyp der Objekte angeben, auf die der Zeiger verweisen soll (dies ist für die Dereferenzierung und Zeigerarithmetik unabdingbar). Manchmal will man aber gar nicht über den Zeiger auf das referenzierte Objekt zugreifen, sondern nur Speicheradressen verwalten. In diesen Fällen kann man einen Zeiger auf `void` deklarieren:

```
void *p;
```

Einem solchen Zeiger kann man Adressen beliebiger Objekte im Speicher zuweisen. Für die Implementierung generischer Funktionen (siehe das Programm *Bitmst.cpp* aus Abschnitt 6.2 zur Untersuchung der Speicherbelegung oder `qsort()`) ist dies ein wichtiges Hilfsmittel.

Um auf die referenzierten Objekte zugreifen zu können, muss der Zeiger dann aber zuerst explizit in einen Zeiger auf den entsprechenden Datentyp umgewandelt werden.

Funktionen ohne Rückgabetyp oder Parameter

Zu einer Funktionsdefinition gehört immer die Angabe eines Rückgabetyps (siehe Kapitel 12.1). Um anzuzeigen, dass eine Funktion keinen Rückgabewert zurückliefert, kann man void als Rückgabetyp angeben.

```
void func (int par);
```

C versus C++

In C kann man den Rückgabetyp weglassen. Der Compiler nimmt dann automatisch int als Rückgabetyp.

Ebenso kann man mithilfe des Schlüsselworts void anzeigen, dass eine Funktion keine Parameter übernimmt.

```
int func (void);
void func (void);
```

C versus C++

In C++ wird eine leere Parameterliste automatisch so interpretiert, dass die Funktion keine Parameter übernimmt. C dagegen interpretiert dies als eine Funktion mit beliebig vielen Parametern. In C++ kann man also auf das Schlüsselwort void verzichten, in C nicht.

6.7 Selbst definierte Datentypen

Neue elementare Datentypen?

Die Definition neuer Datentypen ist gewissen Einschränkungen unterworfen. Dies liegt einfach daran, dass der Datentyp dem Compiler mitteilen muss, wie der Speicherplatz für die Variablen des Datentyps allokiert und interpretiert werden muss. Eine Möglichkeit, wie der Programmierer dem Compiler bei der Typendefinition explizit mitteilen könnte, wie Variablen abgespeichert und wie ihre Werte kodiert werden sollen, ist allerdings nicht vorgesehen.

Zusammengesetzte Datentypen

Was der Programmierer aber tun kann, ist, die elementaren Datentypen zu nehmen (für die Speicherbedarf und Interpretation dem Compiler bekannt sind) und auf diesen neue, zusammengesetzte Datentypen aufzubauen. Dies führt uns dann zu den Arrays, Strukturen und Klassen, die in den Kapiteln 8 und 16 besprochen werden.

Die Klassen stellen dabei sicherlich die weitreichendste Möglichkeit dar. Während in Kapitel 16 die Klassen vor allem als Rückgrat der objektorientierten Programmierung vorgestellt werden, beschreibt sie Kapitel 8.5 als krönenden Abschluss des C++-Datenmodells.

typedef

Eine weitere Möglichkeit ist die Typdefinition mit typedef. Auf diese Weise können allerdings keine wirklich neuen Datentypen definiert werden, sondern lediglich Aliase für bereits anderweitig definierte Datentypen.

```
typedef  datentyp  alias
```

Beispielsweise kann man für komplizierte Typen wie Typen mit expliziter Speicherklasse und Typqualifizierer oder Template-Instanzen (siehe Kapitel 20) Abkürzungen definieren:

```
typedef unsigned int UINT              // Windows-Datentyp
typedef deque<int>::iterator iter      // definiert Iterator-Typ
                                       // für deque-Container
```

typedef versus #define

Was ist der Unterschied zwischen einem Alias, der mit #define eingeführt wurde, und einem typedef-Alias?

Wenn typedef ebenfalls nur einen Alias einführt, könnte man annehmen, dass es intern wie #define als eine Quelltext-Ersetzung verarbeitet wird, aber dem ist nicht so:

- Ein mit typedef eingeführter Alias bezieht sich in einer Variablendeklaration auf alle mit Komma nachfolgenden Variablen.

```
typedef int* int_ptr;
int_ptr p1, p2;  // beides Zeiger auf int
#define int_ptr int *
int_ptr p1, p2;  // p1 ist Zeiger auf int, p2 ist int
```

- Mit typedef eingeführte Aliase sind nicht durch Spezifizierer erweiterbar.

```
typedef int* int_ptr;
unsigned int_ptr p1, p2;  // nicht erlaubt
```

Struktur-Typen mit typedef deklarieren

Wenn Sie in C eine Struktur definieren:

```
struct vektor {
   int x, y;
   };
```

ist die korrekte Bezeichnung für diesen neuen Datentyp:

```
struct vektor
```

Wenn Sie möchten, können Sie sich für diesen Typ auch einen Alias definieren:

```
typedef struct vektor t_vektor;
```

C versus C++ In C++ wird obige Strukturdeklaration (die eigentlich nur eine spezielle Klassendeklaration darstellt) direkt als Typdefinition des Datentyps `vektor` gewertet. Ein `typedef` ist also nicht erforderlich.

Gleiches gilt für `enums` und `unions`.

Array-Typen mit typedef deklarieren

Eine `typdef`-Definition eines Array-Typs sieht ganz genauso aus wie die Deklaration einer Array-Variablen, nur dass man statt des Bezeichners für die Array-Variable den Namen des Typ-Aliases angibt:

```
typedef int ifeld[100];  //deklariert Array fuer 100 int-Elemente
```

Sie können auch Array-Typen ohne feste Größe deklarieren:

```
typedef int ifeld[];     //deklariert Array
```

Die Größe der mit diesem Alias definierten Array-Variablen kann durch eine Initialisierungsliste angegeben werden:

```
ifeld feld = {1,2,3,4,5,6}; // Array mit 6 int-Elementen
```

Typen von Funktionszeigern mit typedef deklarieren

Eine `typdef`-Definition eines Typs für Funktionszeiger sieht ganz genauso aus wie die Deklaration eines Funktionszeigers, nur dass man statt des Bezeichners für den Zeiger den Namen des Typ-Aliases angibt:

```
typedef int (*ptr_func) (int, int);
ptr_func pf;          // Zeiger auf eine Funktion mit
                      // 2 int-Parametern und int-Rückgabewert
```

6.8 Typspezifizierer

Übersicht: Typspezifizierer

signed	unsigned
short	long

short

Der Spezifizierer `short` ist dazu gedacht, Ganzzahlenvariablen mit einem kleinen Wertebereich weniger Speicherbereich zuzuordnen als für `int` üblich. Ob dies der Fall ist, ist allerdings vom Compiler abhängig, sodass `short int` und `int` auch identisch sein können.

Die Typangabe `short int` kann auch zu `short` abgekürzt werden.

```
short int i;
```

long

Der Spezifizierer `long` ist dazu gedacht, Ganzzahl- oder Gleitkommavariablen mit einem großen Wertebereich mehr Speicherbereich zuzuordnen. Ob dies der Fall ist, ist allerdings vom Compiler abhängig, sodass `long int` und `int` bzw. `long double` und `double` auch identisch sein können. Es ist aber sichergestellt, dass `long`-Variablen nie weniger Speicherplatz belegen als `short`-Variablen.

Die Typangabe `long int` kann auch zu `long` abgekürzt werden.

```
long int i;
long n;
long double f;
```

Vorzeichen signed / unsigned

Die integralen Datentypen (Zeichen und Ganzzahlwerte) können vom Compiler als Werte mit oder ohne Vorzeichen interpretiert werden (`signed` oder `unsigned`).

Um sich für `signed` oder `unsigned` entscheiden zu können, muss man wissen, welchen Effekt eine `signed`- oder `unsigned`-Deklaration hat:

1. Der Wertebereich verschiebt sich
2. Das Überlaufverhalten ändert sich.
3. Die automatische Operandenkonvertierung ändert sich.

Der Wertebereich

Für Variablen des Datentyps `short` werden üblicherweise 2 Byte zur Verfügung gestellt. Zur Kodierung eines `short`-Wertes stehen damit 16 Bit, also 2^{16} = 65.536 Möglichkeiten zur Verfügung.

- Für einen `signed`-Typ wird dieser Wertebereich paritätisch in positive und negative Werte aufgeteilt:

  ```
  -32.768 bis 32.767
  ```

- Für einen `unsigned`-Typ wird dieser Wertebereich vollständig zur Darstellung positiver Werte genutzt:

  ```
  0 bis 65.535
  ```

Abbildung 6.7: `signed` und `unsigned`

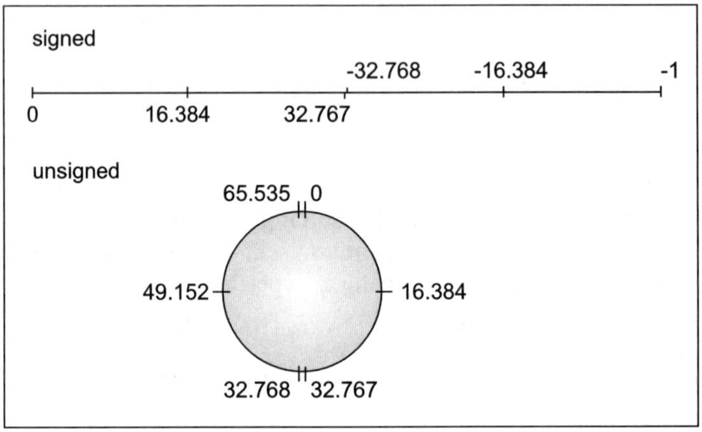

Das Überlaufverhalten

Das Überlaufverhalten bestimmt, was passiert, wenn eine Variable einen Wert zugewiesen bekommt, der außerhalb ihres Wertebereichs liegen kann.

```
short int i;          // int ist immer signed
i = SHRT_MAX;         // maximalen Wert zuweisen
i += 3000;            // Überlauf
```

- Für `unsigned`-Variablen bestimmt der ANSI-Standard, dass kein Überlauf verursacht wird. Wird einer `unsigned`-Variablen ein Wert zugewiesen, der zu groß oder zu klein ist, um von der `unsigned`-Variablen repräsentiert zu werden, wird der Wert modulo dem größten zulässigen Wert + 1 reduziert.

- Eine Zuweisung an eine `unsigned`-Variable kann man sich also immer als Modulo-Zuweisung (siehe Kapitel 7.3.2) vorstellen:

  ```
  int i;
  i = 3;        // entspricht i = (3 % INT_MAX+1)
  i += 3;       // entspricht i = ((i+3) % INT_MAX+1);
  ```

- Wenn Sie eine Variable mit Modulo-Behandlung in einer Schleife fortwährend inkrementieren, erhalten Sie so etwas wie einen Kilometerstandszähler. Immer wenn der maximale Wert erreicht wird, springt der Zähler auf null zurück.

- Im Falle einer signed-Variablen kommt es zum Überlauf, und es wird unter Umständen eine Fehlermeldung ausgegeben.

Ich möchte aber gleich anmerken, dass das Überlaufverhalten von signed-Datentypen vom ANSI-Standard nicht festgelegt wird. Das Abfangen von Anweisungen, die zu Überläufen führen, ist also dem Compiler überlassen, und die meisten heutigen Compiler-Hersteller vermeiden Überläufe durch Anwendung einer Modulo-Operation wie im Falle der unsigned-Typen.

!! STOP

Operanden-Konvertierung

C/C++ hat die Eigenart, dass in einem Ausdruck intern alle Operanden in einen einheitlichen Typ umgewandelt werden. Dies kann Probleme machen, wenn in einem Vergleichsausdruck ein signed- und ein unsigned-Wert aufeinander treffen.

```
int main(int argc, char **argv)
  {
  signed int   si = 5;
  unsigned int ui = 5;

  if(-1 < si)
    printf("-1 < 5\n");
    else
    printf("-1 > 5\n");

  if(-1 < ui)           // -1 wird als unsigned interpretiert
    printf("-1 < 5\n");
    else
    printf("-1 > 5\n");

  getchar();
  }
```

Dass hier »-1 ist kleiner als 5« für falsch befunden wird, dürfte auch den hartgesottensten C-Programmierern nicht sogleich einleuchten.

signed or unsigned, that is the question

- Der Datentyp int (ohne Spezifizierer) ist immer mit Vorzeichen behaftet.
- Für den Datentyp char (ohne Spezifizierer) ist nicht festgelegt, ob er signed oder unsigned ist – die Implementierung kann von Compiler zu Compiler schwanken.

Wie können Sie feststellen, ob der Datentyp char für Ihren Compiler signed oder unsigned ist?

Wenn Sie einen C++-Compiler verwenden, der den neuen ANSI-Standard implementiert, ist die Aufgabe schnell gelöst:

1. Sie binden einfach die Header-Datei `<limits>` ein und
2. Sie fragen die statische Instanzvariable `numeric_limits<char> ::is_signed` ab. Ist diese gleich `true`, ist der Datentyp `char` vorzeichenbehaftet – wenn nicht, dann nicht.

```
#include <limits>
using namespace std;
cout << (numeric_limits<char>::is_signed ? "true" : "false");
```

Wenn Sie diese Möglichkeit nicht haben:

1. Deklarieren Sie eine `char`-Variable und weisen Sie dieser einen kleinen negativen Integer-Wert zu, beispielsweise -10.

   In der `char`-Variable steht dann ein Bitmuster mit einer führenden 1.

2. Deklarieren Sie eine `int`-Variable, der Sie den Wert der `char`-Variablen zuweisen.

   Der Compiler konvertiert intern den Wert der `char`-Variablen in einen Integer-Wert. Ist der `char`-Typ der Variablen `signed`, behandelt er das führende Bit als Vorzeichen ist der `char`-Typ der Variablen `unsigned`, behandelt er das führende Bit als normale Ziffer.

3. Testen Sie, ob die `int`-Variable danach negativ oder positiv ist.

```
char c = -10;
int i_c = c;
printf("Char ist signed?\t %s\n",(i_c<0 ? "true" : "false"));
```

Das Für und Wider der Modulo-Behandlung

`Unsigned`-Datentypen können nicht überlaufen. Weist man ihnen Werte zu, die außerhalb ihres Gültigkeitsbereichs liegen, werden diese automatisch modulo dem maximalen Wert +1 reduziert.

Für viele Compiler gilt, dass sie die `signed`-Typen bezüglich des Überlaufs ebenso behandeln.

Dies kann Probleme bereiten.

Niemals short-Variablen für Kontostände verwenden.

Angenommen, Sie definieren eine `short`-Variable, in der Sie den aktuellen Stand Ihres Kontos verwalten. Momentan sind Sie mit 26.500,– € im Plus und erhalten eine Überweisung im Wert von 10.000,– €.

Sie werden nicht schlecht überrascht sein, wenn Ihr Kontostand danach auf -29.036,– € Soll abgerutscht ist.

An der Überlauf-Behandlung Ihres Compilers können Sie nichts ändern, wohl aber an Ihrem Programm. Verwenden Sie also `int` oder `long`, um Überläufe für kleine Zahlen zu vermeiden, und testen Sie gegebenenfalls im Programm auf Überläufe.

Die Modulo-Behandlung hat aber auch Vorteile.

Textkodierung

Einer meiner Freunde hat mich darauf hingewiesen, dass man dank der Modulo-Behandlung für `unsigned char`-Variablen Textdateien auf ganz simple Weise kodieren kann.

Eine der einfachsten Formen der Text-Kodierung besteht darin, alle Zeichen durch Zeichen zu ersetzen, die im Alphabet um einen bestimmten Betrag weiter hinten liegen.

Verschiebt man die Zeichen beispielsweise um 4, dann wird

aus dem 'A' ein 'E'

aus dem 'B' ein 'F'

und aus dem Wort »CODE« wird »GSHI«.

Da in C/C++ alle `char`-Typen zu den Integer-Typen gehören und automatische Konvertierungen zwischen diesen Typen in der Sprache festgeschrieben sind, kann man zur Kodierung eines Zeichens c einfach schreiben:

c += 4;

Was aber passiert, wenn der neue Wert des Zeichens c nach der Addition des Verschiebungsfaktors außerhalb des Wertebereiches des `unsigned char`-Typs liegt?

Kein Problem. Der Compiler sorgt für die Anwendung des Modulo-Operators und es ist sichergestellt, dass `c` wieder ein Zeichen aus dem Zeichensatz repräsentiert. (Wie gesagt, funktioniert dies auch für die Datentypen `char` und `signed char`, wenn Ihr Compiler auch auf diese den Modulo-Operator anwendet; für `unsigned char` wird die Modulo-Behandlung durch den ANSI-Standard vorgeschrieben.)

Zum Kopieren einer Datei genügt in C eine einfache `while`-Schleife:

```
while ( (ch = fgetc(dat_ein)) !=EOF)
    {
    putc(ch, dat_aus);
    }
```

In der Bedingung der `while`-Schleife wird zuerst die Funktion `fgetc()` aufgerufen, die ein einzelnes Zeichen aus der Eingabedatei einliest. Solange es sich bei diesem Zeichen nicht um das Dateiende-Zeichen handelt, wird die Schleife ausgeführt. In der Schleife wird das Zeichen direkt in die Ausgabedatei geschrieben.

Um die Datei wie oben beschrieben zu kodieren, muss man nur die Größe der Verschiebung festlegen und diesen Wert zu `ch` hinzuaddieren:

```
#define OFFSET 54
...
while ( (ch = fgetc(dat_ein)) != EOF)
    {
    putc(ch + OFFSET, dat_aus);
    }
```

CD

Das vollständige Programm Dateicod.cpp, *mit dem Sie Texte kodieren und dekodieren können, finden Sie auf der beiliegenden CD.*

Im letzten Abschnitt dieses Kapitels werde ich Ihnen noch ein ausgeklügelteres Kodierungsverfahren vorstellen.

Übersicht der elementaren Datentypen mit Typspezifizierern

Tabelle 6.8: Einfache Datentypen für 32-Bit-System

Datentyp	Bytes	typischer Wertebereich	ANSI-Vorgaben
`void`			
`bool`	1	true, false	true, false (C++)
`char`	1	-128 bis 127	wie für signed char oder unsigned char
`signed char`	1	-128 bis 127	-127 bis 127
`unsigned char`	1	0 bis 255	0 bis 255
`wchar_t`	2	0 bis 65535	analog zu einem int-Typ

`short`
`signed short`
`short int`
`signed short int`
	2	-32.768 bis 32.767	-32.767 bis 32.767

Tabelle 6.8: Einfache Datentypen für 32-Bit-System (Forts.)

Datentyp	Bytes	typischer Wertebereich	ANSI-Vorgaben
`unsigned short` `unsigned short int`	2	0 bis 65.535	0 bis 65.535

`int`
`signed`
`signed int`
	4	-2.147.483.648L bis 2.147.483.647L	-32.767 bis 32.767

`unsigned` `unsigned int`	4	0 bis 4.294.967.295L	0 bis 65.535

`long`
`signed long`
`long int`
`signed long int`
	4	-2.147.483.648L bis 2.147.483.647L	-2.147.483.647L bis 2.147.483.647L

`unsigned long` `unsigned long int`	4	0 bis 4.294.967.295L	0 bis 4.294.967.295L
`float`	4	(-) 3.40282e+38	6-stellige Genauigkeit
`double`	8	(-)1.79769e+308	10-stellige Genauigkeit
`long double`	10	(-)1.18973e+4932	10-stellige Genauigkeit

Die minimalen Werte für die einzelnen Datentypen sind in den ANSI-C-Headerdateien `<limits.h>` und `<float.h>` bzw. in den Spezialisierungen der Template-Klasse `numeric_limits` (aus `<limits>`) festgelegt.

6.9 Typumwandlung

C/C++ ist bezüglich der Typensicherheit recht eigentümlich.

- Einerseits ist die Zuweisung eines Wertes vom Typ A an eine Variable vom Typ B nur dann möglich, wenn beide Typen kompatibel sind.
- Andererseits sind recht viele Typen kompatibel, und der Compiler verfügt darüber hinaus über einen Satz von Standardkonvertierungen, um Werte bestimmter Typen in nichtkompatible Typen umzuwandeln.
- Drittens führt der Compiler in vielen Fällen auch dann Konvertierungen durch, wenn der Programmierer es gar nicht erwartet.
- Viertens besteht die Möglichkeit des expliziten Castings, das heißt, der Programmierer gibt dem Compiler vor, in welchen Datentyp ein bestimmter Wert umgewandelt werden soll.

Die Typenüberprüfung ist eine äußerst wertvolle Eigenschaft der Sprache, die es dem Compiler oftmals erlaubt, potenzielle Fehler in der Implementierung aufzudecken. Für den Anfänger ist die Typenstrenge aber mindestens ebenso oft ein Ärgernis, weil er sich ein ums andere Mal Fehlermeldungen einhandelt, dass zwei Datentypen nicht kompatibel sind.

In diesem Abschnitt werden wir daher zuerst der Frage nachgehen, wann zwei Typen kompatibel sind. Danach schauen wir uns ein wenig die vom Compiler automatisch vorgenommenen Typumwandlungen sowie die Möglichkeiten zur expliziten Typumwandlung an. Zum Schluss werden wir noch kurz auf die unvollständigen Datentypen zu sprechen kommen.

6.9.1 Wann sind zwei Typen kompatibel?

Kompatibel im engeren Sinne bedeutet, dass zwei Typen gleich sind (nicht zu verwechseln mit identisch).

Zwei Typen sind gleich, wenn

- sie in Tabelle 6.8 in einer Tabellenzeile stehen
- und sie die gleichen Typqualifizierer (`const`, `volatile`) spezifizieren.

Zwei Zeiger sind kompatibel, wenn

- sie die gleichen Typqualifizierer enthalten und auf kompatible Typen verweisen.

Zwei Arrays sind kompatibel, wenn

- sie die gleichen Elementtypen und die gleiche Größe haben.

Zwei Funktionen sind kompatibel, wenn

- ihre Rückgabewerte und Parameter kompatibel sind.

Zwei Strukturen sind kompatibel, wenn

- sie die gleiche Anzahl Elemente mit gleichen Namen und kompatiblen Typen haben.

Zwei Klassen sind kompatibel, wenn

- sie die gleiche Anzahl Elemente mit gleichen Namen und kompatiblen Typen haben.

6.9.2 Automatische Konvertierung

In verschiedenen Situationen nimmt der Compiler automatische Typenkonvertierungen vor. Dies betrifft:

Initialisierungen

- Beispielsweise wenn Sie einer `float`-Variablen eine Integer-Konstante zuweisen:

```
float f = 3;
```

- Oder wenn Sie eine Funktion aufrufen:

```
void func(int i)
  {
  ...
  }
...
float f = 3.1415;
func(f);
```

Anpassung der Operanden von Operatoren

- Wenn Sie einen Wert zuweisen:

```
float f;
f = 3/4;     //ergibt 0.0;
             // Integer-Division von 3/4 ergibt 0
             // 0 wird für Zuweisung in 0.0 umgewandelt
```

- Wenn Sie Berechnungen durchführen.

  C/C++ wandelt für die meisten binären Operatoren die Operanden standardmäßig in einen gemeinsamen Typ um. Der Zieltyp wird so gewählt, dass bei den Konvertierungen möglichst keine Informationen verloren gehen – richtet sich also nach dem Operanden mit dem größten Typ. (Diese internen Konvertierungen erklären sich einfach dadurch, dass dies die Auswertung von Ausdrücken für den Compiler-Entwickler vereinfacht.)

```
float f;
f = 3/4.0;  // ergibt 0.75;
            // 4.0 ist Gleitkommazahl, der Integer-Operand 3
            // wird daher in Gleitkommazahl umgewandelt
            // Es wird eine Gleitkomma-Division durchgefuehrt
```

Die Operandenkonvertierung gilt auch für Vergleiche und wirkt sich dort besonders tückisch aus, wenn negative Werte mit `unsigned`-Werten verglichen werden:

```
unsigned int ui = 5;
...
  if(-1 < ui)
```

```
    printf("-1 < 5\n");
    else
    printf("-1 > 5\n");
```

- Oder wenn Sie einer Klasseninstanz einen Wert zuweisen und in der Klasse ein entsprechender Konstruktor definiert ist, der mit genau einem Argument des Typs aufgerufen wird, dem auch der Wert angehört.

```
class Feld
  {
  public:
    int anzahl;
    Feld(int a) {anzahl = a;}
  };
...
Feld stack(3);

stack = 13;  // impliziter Aufruf: stack = Feld(13);
```

Wenn Sie eine solche implizite Konvertierung unterbinden wollen, müssen Sie den Konstruktor als `explicit` deklarieren (siehe Kapitel 16.6). (Andererseits können Sie sogar noch weitere Konvertierungsfunktionen für den Compiler definieren, siehe Kapitel 7.16.7.)

Bedingungen und boolesche Ausdrücke

- Ausdrücke in Bedingungen (`if`-Verzweigung, Abbruchbedingungen von Schleifen) werden in boolesche Wahrheitswerte umgewandelt:

```
int i = 3;
...
if(i)
  {
  ...
```

Hier wird der Wert von i als Wahrheitswert (`true`, `false`) interpretiert. Ist `i` gleich `0`, ist der Wahrheitswert `false`; ist `i` ungleich `0`, ist der Wahrheitswert `true`.

- Die logischen Operatoren und die Vergleichsoperatoren liefern als Ergebnis boolesche Wahrheitswerte, die nach Bedarf in Integer-Werte konvertiert werden können. Der Wahrheitswert `true` wird dabei zu `1` und der Wahrheitswert `false` zu `0`.

```
int i = -1;
if(i < 0)            // Bedingung ist wahr (true)
n = i*3 + (i < 0);   // ergibt n = -3 + 1;
```

Übersicht

Die wichtigsten automatischen Konvertierungen sind:

Bezeichner

- Auf der rechten Seite von Zuweisungen werden Bezeichner (siehe Kapitel 4.1.5) als R-Werte aufgefasst.
- Arraynamen werden in Anweisungen (inklusive Funktionsaufrufen) als Zeiger auf ihr erstes Element aufgefasst.
- Funktionsnamen repräsentieren den Rückgabewert der Funktion.

Typangleichung

- Integer-Operanden oder -Argumente werden standardmäßig in einen der Datentypen `int` oder `unsigned int` konvertiert – es sei denn sie gehören einem `long`-Typ an.

  Die Konvertierung von Integer-Operanden und -Argumenten bezeichnet man auch als »integral promotion«. Ihr Kennzeichen ist, dass sie ohne Wert- oder Vorzeichenverlust durchgeführt werden können.[2]

  Die integrale Promotion ist Teil der standardmäßigen arithmetischen Konvertierung.

- Arithmetische Datentypen können ineinander konvertiert werden, wenn der Datentyp, in den konvertiert wird, geeignet ist, den zu konvertierenden Wert aufzunehmen (bei Konvertierung von Gleitkommazahlen in Integer-Werte geht dabei der Nachkommaanteil verloren).

  Für binäre Operatoren, die arithmetische Operanden übernehmen, gleicht der Compiler automatisch die Typen beider Operanden an – man bezeichnet dies als die standardmäßige arithmetische Konvertierung.

Tabelle 6.9: Arithmetische Konvertierung

Typen der Operanden	Konvertierung
Beides Gleitkommatypen	Der Operand vom Gleitkommatyp mit dem kleineren Wertebereich wird in den Gleitkommatyp des anderen Operanden umgewandelt.
Ein Operand hat Gleitkommatyp	Der andere Operand wird in den Gleitkommatyp umgewandelt.
Beides Integer-Typen (oder bool)	Durchführung der integralen Promotion für beide Operanden.
Wenn danach ein Operand unsigned long int ist	Beide Operanden unsigned long int.

2 In C++ unterliegt auch der Datentyp bool der integralen Promotion.

Tabelle 6.9: Arithmetische Konvertierung (Forts.)

Typen der Operanden	Konvertierung
Ein Operand long int oder unsigned int	Beide Operanden long int (oder unsigned long int, wenn Wertebereich von long int nicht ausreicht).
Ein Operand long int	Beide Operanden long int.
Ein Operand unsigned	Beide Operanden unsigned.

Boolesche Wahrheitswerte

- Null-Zeiger und Null-Repräsentationen arithmetischer Datentypen können in den booleschen Wert `false` konvertiert werden, andere Werte dieser Datentypen werden entsprechend als `true` interpretiert.
- Umgekehrt kann der boolesche Wert `false` in eine arithmetische Null, `true` in eine Eins konvertiert werden.

Zeiger

- Arraynamen werden in Anweisungen (inklusive Funktionsaufrufen) als Zeiger auf ihr erstes Element aufgefasst.
- Funktionsnamen können als Zeiger auf sich selbst aufgefasst werden.
- Zeiger auf spezielle Datentypen können in Zeiger auf `void` verwandelt werden (der umgekehrte Weg ist nur durch explizite Typumwandlung erreichbar).
- Ein Zeiger auf eine abgeleitete Klasse kann in einen Zeiger auf eine eindeutige, zugängliche Basisklasse konvertiert werden.
- Unter den gleichen Voraussetzungen kann die Instanz einer abgeleiteten Klasse als Instanz einer Basisklasse interpretiert werden.
- Zeiger auf Elemente einer Basisklasse können in Zeiger auf Elemente einer eindeutigen, zugänglichen abgeleiteten Klasse konvertiert werden.

const und volatile

- Die Qualifizierer `const` und `volatile` können automatisch beigefügt, aber nicht abgezogen werden (so kann ein Nicht-`const`-Argument an einen `const`-Parameter übergeben werden, aber nicht umgekehrt).

6.9.3 Explizite Typumwandlung

Gelegentlich möchte man, dass eine Variable eines bestimmten Datentyps als einem anderen Datentyp angehörig behandelt wird. Oder man möchte eine automatische Konvertierung durch den Compiler verhindern.

Zu diesem Zweck stellen C und C++ folgende Optionen zur Verfügung:

`()`-Operator
: Operator, der in C zur expliziten Typumwandlung verwendet werden kann (siehe Kapitel 7.13.1).

`xxx_cast`-Operatoren
: Reihe von Operatoren, die in C++ zur expliziten Typumwandlung verwendet werden können (siehe Kapitel 7.13.2). Der `()`-Operator ist in C++ natürlich ebenfalls einsetzbar.

Konvertierungs-Konstruktor
: Spezielle Form des Konstruktors, mit dem man einer Klasseninstanz den Wert eines anderen Typs zuweisen kann (siehe Kapitel 16.8).

Konvertierungs-Operatoren
: Spezielle Methoden einer Klasse, die die Umwandlung einer Klasseninstanz in den Wert eines anderen Typs implementieren (siehe Kapitel 7.16.8 und 16.9).

6.10 Abschlussprogramm: Texte kodieren

Zum Abschluss möchte ich Sie ein wenig in die Theorie der Textkodierung einführen.

CD

*Auf der Begleit-CD finden Sie ein mit dem C++-Builder erstelltes Programm für die Win32-Plattformen (*VEdit_app.exe*), welches das beschriebene Codierungsverfahren implementiert. (Zu dem Programm gehört auch die DLL* VEdit_dll.dll*, die im gleichen Verzeichnis wie das Programm stehen muss. Wenn Sie das Programm nicht nur ausführen, sondern selbst mit Ihrem Compiler erstellen wollen, müssen Sie zuerst das Bibliotheksprojekt, dann das Anwendungsprojekt erstellen. C++-Builder-Anwender können dazu die mitgelieferten MAK-Dateien aufrufen und in Projekte ihrer C++-Builder-Versionen konvertieren lassen.)*

Das Kodierungsverfahren

Die einfachste Möglichkeit, einen Text per Computer zu verschlüsseln, besteht darin, den ASCII-Code auszunutzen. Dieser weist jedem Zeichen eine Ziffer zu (siehe Anhang), beispielsweise 65 für das »A«, 66 für das »B« etc. Ein simples Kodierungsprogramm könnte also nach diesem Verfahren (dem so genannten Cäsar-Chiffre) einfach den Code jedes Zeichens um 3 erhöhen und statt eines A ein D schreiben und statt eines B ein E. Beim Dechiffrieren werden dann von den ASCII-Codes der kodierten Zeichen wieder die 3 abgezogen und man erhält die originalen Zeichen und einen lesbaren Text.

Der Nachteil dieses Verfahrens ist, dass Spione, denen Ihre chiffrierten Geheimdokumente in die Hände gefallen sind, nur ausprobieren müssen, um welchen Wert der ASCII-Code verschoben wurde. Mit Unterstützung eines Computer ist es also kein großes Problem, eine Cäsar-Kodierung zu knacken.

Ein besseres Verfahren wäre es, eine Kodierungstabelle aufzusetzen, die jedem Original-Buchstaben einen kodierten Buchstaben zuweist.

A B C D E F G H ...

D F O M L Z B A ...

Diese Kodierung kann nicht mehr so leicht durch Ausprobieren entschlüsselt werden, hat aber den Nachteil, dass sich die relativen Häufigkeiten der Buchstaben nicht ändern. Im Deutschen ist beispielsweise das E der häufigste Buchstabe. Der Spion braucht also nur eine Häufigkeitstabelle für die im kodierten Text verwendeten Buchstaben aufstellen, und kann dann aus der Tatsache, dass im kodierten Text das L am häufigsten vorkommt, darauf schließen, dass jedes L für ein E steht. Des Weiteren kommen verschiedene Buchstaben vorzugsweise in Kombinationen vor, beispielsweise CH. Enthält der kodierte Text beispielsweise nur wenige Os, diese aber stets in Verbindung mit einem A, kann man schon vermuten, dass O für C und A für H stehen.

Um diese Form der Analyse zu verhindern, benutzen wir in unserem Kodierungseditor 3 gleichberechtigte Kodierungstabellen:

```
char encode[3][27] = {
//a   b   c   d   e   f   g   h   i   j   k   l   m   n   o   p   q   r   s   t   u   v   w   x   y   z  ' '
{'f','o','h','j','a','n','y','v','e','c','l','m',' ','z','u','r','q','s','d','i','b','p','w','x','g','t','k'},
{'v','b','a',' ','t','e','n','k','i','j','d','x','y','q','o','g','w','s','c','r','z','u','f','m','l','p','h'},
{'w','g','s','t','d','c','e','a','b',' ','i','j','k','p','v','z','f','u','h','m','n','r','q','x','y','o','l'}
    };
```

Bei der Kodierung gehen wir nun so vor, dass wir den ersten Buchstaben im Originaltext durch den entsprechenden Buchstaben der ersten Tabelle (`encode[0]`) ersetzen, den zweiten Buchstaben durch den entsprechenden Buchstaben der zweiten Tabelle (`encode[1]`), den dritten Buchstaben durch den entsprechenden Buchstaben der dritten Tabelle (`encode[2]`), den vierten Buchstaben wieder durch den entsprechenden Buchstaben der ersten Tabelle (`encode[0]`) und so weiter und so fort.

Bei der Dekodierung gehen wir analog vor, wobei wir passende Dekodierungstabellen verwenden:

```
char decode[3][27] = {
//a   b   c   d   e   f   g   h   i   j   k   l   m   n   o   p   q   r   s   t   u   v   w   x   y   z  ' '
{'e','u','j','s','i','a','y','c','t','d',' ','k','l','f','b','v','q','p','r','i','o','h','w','x','g','n','m'},
{'c','b','s','k','f','w','p',' ','i','j','h','y','x','g','o','z','n','t','r','e','v','a','q','l','m','u','d'},
{'h','i','f','e','g','q','b','s','k','l','m',' ','t','u','z','n','w','v','c','d','r','o','a','x','y','p','j'},
    };
```

Beachten Sie, dass auch das Leerzeichen kodiert wird, um die Wortgrenzen durcheinander zu bringen.

7 Operatoren und Ausdrücke

Daten zu speichern und zu verwalten ist natürlich nur eine Seite. Die andere Seite besteht darin, mit den Daten zu arbeiten. Dazu dienen die Operatoren, deren es in C/C++ wirklich erstaunlich viele gibt.

Wer meint, dass dies doch einmal eine gute Nachricht sei, der sei gewarnt. Viele Operatoren bedeuten nicht nur viele Möglichkeiten, sondern auch viele Fehlerquellen. Abgesehen davon, dass Sie erst einmal alle Operatoren kennen lernen müssen, gibt es noch eine Reihe weiterer Punkte zu beachten:

- *Verwechslungen*: Sie müssen die Operatoren korrekt auseinander halten und auf Tippfehler achten. Die meisten Operatoren bestehen nur aus einem oder zwei Zeichen. Unscheinbare Verwechslungen oder Tippfehler können da schnell zu logisch völlig falschen, aber dennoch syntaktisch korrekten Berechnungen führen.
- *Mehrfachbedeutungen*: Einige Operatoren haben unterschiedliche Bedeutung, je nach dem Kontext, in dem sie eingesetzt werden.
- *Auswertung*: Schließlich gibt es noch einige besondere Fallstricke, die sich durch die Art und Weise ergeben, in der der Compiler Ausdrücke mit Operatoren auswertet.

Der weitere Verlauf dieses Kapitels wird daher so aussehen, dass ich Ihnen – nach einer kurzen Einführung in die Grundlagen und Problematik der Ausdrücke – die einzelnen Operatoren nach funktionalen Gruppen geordnet vorstellen werde.

Nach der Beschreibung der einzelnen Operatoren, die einen Großteil dieses Kapitels ausmacht, werden wir uns im Abschnitt 7.15 eingehender mit der Auswertungsreihenfolge und den Prioritäten der einzelnen Operatoren beschäftigen. Dieses Kapitel möchte ich Ihnen besonders empfehlen. Es mag sein, dass Sie die Informationen aus diesem Abschnitt nie benötigen werden, es kann aber auch sein, dass ein sorgfältiges Durchlesen dieses Abschnittes Ihnen viele Stunden vergeblicher Fehlersuche erspart.

Zum Schluss wird es darum gehen, wie man das Operatoren-Modell durch die in C++ geschaffene Möglichkeit der Operatoren-Überladung erweitern kann.

Tabelle 7.1: C/C++-Operatoren nach Funktionalität geordnet

<table>
<tr><th>Kategorie</th><th>Symbol</th><th>Name</th></tr>
<tr><td>Vorzeichen</td><td>–, +</td><td>Vorzeichen für negative oder positive Zahlen</td></tr>
<tr><td>Arithmetik</td><td>+ – * / %</td><td>Operatoren für die Grundrechenarten (inklusive Modulo)</td></tr>
<tr><td>Zuweisung</td><td>=
+= -= *= /= %=
&= <<= >>=
^= |=
++ --</td><td>Zuweisung des Ergebniswertes eines Ausdruckes an eine Variable. Der reine Zuweisungsoperator kann mit verschiedenen anderen Operatoren gepaart werden.
Sonderformen der Zuweisung sind Inkrement und Dekrement</td></tr>
<tr><td>Vergleiche</td><td>!= == < > <=
>=</td><td>Vergleich von Zahlen und Ausdrücken</td></tr>
<tr><td>Aussagenlogik</td><td>! && ||</td><td>Zur logischen Verknüpfung von booleschen Ausdrücken</td></tr>
<tr><td>Bitmanipulation</td><td>& ^ | ~ << >></td><td>Für Operationen auf Bitebene, beispielsweise Invertierung aller Bits einer Variablen</td></tr>
<tr><td>Datenzugriff</td><td>* -> .

nur C++:
:: .* ->*</td><td>Zum Zugriff auf Elemente komplexer Datentypen oder zur Dereferenzierung von Zeigern</td></tr>
<tr><td>Typumwandlung</td><td>()

nur C++:
const_cast
reinterpret_cast
static_cast
dynamic_cast
typeid</td><td>Zur expliziten Typumwandlung oder Typidentifikation</td></tr>
<tr><td>Präprozessor</td><td># ## defined</td><td>Operatoren für den Präprozessor</td></tr>
<tr><td>Speicherallokation</td><td>&
sizeof

nur C++:
new new[]
delete delete[]</td><td>Operatoren zur Ermittlung von Adressen, zur Speicherallokation, zur Berechnung des Speicherbedarfs</td></tr>
</table>

Tabelle 7.1: C/C++-Operatoren nach Funktionalität geordnet (Forts.)

Kategorie	Symbol	Name
Sonstige	() , * ?: [] nur C++: :	Funktionsaufruf Aneinanderreihung von Ausdrücken Zeigerdeklaration Bedingungsoperator Indizierung Klassendeklaration

7.1 Ausdrücke

Ausdrücke sind Kombinationen aus Variablen, Konstanten, Operatoren und Rückgabewerten von Funktionen, deren Auswertung wiederum einen Variablenwert ergibt.

In den folgenden Anweisungen finden Sie auf der rechten Seite des Zuweisungsoperators verschiedene Arten von Ausdrücken:

```
x = y;                    // Ausdruck aus einer Variablen
x = x + 1;                // Ausdruck mit Konstante
j = i + n;                // Ausdruck mit Operator
x = (x + 1) * ( x - 1);  // geklammerter Ausdruck
quadrat = pow(x,2);       // Ausdruck aus einem Rückgabewert
if (x < 100)              // boolescher Ausdruck in Bedingung
func(x - y)               // Ausdruck als Funktionsargument
for(i=0,j=1; ...          // aneinander gereihte Ausdrücke
```

7.1.1 Aufbau

Der Aufbau eines Ausdrucks wird durch die verwendeten Operatoren bestimmt.

Unäre und binäre Operatoren

In den ersten Beispielen werden neben dem Zuweisungsoperator nur arithmetische Operatoren verwendet, deren Einsatz analog zur Formulierung mathematischer Gleichungen ist. Die arithmetischen Operatoren gehören – wie die meisten Operatoren – zu den binären Operatoren, die zwei Operanden erwarten. Die beiden Operanden stehen links und rechts vom Operator: `x + 1`.

Klammerung

Ausdrücke mit mehreren Operatoren werden in einer bestimmten Reihenfolge abgearbeitet

Ein Operand kann selbst auch wieder ein Ausdruck sein, was meist durch Klammerung verdeutlicht wird: `x + (x-1)`. Werden keine Klammern gesetzt, bestimmt der Compiler die Operanden nach bestimmten internen Regeln, beispielsweise nach der auch in der Mathematik verwendeten Punkt-vor-Strich-Regel. Der Ausdruck

```
x +1 * x - 1
```

würde also für `x = 3` zu `5` ausgewertet, weil für den *-Operator die Operanden 1 und x verwendet werden (und nicht `(x+1)` und `(x-1)` wie im vierten Beispiel).

REF

Mehr zur Auswertung von Ausdrücken und den internen Regeln, die der Compiler dabei anwendet, finden Sie im Abschnitt 7.15.

L- und R-Wert

Die Beispiele sollen auch verdeutlichen, dass der Compiler L-Werte (siehe 4.1.5) automatisch in R-Werte umwandelt, wenn sie für einen Operanden übergeben werden, für den ein R-Wert erwartet wird.

So erwarten die arithmetischen Operatoren immer zwei R-Werte. Die Variablen `i` und `n` im dritten Beispiel werden daher nicht als Adressen aufgefasst, sondern durch ihre Werte ersetzt. (Wohingegen der linke Operand des Zuweisungsoperators einen L-Wert erwartet.)

7.1.2 Seiteneffekte

Beim Aufbau komplexerer Ausdrücke, die mehrere Operatoren und Werte enthalten, sollte man unbedingt auf mögliche unerwartete Seiteneffekte achten.

Seiteneffekte ergeben sich immer dann, wenn eine Anweisung implizit weitere Anweisungen auslöst – beispielsweise wenn Sie in den Ausdruck auf der rechten Seite einer Anweisung einen Funktionsaufruf einbauen:

```
y = get_wert() * 3;
```

Meist sind solche Nebeneffekte erwünscht und werden gezielt eingesetzt. Ungenaue Kenntnisse der Arbeitsweise des C-Compilers können aber ebenso wie »besonders geschickt« ausgetüftelte Ausdrücke schnell dazu führen, dass sich Seiteneffekte einstellen, die vom Programmierer weder gewünscht noch vorhergesehen wurden.

Die meisten ungewollten Seiteneffekte resultieren daraus, dass der Programmierer beim Aufsetzen seiner Anweisungen und Ausdrücke bestimmte – durchaus logische – Annahmen bezüglich der Auswertungsreihenfolge von Ausdrücken macht, die aber leider nichts mit der Realität zu tun haben. Neben der Lektüre der nachfolgenden Fallbeispiele möchte ich Ihnen daher auch insbesondere den Abschnitt 7.15 ans Herz legen.

Funktionsaufrufe in Ausdrücken

Die Verwendung von Funktionen in Ausdrücken ist prinzipiell unkritisch. Vorsicht ist aber geboten, wenn die Funktion eine andere Variable des Ausdrucks verändert.

```
int x = 0;
int f(int i) {
   x = i;
   return 1;
   }

int func()
  {
  int y;
  y = f(2) + x * 3;
  ...
  }
```

Achten Sie auf die Zuweisung

```
y = f(2) + x * 3;
```

in der zweiten Funktion. Wie wird der Wert von `y` beim ersten Aufruf der Funktion `func()` aussehen?

Erste Möglichkeit: Der Programmierer wollte, dass die Funktion `f()` nicht nur den Wert 1 zurückliefert, sondern vorab auch die globale Variable `x` auf 2 setzt. Die Multiplikation `x * 3` ergibt dann 6, und der vollständige Ausdruck weist `y` den Wert 7 zu.

Ist das richtig? Schauen Sie sich die zweite Möglichkeit an.

Zweite Möglichkeit: Der Programmierer hat daran gedacht, dass die Multiplikation Vorrang vor der Addition hat. Er geht also davon aus, dass `x * 3` berechnet wird, bevor die Funktion `f()` aufgerufen wird. Der Variablen `y` wird also der Wert 1 zugewiesen.

Ist das richtig? Lesen Sie die Auflösung.

Auflösung: Beide Annahmen sind falsch, obwohl beide Programmierer je nach Compiler ihre Annahmen bestätigt sehen werden.

Woran liegt das?

Beginnen wir mit der Priorität von Multiplikation über Addition.

Mit dieser Annahme lag der zweite Programmierer richtig, allerdings folgt daraus nur, dass die Multiplikation vor der Addition ausgeführt wird. Dies bedeutet aber nicht, dass die Multiplikation auch vor dem Funktionsaufruf von `f()` ausgeführt wird! Für den Compiler stellt sich der Ausdruck wegen der Punkt-vor-Strich-Regel dar als

```
y = f(2) + (x * 3);
```

Der Compiler sieht also eine Addition mit zwei Operanden, von denen der eine aus dem Rückgabewert eines Funktionsaufrufs und der andere aus dem Ergebnis einer Multiplikation besteht.

Die Reihenfolge, in der Operanden eines Operators abgearbeitet werden, ist nicht festgelegt

In welcher Reihenfolge der Compiler die Operanden der Addition auswertet, bleibt dem Compiler überlassen. Er muss lediglich darauf achten, dass er die beiden Operanden nicht vor der Berechnung der Multiplikation addiert. Wenn wir die Ergebnisse der Operandenausdrücke als `a` und `b` bezeichnen, gibt es für den Compiler damit zwei Möglichkeiten:

1. Möglichkeit

```
a = f(2)
b = x*3
y = a + b
```

Programmierer 1 hat Recht.

2. Möglichkeit

```
b = x*3
a = f(2)
y = a + b
```

Programmierer 2 hat Recht.

Fazit

Da der ANSI-Standard nicht festlegt, in welcher Reihenfolge die Operanden eines binären Operators auszuwerten sind, sind die Seiteneffekte von Funktionen als Operanden von binären Operatoren nicht vorhersehbar. Sie sollten solche Fälle vermeiden oder zumindest austesten, wie der von Ihnen verwendete Compiler verfährt.

Teilausdruck nicht abgearbeitet

Logisch verknüpfte Ausdrücke werden nicht immer vollständig ausgewertet

Wenn Sie mithilfe der logischen Operatoren (siehe 7.7) komplexere Bedingungen aufbauen, müssen Sie daran denken, dass nicht in jedem Fall alle Teilausdrücke berechnet werden. Oft kann bereits nach Auswertung eines der ersten Teilausdrücke festgestellt werden, dass der Gesamtausdruck `false` sein wird. In solchen Fällen kann die Überprüfung der weiteren Teilausdrücke vom Compiler ausgelassen werden.

```
if ( (x < y) && (x++ < 5) )
```

Obiger Code prüft, ob x kleiner als y und kleiner als 5 ist, und sorgt dafür, dass x um 1 erhöht wird. Ob dieser Code nicht nur syntaktisch, sondern auch semantisch korrekt arbeitet, hängt davon ab, was der Programmierer beabsichtigt hat.

Soll x in jedem Fall inkrementiert werden, unabhängig davon, ob die Bedingung erfüllt ist oder nicht, so ist dem Programmierer ein Fehler unterlaufen.

Dies liegt daran, dass eine logische Aussage, die aus zwei Teilaussagen besteht, die mit einem logischen UND verbunden sind, nur dann true sein kann, wenn beide Teilausdrücke true sind (siehe Wahrheitstabelle zu &&, Abschnitt 7.7). Ist in obigem Beispiel also x größer oder gleich y, ist der erste Teilausdruck false und die if-Bedingung kann nicht mehr erfüllt werden. Der zweite Teilausdruck wird daher gar nicht mehr überprüft, d.h., er wird überhaupt nicht mehr ausgeführt. Folglich wird x auch nicht mehr inkrementiert.

Der ANSI-Standard sieht vor, dass der zweite Operand eines &&-Operators nicht mehr ausgewertet wird, wenn der erste Operand false *ergibt. Einige Compiler können aber so konfiguriert werden, dass boolesche Ausdrücke in jedem Fall vollständig ausgewertet werden.*

INFO

Komma-Operator

Verzwickt ist auch die Verwendung des Komma-Operators (den man am besten eh nur in for-Schleifen sowie Initialisierungs- und Parameter- bzw. Argumentlisten verwenden sollte).

Prinzipiell kann man den Komma-Operator dazu verwenden, mehrere Ausdrücke anzugeben, wo eigentlich nur ein Ausdruck erlaubt ist. Der Compiler wertet dann alle Ausdrücke von links nach rechts aus, nimmt aber nur den letzten Ausdruck als Ersatz für den erwarteten Ausdruck.

Betrachten Sie dazu folgenden Code:

```
j = ++i, i+2;
```

Hier könnte der Programmierer erwarten, dass der Compiler zuerst i inkrementiert und dann den Wert von i+2 der Variablen j zuweist. Der Programmierer liest die obige Anweisung also als:

```
j = (++i, i+2);
```

Der Compiler aber sieht eine Anweisung (angezeigt durch Semikolon) und davor zwei Ausdrücke, eine Zuweisung und eine Addition:

```
(j = ++i, i+2);
```

Dies liegt daran, dass der Zuweisungsoperator Priorität über den Komma-Operator hat. Das Ergebnis wird also sein, dass `j` den Wert `++i` zugewiesen bekommt und danach der Ausdruck `i+2` ausgewertet wird (Letzteres ohne jede weitere Konsequenz).

Mehrfache Zuweisung

Ein letzter Punkt noch. Der ANSI-Standard sieht für Ausdrücke vor, dass *einem* Bezeichner innerhalb *eines* Ausdrucks nur *einmal* ein Wert zugewiesen werden darf – wie z. B. in

```
x = x + 3;
```

Es ist aber ein Leichtes, einer Variablen in einem Ausdruck mehrfach Werte zuzuweisen:

```
x = ++x + 3;
```

Hier wird `x` zuerst inkrementiert und bekommt dann den eigenen Wert + `3` zugewiesen.

Wie ein solcher Ausdruck ausgewertet wird, ist nicht definiert, was bedeutet, dass der Compiler-Hersteller die Auswertung solcher Ausdrücke bestimmt. In aller Regel kann man dabei davon ausgehen, dass die Auswertung so erfolgen wird, wie vom Programmierer intuitiv erwartet.

Sicherer ist in jedem Fall die Aufgliederung in mehrere Anweisungen:

```
++x;
x += 3;
```

oder zur Not auch die Verwendung des Komma-Operators:

```
x = (++x, +3);
```

(Ganz abgesehen davon, dass man obiges Beispiel natürlich auch als `x += 4;` schreiben könnte.)

Sequenzpunkte

Nicht ganz einsichtig ist, warum in dem Ausdruck

```
x = ++x + 3;
```

offiziell nur eine Zuweisung erlaubt sein soll, während in dem Ausdruck

```
x = (++x, +3);
```

mehrere Zuweisungen vorkommen. Der Grund hierfür ist, dass der Komma-Operator (wie auch der Bedingungsoperator ? und die logischen Operatoren && und ||) interne Sequenzpunkte definiert und die Regel eigentlich nur besagt, dass zwischen zwei Sequenzpunkten eines Ausdrucks einem Bezeichner nur einmal ein Wert zugewiesen werden darf.

7.1.3 Aufeinander folgende Operatoren

In C/C++ ist es ein Leichtes, mehrere Operatoren aneinander zu reihen:

```
j = *--p;           // p ist Zeiger auf int
j = n+ ++m;
j = n+++*p;
```

Um nachvollziehen zu können, wie der Compiler solche Ausdrücke auswertet, muss man wissen, wie der Compiler Ausdrücke in die beteiligten syntaktischen Elemente (Bezeichner, Operatoren, Schlüsselwörter) zerlegt.

Operatorsymbole sollten durch Leerzeichen getrennt werden

1. Bevor der Compiler die Whitespace-Zeichen aus dem Quelltext löscht, nutzt er sie zur Erkennung der einzelnen syntaktischen Elemente. Das zweite Beispiel

   ```
   j = n+ ++m;
   ```

   wird also so interpretiert, dass zum Wert von `n` der um `1` erhöhte Wert von `m` addiert wird.

   Wie aber sieht es aus, wenn der Programmierer keine Leerzeichen vorgesehen hat (was allerdings kein guter Programmierstil ist)?

2. Fehlen Whitespace-Zeichen zwischen den Elementen, versucht der Compiler, die Grenzen zwischen den Elementen selbst zu ermitteln, indem er von links nach rechts lesend so viel Zeichen wie möglich zu einem Element zusammennimmt. Der folgende Ausdruck:

   ```
   j = n+++m;
   ```

   wird also als

   ```
   j = n++ +m
   ```

   interpretiert.

3. Schließlich kann der Compiler in bestimmten Fällen aus den Regeln der zugrunde liegenden Grammatik erkennen, welches Element als Nächstes folgen muss. Im Ausdruck

   ```
   j = n+++*p;
   ```

wird der Compiler das Sternchen * vor dem Bezeichner p beispielsweise als Dereferenzierung und nicht als Multiplikation werten, weil man Zeiger nicht multiplizieren kann.

7.2 Vorzeichen

Mit den unären Operatoren »+« und »–« können Sie arithmetischen Variablen ein Vorzeichen zuweisen. Werte ohne Vorzeichen sind automatisch positiv.

Operator	Bedeutung	Operanden	Beispiel
+	positive Zahlen	arithmetisch	x = +3;
–	negative Zahlen	arithmetisch	x = –3;

7.3 Arithmetische Operatoren

Mit den arithmetischen Operatoren können Sie, wie es der Name vermuten lässt, einfache arithmetische Operationen durchführen, wie sie auch in anderen Programmiersprachen oder einfachen mathematischen Gleichungen üblich sind.

7.3.1 Allgemeines

Die in der unten stehenden Tabelle angegebenen arithmetischen Operatoren werden von C/C++ unterstützt. Sie können bis auf den Modulo-Operator sowohl für Berechnungen mit Ganzzahl- als auch Gleitkommazahlen verwendet werden (allgemein mit arithmetischen Datentypen, siehe Kapitel 6.1).

Tabelle 7.2: Arithmetische Operatoren

Operator	Bedeutung	Operanden	Beispiel
+	Vorzeichen +	arithmetisch	x = +3;
-	Vorzeichen –	arithmetisch	x = –3;
+	Addition	arithmetisch	x = 1 + 1;
-	Subtraktion	arithmetisch	x = 1 – 1;
*	Multiplikation	arithmetisch	x = 1 * 1;
/	Division	arithmetisch	x = 1 / 1;
%	Modulo (Rest der Division)	integral	x = 6 % 5;

- Alle arithmetischen Operatoren gehören zu den so genannten binären Operatoren, d.h., sie arbeiten immer mit zwei Operanden.
- Bei der Auswertung gilt: Punktrechnung geht vor Strichrechnung. Bei gleicher Priorität werden die Operatoren von links nach rechts abgearbeitet (siehe 7.15).
- Sie können durch Setzen von Klammern andere Prioritäten vergeben.

7.3.2 Division und Modulo

Bei Verwendung der Operatoren zur Division und zur Modulo-Berechnung ist zu beachten, dass die Funktionsweise dieser Operatoren für Ganzzahlen und Gleitkommazahlen unterschiedlich definiert ist.

Verwendung mit Ganzzahlen

Division

Bei der Division zweier Integer-Werte liefert der /-Operator den ganzzahligen Anteil der Division.

Modulo

Bei der Modulo-Division zweier Integer-Werte liefert der %-Operator den Rest der Division.

```
int div, mod;
div = 5 / 2;                    // 2
mod = 5 % 2;                    // 1
```

Verwendung mit Gleitkommazahlen

Bei der Division zweier Gleitkommawerte liefert der /-Operator das vollständige Ergebnis der Division (mit Nachkommaanteil).

Modulo ist nur für Integer-Zahlen definiert

Die Modulo-Division ist für Gleitkommazahlen nicht definiert.

```
double div;
div = 5.0 / 2.0;                // 2.5
```

5 durch 2	Integer-Operanden	Gleitkomma-Operanden
Division /	2	2.5
Modulo %	1	nicht definiert

!! STOP

Beachten Sie, dass für Ihre Berechnungen nicht nur der Datentyp der Operanden, sondern auch der Datentyp der Variablen links des Zuweisungsoperators ausschlaggebend ist. Wenn Sie beispielsweise schreiben:

```
double div;
div = 5 / 2;
```

führt `/` *eine Integer-Division durch, deren Ergebnis (wie obiger Tabelle zu entnehmen)* `2` *ist. Der Wert* `2` *wird dann in die Gleitkommazahl* `2.0` *umgewandelt und an* `div` *zugewiesen.*

Wenn Sie weiterhin den Wert von `div` *mit folgender Anweisung ausgeben wollen:*

```
printf("div = %d\n",div);
```

wird auf Ihrem Bildschirm als Ergebnis `0` *erscheinen, weil Sie den Formatspezifizierer* `%d` *für die Ausgabe eines Gleitkommawertes verwenden. Die führenden Bits des Bitmusters von* `2.0` *werden dann als Integer-Wert interpretiert. Da die führenden Bits alle* `0` *sind (siehe 6.2, 6.3), erscheint auf dem Bildschirm eine* `0`.

7.3.3 Konvertierung arithmetischer Operanden

Vorsicht! Die Datentypen der Operanden arithmetischer Operatoren werden intern aneinander angeglichen

Die arithmetischen Operatoren haben die Eigenart, dass sie nur zwei Operanden gleichen Typs akzeptieren. Wenn Sie für einen arithmetischen Operator zwei Zahlen unterschiedlicher Datentypen übergeben (beispielsweise `int` und `float` oder `signed int` und `unsigned int`), wandelt der Compiler daher die Operanden intern in einen gemeinsamen Datentyp um (siehe Tabelle 6.9 in Kapitel 6.9.2).

Damit bei der Umwandlung möglichst keine Information verloren geht, wird der Datentyp mit dem kleineren Wertebereich meist in den Datentyp mit dem größeren Wertebereich umgewandelt.

Wenn Sie also einen `float`- und einen `double`-Wert addieren, addiert der Compiler tatsächlich zwei `double`-Werte.

Division

Speziell bei der Division kann die interne Typumwandlung schnell zu überraschenden Ergebnissen führen. Die folgenden Beispiele sollen dies verdeutlichen und Ihnen helfen, Fehler zu vermeiden:

1. int = int / float

```
int erg;
int op1 = 6;
float op2 = 2.5;

erg = op1 / op2;
```

Hier wird das Ergebnis einer Gleitkommadivision einem Integer-Wert zugewiesen. Bei der Zuweisung geht daher der Nachkommaanteil verloren, obwohl der Ausdruck `op1 / op2` eine Gleitkommazahl als Ergebnis liefert. Man kann dies leicht überprüfen, indem man den Ausdruck als Operand des Modulo-Operators einsetzt:

```
erg = 12 % (op1 / op2);
```

Der Compiler wird bei der Übersetzung obiger Zeile bemäkeln, dass Gleitkomma-Operanden für % nicht erlaubt sind.

2. float = int / int

```
float erg;
int op1 = 6, op2 = 4;

erg = op1 / op2;
```

Hier gehört erg zwar einem Gleitkommatyp an und könnte als Ergebnis 1.5 aufnehmen, doch die Integer-Division liefert nur den ganzzahligen Anteil der Division zurück.

Durch explizite Typumwandlung kann man aus einer Integer-Division eine Gleitkomma-Division machen

Um in erg das vollständige Ergebnis mit Nachkommaanteil abzuspeichern, kann man entweder einen der Operanden explizit in einen Gleitkommatyp umwandeln

```
erg = (float) op1 / op2;
```

oder einfach 0.0 addieren

```
erg = op1 / (op2 + 0.0);
```

3. float = int / int-Konstante

```
float erg,
int op1 = 6;

erg = op1 / 4;
```

Auch hier geht wie in obigem Beispiel der Rest der Division verloren. Hier kann man sich bei Bedarf leicht behelfen, indem man die Konstante 4 in eine Gleitkomma-Konstante umwandelt: 4.0.

7.3.4 Polynomberechnung nach Horner-Schema

Als kleines abschließendes Beispielprogramm betrachten wir die Berechnung eines Polynoms nach Horner:

Gegeben sei ein Polynom P(x) mit:

$$P(x) = a_n x^n + a_{n-1} x^{n-1} + ... + a_2 x^2 + a_1 x^1 + a_0$$

Unsere Aufgabe sein nun, den Wert von P(x) an einer Stelle x zu berechnen.

Dies stellt kein wirkliches Problem dar – die Formel lässt sich ohne größere Schwierigkeiten in einer `for`-Schleife (siehe Kapitel 11.3) berechnen. Die Tipparbeit zur Berechnung der Potenzen kann man sich sogar noch sparen, indem man die `pow()`-Funktion der Laufzeitbibliothek (*math.h*) verwendet.

Der Nachteil bei dieser Vorgehensweise ist allerdings die wiederholte Berechnung der Potenzen von x.

$x^1 = x;$
$x^2 = x * x;$
$x^3 = x * x * x;$
...

Multiplikationen sind meist wesentlich zeitaufwändiger als Additionen und sollten wo immer möglich vermieden werden. Statt nun alle Potenzen nach der Berechnung abzuspeichern und dann die nächsthöhere Potenz auf der Grundlage der vorangehenden Potenz zu berechnen, hat man ein elegantes Verfahren entwickelt, das für ein Polynom n-ten Grades mit n–1 Multiplikationen auskommt und nicht auf das Abspeichern der Potenzen angewiesen ist. Die Rede ist vom Horner-Schema (nach W.G. Horner, 1786–1837).

Das Horner-Schema

Der Trick ist, die Potenzen des Polynoms durch fortgesetzte Ausklammerung von x aufzulösen.

Im ersten Schritt schreibt man das Polynom um in:

$$P(x) = (a_n x^{n-1} + a_{n-1} x^{n-2} + ... + a_2 x^2 + a_1) * x + a_0$$

Im zweiten Schritt folgt:

$$P(x) = ((a_n x^{n-2} + a_{n-1} x^{n-3} + ... + a_2) * x + a_1) * x + a_0$$

und so weiter bis zu:

$$P(x) = ((..((a_n x + a_{n-1}) * x + a_{n-2}) * x + .. + a_2) * x + a_1) * x + a_0$$

Um nun den Wert des Polynoms an einer Stelle x zu berechnen, muss man nur noch die Werte in den Klammern von innen nach außen berechnen.

Dies kann in einer einfachen `for`-Schleife geschehen:

```
// Berechnung des Hornerschemas
b[n] = a[n];
for(i=n-1; i>=0; i--)
  {
  b[i] = a[i] + x*b[i+1];
  }
```

In obiger Formel wurden die Koeffizienten der Polynoms im Array a abgespeichert (Arrays werden im Kapitel 8.2 beschrieben). Die Elemente `b[i]` bekommen die Werte in den Klammern der Formel zugewiesen.

Die Abspeicherung der Zwischenwerte kann man sich sparen. Ich habe sie aus zwei Gründen alle für sich abgespeichert:

- Erstens entsprechen die Elemente `b[i]` den Feldern der dritten Zeile aus Abbildung 7.1.
- Zweitens kann man die Werte von `b[i]` für mögliche Polynomdivisionen wiederverwenden (siehe unten).

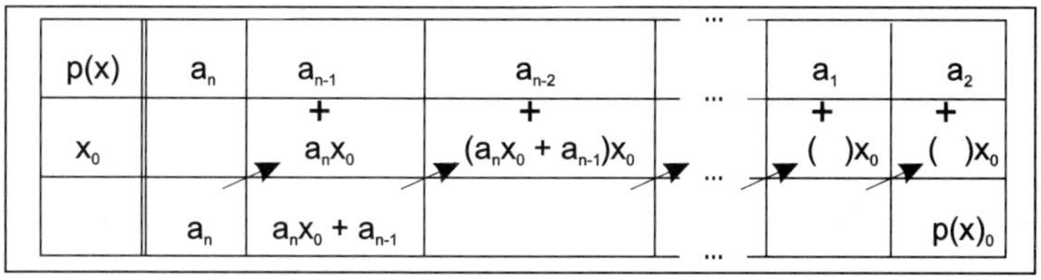

Abbildung 7.1: Horner-Schema

Der Funktionswert P(x) steht am Schluss der Berechnung in `b[0]`.

```
/* Horner.cpp   Berechnung eines Polynoms an Stelle x */
#include <stdio.h>
#define GRAD 20         // Maximaler Grad des Polynoms

void anleitung()
  {
  printf("\n   Hornerschema  \n\n");
  printf("\n");
  printf(" Das folgende Programm berechnet den Wert eines \n");
  printf(" Polynoms an einer Stelle x.\n");
  printf("\n");
  printf(" Das Programm fragt den Grad des Polynoms <=20 ab,\n");
  printf(" dann die Koeffizienten an bis a0 des Polynoms\n\n");
  printf("       an*x^n+...a1*x^1+a0 \n\n");
  printf(" und schliesslich den Wert x, fuer den das Polynom\n");
  printf(" berechnet werden soll.\n");
  printf("\n\n");
  }

int main()
  {
  int n;              // Grad des Polynoms
  double a[GRAD+1];   // Koeffizienten des Polynoms
  double b[GRAD+1];   // Berechnung des Hornerschemas
  double x;           // zu berechnende Stelle
  anleitung();

  // Daten einlesen

  // Grad des Polynoms
  printf("Geben Sie den Grad des Polynoms ein: ");
```

```
 scanf("%d",&n);

 int i;
 // Koeffizienten
 for (i=n; i>=0; i--)
   {
   printf("%d. Koeffizient (von x^%d): ",i,i);
   scanf("%lf",&a[i]);
   //printf("%lf",a[i]);
   }

 // zu berechnende Stelle
 printf("Zu berechnende Stelle x : ");
 scanf("%lf",&x);

 // Berechnung des Hornerschemas
 b[n]=a[n];
 for(i=n-1; i>=0; i--)
   b[i] = a[i] + x*b[i+1];

 // Ausgabe des Ausgangspolynoms
 printf("\n");
 printf("Das Polynom:\n\n  ");
 for (i=n;i>=0;i--)
   {
   if(a[i]!=0)
     {
     printf("%.2f",a[i]);
     if(i!=0)
       printf("*x^%d",i);
     }
   if( i>0 && a[i-1]>0 )
     printf(" + ");
   }

  // Ausgabe von x
  printf("\n\nist an der Stelle x (=%.2lf) gleich: ",x);

  // Ausgabe des Funktionswertes
  printf("%.2f\n",b[0]);
  }
```

Ein- und Ausgabe:

```
Geben Sie den Grad des Polynoms ein: 3
3. Koeffizient (von x^3): 4
2. Koeffizient (von x^2): -2
1. Koeffizient (von x^1): 5
0. Koeffizient (von x^0): 10.5
Zu berechnende Stelle x : 2
Das Polynom:

  4.00*x^3 - 2.00*x^2 + 5.00*x^1 + 10.50

ist an der Stelle x (=2.00) gleich: 44.50
```

Polynomdivision und Nullstellenberechnung

Nach dem oben beschriebenen Schema kann man auch eine Polynomdivision durchführen.

$p(x) / (x - x_0) = q(x) + p(x_0)$

Berechnet man das Horner-Schema für `x0`, stehen in der dritten Zeile des Horner-Schemas (`b[i]`) die Koeffizienten des Polynoms `q(x)` (lediglich der letzte Term `b[0]` muss noch durch `(x - x0)` geteilt werden).

Man kann dies beispielsweise zur Nullstellenbestimmung verwenden. Kennt man eine Nullstelle des Polynoms, kann man deren x-Wert für `x0` einsetzen und erhält als Ergebnis der Division ein Polynom niedrigeren Grades mit den gleichen Nullstellen, die auch noch das ursprüngliche Polynom aufwies. Durch fortgesetztes Bestimmen von Nullstellen und Division kann man alle Nullstellen des ursprünglichen Polynoms bestimmen.

7.4 Zuweisungsoperatoren

Aufgabe der Zuweisungsoperatoren ist es, einer Variablen einen Wert zuzuweisen.

7.4.1 Allgemeines

Neben dem einfachen Zuweisungsoperator `=` stellt C/C++ auch noch eine Reihe von erweiterten Zuweisungsoperatoren zur Verfügung, die die Zuweisung mit einer gleichzeitigen weiteren Operation verbinden.

Tabelle 7.3: Zuweisungsoperatoren

Operator	Aufgabe	Operanden	Beispiel
=	x = Ausdruck;	arithmetisch	x = 10 * var1;
+=	x = x + y;	arithmetisch Zeiger / Integer	x += y;
–=	x = x – y;	arithmetisch Zeiger / Integer	x -= y;
*=	x = x * y;	arithmetisch	x *= y;
/=	x = x / y;	arithmetisch	x /= y;
%=	x = x % y;	arithmetisch	x %= y;
&=	x = x & y;	Integer	x &= y;
|=	x = x | y;	Integer	x |= y;

Tabelle 7.3: Zuweisungsoperatoren (Forts.)

Operator	Aufgabe	Operanden	Beispiel
^=	x = x ^ y;	Integer	x ^= y;
<<=	x = x << y;	Integer	x <<= y;
>>=	x = x >>y;	Integer	x >>= y;

Einfache Zuweisung =

Bei der einfachen Zuweisung erhält der linke Operand den Wert des rechten Operanden.

Beispiel

```
x = 5;
x = x + 1;
x = x * (3 + y);
x = pow(x,2);
```

Zusammengesetzte Zuweisungen op=

Neben dem einfachen Zuweisungsoperator »=« existieren in C/C++ die so genannten zusammengesetzten Zuweisungsoperatoren, mit denen durch einen Operator gleichzeitig eine Berechnung und eine Zuweisung durchgeführt werden kann.

Beispiel

```
x += 1;
x *= 3 + y;
```

Allgemein gilt, dass eine zusammengesetzte Zuweisung `Operand1 op= Operand2` identisch zu `Operand1 = Operand1 op Operand2` ist.

`x += 1;` ist gleich `x = x + 1;`

Der einzige Unterschied – laut ANSI-Standard – ist, dass der L-Wert von `Operand1` in einer zusammengesetzten Zuweisung nur einmal ausgewertet wird.

Zusammengesetzte Zuweisungen führen zu schnellerem Code

Was aber bedeutet die Auswertung eines L-Wertes?

Es bedeutet die Ermittlung einer Adresse zu einem Speicherbereich, in den man schreiben kann. Diese Adresse muss nicht immer durch einen einfachen Variablennamen gegeben sein.

Für ein Array

```
int feld[3] = {1, 2, 3};
```

wären auch folgende L-Werte denkbar:

```
*++p;          // fuer int *p = feld;
```

oder

```
feld[i++];    // fuer int i = 0;
```

Was bewirkt dann aber die Zuweisung:

```
feld[++i] += 3;
```

Wozu ist sie äquivalent?

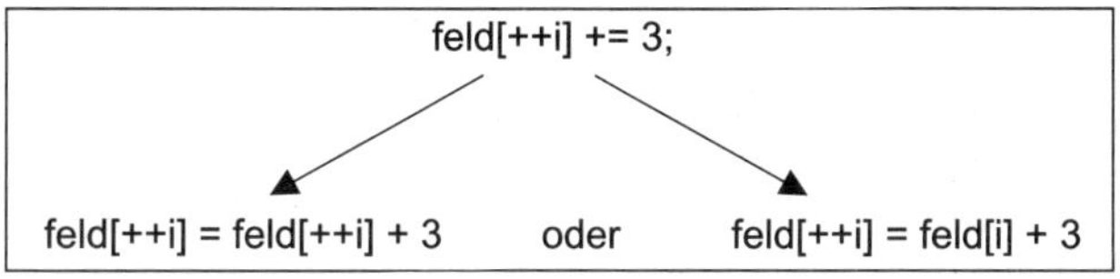

Abbildung 7.2: Wozu ist += äquivalent?

Die richtige Antwort ist `feld[++i] = feld[i] + 3`. Allerdings sind beide Anweisungen lediglich äquivalent, nicht aber identisch:

- Für die Anweisung `feld[++i] += 3;` wird die Adresse von `feld[++i]` nur einmal berechnet. Zu dem Speicherinhalt dieser Adresse wird der Wert `3` addiert (siehe Assembler-Code in der 1. Spalte der Tabelle 7.4).
- Für die Anweisung `feld[++i] = feld[++i] + 3;` wird die Adresse von `feld[++i]` zweimal berechnet. Da dabei auch `i` jedes Mal inkrementiert wird, wird der Wert des Elements `feld[i+1]` um `3` erhöht und im Element `feld[i+2]` abgespeichert, und `i` ist nach der Anweisung insgesamt um `2` erhöht (siehe Assembler-Code in der 2. Spalte der Tabelle 7.4). Das Ergebnis ist also alles andere als identisch zu `feld[++i] += 3`.
- Für die Anweisung `feld[++i] = feld[i] + 3;` erhöht der Compiler zuerst den Wert von `i`, dann lädt er den Inhalt von `feld[i]` und erhöht diesen Wert um `3`. Zum Schluss schreibt er den neuen Wert in das Element `feld[i]` (siehe Assembler-Code in der 3. Spalte der Tabelle 7.4). Das Ergebnis ist also identisch zu `feld[++i] += 3`, nicht aber der Weg, auf dem das Ergebnis erreicht wurde.

Tabelle 7.4: Vergleich der Zuweisungen

feld[++i] += 3	feld[++i] = feld[++i] + 3	feld[++i] = feld[i] + 3
`int i = 0;` `int f[3];`	`int i = 0;` `int f[3];`	`int i = 0;` `int f[3];`

`int func()`
` {`
` f[++i] += 3;`
` }`
	`int func()`
	` {`
	` f[++i] = f[++i] +3;`
	` }`
		`int func()`
		` {`
		` f[++i] = f[i] +3;`
		` }`

`incl _i`
`movl _i,%eax`
`addl $3,_f(,%eax,4)`
	`incl _i`
	`movl _i,%eax`
	`incl _i`
	`movl _i,%edx`
	`movl _f(,%edx,4),%ecx`
	`addl $3,%ecx`
	`movl %ecx,_f(,%eax,4)`
		`incl _i`
		`movl _i,%eax`
		`movl _i,%edx`
		`movl _f(,%edx,4),%ecx`
		`addl $3,%ecx`
		`movl %ecx,_f(,%eax,4)`

Effizienz

Wie Sie den Code-Beispielen entnehmen können, ist es für L-Werte, die noch berechnet werden müssen, effizienter, die zusammengesetzten Zuweisungen zu verwenden. Es ist allerdings anzumerken, dass moderne optimierende Compiler die Anweisung `feld[++i] = feld[i] + 3;` identisch zu `feld[++i] += 3;` übersetzen.

Assembler-Code einsehen

Wenn Sie selbst einmal untersuchen wollen, wie ein Compiler Ihren Quelltext in Assembler-Code übersetzt, müssen Sie die Kompilation vor Aufruf des integrierten Assemblers beenden. Üblicherweise übergibt man dem Compiler dazu die Option –S (für GNU-Compiler und Borland-Compiler). Die daraufhin vom Compiler erzeugte Ausgabedatei enthält den Assembler-Code zu Ihrem Quelltext und kann mit einem normalen Texteditor eingesehen werden.

Zum Einschalten oder Abschalten der Optimierungen verwendet man die Optionen –O2 bzw. –O. (Die Schalter für die Compiler können variieren, Compiler aus integrierten Entwicklungsumgebungen können meist auch über Dialogfelder konfiguriert werden. Allerdings kann es sein, dass fortgeschrittene Optionen wie –S nur über den Kommandozeilenaufruf übergeben werden können.)

7.4.2 Zuweisung an Zeiger

Die Operatoren `+=` und `-=` erlauben Zeiger auf Objekte als linken Operanden (Zeiger auf Funktionen oder unvollständige Typen sind nicht erlaubt, da diese keinen L-Wert darstellen, siehe Kapitel 4.1.5).

Der rechte Operand muss dann ein Integer-Wert sein, mit dem die Adresse des Zeigers erhöht oder erniedrigt wird. Man spricht in diesem Zusammenhang auch von »Zeigerarithmetik« (siehe Kapitel 9.2.5).

7.4.3 Zuweisung an Klasseninstanzen (nur C++)

Zuweisungen an Klasseninstanzen erfolgen durch Aufruf des überladenen Operators =. Wird der Operator nicht in der Klasse überladen, wird der Standardoperator aufgerufen, der elementweise kopiert (siehe Kapitel 7.16.5).

Neben der Zuweisung einer Klasseninstanz an eine Instanz der gleichen Klasse erlaubt der Standard-Zuweisungsoperator auch die Zuweisung einer Instanz einer eindeutigen, als `public` abgeleiteten Klasse an eine Instanz ihrer Basisklasse.

7.5 Inkrement-Operatoren

Inkrement-Operatoren sind spezielle unäre Operatoren, die den Wert einer Variablen um eine Einheit erhöhen oder verringern. Diese Operatoren werden in sehr vielen Situationen – zum Beispiel für Zähler – benötigt.

7.5.1 Allgemeines

Von Inkrement bzw. Dekrement spricht man, wenn der Wert einer Variablen um 1 erhöht bzw. erniedrigt werden soll. Die Operatoren ++ und --, die der jeweiligen Variablen voran- oder nachgestellt werden können, stellen hierfür eine verkürzte Syntax dar.

Tabelle 7.5: Inkrement-Operatoren

Operator	Aufgabe	Operand	Beispiel
++	Inkrement	skalar	x++; ++x;
--	Dekrement	skalar	x--; --x;

Beispiel:

```
for(i = 0; i < 10; ++i)
  printf("Schleifenvariable i ist gleich %d\n", i);
```

Die In- und Dekrementoperatoren können auch bei Zeigern benutzt werden. In diesem Fall wird die Adresse um die Größe des Objekts, auf das der Zeiger zeigt, erhöht oder vermindert.

Das Inkrement einer Variablen vom Typ `bool` ergibt `1`, das Dekrement ist nicht definiert (prinzipiell sollte man die Inkrement- und Dekrement-Operatoren nicht auf boolesche Variablen anwenden).

7.5.2 Präfix und Postfix

Sowohl der Inkrement-Operator (++) als auch der Dekrement-Operator (--) können in Postfix- oder Präfix-Schreibweise verwendet werden.

Postfix:	x++;	x--;
Präfix:	++x;	--x;

Zwischen beiden Formen gibt es einen wichtigen Bedeutungsunterschied:

- Die Postfix-Version erhöht den Wert von `x`, gibt aber den alten Wert an den umliegenden Ausdruck weiter.
- Die Präfix-Version erhöht den Wert von `x` und gibt den neuen Wert an den umliegenden Ausdruck weiter.

Wenn einer der Inkrement- oder Dekrement-Operatoren alleine in einer Anweisung verwendet wird, ist es prinzipiell egal, ob Sie die Präfix- oder die Postfix-Version verwenden:

```
x--;
for (i=0; i < 10; ++i)
```

Nicht so in komplexeren Ausdrücken:

```
int x, y;
y = 0;
x = ++y * 5;          // danach ist y = 1 und x = 5
y = 0;
x = y++ * 5;          // danach ist y = 1 und x = 0
```

Auch die Verwendung in Indizes oder Ausgaben zeitigt unterschiedliche Ergebnisse:

```
int feld[3] = {1,2,3};
int i = 0;
printf("%d\n", feld[i++]);          // Ausgabe = 1
i = 0;
printf("%d\n", feld[++i]);          // Ausgabe = 2
int x, y;
x = 5;
y = 5;
printf("Wert von ++x ist %d\n", ++x);          // Ausgabe = 6
printf("Wert von y++ ist %d\n", y++);          // Ausgabe = 5
```

```
printf("x nach der Inkrementierung: %d\n", x);  // Ausgabe = 6
printf("y nach der Inkrementierung: %d\n", y);  // Ausgabe = 6
```

7.6 Vergleichsoperatoren

Mit den vergleichenden Operatoren, die auch relationale Operatoren genannt werden, wird ein Vergleich zwischen zwei Operanden, die auch Ausdrücke sein können, durchgeführt. Das Ergebnis dieser Operation ist entweder wahr (`true`) oder falsch (`false`). Ausdrücke, die vergleichende Operatoren enthalten, werden häufig als Kontrollbedingung in `do`-, `while`- oder `for`-Schleifen und `if`-Anweisungen eingesetzt.

7.6.1 Allgemeines

Eine Vielzahl von Ausdrücken ist logischer Natur. Solche Ausdrücke werden zum Beispiel bei Verzweigungen im Programm benötigt. Um diese Ausdrücke zu bilden, werden die Vergleichsoperatoren benötigt.

Mithilfe der logischen Operatoren, die im folgenden Abschnitt behandelt werden, können Sie einzelne Vergleichsausdrücke zu komplexeren Vergleichen und Bedingungen zusammensetzen.

Tabelle 7.6: Vergleichsoperatoren

Operator	Aufgabe	Operanden	Beispiel
<	Kleiner als	skalar	if (i < 1)
<=	Kleiner gleich	skalar	if (i <= 1))
>	Größer als	skalar	if (i > 1)
>=	Größer gleich	skalar	if (i >= 1)
==	Gleich	skalar	if (i == 1)
!=	Ungleich	skalar	if (i != 1)
? :	Bedingter Ausdruck	skalar	k = (i<1) ? 1 : i

Beispiel

```
if (var1 <= var2)
  funktion();
do{
  ergebnis = funktion();
  } while (ergebnis != 0);
```

Das Ergebnis eines Vergleichs ist ein Wahrheitswert: wahr (`true`) oder falsch (`false`).

C versus C++

- In C++ werden Wahrheitswerte durch den Datentyp `bool` repräsentiert, der genau zwei Werte annehmen kann: `true` und `false`.

Alles, was nicht 0 ist, ist wahr

- C kennt keinen eigenen booleschen Datentyp und interpretiert deshalb Null-Werte als `false` und Werte ungleich Null als `true`.
- C++ unterstützt aus Kompatibilitätsgründen die gleichen Konvertierungen.

!! STOP

Für Einsteiger und Umsteiger von Pascal:

Beachten Sie, dass der Gleichheits-Operator aus zwei Gleichheitszeichen besteht und der Operator für die einfache Zuweisung aus einem Gleichheitszeichen.

Vorsicht: Integral Promotion!

Alle Operanden der Vergleichsoperatoren unterliegen den standardmäßigen arithmetischen Konvertierungen (siehe Kapitel 7.3.3 und 6.9.2). Zu den arithmetischen Konvertierungen gehören auch die »integral promotions«, und zu diesen gehört in C++ auch die Umwandlung der Werte vom Datentyp `bool` in `int`-Werte (also `0` oder `1`).

Üblicherweise merkt man als Programmierer nichts von diesen internen Konvertierungen und wird auch nicht durch sie behindert. In Vergleichen können die Konvertierungen allerdings schnell einmal zu überraschenden Ergebnissen führen.

Dazu zwei Beispiele:

Vorsicht mit der Verkettung von Vergleichen

	a = b = c;	**if (a == b == c)**
Ergebnis	`a`, `b` und `c` haben den gleichen Wert.	`false`, wenn `a`, `b` und `c` gleich und ungleich `1`
Erklärung	`b` wird der Wert von `c` zugewiesen. Danach wird `a` der Wert von `b` zugewiesen.	Zuerst wird `a` mit `b` verglichen. Sind beide gleich, ist das Ergebnis `true`. Jetzt wird `c` mit dem Ergebnis verglichen. Dieses wird aber durch Intrgral Promotion in den `int`-Wert `1` umgewandelt. `c` wird also mit `1` verglichen.

	unsigned int a = –1;	**unsigned int a = 1;**
	if (a == –1)	**if (a > –1)**
Ergebnis	Vergleich ergibt `true`	Vergleich ergibt `false`
Erklärung	Das Bitmuster von `-1` wird als Zahl ohne Vorzeichen interpretiert (siehe 6.2). `-1` wird also zu einer sehr großen Zahl (genauer gesagt zu `UINT_MAX`); Auch im Vergleich wird wegen der Typangleichung der Operanden `-1` als Zahl ohne Vorzeichen interpretiert. Der Vergleich ergibt daher `true`.	Da `a` vom Typ `unsigned int` ist, wird auch hier wegen der Typangleichung der Operatoren der Wert `-1` im Vergleich in einen `unsigned`-Wert konvertiert. Für den Compiler sieht der Vergleich also wie folgt aus: `if (a > UINT_MAX)` Folglich ist das Ergebnis `false`.

Zeiger in Vergleichen

Zwei Zeiger gleichen Typs, die auf das gleiche Objekt weisen, sind gleich.

Zeiger auf verschiedene Elemente einer Klasseninstanz sind ungleich, wobei spätere Deklarationen höhere Adressen haben. Dies gilt allerdings nur, wenn kein Zugriffsspezifizierer zwischen den Deklarationen steht. Sollte dies der Fall sein, ist das Ergebnis undefiniert.

7.7 Logische Operatoren

Die Programmiersprache C kennt drei logische Operatoren: UND, ODER und NICHT. Bei den logischen UND- und ODER-Operatoren wird der Wahrheitswert der Operanden verknüpft, der logische NICHT-Operator konvertiert den logischen Wert seines Operanden in dessen Gegenteil. Die Operanden müssen als boolesche Werte interpretierbar sein. Das Ergebnis einer logischen Verknüpfung ist wiederum ein boolescher Wahrheitswert (siehe Vergleichsoperatoren).

7.7.1 Allgemeines

Die logischen Operatoren dienen zur Verknüpfung logischer Aussagen, wie sie in C/C++ vornehmlich zum Aufbau komplexerer Bedingungen für `if`-Verzweigungen und Schleifen verwendet werden.

Tabelle 7.7: Vergleichsoperatoren

Operator	Aufgabe	Operanden	Beispiel
&&	Logisches UND	skalar	if (i > 1 && i < 10)
||	Logisches ODER	skalar	if (i < 1 || i > 10)
!	Logisches NICHT	skalar	if ! (i == 0)

7.7.2 Die Operatoren im Einzelnen

logisches UND &&

Mit dem Operator »&&« wird eine logische UND-Verknüpfung seiner Operanden durchgeführt. Das Ergebnis der Verknüpfung hat nur dann den Wert `true` (ungleich null), wenn beide Operanden den Wert `true` (ungleich null) besitzen.

Die Operanden werden von links nach rechts ausgewertet. Wenn der erste Operand den Wert `false` (also null) ergibt, wird der zweite Operand nicht mehr ausgewertet.

Die folgende Wahrheitstabelle zeigt Ihnen die möglichen Kombinationen:

1. Operand	2. Operand	Ergebnis
wahr	wahr	wahr
wahr	falsch	falsch
falsch	wahr	falsch
falsch	falsch	falsch

Beispiel

Der nachfolgende Quelltextauszug zeigt eine Methodenimplementierung auf einem C++Builder-Programm. Die Methode wird aufgerufen, wenn der Anwender mit der Maus in das Bild einer Deutschlandkarte geklickt hat. Die Koordinaten des Mausklicks werden in den Parametern X und Y übergeben.

In der Methode wird anhand der Koordinaten überprüft, ob der Anwender auf eine der Städte Berlin oder Frankfurt geklickt hat.

```
void __fastcall TForm1::Image1MouseDown(TObject *Sender,
                                        TMouseButton Button,
                                        TShiftState Shift,
                                        int X, int Y)
  {
  if(   (X > 200) && (X < 212)
```

```
      && (Y > 117) && (Y < 128) )
     Application->MessageBox("Besuchen Sie Berlin","", MB_OK);
  if(   (X > 72) && (X < 88)
      && (Y > 215) && (Y < 226) )
     Application->MessageBox("Besuchen Sie Frankfurt","", MB_OK);
  }
```

logisches ODER ||

Der logische ODER-Operator verknüpft seine Operanden, sodass das Ergebnis der Verknüpfung den Wert `true` hat, wenn mindestens einer der Operanden den Wert `true` hat.

Die Operanden werden von links nach rechts ausgewertet. Wenn der erste Operand den Wert `true` (also ungleich null) ergibt, wird der zweite Operand nicht mehr ausgewertet.

Die folgende Wahrheitstabelle zeigt Ihnen die möglichen Kombinationen:

1. Operand	2. Operand	Ergebnis
wahr	wahr	wahr
wahr	falsch	wahr
falsch	wahr	wahr
falsch	falsch	falsch

Beispiel

Das folgende Beispielprogramm gibt eine formatierte ASCII-Tabelle auf den Bildschirm aus.

```
/* Zsatz2.cpp  Zeichensatz ausgeben */
#include <ctype.h>
#include <stdio.h>

int main()
  {
  int zeile, spalte, zeichen;
  printf("ASCII-Tabelle\n");
  for(zeile = 0, zeichen = 0; zeile < 26; zeile++)
    {
    for(spalte=0; spalte<10 && zeichen<256; spalte++)

      {
      if (isprint(zeichen) || zeichen>127)
          printf("%3c %3d|", zeichen, zeichen);
          else
          printf("   %3d|", zeichen);
      zeichen++;
      }
```

```
    printf("\n");
    }
  return 0;
  }
```

Analyse In der zweiten for-Schleife wird der logische UND-Operator eingesetzt, um zu erreichen, dass die Ausgabe nur dann erfolgt, wenn spalte einen Wert kleiner als 10 hat (pro Zeile sollen zehn Zeichen ausgegeben werden) und der Wert von zeichen kleiner ist als 256 (um auch nur die ASCII-Zeichen auszugeben).

In der if-Verzweigung wird der logische ODER-Operator eingesetzt, um zu erreichen, dass auch die Zeichen des erweiterten IBM-Zeichensatzes ausgegeben werden, da isprint() nur für die ASCII-Zeichen mit den Codes 32 bis 126 das Resultat true liefert.

logisches NICHT !

Der logische NICHT-Operator verkehrt den Wahrheitswert seines logischen Operanden in dessen Gegenteil. Dabei wird der Wert 0 (false) in den Wert 1 (true) umgewandelt und alle Werte ungleich 0 zu 0.

Beispiel Das folgende Programm berechnet Quadrat und Wurzel der eingegebenen Zahlen. Das Programm fordert den Anwender in einer Endlosschleife (siehe Kapitel 11.3.3) auf, eine Zahl einzugeben. In der Schleife werden Quadrat und Wurzel berechnet und ausgegeben. Mithilfe einer if-Abfrage wird überprüft, ob die Zahl 0 eingegeben wurde. Wenn ja, wird die Schleife mit break (siehe Kapitel 11.5.2) beendet.

```
/* Quadrat.cpp  Logische Negation */
#include <stdio.h>
#include <math.h>

int main()
   {
   float zahl;
   printf("%-15s %-15s %-15s\n\n","Eingabe","Quadrat","Wurzel");
   for (;;)
     {
     printf("Eingabe: ");
       scanf("%f", &zahl);
       if (!zahl)             // Negation
         break;
         else
         printf("%15s %-15f %-15f\n","",pow(zahl,2),sqrt(zahl));
     }
   return 0;
   }
```

Achtung!

Das Programm führt keinerlei Fehlerbehandlung aus, prüft also nicht einmal, ob die Eingabe positiv ist (wichtig für Berechnung der Wurzel).

7.8 Bit-Operatoren

Alle Daten werden binär, als Folge von Nullen und Einsen (Bits) abgespeichert. Mithilfe der Bit-Operatoren kann man Variablen von Integer-Datentypen auf der Bitebene manipulieren.

7.8.1 Allgemeines

Diese Gruppe von Operatoren ist vor allem für die systemnahe Programmierung von Bedeutung. Mit diesen Operatoren lassen sich die Bits von Integer-Typen verändern.

Tabelle 7.8: Bit-Operatoren

Operator	Aufgabe	Operanden	Beispiel
&, &=	bitweise AND-Verknüpfung	integral	'a' & 223
|, |=	bitweise OR-Verknüpfung	integral	'A' | 0x20
^, ^=	bitweises XOR (exklusives ODER)	integral	var1 ^ 0x0
~	bitweises Komplement	integral	~var1
>>, >>=	Rechtsverschiebung	integral	i << 2
<<, <<=	Linksverschiebung	integral	j >> 3

Beispiel

```
//Multiplikation mit 2
int kleine_Zahl = 3;
kleine_Zahl <<= 1;
printf("%d");            // Ergebnis 3*2 = 6
```

7.8.2 Die Bit-Operatoren im Einzelnen

C++ ist eine sehr systemnahe Programmiersprache, und dies drückt sich natürlich auch in den Möglichkeiten zur Datenmanipulation aus, die C++ dem Programmierer zur Verfügung stellt. Hierzu gehört auch die Möglichkeit, Bit-Operatoren auf Integer-Werte anzuwenden.

Binärcodierung

Variablen von Integer-Typen (siehe Kapitel 6.2) haben den Vorteil, dass ihre Werte auf einfache Weise, nämlich als Binärcodierung (bzw. 2er-Komplement, siehe Kapitel 6.2), im Speicher abgelegt werden.

Tabelle 7.9: Binärcodierung positiver int-Zahlen[1]

Integer-Wert	Binärcodierung (32-Bit-System)
0	0000 0000 0000 0000 0000 0000 0000 0000
1	0000 0000 0000 0000 0000 0000 0000 0001
2	0000 0000 0000 0000 0000 0000 0000 0010
3	0000 0000 0000 0000 0000 0000 0000 0011
4	0000 0000 0000 0000 0000 0000 0000 0100
5	0000 0000 0000 0000 0000 0000 0000 0101
6	0000 0000 0000 0000 0000 0000 0000 0110
7	0000 0000 0000 0000 0000 0000 0000 0111
255 (= 2^8–1)	0000 0000 0000 0000 0000 0000 1111 1111
65535 (= 2^16–1)	0000 0000 0000 0000 1111 1111 1111 1111
4294967295 (= 2^32–1)	1111 1111 1111 1111 1111 1111 1111 1111

Mithilfe der Bit-Operatoren können Sie nun direkt auf die binäre Repräsentation dieser Zahlen zugreifen, was in manchen Fällen zu sehr einfachen und schnellen Lösungen führt.

bitweises UND &

Wenn der Operator »&« mit zwei Operanden benutzt wird, handelt es sich um den bitweisen UND-Operator. (Die unäre Version von & ist der Adressoperator, siehe Kapitel 7.12.1.)

Der Operator gleicht seine Operanden nach den Regeln der arithmetischen Konvertierungen (siehe Kapitel 7.3.3 und 6.9.2) aneinander an. Danach geht er die Bits der beiden Operanden durch. Immer, wenn für eine Bitposition *in beiden Operanden* das jeweilige Bit auf 1 gesetzt ist, wird auch das entsprechende Bit im Ergebniswert auf 1 gesetzt. Andernfalls wird das Ergebnisbit auf 0 gesetzt.

1 Die Codierung negativer Zahlen (2er-Komplement) ist in Kapitel 6.2 beschrieben.

```
   0110 0001
&  1101 1111
-------------
   0100 0001
```

Dieser Operator kann eingesetzt werden, um Bits gezielt zu löschen.

```
int i = 0xFF;     // i = 255
i &= 0xF0;        // setzt alle Bits außer den Bits 5 bis 8 auf 0
                  // i = 240
```

bitweises ODER |

Der Operator für die bitweise ODER-Verknüpfung »|« gleicht seine Operanden nach den Regeln der arithmetischen Konvertierungen (siehe Kapitel 7.3.3 und 6.9.2) aneinander an. Danach geht er die Bits der beiden Operanden durch. Immer wenn für eine Bitposition *in einem der Operanden* das jeweilige Bit auf 1 gesetzt ist, wird auch das entsprechende Bit im Ergebniswert auf 1 gesetzt. Andernfalls wird das Ergebnisbit auf 0 gesetzt.

```
   0110 0001
|  1101 1111
-------------
   1111 1111
```

Dieser Operator kann eingesetzt werden, um gezielt zusätzliche Bits zu setzen.

```
int i = 0xFF;     // i = 255
i &= 0xF0;        // setzt alle Bits außer den Bits 5 bis 8 auf 0
i |= 0xF;         // setzt die ersten 4 Bits auf 1
                  // i wieder gleich 255
```

bitweises XOR ^

Der Operator für die bitweise XOR-Verknüpfung »^« gleicht seine Operanden nach den Regeln der arithmetischen Konvertierungen (siehe Kapitel 7.3.3 und 6.9.2) aneinander an. Danach geht er die Bits der beiden Operanden durch. Immer wenn für eine Bitposition *in genau einem der Operanden* das jeweilige Bit auf 1 gesetzt ist, wird auch das entsprechende Bit im Ergebniswert auf 1 gesetzt. Andernfalls wird das Ergebnisbit auf 0 gesetzt.

```
   0110 0001
^  1101 1111
-------------
   1011 1110
```

Dieser Operator kann eingesetzt werden, um Bits umzuschalten (gesetzte Bits werden gelöscht und umgekehrt).

```
int i = 0x8;     // i = 8
i ^= 0xB;        // 0xB = 11 -> löscht 4. Bit
                 //           setzt Bit 1 und 2
```

bitweises Komplement ~

Der Operator für das bitweise Komplement »~« wandelt seinen Operanden nach den Regeln der arithmetischen Konvertierungen (siehe Kapitel 7.3.3 und 6.9.2) um. Danach geht er die Bits des Operanden durch und *invertiert die einzelnen Bits*. Immer, wenn für eine Bitposition im Operanden das jeweilige Bit auf 1 gesetzt ist, wird das entsprechende Bit im Ergebniswert auf 0 gesetzt und umgekehrt.

```
  ~ 0110 0001
--------------
    1001 1110
```

Für vorzeichenbehaftete Integer-Werte, die intern durch das 2n+1-Komplement kodiert werden (siehe Kapitel 6.2), entspricht das Ergebnis des bitweisen Komplements einer Negation plus der Subtraktion von 1.

```
int i = 50;
i = ~i;        // i = -51
```

Linksverschiebung <<

Der Operator für die Linksverschiebung kopiert die Bits des ersten Operanden in den Ergebniswert – allerdings um so viele Positionen nach links gerückt, wie der zweite Operand angibt. Die rechts entstehenden Leerstellen werden mit 0 aufgefüllt:

int i = 3; **i <<= 2;**	**int-Wert**	**Bitmuster (nur 8 Bit)**
vor Verschiebung	3	0000 0011
nach Verschiebung	12	0000 1100

Multiplikation um Potenzen von 2

Jede Linksverschiebung um eine Position entspricht einer Multiplikation mit 2.

Eine Linksverschiebung um n Stellen entspricht daher einer Multiplikation mit 2^n.

```
int i = 10;
i <<= 3;              // Multiplikation mit 8 (2^3) -> i = 80;
```

Vorzeichenbehandlung

Rechter Operand Negative Verschiebungen sind nicht erlaubt (ebenso wenig wie Verschiebungen um mehr Stellen als der linke Operand Bits hat).

Linker Operand Enthält der linke Operand einen positiven Wert und gehört einem `signed`-Typ an, ändert sich das Vorzeichen, wenn eine 1 in die Bitstelle für das Vorzeichen gerückt wird.

Enthält der linke Operand einen negativen Wert, ist das Ergebnis compilerspezifisch. (Üblicherweise bleibt das Vorzeichen erhalten.)

Rechtsverschiebung >>

Der Operator für die Rechtsverschiebung kopiert die Bits des ersten Operanden in den Ergebniswert – allerdings um so viele Positionen nach rechts gerückt, wie der zweite Operand angibt. Die links entstehenden Leerstellen werden mit 0 aufgefüllt:

int i = 12;	int-Wert	Bitmuster (nur 8 Bit)
i >>= 2;		
vor Verschiebung	12	0000 1100
nach Verschiebung	3	0000 0011

Division um Potenzen von 2

Jede Rechtsverschiebung um eine Position entspricht einer Division durch 2.

Eine Rechtsverschiebung um n Stellen entspricht daher einer Division durch 2^n.

```
int i = 72;
i >>= 3;                    // Division durch 8 (2^3) -> i = 9;
```

Vorzeichenbehandlung

Rechter OperandNegative Verschiebungen sind nicht erlaubt (ebenso wenig wie Verschiebungen um mehr Stellen als der linke Operand Bits hat).

Linker OperandEnthält der linke Operand einen negativen Wert, ist das Ergebnis compilerspezifisch. (Üblicherweise bleibt das Vorzeichen erhalten.)

7.8.3 Flags (Schaltervariablen)

Als Schaltervariablen oder Flags bezeichnet man Variablen, die wie ein Schalter nur zwei Werte annehmen können: gesetzt – nicht gesetzt; an – aus.

Ampelschaltung

Um beispielsweise den Zustand einer Ampel zu verwalten, käme man mit drei Flags aus, die anzeigen, welche Lampen aufleuchten.

	Rot	**Gelb**	**Grün**
Rot	1	0	0
Wird Grün	1	1	0
Grün	0	0	1
Wird Rot	0	1	0

C/C++ bietet Ihnen verschiedene Möglichkeiten, diese Flags zu implementieren:

Bitfelder	Bitfelder sind sehr flexibel im Einsatz und auch geeignet für Schalter, die mehr als zwei Zustände einnehmen können. Bitfelder haben zusätzlich den Vorteil, dass man den einzelnen Bits eigene Namen geben kann. Bitfelder erkaufen eine speicherschonende Verwaltung auf Kosten der Laufzeit (siehe Kapitel 8.3.5).
`bool`-Variablen	`bool`-Variablen gehen etwas verschwenderisch mit dem Speicher um, da sie 8 Bit für einen Schalter belegen, der nur 1 Bit benötigt (siehe Kapitel 6.4).
`bitset`-Container (nur C++)	Der `bitset`-Container ist sehr komfortabel für den Programmierer und insbesondere für größere Mengen von Flags bestens geeignet. Die Bits sind durchnummeriert und können über den Index-Operator `[]` angesprochen werden. Der Komfort, den der `bitset`-Container bietet, geht auf Kosten der Laufzeit und der Speicherverwaltung.
Bit-Operatoren	Sind am unhandlichsten, stellen aber in vielen Fällen die schnellste und oft auch speicherschonendste Implementierung von Flags dar.

Flags mit Bit-Operatoren realisieren

Wenn man sich entschließt, die einzelnen Flags über Bit-Operationen zu verwalten, kann man den Speicher für die Flags in Form einer Integer-Variablen reservieren. Je nach Anzahl der benötigten Flags wird man dazu einen `unsigned long`, `int`, `short` oder `char` verwenden. Jedes Bit in dieser Variablen repräsentiert dann ein Flag.

Um die Schaltzustände einer Ampel zu verwalten, genügen drei Bit. Man wird also eine `unsigned char`-Variable (8 Bit) deklarieren.

```
unsigned char ampel;
```

Anfangs ist die Ampel ausgeschaltet, d.h., man setzt alle Bits auf 0:

```
ampel = 0;
```

Flags setzen

Um einzelne Bits zu setzen, verwendet man am besten den |-Operator. Diesem übergibt man als ersten Operanden die Flag-Variable und als zweiten Operanden eine Maske, die bestimmt, welche Bits gesetzt werden sollen.

In der Maske werden alle Positionen, die gesetzt werden sollen, auf `1` gesetzt. Die restlichen Positionen werden auf `0` gesetzt, um die entsprechenden Bit-Werte aus der Flag-Variablen unverändert zu übernehmen.

```
ampel |= 6; // setzt das 3. und 2. Bit auf 1
```

Masken

Eine solche Maske kann aus einer einfachen natürlichen Zahl bestehen:

```
ampel |= 2;
    0000 0000
  | 0000 0010    // 2
 -------------
    0000 0010
```

Durch Potenzen von 2 kann man dann einzelne Bits ansprechen.

Bitkombinationen setzt man, indem man die entsprechenden Potenzen addiert. Um also das 3te und 2te Bit gleichzeitig zu setzen, würde man die Maske 2^(3–1) + 2^(2–1) = 6 verwenden.

```
    0000 0010
  | 0000 0110    // 6
 -------------
    0000 0110
```

Einfacher ist es aber meist, Oktal- oder Hexadezimalzahlen zu verwenden. Da es sich bei den Basen dieser Zahlensysteme um Vielfache von 2 handelt (Oktal = 2^3, Hexadezimal = 2^4), gilt, dass jede Ziffer dieser Zahlen für 3 bzw. 4 Bitpositionen steht.

Oktale Zahlen

dezimal	oktal	Bitmuster
63	077	00 111 111
54	066	00 110 110
40	050	00 101 000

Hexadezimale Zahlen

dezimal	hexadezimal	Bitmuster
255	0xFF	1111 1111
238	0xEE	1110 1110
215	0xD7	1101 0111

Auf der Begleit-CD finden Sie das Programm Zahlsys.cpp *aus Kapitel 5, das Zahlen zwischen beliebigen Zahlensystemen umrechnet.*

Flags löschen

Um einzelne Bits zu löschen, verwendet man am besten den &-Operator. Diesem übergibt man als ersten Operanden die Flag-Variable und als zweiten Operanden eine Maske, die bestimmt, welche Bits gelöscht werden sollen.

In der Maske werden alle Positionen, die gelöscht werden sollen, auf 0 gesetzt. Die restlichen Positionen werden auf 1 gesetzt, um die entsprechenden Bit-Werte aus der Flag-Variablen unverändert zu übernehmen.

```
     0000 0110
   & 1111 1101    // 0xFD
  --------------
     0000 0100
ampel & = 0xFD; // löscht das 2. Bit
```

Flags umschalten

Um einzelne Bits umzuschalten, verwendet man am besten den ^-Operator. Diesem übergibt man als ersten Operanden die Flag-Variable und als zweiten Operanden eine Maske, die bestimmt, welche Bits umgeschaltet werden sollen.

In der Maske werden alle Positionen, die umgeschaltet werden sollen, auf 1 gesetzt. Die restlichen Positionen werden auf 0 gesetzt, um die entsprechenden Bit-Werte aus der Flag-Variablen unverändert zu übernehmen.

```
    0000 0110
 ^  0000 0101    // 0x5
 --------------
    0000 0011
ampel ^ = 0x5; // schaltet das 3. und 1. Bit um
```

Gerade Zahlen erkennen

Am letzten Bit eines Integer-Werts lässt sich direkt ablesen, ob die Zahl gerade oder ungerade ist.

Das folgende Programm, das eine Faktorzerlegung zu einer gegebenen Zahl sucht, nutzt diese Tatsache, um festzustellen, ob die eingegebene Zahl gerade ist. Wenn ja, steht die Zahl 2 als Faktor bereits fest, und eine Fortsetzung der Rechnung erübrigt sich.

```
/* PRIMFAK.CPP   Primfaktorzerlegung */
#include <stdio.h>
#include <stdlib.h>
#include <math.h>

int main()
  {
  unsigned long zahl, versuch;
  double erg, i;

  printf("Geben Sie eine grosse natuerliche Zahl ein: \n");
  scanf("%ld",&zahl);
  fflush(stdin);

  if ((zahl & 1L) == 0)
    {
    printf("Gerade Zahlen sind immer durch 2 teilbar!\n\n");
    return 0;
    }

  versuch = int(sqrtl(zahl));

  do
    {
    versuch++;
```

```
  erg = sqrtl(versuch*versuch-zahl);
  } while (modf(erg, &i) != 0);

printf("x := %f\n",versuch+i);
printf("y := %f\n",versuch-i);
return 0;
}
```

Ausgabe:

```
Geben Sie eine grosse natuerliche Zahl ein:
x := 32283.000000
y := 29769.000000
```

Analyse Das Programm sucht eine Zerlegung in zwei Faktoren. Um sicherzustellen, dass es sich dabei um Primfaktoren handelt, müsste es allerdings noch nachrechnen, ob die Faktoren auch nicht weiter zerlegbar sind.

!! STOP

Vorsicht!
Das Programm funktioniert wegen des verwendeten Algorithmus nicht für kleinere Zahlen. Allzu große Zahlen können wegen der Wertebereiche der verwendeten Datentypen und Funktionen nicht verarbeitet werden.

Primfaktorzerlegung

Das Programm ist insofern interessant, als es ein Problem aus der Mathematik anspricht, das auch in der Informatik von Bedeutung ist:

die Schwierigkeit, Faktorzerlegungen für größere Zahlen zu finden.

Angenommen, Sie haben zwei große Primzahlen und multiplizieren diese. Dann erhalten Sie eine große natürliche Zahl (sollte schon an die zweihundert Stellen haben), für die es nur eine Faktorzerlegung gibt – nämlich Ihre Primzahlen. Wer diese Primzahlen nicht von Ihnen mitgeteilt bekommt, hat beim derzeitigen Stand der Mathematik und Informatik praktisch keine Chance, sie herauszubekommen.

Dies nutzt man beim so genannten RSA-Verschlüsselungsverfahren aus. Dieses System arbeitet mit zwei Schlüsseln:

- einem Schlüssel zum Kodieren der Daten und
- einem Schlüssel zum Dekodieren.

Ein neuer Teilnehmer an dem System erhält zwei solche Schlüssel. Den ersten Schlüssel macht er allen Teilnehmern im Netz zugänglich, von denen er kodierte Nachrichten empfangen möchte. Mit dem zweiten Schlüssel dekodiert er die an ihn gerichteten, kodierten Nachrichten. Der erste Schlüssel ist also mehr oder weniger öffentlich, sodass jeder Nachrichten mit diesem

Schlüssel kodieren kann. Aber niemand außer dem Teilnehmer mit dem zweiten Schlüssel (die Primzahlen aus der Primfaktorzerlegung des ersten Schlüssels) kann die mit dem ersten Schlüssel kodierten Nachrichten dekodieren.

Auf der Begleit-CD finden Sie ein weiteres Programm zur Primfaktorzerlegung. Das Programm Primf.cpp *zerlegt eine eingegebene natürliche Zahl in eine Reihe von Primfaktoren.*

CD

7.9 Datenzugriff

Eine ganze Reihe von Operatoren dient dem Zugriff auf Daten. Man braucht diese Operatoren, wenn man:

- auf Elemente zusammengesetzter Datenypen zugreifen will,
- über Zeiger auf Daten zugreifen will,
- auf verdeckte Variablen zugreifen will.

7.9.1 Allgemeines

Die folgende Tabelle gibt Ihnen einen Überblick über die verschiedenen Operatoren, mit deren Hilfe man auf Daten zugreifen kann, die nicht einfach über einen Variablennamen angesprochen werden können.

Tabelle 7.10: Operatoren für den Datenzugriff

Operator	Bedeutung	Beispiel
*	Indirektion	`int *zeiger = &i;` `*zeiger = 3;`
[]	Indizierung	`int feld[10];` `feld[3] = 344;`

.	Elementzugriff	`struct person`
		`   {`
		`   char  name[20];`
		`   int   plz;`
		`   };`
		
		`struct person leser;`
		`leser.plz = 65100;`

->	Elementverweis-Operator	`struct person *ptr2leser;`
		`ptr2leser = &leser;`
		`ptr2leser->plz = 65100;`

Tabelle 7.10: Operatoren für den Datenzugriff (Forts.)

Operator	Bedeutung	Beispiel

.*	Dereferenzierung von Zeigern auf Klassenelemente	`int person::*plz;`
		`plz = &person::plz;`
		`struct person leser;`
		`leser.*plz = 55116;`

->*	Dereferenzierung von Zeigern auf Klassenelemente	`int person::*plz;`
		`plz = &person::plz;`
		`struct person *ptr2leser;`
		`ptr2leser = &leser;`
		`ptr2leser->*plz = 55116;`

::	Bereichsauflösung	`namespace space`
		`  {`
		`  int i;`
		`  }`
		`space::i = 4;`

7.9.2 Die Operatoren im Einzelnen

Indirektion *

Der Indirektionsoperator »*« dient dazu, einen Zeiger zu dereferenzieren und auf dessen Objekt zuzugreifen.

Der Typ des Zeigers bestimmt dabei den Typ des Ergebnisses. Wenn also der Operand ein Zeiger auf `int` ist, ist das Ergebnis vom Datentyp `int`.

```
int i;
int *zeiger = &i;  // Dekaration des Zeigers
*zeiger = 3;       // Anwendung des Indirektionsoperators
```

Der Indirektionsoperator kann nicht auf einen Zeiger von einem unvollständigen Typ (siehe 8.7), beispielsweise einen Zeiger auf `void`, angewendet werden. Dies ist unmittelbar einsichtig, wenn man daran denkt, dass die Anwendung des Indirektionsoperators die Dereferenzierung des Zeigers bedeutet. Dereferenzierung heißt aber, dass der Speicherbereich, auf den der Zeiger verweist, entweder gelesen oder überschrieben werden soll. Für beide Operationen ist es aber erforderlich, dass die Größe des Speicherbereichs und dessen Formatierung bekannt sind – und diese Angaben können nur einem vollständigen Datentyp entnommen werden.

Andererseits kann der Indirektionsoperator durchaus auf einen Zeiger angewendet werden, der auf kein Objekt verweist. In diesem Fall wird auf die Adresse zugegriffen, die in dem Zeiger abgelegt ist, und der Speicherbereich, der mit dieser Adresse beginnt, wird einfach so interpretiert, als wäre es ein Objekt vom Datentyp des Zeigers. Überflüssig anzumerken, dass dies ein gefährliches und nicht kalkulierbares Unterfangen ist und man immer sicherstellen sollte, dass dereferenzierte Zeiger auf echte Objekte verweisen.

Mehr zur Programmierung mit Zeigern siehe Kapitel 9.

INFO

Das Zeichen »« wird auch bei der Deklaration benutzt. In einer Deklaration zeigt es die Deklaration eines Zeigers an, in einer Anweisung bewirkt es die Dereferenzierung eines Zeigers.*

Indizierung []

Der Indizierungsoperator »[]« dient zum indizierten Zugriff auf Objekte, die hintereinander im Speicher abgelegt sind.

Der Indizierungsoperator kann nicht nur auf Arrays angewendet werden

Standardmäßig wird der Indizierungsoperator dazu benutzt, auf die Elemente eines Arrays zuzugreifen:

```
int feld[10];              // Deklaration eines Arrays
for(int i=0; i<10; i++)
   feld[i] = i;            // Anwendung des Indizierungsoperators
```

Der Indizierungsoperator kann aber ebenso gut auf Zeiger angewendet werden:

```
int feld[10];              // Deklaration eines Arrays
int *ptr = feld;           // Zeiger auf erstes Element des Arrays
for(int i=0; i<10; i++)
   ptr[i] = i;            // Anwendung des Indizierungsoperators
```

Dies kommt daher, dass der Indizierungsoperator intern grundsätzlich als eine Kombination aus Adressenberechnung und anschließender Dereferenzierung behandelt wird. Der Ausdruck:

```
ptr[i]
```

ist also äquivalent zu

```
*(ptr+i)
```

INFO

Dass der Indizierungsoperator auch auf Array-Variablen angewendet werden kann, liegt daran, dass Array-Namen in Anweisungen vom Compiler als Zeiger auf das erste Element behandelt werden (siehe Kapitel 8.2.4).

Des Weiteren wäre zum Indizierungsoperator anzumerken:

- Als Index sind nur Integer-Werte erlaubt.

  Negative Indizes sind erlaubt, aber unüblich. Dies liegt daran, dass man den Indizierungsoperator meist auf Zeiger anwendet, die für die Anfangsadresse eines Feldes stehen. Während Array-Namen immer die Anfangsadresse des zugehörigen Feldes bezeichnen, können Zeiger auch auf Elemente im Innern oder am Ende des Feldes verweisen, und dann können negative Indizes verwendet werden.

- Der Indizierungsoperator nimmt keine Bereichsüberprüfung vor.

  Es kann also schnell passieren, dass man durch Angabe eines zu großen Index über die Grenzen des Feldes hinausschießt. Dies bedeutet wahllosen Zugriff auf Speicherbereiche und führt über kurz oder lang zu Fehlern und Abstürzen.

- Der Indizierungsoperator kann auch mehrfach hintereinander angewendet werden, wenn der indizierte Zeiger ein mehrdimensionales Feld äquivalenter Dimension bezeichnet (siehe Kapitel 8.2.6).

Punkt-Operator .

Der Punkt-Operator dient dazu, auf einzelne Elemente einer Klasse, Struktur oder einer Union zuzugreifen (siehe Kapitel 8.3.2).

```
objekt.element
```

Beispiel

```
struct person
   {
   char  name[20];
   int   plz;
   };
int main()
  {
  struct person leser;
  strcpy(leser.name, "Otto");
  leser.plz = 5100;
  ...
  }
```

Elementverweis-Operator ->

Dieser Operator stellt eine vereinfachte Syntax dar, um über Zeiger auf die Elemente von Klasseninstanzen (inklusive Strukturen und Unions) zugreifen zu können.

```
ptr2Objekt->element
```

entspricht der Syntax:

```
*(ptr2Objekt).element
```

Beispiel:

```
struct person
   {
   char  name[20];
   int   plz;
   };

int main()
   {
   struct person leser;
   struct person *ptr2leser = &leser;
   strcpy(ptr2leser->name, "Otto");
   ptr2leser->plz = 5100;
   }
```

Zeiger auf Klassenelemente (nur C++) ->*, .*

Diese beiden Operatoren dienen dazu, Zeiger auf Klassenelemente zu dereferenzieren.

```
Objekt.*ptr2element
ptr2Objekt->*ptr2element
```

Beachten Sie den Unterschied zu den Zugriffsoperatoren . und –>.

- Die Operatoren . und –> greifen – über einen Objektnamen oder einen Zeiger auf ein Objekt – *auf ein Element* einer Klasse (inklusive Strukturen) zu.

  ```
  .element
  ->element
  ```

- Die Operatoren .* und ->* greifen – über einen Objektnamen oder einen Zeiger auf ein Objekt – *auf einen Zeiger auf ein Element* einer Klasse zu (inklusive Strukturen).

  ```
  .*zeiger_auf_element
  ->*zeiger_auf_element
  ```

Zeiger auf Elemente von Klassen (und Strukturen) stellen eine Besonderheit dar, mit der wir uns in den Kapiteln 9.3 und 19.4 noch eindringlicher zu befassen haben.

Beispiel

```
#include <stdio.h>
#include <stdlib.h>

// Definition der Klasse
class extreme {
  public:
    // liefert Maximum der Parameter
    int maximum(int var1, int var2)
```

```
                {return ( (var1 > var2) ? var1 : var2);}
      // liefert Minimum der Parameter
      int minimum(int var1, int var2)
                {return ( (var1 < var2) ? var1 : var2);}
    };

int main()
  {
  int extremum;
  int wert1, wert2;

  class extreme extr;          //Instanzbildung

  randomize();
  wert1 = random(20);
  wert2 = random(40);

  // Deklaration der Zeiger auf Elementfunktionen
  int (extreme::*z_max) (int, int);
  int (extreme::*z_min) (int, int);

  // Initialisierung der Zeiger
  z_max = extreme::maximum;
  z_min = extreme::minimum;

  // Dereferenzierung der Zeiger zum Funktionsaufruf
  extremum = (extr.*z_max) (wert1, wert2);
  printf("Maximum von %d und %d ist %d\n",
                              wert1, wert2, extremum);
  extremum = (extr.*z_min) (wert1, wert2);
  printf("Minimum von %d und %d ist %d\n",
                              wert1, wert2, extremum);
  }
```

Gültigkeitsbereichsoperator (nur C++) ::

Mit :: kann man auf verdeckte Variablen zugreifen

Objekte und Funktionen gleichen Namens und gleicher Signatur (Parametertypen) aus unterschiedlichen Gültigkeitsbereichen verdecken sich gegenseitig. Mittels des Gültigkeitsbereichsoperators kann aus dem aktuellen Gültigkeitsbereich auf verdeckte Variablen und Funktionen anderer Gültigkeitsbereiche zugegriffen werden.

```
::globaler_name
```

Der unäre Operator dient dazu, auf verdeckte globale Variablen zugreifen zu können.

```
bereich::objektname
```

In seiner binären Form wird der Operator eingesetzt, um

- auf bestimmte Namensbereiche zuzugreifen,
- auf statische Klassenelemente zuzugreifen,
- auf Basisklassenelemente zuzugreifen.

Beispiel

```
#include <stdio.h>
#include <stdlib.h>
#include <iostream.h>

int i = 1;              // globales Objekt

namespace space         // Namensbereich
  {
  int i = 2;
  }

class basis             // Klasse
  {
  public:
    int i;
    void func() {
         cout << space::i      // Zugriff auf Namensbereich
              << endl;
              };
  };

int abgeleitet::n = 14;        // stat. Element initialisieren

class abgeleitet : public basis
  {
  public:
    int i;
    static int n;
    void func() {
         cout << ::i           // Zugriff auf globales Objekt
         << endl;
         };
   };

 int main(int argc, char **argv)
  {
  abgeleitet abg;
  cout << abgeleitet::n        // Zugriff auf stat. Klassenelement
       << endl;
  abg.func();
  abg.basis::func();           // Zugriff auf Basisklassenelement
  return 0;
  }
```

7.10 new und delete (nur C++)

7.10.1 new-Operator (nur C++)

Mit* new *kann man Speicher reservieren

Der new-Operator dient zur dynamischen Speicherallokation (siehe Kapitel 9.4.4).

Er wird üblicherweise mit einem Typbezeichner als Operand aufgerufen, reserviert daraufhin einen Speicherbereich, der ausreicht, um Werte des spezifizierten Typs abzulegen, und liefert die Anfangsadresse des reservierten Speicherblocks zurück.

Aufgabe des Programms ist es, diese Adresse in einem Zeiger abzuspeichern, sodass man über diesen Zeiger auf den Speicher zugreifen kann.

Speicherallokation

Den new-Operator gibt es in zwei Ausführungen, die dazu dienen, entweder Speicher für einzelne Objekte oder für Felder von Objekten zu reservieren:

```
zeiger = new datentyp;
zeiger = new[] datentyp;
```

Zum Beispiel:

```
int *p = new int;
int *feld = new int[10];
```

Im ersten Fall wird Speicher für ein einzelnes int-Objekt reserviert und die Adresse des Objekts dem Zeiger p zugewiesen.

Im zweiten Fall wird Speicher für ein Feld von 10 int-Objekten reserviert und die Adresse des ersten Objekts (dem Beginn des Feldes) dem Zeiger p zugewiesen.

Initialisierung

Mit* new *kann man Speicher bei der Reservierung initialisieren

Die erste Form des new-Operators kann um Angaben zur Initialisierung des Speicherbereichs erweitert werden:

```
zeiger = new datentyp (initialisierer);
```

Beispiel:

```
int *p = new int (8);
```

Hier wird Speicher für ein einzelnes int-Objekt reserviert und der Speicherbereich mit dem Wert 8 initialisiert.

- Die Array-Form des `new`-Operators (`new []`) erlaubt keine explizite Initialisierung.
- Für Klassenobjekte werden die Argumente in der Initialisierungsliste an einen passenden Konstruktor der Klasse weitergereicht.

Allokation für komplexe Datentypbezeichner

Nicht jeder Datentyp hat einen so einfachen Datentypbezeichner wie `int`, `float`, `bool` etc.

Betrachten Sie zum Beispiel den folgenden Datentyp:

```
void (**func_ptr)(int);
```

Hier wird ein Zeiger auf Zeiger definiert, die auf Funktionen mit einem `int`-Parameter und keinem Rückgabewert verweisen können.

Um Speicher für 3 solche Zeiger zu reservieren, kann man nicht die folgende Syntax verwenden:

```
func_ptr = new void(*[3])(int); // falsch
```

Der Compiler würde `void` als den gewünschten Datentyp ansehen und `(*[3])` für einen missgestalteten Initialisierer halten.

Mithilfe der runden Klammern kann man dem Operator anzeigen, von wo bis wo sich die vollständige Datentypangabe erstreckt.

```
func_ptr = new (void(*[3])(int));
```

Explizite Platzierung des Speicherbereichs

Der ANSI-Standard sieht auch vor, dass es eine besondere Form des `new`-Operators (und auch des `new[]`-Operators) gibt, der man vorgeben kann, wo Speicher reserviert werden soll.

Mit** `new` **kann man Speicher gezielt in bestimmten Speicherbereichen reservieren

```
void operator new(size_t size, void *ptr)
  {
  return ptr;
  };
```

Diese in der Header-Datei *<new>* definierte Version erwartet vor der Angabe des Datentyps einen Zeiger und macht dann nichts anderes, als diesen Zeiger zurückzuliefern.

```
int *p = new int[10];    // Speicher für 10 int-Werte reservieren
int *q = new (p) int;    // q weist auf ersten int-Wert in Feld
```

In diesem Fall wird q einfach die Adresse von p zugewiesen. Der new-Aufruf ist also äquivalent zu der Anweisung:

```
int *q = p;
```

Einsatzmöglichkeiten

Die vordefinierte Platzierungsversion des new-Operators hat also lediglich den Vorteil, dass man nun alle Speicherzuweisungen an Zeiger mithilfe des new-Operators vornehmen kann (erleichtert beispielsweise das Auffinden im Quelltext).

Der eigentliche Grund, warum eine Platzierungsversion des new-Operators in den Standard aufgenommen wurde, ist aber, dass man nun den Operator so überladen kann, dass er Speicher aus beliebigen Speicherbereichen zur Verfügung stellt. (Denken Sie daran, dass man Operatoren bei der Überladung nicht wie Funktionen um beliebige Argumente erweitern kann, sondern sich an die vorgegebenen Operanden halten muss, siehe Kapitel 7.16.)

Der Programmierer hat damit die Möglichkeit, den Operator so zu überladen, dass dieser Speicher aus definierten Speicherbereichen zur Verfügung stellt – beispielsweise aus dem

- Stack, mit dem Vorteil, dass man dynamischen Speicher reservieren kann, der automatisch freigegeben wird (vergleiche Anmerkungen zu auto_ptr, Abschnitt 9.3),

oder aus

- Speicherbereichen, die explizit von dem Programm verwaltet werden.

Fehlerbehandlung

new ***verfügt über eine ausgeklügelte Fehlerbehandlung***

Nicht immer kann der angeforderte Speicher von dem Operator new allokiert werden (beispielsweise wenn mehr Speicher angefordert wird, als verfügbar ist). Für solche Fälle muss der Operator in der Lage sein, dem Programm das Scheitern der Speicherreservierung zurückzumelden.

C++ sieht dafür drei mögliche Wege vor:

- bad_alloc-*Exception*

  Standardmäßig löst der new-Operator im Falle einer nicht durchführbaren Speicherallokation eine Exception der Klasse bad_alloc[2] aus (definiert in der Header-Datei <new>). Diese kann abgefangen und bearbeitet

2 Einige Compiler, die Exceptions bereits vor der Festlegung der ANSI-C++-Bibliotheken unterstützten, verwenden andersnamige Exception-Klassen für die Fehlerbehandlung des new-Operators.

werden – beispielsweise durch Ausgabe einer Fehlermeldung und Beendigung des Programms (mehr zur Exception-Behandlung in Kapitel 13).

```
try {
  ptr = new long int[2580000L];
  }
catch (bad_alloc &ba) {
      cout << "Exception abgefangen\n";
      cout << ba.what() << endl;
      exit(1);
      }
```

Rückgabewert

Eine andere Möglichkeit besteht darin, den new-Operator einen Rückgabewert von Null zurückliefern zu lassen und nach der Allokation den Wert des Zeigers zu testen. Dies entspricht der üblichen Fehlerbehandlung in C-Programmen (C kennt keine Exceptions) und wird immer noch von einigen Compilern als Standardverfahren implementiert.

Um die Exception-Auslösung zu deaktivieren und einen Rückgabewert von Null zurückliefern zu lassen, muss der new-Operator mit dem Argument nothrow aufgerufen werden.

```
ptr = new(nothrow) long int[2580000L];

if (ptr == 0)
    {
     cout << "Speicherallokation misslungen\n";
     exit(1);
     }
```

Handler-Funktion

Schließlich ist es möglich, eine spezielle Handler-Funktion zu definieren, die vom new-Operator im Fehlerfall aufgerufen wird.

Diese Funktion darf weder Rückgabewert noch Parameter definieren und muss mit der C++-Funktion set_new_handler() registriert werden.

Wichtig ist zu wissen, dass der new-Operator nach dem Aufruf der Handler-Funktion erneut versucht, den angeforderten Speicher zu allokieren. Schlägt der neuerliche Versuch wieder fehl, wird erneut die Handler-Funktion aufgerufen und so weiter und so fort.

Die Handler-Funktion kann also versuchen, Speicher freizugeben (unter Windows beispielsweise auch, indem sie den Anwender zum Schließen von Programmen auffordert); sollte dies aber misslingen, muss sie verhindern, dass der new-Operator weiter ausgeführt wird – indem sie selbst eine Exception auslöst oder das Programm beendet (exit(1)).

```
void my_new_handler() {
  char c;
  cout << "Nicht genuegend Speicher vorhanden!\n";
  cout << "Haben Sie Speicher freigegeben? \n";
  cin >> c;

  if( (c != 'j') && (c != 'J'))
     throw bad_alloc();
  }
...
set_new_handler(my_new_handler);
try {
  ptr = new long int[2580000L];
  }
catch (bad_alloc &ba) {
     cout << "Exception abgefangen\n";
     cout << ba.what() << endl;
     exit(1);
     }
```

7.10.2 delete-Operator (nur C++)

Mit `delete` kann man dynamisch reservierten Speicher freigeben

Der `delete`-Operator dient zur dynamischen Freigabe von mittels `new` alloziertem Speicher.

Analog zum `new`-Operator gibt es daher zwei Formen, um sowohl einzelne Objekte als auch Felder freigeben zu können:

```
delete p_objekt
delete [] p_objekt
```

Beispiel:

```
class demo *p;
p = new demo[10];
delete[] p;
int **p;
p = new int*;
delete p;
```

Zeiger auf Klassen

Wird der `delete`-Operator für einen Zeiger auf ein Klassenobjekt aufgerufen, wird zuerst das Klassenobjekt durch Aufruf seines Destruktors aufgelöst und dann der Speicherbereich freigegeben.

Zeiger auf NULL

Wird der delete-Operator für einen Zeiger aufgerufen, dessen Wert auf NULL gesetzt wurde, kehrt der Operator direkt zurück, d.h., die Anwendung des delete-Operators auf einen Nullzeiger hat keinen Effekt (auch keinen negativen Effekt).

***delete* kann gefahrlos auf NULL-Zeiger angewendet werden**

:-) TIPP

Es ist daher zu empfehlen, Zeiger, deren Speicherbereich freigegeben wurde und die danach nicht unmittelbar aufgelöst werden (etwa weil das Programm oder die Funktion, in der der Zeiger definiert wurde, danach beendet wird), nach dem delete*-Aufruf auf NULL zu setzen.*

```
delete p;

p = NULL;
```

7.11 Operatoren für den Präprozessor

Auch für den Präprozessor gibt es einige spezielle Operatoren, die in Präprozessordirektiven eingesetzt werden können.

Makro definiert?	defined

Mit diesem Operator kann man überprüfen, ob weiter oben im Quelltext ein bestimmtes Makro mittels einer #define-Direktive eingeführt wurde.

Der defined-Operator wird bei der bedingten Kompilation verwendet:

```
#if defined MAKRO
   int i = 0;
   #else
   short int i = 0;
#endif
```

Je nachdem, ob dem obigen Quelltextauszug eine #define MAKRO-Direktive vorausging oder nicht, wird i als int oder short int deklariert.

String-Argumente	#

Im Gegensatz zum Präprozessorsymbol #, das alle Präprozessor-Direktiven einleitet, kann der #-Operator nur innerhalb der Ersetzungsliste eines Makros verwendet werden.

Stellt man in einer Ersetzungsliste einem Parameter den #-Operator voran, wird bei der Ersetzung das zugehörige Argument nicht direkt, sondern als String eingefügt.

So wird beispielsweise für das Makro

```
#define OUTPUT(var) printf(#var "=%d\n", var)
```

der Aufruf

```
for(int loop = 0; loop < 100; loop+=i)
  {
  OUTPUT(loop);
  ...
```

vom Präprozessor in

```
printf("var" "=%d\n", var);
```

und schließlich durch Konkatenation der Strings zu

```
printf("var=%d\n", var);
```

umgewandelt.

Symbolverbindung **##**

Der ##-Operator kann ebenfalls nur in den Ersetzungslisten von Makros eingesetzt werden und dort auch nicht am Anfang oder Ende.

In einer Ersetzungsliste sorgt der Operator für die Konkatenation der beiden ihn umgebenden Symbole (Bezeichner). Man kann dies nutzen, um zusammengesetzte Bezeichner zu erzeugen – beispielsweise durchnummerierte Variablennamen:

```
#define NAME(name,nr) name##nr
...
for (int i=1; i<10; i++)
    {
    int NAME(var,i);
    NAME(var,i) = i;
    printf("%d\n",NAME(var,i));
    }
```

:-) TIPP

Grundsätzlich ist – mit Ausnahme der Deklaration von Konstanten – von jedwedem Gebrauch von `#define`*-Makros abzuraten.*

7.12 Spezielle Operatoren

C/C++ kennt noch einige weitere Operatoren, die sich schlecht in die bereits aufgeführten Kategorien einordnen lassen.

7.12.1 & Adress-Operator

Der Adress-Operator wird nur in Anweisungen verwendet

Wenn der Operator »&« mit einem Operanden benutzt wird, liefert er die Adresse seines Operanden als Zeiger auf den Datentyp des Operanden. Als Operand kann jeder Bezeichner eingesetzt werden, der einen L-Wert (siehe Kapitel 4.1.5) verkörpert, sowie die Bezeichner von Funktionen oder Klassenelementen.

Den Adress-Operator verwendet man üblicherweise, wenn man:

- einen Zeiger auf ein statisch allokiertes Objekt richten will:

```
int zahl_wert;
int *zahl_zeiger = &zahl_wert;
```

  oder

```
int zahlen[10];
int *zahl_zeiger = &zahlen[5];
```

- Variablen als Referenz (Adresse) übergeben will:

```
int var;
void func(int* i);
func(&var);           // Übergabe bei Funktionsaufruf
```

Funktions- und Array-Namen können direkt als Adressen interpretiert werden, weswegen für sie die Anwendung des Adressoperators nicht erforderlich ist.

Der Operator kann nicht auf die Elemente von Bitfeldern (siehe Kapitel 8.3.5) angewendet werden.

C versus C++

Der Operator kann in C nicht auf Objekte angewendet werden, die mit der Speicherklasse `register` definiert wurden.

7.12.2 & Referenz-Operator (nur C++)

Der Referenz-Operator wird nur in Deklarationen verwendet

Referenzvariablen werden durch den Referenzoperator `&` gekennzeichnet. Der Referenzoperator steht dabei direkt hinter dem Datentyp:

```
int  variable;
int& referenz_variable = variable;
```

Während der Adressoperator `&` nur in Anweisungen verwendet wird und direkt vor dem Variablennamen steht, wird der Referenzoperator nur in Deklarationen verwendet und steht direkt hinter dem Datentyp.

REF

Mehr über das Programmieren mit Referenzen erfahren Sie in Kapitel 10.

7.12.3 ?: Bedingungsoperator

ANSI C kennt einen einzigen ternären Operator: den Bedingungsoperator. Der Bedingungsoperator (?:) ist, wie Sie bald feststellen werden, eigentlich eine Kurzform der `if-else`-Anweisung. Das allgemeine Format dieses Operators lautet:

```
Bedingung ? Ausdruck1 : Ausdruck2
```

Die Auswertung des Operators läuft folgendermaßen ab:

- Wenn die Auswertung der Bedingung nicht `0` (also `true`) ergibt, wird `Ausdruck1` ausgeführt.
- Ergibt die Auswertung der Bedingung `0` (also `false`), wird `Ausdruck2` ausgewertet.

Beispiel

```
int max, eins, zwei;
eins = 1;
zwei = 2;
max = (eins > zwei) ? eins : zwei;
```

Die gleiche Zuweisung kann auch als `if-else`-Anweisung formuliert werden:

```
if (eins > zwei)
   max = eins;
   else
   max = zwei;
```

7.12.4 , Komma-Operator

Wenn das Zeichen »,« nicht eine Liste von Elementen trennt (Funktionsparameter, Initialisierungswerte etc.), dient es zur sequenziellen Auswertung. Der Komma-Operator wird dann verwendet, um zwei oder mehr Ausdrücke auszuführen und auszuwerten, wo eigentlich nur ein Ausdruck erlaubt wäre.

Am häufigsten wird der Komma-Operator in `for`-Schleifen eingesetzt, die mehr als eine Schleifenvariable benutzen:

```
for (i=j=0; i<MAXWERT; i++, j--) {
  ...
  }
```

Hier wird der Komma-Operator verwendet, um im letzten Teil des Schleifenkopfes beide Schleifenvariablen (`i` und `j`) anpassen zu können.

Wenn der Compiler an einer Stelle, an der er einen einzelnen Ausdruck erwartet, auf eine durch Kommata getrennte Liste von Ausdrücken trifft, wertet er alle Ausdrücke von links nach rechts aus. Den letzten Ausdruck nimmt er dann stellvertretend für den Ausdruck, den er erwartet hat. Am deutlichsten wird dies in Funktionsaufrufen.

Die Funktion

```
func(int par1, float par2);
```

erwartet beim Aufruf genau ein `int`- und ein `float`-Argument.

Wird die Funktion wie folgt aufgerufen

```
func(i, (gvar=0, f+=3));
```

wird `gvar` auf `0` gesetzt, dann wird `f` um `3` erhöht. An die Funktion als zweites Argument weitergegeben wird aber nur der neue Wert von `f`. (`gvar` könnte beispielsweise eine globale Variable sein, die ebenfalls in der Funktion verwendet wird und für die sichergestellt werden soll, dass sie beim Aufruf der Funktion gleich `0` ist.)

Außer in `for`-Schleifen sollte man den Komma-Operator nur mit Vorbehalt einsetzen, da er schnell unerwartete Nebeneffekte zeitigt und nur selten zur Lesbarkeit und Verständlichkeit des Codes beiträgt (siehe auch Kapitel 7.1.2.).

7.12.5 Der sizeof-Operator

Der `sizeof`-Operator dient dazu, die interne Länge von Variablen festzustellen. Diese Information wird in Programmen immer wieder benötigt, beispielsweise bei der dynamischen Speicherreservierung mit `malloc()`.

Tabelle 7.11: Der `sizeof`-Operator

Operator	Aufgabe	Datentyp	Beispiel
`sizeof`	Speicherplatz erfragen	beliebig	`sizeof(int);` `sizeof(i);`

Der `sizeof`-Operator kann wahlweise für den Bezeichner eines Datentyps oder einer Variablen aufgerufen werden und liefert die Größe seines Operanden in Bytes zurück.

```
sizeof(int)
sizeof(feld[0])
```

Wird der sizeof-Operator für einen Datentyp aufgerufen, muss der Datentyp in Klammern gesetzt werden. Wird der sizeof-Operator für eine Variable aufgerufen, ist die Verwendung der Klammern optional. Zur besseren Lesbarkeit der Programme ist es empfehlenswert, immer Klammern zu setzen (auch wenn dies bei Anfängern den Eindruck erweckt, sie hätten es mit einer vordefinierten Funktion zu tun).

Tpyische Anwendungen für den sizeof-Operator sind

- die Speicherbedarfsberechnung für malloc()

```
int n = 10;
p_int = (int*) malloc(n*sizeof(int)); // Feld von 10 Integern
```

malloc() erwartet als Argument die Größe des zu reservierenden Speicherbereichs in Bytes. Um einen zusammenhängenden Speicherbereich (Feld) zu reservieren, in dem eine bestimmte Anzahl von Elementen eines Datentyps abgelegt werden kann, multipliziert man einfach die Anzahl der Elemente (n) mit der Größe der einzelnen Elemente in Byte (sizeof(int)).

C versus C++

In C++ sieht man solche Berechnungen seltener, da der new-Operator für Feldreservierungen mit dem Indizierungsoperator aufgerufen werden kann (new[]).

- die Berechnung der Anzahl von Elementen in einem Array

```
int feld[32];
...
while( loop <  (sizeof(feld) / sizeof(feld[0])) )
  {
  ...
```

Wird der sizeof-Operator auf einen Array-Namen angewendet, liefert er die Gesamtgröße des Arrays zurück (und nicht etwa die Größe des ersten Elements oder der Array-Adresse).

Aber Achtung: Die obige Berechnung funktioniert nicht für dynamisch reservierte Felder (malloc(), new[]) oder allgemein Zeiger auf Felder, da sizeof in diesen Fällen nur die Größe des Zeigers auf den Anfangsbereich zurückgibt.

sizeof ist nützlich, aber mit Vorsicht zu genießen

Der sizeof-Operator weist einige Eigentümlichkeiten auf, deren man sich bewusst sein sollte, um unerwartete Ergebnisse zu vermeiden:

- Der Rückgabewert des Operators ist von einem Integer-Typ ohne Vorzeichen! In Ausdrücken bewirkt der sizeof-Operator also entsprechende automatische Konvertierungen (mit allen möglichen Nebeneffekten, siehe Kapitel 7.1.2).

- Wenn einer der Typen `char`, `unsigned char` oder `signed char` als Argument verwendet wird, ist das Ergebnis per Definition immer `1`.
- Nicht zulässig sind: Funktionen, Bitfelder, undefinierte Klassen, Arrays mit fehlender Dimensionsangabe sowie der Typ `void`.
- Wird `sizeof` auf einen Array-Namen angewendet, ist das Ergebnis die Gesamtgröße des Arrays in Bytes.
- Wenn `sizeof` innerhalb einer Funktion benutzt wird, um die Größe eines Arrays oder einer Funktion zu ermitteln, die als Funktionsargumente benutzt werden, liefert `sizeof` die Größe des Zeigers auf das Objekt zurück, da Funktions- und Array-Namen, die als Funktionsargumente benutzt werden, in Zeiger umgewandelt werden.
- Handelt es sich beim Argument um eine Klasse, Struktur oder Union, wird die tatsächliche Größe zurückgegeben, in der auch Füllbits zur Ausrichtung an Speichergrenzen enthalten sein können. Das Ergebnis der `sizeof`-Operation kann dann von der Summe des Speicherplatzbedarfs der einzelnen Elemente verschieden sein.
- Für Referenzen liefert der `sizeof`-Operator die Größe des referenzierten Objektes.
- In C ist ein Zeichen-Literal vom Typ `int`, in C++ sind Zeichen-Literale vom Typ `char`. Für den `sizeof`-Operator bedeutet dies, dass in C gilt:

  C versus C++

  ```
  sizeof('c') == sizeof(int)      // 2 oder 4
  ```

  während in C++

  ```
  sizeof('c') == sizeof(char)      // 1
  ```

  gilt.
- In C sind Aufzählungen (`enum`) vom Typ `int`, in C++ stellen Aufzählungen einen eigenen Integer-Wert dar (d.h., der Compiler legt den genauen Integer-Typ fest). Für den `sizeof`-Operator bedeutet dies, dass in C gilt:

  C versus C++

  ```
  enum farbe {rot, gruen, blau};
  sizeof(rot) == sizeof(int)      // wahr in C,
                                  // aber nicht unbedingt in C++
  ```

7.13 Typumwandlung

Als Typecasting bezeichnet man die Fähigkeit einer Programmiersprache, explizite Typumwandlungen vorzunehmen. Damit ergibt sich für C/C++ ein dreischichtiges Typenmodell:

- Grundsätzlich gehört jedes Objekt (Variable, Klasseninstanz) einem festen Datentyp an, der den Speicherbedarf, die Speicherbelegung und die auf dem Objekt erlaubten Operationen festlegt.
- In bestimmten Fällen nimmt der Compiler automatische Konvertierungen von einem Datentyp in einen anderen vor – beispielsweise, wenn Sie einer `double`-Variablen einen `int`-Wert zuweisen oder arithmetische Operatoren mit Operanden unterschiedlicher Typen aufrufen. (Vorausgesetzt, eine entsprechende Konvertierung kann vom Compiler durchgeführt werden.)
- Durch explizite Typumwandlung kann der Programmierer selbst eine Konvertierung erzwingen oder auf die automatische Konvertierung durch den Compiler Einfluss nehmen. (Vorausgesetzt, eine entsprechende Konvertierung kann vom Compiler durchgeführt werden.)

Unter welchen Umständen ist eine explizite Typumwandlung erforderlich oder sinnvoll? Drei typische Situationen möchte ich Ihnen vorstellen:

Standardkonvertierung für Operanden beeinflussen

Für eine Reihe von Operatoren, einschließlich der arithmetischen Operatoren, gleicht der Compiler automatisch die Datentypen der Operanden an. Man kann dies beispielsweise ausnutzen, um eine Integer-Division in eine Gleitkomma-Division zu verwandeln, indem man einen der Operanden explizit in einen Gleitkommatyp umwandelt.

(Zur Erinnerung: Wird der /-Operator mit zwei Integer-Werten aufgerufen, liefert er nur den ganzzahligen Anteil des Ergebnisses zurück: 4/3 = 1.)

```
int var1 = 4, var2 = 3;
double erg;
erg = (double) var1/var2;
```

Generische Zeiger

`void`-Zeiger müssen in C++ vor der Dereferenzierung explizit in einen Typ zurückverwandelt werden

Generische Zeiger (Zeiger auf `void`) werden in C häufig dort eingesetzt, wo typenunabhängige Lösungen gefragt sind (in C++ stellen Templates in solchen Fällen oftmals – aber auch nicht immer – die bessere Lösung dar).

Generische Zeiger haben den Vorteil, dass sie Adressen von Objekten beliebigen Datentyps transportieren können. Bevor man sie allerdings dereferenzieren, d.h. auf das zugehörige Objekt zugreifen kann, sollte (in C++ obligatorisch) man den Zeiger explizit in »einen Zeiger auf den Datentyp des Objekts« umwandeln:

```
double var1, var2;
void *ptr;                // Zeiger auf void
ptr = &var1;              // Zuweisung einer Adresse, implizite
```

```
                              // Konvertierung der Adresse von
                              // double* in void*
var2 = *( (double*)ptr);      // Dereferenzierung, explizite
                              // Konvertierung der Adresse von
                              // void* in double*
```

Wie man mithilfe generischer Zeiger allgemeine Lösungen implementieren kann, wird in Kapitel 8.3.3 anhand der C-Funktion `qsort()` beschrieben.

Klassenhierarchien

In C++ besteht eine Reihe von Möglichkeiten, Klassentypen, die einer gemeinsamen Klassenhierarchie angehören, ineinander umzuwandeln. Eine der gebräuchlichsten und stets erlaubten Konvertierungen ist dabei die Umwandlung von »Zeigern auf abgeleitete Klassen« in »Zeiger auf eine eindeutige Basisklasse«.

Als Beispiel betrachten wir die VCL, die Klassenbibliothek des C++Builder. In der VCL sind alle üblichen Windows-Steuerelemente als Klassen implementiert (Statischer Text = `TLabel`, Schaltfläche = `TButton`, Eingabefeld = `TEdit` etc.).

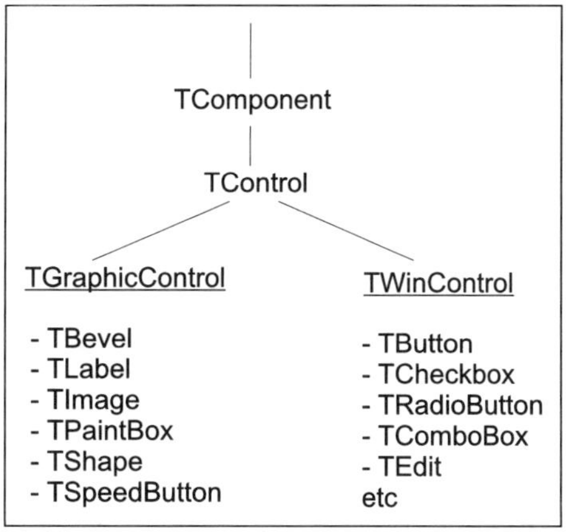

Abbildung 7.3: Auszug aus einer Klassenhierarchie

In der komponentenorientierten RAD-Umgebung des C++Builders legt man beim Aufbau einer Windows-Oberfläche Instanzen dieser Steuerelementklassen in einem Fenster (im C++Builder »Formular« genannt) ab. Dabei werden automatisch alle Steuerelemente, die in einem Fenster abgelegt werden, in einem gemeinsamen Array namens Components abgespeichert.

Wie ist das möglich, wenn einerseits die verschiedenen Komponenten unterschiedlichen Klassen angehören und andererseits in einem Array nur Elemente eines gemeinsamen Datentyps zusammengefasst werden dürfen?

Nun, wie Sie der Abbildung entnehmen können, gehen die Klassen aller Komponenten (auch die der Windows-Steuerelemente) auf die gemeinsame Basisklasse TComponent zurück. Was der C++Builder daher macht, ist, für alle in ein Fenster aufgenommenen Komponenten eine dynamische Instanz der zugehörigen Klasseninstanz anzulegen und einen Zeiger auf diese Instanz zu definieren. Eine Kopie dieses Zeigers wird explizit in einen Zeiger auf die Basisklasse TComponent umgewandelt und in das Array Components eingetragen.

Für den Programmierer hat dies den Vorteil, dass er bei Bedarf das Array in einer Schleife durchgehen und alle Komponenten manipulieren kann. Methoden, die bereits in der Basisklasse TComponent definiert sind, können dabei direkt aufgerufen werden, für Methoden, die erst in den abgeleiteten Klassen definiert sind, müssen die jeweiligen Zeiger zuerst explizit in Zeiger auf die jeweilige abgeleitete Klasse zurückverwandelt werden:

```
for(int i=0; i < ComponentCount; i++)
  {
  // Zugriff auf Methode aus Basisklasse
  if (Components[i]->ClassNameIs("TEdit"))
    {
    // Umwandlung in Zeiger auf abgeleitete Klasse
    ((TEdit *)Components[i])->Clear();
    }
  }
```

7.13.1 Explizite Typumwandlung mit ()

Der Cast-Operator () wandelt den Typ des ihm nachfolgenden Ausdrucks in den Typ um, der in den Klammern des Operators spezifiziert wird – sofern eine entsprechende Typumwandlung überhaupt möglich ist.

```
(Datentyp) AUSDRUCK;
```

Beispiel 1:

```
int i = -3;
double r = (unsigned int) i;
```

Hier wird der Wert von i in einen Wert ohne Vorzeichen umgewandelt und dann der Variablen r zugewiesen.

!! STOP

Der cast-*Operator wandelt nur das Ergebnis eines Ausdrucks um. Dies gilt auch dann, wenn der Ausdruck nur aus einem einzigen Bezeichner besteht. Die Variable* i *ist also nach der obigen Typumwandlung immer noch vom Typ* int*!*

Beispiel 2:

```
int *ptr;
ptr = (int *) malloc(80 * sizeof(int));
```

`malloc()` ist eine der C-Funktionen, die einen Zeiger auf `void` zurückliefern. Der Zeiger wird daher explizit in den Typ des Zeigers auf der linken Seite der Zuweisung umgewandelt.

INFO

Die Umwandlung eines `void`-Zeigers in einen `int`-Zeiger hätte der Compiler allerdings noch durch eine der Standardkonvertierungen volbringen können. Man hätte sich in obigem Beispiel also die explizite Typumwandlung sparen können. Spätestens für Elemente zusammengesetzter Datentypen ist die explizite Typumwandlung aber unabdingbar.

Wer mit einem C++-Compiler arbeitet, kann sich die Typumwandlung gänzlich sparen, wenn er statt `malloc()` den `new`-Operator verwendet. Dieser liefert automatisch einen Zeiger passenden Typs zurück.

Beispiel 3:

```
class Basis {
  public:
    ausgabe() {
      cout << "Dies ist die Basisklasse\n";
      }
  };

class Abgeleitet : private Basis {
  public:
    ausgabe() {
      cout << "Dies ist die abgeleitete Klasse\n";
      }
  };
...
class Basis      *b;
class Abgeleitet *a;

b = (class Basis*) a;
b->ausgabe();
```

Hier wird der Cast-Operator benutzt, um einen Zeiger einer abgeleiteten Klasse in einen Zeiger auf eine private Basisklasse umzuwandeln (für die Umwandlung in einen Zeiger auf eine zugängliche Basisklasse wäre die explizite Typumwandlung nicht erforderlich).

Wie man sieht, kann man den von C stammenden Cast-Operator `()` also auch für Typumwandlungen zwischen Klassen verwenden.

:-) TIPP

Allgemein ist allerdings anzumerken, dass C++ eigene Cast-Operatoren zur Verfügung stellt. Diese decken nicht nur die Möglichkeiten der Typumwandlung zwischen Klassen ab, sondern auch die Typumwandlungen zwischen elementaren Datentypen, und sollten in größeren Programmen zwecks leichterer Code-Wartung anstelle des `()`-Operators verwendet werden.

7.13.2 Die neuen C++-Operatoren zur Typumwandlung

C++ kennt vier spezielle Operatoren zur Typumwandlung, die zusammen das Spektrum des von C stammenden ()-Cast-Operators abdecken und denen man aus Gründen der einfacheren Code-Wartung und sicheren Typumwandlung den Vorzug geben sollte.

Tabelle 7.12: Die Cast-Operatoren von C++

Cast-Operator	**Einsatzgebiet**
`static_cast<Typ>(var)`	Zur Umwandlung zwischen »nahe verwandten« Typen – also alle Fälle, in denen der Compiler auch eine implizite Konvertierung vornehmen könnte, plus einige einfache Sonderfälle.
`reinterpret_cast<Typ>(var)`	Für fast alle anderen erlaubten Umwandlungen.
`const_cast<Typ>(var)`	Entfernt eine `const`- oder `volatile`-Deklaration aus einem Typ.
`dynamic_cast<Typ>(var)`	Zur Umwandlung zwischen Zeigern oder Referenzen auf Klassentypen einer gemeinsamen Klassenhierarchie.

Zwei Tipps zum Einsatz der neuen Cast-Operatoren:

- *Vermeiden Sie explizites Typecasting*

  Es gibt zweifelsohne Fälle, in denen explizites Typecasting zwingend erforderlich ist (Umwandlung einer Integer-Division in eine Gleitkomma-Division, Umwandlung eines Zeigers auf eine abgeleitete Klasse in einen Zeiger auf eine private Basisklasse).

  Es gibt aber gerade in C++ viele Fälle, in denen eine explizite Umwandlung vermieden werden kann (statt beispielsweise mit `malloc()` Speicher zu reservieren, kann man `new` verwenden).

  Schließlich deutet eine explizite Typumwandlung immer darauf hin, dass ein Design-Fehler vorliegen könnte. (Wandelt man beispielsweise einen Zeiger auf eine abgeleitete Klasse in einen Zeiger auf eine private Basisklasse um, könnte dies auf einen solchen Fehler hinweisen.)

- *Verwenden Sie in C++-Programmen vornehmlich die C++-spezifischen Cast-Operatoren*

  Wenn Sie beim Debuggen darauf kommen, dass der gesuchte Fehler mit einer expliziten Typumwandlung zu tun haben könnte, in Ihrem 1000-Zeilen-Programm aber nur ()-Casts verwendet haben, könnte sich die Suche nach den möglicherweise fehlerhaften Typumwandlungen recht langwierig gestalten.

Wenn Sie dagegen die C++-Operatoren für die Typumwandlung verwendet haben, können Sie effizient nach den Namen der Operatoren suchen.

Zudem können Sie die Suche weiter einschränken, wenn Sie sich sicher sind, dass der Fehler mit der Entfernung einer const-Deklaration (const_cast), mit der Umwandlung einer abgeleiteten Klasse in eine Basisklasse (dynamic_cast), mit einer Standardumwandlung (static_cast) oder mit einer ehedem als fehleranfällig eingestuften Umwandlung (reinterpret_cast) zu tun hat.

Der dynamic_cast-Operator meldet zudem zur Laufzeit zurück, ob die gewünschte Typumwandlung erfolgreich war oder nicht.

static_cast

Der Operator static_cast ist für »unkritische« Typumwandlungen, beispielsweise also zum Erzwingen von Typumwandlungen, die der Compiler auch automatisch vornehmen kann.

```
bezeichner1 = static_cast <Zieltyp> (bezeichner2);
```

- *Zieltyp*. Angabe des Typs, in den bezeichner2 umgewandelt werden soll.
- *bezeichner2*. Umzuwandelndes Objekt.

Beispiel

```
int var1 = 4, var2 = 3;
double erg;
erg = static_cast<double>(var1)/var2;
```

Aber static_cast ist nicht nur auf Standardkonvertierungen festgelegt. Aus den verschiedenen weiteren Umwandlungen, die man ebenfalls mit static_cast vornehmen kann, möchte ich noch zwei herausstreichen:

- void-Zeiger können in Zeiger auf andere Typen umgewandelt werden.

```
int* p = static_cast<int*>(malloc(5*sizeof(int)));
```

- Ein Zeiger, der auf ein Objekt einer Basisklasse weist, kann in einen Zeiger auf Objekte einer abgeleiteten Klasse umgewandelt werden – vorausgesetzt, es handelt sich nicht um eine virtuelle Basisklasse.

```
#include <iostream>
using namespace std;

class basis {
  public:
   int wert;
   basis(int i) {wert = i;};
   };
```

```
class abgeleitet : public basis {
  public:
   int daten;
   abgeleitet(int i):basis(i) {daten = 3;};
   };

int main()
  {
  abgeleitet *p_abg = &abgeleitet(5);
  basis *p_b = &basis(1);

  // Zeiger auf Basisklasse wird umgewandelt in
  // Zeiger auf abgeleitete Klasse

  p_b = p_abg;
  p_abg = static_cast<abgeleitet*>(p_b);
  cout << p_abg->wert << endl;
  cout << p_abg->daten << endl;

  return 0;
  }
```

Letztere Umwandlung ist einigermaßen bemerkenswert. Der umgekehrte Fall, nämlich dass man einen Zeiger auf ein Objekt einer abgeleiteten Klasse als Zeiger auf ein Basisklassenobjekt verwendet, ist für C++ absolut üblich und nutzt die Tatsache aus, dass in dem Objekt einer abgeleiteten Klasse immer auch Objekte der Basisklassen enthalten sind.

Abbildung 7.4: Eingeschlossenes Basisklassen-Objekt

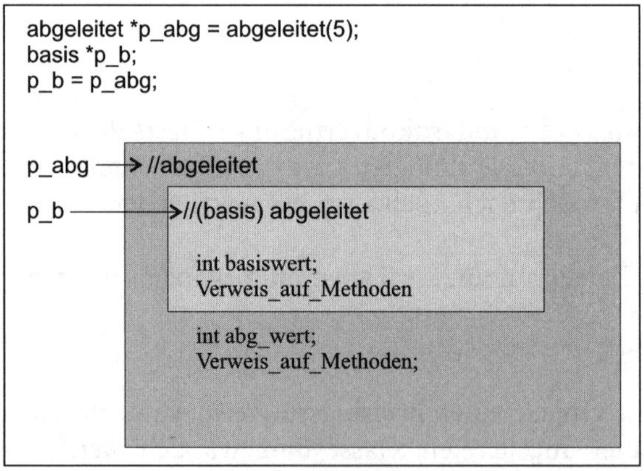

Die Umkehrung ist allerdings gefährlich, denn es bedeutet, dass man nun einen Zeiger, von dem man eigentlich nicht mehr weiß, als dass er zuvor auf ein Basisklassenobjekt verwiesen hat, dazu verwenden kann, auf Elemente einer abgeleiteten Klasse zuzugreifen. So geschehen in obigem Listing in der Zeile:

```
cout << p_abg->daten << endl;
```

Ein Downcast setzt einen Upcast voraus

In obigem Beispiel geht dies gut, da der später umgewandelte Zeiger `p_b` zuvor die Adresse eines Objekts der abgeleiteten Klasse zugewiesen bekommen hat:

```
p_b = p_abg;
```

Die Umwandlung

```
p_abg = static_cast<abgeleitet*>(p_b);
```

bedeutet in diesem Fall also im Prinzip nichts anderes als die korrekte Ausdehnung der Zugriffsmöglichkeiten des Zeigers.

Würde `p_b` allerdings auf ein Basisklassenobjekt verweisen, das nicht Teil eines Objekts der abgeleiteten Klasse ist, würde der Zugriff

```
p_abg->daten
```

ins Leere gehen.

dynamic_cast

Mit dem `dynamic_cast`-Operator können Zeiger (oder Referenzen) auf Klassentypen einer gemeinsamen Klassenhierarchie ineinander umgewandelt werden.

```
ptr_1 = dynamic_cast <Zieltyp*> (ptr_2);
```

- *Zieltyp*: Angabe des Referenz-Typs, in den `ptr_2` umgewandelt werden soll.
- *ptr_2*: Umzuwandelnder Zeiger (oder Referenz).

Prinzipiell gibt es zwei Fälle, in denen Umwandlungen mit `dynamic_cast` erlaubt sind:

- Ein Zeiger (oder eine Referenz), der auf ein Objekt einer abgeleiteten Klasse weist, kann in einen Zeiger auf ein Objekt der Basisklasse umgewandelt werden. (Entspricht der Standardkonvertierung, die auch ohne explizite Typumwandlung erlaubt ist.)
- Zudem ist es möglich, einen Zeiger (oder eine Referenz), der auf ein Objekt einer Basisklasse weist, in einen Zeiger auf Objekte einer abgeleiteten Klasse umzuwandeln. Voraussetzung ist, dass es sich um eine polymorphe Basisklasse handelt (d.h., die Klasse muss mindestens eine `virtual`-Funktion enthalten). Denn nur dann legt der Compiler eine virtuelle Tabelle an (eigentlich zur Auflösung dynamischer Bindungen, siehe Kapitel 18 und 21.4), in der auch Informationen für die obige Typumwandlung abgelegt werden.

Tatsächlich ist es mit diesen Informationen sogar möglich, einen Zeiger auf eine Basisklasse B1 auf dem Umweg über eine gemeinsame abgeleitete Klasse A in einen Zeiger auf eine zweite Basisklasse B2 umzuwandeln.

```
#include <iostream>
using namespace std;

class basis1 {
   public:
      virtual void func() {
                 cout << "basis1" << endl;}
   };

class basis2 {
   public:
      virtual void func() {
         cout << "basis2" << endl;};
    };

class abgeleitet :  public basis1, public basis2
   {
      virtual void func() {
                 cout << "abgeleitet" << endl;}
   };

int main()
   {
   //Umwandlung Zeiger auf Basisklasse1 zu Basisklasse2
   basis1 *p_bp1 = &basis1();       // Zeiger auf Basis1
   basis2 *p_bp2 = &basis2();       // Zeiger auf Basis2
   p_bp2->func();

   p_bp1 = &abgeleitet();
   p_bp2->func();

   p_bp2 = dynamic_cast <basis2*> (p_bp1);
   p_bp2->func();

   getchar();
   return 0;
   }
```

Ausgabe:

```
basis2
basis2
abgeleitet
```

Analyse Gehen wir den Code kurz durch.

Zuerst wird eine kleine Klassenhierarchie, bestehend aus einer abgeleiteten Klasse mit zwei Basisklassen, definiert. In den Klassen werden virtuelle Funktionen definiert, damit der Compiler eine virtuelle Tabelle und Laufzeittypinformationen für die Klassen anlegt.

In der `main()`-Funktion werden dann zuerst Zeiger auf die Basisklassen erzeugt und initialisiert.

Der Zeiger `p_bp1` wird danach auf ein Objekt der Klasse `abgeleitet` umgelenkt. Eine explizite Typumwandlung ist dazu nicht erforderlich, da dies die für Vererbungen standardmäßig unterstützte Konvertierung ist. Für unser weiteres Vorhaben ist dieser Schritt allerdings unverzichtbar, bewirkt er doch, dass der Zeiger `p_bp1` jetzt auf ein `basis1`-Objekt verweist, das Teil eines `abgeleitet`-Objekts ist.

Würde der Zeiger `p_bp1` auf ein eigenständiges `basis1`-Objekt verweisen, gäbe es keinen Bezug zu einem `abgeleitet`-Objekt und folglich auch keinen Bezug zu einem inhärenten `basis2`-Objekt. Die nachfolgende Konvertierung

```
p_bp2 = dynamic_cast <basis2*> (p_bp1);
```

würde dann zwar kompiliert, zur Laufzeit aber nicht wie gewünscht ausgeführt.

Upcast und Downcast

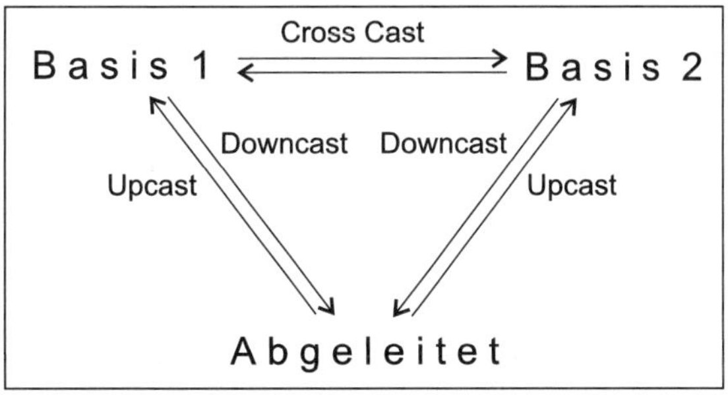

Abbildung 7.5: Typumwandlungen in Klassenhierarchien

Je nachdem, welche Bewegung eine Typumwandlung in einer Klassenhierarchie bewirkt, unterscheidet man drei verschiedene Cast-Kategorien:

DownCast Die Typumwandlung von einer Basisklasse in eine abgeleitete Klasse bezeichnet man im Englischen als Downcast (zu Deutsch auch als Vorwärts-Cast oder *Vorwärtsbezug* bezeichnet).
Der Name kommt einfach daher, dass man bei der grafischen Darstellung von Vererbungen die Basisklasse(n) immer oben und die abgeleitete(n) Klasse(n) darunter einzeichnet.

UpCast Umgekehrt bezeichnet man die Typumwandlung von einer abgeleiteten Klasse in eine Basisklasse als Upcast (zu Deutsch auch als Rückwärts-Cast oder *Rückwärtsbezug* bezeichnet).

CrossCast Die Umwandlung von einer Basisklasse in eine andere Basisklasse (der gleichen abgeleiteten Klasse) bezeichnet man als CrossCast.

Fehlerbehandlung von dynamic_cast

Der besondere Wert des `dynamic_cast`-Operators liegt aber darin, dass er nicht nur versucht, eine Typumwandlung durchzuführen, sondern zudem eine gezielte Fehlerbehandlung erlaubt.

Was würde beispielsweise passieren, wenn man in obigem Beispiel die Zeile

```
p_bp1 = &abgeleitet();
```

wegließe?

Der Zeiger `p_bp1` würde dann auf das Objekt `&basis1();` verweisen, das kein Teil eines Objekts der Klasse `abgeleitet` ist. Ein Bezug über eine abgeleitete Klasse zur Basisklasse `basis2` ist folglich nicht möglich, und der `dynamic_cast`-Operator kann die Konvertierung nicht durchführen. Anders als die anderen `cast`-Operatoren liefert er aber in diesem Fall einen NULL-Wert zurück. Man kann also im Anschluss an die versuchte Typumwandlung prüfen, ob diese erfolgreich war oder fehlgeschlagen ist:

```
p_bp2 = dynamic_cast <basis2*> (p_bp1);
if(p_bp2 == NULL)
     cout << "cast failed" << endl;
     else
     p_bp2->func();
```

INFO

Wird der Operator mit Referenzen statt mit Zeigern aufgerufen, ergibt sich das Problem, dass es keinen NULL-Wert für Referenzen gibt. Der Operator verzichtet daher auf die Rücklieferung eines Rückgabewertes und löst stattdessen eine Exception vom Typ `bad_cast` *aus.*

Typidentifizierung mit dynamic_cast

Schließlich kann man dynamic_cast auch einfach zur Typprüfung benutzen. Greifen wir dazu noch einmal das Beispiel zur VCL des C++Builders auf (siehe Kapitel 7.13).

Angenommen, Sie gehen wie oben beschrieben in einer Schleife die Komponenten eines Formulars durch. Von diesen wollen Sie nur diejenigen weiter bearbciten, die Eingabefelder sind (Klasse TEdit in der VCL-Bibliothek). Im Komponenten-Array sind aber nur Zeiger der oberen Basisklasse TComponent abgelegt.

Um nun herauszufinden, ob einer dieser Zeiger tatsächlich auf ein TEdit-Objekt verweist (und also korrekt wieder in einen Zeiger auf TEdit zurückverwandelt werden kann), könnten wir die TComponent-Methode ClassNameIs() verwenden:

```
if (Components[i]->ClassNameIs("TEdit"))
```

Genauso gut hätte man aber auch den dynamic_cast-Operator einsetzen können:

```
for(int i=0; i < ComponentCount; i++)
  {
  // Zugriff auf Methode aus Basisklasse
  if (dynamic_cast<TEdit*>(Components[i]))
    {
    // Umwandlung in Zeiger auf abgeleitete Klasse
    ((TEdit *)Components[i])->Clear();
    }
  }
```

In obigem Beispiel sind beide Alternativen möglich. In vielen Klassenhierarchien hat man aber Basisklassen, die keine Methode wie ClassNameIs() anbieten, und dann stellt der dynamic_cast-Operator die einzige Möglichkeit dar.

Nicht vergessen: Der dynamic_cast-*Operator ist auf die Existenz einer virtuellen Tabelle angewiesen, und diese wird nur für Basisklassen mit virtuellen Funktionen angelegt.*

!! STOP

const_cast

Mithilfe des Operators const_cast können Sie die Spezifizierer const und volatile aus einem Typ entfernen oder gegeneinander austauschen.

```
bezeichner1 = const_cast <Zieltyp> (bezeichner2);
```

- *Zieltyp*: Angabe des Typs, in den bezeichner2 umgewandelt werden soll. Ist bis auf const oder volatile-Deklaration identisch zum Typ von bezeichner2.
- *bezeichner2*: Umzuwandelndes Objekt.

Beispiele:

```
const int* p;
int* q;
p = q;                    // korrekt: Zuweisung eines
```

```
                              // int*-Objekts an const int*
q = p;                        // Fehler: const int* an int*
q = const_cast <int*> (p);    // ok
```

Den const_cast-Operator braucht man, weil C/C++ Zuweisungen (einschließlich Parameterinitialisierungen in Funktionsaufrufen) zwischen Variablen des gleichen Typs nur dann erlaubt, wenn der Datentyp des L-Wertes (siehe Kapitel 4.1.5) alle cv-Qualifizierer des R-Wertes enthält.

Aus diesem Grund ist die Zuweisung q = p; in obigem Beispiel ohne const_cast nicht erlaubt (erzeugt einen Compiler-Fehler).

const_cast ***sollte nicht zu oft in Ihren Programmen auftauchen***

Beachten Sie aber auch, dass, wo immer ein const_cast erforderlich ist, ein Design-Fehler im Programm lauern könnte, denn schließlich geben Sie danach ein Objekt zum Überschreiben frei, das eigentlich vor Wertzuweisungen bewahrt werden sollte.

reinterpret_cast

Der Operator reinterpret_cast ist für »kritische« Typumwandlungen, beispielsweise die Umwandlung von Funktionszeigern oder die Umwandlung eines Integer-Werts in einen Zeiger.

```
bezeichner1 = reinterpret_cast <Zieltyp> (bezeichner2);
```

- *Zieltyp*: Angabe des Typs, in den bezeichner2 umgewandelt werden soll.
- *bezeichner2*: Umzuwandelndes Objekt.

Beispiel

```
struct dwords {
    short a;
    short b;
    };

dwords dw = {0,0};
int *ptr = reinterpret_cast<int*>(&dw);
*ptr=0x00001000;
cout << "*ptr = " << *ptr << endl;
cout << "dw.a = " << dw.a << endl;
cout << "dw.b = " << dw.b << endl;
```

Ausgabe:

```
*ptr = 4096
dw.a = 4096
dw.b = 0
```

Analyse Hier wird die Adresse einer Strukturvariablen in einen Zeiger auf int umgewandelt. Danach wird über diesen Zeiger ein int-Wert in den Speicherbereich der Strukturvariablen geschrieben.

Man beachte, dass man auf diese Weise die Typensicherheit der Sprache aushebelt und die Bitmuster beliebiger Speicherbereiche frei manipuliert. Sicherzustellen, dass solche Manipulationen korrekt und sinnvoll sind, ist dabei alleinige Aufgabe des Programmierers. In obigem Beispiel ist dies noch einigermaßen gewährleistet, da in einer 32-Bit-Umgebung 2 `short`-Variablen (à 2 Byte) genauso viel Speicherplatz belegen wie ein `int` (4 Byte). Geht man davon aus, dass es das Ziel des Programmierers ist, einen `int`-Wert in oberes und unteres Wort (ein Wort = 2 Byte) aufzuteilen, ergibt obiger Code einen Sinn. In einer 16-Bit-Umgebung, in der `short` und `int` den gleichen Speicherbedarf haben, würde obiger Code allerdings schon nicht mehr korrekt funktionieren.

Typumwandlungen mit `reinterpret_cast` *führen oft zu schlecht portierbarem Code.*

!! STOP

Dass in obigem Beispiel in dem `short`-Element `dw.a`, das eine niedrigere Adresse hat als `dw.b`, die letzten 2 Byte der `int`-Variablen abgelegt werden, liegt daran, dass das Bitmuster des `int`-Wertes in umgekehrter Reihenfolge abgespeichert wird (siehe Kapitel 6.2).

Wann kann reinterpret_cast sicher eingesetzt werden?

Konvertiert man einen Zeiger in einen Zeiger auf ein anderes Objekt oder einen Funktionszeiger in den Typ eines anderen Funktionszeigers oder einen Elementzeiger in den Typ eines anderen Elementzeigers, kann man nie wirklich sicher sein, was passiert, wenn man den umgewandelten Zeiger dereferenziert.

Wenn man die Umwandlung jedoch durch einen weiteren `reinterpret_cast` wieder rückgängig macht, kann man sicher sein, dass der resultierende Zeiger wieder korrekt auf das ursprüngliche Objekt, Funktion oder Klassenelement verweist.

Man kann dies beispielsweise nutzen, um Zeiger auf verschiedene Objekte, Funktionen oder Klassenelemente in einem gemeinsamen Array zu verwalten.

7.13.3 Typidentifizierung (nur C++)

Die Möglichkeiten der impliziten und expliziten Typumwandlung führen schnell zu Situationen, in denen der Typ eines Objekts oder Zeigers nicht mehr zur Kompilierzeit feststellbar ist. Es muss also eine Möglichkeit geben, den Typ zur Laufzeit festzustellen.

In Abschnitt 7.13.2 haben Sie bereits gesehen, wie der `dynamic_cast`-Operator zu diesem Zweck genutzt werden kann.

C++ kennt aber noch einen weiteren Operator zur Typidentifizierung, der im Gegensatz zum dynamic_cast-Operator auch auf elementare Datentypen und Objekte angewendet werden kann.

typeid

Mit dem Operator typeid können Sie den genauen Datentyp eines Objekts zur Laufzeit abfragen:

```
typeid  ( Ausdruck )
typeid  ( Typname )
```

Beispiel

```
/* Typeid.cpp  Laufzeit-Typenidentifizierung */
#include <iostream>
#include <typeinfo>
using namespace std;

int main()
  {
  class demo {int wert;};
  demo d1, d2;
  const demo d3();

  if(typeid(d1) == typeid(d2))
     cout << "d1 und d2 haben den gleichen Typ\n";
     else
     cout << "d1 und d2 haben nicht den gleichen Typ\n";

  if(typeid(d1) == typeid(d3))
     cout << "d1 und d3 haben den gleichen Typ\n";
     else
     cout << "d1 und d3 haben nicht den gleichen Typ\n";

  return 0;
  }
```

Ausgabe:

```
d1 und d2 haben den gleichen Typ
d1 und d3 haben den gleichen Typ
```

Aber Achtung: cv-Qualifizierer im Operanden werden von einigen Compilern beachtet! Der Vergleich:

```
if(typeid(d1) == typeid(const demo))
```

würde dann false *ergeben!*

Der Operator typeid kann mehr als nur die Typidentität zweier Variablen oder Typen feststellen. So erzeugt der Operator für das ihm übergebene Objekt zusätzlich eine entsprechende Instanz der Klasse type_info.[3] In dieser

3 Die Erzeugung von type_info-Objekten kann üblicherweise über Compiler-Schalter aktiviert und deaktiviert werden.

Instanz, die vom Operator als Referenz zurückgeliefert wird, sind weitere Informationen zum Datentyp des übergebenen Objekts abgelegt.

Wir werden uns diese erweiterten Möglichkeiten des `typeid`*-Operators im Kapitel 21.5 näher anschauen.*

REF

7.14 Synonyme und Trigraphsequenzen

In C++ wurden für einige Operatoren synonyme Bezeichnungen eingeführt.

Tabelle 7.13: Synonyme Operatoren

Synonym	Operator
and	&&
and_eq	&=
bitand	&
bitor	|
compl	~
not	!
not_eq	!=
or	||
or_eq	|=
xor	^
xor_eq	^=

Die Synonyme sollen Programmierern, deren Tastatur anders als die englische Tastatur aufgebaut ist, die Eingabe der Operatoren erleichtern und ersetzen somit auch einige der Trigraphsequenzen, die dem gleichen Zweck dienen.

Tabelle 7.14: Trigraphsequenzen

Synonym	Bedeutung
??=	#
??/	\
??'	^
??(	[
??)	]

Tabelle 7.14: Trigraphsequenzen (Forts.)

Synonym	Bedeutung
??!	|
??<	{
??>	}
??-	~

7.15 Reihenfolge der Operator-Abarbeitung

Wenn Sie Operanden und Operatoren zu Ausdrücken zusammensetzen, haben Sie meist eine genaue Vorstellung davon, wie das Ergebnis dieser Ausdrücke zur Laufzeit aussehen wird.

Wenn Sie beispielsweise folgende Berechnung durchführen:

```
x = 3 * y - 7 + z;
```

gehen Sie wahrscheinlich davon aus, dass zuerst 3*y berechnet wird, von dem Ergebnis dieser Multiplikation 7 abgezogen, der Wert von z addiert und das Resultat der Variablen x zugewiesen wird.

Sie gehen also – zu Recht – wie selbstverständlich davon aus, dass der Compiler Punktrechnung vor Strichrechnung stellt.

Punktrechnung vor Strichrechnung hilft Ihnen bei Ausdrücken wie dem folgenden aber nicht mehr weiter:

```
x = *++y - -z--;
```

Regeln für die Ausdrucksauswertung

Um wirklich vorhersagen zu können, wie ein Ausdruck ausgewertet wird, müssen Sie wissen, wie der Compiler Ausdrücke auswertet.

Priorität Jeder Operator gehört einer bestimmten Prioritätsklasse an. In einem Ausdruck werden die Operatoren in der Reihenfolge ihrer Priorität abgearbeitet, wobei Operatoren höherer Priorität zuerst ausgewertet werden.

Assoziativität Gibt es in einem Ausdruck mehrere Operatoren gleicher Priorität, werden diese in der für die Operatoren charakteristischen Richtung abgearbeitet.

Operanden

In welcher Reihenfolge die Operanden eines binären Operators ausgewertet werden, ist nicht festgelegt (meist wird zuerst der linke, dann der rechte Operand ausgewertet).
Für die logischen Operatoren ist vorgeschrieben, dass der linke Operand zuerst ausgewertet wird. Ist der linke Operand eines &&-Operators gleich 0 (`false`), wird der rechte Operand nicht mehr ausgewertet. Gleiches gilt für den ||-Operator, wenn der linke Operand gleich 1 (`true`) ist.

Klammern

Durch das Setzen von Klammern kann man die Reihenfolge, in der die Operatoren abgearbeitet werden, beeinflussen.

Priorität und Assoziativität der einzelnen Operatoren können Sie der nachfolgenden Tabelle entnehmen.

Mithilfe dieser Regeln können Sie nun leicht nachvollziehen, wie der Ausdruck

```
x = 3 * y - 7 + z;
```

ausgewertet wird.

Beispiel

1. Der *-Operator hat die höchste Priorität und wird daher als Erstes ausgeführt. Seine Operanden sind `3` und `y`. Der Compiler wertet also

   ```
   x = (3 * y) - 7 + z;
   ```

   aus.

INFO

Warum kann der zweite Operand nicht der Ausdruck `y-7+z` *sein? Weil der Operand vor der Ausführung einer Operation berechnet sein muss. Dies würde aber heißen, dass die Operatoren – und* + *vor dem* `*`*-Operator berechnet würden. Wollte man diese Auswertungsreihenfolge erzwingen, müsste man den Operand in Klammern fassen:*

*x = 3 * (y – 7 + z);*

2. Als Nächstes folgen der Subtraktions- und der Additionsoperator. Beide haben die gleiche Priorität. Nach den Regeln der Assoziativität werden sie daher von links nach rechts ausgewertet, also zuerst die Subtraktion:

   ```
   x = ((3 * y) - 7) + z;
   ```

3. Das Ergebnis wird schließlich x zugewiesen.

Weitere Beispiele sowie die Beschreibung einiger Fußangeln und nicht vorhersehbarer Nebeneffekte im Zusammenhang mit der Auswertung von Ausdrücken finden Sie in Abschnitt 7.1.2.

Tabelle 7.15: Auswertung der Operatoren

Priorität	Operatoren	Bedeutung	Assoz.
18	::	Bereichszugriff	-
	()	Klammerung	-
17	()	Funktionsaufruf	L-R
	()	Objektkonstruktion typ (expr)	
	[]	Indizierung	
	->	Elementenzugriff	
	.	Elementenzugriff	
	++ (Post)	Postinkrement	
	-- (Post)	Postdekrement	
	const_cast	Typumwandlung	
	dynamic_cast	Typumwandlung	
	static_cast	Typumwandlung	
	reinterpret_cast	Typumwandlung	
	typeid	Typidentifizierung	
16	+, –	Vorzeichen	R-L
	!	logische Negation	
	~	Bitkomplement	
	++ (Präfix)	Präinkrement	
	– (Präfix)	Prädekrement	
	&	Adresse	
	*	Dereferenzierung	
	()	Typumwandlung	
	sizeof	Größe in Byte	
	new, new[]	Speicherallokation	
	delete, delete[]	Speicherfreigabe	
15	.*	Elementzeigerzugriff	L-R
	–>*	Elementzeigerzugriff	
14	*	Multiplikation	L-R
	/	Division	
	%	Modulo (Rest der Division)	
13	+	Addition	L-R
	–	Subtraktion	

Tabelle 7.15: Auswertung der Operatoren (Forts.)

<table>
<tr><th>Priorität</th><th>Operatoren</th><th>Bedeutung</th><th>Assoz.</th></tr>
<tr><td>12</td><td><<
>></td><td>Linksverschiebung
Rechtsverschiebung</td><td>L-R</td></tr>
<tr><td>11</td><td><, <=
>, >=</td><td>kleiner, kleiner gleich
größer, größer gleich</td><td>L-R</td></tr>
<tr><td>10</td><td>==
!=</td><td>gleich
ungleich</td><td>L-R</td></tr>
<tr><td>9</td><td>&</td><td>bitweises AND</td><td>L-R</td></tr>
<tr><td>8</td><td>^</td><td>bitweises XOR</td><td>L-R</td></tr>
<tr><td>7</td><td>|</td><td>bitweises OR</td><td>L-R</td></tr>
<tr><td>6</td><td>&&</td><td>logisches AND</td><td>L-R</td></tr>
<tr><td>5</td><td>||</td><td>logisches OR</td><td>L-R</td></tr>
<tr><td>4</td><td>=
*=, /=, %=, +=,
-=, &=, ^=, |=,
<<=, >>=</td><td>Zuweisung
zusammengesetzte Zuweisung</td><td>R-L</td></tr>
<tr><td>3</td><td>:?</td><td>Bedingungsoperator</td><td>R-L</td></tr>
<tr><td>2</td><td>throw</td><td>Exception-Auslösung</td><td>L-R</td></tr>
<tr><td>1</td><td>,</td><td>Komma-Operator</td><td>L-R</td></tr>
</table>

Klammerung und Kellerautomat

Die Auswertung von geklammerten Ausdrücken ist eng mit dem Konzept der Kellerautomaten verbunden.

Ein Kellerautomat ist eine »Maschine«, die auf dem Speichermodell des Kellers (auch Stapel oder Stack) beruht.

Ein Keller oder Stapel wiederum ist eine Datenstruktur, die nur an ihrem oberen Ende den Zugriff auf die in ihr befindlichen Elemente zulässt. Man stellt sich einen Keller am besten als ein Rohr vor, das nur oben geöffnet ist. Die einzelnen Elemente, die in dem Rohr verwahrt werden, sind Scheiben vom Durchmesser des Rohres. Will man eine Scheibe in dem Rohr ablegen, lässt man sie von oben ins Rohr gleiten. Holt man eine Scheibe aus dem Rohr heraus, ist dies immer die oberste Scheibe. Will man eine beliebige Scheibe aus dem Rohr herausnehmen, muss man zuerst alle darüber befindlichen Scheiben herausnehmen.

Geklammerte Ausdrücke können mithilfe von Kellerautomaten berechnet werden

Ein Kellerautomat zur Verarbeitung von geklammerten Ausdrücken verwendet einen Keller als Ablage für die einzelnen Elemente eines Ausdrucks. Zugelassene Elemente sind öffnende Klammern, Werte (Variablen oder Konstanten), Operatoren und schließende Klammern. Die einzelnen Elemente sollen von links nach rechts in den Automaten eingelesen und verarbeitet werden. Zum Schluss soll als einziges Element der Wert des berechneten Ausdrucks im Keller stehen.

Als Vorbereitung wird der zu verarbeitende Ausdruck vollständig geklammert, d.h., um jeden Operator mit seinen zwei Operanden steht ein Klammernpaar. Der Ausdruck `3 * y - 7 + z` aus dem obigen Beispiel würde also nach den Prioritäts- und Assoziativitäts-Regeln zu:

```
(((3 * y) - 7) + z)
```

Dann wird der Ausdruck Element für Element in den Keller eingelesen.

Öffnende Klammern	werden nicht eingelesen, sondern einfach entfernt.
Operanden	werden eingelesen.
Operatoren	werden eingelesen.
Schließende Klammern	führen zur Auswertung der im Keller zuoberst abgelegten Operation, d.h., der oberste Operator und seine beiden Operanden werden aus dem Keller gelöscht und durch das Ergebnis der Operation ersetzt. Beachten Sie, dass im Keller durchaus mehrere Operatoren mit ihren Operanden übereinander abgelegt sein können – für Ausdrücke, in denen ein Operand selbst wieder Ergebnis einer Operation ist, beispielsweise: `3 * (y - 7)`

Die nachfolgende Abbildung verdeutlicht die Arbeit der Kellermaschine für geklammerte Ausdrücke anhand des Ausdrucks: `(((3 * y) - 7) + z)`.

Tetris

Eine weniger nützliche, aber zweifelsohne viel nettere Umsetzung eines Kellerautomaten ist das Spiel Tetris. Bei diesem Spiel fallen nacheinander verschiedenartig geformte Bausteine in ein kellerartiges Spielfeld.

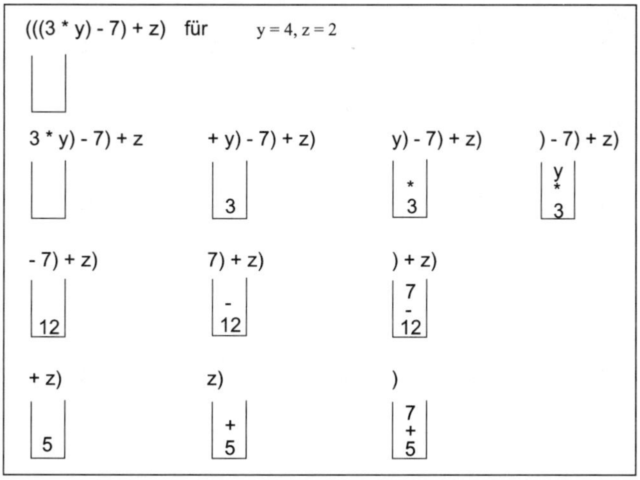

Abbildung 7.6: Auswertung eines geklammerten Ausdrucks mit einer Kellermaschine

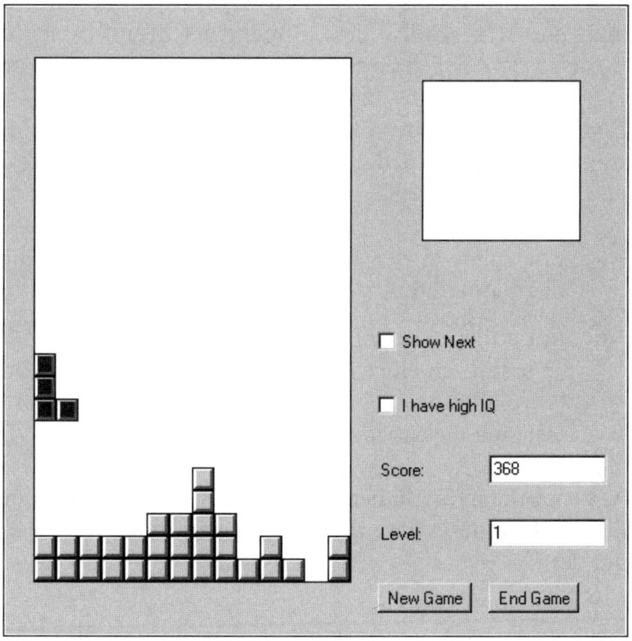

Abbildung 7.7: Tetris

Aufgabe des Spielers ist es, die Bausteine im Keller so abzulegen, dass sie möglichst immer ganze Zeilen ausfüllen. Vollständig ausgefüllte Zeilen werden aus dem Keller entfernt. Gelingt es dem Spieler nicht, fortwährend Zeilen abzubauen, füllt sich der Keller und das Spiel ist beendet.

Der STL-Container stack

Zur Implementierung eigener Kellermaschinen oder ähnlich gelagerter Aufgaben ist in der ANSI-C++-Bibliothek bereits die Datenstruktur `stack` vordefiniert.

7.16 Überladung von Operatoren (nur C++)

In C sind die Funktionsweisen der Operatoren und deren Operanden strikt vorgegeben.

So kann der +-Operator beispielsweise nur auf arithmetische Operanden (vom Typ `int`, `float`, `double` etc.) angewendet werden und führt dann eine Integer- oder Gleitkomma-Addition durch.

Weder kann man aber den +-Operator auf selbst definierte Datentypen anwenden (beispielsweise einen Array-Typ oder eine Struktur), noch kann man die Arbeitsweise des +-Operators beeinflussen (indem man beispielsweise zu dem Ergebnis stets einen bestimmten Offset addieren lässt).

Das Klassenkonzept von C++ sieht aber vor, dass eine Klasse einen eigenständigen Datentyp darstellt, der selbst vorgibt, welche Operationen auf den Instanzen einer Klasse erlaubt sind. Dies erreicht man, indem man

- zum einen in der Klasse Methoden definiert, die auf den Daten der Klasse operieren,
- zum anderen definiert, wie die in C/C++ vorhandenen Operatoren auf die Instanzen einer Klasse angewendet werden können.

Wie lässt sich dies aber realisieren?

Angenommen, Sie haben eine Klasse `vector` für dreidimensionale Vektoren, die nichts anderes enthält als Instanzvariablen für die x-, y- und z-Koordinaten des Vektors.

```
class Vector {
   int x;
   int y;
   int z;
   ...
   };
```

Wie kann man dem Compiler mitteilen, dass er die Anweisung

```
v3 = v1 + v2;     // v1, v2, v3 vom Typ Vector
```

so verarbeitet, dass er die Koordinaten `x`, `y` und `z` der beiden Vektoren `v1` und `v2` jeweils miteinander addiert und das Ergebnis als Vektor an `v3` zuweist?

In objektorientierter Sprachweise bedeutet dies, dass der +-Operator für Operanden vom Typ `vector` überladen werden muss.

Konkret sieht dies so aus, dass die überladenen Operatoren durch Funktionen (Operatorfunktionen) beschrieben werden.

INFO

In C++ stehen hinter den Operatoren Operatorfunktionen, beispielsweise `operator+()` *für den +-Operator. Eine Zuweisung wie* `v3 = v1 + v2` *stellt sich für den Compiler daher als Verkettung der Operatorfunktionen* `operator=()` *und* `operator+()` *dar:*

```
v3.operator=(v1.operator + (v2));
```

7.16.1 Syntax

Grundsätzlich ist die Definition einer Operatorfunktion genauso aufgebaut wie eine normale Funktionsdefinition, also mit Rückgabetyp, Funktionsname, Parameterliste und Anweisungsteil:

```
RückgabeTyp    operator op ( PARAMETERLISTE )
     {
     ANWEISUNGEN;
     }
```

- *RückgabeTyp*: Datentyp des Objekts, das die Operatorfunktion zurückliefert.
- *op*: Das Symbol des Operators (beispielsweise +). Das Schlüsselwort `operator` und das Symbol ersetzen zusammen den Funktionsnamen.
- *Parameterliste*: Liste der Operanden. Hängt davon ab, ob es sich um einen unären oder binären Operator handelt und ob die Operatorfunktion als Element einer Klasse oder global definiert wird.

Beispiel

```
class Vector {
   double x;
   double y;
   double z;

 public:
  Vector(double x,double y,double z) {...}  // Konstruktor

  // Addition zweier Vektoren
  Vector operator+ (const Vector & a) const
    {
    return Vector(x + a.x, y + a.y, z + a.z);
    }
 };
```

Diese Operatorfunktion kann wie eine ganz normale Elementfunktion aufgerufen werden:

```
v3 = v1.operator+(v2); // fuer v1, v2 und v3 vom Typ Vector
```

Der große Vorteil liegt aber natürlich darin, dass man auch die gewohnte Operator-Syntax verwenden kann:

```
v3 = v1 + v2;
```

Die Parameterliste

Warum übernimmt ein binärer Operator nur einen Parameter?

Vielleicht fragen Sie sich, warum im obigen Beispiel die Operatorfunktion für den binären +-Operator nur einen Parameter definiert.

Überladung in Klassenbereich

Der Grund dafür ist, dass eine Operatorfunktion, die als Methode einer Klasse definiert ist, automatisch eine Instanz der Klasse als ersten Operanden erwartet. Somit muss lediglich der zweite Operand (der von beliebigem Typ sein kann) angegeben werden.

```
Typ operator op(typ operand2),    // op gleich !, ++, --, ...
```

Für unäre Operatoren wird folglich überhaupt kein Parameter spezifiziert:

```
Typ operator op(),                // op gleich !, ++, --, ...
```

Überladung in Dateibereich (oder Namensbereich)

Wird eine Operatorfunktion außerhalb jeder Klasse als globale Funktion (oder Funktion aus einem Namensbereich) definiert, müssen alle Operanden als Parameter aufgeführt werden.

Für binäre Operatoren stellt dabei der erste Parameter den ersten Operanden und der zweite Parameter den zweiten Operanden dar.

Regeln für die Operator-Überladung

Der Vorteil der Überladung von Operatoren besteht darin, dass man die meist sehr klare und übersichtliche Operatorsyntax auf selbst definierte Klassentypen ausdehnen kann. Ein Laufzeitvorteil ergibt sich dadurch nicht, da sich hinter den überladenen Operatoren Funktionen verbergen.

Die Operatorüberladung ist nicht ganz so frei handhabbar wie die Überladung von Funktionen. Folgende Einschränkungen gelten:

- Es können keine neuen Operatoren definiert werden.
- Folgende Operatoren können nicht überladen werden:

Tabelle 7.16: Nicht überladbare Operatoren

Operatoren	Beschreibung
`.`	Elementzugriff
`.*`	Zugriff auf Elementzeiger
`::`	Gültigkeitsbereichsoperator
`?:`	Bedingungsoperator
`sizeof`	Größe in Byte
`typeid`	Typidentifizierung
`const_cast, dynamic_cast, static_cast, reinterpret_cast`	Typumwandlung
`#, ##, defined`	Präprozessor-Operatoren

- Folgende Operatoren können nur in einem Klassenbereich überladen werden:

Tabelle 7.17: Nicht global überladbare Operatoren

Operatoren	Beschreibung
`=`	Zuweisung
`()`	Funktionsaufruf
`[]`	Indizierung
`->`	Elementzugriff über Zeiger

- Mindestens ein Operand eines überladenen Operators muss eine Klasse oder eine Referenz auf eine Klasse sein.

  Auf diese Weise wird sichergestellt, dass Operatoren nur für selbst definierte Datentypen überladen werden können und die Implementierung der in der Sprache verankerten Operatoren für die elementaren Datentypen unverändert erhalten bleibt.

  Parameter von Klassentypen werden üblicherweise als Referenzen übergeben, um aufwändige Kopierarbeiten beim Operatoraufruf zu umgehen. Um die Argumente vor Überschreibung zu schützen, kann man den Parameter als `const` deklarieren.

- Die allgemeine Auslegung des Operators (Anzahl Operanden, Priorität, Vorgabeargumente) kann nicht verändert werden.

:-) TIPP

Da der Vorteil der Operatorüberladung vornehmlich in der übersichtlicheren Syntax und der besseren Lesbarkeit des resultierenden Quellcodes liegt, sollte man alles tun, um diesen Vorteil nicht durch unsinnige Überladungen zunichte zu machen.

Eine »sinnvolle« Überladung ist immer dann gegeben, wenn andere Programmierer beim Lesen Ihres Quellcodes am Gebrauch der überladenen Operatoren deren Funktionsweise erkennen können.

Wenn Sie also den +-Operator für einen selbst definierten Datentyp überladen, sollte dieser seine Operanden »addieren« und das Ergebnis der Addition zurückliefern – so erwartet man es intuitiv von einem +-Operator. Wie die Addition konkret durchgeführt wird, ist vom Datentyp der Operanden abhängig (beispielsweise Vektoraddition für Vektoren, Konkatenation für Strings). Auf keinen Fall sollte der +-Operator dazu benutzt werden, die beiden Operanden zu substrahieren oder eine Addition durchzuführen, dann aber eine 1 oder 0 zurückzuliefern.

7.16.2 Global oder in Klasse?

Mit Ausnahme der Operatoren `=`, `()`, `[]` und `->` können Operatoren entweder innerhalb eines Klassenbereichs oder global im Dateibereich (bzw. einem Namensbereich) überladen werden.

Nach welchen Regeln soll man nun aber entscheiden, ob ein Operator, der auf Operanden vom Typ einer Klasse `A` operiert, als Elementfunktion der Klasse `A` oder außerhalb der Klasse im globalen Dateibereich definiert werden soll?

Grundsätzlich gilt, dass

- Operatorfunktionen, die im Klassenbereich definiert werden, Zugriff auf die privaten Daten der Klasse haben,
- während global definierte Operatorfunktionen den Vorteil haben, dass es mehr Möglichkeiten zur Überladung gibt, da der 1. Operand nicht automatisch ein Klassentyp ist.

Doch allein mit diesen Kriterien kommt man noch zu keinem vernünftigen Klassen-Design.

Welche Operatoren benötigen Zugriff auf private Daten einer Klasse?

Betrachten wir zur Entscheidung dieser Frage noch einmal die Überladung des +-Operators für die Klasse `Vector`:

```
class Vector {
   double x;
```

```
    double y;
    double z;

  public:
   Vector(double x, double y, double z) {...}  // Konstruktor

   // Addition zweier Vektoren
   Vector operator+ (const Vector & a) const
     {
     return Vector(x + a.x, y + a.y, z + a.z);
     }
  };
```

In diesem Beispiel sind die Koordinaten des Vektors in private-Instanzvariablen abgelegt. Da der +-Operator für die Addition zweier Vektoren diese Instanzvariablen einzeln addieren muss, braucht er das Zugriffsrecht auf diese Instanzvariablen und muss folglich als Methode der Klasse definiert werden, oder?

Wenn ich schon so frage, kann die Antwort natürlich nur »Nein« lauten. Wir können den +-Operator auch global überladen, wenn wir in der Implementierung der Operatorfunktion eine public-Methode der Klasse benutzen, die für uns auf die private-Datenelemente zugreift. Als public-Methode bietet sich hier der +=-Operator an.

```
class Vector {
   double x;
   double y;
   double z;

 public:
  Vector(double x, double y, double z) {...}  // Konstruktor

   // Addition zweier Vektoren
   Vector& operator+= (const Vector & a)
    {
    x += a.x;
    y += a.y;
    z += a.z;
    return *this;
    }

...
};

// globale Überladung zur Addition zweier Vektoren
Vector operator+ (const Vector & a, const Vector & b)
  {
  Vector tmp = a;
  return tmp += b;
  }
```

Analyse

Obige Vorgehensweise hat ihre Vor- und Nachteile.

Zu den Vorteilen gehört das klare Design.

Entschließt man sich dafür, den +-Operator zu überladen, sollte man immer beide Versionen überladen: + und += (Gleiches gilt für die anderen Operatoren, für die es ebenfalls eine kombinierte Zuweisungsvariante gibt).

Es macht Sinn, die +=-Form in der Klasse zu definieren und die +-Form außerhalb, denn die +=-Form benötigt nicht nur den Lesezugriff auf die Datenelemente der Klasse, sondern ändert auch deren Werte. Funktionen, die Manipulationen auf sensiblen Datenelementen durchführen, sollten aber grundsätzlich als Methoden der Klasse definiert sein.

Die globale Überladung der +-Form unter Verwendung der bereits überladenen Version des +=-Operators hat den Nachteil, dass man eine temporäre Variable einrichten muss, aber sie hat auch Vorteile:

Überladene Operatoren überladen

Global überladene Operatoren können für Aufrufe, in denen der 1. Operand kein Klassentyp ist, überladen werden.

Beispielsweise wird man zu einem Vektor nicht nur andere Vektoren, sondern gelegentlich auch Skalare addieren wollen. Und natürlich erwartet man, dass man für

```
vector v1, v2;
double s;
```

sowohl

```
v1 = v2 + 3;
```

als auch

```
v1 = 3 + v2;
```

schreiben kann.

Beide Schreibweisen lassen sich durch Erweiterung des oben beschriebenen Konzepts elegant unterstützen. Man braucht nur den +=-Operator in der Klasse für double-Argumente und die globale +-Version für Aufrufe mit einem double-Operand als erstes bzw. zweites Argument zu überladen:

```
class Vector {
   ...

   // Addition zweier Vektoren
   Vector& operator+= (const Vector & a) {
     x += a.x;
```

```
      y += a.y;
      z += a.z;
      return *this;
      }

    Vector& operator+= (double skalar) {
      x += skalar;
      y += skalar;
      z += skalar;
      return *this;
      }

    ...
    };

// Addition zweier Vektoren
Vector operator+ (const Vector & a, const Vector & b)
  {
  Vector tmp = a;
  return tmp += b;
  }

Vector operator+ (const Vector & a, double skalar)
  {
  Vector tmp = a;
  return tmp += skalar;
  }

Vector operator+ (double skalar, const Vector & b)
  {
  Vector tmp = b;
  return tmp += skalar;
  }
```

Die (oftmals elegantere) Alternative zur mehrfachen Überladung der globalen Operatorfunktion für Operanden verschiedener Datentypen ist die Definition von Konvertierungskonstruktoren (siehe Kapitel 16.9).

:-) TIPP

Modularisierung durch Namensbereiche

Die global überladenen Operatorfunktionen können statt im globalen Dateibereich auch in einem Namensbereich definiert werden.

Man kann dies beispielsweise nutzen, um unterschiedlich implementierte Versionen von Operatorfunktionen in verschiedenen Namensbereichen zu verwalten und dann je nach Bedarf den einen oder anderen Namensbereich einzuschalten.

Überladung und Friends

Außer über den Aufruf von `public`-Methoden einer Klasse gibt es noch einen anderen Weg, der global definierten Funktionen den Zugriff auf `private`-Daten ihrer Argumente erlaubt.

Die Rede ist von der friend-Deklaration.

Mit ihrer Hilfe könnte man den +-Operator einerseits global überladen und andererseits direkt – ohne den Umweg über eine wie immer geartete public-Methode der Klasse – auf die private-Datenelemente zugreifen.

```
class Vector {
   ...
   friend Vector operator+ (const Vector & a, const Vector & b);
   ...
   };

Vector operator+ (const Vector & a, const Vector & b)
  {
  return Vector(a.x + b.x, a.y + b.y, a.z + b.z);
  }
```

Man sollte die friend-Deklaration allerdings nicht als ein Standardmittel ansehen, um beliebigen Funktionen Zugriff auf private-Elementdaten zu gewähren.

Abgesehen davon, dass die friend-Deklaration eigentlich nur eine Krücke ist, die in der Hybridsprache C++ zwischen nicht objektorientiertem C-Stil und objektorientierten Konzepten vermittelt, sind Programme mit komplizierten friend-Bezügen zwischen Funktionen und Klassen meist nur schwer zu verstehen und zu warten.

REF

Mehr zur friend-Deklaration erfahren Sie in Kapitel 19.5.

Zusammenfassung

- Die Operatoren =, (), [] und -> müssen als Elemente der Klasse definiert werden.
- Operatoren, die den Zustand eines Klassenoperanden ändern, sollten ebenfalls in der Klasse definiert werden (betrifft alle kombinierten Zuweisungsoperatoren sowie Inkrement und Dekrement).
- Klassen aus hinzugekauften Klassenbibliotheken erweitert man üblicherweise nicht durch Definition neuer Operatorenfunktionen im Klassenbereich (schon gar nicht, wenn man nicht im Besitz des Quelltextes ist). Hier ist die globale Überladung auf jeden Fall vorzuziehen (siehe Überladung von <<).
- Überlädt man die Operatoren new und delete im globalen Bereich, ist zu beachten, dass man dadurch die vordefinierten globalen Versionen dieser Operatoren unwiederbringlich überschreibt!
- Ansonsten ist man ziemlich frei. Meist ist es wichtiger, sich an die jeweiligen Gegebenheiten anzupassen, als sich an gut gemeinte Regeln

zu halten. Versuchen Sie, mit möglichst wenig Überladungen und Methoden auszukommen und ein einmal gefundenes Konzept möglichst konsequent einzuhalten.

7.16.3 Rückgabewerte von Operatoren

Da Operatoren als Operatorfunktionen implementiert werden, können sie auch ihre Ergebnisse als Rückgabewerte zurückliefern. Für die Operatoren gilt sogar, dass sie praktisch immer einen Rückgabewert zurückliefern.

1. Wie sollte der Rückgabewert eines Operators beschaffen sein?

   Der Typ des Rückgabewerts hängt vom Operator ab. Vergleichsoperatoren liefern beispielsweise `int`- oder `bool`-Werte, arithmetische Operatoren ein Objekt vom Typ der Klasse, für die sie überladen wurden.

   Selbst die Zuweisungsoperatoren, die ja an sich das Ergebnis im ersten Operanden ablegen, liefern eine Referenz auf den ersten Operanden zurück, um Verkettungen der Form:

   ```
   int i, n, m;
   i = n = m = 3;
   ```

   zu erlauben.

Der Ausdruck `i = n = m = 3;` *steht letztendlich für eine dreifache Verkettung der =()-Operatorfunktion:*

```
i.operator=(n.operator=(m.operator=(3)));
```

In dieser Darstellung sieht man, dass es der Rückgabewert des Operators ist, der jeweils als Operand für die nächste Operatorfunktion dient.

2. Gehört das Ergebnis des Operators einem umfangreicheren Datentyp (beispielsweise einer Klasse) an, stellt sich weiterhin die Frage, ob man statt einer Kopie des Ergebnisses nicht besser eine Referenz auf das Ergebnis zurückliefert und somit den Kopieraufwand spart.

Grundsätzlich empfiehlt es sich natürlich, eine Referenz zurückzuliefern. Voraussetzung ist aber, dass Sie eine Referenz auf ein Objekt zurückliefern, das auch außerhalb der Operatorfunktion Bestand hat. Schauen wir uns hierzu zwei Beispiele an:

Der Additionsoperator + wird üblicherweise wie folgt definiert:

```
Vector operator+ (const Vector & a, const Vector & b)
  {
  Vector tmp = a;
  return tmp += b;
  }
```

Der Operator erzeugt also ein temporäres lokales Objekt, in dem zum Ende der Operatorfunktion das Ergebnis der Addition steht. Dieses lokale Objekt kann natürlich nur als Kopie zurückgeliefert werden. Würde der Operator eine Referenz auf sein lokales Objekt zurückliefern, würde dies bedeuten, dass die zurückgelieferte Referenz direkt nach Abarbeitung der Operatorfunktion ungültig ist. Wieso?

Betrachten Sie folgende Zuweisung:

```
v3 = v1 + v2;  // v1, v2, v3 sind vector-Objekte
```

Zur Addition von `v1` und `v2` wird die Operatorfunktion aufgerufen. Die legt ein lokales Objekt `tmp` an und speichert in diesem das Ergebnis. Dann liefert sie die Adresse von `tmp` an `v3`. Für einen kurzen Moment zeigt `v3` auf `tmp` und das berechnete Ergebnis. Jetzt ist aber die Operatorfunktion beendet und alle lokalen Objekte der Funktion werden vom Stack entfernt. Der Speicher von `tmp` wird also freigegeben und `v3` enthält eine Referenz auf einen ungültigen Speicherbereich, indem im nächsten Moment schon ganz andere Inhalte als das Ergebnis der Operatorfunktion stehen können (siehe auch Kapitel 9.4.6).

Anders sieht es beispielsweise bei dem +=-Operator aus:

```
Vector& operator+= (const Vector & a) {
     x += a.x;
     y += a.y;
     z += a.z;
     return *this;
     }
```

Dieser wird üblicherweise als Methode seiner Klasse überladen und speichert das Ergebnis in dem Objekt, für das er aufgerufen wurde (also nicht in einem lokalen Objekt, sondern dem ersten Operanden). Dieses Objekt, also sich selbst, kann der Operator getrost als Referenz zurückliefern.

Allgemein gilt:

- Definiert die Operatorfunktion für ihr Ergebnis ein lokales Objekt und will dieses zurückliefern, muss eine Kopie des Objekts zurückgeliefert werden.
- Manipuliert die Operatorfunktion ein Objekt, das auch außerhalb der Operatorfunktion existiert, kann sie eine Referenz zurückliefern.

7.16.4 Überladung der Operatoren

Für die Überladung der meisten Operatoren gibt es keine großen Besonderheiten zu beachten. Sie folgt der in den beiden vorangehenden Abschnitten beschriebenen Syntax und den am Beispiel des +-Operators vorgestellten Design-Regeln.

Einige Operatoren weisen dagegen bestimmte Eigenheiten auf, die man bei der Überladung berücksichtigen sollte.

7.16.5 Überladung des Zuweisungsoperators =()

Der Zuweisungsoperator `=()` zeichnet sich durch drei Besonderheiten aus:

- Er wird nicht vererbt.
- Er ist standardmäßig bereits für jede Klasse als elementweise Zuordnung definiert.
- Der Zuweisungsoperator kann nur im Klassenbereich deklariert werden.

Jede Klasse verfügt über einen Zuweisungsoperator

Für die Kompatibilität von C++ zu C ist es unabdingbar, dass jede Klasse über die Implementierung eines überladenen Zuweisungsoperators verfügt, denn nur so ist sichergestellt, dass Strukturvariablen (die in C++ ja spezielle Klassen sind) wie gewohnt einander zugewiesen werden können:

```
struct demo {
   int i, j;
  };

struct demo s1 = {1, 2};
struct demo s2;
s2 = s1;
```

Für den C++-Programmierer bedeutet es, dass er für die wechselseitige Zuweisung von Instanzen einer gemeinsamen Klasse keine eigene überladene Version des =-Operators aufsetzen muss.

Vorsicht, Zeiger!

Der vordefinierte =-Operator kopiert 1:1

Der vordefinierte Zuweisungsoperator kopiert die Werte der Elemente seines rechten Operanden einfach in die gleichnamigen Elemente des linken Operanden.

Für obiges Beispiel wäre also nach der Zuweisung:

`s2.i = 1` und `s2.j = 2`.

Der Standardzuweisungsoperator versagt meist für Klassen mit Zeigerelementen

Was allerdings für normale Variablen bestens funktioniert, führt schnell zu Programmierfehlern, wenn Zeiger betroffen sind.

Nehmen wir beispielsweise an, Sie hätten eine Klasse `String`, die neben einem Satz von Methoden zur Manipulation der `String`-Objekte auch einen Zeiger auf `char` zum Abspeichern des eigentlichen Textstrings enthält:

```
class String
  {
  public:
   char *text;
   int laenge;
  ...
```

Die Klasse verfügt auch über einen passenden Konstruktor, der einen String als Argument erwartet, Speicher für den Zeiger `text` reserviert, der groß genug ist, das String-Argument aufzunehmen, und dann das String-Argument in den Speicherbereich von `text` kopiert.

Was geschieht aber, wenn der Programmierer einem Objekt der Klasse `String` ein anderes Objekt der Klasse `String` zuweist?

```
String s1("Erste Instanz");
String s2("Zweite Instanz");
s2 = s1;
```

Wiederum werden die Werte der Datenelemente der Instanz `s1` nach `s2` kopiert. Für das Zeigerelement `text` bedeutet dies allerdings, dass nur die Adresse, auf die der `text`-Zeiger der Instanz `s1` verweist, an den `text`-Zeiger der Instanz `s2` übergeben wird.

Abbildung 7.8: 1:1-Zuweisung

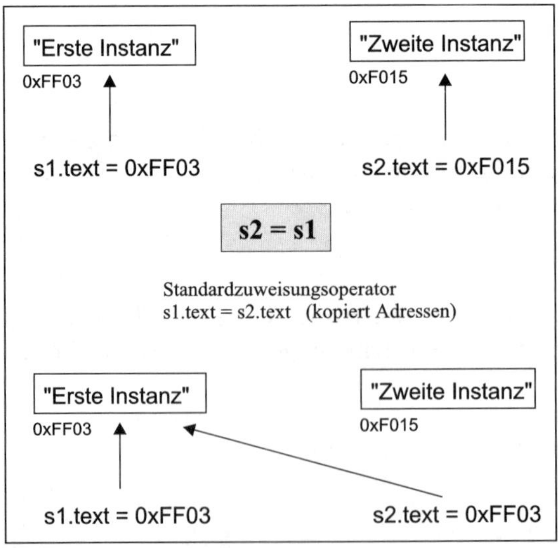

Nach der Zuweisung greifen beide Instanzen s1 und s2 also auf den gleichen Textstring zu. Der Programmierer beabsichtigte mit der Zuweisung vermutlich aber etwas ganz anderes: Er wollte wahrscheinlich die Zeichenkette, auf die s1.text verweist, in s2.text kopieren.

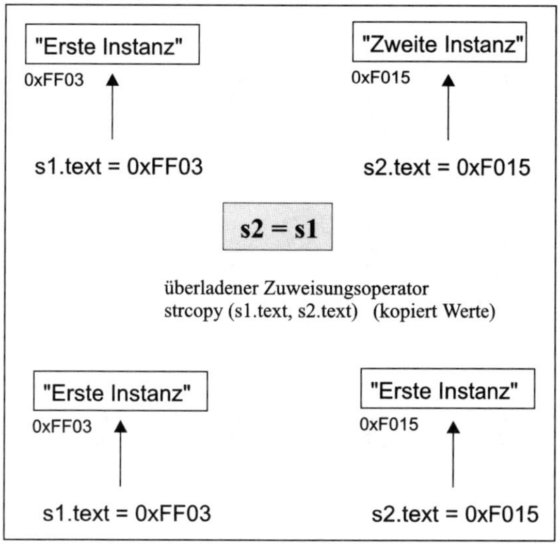

Abbildung 7.9: »Tiefes« Kopieren

Zu diesem Zweck muss man eine eigene Version des Zuweisungsoperators aufsetzen.

Will man einfach nur den Aufruf des Operators unterbinden, kann man ihn als private deklarieren.

```
String& operator=(const String & str)
  {
  if(this == &str)  // Zuweisung an sich selbst
    return *this;

  delete [] text;
  laenge = str.laenge;
  text = new char[laenge+1];
  strcpy(text,str.text);
  return *this;
  }
```

Da es sein kann, dass der Speicherbereich für das text-Element des linken Operanden nicht groß genug ist, um die Zeichenkette aus dem rechten Operanden aufzunehmen, kommt man nicht mit einem einfachen strcpy()-Aufruf aus. Stattdessen muss man den aktuellen Speicherbereich des text-Zeigers freigeben, den Speicherbedarf für die aufzunehmende Zeichenkette berechnen (Länge der Zeichenkette) und einen neuen Speicherbereich reservieren. Da diese Vorgehensweise bei Selbstzuweisungen zu Fehlern führt, muss man diesen Fall vorab abfangen.

s1 = s2 = s3

Der Zuweisungsoperator sollte eine Referenz zurückliefern

Wenn Sie den Zuweisungsoperator überladen, sollten Sie daran denken, dass Programmierer, die mit Ihrer Klasse arbeiten, gelegentlich Zuweisungen aneinander reihen werden:

```
String s1, s2, s3("Dritte Instanz");

s1 = s2 = s3;
```

Zur Unterstützung dieser Syntax muss der Zuweisungsoperator eine Referenz auf den linken Operanden zurückliefern. Daher ist in obigem Beispiel der Operator als

```
String& operator=(const String & str)
```

deklariert und endet mit der `return`-Anweisung:

```
return *this;
```

INFO

Zuweisungsoperatoren von abgeleiteten Klassen sollten zum Kopieren der geerbten Datenelemente die Basisklassenversion des Zuweisungsoperators verwenden.

7.16.6 Überladung der op=-Operatoren

Die kombinierten Zuweisungsoperatoren werden üblicherweise als Methoden ihrer Klassen implementiert.

```
Vector& operator+= (const Vector & a) {
     x += a.x;
     y += a.y;
     z += a.z;
     return *this;
     }
```

Die Implementierung der Zuweisungsoperatoren unterscheidet sich von anderen überladenen Operatorfunktionen dadurch, dass die Operatoren zur Unterstützung von Aneinanderreihungen der Form

```
v1 += v2 += v3;
```

jeweils eine Referenz auf ihren linken Operanden zurückliefern.

INFO

Grundsätzlich empfiehlt es sich, die einfachen und zusammengesetzten Operatoren immer paarweise zu überladen, wobei man den einfachen Operator auf der Grundlage des zusammengesetzten Operators definieren sollte, um die Äquivalenz der Ausdrücke:

```
a = a + b;
```

und

```
a += b;
```

zu gewährleisten.

7.16.7 Überladung des ++-Operators

Bei der Überladung des Inkrement- oder Dekrement-Operators ist zu beachten, dass beide Operatoren sowohl als Präfix- wie auch als Postfix-Operatoren verwendet werden können.

Wie unterscheidet man bei der Überladung Präfix und Postfix?

Als Erstes braucht man eine Möglichkeit, bei der Überladung die Präfix- von der Postfix-Version unterscheiden zu können. Da überladene Funktionen in C++ anhand ihrer Funktionsparameter unterschieden werden, müssen sich auch die Operatorfunktionen für die Präfix- und Postfix-Version in ihren Argumenten unterscheiden.

```
Rückgabetyp operator++();     // Praefix-Inkrement
Rückgabetyp operator++(int);  // Postfix-Inkrement
Rückgabetyp operator--();     // Praefix-Dekrement
Rückgabetyp operator--(int);  // Postfix-Dekrement
```

Beachten Sie, dass der `int`-Parameter der Postfix-Versionen tatsächlich nur dafür gebraucht wird, dass der Compiler die Präfix- und die Postfix-Version auseinander halten kann.

Zweitens erwartet man von Ihren überladenen Inkrement-Operatoren, dass sie sich auch wie Präfix und Postfix verhalten (siehe Kapitel 7.5.2).

- Der Präfix-Operator soll also den Wert seines Operanden erhöhen und den neuen Wert zurückliefern.
- Der Postfix-Operator soll den Wert seines Operanden erhöhen, aber den alten Wert zurückliefern, wobei der Rückgabetyp zusätzlich als `const` definiert werden sollte, um Aneinanderreihungen wie obj++++ zu verhindern.

Am einfachsten lässt sich dies bewerkstelligen, indem man bei der Implementierung der Operatoren auf die Inkrement-Operatoren für die elementaren Datentypen zurückgreift:

```
class person {
    int alter;
    public:
    ...
    int& operator ++ ()         {return ++alter; }  //Praefix
    const int operator ++ (int) {return alter++; }  //Postfix
    };
```

Ansonsten muss man für die Postfix-Version eine temporäre Variable anlegen, diese mit dem alten Wert des Operanden initialisieren, den Operanden inkrementieren und dann die temporäre Variable zurückliefern:

```
class Schwellenwert {
public:
   int wert;
  public:
   Schwellenwert() {wert = 0;}

   // wert soll nur in Zehnerschritten erhöht werden
   Schwellenwert& operator ++ () {           //Praefix-Inkrement
     this->wert += 10;
     return *this;
     }
   const Schwellenwert operator ++ (int) {   //Postfix-Inkrement
     Schwellenwert tmp = *this;
     this->wert+=10;
     return tmp;
     }
   };
```

7.16.8 Überladung des cast-Operators

Mithilfe der in der Sprache verankerten Cast-Operatoren (`()`, `static_cast`, `dynamic_cast`, `const_cast` und `reinterpret_cast`, siehe Kapitel 7.13.2) ist es mit wenigen Ausnahmen, in denen zwei Klassen kompatibel oder Teil einer Vererbungslinie sind, nicht möglich, ein Objekt eines Klassentyps in ein Objekt eines anderen Klassentyps oder eines elementaren Datentyps umzuwandeln.

Dies bedeutet allerdings nicht, dass solche Typumwandlungen überhaupt nicht möglich wären. Das Problem ist nur, dass der Compiler in solchen Fällen keine Handhabe hat, wie er die Typumwandlung realisieren könnte.

Angenommen, Sie hätten ein Spiel implementiert, das in der Steinzeit spielt und in dem es darum geht, im Laufe des Spieles Mammuts und Säbelzahntiger zu erlegen und möglichst viele Faustkeile herzustellen. Dazu wird für jeden Spieler ein Objekt der Klasse `Vermoegen` verwaltet, in der der Erfolg des jeweiligen Spielers festgehalten wird:

```
class Vermoegen {
  int Saebelzahn;
  int Mammuts;
  int Faustkeile;
  ...
```

Zum Schluss des Programmes sollen diese drei Daten in einen nummerischen Wert umgerechnet und zur Ermittlung des Siegers für alle Spieler verglichen werden.

Unnötig anzumerken, dass der Compiler ein Objekt der Klasse Vermoegen natürlich nicht in einen int-Wert umwandeln kann.

Es besteht allerdings die Möglichkeit, in der Klasse den Cast-Operator zu überladen und damit festzulegen, wie Objekte der Klasse in andere Typen (elementare Datentpen oder andere Klassentypen) umgewandelt werden können.

```
class Vermoegen {
  ...
  public:
    operator int() const {
      return (Saebelzahn * 4 + Mammuts * 3 + Faustkeile);
      };
```

Syntax

```
operator typ();
```

Bei der Überladung des Cast-Operators ist zu beachten, dass

- der Operator nur in einem Klassenbereich definiert werden kann,
- kein Rückgabewert angegeben wird (der Operator liefert automatisch einen Wert von dem Typ zurück, in den sein Argument konvertiert wird),
- kein Argument übergeben wird (der Cast-Operator ist ein unärer Operator, der nur innerhalb eines Klassenbereichs definiert werden kann; der einzige Operand ist daher automatisch die Klasseninstanz, für die der Operator aufgerufen wird).

Aufruf und automatische Konvertierung

Der Aufruf des oben definierten Operators sieht dann beispielsweise wie folgt aus:

```
Vermoegen verm_spieler1, verm_spieler2;
...
cout << (int) verm_spieler1 << endl;
...
if( (int) verm_spieler1 > (int)verm_spieler2)
    cout << "Spieler1 hat gewonnen" << endl;
    else
    cout << "Spieler2 hat gewonnen" << endl;
```

Überladene Versionen des Cast-Operators werden auch für automatische Konvertierungen herangezogen

Tatsächlich versucht der Compiler, den in der Klasse definierten Cast-Operator sogar für automatische Konvertierungen von Objekten der Klasse heranzuziehen. Man hätte also ebenso gut schreiben können:

```
cout << verm_spieler2 << endl;
...
if( verm_spieler1 > verm_spieler2)
    cout << "Spieler1 hat gewonnen" << endl;
    else
    cout << "Spieler2 hat gewonnen" << endl;
```

In solchen Fällen erkennt der Compiler aus dem Kontext, in welchen Typ die Klasseninstanz konvertiert werden müsste, und sucht in der Klassendefinition, ob dort eine passende Version des Cast-Operators definiert ist.

Allerdings funktioniert die automatische Konvertierung nur dann, wenn der Compiler eine einzige passende Konvertierung findet. In einer Vergleichsanweisung sind beispielsweise nicht nur Integer-Werte erlaubt, sondern auch Gleitkommatypen. Wäre in der Klasse `Vermoegen` also eine zweite Cast-Operatorfunktion

```
operator double() const {
      return (Saebelzahn * 4 + Mammuts * 3 + Faustkeile);
      };
```

definiert, könnte der Compiler nicht entscheiden, welche überladene Operatorfunktion er zur automatischen Konvertierung aufrufen soll – die Folge ist die Ausgabe eines Compiler-Fehlers und die Notwendigkeit einer expliziten Cast-Anweisung.

INFO

Durch Überladung des Cast-Operators kann man Klassenobjekte in andere Datentypen umwandeln. Für den umgekehrten Weg (die Umwandlung eines beliebigen Datentyps in ein Objekt der aktuellen Klasse) sind die Konvertierungskonstruktoren (siehe Kapitel 16.9) verantwortlich.

7.16.9 Überladung des []-Operators

Durch Überladung des Indizierungsoperators kann man für beliebige Datenstrukturen den komfortablen indizierten Zugriff bereitstellen. Dabei ist es vollkommen unerheblich, ob die einzelnen Elemente der Datenstruktur im Speicher tatsächlich wie bei einem Feld nebeneinander abgelegt oder wie im Falle einer Liste über den ganzen Speicher verstreut sind. Hauptsache, in der Implementierung des `[]`-Operators wird der Index korrekt in einen Zugriff auf das gewünschte Element umgewandelt.

Zudem kann man nun endlich dafür sorgen, dass der indizierte Zugriff (zumindest für selbst definierte Typen) mit einer Bereichsüberprüfung einhergeht. Speicherverletzungen durch Zugriffe mit zu großen oder zu kleinen Indizes gehören dann der Vergangenheit an.

Schließlich kann der zweite Operand des []-Operators (der Index) von jedem beliebigen Typ sein. Wenn Sie wollen, können Sie also auch Gleitkommazahlen oder Objekte selbst definierter Datentypen als Indizes verwenden.

Zu beachten ist, dass der Indizierungsoperator häufig auch auf der linken Seite von Zuweisungen eingesetzt wird. Der Rückgabewert des Operators sollte also ein L-Wert sein (üblicherweise eine Referenz auf das gefundene Element).

Der Indizierungsoperator sollte eine Referenz zuückliefern

7.16.10 Überladung des ()-Operators

Der Funktionsaufruf-Operator ist ein binärer Operator. Der erste Operand ist eine Klasseninstanz, der zweite Operand ist die Liste der Parameter.

```
class demo {
     ...
     public;
     int operator() (int a, int b) {return (a+b);};
     };

 int  main() {
    class demo demoobjekt;
    int summe;
    summe = demoobjekt(3,2);
    return 0;
    }
```

Zwei mögliche Anwendungen machen die Überladung des Funktionsaufruf-Operators besonders interessant.

Indizierung mehrdimensionaler Arrays

Der Funktionsaufruf-Operator stellt eine passable Möglichkeit zur selbst definierten Indizierung von mehrdimensionalen Arrays dar.

Wenn Sie beispielsweise in der Matrix eines Koordinatensystems im Bereich -200 <= x <= 200 und -100 <= y <= 100 die Punkte einer Kurve speichern wollen, können Sie sich die ständige Umrechnung in Indizes für 0-basierte Arrays sparen:

```
class KOS {
  int punkte[400][200];
 public:
```

```
int& operator()(int i1, int i2)
   {
   return punkte[i1+200][i2+100];
   };
...
};
```

Nachdem Sie eine Instanz von KOS gebildet und die Elemente der Instanzvariable punkte im Konstruktor zu 0 initialisiert haben, können Sie einzelne Punkte im Koordinatensystem durch Zuweisung eines Wertes ungleich 0 setzen. Um den Punkt an den Koordinaten (-200, -75) zu setzen, können Sie dann schreiben:

```
KOS kursentwicklung;
kursentwicklung(-200,-75) = 1;
```

statt

```
kursentwicklung(0,25) = 1;
```

!! STOP

Wichtig ist, dass Sie einen L-Wert zurückliefern, damit der Operator auf der linken Seite von Zuweisungen eingesetzt werden kann.

Übergabe an Funktionen mit Funktionsargumenten

In Kapitel 8.3.3 wird am Beispiel der C-Funktion qsort() beschrieben, wie man durch Übergabe von Funktionen an Funktionsparameter zu mächtigen allgemeinen Lösungen kommen kann.

C++ treibt das Konzept der Funktionsparameter noch ein Stück weiter, indem nicht nur Funktionen, sondern auch Funktionsobjekte übergeben werden können.

REF

Was ein Funktionsobjekt ist, wie man den Funktionsaufruf-Operator für Funktionsobjekte überlädt und was man mit Funktionsobjekten machen kann, ist in Anhang B.4 beschrieben.

7.16.11 Überladung des new-Operators

Die Operatoren zur dynamischen Speicherreservierung (new, new[], delete, delete[]) lassen sich ebenfalls überladen. Dies kann interessant sein, wenn man

- die Speicherallokation (und -freigabe) mit der Ausgabe von Debug-Informationen verbinden will,
- für eine Klasse (beispielsweise die Implementierung einer Datenstruktur) eine effizientere Form der Speicherallokation benötigt,

- einen kompletten Speichermanager implementieren will (wobei man für diese Aufgabe nicht nur `new` überladen wird, sondern eine eigene Allokator-Klasse implementieren wird, siehe Kapitel 34.7).

Allgemeine Regeln

Bei der Überladung der Operatoren zur Speicherallokation gibt es eine Reihe von Regeln zu beachten:

- Der `new`-Operator liefert immer einen Wert vom Typ `void*` zurück.
- Der erste Parameter des `new`-Operators ist immer vom Typ `size_t` und gibt üblicherweise die Größe des zu reservierenden Speicherbereichs an. (Beim Aufruf des Operators wird das Argument für diesen Parameter nicht explizit übergeben, sondern aus der Datentypangabe ermittelt.)
- Werden weitere Parameter definiert, können diese mit Vorgabeargumenten versehen werden. Beim Aufruf werden die Argumente zu diesen Parametern in Klammern an den Operator angehängt – stehen also vor dem Datentyp.
- Der `new`-Operator sollte auch bei Anforderung von 0 Byte eine korrekte Adresse liefern.
- Der `delete`-Operator liefert immer einen Wert vom Typ `void` zurück.
- Der erste Parameter des `delete`-Operators ist immer vom Typ `void*` und bezeichnet üblicherweise die Anfangsadresse des zu löschenden Speicherbereichs. (Die Größe des zu löschenden Speicherbereichs wird dem Datentyp des Arguments dieses Parameters entnommen.)
- Laut ANSI-Standard können auch weitere Parameter definiert werden. Die meisten Compiler erlauben derzeit jedoch noch keine weiteren Parameter.
- Der `delete`-Operator sollte auch für Nullzeiger als Operand korrekt arbeiten (d.h. nichts machen).
- Grundsätzlich sollte man für selbst definierte `new`-Operatoren passende `delete`-Operatoren definieren, die wissen, wie der mit `new` reservierte Speicher freizugeben ist.

Überladung im Klassenbereich

Üblicherweise wird man den `new`-Operator in selbst definierten Klassen überladen, um für Objekte dieser Klasse eine individuelle Form der Speicherallokation vorzusehen.

Die Klasse `Shared` aus dem nachfolgenden Beispiel überlädt beispielsweise eine eigene Version des `new`-Operators, mit dem Instanzen der Klasse gezielt in einem global verfügbaren Speicherbereich angelegt werden können.

```
/* Sharemem.cpp  Ueberladung von new */
#include <iostream>
using namespace std;

char *shared_mem = new char[1000];

class Shared {
  public:
    int i;
    Shared(int par) {i = par;}        // Konstruktor

    void* operator new(size_t, int i)
      {
      return (void*) (shared_mem + i*sizeof(Shared));
      }
  };


int main()
  {
  Shared *objekte[10];

  // Objekte mit dem ueberladenen new-Operator anlegen
  for(int i=0; i < 10; i++)
    objekte[i] = new(i) Shared(i);

  for(int i=0; i < 10; i++)
    {
    cout << i << "-tes Objekt:" << endl;
    cout << "  Adresse    = " << objekte[i] << endl;
    cout << "  Inst.var i = " << objekte[i]->i << endl;
    }

  return 0;
  }
```

Objekte der Klasse Shared können nun unter Verwendung des immer noch vorhandenen globalen new-Operators wie gewohnt auf dem Heap abgelegt werden oder durch Aufruf der überladenen Version in dem globalen Feld shared_mem.

Dieses globale Feld kann man beispielsweise nutzen, um

- Objekte der Klasse Shared hintereinander abzulegen. Im Gegensatz zur Verwendung des new[]-Operators ist man dabei nicht darauf angewiesen, alle Objekte gleichzeitig anzulegen.
- Objekte verschiedener Klassen darin abzulegen. Ebenso wie die Klasse Shared könnten natürlich auch andere Klassen ihre Objekte in diesem Feld ablegen.

- das Feld direkt (und nicht auf dem Umweg über die Bezeichner der Klassenobjekte) zu manipulieren (was allerdings nicht ganz ungefährlich ist):

```
* (int*)(shared_mem + 3*sizeof(Shared)) = 500;
cout << objekte[3]->i << endl;
```

INFO

Klassen sollten in sich abgeschlossen sein:

Das globale Feld, in dem die Objekte der Klasse angelegt werden, im globalen Dateibereich zu deklarieren und die korrekte Speicherverwaltung dem umliegenden Programm zu überlassen, hat den unschönen Effekt, dass der Aufruf des überladenen `new`*-Operators kläglich scheitert, wenn die Klasse* `Shared` *in einem Programm eingesetzt wird, in dem das Feld* `shared_mem` *nicht definiert wurde, oder wenn der Operator* `new` *mit einem ungültigen Index aufgerufen wird.*

Gemäß dem Konzept der Abgeschlossenheit wäre es sinnvoller, die Klasse so zu implementieren, dass ihr Einsatz nicht von irgendwelchen Vorbedingungen abhängt. Man könnte dies erreichen, indem man das Feld `shared_mem` *zusammen mit der Klasse* `Shared` *in einer Header-Datei und einem gemeinsamen Namensbereich deklariert. Eine andere Möglichkeit wäre, das Feld* `shared_mem` *als statisches Element der Klasse zu deklarieren und die Berechnung des korrekten Index in der überladenen Form des* `new`*-Operators vorzunehmen.*

Der nächste Schritt wäre, eine eigene Klasse zur Verwaltung des gemeinsamen Speichers einzurichten und dann entweder den überladenen `new`*-Operator mit einer Instanz dieser Klasse aufzurufen oder der Klasse* `shared` *ein Objekt dieser Klasse zu übergeben (letztere Möglichkeit führt zu den Allokatoren, die in der STL verwendet werden).*

Fehlerbehandlung

Speicheranforderungen können auch scheitern. Aufgabe des `new`-Operators ist es, solche Fälle abzufangen und korrekt zu verarbeiten.

Der global verfügbare `new`-Operator beispielsweise

1. liefert die Adresse des reservierten Speichers zurück.
2. Kann kein Speicher reserviert werden, wird überprüft, ob mithilfe von `set_new_handler()` eine Fehlerbehandlungsfunktion für diesen Fall registriert wurde. Wenn ja, ruft der Operator diese auf und versucht danach, erneut den angeforderten Speicher zu reservieren. (Die Fehlerbehandlungsfunktion kann diese Schleife durchbrechen, indem sie eine Exception auslöst.)

3. Kann kein Speicher reserviert werden und ist keine Fehlerbehandlungsfunktion registriert, wird eine bad_alloc-Exception ausgelöst (nothrow-Versionen von new liefern stattdessen den Rückgabewert Null zurück).[4]

Verantwortlich handelnde Programmierer (es soll sie tatsächlich geben) werden diese Art der Fehlerbehandlung in ihren überladenen new-Operatoren übernehmen.

Eine Möglichkeit, eine korrekte Fehlerbehandlung vorzusehen, besteht darin, in der überladenen Version des new-Operators einfach die globale Version aufzurufen:

```
void* Klasse::operator new (size_t size)
  {
  cout << "Diese Version wird zum Debuggen benutzt" << endl;
  return ::new char[size];
  }
```

Dies ist aber nicht immer möglich. In solchen Fällen muss man selbst für die korrekte Fehlerbehandlung sorgen:

```
void* operator new (size_t size)
    {
    for(;;) {
      if( void* ptr= malloc(size) )
        return ptr;

      if(_new_handler == 0) throw bad_alloc();
        _new_handler();
      }
    }
```

Wobei _new_handler für einen vom Compiler definierten globalen Zeiger steht, der auf die zuletzt registrierte Fehlerbehandlungsfunktion verweist.

Globale Überladung

Laut ANSI-Standard soll jeder Compiler in der Header-Datei *<new>* zumindest folgende überladene Versionen bereitstellen, von denen die ersten vier auch ohne Einbindung der Header-Datei *<new>* in jedem Programm zur Verfügung stehen:

```
void* operator new(std::size_t) throw(std::bad_alloc);
void* operator new[](std::size_t) throw(std::bad_alloc);
void  operator delete(void*) throw();
void  operator delete[](void*) throw();
void* operator new(std::size_t, const std::nothrow t&) throw();
void* operator new[](std::size_t, const std::nothrow_t&) throw();
void  operator delete(void*, const std::nothrow_t&) throw();
```

4 Die tatsächlichen Implementierungen des new-Operators weichen hierin noch bei den meisten Compilern vom Standard ab.

```
void  operator delete[](void*, const std::nothrow_t&) throw();

void* operator new  (std::size_t, void* ptr) throw();
void* operator new[](std::size_t, void*) throw();
void  operator delete  (void*, void*) throw();
void  operator delete[](void*, void*) throw();
```

Diese globalen Implementierungen werden für alle Datentypen verwendet. Lediglich für Klassenobjekte, in deren Klasse eigene Versionen überladen sind, werden die zur Klasse gehörenden Implementierungen aufgerufen.

Der Programmierer kann die globalen Versionen nicht nur überladen, er kann sie auch durch Beibehaltung der Signatur ersetzen. Er sollte sich dann aber darüber im Klaren sein,

- dass er nun dafür verantwortlich ist, dass seine globale Version des Operators in korrekter Weise Speicher für Objekte beliebiger Datentypen allokiert (oder freigibt),
- dass er bei der Implementierung seines Operators nicht mehr auf die vordefinierte globale Version zurückgreifen kann,
- dass die Ersetzung des globalen new-Operators meist auch die Ersetzung des globalen new[]-Operators bedingt, da dessen Aufruf üblicherweise in einen Aufruf des new-Operators umgewandelt wird.

7.16.12 Überladung der Dereferenzierungsoperatoren -> und *

Dereferenzierungsoperator *

Der Dereferenzierungsoperator * dient üblicherweise dazu, über einen Zeiger auf den Wert einer Variablen zuzugreifen.

```
cout << *p_int;
```

Der Dereferenzierungsoperator * wird so überladen, dass er bei Anwendung auf eine Klasseninstanz einen Wert zurückliefert. Der Datentyp des Rückgabewertes bestimmt logischerweise den Rückgabetyp des Operators.

```
Rueckgabetyp operator * ()
```

Betrachten Sie die folgende Klasse:

```
class demo
  {
    int i;
    struct integer {int i;} s;

  public:
    demo(int wert1, int wert2) {i = wert1; s.i = wert2;}
  };
```

Um zu erreichen, dass man den *-Operator auf Objekte der Klasse demo anwenden kann, um den Wert der Instanzvariablen i zurückzuliefern, wird der *-Operator in der Klasse folgendermaßen überladen:

```
public:
  int operator*()
      {
      return i;
      }
```

Ein möglicher Aufruf wäre dann:

```
demo objekt(6,13);
cout << *objekt << endl;    // liefert 6
```

Dereferenzierungsoperator ->

Der Dereferenzierungsoperator -> dient üblicherweise dazu, um über einen Zeiger auf eine Struktur oder Klasse auf den Wert eines Elements der Struktur (Klasse) zuzugreifen.

```
struct integer {int i;} s;
p_integer = &s;
p_integer->i = 100;
```

Der Dereferenzierungsoperator -> wird wie ein unärer Postfix-Operator überladen.

```
Rueckgabetyp operator -> ()
```

Der Operand ist ein Objekt der Klasse, für die der Operator überladen wurde.

Der Rückgabetyp ist ein Zeiger auf einen Klassentyp. Dies muss so sein, da der zurückgelieferte Zeiger ja dereferenziert und danach auf ein Element des dahinter stehenden Objekts zugegriffen werden soll.

Für obiges Beispiel bedeutet dies, dass wir den ->-Operator überladen können, um über eine Instanz der Klasse demo auf ein Element der Struktur integer zuzugreifen:

```
public:
  integer* operator->()
      {
      return &s;
      }
```

Wenn wir jetzt schreiben:

```
demo objekt(6,13);
cout << objekt->i << endl;
```

erhalten wir die Ausgabe 13.

Dies liegt daran, dass der Aufruf

```
objekt->i
```

intern in

```
(objekt.operator->())->i
```

umgewandelt wird. Der Ausdruck in der Klammer ist der Aufruf der Operatorfunktion, der durch den Rückgabewert der Funktion ersetzt wird – sprich durch einen Zeiger auf die Instanzvariable s. Dieser Zeiger wird dann wie gewohnt dereferenziert und zum Zugriff auf das Element s.i verwendet.

7.16.13 Überladung der stream-Operatoren <<, >>

Die meisten Klassen beinhalten nicht nur Methoden, sondern auch Instanzvariablen, also Daten. Meist entsteht dann irgendwann der Wunsch, diese Daten auch ausgeben zu können – sei es, um sie dem Anwender des Programms anzuzeigen oder um selbst die Ausgabe zum Debuggen zu verwenden.

Hierzu bietet sich die Überladung der Stream-Operatoren an.

Kommen wir noch einmal auf die Klasse Vektor zurück:

```
class Vector {
   double x;
   double y;
   double z;

 public:
  Vector(double X, double Y, double Z) {...}  // Konstruktor

   // Addition zweier Vektoren
   Vector& operator+= (const Vector & a)
    {
    x += a.x;
    y += a.y;
    z += a.z;
    return *this;
    }

...
};
```

Statt diese Klasse um die public-Methoden

```
double get_x() {return x;}
double get_y() {return y;}
double get_z() {return z;}
```

zu erweitern und dann für jede Ausgabe zu schreiben:

```
cout << "x = " << v.get_x() << "y = " << ...
```

überladen wir lieber den <<-Operator für die Klasse Vector.

Dabei treffen wir auf ein Problem.

Wo soll die Operatorfunktion definiert werden?

Da wir schreiben wollen:

```
cout << v;     // und nicht v << cout;
```

muss der erste Operand vom Typ ostream sein. Dies bedeutet aber, dass der Operator nicht in der Klasse Vector überladen werden kann (sonst wäre der erste Operand automatisch vom Typ Vector).

Es bleiben also noch der globale Dateibereich und die Klasse ostream.

Die Klasse ostream entstammt aber der ANSI-Bibliothek und soll von uns nicht angetastet werden (schon deshalb nicht, weil wir dann den Quelltext neu kompilieren müssten).

Unsere Entscheidung fällt also auf den globalen Dateibereich:

```
// Ausgabe eines Vektors
ostream & operator<<(ostream & os, const Vector & v)
  {
  os << v.x << " " << v.y << " " << v.z << endl;
  return os;
  }
```

Der erste Operand ist eine Referenz auf ein ostream-Objekt. Bei der Ausgabe auf den Bildschirm wäre dies beispielsweise cout:

```
cout << v;
```

oder cerr für Fehlermeldungen und Debugging.

Man könnte den Operator aber auch für einen ofstream-Operanden überladen und dann in eine Datei schreiben. Zum Einlesen von Objekten würde man analog einen istream-Operator verwenden.

Der zweite Operand ist das auszugebende Objekt, also vom Typ Vector. Wie Sie sehen können, greifen wir bei der Ausgabe auf private-Daten dieses Objekts zu. Damit dies funktioniert (und wir nicht doch noch die Methoden get_x(), etc. implementieren müssen), müssen wir den überladenen <<-Operator noch als friend der Klasse Vector deklarieren (ob dies in einem public-, protected- oder private-Abschnitt geschieht, ist dabei unerheblich).

```
class Vector {
  ...
  friend ostream & operator<<(ostream & os, const Vector & v);
};
```

Zusammenfassung

Die Stream-Operatoren

- werden üblicherweise im globalen Dateibereich (oder einem Namensbereich) definiert,
- erhalten als erstes Argument (linker Operand) eine Referenz auf den jeweiligen Stream, in den geschrieben oder von dem gelesen werden soll,
- werden in der Klasse, deren Objekte sie ausgeben oder einlesen sollen, als friend deklariert, um auf private-Daten zugreifen zu können,
- liefern eine Referenz auf den verwendeten Stream zurück, damit Aufrufe des Operators aneinander gereiht werden können: cout << v << endl;

7.17 Abschlussprogramm: ein Taschenrechner

Das Programm ist keine direkte Umsetzung eines Kellerautomaten zur Berechnung geklammerter Ausdrücke (vergleiche Kapitel 7.15).

Stattdessen wird das Eingabeband mit dem zu berechnenden Ausdruck einmal von links nach rechts gelesen und direkt ausgewertet.

Die Idee dabei ist, dass auf jede öffnende Klammer sowie jeden Operator ein Teilausdruck folgt. Je nach Priorität des Operators wird zur Berechnung dieses Teilausdrucks die Funktion expr() (zur Berechnung des ganzen nachfolgenden Ausdrucks bis zum Ende der Eingabe oder einer schließenden Klammer)

oder

die Funktion s_expr() (zur Berechnung des rechten Operanden von Operatoren mit höherer Priorität)

aufgerufen.

Anstatt explizit einen Kellerautomaten zu implementieren, wird hier also quasi der Stack mit den Funktionsaufrufen von expr() und s_expr() als Keller genutzt. Die etwas unübersichtliche Form der Abarbeitung rührt daher, dass von den zu berechnenden Ausdrücken nicht verlangt wird, dass sie vollständig geklammert sind.

```
/* Taschenr.c    Taschenrechner */
#include <stdio.h>
#include <math.h>

#define MAX 100

void anleitung()
  {
  printf("\n\t Taschenrechner  \n\n");

  printf("Der Taschenrechner unterstuetzt:\n");
  printf("\n");
  printf("       ()  geklammerte Ausdruecke\n");
  printf("       +   Addition\n");
  printf("       -   Subtraktion\n");
  printf("       *   Multiplikation\n");
  printf("       /   Division\n");
  printf("       ^   Potenzierung\n");
  printf("      s()  Sinus\n");

  printf("\n");
  printf("\t z.B.: (s(1.1^4)-2)/(-4+2*s(1))\n");

  printf("\n");
  printf("Leerzeichen sind nicht erlaubt\n");
  printf("Aufeinanderfolg. Operatoren werden durch 0  "
         " getrennt!\n");
  printf("Ende durch Eingabe von 0 oder )\n\n");
  }


char s[MAX];   // der eingegebene Ausdruck, der ausgewertet wird
int i;         // s[i] ist das Zeichen, das akt. bearbeitet wird

float expr();  // Vorwaertsdeklaration
```

```
// wandelt eine Ziffernfolge in eine Zahl um.
// statt sprintf() zu verwenden, werden die Zahlen
// Stelle fuer Stelle aufgebaut.

float zahl(float q, float c)
  {
  // c=0 => noch kein '.' eingelesen
  // c=(0.1)^n => n-te Nachkommastelle

  if(c==0)
     q=10*q+s[i]-48;
     else
     q=q+c*(s[i]-48);

  if( (s[i+1]>47) && (s[i+1]<58) )    // s[i+1] ist Ziffer
     if (c==0)
       {
       i++;
       q=zahl(q,0);
       }
      else
       {
       i++;
       q=zahl(q,c/10);
       }

   if (s[i+1]=='.')
     {
     i+=2;
     q=zahl(q,0.1);
     }

  return q;
  }

// s_expr() wertet einen Ausdruck aus der
//
//             subtrahiert (c=0)
//             multipliziert/dividiert (c=1)
//             potenziert (c=2) werden soll
//
// der Parameter c gibt die Prioritaet an

float s_expr(int c)
  {
  float q=0;

  // Punkt- vor Strichrechnung
  while( s[i]!=')' && s[i]!='\0' && s[i]!='+' && s[i]!='-'
         && (c<1 || s[i]!='*') && (c<1 || s[i]!='/')
         && (c<2 || s[i]!='^'))
    {
    if (s[i]>47 && s[i]<58)
       q=zahl(0,0);
```

```
    switch (s[i])
      {
       case '(': i++;
                 q=expr();
                 break;
       case '*': if(c<1)

                   {
                   i++;
                   q*=s_expr(1);
                   }
                 break;
       case '/': if(c<1)
                   {
                   i++;
                   q/=s_expr(1);
                   }
                 break;
       case '^': if(c<2)
                   {
                   i++;
                   q=exp(log(q)*s_expr(2));
                   }
                 break;
       case 's': i+=2;
                 q=sin(expr());
                 break;
      }
    i++;
    }
  i--;
  return q;
  }

// wertet den Ausdruck aus

float expr()
  {
  float qh,q=0;

  while(s[i]!=')' && s[i]!='\0')
    {
    // s[i] ist eine Ziffer  => in Zahl umwandeln

    if(s[i]>47 && s[i]<58)
       q=zahl(0,0);

    // s[i] Rechenzeichen/Symbol
    switch (s[i])
      {
       case '(': i++;  q =expr();               break;
       case '+': i++;  q+=expr();i--;           break;
       case '-': i++;  q-=s_expr(0);            break;
       case '*': i++;  q*=s_expr(1);            break;
       case '/': i++;  q/=s_expr(1);            break;
```

```
      case '^': i++;  q =exp(log(q)*s_expr(2)); break;
      case 's': i+=2; q =sin(expr());           break;
      }
    i++;
    }
  return q;
  }

int main()
  {
  anleitung();

  do
    {
    // Eingabeband leeren
    for(i=0; i<MAX; i++)
      s[i]=' ';

    // Eingabe des Ausdrucks
    printf("\n Ihre Eingabe :\n\n\t");

    scanf("%s",&s);

    i=0; // Auswertung beginnt mit dem ersten Zeichen

    // Auswertung und Ausgabe
    printf("\n\tErgebnis: %f\n",expr());

    } while(s[0]!=')' && s[0]!='0');
  return 0;
  }
```

8 Eigene Datentypen

Mit den elementaren Datentypen ist bereits der Grundstock für die Datenverarbeitung in Programmen gelegt. Tatsächlich käme man sogar ohne die Möglichkeit zur Definition weiterer Datentypen aus, doch die Programmierung würde sich dann in vielen Fällen äußerst mühsam gestalten.

Aus diesem Grunde sieht C/C++ verschiedene Möglichkeiten zur Definition eigener Datentypen vor. Bevor wir uns diese aber im Einzelnen anschauen werden, sollte man sich noch einmal klar machen, dass man mit der Definition eines neuen Datentyps nicht nur die eigenen Bedürfnisse, sondern auch die Bedürfnisse des Compilers befriedigen muss.

Konkret bedeutet dies, dass der Compiler wissen muss, wie er für Variablen dieses Datentyps Speicher belegen muss, wie die Werte der Variablen kodiert und im Speicher abgelegt werden sollen, welche Operationen auf den Variablen des Datentyps erlaubt sind und schließlich wie Typkonvertierungen vorgenommen werden können.

Aus all diesen Anforderungen könnte man nun ablesen, dass die Möglichkeiten zur Definition eigener Datentypen entweder sehr eingeschränkt oder mit sehr viel Arbeit verbunden sind. Nun, beides ist nicht der Fall. Der Trick dabei ist einfach, dass man die neuen selbst definierten Datentypen aus den elementaren Datentypen ableitet.

Insgesamt stehen Ihnen folgende Möglichkeiten zur Definition eigener Datentypen zur Verfügung:

- Definition eines Datentyps durch Aufzählung der Wertemenge des Datentyps (siehe Kapitel 8.1),
- Definition eines Datentyps durch Zusammenfassung mehrerer Variablen eines Datentyps (siehe Kapitel 8.2),
- Definition eines Datentyps durch Zusammenfassung mehrerer Variablen verschiedener Datentypen (siehe Kapitel 8.3 und 8.4),
- Definition eines Datentyps durch Zusammenfassung mehrerer Variablen verschiedener Datentypen und Bereitstellung typspezifischer Funktionen und Operatoren (siehe Kapitel 8.5). Dies ist die freieste und weitreichendste Form der Typdefinition.

Schließlich gibt es noch die Möglichkeit, Zeiger zu definieren (siehe Kapitel 9), mit denen man direkt auf Speicherbereiche zugreifen und Objekte im Speicher manipulieren kann.

8.1 Aufzählungen (enum)

Viele Leute stöhnen über C, weil es keinen speziellen Datentyp zur Darstellung von Strings kennt (die in C als nullterminierte Zeichenketten in Arrays oder über Zeiger verwaltet werden).

Mindestens ebenso ärgerlich scheint mir, dass es keinen eigenen Datentyp zur Definition von Mengen gibt.

Wie soll man beispielsweise eine Variable einrichten, die nur Wochentage als Werte akzeptiert? Wie kann man die Belegschaft einer Firma in Arbeitsgruppen aufteilen und dann feststellen, ob Angestellter A Mitglied der Arbeitsgruppe C ist?

enum ***ist kein echter Mengentyp, aber eine kleine Entschädigung***

Eine kleine Abhilfe schaffen hier das Schlüsselwort enum und die so genannten Aufzählungstypen.

Deklaration

```
enum typbez {element1, element2, ...};
```

Initialisierung

```
enum typbez {elem1 = 1, elem2 = 3} var1, var2;
```

Zugriff

```
var1 = elem2;
if( var1 != elem2)
```

8.1.1 Aufzählungen deklarieren

Aufzählungstypen sind Datentypen, deren mögliche Werte durch explizite Aufzählung festgelegt werden.

```
enum [typbezeichner]  { element1, element2, ... };
```

- *typbezeichner*: Wird ein Typbezeichner spezifiziert, kommt dies einer Typdefinition gleich, d.h., später können mithilfe des Typbezeichners Variablen des Aufzählungstyps definiert werden.

```
enum typbez {elem1, elem2};     // Typdefinition
enum typbez var1, var2;         // Variablendefinition
```

Lässt man den Typbezeichner weg, muss man die Variablen direkt zusammen mit der Typdefinition deklarieren.

```
enum {elem1, elem2} var1, var2;
```

Die Deklaration eines Aufzählungstyps ohne Typbezeichner und ohne Variablen entspricht einer Reihe von `#define`-Definitionen.

- *element*: Die in einem Aufzählungstyp definierten Elemente werden wie Integer-Konstanten behandelt. Damit die Konstanten nicht undefinierte Werte annehmen, werden sie vom Compiler automatisch initialisiert. Der Programmierer kann den Elementen aber auch mithilfe des Zuweisungsoperators selbst Werte zuordnen.

```
enum typbez {elem1 = 1, elem2 = 2} var1, var2;
```

Der Vorteil bei der Verwendung der Aufzählungstypen besteht darin, dass zusammengehörende Konstanten besser als Gruppe deutlich gemacht werden können und der Compiler bei der Zuweisung von Werten an Variablen eines Aufzählungstyps eine Typenüberprüfung vornehmen kann (Letzteres gilt nur für C++).

8.1.2 Initialisierung

Intern werden die einzelnen Elemente durch Integer-Konstanten repräsentiert. Elementen, denen bei der Typdefinition keine Werte explizit vom Programmierer zugewiesen wurden, werden ihre Konstanten vom Compiler nach folgenden Regeln zugewiesen:

- Nichtinitialisierte Elemente bekommen den Wert ihres Vorgängers +1 zugewiesen.
- Wurde dem ersten Element keine Konstante zugewiesen, wird es mit dem Wert 0 initialisiert.

Wenn Sie einzelnen Elementen der Aufzählung selbst Konstanten zuweisen, sollten Sie beachten:

- dass nur Integer-Werte erlaubt sind oder Werte, die als Integer-Werte interpretiert werden können (beispielsweise auch Elemente zuvor definierter Aufzählungen oder boolesche Werte, aber keine Gleitkommakonstanten).
- dass verschiedene Elemente gleiche Werte haben dürfen.

```
enum {Whisky = 1, Whiskey = 1, Weinbrand = 2, Cognac = 2};
```

- dass man in Hinblick auf eine mögliche Verwendung in Schleifen sinnvoll aufeinander folgende Werte wählen sollte (siehe unten).

8.1.3 Programmieren mit Aufzählungen

In diesem Abschnitt finden Sie Beispiele für den praxisnahen Einsatz von Aufzählungstypen.

Verwendung des Datentyps

Wenn Sie bei der Definition des Aufzählungstyps einen Typbezeichner angegeben haben, repräsentiert dieser im weiteren Verlauf des Programmes Ihren Datentyp und kann beispielsweise zur Deklaration von Variablen oder Funktionsparametern verwendet werden.

C versus C++

In C ist der Typ einer Aufzählungsvariablen durch `enum typbezeichner` gegeben.

In C++ reicht als Typangabe für eine Aufzählungsvariable der `typbezeichner`.

Aufzählungen in switch-Anweisungen

Aufzählungen und `switch`-Verzweigungen passen gut zusammen

Aufzählungen lassen sich sehr gut im Zusammenhang mit `switch`-Anweisungen einsetzen, da sie einen skalaren Datentyp darstellen und die einzelnen Werte als `case`-Konstanten verwendet werden dürfen.

```
/* Enum.cpp    Wochentage */
#include <stdio.h>

enum Tage {Montag = 1, Dienstag, Mittwoch, Donnerstag,
                Freitag, Samstag, Sonntag};

int main()
  {
  char zeile[100];
  enum Tage wochentag;

  printf("Geben Sie einen Wochentag an (1 - 7): ");
  fgets(zeile, sizeof(zeile), stdin);
  sscanf(zeile,"%d\n",&wochentag);

  switch(wochentag)
   {
   case Montag:
   case Dienstag:
   case Mittwoch:
   case Donnerstag:
   case Freitag:
          printf("Werktag\n");
          break;
   case Samstag:
   case Sonntag:
          printf("Wochenende\n");
          break;
   default:
```

```
        printf("Sie haben einen falschen Wert eingegeben\n");
        break;
    }

  return 0;
  }
```

Aufzählungen in Schleifen

Wenn die einzelnen Elemente einer Aufzählung monoton aufsteigend durchnummeriert sind, kann man die Werte in einer Schleife durchlaufen.

Man könnte dies zum Beispiel in einem Windows-Programm nutzen, um ein Emblem aus konzentrischen Scheiben unterschiedlicher Farbe und immer kleiner werdender Radien auszugeben.

```
for(int farbe = rot; farbe <= violett; farbe++)
    {
    ... // Scheiben zeichnen
    }
```

enum versus #define

C versus C++

In C stellt eine enum-Aufzählung nicht wesentlich mehr dar als eine Gruppe von symbolischen Konstanten, die mit #define eingeführt wurden.

Dagegen stellt eine enum-Aufzählung in C++ einen eigenen Datentyp dar und der Compiler wacht über die Typenreinheit.

Dies hat Konsequenzen für die Arbeit mit Variablen von Aufzählungstypen.

In C kann man schreiben:

```
enum file_status {open, close, dirty};
int i = dirty;               // enum-Wert an int-Variable
enum file_status s = 2;      // int-Wert an enum-Variable
```

D.h., in C kann man die einzelnen Elemente von Aufzählungen wie int-Werte und die Variablen von Aufzählungen wie int-Variablen einsetzen.

In C++ gehören Elemente von Aufzählungen einem implementierungsspezifischen Integer-Typ an. Man kann also wie oben schreiben:

```
int i = dirty;               // enum-Wert an int-Variable
```

sollte allerdings im Auge behalten, dass die Elemente auch unsigned sein können und daher in Ausdrücken entsprechende integrale Promotionen nach sich ziehen (siehe Kapitel 6.9.2).

Was man überhaupt nicht kann, ist, einer enum-Variablen einen Integer-Wert zuzuweisen:

```
enum file_status s = 2;        // Fehler[1]
```

Ist man sicher, dass es in der Aufzählung ein Element mit entsprechendem Zahlenwert gibt, kommt man mithilfe einer expliziten Typumwandlung zum Ziel:

```
enum file_status s = (file_status) 2;
```

8.1.4 Aufzählungen als Mengentypen

Während man in C mit einer Aufzählung kaum mehr anfangen kann als mit einer Gruppe von symbolischen Konstanten, stellen in C++ enum-Variablen immerhin Integer-Variablen mit explizit definiertem Wertebereich dar, und der Compiler wacht darüber, dass den enum-Variablen nur Werte ihres Typs zugewiesen werden.

Aufzählungen sind keine echten Mengentypen

Unter einem wirklichen Mengentyp versteht man allerdings einen Datentyp, dessen Variablen nicht nur einen Wert aus einer vordefinierten Menge repräsentieren, sondern selbst Mengen sind.

Um beispielsweise die Belegschaft einer Firma in Arbeitsgruppen aufteilen zu können, bräuchte man zur Implementierung der Arbeitsgruppen einen Datentyp, dessen Variablen eine Menge von Angestellten repräsentieren können:

```
Typ_Gruppe AG1, AG2;
AG1 = {Harald, Nicole, Henry};
AG2 = {Claudia, Rudolf};
```

Und man braucht natürlich die üblichen Methoden zur Verwaltung der Elemente in einer Menge – also beispielsweise um einen Angestellten aus einer Arbeitsgruppe zu entfernen oder um festzustellen, ob Angestellter X der Arbeitsgruppe AG2 angehört.

```
AG2.add(Christian);
```

Pascal kennt einen Datentyp (set), der diesen Ansprüchen recht nahe kommt, aber in C/C++ ist ein solcher Typ nicht vorhanden und er lässt sich natürlich auch nicht mithilfe von Aufzählungen realisieren. Obige Syntax ist also rein fiktiv.

---

1 Einige Compiler erlauben diese Form der Zuweisung und geben lediglich eine Warnung aus.

Man kann einen Mengentyp aber simulieren, indem man eine Datenstruktur zur Aufnahme der Mengenelemente (beispielsweise ein Array oder eine Liste) und einen Satz passender Funktionen zur Verwaltung der Menge definiert.

Mengentypen simulieren

In C++ bietet es sich an, die zugrunde liegende Datenstruktur und die speziellen Funktionen zur Manipulation der Menge in einer Klasse zusammenzuziehen.

In der ANSI-C++-Laufzeitbibliothek ist dies bereits geschehen. Die Container-Klassen aus der STL implementieren verschiedene Datenstrukturen, mit jeweils eigenen Sätzen von Methoden für die Verwaltung und den Zugriff der im Container abgelegten Elemente.

Zur Realisierung von Mengen könnte man beispielsweise `set`- oder `multiset`-Container verwenden (je nachdem, ob die Elemente eindeutig sein müssen oder ein Element auch mehrmals in der Menge enthalten sein darf) oder man leitet eigene Klassen von diesen Container-Klassen ab und passt die gegebene Funktionalität weiter an die eigenen Vorstellungen an.

8.2 Arrays

Arrays sind Datenstrukturen, die sehr häufig eingesetzt werden. In ihnen lassen sich mehrere Variablen eines Datentyps speichern.

Nehmen Sie beispielsweise an, Sie benötigten 100 Integer-Variablen, um 100 Messwerte abzuspeichern. Hundert Integer-Variablen explizit zu deklarieren, wäre eine ebenso mühselige wie stupide Aufgabe:

Arrays kapseln mehrere Variablen gleichen Datentyps

```
int i1;
int i2;
...
```

Arrays ermöglichen Ihnen, eine (nahezu) beliebige Zahl von Variablen gleichen Datentyps en bloc zu definieren:

```
int i[100];
```

Der Vorteil der Array-Deklaration liegt jedoch nicht nur in der eingesparten Tipparbeit. Die einzelnen Elemente eines Arrays werden im Speicher hintereinander in einem zusammenhängenden Block abgelegt. Dies bringt eine Reihe interessanter Vorteile, beispielsweise die Möglichkeit, über einen Index auf einzelne Elemente im Block zuzugreifen:

```
i[3] = i[2]+i[1];
```

Deklaration

```
Typ_der_Elemente Arrayname[Anzahl_Elemente];
```

Initialisierung

```
int feld[3] = {100, 200, 50};
```

Zugriff

```
feld[0] = feld[0]*2;
func(feld);
```

8.2.1 Arrays deklarieren

Ein Array, auch Datenfeld oder Feld genannt, ist die Zusammenfassung von mehreren Variablen des gleichen Typs in einer übergeordneten Datenstruktur. Die einzelnen Variablen werden als Elemente des Arrays bezeichnet und können individuell über einen Index angesprochen werden. Die Gesamtzahl der Elemente, die das Array aufnehmen kann, wird bei der Deklaration des Arrays in Klammern angegeben.

```
Typ_der_Elemente  Arrayname[Anzahl_Elemente];
```

- *Typ_der_Elemente*: Die Typangabe legt fest, aus welchen Elementen das Array gebildet wird, und liefert zusammen mit der Anzahl der Elemente Informationen über den Speicherplatzbedarf.

  Folgende Datentypen sind für Elemente eines Arrays nicht zulässig:

  - Referenzen
  - Funktionen
  - abstrakte Klassen

- *Arrayname*: Frei wählbarer Bezeichner für die Array-Variable.
- *Anzahl_Elemente*: Die Anzahl der Elemente, die im Array maximal abgelegt werden können.
  - Hierfür sind nur konstante Ausdrücke erlaubt.
  - Es sind nur positive Werte größer null erlaubt.
  - Die Angabe kann durch eine Initialisierungsliste ersetzt werden. (Die Anzahl der Elemente im Array ist dann gleich der Anzahl der Werte in der Initialisierungsliste.)

Beispiele

```
int monatsumsatz[12];
enum {MIN=12, MAX=200};
long zahlen[10*MIN];
struct person leser[40];        // 40 Elemente vom
                                // Typ struct person
```

INFO

Eine Array-Deklaration erzeugt gleichzeitig einen neuen Datentyp und eine neue Variable dieses Datentyps. In der Deklaration gibt man nur den Bezeichner für die Array-Variable an, für den Array-Typ wird kein Bezeichner eingeführt. Jede Array-Deklaration führt also eine Array-Variable mit einem für sie spezifischen Datentyp ein (den man für gewöhnlich als »Array von T« bezeichnet, wobei T für den Datentyp der Elemente des Arrays steht).

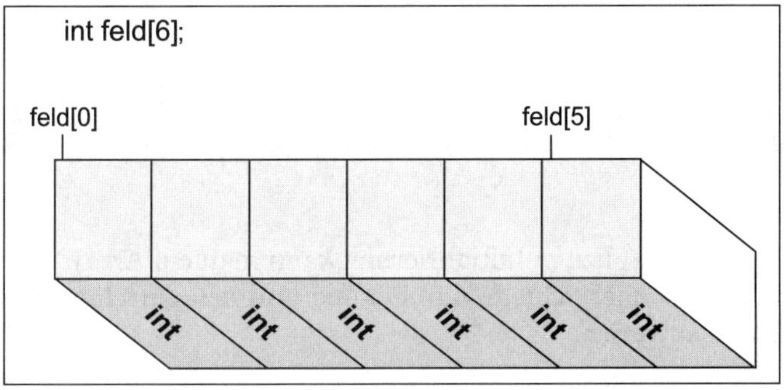

Abbildung 8.1: Array-Deklaration

Folgende Deklaration

```
int feld[10];
```

Die Durchnummerierung der Array-Elemente (Indizierung) beginnt immer mit dem Index 0

stellt zum Beispiel zehn Integer-Variablen zur Verfügung: `feld[0]`, `feld[1]`, ..., `feld[9]`. Ein Array-Element `feld[10]` existiert nicht mehr! Dass die Indizierung immer mit dem Wert null beginnt, ist in C unveränderlich festgelegt.

8.2.2 Initialisierung und Zugriff

Initialisierung

Arrays können auf verschiedene Weisen initialisiert werden

Die Initialisierung eines Arrays kann durch explizite Wertzuweisung in Form einer Initialisierungsliste erfolgen. Dabei werden die Werte für die einzelnen Array-Elemente – eingefasst in geschweiften Klammern und getrennt durch Kommata – an die Deklaration angeschlossen.

```
float werte[3] = { 2.34, 5.76, 3.14 };
```

Regeln für Initialisierungslisten:[2]

- Es ist nicht erforderlich, alle Elemente zu initialisieren. Elemente, die nicht initialisiert worden sind, erhalten automatisch den Wert 0. (Dies gilt auch für Arrays, die lokal in einer Funktion deklariert sind.)

2 Die beschriebenen Regeln für Initialisierungslisten gelten allgemein und sind nicht auf die Initialisierung von Arrays beschränkt. Initialisierungslisten können auch mit Strukturen und Klassen verwendet werden.

- Werden zu viele Elemente aufgeführt, wird üblicherweise eine Fehlermeldung ausgegeben.
- Fehlt in der Array-Deklaration die Größenangabe, wird die Größe des Arrays aus der Anzahl der Werte in der Initialisierungsliste errechnet.

  ```
  float werte[] = { 2.34, 5.76 };
  ```

  entspricht `float werte[2]` mit:

  ```
  werte[0] = 2.34;

  werte[1] = 5.76;
  ```

INFO

Initialisierungslisten können ganz praktisch, aber auch recht fehleranfällig sein.

Statt der expliziten Initialisierung kann man ein Array auch nach der Deklaration in einer Schleife durchlaufen und den einzelnen Elementen Anfangswerte zuweisen.

```
#define ARRAY_GROESSE 20
int array[ARRAY_GROESSE];
for (i=0; i < ARRAY_GROESSE; i++)
     array[i] = i;
```

Noch eleganter ist die Verwendung der Funktion

```
memset(void *anf_adr, int wert, size_t groesse)
```

die in der Header-Datei <*string.h*> definiert ist und jedem Byte in dem spezifizierten Speicherbereich (gegeben durch Anfangsadresse und Größe in Byte) den Wert des zweiten Arguments zuweist.

```
int x[MAX];
memset(x, 0, sizeof(x));
```

:-) TIPP

Beachten Sie, dass `memset()` jedes Byte in dem spezifizierten Bereich mit dem Wert des zweiten Arguments initialisiert. Dies ist ideal, um `char`-Arrays zu initialisieren oder einen Speicherbereich mit einem bestimmten Bitmuster zu initialisieren.

:-) TIPP

Angewendet auf ein `int`-Array, kann man alle Elemente auf `0` setzen, nicht aber auf `1`. Da ein `int`-Element in einer 32-Bit-Umgebung 4 Byte umfasst und jedes dieser Bytes auf `1` gesetzt wird, ist der resultierende Wert für ein `int`-Element 16843009.

Zugriff auf Array-Elemente

Auf die einzelnen Elemente des Arrays wird über einen Index zugegriffen, der in eckigen Klammern steht (siehe Indizierungsoperator, Kapitel 7.9.2).

Das erste Element eines Arrays hat immer den Index 0. Das letzte Element hat den Index `ARRAY_GROESSE - 1`.

```
#define ARRAY_GROESSE 20
int array[ARRAY_GROESSE];
for(i=0; i < ARRAY_GROESSE; i++)
     array[i] = i;
```

Vorsicht bei der Indizierung!
Sie können sich viel Ärger im Umgang mit Feldern (Arrays) ersparen, wenn Sie stets darauf achten, bei der Indizierung nicht die Feldgröße zu überschreiten.

Zugriffe wie

```
int array[10];
array[10] = 134;
```

unterlaufen gerade Anfängern häufiger und führen zu nur schwer aufzuspürenden Fehlern.

Zugriff über Zeiger

Wie jedes Speicherobjekt kann man auch ein Array über einen Zeiger ansprechen. Interessant dabei ist, dass der Zugriff über Zeiger genauso erfolgen kann wie über den Array-Namen:

```
#define ARRAY_GROESSE 20
int array[ARRAY_GROESSE];
p_int ptr = array;
for(i=0; i < ARRAY_GROESSE; i++)
     ptr[i] = i;
```

Die Indizierung von Zeigern ist allerdings nicht stark verbreitet. Man sollte daher die folgende Schreibweise für Zeiger vorziehen:

```
#define ARRAY_GROESSE 20
int array[ARRAY_GROESSE];
p_int ptr = array;
for(i=0; i < ARRAY_GROESSE; i++)
     *(ptr+i) = i;
```

Mehr zum Verhältnis zwischen Zeigern und Arrays erfahren Sie in Abschnitt 8.2.4.

Arrays durchlaufen

Das folgende Listing demonstriert

- zum einen die verschiedenen Möglichkeiten, alle Elemente eines Arrays anzusprechen (`memset()`, `feld[index]`, `*(feld_ptr+index)`),
- zum anderen die lineare Suche in einem unsortierten Feld.

Lineare Suche

Lineare Suche bedeutet einfach, dass die Elemente des Arrays von Beginn des Feldes an durchlaufen und mit dem gesuchten Wert verglichen werden. Dieses Verfahren ist ebenso simpel wie ineffizient.[3]

REF

Weiter unten in den nachfolgenden Abschnitten erfahren Sie, wie Sie Arrays sortieren und in sortierten Arrays effizient suchen können.

```
/* ARRAY.CPP Arrays */
#include <stdio.h>
#include <stdlib.h>
#include <mem.h>
#define MAX  100          // Anzahl der Elemente in Array

int main()
  {
  int feld[MAX];                   // Array
  int suchwert;                    // zu suchender Wert
  char * suchen(int[],int, int);  // Vorwaertsdeklaration

  int i;
  char zeile[100];

  // Initialisieren des Arrays
  memset(feld, 0, sizeof(feld));

  // Array ganz durchlaufen und Zufallswerte zuweisen
  for (i = 0; i < MAX; i++)
     {
     feld[i] = rand() % 100;
     }

  // Element suchen
  printf("Geben Sie den zu suchenden Wert ein (0 - 99): ");
  fgets(zeile, sizeof(zeile), stdin);
  sscanf(zeile,"%d\n",&suchwert);

  // Aufruf der Suchfunktion
  printf("%s\n",suchen(feld,MAX,suchwert));

  getchar();
```

3 Mit der Verteufelung der linearen Suche als ineffizientes Verfahren sollte man etwas vorsichtiger sein. Für kleinere, unsortierte Felder kann die lineare Suche u.U. schneller sein als wiederholte Sortierung und binäre Suche.

```
  return 0;
  }

/* Suchfunktion                              */
/*                                           */
/* Uebernimmt als Argumente das              */
/*    zu durchsuchende Array                 */
/*    die Anzahl der Elemente im Array       */
/*    den Suchbegriff                        */
/*                                           */
char * suchen(int f[], int Anz, int gesucht)
  {
  char *output = "Der gesuchte Wert wurde nicht gefunden";
  int i;

  for (i = 0; i < Anz; i ++)
     {
     if( *(f+i) == gesucht)
       {
       sprintf(output,"Gefunden: %d an Index %d",*(f+i),i);
       break;
       }
     }
  return output;
  }
```

8.2.3 Programmieren mit Arrays

In diesem Abschnitt finden Sie Beispiele für den praxisnahen Einsatz von Arrays.

Arrays an Funktionen übergeben

Die Übergabe von Arrays an Funktionen stellt unter C kein großes Problem dar. Bei der Funktionsdeklaration wird der Array-Parameter durch die eckigen Klammern spezifiziert. Ein Wert für die Array-Größe wird in den Klammern nicht angegeben, da diese ja vom zu übergebenden Array abhängt. Um der Funktion dennoch mitzuteilen, wie groß das Array ist, kann man die Anzahl der Elemente als zusätzlichen Parameter übergeben.[4]

```
void init(int feld[], int max)
```

Dass die Angabe der Array-Größe bei der Parameterdeklaration fehlen darf, liegt daran, dass Arrays bei der Übergabe an einen Parameter nicht kopiert, sondern als Zeiger übergeben werden. Da das übergebene Array für die Funktion nicht kopiert werden muss, muss auch kein Speicher für

INFO

4 Fortgeschrittene Programmierer werden vielleicht einwenden, dass man die Array-Größe in der Funktion mithilfe des `sizeof`-Operators bestimmen könnte: `sizeof feld / sizeof feld[0]`. Dies liefert aber nur dann die Anzahl der Elemente im Array, wenn `feld` der Arrayname ist und nicht – wie nach der Parameterübergabe – ein Zeiger auf ein Feld.

eine Array-Kopie reserviert werden und die Größenangabe wird nicht benötigt. Stattdessen erhält die Funktion einen Zeiger auf das Original-Array und greift direkt auf dessen Elemente zu.

Arrays werden immer als Adresse übergeben

Da die Funktion einen Zeiger erwartet, muss ihr auch ein Zeiger übergeben werden:

```
#define MAX 100
int messwerte[MAX];
...
init(messwerte, MAX);
```

Wie Sie sehen, wird einfach der Array-Name übergeben, der für den Compiler ja äquivalent zum ersten Element des Arrays, sprich zur Anfangsadresse des Arrays ist.

Ein Beispiel für die Übergabe von Feldern an Funktionen haben wir bereits im vorangehenden Abschnitt gesehen. Die Funktion `suchen()` aus dem Programm *Arrays.cpp* übernimmt als Argumente einen Zeiger auf ein Array, die Anzahl der Elemente im Array und einen zu suchenden Wert. In der Funktion wird das Array durchlaufen und die einzelnen Elemente werden mit dem Suchwert verglichen. Das Ergebnis der Suche wird in Form eines Strings zurückgeliefert.

```
char * suchen(int f[], int Anz, int gesucht)
  {
  char *output = "Der gesuchte Wert wurde nicht gefunden";
  int i;

  for (i = 0; i < Anz; i ++)
     {
     if( *(f+i) == gesucht)
       {
       sprintf(output,"Gefunden: %d an Index %d",*(f+i),i);
       break;
       }
     }
  return output;
  }
```

Arrays als Kopie übergeben

Arrays werden standardmäßig als Referenz (Zeiger) übergeben – und nicht als Kopie. Die empfangende Funktion kann also über den internen Array-Parameter das externe Array-Objekt der aufrufenden Funktion verändern.

Dies hat den Vorteil, dass das zeitaufwändige Kopieren des Arrays entfällt und aufrufende und aufgerufene Funktion auf dem Weg über das Array Daten austauschen können.

Es ist aber nachteilig, wenn man verhindern möchte, dass die aufgerufene Funktion den Inhalt des Arrays ändern kann. In solchen Fällen kann man

- den Array-Parameter als `const` deklarieren,
- das Array in eine Struktur verpacken und diese übergeben. Dies bedeutet zwar, dass das Array nun bei der Übergabe kopiert wird, ist in C aber auf jeden Fall sicherer als die `const`-Deklaration (siehe Kapitel 4.4.2 und 12.4.1).

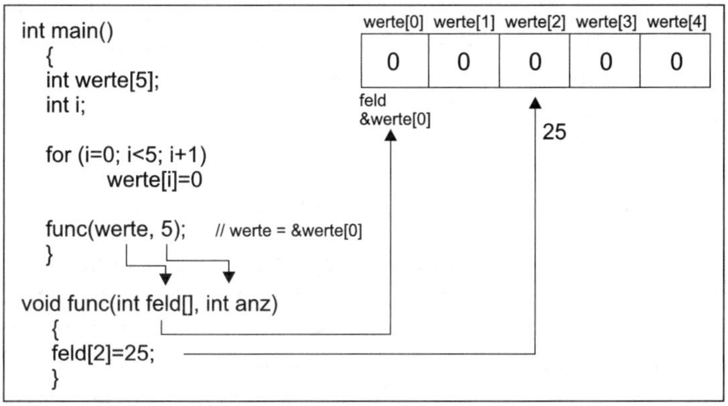

Abbildung 8.2: Array-Übergabe an eine Funktion

Teilarrays übergeben

Gelegentlich wird man nicht ein vollständiges Array übergeben wollen, sondern lediglich einen Teil eines Arrays.

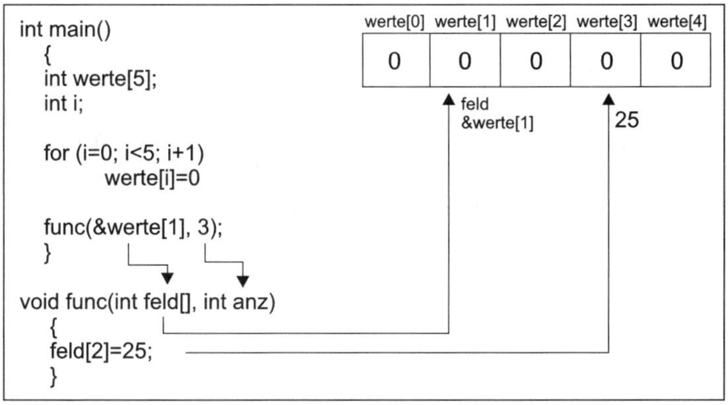

Abbildung 8.3: Teilarray übergeben

Teilarrays als Anfangsadresse und Größe

Da Arrays nicht als Kopie, sondern als Adresse und Größenangabe übergeben werden, stellt die Übergabe eines Teilarrays kein großes Problem dar: Anstatt die Adresse des ersten Elements (Anfangsadresse des Arrays) zu übergeben, wird die Adresse des Elements übergeben, mit dem der zu übergebende Teil beginnt. Als Größenangabe übergibt man die Anzahl der Elemente im Teilarray.

```
suchen(&feld[9], MAX/2, suchwert)
```

INFO

Beachten Sie, dass die Adresse des zehnten Elements gegeben ist durch

```
&feld[9]
```

Dass wir bei Übergabe des Array-Anfangs, also der Adresse des ersten Elements im Array, einfach den Array-Namen übergeben konnten, liegt daran, dass der Compiler in Anweisungen

`feld` *als* `&feld[0]` *interpretiert.*

Teilarrays als Index des ersten und letzten Elements

In rekursiven Funktionen, die nach und nach auf immer kleiner werdenden Teilarrays operieren, spezifiziert man die Teilarrays üblicherweise nicht durch eine geänderte Anfangsadresse und korrigierte Gesamtgröße, sondern übergibt stattdessen jeweils das gesamte Array sowie die Indizes des ersten und letzten Elements des Teilarrays (siehe unten, Quicksort).

Arrays als Rückgabetyp

In C/C++ kann man Arrays nicht als Rückgabetyp von Funktionen definieren. Eine Deklaration wie

```
int[] func()
```

wird also nicht akzeptiert.

Doch wie so oft in C, gibt es auch hier eine Möglichkeit, den wohl gemeinten Einschränkungen des ANSI-Komitees zu entkommen: Man verpackt das Array einfach in eine Struktur:

```
struct arr_struct {
   int feld[50];
   }
struct arr_struct func();
```

Arrays sortieren (Quicksort)

Arrays sind ein wunderbares Mittel, Gruppen von Daten abzuspeichern. Arrays lassen sich dank der Indizierung auch bequem durchlaufen – beispielsweise um Messwerte einzulesen oder die Daten im Array nacheinander auszugeben.

Etwas komplizierter wird es allerdings, wenn man gezielt nach bestimmten Daten im Array suchen will. Nehmen Sie nur an, Sie hätten eine Reihe von Messdaten, die alle im Bereich zwischen -10 und 10 liegen, und Sie wollen nun wissen, ob es einen Wert gibt, der möglichst nahe an 0 liegt. Oder Sie haben das Alter von 1000 Testpersonen abgespeichert und wollen nun ein Histogramm erstellen, in dem aufgeschlüsselt ist, wie viele Testpersonen jünger als 18, wie viele zwischen 18 und 35, wie viele zwischen 35 und 55 und wie viele älter als 55 sind. Oder Sie haben Städtenamen gespeichert und wollen nachprüfen, ob »Cuxhaven« bereits aufgenommen wurde.

All diese Aufgaben ließen sich relativ einfach lösen, wenn die Daten im Array sortiert abgelegt wären. Das Sortieren von Daten ist daher ein altbekanntes Problem der Informatik, für dessen Lösung es eine Reihe effizienter Algorithmen gibt. Einer der leistungsfähigsten Algorithmen ist Quicksort von C.A.R. Hoare, der seinen Namen mit der Entwicklung dieses Algorithmus zweifelsohne unsterblich gemacht hat.

Quicksort

Eine der Grundanforderungen an praktisch jeden Algorithmus zur Sortierung von Arrays ist, dass keine sortierte Kopie des Arrays angelegt werden soll, sondern der Algorithmus das Array durch Verschieben der einzelnen Elemente im Array sortiert.

Das Herzstück der meisten Sortierverfahren ist daher der Austausch zweier Elemente im Array mithilfe einer Dummy-Variablen (`tmp`):

```
if (i <= j)
  {
  tmp = feld[i];
  feld[i] = feld[j];
  feld[j] = tmp;
  }
```

Welche Elemente sollen auf diese Weise ausgetauscht werden?

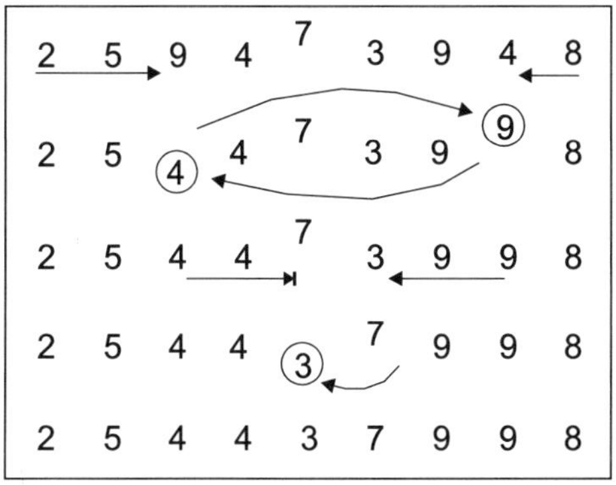

Abbildung 8.4: Sortierung nach QuickSort-Verfahren

Nach der Idee des Quicksort-Algorithmus nimmt man das mittlere Element des Arrays als Referenzwert und vergleicht diesen Wert mit allen anderen Elementen im Array. Dabei werden Elemente, die kleiner sind als der Referenzwert, in die vom Referenzwert links gelegene Hälfte des Arrays kopiert und Werte, die größer sind als der Referenzwert, in die vom Referenzwert rechts gelegene Hälfte.

Wenn das Array also anfangs die folgenden Werte enthält:

```
Ausgangskonfiguration:  2 5 9 4  7  3 9 4 8
```

wird es nach dem ersten Schritt der Sortierung vielleicht so aussehen:

```
Nach erster Sortierung: 2 5 4 4 3  7  9 9 8
```

Wie lässt sich dies durch Austausch jeweils zweier Elemente am günstigsten implementieren?

Anstatt alle zu verschiebenden Elemente mit dem Referenzwert zu tauschen, versucht man, einen Wert aus der linken Hälfte gegen einen Wert aus der rechten Hälfte zu tauschen.

Der Algorithmus geht also die Elemente der linken Hälfte von außen nach innen durch, bis er auf ein Element stößt, das größer als der Referenzwert ist. In obigem Beispiel wäre das der Wert 9.

Danach geht er analog die Elemente der rechten Hälfte von außen nach innen durch, bis er auf ein Element stößt, das kleiner als der Referenzwert ist. In obigem Beispiel wäre das der Wert 4.

Dann werden beide Werte gegeneinander ausgetauscht:

```
2 5 4 4  7  3 9 9 8
```

Erst wenn eine Hälfte bereits ganz durchlaufen ist, werden die restlichen zu verschiebenden Elemente der anderen Hälfte gegen den Referenzwert getauscht.

Die Implementierung dieses Tauschverfahrens sieht folgendermaßen aus:

```
while( (feld[l] < ref) && (l < ende))  l++;
while( (feld[r] > ref) && (r > anf) )  r--;

if (l <= r)
  {
  tmp = feld[l];
  feld[l] = feld[r];
  feld[r] = tmp;
```

```
      l++;
      r--;
      }
    } while(l <= r);
```

Danach müssen nur noch die beiden Teile links und rechts des Referenzelements sortiert werden. Dazu ruft man einfach die Funktion quicksort() rekursiv auf:

```
quicksort(feld,anf,r);
quicksort(feld,l,ende);
```

Das vollständige Listing sieht wie folgt aus:

```
/* Qsort.cpp  Quicksort-Algorithmus */
void quicksort(int feld[], int anf, int ende)
  {
  int l = anf;
  int r = ende;
  int tmp;
  int ref    = feld[(l+r)/2];

  do
    {
    while( (feld[l] < ref) && (l < ende))  l++;
    while( (feld[r] > ref) && (r > anf) )  r--;

    if (l <= r)
      {
      tmp = feld[l];
      feld[l] = feld[r];
      feld[r] = tmp;
      l++;
      r--;
      }
    } while(l <= r);

  if(anf < r)
    quicksort(feld,anf,r);
  if(l < ende)
    quicksort(feld,l,ende);
  }
```

Obige Implementierung des Quicksort-Verfahrens hat den Nachteil, dass die Funktion nur zur Sortierung von int-Arrays geeignet ist. Bevor Sie jetzt aber darangehen, zusätzliche Versionen der Funktion quicksort() zu implementieren, möchte ich Sie darauf aufmerksam machen, dass es in der C-Bibliothek bereits die Funktion qsort() gibt, die zur Sortierung von Elementen beliebiger Datenelemente verwendet werden kann und die wir in Abschnitt 8.3.3 zur Sortierung von Adressen einsetzen werden.

Auch für die Container der ANSI-C++-Bibliothek sind bereits passende Sortierverfahren vordefiniert (siehe Anhang B.3).

In Arrays suchen (binäre Suche)

Nachdem die Daten im Array sortiert sind, stellt sich die Frage, wie man am effizientesten nach Daten im Array sucht oder – ebenfalls ein typisches Problem – wie man weitere Daten in das Array aufnimmt, ohne die Sortierung zu zerstören.

Betrachten wir dazu das folgende Array:

1 1 3 3 5 6 6 6 8 9 9 10

Angenommen, Sie wollen herausfinden, ob der Wert 2 im Array vertreten ist (bzw. an welcher Stelle der Wert 2 einzufügen ist).

Die lineare Suche ist nur für kleine Arrays effizient

1. Ansatz: die lineare Suche

Die einfachste Lösung wäre, das Array von Anfang an zu durchsuchen. Die Überprüfung des dritten Elements ergäbe bereits, dass die 2 nicht vorhanden ist, da im dritten Element der Wert 3 gespeichert ist und im aufwärts sortierten Array nur noch größere Werte folgen.

Wie sähe es aber aus, wenn man nach der 9 suchen würde? Oder wenn das Array die folgende Zahlenreihe enthielte:

1 1 1 1 1 1 1 1 2 2 2 2

Wie man sieht, ist die Effizienz dieses Verfahrens stark von den abgespeicherten Werten abhängig. Für ein allgemeines Suchverfahren ist dies äußerst unbefriedigend.

Binäre Suche setzt ein sortiertes Array voraus

2. Ansatz: die binäre Suche

Glücklicherweise gibt es ein sehr effizientes und leicht zu implementierendes Verfahren zum Suchen in Arrays: die binäre Suche. Das Prinzip dieses Verfahrens ist, den Suchraum bei jedem Schritt zu halbieren. Veranschaulichen wir uns dies am obigen Array:

1 1 3 3 5 6 6 6 8 9

und suchen wir noch einmal nach dem Wert 2.

Der Algorithmus bestimmt die ungefähre Mitte des Arrays und fragt den Wert des mittleren Elements ab.

Im Beispiel ist dies das 5. Element, das den Wert 5 hat.

Der Algorithmus bestimmt anhand des Wertes dieses Elements, ob nun in der unteren oder oberen Hälfte des Arrays weiterzusuchen ist.

Im Beispiel haben wir ein aufwärts sortiertes Array vorliegen. Da der gesuchte Wert (2) kleiner als der Wert des mittleren Elements (5) ist, kann der gesuchte Wert nur in der unteren Hälfte zu finden sein. Der neue Suchraum ist jetzt also die untere Hälfte des Arrays.

Der Algorithmus bestimmt jetzt die Mitte des neuen Suchraums, also die Mitte der unteren Hälfte des Arrays.

Im Beispiel ist dies das 2. Element, dessen Wert 1 ist.

Da das mittlere Element einen kleineren Wert hat als der Suchwert, ergibt sich der neue Suchraum als die obere Hälfte des neuen Suchraums.

Der Algorithmus besteht also aus drei Schritten:

1. Bestimmung der Mitte des aktuellen Suchraums,
2. Vergleich des mittleren Werts mit dem Suchwert,
3. Bestimmung des neuen Suchraums und Fortsetzung mit Schritt 1.

Der Algorithmus endet, wenn das gesuchte Element gefunden wurde oder der Suchraum nur noch aus Anfangs- und Endelement besteht.

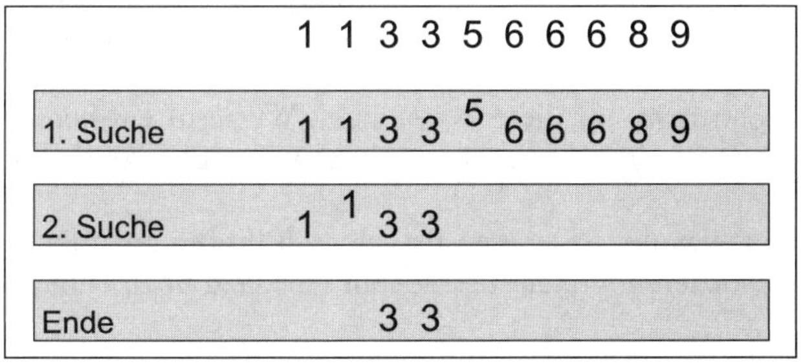

Abbildung 8.5: Binäre Suche

Da der Suchraum bei jedem Schritt halbiert wird, lässt sich die Anzahl der Iterationen leicht aus der Anzahl der Elemente im Array berechnen. Für n Elemente endet der Algorithmus spätestens nach $\log_2 (n + 1)$ Vergleichen.

```
/* binare Suche */
int binaereSuche(int feld[], int anf, int ende, int gesucht)
  {
  int mitte;

  while(anf <= ende)
    {
    mitte = (anf+ende)/2;
```

```
    if(feld[mitte] == gesucht)
      return mitte;
    else if (feld[mitte] < gesucht)
      anf = mitte + 1;
      else
      ende = mitte - 1;
    }
  return -1;  // nichts gefunden
  }
```

CD

Das Programm Such_Arr.cpp, das Sie auf der Begleit-CD finden, legt ein Array mit zufälligen `int`*-Werten an, sortiert das Array und lässt Sie dann einen Suchwert angeben, der mittels binärer Suche in dem Array aufgespürt wird.*

Eine wirklich optimale Suche ergibt sich oft erst dann, wenn man bestimmte Annahmen über die Daten machen und diese in den Suchalgorithmus einfließen lassen kann.

Neue Werte in Array einsortieren

Neue Elemente in ein Array aufzunehmen, ist grundsätzlich kein großes Problem. Man benötigt lediglich den Index einer freien Position im Array (oder den Index eines Elements, das überschrieben werden soll) und weist diesem Element den abzulegenden Wert zu. Meist wird dies so aussehen, dass den Elementen der Reihe nach Werte zugewiesen werden, sodass man eine Zählervariable einrichtet, die den Index der nächsten freien Position enthält und nach jedem Einfügen um 1 inkrementiert wird (in Schleifen, die das ganze Array durchlaufen, wäre dies die Schleifenvariable).

Wenn man auf diese Weise neue Werte in ein bereits sortiertes Array aufnimmt, zerstört man aber nahezu unweigerlich die Sortierung.

Statt das neue Element also einfach hinten anzuhängen, wird man es gleich einsortieren wollen. Betrachten wir dazu noch einmal das folgende Array:

1 1 3 3 5 6 6 6 8 9 9 10

In dieses Array soll der Wert 4 einsortiert werden.

1. Als Erstes benötigen wir eine Funktion, die mithilfe einer binären Suche (siehe oben) den Index des Elementes zurückliefert, vor (oder nach) dem der neue Wert eingefügt werden soll.
2. Als Nächstes müssen alle Werte ab dieser Position um eins nach hinten (oder nach vorne) kopiert werden, um Platz für das neue Element zu schaffen
3. Schließlich kann das neue Element eingefügt werden.

:-) TIPP

Das beschriebene Verfahren ist durchaus praktikabel, wegen der umständlichen Kopieraktionen für größere Arrays aber recht zeitaufwändig. Für solche Fälle gibt es effizientere Datenstrukturen (Listen, Bäume), oder man entschließt sich, Eingaben zu puffern und bei Gelegenheit einzusortieren (beispielsweise indem man die neuen Werte einfach vorn oder hinten anhängt und dann später das gesamte Array neu sortieren lässt, statt die einzelnen Werte einzusortieren).

Große Arrays und dynamische Arrays

Arrays sind eine sehr nützliche und – was die meisten Bearbeitungsmethoden angeht (Zugriff, Sortieren, Suchen) – auch eine sehr effiziente Datenstruktur.

Die statische Größe der Arrays führt oft zur Speicherverschwendung

Sie haben aber auch ein großes Manko, und das ist die statische Größe, die oftmals eine recht ineffiziente Speicherbelegung bedingt.

Statische Größe bedeutet, dass der Programmierer die Größe des Arrays (sprich die Anzahl der Elemente im Array) bei der Deklaration fest vorgeben muss: entweder durch Angabe einer Konstanten oder durch eine Initialisierungsliste.

Wenn der Programmierer von vornherein weiß, wie viele Werte im Array aufbewahrt werden müssen, ist dies kein Problem. Soll beispielsweise für ein Skat-Programm ein Array implementiert werden, in dem die einzelnen Karten des Kartenspiels verwaltet werden sollen, ist man mit einem Array von 32 Elementen bestens beraten. Doch nicht immer ist die Anzahl der Elemente so klar vorgegeben. Nehmen Sie nur an, Sie wollten Messwerte aus einer Datei einlesen. Dann muss das Array groß genug sein, um alle Messwerte der Datei aufnehmen zu können, doch zur Programmierzeit können Sie natürlich nicht wissen, wie viele Messwerte in der Datei stehen werden, und Sie müssen auch davon ausgehen, dass das Programm zur Auswertung verschiedener Messreihen mit unterschiedlich vielen Messwerten aufgerufen wird.

In solchen Fällen ist es üblich,

- ein möglichst großes Array zu deklarieren,
- beim Einlesen der Werte in das Array aufzupassen, wann die Kapazität des Arrays ausgeschöpft ist, und entsprechend eine Fehlermeldung auszugeben, wenn nicht alle Daten verarbeitet werden konnten.

Doch ist eine solche Verfahrensweise natürlich nur in gewissen Grenzen vertretbar. Wenn Sie wissen, dass in das Array circa 50, maximal 100 Integer-Werte einzulesen sind, ist das nicht schlimm. Sollen aber speicheraufwändige Strukturvariablen in einem Array verwahrt werden oder soll das Array zur Aufnahme von bis zu 5000 Werten ausgelegt werden, obwohl in 90% aller Fälle nur etwa 100 Werte benötigt werden, erkauft man sich die Bequemlichkeiten der Array-Programmierung auf Kosten einer ungeheuren Speicherverschwendung.

Speicherfreundlicher ist das Anlegen dynamischer Felder

Für solche Fälle benötigt man eine dynamische Speicherverwaltung. Statt vorab den für die Verwahrung der Daten benötigten Speicher zu allokieren, bestimmt das Programm zur Laufzeit, wie viel Speicher für die einzulesenden Daten benötigt wird, reserviert den Speicher und legt die Daten darin ab. Werden Daten nicht weiter benötigt, wird der zugehörige Speicher wieder freigegeben.

Eine solche Vorgehensweise erfordert, dass viel von der Speicherverwaltung, die sonst vom Compiler übernommen wird, in das Programm und damit in die Hände des Programmierers verlegt wird. Mit einfachen Arrays ist dies natürlich nicht mehr zu realisieren. Es erfordert die Programmierung mit Zeigern und speziellen Funktionen zur Speicherverwaltung. Wir werden dieses Thema daher in Kapitel 9 noch einmal aufgreifen und vertiefen.

Wie groß kann ein Array sein?

Wie sieht es aber nun aus, wenn man trotz der ineffizienten Speicherverwertung nicht auf die statischen Arrays verzichten möchte? Angenommen, Sie wollten wirklich Daten aus einer Datei einlesen und dafür ein Array verwenden. Wie groß werden Sie Ihr Array wählen?

Wenn Sie ein Array für hundert `int`-Werte deklarieren, können Sie maximal 100 Werte einlesen. Enthält die Datei mehr Messwerte, können Sie diese nicht alle auswerten und müssen eine Warnung oder Fehlermeldung ausgeben. 100 Werte sind nicht viel. Reservieren Sie lieber Platz für 1000 Werte. Die Speicherverschwendung ist nebensächlich? Warum nicht auf alle Eventualitäten gefasst sein und Platz für 1.000.000 Werte reservieren?

1.000.000 `int`-Werte entsprechen unter einem 32-Bit-System, wo für den Datentyp `int` 4 Byte = 32 Bit vorgesehen sind, etwa 4 Mbyte. Sind Sie sicher, dass der Arbeitsspeicher Ihres Anwenders diese Belastung verträgt?

Nehmen Sie an, die Werte liegen nicht als `int`-Werte, sondern als Koordinaten vor, die in folgender Struktur verwahrt werden:

```
struct koord {
  double x;  // 8 Byte
  double y;  // 8 Byte
  }
```

Eine Variable dieser Struktur belegt 16 Byte, ein Array mit 1 Million dieser Variablen also ca. 16 Mbyte.

Unabhängig davon, ob eine solche Speicherbelastung vertretbar ist, stellt sich die Frage, wie groß ein Array werden kann.

Die maximale Größe eines Arrays ist plattformspezifisch

MSDOS und Win16

DOS ist ein 16-Bit-Betriebssystem und daher der segmentierten Adressierung unterworfen (siehe Kapitel 9.4.2). Grundsätzlich kann daher unter MSDOS ein zusammenhängender Datenblock wie ein Array nicht mehr als ein Segment = 64 Kbyte ausfüllen. Ob aber der gesamte Speicherbereich eines Segments für ein einziges Array genutzt werden kann, hängt zusätzlich von dem verwendeten Speichermodell ab (siehe Kapitel 9.4.2).

Größere Felder können nur dynamisch angelegt werden (siehe Kapitel 9.4.4).

32-Bit-Betriebssysteme

Prinzipiell steht Ihnen unter 32-Bit-Betriebssystemen der gesamte physikalische Speicher zur Verfügung (soweit nicht anderweitig belegt).

Für lokale Variablen, die auf dem Stack angelegt werden, ist aber zu beachten, dass die Größe des Stacks aus Sicherheitsgründen[5] meist beschränkt ist (für Win32 standardmäßig auf 1 Mbyte, wobei man die Größe des Stacks für die meisten Windows-Compiler per Linker-Option selbst festlegen kann).

8.2.4 Wie funktionieren Arrays?

Der besondere Trick der Datenstruktur Array ist die sequenzielle Abspeicherung. In diesem Abschnitt soll daher noch einmal klar herausgearbeitet werden, welche Vor- und Nachteile diese besondere Form der Speicherbelegung mit sich bringt.

Berechnung der Adressen einzelner Elemente

Der Zugriff auf ein Array-Element ist äußerst schnell, da der Compiler die Adresse genau berechnen kann. Da alle Elemente hintereinander im Speicher abgelegt sind, braucht er dazu lediglich:

- die Anfangsadresse des Blocks (gegeben durch den Array-Namen) und
- die Größe der einzelnen Elemente (gegeben durch den Datentyp der Elemente).

5 Die Größe des Stacks wird beschränkt, um Endlosrekursionen abfangen zu können.

Die Adresse des n-ten Elementes im Array ergibt sich damit einfach zu:

```
Anfangsadresse + n * sizeof(Datentyp)
```

INFO

Beachten Sie, dass n hierbei gleich dem Index ist. Für das erste Element des Arrays gilt also n = 0.

Diese einfache Berechnung ist auch die Grundlage des Indizierungsoperators [].

Arrays und der Indizierungsoperator []

Der Indizierungsoperator kann auch auf dynamische Felder angewendet werden

Der Indizierungsoperator ist keineswegs ein spezieller Array-Operator. Man kann ihn ebenso gut auf Zeiger anwenden, und sein Einsatz ist auch keineswegs daran gebunden, dass Daten sequenziell im Speicher abgelegt sind.

Alles was er macht, ist, die oben bereits aufgeführte Formel zu berechnen:

```
Anfangsadresse + n * sizeof(Datentyp)
```

und dann den Wert, der unter dieser Adresse abgespeichert ist, zurückzuliefern.[6]

Für die Adressierung eines Array-Elementes gilt dabei:

```
int feld[12];
feld[3] = 3;
```

Anfangsadresse = gegeben durch Name des Arrays (`feld`)

n = Index in Klammern (`3`)

Datentyp = gegeben durch Datentyp der Array-Elemente (`int`)

Für die Adressierung über einen Zeiger gilt:

```
int *ptr;
p[3] = 3;
```

Anfangsadresse = gegeben durch den Zeiger (`ptr`)

n = Index in Klammern (`3`)

6 Intern rechnet der Indizierungsoperator nicht mit Adressen, sondern schreibt unter Ausnutzung der Gesetze der Zeigearithmetik (siehe Kapitel 9.2.5) die Indizierung

```
a[n]      // a ist Array oder Zeiger
```

in

```
*(a + n)
```

um.

Datentyp = gegeben durch Datentyp, auf den der Zeiger verweist (`int`)

Das letzte Beispiel deutet bereits auf ein typisches Problem bei der Verwendung des Indizierungsoperators hin: Der Operator liefert einfach, ausgehend von einer Anfangsadresse, eine neue Adresse, die eine bestimmte Zahl von Einheiten hinter der Anfangsadresse liegt. Was an dieser Adresse abgespeichert ist, interessiert den Operator nicht.

Der Indizierungsoperator führt keine Bereichskontrolle durch

Daraus ergeben sich für den Programmierer folgende Konsequenzen:

- Der Indizierungsoperator lässt sich nur sinnvoll anwenden, wenn der Programmierer weiß, dass sich unter der über den Operator angesprochenen Adresse auch die gewünschte Information befindet. Dies ist üblicherweise nur sichergestellt, wenn Daten sequenziell im Speicher abgelegt sind – wie es im Falle eines Arrays oder bei Verwendung der Funktion `malloc()` bzw. des Operators `new[]` zur Reservierung von dynamischen Feldern der Fall ist.
- Der Indizierungsoperator führt keine Bereichskontrollen durch. Wenn Sie über den Indizierungsoperator also auf die Elemente eines Arrays zugreifen, kontrolliert der Operator nicht, ob der von Ihnen übergebene Index noch auf ein Element des Arrays verweist oder bereits über das Ende des für das Array reservierten Bereiches hinausgeht.

Gerade aber der Zugriff über die Array-Grenzen ist schnell geschehen:

```
int feld[10];
for (i = 0; i <= 10; i++)
    {
    feld[i] = i;
    }
```

Hier wurde vergessen, dass das letzte Element eines Arrays mit 10 Elementen nicht den Index 10, sondern wegen des Beginns mit Index 0 den Index 9 hat.

Überladung

In C++ ist es möglich, den `[]`-Operator zu überladen. Für einige Container der STL (siehe Anhang B) ist dies beispielsweise geschehen, sodass man auf die Elemente dieser Datenstrukturen ebenfalls per Indizierung zugreifen kann. In diesen Fällen kann man aus der Verwendung des `[]`-Operators nicht ableiten, dass die Elemente dieser Container en bloc abgespeichert sind.

Durch die Überladung des Operators ist es nämlich durchaus möglich, nach außen einen indizierten Zugriff vorzuspiegeln, während intern der Zugriff ganz anders implementiert ist (siehe Kapitel 7.16).

Arrays und Zeiger

Array-Namen sind keine Zeiger

Es war nun schon mehrfach die Rede von der offensichtlichen Verwandtschaft zwischen Arrays und Zeigern, sodass sich die Vermutung aufdrängt, dass der Array-Name nichts anderes als ein Zeiger ist.

Nun, diese Aussage ist falsch! Für den Compiler ist ein Array-Name eine Adresse, und ein Zeiger ist die Adresse einer Adresse. Vergessen Sie dies nie, auch wenn ich Ihnen jetzt erkläre, warum Arrays und Zeiger so oft in gleicher Weise eingesetzt werden.

Oft ist es vorteilhaft, einen Array-Namen wie einen Zeiger zu behandeln

- Mit einem Array ist immer ein mehr oder weniger großer, zusammenhängender Speicherbereich verbunden. Wie Sie im Abschnitt 8.2.2 erfahren haben, kann man auf einzelne Elemente in diesem Speicher sehr bequem und schnell zugreifen, wenn man mit Zeigern rechnet.

  Aus diesem Grund nutzt der Indizierungsoperator die Möglichkeiten der Zeigerarithmetik und erwartet als Objekt einen Zeiger.

  ```
  ptr[i]          ist gleich          *(ptr+i)
  ```

- Um den Indizierungsoperator bequem auf ein Array anwenden zu können, muss der Compiler wissen, dass er den Array-Namen nicht als Adresse, sondern als Zeiger auf das erste Array-Element interpretieren muss.

  Der ANSI-Standard sieht daher allgemein vor, dass der Array-Name in Ausdrücken stets als Zeiger auf das erste Element im Array angesehen wird.

  Um auf das n-te Element eines Arrays zuzugreifen, kann man also beispielsweise schreiben:

  ```
  int feld[10];    int feld[10];     int feld[10];     int feld[10];
                   int *p = feld;    int *p = feld;    int *p = feld+n;
  feld[n] =        p[n] =            *(p+n) =          *p =
  ```

- Es ist ineffizient, große Datenblöcke bei der Übergabe an Funktionen zu kopieren.

  Der ANSI-Standard sieht daher vor, dass ein Array-Name auch in einem Funktionsaufruf als Zeiger auf das erste Element im Array angesehen wird.

  Einen Array-Parameter kann man also auf zwei Weisen deklarieren:

  ```
  int func (int feld[] );          int func (int *feld)
  ```

Beiden Funktionen kann man das Array auf eine der folgenden Weisen übergeben:

```
int a[10];          int a[10]; int *p = a;          int a[10];
func (a);           func (p)                        func (&a[0]);
```

Unabhängig von der Art der Deklaration und der Übergabe kann man in den Funktionen auf eine der folgenden Weisen auf die Array-Elemente zugreifen (wobei die Verwendung des Indizierungsoperators grundsätzlich besser lesbar ist und deutlich macht, dass es sich um ein Array handelt, während die Zeigersyntax verdeutlicht, dass man mit Zeigern arbeitet – auch wenn diese auf Arrays verweisen).

```
feld[n]                          *(feld + n)
```

Optimierung

Semantisch macht es also keinen Unterschied, ob Sie ein Array

- unter Verwendung des Indizierungsoperators oder
- unter Verwendung der Zeigerarithmetik

durchlaufen. Wie aber sieht es mit der Laufzeit aus? Wenn es tatsächlich so ist, dass der Compiler gemäß dem ANSI-Standard den Indizierungsoperator sowieso in eine Zeigerberechnung umwandelt, sollte es auch diesbezüglich keinen Unterschied geben.

Doch ganz so einfach ist die Sache nicht, und man hört oft, dass man in laufzeitoptimierten Programmen nur Zeigerberechnungen verwenden sollte. Dies hat aber nichts damit zu tun, dass die Zeigerberechnung schneller wäre als die Verwendung des Indizierungsoperators, denn beide werden vom Compiler ja, wie wir nun wissen, gleich behandelt.

Nun versucht der Compiler aber auch, den Code zu optimieren, und diesbezüglich kann man dem Compiler die Arbeit schon vereinfachen, indem man ihm die zusätzliche Umwandlung des Indizierungsoperators erspart und im Quelltext direkt den Indizierungsoperator verwendet.

Nur ...

Moderne Compiler sollten mit der Optimierung von Zugriffen auf eindimensionale Arrays keine Probleme haben, sodass Sie ohne Laufzeitverluste den Indizierungsoperator verwenden können, der Ihren Code in jedem Fall besser lesbar macht.

Wann ist der Array-Name kein Zeiger auf das erste Element?

Jeder Variablenname repräsentiert für den Compiler eine Speicheradresse. Dies gilt für einfache Variablen ebenso wie für Arrays oder Zeiger.

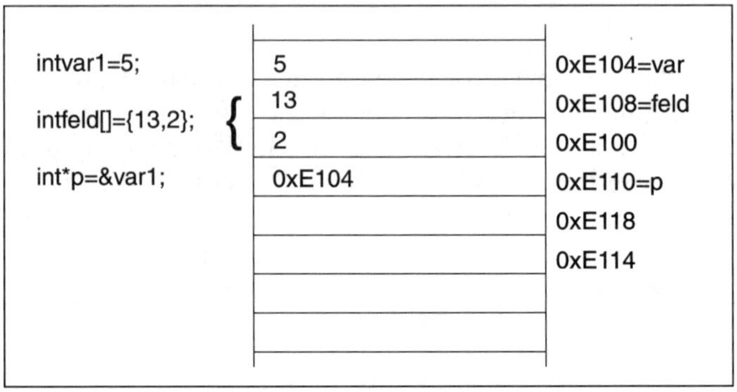

Abbildung 8.6: Variablennamen stehen für Speicheradressen

Verschieden ist allerdings, was an dieser Speicheradresse vorzufinden ist:

- Für normale Variablen (im Unterschied zu Zeigern) beginnt an dieser Speicheradresse das Objekt, der »Wert« der Variablen. Für eine `int`-Variable also ein `int`-Wert, für ein Array das erste Element des Arrays.
- Für Zeiger ist an dieser Speicherposition ebenfalls der »Wert« des Zeigers abgelegt, nur handelt es sich dabei nicht um ein Objekt, sondern um die Adresse eines Objekts.

Die Zuweisung eines Arrays an einen Zeiger

```
int feld[5] = {3, 0, 9, 5, 4};
int *ptr = feld;
```

würde normalerweise zu einem Zusammenbruch Ihrer Speicherverwaltung führen, da an sich der Inhalt des Arrays an den Zeiger übergeben und dieser den Beginn des Arrays nicht als erstes Element, sondern als Adresse interpretieren müsste.

Dass es dennoch funktioniert, liegt an der Intelligenz des Compilers, der in solchen Fällen nicht den Inhalt des Arrays, sondern die Adresse des Arrays übergibt, den Array-Namen also, wie im vorangehenden Abschnitt beschrieben, als einen Zeiger auf das erste Element des Arrays behandelt (`feld` wird in `&feld[0]` umgedeutet).

Diese Umwandlung erfolgt aber nur in Ausdrücken (nicht in Deklarationen) und bedeutet auch nicht, dass ein Zeiger auf ein Array wie eine Variable vom Typ »Array von T« behandelt wird.

Die beiden folgenden Beispiele verdeutlichen, wo dies zu Fehlern führen kann.

Externe Bindung umgeht die Umwandlung

Wenn Sie Ihre Programme modularisieren und Variablen über mehrere Module hinweg verwenden möchten (siehe Kapitel 25), könnten Sie unter Umständen so vorgehen, dass Sie in einem Modul eine Variable als Zeichen-Array definieren und in einem anderen Modul die Variable als `extern`, aber vom Typ Zeiger auf `char` deklarieren:

```
Datei 1:                        Datei 2:
char str1[25] = "Beispiel";     extern char *str1;
```

In diesem Fall haben Sie die Intelligenz des Compilers überschätzt, denn wenn Sie jetzt `str1` dereferenzieren, interpretiert er den Anfang des Strings »Beispiel« als Adresse.

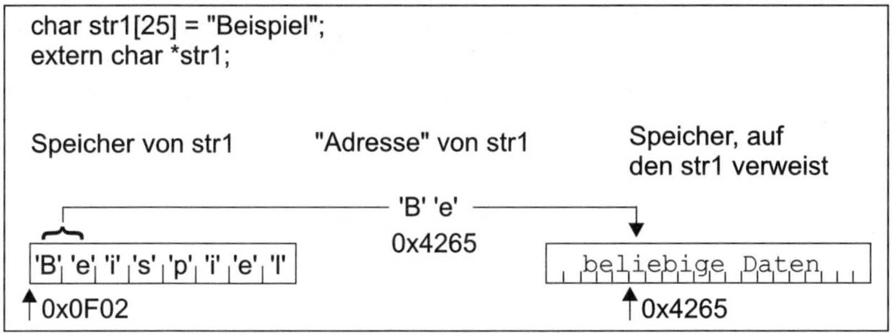

Abbildung 8.7: Der Inhalt eines Zeigers (hier 2 Byte groß) wird als Adresse interpretiert

Vergleichen wir die Extern-Deklaration

```
Datei 1:                        Datei 2:
char str1[25] = "Beispiel";     extern char *str1;
```

mit der Zuweisung

```
char str1[25] = "Beispiel";
char *str2 = str1;
```

In beiden Fällen steht der Array-Name `str1` für die Anfangsadresse des ersten Array-Elements. Der Unterschied ist, dass bei der Zuweisung

```
char *str2 = str1;
```

diese Adresse dem Zeiger `str2` als »Wert« zugewiesen wird, während bei der Extern-Deklaration:

```
extern char *str1;
```

die Zeigervariable `str1` selbst mit dieser Adresse verbunden wird.

Ein Zeiger auf ein Array ist keine Array-Variable

Bezüglich der Datentypen wird streng zwischen Array und Zeiger unterschieden, und nur der Datentyp bestimmt, wie der Compiler eine Variable behandelt.

- Eine Array-Variable gehört einem Array-Typ an (Array von T). Der Compiler interpretiert daher den Array-Namen in Ausdrücken als Zeiger auf das erste Element.
- Ein Zeiger gehört dagegen einem Zeigertyp an (Zeiger auf T). Dies ändert sich auch nicht, wenn der Zeiger auf ein Array verweist! Es erfolgt also auch keine interne Umwandlung des Zeigernamens in einen Zeiger auf das erste Element des Arrays. (Schließlich würde eine solche Umwandlung erfordern, dass für jeden Zeiger zur Laufzeit festgehalten werden müsste, ob der Zeiger gerade auf ein Array oder irgendein anderes Objekt verweist.)

Ob es sich bei einer Variablen um eine Array-Variable oder einen Zeiger auf ein Array handelt, kommt zum Beispiel beim Aufruf des `sizeof`-Operators zu tragen. Diesen kann man beispielsweise dazu verwenden, die Anzahl der Elemente in einem Array zu bestimmen:

```
int feld[32];
...
while( loop  <  (sizeof(feld) / sizeof(feld[0])) )
  {
  ...
```

In diesem Fall liefert der `sizeof`-Operator für den Array-Namen die Gesamtgröße des Arrays zurück.

Handelt es sich bei dem Bezeichner `feld` allerdings um einen Zeiger, liefert der Operator nur die Größe des Zeigers (unter 32-Bit-Systemen üblicherweise 4 Byte).

```
void Array_durchlaufen(int feld[])
  {
  while( loop  <  (sizeof(feld) / sizeof(feld[0])) ) // Fehler
    {
    ...
```

8.2.5 Besondere Array-Typen

Arrays von Funktionen

Funktionen selbst können nicht in Arrays verwaltet werden. Dafür kann man Zeiger auf Funktionen in Arrays ablegen.

Das vorliegende Programm definiert beispielsweise für jeden Schaltzustand einer Ampel eine eigene Funktion. Diese Funktionen werden dann über Zeiger in einem Array verwaltet.

Um die Ampel in Betrieb zu nehmen, muss man dann nur noch in einer Schleife das Array durchlaufen und die Funktionen für die Schaltzustände nacheinander aufrufen.

```
/* Ampel.cpp  Ampelschaltung */
#include <stdio.h>

// Funktionen für Schaltzustände
void rot()
  {
  printf("\nrot");
  }

void rot_gelb()
  {
  printf("\nrot\tgelb");
  }

void gruen()
  {
  printf("\n\t\tgruen");
  }

void gelb()
  {
  printf("\n\tgelb");
  }

// Array von Zeigern auf Funktionen
void (*fpointer[4]) ();

int main()
  {
  int i;

  // Zeiger initialisieren (mit Funktionen)
  fpointer[0]=rot;
  fpointer[1]=rot_gelb;
  fpointer[2]=gruen;
  fpointer[3]=gelb;


  // Array durchlaufen (Ampel in Betrieb nehmen)
  for (i=0;i<=3;i++)
    fpointer[i]();

  return 0;
  }
```

Auf die gleiche Weise könnte man Maschinen oder Roboter steuern, die ein bestimmtes Programm Schritt für Schritt abarbeiten. Ist an einem Arbeitsschritt etwas abzuändern, braucht man nur die betreffende Funktion zu überarbeiten. Ist ein neuer Arbeitsschritt einzufügen, muss man nur die Eintragungen in das Array anpassen.

Arrays von Zeigern

Arrays von Zeigern auf Typ `T` werden als

```
T *ptr[anzahl]
```

deklariert und sind nicht mit Zeigern auf Arrays vom Typ `T`

```
T (*ptr)[anzahl]
```

zu verwechseln!

Zeichenketten

Neben der Verarbeitung nummerischer Informationen spielt bei der Datenverarbeitung auch der Umgang mit Zeichenketten eine große Rolle. Hier liegt allerdings auch eine der Schwierigkeiten im Umgang mit C, da in C keine Datentypen für Zeichenketten vordefiniert sind.

C-Strings sind nullterminierte Zeichenketten

C interpretiert stattdessen eine Zeichenkette, auch String genannt, als eine Folge von Zeichen, die mit dem ASCII-Zeichen '\0' (dem Nullterminierungszeichen) beendet wird (siehe Kapitel 23.1).

Abbildung 8.8: Speicherbelegung für einen String

D	A	S		I	S	T		E	I	N		S	T	R	I	N	G	\0

Variablen für Strings

In C können Sie eine solche Zeichenkette

- durch einen Zeiger auf `char`

  ```
  char *str;
  ```

  oder

- durch ein Array vom Typ `char`

  ```
  char str[100];
  ```

  repräsentieren.

C versus C++

C++ stellt darüber hinaus die Klasse string (aus <string>) zur Verfügung, die die Arbeit mit Strings wesentlich vereinfacht. Intern arbeitet die Klasse string aber auch nur mit C-Strings.

Die Verwendung von Arrays zur Repräsentation von Zeichenketten hat den Vor- und Nachteil der statischen Speicherbelegung.[7]

- Der Vorteil ist, dass der Speicherplatz für die Zeichenkette direkt bei Deklaration der Array-Variablen reserviert wird.

  Wenn das Array das ganze Programm hindurch ein und dieselbe Zeichenkette beinhalten soll, bietet es sich an, das Array als const zu deklarieren und mit der gewünschten Zeichenkette zu initialisieren:

  ```
  char str1[] = "Zeichenkette"
  ```

- Der Nachteil ist, dass der Speicherplatz nicht mehr nachträglich angepasst werden kann, wenn später größere Strings in dem Array abgelegt oder zusätzliche Zeichen an den aktuellen String angehängt werden sollen.

  In solchen Fällen muss man darauf achten, dass der für das Array reservierte Speicherbereich groß genug ist, auch die manipulierte Zeichenkette aufzunehmen.

  ```
  char str1[100] = "Zeichenkette";

  strcpy(str1,"Dies ist die neue Zeichenkette");
  ```

Programmieren mit Zeichenketten

Grundsätzlich gilt, dass Sie zwischen dem String und der Variablen, die den String repräsentiert, unterscheiden müssen.

- Ein String ist wie gesagt eine Folge von Zeichen (Typ char), die an irgendeiner Speicheradresse beginnt und mit einem Nullterminierungszeichen ('\0') endet.
- Ein Zeiger auf char ist einfach nur ein Zeiger, in dem man die Anfangsadresse eines Strings speichern kann.
- Ein Array von char ist ein Feld, in dem man einen String ablegen kann. Der String beginnt dann an der Anfangsadresse des Feldes und endet mit dem Nullterminierungszeichen (und nicht etwa mit dem Ende des Speicherbereichs des Arrays).

7 Ansonsten ist die Programmierung mit Zeigern auf char und Arrays vom Typ char wegen der internen Konvertierung von Array-Namen (siehe Bild) weitgehend identisch und kompatibel.

Dies beeinflusst auch die Arbeit mit Strings. Wie kann man beispielsweise einen String einem anderen String zuweisen?

1. Versuch:

```
char *str1 = "1. Zeichenkette";
char *str2 = "2. Zeichenkette";
str1 = str2;
```

Hier wird nicht etwa der zweite String in den ersten kopiert. Stattdessen bekommt der Zeiger `str1` die Adresse in Zeiger `str2` zugewiesen. Danach hat man also nicht zwei Zeiger, die auf zwei gleiche Strings verweisen, sondern zwei Zeiger, die beide auf ein und denselben String verweisen.

Gleiches gilt beispielsweise auch für Vergleiche:

```
if(str1 == str2)
```

vergleicht nicht die Zeichenketten, auf die `str1` und `str2` verweisen, sondern die Adressen in `str1` und `str2`.

2. Versuch:

```
char str1[50] = "1. Zeichenkette";
char str2[50] = "2. Zeichenkette";
str1 = str2;
```

Diese Zuweisung werden die meisten Compiler mit einer Fehlermeldung quittieren, da Array-Namen üblicherweise nicht als L-Wert verwendet werden können. (Die Zuweisung mittels des =-Operators ist nur bei der Initialisierung erlaubt.)

Vergleicht man zwei Arrays, gilt wie für die Zeiger auf `char`, dass man die Anfangsadressen der Arrays und nicht die Strings in den Arrays vergleicht.

```
if(str1 == str2)
```

ist also immer `false`.

Lösung

Was man braucht, ist eine Funktion, die `str1` als Anfangsadresse einer Zeichenkette interpretiert und diese Zeichen für Zeichen (bis zum Nullterminierungszeichen) einliest und nach `str2` kopiert.

Eine entsprechende Funktion ist bereits in der Laufzeitbibliothek von C vorgesehen – sie heißt `strcpy()` (aus `<cstring>`). Sie erwartet als Parameter einen Zeiger auf den Zielstring und einen Zeiger auf den Quellstring. Da Array-Namen als Zeiger auf das erste Array-Element interpretiert werden, kann die Funktion auch für `char`-Arrays aufgerufen werden:

```
char str1[100] = "Erste Zeichenkette";
char str2[100] = "Zweite Zeichenkette";
strcpy(str2, str1);
```

Die Laufzeitbibliothek von C enthält eine ganze Reihe von Funktionen zur Manipulation von C-Strings (siehe Kapitel 23.1 und 33.1). Da diese Funktionen als Parameter jeweils Zeiger auf `char` erwarten, können sie sowohl für Arrays vom Typ `char` als auch für Zeiger auf `char` aufgerufen werden.

8.2.6 Mehrdimensionale Arrays

Bisher haben wir uns nur mit eindimensionalen Arrays beschäftigt. C/C++ erlaubt aber auch die Deklaration mehrdimensionaler Arrays, wobei für jede Dimension die Anzahl der Elemente in rechteckigen Klammern angegeben wird.

```
Datentyp  Arrayname [ANZ_ELEM1][ANZ_ELEM2]...
```

Ein solches mehrdimensionales Array ist in C/C++ nichts anderes als ein Array, dessen Elemente wieder Arrays sind (mehr dazu gleich im folgenden Abschnitt).

Vorteil mehrdimensionaler Arrays

Mehrdimensionale Arrays erzeugen eine logische Ordnung für lineare Felder

Für den Programmierer ist dabei vor allem von Interesse, dass er durch die Deklaration eines mehrdimensionalen Feldes ein ansonsten lineares Feld von Elementen in Untereinheiten aufteilen kann.

Das klingt vielleicht ein wenig kompliziert, ist aber nichts anderes als die Umsetzung eines auch im Alltag häufig verwendeten Prinzips.

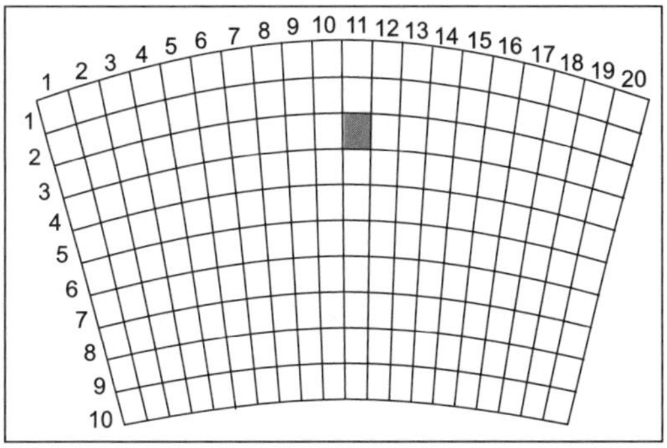

Abbildung 8.9: Theaterparkett als zweidimensionales Feld

Angenommen, Sie sind Platzzuweiser in einem Theater. Das Theater verfügt über 200 Sitzplätze, die in 10 Reihen zu je 20 Sitzplätzen angeordnet sind. Um einem Besucher seinen Sitzplatz zuzuweisen, werden Sie vielleicht sagen:

»3. Reihe, 11. Platz von links«

und bestimmt nicht:

»51. Platz von vorne gezählt«.

Das gleiche Ordnungsprinzip kann man in Programmen mittels mehrdimensionaler Arrays erreichen. Zur Verwaltung der Sitzplätze könnten Sie beispielsweise ein Array von 200 `int`-Werten anlegen:

```
int Sitzplaetze[200];
Sitzplaetze[50] = 1;        // belegt
```

Wenn Sie aber stattdessen ein mehrdimensionales Array der Form

```
int Sitzplaetze[10][20];
```

anlegen, können Sie – unter Berücksichtigung der Tatsache, dass die Indizierung in C/C++ mit 0 beginnt – schreiben:

```
Sitzplaetze[2][10] = 1;  // belegt
```

Ansonsten entspricht die Handhabung mehrdimensionaler Arrays weitgehend der von eindimensionalen Arrays. Bestenfalls ist noch anzumerken, dass man zum Durchlaufen eines mehrdimensionalen Arrays mehrere ineinander verschachtelte Schleifen benötigt – eine Schleife für jede Dimension (wobei die Schleifen von außen nach innen die Indizes von links nach rechts berechnen).

Das nachfolgende Listing illustriert den Einsatz mehrdimensionaler Arrays:

```
/* MUL_ARR.CPP mehrdimensionale Arrays */
#include <stdio.h>

#define SPALTEN  10
#define ZEILEN  5

int main()
  {
  int x[ZEILEN][SPALTEN];
  int i = 0;
  int j = 0;

  for (i = 0; i < ZEILEN; i++)
    {
    for (j = 0; j < SPALTEN; j++)
      {
      x[i][j] = 'a' + i;
      }
    }
```

```
  for (i = 0; i < ZEILEN; i++)
    {
    for (j = 0; j < SPALTEN; j++)
      {
      printf("%c ",x[i][j]);
      }
    printf("\n");
    }

  return 0;
  }
```

Ausgabe:

```
a a a a a a a a a a
b b b b b b b b b b
c c c c c c c c c c
d d d d d d d d d d
e e e e e e e e e e
```

Speicherbelegung mehrdimensionaler Arrays

Mehrdimensionale Arrays sind in C/C++ nichts anderes als Arrays von Arrays.

Das dreidimensionale Array

```
int DreiDim[2][3][4]
```

ist also ein Array, das 2 Elemente vom Typ `int[3][4]` enthält, jedes `int[3][4]`-Unter-Array enthält 3 Elemente vom Typ `int[4]`, jedes `int[4]`-Unter-Array enthält 4 Elemente vom Typ `int`.

```
DreiDim = 2 * int[3][4]
                = 3 * int[4]
                          = 4 * int
```

Um also ein mehrdimensionales Array vom Anfang bis zum Ende in der Reihenfolge durchzugehen, in der die Elemente im Speicher abgelegt sind, fängt man mit dem Element mit den kleinsten Indizes an und zählt die Indizes von rechts nach links hoch, das heißt, der letzte Index (ganz rechts) verändert sich am schnellsten.

```
DreiDim[0][0][0]
DreiDim[0][0][1]
DreiDim[0][0][2]
DreiDim[0][0][3]
DreiDim[0][1][0]
DreiDim[0][1][1]
DreiDim[0][1][2]
DreiDim[0][1][3]
```

etc.

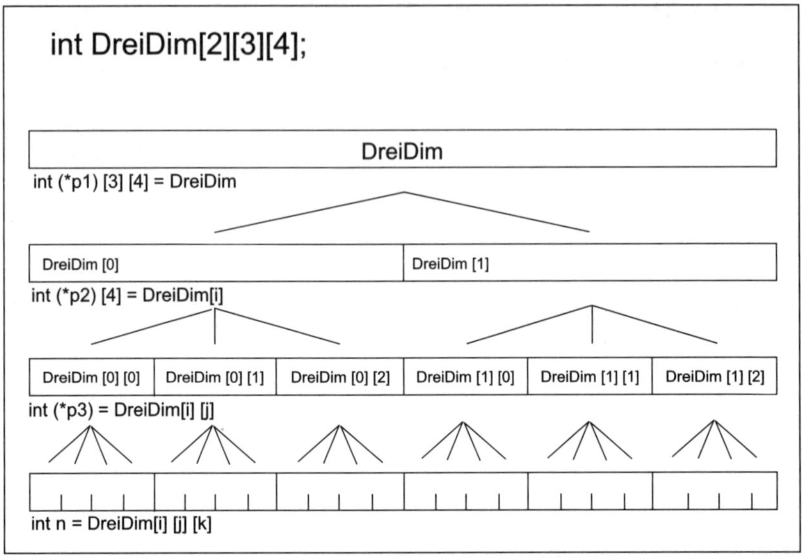

Abbildung 8.10: Speicherbelegung für ein mehrdimensionales Array mit Unter-Arrays

Adressenberechnung

Der Zugriff auf ein Array-Element ist äußerst schnell, da der Compiler die Adresse genau berechnen kann. Nehmen wir zum Beispiel das Array

```
int feld[5][3];
```

An welcher Adresse befindet sich dann das Element `feld[a][b]`?

Zur Berechnung geht der Compiler wie folgt vor:

1. Er nimmt die Anfangsadresse des Arrays (gegeben durch den Array-Namen `feld`).
2. Danach multipliziert er den ersten Index (`a`) mit der Größe des »Unter-Arrays« (das Unter-Array besteht aus 3 `int`-Werten: `a*(3*sizeof(int))`.
3. Danach multipliziert er den zweiten (und letzten) Index mit der Elementgröße: `b*sizeof(int)`.

Zum Schluss addiert er alle Werte:

```
feld[a][b] = &feld[0][0]
             + 4 * Größe_des_Unter-Arrays
             + 1 * Elementgröße
```

Initialisierungslisten

Auch für mehrdimensionale Arrays kann man Initialisierungslisten verwenden:

```
int feld[4][2] = { {1,1},{2,2},{3,3},{4,4} };
int feld[4][2][2] = { {{111,112},{121,122}},
                      {{211,212},{221,222}},
                      {{311,312},{321,322}},
                      {{411,412},{421,422}} };
```

Wie Sie bereits aus Kapitel 8.2.2 wissen, werden in einer Initialisierungsliste die einzelnen Werte für die Elemente des Arrays durch Kommata getrennt aufgeführt.

Für mehrdimensionale Arrays haben wir nun die Besonderheit, dass die einzelnen Elemente wiederum Arrays sind (jedenfalls für die höheren Dimensionen). Folglich brauchen wir zur Initialisierung jedes dieser Unter-Arrays wiederum eine eigene Initialisierungsliste.

In Kapitel 8.2.2 wurde auch erwähnt, dass man bei der Deklaration mit Initialisierungsliste auf die Angabe der Anzahl der Elemente in den rechteckigen Klammern verzichten kann. Dies gilt auch für mehrdimensionale Arrays, allerdings nur für die erste Dimension!

Grundsätzlich sollte man Initialisierungslisten nicht überbewerten. Für größere mehrdimensionale Arrays sind sie wegen der anfallenden Tipparbeit ehedem kaum tragbar. Initialisieren Sie Ihre Arrays lieber mit `memset()` oder Schleifen (siehe Kapitel 11.3).

Zeiger auf mehrdimensionale Arrays

Wenn Sie auf ein eindimensionales Feld

```
int werte[4] = { 1, 2, 3, 4 };
```

einen Zeiger richten wollen, schreiben Sie:

```
int *ptr = werte;
```

Um mithilfe dieses Zeigers das Array zu durchlaufen, schreiben Sie entweder:

```
for(i = 0; i < 5; i ++)
  {
  printf("werte[%d] = %f\n",i,*(ptr_w+i));
  }
```

oder

```
for(i = 0; i < 5; i ++)
  {
  printf("werte[%d] = %f\n",i,ptr_w[i]);
  }
```

So viel zur Wiederholung.

Wie richtet man nun aber einen Zeiger auf ein mehrdimensionales Array ein und mit welcher Syntax kann man über diesen Zeiger auf die Elemente im Array zugreifen?

Um einen Zeiger auf das Array

```
int feld[4][2] = { {10,11},{20,21},{30,31},{40,41} };
```

einzurichten, deklariert und initialisiert man den Zeiger als:

```
int (*ptr_f)[2] = feld;
```

Um mithilfe dieses Zeigers das Array zu durchlaufen, schreiben Sie entweder:

```
for(i = 0; i < 4; i++)
   for(j = 0; j < 2; j++)
     {
     printf("feld[%d][%d] = %d\n",i,j,*(*(ptr_f+i)+j));
     }
```

oder

```
for(i = 0; i < 4; i++)
   for(j = 0; j < 2; j++)
     {
     printf("feld[%d][%d] = %d\n",i,j,ptr_f[i][j]);
     }
```

Tabelle 8.1 fasst die Syntax für den Zugriff auf das dreidimensionale Array `int fld[2][3][4]` und seine Unter-Arrays zusammen.

Tabelle 8.1: Mehrdimensionale Arrays und Zeiger

	Zeiger	Initialisierung	Zugriff auf int
int fld[2][3][4]	int (*p)[3][4]	p = fld	p[a][b][c] =
int[3][4]	int (*p)[4]	p = fld[a]	p[b][c] =
int[4]	int (*p)	p = fld[a][b]	p[c] =

Zu Unter-Arrays springen

Damit diese wunderbare Syntax nicht gleich wieder in Vergessenheit gerät ... eine kleine Übung.

Legen Sie das mehrdimensionale Array `int fld[2][3][4]` an und verwenden Sie einen Zeiger, um gezielt die Unter-Arrays der 1. Ebene (`int[3][4]`) anzusteuern und jeweils das erste Element dieser Unter-Arrays auszugeben.

Lösung:

```
/* Unt_arr.cpp  zu Unter-Arrays springen */
#include <stdio.h>

int main()
  {
  int fld[2][3][4];
  int a,b,c;

  // Array initialisieren und ausgeben
  for(a = 0; a < 2; a++)
    for(b = 0; b < 3; b++)
      for(c = 0; c < 4; c++)
        {
        fld[a][b][c] = a*100 + b*10 + c;
        printf("Feld[%d][%d][%d] = %d\n",a,b,c, fld[a][b][c]);
        }

  printf("\n");

  int (*ptr)[4] = fld[0];     // Zeiger auf Unter-Arrays 1. Ebene

  // Zu Unter-Arrays springen
  for(b = 0; b < 2*3; b++)
    printf("Array[%d][0] = %d\n", b, ptr[b][0]);

  return 0;
  }
```

Analyse

`int (*ptr)[4]` ist ein Zeiger auf Arrays mit jeweils 4 `int`-Elementen. Dieser Zeiger wird mit der Adresse des ersten Unter-Arrays der Größe `int[3][4]` initialisiert.

In der nachfolgenden Schleife wird der Zeiger inkrementiert (`p[b]`), d.h., das Array wird jeweils in Unter-Array-Einheiten durchschritten. Für jedes Unter-Array `p[b]` wird das erste Element ausgegeben: `p[b][0]`.

Mehrdimensionale Arrays als Parameter

Will man mehrdimensionale Arrays als Argumente an Funktionen übergeben, stößt man auf zwei Probleme.

1. Bei der Deklaration des Array-Parameters müssen Sie für alle Dimensionen außer der ersten die Größe angeben. Das bedeutet aber, dass der Funktion auch nur Arrays der passenden Größe übergeben werden können!

2. Die Angabe der Elemente pro Dimension in der Parameter-Deklaration ist allerdings nur für den Compiler und hilft Ihnen nicht bei der Implementierung der Funktion, wenn Sie wissen wollen, wie viele Elemente zu jeder Dimension gehören (beispielsweise um das Array und seine Unter-Arrays in verschachtelten Schleifen zu durchlaufen).

   Sie müssen daher die Größenangaben für alle Dimensionen an die Funktion weiterreichen.

Einfach ist die Übergabe nur für Array-Parameter mit festen Dimensionen

Wenn Sie also eine Funktion schreiben wollen, die nur Arrays vom Typ `int [20][5]` verarbeiten soll, können Sie diese als

```
void func(int feld[20][5])
```

deklarieren und in der Funktion die feststehenden Dimensionsgrößen (20 und 5) verwenden.

Wenn Sie aber eine generische Funktion schreiben wollen, die zweidimensionale Arrays mit beliebiger Anzahl von Elementen pro Dimension akzeptieren soll, müssen Sie [8]

1. die Anzahl der Elemente pro Dimension irgendwie als Parameter an die Funktion übergeben,

2. das Array von Arrays (`int [][]`) in ein Array von Zeigern (`int * []`) umwandeln. Dieses kann man dann als Zeiger auf Zeiger (`int **`) übergeben.

```
/* Unt_arr2.cpp    Mehrdim. Arrays als Parameter */
#include <stdio.h>

int feld[20][4];        // Array von Arrays von int
int *ptr[20];           // Array von Zeigern auf int

// generische Funktion
void func(int **feld, int d1, int d2)
  {
  int i, j;

  for (i = 0; i < d1; i++)
    for (j = 0; j < d2; j++)
      {
      feld[i][j] = i*10 + j;
      printf("%d\n",feld[i][j]);
```

8 Nein, Sie müssen nicht. Wenn die Funktion nicht ganz allgemein sein muss und der Speicherbedarf kein Problem ist, kommen Sie auch mit einfacheren Lösungen aus.

```
        }
    }

  int main()
    {
    int i;

    // Array ptr mit Zeigern auf Unter-Arrays initialisieren
    for(i=0; i<20; i++)
      ptr[i] = feld[i];

    func(ptr, 20, 5);

    return 0;
    }
```

8.2.7 Stringtabellen

Stringtabellen sind Arrays von Strings

Die wenigsten Programme kommen ohne gelegentliche Textausgaben aus. Für Statusmeldungen, Warnungen und Hilfetexte, die man immer mal wieder ausgeben muss, lohnt es sich, eine Stringtabelle anzulegen und die einzelnen Textblöcke als Strings in die Stringtabelle einzutragen.

In einem Programm wird eine solche Stringtabelle einfach als ein Array von Zeigern auf `char` realisiert:

```
/* StringTb.cpp  Stringtabelle */
#include <stdio.h>

// Stringtabelle
const char *meldung[] =
   {
   "Programm wird beendet",
   "Geben Sie eine Zahl zwischen 0 und 5 ein: ",
   "Die Eingabe war nicht korrekt!",
   "Fuer Hilfe F1 druecken",
   "Bitte warten...",
   "Das Programm wurde unerwartet abgebrochen.",
   };


int main()
  {
  int eingabe;
  printf("Willkommen beim Stringtabellen-Testprogramm\n\n");

  do
    {
    printf("%s\n\n",meldung[1]);
    scanf("%d",&eingabe);
    fflush(stdin);

    if(eingabe>=0 && eingabe <=5)
```

```
    printf("Meldung: %s\n\n\n",meldung[eingabe]);
  } while(eingabe!=0);

return 0;
}
```

Stringtabellen haben folgende Vorteile:

- *Stringtabellen sind übersichtlich.* Die Meldungen können in einer Datenstruktur am Anfang der Quelltextdatei (oder in einer separaten Header-Datei) verwaltet werden.
- *Stringtabellen sparen Speicherplatz.* String-Literale sind die einzigen Konstanten, für die der Compiler automatisch Speicher reserviert. Wenn Sie also ein und dieselbe Meldung an 10 verschiedenen Stellen des Programms mit `printf("..Text...")` ausgeben, reserviert der Compiler für jede dieser Ausgaben Speicher. Wenn Sie den Text in einer Stringtabelle ablegen, stellen Sie sicher, dass der Text nur einmal im Speicher abgelegt wird.
- *Stringtabellen sind leichter zu verwalten.* Wenn Sie, wie oben beschrieben, ein und dieselbe Meldung an 10 verschiedenen Stellen des Programms mit `printf("..Text...")` ausgeben und dann nach einer Weile feststellen, dass Sie einen anderen Text ausgeben möchten, müssen Sie alle Vorkommen des Textes aufsuchen und korrigieren. Wenn Sie den Text in einer Stringtabelle ablegen, brauchen Sie nur zur Stringtabelle zu gehen und den Text dort zu ändern.
- *Stringtabellen erleichtern die Lokalisierung.* Wenn Sie ein Programm in mehreren Sprachen vertreiben möchten, müssen Sie alle Textausgaben lokalisieren (in die jeweilige Landessprache übersetzen). Mit Stringtabellen ist dies kein Problem, Sie müssen nur für jede Sprache eine eigene Stringtabelle aufsetzen und dann je nach Zielsprache die zugehörige Stringtabelle verwenden (siehe Kapitel 27).

8.2.8 Matrizen

Eine weitere typische Anwendung für mehrdimensionale Felder ist die Arbeit mit Matrizen.

Eine n×m-Matrix ist ein System von n×m Zahlen, angeordnet in n Zeilen und m Spalten.

Eine reelle Zahl ist dann einfach eine 1×1-Matrix: (3).

Ein zweidimensionaler Vektor (x,y) ist eine 1×2-Matrix.

Interessant sind Matrizen aber nicht nur für die Vektorrechnung, sondern auch bei der Lösung von Gleichungssystemen.

Lösung von Gleichungssystemen

Das Gleichungssystem

```
3*x1 + 15*x2 = 7
  x1 +  6*x2 = 11
```

kann man beispielsweise schreiben als

$$
\begin{array}{c|c}
x \quad * \quad A & = \; 6 \\
\hline
(x_1, x_2) * \begin{pmatrix} 3 & -15 \\ 1 & 6 \end{pmatrix} & = (-9 \quad 19)
\end{array}
$$

Abbildung 8.11: Gleichungssystem in Matrizenschreibweise

Die Lösung eines solchen Gleichungssystems sieht dann so aus, dass man versucht, die Matrix A mit den Mitteln der linearen Algebra in eine Dreiecksmatrix umzuwandeln, in der die Werte unterhalb der Diagonalen alle 0 sind:

$$
\begin{array}{r} * -\frac{1}{3} \\ + \end{array}
\left(\begin{array}{cc|c} 3 & -15 & -9 \\ 1 & 6 & 19 \end{array}\right)
\;\downarrow\;
\left(\begin{array}{cc|c} 3 & -15 & -9 \\ 0 & 11 & 22 \end{array}\right)
$$

Addieren eines Vielfachen einer Zeile ändert Gleichungssystem nicht

Abbildung 8.12: Umwandlung einer Matrix in eine Dreiecksmatrix

Hat man die Dreiecksmatrix bestimmt, kann man die Werte des Lösungsvektors x durch Auflösen der Einzelgleichungen auf einfache Weise bestimmen.

- $(x_1\ x_2)$ in Dreiecksmatrix einsetzen

  (1) $3x_1 - 15x_2 = -9$

  (2) $11x_2 = 22$

- Auflösen von (2) $\Rightarrow x_2 = \frac{22}{11} = 2$

- Auflösen von (1) $\Rightarrow 3x_1 - 15 * 2 = -9$

  $\Rightarrow x_1 = 7$

Abbildung 8.13: Auflösung des Gleichungssystems

Die Schwierigkeit dabei ist,

- die Koeffizientenmatrix in eine Dreiecksmatrix umzuwandeln,
- zu erkennen, ob ein Gleichungssystem überhaupt lösbar ist. (Obiges Gleichungssystem besteht beispielsweise aus zwei Geradengleichungen. Ein Lösungsvektor, der beide Gleichungen erfüllt, wäre also ein Punkt, der auf beiden Geraden liegt – der Schnittpunkt der Geraden. Laufen die Geraden allerdings parallel, gibt es keinen Schnittpunkt und auch keine Lösung für das Gleichungssystem.)

CD

Das Verfahren zur Umwandlung einer Koeffizientenmatrix in eine Dreiecksmatrix ist zweifelsohne recht interessant und wegen seiner Bedeutung zur Lösung linearer Gleichungssysteme auch von großem praktischem Wert. Es setzt allerdings eine Reihe von Grundkenntnissen zur Algebra und Matrizenrechnung voraus und kann nicht in wenigen Worten beschrieben werden. Ich möchte Sie daher an dieser Stelle auf die einschlägige Literatur zur praktischen Mathematik verweisen und mit dem Hinweis auf das Programm Gauss.cpp vertrösten, das Sie auf der Begleit-CD finden und das Gleichungssysteme unter Verwendung der Gauß-Elimination löst.

Koordinatentransformation

Häufig benötigte Matrizen sind auch die Drehmatrizen für die Ebene und den Raum, mit denen man Punkte in der Ebene (Raum) um einen (oder mehrere) bestimmten Winkel drehen kann (beispielsweise für Animationen).

Drehmatrix für die Ebene:

$$x_{neu} = x * \cos(\varphi) - y * \sin(\varphi)$$
$$y_{neu} = x * \sin(\varphi) + y * \cos(\varphi)$$

```
/* Rotation.cpp   Objekte drehen */
#include <stdio.h>
#include <math.h>

float a[2][2];
float x[2],y[2]={0,0};
float phi;

int main()
  {
  int i,j;

  printf("\n Das Programm berechnet die Rotation eines");
  printf("\n Vektors um den Winkel phi im "
           "Gegenuhrzeigersinn\n\n");

  printf("Eingabe des Vektors : \n\n");
  for (i=0;i<=1;i++)
    {
```

```
    printf(" %d.te Komponente : ",i+1);
    scanf("%f",&x[i]);
    }

  printf("\nEingabe des Drehwinkels phi : ");
  scanf("%f",&phi);
  fflush(stdin);

  // Umrechnung von phi in Bogenmass
  phi*=M_PI/180.0;

  // Berechnung der Drehmatrix
  a[0][0] =  cos(phi);
  a[0][1] = -sin(phi);
  a[1][0] = -a[0][1];
  a[1][1] =  a[0][0];

  // Berechnung des gedrehten Vektors
  for (i=0;i<=1;i++)
   for (j=0;j<=1;j++)
      y[i] += a[i][j]*x[j];

  printf("\nGedrehter Vektor : ");
  for (i=0;i<=1;i++)
    printf("\n %d.te Komponente : %f",i+1,y[i]);

  return 0;
  }
```

Ausgabe:

```
Das Programm berechnet die Rotation eines
Vektors um den Winkel phi im Gegenuhrzeigersinn

Eingabe des Vektors :

 1.te Komponente : 10
 2.te Komponente : 2

Eingabe des Drehwinkels phi : 90

Gedrehter Vektor :
 1.te Komponente : -2.000000
 2.te Komponente : 10.000000
```

8.3 Strukturen (struct)

Während Arrays dazu dienen, mehrere Variablen gleichen Datentyps zusammenzufassen, kann man mit Strukturen mehrere Variablen unterschiedlichen Datentyps zusammenfassen.

Ein Paradebeispiel für den Einsatz von Strukturen ist die Verwaltung personeller Daten – beispielsweise für eine Adressenverwaltung.

```
struct s_person
  {
  char vorname[20];
  char nachname[20]
  char strasse[100];
  int plz;
  char stadt[100];
  };
struct s_person bekannter1, bekannter2;
```

C versus C++

In C++ ist eine Struktur lediglich ein Sonderfall einer Klasse, in der alle Elemente `public` sind. Viele Bücher über C++ handeln Strukturen daher vollkommen zu Recht nur kurz als Sonderfall ab. Da dieses Buch aber auch für C-Programmierer gedacht ist, sollen die Strukturen hier entsprechend gewürdigt werden. Zudem erleichtert ein fundiertes Wissen über C-Strukturen das spätere Verständnis von Klassen, Bitfeldern und Unions, und aus der Entwicklung der Datentypen von den elementaren Typen bis zur Klasse sind die Strukturen nicht wegzudenken.

Deklaration

```
struct BEZEICHNER
   {
   Liste der Strukturelemente
   } VARIABLENBEZEICHNER;
```

Initialisierung

```
struct person leser = {"Klaus",
                       "Müller",
                       "Duckstr. ",
                       67652 ,
                       "Entenhausen"
                       };
```

Zugriff

```
strcpy(leser.name, "Otto")
leser.plz = 66127;
```

8.3.1 Strukturen deklarieren

Strukturen dienen dazu, mehrere logisch zusammenhängende Variablen unterschiedlichen Datentyps zusammenzufassen. Die allgemeine Syntax sieht folgendermaßen aus:

```
struct typbezeichner
      {
      Liste der Strukturelemente
      } var;
```

- *typbezeichner*: Die Angabe eines Typbezeichners ist optional. Wird ein Typbezeichner spezifiziert, kann man diesen später als Synonym für den Strukturtyp verwenden – beispielsweise zur Deklaration weiterer Variablen vom Typ der Struktur. Gibt man keinen Typbezeichner an, sollte man nicht vergessen, im Anschluss an die Struktur direkt die benötigten Strukturvariablen zu deklarieren.
- *Liste der Strukturelemente*: Innerhalb der Klammern werden die Elemente der Struktur deklariert. Ein Element ist nichts anderes als eine normale Variable, die als Teil einer Struktur definiert wird. Strukturelemente können von jedem bereits definierten Typ sein.
- *var*: Direkt im Anschluss an die Definition der Struktur können Variablen vom Typ der Struktur definiert werden.

Definition von Strukturvariablen

Strukturvariablen können entweder direkt im Zuge der Strukturdefinition oder nach der Definition der Struktur mithilfe des Typbezeichners definiert werden (vorausgesetzt, ein Typbezeichner wurde definiert):

```
struct s_person                // Strukturtyp s_person
  {
  char vorname[20];
  char nachname[20]
  int alter;
  } person1, person2;          // Variablen person1, person2

struct s_person bekannte[20];  // Variable bekannte[20]
```

8.3.2 Initialisierung und Zugriff

Initialisierung

Strukturvariablen können bei ihrer Definition direkt initialisiert werden. Dazu werden die Werte, mit denen die Strukturelemente initialisiert werden sollen, in einer Initialisierungsliste aufgeführt. Wie für Initialisierungslisten üblich (siehe Kapitel 8.2.2), werden die Werte durch Kommata getrennt, in geschweifte Klammern gefasst und mit dem Zuweisungsoperator der Variablen zugewiesen.

```
struct person{
    char  name[20];
    int   plz;
    char  ort[20];
```

```
    char  strasse[20];
    };
struct person leser = {"Klaus Müller",
                       67652 , "Entenhausen", "Duckstr. "
                       };
```

Es ist nicht erforderlich, alle Elemente der Struktur zu initialisieren. Elemente, für die keine Werte in der Initialisierungsliste vorgesehen sind, werden mit ihrem Nullwert initialisiert.

Zugriff auf Strukturelemente

Eine Variable, die als Element einer Struktur definiert ist, ist vollkommen unabhängig von einer gleichnamigen Variablen, die im gleichen Gültigkeitsbereich wie die Struktur definiert ist (dies gilt für C ebenso wie für C++, wo Strukturen einen eigenen Gültigkeitsbereich darstellen, siehe Kapitel 4.2).

```
struct person{
    char  name[20];
    int   plz;
    char  ort[20];
    char  strasse[20];
    } harald;
char name[20];          // kein Konflikt
```

Der Grund hierfür ist, dass der korrekte Bezeichner für ein Strukturelement nicht nur aus dem Elementnamen, sondern aus dem Namen der Strukturvariablen und des Elements besteht. Die Verbindung zwischen beiden stellt man über den Punkt-Operator ».« her.

```
str_variable.str_element
```

Beispiel:

```
strcpy(harald.name,"Harald Krugerer");
if strcmp(harald.name,name) ...
```

INFO

Grundsätzlich sollte man deutlich zwischen der Struktur (dem Datentyp) und den Strukturvariablen (Variablen eines Struktur-Datentyps, in C++ vielleicht besser als Objekte oder Instanzen von Strukturen bezeichnet) unterscheiden. Häufig spricht man aber von Strukturen und meint je nach Kontext entweder den Datentyp oder Variablen eines Struktur-Datentyps.

Zugriff über Zeiger

Wie jedes Speicherobjekt kann man auch eine Strukturvariable über einen Zeiger ansprechen.

```
struct s_typ { ... };
struct s_typ *struktur_ptr;

(*struktur_ptr).strukturelement
```

Hierbei wird der Zeiger zuerst dereferenziert und dann auf die zurückgelieferte Strukturvariable der Punkt-Operator für den Zugriff auf das gewünschte Strukturelement angewendet.

Für die Dereferenzierung und den gleichzeitigen Elementzugriff wird meist aber eine verkürzte Schreibweise verwendet:

```
str_variable->str_element
```

8.3.3 Programmieren mit Strukturen

Verwendung des Datentyps

Wenn Sie bei der Definition des Strukturtyps einen Typbezeichner angegeben haben, repräsentiert dieser im weiteren Verlauf des Programmes Ihren Datentyp und kann beispielsweise zur Deklaration von Variablen oder Funktionsparametern verwendet werden.

C versus C++

In C ist der Typ einer Strukturvariablen durch `struct typbezeichner` gegeben.

In C++ reicht als Typangabe für eine Strukturvariable der `typbezeichner`.

Grundlegende Operationen

Operationen auf Strukturelementen

Einzelne Strukturelemente verhalten sich ganz so wie »normale« Variablen ihres Datentyps. Mit zwei Strukturelementen `s.i1` und `s.i2` vom gleichen Datentyp kann man also ganz wie gewohnt arbeiten:

```
s.i1 = s.i2;              // Zuweisung
if(s.i1 == s.i2)          // Vergleich zweier int-Elemente
if(strcmp(s.str1,s.str2)) // Vergleich zweier Zeichenketten
etc.
```

Für Strukturvariablen ist dem nicht so.

Operationen auf Strukturvariablen

Die Zuweisung einer Strukturvariablen an eine andere ist prinzipiell möglich, unterliegt aber gewissen Einschränkungen:

- Die Datentypen der Strukturen müssen kompatibel sein (siehe Kapitel 6.9.1). Für Strukturvariablen einer gemeinsamen Struktur ist dies natürlich kein Problem.
- Die Strukturen werden elementweise kopiert. Für Strukturelemente, die Zeiger sind, führt dieses Verfahren meist zu Fehlern, da danach beide Strukturvariablen über ihre Zeiger auf ein und denselben Speicherbereich zugreifen (siehe Kapitel 7.16.4).

Die Vergleichsoperatoren und die arithmetischen Operatoren sind für Strukturvariablen nicht definiert.

Eine explizite Typumwandlung zwischen zwei Strukturen unterschiedlicher Typen ist ebenfalls nur möglich, wenn beide Strukturen kompatibel sind.

C versus C++

Die Restriktionen in der Anwendung der Operatoren auf Strukturvariablen kann in C++, wo Strukturen lediglich spezielle Klassen sind, durch Überladung der Operatoren aufgelöst werden (siehe Kapitel 7.16).

Wechselseitige Referenzen auf Strukturen

Strukturen können andere Strukturvariablen als Elemente definieren

Eine interessante Eigenschaft von Strukturen ist, dass sie nicht nur Elemente vom Typ einer anderen Struktur enthalten können, sondern sogar Zeiger auf Elemente des eigenen Strukturtyps (Voraussetzung ist die Angabe eines Typbezeichners in der Strukturdeklaration).

```
struct s_typ {
  int wert;
  struct s_typ *next;
  };
```

Dies ist nicht ganz selbstverständlich, schließlich wird hier der Typbezeichner der Struktur verwendet, noch bevor die Deklaration der Struktur abgeschlossen ist.

C/C++ ist hier aber recht großzügig. Alles, was C/C++ fordert ist, dass die Größen der Strukturelemente bekannt sind, damit auch die Größe und der Speicherbedarf der deklarierten Struktur ermittelt werden können. Ein Zeiger hat aber immer die gleiche Größe (unter 32-Bit-Systemen 4 Byte), unabhängig davon, ob er auf einen `int`-Wert, eine Struktur oder eine Funktion verweist.

Ohne die Möglichkeit, Zeiger auf unvollständig deklarierte Strukturen als Elemente einer Struktur aufzunehmen, wäre die Implementierung von Listen und Bäumen oder wechselseitigen Referenzen zwischen Strukturen schlichtweg nicht möglich:

```
struct s_typ1;
struct s_typ2 {
  int elem1;
  struct s_typ1 *elem2;
  };
struct s_typ1 {
  int elem1;
  struct s_typ2 *elem2;
  };
```

Strukturen und Arrays

An der gemischten Verwendung von Strukturen und Arrays ist nichts Geheimnisvolles, doch sollen die verschiedenen Möglichkeiten einmal kurz zusammengefasst sein:

Arrays als Strukturelemente

Selbstverständlich kann ein Strukturelement einem Array-Typ angehören:

```
struct s_typ1 {
  int werte[10];
  char str[100];
  };
```

Arrays von Strukturen

Umgekehrt kann man Arrays definieren, deren einzelne Elemente Strukturen sind.

```
struct s_typ {
  char name[50];
  char strasse[100];
  char tel[100];
  };
struct s_typ personen[30];
```

Arrays von Strukturen werden recht häufig benötigt, beispielsweise wenn Sie Messwerte als Paare von x- und y-Koordinaten verwalten wollen:

```
struct koord {
  int x, y;
  };
struct koord messdaten[200];
```

oder wenn Sie eine Adressverwaltung implementieren möchten:

```
struct person{
    char  vorname[20];
    char  name[20];
    int   plz;
    char  ort[20];
```

```
    char  strasse[20];
    };
struct person   adressen[100];
```

REF

Dynamische Felder von Strukturen

Am Ende des Kapitels finden Sie ein etwas umfangreicheres Programm zur Verwaltung von Adressen: Adressen.cpp. In diesem Programm (Funktion `laden()`) können Sie sehen, wie Adressen aus einer Datei in ein dynamisch angelegtes Feld eingelesen werden.

Sortieren

Bei der Behandlung der Arrays in Kapitel 8.2.3 wurde schon einiges über Sortierverfahren gesagt. Das meiste lässt sich auf Arrays mit Strukturen als Elemente übertragen. Nur lassen sich Strukturvariablen nicht als Ganzes mit den Vergleichsoperatoren vergleichen:

```
struct person p1, p2;
...
if (p1 == p2)          // Fehler
```

Meist wäre ein solcher Vergleich auch gar nicht sinnvoll. Wenn Sie beispielsweise wie im vorherigen Abschnitt Adressen verwalten, werden Sie die einzelnen Adressen vermutlich nach den Namen (oder Städten) sortieren wollen und nicht nach dem gesamten Inhalt der Variablen.

```
struct person p1, p2;
...
if (p1.name == p2.name)
```

Wir sind damit auf ein grundsätzliches Problem gestoßen, das die Implementierung generischer Sortierfunktionen so schwierig macht.

Um Strukturvariablen sortieren zu können, muss man Vergleichskriterien festlegen

Um Objekte sortieren zu können, muss man sie paarweise vergleichen können. Für einen bestimmten Strukturtyp ist dies kein Problem (siehe oben). Wie kann man aber eine Sortierfunktion aufsetzen, die geeignet ist, Felder mit Objekten eines beliebigen Datentyps (`int`, `float`, `char` oder eines selbst definierten Strukturtyps) zu vergleichen?

Die Antwort ist, dass die Funktion dies unmöglich ohne Hilfe von außerhalb bewerkstelligen kann. Anders ausgedrückt: Die Funktion verwendet ein Standardverfahren zum Vergleichen der Objekte und erwartet, dass außerhalb der Funktion definiert ist, wie dieses Vergleichsverfahren für den Datentyp der jeweils zu sortierenden Objekte aussehen muss.

- In C sieht dies so aus, dass die Sortierfunktion (konkret ist dies die C-Funktion `qsort()` aus `<stdlib.h>`) eine externe Vergleichsfunktion aufruft. Diese muss vom Programmierer extra implementiert und `qsort()` in Form eines Zeigers übergeben werden.

➡ In C++ kann man das Problem eleganter lösen, indem die Sortierfunktion einfach einen der üblichen Vergleichsoperatoren verwendet (beispielsweise ==) und nur fordert, dass die zu sortierenden Elemente einem Klassentyp angehören, für den der Vergleichsoperator überladen ist. Die Sortieralgorithmen aus der ANSI-C++-Laufzeitbibliothek sind beispielsweise in dieser Weise implementiert.

Beispiel

Der folgende Quelltextauszug zeigt die Funktion `eingabe()`, die einem umfangreicheren Programm zur Adressenverwaltung entstammt (das Programm, *Adressen.cpp*, ist am Ende des Kapitels beschrieben).

```
// Vergleich zweier Adressen nach dem Namen
// für qsort
int vgl(const void* p1,const void* p2)
  {
  struct adresse* adr1,*adr2;
  adr1=(struct adresse*)p1;
  adr2=(struct adresse*)p2;
  return strcmp(adr1->name,adr2->name);
  }

// Abspeichern einer eingelesenen Adresse
// in einer Datei
void eingabe()
  {
  struct adresse adr;

  adr = einlesen();

  // falls die Datei nicht leer war
  if (n>0)
     {
     adrs=(struct adresse*)realloc(adrs,(n+1)*sizeof(adresse));
     adrs[n]=adr;
     }
   // falls die Datei leer war
   else
     adrs[0]=adr;

  n++;
  // Adressen neu sortieren
  qsort(adrs,n,sizeof (struct adresse), vgl);
  }
```

Die Funktion liest eine Adresse in eine Strukturvariable `adr` ein. Danach wird die neue Adresse in das Feld `adrs` übernommen. Bei `adrs` handelt es sich um ein dynamisch allokiertes Feld, in dem alle von dem Programm verwalteten Adressen abgelegt sind.

Zum Schluss wird die C-Funktion `qsort()` aufgerufen, um das Feld `adrs` neu sortieren zu lassen. Um der Sortierfunktion mitzuteilen, wie die einzelnen Adressen verglichen werden sollen, wird als weiterer Parameter die Funktion `vgl()` übergeben, die zwei Adressen nach den Namen vergleicht.

8.3.4 Speicherbelegung für Strukturen

Wie im Falle der Arrays werden auch die Elemente einer Strukturvariablen im Speicher zusammenhängend abgespeichert. Da die einzelnen Elemente aber unterschiedlichen Datentypen angehören und daher auch unterschiedliche Größen haben können, ist eine einfache Adressberechnung für die einzelnen Elemente wie im Falle der Arrays nicht möglich. Statt die einzelnen Elemente über den Array-Namen und einen Index anzusprechen (`feld[i]`), erhält jedes Strukturelement einen eigenen Namen, über den es angesprochen werden kann.

Abbildung 8.14: Speicherbelegung für eine Struktur

```
struct demo {
  double var1; //8 Byte
  char var2;   //1 Byte
  int var3;    //4 Byte
  } s_var;
```

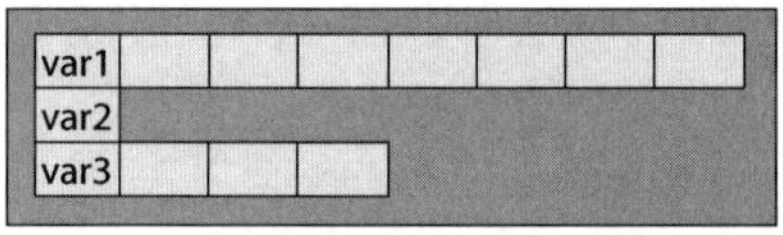

Für den Programmierer ist damit im Grunde alles in Ordnung – mehr als den Namen der einzelnen Strukturelemente braucht er ja nicht für den Zugriff auf deren Daten. Vorsicht ist allerdings geboten, wenn der Programmierer einmal nicht über die Namen der Strukturelemente auf den Inhalt der Struktur zugreifen will, sondern beginnt, eigene Annahmen über die Speicheraufteilung zu machen.

Betrachten wir dazu folgende Struktur:

```
struct demo {
  double f_var;
  char   c_var;
  int    i_var;
  } s_var;
```

Der Programmierer möchte nun irgendwo in seinem Programm die Werte für das `int`- und das `c`-Strukturelement löschen, genauer gesagt auf 0 setzen. Statt zu schreiben

```
s_var.c_var = 0;
s_var.i_var = 0;
```

will er es besonders geschickt machen und benutzt die Funktion `memset()`, der er als Startadresse die Adresse des Strukturelements `s_var.c_var` und als Anzahl der zu überschreibenden Bytes `sizeof(char) + sizeof(int)` übergibt.

Für dieses kleine Beispiel mag dies umständlich und unvorteilhaft scheinen, für größere Strukturen, die teilweise gelöscht werden sollen, könnte das Verfahren durchaus von Vorteil sein (zumal man die Größe der zu löschenden Bereiche einmalig berechnen und in Variablen abspeichern könnte), wenn es da nicht einen Haken gäbe ...

Der Fehler in diesem Verfahren ist, dass der Programmierer wie selbstverständlich davon ausgeht, dass die einzelnen Elemente der Struktur im Speicher ohne Lücken hintereinander abgelegt sind.

Ein Wort zur effizienten Adressierung

Reserviert der Compiler Speicher für eine Strukturvariable, sorgt er natürlich dafür, dass die einzelnen Strukturelemente nacheinander in der Reihenfolge ihrer Deklaration im Speicher abgelegt werden. Da jedes Strukturelement aber mit einem eigenen Bezeichner ausgestattet ist (seine Adresse also nicht berechnet werden muss, sondern in der Symboltabelle [Tabelle mit Bezeichnern und zugehörigen Adressen] des Programms nachgeschaut werden kann), ist der Compiler in der Vergabe der Startadressen der einzelnen Strukturelemente relativ frei. Die Compiler nutzen dies, um den Zugriff auf die einzelnen Strukturelemente zu optimieren, indem sie die Elemente nicht einfach hintereinander ablegen, sondern regelmäßig ausrichten. Statt an 1-Byte-Grenzen beginnen die Strukturelemente dann an 2-Byte-Grenzen (Wort), an 4-Byte-Grenzen (Doppelwort) oder noch höheren Potenzen von 2.

INFO

Die genaue Art der Ausrichtung hängt von dem verwendeten Compiler, eventuell den Compiler-Einstellungen und von der zugrunde liegenden CPU ab.
Grundsätzlich gilt, dass die Ausrichtung an höheren Potenzen von 2 schnellere Zugriffszeiten auf Kosten einer extensiveren Speichernutzung bedingt.

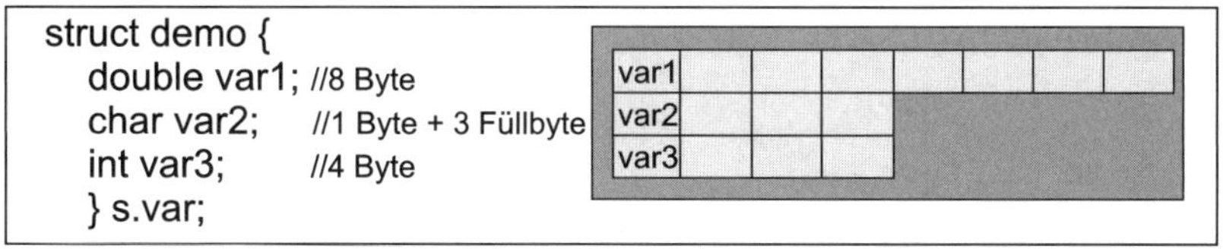

Abbildung 8.15: Effizientere Speicherbelegung für eine Struktur

`offsetof` liefert die relative Adresse eines Strukturelements

Um den Speicherbereich zwischen zwei Strukturelementen zu bestimmen, muss man also entweder die Adressen verrechnen oder man verwendet das Makro `offsetof`, das angibt, wie viele Bytes zwischen einem Strukturelement und dem Beginn der Strukturvariablen liegen.

Das folgende Programm verwendet das Makro `offsetof`, um die Speicherbelegung durch den Compiler zu überprüfen. Das Makro erwartet als erstes Argument den Namen der Struktur und als zweites Argument den Namen des Strukturelements, dessen Abstand vom Beginn der Struktur in Byte zurückgeliefert werden soll.

```
/* Str_off.cpp  Ausrichtung von Strukturelementen */
#include <stdio.h>
#include <stddef.h>

struct DEMO {
  int    var1;
  int    var2;
  char   var3;
  int    var4;
  char   var5;
  double var6;
  } s_var;

int main()
  {
  printf("Gesamtgroesse der Einzelelemente = %d Byte\n",
         2*sizeof(char) + 3*sizeof(int) + sizeof(double));
  printf("Groesse der Struktur = %d Byte\n",
         sizeof(DEMO));
  printf("\n\n");
  printf("Adresse demo = %p\n",&s_var);
  printf("1.Element (int)  Adr= %p, Offset = %d\n",
                            &(s_var.var1), offsetof(DEMO,var1));
  printf("2.Element (int)  Adr= %p, Offset = %d\n",
                            &(s_var.var2), offsetof(DEMO,var2));
  printf("3.Element (char) Adr= %p, Offset = %d\n",
                            &(s_var.var3), offsetof(DEMO,var3));
  printf("4.Element (int)  Adr= %p, Offset = %d\n",
                            &(s_var.var4), offsetof(DEMO,var4));
  printf("5.Element (char) Adr= %p, Offset = %d\n",
                            &(s_var.var5), offsetof(DEMO,var5));
  printf("6.Element (dble) Adr= %p, Offset = %d\n",
                            &(s_var.var6), offsetof(DEMO,var6));

  return 0;
  }
```

Ausgabe:

```
Gesamtgroesse der Einzelelemente = 22 Byte
Groesse der Struktur = 28 Byte

Adresse demo = 0x403004
1.Element (int)  Adr= 0x403004, Offset = 0
2.Element (int)  Adr= 0x403008, Offset = 4
3.Element (char) Adr= 0x40300c, Offset = 8
4.Element (int)  Adr= 0x403010, Offset = 12
5.Element (char) Adr= 0x403014, Offset = 16
6.Element (dble) Adr= 0x403018, Offset = 20
```

8.3.5 Bitfelder

Bitfelder sind besondere Strukturen, die es erlauben, für einzelne Strukturelemente weniger als 1 Byte Speicher bereitzustellen. Strukturelemente von Bitfeldern müssen einem Integer-Typ angehören, aber das ist kein allzu großes Manko und bedeutet keineswegs, dass Bitfelder nur dazu verwendet werden, kleine natürliche Zahlen abzuspeichern. Es bedeutet nur, dass man eigene Mengentypen definiert, deren einzelne Werte durch kleine ganze Zahlen repräsentiert werden können.

Kodierung eines Kartenspiels

Angenommen, Sie wollten die 32 Karten eines Skat-Spiels kodieren. Jede Karte ist eine Variable der folgenden Struktur:

```
struct s_karten {
  int wert;
  int farbe;
  }
```

Für das Strukturelement `wert` gibt es nur 8 gültige Werte, die die acht möglichen Spielwerte kodieren:

1	2	3	4	5	6	7	8
7	8	9	10	Bube	Dame	König	As

Für das Strukturelement `farbe` gibt es sogar nur 4 gültige Werte für Kreuz, Pik, Herz und Karo.

8 Werte lassen sich aber auch in 3 Bit abspeichern ($2^3 = 8$), die Reservierung eines ganzen `int`-Werts (in 32-Bit-Umgebungen gleich 32 Bit) ist also unnötig. Für die Kodierung der Farbe benötigt man sogar nur 2 Bit. Man könnte also prinzipiell viel Speicher sparen, indem man dem Compiler mitteilt, wie viele Bits tatsächlich benötigt werden.

In der Deklaration eines Bitfeldes wird daher den einzelnen Strukturelementen die Anzahl der benötigten Bits mit Doppelpunkt getrennt nachgestellt:

```
struct s_karten {
  unsigned int wert : 3;
  unsigned int farbe : 2;
  };
```

INFO

Beachten Sie, dass statt `int` der Datentyp `unsigned int` verwendet wird. Bitfelder sind oft der einzig wirkliche Einsatzbereich für den Datentyp `unsigned int` (neben dem `sizeof`-Operator), da man bei der Kodierung der Werte meist auf ein Vorzeichenbit verzichten möchte.

Sie könnten jetzt noch ein Strukturelement `spieler : 2` aufnehmen, das kodiert, an welchen Spieler die Karte ausgeteilt wurde, und ein Element `gespielt : 1`, das einfach nur anzeigt, ob die Karte sich noch in den Handkarten eines Spielers befindet (= 0) oder bereits ausgespielt wurde (= 1).

Jedes zusätzliche Bit, das Sie zur Verfügung stellen, verdoppelt Ihre Wertemenge (Wertemenge = $2^{\text{Anzahl\_Bits}}$):

1	0 - 1	9	0 - 511
2	0 - 3	10	0 - 1023
3	0 - 7	11	0 - 2047
4	0 - 15	12	0 - 4095
5	0 - 31	13	0 - 8191
6	0 - 63	14	0 - 16383
7	0 - 127	15	0 - 32767
8	0 - 255	16	0 - 65535

C versus C++

Ein einzelnes Bitfeld muss nach ANSI C immer den Datentyp `int`, `signed int` oder `unsigned int` besitzen.

C++ erlaubt dagegen jeden Typ, der als Integer interpretierbar ist, also auch `char`, `short`, `long` und Aufzählungstypen.

Programmieren mit Bitfeldern

Der Zugriff auf Elemente von Bitfeldern unterscheidet sich nicht vom Zugriff auf normale Strukturelemente. Das folgende Beispiel initialisiert beispielsweise unser Kartenspiel:

```
/* Bitfeld.cpp   Bitfelder */
#include <stdio.h>

struct s_karten {
  unsigned int wert : 3;
  unsigned int farbe : 2;
  unsigned int spieler : 2;
  unsigned int gespielt : 1;
  }karten[32];

int main()
  {
```

```
int farbe, wert, loop;

for(farbe=0; farbe<4; farbe++)
   for(wert=0; wert<8; wert++) {
      karten[8*farbe+wert].farbe = farbe;
      karten[8*farbe+wert].wert = wert;
      karten[8*farbe+wert].spieler = 0;
      karten[8*farbe+wert].gespielt = 0;
     }
for(loop=0; loop < 32; loop++)
  printf("Farbe = %d, Wert = %d\n",karten[loop].farbe,
                                   karten[loop].wert);

return 0;
}
```

Speicherbelegung

Die Speicherbelegung ist der große Vorteil und gleichzeitig der Nachteil der Bitfelder. Das von uns verwendete Bitfeld

```
struct s_karten {
  unsigned int wert : 3;
  unsigned int farbe : 2;
  unsigned int spieler : 2;
  unsigned int gespielt : 1;
  };
```

benötigt im Grunde nur 8 Bit, könnte also mit einem Byte auskommen. Da wir als Typ der Bitfeld-Elemente aber `int` angegeben haben, allokiert der Compiler Speicher für das Bitfeld in `int`-Einheiten (auf 32-Bit-Systemen also in Blöcken zu 4 Byte). Das Bitfeld wird also 4 Byte belegen, was immer noch besser ist als 4 mal 4 Byte. In C++ könnte man die Speicherbelegung aber noch weiter verbessern, indem man als Datentyp für die Bitfeld-Elemente `char` auswählt.

Bevor Sie sich jetzt jedoch wie besessen an die Reduzierung des Speicherbedarfs Ihrer Programme machen, möchte ich Sie darauf aufmerksam machen,

- dass der eingesparte Speicherplatz in vielen Fällen die Mühe nicht wert ist
- und dass die Speicherallokation für Bitfelder nicht vom ANSI-Standard geregelt – also implementierungsspezifisch – ist und von Compiler zu Compiler wie auch von Maschine zu Maschine verschieden sein kann. Es steht dem Compiler daher prinzipiell frei, die Anfangsadressen der einzelnen Bitfeld-Elemente durch Füllbits an schneller adressierbaren Bytegrenzen auszurichten.

Explizite Ausrichtung an Bitgrenzen

Letztere Möglichkeit steht auch dem Programmierer zur Verfügung. Durch Einfügen eines Bitfeld-Elements ohne Bezeichner kann er leere Bits in das Bitfeld einfügen, die lediglich der Ausrichtung dienen und keine Werte aufnehmen können:

```
struct s_karten {
  unsigned int wert      : 3;
  unsigned int farbe     : 2;
  unsigned               : 3;
  unsigned int spieler   : 2;
  unsigned int gespielt  : 1;
  };
```

Ein unbenanntes Bitfeld-Element mit der Größenangabe 0 weist den Compiler an, das nächste Element an der nächsten zur Speicheraufteilung verwendeten Bytegrenze (meist `int` oder `word`) auszurichten.

Sinnvoller Einsatz von Bitfeldern

Sie können Bitfelder nutzen, um

- Flags (siehe Kapitel 7.8.3) auf komfortable Weise zu verwalten oder um
- bei Verwendung von Daten mit kleinen Wertebereichen Speicher zu sparen.

Trotzdem bleibt zu bedenken, dass Bitfelder auf Kosten der Laufzeit gehen und sich meist nur dann rentieren, wenn sie als Datentyp für die Elemente größerer Arrays verwendet werden. Die Adresse eines Bitfelds kann nicht abgefragt werden. Folglich kann es keine Zeiger und Referenzen für Bitfelder geben, kann der Adressoperator nicht auf ein Bitfeld angewandt werden und kann das `offsetof`-Makro nicht eingesetzt werden. Auch die Anwendung des `sizeof`-Operators ist mit Vorsicht zu genießen: Sein Verhalten ist implementierungsspezifisch.

Es lohnt sich daher unter Umständen, nach Alternativen zu suchen:

Bitfelder durch alternative Kodierungen vermeiden

Beispielsweise kann man die einzelnen Ziffern einer natürlichen Zahl als jeweils eigene Variable mit einem Wertebereich von 0 bis 9 interpretieren.

Flags in int-Variablen verwalten

Wer die Mühe nicht scheut und selbst `int`-Variablen in Bitbereiche aufteilen und diese bitweise setzen und lesen will, kann dies mithilfe der Bit-Operatoren tun (siehe Kapitel 7.8).

Der bitset-Container der STL (nur C++)

Schließlich steht in C++ noch der `bitset`-Container zur Verfügung, der noch komfortabler zu handhaben ist als die Bitfelder von C. Im Gegensatz zu Bitfeldern spricht man die einzelnen Elemente nicht über Namen, sondern durch Indizes an.

8.4 Unions (union)

Im Grunde ist auch die Union (wie das Bitfeld) eine spezielle Struktur (in C++ also eine spezielle Klasse), auch wenn ein eigenes Schlüsselwort für sie vorgesehen ist.

Struktur und Union werden nach der gleichen Syntax deklariert und in beiden kann man Elemente beliebiger, auch unterschiedlicher, Datentypen definieren. Während man aber für eine Strukturvariable jedem Element einen eigenen Wert zuweisen kann, da für jedes Strukturelement ein eigener Speicherbereich zur Verfügung gestellt wird, kann man in den Elementen einer Union nur einen einzigen Wert abspeichern, denn im Falle einer Union wird für alle in der Union deklarierten Elemente ein gemeinsamer Speicherplatz zur Verfügung gestellt und alle Elementbezeichner der Union greifen auf diesen gemeinsamen Speicherplatz zu.

Speicherbelegung

Da eine Union unabhängig von der Zahl ihrer Elemente immer nur einen Wert aufnehmen kann, richtet sich der für eine Union benötigte Speicherbereich nach dem Platzbedarf, der für die Werte des größten (speicheraufwändigsten) Datentyps der Elemente nötig ist (inklusive etwaiger Füllbits für eine vorteilhafte Ausrichtung, siehe Kapitel 8.3.4).

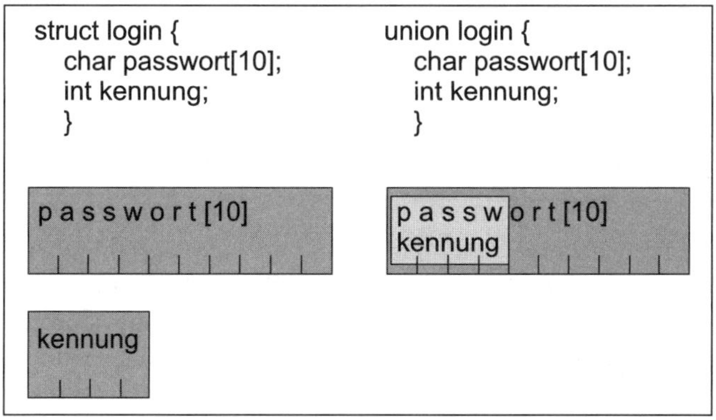

Abbildung 8.16: Speicherbelegung für eine Union

Wenn in einer Union also beispielsweise ein int-Element (4 Byte) und ein double-Element (8 Byte) deklariert werden, werden für die Union 8 Byte reserviert.

Meist repräsentieren die Bezeichner der einzelnen Unionelemente daher alle die gleiche Adresse – die Anfangsadresse der Union.

Deklaration

```
union Login{
    char passwort[10];
    int  kennung;
    };
```

Initialisierung

```
union Login user1 = {"Geheim"};
```

Zugriff

```
strcpy(user1.passwort,"");
printf("%s\n",user1.passwort);
```

!! STOP

Aber nicht auf dem Weg über ein Unionelement in den Speicherbereich schreiben und dann auf dem Weg über ein anderes Unionelement diesen Wert auslesen und erwarten, dass dabei sinnvolle Daten zurückgeliefert werden.

Programmieren mit Unions

Unions sind sinnvoll, wenn man in einer Struktur zwei oder mehr Elemente definieren möchte, die sich gegenseitig ausschließen und unterschiedlichen Datentypen angehören. Hat man beispielsweise eine Struktur mit folgenden Elementen:

```
struct typbez
  {
  int option1;
  float option2;
  char option3[20];
  }
```

und ist sichergestellt, dass man in einer Variablen dieser Struktur immer entweder einen Wert für option1 oder option2 oder option3 ablegt (wobei in der gleichen Variablen im Laufe des Programmes durchaus mal ein Wert für option1 und später ein Wert für option3 abgespeichert sein kann, niemals aber gleichzeitig Werte für zwei oder drei der Elemente),

... dann bietet es sich an, aus der Struktur eine Union zu machen:

```
union typbez
  {
  int option1;
  float option2;
  char option3[20];
  }
```

Das folgende Beispiel nutzt die Union `Login` in Kombination mit den Möglichkeiten der bedingten Kompilierung. Je nachdem, ob der symbolische Bezeichner `KENNUNG` definiert ist oder nicht, erwartet das Programm beim Login ein Passwort oder eine Kennziffer.

Beispiel

```
/* Union.cpp   Unions */
#include <stdio.h>
#include <string.h>

#define KENNUNG

union Login{
    char passwort[10];
    int  kennung;
    };

int main()
   {
   union Login user1;

   #ifdef KENNUNG
     printf("Geben Sie Ihre Kennnummer ein: \n");
     scanf("%d",&user1.kennung);
     fflush(stdin);
   #else
     printf("Geben Sie Ihr Passwort ein: \n");
     scanf("%s",user1.passwort);
     fflush(stdin);
   #endif

   #ifdef KENNUNG
     printf("Kennung: %d\n", user1.kennung);
   #else
     printf("Kennung: %s\n", user1.passwort);
   #endif

   printf("\n");
   printf("Groesse der Union:     %d\n",sizeof(Login));
   printf("Adresse der Union:     %p\n",&user1);
   printf("Adresse von   Passwort %p\n",&user1.passwort);
   printf("Adresse von   Kennung  %p\n",&user1.kennung);

   return 0;
   }
```

In C++ gibt es bezüglich der Deklaration von Unions einige Besonderheiten zu beachten:

- In C++ sind Unions Klassen und dürfen auch Funktionen als Elemente enthalten.
- Virtuelle Elementfunktionen sind allerdings nicht erlaubt.
- Unions können nicht Bestandteil von Klassenhierarchien sein.
- Klassen mit eigenen Definitionen für Konstruktor, Destruktor oder Kopierkonstruktor können nicht Element einer Union sein.

8.5 Klassen (nur C++)

Klassen stellen die Grundlage der objektorientierten Programmierung dar und werden in dieser Hinsicht noch ausführlich in Kapitel 16 gewürdigt werden.

Klassen bringen uns aber auch eine ganz neue Qualität der Typdefinition und stellen insofern den Endpunkt einer spiralförmigen Entwicklung dar, die mit den elementaren Datentypen begann.

Abbildung 8.17: Spirale der Datentypen

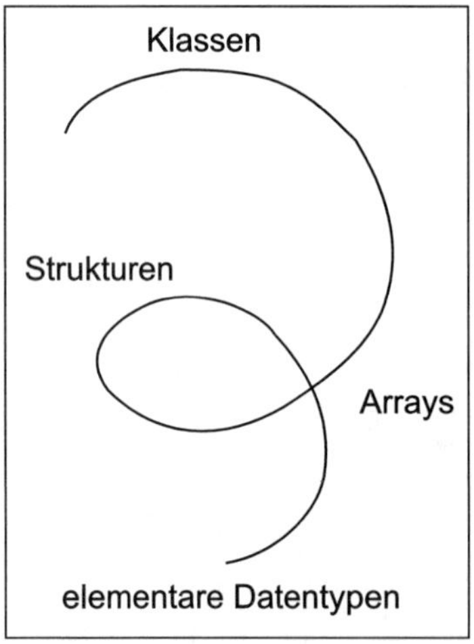

Die elementaren Datentypen von C/C++ erlauben die Repräsentation von ganzen und reellen Zahlen, von Zeichen und von booleschen Wahrheitswerten sowie die Arbeit mit denselben. Für die elementaren Datentypen ist definiert, wie groß ihr Speicherbereich ist, wie der Speicherinhalt zu kodieren und interpretieren ist und welche Operationen auf den Werten dieser Datentypen erlaubt sind, sprich, wie man mit den Variablen dieser Datentypen arbeiten kann.

Ausgehend von den elementaren Datentypen kann man in C neue Datentypen definieren, die aus Variablen der elementaren Datentypen zusammengesetzt sind (Arrays, Strukturen). Für diese Datentypen gibt es keine eigenen Operatoren und keine wirklich eigene Form der Speicherbelegung. Die Reservierung von Speicher für diese Datentypen erfolgt prinzipiell durch Reservierung von Speicher für die Elemente, aus denen der jeweilige Datentyp zusammengesetzt ist. Auch die Arbeit mit den Variablen dieser Datentypen erfolgt im Wesentlichen durch den Zugriff auf die einzelnen Elemente.

Klassen schließlich erlauben die Definition zusammengesetzter Datentypen, die die Qualität elementarer Datentypen besitzen. Die Idee dabei ist,

- dass man in einer Klasse nicht nur Datenelemente definieren kann (wie in einer Struktur), sondern auch Funktionen (die so genannten Elementfunktionen oder Methoden), die auf den Datenelementen der Klasse operieren.
- dass die Klasse Teile ihrer Implementierung vor der Außenwelt verbergen kann.

Was dies für die Deklaration eigener Klassen bedeutet und wie man diese neuen Möglichkeiten sinnvoll einsetzt, wird Thema der Kapitel zur objektorientierten Programmierung sein.

Hier möchte ich Ihnen zeigen, dass man mit Klassen tatsächlich vollwertige eigene Datentypen schaffen und das Datenmodell der Sprache erweitern kann.

8.5.1 Klassendeklaration

In Klassen kann man Daten und Funktionen zu einem Datentyp zusammenfassen. Klassen gestatten es, verschiedene Zugriffsberechtigungen für die einzelnen Elemente zu vergeben, und können durch Vererbung Klassenhierarchien aufbauen.

```
classtyp klassenname
   {
   public:
      ELEMENTLISTE
   protected:
      ELEMENTLISTE
   private:
      ELEMENTLISTE
   } instanzen;
```

- *classtyp*: Als Klassentyp können neben dem Schlüsselwort `class` auch `struct` und `union` verwendet werden.

Die Verwendung der Schlüsselwörter `struct` und `union` beruht darauf, dass in C++ Strukturen (siehe Kapitel 8.3) und Unions (siehe Kapitel 8.4) spezielle Klassen darstellen. Dies erleichtert die Verwendung von C-Modulen in C++-Programmen, sollte den Programmierer aber nicht dazu verführen, beide Konzepte zu vermischen. Es ist empfehlenswert, Klassen stets als `class` zu deklarieren und Unions und Strukturen nur gemäß der C-Konvention zu verwenden.

- *klassenname*: Name der zu deklarierenden Klasse.
- *public, protected, private*: Zugriffsmodifizierer, die festlegen, auf welche Elemente der Klasse von außen zugegriffen werden kann.
- *ELEMENTLISTE*: In der Elementliste werden Datenelemente und Elementfunktionen der Klasse deklariert und unter Umständen auch schon definiert. Der Zugriff auf die Elemente kann durch die Spezifizierer `public`, `protected` und `private` geregelt werden.
- *instanzen*: Hinter der abschließenden Klammer können durch Kommata getrennt bereits Instanzen, also Variablen des Klassentyps, eingerichtet werden.

Beispiel

```
class Vector
  {
 private:
  double x,y,z;     // Speicherbelegung

 public:
  // Konstruktor zur Einrichtung
  Vector(double x,double y,double z);

  // Operationen und Vergleiche
  Vector add(const Vector &);
  Vector subtract(const Vector &);
  Vector vektorprod(const Vector &);
  double skalarprod(const Vector &);
  double betrag();
  int operator== (const Vector &);

  // Ausgabe
  friend ostream & operator<<(ostream & os, const Vector & v);
};
```

INFO

Was ist ein Konstruktor?

Ein Konstruktor ist eine besondere Elementfunktion einer Klasse, die den gleichen Namen trägt wie die Klasse und keinen Rückgabewert definiert. Konstruktoren dienen der Initialisierung von Instanzen, d.h., sie richten Speicher für die Elementdaten der Instanzen ein und man kann sie nutzen, um festzulegen, mit welchen Werten die Elementdaten der Instanz initialisiert werden sollen.

Für bereits existierende Instanzen kann der Konstruktor nicht mehr aufgerufen werden.
Klassen, die keine Konstruktoren definieren, bekommen vom Compiler automatisch einen Standardkonstruktor zugewiesen, der ohne Argumente aufgerufen wird.

INFO

Echte Datentypen mit Klassen

Inwiefern stellt die oben deklarierte Klasse `Vector` eher einen »echten« Datentyp dar als eine Struktur

```
struct Vector
  {
  double x, y, z;
  }
```

für die man Funktionen

```
add(const Vector& v1, const Vector& v2);
subtract(const Vector& v1, const Vector& v2);
identisch(const Vector& v1, const Vector& v2);
...
```

definiert?

1. Elementfunktionen

Dass die Funktionen `add()`, `substract()`, `betrag()` etc. in der Klasse `Vector` definiert werden können, hat drei Vorteile:

- Zum einen kann man, um zum Vektor `v1` den Vektor `v2` zu addieren, schreiben:

  ```
  v1 = v1.add(v2);
  ```

  statt

  ```
  v1 = add(v1,v2);
  ```

- Zum Zweiten ist es natürlich übersichtlicher, wenn alle Funktionen, die auf Instanzen der Klasse `Vector` operieren, direkt in der Klasse zusammengefasst sind.

- Zum Dritten dürfen Elementfunktionen auch auf Elementdaten zugreifen, die durch Deklaration im `private`-Abschnitt vor dem Zugriff von außen geschützt sind.

  Für eine Instanz `v1` der Klasse `Vector` ist es beispielsweise nicht erlaubt zu schreiben:

  ```
  double w = v1.x;    // Zugriff auf private-Daten nicht erlaubt
  v1.x = 3;           // Zugriff auf private-Daten nicht erlaubt
  ```

Wenn ich also eine Instanz `v1` habe und deren Koordinaten verändern möchte, bin ich gezwungen, eine der in der Klasse definierten `public`-Elementfunktionen aufzurufen.

Wenn ich zu der Instanz `v1` eine Instanz `v2` addieren möchte, muss ich die Elementfunktion `add()` aufrufen. Wie diese Addition dann aussieht, kann ich nicht beeinflussen – das ist in der Implementierung der Elementfunktion `add()` festgeschrieben.

Wenn in der Klasse keine Elementfunktion zum Addieren zweier Instanzen `v1` und `v2` vorgesehen ist, kann ich auch keine zwei Instanzen der Klasse addieren.

Klassentypen bestimmen wie elementare Typen, welche Operationen auf ihren Variablen erlaubt sind

Dies entspricht ziemlich genau dem Konzept der elementaren Datentypen, für die ebenfalls vorgegeben ist, welche Operationen auf den Daten erlaubt sind (für Gleitkommavariablen beispielsweise Addition und Division, aber kein Modulo). Und auch die Art und Weise, in der die Operationen für einen bestimmten Datentyp ausgeführt werden, sind für die elementaren Datentypen fest vorgegeben – man denke beispielsweise an die unterschiedlichen Ausführungen der Division für Integer- und Gleitkommazahlen.

Der Einsatz von Operatoren kann auf Klassentypen ausgedehnt werden

2. Operatoren

Für Klassentypen kann man zudem die meisten der von C/C++ definierten Operatoren überladen (siehe Kapitel 7.16). Sinnvoll angewandt, führt dies zu einer wesentlich übersichtlicheren Syntax.

Für die Klasse `Vector` empfiehlt es sich beispielsweise, die Elementfunktionen `add()` und `substract()` durch Operatorenfunktionen für + und – zu ersetzen:

```
Vector operator +(const Vector &);
Vector operator -(const Vector &);
```

Um zum Vektor `v1` den Vektor `v2` zu addieren, kann man jetzt schreiben:

```
v1 = v1 + v2;
```

Sie können jetzt also zwei Vektoren mit der gleichen Syntax addieren wie zwei Integer-Werte oder zwei Gleitkommazahlen.

Klassen können Ihre Speicherbelegung kontrollieren

3. Speicherbelegung und -interpretation

Elementare Datentypen zeichnen sich dadurch aus, dass der Compiler weiß, wie viel Speicher für die Variablen dieser Daten benötigt wird und wie das Bitmuster in diesem Speicher korrekt zu interpretieren ist (siehe Kapitel 6.1.3).

Dies kann man in Klassen nachempfinden.

- Die Speicherbelegung für Klassen erfolgt durch Deklaration von Datenelementen. Am freiesten ist man dabei, wenn man Zeiger als Datenelemente deklariert und für diese dynamischen Speicher allokiert.
- Die Interpretation des Speicherbereichs kann man simulieren, indem man den Zugriff auf den Speicherbereich (die Datenelemente) nur über entsprechende Elementfunktionen erlaubt. In diesen Elementfunktionen kann man festlegen, wie das Bitmuster des Speichers interpretiert werden kann.

Die folgende Klasse simuliert beispielsweise einen 7-Bit-Integer-Typ, der nur Werte zwischen 0 und 127 akzeptiert.

```
class SmallInt {
  char speicher;
  void zuweisen(int i)
         {
         if(i&~0x7F)
           i &= 0x7F;
         speicher = i;
         }
 public:
  SmallInt(int i) {zuweisen(i);}
  SmallInt& operator=(int i) {zuweisen(i); return *this;}
  operator int() const {return speicher;}
  };
```

Die Klasse `SmallInt` benutzt als Speicher eine `char`-Variable (8 Bit). Instanzen der Klasse `SmallInt` sollen aber nur Werte im Bereich von 0 bis 127 darstellen. Wir kontrollieren daher die Zuweisung von Werten an die Instanzen der Klasse.

Für die Zuweisung von außerhalb stehen der Konstruktor

```
SmallInt(int i) {zuweisen(i);}
```

und der überladene Zuweisungsoperator zur Verfügung:

```
SmallInt& operator=(int i) {zuweisen(i); return *this;}
```

Beide verwenden intern die Elementfunktion `zuweisen()`, die prüft, ob in dem zuzuweisenden `int`-Wert das 8. Bit gesetzt ist. Wenn ja, wird dieses vor der Zuweisung an `speicher` gelöscht.

Für den umgekehrten Weg – Umwandlung einer `SmallInt`-Instanz in einen `int`-Wert – sind keine besonderen Vorkehrungen zu treffen.

Klassentypen können die automatische Typenkonvertierung des Compilers unterstützen

4. Automatische Typenkonvertierung

Schließlich kann man dem Compiler mitteilen, wie er automatische Typenkonvertierungen zwischen Instanzen einer Klasse und anderen Datentypen vornehmen soll.

Zu diesem Zweck kann man Konvertierungskonstruktoren und Kopierkonstruktoren, Zuweisungsoperatoren (siehe 7.16.5) und Konvertierungsfunktionen (siehe Kapitel 16.8 und 16.9) definieren.

```
Vector(double wert);              // Vektor aus Skalar erzeugen
Vector(const Vector& v);          // Vektor aus Vektor erzeugen
Vector& operator=(const Vector&); // Vektor an Vektor zuweisen
Vector& operator=(const double);  // Skalar an Vektor zuweisen
operator double() ;               // Vektor in Skalar konvert.
```

Der Compiler ruft diese Elementfunktionen dann bei Bedarf automatisch auf. Mit obigen Elementfunktionen können Sie jetzt beispielsweise schreiben:

```
Vector v1(5);
Vector v1(v2);
v1 = v2;
v1 = 13;
double w = v1;
```

!! STOP

Die automatische Typenkonvertierung kann aber auch schnell zu unerwünschten Ergebnissen führen, siehe Kapitel 7.3.3.

8.6 Typdefinitionen mit typedef

Mit dem Schlüsselwort `typedef` können keine wirklich neuen Datentypen erzeugt werden. Es dient lediglich dazu, einen Bezeichner für einen neuen oder bestehenden Datentyp einzuführen.

8.6.1 Deklaration

Die allgemeine Syntax zur Definition eines Typbezeichners mit `typedef` für einfache Datentypen sieht wie folgt aus:

```
typedef  Typ-Spezifizierung  BEZEICHNER;
```

Für kompliziertere Datentypen gilt, dass die Typdefinition, die auf `typedef` folgt, genauso aussieht wie eine Variablendeklaration des jeweiligen Typs – nur dass statt des Variablennamens der Name für den neuen Typbezeichner steht.

Beispiele

Um also einen Bezeichner für ein Array von 80 `int`-Werten zu definieren, schreibt man

```
typedef int INT80[80];        // analog zu int feld[80]
```

Für ein Array von Zeigern:

```
typedef int *PTRFELD[20];     // analog zu int *ptr[20];
```

Einen Typbezeichner für eine Funktion mit einem `int`-Parameter und ohne Rückgabetyp schreibt man:

```
typedef void FUNCTYP(int);    // analog zu void func(int par)
```

8.6.2 Programmierung mit typedef

Kürzel

Mittels `typedef` können Sie Ihren Datentypen kürzere oder aussagekräftigere Namen geben.

```
typedef unsigned char byte;
typedef unsigned char alphanummerisch;
```

Im ersten Fall wird die Bezeichnung vor allem verkürzt. Im zweiten Fall wird angedeutet, dass dieser Datentyp für alphanumerische Zeichen verwendet werden soll.

:-) TIPP

Der Einsatz von `typedef` lohnt sich vor allem für die Typen von Zeiger auf Funktionen, die als Parametertypen in Funktionsdeklarationen verwendet werden.

typedef-Definitionen sind nicht erweiterbar, versus #define

Wenn eine `typedef`-Definition lediglich einen neuen Bezeichner, quasi also ein Synonym für einen Datentyp, einführt, drängt sich die Vermutung auf, dass dahinter letztlich eine `#define`-Direktive steckt. Doch dem ist nicht so. Bezeichner, die mit `typedef` eingeführt werden, werden nicht vom Präprozessor durch den zugehörigen Datentyp ersetzt und dulden im Übrigen keine Erweiterung:

```
#define int INT
unsigned INT x;         // erlaubt

typedef int INT;
unsigned INT x;         // nicht erlaubt
```

8.7 Unvollständige Datentypen

Als unvollständige Datentypen bezeichnet man Datentypen, die bereits namentlich eingeführt sind, für die aber noch keine Angaben zum benötigten Speicherbedarf gemacht sind.

Folglich kann man von einem unvollständigen Datentyp keine Variablen definieren, sondern muss den Datentyp zuerst durch eine weitere Typendeklaration vervollständigen.

Eine unvollständige Typendeklaration liegt vor,

- wenn Sie mit einem der Schlüsselworte `enum`, `struct`, `union` oder `class` einen Typbezeichner einführen, ohne eine Definition dieses Datentyps vorzusehen. Diese Definition muss dann später nachgeliefert werden.

```
struct koord, // unvollständig
...
// Vervollständigung
struct koord {
   int x, y;
   };
```

- wenn Sie Arrays ohne Größenangabe für die erste Dimension deklarieren (nur erlaubt in Deklarationen mit externer Bindung oder nachfolgender Initialisierungsliste).

8.8 Abschlussprogramm: Adressenverwaltung

Zum Abschluss ein kleines, aber schon ganz brauchbares Programm zur Adressenverwaltung.

Das Programm verwaltet seine Adressen in der Datei *Adressen.dat*. Beim Aufruf des Programms werden die Adressen aus dieser Datei automatisch eingelesen, beim Beenden des Programms automatisch abgespeichert. Es ist aber auch möglich, während der Arbeit mit dem Programm eingegebene Adressen zu speichern oder die Datei neu zu laden. Die weiteren Möglichkeiten des Programms können Sie dem Menü entnehmen:

```
/******    Menue    ******/

1. Adresse eingeben
2. Adresse suchen
3. Liste
4. Loeschen
5. Laden
6. Speichern
7. Ende

Ihre Eingabe :
```

Um effizienter nach Adressen suchen zu können, werden die Adressen sortiert in einem dynamischen Feld adrs abgelegt. Nach jedem Löschen oder Eingeben einer Adresse wird das gesamte Feld neu sortiert. Das klingt schlimmer, als es in Wirklichkeit ist, denn das Einsortieren in ein vorsortiertes Feld geht meist recht schnell.

Die Suche selbst erfolgt binär (Funktion BinSuche()) nach dem Familiennamen (Funktion vgl()). Als Suchergebnis wird allerdings immer nur die erste Adresse zurückgeliefert, die den Suchkriterien entspricht. Man kann also nicht nach mehreren Einträgen mit gleichen Familiennamen suchen.

```
/* Adressen.cpp  Adressenverwaltung */
#include <stdio.h>
#include <string.h>
#include <stdlib.h>

// Definition einer Adresse
struct adresse
  {
   char name[50];
   char vorname[50];
   char strasse[50];
   int PLZ;
   char stadt[50];
   } ;

int n;                  // Anzahl der Adressen
struct adresse *adrs;   // Adressenatei

    /*  Binäre Suche nach String s in adrs                  */
   /*                                                       */
  /*  zurueckgeliefert wird die Position an der s          */
 /*  gefunden wurde oder ( falls s nicht in der Liste ist) */
/*  die Position des nächstgrösseren Elements             */
int BinSuche(char s[50])
  {
  int unten=0,oben=n,mitte;

  if (strcmp(s,adrs[unten].name)<=0)
      return 0;
    else
      {
      while(oben-unten>1)
        {
       mitte=(oben-unten)/2;
       if (strcmp(s,adrs[unten+mitte].name)==0)
         {
          unten+=mitte;
          oben=unten;
          }
       if (strcmp(s,adrs[unten+mitte].name)>0)
          unten+=mitte;
          else
```

```
          oben=unten+mitte;

        }
        if (strcmp(s,adrs[oben-1].name)==0)
          oben--;
       return oben;
       }
  }

// Vergleich zweier Adressen nach dem Namen
// für qsort
int vgl(const void* p1,const void* p2)
  {
  struct adresse* adr1,*adr2;
  adr1=(struct adresse*)p1;
  adr2=(struct adresse*)p2;
  return strcmp(adr1->name,adr2->name);
  }

// Einlesen einer Adresse ueber die Tastatur
struct adresse einlesen()
  {
  struct adresse adr;

  printf("\n");
  printf("Name    : ");
    scanf("%s",&(adr.name));
  printf("Vorname : ");
    scanf("%s",&(adr.vorname));
  printf("Strasse : ");
    scanf("%s",&(adr.strasse));
  printf("PLZ     : ");
    scanf("%d",&(adr.PLZ));
  printf("Stadt   : ");
    scanf("%s",&(adr.stadt));
  fflush(stdin);

  return adr;
  }

// Ausgeben einer Adresse auf den Bildschirm
void ausgeben(struct adresse adr)
  {
  printf("\nName    : %s",adr.name);
  printf("\nVorname : %s",adr.vorname);
  printf("\nstrasse : %s",adr.strasse);
  printf("\nPLZ     : %d",adr.PLZ);
  printf("\nStadt   : %s\n",adr.stadt);
  }

// Abspeichern einer eingelesenen Adresse
// in einer Datei
void eingabe()
  {
  struct adresse adr;
```

```
  adr=einlesen();

  // falls die Datei nicht leer war
  if (n>0)
     {
     adrs=(struct adresse*)realloc(adrs,(n+1)*sizeof(adresse));
     adrs[n]=adr;
     }
   // falls die Datei leer war
   else
     adrs[0]=adr;

  n++;
  // Adressen neu sortieren
  qsort(adrs,n,sizeof (struct adresse), vgl);
  }

// Ausgabe der gesamten Datei
void ausgabe()
  {
  int k;

  if(n<=0)
      printf("Keine Adressen vorhanden\n");
    else
      for (k=0;k<n;k++)
        ausgeben(adrs[k]);
  }

// Suchen einer Adresse
void suchen()
  {
  char s[50];
  int k=0;

  printf("Name eingeben: ");
  scanf("%s",s);
  fflush(stdin);

  k = BinSuche(s);

  if (strcmp(adrs[k].name,s)==0)
    ausgeben( adrs[k]);
    else
    printf("Name %s nicht vorhanden\n",s);
  }

void loeschen()
  {
  int k=0;
  char s[50];

  printf("Name eingeben: ");
  scanf("%s",&s);
  k=BinSuche(s);
```

```
  if (strcmp(adrs[k].name,s)==0)
      {
      adrs[k]=adrs[n-1];
      n--;
      // Adressen neu sortieren
      qsort(adrs,n,sizeof (struct adresse), vgl);
      }
    else
      printf("Name %s nicht vorhanden\n",s);

  adrs=(struct adresse*)realloc(adrs,n*sizeof(struct adresse));
  }

// laden der Datei in das Feld adrs
void laden()
  {
  FILE* stream;

  stream=fopen("Adressen.dat","r");
  free(adrs);

  // falls das Laden funktioniert hat
  if (stream!=NULL)
      {
      // Anzahl der Adressen einlesen
      fread(&n,sizeof( int ),1,stream);

      // Speicher allokieren
      adrs=(struct adresse*)calloc(n,sizeof(struct adresse));

      // Adressen einlesen
      fread(adrs,sizeof(struct adresse),n,stream);

      fclose(stream);
      }
    // falls die Datei leer war
    else
      {
      printf("\nKeine Adressdatei gefunden!\n");
      printf("\nGeben Sie eine Adresse ein\n\n");
      n=0;
      adrs=(struct adresse*)calloc(1,sizeof(struct adresse));
      eingabe();
      }
  }

// speichern von adrs in der Datei
void speichern()
  {
  FILE* stream;
  int k;

  stream=fopen("Adressen.dat","w+");
  fwrite(&n,sizeof( int ),1,stream);
```

```
  for (k=0;k<=n-1;k++)
    {
    fwrite(&adrs[k],sizeof(struct adresse),1,stream);
    }

  fclose(stream);
  }

// Auswahl der Programmunterpunkte
int menue()
  {
  int a=0;
  char c[10];

  while (a<1 || a>7)
    {
    printf("\n/******   Menue   ******/\n\n");
    printf("1. Adresse eingeben\n");
    printf("2. Adresse suchen\n");
    printf("3. Liste\n");
    printf("4. Loeschen\n");
    printf("5. Laden\n");
    printf("6. Speichern\n");
    printf("7. Ende\n\n");

    printf("Ihre Eingabe : ");

    scanf("%s",&c);
    fflush(stdin);
    printf("\n");

    a=c[0]-48;
    }

  return a;
  }


void main()
  {
  int a;

  laden();

  do
    {
    a=menue();

    switch (a)
      {
      case 1: eingabe();break;
      case 2: suchen();break;
      case 3: ausgabe();break;
      case 4: loeschen();break;
      case 5: laden();break;
```

```
    case 6: speichern();break;
    }
  if (a==7)
    break;

  printf("\nweiter mit Eingabetaste\n");
  getchar();
  } while (1);

speichern();
free(adrs);
}
```

9 Zeiger

Zeiger gehören mit zu den wichtigsten und interessantesten Elementen von C/C++. Dabei sind Zeiger im Grunde ganz normale Variablen – nur dass ihre Werte Adressen und keine Objekte wie Zahlen, Zeichen oder Strukturen sind.

Wie Sie bereits wissen, verbindet der Compiler jeden Variablennamen intern mit einer Speicheradresse. (Die Information, welcher Bezeichner mit welcher Speicheradresse verbunden ist, wird übrigens vom Compiler in der so genannten Symboltabelle[1] verwahrt.)

Wenn Sie auf eine Variable zugreifen, greifen Sie also auf den Speicherbereich zu, dessen Anfangsadresse mit der Variablen verbunden ist. Die Frage ist nur, was Sie an dieser Adresse vorfinden, und genau darin unterscheiden sich Zeiger von »normalen« Variablen:

- Für eine normale Variable finden Sie an dieser Stelle ein Objekt. Der Datentyp der Variablen bestimmt, um was für ein Objekt es sich dabei handelt (`int`-Wert, Zeichen, Struktur etc.)
- Für eine Zeigervariable finden Sie an dieser Stelle dagegen eine Adresse – also einen Verweis auf eine andere Speicherstelle. Der Datentyp des Zeigers bestimmt, was für ein Objekt (`int`-Wert, Zeichen, Struktur etc.) an dieser neuen Adresse zu finden sein wird.

Im Gegensatz zu einer Variablen steht ein Zeiger also nicht direkt für ein Objekt, sondern enthält einen Verweis auf ein Objekt.

Das ist ein bisschen wie Schnitzeljagd. Wenn Sie eine Variable deklarieren, ist das so, als würden Sie sagen, »der Schatz (sprich der Wert der Variablen) ist genau hier!«. Wenn Sie hingegen einen Zeiger verwenden, sagen Sie

---

1 Beachten Sie, dass die Symboltabelle nur ein temporäres Gebilde ist, das der Compiler während der Kompilation anlegt. In der Symboltabelle werden alle relevanten Informationen über die Bezeichner eines Programms aufbewahrt – neben den Adressen, mit denen die Bezeichner verbunden sind, also auch Informationen über den Datentyp, den Gültigkeitsbereich, die Parameter von Funktionen etc. Für einen Großteil der Bezeichner werden übrigens nur symbolische Adressen eingetragen, die tatsächlichen Adressen weist erst der Linker zu. Das soll uns aber nicht stören, wir merken uns einfach, dass ein Variablenname intern mit einer Speicheradresse verknüpft ist.

Abbildung 9.1: Symboltabelle und Speicherbelegung

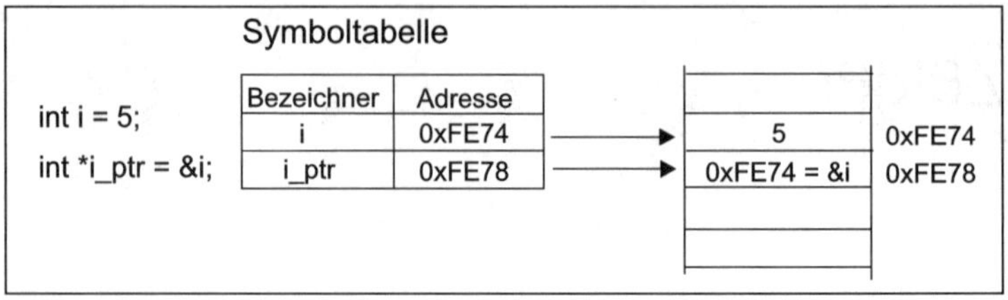

»Wenn Du den Schatz finden willst, dann gehe erst einmal diesem Zeiger nach«. Der Zeiger ist wie ein Papierschnipsel, auf dem steht, dass Sie dort und dort nachsehen sollen. Wenn Sie Pech haben, finden Sie dort nur einen weiteren Papierschnipsel, der Sie wieder woanders hinschickt. In C/C++ hieße dies, dass der erste Zeiger nicht auf ein Objekt, sondern auf einen zweiten Zeiger verweist. Eine Schnitzeljagd ist also wie eine Kette von Zeigern, die auf weitere Zeiger zeigen und deren letzter Zeiger schließlich auf das gewünschte Ziel verweist.

Aber natürlich braucht man Zeiger nicht, um Schnitzeljagden zu implementieren. Man braucht Zeiger,

- weil man nur mithilfe von Zeigern Speicherbereiche dynamisch reservieren, verwalten und freigeben kann,
- weil man mithilfe von Zeigern Objekte direkt – und nicht nur als Kopie – von einer Funktion an eine andere Funktion weiterreichen kann,
- weil man Funktionen überhaupt nur mithilfe von Zeigern als Argumente an andere Funktionen übergeben kann,
- weil man rekursive Datenstrukturen wie Listen und Bäume nur mit Zeigern aufbauen kann,
- weil ein Zeiger nacheinander auf verschiedene Objekte verweisen kann,
- weil man sogar typenlose Zeiger (Zeiger auf `void`) definieren kann, die Adressen auf Objekte beliebigen Typs transportieren können.

Was sich im Einzelnen hinter diesen Punkten verbirgt und wie man diese Möglichkeiten nutzt, erfahren Sie in den nachfolgenden Abschnitten.

Zum Schluss noch eine Warnung. Zeiger erlauben den direkten Zugriff auf Speicherbereiche. Dies bringt dem Programmierer gewisse Freiheiten, aber auch zusätzliche Verantwortung, bedeutet es doch, dass man über Zeiger grundsätzlich auf beliebige Speicheradressen zugreifen kann. Wegen der ungewohnten Syntax und der verwirrenden Konstrukte, die man mit Zeigern programmieren kann, kann es schnell mal passieren, dass man über einen Zeiger `ptr` statt in den Speicherbereich der Variablen `Guthaben` in die Variable `Schulden` schreibt. Dabei sind solche Fehler – so schwer sie auch zu finden sein mögen – noch recht harmlos, denn ebenso gut kann man mit

Zeigern in die Speicherbereiche anderer laufender Programme oder des Betriebssystems schreiben. Das soll Sie aber nicht von der Programmierung mit Zeigern abhalten; sehen Sie es als eine Warnung, Zeigern stets mit der ihnen gebührenden Vorsicht zu begegnen.

Die Programmierung mit Zeigern gehört zu den schwersten (und lohnendsten) Konzepten von C/C++. Lassen Sie sich nicht durch kleine Fehlschläge oder das Jammern »erfahrenerer« Programmierer von dem Einsatz von Zeigern abhalten. Die Syntax ist zwar verwirrend (wie wir es von C gewohnt sind), und man muss um eine Ecke mehr denken als bei normalen Variablen, aber so kompliziert ist das alles auch nicht. Das dahinter stehende Konzept ist im Grunde sogar recht logisch und einfach, sodass man eigentlich nur aufpassen muss, dass man nicht den Überblick verliert. Sollte dies doch einmal geschehen, kehren Sie noch einmal zu den Anfängen zurück – die folgenden einführenden Abschnitte und Abbildungen sollen Ihnen helfen, den Überblick zu bewahren.

Deklaration

```
int *ptr;
```

Initialisierung

```
ptr = &var;
ptr = (int*) malloc(sizeof(int));
ptr = new int;
```

Zugriff

```
*ptr = 3;
```

9.1 Zeiger deklarieren

Ein Zeiger ist eine Variable, die als Wert eine Speicheradresse beinhaltet. Durch Dereferenzierung kann über den Zeiger auf das Objekt zugegriffen werden, das sich an dem Ort befindet, dessen Adresse der Zeiger enthält. Ein Zeiger kann nur auf die Art von Objekten verweisen, für deren Typ er definiert ist.

```
Typ *  zeigervariable;
```

- *Typ*: Datentyp, auf den der Zeiger weist. Zeiger und referenziertes Objekt müssen vom gleichen Typ sein, damit der Zeiger korrekt dereferenziert werden kann.
- *: Das Sternchen kennzeichnet in der Deklaration die Variable als Zeiger und steht vor dem Zeigernamen.
- *zeigervariable*: Name des Zeigers.

Abbildung 9.2: Zeiger im Überblick

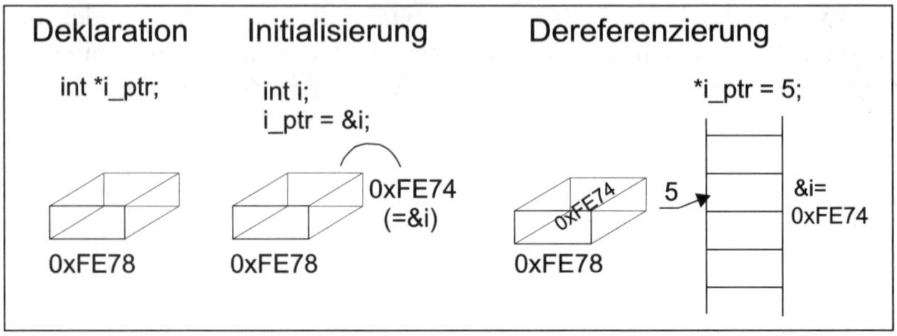

Beispiele

```
int *i_ptr;                // Zeiger auf int
class person;
class person *pleser;      // Zeiger auf Objekte vom Typ person
```

Zeiger können nicht nur für Objekte der verschiedenen Datentypen deklariert werden, sondern auch für Funktionen und unvollständig deklarierte Datentypen, nicht aber für:

- Referenzen (siehe Kapitel 10),
- Bitfelder (siehe Kapitel 8.3.5) und
- `register`-Variablen (nur C).

Stellung des Sternchens *

Da der Compiler das Sternchen automatisch auf den Variablennamen bezieht, macht es in einfachen Deklarationen keinen Unterschied, ob man das Sternchen hinter den Typ oder vor den Namen des Zeigers setzt:

```
int *i_ptr;                // Zeiger auf int
int* i_ptr;                // Zeiger auf int
```

Ich möchte Ihnen aber empfehlen, sich die erste Schreibweise anzugewöhnen und im Kopf zu behalten, dass der Stern vor den Zeiger gehört. Dann werden Sie auch mit der folgenden Deklaration keine Probleme haben:

```
int *ptr1, ptr2;
```

`ptr1` ist hier ein Zeiger auf `int`, während `ptr2` nur eine normale `int`-Variable ist. Die Deklaration

```
int* ptr1, ptr2;
```

könnte dagegen leicht zu der Annahme verführen, dass nun `ptr1` und `ptr2` beides Zeiger auf `int` wären. Dem ist aber nicht so! Um beide Variablen als Zeiger zu deklarieren, müssen Sie schreiben:

```
int *ptr1, *ptr2;
```

Zeiger auf beliebige Datentypen

Grundsätzlich kann man sich merken, dass die Deklaration eines Zeigers genauso aussieht wie die Deklaration der Objekte, auf die der Zeiger verweist.

	Variable	Zeiger
einfache Variable	`int var1;`	`int *ptr;`
Array	`char monate[12];`	`char *p_monate[12];`
Funktion	`void func(int);`	`void (*p_func)(int);`[a]

a. Die zusätzlichen Klammern sind hier erforderlich, da sonst die Klammern der Parameterliste vor dem Sternchen auf den Namen bezogen würden. `void *p_func(int)` wäre also eine Funktion mit einem Zeiger auf void als Rückgabetyp.

Zeiger und const

*const *int ist nicht gleich const int **

Bei der `const`-Deklaration ist zwischen einem konstanten Zeiger und einem Zeiger auf ein konstantes Objekt zu unterscheiden (siehe Kapitel 4.4.2). Für die Deklaration ist entscheidend, wo das Schlüsselwort `const` steht.

- Steht es zwischen Stern und Zeigername, handelt es sich um einen konstanten Zeiger:

```
char *const pc = &c;          // konstanter Zeiger
```

- Ansonsten bezieht es sich auf den nebenstehenden Typ:

```
const char *pc;     // Zeiger auf nicht-veraenderbares Zeichen
```

Vorsicht – nicht initialisierte Zeiger!

!! STOP

Nach der Definition eines Zeigers können Sie – wie für jede andere Variable auch – direkt mit dem Zeiger arbeiten. Ein Zeiger enthält aber nicht irgendeinen Wert, sondern eine Adresse. Und durch Dereferenzierung des Zeigers kann man auf den Teil des Arbeitsspeichers zugreifen, auf den diese Adresse weist. Genau darin aber liegt die Gefährlichkeit der Zeiger. Nach Deklaration des Zeigers steht in diesem ein zufälliges Bitmuster. Wenn Sie versuchen, diesen Zeiger zu dereferenzieren, ohne ihn zuvor mit einer korrekten Adresse eines Objekts zu initialisieren, greifen Sie auf eine zufällige Adresse im Arbeitsspeicher zu. Dies führt nicht nur zu Fehlern, sondern kann je nach unterliegendem Betriebssystem sogar mehr oder weniger schwerwiegende Folgen haben, wenn Sie über einen solchen Zeiger auf die Speicherbereiche einer anderen Anwendung oder gar des Betriebssystems zugreifen.

Man sollte daher ein ganz besonders wachsames Auge darauf haben, dass Zeiger korrekt initialisiert werden.

Initialisierung

Der Wert eines Zeigers ist eine Adresse

Initialisierung eines Zeigers bedeutet die Zuweisung einer Adresse an den Zeiger. Dies ist im Grunde nichts anderes als die Initialisierung einer normalen Variablen mit einem Wert, nur dass der Wert in diesem Fall eine Adresse ist.

Abbildung 9.3: Initialisierung von Zeigern

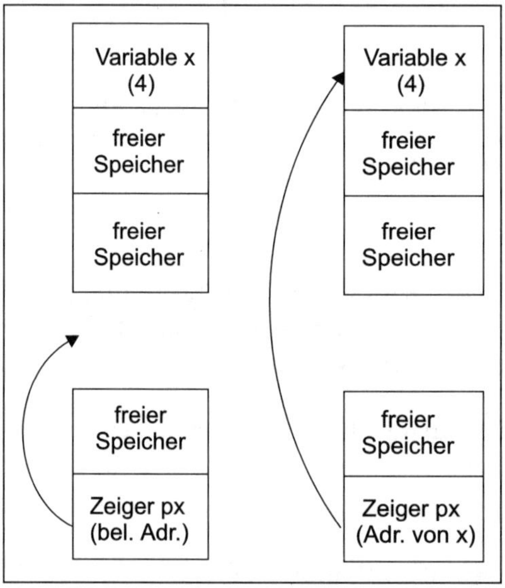

Das erste Teilbild zeigt einen Speicherauszug mit der Variablen x und dem Zeiger px. Da der Zeiger px deklariert, aber nicht initialisiert wurde, zeigt er auf einen undefinierten Speicherbereich. Im zweiten Teil wurde der Zeiger px auf die Adresse der Variablen x gesetzt.

Wie kann man einem Zeiger eine Adresse zuweisen?

Als Erstes ist zu beachten, dass man eine solche Adresse so gut wie nie als Literal angibt – also ganz im Gegensatz zur Variableninitialisierung:

```
int var  = 1;                    // üblich
int *ptr = (int *) 0xE104FFF0;   // nicht üblich
```

Dies dürfte meist ebenso verheerend sein, wie der Verzicht auf eine korrekte Initialisierung.

Die korrekte Vorgehensweise besteht darin, sich die Adresse vom Compiler (eigentlich dem Linker) zurückliefern zu lassen. Dazu gibt es folgende Möglichkeiten:

- Zuweisung einer Adresse eines existierenden Objekts.

  Die Adresse einer Variablen kann beispielsweise über den Adress-Operator & ermittelt werden.

  ```
  int i_var = 13;
  int *ptr = &i_var;
  ```

  Zeiger auf char kann man auch mit einem String-Literal initialisieren. (Dies ist eine Ausnahme: String-Literale sind die einzigen Konstanten, für die Speicher bereitgestellt wird.)

  ```
  char *ptr;
  ptr = "Dies ist ein Test";
  ```

- Zeiger repräsentieren selbst Adressen. Man kann also auch einen Zeiger mit dem Wert eines anderen Zeigers initialisieren. (Beide Zeiger verweisen danach auf das gleiche Objekt.)

  ```
  int *ptr2;
  ptr2 = ptr;
  ```

- Die Namen von Arrays und Funktionen werden ebenfalls als Adressen interpretiert.

  ```
  int feld[10] = {11,11,11};
  ptr3 = feld;

  int func() {...};
  int (*p_func)() = func;
  ```

- Zuweisung von NULL: Zeiger, die auf kein Objekt gerichtet sind, sollten mit der NULL-Adresse initialisiert werden. Auf diese Weise kann leicht getestet werden, ob der Zeiger auf ein Objekt weist oder nicht.

  ```
  double *ptr = NULL;
  ```

- Allokation durch malloc() oder new: Die Funktion malloc() sowie der Operator new dienen dazu, Speicher zu reservieren und die Adresse an den Zeiger zu übergeben. Auf diese Weise werden Objekte eingerichtet, die nicht mit einem Variablennamen verbunden sind, sondern nur über Zeiger erreichbar sind.

  ```
  ptr4 = new double;
  int *ptr5 = (int*) malloc(3*sizeof(int));
  ```

Warum ist die Initialisierung von Zeigern so wichtig? Im Grunde ist es nicht die Initialisierung, die so wichtig ist. Wichtig ist, dass man sicherstellt, dass Zeiger, die keine ordentliche Adresse beinhalten, nicht dereferenziert[2] werden. Und hierzu kann eine konsequente Initialisierung viel beitragen.

---

2 Zur Erinnerung: Dereferenzierung bedeutet, dass über den Zeiger auf das Objekt zugegriffen wird, dessen Speicheradresse der Zeiger beinhaltet.

Betrachten wir aber zunächst einmal das int-Objekt var aus der Abbildung 9.4.

Abbildung 9.4: Zugriff auf initialisierte Speicherbereiche

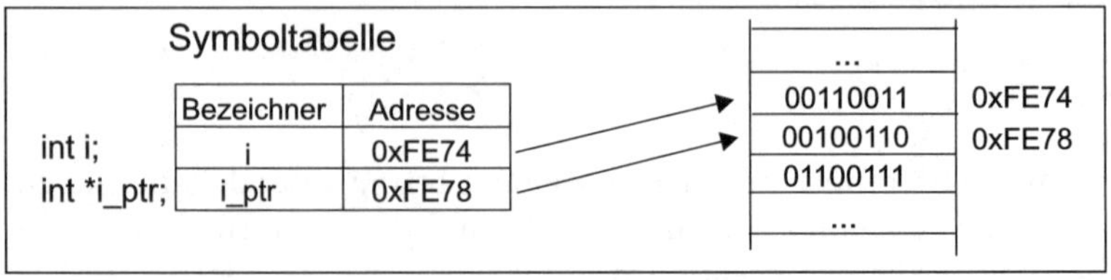

Das int-Objekt i wurde nicht initialisiert, noch wurde ihm bisher ein Wert zugewiesen. In i steht also vermutlich ein zufälliges Bitmuster. Der nächste Schritt bei der Arbeit mit i wäre, i einen brauchbaren Wert zuzuweisen (i = 3;). Würde man zuvor den Wert von i auslesen (int n = 3 * i;), würde dies höchstwahrscheinlich zu einem Fehler führen, da man einen unvorhersehbaren Wert zurückgeliefert bekäme.

Ganz ähnlich liegt der Fall für den Zeiger i_ptr. Der Zeiger i_ptr wurde nicht initialisiert, noch wurde ihm bisher ein Wert zugewiesen. In i_ptr steht also vermutlich ein zufälliges Bitmuster. Der nächste Schritt bei der Arbeit mit i_ptr wäre, i_ptr einen brauchbaren Wert (also eine Adresse) zuzuweisen (i_ptr = &i;). Würde man zuvor den Wert von i_ptr auslesen (int *p = i_ptr;), würde dies höchstwahrscheinlich zu einem Fehler führen, da man einen unvorhersehbaren Wert zurückgeliefert bekäme.

Zeiger versus Variable

Soweit verhalten sich Zeiger und Variablen absolut gleich, und das muss ja auch so sein, denn letztendlich sind Zeiger ja auch nur Variablen.

	Variable	**Zeiger**
Definition	int var;	int *ptr;
Wertzuweisung	var = 3;	ptr = &var;
Dereferenzierung	-	*ptr = 3;

Was jetzt allerdings hinzukommt, ist, dass man den Zeiger auch dereferenzieren kann:

```
*i_ptr = 3;
```

Durch das vorangestellte Sternchen zeigt man an, dass man nicht auf den Zeiger zugreifen möchte, sondern auf das Objekt, dessen Anfangsadresse im Zeiger abgelegt ist.

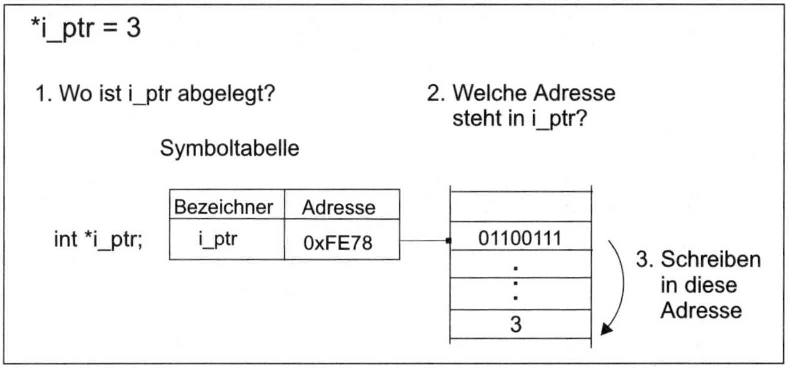

Abbildung 9.5: Dereferenzierung eines nicht-initialisierten Zeigers

Nur Zeiger mit gültiger Adresse dereferenzieren!

Wurde dem Zeiger zuvor keine gültige Adresse zugewiesen, steht im Zeiger ein beliebiges Bitmuster, das nun als Adresse interpretiert wird. Greift man auf diese Adresse zu, geschieht Folgendes:

- Vielleicht greift man auf einen Speicherbereich zu, der anderweitig nicht genutzt wird. Das Programm kann dann unter Umständen hundertmal korrekt ausgeführt werden und liefert erst beim einhundertundersten Mal vollkommen falsche Ergebnisse.
- Vielleicht greift man auf den Speicherbereich einer anderen Variablen zu und überschreibt deren Inhalt. Auch dies führt meist zu nur schwer lokalisierbaren Fehlern.
- Vielleicht schreibt man in Speicherbereiche, die von anderen Programmen genutzt werden und bringt diese zum Absturz. (Unter 32-Bit-Systemen mit virtuellen Adressräumen ist diese Gefahr allerdings nicht gegeben.)
- Vielleicht schreibt man in Speicherbereiche des Betriebssystems und bringt den ganzen Rechner zum Absturz. Vielleicht erkennt auch das Betriebssystem, dass in einen Speicherbereich geschrieben wird, der nicht für das Programm freigegeben ist und gibt eine Fehlermeldung aus.

Wie auch immer ... einen Zeiger darf man nur dereferenzieren, wenn er eine gültige Adresse enthält. Um dies sicherzustellen, geht man folgendermaßen vor:

1. Man initialisiert jeden deklarierten Zeiger: entweder mit der Adresse des Speicherbereichs, auf den er verweisen soll, oder – wenn diese Adresse noch nicht existiert oder noch nicht feststeht – mit dem Wert NULL.
2. Wird ein Zeiger vorübergehend nicht gebraucht – beispielsweise weil der Speicherbereich, auf den er bisher verwies, freigegeben wurde –, setzt man den Zeiger auf NULL.

Somit ist sichergestellt, dass ein Zeiger entweder auf eine gültige Adresse verweist oder aber den Wert NULL enthält.

3. Nun braucht man vor der Dereferenzierung eines Zeigers nur noch zu prüfen, ob er gleich NULL ist – wenn nicht, dann enthält er eine gültige Adresse.

!! STOP

Es gibt keine absolute Sicherheit!

Die absolute Sicherheit bringt die oben geschilderte Methode allerdings auch nicht, denn es kann immer sein, dass der Programmierer mal eine Stelle übersieht, an der ein Zeiger auf NULL hätte gesetzt werden müssen.

Zwei besonders tückische Beispiele hierfür, die leicht übersehen werden, werden wir weiter unten besprechen.

Zugriff und Dereferenzierung

Auf Zeiger kann man wie auf normale Variablen zugreifen. Das heißt,

- man kann ihnen einen Wert zuweisen:

```
int i;
int *i_ptr;
i_ptr = &i;
```

- man kann ihren Wert auslesen:

```
printf("Adresse von i_ptr = %p\n",i_ptr);
```

- man kann einem Zeiger den Wert eines anderen Zeigers zuweisen:

```
int *i_ptr2;
i_ptr2 = i_ptr1;
```

Dereferenzierung

Man kann einen Zeiger aber auch dereferenzieren, d.h. man greift über den Zeiger auf das Objekt zu, dessen Anfangsadresse im Zeiger abgelegt ist.

Definition

Dereferenzierung bedeutet also, dass man über einen Zeiger auf ein Objekt zugreift. Das ist keine Kleinigkeit, und um es möglich zu machen, benötigt der Compiler drei Informationen:

1. Die Aufforderung zur Dereferenzierung

   Zuerst muss man anzeigen, dass nicht der Wert des Zeigers gefragt ist (sprich die in ihm abgelegte Adresse), sondern der Wert des Objekts, auf das der Zeiger verweist (dessen Anfangsadresse er enthält).

   Hierzu verwendet man den Dereferenzierungsoperator (*), den man vor den Zeigernamen setzt.

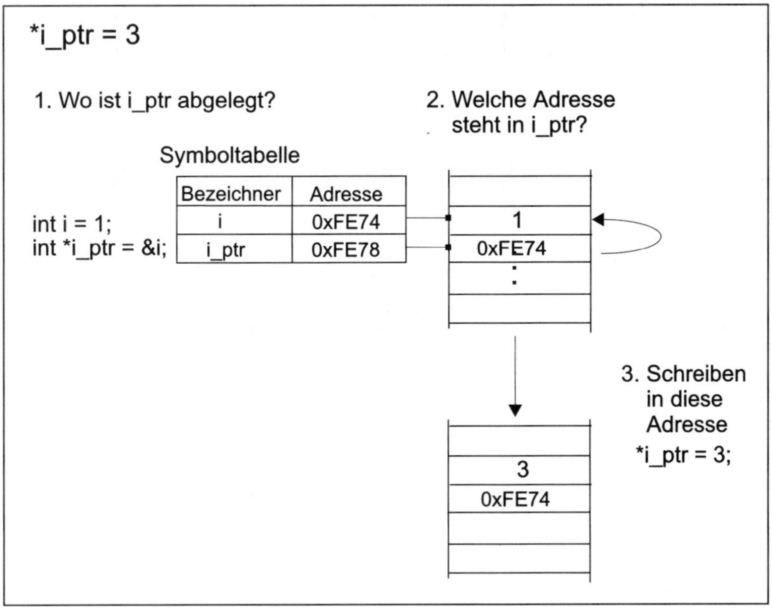

Abbildung 9.6: Dereferenzierung eines Zeigers

2. Die Anfangsadresse des Objekts

   Natürlich muss der Compiler wissen, an welcher Speicheradresse sich das Objekt befindet. Adressen auf andere Objekte zu verwahren, ist aber gerade Aufgabe der Zeiger. Der Compiler nimmt also als Anfangsadresse die Adresse, die im zu dereferenzierenden Zeiger abgelegt ist.

3. Den Datentyp des Objekts

   Um auf ein Speicherobjekt zugreifen zu können, muss der Compiler wissen, wie groß das Objekt ist und wie das Objekt als Bitmuster im Speicher kodiert ist (siehe Kapitel 6.1.3). All diese Informationen liefert der Datentyp des Objekts. Welchem Datentyp gehören aber die Objekte an, auf die ein Zeiger verweist? Einfach dem Datentyp, für den der Zeiger definiert wurde.

   Wird also beispielsweise ein Zeiger auf `int` dereferenziert, geht der Compiler davon aus, dass das Objekt, auf das über den Zeiger zugegriffen wird, ein `int`-Wert ist.

INFO

Typensicherheit und Typenfreiheit bei der Dereferenzierung.

»... geht der Compiler davon aus ...« Warum diese vorsichtige Formulierung? Bedeutet dies etwa, dass ein Zeiger auf `int` *auch auf Objekte anderer Datentypen verweisen kann?*

Ja und Nein.

Grundsätzlich ist durch die Typensicherheit von C/C++ sichergestellt, dass ein Zeiger auf `int` *nur auf* `int`*-Objekte verweisen kann. Es ist also beispielsweise nicht möglich, einem Zeiger auf* `int` *die Adresse einer* `double`*-Variablen oder den Wert eines Zeigers auf* `char` *zuzuweisen.*

```
char *ptr1 = "Dies ist ein Text";
int ptr2;
ptr2 = ptr1;
```

Allerdings gibt es die Möglichkeit, diese Typensicherheit durch explizite Typumwandlung oder auf dem Umweg über einen `void`*-Zeiger zu umgehen:*

```
ptr2 = (int *) ptr1;
```

In solchen Fällen richtet sich der von der Dereferenzierung zurückgelieferte Wert nach dem Datentyp des Zeigers und nicht dem Datentyp des im Speicher abgelegten Objekts. Wenn man also in obigem Beispiel den Zeiger `ptr2` *dereferenziert,*

```
int i = *ptr2;
```

greift man über den Zeiger `ptr2` *auf die Anfangsadresse des Strings* `"Dies ist ein Text"` *zu und interpretiert die ersten vier Bytes dieses Strings als einen Integer-Wert.*

INFO

Meist wird dies zu Fehlern führen. Es gibt aber auch Einsatzgebiete, in denen man gerade von dieser Möglichkeit der Typenfreiheit Gebrauch macht – etwa bei der Verwendung von Zeigern auf Klassen aus Klassenhierarchien (siehe Kapitel 18), oder beim Zugriff auf mehrdimensionale Felder (siehe Kapitel 8.2.6).

Kleines Syntax-Resümee

Bei der Arbeit mit Zeigern ist die Schreibweise von besonderer Bedeutung.

1. Der erste Punkt ist, dass man zwischen der Verwendung des Sternchens * in Deklarationen und Anweisungen unterscheidet.

   In der Deklaration zeigt das Sternchen an, dass es sich bei einem deklarierten Bezeichner um einen Zeiger handelt.

   ```
   int *ptr;
   ```

   In Anweisungen muss der Zeiger nicht mehr extra als solcher gekennzeichnet werden. Der *-Operator ist daher für anderweitige Aufgaben frei und wird zum Dereferenzierungsoperator.

   ```
   int x = 31;
   px = &x;   // Zuweisung an Zeiger
   *px = x;   // Zuweisung an Objekt, auf das der Zeiger verweist
   ```

2. Der zweite Punkt betrifft die Zuweisung von Adressen an Zeiger. Dazu dienen
   - der Adress-Operator `&`, der, angewendet auf eine Variable, deren Adresse zurückliefert
   - und der C++-Operator `new`, der ebenso wie die C-Funktion `malloc()` neuen Speicher reserviert.
3. Drittens gibt es drei besondere Varianten des Dereferenzierungsoperators, die der Dereferenzierung von Zeigern auf zusammengesetzten Datentypen (Strukturen und Klassen) dienen.

Tabelle 9.1: Operatoren zur Dereferenzierung

`*n`	Der eigentliche Dereferenzierungs-Operator.
`n->`	Eine Verbindung aus Dereferenzierungs- und Punkt-Operator, der einen Zeiger auf einen Klassentyp dereferenziert und gleichzeitig auf ein Element des referenzierten Objekts zugreift.
`n.*`	Dereferenziert einen Zeiger auf ein Klassenelement für ein gegebenes Klassenobjekt.
`n->*`	Dereferenziert einen Zeiger auf ein Klassenelement für einen gegebenen Zeiger auf ein Klassenobjekt.

Das nachfolgende Listing illustriert den grundlegenden Umgang mit Zeigern:

```
/* Zeiger.cpp    Zeiger */
#include <stdio.h>

int  main()
   {
   int  x  = 12;
   int* px = &x;

   // Wert von x über Variable und Zeiger ausgeben
   printf("x hat den Wert %d\n",x);
   printf("x hat den Wert %d\n",*px);

   // Wert des Zeigers (= Adresse von x)
   printf("px hat den Wert %p\n",px);
   printf("&x hat den Wert %p\n",&x);

   // Wert von x über Variable ändern
   x /= 2;
   printf("x hat den Wert %d\n",*px);

   // Wert von x über Zeiger ändern
   *px *= 2;
   printf("x hat den Wert %d\n",x);
```

```
return 0;
}
```

Ausgabe:

```
x hat den Wert 12
x hat den Wert 12
px hat den Wert 0065FE00
&x hat den Wert 0065FE00
x hat den Wert 6
x hat den Wert 12
```

9.2 Mit Zeigern programmieren

Die Programmierung mit Zeigern gehört zweifelsohne zu den höheren Weihen der C/C++-Programmierung. Dies hat zwei gute Gründe:

- Erstens dienen Zeiger vornehmlich der Umsetzung fortgeschrittener Konzepte und Techniken (dynamische Speicherbelegung, generische Funktionen),
- Zweitens ist die Programmierung mit Zeigern wesentlich fehleranfälliger als die Programmierung mit normalen Variablen und sollte daher fortgeschrittenen Programmierern vorbehalten sein.

INFO

Das soll nun aber keineswegs heißen, dass fortgeschrittenen Programmierern keine Fehler bei der Programmierung mit Zeigern unterlaufen würden. Es heißt nur, dass man hofft, dass fortgeschrittene Programmierer weniger Fehler machen. Aus der Erkenntnis heraus, dass diese Hoffnung meist nur allzu trügerisch ist, hat man in Java beispielsweise die Zeiger ganz aus der Programmiersprache verbannt.

Die folgenden Abschnitte sollen Ihnen zeigen, wie man Zeiger sinnvoll einsetzen kann, und Ihnen helfen, Fehler bei der Programmierung mit Zeigern zu vermeiden

9.2.1 Warum sind Zeiger so gefährlich?

Solange Sie nur mit »normalen« Variablen arbeiten, legen Sie die gesamte Speicherverwaltung in die vertrauenswürdigen Hände des Compilers. Dieser sorgt dafür, dass für jede Variable ausreichend Speicher bereitgestellt wird, dass sich dieser Speicher nicht mit den Speicherbereichen anderer Variablen (oder gar anderer Programme) überlappt und dass jeder Zugriff auf die Variable (Lese- wie Schreibzugriff) korrekt zu dem Speicher der Variablen weitergeleitet wird.

Diese wunderbare heile Welt endet genau in dem Moment, in dem der Programmierer anfängt, selbst mit Speicheradressen zu hantieren. Statt an den Compiler gewendet zu sagen:

Zeigerprogrammierung bedeutet, Verantwortung für den Speicher zu übernehmen

> »Ich würde gerne dieser Variablen einen Wert zuweisen. Könntest Du bitte die korrekte Adresse ermitteln und den Wert in dem zugehörigen Speicherbereich ablegen?«

heißt es plötzlich

> »Hier hast Du eine Adresse. Gehe zu dieser Adresse und lege den Wert x in dem zugehörigen Speicherbereich ab. Kümmere Dich nicht darum, was das für eine Adresse ist, ich habe alles im Griff!«

Natürlich hat man nur in den seltensten Fällen alles im Griff, aber wann hätte uns das je abgeschreckt? Adam und Eva dachten, sie hätten alles im Griff, die Atomphysiker dachten, sie hätten alles im Griff, die Gentechniker denken, sie haben alles im Griff. Warum sollen dann gerade die Programmierer Enthaltsamkeit üben? Wir wollen keine Bevormundung, wir wollen Zeiger!

Zeiger sind an sich nichts Schlimmes. Zeiger sind spezielle Variablen, die Adressen als Werte enthalten. Allein die Tatsache, dass man Adressen in Zeigern aufbewahren kann, bringt aber nicht viel. Man braucht zusätzlich eine Möglichkeit, um über einen Zeiger auf die in ihm abgelegte Adresse zugreifen zu können. Diese Möglichkeit nennt man Dereferenzierung.

Die Dereferenzierung eines Zeigers entspricht also letztendlich dem Zugriff auf eine »normale« Variable, nur dass eine Variable mit einer festen Speicheradresse verbunden ist, während man einem Zeiger beliebige Adressen zuweisen kann.

Dereferenzierung bedeutet, auf das Objekt zuzugreifen, auf das ein Zeiger verweist

Dass man einem Zeiger eine beliebige Adresse zuweisen kann, bedeutet aber, dass der Programmierer bestimmt, auf welchen Speicherbereich über den Zeiger zugegriffen wird. Und genau hierin liegt das Problem, denn niemand kann den Programmierer davor bewahren, einem Zeiger ungültige oder falsche Adressen zuzuweisen und dann den Zeiger zu dereferenzieren.

Dies beginnt bereits damit, dass man bei der Array-Indizierung zu hohe Indizes verwendet

```
int feld[10];     // Array mit Elementen feld[0] bis feld[9]
feld[10] = 13;
```

denn die Anwendung des Indizierungsoperators auf einen Array-Namen wird intern in die Dereferenzierung eines Zeigers umgewandelt:

```
*(feld + 10) = 13;
```

Und es endet damit, dass der Programmierer Speicherbereiche dynamisch allokiert und wieder freigibt und die Kontrolle darüber verliert, welche Adresse noch mit einem gültigen Speicherbereich verbunden ist und für welche Adressen der Speicherbereich schon wieder freigegeben wurde (siehe Kapitel 9.4.6).

Zeiger sind ein Problem.

Aus der Internet-Programmiersprache Java, bei deren Programmen es mehr noch als bei Programmen für Einzelrechner auf Sicherheit ankommt, wurden die Zeiger daher ganz verbannt und die dynamische Speicherbelegung auf Compiler und Interpreter abgewälzt.

In C++ hat man die Referenzen eingeführt, die die Zeiger in bestimmten Fällen – vor allem bei der Parameterübergabe an Funktionen – ersetzen können.

Auf der anderen Seite eröffnet der Einsatz von Zeigern dem C/C++-Programmierer Möglichkeiten, die ihm kein anderes Element der Sprache bietet. Es gilt daher nach wie vor die Aussage, dass wer in C/C++ erfolgreich programmieren will, um die Zeiger nicht herumkommt.

9.2.2 Grundregeln für Anfänger

Niemand kann Sie davor schützen, dass Sie dem Zeiger `ptr` die Adresse der Variablen `var1` zuweisen und dann 20 Zeilen weiter unten den Zeiger `ptr` in dem Glauben dereferenzieren, er würde auf Variable `var2` verweisen (Genauso wenig wie Sie jemand davor schützen kann, einen Wert, der der Variablen `var2` hätte zugewiesen werden sollen, in Variable `var1` zu schreiben).

Sie können sich aber weitgehendst davor schützen, Zeiger zu dereferenzieren, die keine *gültige* Adresse enthalten. Dass dies überhaupt ein Problem darstellt, liegt daran, dass ein Zeiger während seiner ganzen Lebensdauer dereferenziert werden kann, dass er aber nur selten während seiner ganzen Lebensdauer auf ein wirkliches Speicherobjekt verweist.

```
#include <stdio.h>

int  main()
   {
   int  x  = 12;
   int* ptr;

   printf("Dereferenzierung von ptr %d\n",*ptr);

   // Zuweisung einer gueltigen Adresse
   ptr = &x;
```

```
printf("Dereferenzierung von ptr %d\n",*ptr);

return 0;
}
```

Stellen Sie sich den Zeiger (wie schon in Abbildung 9.6 angedeutet) als eine Variable vor, die mit zwei Speicherbereichen verbunden ist:

1. Zum einen ist der Zeiger wie eine normale Variable mit einem Speicherbereich verbunden, in dem der Wert des Zeigers (also eine Adresse) abgelegt wird. Dieser Speicherbereich wird dem Zeiger vom Compiler fest zugewiesen.
2. Da der Wert eines Zeigers aber eine Speicheradresse ist, ist der Zeiger indirekt auch mit dem Speicher verbunden, der an dieser Adresse beginnt. Diese Adresse und der zugehörige Speicherbereich
   - können vom Programmierer bestimmt und ausgetauscht werden,
   - können ungültig sein, wenn die Adresse auf einen Speicherbereich verweist, der nicht für das Programm reserviert wurde. Ein Zugriff auf einen solchen Speicherbereich führt dann meist unweigerlich zu einem Fehler.

Der Programmierer nutzt den Zeiger, indem er ihm Adressen zuweist und damit festlegt, auf welche zweiten Speicherbereiche der Zeiger wie lange verweist.

Mindestens ebenso wichtig ist aber, dass der Programmierer einen Weg findet, anzuzeigen, dass ein Zeiger zu einem bestimmten Zeitpunkt nicht dereferenziert werden darf.

Wann liegt es im Interesse des Programmierers, dass ein Zeiger nicht dereferenziert wird?

- Wenn der Zeiger noch keine gültige Adresse zugewiesen bekommen hat (also von der Definition des Zeigers bis zur Zuweisung einer Adresse).
- Wenn die Adresse im Zeiger ungültig geworden ist (dies wäre beispielsweise der Fall, wenn ein globaler Zeiger in einer Funktion die Adresse einer lokalen Variablen zugewiesen bekommt und diese nach Verlassen der Funktion aufgelöst wird, oder wenn ein dynamisch reservierter Speicherbereich (siehe Abschnitt 9.4.6) freigegeben wird).
- Wenn die Adresse an sich noch gültig ist, der Programmierer aber den Zeiger nicht mehr benutzen will.

Wie kann man die Dereferenzierung eines Zeigers verhindern?

Was man nicht kann, ist die durch die Speicherklasse festgelegte Lebensdauer des Zeigers (siehe Kapitel 4.2.3) zu verkürzen oder dem Zeiger eine »Nicht-Adresse« zuzuweisen, für die eine Dereferenzierung nicht möglich ist.

Null-Adresse als Stoppsignal

Was man stattdessen macht, ist, dem Zeiger eine bestimmte Adresse zuzuweisen, für die sichergestellt ist, dass sie niemals als Adresse eines Speicherobjekts Verwendung finden wird. Diese Adresse ist die Null-Adresse, die durch die Konstante `NULL` angezeigt wird.

Um nun ungewollte Dereferenzierungen zu unterbinden, geht man in zwei Schritten vor:

1. Wenn ein Zeiger
   - definiert wird,
   - die in ihm enthaltene Adresse ihre Gültigkeit verliert oder
   - die Dereferenzierung aus irgendwelchen anderen Gründen unterbunden werden soll,

   weist man dem Zeiger den Wert NULL zu.
2. Wenn man beginnt, einen Zeiger zu dereferenzieren und nicht sicher ist, ob er auf eine gültige Adresse verweist (oder die Dereferenzierung erlaubt ist), prüft man zuerst, ob die Adresse im Zeiger ungleich `NULL` ist.

In einfachen Programmen kommt man bei sorgfältiger Programmierung auch ohne Vergleiche gegen NULL aus. Aber schon die Auslagerung der Zeiger-Dereferenzierung in eine Funktion, von der man nie genau weiß, wann und von wo aus sie aufgerufen wird, spricht für die konsequente Anwendung des NULL-Sicherheitssystems.

```
#include <stdio.h>

int* ptr = NULL;

void func() {
  if(ptr == NULL)
    printf("Zeiger enthaelt keine gueltige Adresse\n");
    else
    printf("Dereferenzierung von ptr: %d\n",*ptr);
  }

int  main()
   {
   int  x  = 12;

   func();
```

```
// Zuweisung einer gueltigen Adresse
ptr = &x;

func();

return 0;
}
```

Ausgabe:

```
Zeiger enthaelt keine gueltige Adresse
Dereferenzierung von ptr: 12
```

9.2.3 Wofür braucht man Zeiger?

Mit der Syntax und den Grundregeln des Einsatzes von Zeigern vertraut zu sein, reicht nicht – man muss auch wissen, wann und wie man Zeiger nutzbringend einsetzen kann. Aus diesem Grunde werden wir nun die wichtigsten Anwendungsgebiete durchgehen:

Dynamische Speicherallokation

Mit der wichtigste Anwendungsbereich ist die dynamische Allokation von Speicher. Dynamische Speicherbelegung bedeutet, dass der Programmierer selbst steuern kann, wann er Speicher reserviert und wann er ihn wieder freigibt. In C verwendet man dazu die Funktionen `malloc()` und `free()`, in C++ die Operatoren `new` und `delete` (siehe Kapitel 7.10 und 9.4.4).

```
#include <stdio.h>
#include <stdlib.h>

int* ptr = NULL;

int  main()
  {
  int loop;
  int  x  = 12;

  // Speicher fuer x int-Werte allokieren
  ptr = (int*) malloc(x*sizeof(int));

 ...

  // Speicher freigeben
  free(ptr);
  ptr = NULL;

 ...

  return 0;
  }
```

Hier wird in Zeile 9 mithilfe der Funktion `malloc()` Speicherplatz für `x int`-Objekte allokiert. Dieser dynamisch reservierte Speicherbereich ist mit keinem Bezeichner verbunden, sondern nur direkt über seine Anfangsadresse, die von der Funktion `malloc()` zurückgeliefert wird, erreichbar. Um nicht den Zugriff auf diesen Speicher zu verlieren, legt man die Adresse daher in einem Zeiger ab.

Später in dem Programm kann der Speicher dann wieder explizit freigegeben werden, wenn er nicht mehr benötigt wird. Dies geschieht durch Aufruf der Funktion `free()` in Zeile 26. Danach enthält der Zeiger immer noch die Anfangsadresse des Speicherbereichs für die `int`-Objekte, aber der zugehörige Speicherbereich ist nicht mehr geschützt und kann bei späteren Allokationen wieder verwendet oder von anderen gleichzeitig laufenden Programmen überschrieben werden. Um daher anzuzeigen, dass der Zeiger derzeit nicht mehr dereferenziert werden soll, setzt man ihn auf `NULL` (siehe oben).

Die dynamische Speicherallokation ist ein sehr wichtiges Thema, mit dem wir uns in Abschnitt 9.4.4 noch näher beschäftigen werden. Ich möchte Sie aber bereits vorab auf Eines hinweisen:

Lebensdauer eines Zeigers und des referenzierten Objekts sind nicht immer identisch

Obiges Beispiel verdeutlicht, dass bei der dynamischen Speicherallokation streng zwischen der Lebensdauer des dynamisch reservierten Speichers und der Lebensdauer des Zeigers, der die Anfangsadresse des reservierten Speichers enthält, unterschieden werden muss.

- Die Lebensdauer eines Zeigers hängt von seiner Speicherklasse ab (in obigem Beispiel wurde ein globaler Zeiger verwendet, der von seiner Definition an bis zum Programmende gültig ist).
- Die Lebensdauer eines dynamisch reservierten Speicherbereichs geht von seiner Allokation bis zur expliziten Freigabe (oder dem Programmende).

Dies kann schnell zu Fehlern führen, wenn ein Zeiger längere Lebensdauer hat als der Speicherbereich, auf den er verweist (ungültige Adresse), oder ein Zeiger (beispielsweise ein lokaler Zeiger, der nur während der Ausführung seiner Funktion gültig ist) ungültig wird, während der Speicherbereich, auf den er verwies, noch weiter reserviert bleibt (ein so genanntes Speicherleck).

Felder

Zeiger haben weiterhin den Vorteil, dass sie hervorragend geeignet sind, um Felder – also hintereinander abgelegte Objekte gleichen Datentyps – zu durchlaufen. Möglich wird dies durch die spezielle Zeigerarithmetik (siehe Kapitel 9.2.5). Zeigerarithmetik bedeutet, dass der Wert eines Zeigers bei der Addition oder Subtraktion nicht in Einheiten von Bytes, sondern in Einheiten von der Größe der Objekte, auf die der Zeiger verweist, erhöht oder vermindert wird.

Hat man also einen Zeiger auf ein Feld von `int`-Objekten (von denen wohlgemerkt jedes unter einer 32-Bit-Umgebung 4 Byte belegt)

```
int *ptr = (int*) malloc(10*sizeof(int));
```

kann man die Objekte in diesem Feld mittels simpler Zeigerarithmetik ohne aufwändige Berechnungen bequem durchlaufen:

```
for(loop=0; loop < 10; loop++)
   *(ptr+loop) = loop;
```

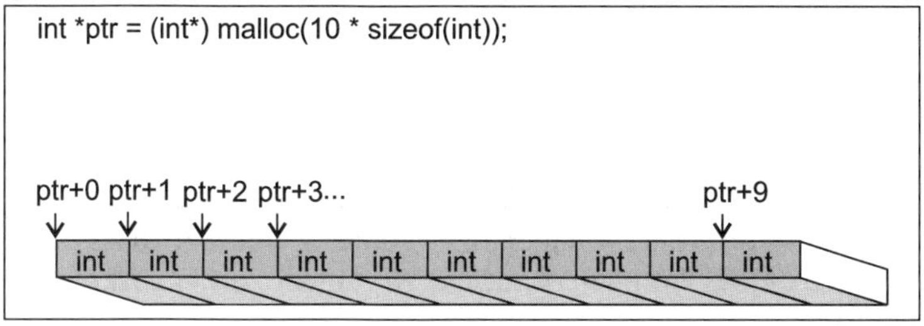

Abbildung 9.7: Speicherbelegung eines dynamischen Feldes

Vielleicht werden Sie jetzt anmerken, dass dies mit Arrays ja noch einfacher geht:

```
int feld[10];
for(loop=0; loop < 10; loop++)
   feld[loop] = loop;
```

Dem möchte ich zwei Dinge entgegenhalten:

1. Die Anwendung des Indizierungsoperators auf den Array-Namen ist nur deshalb möglich, weil der Compiler den Array-Namen in Anweisungen als einen Zeiger auf das erste Element des Arrays ansieht und die Indizierung intern in die obige Zeigerberechnung umgewandelt wird:

   ```
   feld[loop] gleich *(feld + loop)
   ```

2. Die Anzahl der Elemente in einem Array muss bei der Deklaration des Arrays – also zur Programmierzeit – angegeben werden.

   Die Anzahl der Elemente in einem dynamisch reservierten Feld muss dagegen erst zur Laufzeit feststehen und kann sich daher den aktuellen Gegebenheiten anpassen (beispielsweise könnte man die Anzahl der Elemente vom Anwender abfragen).

Übergabe von Objekten an Funktionen

Variablen werden in C/C++ nach dem »call-by-value«-Verfahren übergeben (siehe Kapitel 12.4.1), was bedeutet, dass nicht die Variablen, sondern die Werte der Variablen an die Funktionen weitergereicht werden.

```
void func(int param) {...};
int i = 3;
...
func(i);
```

In obigem Beispiel wird beispielsweise beim Aufruf `func(i)` der Wert aus der Variablen `i` in den Parameter `param` kopiert. Die Funktion `func()` übernimmt also beim Aufruf einen Wert, legt diesen in einer lokalen Parametervariablen ab und kann mit diesem Wert weiterarbeiten, ohne befürchten zu müssen, dass Änderungen, die die Funktion am Wert von `param` vornimmt, auf die Variable `i` aus dem Aufruf zurückwirken.

Diese Art der Argumentenübergabe hat aber zwei Nachteile:

1. Zum einen ist es manchmal gerade gewünscht, dass Änderungen am Wert eines Parameters auf das Argument zurückwirken.
2. Zum anderen kann das Kopieren von Argumentwerten für größere Objekte (Struktur- oder Klassentypen) zu einem Zeit und Speicher fressenden Verfahren werden.

Beide Probleme kann man lösen, indem man Objekte nicht als Kopie, sondern als Adresse übergibt. Man spricht dann auch von call by reference (siehe Kapitel 12.4.1).

C versus C++

In C++ verwendet man für den call by reference üblicherweise keine Zeigerparameter, sondern Referenzparameter.

Referenzen sind zeigerähnliche Gebilde, die allerdings nur einmal mit einer Adresse initialisiert werden können und danach nicht mehr wie Zeiger auf andere Speicherobjekte umgelenkt werden können. Auch die typische Zeigersyntax entfällt – auf Referenzen greift man wie auf normale Variablen zu. Referenzen werden daher oft auch als Aliase für Variablen bezeichnet. Für die Parameterübergabe sind sie damit bestens geeignet.

Zeiger auf Funktionen

Funktionen kann man weder als Argumente an andere Funktionen übergeben, noch kann man sie in Arrays verwalten.

Was mit Funktionen nicht geht, funktioniert allerdings ohne Probleme mit Zeigern auf Funktionen.

In Abschnitt 8.2.5 wurde bereits gezeigt, was man mit Arrays von Funktionen machen kann, und in Abschnitt 8.3.3 haben wir eine Vergleichsfunktion als Argument an die C-Funktion qsort() übergeben.

Rekursive Datenstrukturen

Ein weiterer Vorteil der Zeiger ist, dass sie für unvollständige Datentypen deklariert werden können. Dies erlaubt dann beispielsweise die Definition von Strukturen (oder Klassen) mit wechselseitigen Referenzen oder Referenzen auf sich selbst.

Strukturen mit wechselseitigen Referenzen

Angenommen, Sie wollen eine Struktur A definieren, die unter anderem auch ein Element vom Typ einer Struktur B enthält. Kein Problem:

```
struct B {
  int elem1;
  };
struct A {
  int elem1;
  struct B elem2;
  };
```

Was aber, wenn umgekehrt auch Struktur B ein Element vom Typ der Struktur A enthält. Mit einer einfachen Vorwärtsdeklaration der Struktur A ist es dann nicht getan,

```
struct A;
struct B {
  int elem1;
  struct A elem2;     // Fehler
  };
struct A {
  int elem1;
  struct B elem2;
  };
```

weil es für die Definition der Struktur B erforderlich ist, dass die Größe der Struktur vom Compiler berechnet werden kann. Dies ist aber nur möglich, wenn die Größe aller Elemente der Struktur feststeht, und dies ist für ein Element vom Typ einer noch nicht definierten Struktur schlichtweg nicht möglich.

Die Lösung ist, statt eines Elements vom Typ der Struktur A einen Zeiger auf ein Objekt der Struktur A als Element zu deklarieren. Der Compiler ist zufrieden, weil die Größe des Zeigers feststeht, und der Programmierer kann zufrieden sein, weil er über den Zeiger auch Zugriff auf ein Objekt der Struktur A erhält.

```
struct A;
struct B {
  int elem1;
  struct A *elem2;
  };
struct A {
  int elem1;
  struct B elem2;
  };
```

Strukturen mit Zeigern auf sich selbst

Weil die Elemente von Strukturen aus den oben dargelegten Gründen nur Typen angehören dürfen, die vollständig deklariert sind, kann eine Struktur kein Element ihres eigenen Typs enthalten:

```
struct Demo {
  int elem1;
  struct Demo elem2;  // nicht erlaubt
  };
```

Da die Größe eines Zeigers aber unabhängig von dem Typ der Objekte ist, auf die der Zeiger verweist, und ein Zeiger auch auf unvollständig deklarierte Typen verweisen kann, ist es möglich, in einer Struktur Zeiger auf Objekte der eigenen Struktur zu verwenden:

```
struct Demo {
  int elem1;
  struct Demo *elem2;
  };
```

Listen

Das Paradebeispiel für Strukturen, die Zeiger auf Elemente ihres eigenen Typs enthalten, sind die dynamischen Listen. Listen dienen der Abspeicherung einer beliebigen Zahl von Objekten. Der Vorteil der Liste ist, dass sie eine dynamische Datenstruktur ist, die nach Bedarf wächst und schrumpft. Man erreicht dies, indem man die einzelnen Objekte in der Liste über Zeiger verkettet. In einer einfach verketteten Liste enthält beispielsweise jedes Objekt neben den eigentlichen Daten noch einen Zeiger auf das nächste Objekt in der Liste. Der Datentyp einer Liste zur Aufbewahrung von Koordinaten könnte also beispielsweise wie folgt aussehen:

```
struct Koord {
  double x,y;
  struct Koord *next;
  };
```

Doppelt verkettete Listen sind Listen, deren Objekte Zeiger auf das nachfolgende und das vorangehende Objekt enthalten:

```
struct Koord {
  double x,y;
```

```
struct Koord *next;
struct Koord *prev;
};
```

Generische Zeiger (void)

Üblicherweise gehört jeder Zeiger einem bestimmten Datentyp an, beispielsweise Zeiger auf `int` oder Zeiger auf `char`. Diese Typeninformation gibt den Datentyp der Objekte an, auf die der Zeiger verweist (deren Adresse er also enthält), und ist für die Dereferenzierung des Zeigers unabdingbar.

Der Compiler nutzt diese Typinformation aber auch, um sicherzustellen, dass einem Zeiger auf einen Datentyp `T` auch nur Adressen von Objekten des Datentyps `T` zugewiesen werden.

Die strenge Typüberprüfung für Zeiger trägt zur Fehlerfreiheit der Programme bei, verhindert aber auch, dass Speicheradressen als reine Adresse ohne irgendwelche Aussagen über die Interpretation des dahinter liegenden Speicherbereichs betrachtet werden können.

Gäbe es keine Möglichkeit, diese strikte Typbezogenheit der Zeiger zu durchbrechen, könnte man

- weder einen Speicherbereich mit Objekten vom Typ A als Speicherbereich mit Objekten vom Typ B betrachten,
- noch könnte man Funktionen definieren, die Parameter beliebigen Datentyps aufnehmen oder zurückliefern können.

Explizite Typumwandlung

Das erste Problem ist sicher weniger interessant und kann im Übrigen durch explizite Typumwandlung gelöst werden:

```
struct Demo {
  int i;
  int j;
  };

int *ptr;
...
struct Demo *p_struct = new Demo;
ptr = (int*) p_Demo;
```

Solche explizite Typumwandlungen von Zeigern auf Typ A in Zeiger auf Typ B sind eher selten und äußerst fehleranfällig, da sie meistens bestimmte Annahmen darüber machen, wie die Objekte eines Typs im Speicher ausgerichtet sind. Die tatsächliche Ausrichtung kann aber in Anpassung an die zugrunde liegende Rechnerarchitektur und zur Optimierung von Speicherzugriffen vom Compiler durch Einstreuung von Füllbytes optimiert werden.

Eine ebenso sinnvolle wie sichere Anwendung für eine explizite Typumwandlung wäre z.B. die Umwandlung eines Zeigers auf ein mehrdimensionales Array in einen Zeiger auf die Unter-Arrays des mehrdimensionalen Arrays (siehe Kapitel 8.2.6).

void-Zeiger

Das zweite Problem lässt sich nicht allein durch explizite Typumwandlung lösen. Um für eine Funktion einen Zeiger-Parameter definieren zu können, dem man Zeiger auf beliebige Objekte übergeben kann, braucht man ein eigenes Schlüsselwort, das anzeigt, dass der Parameter einfach nur eine Adresse übernimmt – ohne dabei irgendwelche Annahmen bezüglich des Datentyps der Objekte zu machen, die an dieser Adresse abgelegt sind.

Dieses Schlüsselwort heißt `void`.

```
void *ptr;
```

ist ein Zeiger, dem man Adressen von beliebigen Objekten zuweisen kann.

```
int *p_int = (int*) malloc(sizeof(int));
double *p_double = (double*) malloc(sizeof(double));
ptr = p_int;
ptr = p_double;
```

Da ein `void`-Zeiger aber über keine Typeninformation zu den Objekten verfügt, auf die er verweist, kann er nicht dereferenziert werden.

```
*ptr = 3.14;        // Fehler
```

Man muss ihn also zuvor per expliziter Typumwandlung in einen typbezogenen Zeiger verwandeln:

```
*((double*) ptr) = 4;
```

oder

```
p_double  = (double*) ptr;
*p_double = 3.14;
```

Zusammengefasst heißt das,

- einem `void`-Zeiger kann man beliebige Adressen zuweisen,
- einen `void`-Zeiger kann man nicht dereferenzieren,
- einen `void`-Zeiger kann man durch explizite Typumwandlung in jeden anderen Zeigertyp umwandeln.

Will man also einer Funktion ein Objekt beliebigen Datentyps übergeben, definiert man dafür einen Parameter vom Typ »Zeiger auf void«.

In dem Programm *Bitmst.cpp* aus Kapitel 6.2 haben wir dies genutzt, um Adressen auf Objekte beliebigen Datentyps an die Funktion `anzeige()` zu übergeben. In der Funktion wurde der `void`-Zeiger dann in einen Zeiger auf `char` umgewandelt, mit dem man den Speicherbereich byteweise durchgehen und untersuchen konnte:

```
void anzeige (void* n, int groesse)
  {
  char* p;
  int i,j;

  p = (char*) n;
  ...
```

qsort()

Auch die Funktion `qsort()`, mit der man Felder mit Elementen beliebigen Datentyps sortieren kann und die bereits in Kapitel 8.3.3 vorgestellt wurde, verwendet Zeiger auf `void` als Parameter.

Zum einen spezifiziert `qsort()` einen `void`-Zeiger, um die Adresse des zu sortierenden Feldes aufzunehmen, zum anderen reicht die Funktion jeweils die Adresse zweier Elemente an eine Vergleichsfunktion weiter.

Diese Vergleichsfunktion muss vom Programmierer implementiert und auf den Datentyp der Elemente im zu sortierenden Feld ausgerichtet werden. Prinzipiell könnte diese Funktion also zwei Zeiger auf den Datentyp der Feldelemente als Parameter definieren. Da die Vergleichsfunktion aber ebenfalls als Parameter an die Funktion `qsort()` übergeben werden muss, muss `qsort()` in seiner Parameterliste den Typ des zugehörigen Funktionszeigers angeben – und dazu gehören auch die Typen der Funktionsparameter. Da `qsort()` diese Typen aber weder wissen noch irgendwie festlegen möchte, erwartet `qsort()` eine Vergleichsfunktion, die zwei `void`-Zeiger als Parameter verwendet.

```
void qsort(void *base, size_t nelem, size_t width,
           int (*Vergl_func)(const void *, const void *));
```

Polymorphismus (C++)

In C++ ergeben sich einige interessante Verwicklungen dadurch, dass man ein Objekt einer abgeleiteten Klasse als Objekt einer `public`-Basisklasse ansehen kann.

Für Zeiger bedeutet dies, dass man einem Zeiger auf einen Klassentyp B die Adresse eines Objekts vom Typ A zuweisen kann, wenn B eine `public`-Basisklasse von A ist.

```
/* BaseZeig.cpp  Zeiger auf Basisklasse */
#include <iostream.h>

// Basisklasse
class Basis {
  public:
    void id() {cout<< "Dies ist die Basis-Klasse\n";};
    };

// Abgeleitete Klasse mit überladener Funktion
class Abgeleitet: public Basis {
  public:
    void id() {cout<< "Dies ist die abgeleitete Klasse\n";};
  };

int main()
  {
  Abgeleitet Abg_Klasse;

  Basis *zeiger = new Basis;
  zeiger->id();

  zeiger = &Abg_Klasse;      // Weise Zeiger auf Basisklasse ein
  zeiger->id();              // Objekt der abgeleiteten Klasse zu

  return 0;
  }
```

Interessant wird das Ganze, wenn Methoden der Basisklasse in der abgeleiteten Klasse überschrieben wurden (wie in obigem Beispiel für die Methode `id()` geschehen).

Was passiert dann, wenn man die überschriebene Methode über einen Zeiger aufruft, der auf der einen Seite vom Typ der Basisklasse ist, der aber andererseits auf ein Objekt der abgeleiteten Klasse verweist?

Die Antwort ist, dass der Programmierer selbst steuern kann, welche Methode aufgerufen wird. Die Ausgabe des obigen Programmes sieht beispielsweise wie folgt aus:

```
Dies ist die Basis-Klasse
Dies ist die Basis-Klasse
```

Der Methodenaufruf richtet sich also nach dem Datentyp des Zeigers und nicht nach dem Objekt, auf das der Zeiger verweist. Man bezeichnet dies auch als frühe Bindung, weil der Compiler bereits während der Kompilation des Programmes bestimmen kann, welche Version der überschriebenen Methode aufzurufen ist.

Möchte man erreichen, dass der Aufruf einer überschriebenen Methode sich nach dem Typ des Objekts richtet, für das die Methode aufgerufen wird, muss man die Methode in der Basisklasse als `virtual` deklarieren.

```
class Basis {
  public:
    virtual void id() {cout<< "Dies ist die Basis-Klasse\n";};
    };
```

Übersichtlicher ist es, die entsprechende Methode durch die ganze Klassenhierarchie hindurch als `virtual` zu deklarieren.

Man bezeichnet dies als späte Bindung, da erst zur Laufzeit durch entsprechenden – vom Compiler erzeugten – Code bestimmt wird, für welches Objekt die Methode aufgerufen wird. Die Ausgabe sieht dann wie folgt aus:

```
Dies ist die Basis-Klasse
Dies ist die abgeleitete Klasse
```

Mehr zum Polymorphismus durch überschriebene Funktionen erfahren Sie in Kapitel 18.

9.2.4 Zeiger und Arrays

Die gleichartige Behandlung von Arrays und Zeigern wurde bereits in Kapitel 8.2.4 besprochen. Ohne alles noch einmal wiederholen zu wollen, möchte ich Ihre Aufmerksamkeit in diesem Zusammenhang nur kurz testen. Betrachten Sie einmal die folgende Funktion:

```
void ausgabe(int *p_int, int max)
  {
  int i;
  for(i=0; i < max; i++)
    {
    printf("Feld[%d] = %d\n",i,p_int[i]);
    }
  }
```

Was wird nun passieren, wenn Sie der Funktion beim Aufruf eine Array-Variable übergeben:

```
#define MAX 7
int feld[MAX];
...
ausgabe(feld,MAX);
```

Zuerst wird hier eine Array-Variable an einen Zeiger-Parameter übergeben, und dann versucht die Funktion `ausgabe()` auch noch, den Zeiger wie ein Array zu indizieren, statt ihn ordnungsgemäß zu dereferenzieren. Jeder anständige Compiler würde Ihnen einen solchen Code um die Ohren schlagen, aber wie wird sich der C-Compiler verhalten?

9.2.5 Zeigerarithmetik

Zeiger enthalten Adressen und mit Adressen kann auch gerechnet werden.

Erlaubte Rechenoperationen

Konkret können Sie Adressen

- inkrementieren,
- dekrementieren,
- um Integer-Werte erhöhen und
- um Integer-Werte erniedrigen.

Da alle vier Rechenarten auf die gleiche Weise funktionieren, reicht es, wenn wir uns eine Operation herausgreifen.

Stellen wir uns also die Frage, was geschieht, wenn man zum Wert eines Zeigers einen `int`-Wert addiert?

```
int i;
int *ptr = &i;
ptr += 3;
```

Gesetzt den Fall, die Adresse von `i` wäre 0x0000EF10. Nach der Zuweisung von `&i` an `ptr` steht diese Adresse in `ptr`. Wenn wir zu `ptr` jetzt die Zahl 3 addieren, sollte der Wert von `ptr` 0x0000EF13 lauten, richtig?

Zugegeben, die Frage ist ein wenig plump, und Sie ahnen natürlich sofort, dass der Wert von `ptr` nicht 0x0000EF13 lautet, aber kennen Sie auch den korrekten Wert von `ptr`?

Eine gute Antwort wäre, dass der Wert nicht korrekt angegeben werden kann, da er maschinenabhängig ist.

Eine noch bessere Antwort wäre, dass die Adresse von `ptr` um 3 mal die Größe von `int` erhöht wird. Unter einem 32-Bit-Betriebssystem, auf dem der Datentyp 4 Byte belegt, wäre die neue Adresse also 0x0000EF1C.

Zeiger rechnen in Objekt-Einheiten

Tatsächlich wird der Wert des Zeigers also stets in Einheiten von der Größe des Datentyps, auf die der Zeiger verweist, erhöht oder erniedrigt.

In obigem Beispiel ist die Erhöhung der Adresse im Zeiger äußerst gefährlich, denn es ist äußerst unwahrscheinlich, dass der Zeiger danach auf einen für das Programm reservierten Speicherbereich verweist.

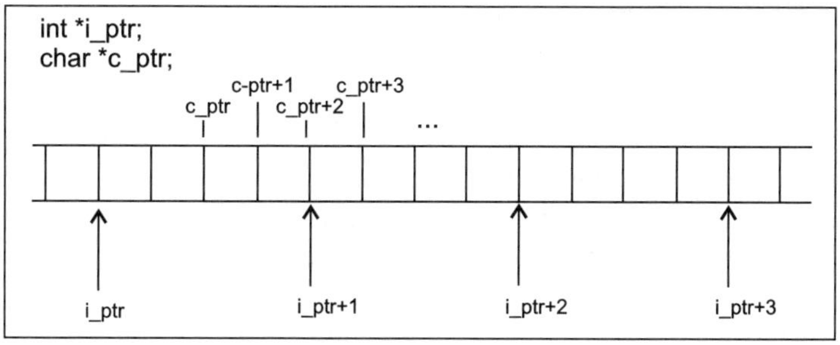

Abbildung 9.8: Inkrementierung von Zeigern

Äußerst nützlich ist die Zeigerarithmetik aber beispielsweise dann, wenn Speicherobjekte als Elemente eines Feldes hintereinander abgelegt sind – sprich wenn der Speicher für die Objekte in Form eines Arrays oder mittels `new[]` oder `malloc()` reserviert wurde.

In diesem Fall ist garantiert, dass die einzelnen Elemente lückenlos im Speicher abgelegt sind, und man kann durch einfache Inkrementierung oder Addition von einem Element im Feld zum nächsten springen.

```
/* ZeigArit.cpp   Zeigerarithmetik */
#include <stdio.h>
#include <stdlib.h>

#define MAX 10
int  main()
   {
   int loop;
   int* ptr = NULL;

   ptr = (int*) malloc(MAX*sizeof(int));

   for(loop=0; loop < MAX; loop++)     // intialisieren
     *(ptr+loop) = loop;

   for(loop=0; loop < MAX; loop++)     // ausgeben
     printf("%d ",*(ptr+loop));

   free(ptr);
   ptr = NULL;

   return 0;
   }
```

Ausgabe:

```
0 1 2 3 4 5 6 7 8 9
```

9.3 Spezielle Zeiger

Zeiger auf Zeichenketten char*

Ein Zeiger vom Typ »Zeiger auf char*« weist auf ein einzelnes Zeichen. Meist liest oder spricht man davon, dass ein solcher Zeiger auf einen String, also eine Zeichenkette, verweist. Nun, das ist ebenso falsch wie wahr.

Tatsache ist, dass ein »Zeiger auf char*« wirklich nur auf ein einzelnes Zeichen verweist. Dass man trotzdem davon reden kann, dass der Zeiger auf eine ganze Zeichenkette verweist, liegt an der besonderen Art, in der C/C++ Zeichenketten verarbeiten. Eine Zeichenkette ist in C nämlich definiert als eine Folge von Zeichen, die im Speicher hintereinander abgelegt sind und mit dem Nullterminierungszeichen ('\0') endet (siehe Kapitel 23.1).

Alle C-Bibliotheksfunktionen, die Zeichenketten verarbeiten, übernehmen als Argumente lediglich die Anfangsadressen der Zeichenketten (also einen `char`-Zeiger auf das erste Zeichen der Zeichenkette) und lesen von dieser Adresse Zeichen für Zeichen aus, bis sie auf das Nullterminierungszeichen treffen.

Zeiger auf void void*

Ein Zeiger auf `void` ist ein universeller, typenloser Zeiger. Er wird eingesetzt, wenn der Typ des Zeigers nicht feststeht oder allgemein gehalten werden soll (siehe Kapitel 8.3.3, Vergleichsfunktion für `qsort()`).

- Einem `void`-Zeiger kann man beliebige Adressen zuweisen.
- Einen `void`-Zeiger kann man nicht dereferenzieren.
- Einen `void`-Zeiger kann man durch explizite Typumwandlung in jeden anderen Zeigertyp umwandeln.

Zeiger auf Funktionen *func

Zeiger auf Funktionen werden benötigt, wenn man Funktionen als Parameter an andere Funktionen übergeben (siehe Kapitel 8.3.3, Vergleichsfunktion für `qsort()`) oder Arrays von Funktionen anlegen will (siehe Kapitel 8.2.5).

Die Deklaration eines Zeigers auf eine Funktion ist analog zur üblichen Funktionsdeklaration aufgebaut

```
Rückgabetyp (*zeigername) (Parametertypen);
```

- Rückgabetyp: Gibt den Rückgabetyp der Funktionen an, auf die der Zeiger gerichtet werden kann.
- zeigername: Name des Zeigers.
- Parametertypen: Liste der Parametertypen der Funktionen, auf die der Zeiger gerichtet werden kann. (Achtung! Eine leere Liste wird in C++ als Funktion ohne Argumente, in C als Funktion mit beliebig vielen Argumenten interpretiert.)

Beispiel

```
void func(int i, class person leser)  {...};
void (*func_ptr) (int, class person) = func;
```

Zeiger auf Datenelemente class::*

Mithilfe des Bereichsoperators :: kann ein Zeiger mit einem Element einer Klasse zugeordnet werden.

Ein Zeiger auf ein Klassenelement (Instanzvariable oder Methode) entspricht nicht unbedingt den herkömmlichen Vorstellungen von einem Zeiger. Er entspricht weit mehr einem statischen Element der Klasse, das den Offset eines Klassenelements enthält.

Definition und Initialisierung des Zeigers legen fest, auf welches Klassenelement der Zeiger verweisen soll (dies geschieht vollkommen unabhängig von irgendeiner Instanz der Klasse).

```
class person {
 public:
  char name[30];
  char strasse[30];
  int nr;
  int plz;
  char ort[30];

  ...
  };
```

Deklaration

```
int person::* p_plz;
```

Initialisierung

```
p_plz = &person::plz;
```

Der Zugriff auf den Zeiger erfolgt dagegen immer über eine individuelle Instanz der Klasse. Der Elementzeiger wird also allgemein für die Klasse definiert und kann dann auf jedes Objekt der Klasse angewendet werden.

```
class person Ron ();
Ron.*p_plz = 55500;
```

Je nachdem, ob der Zeiger für eine Klasseninstanz oder einen Zeiger auf eine Klasseninstanz dereferenziert werden soll, verwendet man den Operator .* oder den Operator ->* (siehe Kapitel 7.9).

Das vollständige Beispielprogramm zur Verwendung von Elementzeigern steht im nachfolgenden Abschnitt.

Zeiger auf Methoden class::*func

Für Zeiger auf Methoden gelten grundsätzlich die gleichen Regeln wie für Zeiger auf Datenelemente von Klassen (siehe oben).

Das folgende Beispielprogramm verdeutlicht ihren Einsatz.

```
/* ElemZeig.cpp   Zeiger auf Klassenelemente */
#include <iostream>
#include <string.h>
using namespace std;

class person {
 public:
  char name[30];
  char strasse[30];
  int nr;
  int plz;
  char ort[30];

  person(char *par_name, char *par_strasse, int par_nr,
         int par_plz, char *par_ort)
    {
    strcpy(name,par_name);
    strcpy(strasse,par_strasse);
    nr = par_nr;
    plz = par_plz;
    strcpy(ort,par_ort);
    }

  void print_adresse() {
    cout << "Adresse von " << name << endl;
    cout << endl;
    cout << strasse << " " << nr << endl;
    cout << plz << " " << ort << endl;
    }
  };

int  main()
  {
  class person Ron ("R. Reagan", "Vergissmeinnicht-Allee",
                    23, 55304, "Alzheim");
```

```
class person *p_leser = &Ron;

int person::* p_plz;
p_plz = &person::plz;

void (person::*func_ptr) ();
func_ptr = &person::print_adresse;

Ron.*p_plz = 55500;
(Ron.*func_ptr)();

return 0;
}
```

Zeiger auf statische Klassenelemente class::static*

Zeiger auf statische Klassenelemente werden wie Nicht-Element-Zeiger behandelt, d.h., der Zeiger wird ohne eine Klassenangabe dereferenziert:

```
int *int_ptr = &Klassenname::Statisches_Datenelement;
int a = *int_ptr;
```

Zeiger auf Zeiger

Es wurde in den einführenden Kapiteln bereits mehrfach darauf hingewiesen, dass ein Zeiger letztendlich auch nur eine Variable ist, deren Wert aus einer Adresse besteht. Dies bedeutet aber auch, dass der Compiler den Zeigernamen intern mit einer Speicheradresse verbindet, an der der Wert des Zeigers abgelegt wird. Da ein Zeiger über eine eigene Adresse verfügt, sollte es möglich sein, diese Zeigeradresse einem anderen Zeiger als Wert zu übergeben und somit einen Zeiger auf Zeiger zu definieren.

Angenommen, Sie haben folgenden Zeiger auf `int`:

```
int i;
int *p_int = &i;
```

Ausgehend von obiger Deklaration kann man einen Zeiger `pp_int` auf »Zeiger auf `int`« deklarieren

```
int **pp_int;
```

und diesen auf `p_int` verweisen lassen:

```
pp_int = &p_int;
```

Der Wert von `pp_int` ist dann die Adresse von `p_int`.

```
printf("Adresse von p_int = %p\n",  &p_int);
printf("Adresse von p_int = %p\n",   pp_int);
```

Abbildung 9.9: Zeiger auf Zeiger

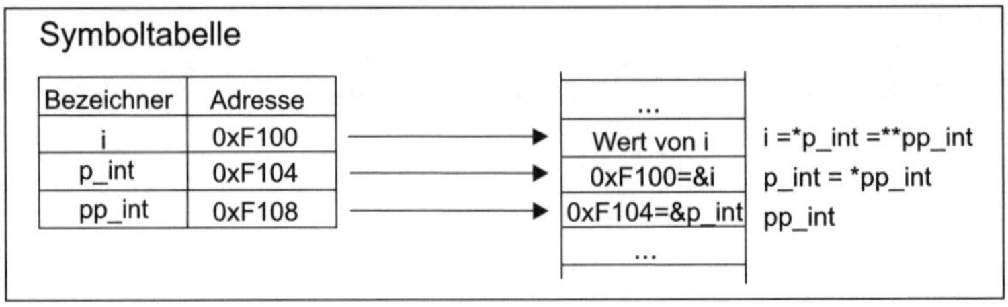

Der Wert von `p_int` ist die Adresse von `i` und die einmalige Dereferenzierung von `pp_int`.

```
printf("Wert von p_int = %p\n",     &i);
printf("Wert von p_int = %p\n",     p_int);
printf("Wert von p_int = %p\n",    *pp_int);
```

Der Wert von `i` ist die einmalige Dereferenzierung von `p_int` oder die zweimalige Dereferenzierung von `pp_int`.

```
printf("Wert von i = %d\n",         i);
printf("Wert von i = %d\n",        *p_int);
printf("Wert von i = %d\n",       **pp_int);
```

Wofür braucht man Zeiger auf Zeiger?

Das obige Beispiel hat nur geringen praktischen Wert. Ich bezweifle, dass Sie jemals einen Zeiger deklarieren werden, um auf dem Umweg über einen weiteren zwischengeschalteten Zeiger auf eine einzelne `int`-Variable zugreifen zu können. Das wäre ja, als würden Sie Ihre Großmutter anrufen, damit diese Ihren Schwiegervater anruft, damit der wiederum Ihre noch bei Ihnen wohnende Tochter anruft, um ihr zu sagen, dass das Essen fertig ist.

Wenn man allerdings bedenkt,

- dass sich Zeiger hervorragend für die Arbeit mit Feldern eignen

  (zum einen wegen der Möglichkeit der dynamischen Speicherbelegung – siehe unten – zum anderen wegen der Konventionen der Zeigerarithmetik, die es erlauben, die Elemente eines Feldes zu durchlaufen oder einzelne Elemente gezielt anzusteuern)

- und dass die Elemente der Felder selbst Zeiger sein können, beispielsweise C-Zeichenketten oder Zeiger auf Funktionen,

kommt man schnell zu sinnvolleren Anwendungen.

Das folgende Programm liest beispielsweise die Namen der Teilnehmer an einem Spiel aus einer INI-Datei ein. Wie viele Spieler überhaupt teilnehmen, ist ebenfalls in der INI-Datei festgehalten:

```
4
Henry James
Edgar Allen Poe
Washington Irving
Hugh Walpole
```

In den Zeilen 19 und 20 wird die Anzahl der Spieler ausgelesen. Anschließend wird in Zeile 23 ein Feld von Zeigern auf `char` reserviert, in dem die Zeiger auf die Namen der Spieler abgelegt werden können.

Dabei wird nur Speicher für die 4 Zeiger auf die Anfangszeichen der Strings bereitgestellt.

Für die einzelnen Strings, in die die Namen eingelesen werden, muss später noch extra Speicher allokiert werden (Zeile 31). Dies geschieht in der `while`-Schleife, in der auch die Namen aus der Datei eingelesen und in die Strings kopiert werden.

Zur Kontrolle werden die Namen der Spieler danach ausgegeben, wobei das Feld mit den Zeigern auf die Zeichenketten wiederum mithilfe des Zeigers `spieler` durchlaufen wird.

Zeiger werden in diesem Programm also in dreifacher Weise genutzt:

- Es wird ein dynamisches Feld reserviert (Zeile 23). Dies ist erforderlich, da die Anzahl der Feldelemente erst zur Laufzeit aus der INI-Datei ausgelesen wird.
- Die Feldelemente selbst sind Zeiger. Dies liegt daran, dass in C Strings durch Anfangsadresse und Endezeichen definiert werden.
- Ein Zeiger auf »Zeiger auf `char`« (`spieler`) wird zum Durchlaufen des Feldes eingesetzt (`while`-Schleifen in Zeile 28 und 38).

```
1:  /* Ptr2ptr.cpp   Zeiger auf Zeiger */
2:  #include <stdio.h>
3:  #include <stdlib.h>
4:  #include <string.h>

5:  int main()
6:    {
7:    int anzahl=0;
8:    int loop;
9:    char** spieler;
10:   char puffer[200];

11:   FILE *ein;

12:   // Datei mit Spielernamen oeffnen
13:   if ((ein = fopen("SPIELER.INI", "rt"))  == NULL)
14:     {
```

```
    fprintf(stderr, "INI-Datei konnte nicht geoeffnet "
                    "werden\n");
    return 1;
    }

  // Anzahl der Spieler einlesen
  fgets(puffer,sizeof(puffer), ein);
  sscanf(puffer,"%d",&anzahl);

  // Feld mit Strings fuer Spielernamen reservieren
  if(anzahl>0)
    spieler = (char**) malloc((anzahl+1)*sizeof(char*));

  if(spieler)
   {
   loop = 0;

   // Spielernamen in Feld einlesen
   while (!feof(ein))
     {
     fgets(puffer, sizeof(puffer),ein);
     *(spieler+loop) = (char*) malloc(strlen(puffer)+1);
     strcpy(*(spieler+loop),puffer);
     loop++;
     }
  *(spieler+loop-1)= NULL;

  // Spielernamen ausgeben
  loop = 0;
  while( *(spieler+loop) )
    {
    printf("%d. Spieler:  %s\n",loop+1,*(spieler+loop));
    loop++;
    }
  }

 fclose(ein);

 return 0;
 }
```

Analyse Auf zwei Punkte möchte ich noch Ihre besondere Aufmerksamkeit lenken.

Wie groß ist der Speicherbereich, der für die einzelnen Strings reserviert werden muss?

Beim Auslesen der Namen nutzen wir aus, dass in jeder Zeile nur ein Name steht. Es wird also einfach mithilfe der C-Funktion `fgets()` eine ganze Zeile aus der Datei in das `char`-Array `puffer` gelesen. Das Array `puffer` wurde dafür ausreichend groß gewählt. Dies stellt keine untragbare Speicherverschwendung dar, erleichtert aber das Auslesen der Namen ganz wesentlich.

Nachdem ein Name in den Arbeitsspeicher geladen wurde, kann man leicht mithilfe der C-Funktion `strlen()` seine Größe bestimmen. Die Funktion `strlen()` liefert nicht die Größe der Array-Variablen `puffer` zurück, sondern wirklich nur die Anzahl der Zeichen in dem String, der in `puffer` abgelegt ist. Allerdings zählt `strlen()` nicht das abschließende Nullzeichen mit, weswegen man zu dem Rückgabewert von `strlen()` noch 1 addieren muss.

Warum wird für `spieler` Platz für `anzahl+1` Strings reserviert und nicht gerade für soviel Strings wie tatsächlich Spieler vorhanden sind?

Der zusätzliche String wird nicht aus einer geheimnisvollen Notwendigkeit heraus allokiert, sondern dient einfach unserer Bequemlichkeit. Indem wir den Wert dieses letzten Zeigers auf `char` auf `NULL` setzen, haben wir eine wunderbare Endemarkierung, wenn wir das Array mit den Strings durchlaufen. In Zeile 38 wird dies in der Bedingung der `while`-Schleife ausgenutzt.

Instanzzeiger (nur C++) this

Der `this`-Zeiger ist eine Besonderheit der nichtstatischen Methoden von Klassen. Jede nichtstatische Methode wird intern vom Compiler um einen `this`-Parameter erweitert. Diesem Parameter übergibt der Compiler beim Aufruf der Methode einen Zeiger auf die Instanz, für die die Methode aufgerufen wird.

Weil die Methoden einer Klasse für alle Instanzen der Klasse nur einmal im Speicher gehalten werden (im Gegensatz zu den Datenelementen der Klasse, von denen jede Instanz ihren eigenen Satz von Kopien erhält), stellt der `this`-Zeiger den einzigen Bezug einer Methode zu den Daten ihrer Instanz dar.

Automat. Zeiger (nur C++) auto_ptr

Eine stete potenzielle Fehlerquelle bei der dynamischen Speicherbelegung mit `new` oder `malloc()` ist die Verbindung eines dynamisch reservierten Speicherbereichs mit einer lokalen Zeigervariablen.

Wird die Funktion, in der die Zeigervariable definiert ist, verlassen, wird die Zeigervariable aufgelöst, nicht aber der dynamisch reservierte Speicherbereich, auf den der Zeiger verwiesen hat. Ein so genanntes Speicherleck ist entstanden.

Man kann dies auf einfache Weise verhindern, indem man den reservierten Speicherbereich vor Verlassen der Funktion mit `delete` oder `free()` freigibt (oder einen globalen Zeiger auf den Speicherbereich richtet, falls der Speicherbereich noch weiter benötigt wird).

```
int func()
  {
  int *ptr = (int*) malloc(sizeof(int));

  ...

  free(ptr);
  return 0;
  }
```

Gibt es mehrere potenzielle Stellen, an denen die Funktion durch Aufruf der return-Anweisung verlassen werden kann, muss man darauf achten, dass man an jeder dieser Stellen für die Freigabe des Speicherbereichs sorgt.

In C++ wird das Ganze noch komplizierter, wenn innerhalb der Funktion die Vorteile der Exception-Behandlung genutzt werden. Je nach Implementierung kann diese nämlich dazu führen, dass die Funktion als Antwort auf einen Fehler direkt verlassen wird. In solchen Fällen muss man auch noch innerhalb der Exception-Behandlung für die Freigabe des Speichers sorgen.

Die nachfolgende Funktion kapselt beispielsweise ihren ganzen Anweisungsteil in einen try-Block, um in den Anweisungen (speziell den darin aufgerufenen Unterfunktionen) ausgelöste Exceptions abzufangen, den reservierten Speicherbereich freizugeben und dann die Exception weiterzureichen.

```
int func()
  {
  int *ptr = new int;

  try {
  ...  // Anweisungsteil
  }
  catch (...) {
    delete(ptr);
    throw;
    }

  free(ptr);
  return 0;
  }
```

Irgendwann wird es auch dem beflissensten Programmierer zu viel und statt zuzusehen, wie sein funktioneller Code in einem Wust von zusätzlichen Anweisungen zur Vermeidung von Speicherlecks verschwindet, sagt er sich, dass er so ein kleines Speicherleck auch in Kauf nehmen kann.

Um diesen verzweifelten Menschen zu helfen, gibt es in C++ jetzt die Template-Klasse auto_ptr. [3]

auto_ptr schützt vor Speicherlecks durch Exception-Behandlung

```
#include <memory>
using namespace std;

int func()
  {
  auto_ptr<int> ptr  = new int;

  ...

  return 0;
  }
```

Statt mit einem lokalen Zeiger arbeitet man jetzt mit einer lokalen Instanz einer Spezialisierung der Template-Klasse auto_ptr. (Die Spezialisierung erfolgt durch die Übergabe des Datentyps, auf den der Autopointer verweisen soll.)

Der Vorteil des Autopointers gegenüber einem einfachen lokalen Zeiger ist der, dass der Autopointer selbst dafür sorgt, dass der Speicherbereich, auf den er verweist, freigegeben wird, sobald er selbst aufgelöst wird (wenn beispielsweise der Block- oder Klassenbereich, dem er angehört, beendet wird).

Das klingt wie die Lösung aller Probleme. Warum also nicht stets einen Autopointer verwenden, wenn ein dynamisch reservierter Speicherbereich zusammen mit dem ihn referenzierenden Zeiger aufgelöst werden soll?

Abgesehen davon, dass die Kapselung eines Zeigers in einen Autopointer in vielen Fällen bei sorgfältiger Programmierung unnötig ist, unterliegen Autopointer eigenen Gesetzen und Einschränkungen, die es zu beachten gilt:

- Autopointer können nicht zusammen mit der Array-Version von new verwendet werden (new[]).
- Ein Autopointer übernimmt einen ihm zugewiesenen Zeiger in seinen festen Besitz. Dies soll heißen, dass bei der Zuweisung eines Autopointers A an einen Autopointer B der in A enthaltene Zeiger nicht nur nach B kopiert wird, sondern gänzlich auf B übergeht und danach zusammen mit dem Autopointer B und nicht mit A aufgelöst wird.

  ```
  int* ptr = new int;
  auto_ptr<int> a_ptr1(ptr);
  auto_ptr<int> a_ptr2(a_ptr1);          // a_ptr1 uebernimmt ptr
  ```

3 Autopointer sind nicht die einzige denkbare Lösung. Eine andere Möglichkeit wäre, die Platzierungsversion des new-Operators zu verwenden (siehe 7.10.1) und den dynamisch reservierten Speicher damit auf dem Stack anzulegen.

- Wenn zwei Autopointer den gleichen Zeiger überwachen, ist ihr Verhalten nicht definiert – auf jeden Fall kann man aber mit Fehlern rechnen.

```
int* ptr = new int;
auto_ptr<int> a_ptr1(ptr);
auto_ptr<int> a_ptr2(ptr);       // erlaubt, aber fehlerträchtig
```

9.4 Dynamische Speicherreservierung

Von dynamischer Speicherbelegung sprechen wir immer dann, wenn wir Speicherbereiche anfordern, die wir selbst verwalten.

Solange wir mit Variablen arbeiten, sind alle Speicheranforderungen in der Variablendefinition versteckt.

- Der Compiler errechnet aus dem Datentyp der Variablen deren Speicherbedarf und verbindet die Anfangsadresse des reservierten Speichers intern mit dem Variablennamen.
- Auch die Dauer, für die der Speicherbereich reserviert bleibt, wird durch die Variablendeklaration festgelegt – er richtet sich nach der Speicherklasse der Variablen (siehe Kapitel 4.2.3). So existieren Variablen, die in einem Blockbereich, z.B. im Anweisungsteil einer Funktion, deklariert wurden, nur in ihrem Block. Beim Verlassen des Blocks verfällt die Variable, und ihr Speicherbereich wird automatisch freigegeben. Demgegenüber bleiben globale oder als `static` deklarierte Variablen bis zum Programmende erhalten – und mit ihnen natürlich auch der ihnen zugeordnete Speicher.

Anders bei der dynamischen Speicherreservierung.

- Dynamisch reservierter Speicher kann nicht an Variablennamen geknüpft werden. Er wird mithilfe von `new` oder `malloc()` und unter Angabe der Größe des benötigten Speicherblocks vom Programmierer angefordert und als Anfangsadresse des reservierten Speicherblocks zurückgeliefert. Um nicht den Zugriff auf den Speicherblock zu verlieren, muss der Programmierer darauf achten, dass es immer einen Zeiger auf diese Anfangsadresse des Blocks gibt.
- Die Lebensdauer des Speicherblocks ist nicht an die Lebensdauer des Zeigers (oder der Zeiger) geknüpft, der auf den Speicherblock verweist. Während die Lebensdauer des Zeigers durch seine Speicherklasse bestimmt wird, bleibt der dynamisch allokierte Speicherbereich so lange reserviert, bis er explizit mittels `delete` oder `free()` freigegeben oder das Programm beendet wird.

Tabelle 9.2: Dynamische und nichtdynamische Speicherbelegung

Speicher	nichtdynamisch	dynamisch
Anforderung	Variablendeklaration	new, malloc()
Reservierung	Datensegment, Stack	Heap
verbunden mit	Variablenname	Zeiger
Lebensdauer	abhängig von Variable	bis Programmende oder Freigabe mittels delete oder free()
Vorteile	Sicherheit	Speicherbedarf kann von Programm ermittelt werden Lebensdauer des Speichers ist unabhängig von Variablen
Nachteile	inflexibel	größerer Programmieraufwand Speicherlecks Zugriffsverletzungen durch Zeiger

So. Wenn Sie sich bisher nichts unter dynamischer Speicherreservierung vorstellen konnten, dann dürften Sie spätestens jetzt bis aufs Äußerste gespannt sein, wie die dynamische Speicherbelegung in der Praxis aussieht. Ich möchte Sie aber bitten, sich noch einen Augenblick zu gedulden.

Ich denke, dies ist ein günstiger Moment, um einmal zu rekapitulieren, mit welchen Speichermodellen wir es bei der Programmierung zu tun haben, wie der Compiler für uns Speicher verwaltet und welche Rolle Rechnerarchitektur und Betriebssystem spielen.

9.4.1 Speicherkonzepte

Grundsätzlich benötigt jedes Programm vier Arten von Speicher:

Tabelle 9.3: Speichertypen

Typ	Verwendungszweck
Code	Maschinencode des Programms
Daten	Statische Daten
Stack	Funktionsaufrufe und lokale Variablen
Heap	Dynamisch reservierter Speicher

Der Code-Speicher

Damit ein Programm ausgeführt werden kann, muss sein Maschinen-Code in den Arbeitsspeicher geladen werden. Von dort aus werden die Maschinenbefehle dann nacheinander in die CPU geladen.

Der Daten-Speicher

Der Datenspeicher ist statischen Daten vorbehalten, die während der gesamten Laufzeit des Programms verfügbar sind – also globalen und statischen Variablen.

Der Stack

Der Stack ist ein dynamisch wachsender und schrumpfender Speicherbereich, der nach dem Prinzip des Kellerautomaten funktioniert (siehe Kapitel 7.15). Im Stack werden die Funktionsaufrufe und mit diesen die lokalen Variablen der Funktionen verwaltet.

Abbildung 9.10: Anlegen und Entfernen eines Stackrahmens auf dem Stack[4]

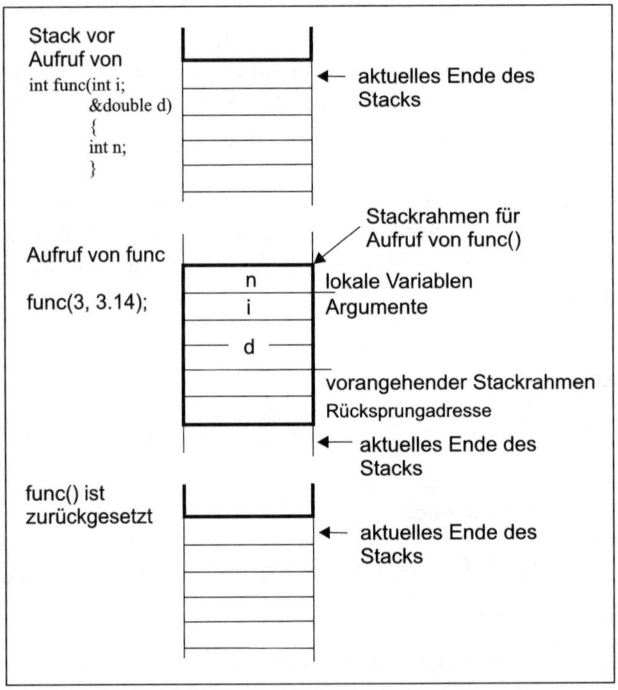

Auf dem Stack werden die Funktionsaufrufe verwaltet

Für den Compiler bedeutet ein Funktionsaufruf erst einmal eine Menge zusätzlicher Verwaltungsarbeit.

4 Die Abbildung zeigt nur ein Modell. Wenn Sie mehr über den genauen Aufbau der Stackrahmen erfahren wollen, schlagen Sie in Kapitel 30 nach.

- Erst muss er die Programmausführung vom Funktionsaufruf zur ersten Anweisung der aufgerufenen Funktion umlenken,
- dann muss Speicher für die Parameter der Funktion eingerichtet werden,
- auch für die lokalen Variablen muss Speicher bereitgestellt werden,
- und schließlich muss er sich noch irgendwie merken, von wo aus die Funktion aufgerufen wurde, denn genau an dieser Stelle soll die Programmausführung nach Abarbeitung der Funktion ja wieder fortgesetzt werden.

Hinzu kommt, dass diese ganzen Informationen nur so lange benötigt werden, wie die Funktion abgearbeitet wird. Nach Beenden der Funktion sind sie überflüssig.

Der Compiler löst dies, indem er für jeden Funktionsaufruf im Stack des Programms einen speziellen Speicherblock, einen so genannten Stackrahmen, reserviert. In diesem Block legt der Compiler die Parameter, die lokalen Variablen der Funktion und auch die Rücksprungadresse zu dem aufrufenden Befehl ab.

Solange eine Funktion abgearbeitet wird, bleibt ihr Stackrahmen auf dem Stack liegen. Werden aus einer Funktion heraus weitere Funktionen aufgerufen, werden deren Stackrahmen auf den Stackrahmen der jeweils zuvor aufgerufenen Funktion draufgepackt. Wird eine Funktion beendet, wird ihr Stackrahmen vom Stack entfernt.

Wie kann man einen Funktionsaufruf vom Stack entfernen?

Der Rechner unterstützt das Stack-Konzept durch zwei Register (meist BP und SP genannt). Das Register BP enthält die Anfangsadresse des aktuellen Stackrahmens, das Register SP die aktuelle Spitze des Stacks, sprich das Ende des aktuellen Stackrahmens.

Beim Aufruf einer neuen Funktion wird zuerst der Inhalt von BP, also die Anfangsadresse des noch aktuellen Stackrahmens, auf den Stack geschrieben. Dann wird der Inhalt von SS in BP kopiert – die Stackspitze wird zum Anfang des neuen Stackrahmens. Während die lokalen Variablen der aufgerufenen Funktion im neuen Stackrahmen angelegt werden, wächst dieser nach unten (der Stack wächst immer von oben nach unten). Wurde die Funktion beendet, wird ihr Stackrahmen, d.h. der Bereich zwischen BP und SS aufgelöst. Dazu wird der Inhalt von BP einfach nach SS kopiert (Stackspitze wird zurückgesetzt) und die Anfangsadresse des vorangehenden Stackrahmens vom Stack nach BP geschrieben.

Was aber passiert, wenn eine Funktion beendet wird, die nicht zufällig zuunterst im Stack liegt? Wird der Stack-Zeiger SP dann auf das Ende des darüber gelegenen Stackrahmens zurückgesetzt, würde dies ja bedeuten, dass alle darunter gelegenen Rahmen verloren gehen.

Tatsächlich ist es so, dass eine Funktion, die gerade beendet wird, automatisch zu dem untersten – dem aktuellen – Stackrahmen gehört. Denn aus der Tatsache, dass eine Funktion beendet wird, folgt, dass alle Funktionen, die aus der Funktion heraus aufgerufen wurden, ebenfalls schon beendet wurden. Folglich gibt es keine tiefer liegenden Stackrahmen.

Da lokale Variablen in dem Stackrahmen ihrer Funktion abgelegt werden, wird ihr Speicherbereich bei Verlassen der Funktion zusammen mit dem Stackrahmen freigegeben. Aus diesem Grunde sind lokale Variablen nur während der Ausführung ihrer Funktion gültig.
Lokale Variablen, die als `static` deklariert sind, werden dagegen nicht auf dem Stack, sondern im Daten-Speicher abgelegt. Dies ist der Grund dafür, dass ihr Wert zwischen Funktionsaufrufen erhalten bleibt.

Der Heap

Der Heap ist die freieste Form von Speicher. Er ist ganz der dynamischen Speicherreservierung verpflichtet. Wenn man Heap-Speicher nutzen möchte, muss man also auf `new`, `malloc()` oder verwandte Funktionen zurückgreifen.

Ebenso wie der Stack schwillt der belegte Heap-Speicher mit jeder dynamischen Speicherallokation und -freigabe an und ab. Anders als beim Stack-Speicher, der wie ein Turm oder Stapel auf- und abgebaut wird, müssen die einzelnen vom Heap angeforderten Speicherbereiche aber nicht benachbart sein.

Wird von einem Programm Heap-Speicher einer bestimmten Größe angefordert, prüft ein interner Heap-Manager im noch zur Verfügung stehenden Speicher, wo es noch einen Speicherblock der gewünschten Größe gibt. Findet der Heap-Manager einen passenden Speicherblock, liefert er die Anfangsadresse an das Programm zurück und markiert den Speicherblock als bereits reserviert.

In der Realität könnte dies beispielsweise so aussehen, dass der Heap-Manager eine verkettete Liste aller reservierten Speicherblöcke verwaltet. Wird ein dynamisch reservierter Speicherblock wieder freigegeben, wird der zugehörige Eintrag aus der Liste des Heap-Managers gelöscht.
Die Windows-API enthält eine Funktion namens `HeapWalk()`, mit deren Hilfe man die einzelnen Einträge in der Heap-Liste durchgehen kann. Viele DOS-Compiler bieten ähnliche Funktionen für DOS an.
Die Art und Weise, in der Speicher vom Heap reserviert wird, hat auch einen großen Nachteil: Sie führt zur Fragmentierung des Speichers.

Unter Windows kann man der Fragmentierung durch die Definition mehrerer Heaps entgegenwirken. Dies lohnt sich beispielsweise, wenn man mehrere dynamische Strukturen mit unterschiedlichen Elementgrößen implementiert. Indem man für jede dieser Strukturen einen eigenen Heap definiert, kann man die Fragmentierung mindern.

9.4.2 DOS und die segmentierte Adressierung

Curt Goetz hat einmal gesagt: »Allen ist das Denken erlaubt. Vielen bleibt es erspart.« Was die ebenso erfolgreiche wie unselige Ehe von DOS und Intel angeht, ist man dagegen versucht zu sagen: »Viel wäre uns erspart geblieben, hätte man bei Intel weniger nachgedacht.«

Segmentierte Adressierung

Das Problem begann damit, dass Intel beschloss, seinen 8086/88er- Prozessor mit einem breiteren Adressbus auszustatten. Der Vorgänger, der 8085er-Prozessor, arbeitete mit 16-Bit-Registern und einem 16-Bit-Adressbus. Die 16-Bit-Register wollte man unbedingt beibehalten (schon allein wegen der Abwärtskompatibilität zu bestehenden Programmen). Man entschloss sich daher, die neuen Adressen aus den Inhalten zweier 16-Bit-Register zu berechnen.

Die nahe liegendste Lösung wäre wohl gewesen, die beiden 16-Bit-Register aneinander zu hängen und eine 32-Bit-Adresse zu formen. 32-Bit-Adressen umspannen einen Wertebereich von 2^0 bis 2^{32}, können also

.... 4 Gbyte Speicher adressieren?!

Unvorstellbar zu einer Zeit, da Bill Gates noch propagierte, dass 64 Kbyte Arbeitsspeicher mehr als genug für den durchschnittlichen PC-Anwender sind.

Segmentadressierung im Real-Modus

Also entschloss man sich für einen 20-Bit-Adressbus, mit dem man immerhin 2^{20} = 1 Mbyte Speicher adressieren konnte. Die 20-Bit-Adresse wird dabei nach folgendem Verfahren berechnet:

1. Zuerst stellt man sich den Arbeitsspeicher als eine Folge von »*Segmenten*« mit jeweils 64 Kbyte vor.

   Ein Segment entspricht also genau dem Adressraum des 8085er.

   Die Basisadresse des Segments wird durch den ersten 16-Bit-Wert festgelegt.

Die einzelnen Adressen in einem Segment können über einen 16-Bit-Wert angesprochen werden. Dieser stellt den so genannten *Offset* dar und wird über das zweite Register festgelegt.

2. Das Problem ist nun, die Basisadresse des Segments so mit der Offset-Adresse zu verrechnen, dass eine 20-Bit-Adresse entsteht.

   Dazu multipliziert man die Basisadresse des Segments mit 16 (Linksverschiebung um 4 Stellen) und addiert zu diesem Wert die Offset-Adresse (siehe Abbildung).

Abbildung 9.11: Adressenberechnung für die segmentierte Adressierung

1011	0110	0000	0000	0000	Segmentadressen
+	1001	1000	0010	0011	Offsetadressen
1011	1111	1000	0010	0011	Speicheradressen

Natürlich waren 1 Mbyte Arbeitsspeicher auch für den PC bald nicht mehr ausreichend, und es folgten der 286er mit einer abgewandelten Verrechnung von Segment- und Offsetadresse, der den Zugriff auf 16 Mbyte Arbeitsspeicher erlaubte, und schließlich der 386er, der die 32-Bit-Adressierung einläutete.

Die Geschichte des PC ist aber nicht nur eine Geschichte des Fortschritts, es ist auch eine Geschichte von beispielloser Rückwärtsgewandtheit – in Fachkreisen »Abwärtskompatibilität« genannt.

Den Grundstein hierfür legte IBM, als es 1979 den Intel-8088er-Prozessor und das MS-DOS-Betriebssystem für seinen PC auswählte. Verhängnisvoll aber war, dass der IBM-PC – und seine kompatiblen Geschwister – der absolute Hit wurde. Fortan gab es einen großen und ständig weiter wachsenden Markt an privaten PC-Benutzern, es gab eine florierende Software-Industrie, die diesen Markt bereitwillig bediente, und es gab die auf dem 8086er basierende IBM-Intel-MS-DOS-Plattform. Im Kräftedreieck dieser drei Größen entstand ein gewaltiger Strudel, der alles mit sich riss und dem sich alles unterordnete. Ich weiß nicht, ob Goethe in seinem Zauberlehrling auch an den 8086er und MS-DOS dachte, als er schrieb:

Herr, die Not ist groß!
Die ich rief, die Geister,
Werd´ ich nun nicht los.

Tatsache ist aber, dass sich niemand getraute, den alten 8086er und sein künstlich beatmetes Betriebssystem in die Ecke zu stellen. Intel baute seinen Prozessor peu à peu zu einem 32-Bit-Prozessor mit virtueller Adressierung aus, unterstützt aber immer noch den 8086er, damit Anwender auch auf einem Pentium ihre alten DOS-Programme laufen lassen können. Microsoft hatte alle Mühe, mit Apple gleichzuziehen und adaptierte zuerst einmal die Windows-Oberfläche. Später versuchte man dann mit WinNT ein 32-Bit-Betriebssystem einzuführen, aber wegen der Inkompatibilität zu Win16 und DOS wurde das OS von den breiten Massen nicht akzeptiert. Die Software-Industrie ging den gleichen Weg wie MS-DOS und Win16: Man versuchte, die neue Leistungsfähigkeit der Rechner so weit wie möglich zu nutzen, achtete gleichzeitig aber darauf, dass die eigenen Produkte auch noch auf älteren Rechnern ausführbar waren. Am konservativsten verhielten sich die Spiele-Programmierer, da die schnellen Bildwechsel, die für ein flimmerfreies Ablaufen der meisten Spiele erforderlich sind, unter Win16 nicht zu realisieren waren. Die PC-Anwender waren für jede noch so kleine Verbesserung dankbar, Hauptsache, man konnte die alten Programme weiter nutzen oder sich bei Freunden mit Raubkopien eindecken: Kompatibilität statt Qualität.

Die Angst vor einem Bruch und der zwanghafte Drang nach Kompatibilität führten dazu, dass Intel reich beschenkt wurde, dass Microsoft noch reicher beschenkt wurde, dass sich die Anwender für reich beschenkt hielten und dass MS-DOS zu einem DOSaurier wurde.

Anfang der 90er wurde so langsam klar, dass sich die Abwärtskompatibilität zur 16-Bit-Adressierung bald nicht mehr aufrecht erhalten lassen würde. Der Schwarze Peter lag diesmal bei Microsoft. Intel hatte den Vorteil, dass seine Prozessoren nicht nur weiterhin den 8086er-Modus unterstützten, sondern gleichzeitig auch vollwertige 32-Bit-Prozessoren darstellten (wenn auch mit einigen architektonischen Merkwürdigkeiten). MS-DOS und Win16 konnten dagegen die neuen Möglichkeiten der 32-Bit-Adressierung nur in geringem Maße nutzen. Noch waren die Anwender glücklich, dass sie überhaupt mehr als 1 Mbyte Speicher nutzen konnten, noch störte es niemand, dass regelmäßig der ganze Rechner abstürzte oder durch Druckerausgaben lahmgelegt wurde. Noch war den meisten nicht bekannt, dass es außerhalb von MS-DOS und MS-Windows auch noch eine Welt gab.

Dann kamen OS/2 und OS/2 Warp, und plötzlich gab es ein vollwertiges 32-Bit-Betriebssystem, das weitgehende Unterstützung für Win16-Software versprach. Microsoft musste jetzt handeln, um nicht die Umstellung von 16 auf 32 Bit zu verpassen. Also kündigte man eine eigene 32-Bit-Version mit optimaler Unterstützung für DOS- und Win16-Programme an – über ein Jahr vor der Markteinführung. Und die Anwender warteten brav auf das schlechtere Betriebssystem mit der vollkommeneren Abwärtskompatibilität.

Aber man muss mit solchen Bewertungen vorsichtig sein. Windows 95 kann sich ohne Zweifel nicht mit anderen 32-Bit-Betriebssystemen wie Unix-Systemen, WinNT oder den Apple-Betriebssystemen messen (schon deshalb nicht, weil Win95 nur ein Hybrid aus 16- und 32-Bit-Elementen ist). Auch war Win95 kein uneigennütziges Geschenk an die Microsoft-Gemeinde, sondern Microsofts Versuch, seine Pfründe zu retten. Trotzdem ist Win95 ein leistungsfähiges Betriebssystem, das – und dies ist sein eigentlicher Verdienst – den Anwendern wie auch der Software-Industrie den reibungslosen Übergang von 16Bit auf 32Bit und von DOS/Win 3x zu Windows XP ermöglichte.

9.4.3 32-Bit-Systeme

32-Bit-Systeme zeichnen sich im Hinblick auf die Speicherverwaltung üblicherweise durch zwei wichtige Punkte aus:

- einen linearen Adressraum,
- die Verwendung virtuellen Speichers.

Linearer Adressraum und flache Adressierung

Unter 32-Bit-Systemen besteht jede Adresse aus 32 Bit. Eine komplizierte Verrechnung von Segment- und Offsetadressen entfällt. Der Speicher beginnt einfach bei Adresse

0(0x0000 0000)

und endet mit der Adresse

2^{32}-1(0xFFFF FFFF)

Dass eine Adresse ein beliebiger Wert zwischen 0 und 2^{32}-1 (= 4 Gbyte) sein kann, bedeutet natürlich noch nicht, dass uns 4 Gbyte Speicher zur Verfügung stehen. Es bedeutet nur, dass uns Adressen von 0 bis 2^{32}-1 zur Verfügung stehen. Man spricht daher von einem Adressraum.

Virtueller Speicher

Unter DOS oder Win16 liefen alle Prozesse in einem einzigen Adressraum ab. Aus diesem Grunde konnte prinzipiell jeder laufende Prozess auf die Daten eines anderen Prozesses zugreifen, was von Vorteil sein kann, meist aber nachteilig ist (insbesondere, wenn ein Prozess in die Speicherbereiche des Betriebssystems schreibt).

Unter 32-Bit-Systemen verfügt dagegen jeder Prozess über seinen eigenen Adressraum, d.h. über vollständige 4 Gbyte virtuellen Speicher. Von diesen 4 Gbyte entfallen unter Windows allerdings noch ungefähr 2 Gbyte auf betriebssysteminternen Speicher, der anderweitig nicht nutzbar ist (in diese Bereiche werden beispielsweise Gerätetreiber eingeblendet).

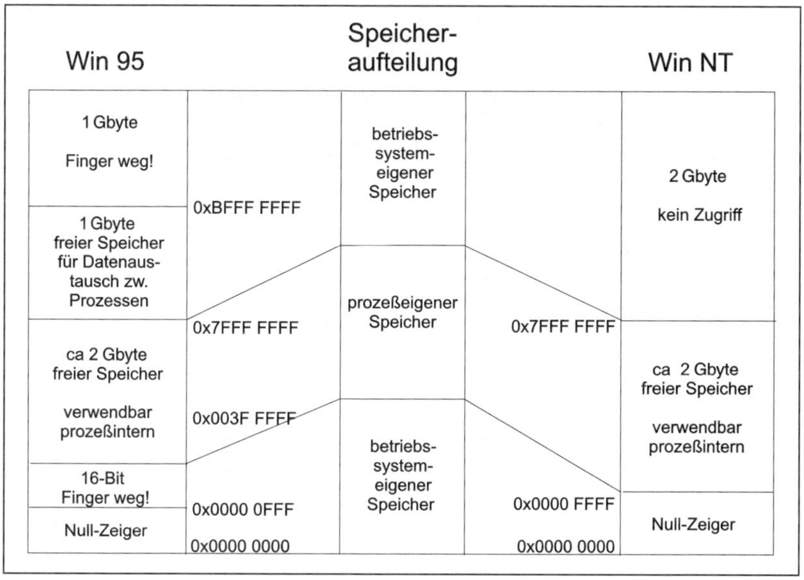

Abbildung 9.12: Speicheraufteilung unter MS Windows

Die für das Betriebssystem reservierten Bereiche sind aber gar nicht das Problem. Das Problem ist die Zuordnung von virtuellen Adressen zu physikalischem Speicher.

Auslagerungsdateien

Physikalischer Speicher in Form von Arbeitsspeicher ist nach wie vor ein Ressourcen-Engpass. Die meisten Betriebssysteme bieten daher die Möglichkeit, den relativ billigen und im Vergleich zum Arbeitsspeicher meist reichlich vorhandenen Festplattenspeicher in Form einer Auslagerungsdatei als RAM-Erweiterung mit zu nutzen.

- Wie aber legt man fest, wann welche Speicherbereiche vom RAM in die Auslagerungsdatei verschoben werden sollen?
- Wie sorgt man dafür, dass Speicher von der Auslagerungsdatei in den RAM geladen werden soll (denn Code und Daten, die für die Ausführung eines Programmes aktuell benötigt werden, müssen im RAM stehen)?

Nichts einfacher als das! Man überlässt diese Aufgaben einfach dem Betriebssystem.

Abbildung virtuellen Speichers auf physikalischen Speicher

Das nächste Problem ist, dass jeder Prozess über seinen eigenen Adressraum von 4 Gbyte verfügt. Es ist also gut möglich, dass zwei Prozesse in ihren Adressräumen gleiche Adressen benutzen. Würden diese virtuellen Adressen auch auf identische physikalische Adressen abgebildet, würden sich die Prozesse ihre Daten gegenseitig überschreiben.

Abbildung 9.13: Zuordnung virtuellen Speichers zu physikalischem Speicher

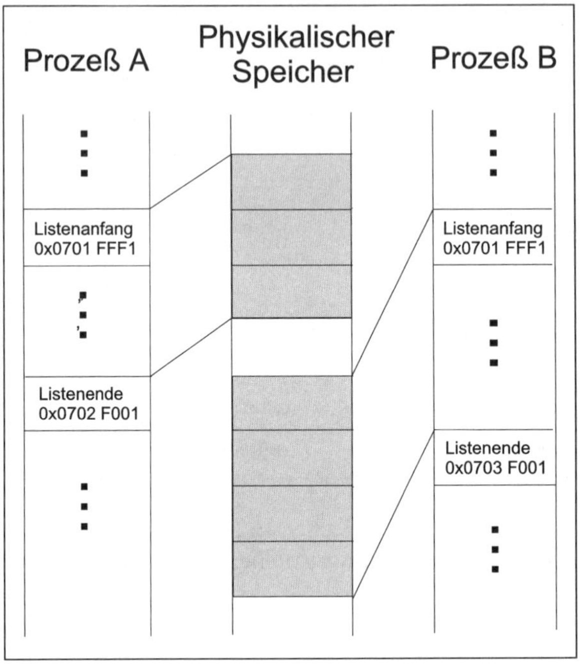

Hier springt wieder das Betriebssystem ein. Es sorgt für die Abbildung der virtuellen Adressen eines Programms auf physikalische Adressen, sorgt dafür, dass es nicht zu Speicherkonflikten zwischen den laufenden Programmen kommt und erkennt, wenn nicht genügend physikalischer Speicher für ein Programm verfügbar ist.

Fazit

Eine ausführliche Behandlung der Speicherverwaltung von 32-Bit-Systemen ist im Rahmen dieses Buches verständlicherweise nicht möglich. Für 99 % aller Programme ist ein tieferes Verständnis der Materie aber auch gar nicht erforderlich. Es genügt vollauf zu wissen, welche Vorteile uns die 32-Bit-Programmierung bringt und dass die dahinter stehende Speicherverwaltung gänzlich vom Betriebssystem (und unserem Compiler) übernommen wird.

Der Programmierer kann sich ganz darauf konzentrieren, dass er keine Speicherlecks programmiert und keine ungültigen Zeiger dereferenziert.

Wer aber will, der kann sich auch in die Speicherverwaltung des Betriebssystems einmischen.

Heap

Standardmäßig erhält unter Win32 jeder Prozess einen Heap von 1 Mbyte. Aber abgesehen davon, dass diese Größe beim Linken angepasst werden kann, haben Sie auch die Möglichkeit, mithilfe der HeapXxxx-Funktionen der Win-API weitere Heaps für einen Prozess bereitzustellen.

:-) TIPP

Sinnvoll ist dies beispielsweise, wenn Sie mehrere dynamische Strukturen mit unterschiedlicher Elementgröße verwalten. Indem Sie in jedem Heap nur Elemente gleicher Größe ablegen, reduzieren Sie die Fragmentierung des Speichers (Heap-Speicher kann nämlich nicht vom Betriebssystem verschoben werden).

Virtueller Speicher

Beim virtuellen Speicher muss man zwischen der Reservierung und der Belegung unterscheiden.

- Reservierung von virtuellem Speicher bedeutet, dass ein virtueller Adressbereich reserviert wird. Diese virtuellen Adressen können bei weiteren Speicherallokationen nicht mehr verwendet werden.
- Belegung bedeutet, dass reservierter virtueller Speicher mit physikalischem Speicher verbunden wird.

Wenn Sie also unter Win32 mit `malloc()` oder `new` dynamischen Speicher allokieren, wird intern vom Betriebssystem ein entsprechender virtueller Speicherbereich reserviert und belegt!

Mithilfe der WIN-API-Funktionen können Sie aber auch virtuellen Speicher reservieren, ohne ihn zu belegen. Für beide Aktionen rufen Sie die Funktion `VirtualAlloc()` auf.

- Um virtuellen Speicher zu reservieren, rufen Sie die Funktion `VirtualAlloc()` mit dem Flag `MEM_RESERVE` auf.
- Um virtuellen Speicher zu belegen, rufen Sie die Funktion `VirtualAlloc()` mit dem Flag `MEM_COMMIT` auf.

:-) TIPP

Den virtuellen Speicher kann man gut für dynamische Arrays verwenden. Wenn Sie nicht wissen, wie viele Elemente in ein Array aufzunehmen sind, reservieren Sie einfach ein verschwenderisch großes Array im virtuellen Speicher. Danach belegen Sie nach Bedarf physikalischen Speicher für das virtuelle Array. (Sie können sich dabei zunutze machen, dass bei jedem Zugriff auf eine virtuelle reservierte Adresse, für die kein physikalischer Speicher bereitgestellt wurde, eine Exception ausgelöst wird. Sie können diese dann abfangen, die erforderliche Speicherbelegung nachholen und den Zugriff wiederholen.)

```
try {
   feld[x][y] = 3;
   }
__except (EXCEPTION_EXECUTE_HANDLER) {
   if(VirtualAlloc(&feld[x][y], 0,
                    MEM_COMMIT, PAGE_READWRITE))
     feld[x][y] = 3;
   }
```

Mehr zur Speicherverwaltung unter 32-Bit-Systemen entnehmen Sie bitte der entsprechenden Fachliteratur, der Dokumentation Ihres Betriebssystems oder des eingesetzten Prozessors (siehe beispielsweise `ftp://download.intel.nl/design/pentium/manuals` [Nummern 243190 bis -2]).

9.4.4 Speicherallokation mit malloc() und new

Die dynamische Speicherverwaltung erlaubt die Reservierung (und Freigabe) von Speicher zur Laufzeit und ist eines der wichtigsten Einsatzgebiete von Zeigern. Dies ist besonders nützlich, wenn erst zur Laufzeit des Programms feststeht, wie viel Speicherplatz benötigt wird.

malloc()

Stellen Sie sich vor, Ihr Programm soll ein beliebig großes Array mit zufälligen Zahlen füllen und dann ausgeben. Die Größe des Arrays steht nicht fest, sondern soll vom Benutzer erfragt werden.

```
/* MALLOC.CPP dynamische Speicherzuweisung mit malloc() */
#include <stdio.h>
#include <stdlib.h>

int main()
 {
 int max=0;
 int *p_int;          // Deklaration ohne Initialisierung
 int i;

 printf("Wie viele Elemente soll das Feld enthalten? "
                                              "\n\n\t");
 scanf("%d",&max);
 fflush(stdin);

 // Initialisierung, sprich Speicherplatzzuweisung
 // an Zeiger
 if((p_int = (int *) malloc(max*sizeof(int))) != NULL)
     printf("Speicherplatz wurde zur Verfuegung "
                                         "gestellt!\n\n");
    else
    {
    printf("Nicht genügend Speicherplatz!");
    exit(-1);
    }
```

```
21:  randomize();
22:  for(i=0; i < max; i++)
23:     {
24:     *(p_int+i) = random(10);
25:     }
26:  for(i=0; i < max; i++)
27:     {
28:     printf("Feld[%d] = %d\n",i,*(p_int+i));
29:     }

30:  free(p_int);
31:  return 0;
32: }
```

Analyse

In Zeile 8 wird ein Zeiger auf `int` deklariert. Damit zeigt der Zeiger noch auf keinen definierten Speicherbereich. Einen solchen Zeiger vor der Initialisierung zu dereferenzieren, führt zu Programmfehlern oder Abstürzen. Also Vorsicht!

Die Funktion malloc()

Nachdem die Größe des Arrays erfragt wurde (Zeile 10), wird als Erstes dem Zeiger ein Speicherbereich zugeordnet. Dazu bedienen wir uns der Funktion `malloc()`:

```
p_int = (int *) malloc(max*sizeof(int))
```

Als Argument wird der Funktion `malloc()` der benötigte Speicherbereich in Byte angegeben. Die Berechnung des Speicherbedarfs erfolgt meist in der Form:

```
ANZAHL_ELEMENTE * GRÖSSE_ELEMENTE.
```

Die Funktion `malloc()` liefert dann einen Zeiger auf den Beginn des Speicherbereichs zurück, sie weiß aber nicht, welchen Datentyp der Zeiger hat. Aus diesem Grund müssen wir den zurückgelieferten Zeiger explizit in einen Zeiger auf `int` umwandeln: `(int *)`.

Kann `malloc()` keinen Speicherbereich zur Verfügung stellen, liefert sie einen Zeiger auf `NULL` zurück. Wir nutzen dies, um zu überprüfen, ob die Speicherallokation erfolgreich war (`if`-Bedingung in Zeile 14).

In den Zeilen 22 bis 25 wird das »Feld« initialisiert. Der Prozess ist nahezu identisch mit der Indizierung von Arrays. Nur dass wir nicht den Indizierungsoperator [] benutzen können, sondern die Indexvariable `i` zum Zeiger addieren.

Um das Feld mit zufälligen Werten aufzufüllen, bedienen wir uns der Funktion

```
rand();
```

die eine natürliche Zahl zwischen `0` und dem Wert der Konstanten `RAND_MAX` zurückliefert. Durch Anwendung des Modulo-Operators % kann man den Wertebereich anpassen.

Nicht zufällige Zufallszahlen.

Die Funktion `rand()` *liefert stets die gleiche Folge von Zufallszahlen, was für das Testen und Debuggen von Programmen sehr praktisch ist. Wollen Sie stets unterschiedliche Zahlenfolgen, müssen Sie den Zufallsgenerator zuvor mit* `srand((unsigned)time(NULL))` *initialisieren.*

new

Wenn Sie mit C++ arbeiten, werden Sie in den meisten Fällen den `new`-Operator statt der C-Funktion `malloc()` verwenden. (Eine Ausnahme bildet die Programmierung dynamisch wachsender – oder schrumpfender – Felder, siehe Abschnitt 9.4.5).

Wie sähe die dynamische Speicherbelegung für das Programm *Malloc.cpp* aus, wenn man statt `malloc()` den Operator `new` verwenden würde?

Statt das umgeschriebene Programm abzudrucken, möchte ich Ihnen die Adaption des Programms für den `new`-Operator als Übung überlassen. Hilfe finden Sie im Kapitel 7.10, eine mögliche Lösung in Form des Programms *New.cpp*, das sich auf der Begleit-CD zum Buch befindet.

Drei Dinge sind bei dem Übergang von `malloc()` zu `new` zu beachten.

- Der erste Punkt betrifft den korrekten Aufruf des `new`-Operators. Wenn Sie Abschnitt 7.10 gelesen haben, dürfte dies kein großes Problem für Sie sein.
- Der zweite Punkt betrifft die Fehlerbehandlung. Wie Sie ebenfalls Abschnitt 7.10 entnehmen können, haben Sie die Möglichkeit, den `new`-Operator so aufzurufen, dass er im Fall eines gescheiterten Allokationsversuchs entweder den Wert `NULL` zurückliefert oder eine Exception auslöst.
- Der dritte Punkt betrifft Ihren Compiler. Zur Zeit der Erscheinung dieses Buches sehen die meisten Compiler für `new` noch ihre eigene Fehlerbehandlung vor, die mehr oder weniger vom ANSI-Standard abweichen kann. Informieren Sie sich also in der Dokumentation Ihres Compilers über Aufruf und Fehlerbehandlung von `new`.

Freigabe von Speicher mit delete oder free()

Die Funktion `free()` und der Operator `delete` dienen dazu, den mit einem Zeiger assoziierten Speicherplatz freizugeben. Der Zeiger selbst bleibt dabei erhalten und kann erneut initialisiert werden (lediglich der Speicherbereich, auf den der Zeiger verweist, wird freigegeben).

Dynamisch allokierter Speicherplatz muss entweder vom Programmierer explizit freigegeben werden oder bleibt bis zum Programmende reserviert.

```
int main() {
   int max = 5;
   int *p_int;

   p_int = new int[max];
   delete[] p_int;

   p_int = (int*) malloc(sizeof(int));
   free(p_int);
  }
```

Die beiden Konzepte `new` / `delete` und `malloc()` / `free()` sollten nicht vermischt werden, d.h., ein Speicherbereich, der mit `new` reserviert wurde, sollte auch mit `delete` freigegeben werden – und nicht mit `free()`.

9.4.5 Dynamische Datenstrukturen

Die dynamische Speicherbelegung erlaubt uns aber nicht nur die Allokation von Speicher für Felder, deren Größe erst zur Laufzeit feststeht, oder die effektivere Speicherverwaltung durch explizites Freigeben dynamisch reservierten und nicht mehr benötigten Speichers.

Die dynamische Speicherbelegung ist auch die Grundlage zur Implementierung dynamischer Datenstrukturen. Als Datenstruktur bezeichnen wir dabei einen – wie auch immer realisierten – Container, in dem man mehrere Daten gleichen Typs abspeichern kann. Ein einfaches Beispiel für eine Datenstruktur wäre das Array, das in Kapitel 8.2 vorgestellt wurde.

Die von uns bisher realisierten Arrays und dynamisch reservierten Felder hatten allerdings alle eine feste Größe – unabhängig davon, ob diese Größe zur Programmierzeit oder zur Laufzeit bestimmt wurde.

Der nächste Schritt sind Datenstrukturen, deren Größe zur Laufzeit angepasst wird.

Dynamische Felder

Einen einfachen Weg zur Realisierung dynamischer Felder bieten die C-Funktionen malloc() und realloc().

```
/* Realloc.cpp   dynamische Felder */
#include <alloc.h>
#include <stdio.h>
#include <stdlib.h>

#define MINIMUM 10            // Mindestgroesse des Feldes

int main()
  {
  int max=0;
  int *p_int;                 // Deklaration ohne Initialisierung
  int anzahl = MINIMUM;       // Anzahl an Elementen im Array
  int i;

  // Feld fuer minimale Anzahl Elemente reservieren
  if( (p_int = (int *) malloc(MINIMUM*sizeof(int))) == NULL)
     exit(-1);

  // Anzahl der abzuspeichernden Elemente einlesen
  printf("Wie viele Elemente soll das Feld enthalten? "
                                                "\n\n\t");
  scanf("%d",&max);
  fflush(stdin);
  // Wenn noetig, Feld vergroessern
  if(max > MINIMUM)
    {
    p_int = (int *) realloc(p_int, max*sizeof(int));
    anzahl = max;
    if(p_int == NULL)
      exit(-1);
    }

  randomize();
  for(i=0; i < max; i++)
     {
     *(p_int+i) = random(10);
     }
  for(i=0; i < max; i++)
     {
     printf("Feld[%d] = %d\n",i,*(p_int+i));
     }

  free(p_int);
return 0
  }
```

Analyse Das obige Programm demonstriert, wie man ein dynamisch reserviertes Feld bei Bedarf vergrößern kann. Das meiste wird Ihnen von dem oben beschriebenen Programm Malloc.cpp her bekannt sein. Konzentrieren wir uns daher auf den Einsatz der C-Funktion realloc().

Realloc()

```
p_int = (int *) realloc(p_int, max*sizeof(int));
```

Die Funktion realloc() übernimmt als Parameter einen Zeiger auf die Anfangsadresse des Speicherblocks, der vergrößert oder verkleinert werden soll, sowie die Angabe der gewünschten Zielgröße (in Byte).

Die Funktion versucht dann, den bereits reservierten Speicherbereich auf die gewünschte Größe zu bringen. Bei Vergrößerungen ist dies nicht immer möglich, denn der hinter dem Feld liegende Speicherplatz kann ja bereits für andere Variablen oder Zeiger reserviert sein. In solchen Fällen versucht realloc(), einfach einen neuen Speicherbereich zu allokieren, kopiert den Inhalt des alten Speicherbereichs, soweit es geht, in den neuen Bereich und gibt den alten Speicherbereich frei.

Manchmal muss realloc() das ganze Feld verschieben

Aber Achtung!

Was passiert, wenn es der Funktion realloc() nicht möglich ist, der geforderten Speicherallokation nachzukommen. In diesem Fall lässt sie den alten Speicherbereich unverändert und liefert den Wert NULL zurück.

Für einen Aufruf der Form

```
p_int = (int *) realloc(p_int, max*sizeof(int));
```

bedeutet dies, dass ein Speicherleck entsteht, denn der Zeiger p_int wird auf NULL gesetzt, der Speicherbereich, auf den er verwiesen hat, bleibt aber reserviert!

In obigem Programm braucht uns dies nicht zu stören, da wir das Programm im Falle einer gescheiterten Reallokation direkt beenden – der Speicherbereich wird dann eben aufgelöst. In anderen Fällen wird man das Programm aber vielleicht mit dem alten Feld fortsetzen wollen. Dann sollte man vor Aufruf von realloc() einen zweiten Zeiger definieren und diesen ebenfalls auf das alte Feld verweisen lassen:

```
int *p_int, *p_old;
...

p_old = p_int;
p_int = (int *) realloc(p_int, max*sizeof(int));
anzahl = max;

if(p_int == NULL)
  {
  p_int = p_old;
  anzahl = MINIMUM;
  }
```

Dynamische Felder in C++

Zu dem C++-Operator `new` gibt es keine Reallokationsversion. Man kann aber eine überladene Version des Operators implementieren, die wie `realloc()` mit einem Zeiger auf einen mit `new` reservierten Speicherbereich als zusätzlicher Operand aufgerufen wird und intern unter Verwendung der C-Funktion `realloc()` (besser noch mithilfe von `new`, `memcpy()` und `delete`) implementiert ist.

INFO

Statt selber dynamische Datenstrukturen zu implementieren, ist es allerdings meist sinnvoller, die Container aus der ANSI-C++-Bibliothek zu verwenden (siehe Anhang B).

Listen, Bäume und die STL

Listen und Bäume sind ebenfalls dynamische Datenstrukturen. Im Unterschied zu den dynamischen Feldern sind sie aber nicht darauf angewiesen, dass die einzelnen Elemente in einem zusammenhängenden Speicherblock abgelegt werden. Stattdessen stellen die einzelnen Elemente über Zeiger selbst die Verbindung zu dem nachfolgenden und/oder vorangehenden Element her.

Listen und Bäume sind aus verschiedenen Gründen sehr interessant und ihre Implementierung sollte von guten Programmierern verstanden und beherrscht werden. Andererseits ist man in der Praxis immer weniger auf eigene Implementierungen von Listen und Bäumen angewiesen, da man in den meisten Fällen auf leistungsfähige Fertiglösungen aus Bibliotheken zurückgreifen kann. Eine der interessantesten und leistungsfähigsten Bibliotheken für dynamische Datenstrukturen ist die STL von Hewlett Packard, die mit Verabschiedung des neuen ANSI-C++-Standards als fester Bestandteil in die ANSI-C++-Bibliothek aufgenommen wurde und schon seit einiger Zeit von den meisten C++-Compilern unterstützt wird.

- Wenn Sie also in der dringenden Verlegenheit sind, eine größere Menge von Daten dynamisch verwalten zu müssen, nutzen Sie die Container aus der STL.
- Und wenn Sie einmal eine eigene Liste implementieren wollen, schauen Sie sich das Programm *Liste.cpp* auf der Buch-CD an, und lassen Sie sich inspirieren.

9.4.6 Typische Fehlerquellen

So einfach die Reservierung dynamischen Speichers ist, so schwierig ist die Vermeidung von Speicherlecks und Speicherverletzungen durch Dereferenzierung von Zeigern mit ungültigen Adressen.

Einige typische Beispiele dafür, wie Speicherlecks oder Zeiger auf ungültige Speicherbereiche entstehen, habe ich im Folgenden zusammengetragen:

a) Die Löchersalve

Der schnellste Weg, den Arbeitsspeicher zu durchlöchern, führt über die dynamische Speicherallokation innerhalb von Schleifen.

```
for(loop=0; loop < MAX; loop++)
   {
   ptr = (int*) malloc(loop*sizeof(int));
   }
```

Hier werden `MAX` dynamische Felder angelegt. Nach Ablauf der Schleife weist `ptr` auf das zuletzt allokierte Feld, die anderen dynamischen Felder dämmern irgendwo im Speicher vor sich hin und können weder angesprochen noch freigegeben werden, da es keinen Zeiger gibt, der auf sie verweist.

Es gäbe mehrere Möglichkeiten, obigen Fehler zu beheben (Feld von Zeigern `ptr[MAX]` verwenden, Speicherbereich am Ende jeder Iteration mit `free(ptr)` freigeben). Am sinnvollsten dürfte es aber sein, die Speicherallokation, wann immer es geht, ganz aus der Schleife herauszunehmen.

Merken Sie sich:
Nie einem Zeiger auf einen gültigen Speicherbereich eine andere Adresse (oder NULL) zuweisen – es sei denn, Sie geben vorher den Speicherbereich frei oder sind sicher, dass es noch andere Zeiger gibt, die auf den gleichen Speicherbereich verweisen.

b) Stack und Heap vertragen sich nicht

Das Schöne an den Funktionen ist, dass der ganze Speicher, der für die Ausführung einer Funktion gebraucht wird, mit Beendigung der Funktion automatisch wieder freigegeben wird, richtig?!

Was kann also falsch sein an einer Funktion wie:

```
int fibo(int Max)
  {
  int loop;
  int *ptr;

  ptr = new int[Max];

  ptr[0]=0;
  ptr[1]=1;

  // Fibonacci-Zahlen berechnen
  for(loop=2; loop < Max; loop++)
    {
    ptr[loop] = ptr[loop-1] + ptr[loop-2];
    }

  // Fibonacci-Zahlen ausgeben
```

```
for(loop=0; loop < Max; loop++)
  {
  printf("%d\n",ptr[loop]);
  }

return 0;
}
```

Die Funktion berechnet die ersten `anz` Fibonacci-Zahlen[5] und gibt sie aus. Um ihre Aufgabe erfüllen zu können, reserviert die Funktion ein entsprechend großes Feld von `int`-Werten. Beim Verlassen der Funktion wird das Feld zusammen mit dem lokalen Zeiger, der auf das Feld verweist, aufgelöst.

Es stimmt zwar, dass `ptr` ein lokaler Zeiger ist und daher beim Beenden der Funktion automatisch aufgelöst wird. Dies bedeutet aber nur, dass es danach keinen Zeiger `ptr` mehr gibt. Es bedeutet nicht, dass der Speicherbereich, auf den `ptr` verwies, freigegeben wurde.

Der Grund hierfür ist einfach, dass der mit `new` angeforderte Speicher auf dem Heap reserviert wurde, während der Speicherplatz für den Zeiger `ptr` im Stackrahmen der Funktion `fibo()` allokiert wurde (siehe Kapitel 12.3).

Beim Verlassen der Funktion wird ihr Stackrahmen aufgelöst, der Zeiger `ptr` wird mit aufgelöst, und zurück bleibt ein Feld mit Fibonacci-Zahlen, das es sich für den Rest des Programms irgendwo im Speicher gemütlich macht.

Was fehlt, ist also die Anweisung

```
delete ptr;
```

vor der `return`-Anweisung.

Warum kann der Compiler nicht überprüfen, ob ein lokaler Zeiger auf einen Speicherbereich verweist und diesen dann vor Verlassen der Funktion automatisch freigeben?

Prinzipiell könnte der Compiler dies schon tun, aber es wäre sehr aufwändig und würde die Laufzeit der Programme durch zusätzlich erzeugten Maschinencode verschlechtern. Zudem ist die automatische Auflösung nicht immer erwünscht. Die Funktion `fibo()` könnte beispielsweise den Zeiger `ptr` auf das Feld der Fibonacci-Zahlen als Rückgabewert zurückliefern:[6]

```
return ptr;
```

5 Die Folge der Fibonacci-Zahlen beschreibt einen bestimmten Typus des exponentiellen Wachstums und spielt in der Mathematik und Informatik eine nicht unwesentliche Rolle.

6 Natürlich erst nachdem der Rückgabetyp in der Funktionsdeklaration angepasst wurde.

Die Funktion, die `fibo()` aufruft, könnte die Adresse in einem eigenen Zeiger speichern und hätte dann Zugriff auf die Fibonacci-Zahlen.

```
int func();
  {
  int* fibo_Zahlen;

  ...
  fibo_Zahlen = fibo();
  }
```

Würde der Compiler in einem solchen Fall das in der Funktion reservierte dynamische Feld automatisch auflösen, würde `fibo_Zahlen` danach auf einen ungültigen Speicherbereich verweisen.

Sie sehen, es ist schon sinnvoller, der Compiler überlässt dem Programmierer die Freigabe des dynamischen Speicherbereichs.

Immer daran denken:
Zeiger, die in einer Funktion definiert werden, werden bei Beendigung der Funktion automatisch aufgelöst. Dynamischer Speicher, der in einer Funktion reserviert wird, wird nicht automatisch bei Beendigung der Funktion aufgelöst.

c) Manche Rückgabewerte sind reine Glückssache

Das Grundproblem, das unter Punkt b) angesprochen wurde, liegt in den unterschiedlichen Lebensdauern von Zeiger und dynamisch reserviertem Speicherbereich.

Eine Abwandlung dieses Themas demonstriert das folgende Beispiel.

```
/* Fibo.cpp   Berechnung der Fibonacci-Zahlen */
# include <stdio>
int* fibo(int Max)
  {
  int loop;
  int feld[100];

  feld[0]=0;
  feld[1]=1;

  // Fibonacci-Zahlen berechnen
  for(loop=2; loop < Max; loop++)
    {
    feld[loop] = feld[loop-1] + feld[loop-2];
    }

  return feld;
  }
```

```
int main()
  {
  int loop;
  int* fibo_Zahlen;

  fibo_Zahlen = fibo(14);

  // Fibonacci-Zahlen ausgeben
  for(loop=0; loop < 14; loop++)
    {
    printf("%d\n",fibo_Zahlen[loop]);
    }

  return 0;
  }
```

Analyse Hier wird ebenfalls eine Funktion namens `fibo()` eingesetzt, um ein Feld mit den ersten Fibonacci-Zahlen anlegen und berechnen zu lassen.

Im Unterschied zur letzten Funktion vermeiden wir jegliches Problem mit dynamisch reserviertem Speicher, indem wir in der Funktion `fibo()` ein ausreichend großes Array anlegen. Bei Verlassen der Funktion wird die Anfangsadresse des Arrays an die aufrufende Funktion (hier `main()`) zurückgeliefert. Die aufrufende Funktion speichert die Adresse in einem Zeiger und nutzt diesen zum Ausgeben der Fibonacci-Zahlen.

Wenn Sie dieses Programm ausführen, werden Sie vermutlich bestätigt sehen, dass es korrekt läuft, folglich auch korrekt geschrieben ist.

Doch dem ist nicht so!

Die Funktion `fibo()` liefert die Adresse auf ein lokal angelegtes Array zurück. Dieses Array wurde aber auf dem Stack reserviert und wird daher zusammen mit der Funktion aufgelöst. Die von der Funktion `fibo()` zurückgelieferte Adresse ist also praktisch in dem Moment ungültig, in dem die aufrufende Funktion die Adresse übernimmt.

Warum liefert das Programm dennoch korrekte Ergebnisse?

Dies liegt an der Stack-Verwaltung (siehe auch Kapitel 12.3). Wenn der Stackrahmen der Funktion `fibo()` »aufgelöst« wird, wird lediglich der Stack-Zeiger zurückgesetzt. Der Speicher, den der Stackrahmen von `fibo()` belegte, ist damit wieder freigegeben und kann für das Anlegen eines neuen Stackrahmens oder – je nach Speicherverwaltung – auch für einen schnell wachsenden lokalen Heap genutzt werden. Solange der Speicher allerdings nicht neu allokiert und überschrieben wird, bleibt sein Inhalt unverändert erhalten. Und genau aus diesem Grund liest obiges Programm über den Zeiger `fibo_Zahlen` korrekte Werte aus.

Würde man allerdings zwischen dem Aufruf von `fibo()` und der Schleife zur Ausgabe der Fibonacci-Zahlen eine Funktion aufrufen, die selbst ein lokales Array definiert und initialisiert:

```
void ueberschreiben()
  {
  int f[100];

  for(int i=0; i < 50; i++)
    f[i] = 2;
  }
```

würde die fehlerhafte Implementierung sofort entlarvt.

Darum:
Niemals Zeiger auf lokale Variablen als Rückgabewert einer Funktion zurückliefern.

!! STOP

d) Wenn die eine Hand nicht weiß, was die andere tut

Bei der Programmierung mit Zeigern wird es gelegentlich auch Situationen geben, in denen mehrere Zeiger auf ein und denselben Speicherbereich verweisen. Dies ist oftmals unabdingbar, äußerst nützlich und überhaupt nicht zu kritisieren.

Aber denken Sie daran:

Wenn zwei Zeiger auf ein und denselben Speicherbereich verweisen und Sie diesen Speicher über einen dieser Zeiger freigeben (Aufruf von `free()` oder `delete`), ist das, als würden zwei Kinder auf einer Wippe sitzen und eines der Kinder spränge unvermittelt von der Wippe herunter. Passt das zweite Kind nicht auf, kracht es auf den Boden. Passen Sie nicht auf, greifen Sie über den zweiten Zeiger auf ungültigen Speicher zu.

Beachten Sie:
Wird ein Speicherbereich, auf den mehrere Zeiger verweisen, über einen dieser Zeiger freigegeben, enthalten alle beteiligten Zeiger danach eine ungültige Adresse.

!! STOP

9.5 Abschlussprogramm: Eene, meene, muh

Von dem jüdischen Geschichtsschreiber Flavius Josephus (geboren um 37 n. Chr.) ist überliefert, dass er während der jüdischen Aufstände gegen Rom (70 n. Chr.) mit 39 weiteren Juden in eine Höhle eingeschlossen wurde. Allen drohte die Sklaverei, und um dieser zu entgehen, entschieden sie sich für den kollektiven Freitod. Sie wollten sich in einem Kreis aufstellen und dann sollte jeder Siebente getötet werden, bis nur noch einer übrig blieb. Dieser sollte dann Selbstmord begehen.

Josephus stellte sich so auf, dass er als Letzter übrig blieb. Und da die Geschichte überliefert wurde und sich Josephus zum hellenistischen Römer wandelte, können wir davon ausgehen, dass Josephus den letzten Schritt nicht getan hat.

Es steht uns nicht an, über Josephus Verfehlung zu urteilen, aber wir sollten uns fragen, an welcher Position wir uns aufgestellt hätten?

```
/* Josephus.cpp  Lösung des Josephus-Problems */
#include <stdio.h>
#include <stdlib.h>
#include <alloc.h>

void anleitung()
  {
  printf("Algorithmus zur Loesung des Josephus-Problems\n\n");
  printf("\n");
  printf("Das Programm fragt von Ihnen die Gesamtzahl der \n");
  printf("teilnehmenden Personen sowie die Laenge des Ab- \n");
  printf("zaehlreims ab.\n");
  printf("Dann werden der Reihe nach die Positionen ausge-\n");
  printf("geben, die herausfallen. \n\n");
  printf("Zuletzt wird die Position ausgegeben, die "
         "uebrig bleibt.\n\n");
  }

int main()
  {
  int gesamtzahl, silben,i;
  int *p0;                  // Zeiger auf vollst. Personenkreis
  int *p;                   // Zeiger auf aktuelle Person
  int a[100];



  anleitung();

  printf("Geamtzahl der Personen:  ");
  scanf("%d",&gesamtzahl);

  printf("Anzahl der Silben in Abzaehlreim: ");
  scanf("%d",&silben);

  /* reserviere Feld für die Personen                    */
  /* jede Person ist durch einen int-Wert vertreten, der */
  /* den Abstand zu seinem Nachfolger angibt             */
  p0= (int*) malloc(gesamtzahl*sizeof(int));

  // anfangs ist der Abstand zwischen den Personen 1
```

```
p=p0;
for(i=1; i<=gesamtzahl-1; i++) {
  *p=1;
  p++;
  }

// Abstand vom Letzten zum Ersten ist 1-n !!
*p = p0-p;

// Jetzt beginnt das Auszaehlen
while(*p!=0)
  {
  // Abzaehlreim aufsagen
  for (i=1; i<=silben-1; i++) {
     p+=*p;
     }

  printf("Ausgeschieden ist:   %d \n",p-p0+1+*p);
  *p+=*(p+(*p)); // Uebersprint eine Person (ausscheiden)
  }

printf("Uebrig ist %d \n",p-p0+1);
free(p0);                        // hier eigentlich unnoetig
return 0;
}
```

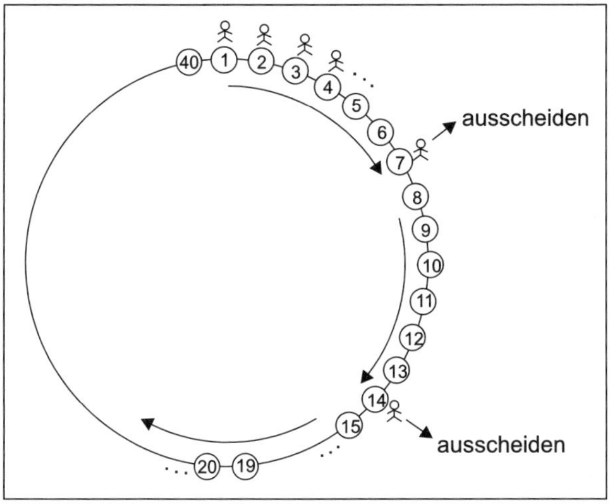

Abbildung 9.14: Josephus-Problem

Das Programm illustriert noch einmal den Umgang mit Zeigern. Wenn Sie es ausführen und mit einer Gesamtzahl von 40 Personen und einem Abzählreim von 7 Silben starten, verrät es Ihnen auch, an welcher Position sich Josephus aufgestellt hat. Was es uns allerdings nicht verrät, ist, wie Josephus so schnell herausfinden konnte, an welcher Position er sich aufstellen musste.

10 Referenzvariablen (nur C++)

Referenzen sind Aliase für Variablen und werden in ähnlicher Weise wie Zeiger zur Übergabe von Variablen an Funktionen eingesetzt, wenn die Funktionen die übergebenen Variablen direkt ändern (call by reference [siehe Kapitel 12.4.1]) oder Laufzeitverschlechterungen durch Kopieren großer Datenobjekte vermieden werden sollen. Referenzen verbessern auch die Lesbarkeit Ihrer Programme, da eine Dereferenzierung in den Funktionskörpern nicht mehr nötig ist.

10.1 Referenzvariablen deklarieren

Referenzen repräsentieren keine eigenen Objekte, sondern verweisen auf bestehende Variablen. Darin ähneln die Referenzen den Zeigern. Während jedoch ein Zeiger im Laufe des Programms auf verschiedene Variablen verweisen kann, kann eine Referenz immer nur auf eine einzige Variable verweisen. Mit dieser Variablen muss die Referenz bei der Deklaration initialisiert werden.

```
typ variable;
typ& referenz = variable;
```

- *typ*: Datentyp der Variablen, auf die die Referenz verweist.
- *variable*: Variable, mit der die Referenz initialisiert wird und auf die sie verweist.
- &: Referenzoperator &, der in der Deklaration eine Variable als Referenz kennzeichnet.
- *referenz*: Name der deklarierten Referenzvariablen.

Beispiele

```
int variable;
int& referenz = variable;
void func(int& ref);                // Referenzparameter
```

Referenzen unterliegen den folgenden Einschränkungen:

- Es lassen sich keine Referenzen auf Bitfelder definieren.
- Es lassen sich keine Zeiger auf Referenzen definieren.
- Es lassen sich keine Arrays von Referenzen bilden.

Initialisierung

Referenzen müssen bei der Deklaration initialisiert werden

Eine Referenz ist ein Alias für eine Variable und muss mit dieser Variablen initialisiert werden.

```
int variable;
int& referenz = variable;
```

Das häufigste Einsatzgebiet für Referenzen ist die Parameterübergabe von Funktionen. Referenzen, die als Parameter von Funktionen deklariert sind, werden – wie für Parameter üblich – beim Aufruf der Funktion mit den angegebenen Argumenten initialisiert:

```
void func (int& par)
  {
  par += 1;
  }

...
int var = 3;
func(var);
```

Kann man Referenzen auch mit konstanten Werten (Literalen) initialisieren? Ja und nein. Eine Referenz repräsentiert kein eigenes Objekt, sondern ist ein Verweis auf ein bereits bestehendes Objekt. Aus diesem Grunde ist es erforderlich, dass ein solches Objekt existiert. Genau dies ist für Konstanten – genauer gesagt für Literale – aber nicht erfüllt. Trotzdem ist die Initialisierung von Referenzen mit konstanten Werten erlaubt – allerdings nur für const-Referenzen.

```
const int& referenz = 10;
```

In so einem Fall erzeugt der Compiler intern eine temporäre Variable, der er den Wert 10 zuweist, und initialisiert dann die Referenz mit der temporären Variablen (die genau so lange bestehen bleibt wie die Referenz).

Warum ist dies nur für `const`-Referenzen möglich?

Um dies zu erklären, muss man etwas weiter ausholen. Ich spare mir die Erklärung daher für den Abschnitt »Referenzen und temporäre Variablen« auf.

INFO

Ältere Compiler akzeptieren generell die Initialisierung von Referenzen mit Konstanten – unabhängig davon, ob die Referenz als `const` deklariert ist oder nicht. Nach dem neuen ANSI-Standard ist die Initialisierung mit Konstanten allerdings nur noch für `const`-Referenzen erlaubt.

Zugriff auf Referenzvariablen

Bezüglich des Zugriffs auf und der Arbeit mit Referenzvariablen müssen Sie eigentlich nur eines wissen:

Ein Zugriff auf eine Referenz ist ein Zugriff auf die dahinter stehende Variable

> Jede Operation, die Sie auf einer Referenzvariablen ausführen, führen Sie im Grunde auf der Variablen aus, auf die die Referenz verweist.

Wenn Sie also schreiben:

```
int dennis;                  // Variablendeklaration
int& dennis_klon = dennis;   // Referenzvariable
dennis_klon = 29;            // weist dennis den Wert 29 zu
```

ist der Wert der Variablen `dennis` gleich 29.

Dies ist auch der Grund dafür, warum Referenzen direkt bei der Deklaration initialisiert werden müssen und warum Referenzen nicht wie Zeiger nacheinander auf verschiedene Variablen verweisen können.

```
int tom = 133;
int dennis = 29;
int& dennis_klon = dennis;   // Referenzvariable
dennis_klon = tom;           // weist dennis den Wert von tom zu
```

Die letzte Anweisung bewirkt eben nicht, dass `dennis_klon` nun auf die Variable `tom` statt auf `dennis` verweist, sondern weist lediglich `dennis` den Wert von `tom` zu.

10.2 Mit Referenzen programmieren

Im Grunde ist die Programmierung mit Referenzen die Einfachheit selbst. Man muss nur drei Dinge im Kopf behalten:

- Eine Referenz ist ein Alias für eine bestehende Variable.
- Alle Operationen auf der Referenz werden auf der zugehörenden Variablen ausgeführt.
- Probleme gibt es höchstens, wenn der Compiler temporäre Variablen für die Initialisierung einer Referenz erzeugen muss (siehe unten).

```
/* Referenz.cpp   Programmieren mit Referenzen */
#include <iostream>
using namespace std;

int main()
   {
   int dennis;                  // Variablendeklaration
   int& dennis_klon1 = dennis;  // 1. Referenzvariable
```

```
                                    //  auf Dennis

    // Wertzuweisung an Dennis betrifft auch Dennisklon1
    dennis = 30;
    cout << "Dennis ist nun " << dennis << " Jahre alt\n";
    cout << "Der 1. Dennis-Klon ist " << dennis_klon1
                                      << " Jahre alt\n";
    cout << endl;

    // Wertzuweisung an Dennisklon1 betrifft auch Dennis
    dennis_klon1 += 1;
    cout << "Dennis ist nun " << dennis << " Jahre alt\n";
    cout << "Der 1. Dennis-Klon ist " << dennis_klon1
                                      << " Jahre alt\n";
    cout << endl;

    int& dennis_klon2 = dennis;     // 2. Referenzvariable auf
                                    //    Dennis

    // Wertzuweisung an Dennisklon2 betrifft Dennis und
    // Dennisklon1
    dennis_klon2 = 40;
    cout << "Dennis ist nun " << dennis << " Jahre alt\n";
    cout << "Der 1. Dennis-Klon ist " << dennis_klon1
                                      << " Jahre alt\n";
    cout << "Der 2. Dennis-Klon ist " << dennis_klon2
                                      << " Jahre alt\n";
    cout << endl;

    return 0;
    }
```

Ausgabe:

```
Dennis ist nun 30 Jahre alt
Der 1. Dennis-Klon ist 30 Jahre alt

Dennis ist nun 31 Jahre alt
Der 1. Dennis-Klon ist 31 Jahre alt

Dennis ist nun 40 Jahre alt
Der 1. Dennis-Klon ist 40 Jahre alt
Der 2. Dennis-Klon ist 40 Jahre alt
```

Referenzen als Funktionsparameter

Das Haupteinsatzgebiet für Referenzen ist die Parameterübergabe an Funktionen.

Wer von C kommt, lernt üblicherweise, dass größere Datenobjekte (in C Strukturen, in C++ vor allem Klassenobjekte) bevorzugt als Zeiger an Funktionen übergeben werden sollten.

Die Übergabe als Zeiger hat den Vorteil, dass beim Funktionsaufruf nicht das gesamte Objekt, sondern nur die Adresse des Objekts in den Funktionsparameter kopiert werden muss. Zudem hat die Funktion die Möglichkeit, über den Zeigerparameter auf das Objekt zuzugreifen und auch seinen Wert zu ändern. Möchte man nur den Kopieraufwand verringern, ohne der Funktion die Möglichkeit einzuräumen, das übergebene Objekt direkt verändern zu können, kann man den Parameter als Zeiger auf ein konstantes Objekt definieren (siehe Kapitel 12.4.1).

An dem Nutzen dieses Verfahrens besteht kein Zweifel. Die Frage ist allerdings, ob man hierfür unbedingt Zeiger benötigt, denn im Grunde nutzt man nur einen kleinen Teil dessen, was Zeiger zu leisten vermögen.

Diese Überlegung – zusammen mit der Tatsache, dass die Übergabe von Objekten als Referenz bei der objektorientierten Programmierung mit Klassen noch weit ausgeprägter ist als unter C – führte zur Einführung der Referenzen.

Referenzen erlauben, wie Zeiger, die Übergabe von Argumenten in Form von Verweisen, haben aber den Vorteil,

- dass sie wie normale Variablen angesprochen werden (die zeigertypische Dereferenzierungssyntax entfällt),
- dass ihr Einsatz sicherer ist als der von Zeigern (da sie immer auf ein genau definiertes Objekt verweisen).

Das folgende Beispiel demonstriert die Übergabe von Argumenten an Zeiger- und Referenzparameter:

```
/* Ref_pat.cpp   Referenz-Parameter */
#include <iostream>
using namespace std;

class Leute {
   int alter;
  public:
   Leute(int age) {alter = age;}
   void altern()  {alter++;}
   int get_alter() {return alter;}
  };

// Argument wird verändert
void uebergebe_zeiger(Leute* par)
   {
   par->altern();
   }

// Argument wird verändert
void uebergebe_referenz(Leute& par)
```

```
  {
  par.altern();
  }

int main()
  {
  Leute dennis(30);                    // Variablendeklaration

  cout << "Dennis ist " << dennis.get_alter() << " Jahre alt\n";

  // Übergabe der Adresse an Zeigerparameter
  uebergebe_zeiger(&dennis);
  cout << "Dennis ist " << dennis.get_alter() << " Jahre alt\n";

  // Übergabe des Klassenobjekts an Referenzparameter
  uebergebe_referenz(dennis);
  cout << "Dennis ist " << dennis.get_alter() << " Jahre alt\n";

  return 0;
  }
```

Ausgabe:

```
Dennis ist 30 Jahre alt
Dennis ist 31 Jahre alt
Dennis ist 32 Jahre alt
```

Drei gute Gründe, Referenzparameter als const zu deklarieren

Beginnen wir mit einem Grund dafür, dass Sie einen Referenzparameter nicht als `const` deklarieren sollten.

Wenn die Funktion nicht nur mit dem Inhalt des an den Referenzparameter übergebenen Objekts arbeiten, sondern das Objekt auch verändern soll, darf der Referenzparameter natürlich nicht mit `const` deklariert werden.

Dies wäre beispielsweise der Fall in der obigen Funktion `uebergebe_referenz()` oder wenn man die Werte zweier Variablen vertauschen will:

```
void tausche(int& a, int& b)
  {
  int tmp;

  tmp = a;
  a = b;
  b = tmp;
  }
```

Soll die Funktion das übergebene Objekt nicht ändern, sollte man den Referenzparameter aus den drei folgenden Gründen als `const` deklarieren.

1. Die `const`-Deklaration bewahrt Sie davor, den Inhalt des Objekts versehentlich doch innerhalb der Funktion zu verändern.
2. Einem `const`-Parameter können auch konstante Objekte des passenden Datentyps übergeben werden (siehe Kapitel 4.4.2).
3. Für `const`-Parameter nimmt der Compiler automatische Typkonvertierungen vor, wenn Sie Konstanten oder Variablen kompatibler Datentypen als Argumente für den Referenzparameter übergeben (siehe Kapitel 10.2.2).

Referenzen als Rückgabewerte von Funktionen

Ebenso wie eine Funktion einen Zeiger als Rückgabewert an die aufrufende Funktion zurückliefern kann, kann sie auch eine Referenz zurückliefern.

Wie im Falle der Zeiger müssen Sie dann aber darauf achten, dass das Objekt, auf das die Referenz verweist, auch dann noch existiert, wenn die Funktion selbst schon beendet ist (siehe Kapitel 9.4.6).

10.2.1 Referenzen und Zeiger

Im Gegensatz zu Zeigern

- können Referenzen nicht nacheinander auf verschiedene Objekte verweisen,
- müssen Referenzen mit dem Objekt, auf das sie verweisen sollen, initialisiert werden,
- können Referenzen nur auf bestehende Variablen verweisen (und nicht etwa auf Funktionen),
- werden Referenzen wie normale Variablen angesprochen (die Dereferenzierungssyntax entfällt),
- kann man über Referenzen nur auf die zugehörige Variable zugreifen, die Referenz selbst kann nicht manipuliert werden (kein Pendant zur Zeigerarithmetik).

Fasst man alles zusammen, kommt man zu dem Schluss, dass eine Referenz einem `const`-Zeiger entspricht, der bei Zugriff automatisch dereferenziert wird.

10.2.2 Referenzen und temporäre Variablen

Referenzen müssen mit Variablen initialisiert werden, die den gleichen Datentyp haben, wie die Referenz:

```
int variable;
int& referenz = variable;
```

Konstanten und Objekte kompatibler Datentypen sind prinzipiell zur Initialisierung nicht erlaubt:

```
long variable;
int& referenz = variable;    // Fehler
void func (int& par) {...}
func(3);         // Fehler
```

Für als `const` deklarierte Referenzen kann der Compiler aber auf dem Umweg über eine temporäre Variable die Initialisierung dennoch ermöglichen.[1]

```
long var = 0;
const int& referenz = var;   // okay
```

In diesem Fall erzeugt der Compiler intern eine temporäre Variable des korrekten Typs, weist dieser den Wert der Konstanten oder Variablen zu, die rechts von der Zuweisung steht, und initialisiert die Referenz mit der temporären Variablen.

!! STOP

Achtung, temporäre Variable!

Schauen Sie sich den letzten Satz noch einmal genau an. Die Referenz ist jetzt ein Alias für die temporäre Variable – und nicht für die Variable, die rechts vom Zuweisungsoperator angegeben wurde (in obigem Beispiel `var`). Wenn Sie jetzt also schreiben:

```
referenz = 10;
```

hat die temporäre Variable den Wert 10, während die Variable `var` immer noch den Wert 0 hat.

Was nützt uns aber eine Referenz, die auf eine temporäre Variable verweist? Und warum erlaubt der ANSI-Standard die automatische Konvertierung nur für `const`-Referenzen?

Bedenken Sie bitte, dass Referenzen vornehmlich für die Parameterübergabe gedacht sind. Gerade bei der Programmierung mit Klassenobjekten geht es dabei aber häufig nur um die Reduzierung des Kopieraufwands (beim Funktionsaufruf werden die übergebenen Objekte in die Funktionsparameter kopiert, siehe Kapitel 12.4.1) und nicht um den Zugriff auf das Originalobjekt über den Parameter.

1 Ältere Compiler akzeptieren noch generell die Initialisierung von Referenzen mit Konstanten – unabhängig davon, ob die Referenz als `const` deklariert ist oder nicht. Nach dem neuen ANSI-Standard ist die Initialisierung mit Konstanten allerdings nur noch für `const`-Referenzen erlaubt.

Wenn die Funktion also nur am aktuellen Wert des Objekts interessiert ist (und nicht vor hat, das übergebene Objekt zu verändern), ist es egal, ob die Funktion mit einer Referenz auf das Objekt arbeitet oder mit einer Referenz auf eine temporäre Variable, die den gleichen Wert enthält, wie das übergebene Objekt. Der Vorteil der const-Referenz besteht hier also darin, dass man sich weniger Gedanken um die Typen der Argumente für die Referenzparameter machen muss – auch wenn der Laufzeitvorteil, den die Übergabe als Referenz prinzipiell bringt, natürlich durch die Zwischenschaltung temporärer Variablen für nicht identische Argumenttypen zunichte gemacht wird.

Warum aber die Beschränkung auf const-Referenzen? Warum führt der Compiler nicht allgemein für Argumente zu Referenzparametern die nötigen Konvertierungen durch?

Bedenken Sie, dass die obige Argumentation davon ausging, dass die Funktion nur den aktuellen Wert des übergebenen Objekts benötigt und nicht versucht, das Objekt zu verändern. In diesem Fall wäre eine const-Deklaration des zugehörigen Referenzparameters angebracht. Die const-Deklaration steht der Funktionsweise also nicht im Wege, bringt aber zusätzlich den Vorteil, dass die Funktion nun auch mit Konstanten und kompatiblen Variablen als Argumenten aufgerufen werden kann.

Betrachten wir den umgekehrten Fall, dass die Funktion über die Referenz auch das beim Aufruf übergebene Objekt verändern soll – beispielsweise wie die Funktion tauschen(), die zwei int-Objekte übernimmt und deren Werte austauschen soll:

```
/* Temp_ref.cpp  Auswirkung temporärer Variablen */
#include <iostream>
using namespace std;

void tausche(int& a, int& b)
  {
  int tmp;

  tmp = a;
  a = b;
  b = tmp;
  }

int main()
  {
  int var1 = 1, var2 = 2;

  tausche(var1,var2);

  cout << "var1 = " << var1 << endl;
  cout << "var2 = " << var2 << endl;

  return 0;
  }
```

Hier darf man die Parameter `a` und `b` natürlich nicht als `const` deklarieren, denn sonst wären die Zuweisungen `a = b` und `b = tmp` nicht erlaubt.

Wenn Sie das Programm wie oben aufgelistet ausführen, erhalten Sie die gewünschte Ausgabe

```
var1 = 2
var2 = 1
```

Wenn Sie den Datentyp der Variablen `var1` und `var2` aber in `long` umwandeln, haben Sie den Fall, dass Sie versuchen, eine `int`-Referenz mit einer `long`-Variablen zu initialisieren. Der ANSI-Standard erlaubt dies nicht, da die Referenz nicht als `const` deklariert ist.

Was aber wäre, wenn es doch möglich wäre (und die meisten C++-Compiler machen es derzeit noch möglich)?

Dann würde der Compiler zwei temporäre Variablen für `a` und `b` anlegen, und die Funktion würde nicht die Werte der übergebenen Objekte `var1` und `var` vertauschen, sondern die Werte der temporären Variablen. Die Ausgabe des Programms wäre dann

```
var1 = 1
var2 = 2
```

Temporäre Variablen für Referenzparameter unterbinden call-by-reference

Es ist also sinnvoll, dass der ANSI-Standard die automatische Konvertierung, die immer mit dem Anlegen temporärer Variablen einhergeht, nur für `const`-Referenzen erlaubt, denn nur dann kann der Compiler sichergehen, dass die Funktion nicht dazu gedacht ist, das übergebene Objekt zu ändern – was durch die temporären Variablen vereitelt werden würde.

Abschließend sollte man sich merken:

:-) TIPP

Unabhängig von der ANSI-Konformität Ihres Compilers sollten Sie für Referenzen, die nicht als `const` deklariert sind, immer darauf achten, dass der Datentyp der Referenzvariablen und der Datentyp der zugewiesenen Variablen identisch sind.

Teil 3 Steuerung des Programmablaufs

Letztendlich wird jedes Programm Anweisung für Anweisung ausgeführt – oder aus Sicht der CPU Maschinenbefehl für Maschinenbefehl. Die CPU verfügt zu diesem Zwecke über ein spezielles Register, das kontrolliert, in welcher Reihenfolge die Maschinenbefehle auszuführen sind. Die Steuerung des Programmablaufs auf CPU-Ebene gestaltet sich damit ganz einfach:

Auf CPU-Ebene sorgt das Befehlsregister für die Steuerung des Programmablaufs

1. Der Maschinencode des Programms wird beim Programmstart in den Speicher geladen. Jedem Maschinenbefehl entspricht danach eine Speicheradresse, an der der Maschinenbefehl zu finden ist.
2. Das Befehlsregister wird auf die Startadresse des Programms gesetzt.
3. Der Befehl, dessen Adresse im Befehlsregister steht, wird ausgeführt, die Adresse im Befehlsregister wird hochgesetzt.
4. Auf diese Weise werden die Befehle nach und nach abgearbeitet.

Neben der automatischen Inkrementierung des Befehlsregisters gibt es auch die Möglichkeit, mit speziellen Maschinenbefehlen beliebige Code-Adressen in das Befehlsregister einzutragen. Auf diese Weise kann man die streng sequentielle Abarbeitung durch Sprünge aufbrechen.

Wir kehren zurück zu C und C++ und schauen uns an, wie sich der Programmfluß mit den Mitteln unserer Programmiersprache steuern läßt. Die vier großen Themengebiete, mit denen wir uns in diesem Zusammenhang auseinandersetzen werden, lauten:

- KONTROLLSTRUKTUREN: Hierzu zählen Verzweigungen (`if`, `if-else`, `switch`) und Schleifen (`for`, `while`, `do-while`). Sie gehören zur Grundausstattung der strukturierten Programmiersprachen und stellen sicherlich die wichtigsten Elemente zur Steuerung des Programmflusses dar.
- FUNKTIONEN: Wichtigste Aufgabe der Funktionen ist die bessere Wartbarkeit und Wiederverwertung von Code. Da sie aber auch auf den Programmfluß Einfluß haben, werden sie hier im Kontext der Programmsteuerung besprochen.
- EXCEPTION HANDLING: Dem Exception Handling (deutsch Ausnahmebehandlung) liegt die Idee der Trennung von Programmablauf und Fehlerbehandlung zugrunde. Es geht dabei vor allem darum, wie man eine leistungsfähige Fehlerbehandlung implementieren kann, ohne damit gleichzeitig den eigentlichen Quelltext bis zur Unkenntlichkeit zu entstellen.
- PRÄPROZESSOR: C und C++ kennen eine ganze Reihe von Präprozessor-Direktiven mit verschiedenen Aufgabenbereichen – unter anderem auch zur bedingten Kompilierung. Letztere erlaubt dem Programmierer, die Kompilierung selbst zu steuern und darauf Einfluß zu nehmen, welche Quelltextabschnitte übersetzt und kompiliert werden sollen.

11 Kontrollstrukturen

Eingangs des Buches wurde bereits darauf hingewiesen, dass ein C-Programm im Wesentlichen nur aus Deklarationen und Definitionen besteht. Anweisungen – die Befehle, die das Programm ausführen soll und die man gemeinhin mit dem Programm identifiziert – findet man in C-Programmen nur als Teil von Funktionsdefinitionen (in C++-Programmen natürlich auch in den Methoden von Klassen, bei denen es sich aber letztendlich nur um eine besondere Art von Funktionen handelt).

Der grundsätzliche Programmfluss erfolgt sequenziell

Im einfachsten Fall besteht ein Programm nur aus der Definition der Eintrittsfunktion `main()`, deren Anweisungsteil Anweisung für Anweisung abgearbeitet wird. In größeren Programmen werden aus der `main()`-Funktion heraus weitere Funktionen aufgerufen, die ihrerseits wieder Funktionen aufrufen können. Es bleibt aber dabei, dass die Anweisungen in den Funktionsdefinitionen grundsätzlich sequenziell abgearbeitet werden.

Mithilfe verschiedener spezieller Sprachkonstrukte kann der Programmierer den sequenziellen Programmfluss in den Funktionen aufbrechen. Die Programmlogik unterscheidet hierbei:

- VERZWEIGUNGEN: Anhand einer im Programm definierten Bedingung wird entschieden, an welcher Stelle das Programm weiter ausgeführt werden soll.
- SCHLEIFEN: Ein bestimmter Anweisungsblock wird wieder und wieder ausgeführt, bis eine im Programm definierte Abbruchbedingung erfüllt ist.
- SPRÜNGE: Die Programmausführung wird mithilfe einer Sprungmarke an einer anderen Stelle fortgesetzt.

Die folgenden Kapitel beschäftigen sich mit der Syntax dieser Sprachkonstrukte, ihrem praktischen Einsatz in Programmen sowie den potenziellen Fallen und Fehlerquellen, die zu beachten sind.

11.1 Verzweigungen – die if-Bedingung

Die `if`-Verzweigung dient dazu, anhand einer Bedingung – beispielsweise des Wertes einer Variablen, des Rückgabewertes einer Funktion oder des Wahrheitswertes eines booleschen Ausdruckes – zu entscheiden, ob der nachfolgende Anweisungsblock ausgeführt werden soll oder nicht.

```
if (Bedingung)
  {
  Anweisungen;
  }
  if (Bedingung)
    { Anweisungen; }
  else
    { Anweisungen; }
```

Mithilfe des Schlüsselwortes `else`, welches nur in Zusammenhang mit der `if`-Bedingung verwendet wird, kann man einen alternativen Anweisungsblock anschließen, der genau dann ausgeführt wird, wenn die `if`-Bedingung *nicht* erfüllt ist. Diese zweite Form der `if`-Bedingung liest sich dann wie ein ganz normaler Konditionalsatz:

> »Wenn (`if`) die Bedingung erfüllt ist, führe den ersten Anweisungsblock aus, ansonsten (`else`) führe den zweiten Anweisungsblock aus.«

Abbildung 11.1: Programmablauf bei der if-Verzweigung

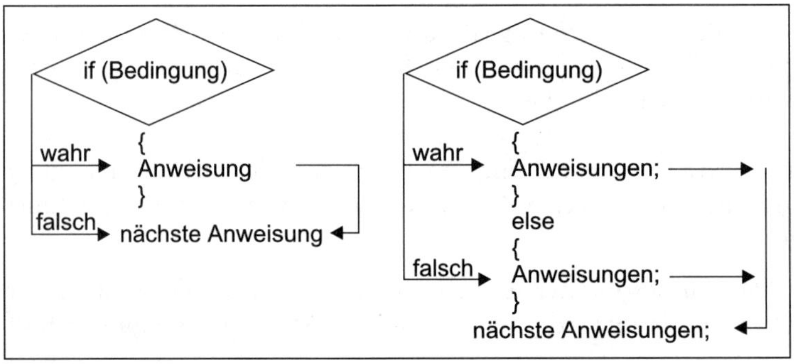

Beispiel Häufig verwendet man `if`-Verzweigungen, um den weiteren Ablauf des Programms vom Wert einer Variablen abhängig zu machen. Im folgenden Listing wird beispielsweise sichergestellt, dass das Programm nicht versucht, die Wurzel von einer negativen Zahl zu berechnen.

```
#include <stdio.h>
#include <math.h>

int main()
  {
  int eingabe;
```

```
printf("Geben Sie bitte eine Zahl ein\n");
scanf("%d",&eingabe);

if (eingabe >= 0)
  printf("Wurzel von %d = %lf\n",eingabe, sqrt(eingabe));
  else
  printf("Wurzel von negativen Zahlen kann nicht "
         "berechnet werden");

return 0;
}
```

11.1.1 Praktischer Einsatz der if-Verzweigung

Zur Syntax der `if`-Verzweigung gibt es im Grunde nicht viel zu sagen. Wichtig ist nur zu wissen,

- wie man die Bedingung der `if`-Verzweigung formuliert (siehe oben) und
- dass sich die Bedingung auf die ihr direkt nachfolgende Anweisung beziehungsweise den nachfolgenden Anweisungsblock bezieht.

Weiter unten wird dies noch etwas vertieft und auf bestimmte syntaktische Besonderheiten hingewiesen, doch zuvor ein paar Beispiele dafür, wie die `if`-Verzweigung typischerweise in Programmen eingesetzt wird.

Anweisungen nur nach Bedarf ausführen

Man kann die `if`-Verzweigung verwenden, um gewisse Anweisungen nur dann ausführen zu lassen, wenn eine bestimmte Vorbedingung erfüllt ist.

Zähler

Eine Variable, die als Zähler fungiert und während des Programmablaufs fortwährend inkrementiert wird, könnte beispielsweise beim Überschreiten eines bestimmten Wertes auf 0 zurückgesetzt werden:

```
long counter;
...
if (counter > 99)       // effizienter ist die Syntax:
  counter = 0;          // counter %= 100;
...
```

BubbleSort

BubbleSort ist ein einfacher Algorithmus zum Sortieren von Daten. Die Daten werden in einem Array (siehe Kapitel 8.2) abgelegt und dann paarweise verglichen. Sollen die Daten im Array aufsteigend sortiert werden, überprüft man für jedes Paar, ob das erste Element größer ist als das zweite, und tauscht in diesem Fall die Positionen der beiden Elemente. Durchläuft man auf diese Weise ein Array mit n Elementen n-1 Male, ist es danach sortiert.

Abbildung 11.2: BubbleSort lässt die größten Werte nach und nach wie Blasen aufsteigen

Sortierung nach BubbleSort

1. Durchgang	30	46	82	56	17	90	15	48	26		95
2. Durchgang	30	46	56	17	82	15	48	26		90	95
3. Durchgang	30	46	17	56	15	48	26		82	90	95
4. Durchgang	30	17	46	15	48	26		56	82	90	95
5. Durchgang	17	30	15	46	26		48	56	82	90	95
6. Durchgang	17	15	30	26		46	48	56	82	90	95
7. Durchgang	15	17	26		30	46	48	56	82	90	95
8. Durchgang	15	17		26	30	46	48	56	82	90	95
9. Durchgang	15		17	26	30	46	48	56	82	90	95
10. Durchgang		15	17	26	30	46	48	56	82	90	95

```
/* Bubbles.cpp      Sortieren mit BubbleSort */
#include <stdio.h>
#include <stdlib.h>

#define MAX 40

void bubbleSort(int feld[], int anz)
  {
  int tmp;
  int loop1, loop2;

  for(loop1=1; loop1 < anz; loop1++)
    for (loop2=0; loop2 < anz-1; loop2++)
      {
      if(feld[loop2] > feld[loop2+1])
        {
        tmp = feld[loop2];
        feld[loop2] = feld[loop2+1];
        feld[loop2+1] = tmp;
        }
      }
  }

int main()
  {
  int daten[MAX];
  int loop;

  for (loop=0; loop < MAX; loop++)
    daten[loop] = rand()%100;

  bubbleSort(daten,MAX);

  for (loop=0; loop < MAX; loop++)
    printf("%d\t",daten[loop]);

  return 0;
  }
```

Programmausführung aufzweigen

Mit if-Verzweigungen kann man auch zwei alternative Fortsetzungen des Programmflusses vorsehen.

```
if(!strcmp(passwort,"DIRK"))
  {
  printf("Zugang freigegeben\n");
  user_eintragen(name);
  }
  else
  {
  printf("Zugang verweigert\n");
  }
```

In solchen Fällen wird in Abhängigkeit vom Wahrheitswert der Bedingung einer der Anweisungsblöcke ausgeführt und danach das Programm mit der nächsten Anweisung direkt hinter der if-Verzweigung fortgesetzt.

Schleifen und Funktionen beenden

Befindet sich die if-Verzweigung in einer Schleife (siehe Abschnitte 11.3 und 11.4), kann man mithilfe der Schlüsselwörter continue und break die aktuelle Schleifeniteration beziehungsweise die ganze Schleife verlassen (siehe Abschnitt 11.5).

Man kann aber auch die ganze Funktion beenden, in der sich die if-Verzweigung befindet, indem man in einem der if-Blöcke die return-Anweisung aufruft. Schließlich kann man mithilfe bestimmter Funktionen wie exit() auch das ganze Programm aus einer if-Verzweigung heraus beenden.

Beispiel

Die folgende Funktion liefert je nach übergebenem Passwort unterschiedliche Rückgabewerte zurück. Da beide Teile der if-Verzweigung mit return-Anweisungen enden, werden die Anweisungen hinter der if-Verzweigung niemals ausgeführt.

```
int login(passwort)
  {
  if(!strcmp(passwort,"DIRK"))
    {
    printf("Zugang freigegeben\n");
    user_eintragen(name);
    return 0;
    }
   else
    {
    printf("Zugang verweigert\n");
    return 1;
    }
```

```
printf("%s\n",passwort);  // wird niemals ausgeführt
return 0;
}
```

Man könnte die Funktion sinnvollerweise auch folgendermaßen umschreiben:

```
int login(passwort)
  {
  if(!strcmp(passwort,"DIRK"))
    {
    printf("Zugang freigegeben\n");
    user_eintragen(name);
    return 0;
    }

  printf("Zugang verweigert\n");
  return 1;
  }
```

Hier wird ausgenutzt, dass im Anweisungsblock hinter der `if`-Bedingung auch der Austritt aus der `login()`-Funktion vorgesehen ist. Damit wird der ganze Code, der auf den Anweisungsblock der `if`-Bedingung folgt, automatisch zum `else`-Teil. Man kann sich daher das Schlüsselwort `else` sparen und den Code des `else`-Teils einfach an den Anweisungsblock der `if`-Bedingung anhängen. Von der Programmlogik und dem Programmablauf ist dies das Gleiche. Die zweite Form ist etwas kürzer, bringt allerdings kaum Laufzeitvorteile und ist meines Erachtens unübersichtlicher.

Fehlerbehandlung mit if-Konstrukten

Die `if`-Bedingung wird auch häufig zur Fehlerbehandlung und zur Eigenkontrolle des Programmes eingesetzt.

- Wenn Sie beispielsweise Eingaben vom Anwender einlesen, ist es sinnvoll zu überprüfen, ob diese das richtige Format haben beziehungsweise im gewünschten Wertebereich liegen.

```
int eingabe;

printf("Zahl eingeben:\t");
scanf("%d",&eingabe);

if (eingabe >= 0)
  printf("Ergebnis: %f\n",sqrt(eingabe));
  else
  printf("Keine Wurzel fuer negative Zahlen!\n");
```

- Wenn Sie Dateien zum Lesen oder Schreiben öffnen, ist es angebracht zu überprüfen, ob die Datei auch korrekt geöffnet wurde.

```
FILE *fein;

if (!fein = fopen("demo.txt","rt"))
   printf("Datei konnte nicht geoeffnet werden\n");
```

Wenn Sie mit Zeigern arbeiten, ist es unbedingt zu empfehlen, an kritischen Stellen zu überprüfen, ob die Zeiger mit Speicherbereichen verbunden sind – was allerdings nur funktioniert, wenn Sie konsequent dafür sorgen, dass Zeiger, die nicht mit gültigen Speicherbereichen verbunden sind, auf NULL gesetzt werden (siehe Kapitel 9.2.2). Im nachfolgenden Beispiel liefert die Funktion `malloc()` automatisch NULL zurück, falls sie den gewünschten Speicher nicht reservieren konnte.

```
char *str;

str = (char* ) malloc(100*sizeof(char));

// str = NULL ??
if(!str)
  printf("Speicherallokation missglueckt\n");
```

Verschachtelung von if-Bedingungen

Selbstverständlich ist es auch möglich, `if`-Verzweigungen zu verschachteln, das heißt, im `if`- oder `else`-Teil eine weitere `if`-Verzweigung einzubauen.

```
if(n > 100)
  if(m < 100)
    printf("m kleiner n\n");
    else
    printf("m groesser oder gleich n\n");
```

Beachten Sie den Unterschied zu:

```
if((n > 100) && (m < 100))
    printf("m kleiner n\n");
    else
    printf("m groesser oder gleich n\n");
```

Beide Konstrukte sind semantisch gleich. Die obere Form lässt sich aber besser ausbauen, wenn n noch mit anderen Werten verglichen werden soll:

```
if(n > 100)
  {
  if(m < 100)
    ...
  if(p < 100)
    ...
  if(r < 100)
    ...
  }
```

Die Zuordnung von if und else wird nicht durch die Einrückung bestimmt

Beim Verschachteln von if-Verzweigungen stellt sich gelegentlich die Frage, zu welcher if-Bedingung ein gegebener else-Teil gehört. Der else-Teil gehört immer zu dem letzten vorangehenden if-Teil, der noch über keinen else-Teil verfügt. In obigem Beispiel gehört der else-Teil also zur if-Bedingung if(m < 100).

else if

Gelegentlich sieht man auch die so genannten »else-if«-Ketten. Diese sind so konstruiert, dass mehrere Bedingungen abgefragt werden, von denen nur eine erfüllt sein kann.

```
if((n > -200) && (n <= -100))
     printf("n zwischen -200 und -100\n");

  else if((n > -100) && (n <= 0))
     printf("n zwischen -100 und 0\n");

  else if((n > 0) && (n <= 100))
     printf("n zwischen 0 und 100\n");
```

Eine Spezialisierung dieser »else-if«-Ketten ist die switch-Anweisung (siehe Abschnitt 11.2), mit der man den Wert eines Ausdrucks mit verschiedenen Konstanten vergleichen kann.

11.1.2 Bedingungen und boolesche Ausdrücke

Wie werden if-Bedingungen formuliert, was wird als Bedingung akzeptiert?

Eine if-Bedingung ist immer eine logische Aussage, die eindeutig als wahr (true) oder falsch (false) interpretiert werden kann.

Trifft der Prozessor bei der Programmausführung auf eine if-Bedingung, wertet er die Bedingung aus, d.h. er stellt fest, ob die Aussage der Bedingung wahr oder falsch ist. Ist die Aussage wahr (die Bedingung also erfüllt), wird der Anweisungsblock des if-Teils ausgeführt, ansonsten wird der Anweisungsblock des else-Teils ausgeführt (soweit vorhanden). Danach wird die Programmausführung mit der nächsten Anweisung hinter der if-Verzweigung fortgesetzt.

Aufbau boolescher Ausdrücke

- KONSTANTEN: Im einfachsten Fall besteht ein boolescher Ausdruck aus einer Konstanten oder einem Literal. Man sieht solche Bedingungen gelegentlich in while-Schleifen; in if-Bedingungen werden Konstanten sinnvoll nur als Teil komplexerer Ausdrücke eingesetzt.

```
if (314)  // immer wahr -> überflüssig
  ...
```

- VARIABLEN: Erlaubt sind nur Variablen skalarer Datentypen (arithmetische Datentypen und Zeiger). Der Wert der Variablen wird dann als boolescher Wert interpretiert, wobei der Null-Wert des zugehörigen Datentyps als `false`, jeder andere Wert (also auch negative Werte) als `true` interpretiert wird.

```
long zahl;
...
if (zahl)
  ...
```

- RÜCKGABEWERTE VON FUNKTIONEN: Liefert eine Funktion einen Rückgabewert eines skalaren Datentyps zurück, kann der Funktionsaufruf als Bedingung oder Teil eines komplexeren booleschen Ausdrucks eingesetzt werden.

```
int check(int *p);
...

if (check(zeiger))
  ...
```

oder

```
if (!strcmp(name,"DIRK"))
```

- VERGLEICHE: Mithilfe der Vergleichsoperatoren (siehe Kapitel 7.6) können Werte verglichen werden. Häufig sieht man beispielsweise den Vergleich einer Variablen mit einer Konstanten. In diese Vergleiche können auch Variablen nichtskalarer Datentypen eingebunden werden.

```
long zahl;
...

if (zahl > 314)
  ...
```

- ZUSAMMENGESETZTE AUSDRÜCKE: Konstanten, Variablen, Rückgabewerte und Vergleiche können mithilfe der logischen Operatoren zu komplexeren booleschen Ausdrücken zusammengesetzt werden.

```
long zahl1, zahl2;
...

if ((zahl1 > 100) && (zahl2 < 100))
  ...
```

C versus C++

In C gilt der Null-Wert eines arithmetischen Typs als `false` und jeder Wert ungleich Null als `true`. In C++ werden die Werte arithmetischer Datentypen in Werte des Datentyps `bool` umgewandelt. Automatische Konvertierungen von arithmetischen Werten in die `bool`-Werte `true` und `false` sorgen allerdings dafür, dass sich C und C++ gleich verhalten.

Auswertung zusammengesetzter Ausdrücke

Wenn Sie komplexere Bedingungen aus zusammengesetzten booleschen Ausdrücken bilden, sollten Sie zwei Dinge beachten:

1. *Die Auswertungsreihenfolge der Operatoren* (siehe Tabelle 7.15). Beachten Sie beispielsweise, dass die Vergleichsoperatoren eine höhere Priorität haben als die logischen Operatoren und daher zuerst ausgewertet werden.
   Beachten Sie beispielsweise die unterschiedliche Auswertung der beiden folgenden Formulierungen:

   ```
   if (option1 && option2 == option3)
   ```

   und

   ```
   if ( (option1 && option2) == option3)
   ```

   Um Fehler zu vermeiden, sollte man daher grundsätzlich alle Teilausdrücke klammern.

2. *Die Auswertungsreihenfolge der einzelnen Teile der Bedingung.* Ob ein zusammengesetzter boolescher Ausdruck, der die logischen Operatoren && und || verwendet, wahr ist, lässt sich oftmals schon nach Auswertung der ersten Teilausdrücke erkennen:

   ```
   if (option1 && option2 && (n < 199))
   ```

   In diesem Fall kann die Bedingung schon nicht mehr erfüllt sein, wenn nur die Variable `option1` gleich Null (false) ist. Die weiteren Teilausdrücke werden dann gar nicht mehr ausgewertet. Man kann dies unterstützen, indem man sich genau überlegt, in welcher Reihenfolge man die Teilausdrücke aufführt (beispielsweise die schärfste Teilbedingung ganz an den Anfang stellt).

   Schlecht ist es, Anweisungen oder Funktionsaufrufe in zusammengesetzte Ausdrücke einzubauen. Bestenfalls führt dies zu schwer verständlichem Code, schlimmstenfalls dazu, dass Anweisungen oder Funktionsaufrufe entgegen der Absicht des Programmierers übergangen werden.

INFO

Manche Compiler können so eingestellt werden, dass zusammengesetzte Ausdrücke entgegen den Bestimmungen des ANSI-Standards immer vollständig ausgewertet werden.

11.1.3 Fallstricke und Besonderheiten

So einfach die `if`-Verzweigung von der Syntax und der Konzeption her ist, so tückisch kann sie sich in der Praxis verhalten. Die folgende Liste trägt daher die häufigsten Fehler beim Einsatz der `if`-Verzweigung zusammen –

abgerundet mit einigen interessanteren Besonderheiten und Anmerkungen zur `if`-Verzweigung.

- = *statt* ==: Vorsicht mit zu schnell eingetippten Vergleichen! Der Compiler akzeptiert Bedingungen wie

  ```
  if (zahl1 = 100)
  ```

  ohne Probleme (bestenfalls wird eine Warnung ausgegeben).

- *Hinter die if-Bedingung gehört kein Semikolon*! Denken Sie daran, dass der Compiler auch eine einzelne Anweisung als Ausführungsteil eines `if`-Teils erlaubt und dass in C auch leere Anweisungen erlaubt sind. Der folgende Code

  ```
  if (n < 100);
    {
    n = i*j;
    printf("%d\n", n);
    }
  ```

  entspricht daher der Ausführung einer leeren Anweisung als Antwort auf eine erfüllte `if`-Bedingung:

  ```
  if (n < 100)
    {
    ;
    }

  n = i*j;
  printf("%d\n", n);
  ```

- *Mit den logischen Operatoren werden boolesche Ausdrücke zusammengesetzt* – und nicht etwa Vergleichskriterien. Die folgende Bedingung

  ```
  if (zahl == 13 || 14)
  ```

  bedeutet eben nicht, dass `zahl` gleich 13 oder 14 sein soll. Der Compiler liest die Bedingung als

  ```
  if( (zahl == 13) || 14)
  ```

  eine Bedingung, die stets erfüllt ist.

- *In zusammengesetzten booleschen Ausdrücken sollte man Klammern* nicht nur zur Änderung der Auswertungsreihenfolge der Operatoren, sondern auch zur Kennzeichnung der Teilausdrücke nutzen.

- *Verwechseln Sie nicht die logischen Operatoren mit den Bit-Operatoren.*

- *Der ?-Operator*: Dieser Operator ist eine Abkürzung für eine einfache `if-else`-Verzweigung.

```
max = (eins < zwei) ? eins : zwei
```

entspricht

```
if (eins < zwei)
  max = eins;
  else
  max = zwei;
```

- *Zeichenketten vergleichen*: C-Zeichenketten können nicht mithilfe der Vergleichsoperatoren verglichen werden. Benutzen Sie daher die Bibliotheksfunktionen der `strcmp()`-Familie. Für Instanzen der Klasse `string` sind die Vergleichsoperatoren überladen und können daher wieder verwendet werden (siehe Kapitel 23.2).

- *Teilauswertung zusammengesetzter boolescher Ausdrücke*: Beachten Sie, dass boolesche Ausdrücke nicht weiter ausgewertet werden, wenn nach Auswertung eines Teilausdrucks feststeht, dass der Gesamtausdruck falsch sein muss. Anweisungen oder Funktionsaufrufe in weiteren Teilausdrücken werden dann nicht mehr ausgeführt, obwohl der Programmierer dies vermutlich erwartet.

11.2 Die switch-Verzweigung

Die `switch`-Verzweigung dient dazu, den Wert einer Variablen oder eines Ausdruckes mit einer Reihe von Konstanten zu vergleichen. Der Wert der Variablen (bzw. des Ausdrucks) muss einem integralen Datentyp entsprechen. Die Konstanten müssen eindeutig sein.

```
switch (Ausdruck)
  {
  case Konst1:   Anweisungen;
                         break;
  case Konst2:   Anweisungen;
                         break;
  default:          Anweisungen;
                         break;
  }
```

Die `switch`-Verzweigung wird so ausgewertet, dass zuerst der aktuelle Wert des Ausdrucks bestimmt und dann mit den Konstanten der `case`-Marken verglichen wird. Im Falle einer Übereinstimmung springt die Programmausführung zu der Anweisung, die auf die entsprechende `case`-Marke folgt und wird von dort aus fortgesetzt. Entspricht der Wert des Ausdrucks keiner der `case`-Konstanten, springt die Programmausführung zu der `default`-Marke. Hier lassen sich also alle Fälle behandeln, für die keine eigenen `case`-Marken vorgesehen werden.

Die `default`-Marke ist allerdings optional und kann weggelassen werden. Fehlt die `default`-Marke und gibt es keine Übereinstimmung zu den `case`-Konstanten, wird das Programm mit der nächsten Anweisung hinter der `switch`-Verzweigung fortgeführt.

Beispiel

Eine `switch`-Anweisung bietet sich immer dann an, wenn eine Variable (oder allgemeiner ein Ausdruck) mehrere Werte annehmen kann und man auf die verschiedenen Werte unterschiedlich reagieren möchte.

```
void bewertung(int note)
  {
  switch(note)
    {
    case 1: printf("Note: sehr gut\n");
            break;
    case 2: printf("Note: gut\n");
            break;
    case 3: printf("Note: befriedigend\n");
            break;
    case 4: printf("Note: ausreichend\n");
            break;
    case 5: printf("Note: mangelhaft\n");
            break;
    case 6: printf("Note: ungenügend\n");
            break;
    default:  printf("Fehler: ungültige Note\n");
    }
  }
```

11.2.1 Praktischer Einsatz der switch-Verzweigung

Die `switch`-Anweisung unterliegt einigen erheblichen Einschränkungen:

- Der Wert des überprüften Ausdrucks muss von einem integralen Typ sein; Gleitkommazahlen oder Zeichenketten können also zum Beispiel nicht ausgewertet werden.
- Für die `case`-Marken sind nur Konstanten erlaubt; Variablen, Bereichsangaben, Ausdrücke mit Vergleichsoperatoren sind nicht zugelassen.
- Man kann nur eine begrenzte Anzahl von Werten überprüfen. Die Anzahl der zugelassenen `case`-Marken in einem `switch`-Block wird einerseits vom Compiler vorgegeben, andererseits wird wohl niemand auf die Idee kommen, alle möglichen Werte einer `int`-Variablen einzeln abzufangen.

Trotzdem ist die `switch`-Anweisung recht vielseitig einsetzbar. Die folgenden Beispiele sollen dies verdeutlichen und gleichzeitig auf bestimmte Besonderheiten beim Einsatz der `switch`-Verzweigung hinweisen:

Menüs für Konsolenanwendungen

Konsolenanwendungen kann man auf einfache Weise mit einem (nichtgrafischen) Menü ausstatten, indem man die Liste der Menübefehle auf dem Bildschirm ausgibt und zur Auswahl der Befehle verschiedene Tasten (Ziffern oder Buchstaben) vorgibt. Drückt der Anwender dann eine der vorgeschlagenen Tasten, wird der Wert der Taste eingelesen, ausgewertet und mit dem Aufruf einer passenden Funktion beantwortet. Die Zuordnung der Tasten zu den aufzurufenden Funktionen erfolgt in einer switch-Anweisung.

Das Menü:

```
void menue()
  {
  printf("\n Menue \n\n");
  printf("Neue Adressen eingeben       <1> \n");
  printf("Nach Adresse suchen          <2> \n");
  printf("Adressenliste ausgeben       <3> \n");
  printf("Programm beenden             <4> \n\n");
  }
```

Aufruf des Menüs und Auswertung:

```
int main()
  {
  int befehl;

  do
    {
    // Menü anzeigen
    menue();

    // Eingabe von Anwender
    befehl = 0;
    while (befehl<1 || befehl>4)
      {
      printf("Ihre Eingabe : ");
      scanf("%d",&befehl);
      }

    // Befehl bearbeiten
    switch(befehl)
      {
      case 1: eingabe();
              break;
      case 2: suchen();
              break;
      case 3: ausgabe();
              break;
      }
```

```
  } while (befehl!=4);       // nicht abbrechen

  return 0;
  }
```

case-Marken ohne break-Anweisung

Für das Verständnis der switch-Verzweigung ist es ganz wichtig zu verstehen, dass sie letztendlich nichts anderes als einen einzelnen Anweisungsblock mit mehreren Sprungmarken darstellt.

case-Marken sind Einsprungmarken, keine Abbruchmarken

Wo mit der Ausführung dieses Anweisungsblocks begonnen wird, bestimmt der Vergleich des switch-Ausdrucks mit den case-Konstanten. Wurde dann aber einmal in den Anweisungsblock gesprungen, wird dieser wie jeder andere Block Anweisung für Anweisung abgearbeitet.

break in switch-Blöcken

Die Abarbeitung endet also *nicht* mit dem Erreichen der nächsten case-Marke, sondern erst mit der schließenden geschweiften Klammer der switch-Verzweigung.

Meist möchte man aber, dass im Falle einer Übereinstimmung mit einer case-Konstanten die Anweisungen unter der case-Marke ausgeführt werden und dann der switch-Block verlassen wird. Man erreicht dies, indem man die Anweisungen zu jeder einzelnen case-Marke mit einer break-Anweisung beendet. Die break-Anweisung sorgt für den direkten Sprung zum Ende des switch-Blocks.

Es gibt aber auch Fälle, in denen man Vorteil daraus ziehen kann, dass case-Marken nur Einsprungmarken und keine Abbruchmarken sind – beispielsweise dann, wenn man mehrere case-Konstanten mit dem gleichen Code verbinden will.

Beispiel

Das folgende Beispielprogramm zählt die verschiedenen Vokale: a, e, i, o und u. In der switch-Verzweigung muss dabei zwischen Groß- und Kleinschreibung unterschieden werden (eigene case-Marken), das Kopieren des Codes kann man sich allerdings sparen.

```
/* Vokale.cpp     Vokale zaehlen */
#include <stdio.h>
#include <stdlib.h>

#include <stdio.h>

int main()
  {
  FILE *fein;
  char dateiname[100];
  int vokale[6] = {0,0,0,0,0,0};
```

```
printf("Geben Sie Pfad und Name der Datei an: ");
scanf("%s",dateiname);
fflush(stdin);

if ((fein = fopen(dateiname, "rt")) == NULL)
  {
  printf("Datei konnte nicht geoeffnet werden\n");
  return 1;
  }

 while (!feof(fein))        // noch Zeichen vorhanden
   {
   switch(fgetc(fein))      // Zeichen einlesen und auswerten
     {
     case 'A':
     case 'a': vokale[0]++;
               vokale[1]++;
               break;
     case 'E':
     case 'e': vokale[0]++;
               vokale[2]++;
               break;
     case 'I':
     case 'i': vokale[0]++;
               vokale[3]++;
               break;
     case 'O':
     case 'o': vokale[0]++;
               vokale[4]++;
               break;
     case 'U':
     case 'u': vokale[0]++;
               vokale[5]++;
               break;
     }
   }

printf("\n");
printf("Anzahl der Vokale: %d\n\n",vokale[0]);
printf("                a: %d\n",vokale[1]);
printf("                e: %d\n",vokale[2]);
printf("                i: %d\n",vokale[3]);
printf("                o: %d\n",vokale[4]);
printf("                u: %d\n",vokale[5]);


fclose(fein);
return 0;
}
```

Bereiche überprüfen

Prinzipiell lassen sich mit der switch-Verzweigung keine Bereiche überprüfen, da für die case-Konstanten wirklich nur konstante Werte und keine Bereichsangaben oder Vergleichsoperatoren erlaubt sind. Für solche Fälle implementiert man daher eine else-if-Kette. In manchen Fällen kann man sich aber auch durch eine entsprechende Formulierung der switch-Bedingung behelfen.

Im folgenden Codeauszug soll beispielsweise geprüft werden, ob der Wert einer int-Variablen n im Bereich zwischen 0 und 99 oder zwischen 100 und 199 liegt.

```
switch (n/100)
  {
  case 0:   printf("n < 100\n");
            break;
  case 1:   printf("n zwischen 100 und 199\n");
            break;
  default:  printf("n groesser oder gleich 200\n");
  }
```

switch und Aufzählungen

Das letzte Beispiel sollte auch verdeutlichen, dass der Sinn der switch-Verzweigung vor allem in der Überwachung von Integer-Variablen mit wenigen diskreten Werten und nicht mit umfangreichen Wertebereichen liegt. Die switch-Verzweigung arbeitet daher besonders vorteilhaft mit Variablen von Aufzählungstypen (enum) zusammen.

Das folgende Beispiel definiert einen Aufzählungstyp Tage, dessen Variablen genau 7 verschiedene Werte zur Unterscheidung der Wochentage annehmen können.

```
/* Enum.cpp    Wochentage */
#include <stdio.h>

enum Tage {Montag = 1, Dienstag, Mittwoch, Donnerstag,
                Freitag, Samstag, Sonntag};

int main()
  {
  char zeile[100];
  enum Tage wochentag;

  printf("Geben Sie einen Wochentag an (1 - 7): ");
  fgets(zeile, sizeof(zeile), stdin);
  sscanf(zeile,"%d\n",&wochentag);

  switch(wochentag)
   {
   case Montag:
   case Dienstag:
   case Mittwoch:
   case Donnerstag:
   case Freitag:
          printf("Werktag\n");
```

```
        break;
case Samstag:
case Sonntag:
        printf("Wochenende\n");
        break;
default:
    printf("Sie haben einen falschen Wert eingegeben\n");
    break;
}

return 0;
}
```

11.2.2 Fallstricke und Besonderheiten

Um die switch-Verzweigung genau zu verstehen und Implementierungsfehler zu vermeiden, sollte man sich stets vor Augen halten, dass es sich hier letztendlich um eine Sprunganweisung in einen bestimmten Block handelt.

- Der Block ist der gesamte Anweisungsblock innerhalb der geschweiften Klammern der switch-Anweisung.
- Die case-Marken sind die Sprungmarken, die als Einsprungstellen in den Anweisungsblock dienen können.
- Durch die Überprüfung der switch-Variablen mit den Konstanten der case-Marken wird die Einsprungstelle festgelegt. Ab dieser Einsprungstelle wird der Anweisungsblock wie gewohnt ausgeführt.
- Vorzeitiges Verlassen des Blocks erreicht man mithilfe von break-Anweisungen.

Da es sich bei der switch-Verzweigung im Grunde nur um einen Anweisungsblock mit verschiedenen Einsprungstellen handelt, ergeben sich manche ebenso interessante wie fehleranfällige Möglichkeiten.

Anweisungen vor case-Marken:

- Rein syntaktisch ist es erlaubt, Anweisungen und Deklarationen vor die erste case-Marke zu setzen. Dieser Code wird allerdings nie ausgeführt.
- In C++ sind Deklarationen (nicht aber Initialisierungen) an jeder Stelle eines Anweisungsblocks erlaubt. Man kann daher auch in den Anweisungsfolgen zu den case-Marken Deklarationen einfügen, die dann im ganzen restlichen switch-Block gültig sind. In C sind Deklarationen nur am Anfang erlaubt. Beachten Sie aber, dass Anweisungen vor den case-Marken nie ausgeführt werden können:

```
switch(var)
   {
   int i;           // lokale Variable
```

```
    i = 3;          // wird nie ausgeführt
    case KONST1:
        i = 3;      // wird nur ausgeführt, wenn var = KONST2
    case KONST2:
    case KONST3: printf("%d\n",i);
    }
```

Die `break`-Anweisung in der `switch`-Verzweigung

- Durch das Setzen von `break`-Anweisungen kann man steuern, wann der Anweisungsblock verlassen werden soll. Die `break`-Anweisung stellt in der `switch`-Verzweigung also das Komplement zur `case`-Marke dar. In den meisten Fällen schließt man daher die Anweisungsfolge jeder `case`-Marke mit einer `break`-Anweisung ab.

Die `default`-Anweisung

- Die `default`-Anweisung wird ausgewertet, wenn die `switch`-Variable mit keiner der `case`-Konstanten übereinstimmt. Dabei ist es unwesentlich, ob die `default`-Anweisung vor den `case`-Marken, zwischen den `case`-Marken oder nach den `case`-Marken steht.

  Üblicherweise definiert man aber die `default`-Marke zuletzt und nutzt sie zur Standardverarbeitung von Fällen, für die keine eigenen `case`-Blöcke vorgesehen wurden.

Achtung, Tippfehler!
Wenn Sie sich vertippen und statt `default:` `dfault:` oder `defaukt:` schreiben, akzeptiert der Compiler dies ungerührt. Sie haben dann einfach eine weitere Sprungmarke (siehe Abschnitt 11.6) definiert, die aber leider nie verwendet wird.

!! STOP

Mit den `case`-Marken kann Ihnen dies nicht passieren, da der Compiler diese einer Überprüfung unterzieht.

INFO

Die `case`-Marken

- Die `case`-Konstanten einer `switch`-Verzweigung müssen eindeutig sein. Beachten Sie, dass die Konstanten in den Datentyp der `switch`-Variablen umgewandelt werden und die Konstanten nach dieser Konvertierung eindeutig sein müssen.

Verschachtelung von switch-Verzweigungen

Da der Anweisungsblock einer `switch`-Verzweigung ein Anweisungsblock wie jeder andere auch ist, kann man im Anweisungsblock einer `switch`-Verzweigung natürlich auch eine weitere `switch`-Verzweigung einfügen.

11.3 Die for-Schleife

Die `for`-Schleife dient dazu, einen nachfolgenden Anweisungsblock mehrfach hintereinander ausführen zu lassen.

```
for ( Initialisierung; Bedingung; Reinitialisierung)
  {
  Anweisungen;
  }
```

Initialisierung, Bedingung und Reinitialisierung beziehen sich auf die Kontrollvariable der Schleife, im Folgenden Schleifenvariable genannt. Anhand des Wertes dieser Variablen kontrolliert die `for`-Schleife, wie oft der Anweisungsblock der Schleife ausgeführt werden soll, d.h. wie viele Iterationen ausgeführt werden.

Initialisierung

Im Initialisierungsteil wird der Schleifenvariablen ein Anfangswert zugewiesen, für eine Schleifenvariable `int loop;` beispielsweise

```
loop = 0;
```

Als Schleifenvariable sind nur Variablen skalaren Typs erlaubt.

C versus C++

In C++ kann die Schleifenvariable direkt im Initialisierungsteil deklariert werden. Sie ist dann nur im Anweisungsblock der Schleife gültig und wird beim Verlassen des Blocks automatisch aufgelöst.

```
for (int loop = 0; ...
```

Achtung!
In älteren Versionen von C++ gehörten derart deklarierte Variablen dem umliegenden Gültigkeitsbereich an.

Bedingung

Im Bedingungsteil wird unter Verwendung der Schleifenvariablen eine Bedingung formuliert, die festlegt, ob die Schleife weiter ausgeführt werden soll oder nicht. Solange diese Bedingung erfüllt ist, solange wird die Schleife iteriert.

```
loop < 10;
```

Reinitialisierung

Im Reinitialisierungsteil wird festgelegt, wie der Wert der Schleifenvariablen von Iteration zu Iteration verändert werden soll. Beachten Sie, dass auf die Reinitialisierungsanweisung kein Semikolon folgt!

```
loop += 2
```

Anweisungsteil

Der Anweisungsteil kann aus einer einzelnen Anweisung oder einem Anweisungsblock (eingeschlossen in geschweiften Klammern) bestehen.

Beispiel

Die `for`-Schleife wäre nur halb so wertvoll, würde man sie nur dazu verwenden, identische Anweisungen mehrfach hintereinander auszuführen. Richtig interessant wird sie meist erst, wenn sich die Werte der im Anweisungsblock verwendeten Variablen von Iteration zu Iteration systematisch verändern.

Ein nettes Beispiel hierfür wäre die Berechnung der Fakultät. Die Fakultät einer Zahl n ist definiert als:

```
n! = n * (n-1) * (n-2) * ... * 1
und 0! = 1
```

Die Fakultät erhält man also durch wiederholt ausgeführte Multiplikationen (-> iterativ), wobei der Faktor, mit dem multipliziert wird, jedes Mal um 1 verringert wird (-> dafür bietet sich die Schleifenvariable an).

Umgesetzt in eine `for`-Schleife könnte die Berechnung also wie folgt aussehen:

```
fakultaet = 1;

for(loop = zahl; loop > 1; loop--)
   {
   fakultaet *= loop;       // 1 * n * (n-1) * (n-2) ...
   }
```

Ein paar Seiten weiter finden Sie ein vollständiges Programm zur Berechnung der Fakultät.

11.3.1 Praktischer Einsatz der for-Schleife

Die wichtigste Aufgabe der `for`-Schleife ist die Automatisierung von Arbeitsabläufen.

Code-Wiederholungen vermeiden

Nehmen wir an, Sie wollten 10 Werte von der Tastatur einlesen und diese Werte summieren. Um einen Wert einzulesen und zu der Variablen `summe` zu addieren, schreiben Sie:

```
printf("\nGeben Sie den nächsten Wert ein: \t");
scanf("%d",&wert);
fflush(stdin);
summe += wert;
```

Statt diese Anweisungsfolge nun zu kopieren und zehnmal hintereinander in Ihren Quelltext einzufügen, schreiben Sie einfacher:

```
summe = 0;
  for(loop=1; loop <=10; loop++)
    {
    printf("\nGeben Sie den nächsten Wert ein: \t");
    scanf("%d",&wert);
    fflush(stdin);

    summe += wert;
    }
```

Dies ist aus mehreren Gründen von Vorteil:

- Der Quelltext ist wesentlich übersichtlicher.
- Der Quelltext ist wesentlich besser wartbar. Erweist sich beispielsweise eine der Anweisungen als fehlerhaft, brauchen Sie den Fehler nur einmal und nicht zehnmal zu korrigieren.
- Soll die Schleife hundertmal statt zehnmal ausgeführt werden, brauchen Sie nur die Schleifenbedingung zu ändern (statt den Code noch neunzigmal zu kopieren).

Die Schleifenvariable in der Schleife verwenden

Die Schleifenvariable kontrolliert die Anzahl der Schleifeniterationen. Da ihr Wert immer zur aktuellen Iteration korrespondiert (zumindest sollte sie dies), wird sie häufig auch in der Schleife eingesetzt.

Das folgende Beispiel ist eine Erweiterung des letzten Beispiels. In der Ausgabe wird dem Anwender nun angezeigt, den wievielten Wert er eingeben soll.

```
summe = 0;
  for(loop=1; loop <=10; loop++)
    {
    printf("\nGeben Sie den %d. Wert ein: \t",loop);
    scanf("%d",&wert);
    fflush(stdin);

    summe += wert;
    }
```

!! STOP

Wenn Sie die Schleifenvariable in dem Anweisungsblock der Schleife verwenden, sollten Sie darauf achten, den Wert der Schleifenvariablen nur abzufragen, ihn aber nicht zu verändern. Die Schleifenvariable sollte in einer `for`*-Schleife nur gemäß der Reinitialisierungsanweisung verändert werden.*

Manche Schleifen arbeiten fast ausschließlich mit der Schleifenvariablen – so zum Beispiel die bereits weiter oben vorgestellte Schleife zur Berechnung der Fakultät:

```
/* Fakult1.cpp    Fakultät mit for-Schleife */
#include <stdio.h>

int main()
  {
  int zahl;
  double fakultaet;
  int loop;

  printf("Geben Sie die Zahl ein, deren Fakultaet "
         "berechnet werden soll: ");
  scanf("%d",&zahl);
  fflush(stdin);


  fakultaet = 1;
  for(loop=zahl; loop>=1; loop--)
    {
    fakultaet *= loop;
    }

  printf("\nDie Fakultaet von %d ist %lf\n", zahl, fakultaet);

  return 0;
  }
```

Vorsicht mit der Fakultät!
Die Fakultät ist eine extrem schnell ansteigende Funktion. Bereits für relativ kleine Eingaben wie die Zahl 10 ergibt sich ein sehr hoher Wert (10! = 3.628.800).

Schleifen und Arrays

Ganz vorzüglich bieten sich `for`-Schleifen zur Bearbeitung von Feldern oder Arrays an (siehe Kapitel 8.2). In solchen Fällen nutzt man die Schleifenvariable als Index auf die Array-Elemente.

Das folgende Beispiel demonstriert, wie die Elemente eines Arrays mithilfe einer Schleife Werte zugewiesen bekommen:

```
#define ARRAY_GROESSE 20
int array[ARRAY_GROESSE];
for (i=0; i < ARRAY_GROESSE; i++)
     array[i] = i;
```

Schleifen vorzeitig abbrechen

Standardmäßig wird eine Schleife beendet, wenn die Schleifenbedingung nicht mehr erfüllt ist. Es gibt aber auch Möglichkeiten, die Abarbeitung schon vorher abzubrechen. Die wichtigsten Abbruchanweisungen sind `continue` und `break`.

`continue`
Mithilfe des Schlüsselworts `continue` kann die aktuelle Schleifeniteration abgebrochen werden. Nach Ausführung der `continue`-Anweisung werden die restlichen Anweisungen des Schleifenblocks übersprungen, die Schleifenvariable wird reinitialisiert, und wenn die Schleifenbedingung noch erfüllt ist, wird die nächste Iteration begonnen (siehe Abschnitt 11.5.1).

`break`
Mithilfe des Schlüsselworts `break` kann die ganze Schleife abgebrochen werden. Die Programmausführung wird danach mit der nächsten Anweisung nach der Schleife fortgesetzt (siehe Abschnitt 11.5.2).

INFO

Außer mit `continue` und `break` kann die Schleife mithilfe der `return`-Anweisung (beendet die Schleife und die Funktion, in der die Schleife implementiert ist) oder durch Aufruf der Funktion `exit()` (beendet das ganze Programm) abgebrochen werden.

Schleifen mit mehreren Schleifenvariablen

Erlaubt ist auch die Formulierung von `for`-Schleifen mit mehreren Schleifenvariablen. Syntaktisch wird dies durch Verwendung des Komma-Operators ermöglicht (siehe Kapitel 7.12.4), mit dem man den Initialisierungs-, Bedingungs- und Reinitialisierungsteil der `for`-Schleife in mehrere Teile untergliedern kann.

Angenommen, Sie hätten ein Array `a` mit 1000 int-Werten und wollten diese in umgekehrter Folge in das Array `b` kopieren. Dann brauchen Sie eine Schleife, in der Sie den Index für das Feld `a` hochzählen, während Sie den Index für das Feld `b` herunterzählen:

```
for(i = 0, j = 999; i < 1000; i++, j--)
  b[j] = a[i];
```

Verschachtelte Schleifen

Im Gegensatz zu den `while`-Schleifen, die eher selten ineinander verschachtelt werden, gibt es für verschachtelte `for`-Schleifen eine Reihe von Einsatzgebieten, beispielsweise

- in der Matrizenrechnung

```
// rechnet das Matrizen-Produkt C = A*B  aus
// C, A und B sind n*n-Matrizen
for (i=1; i<=n; i++)
  for (j=1; j<=n; j++)
    {
    h = 0;
    for (k=1;k<=n;k++)
       h += a[i][k] * b[k][j];

    c[i][j] = h;
    }
```

- oder allgemeiner bei der Programmierung mit mehrdimensionalen Arrays oder Feldern, bei denen für jede Dimension eine eigene Schleifenebene implementiert wird (siehe Kapitel 8.2.6).
- Gelegentlich findet man auch gegenläufige Schleifen, die auf einem Feld operieren.

Typische Fehler

Bezüglich der Syntax der `for`-Schleife gibt es drei Punkte zu beachten:

- Von den drei Teilen der `for`-Schleife (Initialisierung, Bedingung und Reinitialisierung) werden nur die beiden ersten mit Semikolon abgeschlossen.
- Mehrere Anweisungen oder Bedingungen innerhalb eines dieser Teile werden mit Komma getrennt.
- Hinter der schließenden runden Klammer der `for`-Schleife darf kein Semikolon folgen, da dieses sonst als leere Anweisung interpretiert würde und die Schleife dann nur n-mal diese leere Anweisung ausführt.

Das größte Problem bei der Programmierung mit Schleifen ist allerdings das Erreichen der Abbruchbedingung. Solange die Schleifenbedingung erfüllt ist, solange wird die Schleife ausgeführt. Dies impliziert allerdings auch, dass eine Schleife, deren Schleifenbedingung nie zu `false` ausgewertet wird, endlos (bzw. bis zum Absturz des Programms) fortgesetzt wird.

Aufgabe des Programmierers ist es daher, sicherzustellen, dass die Schleife auch zum korrekten Zeitpunkt beendet wird. Glücklicherweise ist dies meist nicht allzu schwierig, denn während man größere Programme meist nur austesten kann, kann man das korrekte Verlassen von Schleifen logisch beweisen – in vielen Fällen lässt sich die Anzahl der Schleifendurchgänge sogar genau berechnen.

Schleifen kontrollieren

Betrachten wir eine typische Schleife mit einer Schleifenvariablen `i` vom Typ `int`. Überprüft wird das Zusammenspiel von Initialisierung, Reinitialisierung und Bedingung.

```
for(i = 0; i < 10; i++)
  printf("Schleifenvariable i ist gleich %d\n", i);
```

- Beim Eintritt in die Schleife ist `i` = 0.
- In jeder Iteration wird `i` um 1 erhöht.
- Nach 10 Iterationen ist `i` gleich 10, die Schleifenbedingung ist nicht mehr erfüllt und die Schleife wird beendet.

Prüfen Sie in analoger Verfahrensweise das Verhalten der folgenden Schleifen:

```
for(i = 1; i != 10; i += 2)
  printf("Schleifenvariable i ist gleich %d\n",i);
for(i = 0; i != 10; i++)
  printf("Schleifenvariable i ist gleich %d\n",i++);
for(i = 0; i < 10; i--)
  printf("Schleifenvariable i ist gleich %d\n",i);
```

Insbesondere das zweite Beispiel zeigt, wie schnell sich unerwünschte Nebeneffekte einstellen können, wenn die Schleifenvariable im Anweisungsteil verändert wird. Es zeugt zudem von schlechtem Programmierstil, wenn Sie im Anweisungsteil einer `for`-Schleife die Schleifenvariable verändern, denn es soll ja gerade einer der Vorteile der `for`-Schleife sein, dass alle Informationen zur Berechnung der Schleifendurchgänge im Kopf der Schleife zusammengefasst sind. Wenn Sie auf die Anpassung der Schleifenvariablen im Anweisungsteil nicht verzichten können, sollten Sie eine `while`-Schleife implementieren (siehe Abschnitt 11.4).

Abarbeitung der for-Schleife

Die Abarbeitung der `for`-Schleife sieht folgendermaßen aus:

1. Einmalige Ausführung des Initialisierungsteils.
2. Überprüfung der Schleifenbedingung.
3. Ausführung des Anweisungsblocks der Schleife (Iteration).
4. Ausführung des Reinitialisierungsteils. Fortfahren bei Schritt 2.

11.3.2 Performance-Tips

Schleifen sind für die Optimierung von Programmen besonders interessant. Allerdings ist hier zwischen der Optimierung der Codegröße und der Optimierung der Ausführungsgeschwindigkeit zu unterscheiden.

Optimierung der Codegröße

Neben den allgemeinen Möglichkeiten zur Code-Reduzierung, die C bietet, ergeben sich für die for-Schleife noch weitere spezielle Techniken, die vor allem ausnutzen, dass man innerhalb der drei Teile der for-Schleife jeweils mehrere Anweisungen aufnehmen kann.

```
fakultaet = 1;

for(loop = zahl; loop > 1; loop--)
   {
   fakultaet *= loop;        // 1 * n * (n-1) * (n-2) ...
   }
```

könnte man beispielsweise umschreiben zu

```
for(fakultaet = 1, loop = zahl; loop > 1; loop--)
   {
   fakultaet *= loop;        // 1 * n * (n-1) * (n-2) ...
   }
```

Bevor Sie jetzt allerdings daran gehen, die Initialisierungen und Veränderungen aller möglichen Variablen in den Schleifenkopf zu verschieben, beachten Sie:

- dass diese Optimierungen in der Praxis nahezu irrelevant sind, da die Reduzierung des Quelltextes in diesem Fall nicht in gleicher Weise zu einer Reduzierung der ausführbaren Datei führt (und nur deren Reduzierung ist von Interesse, denn diese ist es ja, die in den Arbeitsspeicher geladen wird).
- dass der Code-Reduzierung heute weit weniger Bedeutung beizumessen ist als noch vor wenigen Jahren, als Arbeitsspeicher kostbar und selten wie Gold war.
- dass heute eher die Lesbarkeit und nachvollziehbare Implementierung im Vordergrund steht. Speziell für die for-Schleife bedeutet dies, dass Sie in den Schleifenkopf nur die Anweisungen packen sollten, die mit der Überprüfung und Reinitialisierung der Schleifenvariable(n) zu tun haben, und dass alle sonstigen Anweisungen in den Anweisungsblock der Schleife gehören.

Optimierung der Ausführungsgeschwindigkeit

Soll die Ausführungsgeschwindigkeit eines Programmes verbessert werden, steht die Optimierung der Schleifen immer an vorderster Stelle. Dadurch, dass die Anweisungsblöcke der Schleifen mehrfach iteriert werden, können schon kleine Optimierungen in diesen Anweisungen zu einer deutlichen Verbesserung der Laufzeit führen.

Hier eine kleine Checkliste:

- Nehmen Sie alle unnötigen Anweisungen aus der Schleife heraus.
- Prüfen Sie alle Anweisungen, in denen keine Schleifenvariable auftaucht, ob man diese Anweisungen nicht als Initialisierung vor die Schleife oder zur Nachbearbeitung hinter die Schleife stellen kann.
- Vermeiden Sie, soweit es geht, Zeit schluckende Operationen (Ein- und Ausgabe in Dateien, Bildschirmausgaben, Funktionsaufrufe).

  Wenn Sie beispielsweise Punkte auf dem Bildschirm ausgeben wollen, um dem Anwender anzuzeigen, dass das Programm noch arbeitet und nicht etwa abgestürzt ist, geben Sie nur in jeder hundertsten oder tausendsten Iteration einen Punkt aus.
- Vermeiden Sie temporäre Variablen.

11.3.3 Spezielle for-Schleifen

Zum Abschluss schauen wir uns drei besondere Formen der `for`-Schleife an.

Die Endlosschleife

Die Endlosschleifen muss man in gewollte und ungewollte Endlosschleifen unterteilen (wobei die gewollten Endlosschleifen streng genommen natürlich keine echten Endlosschleifen darstellen).

Eine ungewollte Endlosschleife liegt vor, wenn sich das Programm bei der Ausführung in der Schleife aufhängt, weil die Schleifenvariable nicht so verändert wird, dass die Schleifenbedingung irgendwann `false` ergibt.

INFO

Beachten Sie, dass Schleifen auch vom aktuellen Programmstatus abhängen können. Es ist also gut möglich, dass eine Schleife bei hundert Programmaufrufen korrekt arbeitet und beim 101ten Programmaufruf in eine Endlositeration ausartet.

Die folgende Endlosschleife basiert auf einem einfachen Tippfehler und führt jedes Mal zu einer Endlositeration, weil die Schleifenvariable dekrementiert statt inkrementiert wird und daher nie größer als 10 werden kann.

Der Programmierer wird also gleich beim ersten Test des Programms auf seinen Fehler aufmerksam gemacht.

```
for(loop=1; loop <=10; loop--)
  {
  ...
  }
```

Die folgende Schleife wird dagegen nur dann zur Endlosschleife, wenn die Variable `zugabe` vor Eintritt in die Schleife einen negativen Wert zugewiesen bekommen hat.

```
for(loop=1; loop <=10; loop + zugabe)
  {
  ...
  }
```

Gewollte Endlosschleifen

Eine gewollte Endlosschleife liegt vor, wenn die Schleife bewusst so lange ausgeführt werden soll, bis eine bestimmte Bedingung erfüllt wird.

Das nachfolgende Programm nutzt eine solche Schleife, um immer wieder neue Werte vom Anwender abzufragen, für die das Programm dann das Quadrat berechnet und ausgibt. Erst wenn der Anwender eine 0 als Wert eingibt, wird die Schleife verlassen.

Prinzipiell sollte man in solchen Fällen auf die `while`-Schleife zurückgreifen, doch es geht auch mit der `for`-Schleife. Es ergeben sich dabei aber zwei Probleme.

1. Schleifenvariablen gehören skalaren Typen an und unterliegen definierten Wertebereichen. Obwohl es unwahrscheinlich ist, müsste man also darauf achten, dass die Schleifenvariable nicht durch die Inkrementierung ihren Wertebereich überschreitet.
2. Meist benötigt man für solche gewollten Endlosschleifen keine Schleifenvariable; die Anweisungen zur Reinitialisierung und Überprüfung der Schleifenvariablen sind daher unnützer Code, der nur die Ausführungszeit belastet.

Die Lösung ist eine spezielle Syntax, die ganz auf die Schleifenvariablen verzichtet:

```
for(;;)
  {
  ...
  if(bedingung)
    break;   // Schleife verlassen
  ...
  }
```

Umgesetzt im Programm zur Berechnung des Quadrates sieht das dann wie folgt aus:

```
/* Quadrat.cpp    Berechnung des Quadrats */
#include <stdio.h>
#include <math.h>

int main()
  {
  double wert;

  for(;;)
    {
    printf("Geben Sie eine Zahl ein: \t");
    scanf("%lf",&wert);
    fflush(stdin);

    if(wert==0)
      break;  // Schleife verlassen

    printf("Das Quadrat von %lf ist %lf\n\n",wert,pow(wert,2));
    }

  return 0;
  }
```

Die Warteschleife

Der ANSI-Standard sieht keine spezielle Funktion vor, mit der man ein Programm für eine gewisse Zeit pausieren lassen kann.

Will man nicht auf systemspezifische Implementierungen zurückgreifen (beispielsweise die Borland-Funktion `delay()` für DOS oder `sleep()` für DOS, Unix, OS/2 und Win32), muss man eigene Lösungen suchen.

Eine einfache Möglichkeit, eine kleine Verzögerung einzubauen, wäre beispielsweise der Aufruf der folgenden Funktion:

```
void  wait()
   {
   int i, j;

   for(i=0; i < 1000L; i++)
      for (j=0; j < 1000L; j++)
          sin(i+j);
   }
```

Beachten Sie aber, dass eine solche Implementierung stark systemabhängig ist, in dem Sinne, dass die effektive Wartezeit empfindlich von dem Prozessor und der Taktung des Rechners abhängt, auf dem das Programm ausgeführt wird.

Beispiel

Ich erinnere mich beispielsweise an eine Implementierung eines Memory-Spiels, das ich früher auf einem langsamen 486er installiert hatte. Wenn der Computer mit Aufdecken an der Reihe war, deckte er zwei Karten auf, zeigte diese 2 bis 3 Sekunden offen an und drehte sie dann wieder um. Als ich das Programm später auf einem Pentium laufen lassen wollte, deckte der Computer die Karten so schnell auf und wieder zu, dass man den Eindruck gewann, er wolle den Mitspieler partout nicht in die Karten schauen lassen. Das Programm war damit praktisch unbrauchbar geworden.

Dient die Verzögerung also nicht nur dem Debuggen des Programmes, sondern ist wichtiger Bestandteil der Programmausführung, muss man andere Wege gehen.

In Konsolenanwendungen bietet es sich an, die Systemzeit abzufragen. Die drei Komponenten, die Sie dazu benötigen, sind alle in der Header-Datei `<time.h>` deklariert und bestehen aus:

- der Funktion `clock()`, die die Systemzeit in CPU-Ticks angibt. Genauer gesagt, wie viele Ticks seit einem bestimmten Datum vergangen sind. (Das Datum ist fest und wird vom Compiler-Entwickler festgelegt.)
- der Konstanten `CLOCKS_PER_SEC`, die angibt, wie viele Ticks eine Sekunde ausmachen.
- dem Datentyp `clock_t`, der den Typ des Rückgabewerts der Funktion `clock()` definiert.

Um eine Warteschleife von 3 Sekunden zu implementieren, könnte man dann wie folgt vorgehen:

```
#include <time.h>
int pause;
clock_t start;
pause = 3*CLOCKS_PER_SEC;  // Verzoegerung in Einheiten von clock
start = clock();           // aktuelle Zeit abfragen
while(clock() < start+pause)   // 3 Sekunden Schleife ausfuehren
    ;                          // Leere Anweisung
```

Im Programm Reaktion.cpp *aus Anhang A werden wir zudem in regelmäßigen Abständen einen Punkt auf dem Bildschirm ausgeben, um das Verstreichen der Zeit anzuzeigen.*

REF

Unter Windows kann man stattdessen auch einen Zeitgeber einrichten und sich auf diese Weise vom Betriebssystem unterstützen lassen.

Eingerichtet wird ein Zeitgeber mithilfe der API-Funktion

```
UINT SetTimer (HWND hwnd, UINT nIDEvent, UINT uIntervall,
               TIMERPROC lpTfunc)
```

- hwnd: Handle des Fensters, das die Timer-Botschaften empfängt.
- nIDEvent: ID des Zeitgebers.
- uIntervall: Zeitintervall in Millisekunden.
- lpTfunc: Adresse der Funktion, die die Botschaft verarbeiten soll.

Wenn man für lpTfunc NULL übergibt, kann man die Botschaft in der Fensterfunktion abfangen:

```
LRESULT CALLBACK WndProc (HWND hwnd, UINT iMsg,
                          WPARAM wParam, LPARAM lParam)
  {
  ...

  switch (iMsg)
    {
    case WM_TIMER :
                  ...
                  return 0;
    ...
    }
```

REF

Das Programm WReact, *das sich auf der Buch-CD befindet, demonstriert den Einsatz von Zeitgebern unter Windows. Klicken Sie mit der rechten Maustaste in das Fenster des Programms, um den Reaktionstest zu starten. Nach einer zufällig bestimmten Wartezeit blendet das Programm in Abständen von 50 Millisekunden (Zeitgeber) rote LEDs ein. Klicken Sie dann mit der linken Maustaste in das Fenster und lesen Sie Ihre Reaktionszeit ab.*

Die leere Schleife

Eine leere Schleife liegt vor, wenn der gesamte funktionelle Code der Schleife schon im Schleifenkopf steht.

```
for(loop=0;loop<12;loop++,printf("%d\n",loop))
    ;
```

Empfehlenswert ist eine solche Implementierung allerdings meist nicht – bestenfalls ist sie geeignet, C-Anfänger zu verblüffen.

11.4 Die while-Schleife

Die while-Schleife dient wie die for-Schleife dazu, einen nachfolgenden Anweisungsblock mehrfach hintereinander ausführen zu lassen.

```
Initialisierung;

while (Bedingung)
```

```
{
Anweisungen;
Reinitialisierung;
Anweisungen;
}
```

Initialisierung, Bedingung und Reinitialisierung beziehen sich auf die Kontrollvariable der Schleife, im Folgenden Schleifenvariable genannt. Der Wert dieser Variablen geht üblicherweise in die Bedingung ein und kontrolliert damit, wie oft der Anweisungsblock der Schleife ausgeführt werden soll, d.h. wie viele Iterationen ausgeführt werden.

Im Gegensatz zur `for`-Schleife sind Initialisierung, Bedingung und Reinitialisierung nicht im Schleifenkopf zusammengezogen. Die Initialisierung der Schleifenvariable(n) erfolgt vor der Schleife, die Bedingung folgt auf das Schlüsselwort `while`, die Reinitialisierung der Schleifenvariable(n) erfolgt im Anweisungsteil.

Initialisierung

Im Initialisierungsteil wird der Schleifenvariablen ein Anfangswert zugewiesen – für eine Schleifenvariable `int loop;` beispielsweise

```
loop = 0;
```

Als Schleifenvariable sind nur Variablen skalaren Typs erlaubt.

Bedingung

In der Bedingung wird (meist) unter Verwendung der Schleifenvariablen eine Bedingung formuliert, die festlegt, ob die Schleife weiter ausgeführt werden soll oder nicht. Solange diese Bedingung erfüllt ist, wird die Schleife iteriert.

```
while (loop < 10)
```

Reinitialisierung

In der Reinitialisierung wird festgelegt, wie der Wert der Schleifenvariablen von Iteration zu Iteration verändert werden soll.

```
loop += 2;
```

Beispiel

Ein typisches Einsatzgebiet für die `while`-Schleife ist die Abfrage von Benutzereingaben, die einem bestimmten Wertebereich angehören müssen. Durch die `while`-Schleife kann man die Eingabe wiederholen lassen, bis der Anwender einen korrekten Wert eingibt:

```
printf("\n Menue \n\n");
printf("Neue Adressen eingeben      <1> \n");
```

```
printf("Nach Adresse suchen          <2> \n");
printf("Adressenliste ausgeben       <3> \n");
printf("Programm beenden             <4> \n\n");

int befehl = 0;

while (befehl<1 || befehl>4)
    {
    printf("Ihre Eingabe : ");
    scanf("%d",&befehl);
    }
```

11.4.1 Praktischer Einsatz der while-Schleife

Die `while`-Schleife ist die allgemeinere Form der `for`-Schleife. Wie diese dient sie der Vermeidung von Code-Wiederholungen, wie diese erspart sie Tipparbeit und macht den Quelltext übersichtlicher.

Tatsächlich kann jede `for`-Schleife auch als `while`-Schleife implementiert werden und in C/C++ ist es sogar möglich, umgekehrt jede `while`-Schleife als `for`-Schleife zu implementieren.

Trotzdem sollte man die Einsatzgebiete beider Schleifen nicht als identisch ansehen, denn für bestimmte Aufgaben ist die `for`-Schleife besser geeignet, für andere die `while`-Schleife. Wo beide Schleifen gleich gut eingesetzt werden können, sollte man immer die `for`-Schleife wählen, da diese die übersichtlichere Syntax hat und daher weniger fehleranfällig ist.

Tabelle 11.1: Einsatzgebiete der Schleifen

	for	while
Anzahl der Iterationen feststehend	+	-
Anzahl der Iterationen berechenbar	+	-
Schleifenvariable in Schleifenkörper ändern	-	+
Schleifen ohne Schleifenvariable	-	+
Ereignisse als Abbruchbedingung	-	+
Abbruchbedingung in Anweisungsteil	-	+
Gewollte Endlosschleifen	-	+

Die Schleifenvariable in der Schleife ändern

Was man bei der `for`-Schleife vermeiden sollte, dass nämlich der Wert der Schleifenvariablen im Anweisungsteil der Schleife verändert wird, ist für die `while`-Schleife ein Muss (Ausnahmen sind `while`-Schleifen, die ohne Schleifenvariablen implementiert sind, siehe die nachfolgenden Abschnitte).

Die Änderung der Schleifenvariablen im Anweisungsteil ist ein sehr mächtiges Mittel, aber auch ein gefährliches, denn es führt schnell zu nur schwer nachvollziehbarem Code.

Zur Übung beginnen wir aber mit einem einfachen Beispiel, das die Umschreibung einer `for`-Schleife als `while`-Schleife demonstriert.

Die folgende `for`-Schleife soll die Fakultät einer Zahl berechnen:

```
fakultaet = 1;

for(loop = zahl; loop > 1; loop--)
   {
   fakultaet *= loop;      // 1 * n * (n-1) * (n-2) ...
   }
```

Als `while`-Schleife umgeschrieben, sieht die Berechnung folgendermaßen aus:

```
fakultaet = 1;
loop = zahl;

while(loop>=1)
  {
  fakultaet *= loop;
  loop--;
  }
```

Komplizierter wird es, wenn die Schleifenvariable an mehreren Stellen verändert wird oder werden kann. Das folgende Programm soll beispielsweise die Fakultäten der Zahlen von 0 bis 10 ausgeben. Prüfen Sie selbst, ob die Schleife korrekt implementiert ist.

```
/* Fakult2.cpp    endlose while-Schleife */
#include <stdio.h>

int loop;

// Fakultät berechnen
double fak(int zahl)
  {
  double fakultaet = 1;
  for(loop=zahl; loop>=1; loop--)
    {
    fakultaet *= loop;
    }
  return fakultaet;
  }

int main()
  {
  int zahl = 1;
```

```
loop = 0;
while(loop <= 10)
  {
  printf("Die Fakultaet von %d ist %lf\n", loop, fak(loop));
  loop++;
  }

return 0;
}
```

Das Programm ist natürlich nicht fehlerfrei. Es verdeutlicht nicht nur, was passieren kann, wenn eine Schleifenvariable in einer Funktion geändert wird, die in der Schleife aufgerufen wird, sondern zeigt auch die Gefährlichkeit globaler Variablen.

Das Problem mit obigem Programm ist, dass sowohl die `while`-Schleife als auch die `for`-Schleife in der Funktion `fak()` die globale Variable `loop` als Schleifenvariable verwenden. Die `while`-Schleife versucht zwar, die Variable `loop` hochzuzählen (`loop++`), doch der Aufruf von `fak()` setzt die Variable immer auf `0` zurück. Die `while`-Schleife wird daher endlos ausgeführt.

Eine einfache Lösung des Problems wäre, die Variable `loop` in der Funktion `main()` oder in `fak()` als lokale Variable zu deklarieren. Danach erhielte man dann auch die gewünschte Ausgabe:

```
Die Fakultaet von 0 ist 1.000000
Die Fakultaet von 1 ist 1.000000
Die Fakultaet von 2 ist 2.000000
Die Fakultaet von 3 ist 6.000000
Die Fakultaet von 4 ist 24.000000
Die Fakultaet von 5 ist 120.000000
Die Fakultaet von 6 ist 720.000000
Die Fakultaet von 7 ist 5040.000000
Die Fakultaet von 8 ist 40320.000000
Die Fakultaet von 9 ist 362880.000000
Die Fakultaet von 10 ist 3628800.000000
```

Ereignisse als Abbruchbedingungen

Die `while`-Schleife bietet sich insbesondere dann an, wenn sich die Anzahl der Iterationen nicht aus dem Wert einer Schleifenvariablen ergibt, sondern vom Eintritt eines bestimmten Ereignisses abhängt. Ein solches Ereignis könnte beispielsweise das Erreichen des Dateiendes beim Kopieren einer Textdatei sein.

Üblicherweise wird das Auftreten eines solchen »Ereignisses« mithilfe einer Funktion geprüft, der Eintritt des Ereignisses durch den Rückgabewert der Funktion signalisiert und in der Bedingung der `while`-Schleife überwacht.

Das folgende Programm dient zum Kopieren von Textdateien. Name der Eingabe- und Ausgabedatei werden der Kommandozeile entnommen. Das Programm demonstriert die Implementierung einer Schleife ohne Schleifenvariable. Die Schleife wird so lange ausgeführt, bis das Dateiende der zu kopierenden Datei erreicht wurde (die Funktion `fgetc()` liefert das Zeichen `EOF` zurück).

```
/* Kopieren.cpp   Textdateien kopieren */
#include <string.h>
#include <stdio.h>

void anleitung()
  {
  printf(" Programm zum Kopieren von Dateien:\n");
  printf(" \n");
  printf(" Das Programm uebernimmt aus der Befehlszeile :\n");
  printf("     Den Namen der Eingabedatei \n");
  printf("     Den Namen der Ausgabedatei \n\n");
  }


int main(int argc,char *argv[])
  {
  char ch;
  FILE *dat_ein, *dat_aus;

  // ueberprueft ob die beiden
  // dateinamen eingegeben wurden
  if (argc<3)
    {
    anleitung();
    }
    else
    {
    // Dateien oeffnen
    dat_ein = fopen(argv[1],"rt");
    dat_aus = fopen(argv[2],"w+t");

    // Zeichen einlesen und auf Dateiende pruefen
    while ( (ch = fgetc(dat_ein)) !=EOF)
        {
        putc(ch,dat_aus);  // Zeichen in Datei kopieren
        }

    fclose(dat_ein);
    fclose(dat_aus);
    }

  return 0;
  }
```

Schleifen abbrechen

Das vorzeitige Abbrechen von Schleifen mithilfe der Schlüsselwörter `continue` und `break` wurde bereits in Abschnitt 11.3.1 angesprochen.

Beide Anweisungen werden in `while`-Schleifen ganz genauso eingesetzt wie in `for`-Schleifen. Während sie in `for`-Schleifen jedoch eher sparsam eingesetzt werden, begegnet man ihnen in `while`-Schleifen des öfteren.

Insbesondere die `break`-Anweisung wird in `while`-Schleifen des öfteren zum Verlassen der Schleife benutzt. So hätte man das eingangs vorgestellte Beispiel, in dem der Anwender zur Auswahl eines Menüpunkts aufgefordert wird, auch folgendermaßen implementieren können:

```
int main()
  {
  int befehl = 0;

  printf("Menue \n\n");
  printf("Neue Adressen eingeben      <1> \n");
  printf("Nach Adresse suchen         <2> \n");
  printf("Adressenliste ausgeben      <3> \n");
  printf("Programm beenden            <4> \n\n");


  while (1)                    // gewollte Endlosschleife
    {
    printf("Ihre Eingabe : ");
    scanf("%d",&befehl);

    if(befehl == 4)
      break;                   // Schleife beenden
    }

  return 0;
  }
```

Eine Übersicht zum Abbrechen von Schleifen finden Sie in Abschnitt 11.5.

Schleifen mit mehreren Schleifenvariablen

Die Verwendung mehrerer Schleifenvariablen ist in `while`-Schleifen kein Problem und an keinerlei syntaktische Besonderheiten geknüpft.

```
int loop1 = 1;
int loop2 = 10;

while (loop1<=10 && loop2 >= 1)
  {
  printf("%d\n",loop1++*loop2--);
  }
```

Typische Fehler

Bezüglich der Syntax der `while`-Schleife gibt es nur einen Punkt zu beachten:

- Hinter der schließenden runden Klammer der `while`-Schleife darf kein Semikolon folgen, da dieses als leere Anweisung interpretiert würde und die Schleife dann nur n-mal diese leere Anweisung ausführt.

Das größte Kopfzerbrechen bei der Implementierung von `while`-Schleifen macht das korrekte Beenden der Schleife (siehe `for`-Schleife). Um Fehler zu vermeiden, sollten Sie

- die Schleifenbedingung nicht unnötig kompliziert formulieren,
- Schleifenvariablen an möglichst wenigen Stellen ändern.

  Idealerweise sollte dies einmal am Anfang oder Ende der Schleife geschehen. Wird eine Schleifenvariable an mehreren Stellen im Anweisungsblock geändert, sollten diese Stellen gekennzeichnet werden (beispielsweise durch Kommentare).
- es vermeiden, die Schleifenvariablen innerhalb von Funktionen zu ändern, die innerhalb der Schleifen aufgerufen werden. Dies kann sehr schnell zu nur schwer verständlichem und schlecht wartbarem Code führen. In jedem Fall sollten solche Vorgänge durch Kommentare dokumentiert werden.
- beim Einsatz von `continue`-Anweisungen darauf achten, dass die Ausführung der `continue`-Anweisung nicht zu einer Endlositeration führt.

11.4.2 Performance-Tipps

Hier gilt das Gleiche wie für die `for`-Schleifen, siehe Abschnitt 11.3.2.

11.4.3 Spezielle while-Schleifen

Zum Abschluss schauen wir uns drei besondere Formen der `while`-Schleife an.

Die do-while-Schleife

Für die `while`-Schleife gilt wie für die `for`-Schleife, dass der Anweisungsblock der Schleifen überhaupt nicht ausgeführt wird, wenn die Schleifenbedingung gleich beim ersten Mal zu `false` ausgewertet wird.

Möchte man aber, dass die Schleife unabhängig von der Erfüllung der Schleifenbedingung auf jeden Fall mindestens einmal ausgeführt wird, bietet sich die `do-while`-Syntax an.

Dies bringt uns zur dritten Möglichkeit, wie man Benutzereingaben in einer Schleife einlesen kann:

```
#include <stdio.h>

int main()
  {
  int befehl = 0;

  printf("Menue \n\n");
  printf("Neue Adressen eingeben       <1> \n");
  printf("Nach Adresse suchen          <2> \n");
  printf("Adressenliste ausgeben       <3> \n");
  printf("Programm beenden             <4> \n\n");

  do
    {
    printf("Ihre Eingabe : ");
    scanf("%d",&befehl);
    } while(befehl != 4);

  return 0;
  }
```

Semikolon oder nicht Semikolon
Ganz wichtig! Bei der `do-while`-Schleife folgt auf die Bedingung ein Semikolon (im Gegensatz zur `while`-Schleife)!

Die gewollte Endlosschleife mit while

Die `while`-Schleife wird auch des öfteren in Form einer gewollten Endlosschleife implementiert. Für das Beenden der Schleife sorgt dann nicht die Schleifenbedingung, sondern spezieller Code innerhalb des Anweisungsteils der Schleife, der die Schleife mithilfe einer `break`-Anweisung verlässt.

Meist bedient man sich dieser Möglichkeit, wenn man im Grunde eine Schleife braucht, deren Bedingung nicht am Anfang oder Ende der Schleife abgefragt wird, sondern inmitten des Anweisungsteils.

Das folgende Programm liest beispielsweise in einer Endlosschleife Zahlen ein und gibt deren Wurzeln aus. Da die Wurzeln von Zahlen kleiner Null nicht definiert sind, nutzt das Programm dies als Abbruchbedingung. Der Anwender kann das Programm also beenden, indem er eine Zahl kleiner oder gleich Null eingibt. Den Wert der Eingabe in der Schleifenbedingung zu prüfen, wäre aber fatal, da dann die Funktion `sqrt()` mit einem ungültigen Wert aufgerufen würde. Das Programm prüft die Eingabe daher direkt in der Schleife und beendet diese gegebenenfalls, noch bevor es zum Aufruf von `sqrt()` kommt.

```
/* Wurzel.cpp    Berechnung der Wurzel einer Zahl */
#include <stdio.h>
#include <math.h>

int main()
  {
  int wert;

  while(1)
    {
    printf("Geben Sie eine Zahl ein: \t");
    scanf("%d",&wert);
    fflush(stdin);

    if(wert<=0)
      break;  // Schleife verlassen

    printf("Die Wurzel von %d ist %lf\n\n",wert, sqrt(wert));
    }

  return 0;
  }
```

Die leere Schleife

Eine leere Schleife liegt vor, wenn der gesamte funktionelle Code der Schleife schon im Schleifenkopf steht.

Während man solche Schleifen nicht als `for`-Schleifen implementieren sollte, ergeben sich für leere `while`-Schleifen in manchen Fällen nutzbringende Anwendungsmöglichkeiten – beispielsweise wenn man beim Einlesen eines Textes aus einer Datei Leerzeichen überspringen möchte.

```
while (fgetc(fp) == ' ')
  ;
```

Auf jeden Fall sollten Sie darauf achten, dass Sie das Semikolon der leeren Anweisung in eine eigene Zeile schreiben. Sie könnten das Semikolon zwar auch direkt hinter die `while`-Bedingung setzen, doch garantiere ich Ihnen, dass Sie dann schon nach wenigen Tagen Ihren eigenen Quelltext nicht mehr verstehen.

:-)
TIPP

11.5 Schleifen abbrechen

Die folgende Tabelle gibt Ihnen eine Übersicht über die wichtigsten Anweisungen zum Verlassen von Schleifen.

Tabelle 11.2: Schleifen verlassen

Anweisung	Effekt
continue	Beendet die aktuelle Schleifeniteration.
break	Beendet die ganze Schleife.
return	Beendet nicht nur die Schleife, in der die Anweisung aufgerufen wird, sondern die ganze Funktion.
exit(int)	Beendet das Programm.

Grundsätzlich sollte man die obigen Abbruchanweisungen nur sparsam einsetzen. Die Verwendung der speziellen Schleifenabbruch-Anweisungen – continue und break – wird im Folgenden näher untersucht. Für alle Abbruchanweisungen gilt, dass sie von einer if-Bedingung kontrolliert werden sollten (siehe die nachfolgenden Beispiele).

11.5.1 continue

Die continue-Anweisung beendet nur die aktuelle Schleifeniteration. Alle nachfolgenden Anweisungen, die im Anweisungsblock der Schleife unter der continue-Anweisung stehen, werden übersprungen, und die Schleife wird mit der nächsten Iteration fortgesetzt.

Die continue-Anweisung bietet sich an, um

- die vollständige Ausführung des Schleifenblocks zu verhindern – sei es, um Fehler zu vermeiden oder Zeit einzusparen,
- einzelne Iterationen aus der Schleife ganz herauszunehmen.

Vorsicht bei while-Schleifen

Die Hauptfehlerquelle beim Einsatz der continue-Anweisung ist die Platzierung derselben im Anweisungsblock. Betrachten Sie die folgende while-Schleife. Hier sollen die Quadratzahlen der ersten 100 natürlichen Zahlen berechnet und ausgegeben werden. Für Zahlen, die durch 10 ohne Rest teilbar sind, soll dagegen nur die Zahl selbst ausgegeben werden.

```
int main()
  {
  int loop = 1;

  do
    {
    if(!(loop%10))
      continue;

    printf("%lf\n", pow(loop,2));
```

```
    loop++;                    // Reinitialisierung

  } while(loop <= 100);

return 0;
}
```

Der Fehler liegt hier darin, dass durch die `continue`-Anweisung auch die Reinitialisierung der Schleifenvariablen übersprungen wird und sich daher nach dem ersten Auftreten der `continue`-Anweisung an dem Wert der Schleifenvariablen und der Auswertung der Schleifenbedingung nichts mehr ändert.

In `for`-Schleifen besteht dieses Problem meist nicht. Wenn man sich an die Regel hält, den Wert der Schleifenvariablen nur im Reinitialisierungsteil des Schleifenkopfes zu ändern, kann nichts passieren. Die `continue`-Anweisung springt an das Ende des Schleifenblocks, danach wird der Reinitialisierungsteil ausgeführt, die Bedingung überprüft und gegebenenfalls die neue Iteration begonnen.

11.5.2 break

Die `break`-Anweisung wird zum vorzeitigen Beenden von Schleifen verwendet. Die Betonung liegt hierbei auf »vorzeitig«, denn keinesfalls sollte man die `break`-Anweisung zum regulären Verlassen einer Schleife verwenden – dies ist Aufgabe der Schleifenbedingung (wobei natürlich Ausnahmen die Regel bestätigen).

Beachten Sie, dass in verschachtelten Schleifen eine `break`-Anweisung immer nur die innere Schleife beendet, in der sie aufgerufen wird. Zudem wird die `break`-Anweisung auch zum Verlassen von `switch`-Blöcken verwendet. Es ist daher beispielsweise nicht möglich, aus einem `switch`-Block heraus eine umliegende Schleife zu beenden.

11.6 Sprünge mit goto

C/C++ erlauben auch die Definition eigener Sprungmarken, die dann mithilfe der `goto`-Anweisung angesteuert werden können.

Definition einer Sprungmarke:

```
Label1:  Anweisungen;
```

Sprung mit `goto`:

```
goto Label1;
```

Es ist nicht empfehlenswert, selbst definierte Sprungmarken zu verwenden, da solche Sprünge ein Programm – speziell den Programmfluss – schnell vollkommen unübersichtlich machen. Zudem sind Sprünge bei sorgfältiger Programmierung stets vermeidbar.

Wenn Sie doch einmal Sprungmarken verwenden wollen, beachten Sie, dass eine Sprungmarke überall in der Funktion verwendet werden kann, in der die Sprungmarke definiert wurde, außerhalb dieser Funktion aber nicht sichtbar ist (function scope).

In der Praxis bedeutet dies,

- dass man mithilfe einer `goto`-Anweisung zu einer Sprungmarke springen kann, die erst weiter unten definiert ist,
- dass Sprünge zwischen Funktionen nicht möglich sind.

REF

Sprünge zwischen Funktionen kann man mithilfe von `setjmp()` / `longjmp()` implementieren, siehe Anhang A, Header-Datei Setjmp.h.

12 Funktionen

Funktionen sind kleine Unterprogramme, die Teilprobleme lösen. Erst die Aufteilung in solche Teilprobleme und entsprechend die Aufteilung des Programms in Funktionen macht die Erstellung größerer Programme möglich.

Man spricht in diesem Zusammenhang von der »Divide&Conquer«-Strategie – etwas salopp auch Salami-Technik genannt. Statt eine Aufgabe in einem Rutsch als Ganzes zu lösen, teilt man sie in Unterprobleme auf, die man jedes für sich löst. Zum Schluss werden die Teillösungen zu einer Gesamtlösung zusammengesetzt.

Was bedeutet dies für die Programmierung?

12.1 Was sind Funktionen?

Nehmen wir mal an, Ihr Chef stürmt aufgeregt in Ihr Büro. Er hat gehört, dass die Fakultät einer Zahl eine äußerst schnell wachsende Funktion ist.

```
Fakultät von n:  n! = n * (n-1) * (n-2) * ... * 2 * 1
```

Er würde jetzt gerne wissen, wie schnell. Aus diesem Grunde sollen Sie ihm ein kleines Programm schreiben, das die Fakultäten der Zahlen von 0 bis 9 berechnet.

Sie versuchen noch, ihn höflich darauf hinzuweisen, dass man sich die Fakultät auch leicht von jedem etwas besseren Taschenrechner berechnen lassen kann, aber Ihr Chef ist schon aus der Tür hinaus. Also überlegen Sie sich, wie das Programm aufgebaut sein müsste.

Das erste Teilproblem	ist, die Fakultät für eine beliebige Zahl n zu berechnen.
Das zweite Teilproblem	ist, das Ergebnis – also die berechnete Fakultät – auf den Bildschirm auszugeben.
Das dritte Teilproblem	kann man schon mithilfe der ersten beiden Teilprobleme formulieren: Berechnung und Ausgabe sollen für die Zahlen 0 bis 9 durchgeführt werden.

Lösung des ersten Teilproblems:

Die Berechnung der Fakultät ist nicht besonders aufwändig und könnte in einem kleinen Programm wie diesem durchaus direkt in der `main()`-Funktion erledigt werden.

```
int zahl;
double fakultaet = 1;
for(loop = zahl; loop >= 1; loop--)
    {
    fakultaet *= loop;
    }
```

Als vorausschauender Programmierer entschließen Sie sich aber dafür, eine eigene Funktion `fakul()` zu schreiben, in der die Fakultät berechnet wird.

12.1.1 Aufbau einer Funktion

Im Grunde bedeutet die Definition einer Funktion nichts Anderes, als einen Code-Block mit einem Funktionsnamen zu verbinden:

Funktionsname und Anweisungsteil

```
fakul()         // diese Deklaration ist noch nicht ganz korrekt
  {
  int loop;
  int zahl = 0;                    // berechnet nur 0!

  double fakultaet = 1;
  for(loop=zahl; loop>=1; loop--)
    {
    fakultaet *= loop;
    }
  }
```

Nachdem die Funktion deklariert und definiert ist, kann man ihren Anweisungsteil einfach durch Aufruf des Funktionsnamens ausführen lassen. Ganz so weit ist es aber noch nicht.

Die Parameter: Daten an die Funktion übergeben

Die Funktion soll die Fakultät für eine beliebige Zahl berechnen. Man muss der Funktion also irgendwie mitteilen können, für welche Zahl die Fakultät berechnet werden soll. Diesem Zweck dienen die so genannten Parameter – spezielle Variablen, die im Kopf der Funktion deklariert werden und denen beim Aufruf der Funktion Werte übergeben werden können:

```
fakul(int zahl);
```

Dadurch, dass der Wert für die Variable zahl beim Aufruf übergeben wird, kann man die Funktion nutzen, um die Fakultäten beliebiger Zahlen zu berechnen:

```
fakul(int zahl)  // diese Deklaration ist noch nicht ganz korrekt
  {
  int loop;
  double fakultaet = 1;
  for(loop=zahl; loop>=1; loop--)
    {
    fakultaet *= loop;
    }
  }
```

Der Aufruf

fakul(0) berechnet also die Fakultät von 0

fakul(1) berechnet die Fakultät von 1

und so weiter.

Rückgabewerte: Die Funktion liefert ein Ergebnis zurück

Auf der anderen Seite muss die Funktion einen Wert, in unserem Fall die berechnete Fakultät, zurückliefern können. Dies geschieht über den Rückgabewert der Funktion. Den Typ des Rückgabewerts gibt man bei der Deklaration (oder Definition) an:

```
double fakul(int zahl);
```

Den berechneten Wert liefert man am Ende der Funktion mithilfe des Schlüsselworts return zurück:

```
// Fakultät berechnen
double fakul(int zahl)          // vollständige Deklaration
  {
  int loop;

  double fakultaet = 1;
  for(loop=zahl; loop>=1; loop--)
    {
    fakultaet *= loop;
    }
  return fakultaet;
  }
```

12.1.2 Was der Compiler von einer Funktionsdeklaration erwartet

Bevor Sie eine Funktion aufrufen (und damit verwenden) können, müssen Sie die Funktion deklarieren, d.h., dem Compiler bekanntmachen.[1]

```
Rückgabetyp Funktionsname(typ param1, typ param2)
```

Bei der Deklaration einer Variablen verlangt der Compiler den Variablennamen und den Datentyp der Variablen (siehe Kapitel 4.1). Welche Informationen erwartet der Compiler wohl für eine Funktionsdeklaration?

Zuerst einmal den Funktionsnamen.	Dieser stellt für den Compiler einen Zeiger auf den Speicherbereich dar, an dem bei Ausführung des Programms der Anweisungsteil der Funktion geladen wird. Wenn Sie später die Funktion über ihren Namen aufrufen, lenkt der Compiler die Programmausführung einfach auf den Code der Funktion um. Nach Abarbeitung der Funktion kehrt die Ausführung in die Codezeile hinter dem Funktionsaufruf zurück.
Dann die Parameter.	Für den Compiler sind vor allem die Anzahl der Parameter und ihre Datentypen wichtig. (Die Bezeichner der Parameter kann man bei der Deklaration im Grunde weglassen; übersichtlicher ist es aber auf jeden Fall, wenn man auch bei der Deklaration die Parameternamen angibt.) Beide Informationen braucht der Compiler, um beim Aufruf der Funktion überprüfen zu können, ob für alle Parameter Argumente vom passenden Datentyp übergeben wurden.
Schließlich den Rückgabetyp.	

12.1.3 Die Funktionen der Laufzeitbibliothek

Wir kommen nun zur Lösung des zweiten Teilproblems unseres Beispielprogramms.

Die berechnete Fakultät soll auf den Bildschirm ausgegeben werden. Dies stellt tatsächlich ein Problem dar, denn es erfordert den Rückgriff auf sehr maschinennahe Operationen. Unser Vorteil ist aber, dass dieses Problem bereits gelöst wurde. Die C-Funktion `printf()` ist fester Bestandteil der ANSI-C-Laufzeitbibliothek und wird mit jedem C/C++-Compiler ausgelie-

1 Die Definition ist für den Compiler nicht ganz so wichtig. Sie müssen lediglich sicherstellen, dass in Ihrem Programm für jede deklarierte Funktion irgendwo eine Definition vorhanden ist.

fert. Ihre Aufgabe ist die Ausgabe von Text auf den Bildschirm. Wir brauchen sie also nur mit den entsprechenden Parametern aufzurufen (siehe Kapitel 3.3.5).

Außer `printf()` enthält die C-Laufzeitbibliothek noch eine ganze Reihe weiterer nützlicher Funktionen. Eine Übersicht dieser Funktionen finden Sie im Anhang A, einzelne Funktionen sind in diesem Buch näher beschrieben (siehe unter Index-Eintrag *Funktionen*).

Die Definitionen der Funktionen der Laufzeitbibliothek werden üblicherweise nur als bereits kompilierter Objektcode zusammen mit dem C/C++-Compiler ausgeliefert. Wenn Sie eine dieser Funktionen in Ihrem Programm aufrufen möchten, müssen Sie die Funktion zuerst dem Compiler bekannt machen.

Dazu dienen die Header-Dateien der Laufzeitbibliothek, die Sie üblicherweise im Include-Verzeichnis Ihres Compilers finden. Jede dieser Header-Dateien enthält die Deklarationen einer Reihe von thematisch zusammenpassenden Funktionen der Laufzeitbibliothek.

- Wenn Sie beispielsweise eine der mathematischen Funktionen (`sin()`, `cos()`, `pow()` etc.) verwenden wollen, binden Sie per `#include`-Direktive die Header-Datei `math.h` ein:

  ```
  #include <math.h>
  ```

- Wenn Sie mit C-Strings arbeiten, müssen Sie die Header-Datei `string.h` einbinden:

  ```
  #include <string.h>
  ```

- Wenn Sie Eingaben von der Tastatur lesen oder Daten auf den Bildschirm ausgeben wollen, müssen Sie die Header-Datei `stdio.h` einbinden:

  ```
  #include <stdio.h>
  ```

- Und wenn Sie ein Sammelsurium der wichtigsten Funktionen benötigen, binden Sie *stdlib.h* ein:

  ```
  #include <stdlib.h>
  ```

Dem Compiler genügt die Deklaration der Funktion, damit er weiß, wie er die Funktionsaufrufe verarbeiten muss.

Für die Ausführung des Programms werden aber auch die Definitionen der Funktionen (also der Code) benötigt. Die Definitionen der von Ihnen verwendeten Funktionen werden im Falle der Funktionen der Laufzeitbibliothek automatisch vom Linker in Ihr Programm eingebunden.

Zurück zu unserem Beispielprogramm!

Der Code zur Ausgabe der Fakultät von 2 könnte also wie folgt aussehen:

```
double fakultaet = fakul(2);
printf("Die Fakultaet von %d ist %lf\n", 2, fakultaet);
```
[2]

Die Variable fakultaet könnte man sich sparen, denn Funktionen mit einem Rückgabewert kann man auch als Argumente an andere Funktionen übergeben:

```
printf("Die Fakultaet von %d ist %lf\n", 2, fakul(2));
```

Hier wird die Funktion fakul(2) aufgerufen, ausgeführt und ihr Rückgabewert als zweites Argument an die Funktion printf() übergeben.

Wie Sie sehen, ist die Bildschirmausgabe dank der vordefinierten Funktion printf() kein großes Problem mehr. Statt uns selbst um die Ausgabe kümmern zu müssen, müssen wir nur lernen, wie man printf() aufruft.

Dies bringt uns zu den Vorteilen der modularen Programmierung mit Funktionen.

12.1.4 Wozu braucht man Funktionen?

Funktionen machen einen Quelltext besser lesbar

Schauen wir uns dazu das fertige Programm zur Berechnung der Fakultäten der Zahlen 0 bis 9 an:

```
/* Fakult.cpp    Fakultät berechnen */
#include <stdio.h>

// Fakultät berechnen
double fakul(int zahl)
  {
  int loop;

  double fakultaet = 1;
  for(loop=zahl; loop>=1; loop--)
    {
    fakultaet *= loop;
    }
  return fakultaet;
  }

int main()
```

2 Detailliertere Informationen zum Aufruf und den Parametern von printf() finden Sie in Kapitel 3.3.7.

```
{
int zahl = 1;
int loop;
double fakultaet;

for(loop = 0; loop < 10; loop++)
  {
  fakultaet = fakul(loop);
  printf("Die Fakultaet von %d ist %lf\n", loop, fakultaet);
  }

return 0;
}
```

Der Code dieses Programms ist übersichtlich strukturiert. Es gibt eine Funktion `fakul()` zur Berechnung der Fakultät und die Hauptfunktion `main()`.

In der `main()`-Funktion wird die Funktion `fakul()` in einer Schleife aufgerufen und das Ergebnis jeweils mit `printf()` ausgegeben.

Funktionen machen einen Quelltext besser wartbar

Stellen Sie sich vor, Sie hätten ein mittelgroßes Programm von ca. 500 bis 1000 Zeilen Code. In diesem Programm gibt es vier oder fünf Stellen, an denen Sie die Fakultät einer Zahl berechnen müssen.

Stellen Sie sich weiter vor, Sie hätten die Berechnung nicht als Funktion implementiert, sondern den Code für die Berechnung immer an Ort und Stelle eingetippt. Jetzt stellen Sie fest, dass Sie bei der Berechnung einen Fehler gemacht haben, oder dass Sie die Berechnung um eine Debug-Anweisung erweitern wollen. Das ist der Punkt, an dem Sie es bereuen, die Fakultät nicht als Funktion implementiert zu haben, denn dann müssten Sie nicht erst mühsam nach allen Abschnitten suchen, in denen Sie die Fakultät berechnen, und Sie müssten den Code nicht x-mal ändern. Stattdessen würden Sie einfach zum Code der Funktion gehen, die Implementierung der Funktion anpassen und fertig.

Funktionen unterstützen die Wiederverwertung von Code

Ein weiterer Vorteil der Funktionen ist, dass man sie in Quelltextdateien sammeln und anderen Programmen zur Verfügung stellen kann. Dies ist der erste Schritt zum Aufbau von Funktionsbibliotheken (siehe Abschnitt 12.7).

Wie bequem die Arbeit mit den Funktionen einer Bibliothek sein kann, demonstrieren die zahlreichen Funktionen der C-Laufzeitbibliothek, von denen Sie in fast jedem Programm ausgiebig Gebrauch machen.

Wie Sie eigene Bibliotheken aufbauen, erfahren Sie in Abschnitt 12.7.

12.2 Funktionen definieren

Allgemein hat eine Funktionsdefinition folgende Form:

```
Rückgabetyp Funktionsname(PARAMETERLISTE)
    {
    ANWEISUNGSBLOCK
    };
```

- *Rückgabetyp*: Legt den Datentyp des Rückgabewertes der Funktion fest. Arrays und Funktionstypen sind als Rückgabetyp nicht zulässig, wohl aber Zeiger auf diese Objekte. Eine Funktion, die keinen Rückgabewert hat, wird mit `void`[3] als Rückgabetyp definiert.

C versus C++

- *Funktionsname*: Der Name der Funktion, der im Rahmen der Konventionen zur Namensgebung (siehe Kapitel 4.1.2) frei wählbar ist. Unter C muss der Funktionsname eindeutig sein, in C++ sind innerhalb eines Gültigkeitsbereichs mehrere Funktionen gleichen Namens erlaubt, solange sich die Funktionen in ihren Parametern unterscheiden.
- *PARAMETERLISTE*: Jeder Parameter wird durch seinen Datentyp und seinen Namen spezifiziert. Sollen für eine Funktion mehrere Parameter definiert werden, sind die einzelnen Deklarationen durch Kommata zu trennen. In C++ können Vorgabeargumente an die Parameter vergeben werden.
- *ANWEISUNGSBLOCK*: Deklarationen und Anweisungen, die bei Aufruf der Funktion ausgeführt werden. Den Anweisungsblock und die geschweiften Klammern, die ihn einschließen, bezeichnet man auch als *Funktionskörper*.

Was gibt es bezüglich der Definition noch zu beachten?

Funktionen können nur global im Dateibereich (oder in einem Namensbereich) definiert werden. Man kann also eine Funktion aus einer anderen Funktion heraus aufrufen, man kann aber nicht eine Funktion innerhalb einer anderen Funktion (quasi als Unterfunktion) definieren (wie es beispielsweise Pascal erlaubt).

C versus C++

In C konnte man früher den Rückgabetyp in der Deklaration weglassen. Die Funktion erhielt dann den Rückgabetyp `void`. Diese automatische Datentyp-Erweiterung, die im Übrigen auch für Variablen galt (wurden als `int` deklariert), wird nach dem aktuellen Standard weder von C noch von C++ unterstützt.

3 oder `int`

In C bezeichnet eine Funktion mit leerer Parameterliste eine Funktion mit beliebig vielen Parametern. Dies geht zurück auf die alte Form der Kernighan&Ritchie-Funktionsdeklaration. In C++ bezeichnet eine Funktion mit leerer Parameterliste eine Funktion ohne Parameter und nur in diesem Sinne sollte die leere Parameterliste auch in C verwendet werden. (Durch Angabe des Schlüsselworts `void` statt einer Parameterliste kann in C eine Funktion eindeutig ohne Parameter deklariert werden.)

Beispiele

```
int main();
extern int func1(char* s, int n);
int func2(char* s);
```

Deklaration

Damit Sie eine Funktion an einer bestimmten Stelle im Programm aufrufen können, müssen zwei Dinge gegeben sein:

- Die Funktion muss irgendwo im Programm definiert sein. Wenn Ihr Programm aus mehreren Quelltextdateien besteht, kommt es allerdings darauf an, ob die Funktion als `static` deklariert ist. Eine explizit als `static` deklarierte Funktion ist nur in ihrer Übersetzungseinheit (Quelltextdatei mit allen `#include`-Dateien) gültig. Ansonsten sind die Funktionen automatisch in allen Modulen des Programms gültig.
- Die Funktion muss vor ihrem Aufruf deklariert sein. Sonst kann der Compiler nämlich nichts mit dem Funktionsnamen anfangen.

Betrachten wir noch einmal das Programm zur Berechnung der Fakultät.

```
/* Fakult.cpp    Fakultät berechnen */
#include <stdio.h>

// Fakultät berechnen
double fakul(int zahl)
  {
  int loop;

  double fakultaet = 1;
  for(loop=zahl; loop>=1; loop--)
    {
    fakultaet *= loop;
    }
  return fakultaet;
  }

int main()
  {
  int zahl = 1;
  int loop;
  double fakultaet;
```

```
  for(loop = 0; loop < 10; loop++)
    {
    fakultaet = fakul(loop);
    printf("Die Fakultaet von %d ist %lf\n", loop, fakultaet);
    }

  return 0;
  }
```

Hier wird zuerst die Funktion `fakul()` definiert, dann die Eintrittsfunktion `main()`, mit der die Programmausführung beginnt.

Innerhalb der Funktion `main()` wird die Funktion `fakul()` aufgerufen. Da die Funktion `fakul()` über der Funktion `main()` definiert wird (und jede Definition auch eine Deklaration einschließt), ist der Name `fakul` dem Compiler bekannt, und das Programm kann übersetzt werden.

Wie sähe es aber aus, wenn wir die Funktion `fakul()` unter der Eintrittsfunktion `main()` definiert hätten?

Vorwärtsdeklaration von Funktionen

```
/* Fakult.cpp    Fakultät berechnen */
#include <stdio.h>

int main()
  {
  int zahl = 1;
  int loop;
  double fakultaet;

  for(loop = 0; loop < 10; loop++)
    {
    fakultaet = fakul(loop);
    printf("Die Fakultaet von %d ist %lf\n", loop, fakultaet);
    }

  return 0;
  }

// Fakultät berechnen
double fakul(int zahl)
  {
  int loop;

  double fakultaet = 1;
  for(loop=zahl; loop>=1; loop--)
    {
    fakultaet *= loop;
    }
  return fakultaet;
  }
```

In diesem Programm kann der Compiler mit dem Namen `fakul`, der in der `main()`-Funktion benutzt wird, nichts anfangen. Wir müssen dem Compiler also vorab mitteilen, dass es sich bei `fakul` um eine Funktion handelt und welche Parameter und welchen Rückgabetyp diese Funktion hat.

All diese Angaben stehen im Funktionskopf einer Funktionsdefinition, und eine Funktionsdeklaration ist daher – freilich nur vom Informationsgehalt her – eine Funktionsdefinition ohne Anweisungsblock.

Um den Compiler zufrieden zu stellen, stellen wir also eine Deklaration von `fakul()` vor die Definition der `main()`-Funktion:

```
/* Fakult.cpp    Fakultät berechnen */
#include <stdio.h>

double fakul(int zahl);

int main()
  {
  ...
```

Die Funktion `fakul()` ist jetzt ab dem Ort ihrer Deklaration bekannt und kann in allen nachfolgend definierten Funktionen verwendet werden.

Beachten Sie, dass die Deklaration – im Gegensatz zur Definition – mit Semikolon abgeschlossen wird!

Lokale Deklaration von Funktionen

Die Vorwärtsdeklaration zu Beginn des Quelltextes ist aber nicht die einzige Möglichkeit. Während Funktionsdefinitionen nur im Dateibereich (oder in einem C++-Namensbereich) erlaubt sind, kann man eine Funktionsdeklaration auch lokal vornehmen:

```
/* Fakult.cpp    Fakultät berechnen */
#include <stdio.h>


int main()
  {
  double fakul(int zahl);
  ...
```

Funktionen sind standardmäßig global verfügbar

Obwohl Funktionen nur global definiert werden können und daher automatisch in der ganzen Quelltextdatei gültig sind (ja – sofern sie nicht explizit als `static` deklariert sind – sogar in allen Modulen eines Programms), kann man durch Positionierung der Funktionsdefinition und der zugehörigen Vorwärtsdeklarationen recht differenziert steuern, in welchen Teilen eines Programms die Funktion aufgerufen werden kann.

Andererseits hat man sich in C daran gewöhnt, dass Funktionen allgemein verfügbar sind. Vermeiden Sie es also, sich unnötig Gedanken um die Verfügbarkeit von Funktionen zu machen, und platzieren Sie Ihre Vorwärtsdeklarationen einfach an den Dateianfang.

Wozu braucht man dann aber überhaupt explizite Funktionsdeklarationen? Man kann ja auch gleich alle Funktionsdefinitionen vor die `main()`-Funktion stellen.

Wann braucht man explizite Funktionsdeklarationen?

Nicht nur die `main()`-Funktion kann andere Funktionen aufrufen. Jede Funktion kann jede beliebige andere Funktion aufrufen – sofern die Funktion zuvor deklariert wurde.

REF

Dieses Prinzip geht sogar so weit, dass eine Funktion sich selbst aufrufen kann, siehe Abschnitt 12.5.2.

Ohne die Möglichkeit der Vorwärtsdeklaration müsste man dann versuchen, die Funktionsdefinitionen so anzuordnen, dass keine Funktion von einer vorangehenden Funktion aufgerufen wird. Dass ein solches Arrangement nicht immer möglich ist, liegt auf der Hand.

Unmöglich wird es, wenn zwei Funktionen sich wechselseitig aufrufen. Hier ist man auf die Vorwärtsdeklaration einer der Funktionen angewiesen:

```
int func2();

int func1()
  {
  return func2();
  }

int func2()
  {
  return func1();
  }
```

Vorwärtsdeklarationen ermöglichen den Gebrauch von Funktionen über Dateigrenzen hinweg

Am wichtigsten ist die Deklaration von Funktionen allerdings für den Austausch von Funktionen über Module hinweg. Wenn Sie also eine Funktion `func()`, die Sie in einer separaten Quelltextdatei B definiert haben, in einer anderen Quelltextdatei A des Programmes verwenden wollen, müssen Sie die Funktion `func()` in der Quelltextdatei A durch eine Deklaration bekannt machen (siehe auch Kapitel 14.1).

```
/* QuelltextA.cpp */              /* QuelltextB.cpp */

#include <stdio.h>                #include <stdio.h>
```

```
void func(int);

int main()                    void func(int i)
  {                             {
  func(13);                     printf("%d\n",i);
  return 0;                     }
  }
```

Aus dem gleichen Grund benötigt man auch die Header-Dateien für die Funktionen der Laufzeitbibliothek. In den Header-Dateien sind einfach die Deklarationen der verschiedenen Funktionen zusammengefasst (siehe oben), und durch die Einbindung der Header-Datei (mit `#include`) werden die Deklarationen in eine Quelltextdatei einkopiert.

Zusätzliche Spezifizierer

Speicherklasse

Ebenso wie Variablen verfügen auch Funktionen über eine Speicherklasse. Allerdings sind die Möglichkeiten hier etwas eingeschränkt, da Funktionen nur global definiert werden können.

Funktionen gehören entweder der Speicherklasse extern oder static an

- Wenn die Speicherklasse nicht angegeben wird, besitzt die Funktion automatisch die Speicherklasse `extern`.

  Die Funktion kann dann von jeder Übersetzungseinheit des Programms aus aufgerufen werden (vorausgesetzt, sie wurde zuvor in der Übersetzungseinheit deklariert).

- Wurde die Speicherklasse `static` zugewiesen, kann die Funktion nur innerhalb der Datei, in der sie definiert wurde, aufgerufen werden.
- Neben dem überflüssigen Schlüsselwort `auto` ist `register` die einzige Speicherklassenangabe, die für Parameter vergeben werden kann. Dadurch wird beim Aufruf der Funktion, sofern möglich, das so deklarierte Argument in ein Prozessorregister geladen.

C++-Spezifizierer

`inline`

In C++ können Funktionen als `inline` deklariert werden. Die `inline`-Deklaration ist ein Hinweis an den Compiler, dass er bei der Übersetzung, wenn möglich, den Aufruf der Funktion durch direkten Code (und nicht einen Sprung in den Anweisungsteil der Funktion) ersetzen soll.

Methoden, also Funktionen, die als Elemente von Klassen definiert sind, können darüber hinaus die folgenden Spezifizierer zugewiesen werden (siehe auch Kapitel 16.4):

`const`
Eine `const`-Methode kann keine Zuweisungen an Elementdaten ihrer Klasse vornehmen. Andererseits kann man über eine `const`-Instanz einer Klasse nur die `const`-Methoden der Klasse aufrufen.

`volatile`
Das Schlüsselwort `volatile` dient dazu, Speicherobjekte vor der Optimierung durch den Compiler zu schützen. Über eine `volatile`-Instanz einer Klasse können nur die `volatile`-Methoden der Klasse aufgerufen werden.

`virtual`
Dieses Schlüsselwort spielt beim Aufbau von Klassenhierarchien und dem damit verbundenen Konzept des Polymorphismus eine wichtige Rolle.

12.3 Funktionen, Programmablauf und Stack

Mittlerweile haben wir schon eine ganze Menge theoretisches Wissen über Funktionen zusammengetragen und auch schon ein gewisses Gefühl für den Umgang mit Funktionen gewonnen. Ein guter Zeitpunkt, um noch einmal ein paar grundlegende Tatsachen zum Aufbau und Ablauf von C/C++-Programmen zusammenzutragen:

C/C++-Programme bestehen nicht aus Anweisungen, sondern aus Deklarationen und Definitionen

Das mag den einen oder anderen verwundern, denn schließlich stellt man sich ein Programm üblicherweise als eine Folge von nacheinander zu verarbeitenden Befehlen vor (und irgendwo gilt dies natürlich auch für C-Programme). Tatsache ist aber, dass ein C/C++-Programm nur aus Deklarationen und Definitionen besteht. (Okay, es gibt da auch noch die Präprozessor-Direktiven und die Kommentare, aber die sind ersetzbar und kein integraler Bestandteil eines Programms.)

Alle Anweisungen, die vom Rechner im Zuge der Programmausführung verarbeitet werden sollen, werden innerhalb der Funktionskörper der Funktionsdefinitionen aufgesetzt. (Dies gilt im weiteren Sinne auch für C++, wenn man die strenge Unterscheidung zwischen Methode und Funktion fallen lässt.)

Jedes C/C++-Programm beginnt mit der main()-Funktion (ein Programm ohne main()-Funktion ist nicht ausführbar)[4]

---

4 Windows-GUI-Programme beginnen mit der Eintrittsfunktion WinMain(). Manche Klassenbibliotheken (beispielsweise die OWL) definieren ebenfalls eine eigene Eintrittsfunkton (OwlMain()), die intern aber auf WinMain() oder main() zurückgeführt werden.

Allgemein sieht der Programmablauf wie folgt aus:

1. Bei Programmstart wird ein besonderer Startcode ausgeführt, mit dem der Programmierer nichts zu tun hat.
2. Dieser Startcode ruft die Eintrittsfunktion `main()` auf.
3. Die Anweisungen in `main()` werden der Reihe nach ausgeführt.
4. Trifft der Compiler dabei auf einen Funktionsaufruf, springt die Ausführung in die erste Zeile dieser Funktion, und die Anweisungen der Funktion werden wiederum Anweisung für Anweisung abgearbeitet. Sind alle Anweisungen der Funktion abgearbeitet, kehrt die Programmausführung in die aufrufende Funktion zurück und wird von dem Ort des Funktionsaufrufs aus fortgesetzt.
5. Mit der letzten Anweisung der `main()`-Funktion endet das Programm.

Vier verschiedene Möglichkeiten stehen Ihnen zur Verfügung, um den Programmablauf zu steuern:

Funktionen	Über Funktionsaufrufe legen Sie fest, in welcher Reihenfolge die Funktionen ausgeführt werden sollen.
Verzweigungen, Schleifen	Den Programmablauf innerhalb des Anweisungsblocks einer Funktion kann man über Verzweigungen und Schleifen steuern (siehe Kapitel 11).
Exceptions (nur C++)	In C++ kann man mithilfe der Exceptions eine vom üblichen Programmablauf abweichende Programmausführung zur Fehlerbehandlung festlegen (siehe Kapitel 13).
Bedingte Kompilierung	Schließlich können Sie mittels der bedingten Kompilierung zur Übersetzungszeit festlegen lassen, welcher Code überhaupt ins Programm gehört und welcher nicht (siehe Kapitel 14).

Funktionsaufrufe werden mithilfe eines besonderen Speichermodells, des Stacks, verwaltet

Der Stack ist ein dynamisch wachsender und schrumpfender Speicherbereich, der vom Compiler verwaltet wird. Hier legt der Compiler alle Informationen ab, die er für die Protokollierung und Verwaltung der Funktionsaufrufe benötigt (siehe auch Kapitel 9.4.1).

Immer[5] wenn Sie eine Funktion aufrufen, wird der Stack um einen neuen Datenblock erweitert. In diesem Datenblock werden die Parameter der

5 Mit Aussagen wie »immer« oder »nie« sollte man grundsätzlich vorsichtig sein. Auch in diesem Fall stimmt es natürlich nicht, dass wirklich für jeden Funktionsaufruf ein vollständiger Stackrahmen erzeugt wird. Üblicherweise versuchen die Compiler, Funktionsparameter statt auf dem Stack in CPU-Registern abzulegen. Für inline-Funktionen wird womöglich gar kein Stackrahmen angelegt.

Funktion, die lokalen Variablen der Funktion und einige interne Informationen (von denen die Rücksprungadresse zum Code der aufrufenden Funktion die wichtigste ist) abgelegt. Diesen Datenblock nennt man auch den Stack-Frame oder Stackrahmen der Funktion.

Abbildung 12.1: Stack-Aktionen beim Aufrufen und Verlassen einer Funktion

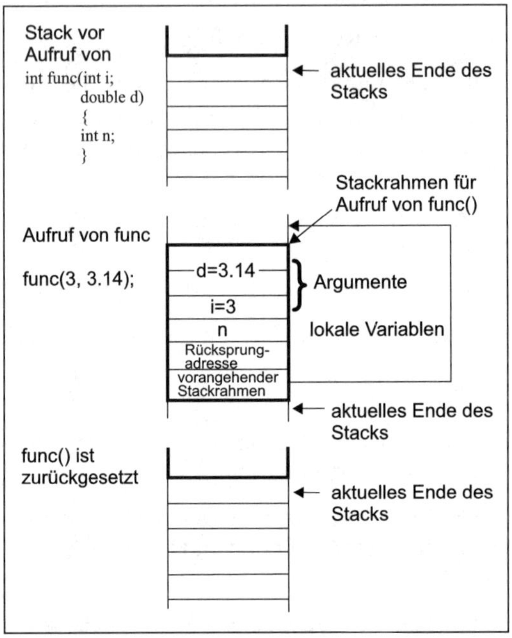

Solange eine Funktion abgearbeitet wird, bleibt ihr Stackrahmen auf dem Stack liegen. Werden aus einer Funktion heraus weitere Funktionen aufgerufen, werden deren Stackrahmen auf den Stackrahmen der jeweils zuvor aufgerufenen Funktion draufgepackt. Wird eine Funktion beendet, wird ihr Stackrahmen vom Stack entfernt.

Der Stack ist also immer das genaue Abbild der zur Zeit noch in Ausführung befindlichen Funktionen. Die Stapelreihenfolge der Funktionen zeigt an, welche Funktion von welcher anderen Funktion aufgerufen wurde.

- Die unterste Funktion ist die aktuelle Funktion, deren Anweisungen gerade abgearbeitet werden.
- Die darüber liegende Funktion hat die unterste Funktion aufgerufen und wartet nun, dass die aufgerufene Funktion beendet wird.
- Die oberste Funktion ist die Eintrittsfunktion `main()`.[6]

6 Genau genommen liegt darunter noch der Startcode, der main() aufruft.

➠ Die einzelnen Stackrahmen, von oben nach unten gelesen, zeigen an, über welche Funktionen die aktuelle Funktion aufgerufen wurde.

Der genaue Aufbau der Stackrahmen hängt von dem Rechner ab, für den das Programm kompiliert wurde (die Abbildung ist also nur als eine Art allgemeines Modell[7] zu verstehen). Sie können der Stack-Verwaltung Ihres Rechners aber ein wenig nachspüren, indem Sie sich der Debug-Tools Ihres Compilers bedienen (Stack-Anzeige) oder sich die Adressen der Parameter und lokalen Variablen ausgeben lassen:

```
/* Stacktst.cpp   Stackadressen nachspüren */
#include <stdio.h>
#include <stdlib.h>

func(int par1, int par2, int par3)
  {
  int lokal1, lokal2, lokal3;

  printf("%d. Aufruf von func\n",par1);
  printf("\t Adresse von par3   = %p\n",&par3);
  printf("\t Adresse von par2   = %p\n",&par2);
  printf("\t Adresse von par1   = %p\n",&par1);
  printf("\t Adresse von lokal1 = %p\n",&lokal1);
  printf("\t Adresse von lokal2 = %p\n",&lokal2);
  printf("\t Adresse von lokal3 = %p\n",&lokal3);

  if(par1<2)
    func(++par1,0,0);
  }

int main()
  {
  func(1,0,0);

  return 0;
  }
```

Ausgabe:

```
1. Aufruf von func
         Adresse von par3   = 0065FE00
         Adresse von par2   = 0065FDFC
         Adresse von par1   = 0065FDF8
         Adresse von lokal1 = 0065FDEC
         Adresse von lokal2 = 0065FDE8
         Adresse von lokal3 = 0065FDE4
2. Aufruf von func
         Adresse von par3   = 0065FDE0
         Adresse von par2   = 0065FDDC
         Adresse von par1   = 0065FDD8
```

7 Detailliertere Informationen zum Aufbau der Stackrahmen finden Sie in Kapitel 30.

```
Adresse von lokal1 = 0065FDCC
Adresse von lokal2 = 0065FDC8
Adresse von lokal3 = 0065FDC4
```

Analyse Die obige Ausgabe ist das Abbild einer sich selbst aufrufenden Funktion.

Ich habe die Adressen der Parameter in umgekehrter Reihenfolge ausgegeben, weil in C/C++ der letzte Parameter zuerst auf dem Stack abgelegt wird.

Wie man der Ausgabe entnehmen kann, wird der Stack im Speicher von oben nach unten aufgebaut, d.h., der Stackrahmen der Funktion, die als Letztes aufgerufen wird, und der damit den aktuellen Stackrahmen bildet, liegt im Speicher an der niedrigsten Speicheradresse. Das soll uns aber nicht stören.

Der Stackrahmen für den ersten Aufruf von `func()` beginnt an Adresse 0065FE00, der Stackrahmen für den zweiten Aufruf an Adresse 0065FDE0.

Im Stackrahmen werden zuerst die drei `int`-Parameter abgelegt. Jeder `int`-Parameter belegt 4 Byte (wie für 32-Bit-Systeme üblich).

Dann folgt ein Leerraum, in dem Daten abgelegt werden, auf die wir keinen direkten Zugriff haben (unter anderem die Rücksprungadresse und ein Zeiger auf den Beginn des vorangehenden Stackrahmens).

Danach folgen die lokalen Variablen, die gemäß ihrem Datentyp wiederum jeweils 4 Byte belegen.

Testen Sie den Stack

Erweitern Sie das Programm um einen zweiten Aufruf der Funktion `func()`:

```
int main()
  {
  func(1,0,0);
  func(2,0,0);

  return 0;
  }
```

Sie werden feststellen, dass nach Abarbeitung des Aufrufs `func(1,0,0)` die beiden Stackrahmen für die rekursiven Funktionsaufrufe freigegeben wurden und beim Aufruf von `func(2,0,0)` der freigegebene Speicherbereich wieder verwendet wird.

```
1. Aufruf von func
        Adresse von par3   = 0065FE00
        Adresse von par2   = 0065FDFC
        Adresse von par1   = 0065FDF8
```

```
        Adresse von lokal1 = 0065FDEC
        Adresse von lokal2 = 0065FDE8
        Adresse von lokal3 = 0065FDE4
2. Aufruf von func
        Adresse von par3   = 0065FDE0
        Adresse von par2   = 0065FDDC
        Adresse von par1   = 0065FDD8
        Adresse von lokal1 = 0065FDCC
        Adresse von lokal2 = 0065FDC8
        Adresse von lokal3 = 0065FDC4
```

Nach Freigabe:

```
2. Aufruf von func
        Adresse von par3   = 0065FE00
        Adresse von par2   = 0065FDFC
        Adresse von par1   = 0065FDF8
        Adresse von lokal1 = 0065FDEC
        Adresse von lokal2 = 0065FDE8
        Adresse von lokal3 = 0065FDE4
```

12.4 Datenaustausch zwischen Funktionen

Mithilfe von Funktionen kann man Programmcode modularisieren, man kann Teilaufgaben isolieren, man kann nützliche Funktionssammlungen und Bibliotheken anlegen.

Wenn man daran geht, Teilaufgaben zu definieren und diese in Form von Funktionen zu implementieren, sollte man darauf achten, dass man die gestellte Aufgabe möglichst allgemein löst – und nicht nur für einen speziellen Sonderfall.

Eine Funktion zu schreiben, die das Quadrat von 5 berechnet, ist wenig sinnvoll. Noch sinnloser ist es, eine Funktion zu schreiben, die das Quadrat von 5 berechnet, eine die das Quadrat von 6 berechnet, eine ...

Selbst wenn man im Moment nur an dem Quadrat von 5 interessiert ist, sollte man – wenn man sich die Mühe macht, hierfür eine eigene Funktion aufzusetzen – diese so implementieren, dass sie für jede beliebige Zahl das Quadrat berechnet.

INFO

Oder man macht gleich noch den nächsten Schritt und lässt die Funktion nicht nur das Quadrat – also die Potenz hoch 2 –, sondern eine beliebige Potenz einer Zahl berechnen. Womit man bei der C-Funktion `double pow(double x, double y)` angekommen wäre, die das Ergebnis der Berechnung von `xy` zurückliefert.

Eine Funktion für den allgemeinen Fall zu programmieren, bedeutet aber, dass die Funktion bei ihrem Aufruf Daten von dem Aufrufer übernehmen muss. Der oben angesprochenen Funktion zur Berechnung des Quadrats muss also auf irgendeinem Wege die Zahl übergeben werden, für die sie das Quadrat berechnen soll. Und umgekehrt sollte es nicht die Aufgabe der Funktion sein, das von ihr berechnete Ergebnis weiter zu verarbeiten. Dies ist Aufgabe des Aufrufers, und daher muss es auch einen Weg geben, wie eine Funktion Daten an den Aufrufer zurückliefern kann.

Aufrufende und aufgerufene Funktion müssen also untereinander Daten austauschen können. Dazu gibt es verschiedene Möglichkeiten:

Datenfluss	**Realisierung durch**
Datenfluss in eine Funktion hinein	Parameter
Datenfluss aus einer Funktion heraus	Rückgabewert, call-by-reference-Parameter
Gemeinsame Daten	Globale Variablen

12.4.1 Parameter

Die Parameter dienen dazu, Werte von der aufrufenden Funktion an die aufgerufene Funktion zu übergeben.

Schnittstelle und Datenfluss sehen dabei folgendermaßen aus:

1. Bei der Funktionsdefinition wird durch die Parameterliste festgelegt, welche Daten die Funktion beim Aufruf erwartet und übernehmen kann:

`void funcA(int i)`	Funktion, die einen int-Wert übernimmt
`int funcB(char *s)`	Funktion, die einen Zeiger auf einen String akzeptiert
`char* funcC(int i, const char *str)`	Funktion, die einen int-Wert und einen Zeiger auf einen String übernimmt

2. Wird die Funktion aus einer anderen Funktion heraus aufgerufen, übergibt die aufrufende Funktion für jeden Parameter einen Wert – man spricht dabei auch von dem Argument oder dem formalen Parameter.

```
void aufrufende_Fkt()
  {
  int i = 3;
  char *s = "Dies ist ein Text";
  ...
  funcA(i);
  funcB("Zeichenkette");
  funcC(14, s);
  ...
  }
```

3. Für die aufgerufene Funktion wird ein Stackrahmen angelegt (siehe Abschnitt 12.3). Dabei wird Speicher für die Parameter reserviert. Die Parameter werden mit den Werten (Argumenten), die beim Aufruf übergeben wurden, initialisiert.
4. Die Funktion kann mit den Parametern ganz normal arbeiten.

Parameter und Argument

Parameter dienen dazu, beim Funktionsaufruf Daten von der aufrufenden Funktion zu übernehmen.

Auf Seiten der aufgerufenen Funktion haben wir dabei die Parameter, auf Seiten der aufrufenden Funktion die Argumente, die an die Parameter übergeben werden.

Wichtig ist, dass Argument und Parameter vom Datentyp zueinander passen, wobei Standardkonvertierungen (siehe Kapitel 6.9.2) oder explizite Typumwandlung natürlich erlaubt sind. Ansonsten kann ein Argument eine Konstante, eine Variable oder auch der Rückgabewert einer dritten Funktion sein.

Betrachten wir einmal den zweiten Fall: die Übergabe einer Variablen als Argument.

```
int main()
  {
  int i_var = 24;
  ...
  funcA(i_var);
  ...
  }
```

Was aber geschieht, wenn in der aufgerufenen Funktion der Wert eines Parameters geändert wird?

Betrachten Sie beispielsweise die folgende Implementierung der Funktion `funcA(int i)`:

```
void funcA(int i)
  {
  i = 3*i + 5;
  }
```

Welchen Wert hat die Variable `i_var` aus `main()` vor und nach dem Aufruf von `funcA()`? Wenn die Variable `i_var` vor dem Aufruf den Wert 24 hat, hat sie dann nach dem Aufruf den Wert 3*24 + 5 oder immer noch den Wert 24? Man kann die Frage auch allgemeiner formulieren: Ist nach dem Aufruf der Funktion `funcA()` der Parameter `i` ein Synonym für das Argument `i_var`, oder ist der Parameter eine eigenständige Variable, die lediglich beim Aufruf der Funktion mit dem Wert des Arguments initialisiert wird?

Parameter sind Kopien

Wenn Sie den vorangehenden Abschnitt über Schnittstelle und Datenfluss aufmerksam gelesen haben, wissen Sie bereits, dass ein Parameter eine eigenständige lokale Variable ist, die mit dem Wert des Arguments initialisiert wird. Alle Änderungen am Wert des Parameters sind damit ohne Auswirkungen auf die Variable, die als Argument verwendet wurde, und was das obige Beispiel angeht: Der Wert von `i_var` nach dem Aufruf von `funcA()` ist selbstverständlich immer noch 24.

INFO

Man kann sich auch leicht klar machen, dass ein Parameter eine Kopie sein muss. Denn nur so ist es möglich, Konstanten oder Rückgabewerte von Funktionen als Argumente zu übergeben.

INFO

Angenommen, ein Parameter wäre ein Synonym. Dies würde bedeuten, dass man über den Parameter auf den gleichen Speicherbereich zugreift, der mit dem Argument verbunden ist. Eine Konstante (mit Ausnahme von String-Literalen) verfügt aber über keinen eigenen Speicherplatz, ebenso wenig wie die Rückgabewerte von Funktionen (außer, es werden Referenzen zurückgeliefert). Jeder Zugriff auf den Parameter würde damit in einer Speicherverletzung ausarten.

Obwohl wir nun festgestellt haben, dass ein Parameter immer nur eine Kopie seines Arguments ist, kann man Parameter dennoch nutzen, um aus der aufgerufenen Funktion heraus die Werte von Variablen der aufrufenden Funktion zu verändern. Ist dies ein Widerspruch zur obigen Ausführung? Nein, keinesfalls. Der Trick liegt in der Auswahl des Arguments.

Wert kopieren — call by value

Der übliche Weg ist, dem Parameter beim Aufruf eine Variable zu übergeben. Der Parameter wird dann mit dem Wert dieser Variablen initialisiert und stellt eine Kopie der Variablen dar, mit der die Funktion arbeiten kann.

Dieses Konzept erlaubt die Übergabe von Daten (in Form von Werten) von einer Funktion an eine andere und stellt gleichzeitig sicher, dass als Argument übergebene Variablen nicht von den aufgerufenen Funktionen verändert werden können:

```
/* Callval.cpp   Call by value */
#include <stdio.h>
#include <stdlib.h>

void change(int param)
  {
  printf("\n\tParam nach Funktionsaufruf: %d\n",param);
  param = param*param;
  printf("\tParam nach Berechnung: %d\n\n",param);
  }

int main()
  {
  int var = 10;
  printf("var vor Funktionsaufruf: %d\n",var);

  // Funktionsaufruf, val wird als value uebergeben
  change(var);

  printf("var nach Funktionsaufruf: %d\n",var);

  return 0;
  }
```

liefert folgenden Ausdruck:

```
var vor Funktionsaufruf: 10

        Param nach Funktionsaufruf: 10
        Param nach Berechnung: 100

var nach Funktionsaufruf: 10
```

Adresse kopieren — call by reference

Das Pendant zu »call by value« heißt »call by reference«. Dabei wird als Argument eine Adresse übergeben, und über diese Adresse kann die Funktion auf ein Objekt zugreifen, das zur aufrufenden Funktion gehört.

Um zu verdeutlichen, was dies bedeutet, schreiben wir einfach das Programm `callval` so um, dass wir nicht die Variable `var`, sondern die Adresse der Variablen `var` übergeben. Dazu bedarf es dreier Änderungen:

1. Der Aufruf von change() ändert sich von change(var) zu change(&var).
2. Das Argument ist jetzt nicht mehr vom Typ int, sondern vom Typ »Adresse von int«. Folglich muss auch der Typ des Parameters angepasst werden: statt void change(int param) deklarieren wir die Funktion nun als void change(int *param).
3. Da der Parameter nun ein Zeiger ist, müssen alle Zugriffe in der Funktion um die Dereferenzierung des Zeigers erweitert werden.

Das umgeschriebene Programm sieht danach folgendermaßen aus:

```
/* Callref.cpp   Call by reference */
#include <stdio.h>
#include <stdlib.h>

void change(int *param)
  {
  printf("\n\tParam nach Funktionsaufruf: %d\n",*param);
  *param = *param * *param;
  printf("\tParam nach Berechnung: %d\n\n",*param);
  }

int main()
  {
  int var = 10;
  printf("var vor Funktionsaufruf: %d\n",var);

  // Funktionsaufruf, val wird als value uebergeben
  change(&var);

  printf("var nach Funktionsaufruf: %d\n",var);

  return 0;
  }
```

Interessant ist jetzt die veränderte Ausgabe:

```
var vor Funktionsaufruf: 10

        Param nach Funktionsaufruf: 10
        Param nach Berechnung: 100

var nach Funktionsaufruf: 100
```

Analyse Die aufrufende Funktion übergibt also als Argument die Adresse der Variablen var. Die aufgerufene Funktion definiert einen Zeiger-Parameter, der die Adresse aufnimmt. Wird der Zeiger-Parameter dereferenziert, greift man auf den Speicherbereich der Variablen var zu. Die aufgerufene Funktion change() kann also über den Zeiger-Parameter auf das var-Objekt der aufrufenden Funktion zugreifen und es verändern.

Damit wir uns verstehen. Dies ändert nichts daran, dass Parameter eigenständige Variablen sind, die lediglich mit den Werten der Argumente initialisiert werden. Es bedeutet auch nicht, dass der Parameter das Argument verändern kann. Es bedeutet nur, dass man auch Zeiger als Parameter definieren kann und dass diese Zeiger-Parameter wie üblich durch Dereferenzierung auf das Objekt zugreifen können, dessen Adresse sie beinhalten (siehe auch Abbildung 9.2).

Wie kann man Adressen als Argumente übergeben?

Drei Möglichkeiten stehen Ihnen offen, um Adressen an Funktionen zu übergeben

&variable	Direkte Übergabe der Adresse einer Variablen
Zeiger	Übergabe eines Zeigers. Der Wert eines Zeigers ist eine Adresse.
Referenzen	Übergabe einer Referenz (nur C++). Eine Referenz ist ein Synonym für eine Variable und entspricht im Wesentlichen einem `const`-Zeiger, der automatisch dereferenziert wird.

Das folgende Programm zeigt die drei Übergabeverfahren im Vergleich:

```
/* Callref3.cpp   Call by reference */
#include <stdio.h>

// für Adressen und Zeiger
void change1_2(int *param)
  {
  printf("\n\tParam nach Funktionsaufruf: %d\n",*param);
  *param = *param * *param;
  printf("\tParam nach Berechnung: %d\n\n",*param);
  }

// für Referenzen
void change3(int &param)
  {
  printf("\n\tParam nach Funktionsaufruf: %d\n",param);
  param = param * param;
  printf("\tParam nach Berechnung: %d\n\n",param);
  }

int main()
  {
  int var = 10;
  printf("var vor Funktionsaufruf: %d\n",var);

  // Aufruf mit Adresse
  change1_2(&var);
  // Aufruf mit Zeiger
```

```
change1_2(&var);
// Aufruf mit Variable
change3(var);

printf("var nach Funktionsaufruf: %d\n",var);

return 0;
}
```

Ausgabe:

```
var vor Funktionsaufruf: 10

        Param nach Funktionsaufruf: 10
        Param nach Berechnung: 100

        Param nach Funktionsaufruf: 100
        Param nach Berechnung: 10000

        Param nach Funktionsaufruf: 10000
        Param nach Berechnung: 100000000

var nach Funktionsaufruf: 100000000
```

Analyse Bemerkenswert ist hierbei vor allem die Syntax für die Funktion mit dem Referenz-Parameter.

```
// für Referenzen
void change3(int &param)
  {
  printf("\n\tParam nach Funktionsaufruf: %d\n",param);
  param = param * param;
  printf("\tParam nach Berechnung: %d\n\n",param);
  }
```

Die Funktion sieht der ursprünglichen Version, die wir zur Übergabe von Werten (»call by value«) verwendeten, täuschend ähnlich. Nichts in dem Anweisungsteil der Funktion deutet daraufhin, dass wir es mit einer Referenz statt mit einer normalen Variablen zu tun haben. Lediglich in der Parameterdeklaration zeigt uns das kaufmännische Und an, dass es sich um einen Referenz-Parameter handelt.

Um die Mimikry komplett zu machen, wird die Funktion dann auch noch mit einer normalen Variablen aufgerufen:

```
change3(var);
```

Alles deutet also darauf hin, dass wir es im Falle der Referenz-Parameter nun doch mit Synonymen statt mit Kopien der Argumente zu tun haben. Lassen Sie sich nicht täuschen. Referenzen sind dafür gedacht, dass man sie wie Synonyme verwendet, sie sind aber letztendlich eine spezielle Art von

Zeigern, und an dem Mechanismus der Übergabe von Argumenten an Parameter ändert sich auch für die Referenz-Parameter nichts.

Wer mit Referenzen noch nicht so vertraut ist und dies nachholen möchte, sei auf Kapitel 10 verwiesen.

Wann übergibt man Adressen als Argumente?

Vier Gründe können dazu führen, dass man Zeiger als Parameter deklariert:

1. Man möchte der Funktion Gelegenheit geben, über den Parameter Werte an die aufrufende Funktion zurückzugeben (siehe oben).
2. Man möchte eine generische Funktion implementieren (siehe Abschnitt 9.2.3).
3. Man möchte einen String übergeben, was in C nur über Zeiger auf `char` möglich ist (siehe Kapitel 23.1).
4. Man möchte den Funktionsaufruf effizienter gestalten.

Auf Punkt 4 sollten wir an dieser Stelle ruhig noch einmal näher eingehen.

Wie Sie mittlerweile wissen, wird beim Funktionsaufruf auf dem Stack Speicher für die Parameter reserviert, und die Parameter werden mit den Werten der Argumente initialisiert. Dies kann für umfangreiche Argumente zu einer erheblichen Belastung führen.

Stellen Sie sich vor, Sie würden statt einer einfachen `int`-Variablen ein Array von 1000 `int`-Werten übergeben. Im Falle einer »call-by-value«-Übergabe wäre dann auf dem Stack Speicher für 1000 `int`-Werte zu reservieren, und alle 1000 Werte müssten vom Argument in den Parameter kopiert werden. In einem solchen Fall kann man viel Speicher und Laufzeit sparen, indem man statt des Arrays einen Zeiger auf das Array übergibt. Der Parameter hat dann nur die typische Größe eines Zeigers (4 Byte auf einem 32-Bit-System) und kopiert wird lediglich die Adresse. Dieses Verfahren ist so effizient, dass es für Arrays fest in der Sprache verankert ist – Arrays werden also immer als Zeiger übergeben (siehe Kapitel 8.2.4).

Die Übergabe als Adresse lohnt sich auch für Strukturen und Klassenobjekte. Sie verringert nicht nur den Kopieraufwand, sondern spart auch noch die Aufrufe von Kopierkonstruktor und Destruktor, die die Einrichtung und Auflösung von Parametern von Klassentypen begleiten. Klassenobjekte werden in C++ daher fast immer als Referenzen übergeben – die Entscheidung für »call by value« oder »call by reference« bleibt hierbei aber – anders als bei den Arrays – dem Programmierer überlassen.

const-Parameter

Wenn Sie Objekte als Adressen übergeben – sei es um Stackspeicher und Laufzeit zu sparen, sei es, dass Sie Arrays oder C-Strings übergeben – dürfen Sie jedoch eines nicht vergessen:

> Die Übergabe als Adresse räumt der Funktion die Möglichkeit ein, das Objekt auf dem Weg über den Parameter zu manipulieren und zu verändern.

Wenn dies nicht erwünscht sein sollte und man verhindern möchte, dass man durch einen Programmierfehler das Objekt über den Parameter verändert, empfiehlt es sich, den Parameter als Zeiger auf ein konstantes Objekt zu definieren:

```
void funcA(const int *param)
void funcB(const int &param)
char *strcpy(char *s1, const char *s2);
```

Jegliche Versuche, innerhalb der Funktion dem referenzierten Objekt einen anderen Wert zuzuweisen, werden dann bereits vom Compiler erkannt und abgefangen.

Mehr zur `const`*-Deklaration finden Sie in den Kapiteln 4.4.2 und 9.1.*

12.4.2 Globale Variablen

Eine weitere Möglichkeit, Daten zwischen Funktionen auszutauschen, ist es, globale Variablen zu verwenden (sofern diese nicht in den Funktionen durch lokale Variablen verdeckt werden).

```
/* Glob_var.cpp   globale Variablen */
#include <stdio.h>

int var = 10;         // globale Variable

void change()
  {
  printf("\tParam nach Funktionsaufruf: %d\n",var);
  var = var*var;
  printf("\tParam nach Berechnung: %d\n",var);
  }

int main()
  {
  printf("var vor Funktionsaufruf: %d\n",var);
  change();
  printf("var nach Funktionsaufruf: %d\n",var);

  return 0;
  }
```

Ausgabe:

```
var vor Funktionsaufruf: 10
        Param nach Funktionsaufruf: 10
        Param nach Berechnung: 100
var nach Funktionsaufruf: 100
```

Die Verwendung von globalen Variablen für den Datenaustausch zwischen den Funktionen hat den Vorteil, dass

- es sehr einfach zu programmieren ist,
- mehrere Funktionen ohne großen Aufwand auf ein und dieselben Daten zugreifen können,
- die Parameterliste der Funktionen klein bleibt.

Globale Variablen haben aber den Nachteil, dass

- die Unabhängigkeit und Abgeschlossenheit der Funktionen beeinträchtigt ist. Die Funktion ist dann nämlich auf das Vorhandensein der jeweiligen globalen Variablen angewiesen.
- der Aufruf einer Funktion unübersichtlich wird, wenn man zuvor globale Variablen setzen muss. Man sollte sich daher die Regel merken, dass Daten, die das Verhalten einer Funktion steuern, grundsätzlich über Parameter übergeben werden sollten, während Daten, die von der Funktion verändert werden, notfalls auch als globale Variablen definiert werden können.
- bei globalen Variablen immer die Gefahr besteht, dass der Programmierer die Übersicht darüber verliert, welche Funktionen auf die globale Variable zugreifen und dann eine Funktion die globale Variable in einer Weise verändert, dass die nächste Funktion nicht mehr korrekt mit der globalen Variablen arbeiten kann.

```
/* Programm verläuft sich in einer Endlosschleife, weil     */
/* der Aufruf der Funktion fakul in der for-Schleife der    */
/* main-Funktion die globale Variable loop immer auf        */
/* 0 zurücksetzt                                            */
#include <stdio.h>

int loop;          // globale Variable

// Fakultät berechnen
double fakul(int zahl)
  {
  double fakultaet = 1;
  for(loop=zahl; loop>=1; loop--)
    {
    fakultaet *= loop;
```

```
    }
  return fakultaet;
  }

int main()
  {
  int zahl = 1;
  double fakultaet;

  for(loop = 0; loop < 10; loop++)
    {
    fakultaet = fakul(loop);
    printf("Die Fakultaet von %d ist %lf\n", loop, fakultaet);
    }

  return 0;
  }
```

12.4.3 Lokale Variablen und static

Neben den Parametern und den globalen Variablen kann eine Funktion in ihrem Funktionskörper auch eigene Variablen definieren. Diese so genannten lokalen Variablen sind nur innerhalb der Funktion gültig. Sie sind auch nur zur Zeit der Abarbeitung der Funktion existent, da der Speicherplatz für die lokalen Variablen im Stackrahmen der Funktion reserviert wird (siehe Abschnitt 12.3). Dies ist sinnvoll, denn lokale Variablen dienen ja lediglich der korrekten Berechnung innerhalb der Funktion. Außerhalb der Funktion – oder anders ausgedrückt, zu Zeitpunkten, da die Funktion nicht abgearbeitet wird – werden sie nicht gebraucht. Folglich ist es sinnvoll, den Speicherplatz, den diese lokalen Variablen belegen, erst zum Zeitpunkt des Funktionsaufrufs zu reservieren und nach Beendigung der Funktion wieder freizugeben.

Trotzdem kann man lokale Variablen zum Datenaustausch zwischen Funktionen verwenden.

- Zum Einen kann man eine lokale Variable als Argument an eine aufgerufene Funktion übergeben.
- Zum Anderen kann man lokale Variablen nutzen, um Daten zwischen den Aufrufen einer Funktion auszutauschen.

Letzteres funktioniert nur, wenn man verhindert, dass die lokale Variable für jeden Funktionsaufruf neu angelegt und wieder aufgelöst wird – der Speicherbereich darf also nicht auf dem Stack reserviert werden.

static-Variablen behalten ihren Wert zwischen zwei Funktionsaufrufen

Um dies zu erreichen, muss man der lokalen Variablen explizit eine andere Speicherklasse (siehe Kapitel 4.2.3) zuweisen, d.h., man deklariert die Variable als `static` (siehe Kapitel 4.4.1).

Der Speicher für die Variable wird dann im Datensegment reserviert, und die Variable bleibt wie eine globale Variable während der gesamten Laufzeit des Programms erhalten. Verfügbar ist die Variable allerdings nur im Gültigkeitsbereich der Funktion, in der sie deklariert ist.

```
/* Static.cpp   Daten zwischen Aufrufen erhalten */
#include <stdio.h>

void potenz()
  {
  static int lokale_var=2;  //Initialisierung bei 1.Aufruf

  lokale_var = lokale_var * 2;
  printf("lokale_var: %d\n",lokale_var);
  }

int main()
  {
  int loop;

  for(loop=1; loop <= 8; loop++)
     potenz();

  return 0;
  }
```

Ausgabe:

```
lokale_var: 4
lokale_var: 8
lokale_var: 16
lokale_var: 32
lokale_var: 64
lokale_var: 128
lokale_var: 256
lokale_var: 512
```

Analyse

Obiges Programm berechnet die Potenzen der Zahl 2. Dazu wird bei jedem Aufruf die Variable `lokale_var` mit 2 multipliziert. Da die Variable als `static` deklariert wurde, wird der aktuelle Wert der Variablen von Aufruf zu Aufruf festgehalten.

Beachten Sie in diesem Zusammenhang, dass die Initialisierung

```
static int lokale_var=2;    // Initialisierung bei 1.Aufruf
```

nur beim ersten Aufruf der Funktion `potenz()` erfolgt.

INFO

Wenn Sie das Schlüsselwort `static` aus dem Programm löschen, würde die Funktion bei jedem Aufruf die Zahl 4 als Ergebnis berechnen.

12.4.4 Rückgabewert

Funktionen können das Ergebnis ihrer Berechnung über den Rückgabewert zurückliefern. Dazu wird der Typ des Rückgabewerts im Funktionskopf spezifiziert.

Mittels der Anweisung

```
return (ERGEBNIS);
```

wird der Wert dann an die aufrufende Funktion zurückgeliefert.

Es gibt zwei Möglichkeiten, dieses Konzept sinnvoll zu nutzen.

Ergebniswert zurückliefern

Die Funktion liefert das Ergebnis einer Berechnung zurück.

```
// Fakultät berechnen
double fakul(int zahl)
  {
  int loop;

  double fakultaet = 1;
  for(loop=zahl; loop>=1; loop--)
    {
    fakultaet *= loop;
    }
  return fakultaet;
  }
```

Dies hat unter anderem den Vorteil, dass die Funktion in Ausdrücken als Stellvertretung für ihren Ergebniswert aufgerufen werden kann.

Fehlercode zurückliefern

Die Funktion löst eine Aufgabe und meldet den Erfolg oder Misserfolg über den Rückgabewert an die aufrufende Funktion zurück.

Die folgende Funktion übernimmt einen Zeiger auf ein `int`-Objekt. Dann prüft sie, ob es sich bei dem Wert des `int`-Objekts um eine gerade oder eine ungerade Zahl handelt. In beiden Fällen teilt sie die Zahl durch 2, zeigt aber durch unterschiedliche Rückgabewerte an, ob die Division ohne Rest möglich war (`return 1`) oder ob ein Rest durch die Integer-Division verloren gegangen ist (`return 0`).

Die Funktion liefert das Ergebnis ihrer Berechnung also über den Parameter zurück und den Fehlerstatus über den Rückgabewert.

```
int div2(int *zahl)
  {
  if(*zahl & 1)
    {
    *zahl /= 2;
    return 0;
    }
    else
    {
    *zahl /= 2;
    return 1;
    }
  }
```

Unter Umständen lässt sich die Rückgabe eines Fehlercodes mit der Rückgabe von korrekten Ergebniswerten verbinden.

```
int div2(int zahl)
  {
  if(zahl & 1)
     return 0;
     else
     return zahl/2;
  }
```

Die return-Anweisung

Bisher haben wir nur gelernt, dass eine Funktion, die einen Rückgabewert definiert, diesen mit einer `return`-Anweisung zurückliefern muss. Die `return`-Anweisung dient aber nicht nur dem Zurückliefern von Ergebniswerten, sie definiert auch das Ende der Funktion. Dies bedeutet, dass eine Funktion mit einem Rückgabewert nicht erst dann beendet wird, wenn alle Anweisungen in der Funktion ausgeführt sind, sondern dann, wenn während der Ausführung eine `return`-Anweisung erreicht wird. Man kann dies – wie oben gezeigt – nutzen, um eine Funktion auf verschiedenen Wegen zu verlassen.

INFO

In obigen Funktionen könnte man sich die `if`-Bedingung und die doppelte `return`-Anweisung allerdings auch sparen. Mithilfe des Bedingungsoperators (siehe Kapitel 7.12.3) können wir auch schreiben:

```
int div2(int *zahl)
  {
  int tmp = *zahl;
  *zahl /= 2;
  return (tmp & 1) ? 0 : 1;
  }
```

Funktionen, die keinen Wert zurückliefern, werden mit dem Rückgabetyp `void` deklariert.

12.5 Besondere Funktionen

12.5.1 Die Hauptfunktion main()

Der ANSI-Standard schreibt vor, dass eine der Funktionen in einem C-Programm den Namen `main()` besitzen muss. Diese Funktion ist die Eintrittsfunktion eines Programms, der nach dem Start des Programms automatisch die Kontrolle übergeben wird. Zusätzlich soll sie die Möglichkeit bieten, Kommandozeilenargumente zu übernehmen.

Die genauere Implementierung dieser Funktion wird dem jeweiligen Compiler überlassen, es wird aber empfohlen (und die meisten Compiler beherzigen dies), zumindest die folgenden zwei Aufrufe zu unterstützen:

```
int main() {  }
int main(int argc, char *argv[]) {  }
```

main() ohne Argumente **main()**

Programme, die keine Argumente aus dem Programmaufruf übernehmen, deklarieren `main()` ohne Parameter:

```
int main (void) {  }
int main ( ) {  }
```

oder auch

```
int main ( ) {  }
```

main() und ihre Parameter **main(int, char**)**

Der ANSI-Standard sieht vor, dass der Funktion `main()` optional zwei Argumente übergeben werden können. Die Namen für diese Argumente sind frei wählbar, jedoch haben sich die Namen `argc` und `argv` eingebürgert.

```
int main(int argc, char *argv[]) {  }
```

`argc`: (Abkürzung für »argument count«) ist der übliche Name für das erste Argument der `main()`-Funktion. Der Datentyp von `argc` ist `int`. Der Wert von `argc` entspricht der Anzahl der Zeichenketten im Kommandozeilenaufruf des Programms. Per Definition kann `argc` nie einen negativen Wert annehmen.

`argv`: (Abkürzung für »argument vector«) ist der übliche Name für das zweite Argument der `main()`-Funktion. `argv` zeigt auf ein Array mit Zeigern vom Typ `char*`. Die Zeichenketten werden vom Lademodul des Systems an das Programm übergeben.

Per Definition zeigt `argv[0]` (also der erste Zeiger) immer auf den Namen des Programms.

Die einzelnen Kommandozeilenargumente befinden sich in `argv[1]` bis `argv[argc-1]`. `argv[argc]` ist ein `NULL`-Zeiger.

Das folgende Programm prüft, ob das Programm mit Kommandozeilenargumenten aufgerufen wurde. Wenn ja, gibt es alle Einträge aus der Befehlszeile – inklusive des Programmnamens – aus.

```
/* CMD.CPP Kommandozeilenargumente */
#include <stdio.h>

int main(int argc, char* argv[])
  {
  int loop;

  if(argc == 1)         // nur Programmname in Kommandozeile
     {
     printf("Keine Kommandozeilenargumente\n");
     }
     else               // Kommandozeilenargumente ausgeben
     {
     loop = 0;
     while(argv[loop])
       {
       printf("%d. Parameter = %s\n", loop, argv[loop]);
       loop++;
       }
     }

  getchar();
  return 0;
  }
```

Ausgabe:

```
0. Parameter = C:\MARKT&T\CC++KOMPENDIUM\PROGS\KAP12\CMD.EXE
1. Parameter = /d
2. Parameter = argument2
3. Parameter = 123
```

:-) TIPP

Wenn Sie mit einem Compiler mit IDE (integrierter Entwicklungsumgebung) arbeiten, müssen Sie die IDE nicht unbedingt verlassen, um dem Programm Kommandozeilenargumente zu übergeben. Schauen Sie einmal nach, ob es nicht einen Menübefehl PARAMETER oder ARGUMENTE gibt oder ob Sie nicht in den Dialogfeldern zur Konfiguration des Compilers ein Eingabefeld finden, in das Sie die gewünschten Kommandozeilenargumente zum Testen eingeben können.

12.5.2 Rekursive Funktionen

Von Rekursion spricht man, wenn eine Funktion sich selbst wieder aufruft. Verschiedene Probleme, wie zum Beispiel die Berechnung der Fakultät, lassen sich durch Rekursion elegant lösen.

Mathematisch ist die Fakultät definiert als:

```
n! = 1,                          wenn n = 0
n! = 1 * 2 * 3 ... * (n-1) * n,  für n = 1, ..
```

oder rekursiv formuliert:

```
fac(0) = 1;
fac(n) = n * fac(n-1);
```

Die rekursive Formel lässt sich leicht in eine rekursive Funktion umwandeln:

```
int fac(int number) {
   if (number == 0)
      return 1;
   return (number * fac(number-1));
   }
```

REF

Ein weiteres Beispiel für eine rekursiv implementierte Funktion finden Sie bei der Beschreibung des Quicksort-Algorithmus aus Kapitel 8.2.3.

Zwei Dinge sind bei der Rekursion zu beachten:

- Das Wichtigste ist, sicherzustellen, dass die Rekursion auch wieder beendet wird und nicht bis ins Unendliche (sprich zum Absturz) fortgesetzt wird.
- Rekursion birgt aber noch ein weiteres Problem und dieses hat mit den Funktionsaufrufen selbst zu tun. Funktionsaufrufe führen zum so genannten Function Overhead.

Function overhead

Wenn in C eine Funktion aufgerufen wird, wird für die Funktion Speicherplatz auf dem Stack reserviert. Die Einrichtung und Verwaltung dieses »Stackrahmens« kostet Laufzeit. Diesen Zeitverlust bezeichnet man als Function Overhead.

In dem für die Funktion bereitgestellten Speicherbereich liegen die Speicherzellen der Funktionsparameter, der lokalen Variablen und der Rücksprungadresse, die sicherstellt, dass nach Abarbeitung der Funktion wieder an die richtige Stelle im Programm zurückgesprungen wird. Bei Beenden der Funktion gibt C diesen Speicherbereich wieder frei, es entsteht also kein Speicherverlust.

Es sei denn, Sie verwenden rekursive Funktionen.

Ist die Rekursionstiefe sehr groß, oder sind die lokalen Variablen der rekursiven Funktion sehr speicheraufwändig, kann es passieren, dass während der Rekursion der Stackspeicher vollständig belegt wird, da für jeden Funktionsaufruf Speicherplatz reserviert werden muss. Das Programm stürzt dann mit einer entsprechenden Fehlermeldung ab. Dies passiert zwangsläufig, wenn ihre Rekursion keine Abbruchbedingung erreicht.

Unter Win32 wird der Stackbereich standardmß ig auf 1 Mbyte beschränkt, um Endlosrekursionen abzufangen und das »Vollmüllen« des gesamten Speichers zu verhindern.

INFO

12.5.3 Funktionen mit beliebig vielen Parametern

C/C++ erlaubt Ihnen auch die Definition von Funktionen mit unbekannter Parameterzahl. Das kommt nicht gänzlich überraschend, denn schließlich haben wir schon die ganze Zeit mit Funktionen mit beliebiger Parameterzahl gearbeitet: `printf()` und `scanf()`.

Wie geht man vor, wenn man selbst solche Funktionen aufsetzen möchte?

1. *Die Ellipse*: Zuerst muss man wissen, wie man bei der Funktionsdefinition anzeigt, dass die Funktion eine variable Zahl von Parametern erwartet. Hierzu verwendet man eine Ellipse: ... .

   ```
   double mittel(int anzahl, ...)
   ```

   Die Ellipse bedeutet in diesem Fall also nicht, dass ich mir als Autor hier die Aufzählung der weiteren Parameter spare, sondern dass die Anzahl der Parameter erst zur Zeit des Funktionsaufrufs festgelegt wird.

   Die Ellipse muss am Ende der Parameterdefinition stehen, und ihr muss ein ordentlicher Parameter vorausgehen, an dem man innerhalb der Funktion ablesen kann, wie viele Parameter folgen.

2. *Die va_Makros* aus *<stdarg.h>*: Weiterhin braucht man eine Möglichkeit, die Argumente zu übernehmen und auszuwerten. Hierfür stellt uns C vier verschiedene Makros zur Verfügung (siehe Tabelle 12.1).

Tabelle 12.1: Die va_Makros für Funktionen mit variabler Parameterzahl

Makro	Beschreibung
va_list	va_list ist der Array-Typ, der die von va_arg und va_end benötigten Informationen speichert. Wenn eine aufgerufene Funktion eine variable Argumentliste übernimmt, deklariert sie eine Variable ap vom Typ va_list.
va_start	va_start ist ein Makro, das ap auf den ersten variablen Parameter setzt, der der Funktion übergeben wird. va_start muss vor va_arg und va_end aufgerufen werden.
va_arg	Das Makro va_arg erwartet einen Zeiger ap auf einen der variablen Parameter und den Datentyp des Parameters. Der erste Aufruf von va_arg liefert den Wert des ersten variablen Parameters zurück und erhöht ap entsprechend, sodass ap danach auf den nächsten Parameter zeigt. Weitere Aufrufe von va_arg – wieder mit ap – liefern die jeweils nachfolgenden Parameter zurück.
va_end	Das Makro va_end hilft der aufgerufenen Funktion, einen normalen Rücksprung durchzuführen. va_end sollte aufgerufen werden, nachdem va_arg alle Argumente abgearbeitet hat.

Um nun die variablen Parameter in der Funktion zu verarbeiten, geht man wie folgt vor:

1. Man deklariert ein Objekt ap vom Typ var_list.

   ```
   va_list ap;
   ```

2. Dann ruft man va_start mit ap und dem letzten normalen Parameter auf.

   ```
   va_start(ap, anzahl);
   ```

3. Jetzt kann man mithilfe von va_arg die Liste der variablen Parameter durchlaufen und auswerten.

   ```
   va_arg(ap,int);
   ```

4. Am Ende der Funktion ruft man va_end auf.

   ```
   va_end(ap);
   ```

Das folgende Programm definiert eine Funktion mittel(), die für eine beliebige Anzahl von Argumenten den Mittelwert berechnet.

```
/* Vararg.cpp    Variable Anzahl von Argumenten */
#include <stdio.h>
#include <stdarg.h>

// Berechnet den Mittelwert einer variablen Zahl von Argumenten
double mittel(int anzahl, ...)
```

```
  {
  double summe = 0;
  va_list ap;
  int loop;

  va_start(ap, anzahl);
  for(loop=1;loop<= anzahl;loop++)
    summe += va_arg(ap,int);

  va_end(ap);
  return summe/anzahl;
  }

int main(void)
  {
  printf("Das arithmetische Mittel von 1+2+3+4 is %lf\n",
          mittel(4,1,2,3,4));

  return 0;
  }
```

12.5.4 Inline-Funktionen (nur C++)

In C++ kann man Funktionen zusätzlich als `inline` deklarieren. Das Schlüsselwort `inline` ist ein Hinweis an den Compiler, dass die Aufrufe der Funktion bei der Kompilation am besten direkt durch den Code der Funktion (oder einen äquivalenten Code) und nicht durch das Anlegen eines Stackrahmens und den Sprung in den Anweisungsteil der Funktion übersetzt werden würden.

Für die Funktion

```
inline int maximum(int a, int b)
  {
  return (a > b) ? a : b;
  }
```

würde der Compiler den Aufruf

```
int func(int var1, int var2)
  {
  if(maximum(var1,var2))
      {
    ...
```

also so übersetzen, als ob im Quelltext stünde

```
int func(int var1, int var2)
  {
  if(var1 > var2)  // if((var1 > var2) ? var1 : var2)
      {            // würde den Sinn der if-Bedingung
    ...            // ändern
```

Die inline-Deklaration dient der Laufzeitverbesserung

Der Programmierer möchte also durch die `inline`-Deklaration die Vorteile der Funktionssyntax nutzen (übersichtlicher Quelltext, Typenprüfung für Argumente), diese aber nicht mit den zusätzlichen Kosten eines echten Funktionsaufrufs (Laufzeitverzögerung durch Anlegen des Stackrahmens) erkaufen.

!! STOP

Die `inline`-Deklaration hat auch den Nebeneffekt, dass die Funktion interne Bindung erhält (Standard für Funktionen ist die externe Bindung). Eine inline-Deklaration impliziert also auch eine `static`-Deklaration.

Welche Funktionen soll man inline deklarieren?

Die `inline`-Deklaration ist nur für kleine Funktionen sinnvoll, die häufig (beispielsweise in einer Schleife) aufgerufen werden. Für größere Funktionen lohnt sich die `inline`-Deklaration nicht und wird im Übrigen auch vom Compiler zurückgewiesen.

inline ist eine Empfehlung

Ihre `inline`-Deklaration ist also lediglich eine Empfehlung. Ob der Compiler diese Empfehlung berücksichtigt oder nicht, ist seine einsame Entscheidung. Grundsätzlich gilt aber: je einfacher die Funktion, umso besser die Chancen der Funktion, als `inline` anerkannt zu werden. Manche Compiler ignorieren die `inline`-Deklaration beispielsweise grundsätzlich für Funktionen, die Schleifen enthalten.

inline für Methoden

Die `inline`-Deklaration wurde vor allem im Hinblick auf Klassen und deren Elementfunktionen (Methoden) in die Sprache aufgenommen. In Klassen gibt es ein großes Einsatzgebiet für kleine, kurze Methoden: die Zugriffsmethoden für `private` Datenelemente.

Typisches Klassendesign ist beispielsweise, alle Daten als `private` zu deklarieren und den Zugriff auf die Datenelemente nur über `public`-Methoden zu erlauben:

```
class demo {
  private:
    int wert;

  public:
    int get_wert()        {return wert;}     // Lesezugriff
    void set_wert(int w) {wert = w;}         // Schreibzugriff
  };
```

Da in Klassen keine Makros definiert werden können, hätte der Programmierer ohne die `inline`-Deklaration in solchen Fällen keine Möglichkeit, den Function Overhead für diese Methoden zu vermeiden.

Der Wert des Schlüsselworts `inline` für die Methodendeklaration ist sogar so bedeutsam, dass man im ANSI-Standard festgeschrieben hat, dass alle Methoden, die in einer Klasse definiert sind, automatisch als `inline`-Methoden angesehen werden. Der Hintergedanke dabei ist, dass der Programmierer automatisch umfangreichere Methoden in der Klasse deklariert und außerhalb der Klasse definiert, während er kleinere Methoden direkt in der Klasse definieren wird. Wenn Sie entgegen diesem Prinzip auch einmal eine größere Methode innerhalb der Klasse definieren, ist dies kein Beinbruch. Die Methode wird zwar ebenfalls als `inline`-deklariert angesehen, aber da die `inline`-Deklaration nur eine Empfehlung darstellt, kann der Compiler sie einfach übergehen.

Kleine, prägnante Methoden, die außerhalb der Klasse definiert werden, müssen explizit als `inline` deklariert werden.

12.5.5 Vorgabeargumente (nur C++)

Bisher haben wir es so gehandhabt, dass bei jedem Aufruf einer Funktion stets zu allen Parametern der Funktion auch Werte übergeben wurden. Muss dies so sein? In C ja; in C++ prinzipiell auch, aber in C++ gibt es zudem die Möglichkeit, bei der Funktionsdeklaration Vorgabewerte zu den Parametern der Funktion vorzusehen, beispielsweise:

```
void bspfkt( int i = 3, int j = 5);
```

Beim Aufruf von `bspfkt()` kann man nun entweder für

- alle,
- keinen,
- den oder die ersten

Parameter eigene Werte übergeben. Wichtig ist, dass beim Aufruf kein Parameter ohne Argument bleibt.

:-) TIPP

Wenn Sie bei der Überarbeitung eines bestehenden Programms eine Funktion erweitern und mit zusätzlichen Parametern ausstatten wollen, prüfen Sie, ob Sie die zusätzlichen Parameter nicht mit Vorgabeargumenten versehen können. Dies hätte den Vorteil, dass die Funktion prinzipiell immer noch wie früher aufgerufen werden kann und bestehender Code, der die Funktion aufruft, nicht angepasst zu werden braucht.

Zuordnung von Argumenten an Parameter

Die Reihenfolge spielt bei der Arbeit mit Vorgabeargumenten eine große Rolle. Der Compiler weist die Argumente aus dem Aufruf wie gewohnt in der Reihenfolge ihres Auftretens den Parametern der Funktion zu. Dabei spielt es keine Rolle, ob für die Parameter Vorgabeargumente definiert sind oder nicht. Nur wenn beim Aufruf weniger Argumente übergeben werden als die Funktion Parameter definiert, schaut der Compiler nach, ob Vorgabeargumente für die verbliebenen Parameter definiert sind, und übernimmt diese.

Was auch bei Funktionen mit Vorgabeargumenten nicht geht, ist, beim Aufruf einen Wert für einen der hinteren Parameter zu spezifizieren und für die vorangehenden Parameter die Vorgabeargumente zu übernehmen. Ein Aufruf der Form

```
bspfkt( , 3);
```

ist also nicht zulässig – unabhängig davon, ob ein Vorgabeargument für den ersten Parameter der Funktion definiert ist oder nicht.

Zulässige Funktionsaufrufe wären dagegen

```
bspfkt( 1, 1);
bspfkt( );
bspfkt(4);
```

Durch diese Funktionsaufrufe würden die Parameter `i` und `j` zu

```
1, 1
3, 5
4, 5
```

initialisiert.

Vorgabeargumente sollen Aufrufe mit Standardwerten erleichtern

Der Sinn der Vorgabeargumente ist es, den Aufruf von Funktionen mit mehreren Parametern zu vereinfachen. Ab und zu hat man es nämlich mit Funktionen/Methoden zu tun, die eine Vielzahl von Parametern definieren, von denen im Normalfall aber nur ein geringer Bruchteil benötigt wird. Die restlichen Parameter wurden definiert, um die Funktion möglichst allgemein zu halten, sie spielen im praktischen Einsatz aber nur eine untergeordnete Rolle.

Ein besonders frappantes Beispiel hierfür ist der Konstruktor der `TFont`-Klasse der OWL (einer Borland-Klassenbibliothek zur Windows-Programmierung):

```
TFont (const char far *facename=0, int height=0, int width=0,
       int escapement = 0, int orientation = 0,
       int weight = FW_NORMAL,
       uint8 pitchAndFamily = DEFAULT_PITCH|FF_DONTCARE,
       uint8 italic = false, uint8 underline = false,
       uint8 strikeout = false, uint8 CharSet = 1,
```

```
uint8 outputPrecision = OUT_DEFAULT_PRECIS,
uint8 clipPrecision = CLIP_DEFAULT_PRECIS,
uint8 quality = DEFAULT_QUALITY);
```

Mithilfe dieses Konstruktors kann man eigene Schriftarten erzeugen, wobei man alle möglichen Eigenschaften der Schriftart als Argumente an den Konstruktor übergeben kann.

Eigene Vorgabeargumente definieren

Wenn Sie selbst Vorgabeargumente für Ihre Funktionen definieren, achten Sie auf die folgenden Regeln:

- Auf einen Parameter mit Vorgabeargument dürfen keine Parameter ohne Vorgabeargumente mehr folgen.

  ```
  int func(int a = 0, int b);        // Fehler
  ```

- Als Vorgabeargumente können auch Ausdrücke oder Variablen angegeben werden. Es dürfen jedoch keine lokalen Variablen verwendet werden.

  ```
  int func(int n, int m = 3*5);
  ```

- Bei einer Redeklaration der Funktion dürfen weitere Vorgabeargumente angegeben werden, es dürfen jedoch keine bereits deklarierten Vorgabeargumente redeklariert werden.

  ```
  char* func(int x, int y=4);
  char* func(int x = 2, int y);     //gültige Redeklaration
  ```

- Da beim Aufruf die Argumente in der Reihenfolge vom ersten Parameter zum letzten Parameter übergeben werden müssen, sollten Sie die Parameter mit Vorgabeargumenten ihrer Bedeutung nach staffeln: Je öfter man einem Parameter mit Vorgabeargument beim Aufruf einen eigenen Wert zuweisen wird, um so weiter vorne sollte er in der Liste stehen.

  ```
  void func(int x, int y,
            int wichtig = 1,
            int wenigerwichtig = 2,
            int unwichtig = 3
            int bedeutungslos = 4);
  ```

12.6 Überladung (nur C++)

C++ erlaubt Ihnen, mehrere Funktionen mit gleichem Namen zu definieren – solange sich die Funktionen in ihren Parametern unterscheiden.

Wie kann dieses Konzept sinnvoll eingesetzt werden?

Ein Negativ-Beispiel

Grundsätzlich kann man sagen, dass die Überladung von Funktionen nur dann sinnvoll ist, wenn die Lesbarkeit des Programms dadurch verbessert wird. Dies ist mit Sicherheit nicht der Fall, wenn Sie mehreren Funktionen, die unterschiedliche Aufgaben erfüllen, gleiche Namen zuweisen:

```
#include <stdio.h>
#include <stdlib.h>

int Add(int a, int b)
  {
  return a + b;
  }

int Add(int a)
  {
  printf("Das Ergebnis der Addition lautet: %d",a);
  return 0;
  }

int main()
  {
  Add(Add(3,27));

  getchar();
  return 0;
  }
```

Analyse

In obigem Programm werden zwei Funktionen mit dem Bezeichner `Add()` definiert. Während die erste Funktion tatsächlich – wie man es auch erwartet – eine Addition durchführt, dient die zweite Funktion dazu, das Ergebnis einer Addition auszugeben. Die Funktionen sind zwar korrekt überladen – d.h., sie haben den gleichen Namen, aber Parameterlisten, die sich in Anzahl oder Typen einzelner Parameter unterscheiden –, doch ihr Einsatz in der `main()`-Funktion zeigt, dass die Überladung der Funktionen dem Programmierer das Verständnis des Programms keineswegs erleichtert.

Die Übergabe eines Rückgabewertes einer Funktion als Argument an eine andere Funktion ist in C/C++ zwar ein übliches und probates Mittel, macht in obigem Fall die Konfusion allerdings komplett, da beide Funktionen den gleichen Namen haben, und man nicht direkt ablesen kann, welche Funktion welche Aufgabe übernimmt.

Ein Positiv-Beispiel

Die Überladung darf also nicht dazu führen, dass man aus dem Namen einer Funktion nicht mehr die Aufgabe der Funktion ablesen kann. Anders ausgedrückt: Die Überladung von Funktionen ist immer dann sinnvoll, wenn man eine Aufgabe hat, die je nach übergebenen Parametertypen unterschiedlich zu erledigen ist.

So sind in der ANSI-C-Laufzeitbibliothek beispielsweise folgende Funktionen zur Berechnung von Potenzen definiert:

```
double pow10(int p);
double pow(double x, double y);
```

Statt sich zwei verschiedene Namen zu merken, könnten Sie hierfür zwei überladene Funktionen schreiben, die je nach Parameterliste die zugehörigen RTL-Funktionen aufrufen:

```
double power(int p) {
   return pow10(p);
   }
double power(double x, double y) {
   return pow(x, y);
   }
```

Vielleicht brauchen Sie aber auch eine Reihe von Funktionen zur Ermittlung des Maximums von Objektpaaren unterschiedlichster Datentypen:

```
int max(int a, int b) {
    return ( a > b ? a : b);
    }
 char* max(const char* s1, const char* s2) {
    return (strcmp(s1,s2) ? s1 : s2);
    }
 int max(int a, char* s) {
    return ( a > strlen(s) ? a : strlen(s));
    }
```

Überladung und Typenabhängigkeit

INFO

Sie könnten daran denken, mithilfe der Überladung typenunabhängige Funktionen zu schreiben, beispielsweise mehrere überladene Add-Funktionen, die je nach übergebenem Parametertyp Integer-Werte, Gleitkommazahlen, Zeichenketten oder anderes addieren. In solchen Fällen sollte man auch an die Verwendung von Templates (siehe Kapitel 20) denken, die allerdings meist wiederum durch überladene Funktionen oder Operatoren (siehe Kapitel 7.16.) unterstützt werden.

Ein gutes Einsatzgebiet für die Überladung sind auch die Konstruktoren von Klassen, die es ermöglichen, dass ein Objekt einer Klasse auf der Grundlage verschiedener Daten eingerichtet werden kann. Schauen Sie sich zum Beispiel die Konstruktoren der Klasse `AnsiString` aus der VCL des C++Builders an:

```
AnsiString(const char* src);
AnsiString(const AnsiString& src);
AnsiString(const char* src, unsigned char len);
AnsiString(const wchar_t* src);
```

```
AnsiString(int src);
AnsiString(double src);
```

Mithilfe dieser Konstruktoren kann man neue `AnsiString`-Strings auf der Grundlage von C-Zeichenketten, bestehenden AnsiStrings, Integer- oder Gleitkommawerten erzeugen.

INFO

Konstruktoren dienen der Initialisierung von Klasseninstanzen und zeichnen sich dadurch aus, dass sie den gleichen Namen tragen wie ihre Klasse. Daraus folgt zwangsläufig, dass man mehrere Konstruktoren zu einer Klasse nur durch Überladung einrichten kann.

Wie unterscheidet der Compiler überladene Funktionen?

Natürlich kann es nicht sein, dass ein Programm versucht, mit einem Namen auf mehrere Funktionen zuzugreifen. Der C++-Compiler erweitert daher den Funktionsnamen intern um eine kodierte Form der Parameterliste der Funktion. Da die Parameterlisten überladener Funktionen sich in Parametertypen und/oder Parameteranzahl unterscheiden müssen, folgt, dass die Zusammensetzung aus Funktionsname und verschlüsselter Parameterliste wieder eindeutig ist.[8] Der Compiler kann auf diese Weise einen eindeutigen Bezug zwischen einer Funktion und ihrer Definition herstellen und ist zufrieden.

Umgekehrt muss der Compiler in der Lage sein, beim Aufruf einer überladenen Funktion anhand der übergebenen Argumente die aufzurufende Funktion festzustellen. Man bezeichnet dies als die Auflösung einer Überladung.

1. Zuerst sucht der Compiler dabei nach einer überladenen Funktion, die exakt in den Datentypen ihrer Parameter mit den Datentypen der Argumente aus dem Funktionsaufruf übereinstimmt.
   - Ein Typ T kann nicht von seiner Referenz `T&` unterschieden werden.
   - Ein Typ T kann nicht von `const T` oder `volatile T` unterschieden werden, wohl aber `T*` von `const T*`.
2. Findet der Compiler keine exakte Übereinstimmung, sucht er die bestmögliche Übereinstimmung.
   - Zuerst wendet der Compiler die arithmetischen Promotionen (siehe Kapitel 6.9.2) auf die Argumente an.
   - Dann versucht er es mit Standardkonvertierungen (`double` zu `int`, `int` zu `double`, `Abgeleitet*` zu `Basis*` etc.).

8 Die interne Kodierung kann Probleme machen, wenn man C++- und C-Module mischt, siehe extern »C«-Deklaration in Kapitel 4.4.1.

- Zum Schluss berücksichtigt er noch benutzerdefinierte Konvertierungen für Klassen.

3. Findet der Compiler für ein Set von Argumenten zwei oder mehr überladene Versionen, die alle gleich gut zu den Argumenten passen, gibt er eine Fehlermeldung aus, dass er die Überladung nicht eindeutig auflösen kann.

```
void func(char)  {};
void func(short) {};

void call(char c, int i, short s)
  {
  func(c);     // ruft func(char) auf
  func(s);     // ruft func(short) auf
  func(i);     // Fehler: ambiguity
  }
```

Das Problem liegt hier darin, dass es keine überladene Funktion für den Datentyp `int` gibt, dass aber sowohl `char` als auch `short` durch integrale Promotion in `int` verwandelt werden können.

Zum Schluss noch ein, zwei grundsätzliche Regeln zur Überladung:

- Überladene Funktionen müssen in einem gemeinsamen Gültigkeitsbereich liegen, sonst findet keine Überladung, sondern die übliche Verdeckung statt.
- Der Rückgabetyp spielt bei der Überladung keine Rolle – überladene Funktionen können also nicht anhand des Rückgabetyps unterschieden werden.

12.7 Bibliotheken anlegen

Die Auslagerung von Teilproblemen in Funktionen ist meist nur der erste von fünf Schritten auf dem Weg zu eigenen Bibliotheken.[9]

12.7.1 Von der Funktionensammlung zur Bibliothek

Teilprobleme durch Funktionen lösen

1. Schritt:

Der erste Schritt ist, Teilprobleme zu identifizieren und in Form von Funktionen separat zu lösen.

Das folgende Statistikprogramm liest aus einer Datei eine Anzahl von Daten ein. Beim Einlesen wird davon ausgegangen, dass jede Zahl in einer eigenen Zeile steht und die erste Zahl die Gesamtzahl der Werte in der Datei angibt.

9 Die in diesem Abschnitt beschriebenen Prinzipien gelten analog auch für Klassenbibliotheken.

```
/* Statist.cpp    Statistik-Programm */
#include <stdio.h>
#include <stdlib.h>
#include <math.h>

double *werte;         // Zeiger auf Datenfeld
int anzahl;            // Anzahl der Daten

arm_Mittel() {siehe unten}
harm_Mittel() {siehe unten}

int main()
  {
  FILE *datei;
  char zeile[100];
  int loop;

  // Datei öffnen
  if( (datei = fopen("Daten.txt", "rt")) == NULL)
    {
    printf("Datei konnte nicht geoeffnet werden\n");
    exit(1);
    }

  // Anzahl der Daten auslesen
  fgets(zeile, 100, datei);
  sscanf(zeile,"%d",&anzahl);

  // Speicher für Daten reservieren
  if((werte = (double*) malloc(anzahl * sizeof(double))) == NULL)
    {
    printf("Speicher konnte nicht reserviert werden\n");
    exit(1);
    }

  // Daten einlesen
  for(loop=0; loop < anzahl; loop++)
    {
    fgets(zeile, 100, datei);
    sscanf(zeile,"%lf",&werte[loop]);
    printf("%lf\t",werte[loop]);
    }
  printf("\n\n");

  // Statistik
  printf("Arithmetisches Mittel : %lf\n",arm_Mittel());
  printf("Harmonisches   Mittel : %lf\n",harm_Mittel());

  fclose(datei);

  getchar();
  return 0;
  }
```

Uns interessiert hier vor allem die Berechnung des arithmetischen und harmonischen Mittels für die Daten:

Arithmetisches Mittel

```
    x1 + x2 + ... xn
------------------------
           n
```

Harmonisches Mittel

```
           n
------------------------
 1  + 1   + ,,, + 1
---  ---        ---
 x1   x2         xn
```

Für diese beiden Aufgaben wurden eigene Funktionen implementiert, die auf den Daten des globalen Feldes `werte` operieren.

```
double arm_Mittel()
  {
  double summe = 0;
  int loop;

  for(loop=0; loop < anzahl; loop++)
    summe += werte[loop];

  return summe/anzahl;
  }

double harm_Mittel()
  {
  double summe = 0;
  int loop;

  for(loop=0; loop < anzahl; loop++)
    summe += 1/werte[loop];

  return anzahl/summe;
  }
```

Für die folgenden Daten aus *Daten.txt*

```
10
7
14
5
8
9
1
104
77
```

```
41
222
```

liefert das Programm die Ausgabe:

```
7.000000        14.000000       5.000000        8.000000        9.000000 1.000000
104.000000      77.000000       41.000000       222.000000


Arithmetisches Mittel : 48.800000
Harmonisches   Mittel : 5.875807
```

2. Schritt:

Funktionen allgemein verwendbar implementieren

Unschön an den Funktionen `arm_Mittel()` und `harm_Mittel()` ist, dass sie nur auf dem globalen Feld `werte` operieren. Würde man in dem gleichen Programm noch ein zweites Feld `werte2` verwenden, für das man ebenfalls gerne das arithmetische und harmonische Mittel bestimmen möchte, könnte man die Funktionen `arm_Mittel()` und `harm_Mittel()` so wie sie derzeit implementiert sind, dazu nicht verwenden.

Die Lösung sollte so aussehen, dass man die beiden Funktionen `arm_Mittel()` und `harm_Mittel()` so umschreibt, dass man sie für beliebige Felder mit `double`-Werten aufrufen kann.

Glücklicherweise lässt sich dies ohne großen Aufwand bewerkstelligen. Man muss nur das Feld und die Anzahl der Daten im Feld als Parameter übergeben (statt auf globale Variablen zuzugreifen). Wenn man dabei die Parameter nach den bisher verwendeten globalen Variablen benennt, braucht man am Anweisungsteil der Funktionen nichts zu ändern.

```
double arm_Mittel(double *werte, int anzahl)
  {
  double summe = 0;
  int loop;

  for(loop=0; loop < anzahl; loop++)
    summe += werte[loop];

  return summe/anzahl;
  }

double harm_Mittel(double *werte, int anzahl)
  {
  double summe = 0;
  int loop;

  for(loop=0; loop < anzahl; loop++)
    summe += 1/werte[loop];

  return anzahl/summe;
  }
```

Jetzt kann man den Funktionen beim Aufruf beliebige Felder mit Daten übergeben:

```
printf("Arithmet. Mittel : %lf\n",arm_Mittel(werte,anzahl));
printf("Arithmet. Mittel : %lf\n",arm_Mittel(werte2,anzahl2));
```

Funktionensammlungen in eigenen Dateien

3. Schritt:

Die Funktionen `arm_Mittel()` und `harm_Mittel()` zur Berechnung des arithmetischen und harmonischen Mittels sind aber vielleicht auch für andere Programme nützlich.

Man müsste also einen einfachen Weg finden, wie man diese Funktionen auf bequeme Weise anderen Programmen zur Verfügung stellen kann. Dies ermöglicht die Aufteilung eines Programms in mehrere Übersetzungseinheiten, sprich Dateien.

Die Idee ist, die Funktionen `arm_Mittel()` und `harm_Mittel()` in eine eigene Datei auszulagern. Man hat dann eine eigene Quelltextdatei mit einer Sammlung thematisch zusammengehörender Funktionen, aber ohne `main()`-Funktion – eine Funktionensammlung.

Wenn ein Programm eine der Funktionen aus der Funktionensammlung verwenden möchte, lässt man einfach die Datei mit den Funktionen zusammen mit dem Programm übersetzen und linken (siehe Kapitel 25 und 3.5 über das Kompilieren von Programmen aus mehreren Modulen).

Header-Dateien: Funktionen über Quelltextgrenzen bekannt machen

Das einzige Problem, das dabei auftaucht, ist, dass man die Funktionen aus der Funktionensammlung in den Quelltextdateien bekannt machen muss. Im Grunde heißt dies nichts anderes, als dass wir in jeder Quelltextdatei, in der wir eine der Funktionen aus der Funktionensammlung verwenden wollen, eine Vorwärtsdeklaration setzen müssen. Es wäre allerdings etwas mühsam, wenn man wirklich in allen Quelltextdateien die Funktionsdeklarationen eintippen wollte. Stattdessen legt man eine eigene Datei an, in der man die Deklarationen für alle Funktionen der Funktionensammlung zusammenfasst. Eine solche Datei mit den Deklarationen zu einer Quelltextdatei bezeichnet man per Konvention als Header-Datei und speichert sie mit der Extension `.h` oder `.hpp` ab.

```
/* Statist.h */
#ifndef StatistH
#define StatistH

double arm_Mittel(double *werte, int anzahl);
double harm_Mittel(double *werte, int anzahl);

#endif
```

Die Header-Datei wird dann per #include-Anweisung in alle Quelltextdateien aufgenommen, die Funktionen der Funktionensammlung verwenden.

```
/* Statist3.cpp */         /* Statist.cpp   Funktionensammlung */
#include <stdio.h>
#include <stdlib.h>
#include "statist.h"       #include "Statist.h"

int main()                 double arm_Mittel(double *werte,     {
  {                                         int anzahl)
  FILE *datei;               {
  char zeile[100];           double summe = 0;
  ...                        ...
```

Ein kleiner Nachteil der Header-Dateien ist, dass sie immer alle Deklarationen in eine Quelltextdatei einführen, auch wenn Sie vielleicht nur eine oder zwei Funktionen der Funktionensammlung in der Quelltextdatei verwenden.
In unserem Beispiel ist dies kein Problem, da die Funktionensammlung bislang nur aus zwei Funktionen besteht. Bei grß eren Funktionensammlungen bietet es sich an, die Funktionen thematisch weiter aufzuteilen und für jedes Unterthema eine eigene Header-Datei anzulegen.

4. Schritt: Funktionensammlungen als Objektdateien

Bisher besteht unsere Funktionensammlung aus einer Quelltextdatei mit zugehörigem Header. Wenn wir die Funktionensammlung in einem Programm verwenden wollen, kopieren wir die Dateien der Funktionensammlung in das Verzeichnis und lassen die Funktionensammlung zusammen mit dem restlichen Programm kompilieren und linken.

Da sich am Quelltext der Funktionensammlung aber nichts mehr ändert, ist es eigentlich unnötig, die Funktionensammlung jedes Mal neu übersetzen zu lassen.

Viel einfacher ist es, die Funktionensammlung einmalig vom Compiler in eine Objektdatei übersetzen zu lassen.

Wenn dann ein Programm Funktionen aus der Funktionensammlung verwenden möchte, nehmen wir wie üblich die Header-Datei der Funktionensammlung per #include-Anweisung in die Quelltextdatei des Programms auf. Dann wird das Programm für sich übersetzt. Erst dem Linker geben wir an, dass er die Objektdatei der Funktionensammlung mit dem Objektmodul des Programmquelltextes zu einem Programm zusammenbinden soll.

INFO

Wie Sie dem Linker angeben können, welche Objektmodule er zusätzlich linken soll, entnehmen Sie bitte der Dokumentation Ihres Compilers. Die meisten Compiler verwalten diese Information in einer Projekt- oder Make-Datei, die Sie manuell oder über Dialogfenster bearbeiten können.

5. Schritt:

Aus Funktionensammlungen werden Bibliotheken

Wenn Ihre Funktionensammlungen anwachsen und mehr und mehr Funktionen umfassen, führt die Einbindung der Funktionensammlung als Objektdatei zu einer unnötigen Aufblähung Ihrer Programme.

Die meisten Programme werden nämlich nur einen kleinen Teil der in der Funktionensammlung enthaltenen Funktionen nutzen. Bei der Einbindung der Objektdatei wird aber immer der gesamte Code der Funktionensammlung in die EXE-Datei des Programms aufgenommen.

Die Lösung dieses Problems ist der Linker. Der Linker verfügt nach der Übersetzung des Programms durch den Compiler über die Informationen, welche Funktionen aus der Funktionensammlung benötigt werden. Alles was wir jetzt noch tun müssen, ist, dem Linker die Informationen zu liefern, wo er diese Funktionen in der Funktionensammlung findet, damit er sich den Objektcode der einzelnen Funktionen herauspicken kann und nicht den gesamten Objektcode der Funktionensammlung zu dem Programm linken muss.

Zu diesem Zweck müssen wir aus dem Objektcode der Funktionensammlung (Extension .obj) eine Bibliothek erzeugen (Extension .lib). Die meisten Compiler und Entwicklungsumgebungen liefern zu diesem Zweck spezielle Zusatzprogramme mit (beispielsweise TLIB von Borland) oder sind so konfigurierbar, dass man direkt aus dem Quelltext der Funktionensammlung eine Bibliothek erzeugen kann.

12.7.2 Vergleich von Bibliotheken

Bei der Zusammenstellung von Funktionen oder Klassen kann man zwischen vier Modellen unterscheiden:

- *Sammlungen* von Funktionen oder Klassen sind einfache Dateien, in denen der Quelltext von Funktionsdefinitionen, Klassendeklarationen, globalen Datentypen etc. zusammengestellt wurde. Solche Quelltextsammlungen müssen bei der Programmerstellung jeweils erneut kompiliert werden. Man kann sich die Kompilierarbeit ersparen, indem man das Modul für sich kompiliert und die resultierende Objektdatei in die Programme einbindet. Nachteilig ist, dass immer der ganze Objektcode in das Programm aufgenommen wird.

- *Statische Bibliotheken (LIB)* werden aus Objektdateien aufgebaut oder durch die direkte Kompilation eines Quelltextes zu einer Bibliothek (statt einer EXE-Datei). Bei der Erstellung der Bibliothek wird ein Verzeichnis der in der Bibliothek enthaltenen Symbole (Namen der definierten Funktionen, Klassen etc.) angelegt, das es dem Linker ermöglicht, nur den wirklich benötigten Code herauszufiltern.
- *Dynamische Bibliotheken (DLL)*, wie sie von Windows benutzt werden, sind Bibliotheken, die den Vorteil haben, dass sie bei Bedarf dynamisch geladen werden können und dass mehrere Programme auf den Code ein und derselben DLL zugreifen können. Verwenden also mehrere in Ausführung befindliche Programme die gleiche DLL, wird von dieser nur eine Kopie in den Arbeitsspeicher geladen, die von allen Programmen gemeinsam benutzt wird.

Tabelle 12.2: Modelle für Bibliotheken

Bibliothek	kompiliert	in .EXE	im Speicher
Quelltextsammlung	nein	vollständig	mehrmals
Objektmodul	ja	vollständig	mehrmals
statische LIB	ja	nach Bedarf	mehrmals
dynamische DLL	ja	nein	einmal

13 Fehlerbehandlung (mit und ohne Exceptions)

Die Exception- oder Ausnahmebehandlung ist eine spezielle Form der Fehlerbehandlung in einem Programm. Fehler ist aber nicht gleich Fehler. Prinzipiell kann man bei der Programmierung zwischen drei Fehlern unterscheiden:

Syntaktische Fehler	Entstehen durch Tippfehler und Nachlässigkeit beim Aufsetzen des Quelltextes. Syntaktische Fehler werden während der Kompilation vom Compiler erkannt.
Logische Fehler und Bugs	Das Programm stürzt ab oder tut nicht, wofür es programmiert wurde. Diese Art von Fehlern ist meist nur schwer zu finden. Vielleicht haben Sie irgendwo den Minus-Operator statt des Plus-Operators verwendet, oder Sie schreiben über die Grenzen eines Arrays hinaus. Logische Fehler findet man, indem man einen Debugger einsetzt (oder eigene Debug-Informationen ausgeben lässt) und sich verdächtigen Quelltext nochmals gründlich durchliest.
Laufzeitfehler	Manche Fehlerquellen liegen außerhalb des Programms. Die wichtigsten externen Fehlerquellen sind Benutzerangaben (wenn der Benutzer eine positive Zahl eingeben soll, aber stattdessen eine negative Zahl eintippt) und Ressourcenanforderungen (wenn das Programm versucht, eine Datei auf Festplatte zu öffnen, die gar nicht existiert, oder mehr Speicher anfordert, als verfügbar ist). Will man solche Fehler abfangen, muss dies im Programm geschehen.

In diesem Kapitel interessieren uns vor allem die Laufzeitfehler (wobei die hier gezogene Grenze zwischen logischen Fehlern und Laufzeitfehlern fließend ist).

13.1 Möglichkeiten der Fehlerbehandlung

Betrachten Sie die folgende Funktion, die einen Bruch berechnet:[1]

```
double division(double zaehler, double nenner)
  {
  return zaehler/nenner;
  }
```

Die Funktion übernimmt Werte für Zähler und Nenner und liefert den berechneten Bruch als Gleitkommazahl zurück.

Was aber passiert, wenn die Funktion mit dem Wert 0 für den Nenner aufgerufen wird?

Nun, prinzipiell stehen dem Programmierer, der die Funktion implementiert hat, drei Möglichkeiten offen, diesen Fall zu handhaben:

1. Er ignoriert den Fehler ganz einfach.
2. Er fängt den Fehler in der Funktion ab und reagiert entsprechend – beispielsweise indem er eine Fehlermeldung ausgibt und/oder versucht, den Fehler zu beheben.
3. Er fängt den Fehler in der Funktion ab, überlässt aber die Verarbeitung des Fehlers dem Programm, das die Funktion aufruft.

Fehler ignorieren

Die einfachste Form der Fehlerbehandlung ist die Ignorierung des Problems.

Im Falle der Funktion `division()` könnte sich der Autor und Programmierer der Funktion einfach auf den Standpunkt stellen, dass sich eine Fehlerbehandlung nicht lohnt, weil er ja weiß, dass die Funktion nicht mit Null als zweitem Argument aufgerufen werden darf.

Ein solcher Standpunkt ist durchaus legitim. Die Laufzeit der Funktion wird nicht durch den zusätzlichen Code für die Fehlerbehandlung belastet, und wo nötig, kann man den Wert des zweiten Arguments vor Aufruf der Funktion testen:

Keine Fehlerbehandlung nötig

```
double zaehler=24;
int loop;
for(loop=10; loop > 0; loop--)
    {
```

1 Ich gebe zu, dass der praktische Nutzen dieser Funktion nahezu gleich Null ist. Seien Sie aber versichert, dass der didaktische Wert der Funktion darunter nicht zu leiden hat.

```
    bruch = division(zaehler,loop);
    printf("Bruch = %lf\n",bruch);
    }
```

Benutzereingabe: Fehlerbehandlung erforderlich

```
printf("Geben Sie den Zaehler ein: "); scanf("%lf",&zaehler);
printf("Geben Sie den Nenner ein: ");  scanf("%lf",&nenner);
fflush(stdin);

if(nenner==0)
    printf("Division durch Null nicht erlaubt!\n");
    else
    {
    bruch = division(zaehler,nenner);
    printf("Bruch = %lf\n",bruch);
    }
```

Selbst wenn Sie die Funktion nicht nur für Ihre eigenen Programme verwenden wollen, sondern auch als Teil einer Bibliothek an andere Programmierer verteilen oder verkaufen wollen, brauchen Sie nicht unbedingt für eine interne Fehlerbehandlung zu sorgen. Dokumentieren Sie dann aber die Funktion, und weisen Sie darauf hin, dass die Funktion nicht mit Null als zweitem Argument aufgerufen werden darf.

Was passiert, wenn die Funktion aus Versehen doch einmal mit Null als zweitem Argument aufgerufen wird?

INFO

Bei Abarbeitung der Funktion wird von der CPU eine Division durch Null festgestellt. Alles Weitere hängt dann von der jeweiligen Rechnerkonfiguration ab. Auf der Intel-Plattform wird beispielsweise entweder das zugehörige CPU-Flag gesetzt oder ein Software-Exception-Handler aufgerufen.

Fehler abfangen und bearbeiten

Dies ist die zweite Variante. Um die Funktion narrensicher zu machen, prüft sie selbst, ob der Wert des zweiten Arguments Null ist.

```
/* Bruch2.cpp  Division durch Null */
#include <stdio.h>
#include <stdlib.h>

double division(double zaehler, double nenner)
  {
  if(nenner==0)
    {
    printf("Division durch Null!\n");
    exit(1);
    }

  return zaehler/nenner;
  }
```

```
int main()
  {
  double zaehler, nenner;
  double bruch;

  printf("Geben Sie den Zaehler ein: ");
  scanf("%lf",&zaehler);
  printf("Geben Sie den Nenner ein: ");
  scanf("%lf",&nenner);
  fflush(stdin);

  bruch = division(zaehler,nenner);
  printf("Bruch = %lf\n",bruch);

  return 0;
  }
```

In obigem Beispiel reagiert die Funktion recht hart, vielleicht übertrieben hart, indem sie bei Übergabe eines Null-Arguments eine Fehlermeldung ausgibt und dann das Programm beendet.

Eine benutzerfreundlichere Fehlerbehandlung hätte den Anwender auf den ungültigen Wert für den Nenner hingewiesen und in einer Schleife den Wert des Nenners erneut abgefragt.

Fehler abfangen und weiterleiten

Die letzte Möglichkeit wäre, dass die Funktion den Fehler zwar abfängt, die Bearbeitung des Fehlers aber nicht selbst vornimmt, sondern der aufrufenden Funktion überlässt. Dazu muss die aufrufende Funktion aber erst einmal darüber informiert werden, dass ein Fehler aufgetreten ist.

Der Rückgabewert als Fehlermelder

Häufig wird der Rückgabewert der Funktion zur Anzeige von Fehlern verwendet. Die Funktionen `malloc()` und `fopen()` der C-Laufzeitbibliothek liefern beispielsweise bei Auftreten eines Fehlers in der Funktion einen Null-Wert.

Globale Variablen als Fehlermelder (errno)

Für die Funktion `division()` ist es leider nicht möglich, den Wert Null als Indikator für einen internen Fehler zurückzuliefern, da Null auch das Ergebnis einer gültigen Division sein kann (zum Beispiel 0/3). Das gleiche Schicksal teilen auch die mathematischen Funktionen der C-Laufzeitbibliothek, beispielsweise `sinh()`, `exp()`, `log()` oder `sqrt()`.

Für die Fehlerbehandlung dieser Funktionen definiert ANSI-C das globale Makro `errno` (aus *errno.h*) dessen Wert von den ANSI-Funktionen aus *math.h* je nach Art des Fehlers auf

EDOM	Argument außerhalb des Definitionsbereichs

oder

ERANGE	Ergebnis außerhalb des Wertebereichs

gesetzt wird.

Das folgende Beispiel demonstriert, wie der über errno zurückgelieferte Fehlerstatus ausgewertet werden kann:

```
/* Errno.cpp    Fehlerrückmeldung über errno */
#include <stdio.h>
#include <math.h>
#include <errno.h>

int main()
  {
  int wert;
  double wurzel;

  while(1)
    {
    printf("Geben Sie eine Zahl ein: \t");
    scanf("%d",&wert);
    fflush(stdin);

    if(wert==0)
      break;

    errno = 0;
    wurzel = sqrt(wert);        // aus math.h
    if(!errno)
      printf("Die Wurzel von %d ist %lf\n\n",wert,wurzel);
      else if (errno = EDOM)
        printf("Eingabe ausserhalb des Definitionsbereichs\n\n");

    }

  return 0;
  }
```

Wenn Sie errno für Ihre eigenen Funktionen verwenden, brauchen Sie sich nicht darauf zu beschränken, errno im Fehlerfall einen der Fehlerwerte EDOM oder ERANGE zuzuweisen. Sie können ebenso gut eigene Fehlerkonstanten definieren.

!! STOP

Im letzteren Falle sollten Sie beachten, dass auch viele Compiler-Hersteller die Palette der Fehlerkonstanten ausbauen. Achten Sie also darauf, dass Ihre Fehlerkonstanten eindeutig sind.

Weiterleitung über Exceptions (nur C++)

Die Weitermeldung von Fehlerzuständen über globale Elemente wie `errno` ist selbstverständlich nur eine Krücke. In C++ hat man sich dieses Problems angenommen und einen speziellen Mechanismus zur Weiterleitung von Fehlern in die Sprache aufgenommen: die Exception-Behandlung.

13.2 Aufbau einer Exception-Behandlung

Ziel einer Exception-Behandlung ist es, zur Laufzeit auftretende Fehler am Ort ihrer Entstehung abzufangen, in Form von Exceptions weiterzuleiten und irgendwo durch einen Handler zu bearbeiten. Auswurf und Abfangen einer Exception führen also zu einem veränderten Programmablauf.

Exceptions sind vor allem für schwerwiegende Fehler gedacht

Es ist grundsätzlich nicht das Ziel der Exception-Behandlung, Fehler abzufangen und so zu beheben, dass das Programm danach in den gleichen Bahnen weiter fortgeführt werden kann. Diese Form der Fehlerbehandlung wird auf konventionelle Weise mithilfe von Schleifen implementiert.

REF

Ein schönes Beispiel für die Trennung beider Formen der Fehlerbehandlung ist der `new`-Operator (siehe Kapitel 7.10, unter Fehlerbehandlung).

INFO

Konnte der `new`-Operator einen angeforderten Speicherbereich nicht zur Verfügung stellen, versucht er zuerst, das Problem zu beheben. In einer Schleife ruft er eine Hilfsfunktion auf, deren Aufgabe es ist, reservierten Speicher freizugeben. (Diese Hilfsfunktion kann vom Programmierer selbst definiert und über einen Aufruf von `set_new_handler()` für den `new`-Operator registriert werden.) Kann die Funktion keinen Speicher freigeben, gibt der `new`-Operator auf und zeigt dem Programm an, dass die Speicherallokation gescheitert ist. Letzteres geschieht, je nachdem, welche Version des new-Operators aufgerufen wurde, über den Rückgabewert oder die Auslösung einer Exception.

Jede Exception-Behandlung gliedert sich in drei Schritte.

1. ***Fehler tritt auf***

   Ausgangspunkt ist immer ein Fehler oder, allgemeiner ausgedrückt, eine Situation, die die standardmäßige Fortführung des Programms unmöglich macht.

Beispiel: Der Funktion `division()` wird 0 als Argument für den Nenner übergeben

```
double division(double zaehler, double nenner)
  {
  if(nenner==0)
```

2. ***Exception wird ausgelöst*** (Schlüsselwort `throw`)

   Der Fehler wird abgefangen und in die Auslösung einer Exception umgewandelt. Eine Exception ist einfach ein Objekt eines beliebigen Datentyps. Meist definiert man aber spezielle Klassen und wirft Instanzen dieser Klassen als Exceptions aus.

```
class my_exception
  {
   double zaehler, nenner;
  public:
   my_exception(double i, double j){zaehler=i; nenner=j;}
   void ausgabe() {
     cout << "Division durch Null" << endl;
     cout << "\t zaehler = " << zaehler << endl;
     cout << "\t nenner = " << nenner << endl;
     }
  };

double division(double zaehler, double nenner)
  {
  if(nenner==0)
    throw my_exception(zaehler, nenner);  //Exception auslösen

  return zaehler/nenner;
  }
```

   Der normale Ablauf des Programms wird durch den Auswurf der Exception abgebrochen. Das Programm wird dort fortgesetzt, wo die ausgelöste Exception abgefangen wird.

3. ***Exception wird abgefangen*** (Schlüsselwörter `try, catch`)

   Die ausgelöste Exception wird von innen nach außen zu den umliegenden Blöcken und Funktionen weitergereicht.

   Ist für einen der umliegenden Blöcke ein zum Typ der Exception passender `catch`-Handler definiert, wird die Exception von diesem abgefangen.

```
try
    {
    bruch = division(zaehler,nenner);
    cout << "Bruch = " << bruch << endl;
    }
catch(my_exception& fehler)
    {
    fehler.ausgabe();
    }
```

Hier noch einmal das vollständige Programm:

```
/* Bruch3.cpp   Division durch Null */
#include <iostream.h>
#include <stdio.h>

class my_exception
  {
   double zaehler, nenner;
  public:
   my_exception(double i, double j){zaehler=i; nenner=j;}
   void ausgabe() {
     cout << "Division durch Null" << endl;
     cout << "\t zaehler = " << zaehler << endl;
     cout << "\t nenner = " << nenner << endl;
     }
  };

double division(double zaehler, double nenner)
  {
  if(nenner==0)
    throw my_exception(zaehler, nenner);

  return zaehler/nenner;
  }

int main()
  {
  double zaehler, nenner;
  double bruch;

  cout << "Geben Sie den Zaehler ein: ";
  cin >> zaehler;
  cout << "Geben Sie den Nenner ein : ";
  cin >> nenner;

  try
    {
    bruch = division(zaehler,nenner);
    cout << "Bruch = " << bruch << endl;
    }
  catch(my_exception& fehler)
    {
    fehler.ausgabe();
    }

  return 0;
  }
```

Ausgabe des Programms:

```
Geben Sie den Zaehler ein: 243
Geben Sie den Nenner ein : 0
Division durch Null
```

```
zaehler = 243
nenner = 0
```

13.3 Programmfluss und Exception-Behandlung

Wird eine Exception ausgelöst, wird der normale Ablauf des Programms unterbrochen und das Programm dort fortgesetzt, wo die Exception abgefangen wird – also in einem catch-Handler, der dem Datentyp der Exception entspricht.

Wie drastisch dabei in den normalen Programmablauf eingegriffen wird, hängt davon ab, wie schnell ein passender Handler gefunden wird.

Wenn Sie den Handler direkt nach Auslösen der Exception aufsetzen, hat die Exception-Behandlung den gleichen Effekt wie eine if-Anweisung:

```
try {
    if(nenner==0)
      throw my_exception(zaehler, nenner);
    }
catch(my_exception&) {
    cout << "Fehler aufgetreten" << endl;
    }
```

In einem solchen Fall lohnt sich die Exception-Behandlung natürlich nicht. Sie ist auch gar nicht für solche Fälle konzipiert – ihre Domäne ist ja gerade die räumliche Trennung von Fehlererkennung und Fehlerbearbeitung.

13.3.1 Wo wird der Programmfluss nach einer Exception fortgesetzt?

Wird eine Exception ausgelöst, wird der normale Programmablauf abgebrochen und das Programm sucht nach einem geeigneten Handler für die Exception. Die Suche schreitet dabei von innen nach außen voran und zwar immer zum nächsten umliegenden try-Block.

Man versteht dies leichter, wenn man das Pferd von hinten aufzäumt.

Zusammenspiel von try und catch

Wenn Sie eine Exception abfangen wollen, müssen Sie einen catch-Handler für den Datentyp der Exception definieren. Ein catch-Handler kontrolliert aber immer nur einen definierten Anweisungsblock. Dieser Block geht dem catch-Handler voran und wird durch das Schlüsselwort try eingeleitet:

```
try
    {
    bruch = division(zaehler,nenner);
    cout << "Bruch = " << bruch << endl;
```

```
    }
catch(my_exception& fehler)
    {
    fehler.ausgabe();
    }
```

Der oben definierte catch-Handler fängt also alle Exceptions vom Typ my_exception ab, die in dem darüber gelegenen try-Block aufgetreten sind. Dabei ist es egal,

- ob die Exceptions direkt im try-Block ausgelöst werden,
- ob die Exceptions in einem Block, der vom try-Block eingeschlossen wird, ausgelöst werden,
- ob die Exceptions in einer der Funktionen, die im try-Block aufgerufen werden, ausgelöst werden.

Kommen wir zurück zu den Vorgängen beim Auslösen einer Exception.

Die Suche nach dem catch-Handler und die Auflösung des Stacks

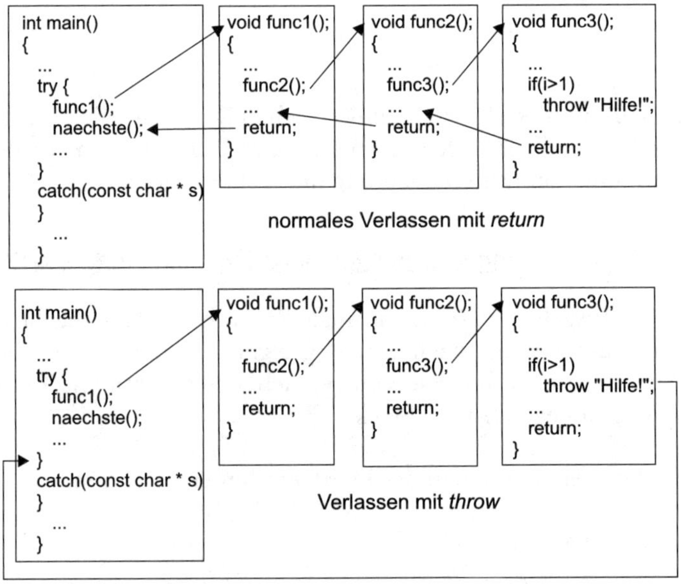

Abbildung 13.1: Auflösung des Stacks beim Auslösen einer Exception

Wird eine Exception ausgelöst, wird zuerst überprüft, ob die throw-Anweisung innerhalb eines try-Blocks liegt. Gibt es in der Funktion, in der die Exception ausgelöst wird, keinen try-Block mit passendem catch-Handler, wird die Funktion beendet (vom Stack entfernt). Die Suche wird jetzt in der Funktion fortgesetzt, aus der die Funktion mit der throw-Anweisung aufgerufen wurde.

Dieses Spiel wird so lange fortgesetzt, bis ein passender `catch`-Handler gefunden wird. Wird selbst in der `main()`-Funktion kein `catch`-Handler gefunden, wird die Exception einer Standardverarbeitung zugeführt. Sofern der Programmierer nicht für eine eigene Standardverarbeitung gesorgt hat (siehe Abschnitt 13.7), bedeutet dies den Abbruch des Programms.

13.3.2 Die Problematik des gestörten Programmflusses

Die Art und Weise, in der der Handler zu einer Exception gesucht wird, hat Konsequenzen, die bei der Programmierung mit Exceptions beachtet werden müssen:

Exceptions müssen Informationen übertragen

Wegen der Trennung von Fehlerursache und Fehlerbehandlung ist der `catch`-Handler bei der Bearbeitung des Fehlers ganz auf die Informationen angewiesen, die ihm von der Exception übermittelt werden.

- Dies wäre zum einen der Datentyp der Exception, der überhaupt festlegt, welcher `catch`-Handler für die Bearbeitung der Exception infrage kommt. Dies ist auch ein Grund dafür, dass Exceptions üblicherweise Klassentypen angehören. Würden Sie beispielsweise sowohl im Falle einer Division durch Null wie auch bei dem Versuch, eine nicht vorhandene Datei zu öffnen, eine Exception vom Typ `int` ausgeben, werden beide Fehler von dem gleichen Handler (`catch(int)`) abgefangen. Mit Klassen können Sie dagegen für jeden Fehlertyp eine eigene Exception-Klasse und damit einen eigenen Handler-Typ definieren.
- Zum anderen ist eine Exception ein Objekt, und jedes Objekt enthält Daten. Eine Exception vom Typ `int` könnte beispielsweise einen Fehlercode übertragen, eine Exception vom Typ `char *` eine Fehlermeldung. Am besten geeignet sind natürlich Klasseninstanzen, da diese mehrere Daten und sogar passende Methoden zur Fehlerbehandlung enthalten können.

Keine unnötigen Exceptions in Bibliotheken

Exceptions sind für die Implementierung von Bibliotheken besonders interessant, weil sie dem Programmierer der Bibliothek die Möglichkeit geben, Fehler in der Bibliothek abzufangen, die Fehlerbehandlung aber dem Programmierer zu überlassen, der die Bibliothek benutzt. Bedenken Sie aber, dass Exceptions den normalen Programmfluss zerstören und unbehandelte Exceptions standardmäßig zum Programmabbruch führen. Verärgern Sie die Benutzer Ihrer Bibliothek also nicht dadurch, dass Sie für jeden kleinen Fehler gleich eine Exception auslösen, die die Benutzer der Bibliothek dann abfangen müssen.

Das Problem der Stack-Auflösung (stack unwinding)

Wird eine Funktion aufgrund einer ausgelösten Exception vom Stack entfernt, werden lediglich die lokalen Variablen der Funktion in korrekter Weise aufgelöst. Probleme ergeben sich, wenn die Funktion dynamischen Speicher reserviert oder eine Datei geöffnet hat, die beim Verlassen der Funktion freigegeben, beziehungsweise geschlossen werden sollten.

- Wird die Funktion wegen einer Exception verlassen, die direkt in der Funktion ausgelöst wird, kann man noch auf recht einfache Weise für die Freigabe der Ressourcen sorgen. Man erledigt die erforderlichen Aufräumarbeiten einfach vor der `throw`-Anweisung:

```
void func() {
  FILE *fp = fopen("Datei.txt","rt");
  ...
  if(fehler)
    {
    fclose(fp);
    throw "Es ist ein Fehler aufgetreten";
    }

  fclose(fp);
  }
```

- Problematischer ist es, wenn die Exception aus einer aufgerufenen Funktion stammt:

```
void func() {
  FILE *fp = fopen("Datei.txt","rt");
  func_that_may_throw(fp);
  fclose(fp);
  }
```

In obigem Beispiel wird nach dem Öffnen einer Datei eine Funktion aufgerufen, die unter Umständen eine Exception auslöst. Tritt dieser Fall ein, wird die Anweisung `fclose(fp)` nicht mehr ausgeführt.

Es gibt zwei Möglichkeiten, trotz interferierender Exception-Behandlung dafür zu sorgen, dass die Ressourcen der Funktion freigegeben werden.

– Die eine Möglichkeit besteht darin, vorsorglich alle Exceptions in der Funktion abzufangen, dann die Ressourcen freizugeben und die Exceptions schließlich erneut auszuwerfen:

```
void func() {
  FILE *fp = fopen("Datei.txt","rt");
  try {
    func_that_may_throw(fp);
    }
  catch(...) {   //(...) fängt alle Exceptions
    fclose(fp);
    throw;       // Exceptions weiterleiten
```

```
    }
  fclose(fp);
  }
```

– Die andere Möglichkeit besteht darin, die Ressource in einer lokalen Klasseninstanz zu kapseln. Deren Destruktor wird auf jeden Fall zur Auflösung der Klasseninstanz aufgerufen und der Programmierer kann in der Implementierung des Destruktors sicherstellen, dass die Ressource freigegeben wird.

Das soll aber nicht dazu führen, dass Sie aus Angst vor Exceptions nun alle Ihre Funktionen, wie oben gezeigt, absichern. Wenn Sie Exceptions gezielt und sparsam einsetzen, wird es nur wenige Fälle geben, in denen obige Absicherung erforderlich ist. Und was die Exceptions aus Bibliotheken angeht ... denken Sie daran, dass es auch statthaft ist, Exceptions zu durchlaufen und mit einem Programmabbruch beantworten zu lassen.

13.4 Komponenten der Exception-Behandlung

Nachdem Sie bereits mit dem grundlegenden Ablauf einer Exception-Behandlung vertraut sind, werden wir uns die einzelnen Teile und speziell die Schlüsselwörter `throw`, `try` und `catch` genauer anschauen.

13.4.1 Exceptions abfangen

Der Abfangmechanismus für Exceptions beruht auf den Schlüsselwörtern `try` und `catch`.

Mit `try` wird ein Block definiert, der auf Exceptions hin überwacht wird.

An den `try`-Block angehängt, folgen die `catch`-Blöcke, wobei jeder `catch`-Block eine Fehlerbehandlung für einen bestimmten Typ von Exceptions definiert.

```
try
    {
    Anweisungen, die überwacht werden;
    }
catch(exceptionTyp& )
    {
    Fehlerbehandlung;
    }
```

Hinter `catch` steht in Klammern der Exception-Typ, der abgefangen wird. Der `catch`-Block oder -Handler wird nur für diejenigen Exceptions ausgeführt, die in dem darüber liegenden `try`-Block auftreten und deren Datentypen mit der Typenangabe des `catch`-Handlers übereinstimmen. (Standardkonvertierungen werden berücksichtigt.)

INFO

Die catch-Handler erinnern nicht umsonst von der Syntax her an überladene Funktionen. Auch die Übergabe des Exception-Objekts an den Handler entspricht der Übergabe eines Arguments an einen Funktionsparameter.

Der Parameter des catch-Handlers

Jeder catch-Handler definiert einen Parameter. Der Datentyp dieses Parameters legt fest, welche Exceptions der catch-Handler abfängt. Des Weiteren wird das Exception-Objekt an diesen Parameter übergeben und der catch-Handler kann dann über den Parameter abfragen, welche Informationen das Exception-Objekt über die Fehlerursache gespeichert hatte.

```
catch(char *meldung)
    {
    cout << meldung << endl;
    }
```

Ist der catch-Handler nicht an den Informationen über die Fehlerursache interessiert, reicht es, den Datentyp des Parameters anzugeben:

```
catch(my_exception&)
    {
    cout << "Schwerer Fehler aufgetreten" << endl;
    }
```

catch-Handler und Klassentypen

In C++ werden für Exceptions meist eigene Klassen definiert.

Wenn die Klassen der verschiedenen Exception-Kategorien in Klassenhierarchien angeordnet werden, kann man Nutzen daraus ziehen, dass die catch-Handler für public-Basisklassen auch Exceptions der abgeleiteten Klassen abfangen können.

Ein catch-Handler für alle Exceptions

Der Handler catch (...) fängt alle Exceptions ab.

Verschachtelte try-Blöcke

Selbstverständlich kann man in einer Funktion mehrere try-Blöcke mit jeweils zugehörigen catch-Handlern definieren.

Zudem ist es erlaubt, try-Blöcke mit ihren catch-Handlern zu verschachteln.

Hintereinander geschaltete catch-Handler

Sie können mehrere Exception-Behandlungsfunktionen hintereinander schalten.

```
try
    {
    Anweisungen, die überwacht werden;
    }
catch(except1& )
    {
    Fehlerbehandlung;
    }
catch(except2& )
    {
    Fehlerbehandlung;
    }
catch(...)
    {
    Fehlerbehandlung;
    }
```

Tritt in dem zugehörigen `try`-Block eine Exception auf, wird wie bei einer `switch`-Anweisung überprüft, zu welchem Handler die Exception ihrem Datentyp nach passt. Im Gegensatz zur `switch`-Anweisung gibt es jedoch keine Möglichkeit, eine Exception von einem Handler an die anderen Handler des gleichen `try`-Blocks weiterzureichen.[2]

Dies ist wichtig, wenn Sie zu einem `try`-Block mehrere Handler unterschiedlicher Spezifität definieren. In solchen Fällen sollte man die Handler nach ihrer Spezifität von oben nach unten anordnen (als erstes also die Handler, die den gleichen Datentyp wie die erwarteten Exceptions haben, dann die Handler mit Basisklassentypen und zum Schluss der allgemeine Handler `catch(...)`).

Den allgemeinen Handler `catch(...)` an den Anfang einer Liste von Handlern zu stellen, ist unsinnig, da dann die nachfolgenden Handler niemals aufgerufen werden können.

!! STOP

13.4.2 Exceptions auslösen

```
if(nenner==0)
      throw "Fehler: Division durch Null";
```

Obiger Ausdruck löst eine Exception aus und legt fest, dass das Argument des Exception-Handlers vom gleichen Typ wie das spezifizierte `throw`-Objekt oder zumindest von einem konvertierbaren Typ sein muss.

2 Wohingegen es durchaus möglich ist, eine Exception von einem Handler an den umliegenden try-Block weiterzureichen, siehe Abschnitt zum Auslösen von Exceptions.

Bereits abgefangene Exceptions weiterleiten

Das Schlüsselwort throw kann auch benutzt werden, um Exceptions, die bereits in einem catch-Block abgefangen wurden, erneut auszulösen und so an den nächsten Handler weiterzureichen.

```
catch(my_exception&)
    {
    cout << "Schwerer Fehler aufgetreten" << endl;
    cout << "Kann Fehler nicht korrekt bearbeiten" << endl;
    throw;
    }
```

Dies ist beispielsweise sinnvoll, wenn ein Handler Exceptions abfängt, die er nur unvollkommen oder nur schlecht bearbeiten kann. Der Handler reagiert dann in der ihm möglichen Art und Weise auf die Exception und leitet sie weiter, für den Fall, dass es in einem der umliegenden try-Blöcke noch einen besseren Handler gibt.

Die Weiterleitung mit throw kann beispielsweise genutzt werden, um die Freigabe von lokalen Ressourcen sicherzustellen (siehe Abschnitt zum auto_ptr in Kapitel 9.3).

throw in der Funktionsdeklaration

Das Schlüsselwort throw kann am Ende von Funktionsdeklarationen dazu benutzt werden, um die Liste der Exceptions festzulegen, die in einer Funktion ausgelöst werden können:

```
void func() throw(my_exception, char*)
```

Die Funktion func() zeigt damit an, dass sie nur Exceptions der Typen my_exception und char* (oder Exceptions abgeleiteter Typen) auslöst oder weiterleitet.

Wird in einer Funktion eine Exception ausgelöst, deren Typ nicht in der throw-Liste aufgeführt ist (vermutlich durch eine in der Funktion aufgerufene Funktion), wird die Funktion unexpected() aufgerufen, die standardmäßig zum Programmabbruch führt.

Eine Funktion, die ohne throw deklariert wurde, kann jede Exception auslösen.

Eine Funktion, die mit throw() deklariert wurde, kann keine Exception auslösen.

13.5 Vorteile der Exception-Behandlung

Der Grundgedanke bei der Exception-Behandlung ist die räumliche Trennung von Fehlerauslöser und Fehlerbehandlung.

Warum ist diese Trennung von Vorteil?

1. Stellen Sie sich vor, Sie haben einen Code-Block von ca. 100 Zeilen, in dem Sie an drei verschiedenen Stellen mithilfe von `fopen()` Dateien öffnen. Jedes Öffnen einer Datei erfordert aber eine eigene Fehlerbehandlung, d.h., Sie müssen kontrollieren, ob die Datei korrekt geöffnet wurde, und Sie müssen bei einem Scheitern von `fopen()` den Fehler irgendwie bearbeiten. Der Code zum Abfangen des Fehlers und zur Bearbeitung des Fehlers wiederholt sich also dreimal.

   Bei der Arbeit mit Exceptions fangen Sie den Fehler wie gewohnt ab und lösen als lokale Fehlerbehandlung lediglich eine Exception aus. Am Ende des Code-Abschnitts fangen Sie die Exceptions dann auf und bearbeiten die Fehler. Die eigentliche Fehlerbehandlung muss also nur einmal implementiert werden. Dies macht Ihren Code übersichtlicher und leichter wartbar, da die Fehlerbehandlung an zentraler Stelle bearbeitet werden kann.

2. Von großem Wert ist die Trennung von Fehlerauslösung und Fehlerbehandlung auch für die Entwickler von Bibliotheken. Als Entwickler von Software-Bibliotheken hat man üblicherweise das Problem, dass in den Funktionen Fehler auftreten können, dass man sich aber nicht festlegen möchte, wie diese Fehler zu bearbeiten sind (Fehlermeldung, Programmabbruch etc.). Letzteres sollte in dem Programm geschehen, das die Bibliotheksroutinen nutzt.

   Die Exception-Behandlung bietet genau diese Möglichkeit zur Aufteilung der Fehlerbehandlung. In der Bibliothek werden die Fehler abgefangen und als Exceptions weitergeleitet. In dem Programm, das die Bibliotheksroutinen nutzt, werden die Exceptions bei Bedarf aufgefangen und bearbeitet. Die Bibliothek implementiert also eine saubere Fehlerprüfung, überlässt aber dem Programm die Entscheidung, wie auf die aufgetretenen Fehler zu reagieren ist.

Die Exception-Behandlung hat noch weitere Vorteile:

In Abschnitt 13.1 wurde geschildert, wie man Fehlermeldungen auch ohne Exceptions auf dem Weg über Rückgabewerte oder irgendwelche globale Variablen von einer aufgerufenen Funktion an die aufrufende Funktion weiterleiten kann.

Demgegenüber hat die Exception-Behandlung aber den Vorteil,

- dass Exceptions nicht die Schnittstelle der Funktionen belasten oder aufblähen,
- dass man nicht nur einzelne Funktionsaufrufe, sondern ganze Code-Blöcke kontrollieren kann,
- dass Exceptions automatisch von dem Ort ihrer Auslösung an die übergeordneten Funktionen weitergereicht werden, bis sie irgendwo von einem Exception-Handler abgefangen werden (siehe Abschnitt 13.4.1).

Die Exception-Behandlung ist nicht auf Klassen oder andere Konzepte der objektorientierten Programmierung angewiesen, arbeitet mit diesen aber besonders effektiv zusammen:

1. Konstruktoren haben keine Rückgabewerte, über die man das umliegende Programm über Fehler bei der Ausführung des Konstruktors informieren könnte. Exceptions sind für Konstruktoren – wie für Funktionen, die den Rückgabewert für andere Zwecke benötigen – also oftmals der einzige vernünftige Weg zur Weiterleitung von Fehlerinformationen.
2. Exceptions können einem beliebigen Datentyp angehören. Klassen sind als zugrunde liegende Datentypen aber besonders geeignet, da man auf diese Weise in den Exception-Objekten mehrere Informationen und Methoden zur Unterstützung der Fehlerbehandlung unterbringen kann.
3. Durch Vererbung kann man Exception-Klassen hierarchisch aufbauen. Dies spart nicht nur Tipparbeit, sondern hat auch den Vorteil, dass man mit einem `catch`-Block für den Typ einer Basisklasse auch Exceptions der abgeleiteten Klassen abfangen kann.
4. Führt eine Exception zum vorzeitigen Verlassen einer Funktion, kann dies Probleme geben, weil die Funktion mit ihren lokalen Variablen vom Stack entfernt wird, etwaiger in der Funktion dynamisch allokierter Speicher aber nicht freigegeben wird. Verbindet man den dynamisch reservierten Speicher aber mit einer lokalen Klasseninstanz, wird deren Destruktor auf jeden Fall zur Auflösung der Klasseninstanz aufgerufen, und der Programmierer kann bei der Implementierung des Destruktors sicherstellen, dass der dynamisch reservierte Speicher freigegeben wird.

Last but not least wird der Quellcode übersichtlicher, da der eigentliche Algorithmus und die Fehlerbehandlung getrennt ablaufen.

13.6 Die Exceptions von C++ und der ANSI-Bibliothek

C++ erlaubt nicht nur die Programmierung mit Exceptions, es definiert auch eigene Exception-Klassen und nutzt diese zum Teil sogar selbst.

Exceptions, die von C++ ausgelöst werden

Exception	ausgelöst von
bad_alloc	new-Operator (siehe Abschnitt 7.10)
bad_cast	dynamic_cast-Operator (siehe Abschnitt 7.13.2)
bad_typeid	typeid-Operator (siehe Abschnitt 7.13.3)

Zudem kennt C++ noch die Exception bad_exception, die man in der throw-Liste von Funktionen aufführen kann, um die Auslösung unerwarteter Exceptions in Exceptions vom Typ bad_exception umzuwandeln.

Sie können selbst Exceptions dieser Klassen auslösen, oder Exception-Klassen von diesen Klassen ableiten. In den meisten Fällen werden Sie eigene Exception-Klassen definieren.

Wie sieht es mit der Auslösung von Exceptions in der ANSI-C++-Bibliothek aus?

Exceptions der ANSI-Bibliothek

In der ANSI-Bibliothek ist die folgende Hierarchie von Exception-Klassen definiert:

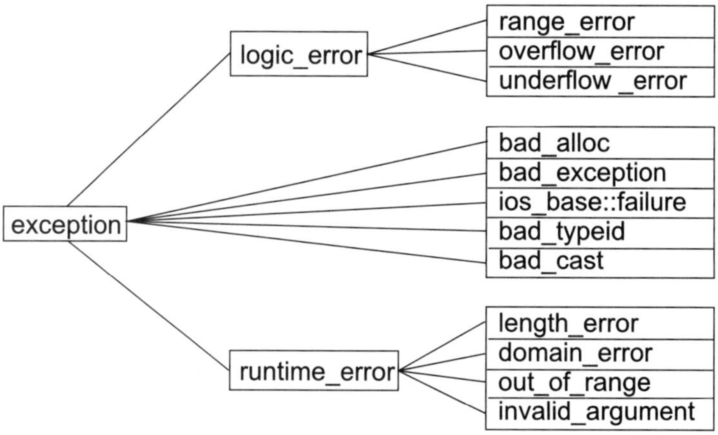

Abbildung 13.2: Exception-Hierarchie der ANSI-C++-Bibliothek

Die ANSI-C++-Bibliothek macht – abgesehen von den Exceptions der oben beschriebenen Operatoren – nur äußerst mäßigen Gebrauch von Exceptions:

Exception	ausgelöst von
`out_of_range`	`at()`, `bitset<>::operator[]()`
`invalid_argument`	`bitset`-Konstruktor
`overflow_error`	`bitset<>::to_ulong`
`ios_base::failure`	`ios_base::clear()`

13.7 Funktionen zur Unterstützung der Exception-Behandlung

Mit der Exception-Behandlung sind die Funktionen `unexpected()` und `terminate()` sowie `set_unexpected()` und `set_terminate()` verbunden.

Nichtbehandelte Exceptions

Die Funktion `terminate()` wird aufgerufen, wenn Stackprobleme auftauchen oder wenn für eine ausgelöste Exception kein Handler gefunden wurde. Die Funktion `terminate()` ruft standardmäßig die Funktion `abort()` zum Beenden des Programms auf.

Sie können das Verhalten von `terminate()` und damit auch die Verarbeitung von unbehandelten Exceptions selbst festlegen, indem Sie mithilfe der Funktion `set_terminate()`

```
typedef void (*terminate_handler)();
terminate_handler set_terminate(terminate_handler f) throw();
```

eine andere Funktion registrieren lassen, die statt `abort()` aufgerufen werden soll.

Unerwartete Exceptions

Wenn in einer Funktion eine Exception auftaucht, deren Typ nicht in der `throw`-Liste der Funktion spezifiziert ist (siehe Abschnitt 13.4.2), wird die Funktion `unexpected()` aufgerufen. Die Funktion `unexpected()` ruft standardmäßig die Funktion `terminate()` auf.

Erwarte das Unerwartete

Sie können das Verhalten von `unexpected()` und damit auch die Verarbeitung von unerwarteten Exceptions selbst festlegen, indem Sie mithilfe der Funktion `set_unexpected()`

```
typedef void (*unexpected_handler()();
unexpected_handler set_unexpected(unexpected_handler f) throw();
```

eine andere Funktion registrieren lassen, die statt `terminate()` aufgerufen werden soll.

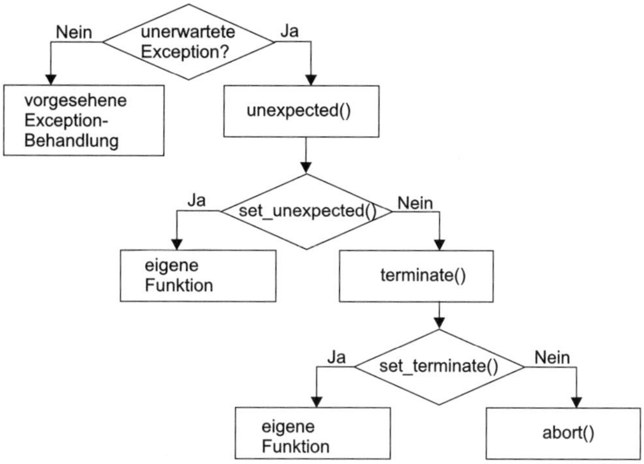

Abbildung 13.3: Hilfsfunktionen der Exception-Behandlung

Beachten Sie, dass im vorliegenden Beispiel die Exception-Behandlung im Grunde in schändlicher Weise missbraucht wird, da man den Zustand des virtuellen Speichers auch mithilfe der API-Funktion `VirtualQuery()` hätte abfragen können.

14 Präprozessor-Direktiven

Die Überschrift zu diesem Kapitel ist eigentlich nicht mehr ganz korrekt, da es heute kaum noch Multi-Pass-Compiler gibt, bei denen die Übersetzung in mehreren Schritten erfolgt und bei denen der Präprozessor ein eigenes Programm darstellt. Diese Compiler legten zunächst eine Zwischendatei an. In dieser Zwischendatei wurden die Include-Anweisungen durch die jeweiligen Dateiinhalte ersetzt, die Anweisungen für die bedingte Kompilierung ausgewertet und die Makros erweitert. Danach operierten die weiteren Compiler-Läufe auf dieser Zwischendatei.

Bei den modernen Single-Pass-Compilern verschmelzen Präprozessing, Analyse und Synthese, sodass es den Präprozessor als eigenständiges Programm und vorbereitenden Schritt zur Übersetzung eigentlich gar nicht mehr gibt. An der Bedeutung des Präprozessings hat sich dadurch aber nichts geändert, und für den Programmierer ist sowieso nur interessant, was beim Präprozessing geschieht und nicht, wann es geschieht.

Kommen wir also zu den Aufgaben des Präprozessors. Neben einfachen Quelltextersetzungen, die automatisch ablaufen:

- Kommentare werden entfernt (und durch Leerzeichen ersetzt).
- Zeilenumbrüche, denen ein Backslash vorangeht, werden entfernt.
- Aufeinander folgende String-Literale werden zusammengefasst (konkateniert).
- Whitespace-Zeichen zwischen Tokens werden gelöscht (ein Token ist ein Bezeichner, der im Programm syntaktische Bedeutung hat).
- Trigraph-Sequenzen werden ersetzt (siehe Kapitel 7.14).

gehören zum Aufgabenbereich des Präprozessors auch einige ausgeklügeltere Ersetzungen, die vom Programmierer gesteuert werden können. Diese Ersetzungen werden mithilfe bestimmter Präprozessor-Direktiven explizit im Quelltext definiert. Mit ihrer Hilfe kann der Programmierer

- Header- und Quelldateien in den Quelltext kopieren lassen (`#include`),
- symbolische Konstanten einführen (`#define`),

- über »Schalter« steuern, welche Code-Abschnitte übersetzt werden sollen (Bedingte Kompilierung mit `#ifdef`, etc.).

!! STOP

Syntaxvorschriften für Präprozessor-Direktiven
Präprozessor-Direktiven beginnen immer mit einem #, beginnen immer am Anfang einer Zeile und nehmen die ganze Zeile ein (eine Direktive – eine Zeile).

14.1 Einfügen von Dateien mittels #include

Das Einbinden von Dateien erfolgt mithilfe der `#include`-Direktive.

Auf die Direktive folgt der Name der einzubindenden Datei, wobei Sie den Namen wahlweise in spitze Klammern oder Anführungszeichen stellen können. Wofür Sie sich entscheiden, hängt davon ab, in welchen Verzeichnissen der Compiler nach der Datei suchen soll.

- `#include <header.h>`

  Die Datei wird in dem Include-Verzeichnis des Compilers gesucht. Dieses Verzeichnis wird üblicherweise bei der Installation des Compilers angelegt und enthält standardmäßig die Header-Dateien der Laufzeitbibliotheken.[1]

- `#include "header.h"`

  Die Datei wird im aktuellen Verzeichnis gesucht. Diese Schreibweise wird meist für eigene Header-Dateien verwendet, die üblicherweise zusammen mit dem Programmquelltext (.cpp) in einem Verzeichnis stehen.

Sind die Dateien eines Projekts auf mehrere Unterverzeichnisse verteilt, kann man natürlich auch den relativen Pfad zur Datei angeben:

```
#include "Header/hdatei.h"
```

Sinnvoller Einsatz der #include-Direktive

#include ist ein Kopierbefehl

Eine `#include`-Direktive ist letztendlich ein Kopierbefehl. Auch wenn ich des öfteren davon spreche, dass Include-Dateien »eingebunden« werden, sollte Sie dies nicht zu der Annahme verleiten, dass dies etwas mit der Arbeit des Linkers zu tun hat. Der Präprozessor macht tatsächlich nichts anderes, als die `#include`-Direktive durch den Inhalt der »einzubindenden«[2] Datei zu ersetzen.

1 Die meisten Compiler erlauben die Angabe eines ganzen Include-Pfades, in den man weitere Verzeichnisse, in denen der Compiler nach Header-Dateien suchen soll, aufnehmen kann.

2 Streng genommen sollte man vom Binden oder Einbinden nur in Zusammenhang mit der Arbeit des Linkers reden. Dass ich dennoch auch in Zusammenhang mit der `#include`-Direktive vom Einbinden spreche, liegt einfach daran, dass ich Phrasen wie »einzukopierende Datei« oder »zu inkludierende Datei« vermeiden möchte.

Man könnte dies dazu nutzen, um den Inhalt einer Quelltextdatei (beispielsweise einer Funktionssammlung) in eine andere Quelltextdatei zu kopieren.

Dies ist allerdings eher ungewöhnlich und zeugt nicht gerade von gutem Programmierstil.

Wenn Sie Programme schreiben, die aus mehreren Quelltextdateien bestehen (siehe Kapitel 25), dann sollten Sie die Quelltextdateien auch als eigenständige Module vom Compiler einzeln übersetzen und erst vom Linker zu einem Programm zusammenbinden lassen.

Problematisch ist dabei nur, dass Sie dann eine Funktion `func_B`, die in der Quelltextdatei `B` definiert ist, nicht aus der Quelltextdatei `A` heraus aufrufen können, weil der Compiler bei der Übersetzung von `A` immer meckert, dass er mit dem Bezeichner `func_B` nichts anfangen kann.

Genau hier setzt das Konzept der Header-Dateien an.

Header-Dateien

Ein Bezeichner – egal ob es sich um den Namen einer Funktion, einer Variablen oder einer Klasse handelt – muss in einem Programm genau einmal definiert und in jedem Modul, in dem er verwendet wird, deklariert werden.

»Einmalige Definition – mehrmalige Deklaration«

Betrachten Sie folgendes Programm aus zwei Übersetzungseinheiten:

```
/* Quelltext1.cpp */

#include <stdio.h>

int main()
  {
  func(13);
  return 0;
  }
```

```
/* Quelltext2.cpp */

#include <stdio.h>

void func(int i)
   {
   printf("%d\n",i);
   }
```

In *Quelltext1.cpp* wird die Funktion `func()` aufgerufen, die in *Quelltext2.cpp* definiert ist. Das Programm kann so nicht übersetzt werden, weil der Compiler bei der Übersetzung von *Quelltext1.cpp* mit dem Bezeichner `func()` nichts anfangen kann.

Die einfachste Lösung wäre, `func()` in der Datei *Quelltext1.cpp* direkt zu deklarieren.

```
/* Quelltext1.cpp */

#include <stdio.h>
```

```
/* Quelltext2.cpp */

#include <stdio.h>
```

```
void func(int);

int main()                          void func(int i)
  {                                   {
  func(13);                           printf("%d\n",i);
  return 0;                           }
  }
```

Diese Lösung ist aber recht unbequem, wenn *Quelltext2.cpp* eine umfangreichere Sammlung von Funktionen enthält und Sie mehrere Funktionen aus *Quelltext2* verwenden wollen. Aus diesem Grunde fasst man die Deklarationen aller Bezeichner, die anderen Modulen zur Verfügung gestellt werden sollen, in einer eigenen Datei zusammen:

```
/* Quelltext2.h */
void func(int);
```

Eine solche Datei, die keine Definitionen enthält, sondern nur Deklarationen von Bezeichnern, die in einer zugehörigen Quelltextdatei definiert sind, nennt man eine *Header-Datei* und speichert sie per Konvention mit einer der Extensionen *.h* oder *.hpp*.

Jetzt kann man die Elemente aus *Quelltext2.cpp* in *Quelltext1.cpp* verfügbar machen, indem man einfach die Header-Datei zu *Quelltext2.cpp* per `#include`-Anweisung einbindet:

```
/* Quelltext1.cpp */                /* Quelltext2.cpp */

#include <stdio.h>                  #include <stdio.h>
#include <Quelltext2.h>

 int main()                           void func(int i)
  {                                   {
  func(13);                           printf("%d\n",i);
  return 0;                           }
  }
```

Die Header-Dateien der Laufzeitbibliotheken

Auch für die Funktionen und andere Elemente (Klassen, Konstanten, etc.) der C- und C++-Laufzeitbibliotheken werden Header-Dateien zur Verfügung gestellt.

Abgesehen davon, dass man wissen muss, welche Header-Datei für welche Funktion (Klasse, Konstante, etc.) eingebunden werden muss, spielt dabei auch die korrekte Syntax der `#include`-Direktiven eine große Rolle.

C versus C++

Die genaue Syntax hängt dabei ganz wesentlich von Ihrem Compiler ab.

C-Compiler

In C endet der Name der Header-Datei immer auf .h – beispielsweise

```
include <stdio.h>
```

C++-Compiler

In C++ haben die Header-Dateien keine Extension mehr:

```
include <iostream>
```

Die alten C-Header-Dateien werden durch ein vorangehendes »c« gekennzeichnet:

```
include <cstdio>
```

Alle Elemente dieser Header-Dateien sind zudem in den Namensbereich `std` eingefasst. Man muss daher nach Auflistung der Header-Dateien diesen Namensbereich einführen:

```
using namespace std;
```

Unabhängig davon können C++-Compiler die C-Header-Dateien auch im alten Stil einbinden (die Funktionen sind dann nicht in den `std`-Namensbereich eingefasst).

Übergangs-Compiler

Alte C++-Compiler verwenden für die speziellen C++-Header-Dateien die gleiche Nomenklatur wie für die C-Header-Dateien:

```
include <iostream.h>
```

Diese Header-Dateien kennen ebenfalls keinen Namensbereich `std`. (Auch die Namen dieser Dateien sind nicht einheitlich, manche Compiler bezeichnen die Header-Datei mit den Stream-Klassen beispielsweise als `stream.h` statt als `iostream.h`.)

Es gibt auch die Möglichkeit, dass ein Compiler die neuen Namen für die Header-Dateien unterstützt, aber nicht den Namensbereich `std`.

Eine Übersicht der Header-Dateien zu den Laufzeitbibliotheken und der Funktionen und Klassen, die in den einzelnen Header-Dateien enthalten sind, finden Sie im Anhang.

14.2 Konstanten und Makros

In sehr vielen Anwendungen wird mit Makros gearbeitet. Makros sind Synonyme für Konstanten oder Code-Fragmente.

Die Grundform der Anweisung für die Erstellung von Makros lautet

```
#define Makro Text
```

Dabei wird das angegebene Makro als der dahinter stehende Text definiert. Während des Präprozessings geht der Compiler dann den Quelltext durch und ersetzt alle Vorkommen von »Makro« durch »Text«.

Die Ersetzung erfolgt nur im C/C++-Code: Texte in String-Literalen und Kommentare sind von der Ersetzung nicht betroffen.

Ein einfaches Beispiel für den Einsatz der `#define`-Direktive wäre die Einführung von Makros für verschiedene Meldungen:

```
#define M1 "Programmieren ist schön!"
#define M2 ""
...
puts(M1)   // Wird zu puts("Programmieren ist schön!") erweitert
puts(M2)   // Wird zu puts("") erweitert
```

Derartige Ersetzungen können dem Programmierer zwar das Leben erleichtern, machen den Quelltext aber meist äußerst unleserlich. Meldungen sollte man beispielsweise besser in String-Tabellen verwalten (siehe Kapitel 27.3).

Gänzlich abzuraten ist vor Code-Ersetzungen wie

```
#define for1   int loop; for(loop=0;loop<10;loop++)
```

oder Versuchen, C in Pascal zu verwandeln:

```
#define BEGIN {
#define END }
```

14.2.1 Symbolische Konstanten

Die sinnvollste Anwendung für `#define` ist die Deklaration von symbolischen Konstanten:

```
#define ARRAY_GROESSE   128
#define M_PI            3.14159265358979323846     // aus math.h
```

oder die Einführung von Schaltern zur bedingten Kompilierung (siehe unten).

Der Vorteil der symbolischen Konstanten liegt darin, dass die Konstante durch das ganze Programm hindurch einen festen Wert repräsentiert. Möchte man diesen Wert ändern, muss man nicht den ganzen Quelltext nach den

Vorkommen der Konstante durchsuchen, sondern kann ihr einfach in der `#define`-Anweisung einen neuen Wert zuweisen (siehe Kapitel 5.2).

14.2.2 Makros

Die `#define`-Direktive unterstützt auch den Einsatz von Parametern. Diese Parameter können verwendet werden, um Teile des Makros durch Werte zu ersetzen, die erst bei Verwendung des Makros spezifiziert werden.

Die folgende `#define`-Direktive definiert beispielsweise ein Makro `QUAD`, das einen Parameter `x` übernimmt.

```
#define QUAD(x)  ((x) * (x))
```

Ein Aufruf dieses Makros könnte dann wie folgt aussehen:

```
int a, b;
a = QUAD(b);
```

und würde zu

```
a = ((b) * (b));
```

erweitert.

Makros können also Berechnungen durchführen und unter Umständen auch schon mal eine kleine Funktion ersetzen.

Makros versus Funktionen

In C bietet die Implementierung von Funktionen als Makros zwei interessante Vorteile:

1. Der Function Overhead entfällt.

   Ein Funktionsaufruf weist den Prozessor an, das Programm mit dem Anweisungsteil der Funktion fortzusetzen und ist immer mit einer gewissen Laufzeitverzögerung – dem so genannten Function Overhead – verbunden. Dies liegt daran, dass für den Aufruf ein Stackrahmen angelegt und die Werte der Parameter kopiert werden müssen (siehe Kapitel 12.3).

   Ein Makro ist dagegen eine Textersetzung, d.h., der Aufruf des Makros wird noch vom Compiler durch den Code des Makros ersetzt. Der Function Overhead entfällt daher.

2. Es findet keine Typenprüfung statt.

   Für die Parameter eines Makros wird kein Datentyp angegeben. Mit Makros kann man daher auch bis zu einem gewissen Grad typenunabhängige Funktionen implementieren. Das oben definierte Makro QUAD könnte also auch mit einem double-Wert als Argument ausgeführt werden.

Trotz dieser Vorteile möchte ich Ihnen aber von der Programmierung mit Makros eher abraten. Die Programmierung mit Makros ist fehleranfällig und unsicher.

Betrachten Sie zum Beispiel das folgende Makro:

```
#define QUAD(x) (x * x)
...
int a, b;
a = QUAD(3+5);
```

Statt dem erwarteten Wert von 8*8 = 64 wird a der Wert 23 zugewiesen. Der Grund dafür ist, dass infolge der nachlässigen Klammerung der Ausdrücke im Makro nicht (3+5) * (3+5), sondern (3+5*3+5) berechnet wird.

Auch die mangelhafte Typenprüfung, die von vielen C-Programmierern als Vorteil der Makros angesehen wird, ist eher ein Manko und trägt zur Unsicherheit in der Anwendung der Makros bei.

C versus C++

Wer über einen C++-Compiler verfügt, ist sowieso nicht mehr auf Makros angewiesen, da es in C++ mächtigere Konzepte gibt, die Makros überflüssig machen.

Möchte man beispielsweise für kleine, häufig aufgerufene Funktionen die Laufzeitverzögerung durch den Function Overhead vermeiden, kann man die Funktion als inline deklarieren (siehe Kapitel 12.5.4).

Geht es dagegen um typenunabhängige Lösungen, bietet sich die Implementierung durch überladene Funktionen (siehe Kapitel 12.6) und/oder Templates an (siehe Kapitel 20). Beides Konzepte, die mächtiger und wesentlich sicherer als Makros sind.

14.3 Bedingte Kompilierung

Mit den Direktiven zur bedingten Kompilierung können Sie Quelltextabschnitte definieren, die nur in Abhängigkeit von dem Vorhandensein bestimmter Makros kompiliert werden. Das Ganze entspricht weitgehend der Formulierung von if- oder if-else-Verzweigungen, nur dass es nicht darum geht zu entscheiden, ob der Code zur Laufzeit ausgeführt werden soll, sondern festzulegen, ob der Code überhaupt kompiliert und in das Programm aufgenommen werden soll.

Im Einzelnen stehen Ihnen für die bedingte Kompilierung folgende Direktiven zur Verfügung:

Anfang des bedingt zu kompilierenden Abschnitts:

- `#if konst_Ausdruck`: Entspricht der `if`-Anweisung. Der nachfolgende C-Quelltext wird nur dann kompiliert, wenn die Bedingung erfüllt ist.
- `#ifdef (Makro)`: Diese Direktive überprüft, ob das angegebene Makro definiert ist (äquivalent zu `#if defined(Makro)`). Der nachfolgende C-Quelltext wird nur dann kompiliert, wenn das Makro definiert ist.
- `#ifndef (Makro)`: Diese Direktive überprüft, ob das angegebene Makro definiert ist, und führt die darauf folgende Direktive nur aus, wenn diese Bedingung nicht erfüllt ist (äquivalent zu `#if !defined(Makro)`). Der nachfolgende C-Quelltext wird nur dann kompiliert, wenn das Makro nicht definiert ist.

Alternativer Quelltextblock

- `#elif konst_Ausdruck`: Entspricht der `else-if`-Anweisung.
- `#else`: Entspricht der `else`-Anweisung.

Ende des bedingt zu kompilierenden Abschnitts

- `#endif`:

Anpassung an eine bestimmte Plattform

Das folgende Programm definiert ein `char`-Array, in dem es einen vom Anwender eingegebenen Dateinamen ablegt.

Unter DOS kann man davon ausgehen, dass der Dateiname gemäß der 8.3-Konvention maximal 12 Zeichen (inklusive Punkt) umfasst. Das Array

```
char dateiname[12];
```

ist also vollkommen ausreichend, wenn das Programm für DOS kompiliert und unter DOS ausgeführt wird.

Was aber, wenn das Programm auch auf Unix-Rechnern kompiliert und ausgeführt werden soll? Unix ist ein 32-Bit-Betriebssystem und erlaubt lange Dateinamen. Es ist also gut möglich, dass der Anwender einen Dateinamen angibt, der mehr als 12 Zeichen umfasst. Es ist also notwendig, den Speicher für die Zeichenkette zu vergrößern:

```
char dateiname[50];
```

Das Programm kann dann unter beiden Betriebssystemen kompiliert und ausgeführt werden. Unter DOS wird allerdings unnötig Speicherplatz verschwendet. Dem könnte man mithilfe der bedingten Kompilierung abhelfen:

```
/* praepro.cpp  bedingte Kompilierung */
#include <stdio.h>

#define DOS

#ifdef DOS
  char dateiname[12];
  #else
  char dateiname[50];
#endif

int main()
  {
  printf("Groesse des Arrays dateiname: %d\n",
         sizeof(dateiname)/sizeof(char));

  return 0;
  }
```

Soll nun das Programm auf Unix portiert werden, braucht man nur am Anfang des Quelltexts die Direktive

```
#define DOS
```

in

```
#define Unix
```

umzuschreiben oder einfach die Definition des Makros `DOS` aufheben:

```
#define DOS
#undef DOS
```

INFO

Im obigen Beispiel kann man noch auf die bedingte Kompilation verzichten, indem man einfach ein genügend großes Array definiert. In manchen Fällen stellt die bedingte Kompilierung aber nicht nur den optimalen, sondern auch den einzig gangbaren Weg zur Implementierung portierbarer Programme dar. Beispielsweise dann, wenn Sie für bestimmte Aufgaben je nach Zielplattform unterschiedliche Funktionen aufrufen müssen.

Debuggen mit bedingter Kompilierung

Ein weiteres interessantes Einsatzgebiet der bedingten Kompilierung ist das Debuggen.

Wer gewohnt ist, mit einem Debugger zu arbeiten, dem dürfte der Einbau von printf()-Anweisungen zur Ausgabe von Debug-Informationen auf die Konsole als eine äußerst aufwändige und umständliche Technik erscheinen.

Zusammen mit den Möglichkeiten der bedingten Kompilierung kann man das Debuggen mit printf()-Anweisungen aber recht komfortabel gestalten.

Das Programm Debuggen.cpp demonstriert dies anhand der Funktion fak() zur Berechnung der Fakultät.

```
/* Debuggen.cpp     Debuggen mit bed. Kompilierung */
#include <stdio.h>

#define DEB_ABLAUF
#define DEB_FAK
int loop;

double fak(int zahl)
  {
  #ifdef DEB_ABLAUF
    printf("in Funktion fak, zahl = %d\n",zahl);
  #endif

  double fakultaet = 1;
  for(loop=zahl; loop>=1; loop--)
    {
    #ifdef DEB_FAK
      printf("loop = %d\t fakultaet = %lf\n",loop,fakultaet);
    #endif

    fakultaet *= loop;
    }

  #ifdef DEB_ABLAUF
    printf("Funktion fak verlassen, fakultaet = %lf\n",
                                             fakultaet);
  #endif
  return fakultaet;
  }


int main()
  {
  fak(7);

  return 0;
  }
```

Analyse Die Funktion fak() enthält printf()-Anweisungen, die beim Debuggen anzeigen sollen,

- wann die Funktion aufgerufen wird,
- wie die Funktion in der for-Schleife die Fakultät berechnet,
- wann die Funktion verlassen wird.

Debug-Anweisungen bequem an- und ausschalten

Da diese printf()- Anweisungen nur dem Debuggen dienen, muss man sie für die endgültige Version des Programms wieder löschen. Aber auch während des Debuggens größerer Programme wird man laufend Debug-Ausgaben aktivieren und deaktivieren. Statt die Debug-Anweisungen dabei jedes Mal zu löschen und wieder einzutippen, kann man sie auskommentieren und bei Bedarf die Kommentarzeichen löschen oder ...

man schließt die Debug-Ausgaben in einen #ifdef-Block ein:

```
#ifdef DEB_FAK
  printf("loop = %d\t fakultaet = %lf\n",loop,fakultaet);
#endif
```

Die Debug-Ausgaben können dann durch Definition der entsprechenden Debug-Makros (im Beispiel DEB_FAK) zu Beginn des Quelltextes ein- und ausgeschaltet werden.

!! STOP

Schließen Sie printf()-Anweisungen immer mit \n ab, damit der Ausgabepuffer geleert und die Ausgabe direkt auf den Bildschirm geschrieben wird. Oder schreiben Sie mit fprintf() in den Stream stderr (cerr für C++), der standardmäßig nicht gepuffert ist (siehe Kapitel 24.2).

Mehrere Debug-Anweisungen gemeinsam ein- und ausschalten

Die bedingte Kompilierung hat auch den Vorteil, dass man alle Debug-Ausgaben, die durch ein gemeinsames Makro kontrolliert werden, gleichzeitig ein- und ausschalten kann.

Zum Beispiel könnten Sie alle Funktionen mit printf()-Anweisungen ausstatten, die anzeigen, wann die Programmausführung in die Funktion springt und wann die Funktion wieder verlassen wurde (und sich auf diese Weise über den Zustand des Stacks und den Programmablauf informieren).

```
double fak(int zahl)
  {
  #ifdef DEB_ABLAUF
    printf("in Funktion fak, zahl = %d\n",zahl);
  #endif
```

```
  ...

  #ifdef DEB_ABLAUF
    printf("Funktion fak verlassen, fakultaet = %lf\n",
                                                fakultaet);
  #endif
  return fakultaet;
  }
```

Wenn Sie in allen Funktionen das Makro `DEB_ABLAUF` verwenden, können Sie die gesamte Stack- und Ablaufüberwachung durch die Definition des Makros `DEB_ABLAUF` ein- und ausschalten.

Umgekehrt kann man aber auch einzelne `#ifdef`-Blöcke vom Debuggen ausnehmen, indem man vor dem Block die Definition des Makros aufhebt und das Makro hinter dem Block wieder definiert:

```
#undef DEB_ABLAUF
double fak(int zahl) {
  ...
  }
#define DEB_ABLAUF
```

:-) TIPP

Je mehr Gedanken Sie sich um die einzurichtenden Debug-Makros und die Aufteilung der Debug-Anweisungen auf die Debug-Makros machen, umso effizienter können Sie Ihre Programme debuggen. Für nur kurzfristig benötigte Debug-Ausgaben lohnt sich die bedingte Kompilierung allerdings nicht.

Der ANSI-Standard nutzt selbst die Möglichkeiten der bedingten Kompilierung für das Diagnose-Makro `assert`, das zu einer `if`-Bedingung expandiert wird und das Programm mit einer Fehlermeldung beendet, wenn die Bedingung zu Null ausgewertet wird. Das Makro `assert` kann über das Debug-Makro `NDEBUG` ein- und ausgeschaltet werden.

Manche Compiler-Hersteller bieten eigene Diagnose-Makros an, die ebenfalls über Makros gesteuert werden. Borland definiert beispielsweise ganze 8 Diagnose-Makros (TRACE, WARN, PRECONDITION, etc.) die über spezielle Debug-Makros (__TRACE, __WARN, __DEBUG 1 etc.) ein- und ausgeschaltet werden.

14.4 Sonstige Direktiven und Symbole

#line und __LINE__

Sie können die `#line`-Direktive verwenden, um eigene Zeilennummern zu vergeben und damit die automatische Zeilennummerierung durch den Compiler anzupassen.

```
#line 333
printf("%d\n",__LINE__);
```

Das Makro __LINE__ repräsentiert die aktuelle Zeilennummer und kann zur Ausgabe der Zeilennummer verwendet werden.

#error

Diese Direktive wird verwendet, um bereits bei der Kompilierung Fehler abzufangen. Die `#error`-Direktive wird üblicherweise in Verbindung mit der `#if`-Direktive verwendet. In der `#if`-Direktive überprüft man eine kritische Bedingung. Ist die Bedingung `true`, wird die `#error`-Direktive ausgeführt und die Kompilation mit einer Fehlermeldung abgebrochen.

#pragma

Die `#pragma`-Direktive ist eine compilerspezifische Direktive, d.h., die Verarbeitung der Direktive hängt nicht vom ANSI-Standard, sondern vom verwendeten Compiler ab.

Die Direktive wird immer mit einem zusätzlichen Argument aufgerufen, das genauer spezifiziert, wie der Compiler auf die Direktive reagieren soll. Ein Compiler kann mehrere Argumente für die `#pragma`-Direktive spezifizieren. `#pragma`-Direktiven mit Argumenten, die der Compiler nicht kennt, werden einfach ignoriert.

Tabelle 14.1: Typische Argumente für `#pragma`-Direktive

#pragma-Direktive	Übliche Bedeutung (ist allerdings compilerabhängig)
`#pragma argsused`	Unterdrückt die Fehlermeldung, dass ein Argument in der folgenden Funktion nicht verwendet wird.
`#pragma codeseg`	Mit dieser Direktive können Sie das Code-Segment beziehungsweise die Klasse oder Gruppe angeben, die als Speicherplatz für die Funktion verwendet werden.
`#pragma comment`	Mithilfe dieser Direktive kann ein Kommentar in die OBJ-Datei geschrieben werden.
`#pragma hdrfile`	Über diese Direktive wird angegeben, in welcher Datei die vorkompilierten Header gespeichert werden sollen.
`#pragma hdrstop`	Durch diese Direktive wird die Liste der vorkompilierten Header beendet.
`#pragma warn XXX`	Mit dieser Direktive können Sie Compiler-Warnungen unterdrücken.

Vordefinierte Symbole

Folgende Makros sind in ANSI vordefiniert und können beispielsweise bei der bedingten Kompilierung oder für Diagnose-Ausgaben genutzt werden:

Makro	Bedeutung
`__DATE__`	Datum der Kompilierung der Datei
`__FILE__`	Name der Sourcedatei
`__LINE__`	Aktuelle Zeile in der Sourcedatei
`__STDC__`	Compiler entspricht ANSI-C-Standard
`__TIME__`	Zeit der Kompilierung der Datei
`__cplusplus`	C++-Code

Teil 4 Objektorientiert programmieren

C++ ist eine objektorientierte Sprache. In den vorangehenden Kapiteln hat man davon allerdings noch nicht allzuviel gesehen, denn wir wollten uns auf den Teil von C++ konzentrieren, der von C herstammt und den C und C++ gemeinsam haben. In diesem Kapitel werden wir nun aber voll in die objektorientierte Programmierung und speziell die objektorientierte Programmierung mit C++ einsteigen. Beginnen wir mit der Philosophie, die hinter der objektorientierten Programmierung steckt.

15 Einführung in die objektorientierte Denkweise

Ein neuer Datentyp

Objektorientierte Programmierung beruht gänzlich auf dem Konzept der Klasse. Was aber ist eine Klasse? Die wohl nüchternste Betrachtung ist, in einer Klasse nichts anderes als einen selbstdefinierten, durch das Schlüsselwort `class` gekennzeichneten Datentyp zu sehen. Im Grunde also nichts Aufregendes, denn mit selbstdefinierten Datentypen hat man ja auch in C regelmäßig zu tun (Array-Typen, Strukturen, Aufzählungen).

Die Besonderheit der Klassen ist, dass in einer Klassendefinition Variablen und Funktionen vereint werden können. Man kann eine Klasse also als eine Struktur ansehen, deren Elemente auch Funktionen sein dürfen.[1] Wir nähern uns damit wieder dem Konzept der elementaren Datentypen.

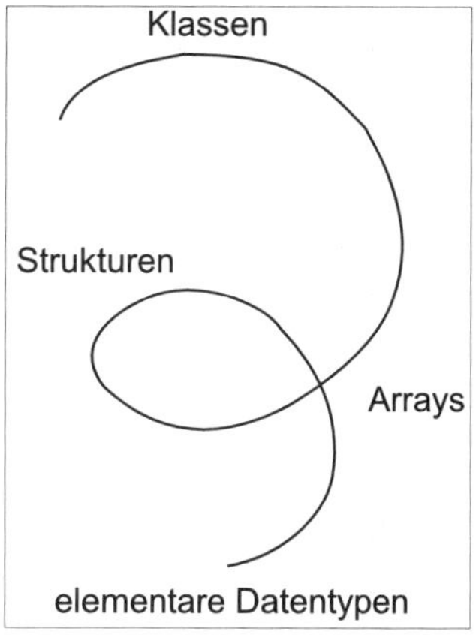

Abbildung 15.1: Die Datentyp-Spirale

Es wurde bereits ausgeführt, dass der Datentyp einer Variablen festlegt, welche Operationen auf der Variablen erlaubt sind. Leider konnten wir bisher die Operationen nicht selbst festlegen. Auch kann eine Variable eines einfachen Datentyps nur einen Wert aufnehmen. Eine Verbesserung brachte der Datentyp `struct`. In einem `struct` können mehrere Daten abgelegt werden. Allerdings gibt es keine `struct`-spezifischen Operationen. Diese gibt es nun in Form der Funktionen einer Klasse.

1 Der Vergleich bezieht sich auf Strukturen, wie man sie von C her kennt. Unter C++ wird die alte C-Struktur zu einem Spezialfall einer Klasse.

Wir haben uns praktisch in einer Spirale gedreht und sind zu einem Datentyp gekommen, der eine beliebige Menge von Daten (Eigenschaften) aufnimmt und selbst spezifiziert, welche Operationen (Methoden) auf ihn angewendet werden können.

Bis hierher ähnelt die Definition eines Klassentyps stark der traditionellen Definition von Strukturtypen:

```
class Mitarbeiter      // Achtung: Beispiel wird fortgesetzt
  {                    // die Klasse ist so noch nicht einsatzfähig

  // Instanzvariablen
  int Alter;
  int Gehalt;

  // Methoden
  int get_Alter()            { return Alter; }
  int get_Gehalt()           { return Gehalt; }
  void wird_aelter()         { Alter++; }
  void wird_befoerdert()     { Gehalt += 500; }
  };
```

Definition

Instanzvariablen	Um Variablen, die als Elemente von Klassen definiert sind, von den klassenunabhängigen, lokal oder global definierten Variablen zu unterscheiden, bezeichnet man erstere als Instanzvariablen.
Methoden	Um Funktionen, die als Elemente von Klassen definiert sind, von den klassenunabhängigen, global definierten Funktionen zu unterscheiden, bezeichnet man erstere als Elementfunktionen oder Methoden.

Sinn eines jeden Datentyps ist letztendlich die Definition von Variablen dieses Datentyps. Die Variablen von Klassentypen – auch als Instanzen oder Objekte bezeichnet – wollen wir uns nun ein wenig näher anschauen.

Was sind Objekte?

Das Konzept, welches hinter den Klassen und allgemein der objektorientierten Programmierung steht, beruht auf der alltäglichen Erfahrung, dass wir die Objekte der realen Welt nach zwei Maßstäben beurteilen. Einmal nach statischen Merkmalen wie Form und Farbe, zum anderen nach bestimmten »Verhaltensweisen«, die ein Objekt aufweist, und die beispielsweise festlegen, wie man mit ihm umzugehen hat. In der objektorientierten Terminologie entsprechen die statischen Merkmale den Datenelementen (Instanzvariablen) und die Verhaltensweisen den Methoden (Elementfunktionen).

Bleiben wir aber noch für einen Moment bei den Objekten der realen Welt. Eine der großartigsten Leistungen unseres Gehirns ist die Fähigkeit zur Abstraktion und Klassifizierung.

Irgendwann als kleines Kind erfährt man, was ein Tisch ist. Meist lernt man dabei gleich eine Reihe verschiedener Tische kennen: den Esstisch, den Wohnzimmertisch, den kleinen Tisch im Kinderzimmer, Omas Chippendale-Tisch, von dem Mama und Papa so häufig reden. Jeder dieser Tische ist ein individuelles Objekt mit individuellem Aussehen, und doch erkennt das Kind, dass bestimmte Eigenschaften allen diesen Objekten gemeinsam, ja typisch für diese Objekte sind, und es formt sich die abstrakte Idee des »Tisches«. Fortan hat das Kind eine klare Vorstellung davon, was ein Tisch ist, und wenn es von einem Tisch redet, meint es ein Möbelstück, bestehend aus einer waagerechten Platte und vier Beinen. Wenn es dagegen von einem bestimmten Tisch spricht, beschreibt es zusätzlich, wie lang die Beine sind, welche Form die Tischplatte hat, welche Farbe der Tisch hat oder aus welchem Material er besteht.

Dieser Vorstellungswelt entspringt das Konzept der Klassen und ihrer Objekte, das eine Klasse als die allgemeine Beschreibung einer Gruppe gleichartiger Objekte definiert.

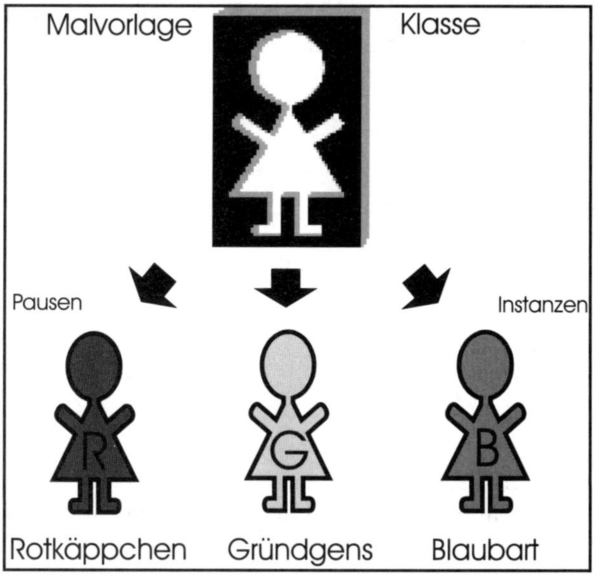

Abbildung 15.2: Verhältnis Klassen zu Objekten

INFO

Klassen und Objekte

Man kann sich eine Klasse auch als Malschablone oder eine der »Ideen« aus Platons berühmtem Höhlengleichnis vorstellen. Objekte wären dann die Materialisierungen der Ideen in der realen Welt beziehungsweise Pausen der Malschablone, die Sie angefertigt haben und die Sie ausmalen möchten. Die Klasse ist also eine Vorlage, eine abstrakte Idee, die ein Grundgerüst aus Eigenschaften und Methoden vorgibt. Ein Objekt ist die Materialisierung dieser Idee, die das Grundgerüst übernimmt, die aber durch Zuweisung von Werten an die Eigenschaften individuellen Charakter erhält.

Wie setzt man das Konzept der Klassen und Objekte in einem Programm um?

Auch bei der Programmierung haben wir es mit Objekten zu tun – man muss sie nur erst einmal als solche erkennen. Beginnen wir mit den einfachen Datentypen. Auch eine einfache int-Variable ist in objektorientierter Denkweise nichts anderes als ein Objekt – einfach eine ganze Zahl. Ihre Eigenschaften beschränken sich auf ihren Wert (3 oder -15 oder sonst einen Wert), zu ihren Verhaltensweisen gehören Addition, Subtraktion, Division und Modulo-Division.

Wäre der Datentyp int nicht fest in die Sprache integriert, würde man in einem objektorientierten Programm, das mit ganzen Zahlen rechnet, also zuerst einmal eine Klasse int definieren und dann als Variablen Instanzen dieser Klasse bilden.[2]

Ein anderes Beispiel wäre, dass man ein Programm zur Ansteuerung von Videorecordern schreiben müsste. In diesem Fall würde man zuerst eine Klasse videorecorder aufsetzen und in dieser Instanzvariablen für alle wichtigen Eigenschaften und Methoden für alle wichtigen Verhaltensweisen eines Videorecorders definieren:

```
class videorecorder {
     /* Instanzvariablen */
     char *hersteller;
     int anzahl_videokoepfe;
     bool zeitlupe, longplay, zweikanalton;

     /* Methoden */
     void anschalten();
     void abspielen();
     void aufnahme();
     void in_zeitlupe_abspielen();
     void ausschalten();
     };
```

Oder man schreibt für eine große Firma ein Programm zur Verwaltung der Mitarbeiterdaten und definiert zu diesem Zweck eine Klasse Mitarbeiter:

```
class Mitarbeiter      //Achtung: Beispiel wird fortgesetzt
   {                   //die Klasse ist so noch nicht einsatzfähig

   // Instanzvariablen
   int Alter;
   int Gehalt;
```

2 Für ganze Zahlen erübrigt sich wie gesagt die Definition einer Klasse, für andere Zahlen, beispielsweise die Bruchzahlen oder die komplexen Zahlen, gibt es aber keinen elementaren Datentyp. Hier kann die Definition einer Klasse also durchaus angebracht sein. Für die komplexen Zahlen wurde sogar eine eigene Klasse in die ANSI-C++-Laufzeitbibliothek aufgenommen (complex aus <complex>).

```
  // Methoden
  int get_Alter()          { return Alter; }
  int get_Gehalt()         { return Gehalt; }
  void wird_aelter()       { Alter++; }
  void wird_befoerdert()   { Gehalt += 500; }
  };
```

Der nächste Schritt wird nun sein, von dieser Klasse Variablen zu definieren, wobei jede Variable einen Mitarbeiter repräsentiert.

Instanzbildung

Hat man eine Klasse definiert, kann man von dieser – wie von jedem Datentyp – Variablen definieren.

```
int main()
  {
  Mitarbeiter bill;
  ...
```

Allerdings gibt es bezüglich der Definition von Variablen eines Klassentyps einige Besonderheiten zu beachten.

Dies beginnt bei der Terminologie:

Instanzbildung	Die Definition einer Variablen eines Klassentyps bezeichnet man als Instanzbildung.
Instanz	Analog bezeichnet man eine Variable eines Klassentyps als Instanz. (Nicht zu verwechseln mit den Instanzvariablen, die in der Klasse definiert werden. Letztere heißen übrigens Instanzvariablen, weil es die (Element-) Variablen der Instanzen der Klasse sind.

```
class Mitarbeiter {
  int Alter;   // Instanzvariable
  ...
  };

Mitarbeiter bill;      // Instanz
```

Objekt	Ein Objekt ist das, was die Instanz repräsentiert.

Objekte-Wirrwarr
Der Begriff des Objekts ist etwas vage und wird oft in verschiedenen Kontexten leicht unterschiedlich verwendet. Im Zusammenhang mit der objektorientierten Programmierung bezeichnet man als Objekte allgemein die

INFO

Dinge der realen Welt, die man im Programm abbilden möchte, oder – in Fortsetzung dieses Gedankens – die Dinge, die man durch Instanzen repräsentiert. Eine Instanz und ein Objekt sind demnach grundsätzlich identisch, und welchen Begriff man wählt, hängt vornehmlich davon ab, welchen Aspekt (Variable einer Klasse oder Ding aus der realen Welt) man in den Vordergrund stellen möchte.

Etwas verwirrend ist, dass man bei der Programmierung gewohnt ist, alles was im Speicher angelegt wird und was man links von Zuweisungen verwenden kann, ebenfalls als Objekt zu bezeichnen. Diese Terminologie stammt noch von C her, und vielleicht sollte man sich angewöhnen, in diesem Zusammenhang von Speicherobjekten zu sprechen, um diese klar von den Objekten der objektorientierten Programmierung zu unterscheiden. Andererseits sind natürlich auch Objekte (jetzt im Sinne von Instanzen) Speicherobjekte, und so kommt man zu dem Schluss, dass doch alles irgendwo ein und dasselbe ist.

Merken Sie sich einfach, dass Instanzen und Objekte zwei Aspekte der gleichen Sache bezeichnen und dass Instanzen auch Speicherobjekte darstellen, dass aber nicht jedes Speicherobjekt eine Instanz ist.

Die zweite Besonderheit der Instanzbildung betrifft die Zuweisung von Werten an die Instanzvariablen der Instanz.

Bedenken Sie, dass die Instanzbildung nicht nur eine technische Seite hat (eine Variable von einem Klassentyp wird definiert), sondern dass auch – im objektorientierten Sinne – aus dem Modell einer Klasse ein individuelles Objekt geformt wird. Ein individuelles Objekt verfügt aber meist über individuelle Eigenschaften, d.h., wir würden der Instanz gerne im Zuge der Instanzbildung spezielle Werte für die Instanzvariablen übergeben.

Im Falle unseres Mitarbeiters `bill` hieße dies, dass wir ihm ein Alter und ein Anfangsgehalt zuweisen möchten.

Diese Aufgabe übernimmt eine spezielle Methode, die den gleichen Namen trägt wie die Klasse und keinen Rückgabewert hat: der so genannte Konstruktor. Aufgabe des Konstruktors ist es, Instanzen seiner Klasse einzurichten (zu konstruieren). Dabei kann der Konstruktor wie eine normale Methode Werte als Argumente übernehmen und diese an die Instanzvariablen übergeben:

```
class Mitarbeiter     // Achtung: Beispiel wird fortgesetzt
   {                  // die Klasse ist so noch nicht einsatzfähig

   // Instanzvariablen
   int Alter;
   int Gehalt;
```

```
// Konstruktor
Mitarbeiter(int p_alter, int p_gehalt) {
  Alter  = p_alter;
  Gehalt = p_gehalt;
  }

// Methoden
int get_Alter()          { return Alter; }
int get_Gehalt()         { return Gehalt; }
void wird_aelter()       { Alter++; }
void wird_befoerdert()   { Gehalt += 500; }
};
```

Jetzt müssen bei der Instanzbildung natürlich auch passende Werte übergeben werden:

```
int main()
  {
  Mitarbeiter bill(28,3000);
  Mitarbeiter thorben(35,6000);
  ...
```

Was macht der Compiler daraus?

Für den Compiler ist eine Klasse eine Typendefinition, in der vor allem Eigenschaften und Methoden festgelegt werden. Instanzen sind dagegen Daten, für die Platz im Arbeitsspeicher zur Verfügung gestellt werden muss. Dabei erhält jede Instanz ihren eigenen definierten Speicherbereich. Werden den Eigenschaften einer Instanz Werte zugewiesen, können diese Werte im Speicherbereich der jeweiligen Instanz abgelegt werden. Während auf diese Weise die Eigenschaften unterschiedlicher Instanzen unterschiedliche Werte zugewiesen bekommen können, sind die Methoden einer Klasse für alle Instanzen gleich.

Die Methoden einer Klasse sind für alle Instanzen gleich

Warum erhält jede Instanz Kopien der Instanzvariablen, nicht aber Kopien der Methoden?

Der Grund hierfür ist einfach, dass eine Kopie einer Instanzvariablen einen Speicherbereich darstellt, in den man im Verlauf des Programmes verschiedene Werte zuweisen kann, während der »Wert« einer Methode ihr Code ist, der bereits beim Aufsetzen des Programmes festgelegt wird und später nicht mehr geändert werden kann. Würde man also jeder Instanz Kopien der Methoden mitgeben, hätte man nur unnötigerweise mehrere identische Kopien ein und desselben Codes im Speicher herumliegen.

Wie kann man Methoden aufsetzen, die für alle möglichen Instanzen der Klasse gleichermaßen geeignet sind? Nun, bedenken Sie, dass Methoden die Verhaltensweisen der Objekte darstellen, und das Kennzeichnen aller

Objekte einer Klasse ist ja gerade, dass sie sich grundsätzlich gleich verhalten. Betrachten wir dazu die Methode `wird_aelter()` der Klasse `Mitarbeiter`:

```
void wird_aelter()          { Alter++; }
```

Da alle Mitarbeiter auf die gleiche Weise älter werden, ist die Implementierung der Methode für alle Instanzen korrekt (egal, ob diese 20 oder 100 Jahre alt sind.

Betrachten wir noch die Methode `wird_befoerdert()`.

```
void wird_befoerdert()      { Gehalt += 500; }
```

Wie, wenn die Gehaltserhöhung für Mitarbeiter, die älter als 40 sind, höher ausfallen soll:

```
void wird_befoerdert()      { if(Alter > 40)
                                  Gehalt += 500;
                                  else
                                  Gehalt += 700;
                              }
```

Die Instanzspezifität der Methoden wird also nicht dadurch erreicht, dass jede Instanz einen eigenen Satz von Methoden erhält, sondern dadurch, dass die Methoden auf die instanzspezifischen Datenelemente zugreifen.

Trotzdem ergibt sich ein Problem. Wenn jede Instanz einen eigenen Speicherbereich für die Instanzvariablen zugewiesen bekommt, die Methoden aber nur einmalig im Speicher abgelegt werden, stellt sich die Frage, woher eine Methode weiß, für welche Instanz sie aufgerufen wurde und wo sie die spezifischen Instanzvariablen dieser Instanz findet.

Die Lösung ist in diesem Falle ganz einfach.

Wie die Elemente von Strukturen werden auch die Elemente von Klassen (Instanzvariablen wie Methoden) immer über den Namen einer Instanz der Klasse aufgerufen.

```
bill.Alter = 30;
bill.wird_aelter();
```

Der Bezug zur Instanz wird also einfach durch die Voranstellung der Instanz hergestellt.[3]

3 Im Grunde haben wir damit allerdings nur die Frage geklärt, woher der Compiler weiß, mit welcher Instanz er einen Methodenaufruf zu verbinden hat, nicht aber die Frage, woher die Methode nach ihrem Aufruf noch weiß, auf welche Instanzvariablen sie zugreifen soll. Diese Frage werden wir erst bei der Beschreibung des this-Zeigers endgültig klären.

Kapselung

Die Zusammenfassung von Datenelementen (Instanzvariablen) und Elementfunktionen (Methoden) zu einer Klasse wird als Kapselung bezeichnet. Darüber hinaus verbinden sich mit dem Begriff noch zwei weitere Designkriterien:

Information hiding

Klassen sollten vornehmlich über ihre Methoden angesprochen werden. Diese Methoden bilden die Schnittstelle zwischen Klasse und Programm. Nach der Implementierung der Klasse ist es für den Programmierer wichtig, dass er die Klasse nur noch über ihre Schnittstelle einzusetzen braucht, ohne sich weitere Gedanken um deren Implementierung machen zu müssen.

Dies entspricht ganz dem Umgang mit den elementaren Datentypen. Wenn Sie zwei Zahlen addieren, zum Beispiel:

```
int erg, var1, var2;
var1 = 3;
var2 = 6;
erg = var1 + var2;
```

ist es für Sie unerheblich, wie die Operation des Addierens in der CPU abläuft. Wichtig ist, dass das richtige Ergebnis zurückgeliefert wird.

Ähnlich sollte es bei der Verwendung von Klassen sein.

Wenn Sie sich zum Beispiel eine Klassenbibliothek mit einer Klasse `videorecorder` anschaffen, um mithilfe dieser Klasse ein Programm zur Ansteuerung Ihres Videorecorders zu schreiben, brauchen Sie in Ihrem Programm nur noch eine Instanz der Klasse zu bilden (wobei die Instanz dem konkret angeschlossenen Videorecorder entsprechend initialisiert wird) und können danach die Instanz wie einen realen Videorecorder einsetzen:

```
my_recorder.anschalten();
my_recorder.in_zeitlupe_abspielen();
my_recorder.ausschalten();
```

Die Ansteuerung des Videorecorders über die parallele Schnittstelle oder die Kontrolle, ob der Videorecorder überhaupt über Zeitlupe verfügt, nimmt die Klasse selbst vor, d.h., sie versteckt solche Details vor dem Programmierer und entlastet ihn dadurch. Für die fehlerlose Bearbeitung der Methodenaufrufe und das korrekte Verhalten der Klasse trägt diese also selbst Sorge.

Wie kann die Klasse sicherstellen, dass sie nur in korrekter Weise verwendet wird?

- Ein wichtiger Punkt ist die Implementierung der Methoden. Angenommen, Sie selbst hätten die Klasse `videorecorder` implementiert. Dann ist es Ihre Aufgabe, die Methoden dieser Klasse so zu implementieren, dass man sie ohne großes Hintergrundwissen aufrufen kann. Für den Anwender der Klasse muss es also genügen zu wissen, welche Aufgabe eine Methode erledigt und welche Parameter sie übernimmt, um die Methode korrekt einsetzen zu können.

  Betrachten wir dazu die Methode `in_zeitlupe_abspielen()`. Das Abspielen in Zeitlupe hängt von der Vorbedingung ab, dass der angeschlossene Videorecorder auch Zeitlupe unterstützt. Diese Vorbedingung sollte zwar auch dem Anwender der Klasse bewusst sein, aber trotzdem ist es Aufgabe der Methode, diese Vorbedingung abzuprüfen. Die Klasse sollte also über eine Instanzvariable `bool zeitlupe` verfügen, die bei der Instanzbildung auf `true` oder `false` gesetzt wird, je nachdem, ob der Videorecorder, für den die Instanz gebildet wird, Zeitlupe unterstützt oder nicht. In der Methode `in_zeitlupe_abspielen()` wird dann als Erstes der Wert von `zeitlupe` abgefragt.

```
void in_zeitlupe_abspielen()
  {
  if(zeitlupe)
    ...
    else
    cout << "Fehler: Videorecorder unterstützt keine "
                     "Zeitlupe" << endl;
  ...
```

- Der zweite wichtige Punkt ist die Beschränkung des Zugriffs auf die Elemente der Klasse. Der Hintergedanke dabei ist, dass jede Klasse über Elemente verfügt, die sie für ihre Funktion dringend benötigt und die sie vor unkontrolliertem Zugriff von außen schützen will.

  Im Falle der Klasse `videorecorder` könnte dies zum Beispiel die Instanzvariable `zeitlupe` sein. Diese wird vom Konstruktor der Klasse je nach angeschlossenem Videorecorder auf `true` oder `false` gesetzt und sollte danach nicht mehr verändert werden. Im Falle einer Struktur könnte den Anwender der Struktur aber nichts davon abhalten, zu schreiben:

```
my_recorder.zeitlupe = true;
```

  um so vielleicht doch noch in den Genuss der Zeitlupe zu kommen (was dann aber unter Umständen nur zu einer Beschädigung des Videorecorders führt).

  Klassen können sich vor solch unsachgemäßen Zugriffen schützen, indem sie Instanzvariablen und Methoden, die nur intern – sprich von anderen Methoden der Klasse – verwendet werden sollen, als privat (`private`) und Instanzvariablen und Methoden, auf die man von außen über den Namen der Instanz zugreifen darf, als öffentlich (`public`) deklarieren.

Tatsächlich ist es sogar so, dass alle Elemente einer Klasse standardmäßig `private` sind.[4] (Dies ist auch der Grund dafür, warum die oben aufgeführten Implementierungen der Klasse `Mitarbeiter` unvollständig waren, denn so wie die Klasse bisher implementiert war, sind alle Elemente dieser Klasse `private` und können daher nicht über die Instanz aufgerufen werden: Aufrufe wie `bill.Alter = 30` oder `bill.wird_aelter()` würden von einem Compiler gar nicht akzeptiert werden.)

Um also überhaupt mit einer Klasse arbeiten zu können, muss man einige Elemente `public` machen. Meist geht man dabei so vor, dass man die Instanzvariablen `private` lässt und `public`-Methoden anbietet, mit denen man die Werte dieser Instanzvariablen auslesen und neu setzen kann. Da der Zugriff dann nur über Methoden der Klassen erfolgt, kann die Klasse selbst kontrollieren, in welcher Weise ihre Datenelemente manipuliert werden und ob diese Manipulationen zulässig sind.

```
class Mitarbeiter
  {
  private:
    // Instanzvariablen
    int Alter;
    int Gehalt;

  public:
    // Konstruktor
    Mitarbeiter(int p_alter, int p_gehalt) {
      Alter  = p_alter;
      Gehalt = p_gehalt;
      }

    // Methoden
    int get_Alter()           { return Alter; }
    int get_Gehalt()          { return Gehalt; }
    void wird_aelter()        { Alter++; }
    void wird_befoerdert()    { Gehalt += 500; }
  };
```

Will man jetzt das Gehalt des Mitarbeiters `bill` erhöhen, muss man schreiben:

```
bill.wird_befoerdert();
```

während

```
bill.Gehalt += 500;
```

vom Compiler nicht akzeptiert wird.

Letztlich dienen alle diese Tricks dazu, Implementierungsdetails vor dem Anwender der Klasse zu verbergen. Dieses Konzept wird im Englischen als

4 Dies ist auch der wesentliche Unterschied zwischen einer Klasse und einer Struktur in C++. Für die Klasse sind alle Elemente standardmäßig `private`, für die Struktur sind sie `public`.

»information hiding« bezeichnet. Entscheidend ist dabei, dass Programmierer, die mit der Klasse arbeiten, diese auch ohne das Wissen um die interne Arbeitsweise der Klasse korrekt einsetzen können.

Abgeschlossenheit

Aus der Forderung des »information hiding« ergibt sich das Kriterium der Abgeschlossenheit. Die Schnittstelle einer Klasse (die `public`-Elemente) sollte möglichst vollständig sein, in dem Sinne, dass die Klasse auch sinnvoll eingesetzt werden kann. Eine Klasse `videorecorder`, die über keine `public`-Methode `in_zeitlupe_abspielen()` verfügt, wäre beispielsweise von vornherein zur Bedienung von Videorecordern mit Zeitlupe ungeeignet.

Umgekehrt sollten in einer Klasse nur Daten und Methoden enthalten sein, die die Objekte der Klasse auch wirklich kennzeichnen. Eine Methode `berechne_bruch()` würde in der Klasse `videorecorder` keinen Sinn machen.

Vererbung und Wiederverwendbarkeit

Ein weiteres Anliegen der objektorientierten Programmierung ist die Erstellung von besser wiederverwendbarem Code. Bislang ging dies nur über Bibliotheken mit einzelnen Funktionen, jetzt können ganze Klassen über Bibliotheken ausgetauscht werden (beispielsweise die ANSI-C++-Bibliothek). Für die Erstellung solcher Klassenbibliotheken ist es natürlich besonders wichtig, dass den Prinzipien des »information hiding« und der Abgeschlossenheit entsprochen wird, denn Programmierer, die diese Klassen später einsetzen, wissen ja zumeist nichts über deren Implementierung.

Klassen haben noch einen weiteren Vorzug, der ihre Wiederverwertbarkeit betrifft. Sie sind *vererbbar*, das heißt, eine Klasse kann von einer anderen Klasse deren Instanzvariablen und Methoden übernehmen. Auf diese Weise können ganze Klassenhierarchien entstehen, die zum Beispiel ähnlich wie der Stammbaum des Menschen aussehen können:

Der heutige Mensch »Homo sapiens« stellt eine Art dar. Mit den Menschenaffen und einigen anderen Affen wird er zu den Primaten zusammengefasst. Höhere Ordnungen wären Plazentatiere, Säugetiere, Wirbeltiere. Jeder Organisationsstufe sind bestimmte Eigenschaften gemeinsam. So besitzen alle Wirbeltiere eine Wirbelsäule, alle Säugetiere eine Wirbelsäule (weil sie von den Wirbeltieren abgeleitet sind) sowie Weibchen mit Milchdrüsen zum Säugen der Kinder. Im Gegensatz zu den Vögeln, die zwar auch zu den Wirbeltieren gehören, aber Eier legen.

Umgesetzt in OOP hieße dies, dass jeder Knoten in dem Stammbaum einer eigenen Klasse entspräche. Jede Klasse definiert die für sie charakteristischen Eigenschaften (die Klasse Säugetiere beispielsweise das Vorhandensein von Milchdrüsen) und erbt die Eigenschaften der übergeordneten Klassen (beispielsweise das Vorhandensein einer Wirbelsäule).

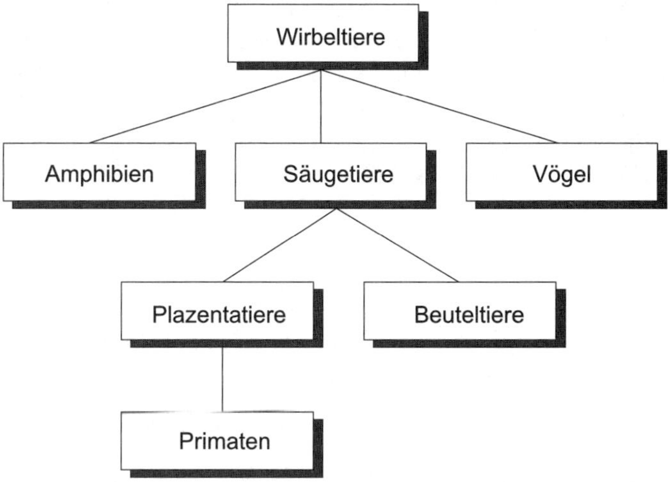

Abbildung 15.3: Ausschnitt einer Klassenhierarchie

Eine solche Datenhierarchie ist klar strukturiert und spart durch die Vererbung viel unnötigen Programmieraufwand.

Polymorphismus

Allerdings zeichnen sich abgeleitete Klassen nicht nur durch hinzukommende Merkmale aus. Es ist auch möglich, dass sie Eigenschaften höherer Klassen erben und modifizieren. So pflanzen sich beispielsweise fast alle Wirbeltiere geschlechtlich fort. Balzritual und Geschlechtsverkehr gestalten sich aber ganz unterschiedlich.

Dem trägt das Konzept des Polymorphismus Rechnung. Alle untergeordneten Klassen erben von der Klasse der Wirbeltiere die geschlechtliche Fortpflanzung. Die genauere Ausführung definiert aber jede Klasse für sich selbst.

In C++ gründet der Polymorphismus auf den so genannten virtuellen Methoden. Methoden, die in der Basisklasse als `virtual` definiert wurden, können in den abgeleiteten Klassen neu definiert werden. Ererbtes Verhalten lässt sich somit modifizieren. Im Fall der Klasse `Mitarbeiter` könnte man beispielsweise von der Basisklasse `Mitarbeiter` drei weitere Klassen ableiten: die Klassen `Lehrling`, `Angestellter`, `Geschäftsfuehrer`. Die Methode `Mitarbeiter:: wird_gefeuert()` bewirkt die Auszahlung einer Abfindung von 10.000,– € und danach die Löschung der Eintragungen. Sie wird als `virtual` definiert. Die drei abgeleiteten Klassen erben diese Methode. In der Klasse `Lehrling` wird sie neu definiert, indem die Auszahlung der Abfindung gestrichen wird, im Falle der Klasse `Geschaeftsführer` wird die Abfindung auf 100.000,– € hochgesetzt, während die Klasse `Angestellter` die Methode der Basisklasse unverändert übernimmt.[5]

5 Ich muss gestehen, dass ich bezüglich des Managements größerer Firmen und der Entlassung von Mitarbeitern gänzlich unbedarft bin, aber ich denke, dass das Beispiel dennoch oder gerade deshalb recht anschaulich ist.

Weitere Konzepte der Vererbung stellen die so genannten *abstrakten Methoden* dar, die in der Basisklasse keinen Funktionskörper haben und darauf angewiesen sind, dass sie in den abgeleiteten Klassen definiert werden (sie dienen zur Festsetzung eines gemeinsamen Erscheinungsbilds aller abgeleiteten Klassen), sowie die Möglichkeit der mehrfachen Vererbung, also der Erscheinung, dass eine Klasse von mehreren Basisklassen erben kann.

Fassen wir zusammen

- Klassen erweitern Strukturen um die Möglichkeit der Zugriffsbeschränkung und die Definition von Funktionen als Elemente der Klasse (die so genannten Methoden).
- Die Variablen von Klassentypen bezeichnen wir als Instanzen.
- Zur Instanzbildung wird eine spezielle Methode benötigt: der Konstruktor. Ein Konstruktor ist eine Methode, die den gleichen Namen trägt wie die Klasse und keinen Rückgabewert hat.
- Über die Schlüsselwörter `public` und `private` (den dritten Zugriffsmodifizierer, `protected`, lernen Sie in Kapitel 16.5 kennen) kann eine Klasse festlegen, auf welche Elemente von außen über einen Instanznamen zugegriffen werden kann und welche Elemente nur intern von der Klasse selbst verwendet werden.
- Die `public`-Elemente einer Klasse bilden ihre Schnittstelle nach außen.
- Klassen können vererbt werden. Anders ausgedrückt: eine Klasse kann auf der Grundlage einer bereits bestehenden Klasse definiert werden und erbt dabei alle Elemente ihrer Basisklasse.
- Durch Vererbung kann man hierarchische Klassengebilde aufbauen.
- Mit der Vererbung ist das Konzept des Polymorphismus verbunden. Polymorphismus bedeutet, dass das geerbte Verhalten in den abgeleiteten Klassen angepasst werden kann.

16 Klassen

Im vorangehenden Kapitel haben wir die Klassen von ihrer pragmatischen Seite kennen gelernt. Wir haben uns gefragt, was Klassen sind, welche Ideen hinter den Klassen und allgemein der objektorientierten Programmierung stehen und wie man Klassen sinnvoll einsetzt.

In diesem Kapitel werden wir uns eingehender mit der Syntax und Semantik der Klassen beschäftigen. Wir werden uns die einzelnen Elemente anschauen, aus denen eine Klassendefinition aufgebaut wird, und uns über deren Bedeutung, Potenzial und sinnvollen Einsatz informieren.

In den nachfolgenden Kapiteln werden wir dann sehen, was Vererbung ist, wie man aus Klassen Klassenhierarchien aufbaut und was sich hinter dem Begriff des Polymorphismus Interessantes verbirgt.

16.1 Klassen deklarieren

Klassen dienen dazu, Elementdaten (Instanzvariablen) und Elementfunktionen (Methoden) in einem Datentyp zu kapseln. Sie gestatten es, verschiedene Zugriffsberechtigungen für die einzelnen Elemente zu vergeben, und können durch Vererbung Klassenhierarchien aufbauen.

16.1.1 Syntax

Die allgemeine Syntax für eine Klassendeklaration lautet:

```
Klassenschlüssel   Klassenname      [:Basisklassen]
   {
   Zugriffsspezifizierer:
      ELEMENTE

   Zugriffsspezifizierer:
      ELEMENTE
   };
```

- *Klassenschlüssel*: Als Klassentyp können neben dem Schlüsselwort `class` auch `struct` und `union` verwendet werden.

Die Verwendung der Schlüsselwörter `struct` und `union` beruht darauf, dass in C++ Strukturen (siehe Kapitel 8.3) und Unions (siehe Kapitel 8.4) im Grunde spezielle Klassen sind. Eine Struktur ist aus Sicht von C++ nichts Anderes als eine Klasse, deren Elemente standardmäßig `public` (siehe Kapitel 16.5) sind, eine Union ist dementsprechend eine Klasse, deren Elemente standardmäßig `public` sind und die für alle Instanzvariablen nur einen gemeinsamen Speicherbereich bereitstellt.

- *Klassenname*: Name der zu deklarierenden Klasse. Der Klassenname ist ein vollständiger Typbezeichner, der ohne vorangestellten Klassenschlüssel verwendet werden kann.

  Um eine Instanz der Klasse `MyClass` zu definieren, können Sie also

  ```
  MyClass obj1();
  ```

  statt

  ```
  class MyClass obj1();
  ```

  schreiben.

- *Basisklassen*: Basisklassen werden nur bei der Vererbung von Klassen, wenn eine neue Klasse auf der Basis bestehender Klassen definiert wird, angegeben. Ich habe diese Möglichkeit hier nur der Vollständigkeit halber erwähnt. Vererbung und Basisklassen werden in Kapitel 17 behandelt.

- *Zugriffsspezifizierer*: ANSI-C++ definiert drei Zugriffsspezifizierer: `public`, `protected` und `private`. Durch die Angabe von Zugriffsspezifizierern kann die Klasse den Zugriff auf ihre Klassenelemente beschränken.

  Die Zugriffsspezifizierer gelten immer von ihrer Definition an bis zum Auftreten des nächsten Zugriffsspezifizierers oder bis zum Klassenende. Stehen am Beginn der Klasse Elemente, für die kein Zugriffsspezifizierer angegeben wurde, sind diese automatisch `private` (für Strukturen und Unions sind diese Elemente `public`).

- *Elemente*: Ein Element kann eine Variable oder eine Methode sein. Der Zugriff auf die Elemente kann durch die Spezifizierer `public`, `protected` und `private` geregelt werden (siehe oben).

  Außer Variablen und Methoden können in einer Klasse aber auch Datentypen definiert werden.

  Alle Elemente haben ihre Klasse als Gültigkeitsbereich!

INFO

Unions und Strukturen
Unter dem Stichwort Klassenschlüssel wurde bereits darauf hingewiesen, dass Unions und Strukturen in C++ prinzipiell nur spezielle Klassen sind, für die alle Elemente per Voreinstellung `public` *sind. Womit die Kompatibilität von C++ zu C sichergestellt wird.*
Speziell für die Unions gibt es allerdings noch eine Reihe weiterer Einschränkungen, die sie von anderen Klassen unterscheiden (Unions können nicht in Klassenhierarchien verwendet werden, Unions kennen keinen Polymorphismus, Unions können keine statischen Elemente enthalten).
Als OOP-Einsteiger brauchen Sie sich diese Besonderheiten aber gar nicht zu merken. Merken Sie sich lieber, dass Sie Unions und Strukturen nur gemäß der C-Konvention verwenden und nicht mit klassenspezifischen Konzepten vermischen.

Beispiel

```
class Mitarbeiter
  {
   int Alter;              // private
   int Gehalt;             // Instanzvariablen

  public:
    // Konstruktor
    Mitarbeiter()          {Alter=25; Gehalt = 1000;}

    // Destruktor
    ~Mitarbeiter()         {};

    // Methoden
    int get_Alter()            {return Alter;}
    int get_Gehalt()           {return Gehalt;}
    void wird_aelter()         {Alter++;}
    void wird_befoerdert()     {Gehalt += 500;}
  };
```

16.1.2 Logischer Aufbau einer Klasse

Aus der Syntax der Klassendeklaration lässt sich leider nur schlecht der logische Aufbau einer Klasse erkennen. Die grundsätzlichen Regeln und Möglichkeiten des Klassen-Designs möchte ich daher noch einmal kurz zusammenfassen.

Daten und Methoden	Klassen kapseln Daten (Instanzvariablen) und Methoden. Alle Methoden, die in der Klasse definiert sind, können auf die Daten der Klasse zugreifen, sie lesen und verändern.[a] Die Daten einer Klasse sind also einerseits für die Methoden der Klasse wie globale Variablen, auf der anderen Seite sind sie lokal zur Klasse – genauer gesagt, sogar lokal zu der jeweiligen Instanz, der sie angehören (eine Instanzvariable eines Klassenobjekts kann standardmäßig weder von Funktionen noch von Methoden anderer Klassenobjekte manipuliert werden).

Man nutzt dies üblicherweise, um den Zustand eines Objekts durch seine Daten zu definieren und Änderungen an diesem Zustand (sprich den Daten) nur über die Methoden der Klasse zuzulassen.

Zugriffs-spezifizierer

Mithilfe der drei Zugriffsspezifizierer `public`, `protected` und `private` wird bei der Klassendeklaration festgelegt, welche Elemente (Daten wie Methoden) von außerhalb und welche nur von innerhalb verwendet werden dürfen. Die `private`-Elemente dienen lediglich der internen Implementierung der Klasse und sind nach außen praktisch unsichtbar. Die `public`-Elemente bilden die Schnittstelle der Klasse, die bei der Programmierung von Objekten der Klasse verwendet werden.

Man kann es auch auf den Nenner bringen, dass die `private`-Elemente nur bei der Programmierung der Klasse von Bedeutung sind, während die `public`-Elemente bei der Programmierung *mit* der Klasse (und ihren Instanzen) von Bedeutung sind.

Konstruktor

Klassen verfügen über einen neuen Mechanismus zur Initialisierung. Dies ist der Konstruktor – eine spezielle Methode, die bei jeder Instanzbildung aufgerufen wird. Wenn Sie keinen eigenen Konstruktor definieren, wird vom Compiler ein Standardkonstruktor für die Klasse erzeugt. Klassen ohne Konstruktor gibt es also nicht.

Der Konstruktor (der auch überladen werden kann) soll sicherstellen, dass Objekte der Klasse von Anfang an einen definierten Zustand haben. Anders ausgedrückt: Der Konstruktor soll verhindern, dass ein Objekt in einem undefinierten Zustand erzeugt wird, der bei der weiteren Arbeit mit dem Objekt zu Fehlern führen kann.

Wenn Sie beispielsweise eine Klasse `Mitarbeiter` definieren und sicherstellen wollen, dass Instanzen dieser Klasse immer direkt mit Namen und Vornamen verbunden werden, könnten Sie einen einzigen Konstruktor definieren, der mit Strings für Name und Vorname aufgerufen werden muss. Sie können dann zwar nicht verhindern, dass dem Konstruktor unsinnige Namen übergeben werden, aber Sie können auf jeden Fall sicherstellen, dass jede Instanz mit Name und Vorname initialisiert wird.

Der Konstruktor dient aber nicht nur zur Initialisierung der Instanzvariablen. Im Konstruktor können auch allgemeine Arbeiten erledigt werden (dynamischen Speicher für die Instanz reservieren, einen Instanzzähler inkrementieren, Ressourcen wie Dateien oder ähnliches öffnen).

Destruktor	Das Pendant zum Konstruktor ist der Destruktor. Dieser wird automatisch für jede aufzulösende Instanz aufgerufen. Wenn Sie im Konstruktor Speicher oder andere Ressourcen anfordern, müssen Sie einen entsprechenden Destruktor vorsehen, der diese Ressourcen wieder freigibt. Ansonsten reicht der Standarddestruktor, der wie der Standardkonstruktor vom Compiler automatisch für die Klasse erzeugt wird, wenn in dieser kein eigener Destruktor definiert wird.

a. Alle Methoden einer Klasse können auf alle Daten einer Klasse zugreifen? Wirklich alle? Nein, nicht alle, und nicht alle auf alle Daten. Sonderregeln gibt es bezüglich des Zugriffs auf ererbte Daten (siehe Kapitel zur Vererbung) und für const und static deklarierte Methoden.

16.1.3 Instanzbildung und Zugriff auf Elemente

Die Definition von Instanzen (also Variablen eines Klassentyps) wie auch der Zugriff über die Instanzen auf deren Elemente entspricht der Definition und dem Gebrauch von Strukturvariablen. Dies ist nicht weiter verwunderlich, schließlich ist in C++ eine Struktur eine spezielle Art von Klasse, und der C++-Compiler muss ja in der Lage sein, alten C-Code zu übersetzen.

Zwei Unterschiede gibt es aber zu beachten:

- Bei jeder Instanzbildung wird intern eine besondere Methode aufgerufen: der Konstruktor. Konstruktoren tragen den gleichen Namen wie ihre Klasse und dienen der Initialisierung der Datenelemente der Klasse. Definiert ein Konstruktor Parameter, muss man bei der Instanzbildung Argumente für diese Parameter übergeben. Die Argumente hängt man wie bei einem normalen Funktionsaufruf an den Namen der zu erzeugenden Instanz an.
- Bei einer Struktur (im Sinne von C) kann man auf alle Elemente der Struktur über den Namen der Strukturvariablen zugreifen. Im Falle von Instanzen von Klassen kann man nur auf die Elemente von außen (d.h. über den Namen der Instanz) zugreifen, die in einem `public`-Abschnitt deklariert sind.

```
class Person
  {
   char vorname[50];
   char nachname[50];

  public:
   // Konstruktor
   Person(char *v, char *n) {
     strcpy(vorname,v);
     strcpy(nachname,n);
     }
```

```
    char* get_vorname() { return vorname; }
    char* get_nachname() { return nachname; }
  };

int main()
  {
  //Instanzbildung und Übergabe von Argumenten an Konstruktor
  Person bekannter("Archibald","Guckinsland");

  // erlaubter Zugriff auf public-Methode get_vorname()
  printf("%s\n", bekannter.get_vorname());

  // nicht erlaubter Zugriff auf private-Element vorname
  printf("%s\n", bekannter.vorname);  // Fehler

  return 0;
  }
```

16.2 Instanzbildung

Grundsätzlich folgt die Definition von Instanzen (also Variablen eines Klassentyps) dem für alle Variablendefinitionen typischen Muster:

```
datentyp variablenname;
```

Hinzu kommt aber, dass die Instanzbildung immer mit dem Aufruf einer besonderen Methode, dem so genannten Konstruktor, verbunden ist.

```
class Demo
  {
    int    wert1;
    double wert2;

  public:
    Demo(int par1, double par2) {
     wert1 = par1;
     wert2 = par2;
     }
  };


int main()
  {
  int i;              // Variablendefinition
  Demo obj(12,7);     // Instanzbildung
  ...
  }
```

16.2.1 Sinn und Zweck der Konstruktoren

Aufgabe des Konstruktors ist es, das neue Objekt zu initialisieren. Meist bedeutet dies, dass der Konstruktor den Datenelementen des Objekts Werte zuweist. Zur Initialisierung kann aber auch die Reservierung dynamischen Speichers oder das Öffnen von Dateien gehören.

Warum ist in C++ der Aufruf des Konstruktors untrennbar mit der Instanzbildung verbunden?

Konstruktoren unterstützen das Design-Ziel der Kapselung

Die Verknüpfung von Instanzbildung und Initialisierung durch den Konstruktor entspricht ganz dem objektorientierten Prinzip der Kapselung. Schauen wir uns dazu das Konzept der C-Strings an. In Ermangelung objektorientierter Konzepte benötigen wir für die Realisierung von C-Strings drei voneinander unabhängige Elemente:

1. den *Datentyp* (`char *c`), um Variablen für die Strings definieren zu können.
2. Möglichkeiten zur *Initialisierung* (`= "Text"`, `malloc()`, `strcpy()`), um einen C-String mit Speicher und einem anfänglichen Text zu verbinden.
3. die *Operationen* (Funktionen der ANSI-C-Laufzeitbibliothek: `strcpy()`, `strcat()`, etc.), um mit den Strings arbeiten und diese manipulieren zu können.

Alle diese drei Elemente sind an sich vollkommen unabhängig voneinander. Sie dienen zwar einem gemeinsamen Zweck, der Programmierung mit C-Strings, doch sie werden zu diesem Zweck erst vom Programmierer zusammengeführt. Diesem können dabei alle denkbaren Fehler unterlaufen:

```
int main()
  {
  char *str1;
  char *str2 = (char *) malloc(10);
  char *str3 = "Dies ist ein String";

  strcpy(str3,str2);   // Fehler: str2 ohne Text
  strcpy(str1,str3);   // Fehler: str1 ohne Speicher
  strcpy(str2,str3);   // Fehler: str3 zu gross fuer str2
  return 0;
  }
```

Analyse

In obigem Quelltext haben wir alle drei Elemente in – auf den ersten Blick – wohl überlegter Weise zusammengebracht und doch haben wir auf 6 Zeilen drei eklatante Fehler gemacht. Man sollte dies nicht einfach damit abtun, dass der Programmierer gefälligst besser aufpassen oder sich erst einmal gründlicher über die Programmierung mit C-Strings informieren sollte (siehe Kapitel 23.1). Hier liegt das Übel tiefer, es liegt in der Sprache selbst und der Fehler geradezu herausfordernden Implementierung der C-Strings.

Wenn die objektorientierten Konzepte die Programmierung sicherer machen sollen, dann müssen sie geeignet sein, Fehlern, die wie oben aus vergessener oder unvollständiger Initialisierung oder aus inkorrektem Gebrauch der zugehörigen Funktionen entstehen, vorzubeugen.

Klassen tun dies, indem sie

- Daten und zugehörige Funktionen zusammenbringen (kapseln). Beispielsweise:

```
class String
  {
   char *text;
   int laenge;

  public:

   String(char *s);
   void assign(const String& s);
   void append(const String& s);
  };
```

- eine korrekte Initialisierung erzwingen. Da jede Instanzbildung mit einem Konstruktoraufruf einhergeht, kann die Klasse durch eine entsprechende Implementierung des Konstruktors für die gewünschte Initialisierung sorgen. Beispielsweise:

```
// erzeugt String-Objekt aus C-String
String(char *s) {
     laenge = strlen(s)+1;
     text = new char[laenge];
     strcpy(text,s);
     }
```

- sensible Daten als `private` deklarieren (im Beispiel `char *text`) und nur über spezielle `public`-Methoden manipulieren lassen, für die sichergestellt ist, dass sie die Daten nicht korrumpieren. Beispielsweise:

```
// passt den Speicher des Objekts automatisch an den neuen
// String an.
void assign(const String s) {
       delete text;
       text = new char[s.laenge];
       strcpy(text,s.text);
       laenge = s.laenge;
       }
```

Zu welchem Fazit kommen wir also bezüglich der Verknüpfung von Instanzbildung und Konstruktoraufruf?

- Für den Entwickler einer Klasse hat es den Vorteil, dass er sich darauf verlassen kann, dass alle Objekte der Klasse über einen von ihm implementierten Konstruktor aufgerufen werden. Er kann also durch die Implementierung des Konstruktors für die korrekte Initialisierung sorgen.

- Für den Programmierer, der mit der Klasse arbeitet, hat es den Vorteil, dass er sich nicht den Kopf darüber zerbrechen muss, was bei der Initialisierung der Klassenobjekte zu beachten ist (Speicherallokation, Zuweisung von Werten, etc.). Er braucht nur in die Klassendeklaration zu schauen und sich dort einen Konstruktor auszusuchen.

INFO

Instanzbildung ohne Initialisierung
Nicht für jede Klasse ist es von entscheidender Bedeutung, dass jedes ihrer Objekte bei der Instanzbildung initialisiert wird (ebenso wenig wie man jede Variable bei der Definition initialisiert). Viele Klassen definieren daher einen Konstruktor, der keinen Parameter definiert und keine oder nur unbedeutende Anweisungen ausführt:

```
classname() {}
```

Einen Konstruktor, der ohne Argumente aufgerufen werden kann, bezeichnet man übrigens als Standardkonstruktor (unabhängig davon, ob er Anweisungen enthält oder nicht). Standardkonstruktoren sind insbesondere für Klassen aus Klassenhierarchien, eingebettete Objekte und die Bildung von Arrays von Klassenobjekten interessant (siehe Abschnitt 16.6.1).

16.2.2 Aufruf der Konstruktoren

Klassen ohne selbstdefinierten Konstruktor

Für Klassen, die keine Konstruktoren definieren, sieht die Instanzbildung wie eine normale Variablendeklaration aus.

Beispiel

```
class Demo
   {
   int    wert1;
   double wert2;
   };
int main()
  {
  Demo obj;      // Instanzbildung
  ...
  }
```

Jede Instanzbildung ist mit dem Aufruf eines Konstruktors verbunden

Lassen Sie sich aber nicht täuschen.

Für Klassen, die selbst keinen Konstruktor definieren, erzeugt der Compiler einen Standardkonstruktor, den er für die Instanzbildung verwendet. Intern ist die Instanzbildung `Demo obj;` also mit dem Aufruf des Standardkonstruktors `Demo() {}` verbunden.

!! STOP

Der Standardkonstruktor wird ohne Klammern für die Parameterliste aufgerufen!
Eigentlich müsste die obige Instanzbildung ja wohl

```
Demo obj();    // statt Demo obj;
```

lauten, denn schließlich wird ja ein Konstruktor – also eine Methode – aufgerufen.
Bedenken Sie aber, dass ein C++-Compiler auch imstande sein muss, alten C-Code zu übersetzen. In C-Code werden Variablen von Strukturtypen (die für den C++-Compiler ja Klassentypen sind) aber nie mit Funktionsklammern definiert. Das Wegfallen der Klammern für den Standardkonstruktor geht also auf die Abwärtskompatibilität zu C zurück. Zudem ist die Syntax `Demo obj ();` *missverständlich. Der Compiler würde darin die Deklaration einer Funktion* `obj` *ohne Parameter und mit einem Rückgabewert vom Typ* `Demo` *sehen.*

Klassen mit selbstdefiniertem Konstruktor

Definiert eine Klasse einen Konstruktor, müssen bei der Instanzbildung die passenden Argumente an den Konstruktor übergeben werden:

```
class Demo
  {
    int    wert1;
    double wert2;

  public:
    Demo(int par1, double par2) {
     wert1 = par1;
     wert2 = par2;
     }
  };


int main()
  {
  Demo obj(12,7);       // Instanzbildung
  ...
  }
```

Klassen mit mehreren Konstruktoren

Sind in einer Klasse mehrere Konstruktoren definiert (Konstruktoren können wie Funktionen überladen werden), kann man sich einen passenden Konstruktor aussuchen. Die Auswahl erfolgt dann einfach, indem man bei der Instanzbildung einen Satz von Argumenten übergibt, der zu den Parametern des gewünschten Konstruktors passt.[1]

```
class Demo
  {
    int    wert1;
    double wert2;

  public:
    // Standardkonstruktor
    Demo() {
      wert1 = 0;
      wert2 = 0;
      }

    Demo(int par1, double par2) {
      wert1 = par1;
      wert2 = par2;
      }
  };


int main()
  {
  Demo obj1;
  Demo obj2(12,7);
  ...
  }
```

Aufrufe für alle Gelegenheiten

Bisher haben wir den Konstruktor immer implizit aufrufen lassen, wobei wir die Argumente für den Konstruktor direkt an den Namen der zu erzeugenden Instanz angehängt haben:

```
demo obj(12,7);
```

Dies ist zweifelsohne die gebräuchlichste Form, es gibt aber auch noch andere Möglichkeiten.

1 Passen mehrere überladene Konstruktorversionen zu den übergebenen Argumenten, kann der Compiler die Überladung nicht auflösen und gibt eine Fehlermeldung aus (siehe Kapitel 12.6).

Den Konstruktor explizit aufrufen

Für die obige Instanzbildung hätte man prinzipiell auch schreiben können:

```
Demo obj = Demo(12,7);
```

Was dabei geschieht, ist Folgendes:

1. Der Compiler ruft den Konstruktor `Demo` mit den Argumenten `(int) 12` und `(double) 7` auf.
2. Der Konstruktor erzeugt ein temporäres Objekt vom Typ `Demo`, dessen Datenelemente `wert1` und `wert2` zu `12` und `7` initialisiert wurden.
3. Der Zuweisungsoperator kopiert das temporäre Objekt in `obj`.

Allzu glücklich sollte Sie die obige Syntax allerdings nicht machen, und ich beschreibe sie hier auch nur der Vollständigkeit halber, um Sie auf ein paar interessante Details aufmerksam zu machen, und als Überleitung. Machen wir mit den Details weiter:

Grundsätzlich erfordert die obige Syntax die Einrichtung eines temporären Objekts. In obigem Fall ist dies im Grunde unnötig und reine Speicherverschwendung. Dies ist aber gar nicht das eigentliche Problem mit dieser Syntax, denn jeder bessere Compiler dürfte in der Lage sein, den Code zu optimieren und auf die Einrichtung des temporären Objekts zu verzichten. Das Problem besteht darin, dass der ANSI-Standard vorgibt, dass die Wirkung der Anweisung erhalten bleiben muss, unabhängig davon, ob der Compiler sich eines temporären Objekts bedient oder nicht.

Worauf ich abziele, ist die Anwendung des Zuweisungsoperators.

```
Demo obj(12,7);
```

und

```
Demo obj = Demo(12,7);
```

unterscheiden sich durch die Anwendung des Zuweisungsoperators. Je nachdem, wie der Zuweisungsoperator implementiert ist (Standardzuweisungsoperator oder überladene Version, siehe Kapitel 7.16.5), kann dies einen entscheidenden Bedeutungsunterschied machen – man denke nur an das Kopieren von Zeigerelementen (siehe Kapitel 7.16.5).

!! STOP

Grundsätzlich gilt, dass Sie die Syntax `Demo obj = Demo(12,7)` *in der Praxis nicht verwenden sollten.*

Wann verwendet man den expliziten Konstruktoraufruf?

In zwei Fällen ist der explizite Konstruktoraufruf interessant.

Konstruktoraufruf mit new

Der eine Fall liegt vor, wenn der Konstruktor nicht über den Objektnamen aufgerufen werden kann, weil es überhaupt keinen Objektnamen gibt. Die Rede ist von der dynamischen Einrichtung von Objekten mit new, bei der das Objekt nicht mit einem Namen, sondern nur mit einer Adresse verbunden wird:

```
Klasse *ptr_Objekt = new Klasse(arg);
```

In einem Programm könnte dies für eine Klasse Person wie folgt aussehen:

```
class Person
  {
  char vorname[50];
  char nachname[50];

  public:
   Person(char *v, char *n) {
     strcpy(vorname,v);
     strcpy(nachname,n);
     }

  ...
  };


int main()
  {
  Person *p_bekannter = new Person("Archibald", "Guckinsland");
  ...
  }
```

Hier wird der Konstruktor verwendet, um das dynamisch allokierte Objekt korrekt zu initialisieren. Der Operator new richtet also ein neues Objekt des Klassentyps Person ein und ruft zur Initialisierung des Objekts den Konstruktor Person(char *, char *) auf. Nach erfolgreicher Einrichtung und Initialisierung des Objekts liefert new einen Zeiger auf das Objekt zurück.

Voraussetzung ist selbstverständlich, dass in der Klasse Person ein Konstruktor definiert ist, der von seinen Parametertypen her zu den Argumenten des new-Aufrufs passt.

Konstruktoraufruf in Funktionsaufrufen

Ebenfalls interessant, obwohl seltener benötigt, ist der explizite Konstruktoraufruf bei der Übergabe von Argumenten an Klassenparameter.

```
void func( Klasse(arg) )
```

Angenommen, Sie haben eine Klasse `Person` mit den folgenden Konstruktoren:

```
class Person
  {
  char vorname[50];
  char nachname[50];
  char stadt[50];
  char strasse[50];

  public:
   Person() {
     strcpy(vorname,"Unbekannt");
     strcpy(nachname,"Unbekannt");
     }
   Person(char *v, char *n) {
     strcpy(vorname,v);
     strcpy(nachname,n);
     }
   Person(char *pvorname, char *pnachname,
          char *pstadt, char *pstrasse) {
     strcpy(vorname,pvorname);
     strcpy(nachname,pnachname);
     strcpy(stadt,pstadt);
     strcpy(strasse,pstrasse);
     }
  ...
  };
```

Zudem haben Sie eine globale Funktion geschrieben, die als Parameter zwei `Person`-Objekte erwartet und die die günstigste Autobahnverbindung zwischen den Wohnorten der beiden Personen ausgibt.

```
void verbindung(const Person& par1, const Person& par2)
```

Wenn Sie aufbauend auf der Klasse `Person` eine Adressenverwaltung mit einem Array `Person Bekannte[100]` geschrieben haben, können Sie die Funktion `verbindung()` einfach mit zwei Elementen aus dem Feld `Adressen` aufrufen:

```
verbindung(Bekannte[12], Bekannte[25]);
```

Vielleicht wollen Sie aber nur die Verbindung zwischen einem Ihrer Bekannten und Ihrer Stadt herausfinden. Dann brauchen Sie für sich selbst nicht zuerst ein lokales Objekt zu erzeugen, das Sie dann der Funktion übergeben:

```
Person ich_selbst("","","München","");
verbindung(Bekannte[12], ich_selbst);
```

Mithilfe des expliziten Konstruktoraufrufs können Sie die eigene Instanz direkt beim Funktionsaufruf erzeugen:

```
verbindung(Bekannte[12], Person("","","München",""));
```

Oder Sie rufen die Funktion für zwei beliebige Zeitgenossen auf:

```
verbindung(Person("Tony","Blair","London","Downing Street"),
           Person("Jacques","Chirac","Paris","Rue St. Honoré"));
```

Der Compiler erzeugt dann unbenannte temporäre Instanzen und nutzt diese zur Initialisierung der Funktionsparameter.

Vorteile der temporären Instanzen

Die Instanzbildung beim Funktionsaufruf

- spart Ihnen Tipparbeit
- erzeugt keine unnötigen lokalen Instanzen und
- macht das Programm besser lesbar, da das Objekt `Person("","", "München","")`, das nur für die Funktion `verbindung()` benötigt wird, auch nur in Zusammenhang mit dem Aufruf der Funktion im Quelltext auftaucht und nicht in der übergeordneten Funktion deklariert wird.

  Ansonsten könnte ein anderer Programmierer, der sich mit Ihrem Programm auseinandersetzen muss, nämlich annehmen, dass das Objekt `Person ich_selbst("","","München","")` auch noch zu anderen Zwecken benutzt wird.

16.2.3 Initialisierung

Klassenobjekte sollten grundsätzlich durch Aufruf eines passenden Konstruktors initialisiert werden (siehe vorangehenden Abschnitt).

```
class Person
  {
  char vorname[50];
  char nachname[50];
  char stadt[50];
  char strasse[50];

  public:
   Person(char *pvorname, char *pnachname,
          char *pstadt, char *pstrasse) {
     strcpy(vorname,pvorname);
     strcpy(nachname,pnachname);
     strcpy(stadt,pstadt);
     strcpy(strasse,pstrasse);
     }
  ...
  };
```

```
int main()
  {
  Person Tony("Tony","Blair","London","Downing Street");
```

Es gibt aber noch andere Möglichkeiten.

Tabelle 16.1: Initialisierungsmöglichkeiten für Klassenobjekte

Initialisierung durch	Verwendung für	Beispiel
Konstruktor	Standard	Konstruktor: `Demo(int,double) {}` Aufruf: `Demo obj (3, 4.5);`
Initialisierungsliste	nur für Klassen, deren Datenelemente alle `public` sind, die keinen explizit definierten Konstruktor haben, die keine `const`-Elemente enthalten (also C-Strukturen mit Methoden)	Konstruktor: - Aufruf: `Demo obj = {3, 4.5};`
Konstruktorliste	Initialisierung von `const`-Elementen Initialisierung von eingebetteten Klassenobjekten Aufruf von Basisklassenkonstruktoren	Konstruktor: `Demo(int i,double d) : var1(i), var2(d) {}` Aufruf: `Demo obj (3, 4.5);`
Konvertierungskonstruktor	Initialisierung eines Klassenobjekts aus einem Objekt eines anderen Typs	Konstruktor: `Demo(int);` Aufruf: `Demo obj (3);`

Die Initialisierungsliste

Die Initialisierungsliste kennen Sie von den Arrays und C-Strukturen her, und man darf wohl sagen, dass es sich dabei um ein Relikt handelt, das von C übernommen wurde und lediglich der Abwärtskompatibilität dient.

Immerhin, Objekte einfacher Klassen können Sie auf Wunsch per Initialisierungsliste initialisieren:

```
class Demo
  {
  public:
    int    wert1;
    double wert2;
    int    wert3;
```

```
  public:
    void ausgeben() {
      cout << "wert1 = " << wert1 << endl;
      cout << "wert2 = " << wert2 << endl;
      cout << "wert3 = " << wert3 << endl;
      }
  };


int main()
  {
  Demo obj = {3, 4.5, 5};   // Initialisierungsliste
  ...
```

Was ist aber im obigen Sinne eine »einfache« Klasse? Damit Sie Objekte einer Klasse mit einer Initialisierungsliste initialisieren können,

Nicht alle Klassen erlauben Initialisierungslisten

- müssen alle Datenelemente der Klasse `public` sein (Methoden dürfen allerdings auch `protected` oder `private` sein)
- darf die Klasse keinen Konstruktor definieren
- darf die Klasse keine `const`-Datenelemente enthalten (wohingegen `static`-Elemente erlaubt sind).

Initialisierungslisten können also nach wie vor für C-Strukturen verwendet werden sowie für C-Strukturen mit Methoden.

Die Konstruktorliste

Eine Konstruktorliste entsteht, wenn Sie bei der Deklaration an den Namen eines Konstruktors einen Doppelpunkt und dann eine durch Kommata getrennte Liste weiterer Konstruktoren zur Initialisierung einzelner Elemente der Klasse anhängen.

Die Konstruktorliste wird vor dem Anweisungsteil des Konstruktors eingefügt

Im einfachsten Fall sähe dies dann wie folgt aus:

```
class Demo
  {
  public:
    int    wert1;
    double wert2;
    int    wert3;

  public:
    Demo() : wert1(1), wert2(1.5), wert3(3) {}
    ...
  };
```

Hier wird eine Konstruktorliste verwendet, um die einzelnen Datenelemente der Klasse zu initialisieren. Für jede Instanzvariable der Klasse rufen wir einen eigenen Konstruktor auf. Die Syntax dazu entspricht der üblichen Syntax zur Instanzbildung:

```
typ objektname(ARGUMENTE);
```

nur dass der Typ nicht angegeben werden muss und immer nur ein Argument übergeben wird.

INFO

Elementare Datentypen werden in C++ wie Klassen behandelt.
Ein bisschen merkwürdig mutet hier an, dass Variablen elementarer Datentypen mit Konstruktoren initialisiert werden. Dies ist deshalb möglich, weil in C++ auch die elementaren Datentypen wie Klassen behandelt werden. Sie könnten also auch außerhalb von Klassen Ihre lokalen Variablen nach der Syntax

```
void func()
      {
      int i(4);
      }
```

initialisieren. Empfehlenswert ist dies allerdings nicht. Behalten Sie für elementare Datentypen die übliche Initialisierung mit dem Zuweisungsoperator bei. (Globale Variablen können nach wie vor nur unter Verwendung des Gleichheitszeichens initialisiert werden.)

Es stellt sich nun die Frage, ob die Aufrufe

```
Demo() : wert1(1), wert2(1.5), wert3(3) {}
```

und:

```
Demo() {
         wert1=1;
         wert2=1.5;
         wert3=3;
         }
```

äquivalent sind?

Sie sind es nicht, auch wenn sie das Gleiche bewirken. So gibt es beispielsweise Fälle, in denen die Einrichtung einer Konstruktorliste zwingend notwendig sein kann:

- Initialisierung konstanter Datenelemente
- Initialisierung eingebetteter Klassenobjekte
- Initialisierung ererbter Datenelemente

Initialisierung konstanter Datenelemente

Konstante Datenelemente müssen bei der Definition initialisiert werden. Definition bedeutet hierbei vor allem die Bereitstellung eines zugehörigen Speicherbereichs. Für konstante Instanzvariablen gibt es da aber ein Problem: Wann und wo soll man die Instanzvariablen initialisieren?

const-Instanzvariablen werden über die Konstruktorliste initialisiert

- In der Klassendeklaration kann man die konstanten Instanzvariablen nicht initialisieren, da für eine Klasse – sieht man von statischen Datenelementen ab – ja kein Datenspeicher bereitgestellt wird. Erst bei der Einrichtung einer konkreten Instanz (also eines Objekts) wird für dieses Objekt Speicher für einzelne Instanzvariablen reserviert.

```
class Demo
  {
  const int    wert1 = 1;           // Fehler
  ...
```

- Da die Instanzbildung mit dem Aufruf des Konstruktors einhergeht, scheint der Konstruktor der geeignete Ort. Eine Initialisierung der Form

```
class Demo
  {
  public:
    const int    wert1;

  public:
    Demo() {wert1 = 1;}
```

  ist allerdings auch nicht möglich, da die Zuweisung im Anweisungsteil zu spät kommt. Der Speicher wurde bereits zuvor reserviert, und die Zuweisung im Konstruktor wird nicht als Initialisierung angesehen, sondern als nicht erlaubte Zuweisung.

Der Ausweg ist die Initialisierung über einen eigenen Konstruktor in der Konstruktorliste:

```
Demo() : wert1(1) {}
```

Hier spielt die Auswertungsreihenfolge eine wichtige Rolle. Die Konstruktoren in der Konstruktorliste werden in der Reihe ihrer Auflistung und vor der Ausführung des Konstruktors, an den die Liste mit Doppelpunkt angehängt wurde, aufgerufen.

Aus diesem Grunde wird die Konstruktorliste auch an den Konstruktornamen und nicht an die geschweiften Klammern des Anweisungsteils angehängt. Dies soll ausdrücken, dass zuerst die Konstruktoren aus der Liste und dann die Anweisungen des Konstruktors der Klasse ausgeführt werden.

INFO

Über die Konstruktorliste kann man Elemente also direkt bei der Speicherallokation initialisieren.

Initialisierung eingebetteter Klassenobjekte

C++ fordert, dass vor der Erzeugung eines Objektes alle eingeschlossenen Objekte erzeugt wurden. Für den Programmierer hat dies Konsequenzen, wenn er Objekte von Klassen erzeugt, die von anderen Klassen abgeleitet sind (siehe unten) oder die Objekte anderer Klassen als Instanzvariablen enthalten.

Schauen Sie sich dazu das folgende Klassen-Design an (und verzeihen Sie mir meine offensichtliche Unkenntnis bezüglich der Konstruktion und der technischen Daten von Autos).

```
class CMotor {
  public:
    int   PS;
    int   max_Drehzahl;
  };

class CAuto {
    int raeder;
    int tueren;
    float verbrauch;
    CMotor motor;            // eingebettetes Objekt

  public:
    CAuto(int r, int t, float v, int p, int m) {
      raeder          = r;
      tueren          = t;
      verbrauch       = v;
      motor.PS        = p;
      motor.max_Drehzahl = m;
      }
  };
```

Hier haben wir zwei Klassen vorliegen: `CMotor` und `CAuto`. In `CMotor` sind lediglich zwei Datenelemente für die wichtigsten Kenndaten eines Motors definiert (für eine sinnvolle Klasse `CMotor` hätte man wohl noch ein paar Kenndaten mehr und auch ein paar Methoden spezifiziert, aber da dies für unser Beispiel keine Rolle spielt, begnügen wir uns mit dem absolut Notwendigen).

Die Klasse `CAuto` verfügt ebenfalls über einige Instanzvariablen, darunter auch eine Instanz der Klasse `CMotor` (wie ja auch in jedem Auto ein Motor vorhanden ist). Darüber hinaus verfügt `CAuto` noch über einen Konstruktor, in dem die Instanzvariablen, einschließlich der Instanzvariablen von `motor` gesetzt werden.

Eines könnte Sie aber vielleicht stutzig machen:

Der Konstruktor von CAuto weist den Datenelementen der Instanz motor Werte zu. Dazu ist es aber erforderlich, dass eine Instanz motor überhaupt existiert und mit Speicher verbunden ist. Über die Instanzbildung wissen Sie bereits,

- dass sie mit dem Aufruf eines Konstruktors verbunden ist und
- dass eingebettete Objekte vor den umschließenden Objekten erzeugt werden müssen.

Hätte man also nicht korrekterweise

```
CAuto(int r, int t, float v, int p, int m)      : motor()
  {
  ...
```

schreiben müssen?

Ja und Nein!

Tatsächlich ist es absolut korrekt, dass das eingebettete Objekt motor vorab erzeugt werden muss, und dass man dazu einen Konstruktoraufruf vor die Ausführung des Konstruktors von CAuto einfügen muss.

Eingebettete Objekte können automatisch durch den Standardkonstruktor ihrer Klasse erzeugt werden

Erzeugt man das eingebettete Objekt aber durch Aufruf eines Standardkonstruktors (Konstruktor, der ohne Argumente aufgerufen werden kann), kann man sich den Konstruktoraufruf sparen, da dieser automatisch vom Compiler aufgerufen wird.

Wenn Sie also durch Aufruf des Konstruktors

```
CAuto(int r, int t, float v, int p, int m) {
      raeder            = r;
      tueren            = t;
      verbrauch         = v;
      motor.PS          = p;
      motor.max_Drehzahl = m;
      }
```

eine Instanz von CAuto erzeugen:

```
CAuto Rolls(4,4,15,300,4000);
```

versucht der Compiler, zuerst das eingebettete Objekt motor mithilfe eines Standardkonstruktors zu erzeugen. Da in der Klasse CMotor kein Konstruktor definiert ist, erzeugt sich der Compiler diesen selbst (siehe Standardkonstruktor 16.6.1). Danach kann der Konstruktor CAuto den Datenelementen der Instanz motor Werte zuweisen.

Merke
Ist in einer Klasse A ein eingebettetes Objekt der Klasse B definiert, wird bei jeder Instanzbildung eines Objekts der Klasse A zuerst das eingebettete Objekt durch Aufruf eines Konstruktors der Klasse B erzeugt. Wenn der Programmierer den Konstruktoraufruf für das eingebettete Objekt nicht selbst spezifiziert, versucht der Compiler, den Standardkonstruktor zu verwenden.

Das obige Klassen-Design weist allerdings einige ganz erhebliche Mängel auf.

- Die Datenelemente der Klasse `CMotor` sind `public`, obwohl es sich um Daten handelt, die nach der Initialisierung eigentlich nicht mehr geändert werden sollten. Es wäre daher angebracht, die Daten vor dem Zugriff von außen zu schützen und als `private` zu deklarieren.
- Die Datenelemente sollten über einen Konstruktor der Klasse `CMotor` initialisiert werden. Dies entspricht dem Prinzip der Kapselung und Abgeschlossenheit.

Eine bessere Version der Klasse könnte also wie folgt aussehen:

```
class CMotor {
    int   PS;
    int   max_Drehzahl;
    int   opt_Drehzahl;

  public:
    CMotor(int p, int m) {
      PS = p;
      max_Drehzahl = m;
      opt_Drehzahl = 0.7* max_Drehzahl;
      };

    //public-Methoden für die Arbeit mit der Klasse
    ...
  };
```

Jetzt gibt es aber Probleme mit dem Konstruktor:

```
CAuto(int r, int t, float v, int p, int m) {
      raeder             = r;
      tueren             = t;
      verbrauch          = v;
      motor.PS           = p;
      motor.max_Drehzahl = m;
      }
```

Der obige Konstruktor für CAuto vertraut nach wie vor darauf, dass der Compiler das eingebettete Objekt motor vorab durch Aufruf eines Standardkonstruktors erzeugt. Jetzt haben wir aber den Fall, dass die Klasse CMotor zwar einen eigenen Konstruktor definiert, aber keinen Standardkonstruktor. Da der Compiler aber nur dann einen Standardkonstruktor für eine Klasse erzeugen kann, wenn diese selbst überhaupt keinen Konstruktor definiert, ist kein Standardkonstruktor verfügbar, und der Compiler kann das eingebettete Objekt nicht erzeugen.

Sie könnten nun in der Klasse CMotor explizit einen eigenen Standardkonstruktor definieren:

```
public:
  CMotor() {}                   // eigener Standardkonstruktor
  CMotor(int p, int m) {
      PS = p;
      max_Drehzahl = m;
      opt_Drehzahl = 0.7* max_Drehzahl;
      }
```

Dies ist in diesem Fall aber nur eine Krücke, denn

1. Es widerspricht weiterhin dem Prinzip der Kapselung, wenn die Klasse CAuto in ihrem Konstruktor das eingebettete Objekt initialisiert.

   Beispielsweise haben wir mittlerweile CMotor um eine weitere Instanzvariable opt_Drehzahl erweitert, die vom Konstruktor der Klasse CMotor auf 70 % der maximalen Drehzahl gesetzt wird. Für die korrekte Arbeit mit Instanzen der Klasse CMotor könnte diese Beziehung unter Umständen unverzichtbar sein. Der Konstruktor der Klasse CMotor stellt diese Beziehung her.

2. Die CMotor-Daten PS, max_Drehzahl und opt_Drehzahl sind private Daten von CMotor und können daher nicht mehr direkt über die Instanzvariable motor der Klasse CAuto angesprochen werden. Die zuvor praktizierte Form der Wertzuweisung:

   ```
   motor.max_Drehzahl = m;
   ```

   ist nicht mehr möglich. Um aus dem Konstruktor CAuto heraus die maximale Drehzahl des Motors zu ändern, müsste man schauen, ob die Klasse CMotor eine public-Methode zur Verfügung stellt, die dies erlaubt – beispielsweise:

   ```
   motor.set_max_Drehzahl(m);
   ```

   Die Klasse CMotor kann dann durch die Implementierung ihrer Methode set_max_Drehzahl() weiterhin für die korrekte Verknüpfung von maximaler und optimaler Drehzahl sorgen:

```
void set_max_Drehzahl(m) {
    max_Drehzahl = m;
    opt_Drehzahl = 0.7* max_Drehzahl;
    }
```

Mittlerweile gestaltet sich allerdings die Initialisierung der motor-Datenelemente im Konstruktor CAuto wesentlich aufwändiger und fehleranfälliger als der explizite Aufruf des Konstruktors für motor.

3. Schließlich könnte es sein, dass die Klasse CMotor aus einer Klassenbibliothek stammt, die von jemandem anderen erstellt wurde. Sie kennen also nur die öffentliche Schnittstelle der Klasse CMotor, nicht aber deren interne Implementierung. Jedes Tricksen und Manipulieren der Datenelemente von CMotor wird dann zu einem nicht kalkulierbaren Risiko (wobei eine verantwortungsvoll implementierte Klasse solche Tricksereien weitgehend ausschließen sollte).

Wir sind mittlerweile ein wenig abgedriftet. Ausgehend von dem konkreten Problem der Initialisierung eingebetteter Objekte, sind wir auf die Bedeutung des Konstruktors und einige Grundregeln des objektorientierten Klassen-Designs zu sprechen gekommen. Lassen Sie uns den Gedankengang zu Ende bringen, indem wir ein allgemeines Fazit ziehen und uns daraus die Regeln für die Initialisierung eingebetteter Objekte ableiten.

Merke
Wehren Sie sich nicht gegen die Grundprinzipien der objektorientierten Programmierung und des objektorientierten Klassen-Designs. Die Datenelemente von Klassenobjekten sollten immer über einen Konstruktor der eigenen Klassen initialisiert werden. Dies gilt für eigenständige Objekte ebenso wie für eingebettete Objekte oder Objekte von Basisklassen (siehe nächster Abschnitt).

Enthält eine Klasse A also ein Objekt einer Klasse B, nimmt man den Konstruktoraufruf für das Objekt der Klasse B in die Konstruktordefinition für A auf und überlässt die Initialisierung des Objekts der Klasse B dem Konstruktor der Klasse B.

```
CAuto(int r, int t, float v) : motor(300, 7000) {
      raeder          = r;
      tueren          = t;
      verbrauch       = v;
      }
```

Ein Problem bleibt allerdings noch. In obigem Beispiel übergeben wir dem Konstruktor für das Objekt motor feste Werte. In den meisten Fällen dürfte diese Vorgehensweise aber unbrauchbar sein. Schließlich möchte man verschiedene Instanzen von CAuto auch mit unterschiedlichen Motoren ausstatten können. Es müsste also einen Weg geben, wie man Argumente vom Aufruf des CAuto-Konstruktors an den Konstruktor für das Objekt motor weiterreicht.

Um Argumente von einem Konstruktor A an seine Konstruktorliste weiterzureichen, definiert man im Konstruktor A für die zusätzlichen Argumente Parameter und übergibt den Konstruktoren der Konstruktorliste diese Parameter:

```
CAuto(int r, int t, float v, int p, int m) : motor(p, m) {
    raeder = r;
    tueren = t;
    verbrauch = v;
    }
```

Hier verwendet der Konstruktor CAuto die ersten drei Argumente zur Initialisierung der eigenen Instanzvariablen. Die beiden letzten Argumente reicht er einfach an den Konstruktoraufruf motor(p,m) weiter.

Die Instanzbildung eines Autos könnte dann wie folgt aussehen:

```
CAuto Rolls(4,4,15,400,6000);
```

Initialisierung ererbter Datenelemente

Die obigen Ausführungen zur Initialisierung eingebetteter Objekte gelten im Wesentlichen auch für die Initialisierung ererbter Daten.

Von Vererbung spricht man, wenn eine Klasse auf der Grundlage einer bereits bestehenden Klasse definiert wird (siehe Kapitel 17). Dabei übernimmt die neue, abgeleitete Klasse von der bestehenden Klasse (ihrer Basisklasse) alle Elemente – Datenelemente wie Methoden.

Grundsätzlich kann man sich dies so vorstellen, als ob die von der Basisklasse übernommenen Elemente danach zu Elementen der abgeleiteten Klasse werden. Und tatsächlich kann man in vielen Fällen mit den ererbten Elementen genauso programmieren wie mit den in der abgeleiteten Klasse direkt deklarierten Elementen.

Es gibt aber auch Situationen, in denen man mit dieser etwas vereinfachenden Vorstellung nicht weiterkommt (beispielsweise beim Zugriff auf geerbte private-Elemente oder bei der Programmierung mit Zeigern auf Klassenobjekte, siehe Kapitel 17 und 18). Dann zeigt sich, dass die ererbten Elemente so etwas wie ein Basisobjekt bilden, das im abgeleiteten Objekt eingeschlossen ist.

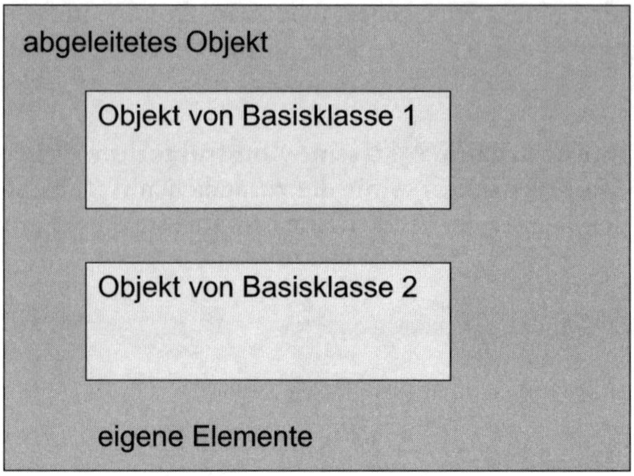

Abbildung 16.1: Basisklassenobjekte in abgeleitetem Objekt

Diese Erkenntnis bringt uns wieder zu unserer Konstruktorliste.

Basisobjekte von Instanzen abgeleiteter Klassen werden durch Aufruf eines Konstruktors der Basisklasse eingerichtet und sollten auch über diesen Konstruktor initialisiert werden.

```
class basis
  {
  public:
    int basiswert;

    basis(int par) {
       basiswert = par;
       }
  ...
  };

class abgeleitet : basis       // Vererbung
  {
  public:
    int abg_wert;

    // Konstruktor                 Basisklassenkonstruktor
    abgeleitet(int par1, int par2) : basis(par2)
       {
       abg_wert = par1;
       }
  ...
  };

int main()
  {
  abgeleitet obj(13,122);     // Instanzbildung
  ...
```

REF

Für die Weiterleitung von Argumenten vom Konstruktor an die Konstruktorliste sowie die Verwendung des Standardkonstruktors zur Einrichtung der Basisobjekte gelten die gleichen Regeln und Grundsätze, wie für die im obigen Abschnitt beschriebenen eingebetteten Objekte.

Fazit

Grundsätzlich werden beim Aufruf eines Konstruktors einer Klasse A zuerst alle in der Klasse definierten Instanzvariablen erzeugt. Für Instanzvariablen, die selbst Objekte von Klassen sind, bedeutet dies, dass zur Einrichtung dieser Objekte auch wieder Konstruktoren aufgerufen werden müssen. Auf dem Weg über die Konstruktorliste können Sie auswählen, welcher Konstruktor mit welchen Argumenten zur Initialisierung einer Instanzvariable aufgerufen werden soll. Wenn Sie in der Konstruktorliste keinen Konstruktor angeben, ruft der Compiler den Standardkonstruktor der Klasse der Instanzvariable auf.

In den folgenden Fällen müssen Sie die Instanzvariable über die Konstruktorliste initialisieren:

- Für die Klasse der Instanzvariable gibt es keinen Standardkonstruktor, den der Compiler automatisch aufrufen könnte.
- Sie wollen einen bestimmten Konstruktor, und nicht den Standardkonstruktor, zur Initialisierung der Instanzvariable aufrufen.
- Die Instanzvariable ist als `const` deklariert, sodass Zuweisungen im Konstruktor der Klasse A nicht erlaubt sind.

Ansonsten spricht für die Konstruktorliste,

- dass sie keine objektorientierten Grundsätze verletzt.
- dass sie für die Initialisierung von Klassenobjekten meist effizienter ist als die Zuweisung von Werten im Konstruktor.

  Unabhängig davon, ob Sie der Instanzvariablen über die Konstruktorliste oder per =-Operator im Konstruktor der Klasse A einen Wert zuweisen: erzeugt wird die Instanzvariable immer durch einen Konstruktoraufruf. Wenn Sie diesen Konstruktoraufruf mithilfe der Konstruktorliste gleich zur Wertzuweisung nutzen können, sparen Sie sich den Aufruf des +-Operators und die Instanzbildung läuft unter Umständen schneller ab. (Ob sich wirklich ein Laufzeitvorteil ergibt, hängt davon ab, ob der in der Konstruktorliste aufgerufene Konstruktor schneller arbeitet als die Kombination aus Standardkonstruktor und Zuweisungsoperator.)

Die Wertzuweisung im Konstruktor ist dagegen

- übersichtlicher
- in manchen Fällen unverzichtbar (beispielsweise, wenn zur Initialisierung Ressourcen wie Speicher oder Datei-Handles angefordert werden müssen).

Sofern Sie in der Wahl zwischen Konstruktorliste und Zuweisung im Konstruktor frei sind, würde ich Ihnen empfehlen:

- eingebettete Objekte grundsätzlich über einen Konstruktor ihrer Klasse, also in der Konstruktorliste, zu initialisieren
- Instanzvariablen elementarer Datentypen im Anweisungsteil des Konstruktors zu initialisieren.

16.3 Instanzvariablen (Eigenschaften)

Klassen bringen ihre eigenen Daten mit. Dies ist nichts grundsätzlich Neues, man kennt es bereits von den Strukturen in C. In der Klassen (Struktur)-Deklaration werden die einzelnen Datenelemente wie normale Variablen deklariert. Der Compiler entnimmt diesen Deklarationen, wie viel Speicher er für später anzulegende Instanzen der Klasse (Struktur) bereitstellen muss, wie sich dieser Speicher in einzelne Datenelemente untergliedert und über welche Namen der Zugriff auf die einzelnen Datenelemente erfolgen kann.

Darüber hinaus gibt es aber in C++ einige Besonderheiten zu beachten.

Definition Eine Variable vom Typ einer Klasse bezeichnet man als *Instanz*. Die Variablen, die in der Klasse deklariert werden, bezeichnet man als *Instanzvariablen*, weil jede Instanz der Klasse einen Satz dieser Variablen erhält.

16.3.1 Allgemeines

Prinzipiell gleicht die Arbeit mit den Datenelementen von Klassen ganz dem gewohnten Umgang mit den Elementen von C-Strukturen.

Unterschiede gibt es bei der Einrichtung, Initialisierung und Auflösung der Datenelemente sowie der Beschneidung der Zugriffsmöglichkeiten auf einzelne Elemente.

Einrichtung und Initialisierung

Alle Datenelemente einer Klasse werden in der Klassendeklaration aufgeführt.

```
class Farben
  {
  int rot;
  int gruen;
  int blau;
  ...
};
```

Wird später eine Instanz der Klasse gebildet, wird dieser Instanz Speicher für die Datenelemente zur Verfügung gestellt. Jede Instanz erhält also ihre eigene Kopie der Datenelemente.

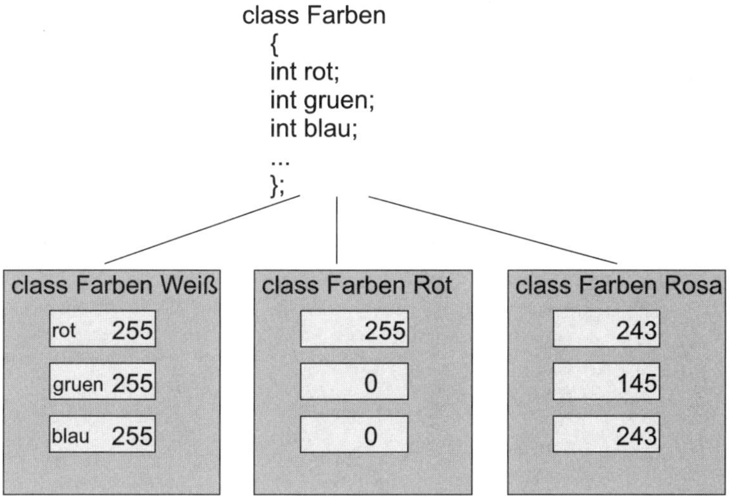

Abbildung 16.2: Speicherbelegung für Klasseninstanzen

Gleichzeitig wird die Instanzbildung dazu genutzt, die Datenelemente zu initialisieren. Diese Aufgabe übernimmt der Konstruktor (siehe Abschnitt 16.6), der je nach Implementierung auch darüber wacht, dass den Datenelementen nur zulässige Werte zugewiesen werden, und weitere Aktionen in Verbindung mit der korrekten Initialisierung des Klassenobjekts ausgeführt werden (beispielsweise dynamische Speicherallokation mit new, wenn Speicher für Zeigerelemente bereitgestellt werden soll, oder das Öffnen einer Datei, wenn aus dieser Daten eingelesen werden sollen).

```
class Farben
  {
  int rot;
  int gruen;
  int blau;

  public:
    Farben(int r, int g, int b) {
       if(r<0)   r = 0;
       if(r>255) r = 255;
         rot  = r;
```

```
        if(g<0)   g = 0;
        if(g>255) g = 255;
          gruen = g;

        if(b<0)   b = 0;
        if(b>255) b = 255;
          blau  = b;
        }
  };
```

Um die Instanzbildung möglichst flexibel zu halten, kann eine Klasse mehrere überladene Versionen des Konstruktors anbieten. Die obige Klasse könnte beispielsweise einen Standardkonstruktor definieren, der die Farbe Weiß erzeugt, oder einen Konstruktor, dem man die gewünschte Farbe als String übergibt:

```
Farben() {
  rot   = 255;
  gruen = 255;
  blau  = 255;
  }

Farben(const char *farbe) {
  if( strcmp(farbe,"Weiss") == 0) {
    rot   = 255;
    gruen = 255;
    blau  = 255;
    }
  else if ( strcmp(farbe,"Rot") == 0) {
    rot   = 255;
    gruen =   0;
    blau  =   0;
    }
  ...
  }
```

Eine Klasse, die keinen eigenen Konstruktor definiert, erhält vom Compiler einen Standardkonstruktor zugewiesen, der bei der Instanzbildung aufgerufen wird, aber keine Anweisungen enthält:

```
Classname() {}
```

Auflösung

Beim Auflösen der Instanz wird deren Speicherbereich freigegeben, womit automatisch auch alle Instanzvariablen aufgelöst werden.

Die Auflösung von Klassenobjekten erledigt der Destruktor der Klasse

An der Auflösung beteiligt ist der so genannte Destruktor – das Pendant zum Konstruktor. Wie im Falle des Konstruktors gilt auch für den Destruktor, dass der Compiler für Klassen, die keinen Destruktor definieren, einen Standarddestruktor erzeugt und aufruft.

Der Destruktor trägt ebenso wie der Konstruktor den gleichen Namen wie die Klasse, allerdings mit vorangestellter Tilde:

```
~Classname() {}
```

Wie der Konstruktor wird auch der Destruktor üblicherweise nicht vom Programmierer, sondern immer intern vom Programm aufgerufen – wann immer eine Instanz seiner Klasse aufzulösen ist. Der Programmierer wendet den Destruktor also nicht selbst an, er kann ihn aber in der Klasse definieren, um festzulegen, welche Anweisungen auszuführen sind, wenn eine Instanz der Klasse aufgelöst wird.

Aufgabe des Destruktors ist es, vom Konstruktor vorgenommene Initialisierungen zurückzunehmen. Gemeint sind dabei natürlich nicht die Zuweisungen von Anfangswerten an die Instanzvariablen des Klassenobjekts.

Niemand wird sich die Mühe machen, einen Destruktor wie den folgenden aufzusetzen:

```
~Farben() {
      rot   = 0;
      gruen = 0;
      blau  = 0;
      }
```

Prinzipiell wäre dies zwar erlaubt, doch praktisch gesehen ist es vollkommen unnötig, da die Instanzvariablen ja im nächsten Moment zusammen mit ihrer Instanz aufgelöst werden.

Die eigentliche Aufgabe des Destruktors ist es, Initialisierungen des Konstruktors zurückzunehmen, die mit der automatischen Auflösung des Speicherbereichs der Instanz nicht erledigt sind – beispielsweise die Freigabe dynamisch reservierten Speichers, das Schließen oder Entsperren von Dateien etc.

Aufgabe des Destruktors ist die Freigabe von Ressourcen

```
/* Destrukt.cpp  Zusammenspiel von Konstruktor und Destruktor */
#include <iostream>
#include <fstream>
using namespace std;

class Statistik  {
  char *datenquelle;
  double *werte;          // Zeiger auf Datenfeld
  int anzahl;             // Anzahl der Daten

  public:
    Statistik(char *dateiname)
      {
      ifstream datei;
```

```
    char zeile[100];
    int loop;

    datenquelle = new char[strlen(dateiname)+1];
    strcpy(datenquelle,dateiname);

    // Datei öffnen
    datei.open(dateiname, ios::in);
    //if(datei.is_open())
      {
      // Anzahl der Daten auslesen
      datei >> anzahl;

      // Speicher für Daten reservieren
      // Fehlerbehandlung mit Exceptions habe ich ausgelassen
      werte = new double[anzahl * sizeof(double)];

      // Daten einlesen
      for(loop=0; loop < anzahl; loop++)
       {
       datei >> werte[loop];
       cout << werte[loop] << "\t";
       }
      }

    datei.close();
    }

  ~Statistik()
    {
    delete datenquelle;
    delete werte;
    }

  ...
  };
```

In Abschnitt 16.7, wo es ausschließlich um den Destruktor geht, werden wir dieses Beispiel noch einmal aufgreifen und näher analysieren.

Zugriffsspezifizierer

Im Falle einer Struktur (im Sinne von C) kann man auf alle Datenelemente der Struktur über den Namen der Strukturvariablen zugreifen:

```
struct koord {
  int x;
  int y;
  };

int main()
  {
  struct koord punkt;
```

```
  // Schreibzugriff
  punkt.x = 12;
  punkt.y = 413;

  // Lesezugriff
  printf("x-Koordinate: %d\n",punkt.x);
  printf("y-Koordinate: %d\n",punkt.y);
  return 0;
  }
```

Bei Klassen ist dies nur für diejenigen Instanzvariablen möglich, die in der Klasse explizit als `public` deklariert wurden. Das Schlüsselwort `public` ist nur einer von drei Zugriffsspezifizierern, über die man beim Aufsetzen einer Klasse regeln kann, auf welche Elemente von außen (über den Namen der Instanz) zugegriffen werden kann und auf welche nicht (siehe Abschnitt 16.5).

```
class koord {
  public:
    int x;              // Zugriff ueber Instanzname erlaubt

  private:
    int y;              // Zugriff ueber Instanzname nicht erlaubt
  };

int main()
  {
  class koord punkt;

  // Schreibzugriff
  punkt.x = 12;
  punkt.y = 413;                                // Fehler

  // Lesezugriff
  cout << "x-Koordinate: " << punkt.x << endl;
  cout << "y-Koordinate: " << punkt.y << endl;   // Fehler

  getchar();
  return 0;
  }
```

16.3.2 Statische Elementvariablen (Klassenvariablen)

Statische Datenelemente bezeichnet man auch als Klassenvariablen

Grundsätzlich gilt:

- Bei der Klassendeklaration wird kein Speicher für die darin deklarierten Instanzvariablen reserviert.
- Erst bei der Instanzbildung wird Speicher allokiert. Jede Instanz verfügt daher über einen eigenen Satz von Instanzvariablen. (Wie auch jeder Mensch über einen eigenen Namen, ein eigenes Alter und eigene Charaktereigenschaften verfügt.)

So sinnvoll dies im Allgemeinen auch sein mag, so gibt es doch Situationen, in denen man sich wünschte, es ginge auch anders.

Beispielsweise, wenn Sie eine Klasse definieren, die über eine Eigenschaft verfügt, die für alle Objekte der Klasse den gleichen Wert erhält.

- Angenommen, Sie sind dabei, ein furchtbar gruseliges Actionspiel zu programmieren – mit lauter furchtbar gruseligen Gespenstern. Während des Spielverlaufs werden immer mal wieder neue Gespenster erzeugt, aber damit das Spiel nicht mit Gespenstern übervölkert wird, haben Sie auch dafür gesorgt, dass die älteren Gespenster sich nach einer Zeit wieder auflösen.

  Zu diesem Zweck definieren Sie eine Klasse `Gespenster` mit einem konstanten Element `lebensdauer`, das Sie auf 300 Sekunden (= 5 Minuten) setzen. So lange existieren alle Instanzen der Klasse Gespenster, bevor Sie aufgelöst werden (wie man Instanzen nach einer bestimmten Zeit »auflöst«, demonstriert das Beispielprogramm *Gespenst.cpp* am Ende dieses Abschnitts).

  Da die Lebensdauer für alle Instanzen gleich sein soll (5 Minuten) ist es im Grunde unnötig, in jeder Instanz Speicher für die Lebensdauer bereitzustellen. Es genügte vollauf, dies einmalig für alle Instanzen der Klasse zu tun.

- Der andere Fall ist, dass man in einer Klasse eine Eigenschaft definieren möchte, die für alle Instanzen der Klasse global gültig ist, sodass die Instanzen über diese Eigenschaft Informationen austauschen können. Beispielsweise so etwas wie einen Instanzenzähler, der festhält, wie viele Objekte einer Klasse aktuell im Speicher vorhanden sind.

In beiden Fällen würde man wohl als Erstes an eine globale Variable denken. Eine globale Variable hat aber den Nachteil, dass sie auch für alle anderen Funktionen und Klassen des Programms sichtbar und zugänglich ist. (Man kann hier zwar ein wenig mit Namensbereichen tricksen, doch ist dies umständlich und nicht unbedingt Sinn und Zweck der Namensbereiche.)

Eine wesentlich sauberere Lösung wäre eine Variable, die nach außen lokal zu einer Klasse ist, nach innen aber global verfügbar für alle Instanzen der Klasse. Genau dies erreicht man durch die `static`-Deklaration von Instanzvariablen.

Deklaration

Statische Variablen, die innerhalb einer Klassendefinition deklariert sind, gehören dem Gültigkeitsbereich der Klasse an. Sie sind daher lokal zur Klasse und werden über den Namen einer Instanz angesprochen.

```
class Demo {
  public:
    static int instanzenzaehler;

  ...
  };

int main()
  {
  Demo lok;    // lokales Objekt anlegen

  cout << lok.instanzenzaehler << endl;
  ...
```

Definition und Initialisierung

Andererseits soll eine statische Elementvariable von allen Instanzen der Klasse geteilt werden. Dies wird erreicht, indem man die Elementvariable nur einmal mit Speicher verbindet – anstatt, wie sonst für Elementvariablen üblich, für jede Instanz der Klasse eine eigene Kopie anzulegen.

Da bei der Klassendeklaration aber kein Speicher für Elementvariablen belegt wird, müssen wir die statischen Elementvariablen noch einmal außerhalb der Klasse definieren.

static-Datenelemente werden außerhalb der Klasse definiert

Beachten Sie dabei, dass zur vollständigen Bezeichnung der Variablen auch der Klassenname gehört.

```
class Demo {
  public:
    static int instanzenzaehler;

  ...
  };
int Demo::instanzenzaehler = 0;
```

Für statische Elementvariablen erfolgt die Speicherreservierung also nicht bei der Instanzbildung, sondern bei der Definition außerhalb der Klasse.

Wichtig ist dabei, dass die Definition außerhalb der Klasse im die Klasse umgebenden globalen Dateibereich (oder Namensbereich) erfolgt.

Klassenvariablen

Da statische Elementvariablen mehr zur Klasse gehören als zu den Instanzen der Klasse, spricht man nicht mehr von Instanzvariablen, sondern von Klassenvariablen.

static-Datenelemente bezeichnet man als Klassenvariablen

- Eine Instanzvariable ist also ein Datenelement der Klasse, von dem jede Instanz eine eigene Kopie erhält.
- Eine Klassenvariable ist dagegen ein Datenelement der Klasse, das nur einmalig angelegt wird und auf das alle Instanzen der Klasse Zugriff haben.

Da eine Klassenvariable nicht instanzspezifisch, sondern klassenspezifisch ist, kann sie auch nur über den Klassennamen aufgerufen werden:

```
cout << Demo::instanzenzaehler << endl;
```

Und nicht nur das. Da eine Klassenvariable explizit definiert wird (und nicht in Zusammenhang mit einer Instanzbildung), kann man auf die Klassenvariable direkt nach ihrer Definition zugreifen – auch wenn noch überhaupt keine Instanz der Klasse gebildet wurde.

```
int main()
  {
  // Klassenvariable über Klassenname abfragen
  cout << Demo::instanzenzaehler << endl;
```

Zugriff auf Klassenvariablen

Fassen wir noch einmal die Zugriffsmöglichkeiten auf Klassenvariablen zusammen:

- Alle Methoden der Klasse können auf die Klassenvariable wie auf ein normales Klassenelement zugreifen.
- Von außerhalb der Klasse kann man auf eine Klassenvariable zugreifen, sobald sie definiert wurde.
- Der Zugriff von außerhalb der Klasse kann über den Klassennamen oder den Namen einer Instanz der Klasse erfolgen.

```
Demo::instanzenzaehler   // für class Demo lok.instanzenzaehler     // für Demo lok;
```

Der Zugriff auf Klassenvariablen kann wie für alle Klassenelemente mithilfe der Zugriffsspezifizierer `public`, `protected` und `private` eingeschränkt werden.

Auf eine Klassenvariable, die in einem `private`-Abschnitt deklariert ist, kann man also nur über Methoden der Klasse zugreifen. (Ausnahme ist die Definition und Initialisierung im globalen Gültigkeitsbereich.)

Das folgende Beispiel demonstriert Deklaration, Definition und Zugriff auf ein statisches Klassenelement. Die Klassenvariable wird dabei als Instanzenzähler verwendet.

Damit der Instanzenzähler korrekt funktioniert, wird er

- bei der Initialisierung auf 0 gesetzt (noch keine Instanz erzeugt)
- im Konstruktor um 1 erhöht (neue Instanz wird erzeugt)
- im Destruktor um 1 erniedrigt (eine Instanz wird aufgelöst)

```
/* StatElem.cpp   Statische Datenelemente */
#include <iostream>
using namespace std;

class Demo {
  public:
    static int instanzenzaehler;

  public:
     Demo() {instanzenzaehler++;}
    ~Demo() {instanzenzaehler--;}
  };

int Demo::instanzenzaehler = 0;

int func()
  {
  // Es werden zwei lokale Variablen angelegt
  Demo lok1;
  Demo lok2;
  cout << Demo::instanzenzaehler << endl;
  }    // Es werden zwei lokale Variablen aufgelöst

Demo lok1;      // globales Objekt anlegen

int main()
  {
  // Zaehler über Klassenname abfragen
  cout << Demo::instanzenzaehler << endl;

  Demo lok2;   // lokales Objekt anlegen

  // Zaehler über Instanz abfragen
  cout << lok2.instanzenzaehler << endl;

  // lokale Objekte anlegen und auflösen
  cout << "Funktion wird aufgerufen" << endl;
  func();
  cout << "Funktion wurde verlassen" << endl;
  cout << lok2.instanzenzaehler << endl;

  // dynamisches Feld mit drei Objekten anlegen
  cout << "new" << endl;
  Demo *ptr = new Demo[3];
  cout << Demo::instanzenzaehler << endl;

  // dynamisches Feld mit drei Objekten auflösen
```

```
cout << "delete" << endl;
delete [] ptr;
cout << Demo::instanzenzaehler << endl;


return 0;
}
```

Analyse Wenn Sie das Programm einmal ausführen, können Sie sehen,

- dass der Instanzenzähler auch für globale Objekte funktioniert,
- dass der Destruktor tatsächlich automatisch bei der Auflösung der lokalen Objekte aus der Funktion `func()` aufgerufen wird,
- dass Konstruktor und Destruktor auch für dynamisch erzeugte Objekte aufgerufen werden.

Konstante Klassenvariablen — static const

Kommen wir noch einmal auf das Gespensterprogramm zurück, das ich in der Einleitung zu diesem Kapitel angesprochen habe. Dieses Programm verwendet zwei statische Klassenelemente:

- `Gespenster::gespensteranzahl`, zum Zählen der Instanzen (sprich der Gespenster)
- `Gespenster::lebensdauer`, das die Lebensdauer aller Gespenster in Sekunden angibt.

Während sich der Wert der ersten Klassenvariablen im Laufe des Programms ständig verändert, soll die Lebensdauer unverändert bleiben. Es empfiehlt sich also, die Klassenvariable zusätzlich als `const` zu deklarieren:

```
class Gespenster {
  public:
    static const time_t lebensdauer = 7;
```

Was hier als Besonderheit hinzu kommt, ist, dass `const`-deklarierte Klassenvariablen initialisiert werden müssen – und zwar bei der Definition außerhalb der Klasse oder bei der Deklaration in der Klasse (letzteres ist nur für Integer-Typen erlaubt).

```
/* Gespenst.cpp   Statische Datenelemente */
#include <iostream>
#include <ctime>
using namespace std;

class Gespenster {
  public:
    static const time_t lebensdauer;
```

```
    static int gespensteranzahl;
    time_t geburtszeit;

    Gespenster()  {
      time(&geburtszeit);
      Gespenster::gespensteranzahl++;
      }

    ~Gespenster() {
      Gespenster::gespensteranzahl--;
      }
  };

int Gespenster::gespensteranzahl = 0;
const time_t Gespenster::lebensdauer = 5;

int main()
  {
  char zeichen;
  time_t akt_zeit;

  cout << Gespenster::gespensteranzahl << endl;

  Gespenster ghost1;

  cout << Gespenster::gespensteranzahl << endl;

  do
    {
    cin >> zeichen;
    time(&akt_zeit);
    if( difftime(akt_zeit, ghost1.geburtszeit)
        > ghost1.lebensdauer)
      {
      ghost1.~Gespenster();         // Instanz explizit auflösen
      break;
      }
    cout << Gespenster::gespensteranzahl << endl;
    }
    while (zeichen != '0');

  cout << Gespenster::gespensteranzahl << endl;
  return 0;
  }
```

Instanzen löschen

Beachten Sie, dass die »Auflösung« des Gespensts ghost1 aus zwei Teilen besteht:

- Der Destruktor wird aufgerufen (um den Instanzzähler zu dekrementieren)
- Der Instanzname ghost1 wird danach nicht mehr benutzt.

Letzter Punkt ist wichtig, denn der Aufruf des Destruktors bewirkt nur die Ausführung des Anweisungsteils des Destruktors. Die Instanz und das Objekt ghost1 bestehen aber auch noch weiterhin. Nur dadurch, dass wir die Instanz nicht mehr verwenden, simulieren wir das vollständige Löschen. (Würde man die Gespenster in einem Array verwalten, würde man das ghost-Element zur Sicherheit aus dem Array entfernen.)

16.3.3 Konstante und veränderbare Elemente

Über die Verwendung der Schlüsselwörter const und mutable wurde schon in den Kapiteln 4.4.2 und 5 einiges berichtet. Die wichtigsten Aspekte bezüglich der Verwendung dieser Typqualifizierer in Zusammenhang mit Instanzvariablen möchte ich hier noch einmal zusammenfassen.

- Die Werte von Instanzvariablen, die als const deklariert sind, können nach der Initialisierung nicht mehr verändert werden:

```
class Demo {
  public:
    const int j;

    void inkr() {
            j++;        // Fehler: Zugriff auf const-Objekt
            }

    ...
};

int main()
  {
  Demo d1;
  d1.j = 4;           // Fehler: Zugriff auf const-Objekt
  ...
```

- Instanzvariablen, die als const deklariert sind, müssen von einem Konstruktor mit Konstruktorliste initialisiert werden:

```
class Demo {
  public:
    const int j;       // konstante Instanzvariable

    Demo() : j(2)      // Initialisierung
      {
      ...
};
```

- Wird eine Klasseninstanz mit dem Schlüsselwort const erzeugt, werden alle Instanzvariablen dieser Instanz (die nicht als mutable oder static deklariert sind) als konstant angesehen.

Die Instanzvariablen einer `const`-Instanz können weder von außen noch von innen (für `const`-Instanzen können nur als `const` deklarierte Methoden der Klasse aufgerufen werden, siehe Kapitel 16.4.6) in ihrem Wert geändert werden.[2]

```
class Demo {
  public:
    int i;

    void inkr() {
            i++;
            }
  };

int main()
  {
  const Demo obj;        // const-Instanz
  obj.i = 4;             // Fehler: Schreiben in const-Objekt
  obj.inkr();            // Fehler: Aufruf einer nicht-const
                         //         Methode über const-Objekt

  return 0;
  }
```

Eine `mutable`-Deklaration hat zwei Effekte:

Wird eine Instanz der Klasse als `const` deklariert, können die Werte der in der Klasse als `mutable` deklarierten Instanzvariablen trotz der `const`-Deklaration der Instanz verändert werden.

Die Werte von `mutable`-Instanzvariablen können auch von `const`-Methoden der Klasse verändert werden.

`const` versus `private`
Im Unterschied zu den Zugriffsmodifizierern, die den Zugriff auf die Klassenelemente regeln, kann man mit dem Schlüsselwort `const` lediglich steuern, ob der Wert einer Instanzvariablen, auf die der Zugriff erlaubt ist, auch geändert oder nur gelesen werden kann.

INFO

16.3.4 Eingebettete Klassenobjekte

Eine Instanzvariable kann nicht nur von einem elementaren Datentyp sein, Instanzvariablen können selbst auch wieder Klassentypen angehören. Man spricht in diesem Fall auch von eingebetteten Objekten.

Die Einbettung von Objekten ist nichts Ungewöhnliches. Als C++-Routinier werden Sie sicherlich schon eingebettete Objekte verwendet haben, aber auch als Einsteiger oder Umsteiger von C, der bereits seine ersten Gehver-

2 Manche Compiler quittieren den Aufruf einer nicht-const-Methode über eine const-Instanz allerdings nur mit einer Warnung.

suche mit Klassen hinter sich hat, haben Sie vielleicht schon mehr oder weniger unbewusst eingebettete Objekte verwendet. Beispielsweise dann, wenn Sie in einer Ihrer Klassen Instanzvariablen zur Aufnahme von Strings definiert haben, diese aber nicht als C-Strings, sondern als Objekte der C++-Klasse `string` eingerichtet haben:

```
class Person
  {
  string vorname;          // eingebettete Objekte
  string nachname;
  string stadt;
  string strasse;

  public:
   Person(char *pvorname, char *pnachname,
          char *pstadt, char *pstrasse)
     {
     vorname = pvorname;
     nachname = pnachname;
     stadt = pstadt;
     strasse = pstrasse;
     }

   void ausgeben()
     {
     cout << vorname << endl;
     cout << nachname << endl;
     cout << stadt << endl;
     cout << strasse << endl;
     }
  };
```

Aus Sicht der umgebenden Klasse sind eingebettete Objekte ganz normale Instanzvariablen. Es gibt also weder irgendwelche speziellen Regeln für eingebettete Objekte noch irgendwelche Situationen, in denen sich eingebettete Objekte anders verhalten.

Es gibt allerdings drei Punkte, in denen der Umgang mit eingebetteten Objekten Fragen aufwirft, die sich für Objekte einfacher Datentypen normalerweise nicht stellen (obwohl die anzuwendenden Regeln jeweils gleich sind).

Deklaration

Damit man innerhalb einer Klasse ein Objekt einer anderen Klasse (einschließlich Strukturen und Unions) deklarieren kann, muss der Klassentyp des eingebetteten Objekts vollständig definiert sein.

Eine Vorwärtsdeklaration des Klassentyps wie im folgenden Beispiel reicht also nicht:

```
class CMotor;               // unvollständige Deklaration

class Auto {
    int raeder;
    ...
    CMotor motor;           // Fehler
  ...
  };
```

Wohl erlaubt sind aber Zeiger auf unvollständig deklarierte Datentypen:

```
class CMotor;               // unvollständige Deklaration

class Auto {
    int raeder;
    ...
    CMotor *motor;          // okay

  ...
  };
```

Da die elementaren Datentypen in der Sprache verankert und daher immer vollständig deklariert sind, tritt dieses Problem bei Instanzvariablen elementarer Datentypen nicht auf.

INFO

Einrichtung und Initialisierung

Die Instanzbildung eines Klassenobjekts ist immer mit dem Aufruf eines Konstruktors der Klasse verbunden.

Bevor aber der Anweisungsteil des Konstruktors aufgerufen wird, muss für alle Instanzvariablen Speicher reserviert worden sein. Für Instanzvariablen elementarer Datentypen (oder Arrays elementarer Datentypen) geschieht dies automatisch. Für Instanzvariablen von Klassentypen kann dies ebenfalls automatisch geschehen – vorausgesetzt, es ist ein Standardkonstruktor für die Klasse verfügbar.

Probleme ergeben sich allerdings immer dann, wenn für die Instanzbildung des eingebetteten Objekts kein Standardkonstruktor verfügbar ist oder man einen anderen Konstruktor verwenden möchte, dem man Argumente zur Initialisierung des Objekts übergeben kann.

In solchen Fällen muss, beziehungsweise kann man den Konstruktoraufruf für das eingebettete Objekt direkt in der Konstruktorliste des Konstruktors des übergeordneten Objekts aufrufen:

```
class CMotor {
    int ps;
    int max_drehzahl;

  public:
    CMotor() {                  // Standardkonstruktor
      ps = 0;
      max_drehzahl = 0;
      };
    CMotor(int p, int m) {
      ps = p;
      max_drehzahl = m;
      }
  };

class CAuto {
    int raeder;
    int tueren;
    CMotor motor;

  public:
    // ruft Standardkonstruktor von CMotor zur
    // Initialisierung der Instanzvariablen motor auf
    CAuto() {}

    // ruft CMotor(int p, int m) zur
    // Initialisierung der Instanzvariablen motor auf
    CAuto(int pRaeder, int pTueren,
          int pPS, int pDrehzahl)
      : motor(pPS, pDrehzahl)
      {
      raeder = pRaeder;
      tueren = pTueren;
      }
  };
```

Die Konstruktoren zur Einrichtung der eingebetteten Objekte werden aufgerufen, bevor der Anweisungsteil des Konstruktors des übergeordneten Objekts ausgeführt wird.

REF

Weitere Informationen zur Konstruktorliste finden Sie in Abschnitt 16.2.3.

Auflösung

Die Auflösung eines Objekts ist das Pendant zur Instanzbildung.

Wie die Instanzbildung mit dem internen Aufruf eines Konstruktors verbunden ist, wird bei der Instanzauflösung der Destruktor der Klasse aufgerufen. (Eine Klasse verfügt immer nur über einen Destruktor. Dies liegt daran, dass man für Destruktoren keine Parameter definieren kann. Folglich kann man Destruktoren auch nicht überladen.)

Wie bei der Instanzbildung für alle eingebetteten Objekte deren eigene Konstruktoren aufgerufen werden (im Zweifelsfall der jeweilige Standardkonstruktor, siehe oben), wird bei der Instanzauflösung jedes eingebettete Objekt durch seinen eigenen Destruktor aufgelöst (im Zweifelsfall durch den Standarddestruktor seiner Klasse).

Eingebettete Objekte und Klassen-Design

Ein ganz zentraler Punkt bei der objektorientierten Programmierung ist, dass Objekte von Klassen immer durch einen Konstruktor ihrer Klasse eingerichtet und initialisiert und durch den Destruktor ihrer Klasse aufgelöst werden. Dies gilt für eingebettete Klassenobjekte genauso wie für eigenständige Instanzen.

Lassen Sie sich also nicht von Code wie dem folgenden täuschen:

```
class Person
  {
  string vorname;          // eingebettete Objekte
  string nachname;
  string stadt;
  string strasse;

  public:
   Person(char *pvorname, char *pnachname,
          char *pstadt, char *pstrasse)
     {
     vorname = pvorname;
     nachname = pnachname;
     stadt = pstadt;
     strasse = pstrasse;
     }
  };
```

Auch wenn es hier so aussieht, als ob der Konstruktor `Person()` auch die Initialisierung der `string`-Objekte übernimmt, ist dem in Wirklichkeit nicht so. Der Compiler erweitert den Konstruktor `Person()` intern zu:

```
Person(char *pvorname, char *pnachname,
         char *pstadt, char *pstrasse)
    : vorname(), nachname(). stadt(), strasse()
    {
    vorname = pvorname;
    nachname = pnachname;
    stadt = pstadt;
    strasse = pstrasse;
    }
  };
```

und sorgt somit dafür, dass die `string`-Objekte durch den Standardkonstruktor ihrer Klasse eingerichtet und initialisiert werden (auch wenn der Standardkonstruktor womöglich nur über einen leeren Ausführungsteil verfügt). Die nachfolgende Zuweisung der Argumente von Person() an die string-Objekte ist also keine wirkliche Initialisierung, sondern die Zuweisung neuer Werte.

Für das Klassen-Design ist dies ein ganz entscheidender Aspekt. Die Klasse übernimmt selbst die Verantwortung für die Initialisierung und Auflösung ihrer Objekte und kann die Details vor der Außenwelt (dem Programmierer, der Objekte der Klasse verwendet, oder Klassen, die Objekte der Klasse als Instanzvariablen deklarieren) verbergen.

Was wäre, wenn die übergeordnete Klasse für die Initialisierung der eingebetteten Objekte zuständig wäre?

Bleiben wir dazu doch gerade bei der Klasse Person:

```
class Person
  {
  string vorname;          // eingebettete Objekte
  string nachname;
  string stadt;
  string strasse;

  public:
   Person(char *pvorname, char *pnachname,
          char *pstadt, char *pstrasse)
     {
     vorname = pvorname;
     nachname = pnachname;
     stadt = pstadt;
     strasse = pstrasse;
     }
  };
```

Hier weisen Sie den string-Objekten Zeichenketten zu, ohne dass zuvor Speicher für die string-Objekte reserviert wurde, in den die Zeichenketten kopiert werden können. Wenn Sie Glück haben, sorgt der überladende =-Operator der Klasse string für die korrekte Speicherreservierung, wenn nicht, müssen Sie selbst dynamischen Speicher für die string-Objekte reservieren. Dabei müssen Sie sich natürlich an die Vorgaben der Klasse string halten.

➠ Wie verwaltet string den dynamischen Speicher, in dem es die zugewiesenen Zeichenketten ablegt? Vielleicht als Array?

```
class string {
  char text[10000];
  ...
```

Oder als Zeiger?

```
class string {
  char *text;
  ...
```

Oder als STL-Container?

```
class string {
  vector<char> text(20);
```

- Heißt die Instanzvariable von `string`, in der die Zeichenkette des `string`-Objekts verwahrt wird `text` oder `Text` oder `zeichen` oder einfach nur `str`?
- Verwendet `string` vielleicht ein gemischtes Speicherkonzept: ein statisches Feld für kleine Zeichenketten und ein dynamisches Feld für längere Texte?

Wie Sie sehen, müssten Sie sich zur korrekten Initialisierung tief in die interne Implementierung der Klasse `string` eindenken. Eine solche Vorgehensweise ist nicht nur aufwändig, sondern auch äußerst fehleranfällig und widerspricht völlig den Zielsetzungen der objektorientierten Programmierung.

Seien Sie also froh, dass Sie sich bei der Implementierung einer Klasse nicht selbst um die Einrichtung und Auflösung der eingebetteten Objekte zu kümmern brauchen, sondern diese Last auf die Konstruktoren und Destruktoren der eingebetteten Objekte abwälzen können.

INFO

Natürlich gibt es auch Klassen, deren Konstruktoren keine wirklich wichtigen Anweisungen enthalten. Dies ändert aber nichts an dem Sinn und Wert der Regel, alle Objekte durch Konstruktoren der eigenen Klasse einrichten zu lassen. Für Objekte von Klassen mit einfachen Konstruktoren tut es nicht weh, für Objekte von Klassen mit komplexen Initialisierungen ist es unerlässlich.

16.4 Methoden (Verhaltensweisen)

Die Methoden einer Klasse können zwei Aufgaben erfüllen:

- Entweder ist die Klasse nichts anderes als eine reine Funktionensammlung. Die Methoden der Klasse können dann die Instanzvariablen der Klasse wie globale Variablen zum Datenaustausch verwenden, während der Zugriff auf diese Variablen für andere Funktionen durch `private`-Deklaration gesperrt werden kann. (Konsequenterweise wird man in einem solchen Fall die Methoden und Instanzvariablen als `static` deklarieren.)

  Die Degradierung von Klassen zu Funktionensammlungen ist in C++ unüblich – in anderen Sprachen, die rein objektorientiert sind und keine Möglichkeiten zur Definition von Funktionen kennen (beispielsweise Java), findet man solche Klassen allerdings schon des öfteren.

- Oder die Methoden sind die »Operationen«, die zur Manipulation der Objekte der Klasse verwendet werden können (siehe Einführung in die objektorientierte Programmierung aus Kapitel 15).

  Dies ist der Standardfall und grundsätzlich sollten Sie Klassen und ihre Methoden nur in diesem Sinne verwenden und implementieren.

Unabhängig davon, wofür Sie die Klasse und Ihre Methoden einsetzen wollen, gelten folgende allgemeinen Regeln:

16.4.1 Allgemeines

Die Methoden von Klassen:

- haben Zugriff auf alle Elemente ihrer Klasse, egal ob diese `public`, `protected` oder `private` sind.

  Die Zugriffsmodifizierer beschränken nur den Zugriff von außen (über den Namen einer Instanz oder den Namen der Klasse im Falle statischer Elemente). Eine Methode kann also in ihrem Anweisungsteil ohne Einschränkung auf alle Elemente ihrer Klasse (Datenelemente wie Methoden) zugreifen.[3]

  Zu den Elementen ihrer Klasse gehören in diesem Sinne aber nur die Elemente, die in der Klasse explizit deklariert sind und nicht etwaige ererbte Elemente. Der Zugriff auf ererbte Elemente unterliegt den Zugriffsbeschränkungen, die in der Basisklasse festgelegt wurden (siehe Kapitel 17.2).

- können selbst als `public`, `protected` oder `private` deklariert werden.

  Man kann also in der Klassendeklaration festlegen, welche Methoden die öffentliche Schnittstelle der Klasse bilden sollen, welche Methoden auch in abgeleiteten Klassen zur Verfügung gestellt werden sollen und welche Methoden nur intern von den anderen Methoden der Klasse aufgerufen werden können.

- stellen – zusammen mit den als `friend` deklarierten Funktionen – die einzige Möglichkeit dar, auf die `private`-Datenelemente ihrer Klasse zuzugreifen.

  Ein übliches Design ist, Datenelemente als `private` zu deklarieren und dann `public`-Methoden für den Zugriff auf die Datenelemente zur Verfügung zu stellen. Auf diese Weise können die Werte der Datenelemente nur so geändert werden, wie es die `public`-Methode zulässt.

---

3 Keine Regel ohne Ausnahme: `static`-Methoden können nur auf `static`-Elemente der Klassen zugreifen, und `const`-Methoden können nicht die Werte von Datenelementen der Klasse verändern.

- können sowohl innerhalb als auch außerhalb der Klassendeklaration definiert werden.

  Die Deklaration innerhalb der Klasse ist für kleine Methoden vorbehalten und geht mit einer internen `inline`-Deklaration Hand in Hand.

- können im Gegensatz zu globalen Funktionen als `const` oder `volatile` deklariert werden.

  - Eine `const`-Methode kann die Werte aller Instanzvariablen der Klasse lesen.
  - Eine `const`-Methode kann den Wert einer Instanzvariablen nur dann verändern, wenn die Instanzvariable als `mutable` deklariert ist.
  - Eine `const`-Methode kann auch für `const`-deklarierte Instanzen der Klasse aufgerufen werden.
  - Eine `volatile`-Methode kann auch für `volatile`-deklarierte Instanzen der Klasse aufgerufen werden.

16.4.2 Definition innerhalb der Klassendefinition

Methoden können in der Klassendefinition nicht nur deklariert, sondern auch definiert werden (also mit einem Anweisungsteil verbunden werden).

```
class Demo
  {
    int wert;

  public:
    Demo()              {wert = 0;}
    Demo(int i)         {wert = i;}
    int get_wert()      {return wert;}
    int set_wert(int i) {wert = i;}
  };
```

Für kleine Methoden ist dies nicht nur recht übersichtlich, es hat noch einen weiteren positiven Nebeneffekt:

Methoden, die innerhalb der Klassendefinition definiert werden, werden automatisch als `inline` (siehe Kapitel 12.5.4) interpretiert.

Das Schlüsselwort `inline`

Der Aufruf einer Methode bringt gegenüber der direkten Ausführung von Anweisungen immer eine zeitliche Verzögerung mit sich, den so genannten Function Overhead (siehe Kapitel 12.5.2). In C konnte man dies vermeiden, indem man Makros statt Funktionen verwendete.

Ein Makroaufruf wird vom Compiler beim Übersetzen durch die Makrodefinition ersetzt. Makros bringen jedoch wieder andere Probleme mit sich:

- Sie nehmen keine Typüberprüfung vor und
- ihre Formulierung ist fehleranfälliger als die Definition von Funktionen/Methoden.

C++ bietet daher die Alternative, Methoden von Klassen (ebenso wie normale Funktionen) als `inline` zu deklarieren. Sie brauchen dazu nur das Schlüsselwort `inline` an den Anfang der Methodendeklaration zu stellen (für Methoden, die innerhalb der Klassendefinition definiert werden, ist dies nicht erforderlich – sie werden wie gesagt automatisch als `inline`-deklariert angesehen).

Das Schlüsselwort `inline` weist den Compiler an, ähnlich wie bei einem Makro, die Methodenaufrufe durch den Funktionskörper zu ersetzen. Der Nachteil gegenüber dem Gebrauch von Makros liegt darin, dass die `inline`-Direktive vom Compiler nur als Empfehlung angesehen wird, die er nicht beachten muss.

INFO

Dass eine `inline`*-Deklaration nur eine Empfehlung ist, hat nichts damit zu tun, dass Bjarne Stroustrup oder die Mitglieder des ANSI-Komitees der Meinung wären, die Compiler-Entwickler – oder präziser gesagt, die von ihnen geschaffenen Compiler – könnten kompetenter als der Programmierer abschätzen, wann eine* `inline`*-Deklaration sinnvoll ist und wann nicht. Nein, vielmehr liegt das Problem darin, dass ein Compiler mit dem Wunsch nach einer* `inline`*-Übersetzung einer Methode (oder Funktion) schnell überfordert sein kann. Wie soll der Compiler beispielsweise mit einer rekursiven* `inline`*-Methode verfahren, die sich selbst aufruft? Allgemein ist zum Gebrauch von* `inline`*-Methoden zu sagen, dass diese zwar die Laufzeit eines Programms beschleunigen, dafür aber den Code aufblähen. Sie eignen sich daher vor allem für kleinere Methoden, die nicht allzu oft aufgerufen werden.*

Und wenn Sie trotzdem einmal dem Compiler eine größere Methode als `inline`*-Kandidat ans Herz legen wollen, müssen Sie die Methode dazu nicht in der Klasse definieren (und damit die Klassendeklaration bis zur Unkenntlichkeit in die Länge ziehen). Sie können die Methode auch außerhalb der Klasse definieren und dort als* `inline` *kennzeichnen. Achten Sie aber in Mehrdateienprogrammen darauf, dass die* `inline`*-Methoden in den Header-Methoden definiert sind (siehe Kapitel 25.3).*

16.4.3 Definition außerhalb der Klassendefinition

Bei der Definition außerhalb der Klasse muss dem Namen der Methode der Klassenname vorangestellt werden, um den Bezug zur Klasse wiederherzustellen:

```
Rückgabetyp Klassenname::Methode(Parameter)
  {
  ...
  }
```

Das folgende Beispiel ist das Analogon zu dem Beispiel aus dem vorangehenden Abschnitt, nur dass diesmal alle Methoden außerhalb der Klasse definiert wurden.

```
class Demo
  {
    int wert;

  public:
    Demo();
    Demo(int i);
    int get_wert();
    void set_wert(int i);
  };

// Methodendefinitionen außerhalb der Klasse
Demo::Demo()  {
   wert = 0;
   }

Demo::Demo(int i)  {
   wert = i;
   }

int Demo::get_wert()  {
   return wert;
   }

void Demo::set_wert(int i) {
   wert = i;
   }
```

Beachten Sie auch, dass reine Methodendeklarationen in der Klasse mit Semikolon abgeschlossen werden.

Methoden, die außerhalb der Klassendefinition definiert werden, können explizit als `inline` *deklariert werden.*

16.4.4 Der this-Zeiger

Werden mehrere Instanzen einer Klasse gebildet, bekommt jede Instanz eine eigene Kopie der Datenelemente der Klasse. Die Methoden der Klasse stehen aber nur einmal im Arbeitsspeicher und werden von allen Instanzen einer Klasse gemeinsam benutzt.

Abbildung 16.3: Methoden und Instanzen einer Klasse

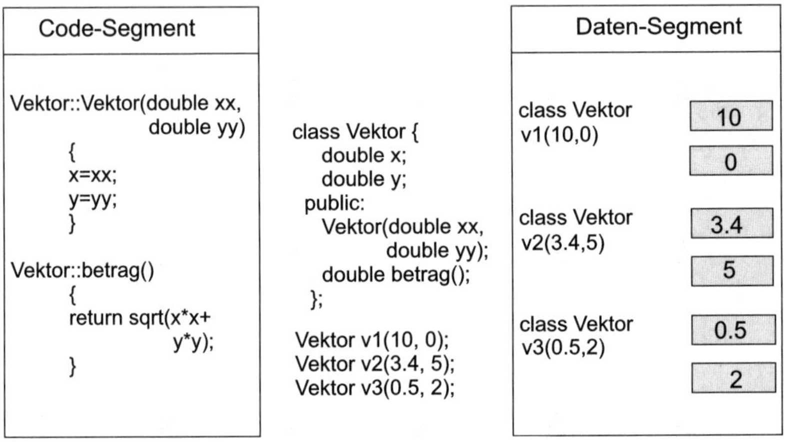

Trotzdem operieren die Methoden immer nur auf den Daten (Instanzvariablen), für deren Instanz sie aufgerufen wurden.

Da stellt sich natürlich die Frage, woher die Methode weiß, mit welchen Daten sie arbeiten soll und wo sie diese Daten findet.

Betrachten wir dazu einmal das folgende Programm:

```
#include <iostream>
using namespace std;

struct Demo {
  int wert;
  };

int main()
  {
  struct Demo s1 = {0};
  struct Demo s2 = {0};

  cout << "s1.wert = " << s1.wert << endl;
  cout << "s2.wert = " << s2.wert << endl;

  return 0;
  }
```

Zu diesem Programm hätten wir gerne eine globale Funktion, mit der man gezielt die Werte einzelner Demo-Objekte verändern kann. Wie erreicht man dies? Einfach, indem man der Funktion nicht nur den neuen Wert, sondern auch eine Referenz auf die Strukturvariable übergibt, deren Wert verändert werden soll:

```
/* ThisSim.cpp  Simulation des this-Zeigers */
#include <iostream>
using namespace std;

struct Demo {
  int wert;
  };

void set_wert(struct Demo *p, int i) {
  p->wert = i;
  }

int main()
  {
  struct Demo s1 = {0};
  struct Demo s2 = {0};

  set_wert(&s1,104);

  cout << "s1.wert = " << s1.wert << endl;
  cout << "s2.wert = " << s2.wert << endl;

  return 0;
  }
```

Damit sind wir schon recht nahe an den tatsächlichen Vorgängen dran. Wir haben eine Funktion, die mit der Adresse eines Objekts aufgerufen wird, und mithilfe dieses Zeigers gezielt auf den Daten des Objekts operiert.

Jetzt brauchen wir die Struktur nur noch in eine Klasse umzuwandeln und die Funktion set_wert() als Methode der Klasse zu implementieren. Der Aufruf der Methode für eine Instanz sähe dann wie folgt aus:

```
s1.set_wert(&s1,104);
```

Dabei fällt auf, dass die Information über die Instanz, auf deren Daten operiert werden soll, doppelt vorhanden ist:

- einmal durch den Instanznamen, über den die Methode aufgerufen wird
- und dann nochmals als Argument für die Methode.

Der Compiler automatisiert die Übergabe des Instanzzeigers

Stellen Sie sich jetzt vor, Sie wären ein Compiler-Entwickler. Als Compiler-Entwickler können wir dem Programmierer den Methodenaufruf erleichtern, indem wir sagen, es reicht aus, wenn die Methode über einen Instanznamen aufgerufen wird. Bei der Kompilation sorgen wir dann intern dafür, dass die Adresse der Instanz als erstes Argument übergeben wird. Wenn wir aber schon so weit sind, können wir gleich festlegen, dass der Programmierer bei einer Methodendeklaration den ersten Parameter für den Zeiger auf die zu manipulierende Instanz gar nicht mehr anzugeben braucht, sondern dass der Compiler bei der Kompilation automatisch jede Methode um einen Zeiger-Parameter auf den eigenen Klassentyp erweitert.

Genau dies aber ist bei den Methoden in C++ der Fall.

Der Compiler erweitert intern

- jede Methodendeklaration um einen Zeiger-Parameter auf den Klassentyp, dem die Methode angehört,
- jeden Methodenaufruf um die Adresse der zu bearbeitenden Instanz als Argument
- und in dem Anweisungsteil der Methode jeden Zugriff auf ein Klassenelement um die Dereferenzierung des Instanzzeigers.

Der Zeiger-Parameter, den der Compiler den Methoden zuweist, hat natürlich auch einen Namen:

```
this
```

Wenn aber jede Methode über einen `this`-Zeiger verfügt, dann sollte es auch möglich sein, diesen in der Methode selbst zu verwenden:

```
/* This.cpp this-Zeigers */
#include <iostream>
using namespace std;

class demo
  {
  public:
   void func()    {cout << this;}
  };

int main()
  {
  class demo d1,d2;
  cout << "This-Zeiger der Instanz d1 = ";
  d1.func();
  cout << endl;
  cout << "This-Zeiger der Instanz d2 = ";
  d2.func();
```

```
cout << endl;

return 0;
}
```

Ausgabe:

```
This-Zeiger der Instanz d1 = 0x0065fe00
This-Zeiger der Instanz d2 = 0x0065fdfc
```

Analyse

In diesem Programm werden zwei Instanzen der Klasse `demo` gebildet. Über ihre Methode `func()` geben diese dann den Wert ihres `this`-Zeigers aus. Ebenso gut könnten die Methoden den `this`-Zeiger als Ergebnis zurückliefern und so ihre Klasse für andere Methoden adressierbar machen.

Objekthierarchien

Noch häufiger verwendet man den `this`-Zeiger dazu, Objekthierarchien (nicht zu verwechseln mit Klassenhierarchien, siehe Kapitel 17 zur Vererbung) aufzubauen.

Windows-Oberflächen werden beispielsweise aus Fenstern aufgebaut:

- Hauptfenster
- Dialogfenster
- Meldungsfenster

aber auch

- Steuerelemente wie Schalter, Listenfelder, Eingabefelder etc.

sind technisch gesehen Fenster.

In einer objektorientierten Klassenbibliothek (beispielsweise der OWL oder der VCL von Borland) sind für diese verschiedenen Fenstertypen eigene Klassen definiert und in einer Klassenhierarchie angeordnet. Meist geht eine solche Klassenhierarchie auf eine allgemeine Fenster-Klasse zurück, in der die grundlegenden Funktionen und Eigenschaften eines Fensters definiert sind.

Bei der Entwicklung einer Windows-Anwendung erzeugt der Programmierer für alle Fenster, die er benötigt, Instanzen der jeweiligen Klassen – also eine Instanz für das Hauptfenster seiner Anwendung, Instanzen für die Dialogfenster, die er einrichten will, Instanzen für die Steuerelemente, die er in den Dialogfenstern verwenden will.

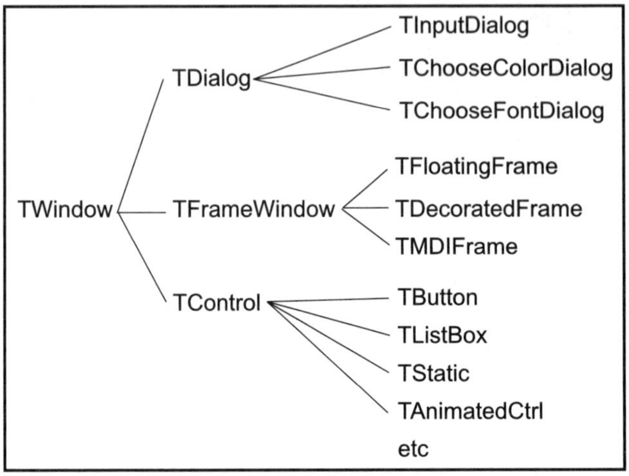

Abbildung 16.4: Ausschnitt aus der OWL-Hierarchie

Alle diese Fenster sind hierarchisch angeordnet. Ganz oben in der Hierarchie rangiert das Hauptfenster der Anwendung. Dem Hauptfenster untergeordnet sind die Dialogfenster, die aus der Anwendung aufgerufen werden können. Den Dialogfenstern wiederum sind die Steuerelemente untergeordnet, die Sie in den Dialogfenstern verwenden.

Je nach Art der Anwendung kann es erforderlich sein, dass man diese hierarchische Anordnung auch den Fenstern selbst mitteilt. Man kann dies erreichen, indem man in jedem übergeordneten Fenster ein Feld mit Zeigern auf die untergeordneten Fenster einrichtet. Umgekehrt kann man bei Einrichtung eines neues Fensters dem Konstruktor des Fensters einen Zeiger auf sein übergeordnetes Fenster übergeben. Wird das untergeordnete Fenster in einer Methode des übergeordneten Fensters erzeugt, kann man dazu einfach den `this`-Zeiger übergeben.

```
// Aufruf eines Dialogfensters (Suchen-Dialog)
// in einem OWL-Programm
void Client::CmDialog()
   {
   if(TSuchDialog(this, Search).Execute() == IDOK)
      {
      string msg("Suche Zeichenkette: ");
      msg += uebertragung.suchen;
      msg += "\n\nErsetze Zeichenkette: ";
      msg += uebertragung.ersetzen;
      MessageBox(msg.c_str(), "Dialogboxdaten");
      }
   }
```

this-Zeiger und static

Klassenvariablen, die als `static` definiert sind, sind nicht instanzspezifisch, das heißt, es gibt für alle Instanzen der Klasse nur eine einzige Kopie solcher static-Elemente. Methoden, die als static deklariert sind, besitzen keinen this-Zeiger und können daher nur die statischen Daten ihrer Klassen manipulieren.

this-Zeiger und const

Instanzen, die als const deklariert sind:

```
const Demo obj;
```

haben eine konstante Adresse, die man Zeigern auf nicht-const-Objekte nicht zuweisen kann:

```
Demo *ptr = &obj;  // Fehler
```

Da der this-Parameter normaler Methoden nicht als Zeiger auf const-Objekte deklariert ist, kann man nicht-const-Methoden nicht für const-Instanzen einer Klasse aufrufen.

Als const deklarierte Methoden werden dagegen vom Compiler mit einem this-Parameter auf const-Objekte ausgestattet und können daher sowohl für normale als auch const-Instanzen aufgerufen werden.[4]

16.4.5 Statische Methoden

Die static-Deklaration einer Methode ist das Pendant zur static-Deklaration eines Datenelements der Klasse (siehe Kapitel 16.3.2).

Zur static-Deklaration setzt man einfach in der Klassendefinition das Schlüsselwort static vor die Deklaration der Methode:

```
class Demo {
  ...
  static void std_setzen(int i)
     {
     if( i > 0 && i < 100 )
        standardwert = i;
     }
  ...
  };
```

Auch wenn Sie die Methode außerhalb der Klasse definieren, setzen Sie das Schlüsselwort static nur vor die Methodendeklaration in der Klasse. Bei der Methodendefinition außerhalb der Klasse lässt man das Schlüsselwort weg.[5]

Speicherklassenspezifizierer werden nur bei der Deklaration in der Klasse angegeben

4 Manche Compiler weichen von diesem Verfahren ab und erlauben den Aufruf von nicht-const-Methoden über const-Instanzen.

5 Der Grund hierfür ist, dass static ein Speicherklassenspezifizierer ist, der nicht Teil des Datentyps der Funktion ist.

Da uns die Deklaration wenig Neues bietet, wenden wir uns der nächsten Frage zu. Was zeichnet eine static-Methode aus und wie kann man ihre besonderen Eigenschaften nutzen?

Was zeichnet static-Elemente aus?

Wenn sich ein static-Datenelement dadurch von anderen Instanzvariablen unterscheidet, dass es nur einmal definiert wird und alle Instanzen der Klasse auf die eine Kopie zugreifen, dann hieße dies doch, dass alle Methoden einer Klasse automatisch static sind? Schließlich wird auch der Code der Methoden einer Klasse nur einmal im Speicher abgelegt und alle Instanzen der Klasse benutzen ein und denselben Methodencode.

Irgendwo muss da ein Denkfehler sein. Versuchen wir es noch einmal.

- Ein static-Datenelement zeichnet sich dadurch aus, dass es klassenspezifisch und nicht instanzspezifisch ist. Aus diesem Grunde teilen sich alle Instanzen der Klasse eine Kopie dieses Datenelementes, die im Übrigen auch direkt über den Klassennamen angesprochen werden kann.
- Eine static-Methode ist ebenfalls klassenspezifisch und nicht instanzspezifisch. Für eine Methode bedeutet dies, dass sie nicht auf die Instanzvariablen der Instanzen zugreifen kann. Sie kann aber von allen Instanzen sowie über den Klassennamen aufgerufen werden.

Aha, da liegt der Knackpunkt.

Statische Methoden können nur auf andere statische Elemente ihrer Klasse zugreifen

Eine static-Methode kann nicht auf die Instanzvariablen der Klasse (genauer gesagt der Instanzen, für die sie aufgerufen wird) zugreifen. Die folgende Deklaration ist daher nicht erlaubt:

```
class Demo {
  private:
    static int standardwert;
    int anderer_wert;

  public:
     static void std_setzen(int i) {
        if( i > 0 && i < 100 )
          standardwert = i;
        anderer_wert = 5;          // Fehler:
                                   // Zugriff auf Instanzvariable
        }
     void ausgeben() {cout << anderer_dwert << endl;}
  };
```

static-Methoden haben keinen this-Zeiger

Der Grund hierfür ist der, dass eine static-Methode vom Compiler keinen this-Zeiger als Argument übergeben bekommt (siehe Kapitel 16.4.4). Sie kann also auch dann, wenn Sie über eine Instanz aufgerufen wird

```
int main()
  {
  Demo obj;
  obj.std_setzen();
```

keinen Bezug zu den Instanzvariablen herstellen.

Genauso wenig ist es erlaubt, eine nicht-statische Methode der Klasse aufzurufen:

```
static void std_setzen(int i) {
        if( i > 0 && i < 100 )
          standardwert = i;
        ausgeben();              // Fehler:
                                 // Aufruf einer nicht-stat. Methode
        }
```

Was darf eine statische Methode überhaupt noch?

Einsatzmöglichkeiten für static-Methoden

Eine `static`-Methode kann auf alle anderen `static`-Elemente der Klasse zugreifen.

Das können die normalen Methoden der Klasse zwar auch, aber denken Sie daran, dass statische Methoden nicht nur über Instanznamen, sondern auch über den Klassennamen aufgerufen werden können.

Stellen Sie sich folgendes Szenario vor:

Sie definieren in einer Klasse ein `static`-Element, das einen für alle Instanzen der Klasse verbindlichen Standardwert definiert. Die entsprechende Klassenvariable definieren Sie als `static`, um sicherzustellen, dass alle Instanzen den gleichen Wert verwenden.

Den Anwendern der Klasse wollen Sie die Möglichkeit geben, eigene Standardwerte einzurichten, haben dabei aber das Problem, dass die Werte im Bereich zwischen 1 und 99 liegen müssen. Würden Sie die `static`-Klassenvariable in einem `public`-Abschnitt deklarieren, könnten Sie nicht verhindern, dass Programmierer, die Ihre Klasse einsetzen, den Standardwert auf höhere und niedrigere Werte setzen. Also deklarieren Sie die Klassenvariable im `private`-Abschnitt.

Jetzt kann man auf die Klassenvariable nur über Methoden der Klasse zugreifen. Sie implementieren also eine Methode, mit der man den Standardwert setzen kann und die gleichzeitig sicherstellt, dass der neue Wert zwischen 1 und 99 liegt.

Eine normale Methode ist für den Zugriff auf die statische Klassenvariable aber aus zwei Gründen recht ungeeignet:

- Erstens kann sie nur über eine bestehende Instanz aufgerufen werden.
- Zweitens erweckt der Aufruf über einen Instanznamen immer den Eindruck, es ginge darum, eine instanzspezifische Variable zu manipulieren.

Der Ausweg ist – wer hätte es gedacht – eine statische Klassenmethode, die

- auch direkt über den Klassennamen aufgerufen werden kann,
- auf statische Klassenelemente zugreifen kann, und
- als Methode der Klasse auch auf `private`-Elemente der Klasse Zugriff hat.

```
/* StatMeth.cpp   Statische Methoden */
#include <iostream>
using namespace std;

class Demo {
  private:
    static int standardwert;

  public:
     static void std_setzen(int i) {
        if( i > 0 && i < 100 )
          standardwert = i;
        }
     void ausgeben() {
       cout << "Standardwert = " << standardwert << endl;
       }
  };

int Demo::standardwert = 1;

int main()
  {
  Demo obj;
  obj.ausgeben();

  Demo::std_setzen(33);
  obj.ausgeben();

  return 0;
  }
```

Statische Methoden können weder als `const` *noch als* `virtual` *deklariert werden.*

Funktionensammlungen

Mithilfe statischer Methoden und Klassenvariablen kann man auch Funktionensammlungen in Klassen kapseln. Für C++ ist dies zwar ein eher ungewohntes Konzept, aber die Kapselung einer Funktionensammlung in einer Klasse hat immerhin den Vorteil, dass man den gefährlichen Datenaustausch über globale Variablen durch den wesentlich sichereren Datenaustausch über Instanzvariablen ersetzen kann.

16.4.6 Konstante Methoden

Die `const`-Deklaration von Methoden unterscheidet sich von anderen Deklarationen dadurch, dass das Schlüsselwort `const` nicht wie andere Schlüsselwörter (Speicherklassenspezifizierer, `inline`, `virtual`) dem Funktionsnamen vorangestellt wird. Stattdessen wird das Schlüsselwort `const` der Funktionsdeklaration nachgestellt:

```
typ func(PARAMETER)  const {}
```

INFO

Gleiches gilt für den Qualifizierer `volatile`*, den man im Übrigen mit* `const` *unter der Bezeichnung CV-Qualifizierer zusammenfasst. Die CV-Qualifizierer können nur auf Methoden (nicht auf Funktionen) angewendet werden.*

Der wenig spektakuläre Grund für die etwas absonderliche Deklarationssyntax ist, dass man auf diese Weise am bequemsten Konflikte mit dem Rückgabetyp der Funktion vermeidet:

```
const int func();   // Funktion mit Rückgabetyp const int
int func() const;   // const-Funktion mit Rückgabetyp int
```

Zwei Gründe gibt es, eine Methode als `const` zu deklarieren:

1. Man möchte vom Compiler sicherstellen lassen, dass die Methode nicht die Werte irgendwelcher Datenelemente der Klasse verändert.

2. Man möchte sicherstellen, dass für `const`-Instanzen der Klasse nur diese Methoden aufgerufen werden können.

Zu 1: const-Methoden für reinen Lesezugriff

Ebenso wie Sie Variablen (inklusive Instanz- und Klassenvariablen) durch Deklaration mit dem Schlüsselwort `const` vor Wertänderungen schützen können, können Sie Methoden davor bewahren, ungewollt Werte von Variablen zu verändern.

Wichtig ist dabei, die Eins-zu-Alle-Beziehung richtig zu verstehen:

- Wenn Sie eine Variable als const deklarieren, *schützen Sie diese eine Variable* vor *allen Wertzuweisungen* (direkten oder indirekten über irgendwelche Funktionen oder Methoden).
- Wenn Sie eine Methode als const deklarieren, *schützen Sie alle Datenelemente* der Klasse vor Wertänderungen über diese *eine Methode.* (Anders ausgedrückt: Eine const-Methode kann die Werte der Datenelemente ihrer Klasse lesen, aber nicht verändern.)

  Einzige Ausnahme hiervon sind Datenelemente, die als mutable deklariert sind.

this als Zeiger auf const

Der Trick bei der const-Deklaration liegt in der Übergabe des this-Zeigers.

Wenn Sie Abschnitt 16.4.4 gelesen haben, werden Sie sich daran erinnern, dass der Compiler bei jedem Methodenaufruf der Methode einen Zeiger auf die aufrufende Instanz übergibt – den this-Zeiger. Gleichzeitig erweitert der Compiler in der Methodendefinition alle Zugriffe auf Datenelemente der Klasse um die Dereferenzierung des this-Zeigers. Auf diese Weise sorgt der Compiler dafür, dass die Methode nur auf den Variablen der Instanz operiert, für die sie aufgerufen wurde.

Wird eine Methode als const deklariert, sorgt der Compiler dafür, dass der this-Zeiger der Methode auf ein const-Objekt verweist. Wertänderungen über diesen Zeiger sind damit ausgeschlossen.

Dies gilt jedoch nur für die Zugriffe, die über den this-Zeiger erfolgen! Wenn Sie einer const-Methode selbst Referenzen auf Datenelemente der Klasse übergeben, können diese auch aus der const-Methode heraus geändert werden.

```
#include <iostream>
using namespace std;

int global;

class Demo {
  public:
    int i;
    const int j;
    mutable int n;

    Demo() : j(2)  {}       // Initialisierung

    void inkr() {
            i++;
            j++;        // Fehler: Zugriff auf const-Objekt
            n++;
```

```
            }

    const int* c_inkr(int *i_par) const
            {
            *i_par = 3;  // OK: Änderung über eigenen Parameter
            i++;         // Fehler: Zugriff über this-Zeiger
            j++;         // Fehler: Zugriff über this-Zeiger
            global = 3;  // OK: Zugriff auf globale Variable
            n++;         // OK: Zugriff auf mutable Element
            return &i;
            }
  };

int main()
  {
  Demo d1;
  d1.inkr();
  d1.c_inkr(&(d1.i));

  return 0;
  }
```

Zu 2: const-Methoden für const-Objekte

In C++ können Sie nicht nur einzelne Klassenelemente als const deklarieren, Sie können auch gleich eine ganze Instanz als const deklarieren – mit dem Effekt, dass damit alle Datenelemente der Klasse automatisch als const deklariert sind (mit Ausnahme der mutable deklarierten Elemente).

Andererseits fordert der ANSI-Standard, dass eine Methode nur über Objekte aufgerufen werden kann, die keine CV-Qualifizierer enthalten, die nicht auch bei der Deklaration der Methode verwendet wurden.

Daraus folgt, dass man die const-Deklaration einer Instanz nur dann wagen darf, wenn man in der Klasse der Instanz auch an die Bereitstellung von const-Methoden gedacht hat:

```
const_obj.const_methode      // erlaubt
const_obj.methode            // nicht erlaubt
      obj.const_methode      // erlaubt
      obj.methode            // erlaubt
```

Ausgehend von der obigen Deklaration der Klasse Demo gilt also:

```
int main()
  {
  Demo d1;                // nicht konstantes Objekt

  d1.inkr();              // OK: Aufruf nicht-konstanter Fkt.
  d1.c_inkr(&(d1.i));     // OK: Aufruf konstanter Fkt.

  const Demo d2;          // konstantens Objekt
```

```
  d2.inkr();              // Fehler: Aufruf nicht-konstante Fkt.
  d2.c_inkr(&(d1.i));     // OK: Aufruf konstanter Fkt.

  return 0;
  }
```

INFO

Nicht alle Compiler sind gleich streng
Laut ANSI-Standard müsste der obige Aufruf `d2.inkr()` *vom Compiler mit einer Fehlermeldung quittiert werden. Es gibt allerdings noch eine Reihe von Compilern, die für solche Aufrufe nur eine Warnung ausgeben.*

16.4.7 Virtuelle Methoden

Um eine Methode als `virtual` zu deklarieren, stellen Sie der Deklaration in der Klasse einfach das Schlüsselwort `virtual` voran:

```
virtual   rückgabetyp func(PARAMETER);
```

Beispiel

```
class Demo {
 public:
   virtual void func1() { }  // in Klasse definiert
   virtual void func2();     // außerhalb definiert
 };

// Externe Definition zu virtual-deklarierter Methode
void Demo::func2() { };
```

Wozu braucht man virtual?

Der Sinn der `virtual`-Deklaration ist, sicherzustellen, dass der Compiler bei einem Methodenaufruf immer die zu dem zugrunde liegenden Objekt passende Methode auswählt.

In den meisten Fällen ist dies aber auch ohne `virtual`-Deklaration gegeben.

```
class Demo {
 public:
   void func() { cout << "Hallo" << endl;}
 };

int main() {
  Demo obj;
  obj.func();

  return 0;
  }
```

Hier ist es vollkommen egal, ob Sie die Funktion `func()` als `virtual` deklarieren oder nicht! Das Objekt `obj` ist vom Typ `class Demo`, und der Compiler ruft daher die Methode `Demo::func()` auf und übergibt ihr die Adresse der Instanz `obj` (siehe `this`-Zeiger).

Probleme gibt es erst dann, wenn Sie

- mit Klassenhierarchien arbeiten, in denen abgeleitete Klassen Methoden der Basisklassen überschreiben

und Sie zudem

- über Zeiger (oder Referenzen) auf die Objekte zugreifen und einem Zeiger vom Typ einer Basisklasse die Adresse eines Objekts der abgeleiteten Klasse zuweisen.

```
#include <iostream>
using namespaces std;

class Basis {
  public:
          void id() {cout << "Dies ist die Basis-Klasse\n";};
  };

// Abgeleitete Klasse mit überschriebener Funktion
class Abgeleitet: public Basis {
  public:
          void id() {cout << "Dies ist die abgeleitete Klasse\n";};
  };

int main()
  {
  Abgeleitet abg;
  Basis *bptr = new Basis;
  bptr->id();

  bptr = &abg;  //verweise mit Basis-Zeiger auf Abgeleitet-Objekt
  bptr->id();

  return 0;
  }
```

Ausgabe:

```
Dies ist die Basis-Klasse
Dies ist die Basis-Klasse
```

Analyse

Hier haben wir den Fall vorliegen, dass eine Methode der Basisklasse in einer abgeleiteten Klasse vollständig überschrieben wird (gleicher Name und Signatur, aber andere Implementierung). Was dies für das Verhältnis von Basisklassenversion und abgeleiteter Version bedeutet und wann eine solche Überschreibung sinnvoll ist, soll uns hier nicht interessieren (siehe dazu Kapitel 18).

Wichtig ist, dass wir nunmehr zwei Versionen der Methode id() vorliegen haben:

- die Basisklassenversion Basis::id() und
- die in Abgeleitet definierte Version Abgeleitet::id().

Wie der Compiler Methodenaufrufe auflöst

Da man bei einem Methodenaufruf nur den Methodennamen (ohne Erweiterung um den Klassennamen) angibt, muss der Compiler irgendwie selbst entscheiden, welche Version von id() er im Einzelfall aufzurufen hat. Er entscheidet dies grundsätzlich nach dem Typ des Aufrufers:

```
Basis bobj;
bobj.id();                      // ruft Basis::id()
Basis *bptr = new Basis;
bptr->id();                    // ruft Basis::id()

Abgeleitet aobj;
aobj.id();                      // ruft Abgeleitet::id()
Abgeleitet *aptr = new Abgeleitet;
aptr->id();                     // ruft Abgeleitet::id()
```

Bis hierher ist die Welt noch in Ordnung, der Compiler macht das, was man als Programmierer von ihm erwartet, und es gibt keinen Bedarf für das Schlüsselwort virtual.

Schauen Sie sich aber die Zeigermanipulation aus dem obigen Beispielprogramm an (in etwas gekürzter Fassung):

```
Abgeleitet abg;
Basis *bptr = &abg;
```

Hier wird einem Zeiger vom Typ »Zeiger auf Basis« die Adresse eines Objekts des Klassentyps Abgeleitet zugewiesen. Dies ist eine in C++ absolut statthafte Typumwandlung, die sogar zu den automatischen Konvertierungen gehört und daher keine explizite Typumwandlung erfordert (mehr zum Sinn und der Bedeutung dieser Umwandlung für die objektorientierte Programmierung erfahren Sie in Kapitel 18).

Allerdings hat der Compiler beim Aufruf der Methode id() jetzt ein Problem.

```
bptr->id();
```

Der Zeiger bptr verweist laut Deklaration auf Objekte vom Typ Basis. Tatsächlich verweist er aber auf ein Objekt vom Typ Abgeleitet. Und sowohl für Basis als auch für Abgeleitet gibt es eine Methode id(). Welche Version wird der Compiler also aufrufen?

Die frühe Bindung

Der Ausgabe des obigen Programms können Sie entnehmen, dass er nach dem deklarierten Typ des Zeigers geht (und nicht nach dem Typ des Objekts, auf das der Zeiger aktuell verweist) und daher die Basisklassenversion aufruft. Man bezeichnet dieses Entscheidungsverfahren auch als *frühe Bindung*, weil der Compiler anhand des deklarierten Typs zur Kompilierzeit feststellen kann, welche Methode aufzurufen ist.

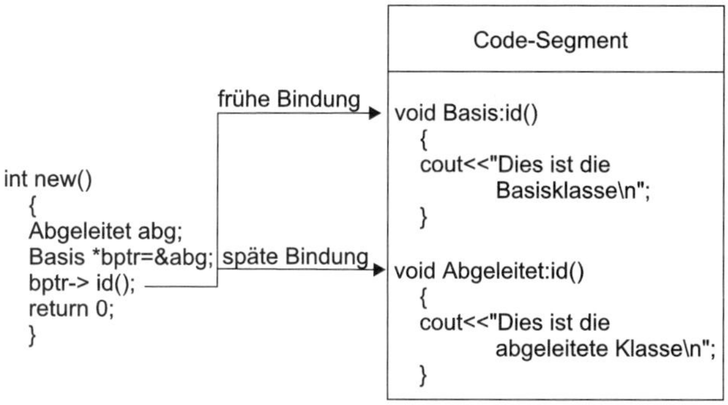

Abbildung 16.5: Frühe und späte Bindung

Die frühe Bindung ist mit wenig Aufwand verbunden und daher das C++-Standardverfahren für den Methodenaufruf. Solange es keine Zweideutigkeiten bezüglich der aufzurufenden Methode gibt, ist die frühe Bindung auch absolut ausreichend. Nur in Fällen wie dem obigen, wo ein Basisklassenzeiger auf ein abgeleitetes Objekt verweist und zum Aufruf einer Methode verwendet wird, die in der abgeleiteten Klasse überschrieben wurde, führt die frühe Bindung in fast 100% zu falschen Ergebnissen.

Dass die frühe Bindung in den oben beschriebenen Fällen stets zu Fehlern führt, liegt in der Natur der Sache. Wie gesagt, macht die frühe Bindung nur dann Probleme, wenn eine Methode aufgerufen wird, die von einer Basisklasse geerbt und in einer abgeleiteten Klasse überschrieben wurde. Sinn und Zweck der Überschreibung einer Methode ist aber gerade der, dass für Objekte der abgeleiteten Klasse nicht die Basisklassenversion der Methode, sondern die neue Implementierung aufgerufen werden soll. Dies wird aber beim Zugriff auf ein abgeleitetes Objekt über einen Basisklassenzeiger durch die frühe Bindung verhindert.

INFO

Im obigen Beispiel, wo die Methoden lediglich zur Ausgabe einer kurzen Meldung dienen, scheint der Missgriff der frühen Bindung gar nicht von solch gravierender Tragweite zu sein. Bedenken Sie aber, dass dies nur der Demonstration diente und dass sich die Basisklassenversion und die abgeleitete Version in weit mehr unterscheiden können (beispielsweise könnte die Methode der abgeleiteten Klasse auf Datenelemente und Methoden ihrer Klasse zugreifen, die nicht von der Basisklasse herstammen).

Die späte Bindung

Um dem Compiler anzuzeigen, dass er sich beim Methodenaufruf nicht nach dem Typ des Zeigers richten soll, sondern nach dem Typ des Objekts, auf das der Zeiger verweist, benutzt man das Schlüsselwort `virtual`.

```
#include <iostream>
using namespace std;

class Basis {
  public:
    virtual void id() {cout << "Dies ist die Basis-Klasse\n";};
  };

// Abgeleitete Klasse mit überschriebener Funktion
class Abgeleitet: public Basis {
  public:
    virtual void id() {cout << "Dies ist die abgel. Klasse\n";};
  };

int main()
  {
  Abgeleitet abg;
  Basis *bptr = new Basis;
  bptr->id();

  bptr = &abg;  //verweise mit Basis-Zeiger auf Abgeleitet-Objekt
  bptr->id();

  getchar();
  return 0;
  }
```

Ausgabe:

```
Dies ist die Basis-Klasse
Dies ist die abgel. Klasse
```

Die `virtual`-Deklaration einer Methode bewirkt, dass der Compiler beim Aufruf der Methode über einen Zeiger nicht selbst entscheidet, welche Version dieser Methode aufgerufen werden soll, sondern Code erzeugt, der zur Laufzeit feststellt, von welchem Typ das Objekt ist, auf das der Zeiger verweist, und dann die zu diesem Typ passende Version aufruft.

Da die Entscheidung, welche Version der Methode aufzurufen ist, erst zur Laufzeit gefällt wird, spricht man in diesem Fall von später Bindung.

Die späte Bindung ist mit der Einrichtung zusätzlichen Codes und zusätzlicher interner Daten verbunden und daher ineffektiver als die frühe Bindung. Man sollte die späte Bindung (sprich die virtual-Deklaration von Methoden) also nur für die Methoden verwenden, bei denen die frühe Bindung zu Fehlern führen könnte.

Mehr zur `virtual`*-Deklaration, zur späten Bindung und der Art und Weise, wie Compiler gewöhnlich die späte Bindung realisieren, erfahren Sie in Kapitel 18.*

16.4.8 Überladung

Grundsätzlich gelten für die Überladung von Methoden die gleichen Regeln wie für die Überladung von Funktionen (siehe Kapitel 12.6).

Interessant wird es aber, wenn man versucht, in einer abgeleiteten Klasse die von einer Basisklasse ererbten Methoden zu überladen:

```
#include <iostream>
#include <string>
using namespace std;

class Basis {
  public:
    void meldung() {cout << "Hallo" << endl;};
  };

class Abgeleitet: public Basis {
  public:
    void meldung(string &s) {cout << s << endl;};
  };

int main()
  {
  Abgeleitet abg;

  abg.meldung();      // fuehrt zu Fehlermeldung des Compilers
  abg.meldung("Eigene Meldung");

  return 0;
  }
```

Tja, Pech gehabt! Überladung funktioniert nur in einem einheitlichen Gültigkeitsbereich und die geerbten Methoden gehören nominell einem eigenen Gültigkeitsbereich an (bilden innerhalb des abgeleiteten Objekts ein Objekt der Basisklasse).

Jede direkte Überladung einer geerbten Methode führt also in Wirklichkeit zur Verdeckung der geerbten Methode mit der Konsequenz, dass man nur noch die in der abgeleiteten Klasse definierte Methode direkt aufrufen kann.

Die verdeckte Basisklassen-Version kann man durch explizite Angabe des Gültigkeitsbereichs aufrufen:

```
abg.Basis::meldung();
```

16.5 Die Zugriffsspezifizierer public, protected, private

Die Zugriffsspezifizierer `public`, `private` und `protected` regeln, wie von innerhalb und außerhalb der Klasse auf deren Elemente zugegriffen werden kann. Sie sind daher ein wichtiges Instrument der Kapselung. Erst durch diese Spezifizierer kann eine Klasse vor Missbrauch geschützt werden. Das abschließende Beispiel zu diesem Abschnitt wird Ihnen dies anhand der Klasse `Mitarbeiter` ein wenig verdeutlichen. Doch zunächst wenden wir uns den Spezifizierern im Einzelnen zu.

Tabelle 16.2: Die Zugriffsspezifizierer

Spezifizierer	Bedeutung

`public`	Das Element kann von jeder Methode der eigenen sowie abgeleiteter Klassen benutzt werden.
	`class demo`
	`  {`
	`  public:`
	`    int oeffentlich;`
	
	`    // Zugriff von innerhalb der Klasse`
	`    int func_oeffentlich() {cout << oeffentlich;}`
	`  };`
	Der Zugriff von außen erfolgt über den Namen der Instanz und einen der Zugriffsoperatoren:
	`int main()`
	`  {`
	`  class demo d;`
	
	`  // Zugriff von außerhalb der Klasse`
	`  d.oeffentlich = 10;`
	Auf statische Elemente kann man auch über den Klassennamen zugreifen: `Klasse::Element`

`protected`	Es gilt das Gleiche wie für `private`. Zusätzlich ist jedoch die Benutzung durch Methoden und Friends von Klassen, die von der deklarierten Klasse abgeleitet sind, möglich. Gibt es keine abgeleiteten Klassen, sind `private` und `protected` identisch.
`private`	Das Element kann nur von Methoden und Friends der Klasse, in der es deklariert wurde, benutzt werden. (Die Bedeutung der Friends wird in Abschnitt 16.12 erläutert.)

Einsatz der Zugriffsspezifizierer

Die Zugriffsspezifizierer werden einfach an den Anfang einer neuen Zeile in die Klassendeklaration gesetzt, mit Doppelpunkt abgeschlossen, und gelten dann für alle nachfolgenden Elementdeklarationen bis zum Ende der Klassendeklaration oder bis zum nächsten Zugriffsspezifizierer.

Ansonsten gilt:

- Klassenelemente am Anfang der Klassendeklaration, für die kein Zugriffsspezifizierer angegeben wurde, gelten automatisch als `private` (für Strukturen und Unions gelten sie automatisch als `public`).
- Die Zugriffsspezifizierer können innerhalb einer Klassendeklaration mehrfach verwendet werden.
- Die Zugriffsspezifizierer können nicht kombiniert werden.

Das Programm *D_SCHUTZ.CPP* demonstriert, wie Sie eine Klasse vor Missbrauch schützen und wie Sie klasseninterne Details verbergen können.

```
/* D_Schutz.cpp Verwendung von Zugriffsspezifizierern */
#include <iostream>
using namespace std;

class Mitarbeiter
   {
   public:
     enum FAM_STD {LEDIG, VERHEIRATET};

   private:
     int Alter;                      // private Elementdaten
     int Gehalt;
     FAM_STD Familienstand;

   public:
     // Konstruktoren
     Mitarbeiter() {}
     Mitarbeiter(int pAlter, int pGehalt, FAM_STD pFam);

     // Methoden
     int get_Alter();
     int get_Gehalt();
     void set_Gehalt(int);
     void change_Familienstand(FAM_STD);
     void wird_aelter();
     void wird_befoerdert();
   };

Mitarbeiter::Mitarbeiter(int pAlter, int pGehalt, FAM_STD pFam) {
   Alter = pAlter;
   Gehalt = pGehalt;
   Familienstand = pFam;
   }

int Mitarbeiter::get_Alter() {
   return Alter;
   }

int Mitarbeiter::get_Gehalt()  {
   return Gehalt;
```

```
  }

void Mitarbeiter::set_Gehalt(int wert)  {
  Gehalt = wert;
  }

void Mitarbeiter::change_Familienstand(FAM_STD stand) {
  Familienstand = stand;
  }

void Mitarbeiter::wird_aelter()   {
  Alter++;
  }

void Mitarbeiter::wird_befoerdert()   {
  switch(Familienstand)
    {
    case LEDIG:       Gehalt += 500;
                      break;
    case VERHEIRATET: Gehalt += 700;
                      break;
    }
  }

int main()
  {
  class Mitarbeiter Dennis(27,3000,Mitarbeiter::VERHEIRATET);

  cout << "Dennis ist " << Dennis.get_Alter()
       << " Jahre alt ";
  cout << "und verdient " << Dennis.get_Gehalt()
       << " DM" << endl << endl;

  for(int i = Dennis.get_Alter(); i < 33; i++)
    {
    Dennis.wird_aelter();
    cout<<"Dennis ist nun " << Dennis.get_Alter()
                            << " Jahre alt" << endl;
    if(Dennis.get_Alter() == 29)
      {
      Dennis.wird_befoerdert();
      cout << "\tSein Gehalt wurde erhoeht: "
           << Dennis.get_Gehalt();
      cout << endl;
      }
    }

  return 0;
  }
```

Ausgabe:

```
Dennis ist 27 Jahre alt und verdient 3000 DM

Dennis ist nun 28 Jahre alt
```

```
Dennis ist nun 29 Jahre alt
        Sein Gehalt wurde erhoeht: 3700
Dennis ist nun 30 Jahre alt
Dennis ist nun 31 Jahre alt
Dennis ist nun 32 Jahre alt
Dennis ist nun 33 Jahre alt
```

Analyse

Das grundlegende Konzept der obigen Klasse ist es, Datenelemente als `private` zu deklarieren und den Zugriff auf die Datenelemente nur über `public`-Methoden zuzulassen.

Es bestehen aber Unterschiede im Gebrauch der `private`-Daten.

Für die Daten `Alter` und `Gehalt` wurden `public`-Methoden zur Verfügung gestellt, die diesen Daten Werte zuordnen, beziehungsweise die Werte dieser Daten zurückliefern. Diese Datenelemente sind daher über die Methoden vollständig zu erreichen. Die Methoden gewährleisten lediglich, dass in erlaubter Weise mit den Daten umgegangen wird.

Mit dem Familienstand der Mitarbeiter wird anders verfahren. Davon ausgehend, dass der Familienstand eines Mitarbeiters zur Privatangelegenheit des Mitarbeiters gehört, unterliegt er dem Datenschutz. Die Klasse bietet daher lediglich eine Methode an, um den `Familienstand` zu ändern, aber keine Methode, um den `Familienstand` abzufragen. Es besteht folglich keinerlei Möglichkeit, den Wert dieser Variablen auszugeben! Trotzdem können Methoden der Klasse diese Variable nutzen. Die Methode `wird_befoerdert()` fragt beispielsweise den Familienstand ab, um zu entscheiden, wie hoch die Gehaltserhöhung sein soll.

Leitregeln für den Einsatz der Zugriffsspezifizierer

Die grundlegende Regel für den Einsatz der Zugriffsspezifizierer lautet:

> Machen Sie die Datenelemente `private` und stellen Sie `public`-Methoden für den Zugriff auf die Datenelemente zur Verfügung.

Das Wichtigste an diesem Leitsatz ist, dass es sich nur um eine Regel und nicht um ein Dogma handelt. Es gibt hunderte von guten Gründen, von dieser Regel abzuweichen:

1. Ein Datenelement soll von so vielen anderen Klassen und globalen Funktionen benutzt werden, dass es einfacher ist, das Datenelement als `public` freizugeben, statt all diese Klassen und Funktionen als `friend` zu deklarieren.
2. Mit Lese- wie Schreibzugriff sind weder irgendwelche wichtigen Kontrollen noch zusätzliche Aktionen verbunden. Wenn also beide Zugriffsmethoden (für Lesen und Schreiben) so aussehen wie die

Methoden get_Gehalt() und set_Gehalt() im obigen Beispielprogramm, können Sie sich die Definition der Methoden auch sparen und das Datenelement direkt als public deklarieren.

3. Ein Datenelement ist nur für die interne Funktionsweise der Klasse interessant. Dann sollten Sie es nach außen überhaupt nicht sichtbar machen und keine public-Methoden für den Zugriff auf das Element definieren.

4. Nicht alle Methoden dienen dem Lese- und Schreibzugriff auf Datenelemente. Die meisten Klassen definieren zusätzliche public-Methoden für die Arbeit mit den Objekten der Klasse oder private-Methoden für den internen Gebrauch durch andere Methoden der Klassen.

Na gut, hundert Gründe sind es nicht geworden, aber es sollte klar geworden sein, dass man zu einem guten Klassen-Design nicht einfach durch sklavische Befolgung des obigen Grundsatzes kommt.

Ohne Einschränkung gilt, dass die Zugriffsspezifizierer eine Klasse in drei Ebenen gliedern:

Abbildung 16.6: Zugriffsebenen

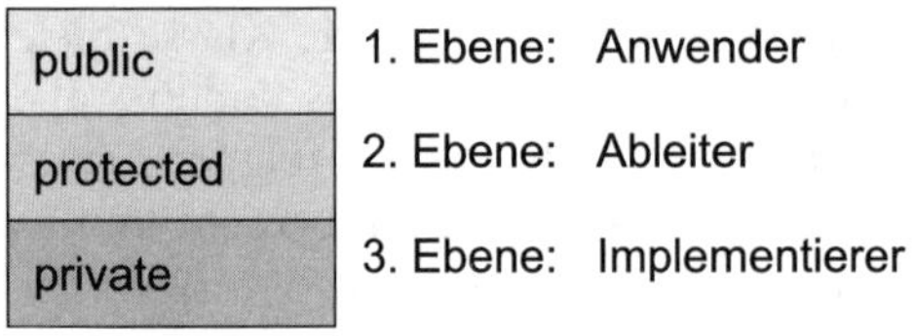

- Die unterste Ebene besteht aus den private-Elementen, die ausschließlich der internen Funktionsweise und Implementierung der Klasse dienen.
- Darüber kommt die protected-Ebene mit Elementen, die nicht nur der internen Implementierung der Klasse dienen, sondern auch in den Methoden abgeleiteter Klassen verwendet werden können. Ziel ist es, Programmierern, die von der Klasse eigene Klassen ableiten, mehr Unterstützung zu bieten und Ihnen – im Vertrauen darauf, dass sich diese Programmierer eingehender mit den Interna der Klasse beschäftigen – den Zugriff auf Elemente zuzugestehen, die ansonsten nach außen nicht sichtbar sind.
- Zuoberst kommen die public-Elemente, die die öffentliche Schnittstelle der Klasse bilden und festlegen, wofür man Objekte der Klasse einsetzen und wie man mit diesen Objekten programmieren kann.

Schließlich gibt es noch eine vierte, inoffizielle Zugriffsebene: die Friends der Klasse. Mithilfe des Schlüsselworts friend können Sie in der Klassendeklaration andere Klassen und Funktionen aufführen, denen die Klasse Zugriff auf sämtliche Elemente einräumen soll.

- Wenn Sie also einzelnen Funktionen oder Klassen den Zugriff auf `private`-Elemente der Klasse gewähren wollen, brauchen Sie die Elemente dazu nicht als `public` zu definieren – definieren Sie die Klassen und Funktionen lieber als Friends (siehe Überladung der Streamoperatoren in Kapitel 7.16.13 sowie Abschnitt 16.12).

16.6 Die Konstruktoren – Objekte einrichten

Klassen sind Datentypen und Datentypen sind »Vorlagen« für Variablen. Den Zeugungsprozess, bei dem auf der Basis eines Datentyps eine Variable eingerichtet wird, nennt man Definition oder – im objektorientierten Sinne – Instanzbildung.

Für eine Variable eines elementaren Datentyps bedeutet Definition

- die Reservierung von Speicher für den Wert der Variablen
- die optionale Initialisierung der Variablen mit einem Anfangswert.

Für ein Objekt oder eine Instanz (wie man Variablen von Klassentypen auch nennt) bedeutet die Instanzbildung

- die Reservierung von Speicher für die Instanzvariablen des Objekts
- notwendige Initialisierungen, die intern vom Compiler durchgeführt werden (für Objekte von Klassen mit virtuellen Methoden beispielsweise das Anlegen eines Zeigers auf die »virtuelle Tabelle«, siehe Kapitel 18.1).
- die optionale Initialisierung der Instanzvariablen mit Anfangswerten
- sonstige optionale Initialisierungen für das Objekt (Reservierung dynamischen Speichers, Reservierung von Systemressourcen, Sperren von Dateien etc.).

Um all diesen Aufgaben gerecht zu werden, ist die Instanzbildung für Objekte von Klassentypen fest mit dem Aufruf eines Konstruktors verbunden.

Konstruktordefinition

Der Konstruktor ist eine spezielle Methode, die in der Klassendeklaration vom Programmierer selbst definiert werden kann. Charakteristisch für den Konstruktor ist dabei, dass er

- den gleichen Namen wie die Klasse trägt,
- keinen Rückgabetyp hat,
- häufig überladen wird, um Objekte auf der Grundlage verschiedener Argumente erzeugen zu können.

Beispiel

```
class String {
  public:
    String();                // Standardkonstruktor
    String(const char *s);   // String auf Basis eines C-Strings
                             // initialisieren
    String(const String &s); // String auf Basis eines
                             // anderen Strings initialisieren

    String(const String &s, int anf, int end);  // String auf
                             // Basis der Zeichen anf bis end
                             // eines anderen Strings
                             // initialisieren
  ...
```

Konstruktoraufruf

Der Konstruktor wird automatisch bei jeder Bildung eines Objekts aufgerufen. Sind mehrere Konstruktoren in der Klasse definiert, wählt der Compiler den passenden Konstruktor anhand der Argumente aus, die bei der Instanzbildung übergeben werden (angehängt an den Instanz- oder den Klassennamen, siehe Abschnitt 16.2.3).

```
int main() {
  String str1;            // Standardkonstruktor wird ohne
                          // Klammern aufgerufen
  String str2("Hallo");
  String str3(str2);
  String str4(str2,2,4);
```

INFO

Ist in einer Klasse kein Konstruktor definiert, erhält sie vom Compiler automatisch einen Standardkonstruktor zugewiesen (siehe unten).

Praktischer Wert des Konstruktors

Der Programmierer kann durch die Definition eigener Konstruktoren drei Dinge steuern:

- Anhand der *Parameterliste* des Konstruktors (bzw. der Konstruktoren, wenn mehrere überladene Versionen definiert werden, siehe Kapitel 16.6.3), kann der Programmierer steuern, auf der Grundlage welcher Argumente ein Objekt initialisiert werden kann.
- Durch die Definition einer *Konstruktorliste* mit Aufrufen der Konstruktoren für eingebettete und/oder geerbte Unterobjekte kann der Programmierer steuern, welche Konstruktoren zur Initialisierung der eingeschlossenen Objekte aufgerufen werden sollen (ansonsten wird der Standardkonstruktor verwendet, siehe Kapitel 16.6.1).

  (Die Konstruktorliste dient auch der Initialisierung konstanter Instanzvariablen.)

- Im *Anweisungsteil* kann der Programmierer festlegen, wie die Instanzvariablen initialisiert und welche sonstigen Aktionen bei Einrichtung eines Objekts der Klasse ausgeführt werden sollen.

INFO

Bei der Implementierung eigener Konstruktoren braucht sich der Programmierer keine Sorgen um die korrekte Erzeugung der Klasseninstanzen zu machen, da dies auch weiterhin vom Compiler übernommen wird. Er kann sich darauf konzentrieren, Datenelementen bestimmte Werte zuzuweisen, Speicher für Zeiger zu allokieren, Meldungen auszugeben etc.

Allgemeine Regeln

Ansonsten unterliegen die Konstruktoren den folgenden Regeln:

- Ein Konstruktor trägt immer den gleichen Namen wie seine Klasse.
- Ein Konstruktor hat keinen Rückgabewert (auch nicht `void`).
- Eine Klasse ohne Konstruktor bekommt automatisch vom Compiler einen Standardkonstruktor zugewiesen.
  - Der Standardkonstruktor wird ohne Klammern aufgerufen
  - Wird ein Konstruktor explizit definiert, steht kein Standardkonstruktor mehr zur Verfügung – es sei denn, der Programmierer definiert einen eigenen Standardkonstruktor.
- Objekte von Klassen, die einen eigenen Konstruktor definieren, können nicht mithilfe von Initialisierungslisten initialisiert werden.
- Konstruktoren können überladen werden (wovon auch häufig Gebrauch gemacht wird).
- Konstruktoren werden nicht vererbt.
  - Zur Initialisierung der geerbten Elemente werden die Konstruktoren der Basisklassen aufgerufen (siehe Kapitel 16.2.3).
- Konstruktoren können nicht als `virtual`, `static`, `const` oder `volatile` deklariert werden.
- Es können keine Zeiger auf Konstruktoren definiert werden.
- Konstruktoren können für ein bereits eingerichtetes Objekt nicht mehr aufgerufen werden. (Man kann den Anweisungsteil des Konstruktors also nicht dazu verwenden, ein Objekt bei Bedarf wieder in seinen Anfangszustand zurückzusetzen.)
- Konstruktoren, die mit genau einem Argument aufgerufen werden können, können implizite Konvertierungen vom Argumenttyp in den Typ ihrer Klasse durchführen (siehe Konvertierungskonstruktor, Abschnitt 16.9).
  - Durch eine `explicit`-Deklaration kann die implizite Konvertierung unterbunden werden.

Trotz dieser rigiden Regeln gestaltet sich der Einsatz des Konstruktors sehr variabel.

16.6.1 Der Standardkonstruktor

Da die Einrichtung von Klassenobjekten immer mit dem Aufruf eines passenden Konstruktors verbunden ist, darf es keine Klassen ohne Konstruktor geben. Um aber andererseits dem Programmierer bei der Implementierung kleinerer Klassen, deren Objekte nicht initialisiert zu werden brauchen, Arbeit abzunehmen und – noch wichtiger – kompatibel zu bestehendem C-Code zu sein und die traditionelle Definition von Strukturvariablen (die in C++ ja nur einen speziellen Klassentyp darstellen) zu unterstützen, akzeptiert der Compiler auch Klassen ohne eigenen Konstruktor und weist diesen einfach einen Standardkonstruktor mit leerem Anweisungsteil zu.

```
Classname() {}
```

Beispiel

```
/* Konstr_1.cpp   Standardkonstruktor */
#include <iostream>
using namespace std;

class demo
  {
    int wert;

  public:
    int ausgeben() {cout << "wert = " << wert << endl;}
  };

int main()
  {
  class demo obj;[6]

  obj.ausgeben();

  return 0;
  }
```

Ausgabe:

```
wert = 7930120
```

Eigene Standardkonstruktoren

Denken Sie jetzt bitte nicht, als Standardkonstruktor würde man nur den Konstruktor bezeichnen, der im Notfall vom Compiler zugewiesen wird.

6 Warum wird der Standardkonstruktor ohne Klammern aufgerufen? Siehe 16.2.2.

Der vom Compiler zugewiesene Konstruktor ist *ein* Standardkonstruktor, weil er ohne Argumente aufgerufen werden kann, aber er ist nicht schlichtweg *der* Standardkonstruktor. Jeder Konstruktor, den Sie selbst definieren und der keine Parameter oder nur Parameter mit Vorgabeargumenten definiert, ist ebenfalls ein Standardkonstruktor (wobei es Ihnen natürlich freisteht, Ihre Standardkonstruktoren mit produktiveren Anweisungsteilen auszustatten als dies der Compiler tut).

Ein Standardkonstruktor ist ein Konstruktor, der ohne Argumente aufgerufen werden kann

Das folgende Beispiel definiert einen eigenen Standardkonstruktor, um sein Datenelement mit einem definierten Wert initialisieren zu lassen.

Beispiel

```
/* Konstr_2.cpp   eigener Standardkonstruktor */
#include <iostream>
using namespace std;

class demo
  {
    int wert;

  public:
    demo()          {wert = 0;}
    int ausgeben() {cout << "wert = " << wert << endl;}
  };

int main()
  {
  class demo obj;

  obj.ausgeben();

  return 0;
  }
```

Ausgabe:

```
wert = 0
```

Wozu braucht man einen Standardkonstruktor?

Bisher war immer nur die Rede davon, dass für jede Instanzbildung ein Konstruktor benötigt wird und dass der Compiler aus diesem Grunde jede Klasse, die keinen eigenen Konstruktor definiert, automatisch um einen einfachen Standardkonstruktor mit leerem Anweisungsteil erweitert (ähnlich wie in C früher Definitionen ohne Datentyp um den Datentyp `int` erweitert wurden).

```
class demo
  {
    int wert;

  public:
```

```
  demo(int i)          {wert = i;}
  demo(char c)         {wert = c;}
  int ausgeben() {cout << "wert = " << wert << endl;}
};
```

Wenn Sie einen eigenen Konstruktor definieren, erzeugt der Compiler keinen Standardkonstruktor mehr für die Klasse. Dies sollte kein Manko sein, schließlich verfügt die Klasse ja bereits über einen eigenen Konstruktor.

Dies stimmt im Prinzip auch. Wenn allerdings alle in der Klasse definierten Konstruktoren auf die Übergabe von Argumenten angewiesen sind (wie in der obigen Klasse `demo`), bedeutet dies auch, dass bei jeder Instanzbildung von Objekten der Klasse entsprechende Argumente übergeben werden müssen.

Bei der normalen Instanzbildung ist dies kein großes Problem. Statt

```
class demo obj;
```

schreiben Sie einfach:

```
class demo obj(3);
```

Es gibt aber auch Fälle, in denen die Instanzbildung im Hintergrund abläuft und der Compiler automatisch versucht, den Standardkonstruktor zur Instanzbildung heranzuziehen. Gelingt ihm dies nicht, weil kein Standardkonstruktor definiert ist, kann die automatische Instanzbildung nicht durchgeführt werden, und der Compiler bricht mit einem Fehler ab. Die erwähnten Fälle mit automatischer Instanzbildung im Hintergrund betreffen:

- die Einrichtung geerbter Elemente:

  Wenn Sie ein Objekt einer abgeleiteten Klasse erzeugen, ruft der Compiler automatisch den Standardkonstruktor der Basisklasse (bzw. die Standardkonstruktoren, falls es mehrere Basisklassen sind) zur Einrichtung der geerbten Elemente auf.

  Verfügt die Basisklasse über keinen Standardkonstruktor, muss man den Konstruktor der abgeleiteten Klasse um eine Konstruktorliste erweitern, in der man explizit einen passenden Konstruktor der Basisklasse aufruft (siehe oben).

- die Einrichtung eingebetteter Objekte:

  Hier gilt im Prinzip das Gleiche wie für die geerbten Elemente einer abgeleiteten Klasse (siehe 16.2.3).

- die Einrichtung von Array-Elementen:

  Wenn Sie ein Array von Klassenobjekten anlegen, muss für jedes Element im Array ein Konstruktor aufgerufen werden. Ist in der Klasse der Array-Elemente ein Standardkonstruktor definiert, kann der Compiler diesen automatisch für jedes Array-Element aufrufen.

  Verfügt die Klasse über keinen Standardkonstruktor, muss man die Array-Elemente mit einer Initialisierungsliste initialisieren und darin für jedes Array-Element einen Konstruktoraufruf spezifizieren (siehe unten). Für große Arrays eine äußerst unangenehme Aufgabe.

Wenn Sie also davon ausgehen, dass Ihre Klasse als Basisklasse verwendet werden könnte oder Objekte Ihrer Klasse als Instanzvariablen in anderen Klassen eingesetzt werden könnten oder Objekte Ihrer Klasse in Arrays verwaltet werden könnten, dann sollten Sie sich auch überlegen, ob Sie Ihre Klasse nicht mit einem Standardkonstruktor ausstatten, um in diesen drei Fällen dem Compiler die automatische Instanzbildung zu ermöglichen.

INFO

Beachten Sie, dass die Definition eines eigenen Standardkonstruktors kein Sicherheitsrisiko für die Klasse darstellen muss. Im Anweisungsteil des Standardkonstruktors können Sie ja alle nötigen Initialisierungsarbeiten ausführen. Lediglich auf die Anpassung der Initialisierung an die übergebenen Argumente müssen Sie verzichten.

Standardkonstruktor und Vorgabeargumente

Ein Standardkonstruktor ist ein Konstruktor, der ohne Argumente aufgerufen werden kann. Dies ist in C++ nicht identisch zu der Aussage, dass der Standardkonstruktor keine Parameter definiert, denn ein Konstruktor, dessen Parameter alle mit Vorgabeargumenten versehen sind, ist ebenfalls ein Standardkonstruktor.

```
demo()
demo(int i = 3)
demo(int i = 4, double d = 2.0)
```

Jeder der drei oben aufgeführten Konstruktoren ist ein Standardkonstruktor und jeder dieser Konstruktoren kann vom Compiler zur automatischen Initialisierung verwendet werden.

Was allerdings nicht geht, ist, alle drei dieser Konstruktoren in einer Klasse zu definieren:

```
class demo
  {
    int wert;

  public:
```

```
    demo()                              {wert = 0;}
    demo(int i = 3)                     {wert = i;}
    demo(int i = 4, double d = 2.0)     {wert = i*d;}
    int ausgeben() {cout << "wert = " << wert << endl;}
};
```

Wenn Sie jetzt nämlich versuchen, eine Instanz mithilfe eines der Standardkonstruktoren einzurichten (also keine Argumente übergeben):

```
int main()
  {
  class demo obj;
```

kann der Compiler den Aufruf nicht auflösen, da er drei Konstruktoren zur Verfügung hat, die alle gleich gut zum Aufruf passen. (Denken Sie daran, dass der Compiler bei der Auflösung des Aufrufs überladener Methoden nach den Typen der Argumente geht (siehe Kapitel 12.6). Hier liegt ein Aufruf ohne Argumente vor, und es gibt gleich drei Konstruktoren, die ohne Argument aufgerufen werden können.)

!! STOP

Eine Klasse sollte nur einen Standardkonstruktor haben.
Wenn Sie also einen Standardkonstruktor definieren, um beispielsweise die automatische Instanzbildung durch den Compiler zu unterstützen, müssen Sie darauf achten, dass in der Klasse auch wirklich nur ein Standardkonstruktor definiert ist.

16.6.2 Eigene Konstruktoren

Außer bei ganz einfachen, `struct`-ähnlichen Klassen wird man stets einen eigenen Konstruktor (oder mehrere) definieren.

Dabei ist zu beachten,

- dass der Konstruktor den gleichen Namen wie die Klasse trägt,
- dass der Konstruktor keinen Rückgabetyp hat.

Im Anweisungsteil des Konstruktors sorgt man üblicherweise für die Zuordnung von Anfangswerten an die Datenelemente der Klasse und erledigt alle Vorarbeiten, die für eine korrekte Funktionsweise der Klasse erforderlich sind oder sich einfach nur am günstigsten direkt bei der Instanzbildung erledigen lassen (Reservierung von Ressourcen wie dynamischem Speicher, Dateien oder Windows-Handles, Inkrementierung eines Instanzenzählers etc.).

:-) TIPP

Der Konstruktor eignet sich auch gut zum Debuggen. Durch Debug-Ausgaben im Konstruktor (oder das schrittweise Ausführen des Konstruktors in einem Debugger) kann man sich von der korrekten Initialisierung der Objekte überzeugen.

Das folgende Beispiel zeigt eine Klasse mit einem einfachen Konstruktor, der lediglich ein Argument übernimmt und mit diesem das Datenelement der Klasse initialisiert.

```
class demo
  {
    int wert;

  public:
    demo(int i)                         {wert = i;}

    int ausgeben() {cout << "wert = " << wert << endl;}
  };
```

Aufruf des Konstruktors bei der Instanzbildung:

```
int main()
  {
  class demo obj(13);
```

Einen etwas aufwändigeren Konstruktor haben wir bereits weiter oben im Kapitel für die Einrichtung von Objekten der Klasse `Statistik` benutzt. Hier öffnet der Konstruktor eine Datei und liest aus dieser Werte in ein dynamisch reserviertes Feld ein:

```
class Statistik  {
  char *datenquelle;
  double *werte;          // Zeiger auf Datenfeld
  int anzahl;             // Anzahl der Daten

  public:
    Statistik(char *dateiname)
      {
      ifstream datei;
      char zeile[100];
      int loop;

      datenquelle = new char[strlen(dateiname)+1];
      strcpy(datenquelle,dateiname);

      // Datei öffnen
      datei.open(dateiname, ios::in);
      //if(datei.is_open())
        {
        // Anzahl der Daten auslesen
        datei >> anzahl;
```

```
        // Speicher für Daten reservieren
        // Fehlerbehandlung mit Exceptions habe ich ausgelassen
        werte = new double[anzahl * sizeof(double)];

        // Daten einlesen
        for(loop=0; loop < anzahl; loop++)
         {
         datei >> werte[loop];
         cout << werte[loop] << "\t";
         }
        }

      datei.close();
      }
...
```

Konstruktorliste

Im Falle eingebetteter oder geerbter Elemente kann man den Konstruktor um eine Konstruktorliste erweitern, in der man für die eingeschlossenen Elemente passende Konstruktoren aufruft. (Ansonsten versucht der Compiler, diese durch die Standardkonstruktoren ihrer Klassen zu initialisieren.)

16.6.3 Konstruktoren überladen

Meist werden in einer Klasse mehrere überladene Konstruktoren definiert. Sinn und Zweck der überladenen Konstruktoren ist es, die Einrichtung von Objekten auf der Grundlage verschiedener Argumente zu erlauben.

Der nachfolgende Quelltextauszug zeigt beispielsweise eine String-Klasse, die es erlaubt, neue Strings auf der Grundlage einer C-Zeichenkette, eines anderen `String`-Objektes oder eines Teilstrings zu initialisieren.

```
class String {
  public:
     String();              // Standardkonstruktor
     String(const char *s); // String auf Basis eines C-Strings
                            // initialisieren
     String(const String &s); // String auf Basis eines
                            // anderen Strings initialisieren

     String(const String &s, int anf, int end); // String auf
                            // Basis der Zeichen anf bis end
                            // eines anderen Strings
                            // initialisieren
   ...
```

Wichtig ist, bei der Überladung daran zu denken, dass der Compiler die überladenen Konstruktoren anhand der Aufrufargumente korrekt unterscheiden kann (siehe Kapitel 12.6) und dass insbesondere nicht mehrere Standardkonstruktoren in der Klasse definiert werden (siehe Abschnitt 16.6.1).

Ansonsten gelten für die Überladung von Konstruktoren die gleichen Regeln wie für die Überladung von Methoden, beziehungsweise Funktionen (siehe Kapitel 12.6).

16.6.4 Arrays von Objekten

Die Initialisierung von Arrays von Klassenobjekten stellt ein Problem dar, denn eine Instanzenbildung der Form

```
class demo d[2](100)
```

um alle Array-Elemente mit einem Konstruktor `demo(int i)` zu initialisieren, ist nicht möglich.

Wenn Sie ein Array von Klassenobjekten einrichten wollen, stehen Ihnen dazu drei Möglichkeiten offen:

Die erste Möglichkeit ist, in einer Initialisierungsliste (siehe auch Abschnitt 16.2.3) für jedes Array-Element explizit einen Konstruktoraufruf vorzusehen:

```
/* Konstr_3.cpp   Arrays mit Initialisierungsliste */
#include <iostream>
using namespace std;

class demo
  {
    int wert;

  public:
    demo(int i)                     {wert = i;}
    int ausgeben() {cout << "wert = " << wert << endl;}
  };

 class abg : public demo
   {
   };

int main()
  {
  class demo obj[3] = {demo(1), demo(2), demo(3)};

  for(int i=0; i < 3; i++)
    obj[i].ausgeben();

  return 0;
  }
```

Ausgabe:

```
wert = 1
wert = 2
wert = 3
```

Die zweite Möglichkeit besteht darin, auf die gewünschte individuelle Initialisierung der Variablen durch den Konstruktor zu verzichten und stattdessen einen Standardkonstruktor zur Verfügung zu stellen, der automatisch vom Compiler zur Instanzbildung aufgerufen wird:

```
/* Konstr_4.cpp   Arrays mit Standardkonstruktor */
#include <iostream>
using namespace std;

class demo
  {
    int wert;

  public:
    demo()                        {wert = 0;}
    demo(int i)                   {wert = i;}
    int ausgeben() {cout << "wert = " << wert << endl;}
  };

 class abg : public demo
   {
   };

int main()
  {
  class demo obj[3];

  for(int i=0; i < 3; i++)
    obj[i].ausgeben();

  return 0;
  }
```

Ausgabe:

```
wert = 0
wert = 0
wert = 0
```

Die dritte Möglichkeit besteht darin, beide Verfahren zu mischen und in der Initialisierungsliste für die ersten Array-Elemente explizite Konstruktoraufrufe vorzusehen und die restlichen Elemente durch den Standardkonstruktor einrichten zu lassen.

```
/* Konstr_5.cpp   Arrays von Klassenobjekten*/
#include <iostream>
using namespace std;

class demo
  {
    int wert;

  public:
    demo(int i = 0)                   {wert = i;}
    int ausgeben() {cout << "wert = " << wert << endl;}
  };

 class abg : public demo
   {
   };
int main()
  {
  class demo obj[3] = {demo(20)};

  for(int i=0; i < 3; i++)
    obj[i].ausgeben();

  return 0;
  }
```

Ausgabe:

```
wert = 20
wert = 0
wert = 0
```

:-) TIPP

Beachten Sie, dass wir auch in diesem Fall mit einem Konstruktor auskommen konnten:

```
demo(int i = 0) {wert = i;}
```

Durch die Definition eines Vorgabearguments kann dieser Konstruktor sowohl zur Initialisierung mit einem `int`*-Argument als auch als Standardkonstruktor verwendet werden (siehe oben).*

16.6.5 private- und protected-Konstruktoren

Üblicherweise werden Konstruktoren in einem `public`-Abschnitt deklariert, da man sie nur so zur Instanzbildung nutzen kann.

Es ist aber auch möglich, `protected`- oder `private`-Konstruktoren vorzusehen.

protected-Konstruktor

Ein protected-Konstruktor kann

- zur Instanzbildung lokaler Objekte in den Methoden der eigenen Klasse und
- von abgeleiteten Klassen zur Initialisierung der geerbten Elemente genutzt werden.

Er kann nicht zur expliziten Instanzbildung verwendet werden (weder in globalen Funktionen, noch in den Methoden anderer Klassen – auch nicht in den Methoden der abgeleiteten Klassen!).

Die nachfolgend definierte Klasse CMotor definiert beispielsweise nur protected-Konstruktoren. Dies bedeutet, dass man keine eigenständigen Instanzen der Klasse bilden kann. Die Klasse findet daher nur als Basisklasse anderer Klassen Verwendung. Diese können dann auf den Konstruktor der Basisklasse zugreifen, um die geerbten Elemente einzurichten:

```
/* ProConst  protected Konstruktor */
#include <iostream>
using namespace std;

// Klasse definiert nur einen protected-Konstruktor
class CMotor {
    int ps;
    int max_drehzahl;

  protected:
    CMotor(int p, int m) {
      ps = p;
      max_drehzahl = m;
      }

    void ausgeben() {
      cout << "Motor.PS       = " << ps << endl;
      cout << "Motor.Drehzahl = " << max_drehzahl << endl;
      }
  };

class CAuto : public CMotor {
    int raeder;
    int tueren;

  public:
    CAuto() : CMotor(100,4000) {raeder = 4; tueren = 2;}

    CAuto(int pRaeder, int pTueren,
          int pPS, int pDrehzahl)
          : CMotor(pPS, pDrehzahl)
      {
      raeder = pRaeder;
```

```
        tueren = pTueren;
        }

      void ausgeben() {
        cout << "Raeder = " << raeder << endl;
        cout << "Tueren = " << tueren << endl;
        CMotor::ausgeben();
        }
  };

int main()
  {
  CAuto wagen(4,4,300,8000);
  wagen.ausgeben();

  return 0;
  }
```

Ausgabe:

```
Raeder = 4
Tueren = 4
Motor.PS       = 300
Motor.Drehzahl = 8000
```

Beachten Sie, dass eine explizite Instanzbildung eines Objekts der Klasse `CMotor` weder in der `main()`-Funktion noch in einer Methode der Klasse `CAuto` noch als eingebettetes Objekt von `CAuto` erlaubt ist.

Eine andere Möglichkeit für den Einsatz eines `protected`-Konstruktors wäre eine Klasse, die mehrere `public`-Konstruktoren definiert, ihren Standardkonstruktor aber im `protected`-Abschnitt deklariert. Für den normalen Einsatz erzwingt die Klasse dann den Einsatz eines `public`-Konstruktors mit der Übergabe von Argumenten. Für den Einsatz als Basisklasse erlaubt die Klasse aber zusätzlich den bequemeren Einsatz des `protected`-Standardkonstruktors.

private-Konstruktor

Ein `private`-Konstruktor kann nur in den Methoden der eigenen Klasse zur Instanzbildung verwendet werden.

Meist definieren Klassen, die über einen `private`-Konstruktor verfügen, eine oder mehrere `friend`- oder `static`-Methoden. Da die statischen Methoden über den Klassennamen aufgerufen werden können, sind sie nicht auf das Vorhandensein einer Instanz (und damit auf den Aufruf eines `public`- oder `protected`-Konstruktors) angewiesen. Innerhalb der `static`-Methode kann dann ein lokales Objekt der Klasse durch Aufruf des `private`-Konstruktors erzeugt werden. Da `friend`-Klassen oder -Methoden ebenfalls Zugriff auf die `private`-Elemente der Klasse haben, in der sie als `friend` deklariert sind, sind sie weitere Kandidaten, die `private`-Konstruktoren nutzen können.

16.7 Der Destruktor – Objekte auflösen

Destruktoren werden automatisch aufgerufen, wenn Klassenobjekte ihre Gültigkeit verlieren (beispielsweise bei Verlassen des Gültigkeitsbereichs oder bei `delete`-Aufrufen für Zeiger auf Klassenobjekte). Sie lösen das Objekt auf und geben den reservierten Speicher frei.

Da die Auflösung eines Klassenobjekts immer mit dem Aufruf eines Destruktors zusammengeht, folgt, dass jede Klasse über einen Destruktor verfügen muss. Wie für den Konstruktor gilt dabei, dass der Compiler Klassen, die keinen eigenen Destruktor definieren, automatisch einen Standarddestruktor mit leerem Anweisungsteil beiseite stellt.

Möchte man einen eigenen Destruktor definieren, ist zu beachten:

- dass der Destruktor den gleichen Namen trägt wie seine Klasse, allerdings mit vorangestellter Tilde (~),
- dass ein Destruktor keinen Rückgabewert hat (auch nicht `void`),
- dass eine Destruktor keine Parameter haben kann (und daher auch nicht überladen werden kann),
- dass ein Destruktor nicht als `static`, `const`, `mutable` oder `volatile` deklariert werden kann.

```
~klassenname() {}
```

Der Destruktor arbeitet im Verborgenen

Der Destruktor gehört zu den Klassenelementen, mit denen man als Programmierer am wenigsten zu tun hat. Dies liegt daran,

- dass der Destruktor automatisch aufgerufen wird, wenn ein Objekt aufzulösen ist (für statische Objekte bei Verlassen des Gültigkeitsbereichs, bei dynamischen Objekten als Reaktion auf den `delete`-Aufruf für den Zeiger, der auf das Klassenobjekt verweist).

  (Man kann den Destruktor im Gegensatz zum Konstruktor zwar auch direkt für eine Instanz aufrufen, doch ist dies eher selten erforderlich [siehe unten].)
- dass die Definition eines eigenen Destruktors nur dann erforderlich ist, wenn beim Auflösen von Objekten der Klasse dafür Sorge zu tragen ist, dass für das Objekt reservierte Ressourcen wie dynamischer Speicher oder Handles korrekt freigegeben werden, oder wenn der Programmierer mit dem Auflösen der Objekte bestimmte Abschlussarbeiten verknüpfen möchte (beispielsweise das Dekrementieren eines Instanzzählers).

Es gibt noch einen dritten Grund. Der vom Compiler zugewiesene Standarddestruktor ist nicht virtuell und daher für Klassen, die in Klassenhierarchien verwendet werden, nicht geeignet. Für solche Klassen kann es daher angebracht sein, einen virtuellen Destruktor zu definieren – selbst wenn dieser Destruktor ebenfalls nur über einen leeren Anweisungsteil verfügt.

Meist definiert man einen Destruktor, um Initialisierungen des Konstruktors zurückzunehmen, die mit der automatischen Auflösung des Speicherbereichs der Instanz nicht erledigt sind – beispielsweise die Freigabe dynamisch reservierten Speichers, das Schließen oder Entsperren von Dateien etc.

Aufgabe des Destruktors ist die Freigabe von Ressourcen

```
/* Destrukt.cpp  Zusammenspiel von Konstruktor und Destruktor */
#include <iostream>
#include <fstream>
#include <string.h>
using namespace std;

class Statistik  {
  char *datenquelle;
  double *werte;          // Zeiger auf Datenfeld
  int anzahl;             // Anzahl der Daten

  public:
    Statistik(char *dateiname)
      {
      ifstream datei;
      int loop;

      datenquelle = new char[strlen(dateiname)+1];
      strcpy(datenquelle,dateiname);

      // Datei öffnen
      datei.open(dateiname, ios::in);
      if(datei.is_open())
        {
        // Anzahl der Daten auslesen
        datei >> anzahl;

        // Speicher für Daten reservieren
        // Fehlerbehandlung mit Exceptions habe ich ausgelassen
        werte = new double[anzahl * sizeof(double)];

        // Daten einlesen
        for(loop=0; loop < anzahl; loop++)
         {
         datei >> werte[loop];
         cout << werte[loop] << "\t";
         }
        datei.close();
        }
      else
        {
```

```
        cout << "Datei Daten.txt nicht gefunden" << endl;
        exit(0);
        }
      }

    ~Statistik()
      {
      delete datenquelle;
      delete werte;
      }

    double arm_Mittel()
      {
      double summe = 0;
      int loop;

      for(loop=0; loop < anzahl; loop++)
        summe += werte[loop];

      return summe/anzahl;
      }

    double harm_Mittel()
      {
      double summe = 0;
      int loop;

      for(loop=0; loop < anzahl; loop++)
        summe += 1/werte[loop];

      return anzahl/summe;
      }
    };


int main()
  {
  Statistik messreihe1("daten.txt");  // Konstruktoraufruf

  cout << endl;
  cout << "Arithmet. Mittel\t"<< messreihe1.arm_Mittel() << endl;
  cout << "Harmon. Mittel\t" << messreihe1.harm_Mittel() << endl;

  return 0;
  }
```

Analyse Beachten Sie den Gegensatz zwischen Konstruktor und Destruktor!

Aufgabe des Konstruktors dieses Programms ist es, die Messwerte aus einer Datei einzulesen. Dafür wird dem Konstruktor bei der Instanzbildung der Name der Datei mit den Messwerten übergeben.

Der Konstruktor speichert vorsorglich den Dateinamen in der privaten Instanzvariablen datenquelle, dann öffnet er die Datei, reserviert Speicher für die Daten (dynamisches Feld werte) und liest die Daten in das Feld ein. Schließlich schließt er die Datei.

Der Konstruktor fordert dabei drei Ressourcen an:

- Speicher für den Dateinamen: char *datenquelle;
- Speicher für die Daten: double *werte;
- Zugriff auf eine Datei: ifstream datei;

Die letzte Ressource gibt der Konstruktor zum Schluss selbst wieder frei, indem er den Dateistream schließt: datei.close().

Aufgabe des Destruktors ist es, die beiden verbliebenen Ressourcen freizugeben. Da es sich dabei jeweils um dynamisch reservierten Speicher handelt, braucht man nur den delete-Operator auf die Zeiger auf die Speicherbereiche anzuwenden.

```
~Statistik()
      {
      delete datenquelle;
      delete werte;
      }
```

Statt die Datei mit den auszuwertenden Zahlenwerten im Konstruktor gleich wieder zu schließen, hätte man sie auch geöffnet lassen können, um in anderen Methoden der Klasse bei Bedarf direkt auf die Datei zugreifen zu können (beispielsweise zum Abspeichern neuer Werte). In einem solchen Fall hätte man die Anweisung datei.close() zum Schließen der Datei in den Destruktor mit aufgenommen.

Auflösung eingebetteter Objekte

Im obigen Beispiel haben wir den Namen der zu öffnenden Datei in einem C-String festgehalten

```
class Statistik  {
  char *datenquelle;
  ...
```

Im Konstruktor wurde Speicher für den String reserviert und der Dateiname in den String kopiert:

```
// In Konstruktor
datenquelle = new char[strlen(dateiname)+1];
strcpy(datenquelle,dateiname);
```

In C++ hätte man sich dies durch Verwendung eines string-Objekts vereinfachen können:

```
class Statistik  {
  string datenquelle;            // string-Objekt
  double *werte;
  int anzahl;

  public:
    Statistik(char *dateiname)
      {
      ifstream datei;
      char zeile[100];
      int loop;

      datenquelle = dateiname;    // Zuweisung an string-Objekt
      ...
```

Der Vorteil des string-Objekts ist, dass uns die Speicherverwaltung für den String von der Klasse string abgenommen wird. Gilt dies aber auch für die Freigabe des Speichers? Was passiert mit dem dynamischen Speicher, den das string-Objekt intern reserviert hat, wenn das Objekt der Klasse Statistik, welches das string-Objekt enthält, aufgelöst wird?

Nun ..., wir wissen es nicht, aber es soll uns im Grunde auch nicht interessieren. Wie bei der Instanzbildung eines Objektes automatisch passende Konstruktoren für alle eingeschlossenen Objekte (eingebettete wie geerbte) aufgerufen werden, werden bei der Auflösung eines Objekts automatisch die Destruktoren für die eingeschlossenen Objekte aufgerufen.[7]

Was die Auflösung der eingeschlossenen Objekte angeht, müssen wir uns also auf die korrekte Implementierung der Destruktoren der zugehörigen Klassen verlassen.

Destruktor explizit aufrufen

Im Gegensatz zum Konstruktor kann man den Destruktor auch explizit aufrufen:

```
class Demo obj;
obj.~Demo();
```

Ein solcher Aufruf führt allerdings nicht zur Auflösung der aufrufenden Instanz, sondern nur zur Ausführung des Anweisungsteils des Destruktors.

7 Während bei der Instanzbildung allerdings die Konstruktoren für die eingeschlossenen Objekte vor der Ausführung des Anweisungsteils des Konstruktors aufgerufen werden, wird bei der Instanzauflösung zuerst der Anweisungsteil des Destruktors ausgeführt, und dann werden die Destruktoren für die eingeschlossenen Objekte aufgerufen.

Die vorzeitige Auflösung statischer Instanzen (die nicht mit `new` *eingerichtet wurden) kann man bei Bedarf simulieren, indem man den Destruktor explizit aufruft und die Instanz danach nicht mehr verwendet.*

INFO

Allgemeine Regeln

Für Destruktoren gelten ähnliche Regeln wie für Konstruktoren:

- Destruktoren tragen immer den Namen ihrer Klasse, jedoch mit vorangehender Tilde.
- Ein Destruktor hat keinen Rückgabewert (auch nicht `void`).
- Destruktoren können nicht als `static`, `const`, `mutable` oder `volatile` deklariert werden.
- Eine Klasse ohne explizit deklarierten Destruktor bekommt einen Standarddestruktor zugewiesen.
- Destruktoren werden nicht vererbt.
- Es können keine Zeiger auf Destruktoren definiert werden.

Destruktoren unterscheiden sich von Konstruktoren:

- Destruktoren können keine Argumente übergeben werden, woraus folgt:
- Destruktoren können nicht überladen werden
- Destruktoren können als `virtual` deklariert werden.
- Destruktoren von Klassen, die von Basisklassen mit virtuellem Destruktor abgeleitet sind, sind automatisch virtuell.
- Destruktoren können explizit aufgerufen werden (wofür allerdings eher selten Bedarf besteht und was nicht mit einem echten »Löschen« zu verwechseln ist).

16.8 Der Kopierkonstruktor und Zuweisungsoperator

Der Kopierkonstruktor

Der Kopierkonstruktor initialisiert eine Klasseninstanz mithilfe einer anderen Instanz der Klasse.

```
classname(const classname& )
```

Im Grunde genommen ist ein Kopierkonstruktor ein Konstruktor wie jeder andere, der als Argument eine Referenz auf ein Objekt der eigenen Klasse erwartet.

Dass man explizit vom Kopierkonstruktor spricht, hängt damit zusammen,

- dass der Zweck eines Konstruktors, der als Argument ein Objekt der eigenen Klasse übernimmt, üblicherweise im Kopieren von Objekten seiner Klasse besteht. Es bietet sich daher an, diesen Typus von Konstruktor mit einem eigenen Namen zu kennzeichnen.
- dass die Initialisierung eines Objekts auf der Grundlage eines anderen Objekts der gleichen Klasse eine so typische Aufgabe ist, dass der C++-Compiler jeder Klasse, die keinen eigenen Kopierkonstruktor definiert, bei Bedarf einen Standardkopierkonstruktor beiseite stellt. (Tatsächlich wird der Kopierkonstruktor für eine Reihe von Operationen benötigt, die der Programmierer auf den ersten Blick gar nicht mit dem Aufruf eines Kopierkonstruktors in Verbindung bringen mag, siehe Absatz nach Beispielprogramm.)

Beispiel

```
/* KopKonst.cpp  Kopierkonstruktor */
#include <iostream>
using namespace std;

class Demo
   {
   int    wert1;
   double wert2;

   public:
   // Konstruktor
   Demo(int par1, double par2) {
     wert1 = par1;
     wert2 = par2;
     }
   // Kopierkonstruktor
   Demo(const Demo& par) {
     wert1 = par.wert1;
     wert2 = par.wert2;
     }

   void ausgeben() {
     cout << "Wert1 = " << wert1 << endl;
     cout << "Wert2 = " << wert2 << endl;
     cout << endl;
     }
   };

int main()
  {
  Demo obj1(12,7);

  Demo obj2(obj1);                // Aufruf des Kopierkonstruktors

  cout << "Objekt1: " << endl;
  obj1.ausgeben();
  cout << endl;
```

```
  cout << "Objekt2: " << endl;
  obj2.ausgeben();

  return 0;
  }
```

Ausgabe:

```
Objekt1:
Wert1 = 12
Wert2 = 7

Objekt2:
Wert1 = 12
Wert2 = 7
```

Der Kopierkonstruktor wird immer dann aufgerufen, wenn ein neues Objekt einer Klasse auf der Grundlage eines bestehenden Objekts der Klasse einzurichten ist. Dies ist nicht nur bei der Instanzbildung mit explizitem Aufruf des Kopierkonstruktors der Fall.

Der Kopierkonstruktor wird aufgerufen,

- wenn er explizit zur Instanzbildung aufgerufen wird:

```
Demo obj1(12,7);
Demo obj2(obj1);
```

- wenn ein Objekt als Wert (call by value) statt als Referenz übergeben wird:

```
Demo func(const Demo par)
  {
  ...
  }

func(obj1);
```

- wenn eine Funktion ein Objekt als Wert (return by value) zurückliefert:

```
Demo func(const Demo par)
  {
  ...
  return par;
  }

Demo obj2 = func(obj1);
```

Die letzten beiden Fälle sind der Grund dafür, dass der Compiler bei Bedarf einen Standardkopierkonstruktor zur Verfügung stellt.

INFO

Der Kopierkonstruktor dient aber immer nur der Initialisierung eines neuen Objekts. Kopieren möchte man aber auch bestehende Objekte, also in der Form

```
obj1 = obj2;
```

Der Zuweisungsoperator

Um einem Objekt die Daten eines anderen Objekts zuzuweisen (man könnte auch sagen, um ein bestehendes Objekt zur Kopie eines anderen Objekts zu machen), verwendet man den Zuweisungsoperator =.

Zuweisungsoperator und Kopierkonstruktor ergänzen sich

Er ist damit die natürliche Ergänzung zum Kopierkonstruktor. Und wie für den Kopierkonstruktor gilt, dass auch vom Zuweisungsoperator bei Bedarf eine Standardversion durch den Compiler zur Verfügung gestellt wird.

Wer möchte, kann den Operator aber auch überladen (siehe auch Kapitel 7.16.5). Die allgemeine Syntax dafür sieht wie folgt aus:

```
classtyp& operator= (const classtyp &)
  {
  ...
  return *this;
  }
```

Beispiel

```
/* Zuweisop.cpp  Zuweisungsoperator */
#include <iostream>
using namespace std;

class Demo
   {
   int    wert1;
   double wert2;

   public:
   Demo(int par1, double par2) {
     wert1 = par1;
     wert2 = par2;
     }

   void ausgeben() {
     cout << "Wert1 = " << wert1 << endl;
     cout << "Wert2 = " << wert2 << endl;
     cout << endl;
     }

   // Zuweisungsoperator
   Demo& Demo::operator=(const Demo& op)
     {
     wert1 = op.wert1;
     wert2 = op.wert2;
     return *this;
```

```
    }

  };

int main()
  {
  Demo obj1 = Demo(12,7);

  Demo obj2(1,1);
  obj2 = obj1;

  cout << "Objekt1: " << endl;
  obj1.ausgeben();
  cout << endl;

  cout << "Objekt2: " << endl;
  obj2.ausgeben();

  return 0;
  }
```

Ausgabe:

```
Objekt1:
Wert1 = 12
Wert2 = 7

Objekt2:
Wert1 = 12
Wert2 = 7
```

Die Problematik des »flachen« Kopierens

In den beiden obigen Beispielen zum Kopierkonstruktor und zum Zuweisungsoperator hätte man auf die Implementierung eigener Versionen auch verzichten und genauso gut auf die vom Compiler zur Verfügung gestellten Standardversionen vertrauen können.

Was die Standardversionen des Kopierkonstruktors und des Zuweisungsoperators machen, ist nichts Anderes, als Werte der einzelnen Datenelemente 1:1 vom Objekt A in das Objekt B zu kopieren.

Für Standardfälle reicht dies vollkommen aus. Für Klassen, die Zeiger als Elemente enthalten, führt dies jedoch meist zu Fehlern, da bei diesem Verfahren der Zeiger und nicht das Objekt, auf das der Zeiger verweist, kopiert wird. Dies kann gewollt sein, ist es meistens aber nicht.

In letzterem Fall sollten Sie Kopierkonstruktor und Zuweisungsoperator für Ihre Klasse überladen, um das gewünschte Verhalten sicherzustellen.

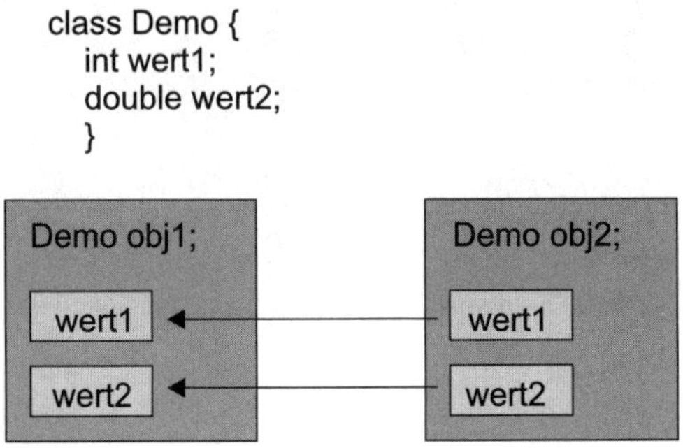

Abbildung 16.7: 1:1-Kopieren

Zur Demonstration erweitern wir die Klasse `Demo` um ein Zeigerelement:

```
class Demo
  {
    int    wert1;
    double wert2;

  public:
    char * text;

  public:
  Demo(int par1, double par2, char *str) {
    wert1 = par1;
    wert2 = par2;
    text = new char[strlen(str)+1];
    strcpy(text,str);
    }
```

Ich habe die Instanzvariable `text` als `public` deklariert, um sie leichter von außen verändern zu können. Zum Austesten des Kopierverfahrens ist das ganz nützlich.

Schauen wir uns nun den Kopierkonstruktor an:

```
Demo(const Demo& par) {
     wert1 = par.wert1;
     wert2 = par.wert2;

     text = new char[strlen(par.text)+1];
     strcpy(text,par.text);
     }
```

Der Konstruktor reserviert Speicher für den aufzunehmenden String und kopiert dann den Text aus dem String des Arguments `par` in die Instanzvariable `text`.

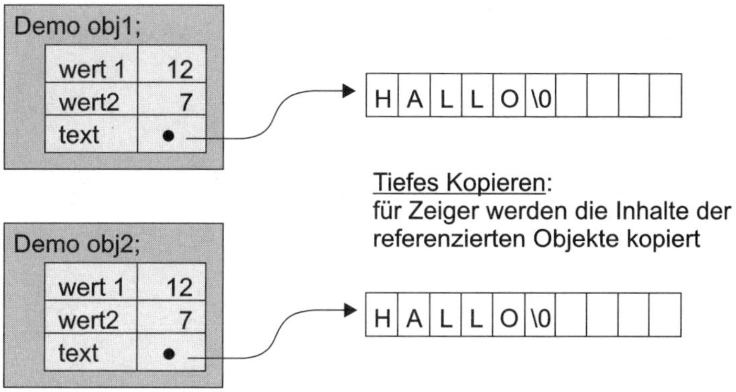

Abbildung 16.8: Tiefes Kopieren mit eigenem Kopierkonstruktor

Der Standardkopierkonstruktor würde stattdessen die Adresse von `par.text` nach `text` kopieren:

```
Demo(const Demo& par) {
     wert1 = par.wert1;
     wert2 = par.wert2;
     text = par.text;
     }
```

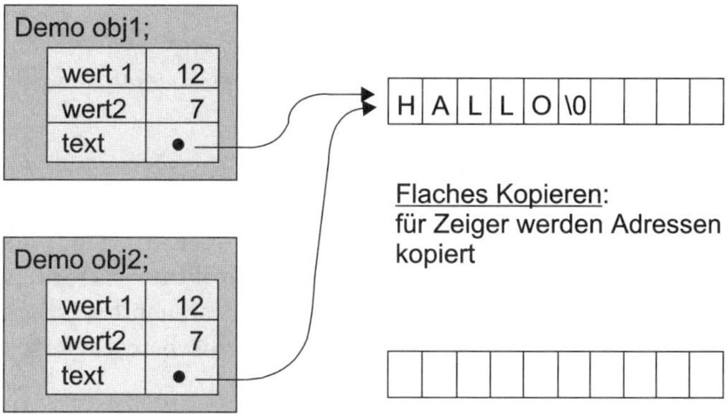

Abbildung 16.9: Flaches Kopieren mit Standardkonstruktor

Von der korrekten Funktionsweise des Kopierkonstruktors können Sie sich überzeugen, indem Sie zwei Objekte einer Klasse anlegen. Das eine Objekt mit einem beliebigen Konstruktor, das andere mithilfe des Kopierkonstruktors auf der Basis des ersten Objekts.

Dann ändern Sie den String, auf den `obj2.text` verweist, und lassen sich die Daten beider Objekte ausgeben:

```
int main()
  {
  Demo obj1 = Demo(12,7, "Hallo");

  // Kopierkonstruktor aufrufen
```

```
Demo obj2(obj1);
// Kopie verändern
strcpy(obj2.text,"Bye");

cout << "Objekt1: " << endl;
obj1.ausgeben();
cout << endl;

cout << "Objekt2: " << endl;
obj2.ausgeben();

return 0;
}
```

Bei korrekter Implementierung müsste die Ausgabe wie folgt aussehen:

```
Objekt1:
Wert1 = 12
Wert2 = 7
Text  = Hallo

Objekt2:
Wert1 = 12
Wert2 = 7
Text  = Bye
```

Sie können dies selbst nachvollziehen, indem Sie das Programm KopKons2.cpp *ausführen oder – noch besser – selbst das Programm* KopKonst.cpp *umschreiben.*

Tiefes Kopieren für den Zuweisungsoperator

Die Implementierung des Zuweisungsoperators für das »tiefe« Kopieren gleicht der Implementierung des Kopierkonstruktors (siehe oben). Allerdings ist zu beachten, dass man in ein bestehendes Objekt kopiert und dass der Zeiger `text` daher bereits mit dynamisch reserviertem Speicher verbunden ist.

Man muss nun also prüfen, ob der zur Verfügung stehende Speicher ausreicht, und dann in diesen Speicher kopieren, oder man löscht einfach den alten Speicher, reserviert neuen Speicher und kopiert dann.

```
Demo& Demo::operator=(const Demo& op)
    {
    if (this == &op)
      return *this;    // Schutz vor Selbstzuweisung,
                       // siehe 7.16.5

    wert1 = op.wert1;
    wert2 = op.wert2;

    delete text;
```

```
    text = new char[strlen(op.text)+1];
    strcpy(text,op.text);
    return *this;
    }
```

Zum Austesten finden Sie auf der CD das Programm Zuwesop2.cpp.

16.9 Konvertierungskonstruktor und -methoden

Konvertierungskonstruktoren

Weiter oben haben Sie erfahren, dass ein Standardkonstruktor ein Konstruktor ist, der ohne Argumente aufgerufen werden kann.

Demgegenüber ist ein Konvertierungskonstruktor ein Konstruktor, der

- mit nur einem Argument aufgerufen werden kann,
- kein Kopierkonstruktor ist
- und nicht als `explicit` deklariert ist.

```
classname(typ param);
classname(typ1 par1, typ2 par2=0);
```

Seine Aufgabe ist es, auf der Basis des einen Arguments ein Objekt seiner Klasse einzurichten. Wenn man so möchte, bedeutet dies nichts anderes, als dass der Konstruktor einen Wert vom Typ seines Arguments in ein Objekt vom Typ seiner Klasse umwandelt – daher also die Bezeichnung Konvertierungskonstruktor.

Ein typisches Beispiel für einen Konvertierungskonstruktor ist der Konstruktor

```
complex::complex(double re_val, double im_val = 0)
{
    re = re_val;
    im = im_val;
}
```

der aus einer reellen Zahl (Argument `re_val`) eine komplexe Zahl mit Real- und Imaginärteil macht.

Weitere Beispiele finden Sie in den Kapiteln 7.16.8 und 8.5.

Die Konvertierungskonstruktoren und die Standardkonvertierungen

Konvertierungskonstruktoren werden für Standardkonvertierungen verwendet

Interessant an den Konvertierungskonstruktoren ist, dass der Compiler sie automatisch in die Reihe seiner Standardkonvertierungen aufnimmt.

Dies ist ein Segen für den Programmierer, denn es kann ihm viel Tipparbeit sparen.

Bleiben wir einfach bei der Klasse `complex` für die komplexen Zahlen. Als Nächstes ist Ihr Ziel, die verschiedenen arithmetischen Operatoren global für die komplexen Zahlen zu überladen. Sie wollen Addition, Subtraktion, Division und Multiplikation unterstützen, und jeder Operator soll mit den Operandenpaaren

```
complex, complex
complex, int
int, complex
complex, float
float, complex
complex, double
double, complex
```

aufgerufen werden können (`short`, `long` und `long double` hätte man auch noch in die Liste aufnehmen können).

Grundsätzlich hieße dies, dass Sie jeden Operator für jedes Operandenpaar überladen müssten. Insgesamt hätten Sie also 7 * 4 = 28 überladende Operatorfunktionen. Tatsächlich könnten Sie aber genauso gut mit 4 Operatorfunktionen auskommen.

Der Trick ist, durch Standardkonvertierungen alle Aufrufe mit Operanden der Typen `int`, `float` oder `double` auf den Aufruf der Operatorfunktion für das Operandenpaar `complex`, `complex` zurückzuführen. Dazu brauchen Sie lediglich einen Konvertierungskonstruktor für den Datentyp `double` aufzusetzen, denn `int` und `float` sind ja auch wieder in `double` konvertierbar.

Ihre Klasse könnte also wie folgt aufgebaut sein:

```
class complex
   {
   friend complex operator+(const complex a, const complex b);
   friend complex operator-(const complex a, const complex b);
   friend complex operator/(const complex a, const complex b);
   friend complex operator*(const complex a, const complex b);

     double  wert1;
     double  wert2;
```

```
  public:
    // als Konvertierungskonstruktor verwendbar
    complex(const double par1, const double par2 = 0);
};
```

Wenn Sie danach in einem Programm schreiben:

```
int main()
  {
  complex obj1(1,10);

  obj1 = obj1 + 5;

  return 0;
  }
```

wandelt der Compiler zuerst die Integer-Konstante 5 in eine `double`-Konstante 5.0 um, wandelt dann mithilfe des Konvertierungskonstruktors den Operanden 5.0 in ein Objekt der Klasse `complex` um, übergibt beide Operanden der Operatorfunktion `complex operator+(const complex a, const complex b)` und weist das Ergebnis dem Objekt `obj1` zu.

Das obige Design hat aber auch Nachteile. In Verbindung mit der Überladung des Cast-Operators für die Klasse kann es schnell zu nicht auflösbaren Methoden- oder Operatoraufrufen kommen. Mehr dazu im nachfolgenden Abschnitt zu den Konvertierungsmethoden.

STOP

Standardkonvertierung unterbinden explicit

So wertvoll die Möglichkeit zur Erweiterung der Standardkonvertierungen für Klassenobjekte im Einzelfall auch sein mag, so bleibt doch festzustellen,

- dass bei weitem nicht jeder Konstruktor, der mit einem Argument aufgerufen werden kann, als Konvertierungskonstruktor konzipiert ist,
- dass nicht in jedem Fall eine automatische Konvertierung erwünscht ist.

Aus diesem Grunde wurde das Wörtchen `explicit` in die Sprache aufgenommen.

explicit erlaubt keine implizite Typenkonvertierung

Ein Konstruktor, der mit nur einem Argument aufgerufen werden kann, aber als `explicit` deklariert ist, wird vom Compiler nicht zur automatischen Typenkonvertierung herangezogen.

```
explicit classname(typ param);
explicit classname(typ1 par1, typ2 par2=0);
```

Hätte man zum Beispiel in der oben vorgestellten Klasse `complex` den Konstruktor als `explicit` deklariert, hätte der Compiler den Aufruf

```
obj1 = obj1 +  5;
```

bei der Kompilation mit einem Fehler quittiert. Dies bedeutet allerdings nicht, dass man den Konstruktor nun gar nicht mehr zur Konvertierung verwenden könnte. Es bedeutet nur, dass man die Konvertierung explizit vornehmen muss:

```
obj1 = obj1 + complex(5);
obj1 = obj1 + (complex) 5;
```

Konvertierungsmethoden

Konvertierungskonstruktoren konvertieren nur in eine Richtung:

- von dem Datentyp ihres Arguments in ein Objekt ihrer Klasse.

Will man umgekehrt Objekte der Klasse in Objekte anderer Datentypen (Klassentypen oder elementare Datentypen) umwandeln, muss man dazu in der Klasse eigene Methoden definieren.

Wie man in jedem Konstruktor, der mit einem einzigen Argument eines anderen Datentyps aufgerufen wird, als Konvertierungskonstruktor sehen kann, kann man in jeder Methode, die einen Rückgabewert eines anderen Datentyps zurückliefert, eine Konvertierungsmethode sehen – ob es sich bei dem zurückgeleiteten Wert aber tatsächlich um den umgewandelten »Wert« eines Klassenobjekts handelt oder nur einen Ergebniswert oder einen Fehlercode, hängt natürlich von der Implementierung der Methode ab.

Die folgende Methode konvertiert beispielsweise eine komplexe Zahl (Objekt der Klasse `complex`) in einen reellen Wert, indem sie einfach den Realteil der komplexen Zahl zurückliefert:

```
double complex::toDouble() {
     return wert1;
     }
```

Mithilfe dieser Methode kann man nun beispielsweise schreiben:

```
int main()
  {
  double d;
  complex obj1(1,10);

  d = obj1.toDouble();
  d = 10 + obj1.toDouble();
```

```
  cout << d << endl;;

  return 0;
  }
```

Wie Sie sehen, haben wir nun eine Möglichkeit, ein Objekt vom Typ `complex` in einen `double`-Wert umzuwandeln. Allerdings müssen wir dazu die passende Konvertierungsmethode explizit aufrufen.

In das Repertoire der Standardkonvertierungen wurde die Methode nicht aufgenommen.[8]

Um Standardkonvertierungen für eine Klasse zu definieren, muss man den Cast-Operator () überladen, siehe Kapitel 7.16.8. Für die Konvertierung eines Objekts der Klasse `complex` in einen `double`-Wert sähe dies dann wie folgt aus:

```
operator complex::double() {
     return wert1;
     }
```

Jetzt kann man noch einfacher schreiben:

```
int main()
  {
  double d;
  complex obj1(1,10);

  d = obj1;                    // Konvertierungsoperator double()
  d = 10 + obj1;               // wird intern aufgerufen

  cout << d << endl;;

  return 0;
  }
```

Vorsicht vor zu viel Standardkonvertierungen

Je mehr Sie auf Standardkonvertierungen vertrauen und je mehr eigene Standardkonvertierungen Sie vorsehen, umso schneller kann es passieren, dass es zu unauflösbaren Methoden- oder Operatoraufrufen kommt (»Ambiguity between ...«).

8 Der Grund hierfür liegt einfach darin, dass – wie oben angedeutet – eben nicht jede Methode, die einen Rückgabewert zurückliefert, als Konvertierungsmethode gedacht ist. Um nicht unzählige »falsche« Konvertierungsmethoden als Standardkonvertierungen aufzunehmen, ignoriert der Compiler grundsätzlich alle Methoden bei seinen Standardkonvertierungen.

Dahinter steckt für gewöhnlich der Aufruf einer Methode oder eines Operators mit Argumenten, die nicht direkt zur Definition der Methode (der Operatorfunktion) passen – beispielsweise

```
10 + obj1;
```

aus dem obigen Beispiel.

Wenn keine Operatorfunktion

```
complex operator+(const double a, const complex b)
```

für das Operandenpaar `double, complex` definiert ist, wendet der Compiler die verschiedenen Standardkonvertierungen auf die Operanden an und prüft, ob es für eines der sich ergebenden Operandenpaare eine passende überladene Version des +-Operators gibt.

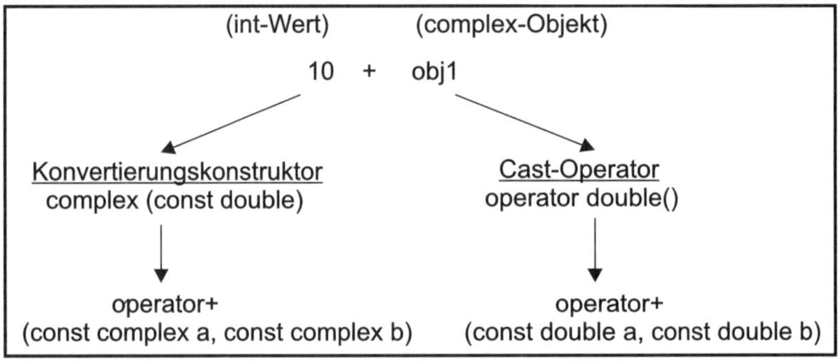

Abbildung 16.10: Mehrdeutigkeiten durch verschiedene Konvertierungsmöglichkeiten

Wenn Sie, wie oben beschrieben, den Operator für zwei `complex`-Operanden überladen haben und zusätzlich einen Konvertierungskonstruktor von `double` nach `complex` definiert haben, kann der Compiler die Zahl 10 erst in einen `double`-Wert 10.0 und dann in ein Objekt der Klasse `complex` verwandeln und dann die Operatorfunktion `operator+(const complex a, const complex b)` aufrufen.

Wenn Sie gleichzeitig den Cast-Operator für die Umwandlung von `complex`-Objekten in `double`-Werte überladen haben, kann der Compiler aber ebenso gut den Operanden `obj1` in einen `double`-Wert verwandeln und dann die Operatorfunktion `operator+(const double a, const double b)` aufrufen.

Der Compiler findet also zwei Versionen des +-Operators, die gleich gut zu den Typen der Operanden passen. Da er nicht mehr eindeutig entscheiden kann, welche Operatorfunktion aufzurufen ist, gibt er eine Fehlermeldung aus (üblicherweise mit dem Wortlaut: »Ambiguity between ...«).

Wenn Sie eine solche Fehlermeldung wegen nicht auflösbarer Aufrufe ernten, könnte es angebracht sein, das Design Ihrer Klasse zu verändern.

- Sie könnten beispielsweise auf die Überladung des Cast-Operators verzichten.
- Sie könnten den Konvertierungskonstruktor als `explicit` deklarieren, um ihn von den Standardkonvertierungen auszunehmen.
- Sie könnten – statt auf die Standardkonvertierungen zu bauen – die Operatorfunktion für die jeweiligen Operandentypen explizit überladen.

16.10 Fünf Variablentypen und fünf Standardelemente

Um einer möglichen Verwirrung bezüglich der verwendeten Terminologie vorzubeugen (falls es nicht schon zu spät ist), möchte ich noch einmal kurz zusammenfassen, welche Variablentypen wir unterscheiden:

Tabelle 16.3: Die verschiedenen Variablentypen

Variablentyp	Beschreibung
globale Variablen	Variable, die im globalen Dateibereich oder in einem Namensbereich deklariert ist
lokale Variablen	Variable, die in einer Funktion oder einer Methode deklariert ist
Instanzvariablen	Variable, die in einer Klassendefinition ohne das Schlüsselwort static deklariert ist. Jede Instanz der Klasse erhält eine eigene Kopie dieser Variablen.
Klassenvariablen	Variable, die in einer Klassendefinition mit dem Schlüsselwort static deklariert ist. Alle Instanzen der Klasse teilen sich eine Kopie dieser Variablen.
Instanzen (Objekte)	Variable eines Klassentyps. Kann sowohl als globale, lokale, Instanz- oder Klassenvariable deklariert sein.

Die fünf ist überhaupt eine magische Zahl in C++, denn warum sonst sollte es gerade fünf Methoden geben, für die der Compiler automatisch Standardversionen erzeugt.

- Konstruktor
- Destruktor
- Kopierkonstruktor

- Zuweisungsoperator
- Adressoperator (liefert den Wert des `this`-Zeigers zurück).

16.11 Typdefinitionen in Klassen

Datenelemente und Methoden sind sicherlich die wichtigsten Elemente einer Klassendeklaration. Es soll aber nicht unterschlagen werden, dass auch Typdefinitionen in einer Klasse erlaubt sind.

Typbezeichner, die in einer Klassendefinition eingeführt wurden, können nicht nur in der Klasse, sondern mithilfe des Gültigkeitsbereichoperators auch in umliegenden Gültigkeitsbereichen verwendet werden. Sie gleichen damit den statischen Klassenelementen. Und genau wie diese, unterliegen sie dem Diktat der Zugriffsspezifizierer:

```
class Demo {
 public:
  typedef int my_int;

 protected:
  typedef double my_double;
  };

Demo::my_int zaehler;    // erlaubt
Demo::my_double wert;    // Zugriff verweigert

int main()
  {
  Demo::my_int i;
  return 0;
  }
```

Manche Compiler erlauben den Zugriff auf die Datentypen auch ohne die Angabe des Gültigkeitsbereichs.

Zwei spezielle Fälle von Typdefinitionen in Klassen sollten wir uns näher anschauen.

16.11.1 Aufzählungen in Klassen

Aufzählungen in Klassen haben den Vorteil, dass man sowohl den deklarierten `enum`-Typ als auch die einzelnen Elemente der Aufzählung innerhalb und außerhalb (sofern es die Zugriffsspezifizierer erlauben) der Klasse verwenden kann.

Innerhalb der Klasse kann man die Bezeichner direkt verwenden, außerhalb der Klasse muss man den Klassennamen und den Gültigkeitsbereichoperator oder einen Instanznamen voranstellen.

```
class Mitarbeiter
   {
   public:
     enum FAM_STD {LEDIG, VERHEIRATET};

   private:
     FAM_STD Familienstand;
   public:
     Mitarbeiter() {Familienstand = LEDIG;}
     Mitarbeiter(FAM_STD f) {Familienstand = f;}
   };

int main()
  {
  Mitarbeiter manfred(Mitarbeiter::LEDIG);
  ...
```

16.11.2 Verschachtelte Klassen

Aus der Tatsache, dass Typendefinitionen innerhalb von Klassen erlaubt sind, folgt, dass eine Klasse in einer anderen Klasse deklariert werden kann.

```
class Aussen {
     static int n;

   public:
     int i;
     static float f;

     class Innen {
        void func(class Aussen &glob)
          {
          i = 3;       // Fehler: kein Zugriff auf Elemente der
                       //         umgebenden Klasse
          f = 3;       // korrekt: Zugriff auf statisches Element
          n = 3;       // Fehler: statisches Element ist private
          glob.i = 3;  // korrekt: Zugriff über Instanz
          }
       };
   };
```

Die eingeschlossene Klasse hat keine besonderen Zugriffsrechte auf die Elemente der einschließenden Klasse, d.h., sie kann nur über Instanzen der eingeschlossenen Klasse auf deren Elemente zugreifen.

Gleichermaßen verfügt auch die einschließende Klasse über keine besonderen Zugriffsrechte auf die Elemente der eingeschlossenen Klasse.

Die eingeschlossene Klasse kann Typen und statische Elemente der einschließenden Klasse direkt benutzen.

Eingeschlossene Klassen dürfen keine statischen Elemente enthalten.

16.12 Friends

Manchmal ist es sinnvoll, die strengen Regeln der Zugriffsberechtigungen durch `public`, `protected` und `private` zu umgehen und einer beliebigen Funktion oder Methode Zugriff auf `protected`- und `private`-Elemente einer Klasse zu erteilen. Das Schlüsselwort `friend` ermöglicht dies.

Um eine Friend-Funktion einzurichten, bedarf es zweierlei: Man muss

1. die Funktion in der Klasse, auf die sie Zugriff haben soll, als `friend` deklarieren und
2. eine Referenz oder Instanz der Klasse an die Friend-Funktion übergeben.

Beispiel

```
/* Friend.cpp  Friends */
#include <iostream>
using namespace std;

class demo {
    int wert;

    friend int func(demo&);  // Friend-Deklaration
    };

int func(demo& objekt) {
    objekt.wert = 111;
    return objekt.wert;
    }

int main() {
   class demo d;
   cout << func(d);

   return 0;
   }
```

Die Ausgabe dieses Programms ist:

```
111
```

INFO

Beachten Sie die Feinheit, dass die Deklaration als `friend` *in der Klasse vorgenommen werden muss. Die Klasse bestimmt also selbst, welche Funktionen* `friend` *sind und welche nicht, und kann ihre Daten immer noch vor unkontrolliertem Gebrauch schützen.*

- Neben der Deklaration einzelner Funktionen als `friend` können Sie auch sämtliche Funktionen einer Klasse auf einen Schlag als `friend` deklarieren, indem Sie die ganze Klasse als `friend` deklarieren.
- Friend-Deklarationen unterliegen keinen Zugriffsspezifizierern und werden nicht vererbt.
- Am häufigsten werden Operatorfunktionen als Friends deklariert (siehe 7.16.13).

16.13 Abschlussprogramm: Magische Quadrate

Ein magisches Quadrat ist ein Quadrat aus n×n Feldern, in denen die Zahlen von 1 bis n^2 so angeordnet sind, dass die Summen der einzelnen Zeilen, Spalten und Diagonalen jeweils gleich sind.

Heute findet man magische Quadrate üblicherweise in Zeitschriften und Rätselmagazinen – als lückenhafte Muster, die zu vervollständigen sind.

Früher spielten die magischen Quadrate ob ihrer rätselhaften Symmetrie vor allem in der Mystik ein Rolle. Über Landes- und Glaubensgrenzen hinweg beschäftigte man sich mit den Kräften, die in der geheimnisvollen Zahlenakrobatik vermutet wurden. Magische Quadrate trifft man daher in der chinesischen Mystik ebenso wie in der christlichen, im Islam wie bei den Freimaurern. Auch herausragende Geister wie Benjamin Franklin oder Albrecht Dürer konnten sich den smarten Rechtecken nicht entziehen. Dürer verewigte sogar ein 4×4-Quadrat auf einem seiner Kupferstiche: Melencolia I.

Warum dieses Interesse an einer simplen Zahlenspielerei? Waren die Menschen früher so leicht zu beeindrucken, oder sind wir heute so phantasielos? Wenn Sie der Faszination der magischen Quadrate ein wenig nachspüren wollen, dann kann ich Ihnen das Buch »Das chinesische Dreieck« von Dominic Olivastro, Droemer Knaur, empfehlen. Wer nicht nur studieren, sondern auch probieren möchte, der sollte sich ruhig an ein paar 4×4- oder 5×5-Quadraten versuchen. Aber bitte, beschränken Sie sich nicht auf das Lösen unvollständiger Quadrate. Ein wirkliches Gefühl für die Macht der Symmetrie bekommt man nur, wenn man wenigstens einmal in seinem Leben in mühsamer Kleinarbeit ein eigenes Quadrat zusammengebastelt hat.

Wer sich auf die Schnelle ein paar magische Quadrate zum Ausprobieren anschauen will, muss dafür nicht in den nächsten Zeitschriftenladen stürmen. Probieren Sie einfach das folgende Programm aus.

Das Programm verwendet die Klasse MagQuad4, die magische 4×4-Quadrate erzeugt.

Bei der Instanzbildung werden die MagQuad4-Objekte mit dem Dürer-Quadrat initialisiert. Danach kann man durch Aufruf der Methode neu() ein neues magisches 4×4-Quadrat berechnen lassen.

Der Algorithmus zur Berechnung der magischen Quadrate ist in der Methode berechne_quadrat() implementiert. Man gibt der Methode zwei Werte für die vorletzte und letzte Zahl vor und lässt sie auf dieser Basis ein vollständiges Quadrat berechnen (wobei es passieren kann, dass die vorgegebenen Zahlen vom Algorithmus verändert werden). Auf diese Weise lassen sich immerhin 240 verschiedene Quadrate erzeugen.

Die Methode new() ruft die Methode berechne_quadrat() mit zufälligen Werten auf. Die statische Methode inDatei() dagegen ruft die Methode berechne_quadrat() in einer doppelten Schleife auf, um alle 240 Möglichkeiten in eine Datei auszugeben.

Zur Ausgabe der Quadrate wurde der <<-Operator überladen. Je nachdem, ob man das Quadrat vollständig oder mit Lücken ausgeben möchte, ruft man zuvor eine der Methoden maskieren() oder demaskieren() auf.

Die main()-Funktion des Programms verdeutlicht den Einsatz der Klasse MagQuad4.

```
/* MagQuad.cpp      Magische Quadrate  */
#include <cstdlib>
#include <iostream>
#include <fstream>
#include <ctime>
using namespace std;

class MagQuad4
  {
    int belegt[17];            // nur fuer interne Berechnung
    int magquad[17];           // Das eigentliche Quadrat
    int maske[17];             // Maske zum Erraten von Quadraten
    int anz_maskierteFelder;   // Anzahl der maskierten Felder
    // fuer interne Berechnung der Quadrate
    int quadrat_korrekt();
    void berechne_quadrat(int, int);

  public:
    int is_masked;           // Ausgabe maskiert oder vollstaendig
```

```
    MagQuad4();                     // Konstruktor

    void neu();                     // berechne neues Quadrat
    void maskieren();               // Ausgabe maskieren
    void demaskieren();             // Ausgabe demaskieren
    void set_anzMaskiert(int i);    // Anzahl maskierter Felder
                                    // festlegen

    static void inDatei(char *s);   // Mehrere Quadrate in Datei
                                    // schreiben

    friend ostream & operator<<(ostream & os,
                             const MagQuad4 & mq);
    };

// wird intern von berechne_quadrat() verwendet
int MagQuad4::quadrat_korrekt()
  {
  // Zahlen zwischen 1 und 16
  for (int i=1; i<8; i++)
    if ((magquad[i]<1) || (magquad[i]>16))
      return 0;

  // keine Zahlen doppelt
  for (int i=1; i<8; i++)
    for (int j=i+1; j<17; j++)
      if (magquad[i]==magquad[j])
        return 0;

  return 1;
  }

// berechnet neues magisches Quadrat
// verwendet quadrat_korrekt()
void MagQuad4::berechne_quadrat(int vorletzter, int letzter)
  {
  bool nicht_gefunden = true;
  bool check = false;

  // Felder auf 0 setzen
  for (int loop =1; loop < 16; loop++)
    {
    belegt[loop]=0;
    magquad[loop]=0;
    };

  // Quadrat von hinten füllen
  magquad[16] = letzter;
  magquad[15] = vorletzter;
  belegt[letzter]     = 1;
  belegt[vorletzter]  = 1;
  int i = 14;

  while(nicht_gefunden)
    {
```

```
// Zahlen fuer Positionen 16 bis 8
// den Rest koennen wir berechnen
while (i>7)
  {
  check = false;

  while (check == false || belegt[magquad[i]]==1)
    {
    // Zahl an Position i inkrementieren
    magquad[i]++;
    check = true;

    // Zeile konnte nicht korrekt vervollstaendigt werden
    // gehe zurueck zu vorangehender Zahl
    if (magquad[i]>16)
      {
      magquad[i] = 0;
      i++;                    // zurueck zu vorangehender Zahl
      belegt[magquad[i]]=0;   // Zahl magquad[i] ist wieder
                              // verfuegbar
      check = false;

      if (i==9 || i==13)
        {
        magquad[i]=0;
        i++;
        belegt[magquad[i]]=0;
        }
      }

    // 4. oder 3. Zeile vervollständigen
    if (( i==13) || (i==9))
      {
      magquad[i]=34-magquad[i+1]-magquad[i+2]-magquad[i+3];

      // Vervollstaendigung korrekt?
      if (magquad[i]<1 || magquad[i]>16)
         check = false;
      if (check == false || belegt[magquad[i]]==1)
         magquad[i]=17;
      }
    }

  check = true;
  belegt[magquad[i]]=1;
  i--;           // naechste Position berechnen
  }

magquad[7]= 68+magquad[8]-magquad[9]-2*magquad[10]-
           magquad[11]-2*magquad[13]-magquad[14]-magquad[15];
magquad[6]= (0.5*(34-magquad[7]-magquad[8]+magquad[9]-
           magquad[11]+magquad[13]-magquad[16]));
magquad[5]= 34-magquad[6]-magquad[7]-magquad[8];
magquad[4]= 34-magquad[16]-magquad[12]-magquad[8];
magquad[3]= 34-magquad[15]-magquad[11]-magquad[7];
```

```
    magquad[2]= 34-magquad[14]-magquad[10]-magquad[6];
    magquad[1]= 34-magquad[13]-magquad[9]-magquad[5];

    if (quadrat_korrekt())
        {
        nicht_gefunden = false;
        }
        else
        {
        i=8;
        belegt[magquad[8]]=0;
        }
    }
  }

// Konstruktor
MagQuad4::MagQuad4() {
      // Dürer-Quadrat
      magquad[1]  = 16;
      magquad[2]  =  3;
      magquad[3]  =  2;
      magquad[4]  = 13;
      magquad[5]  =  5;
      magquad[6]  = 10;
      magquad[7]  = 11;
      magquad[8]  =  8;
      magquad[9]  =  9;
      magquad[10] =  6;
      magquad[11] =  7;
      magquad[12] = 12;
      magquad[13] =  4;
      magquad[14] = 15;
      magquad[15] = 14;
      magquad[16] =  1;

      anz_maskierteFelder = 10;
      is_masked = false;
      for(int i = 0; i < 17; i++)
        maske[i] = 0;
      }

// berechnet für das aktuelle Objekt ein neues Quadrat
void MagQuad4::neu()
  {
  int zufallswert1, zufallswert2;

  srand((unsigned) time(NULL));

  zufallswert1 = (rand() % 16) + 1;
  zufallswert2 = (rand() % 16) + 1;

  // Methode zur Berechnung mit Zufallswerten aufrufen
  berechne_quadrat(zufallswert1, zufallswert2);
  }
```

```
// Ausgabe maskieren
void MagQuad4::maskieren()
  {
  int maskiert[17];
  for(int loop = 0; loop < 17; loop++)
    maskiert[loop] = 0;

  is_masked = true;

  // zufaellig Maske erstellen
  srand((unsigned) time(NULL));

  int loop = 0;
  int zw;
  while(loop < anz_maskierteFelder)
    {
    zw = (rand() % 16) + 1;
    if(maskiert[zw]==0)
      {
      maske[zw] = 1;
      maskiert[zw] = 1;
      loop++;
      }
    }
  }

// Ausgabe demaskieren
void MagQuad4::demaskieren()
  {
  is_masked = false;

  // Maske loeschen
  for(int loop = 0; loop < 17; loop++)
    maske[loop] = 0;
  }

// Anzahl der maskierten Zahlen festlegen
void MagQuad4::set_anzMaskiert(int i)
  {
  if( i > 4 && i < 16 )
    anz_maskierteFelder = i;
  }

// Mehrere Quadrate in Datei ausgeben
void MagQuad4::inDatei(char *file)
  {
  MagQuad4 mq;
  ofstream datei;
  datei.open(file, ios::out);

  cout << "Bitte warten. Quadrate werden in Datei geschrieben.";
  cout << endl;

  for(int loop1 = 1; loop1 < 17; loop1++)
   for(int loop2 = 2; loop2 < 17; loop2++)
```

```
    {
    if(loop2 != loop1)
      {
      mq.berechne_quadrat(loop2, loop1);
      datei << mq;
      }
    }
  datei.close();
  cout << "Fertig" << endl;
  }


// MagQuad-Objekt ausgeben
ostream & operator<<(ostream & os, const MagQuad4 & mq)
  {
  for(int loop = 1; loop < 17; loop++)
    {
    os.width(4);
    if(mq.maske[loop])
      os << "*" << " ";
      else
      os << mq.magquad[loop] << " ";

    if(!(loop%4))
      os << endl;
    }

  os << endl;
  return os;
  }


int main()
  {
  MagQuad4 mq1;
  char eingabe;

  cout << "Das Duerer-Quadrat :\n" << endl;
  cout << mq1;
  cout << endl << endl << endl << endl;

  mq1.set_anzMaskiert(11);
  mq1.neu();
  mq1.maskieren();
  cout << "Das folgende Quadrat ist zu loesen :\n" << endl;
  cout << mq1 << endl;

  cout << "\n\n";
  cout << "<< Druecken Sie die Eingabetaste, um die Loesung zu "
          "sehen >>" << endl;
  cin.get(eingabe);

  mq1.demaskieren();
  cout << "\n\nDie Loesung des Quadrats : \n" << endl;
  cout << mq1 << endl;
```

```
  MagQuad4::inDatei("MagicQuad.txt");

  return 1;
  }
```

Ausgabe:

```
Das Duerer-Quadrat :

  16   3   2  13
   5  10  11   8
   9   6   7  12
   4  15  14   1


Das folgende Quadrat ist zu loesen :

   *   6   *   *
  15   *   *   *
   *   *  13  10
   *   *   *   8

<< Druecken Sie die Eingabetaste, um die Loesung zu sehen >>
```

17 Vererbung

Eines der wichtigsten Konzepte im Zusammenhang mit Klassen ist die Möglichkeit, eine Klasse durch Vererbung von einer anderen Klasse abzuleiten. Sinn der Vererbung ist es, Klassenhierarchien aufzubauen, in denen die Gemeinsamkeiten von Klassen einer Ebene in die Klasse(n) der vorangehenden Ebene ausgelagert werden. Klassenhierarchien zeichnen sich daher üblicherweise dadurch aus, dass die oberen Ebenen ein immer höheres Abstraktionsniveau haben, während die nachfolgenden Ebenen sich durch zunehmende Spezialisierung auszeichnen.

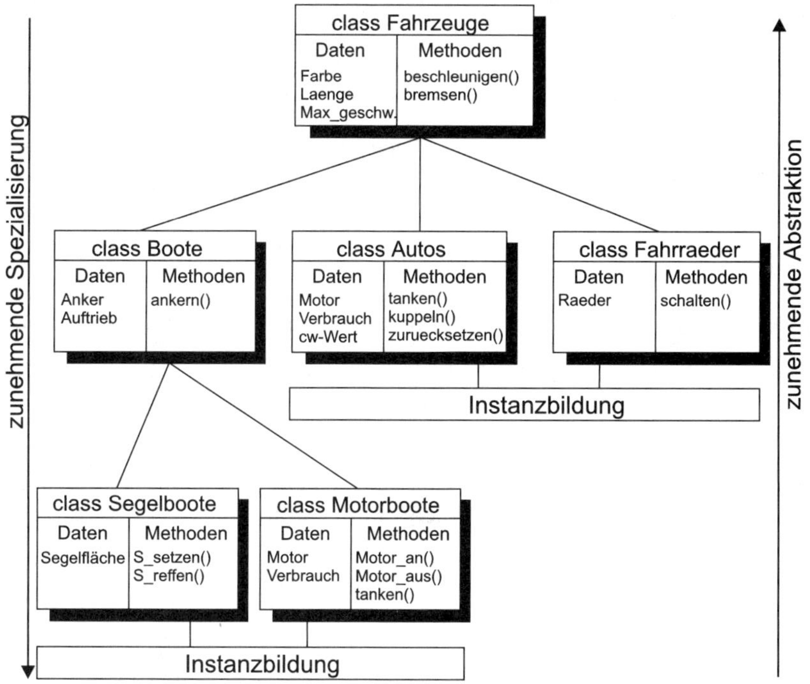

Abbildung 17.1: Beispiel für eine Klassenhierarchie

Die einfachste Form der Vererbung besteht aus einer Basisklasse und einer abgeleiteten Klasse. Durch die Vererbung wird festgelegt, dass die abgeleitete Klasse – zusätzlich zu den in ihrer Definition aufgeführten Eigenschaften (Elementdaten und Methoden) – über sämtliche Elemente der Basisklasse verfügt.

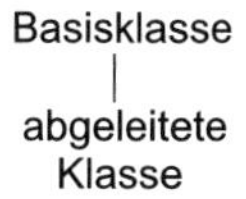

Basisklasse und abgeleitete Klasse sind dabei ganz normale Klassen. Die Bezeichnungen »Basisklasse« und »abgeleitete Klasse« beziehen sich lediglich darauf, welche Funktion die Klassen bei der Vererbung erfüllen:

- Die Basisklasse gibt ihre Elemente weiter (vererbt sie).
- Die abgeleitete Klasse nimmt die Elemente in Empfang (erbt sie).

INFO

Vererbung und Erbschaft
Beachten Sie, dass der objektorientierte Begriff der Vererbung weder an die Vererbung von genetischen Merkmalen bei der Fortpflanzung, noch an die Weiterreichung von Besitztümern im Todesfall angelehnt ist. Obwohl es zu beiden Vorgängen durchaus Parallelen gibt, besteht die weitreichendste Analogie zu hierarchischen Abstraktions- und Klassifikationssystemen, wie etwa der taxonomischen Gliederung des Tierreiches.
Auf jeden Fall gilt für die Vererbung in C++:

- *Eine Klasse, die als Basisklasse ihre Elemente weitergibt, gibt nur »Kopien« ihrer Elemente weiter und kann auch nach der Vererbung weiterhin normal eingesetzt werden.*
- *Eine Basisklasse vererbt immer alle Elemente. (Mit Ausnahme einiger weniger Elemente, die nie vererbt werden.)*
- *Eine Klasse kann mehreren abgeleiteten Klassen als Basisklasse dienen.*
- *Eine abgeleitete Klasse kann mehrere Basisklassen haben.*
- *Eine abgeleitete Klasse kann zu den geerbten Elementen auch über eigene Elemente verfügen.*
- *Eine abgeleitete Klasse kann bestimmte geerbte Elemente modifizieren.*
- *Basisklasse und abgeleitete Klasse bilden üblicherweise eine Hierarchie, in der die Basisklasse einer höheren Abstraktionsebene angehört als die abgeleitete Klasse.*

Durch Vererbung kann praktisch jede Klasse von jeder anderen Klasse[1] abgeleitet werden, was jedoch nicht immer sinnvoll ist.

Klassenhierarchien sollten die folgenden Kriterien erfüllen:

Einschlusskriterium:

> »Objekte abgeleiteter Klassen sollten sämtliche Eigenschaften und Verhaltensweisen ihrer Basisklassen in korrekter Weise teilen.«
>
> Das Einschlusskriterium fordert nichts anderes, als dass sich die geerbten Elemente in harmonischer Weise in das Gefüge der abgeleiteten

1 Unions können nicht an der Vererbung teilnehmen.

Klasse einordnen sollen und nicht etwa als unnützer Ballast mitgeschleppt werden.

Dies ist gewährleistet, wenn man ein Objekt der abgeleiteten Klasse auch als Objekt der Basisklasse ansehen kann (wie man beispielsweise ein Objekt der Klasse `Auto` auch als `Fahrzeug` ansehen kann).

Erhaltungskriterium:

»Die geerbten Eigenschaften und Verhaltensweisen sollten in der abgeleiteten Klasse in ihrer korrekten Einsetzbarkeit von den in der abgeleiteten Klasse definierten Elementen unbeeinträchtigt bleiben.«

Die abgeleitete Klasse kann mit den geerbten Elementen auf verschiedene Weise verfahren: Sie kann die geerbten Methoden aufrufen, sie kann die Werte der geerbten Datenelemente abfragen oder verändern, sie kann die geerbten Methoden überschreiben.

Jeder dieser Schritte ist ein Eingriff in das Wirkungsgefüge der geerbten Elemente. Bedenken Sie bitte, dass bei der Implementierung der Basisklasse Beziehungen und Abhängigkeiten zwischen den Elementen der Basisklasse hergestellt wurden: Methoden rufen sich gegenseitig auf, greifen auf Datenelemente zu oder tauschen über diese Informationen aus.

Diese Abhängigkeiten bleiben bei der Vererbung natürlich erhalten und müssen berücksichtigt werden.[2]

Spezialisierungskriterium:

»Geerbte Verhaltensweisen (Methoden) können durch Überschreibung in der abgeleiteten Klasse angepasst werden.«

Die abgeleitete Klasse kann die geerbten Eigenschaften und Verhaltensweisen nicht nur durch eigene Datenelemente und Methoden erweitern, sie kann die geerbten Verhaltensweisen auch anpassen. Dies geschieht durch Überschreibung der geerbten Methoden.

Der Vorteil der Überschreibung liegt darin, dass der Name der Methode beibehalten wird, die Schnittstelle sich also nicht ändert.

Einheitlichkeitskriterium:

»Basisklassen vererben nicht nur Elemente, sondern auch Schnittstellen.«

2 Grundsätzlich sollte sich jede Klasse selbst durch gezielten Einsatz der Zugriffsspezifizierer vor Missbrauch schützen – auch gegenüber Missbrauch seitens abgeleiteter Klassen. Bis in die letzte Konsequenz ist dies aber nur selten möglich und abgeleiteten Klassen räumt man meist sogar absichtlich weiterreichende Zugriffsmöglichkeiten (Schlüsselwort protected) ein. Das soll aber kein Freibrief sein.

Durch Vererbung sollte sichergestellt werden, dass gemeinsame Eigenschaften von Klassen einheitlich implementiert sind (durch Verlegung in die Basisklasse(n) und Polymorphismus). Darüber hinaus sollten Basisklassen dazu eingesetzt werden, den Aufbau der Schnittstelle zwischen den Klassen und der Außenwelt (Programm, andere Klassen etc.) festzulegen.

Die beiden ersten Kriterien stellen sicher, dass eine Instanz einer abgeleiteten Klasse immer auch als Instanz der Basisklasse(n) angesehen werden kann. Tatsächlich erlaubt C++ entsprechende Umwandlungen (siehe Kapitel 18.1.2).

Die beiden letzteren Kriterien fordern und fördern eine einheitliche Schnittstelle für Klassen einer Klassenhierarchie.

Zusätzlich zu den mit dem Klassenkonzept und der Kapselung verbundenen Vorteilen bringt die Vererbung weitere Annehmlichkeiten mit sich:

- Gemeinsame Eigenschaften von Klassen brauchen durch Verlegung in eine Basisklasse nur einmal implementiert zu werden, wodurch auch die Wartbarkeit des Quellcodes erleichtert wird.
- Umgekehrt gewährleistet die Ableitung von Basisklassen ein einheitliches Erscheinungsbild (Schnittstelle) verwandter Klassen.

Verschiedene Konzepte erlauben es, die Gestaltung von Klassenhierarchien flexibel zu gestalten:

- Polymorphie (siehe Kapitel 18)
- Friends (siehe Kapitel 16.12)
- Zugriffsmodifizierer für die Vererbung (siehe Abschnitt 17.3)
- Definition abstrakter Klassen (siehe Kapitel 18.3)
- Mehrfachvererbung (siehe Abschnitt 17.8)

17.1 Syntax der Vererbung

Die Syntax der Vererbung besteht aus einer einfachen Erweiterung der normalen Klassendefinition. Um anzuzeigen, dass eine Klasse die Elemente anderer Klassen (ihrer Basisklassen) erben soll, hängt man in der Definition der Klasse einfach eine Liste der zu beerbenden Basisklassen an.

```
class Klassenname : BASISKLASSENLISTE
    {
    Deklaration der Klassenelemente
    };
```

In der Basisklassenliste werden, durch Kommata voneinander getrennt, die Basisklassen aufgeführt, deren Eigenschaften geerbt werden sollen. Ein Eintrag in dieser Liste hat folgende Syntax:

```
[virtual] [public, protected, private] Basisklassenname
```

Virtuelle Basisklasse Das Schlüsselwort `virtual` ist nur für die Mehrfachvererbung von Bedeutung. Durch die `virtual`-Spezifikation kann man erreichen, dass die Elemente einer »tiefen« Basisklasse in einem abgeleiteten Objekt nur einmal vorhanden sind, auch wenn die »tiefe« Basisklasse über den Umweg direkter Basisklassen eigentlich mehrfach beerbt wird.

Die Mehrfachvererbung und der Einsatz virtueller Basisklassen unterliegt einigen speziellen Regeln und wird daher in Abschnitt 17.8 detailliert behandelt.

Zugriffsspezifizierer Durch die Zugriffsspezifizierer `public`, `protected` und `private` kann man festlegen, ob die Zugriffsrechte auf die geerbten Elemente unverändert (`public`) übernommen oder ob die Zugriffsrechte nach außen weiter beschnitten (`protected` und `private`) werden sollen (siehe Tabelle 17.1).

Wenn Sie keinen Zugriffsspezifizierer angeben, werden die Elemente als `private` vererbt.

Definition

Die in der Basisklassenliste aufgeführten Basisklassen bezeichnet man auch als *direkte Basisklassen*. Wurde eine direkte Basisklasse (B) der abgeleiteten Klasse (A) selbst von einer Klasse (C) abgeleitet, ist C eine indirekte Basisklasse von A.

Beispiel

```
class Basis
  {
  public:
    int bwert;
    int funcA() {return bwert*bwert;}
  };

class Abgeleitet : public Basis
  {
    int eigener_wert;

  public:
    Abgeleitet() {
      eigener_wert = 2;
      bwert =  5;          // Zugriff auf geerbtes Datenelement
      }

    int berechnen() {
      return funcA() * eigener_wert;    // Zugriff auf geerbte
                                         // Methode
      }
  };
```

```
int main()
  {
  class Abgeleitet obj;

  // Zugriff auf geerbte Elemente
  obj.bwert = 12;
  cout << obj.funcA();

  return 0;
  }
```

17.2 Grundlagen der Vererbung

Im Grunde handelt es sich bei der Vererbung um einen ganz einfachen Vorgang. Dies zu untermauern, wollen wir in diesem Kapitel für ein paar einfache Fragen nach ein paar einfachen Antworten suchen. In den nachfolgenden Kapiteln werden wir dann unser Verständnis von den internen Vorgängen bei der Vererbung vertiefen und Ungenauigkeiten in der vereinfachten Sichtweise korrigieren.

17.2.1 Was bringt uns die Vererbung?

Technisch gesehen ist die Vererbung erst einmal nichts Anderes als eine elegante Methode zur Wiederverwertung von Code. Sie als Mittel anzusehen, mit dem man sich vor allem Tipparbeit sparen kann, hieße aber, der Vererbung nicht gerecht zu werden.

Wenn Sie sich also demnächst eine Klasse namens `Tabellen` erstellen und Ihnen noch Methoden zum Löschen und Hinzufügen von Spalten sowie zur Berechnung von Spalten- und Zeilensummen fehlen, kommen Sie bitte ja nicht auf die Idee, alle möglichen Klassen nach passenden Methoden zu untersuchen und dann Ihre Klasse `Tabellen` von diesen Klassen abzuleiten:

```
class Tabellen : public Diagramm, public Statistik
  {
```

Wenn Sie sich auf eine solche Weise ihre Klassenelemente aus anderen Klassen zusammenklauben, erhalten Sie als Ergebnis alles andere als eine funktionierende Klasse.

Die Vererbung ist eng an die objektorientierte Sichtweise geknüpft und sollte folglich auch in diesem Sinne genutzt werden.[3]

3 Die Alternative zur Vererbung im objektorientierten Sinne ist die Aufsetzung von Klassen mit vornehmlich statischen Elementen (wird in C++ weniger genutzt als in rein objektorientierten Sprachen wie Java) oder von Funktionssammlungen.

Wann ist Vererbung sinnvoll?

Wenn Sie also beabsichtigen, eine Klasse von einer anderen Klasse abzuleiten, sollten Sie sich zwei Fragen stellen:

1. Ist meine neue Klasse eine Erweiterung und Spezialisierung der Basisklasse?

   Erweiterung bedeutet, dass man die Funktionalität der Basisklasse um neue Methoden und Datenelemente, die in der abgeleiteten Klasse deklariert werden, bereichert.

   Spezialisierung bedeutet, dass man einzelne Methoden der Basisklasse überschreibt, d. h. man behält den Namen der Methode bei, verbindet ihn aber mit einer eigenen Implementierung.

2. Kann ich ein Objekt meiner abgeleiteten Klasse als Objekt der Basisklasse ansehen?

   Wenn Sie eine Klasse `Fahrzeug` zur Verfügung haben, dann sollte es möglich sein, von dieser eine Klasse `Auto` abzuleiten, denn ein Auto ist immer auch ein Fahrzeug.

Können Sie beide Fragen mit Ja beantworten, spricht dies für eine korrekte Vererbung.

Nicht immer kann man passende Basisklassen aus Bibliotheken beziehen. Oftmals muss man Basisklassen und abgeleitete Klassen selbst definieren.

Wenn Sie also beabsichtigen, eine Klasse `Segelboot` zu implementieren, machen Sie sich zuerst eine Liste aller Datenelemente und Methoden, über die ein Objekt der Klasse `Segelboot` verfügen soll.

Überlegen Sie sich dann, welche dieser Elemente in eine Basisklasse ausgelagert werden könnten. Als nächsthöhere Basisklasse könnte sich eine Klasse `Boot` anbieten, in die Sie alle Elemente auslagern, über die Boote allgemein verfügen (während Elemente, über die nur Segelboote verfügen, beispielsweise die Angabe der Segelfläche, in der Klasse `Segelboot` verbleiben).

In gleicher Weise können Sie, wenn Sie wollen, aus der Klasse `Boot` noch eine Basisklasse `Fahrzeug` heraus isolieren.

Auf diese Weise kommen Sie zu einer kleinen Klassenhierarchie, deren Nutzen sich voll entfaltet, wenn Sie außer Segelbooten irgendwann auch Motorboote oder Autos verwalten wollen. Dann spart Ihnen die Klassenhierarchie Tipparbeit, denn die Datenelemente und Methoden, die ein Motorboot mit allen anderen Booten teilt, brauchen Sie in der Klasse `Motorboot` nicht neu zu definieren, sondern können durch Ableitung von der Basisklasse `Boot` übernommen werden.

Eine solche Klassenhierarchie spart nicht nur Tipparbeit. Klassenhierarchien fördern auch die modulare Programmierung, machen Programme übersichtlicher und die Codeentwicklung sicherer, denn wenn Sie Elemente durch Vererbung von einer Basisklasse übernehmen, können Sie sich darauf verlassen, dass die übernommenen Methoden in der Basisklasse korrekt implementiert sind und keine Bugs mehr enthalten.

Vorteile der Vererbung

Wenn Sie die Vererbung in diesem objektorientierten Sinne einsetzen, sparen Sie sich aber nicht nur Tipparbeit und Debuggen. C++ dankt es Ihnen mit einigen weiter reichenden Möglichkeiten:

- Eine abgeleitete Klasse kann die geerbte Funktionalität nicht nur erweitern, sondern auch anpassen – durch Überschreibung geerbter Methoden (siehe Abschnitt 17.4 und Kapitel 18.2).
- Da ein Objekt der abgeleiteten Klasse auch als ein Objekt der Basisklasse angesehen werden kann, erlaubt C++ die Umwandlung eines Objekts einer abgeleiteten Klasse in ein Objekt einer Basisklasse (siehe Kapitel 18.1.2).
- Man kann spezielle, so genannte abstrakte Klassen aufsetzen, von denen man selbst keine Objekte bilden kann, die man aber als oberste Basisklassen für Klassenhierarchien verwenden kann. Der Sinn solcher Klassen ist es, eine einheitliche Schnittstelle für alle Klassen der Klassenhierarchie vorzugeben (siehe Kapitel 18.3).

17.2.2 Was wird vererbt?

Alles oder nichts!

Die abgeleitete Klasse erbt immer alle Elemente der Basisklasse. Eine selektive Vererbung, bei der der Programmierer festlegt, welche Elemente der Basisklasse an die abgeleitete Klasse weitergereicht werden sollen, gibt es nicht.

Dies entspricht ganz der objektorientierten Ausrichtung der Vererbung. Es geht eben nicht darum, einzelne Methoden und Datenelemente zur Verfügung zu stellen. Vererbt werden Wirkungsgefüge. Die Beziehung, in der die Methoden in der Basisklasse stehen, indem sie auf die Datenelemente ihrer Klasse zugreifen und sich untereinander aufrufen, wird ja mit vererbt und bleibt auch in der abgeleiteten Klasse bestehen. (Sofern das Wirkungsgefüge nicht durch Überschreibung geerbter Methoden aufgebrochen wird – was meist aber keine gute Idee ist.)

Von der Vererbung ausgeschlossen sind ...

Die Behauptung, dass immer alle Elemente vererbt werden, stimmt nicht ganz, denn bestimmte Elemente werden nie vererbt. Es handelt sich dabei größtenteils um Elemente, für die es in der abgeleiteten Klasse definitiv keine Verwendung gibt. Dies sind

- die Konstruktoren
- die Destruktoren
- der Zuweisungsoperator

Friend-Deklarationen werden ebenfalls nicht weitervererbt, da sie keine echten Klassenelemente darstellen.

17.2.3 Wie greift man auf geerbte Elemente zu?

Bei der weiteren Programmierung mit der abgeleiteten Klasse und ihren Instanzen kann man mit den geerbten Elementen in gleicher Weise wie mit den Elementen, die in der abgeleiteten Klasse deklariert wurden, arbeiten.

Grundsätzlich gilt also, dass

Geerbte Elemente verhalten sich alles in allem wie eigene Elemente der abgeleiteten Klasse

- *in den Methoden der abgeleiteten Klasse* die geerbten Datenelemente und geerbten Methoden direkt verwendet werden können.

  »Direkt verwenden« bedeutet dabei, dass Sie auf die Elemente direkt über ihren Namen und nicht auf dem Umweg über einen Instanznamen oder den Namen der Klasse zugreifen können.

  Allerdings gelten die Zugriffsbeschränkungen, die in der Basisklasse festgelegt wurden. Sie können innerhalb der Methoden der abgeleiteten Klasse also auf die geerbten `public`- und `protected`-Elemente zugreifen, nicht aber auf die Elemente, die in der Basisklasse als `private` deklariert wurden (auf diese können Sie nur über den Aufruf geerbter `public`- und `protected`-Methoden zugreifen).

```
// Basisklasse
class Basis
  {
  private:
                              int geheimer_wert;

  public:
                  int oeffentl_wert;

    Basis() {
      geheimer_wert = -374;
      oeffentl_wert = 1000;
      }

    int get_wert() {return geheimer_wert;}
  };

// Abgeleitete Klasse
class Abgeleitet : public Basis
  {
    int eigener_wert;
```

```
public:
  Abgeleitet() {
    eigener_wert = 2;
    }

  int berechnen() {
    int tmp;
    tmp = get_wert();        // Zugriff auf geerbte Methode
                               //greift indirekt auf geerbtes
                               //private-Element zu
    tmp += oeffentl_wert;    // Zugriff auf geerbtes Element
    tmp += eigener_wert;     // Zugriff auf eigenes Element
    return tmp;
    }
};
```

➠ *der Zugriff von außen* wie üblich über den Instanznamen erfolgt.

```
int main()
  {
  class Abgeleitet obj;

  // Zugriff auf public-Element
  cout << obj.berechnen() << endl;

  // Zugriff auf geerbtes public-Element
  cout << obj.get_wert() << endl;

  // Fehler: Zugriff auf private Element
  // cout << obj.eigener_wert << endl;

  // Fehler: Zugriff auf geerbtes private Element
  // cout << obj.geheimer_wert << endl;

  return 0;
  }
```

17.2.4 Welche Zugriffsspezifizierer haben geerbte Elemente in der abgeleiteten Klasse?

Die einfache Antwort auf diese Frage lautet, dass die Zugriffsrechte der Elemente mit vererbt werden.

Ein Element, das in der Basisklasse als `public` deklariert ist, ist also auch in der abgeleiteten Klasse `public`, ein Element, das in der Basisklasse als `protected` deklariert ist, ist auch in der abgeleiteten Klasse `protected`, ein Element, das in der Basisklasse als `private` deklariert ist, ist auch in der abgeleiteten Klasse `private`.

Dieses einfache Schema gilt aber nur dann, wenn die Basisklasse als `public`-*Basisklasse vererbt wurde. Wie sich die Zugriffsrechte für* `protected`- *und* `private`-*Basisklassen verändern, wird Thema des Abschnitts 17.3 sein.*

17.2.5 Ein Beispiel

Das folgende Beispiel enthält eine einfache Klassenhierarchie mit der Basisklasse `Mitarbeiter` und den drei abgeleiteten Klassen `Lehrling`, `Angestellter` und `Geschaeftsfuehrer`.

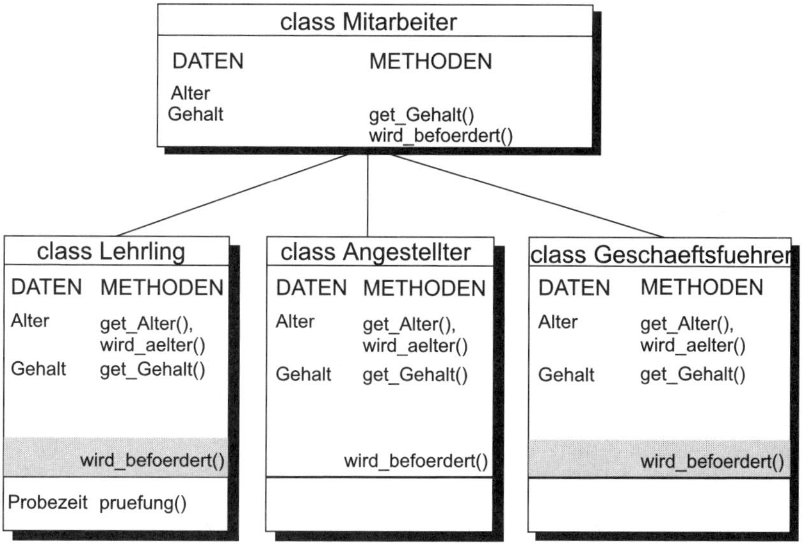

Abbildung 17.2: Die Mitarbeiter-Hierarchie

- Die Klasse `Angestellter` definiert – außer einem Konstruktor – keine eigenen Elemente, sondern übernimmt nur die Elemente der Klasse `Mitarbeiter`.

  Im Grunde könnte man sich diese Ableitung also sparen. Die Einschaltung der Klasse `Angestellter` hat aber auch ihre Vorteile. Der Aufbau der Klassenhierarchie wird übersichtlicher und der Programmierer braucht bei der Instanzbildung nicht auf die Basisklasse `Mitarbeiter` zurückzugreifen. Man könnte dieses Konzept sogar noch weiter unterstützen, indem man aus `Mitarbeiter` eine abstrakte Basisklasse macht (siehe Kapitel 18.3). Da der Compiler die Erzeugung von Objekten von abstrakten Basisklassen nicht erlaubt, könnte man den Programmierer auf diese Weise sogar zwingen, alle Mitarbeiter von einer der abgeleiteten Klassen zu bilden.

- Die Klasse `Geschaeftsfuehrer` überschreibt die Methode `wird_befoerdert()`, um dem Umstand Rechnung zu tragen, dass Gehaltserhöhungen für Geschäftsführer meist etwas üppiger ausfallen.

Damit sichergestellt ist, dass für Objekte vom Typ Geschaeftsfuehrer immer die überschriebene Version der Methode wird_befoerdert() aufgerufen wird (und nicht etwa die Version der Basisklasse), wurde die Methode wird_befoerdert() in den Klassen der Klassenhierarchie als virtual deklariert (siehe Kapitel 18.2.2).

- Die Klasse Lehrling überschreibt ebenfalls die Methode wird_befoerdert(), um dem Umstand Rechnung zu tragen, dass Gehaltserhöhungen für Lehrlinge meist etwas dürftiger ausfallen. Zudem enthält die Klasse Lehrling ein zusätzliches Datenelement probezeit.

```
/* Hierarch.cpp einfache Vererbung */
#include <iostream>
using namespace std;

// Basisklasse
class Mitarbeiter
  {
  private:
    int Alter;
  protected:
    int Gehalt;

  public:
    // Konstruktor
    Mitarbeiter(int pAlter, int pGehalt) {
      Alter  = pAlter;
      Gehalt = pGehalt;
      }
    virtual ~Mitarbeiter() {}

    int get_Alter()              {return Alter;}
    void wird_aelter()           {Alter++;}
    int get_Gehalt()             {return Gehalt;}

    // virtuelle Methode zur Ueberschreibung in
    // abgeleiteten Klassen
    virtual void wird_befoerdert() {Gehalt+=1000;}
  };


// Abgeleitete Klassen
class Lehrling : public Mitarbeiter
  {
  int probezeit;

  public:
    Lehrling(int pAlter, int pGehalt)
      : Mitarbeiter(pAlter,pGehalt)
      {probezeit = 2;}

    int pruefung()                 {return 1;}
    virtual void wird_befoerdert()  {Gehalt+=200;}
  };
```

```
class Angestellter : public Mitarbeiter
  {
  public:
    Angestellter(int pAlter, int pGehalt)
      : Mitarbeiter(pAlter,pGehalt) {}
  };

class Geschaeftsfuehrer: public Mitarbeiter
  {
  public:
    Geschaeftsfuehrer(int pAlter, int pGehalt)
      : Mitarbeiter(pAlter,pGehalt) {}

    virtual void wird_befoerdert()   {Gehalt *= 1.2;}
  };


int main()
  {
  // Bildung von Klasseninstanzen
  class Lehrling Dennis(21,1000);
  class Angestellter Ben(27,4000);
  class Geschaeftsfuehrer Boss(32,9000);

  // Anfangsgehaelter anzeigen
  cout << "Dennis \tverdient DM ";
  cout << Dennis.get_Gehalt() << endl;
  cout << "Ben \tverdient DM ";
  cout << Ben.get_Gehalt() << endl;
  cout << "Boss \tverdient DM ";
  cout << Boss.get_Gehalt() << endl;
  cout << endl;

  cout << "Allgemeine Befoerderung\n";
  Dennis.wird_befoerdert();
  Ben.wird_befoerdert();
  Boss.wird_befoerdert();
  cout << endl;

  // Gehaelter anzeigen
  cout << "Dennis \tverdient DM ";
  cout << Dennis.get_Gehalt() << endl;
  cout << "Ben \tverdient DM ";
  cout << Ben.get_Gehalt() << endl;
  cout << "Boss \tverdient DM ";
  cout << Boss.get_Gehalt() << endl;

  return 0;
  }
```

Ausgabe:

```
Dennis  verdient DM 1000
Ben     verdient DM 4000
Boss    verdient DM 9000

Allgemeine Befoerderung

Dennis  verdient DM 1200
Ben     verdient DM 5000
Boss    verdient DM 10800
```

Analyse

Das obige Programm mit seiner kleinen Klassenhierarchie ist sicherlich nicht sonderlich schwer zu verstehen. Trotzdem steckt mehr hinter diesem Programm, als man auf den ersten Blick vermutet. Es demonstriert nicht nur Implementierung und Nutzen der Vererbung, sondern soll Sie gleichzeitig auf drei wesentliche Aspekte aufmerksam machen, in denen sich die Programmierung mit Klassenhierarchien von der üblichen Programmierung mit Klassen unterscheidet:

- den Einsatz des Zugriffsspezifizierers `protected`
- die Einrichtung der geerbten Elemente bei der Instanzbildung
- die Überschreibung geerbter Methoden

Der Zugriffsspezifizierer protected

Im Abschnitt 17.2.3 wurde gesagt, dass geerbte Elemente in abgeleiteten Klassen wie eigene Elemente verwendet werden können. Dies bedeutet aber nicht, dass die geerbten Elemente tatsächlich zu »echten« Elementen der abgeleiteten Klasse werden.

Die geerbten Elemente bilden ein Basisklassen-Unterobjekt

Vielmehr ist es so, dass die geerbten Elemente in der abgeleiteten Klasse ein Basisklassenobjekt bilden. Dies mag für Einsteiger in die objektorientierte Programmierung, die noch mehr in »einzelnen Variablen« als in »Objekten« denken, etwas überraschend kommen, denn ausgerechnet die auffälligsten Charakteristika eines Objekts, der Name des Objekts und der Zugriff auf die Elemente über den Namen (oder einen Zeiger auf das Objekt), entfallen ja. Stattdessen lässt uns der Compiler aus den Methoden der abgeleiteten Klasse direkt auf die geerbten Elemente zugreifen – so als wären die Elemente direkt in der abgeleiteten Klasse deklariert:

```
class Abgeleitet : public Basis
  {
    int eigener_wert;

  public:
     Abgeleitet() {
       eigener_wert = 2;
       }
```

```
    int berechnen() {
      int tmp;
      tmp = get_wert();          // Zugriff auf geerbte Methode
      tmp += oeffentl_wert;      // Zugriff auf geerbtes Element
      tmp += eigener_wert;       // Zugriff auf eigenes Element
      return tmp;
      }
  };
```

Dass die geerbten Elemente in der abgeleiteten Klasse dennoch ein Unterobjekt bilden und den eigenen Elementen der abgeleiteten Klasse keineswegs vollständig gleichberechtigt sind, merkt man beispielsweise daran, dass der Zugriff auf die geerbten Elemente aus den Methoden der abgeleiteten Klasse heraus den Beschränkungen durch die Zugriffsspezifizierer unterliegt, die in der Basisklasse für die Elemente postuliert wurden.

Während eine Methode also auf jedes beliebige Element ihrer eigenen Klassen zugreifen kann, unabhängig davon, ob dieses Element als `public`, `protected` oder `private` deklariert ist, kann sie auf geerbte Elemente nur dann zugreifen, wenn diese in ihrer Klasse (der Basisklasse) in einem `public`- oder `protected`-Abschnitt deklariert wurden.

Dies ist allerdings mehr, als für den Zugriff von außen (über einen Instanznamen) erlaubt ist, denn dieser ist auf `public`-Elemente beschränkt. Der Zugriffsspezifizierer `protected` ist also eine Konzession an die abgeleiteten Klassen.

Wenn Sie ein Element in einem `protected`-Abschnitt deklarieren, heißt dies: »Methoden aus abgeleiteten Klassen dürfen auf dieses Element zugreifen, von außen ist der Zugriff zu verweigern.«

Initialisierung der Basisklassenelemente

Dass die geerbten Elemente in der abgeleiteten Klasse ein Unterobjekt bilden, merkt man auch daran, dass für die Einrichtung und Initialisierung dieser Elemente die Konstruktoren der Basisklasse und nicht die Konstruktoren der abgeleiteten Klasse zuständig sind.

Geerbte Elemente werden von einem Basisklassenkonstruktor eingerichtet

Aus diesem Grunde rufen die Konstruktoren der abgeleiteten Klasse stets den Konstruktor der Basisklasse auf:

```
class Angestellter : public Mitarbeiter
  {
  public:
    Angestellter(int pAlter, int pGehalt)
      : Mitarbeiter(pAlter,pGehalt)    // Basisklassenkonstruktor
      {}
  };
```

Der explizite Aufruf eines Basisklassenkonstruktors ist allerdings nicht immer erforderlich. Verfügt die Basisklasse über einen Standardkonstruktor und genügt einem dieser zur Einrichtung der geerbten Elemente, kann man bei der Deklaration des abgeleiteten Konstruktors auf den expliziten Aufruf des Standardkonstruktors der Basisklasse verzichten, da dieser automatisch vom Compiler aufgerufen wird.

Über das Verhältnis von abgeleitetem Konstruktor und Basisklassenkonstruktor gäbe es zweifelsohne noch eine ganze Menge mehr zu erzählen. Ich verkneife mir dies allerdings für den Moment und verweise Sie auf den Abschnitt 17.5.

Überschreibung geerbter Methoden

Könnte die abgeleitete Klasse die geerbte Funktionalität nur um neue, eigene Elemente erweitern, wäre dies der Nützlichkeit der Vererbung äußerst abträglich.

In der obigen Klassenhierarchie definiert die Basisklasse `Mitarbeiter` beispielsweise eine Methode `wird_befoerdert()`. Dies ist durchaus sinnvoll, denn schließlich ist dies eine »Verhaltensweise«, über die jeder Mitarbeiter verfügt (zumindest hofft jeder Mitarbeiter, dass diese Methode irgendwann auf ihn angewendet wird).

Das Problem ist, dass zwar alle von `Mitarbeiter` abgeleiteten Klassen eine Methode zur Beförderung benötigen, die Implementierung, die durch die Basisklasse vorgegeben wird, aber nicht immer adäquat ist.

Gäbe es keine Möglichkeit, die geerbten Methoden anzupassen, müsste man sich mit einer der folgenden zweitklassigen Lösungen zufrieden geben:

- Die abgeleiteten Klassen behalten die geerbte Methode einfach bei. Dies würde für die obige Klassenhierarchie bedeuten, dass vom Lehrling bis zum Geschäftsführer alle Mitarbeiter in gleicher Weise befördert werden. Diese dürfte den meisten Auftraggebern für ein Programm zur Verwaltung ihrer Mitarbeiter etwas zu egalitär gedacht sein.
- Man greift sich die Basisklasse und schreibt in dieser die Methode `wird_befoerdert()` so um, dass der Betrag, um den das Gehalt erhöht werden soll, der Methode als Parameter übergeben wird. Dies könnte im Einzelfall ein befriedigender Ausweg sein, ist aber keine Lösung für das eigentliche Problem: die Anpassung geerbter Methoden.

Spätestens wenn nicht nur der Betrag angepasst werden soll, sondern auch das Berechnungsverfahren (in der Klasse `Geschaeftsfuehrer` soll sich die Gehaltserhöhung beispielsweise nach dem aktuellen Gehalt richten), dürfte dieser Ansatz zudem in einer Sackgasse enden.

Man setzt in den abgeleiteten Klassen eine eigene Methode auf, beispielsweise `wird_befoerdert_fuer_Lehrlinge()`, `wird_befoerdert_fuer_ Geschaeftsfuehrer()`, etc. Dies widerspricht aber nun völlig der Zielsetzung der objektorientierten Programmierung. Die Verwendung mehrerer Namen für ein und dieselbe Aufgabe trägt nur zur Verwirrung des Programmierers bei und setzt mächtige objektorientierte Konzepte (siehe Polymorphismus) außer Kraft.

Geerbtes Verhalten kann angepasst werden

Die Lösung ist, die geerbte Methode in der abgeleiteten Klasse einfach unter gleichem Namen und mit gleichen Parametern neu zu definieren – ganz so wie es in dem Beispiel *Hierach.cpp* demonstriert wurde.

```
// Basisklasse
class Mitarbeiter
  {
  public:
    ...
    virtual void wird_befoerdert() {Gehalt+=1000;}
  };


// Abgeleitete Klasse
class Geschaeftsfuehrer: public Mitarbeiter
  {
  public:
    Geschaeftsfuehrer(int pAlter, int pGehalt)
      : Mitarbeiter(pAlter,pGehalt) {}


    // Überschreibung der geerbten Methode
    virtual void wird_befoerdert()   {Gehalt *= 1.2;}
  };
```

Die Überschreibung geerbter Methoden ist nicht nur die wichtigste Möglichkeit zur Anpassung geerbter Funktionalität, sie ist auch die Grundlage für ein ganz wesentliches objektorientiertes Konzept: den Polymorphismus. Dem Polymorphismus und der Überschreibung geerbter Methoden wurde daher in diesem Buch ein eigenes Kapitel gewidmet (Kapitel 18).

Im Moment begnügen wir uns damit, festzustellen, dass es die Möglichkeit der Überschreibung überhaupt gibt. Ganz selbstverständlich ist dies nämlich nicht, eigentlich sollten wir danach ja in der abgeleiteten Klasse zwei Definitionen für eine Methode mit gleichem Namen und gleicher Signatur vorliegen haben. Ein Umstand, den der Compiler eigentlich mit einem Fehler quittieren müsste.

Basisklassen-Unterobjekte stellen eigene Gültigkeitsbereiche dar

Die Lösung des Rätsels liegt auch hier wieder darin, dass die geerbten Elemente in der abgeleiteten Klasse im Grunde ein eigenständiges Basisklassenobjekt bilden und die geerbte Methode dem Gültigkeitsbereich dieses inhärenten Basisklassenobjekts angehört, während die in der abgeleiteten Klasse definierte Methode, die die geerbte Methode überschreibt, dem Gültigkeitsbereich der abgeleiteten Klasse angehört.

Wenn die geerbte Methode einem eigenen Gültigkeitsbereich angehört, müsste man sie doch auch nach der Überschreibung noch mithilfe des Gültigkeitsbereichoperators aufrufen können?!

Tatsächlich ist dies ohne Probleme möglich, man muss der Methode nur den Namen ihrer Klasse voranstellen:

```
// Methode aus abgeleiteter Klasse
virtual void wird_befoerdert()
  {
  Mitarbeiter::wird_befoerdert();        // Basisklassenversion
  Gehalt *= 1.2;
  }
```

17.3 Zugriffsbeschränkung bei der Vererbung

Um die Zugriffsbeschränkung bei der Vererbung richtig verstehen zu können, muss man sich erst einmal klar machen, dass es drei Ebenen gibt, von denen aus der Zugriff auf geerbte Klassenelemente erfolgen kann.

Beginnen wir aber mit dem einfacheren Fall einer Klasse, die nicht Teil einer Klassenhierarchie ist. In einem solchen Fall gibt es nur zwei Ebenen:

- *Zugriff aus den Methoden der eigenen Klasse heraus.*

  Hier gelten keinerlei Zugriffsbeschränkungen. Eine Methode kann uneingeschränkt auf alle Elemente ihrer Klasse zugreifen.

- *Zugriff von außerhalb* über den Namen einer Instanz (oder den Namen der Klasse für statische Elemente).

  Von außerhalb kann nur auf die Elemente zugegriffen werden, die in einem `public`-Abschnitt der Klasse deklariert sind.

Kommen wir nun zur Vererbung. Nehmen wir an, A und B seien Klassen, und die Klasse A sei von der Klasse B abgeleitet:

```
class A : public B
```

Für die Elemente der Klasse A, die von B geerbt wurden, gibt es drei Zugriffsebenen. (Achtung! Es geht hier wirklich nur um die Elemente, die A von B geerbt hat und die in A ein Basisklassenobjekt bilden.)

- *Zugriff aus den Methoden der eigenen Klasse B heraus.*

  Die Methoden, die A von der Klasse B geerbt hat, haben freien Zugriff auf alle Elemente, die A von B geerbt hat. Es gilt also weiterhin der Grundsatz, dass eine Methode uneingeschränkt auf alle Elemente ihrer Klasse zugreifen kann.

- *Zugriff aus den Methoden der abgeleiteten Klasse A heraus.*

  Die Methoden, die in der Klasse A deklariert werden, haben freien Zugriff auf die Elemente der eigenen Klasse. Dies schließt die geerbten Elemente allerdings nicht ein. Der Zugriff auf die geerbten Elemente unterliegt den Zugriffsspezifizierern, die in der Definition der Basisklasse B festgelegt wurden.

  Im Vergleich zum Zugriff von außen, können die Methoden der abgeleiteten Klassen aber nicht nur auf `public`-Elemente, sondern auch auf `protected`-Elemente zugreifen, und benötigen dazu keinen Instanznamen, sondern können die Elemente direkt aufrufen.

  Elemente, die in der Basisklasse als `private` deklariert sind, kann die abgeleitete Klasse allerdings nur indirekt, auf dem Umweg über eine `public`- oder `protected`-Methode, aufrufen – vorausgesetzt, die Basisklasse B stellt eine solche Methode zur Verfügung.

- *Zugriff von außerhalb* über den Namen einer Instanz (oder den Namen der Klasse für statische Elemente).

  Jetzt wird es kompliziert. Die abgeleitete Klasse A hat also die Elemente der Klasse B geerbt und muss beim Zugriff auf diese Elemente die Zugriffseinschränkungen aus der Klasse B beachten. Nach außen erscheinen diese Elemente aber als Elemente der Klasse A, und es stellt sich die Frage, welche Zugriffsregelung gilt, wenn man über eine Instanz der Klasse A oder eine von A abgeleitete Klasse auf die Elemente zugreifen will, die A von B geerbt hat?

  Grundsätzlich gelten auch hierbei die Zugriffsrechte, die schon in der Basisklasse B festgelegt wurden.

  Man kann diese Zugriffsrechte aber global weiter einschränken, indem man die Basisklasse als `public`, `protected` oder `private` vererbt, und man kann diese zusätzlichen Einschränkungen für einzelne geerbte Elemente durch Redeklaration in der abgeleiteten Klasse wieder auflockern (siehe unten).

Die Zugriffsspezifizierer für die Vererbung

Die Zugriffsspezifizierer `public`, `protected` und `private` können auch bei der Vererbung eingesetzt werden.

```
class Abgeleitet : public Basis1, private Basis2
```

Die Zugriffsspezifizierer beeinflussen dabei nur den Zugriff auf die *geerbten* Elemente, wenn auf diese von *außerhalb* der abgeleiteten Klasse zugegriffen wird (also über eine Instanz der abgeleiteten Klasse oder eine Klasse, die von der abgeleiteten Klasse abgeleitet ist).

Die Zugriffsspezifizierer der Vererbung können die Zugriffsrechte, die von der Basisklasse vorgegeben wurden, nur verschärfen. Eine Auflockerung ist nicht erlaubt, da ansonsten der Selbstschutz der Basisklasse ausgehebelt würde.

`public` Die Zugriffsrechte werden unverändert von der Basisklasse übernommen.

`protected` Das Attribut `public` in der Basisklasse wird zu `protected` in der abgeleiteten Klasse.

Die abgeleitete Klasse schützt also die geerbten Elemente vor dem Zugriff über ihre eigenen Instanzen. Klassen, die von der abgeleiteten Klasse abgeleitet werden, dürfen dagegen auf die geerbten Elemente zugreifen.

`private` Alle von der Basisklasse geerbten Elemente sind in der abgeleiteten Klasse `private`.

Die abgeleitete Klasse schützt die geerbten Elemente also vor jeglichem Zugriff von außen.

Tabelle 17.1: Zugriffsspezifizierer in der Vererbung

Zugriffsspezifizierer der Vererbung	in Basisklasse	in abgeleiteter Klasse
public	public	public
	protected	protected
	private	private
protected	public	protected
	protected	protected
	private	private

Zugriffsspezifizierer der Vererbung	in Basisklasse	in abgeleiteter Klasse
private	public	private
	protected	private
	private	private

Tabelle 17.1: Zugriffsspezifizierer in der Vererbung (Forts.)

public oder private? – Schnittstelle oder Implementierung?

Wenn Sie eine Basisklasse `public` vererben, erbt die abgeleitete Klasse die Implementierung der Basisklasse (Definition der Instanzvariablen und Methoden) und die öffentliche Schnittstelle der Basisklasse (die von der Basisklasse nach außen zur Verfügung gestellten Elemente werden auch von der abgeleiteten Klasse nach außen zur Verfügung gestellt).

Wenn Sie dagegen eine Basisklasse `private` vererben, erbt die abgeleitete Klasse nur die Implementierung der Basisklasse. Die öffentliche Schnittstelle der abgeleiteten Klasse (die Elemente, die sie nach außen zur Verfügung stellt) ändert sich nicht, d.h., die geerbten Elemente werden nicht öffentlich gemacht.

Dies hat auch Einfluss auf Konvertierungen zwischen Klassenobjekten. Beispielsweise kann ein abgeleitetes Objekt in ein Objekt einer `public`- Basisklasse, nicht aber in ein Objekt einer privaten Basisklasse umgewandeit werden (siehe Kapitel 18.1.2).

Zugriffsbeschränkungen auflockern

Zugriffsbeschränkungen durch die Vererbung können in der abgeleiteten Klasse explizit wieder aufgelockert werden.

Das Problem bei den Zugriffsspezifizierern für die Vererbung ist, dass die Änderungen immer pauschal alle geerbten Elemente betreffen. Möchte man dagegen nur einen Teil der geerbten Elemente vor dem Zugriff von außen schützen oder einzelne `public`-Elemente in `protected`-Elemente und andere in `private`-Elemente umwandeln, kann man den Zugriff bei der Vererbung beschneiden und dann in der abgeleiteten Klasse durch Redeklaration, man spricht hier von Zugriffsdeklaration, für einzelne Elemente auflockern.

Dabei gilt aber, dass man nur die zusätzlichen Zugriffsbeschränkungen durch die Vererbung auflockern kann. Einem geerbten Element in der abgeleiteten Klasse einen weitreichenderen Zugriff zuzuordnen, als ursprünglich in der Basisklasse vorgesehen worden war, ist nicht möglich.

```
class Basis {
        int wert;       // private
    public:
        int b;
    };
 class Abgeleitet: private Basis {
        int wert;
    public:
         Basis::b;      // ist wieder public
    };
```

using Die obige Vorgehensweise ist mittlerweile allerdings veraltet. Die Möglichkeiten zur Zugriffsdeklaration wurden im neuen ANSI-Standard zwar sogar noch ausgebaut, doch empfiehlt der Standard, von dieser Form der Zugriffsdeklaration abzusehen und stattdessen das Schlüsselwort `using` zu verwenden:

```
/* Zgrfdekl.cpp   Redeklaration der Zugriffsrechte */
#include <iostream>
using namespace std;

class Basis {
  public:
    int wert;
    int get_wert()      {return wert;}

    Basis()             {wert = 333;}
    virtual ~Basis()    {}
  };

// private Vererbung
class Abgeleitet : private Basis
  {
  public:
    using Basis::wert;
    using Basis::get_wert;
  };


int main()
  {
  class Abgeleitet obj;

  //Zugriff auf geerbte Elemente
  cout << obj.wert << endl;
  cout << obj.get_wert() << endl;

  return 0;
  }
```

17.4 Abgeleitete Klassen anpassen

Ableitung bedeutet nicht nur, dass man die Elemente der Basisklasse übernimmt, es bedeutet auch, dass man die von der Basisklasse übernommene Funktionalität erweitert und anpasst. Eine abgeleitete Klasse kann man daher auch als Erweiterung und Spezialisierung ihrer Basisklasse(n) ansehen.

Für die Anpassung der ererbten Funktionalität stehen dem Programmierer folgende Möglichkeiten zur Verfügung:

- *Erweiterung*
  In der abgeleiteten Klasse können neue Elemente (Datenelemente wie Methoden) deklariert werden.
- *Überschreibung*
  Geerbten Methoden, deren Implementierung in der Basisklasse für die abgeleitete Klasse nicht mehr adäquat ist, können in der abgeleiteten Klasse überschrieben werden. Die abgeleitete Klasse behält dabei den Namen und die Parameter der Methode bei und definiert einen eigenen Anweisungsteil.

  Die geerbte Methode kann danach nur noch über die vollständige Qualifizierung mit ihrem Klassennamen aufgerufen werden.

  Siehe Kapitel 18.
- *Verdeckung und Überladung*
  Die direkte Überladung von geerbten Methoden ist nicht möglich.

  Wenn Sie in der abgeleiteten Klasse eine Methode definieren, die den gleichen Namen trägt wie eine geerbte Methode, aber eine andere Signatur aufweist (andere Parametertypen und/oder -anzahl), führt dies nicht zur Überladung, sondern zur Verdeckung der geerbten Methode.

  Die geerbte Methode kann danach nur noch über die vollständige Qualifizierung mit ihrem Klassennamen aufgerufen werden.
- *Veränderung der Zugriffsrechte*
  Die Zugriffsrechte für den Zugriff von außen auf die geerbten Elemente der abgeleiteten Klasse können durch die Zugriffsspezifizierer der Vererbung global verschärft und durch Redeklaration der Zugriffsrechte in der abgeleiteten Klasse für einzelne Datenelemente aufgelockert werden.

  Siehe Abschnitt 17.3.

Elemente löschen
Geerbte Elemente aus der abgeleiteten Klasse zu löschen, ist nicht möglich!

INFO

Bis auf bestimmte Elemente, die grundsätzlich nicht vererbt werden (siehe Abschnitt 17.2.2), erbt die abgeleitete Klasse immer alle Elemente der Basisklasse.

Gibt es tatsächlich geerbte Elemente, die in der abgeleiteten Klasse nicht nur nicht benötigt werden, sondern sogar stören, und deren Aufruf Sie verhindern wollen,

- *sollten Sie zuerst die Vererbung überdenken – unter Umständen liegt hier ein Design-Fehler vor,*
- *können Sie den Zugriff von außen durch* `private`*-Vererbung unterbinden,*
- *können Sie, falls es sich um eine geerbte Methode handelt, diese überschreiben oder verdecken. (Vorsicht bei virtuellen Methoden!)*

17.5 Vererbung und Konstruktor

Wie Sie aus Kapitel 16 wissen, ist die Instanzbildung von Klassenobjekten immer mit dem Aufruf eines Konstruktors der Klasse verbunden (wurde in der Klasse kein Konstruktor definiert, weist der Compiler der Klasse automatisch einen Standardkonstruktor mit leerem Anweisungsteil zu, siehe Kapitel 16.6.1).

Dies gilt natürlich auch für abgeleitete Klassen. Es stellt sich dabei allerdings die Frage, welcher Konstruktor zur Einrichtung der geerbten Elemente aufgerufen wird?

!! STOP

Elemente, die von einer Basisklasse geerbt wurden, bilden in der abgeleiteten Klasse ein Basisklassenobjekt und werden durch einen Konstruktor ihrer eigenen Klasse eingerichtet.

Durch das folgende kleine Programm können Sie sich leicht davon überzeugen:

```
/* BKonstr.cpp   Basisklassenkonstruktor */
#include <iostream>
using namespace std;

class Basis {
  public:
    int wert;

    Basis()          {wert = 333;}
    virtual ~Basis() {}
  };

class Abgeleitet : public Basis
  {
  };
int main()
  {
```

```
class Abgeleitet obj;

//Zugriff auf geerbte Elemente
cout << "Wert = " << obj.wert << endl;

return 0;
}
```

Ausgabe:

```
Wert = 333
```

Analyse

Über welche Elemente verfügt die Klasse `Abgeleitet`?

Über das geerbte Element `wert` und die Standardelemente, die der Compiler für die Klasse erzeugt (von denen die wichtigsten der Konstruktor und der Destruktor sind).

Der Standardkonstruktor, den der Compiler für die Klasse `Abgeleitet` erzeugt, führt allerdings keine Initialisierungen durch. Dass bei der Ausgabe das Datenelement `obj.wert` den Wert `333` enthält, kann also nur daran liegen, dass dieses Element durch den Basisklassenkonstruktor

```
Basis()             {wert = 333;}
```

initialisiert wurde.

17.5.1 Einrichtung der geerbten Elemente

Wann immer ein Objekt einer abgeleiteten Klasse erzeugt wird, werden zuerst die in dem Objekt enthaltenen Basisklassenobjekte erzeugt und initialisiert.

Grundsätzlich gibt es für den Programmierer drei Möglichkeiten, die Basisklassenobjekte einrichten und initialisieren zu lassen:

1. Nutzung des Standardkonstruktors der Basisklasse

```
class Basis {
  public:
    int b_wert;

    Basis()             { b_wert = 333;}
  };

class Abgeleitet : public Basis {
  public:
    int abg_wert;
```

```
    Abgeleitet(int i)        { abg_wert = i;}
  };

int main()
  {
  class Abgeleitet obj(11);
```

In diesem Fall kümmert sich die abgeleitete Klasse überhaupt nicht um die Einrichtung und Initialisierung der geerbten Elemente, sondern überlässt dies dem Compiler, der automatisch im Zuge der Instanzbildung für Objekte der Klasse `Abgeleitet` den Standardkonstruktor der Basisklasse aufruft (Voraussetzung ist natürlich, dass ein Standardkonstruktor für die Basisklasse verfügbar ist, siehe Kapitel 16.6.1).

Den Konstruktor der Klasse `Abgeleitet` hätte man auch als

```
Abgeleitet(int i) : Basis()      { abg_wert = i;}
```

schreiben können, um deutlicher anzuzeigen, dass der Standardkonstruktor der Basisklasse aufgerufen wird.

2. Aufruf eines speziellen Konstruktors der Basisklasse

```
class Basis {
  public:
    int b_wert;

    Basis()          { b_wert = 333;}
    Basis(int n)     { b_wert = n;}
  };

class Abgeleitet : public Basis {
  public:
    int abg_wert;

    Abgeleitet(int i)                      { abg_wert = i;}
    Abgeleitet(int i, int n) : Basis(n)    { abg_wert = i;}
  };

int main()
  {
  class Abgeleitet obj(1,2);
```

Der zweite Konstruktor der Klasse `Abgeleitet` ruft hier explizit den zweiten Konstruktor der Basisklasse zur Initialisierung der geerbten Elemente auf und übergibt diesem eines seiner Argumente (siehe auch Kapitel 16.2.2).

3. Reinitialisierung der geerbten Elemente im Konstruktor der abgeleiteten Klasse

```
class Basis {
  public:
    int b_wert;
```

```
    Basis()          { b_wert = 333;}
  };

class Abgeleitet : public Basis {
  public:
    int abg_wert;

    Abgeleitet(int i)                    { abg_wert = i;
                                           b_wert   = 0;}
  };

int main()
  {
  class Abgeleitet obj(11);
```

Schließlich kann man im Konstruktor der abgeleiteten Klasse den geerbten Elementen neue Werte zuweisen.

Auf diese Weise kann man die durch die Basisklassenkonstruktoren vorgesehene Initialisierung an die Bedürfnisse der abgeleiteten Klasse anpassen oder den Code einfach übersichtlicher gestalten, indem man alle wichtigen Initialisierungen in einem Ausführungsteil zusammenfasst.

Beachten Sie aber, dass

- dies nichts daran ändert, dass die geerbten Elemente zuvor von einem Konstruktor ihrer eigenen Klasse eingerichtet werden,
- der Konstruktor der abgeleiteten Klasse im Gegensatz zum Konstruktor der Basisklasse auf Elemente, die in der Basisklasse als `private` deklariert sind, nicht zugreifen kann. Die Basisklasse kann also selbst steuern, für welche Datenelemente sie eine Reinitialisierung im Konstruktor der abgeleiteten Klasse zulässt.

Klassen mit mehreren direkten Basisklassen

Wird eine Klasse von mehreren direkten Basisklassen abgeleitet, beispielsweise

```
class B1 {...};
class B2 {...};
class A: public B1, public B2 {...};
```

werden deren Konstruktoren in der Reihenfolge ihrer Auflistung bei der Vererbung abgearbeitet. Zuletzt wird der Anweisungsteil des Konstruktors der abgeleiteten Klasse ausgeführt.

Klassen mit direkten und indirekten Basisklassen

Wird eine Klasse von einer Basisklasse abgeleitet, die selbst wieder von einer anderen Klasse abgeleitet ist, beispielsweise

```
class B1 {...};
class B2: public B1 {...};
class A:  public B2 {...};
```

wird zur Einrichtung des Basisklassenobjekts `B2` der Konstruktor von `B2` aufgerufen. Da das `B2`-Objekt selbst wieder ein Basisklassenobjekt der Klasse `B1` enthält, wird als Nächstes dessen Konstruktor aufgerufen und ausgeführt. Dann wird der Anweisungsteil des `B1`-Konstruktors und zuletzt der Anweisungsteil des Konstruktors der Klasse `A` ausgeführt.

17.5.2 Vom Wert des Standardkonstruktors

Wenn Sie Klassen implementieren, von denen Sie wissen, dass diese als Basisklassen für andere Klassen verwendet werden, sollten Sie diese mit einem Standardkonstruktor ausstatten.

Auf diese Weise brauchen sich Programmierer, die von Ihrer Basisklasse ableiten, beim Aufsetzen der Konstruktoren für die abgeleitete Klasse keine Gedanken um den korrekten Aufruf eines passenden Basisklassenkonstruktors und die Weiterreichung von Argumenten an den Basisklassenkonstruktor zu machen, sondern können ganz auf die automatische Einrichtung der geerbten Elemente durch den Compiler und den Standardkonstruktor vertrauen.

Umgekehrt können Sie durch Weglassen des Standardkonstruktors Programmierer, die von Ihrer Basisklasse ableiten, dazu zwingen, sich Gedanken um den Aufruf eines passenden Basisklassenkonstruktors zu machen.

17.5.3 Aufruf spezieller Basisklassenkonstruktoren

Welcher Konstruktor zur Initialisierung der geerbten Elemente aufgerufen werden soll, wird bei der Deklaration der Konstruktoren der abgeleiteten Klasse festgelegt.

Wie man bei der Vererbung an den Namen der abgeleiteten Klasse mit einem einfachen Doppelpunkt eine durch Kommata getrennte Liste der Basisklassen anhängt, kann man an den Namen eines Konstruktors mithilfe eines einfachen Doppelpunktes eine Konstruktorliste zur Initialisierung der geerbten Basisklassenobjekte anhängen.[4]

4 Die Konstruktorliste dient zudem der Initialisierung eingebetteter Objekte und konstanter Datenelemente, siehe Kapitel 16.2.3.

```
class Basis1 {
    int b1_wert;

  public:
    Basis1(int n)        { b1_wert = n;}
  };

class Basis2 {
    int b2_wert;

  public:
    Basis2(int n)        { b2_wert = n;}
  };

class Abgeleitet : public Basis1, public Basis2 {
  public:
    int abg_wert;

    Abgeleitet(int i, int b1, int b2) : Basis1(b1), Basis2(b2)
      {
      abg_wert = i;
      }
  };
```

Da bei der Erzeugung eines Objekts der abgeleiteten Klasse nur der Konstruktor der abgeleiteten Klasse aufgerufen wird, muss dieser die Argumente für die Basisklassenkonstruktoren übernehmen und weiterreichen.

```
int main()
  {
  class Abgeleitet obj(1,2,3);
```

17.5.4 Der Destruktor

Geerbte Elemente werden vom Destruktor der Basisklasse aufgelöst

In gleicher Weise wie die in einer abgeleiteten Klasse eingeschlossenen Basisklassenelemente durch einen Konstruktor der eigenen Klasse eingerichtet und initialisiert werden, werden sie auch durch den Destruktor der eigenen Klasse aufgelöst.

Da der Destruktor aber mangels Parameter nicht überladen werden kann und daher jede Klasse über genau einen Destruktor verfügt, erübrigt sich hier die explizite Auswahl eines Destruktors, und man überlässt den Destruktoraufruf für die geerbten Elemente gänzlich dem Compiler.

Destruktoren von Basisklassen sollten als virtual deklariert werden

Bezüglich des Destruktors gilt es aber, noch einen ganz anderen Aspekt zu beachten: Die Destruktoren von Basisklassen (oder allgemein von Klassen, die irgendwann einmal als Basisklassen eingesetzt werden könnten) sollten grundsätzlich als `virtual` deklariert werden. Die Gründe hierfür werden wir in Kapitel 18 klären, wenn wir abgeleitete Objekte als Basisklassenobjekte behandeln. Im Moment merken Sie sich einfach, dass man Basisklassendestruktoren als `virtual` deklarieren sollte.

Der vom Compiler erzeugte Destruktor reicht nicht

Da der vom Compiler zugewiesene Standarddestruktor nicht virtuell ist, bedeutet dies, dass man auch für Basisklassen, deren Auflösung mit keinerlei besonderem Code verbunden ist, einen eigenen Destruktor definieren muss:

```
virtual ~classname()  {}
```

17.6 Beziehung zwischen abgeleiteter Klasse und Basisklasse

Nach dem Studium der vorangehenden Unterkapitel sollten Sie mit den syntaktischen Regeln und semantischen Möglichkeiten der Vererbung einigermaßen vertraut sein, und ein gewisses Gefühl für den Nutzen und den sinnvollen Einsatz der Vererbung sollte sich bereits eingestellt haben.

Das Prinzip der Vererbung ist ja auch nicht sonderlich schwer zu verstehen, ahmt es doch im Wesentlichen die Art und Weise nach, in der unser Verstand reale Objekte kategorisiert und in Hierarchien zunehmender Abstraktion einordnet.

Hat man das Prinzip erst einmal verstanden, besteht der nächste Schritt darin, sich mit den vielfältigen syntaktischen Details und Besonderheiten der Vererbung vertraut zu machen und den Grundkonzepten nachzuspüren, auf denen die Vererbung in C++ basiert.

Mit den Details und Besonderheiten haben wir uns schon ausführlich auseinandergesetzt. Die Grundkonzepte wurden dagegen ein wenig vernachlässigt, auch wenn sie schon mehrfach zur Erklärung syntaktischer Besonderheiten herangezogen wurden. Fortgeschrittene C++-Programmierer werden damit sicherlich keine Schwierigkeiten haben, doch Neulingen in der objektorientierten Programmierung fehlt dabei der klärende Überblick. Aus diesem Grunde möchte ich die wichtigsten Grundprinzipien an dieser Stelle noch einmal zusammenfassen:

1. Eine Basisklasse vererbt – mit Ausnahme der Konstruktoren, des Destruktors, des Zuweisungsoperators und der Friend-Deklaration – stets alle Elemente. Eine selektive Vererbung ist nicht möglich.
2. Geerbte Methoden können durch Überschreibung angepasst werden. Dies führt zur Polymorphie, einer wichtigen Option objektorientierter Klassenhierarchien, mit der wir uns in Kapitel 18 beschäftigen werden.
3. Die Elemente, die eine abgeleitete Klasse A von einer Basisklasse B erbt, bilden in der Klasse A eine Art Basisklassenobjekt.

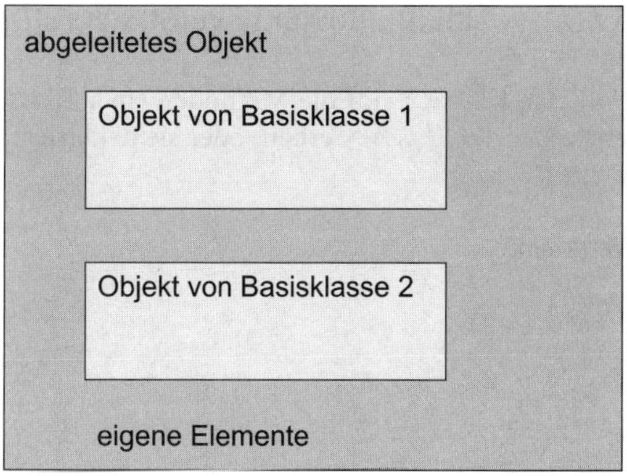

Abbildung 17.3: Geerbte Elemente als Unterobjekte

Für ein korrektes Verständnis der Vererbung ist dies der wichtigste Punkt überhaupt, denn hierauf gründen eine ganze Reihe weiterer Konzepte:

- Bei der Instanzbildung von Objekten abgeleiteter Klassen wird zur Einrichtung der geerbten Basisklassenobjekte stets ein Konstruktor der Basisklasse herangezogen.
- Entsprechend wird bei der Auflösung von Objekten abgeleiteter Klassen zur Auflösung der geerbten Basisklassenobjekte stets der Destruktor der Basisklasse herangezogen.
- Der Zugriff auf die geerbten Elemente aus den Methoden der abgeleiteten Klasse heraus unterliegt den Zugriffsspezifizierern aus der Deklaration der Basisklasse.
- Objekte abgeleiteter Klassen können als Objekte ihrer Basisklassen aufgefasst werden.
  In der Praxis bedeutet dies, dass man einem Zeiger auf den Typ einer Basisklasse auch die Adressen von Objekten abgeleiteter Klassen zuweisen und dass man diesen Zeiger wieder in den Typ der abgeleiteten Klasse umwandeln kann. Dies heißt nichts anderes, als dass ein Objekt einer abgeleiteten Klasse für eine Zeit als Objekt einer seiner Basisklassen und dann wieder als Objekt der eigenen Klasse angesehen wird.

Dies klingt, als wäre es recht kompliziert und nur von geringer praktischer Bedeutung. Dass gerade das Gegenteil der Fall ist, werde ich Ihnen in Kapitel 18 beweisen.

Die Umwandlung eines abgeleiteten Objekts in eines seiner Basisklassenobjekte funktioniert allerdings nur dann, wenn dieses Basisklassen-Unterobjekt im abgeleiteten Objekt eindeutig identifizierbar und erreichbar ist.

INFO

17.7 Elementobjekte versus Vererbung

Soll eine Klasse Y auf die Methoden einer Klasse X Zugriff haben, kann sie entweder die Klasse X erben, oder sie deklariert ein Elementobjekt vom Typ `class X`.

Vererbung

```
class X
   {
   ...
   };

class Y: public class X
   {
   ...
   };
```

Einbettung

```
class X
   {
   ...
   };

class Y
   {
   class X  var;
   ...
   };
```

Vererbung bringt Ihnen die Vorteile des Polymorphismus, der Zugriffsbeschneidungen und die Möglichkeit, Instanzen der abgeleiteten Klasse wie Objekte der Basisklasse zu behandeln. Die Verwendung von Elementobjekten ist dagegen einfacher und besser zu überschauen.

Sind Sie sich einmal unschlüssig, ob Sie die Funktionalität einer Klasse auf dem Weg über die Vererbung oder durch die Deklaration eines Elementobjekts zur Verfügung stellen, versuchen Sie sich klar zu machen, in welcher Beziehung die Objekte, die die Klassen repräsentieren, zueinander stehen.

Wenn Sie beispielsweise der Klasse Y die Funktionalität der Klasse X zur Verfügung stellen wollen, dann stellen Sie sich einfach die Frage:

> »Kann man ein Objekt der Klasse Y auch als ein Objekt der Klasse X betrachten, oder sieht es vielmehr so aus, dass zu einem Objekt der Klasse Y auch ein Objekt der Klasse X gehört?«

Auf einen kurzen Nenner gebracht, heißt das

»ist ein Y ein X« (Vererbung)

oder

»enthält Y ein X« (Einbettung)

Beispiel

Angenommen, Sie haben drei Klassen:

`Auto`, `Motor` und `Sportwagen`

Diese wollen Sie jetzt sinnvoll zueinander in Beziehung setzen. Die Klasse `Auto` ist ganz allgemein gehalten und kann jeden Typ von motorisiertem Fahrzeug mit vier Rädern vertreten. Die Klasse `Sportwagen` ist weiter spezialisiert und repräsentiert nur bestimmte Fahrzeuge, eben Sportwagen und keine LKWs oder Limousinen. Trotzdem ist jeder Sportwagen auch ein Auto. Es liegt also nahe, die Klasse `Sportwagen` von der Klasse `Auto` abzuleiten.

»Ein Sportwagen ist ein Auto« (Vererbung)

Wie sieht es mit der Klasse `Motor` aus? Jedes Objekt der Klasse `Sportwagen` verfügt über einen `Motor`, ein Motor ist also ein Element eines Sportwagens. Eine hierarchische Beziehung besteht dagegen nicht zwischen den beiden Klassen, denn niemand wird behaupten, dass man einen Sportwagen auch als Motor betrachten kann. Es liegt also nahe, eine Instanz der Klasse `Motor` als Elementobjekt in der Klasse `Sportwagen` zu definieren.

»Ein Auto enthält einen Motor« (Einbettung)

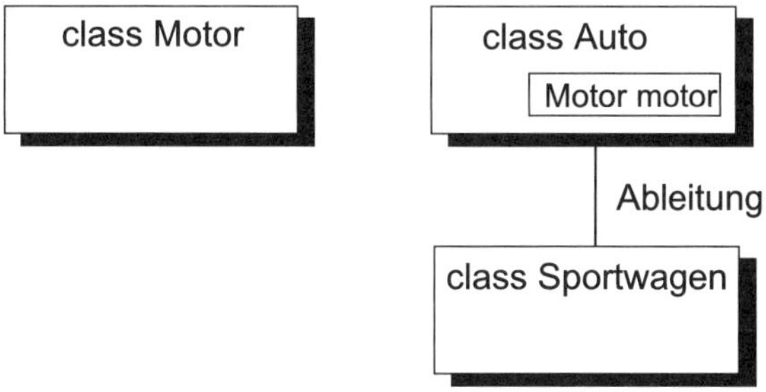

Abbildung 17.4: Einbettung und Ableitung

In diesem Fall hätten wird die Beziehung zwischen den Klassen korrekt und sinnvoll hergestellt, aber wenig Nutzen aus den Möglichkeiten der Vererbung gezogen. Tatsächlich ist ein Motor ja bereits ein Element jeden Autos. Es ist daher sinnvoll, die Instanz der Klasse `Motor` als Element der Klasse `Auto` zu deklarieren und dann an die Klasse `Sportwagen` weiter zu vererben. Ein passender Konstruktor der Klasse `Sportwagen` kann dann den Konstruktor der Klasse `Motor` aufrufen, um den Motor mit PS-Werten zu initialisieren, die ihn als Motor eines Sportwagens auszeichnen.

```
/* Elemobj.cpp   Vererbung und Einbettung  */
#include <iostream>
using namespace std;

class Motor
  {
    int PS;
    int kmh;

  public:
    Motor(int PS_zahl, int MaxGeschw)
      {
      PS  = PS_zahl;
      kmh = MaxGeschw;
      }
    virtual void get_Daten()
      {
      cout << PS  << " PS"   << endl;
      cout << kmh << " km/h" << endl;
      }
  };

class Auto
  {
    int raeder;
    int sitze;
    Motor motor;

  public:
    Auto(int anz_sitze, int PS, int kmh) : motor(PS, kmh)
      {
      raeder = 4;
      sitze  = anz_sitze;
      }
    virtual ~Auto()              {};
    virtual int starten()        {};
    virtual int beschleunigen()  {};
    virtual int bremsen()        {};
    virtual void get_Daten()
      {
      cout << raeder << " Raeder" << endl;
      cout << sitze  << " Sitze"  << endl;
      motor.get_Daten();
      }
  };

class Sportwagen : public Auto
  {
    bool spoiler;
```

```
45:  public:
46:    Sportwagen(bool hat_spoiler, int sitze, int PS, int kmh)
47:             : Auto(sitze, PS, kmh)
48:             {spoiler  = hat_spoiler;}

49:    virtual void get_Daten()
50:      {
51:      cout << "Dieser Maserati hat folgende Daten:\n\n";
52:      Auto::get_Daten();
53:      if(spoiler)
54:         cout << "Mit Spoiler\n";
55:         else
56:         cout << "Ohne Spoiler\n";
57:      }
58:  };


59: int main(int argc, char **argv)
60:  {
61:  Sportwagen maserati(true, 2, 500, 320);
62:  maserati.get_Daten();

63:  return 0;
64:  }
```

Ausgabe:

```
Dieser Maserati hat folgende Daten:

4 Raeder
2 Sitze
500 PS
320 km/h
Mit Spoiler
```

Analyse

So könnte also eine Implementierung der oben beschriebenen Klassenhierarchie aussehen. Ich denke, die Beziehung zwischen den Klassen `Auto`, `Motor` und `Sportwagen` dürfte bereits klar sein, sodass ich obige Ausführungen nicht noch einmal wiederholen muss. Stattdessen möchte ich Ihre Aufmerksamkeit auf einige Punkte lenken, die wir bereits in den vorangehenden Abschnitten besprochen haben und die hier noch einmal auftauchen:

Basiskonstruktor aufrufen

In Zeile 46 sehen Sie, wie der Konstruktor der Klasse `Sportwagen` Argumente an den Konstruktor der Basisklasse `Auto` weiterreicht.

Konstruktor für Elementobjekt aufrufen

Ähnlich wie beim Aufruf eines Basiskonstruktors ruft in Zeile 26 der Konstruktor der Klasse `Auto` den Konstruktor für die eingeschlossene Instanz `motor` auf.

Deklaration virtueller Methoden

Die Klasse Auto definiert drei virtuelle Methoden: starten(), beschleunigen() und bremsen(). Ich habe hier mehr aus Faulheit als aus Notwendigkeit keine ordentliche Implementierung für diese Methoden vorgegeben. Allerdings sollte wohl jedes Auto über diese drei Methoden verfügen, weshalb es Sinn macht, sie in der Klasse Auto zu deklarieren. Durch die Deklaration als virtual werden sie für die Überschreibung in den abgeleiteten Klassen vorbereitet, damit diese eigene Implementierungen dieser Methoden vorsehen können (die Überschreibung virtueller Methoden wird Thema des Kapitels 18 sein).

Überschriebene Basisfunktionen aufrufen

Alle drei Klassen definieren eine Methode namens get_Daten(), die zur Ausgabe der private-Datenelemente der Klasse dient.

In Zeile 39 sehen Sie, wie die Methode get_Daten() der Klasse Auto die Methode get_Daten() ihrer motor-Instanz aufruft. Beide Methoden sind vollkommen unabhängig voneinander.

Anders liegt der Fall in Zeile 49. Die Methode get_Daten() der Klasse Sportwagen überschreibt die von Auto geerbte Methode get_Daten(). Für die korrekte Implementierung der Überschreibung wurden daher beide Methoden in ihren Klassen als virtual deklariert. Um allerdings auch die private-Datenelemente auszugeben, die in der Klasse Auto definiert sind, muss in der Methode get_Daten() der Klasse Sportwagen auch die überschriebene, geerbte Methode get_Daten() aufgerufen werden. Erreicht wird dies durch die Voranstellung des Klassennamens und des Gültigkeitsbereichsoperators vor dem Namen der Methode (siehe Zeile 52).

17.8 Mehrfachvererbung

Mehrfachvererbung liegt vor, wenn eine Klasse von mehreren direkten Basisklassen abgeleitet wird

```
class KLASSENNAME :    [public,protected,private] BASISKLASSE1,
                       [public,protected,private] BASISKLASSE2,
                       ...
  {
  Klassendefinition
  };
```

Hat man erst einmal die Regeln der einfachen Vererbung durchschaut, stellt die mehrfache Vererbung keine große Schwierigkeit mehr dar. Tatsächlich müssten wir uns mit dem Thema Mehrfachvererbung gar nicht näher beschäftigen, wenn es da nicht einige Sonderfälle gäbe, die nur bei der

Mehrfachvererbung auftauchen und die Programmierer und Compiler-Hersteller vor ganz neue Probleme und Aufgaben stellen.

1. Der erste Sonderfall tritt ein, wenn in zwei oder mehr Basisklassen gleich lautende Elemente verwendet werden.
2. Der zweite, schwerwiegendere Fall liegt vor, wenn eine indirekte Basisklasse auf dem Weg über die direkten Basisklassen mehrfach vererbt wird.

INFO

Das klingt alles gar nicht so schrecklich problematisch, doch die Erfahrung lehrt, dass die Mehrfachvererbung schnell zu Verwicklungen und Abhängigkeiten führt, die vom Programmierer nur schwer zu überblicken sind. Auf der anderen Seite lässt sich die Mehrfachvererbung in vielen Fällen vermeiden, weswegen ihr Wert zumindest fragwürdig erscheint. In Java hat man aus diesen Gründen vollkommen auf die Mehrfachvererbung von Klassen verzichtet und erlaubt als Ersatz lediglich die Mehrfachvererbung der so genannten Interfaces, einem javaspezifischen Konzept, das in C++ abstrakten Klassen mit ausschließlich rein virtuellen Methoden entspricht.

17.8.1 Basisklassen mit gleich lautenden Elementen

Wenn Sie eine Klasse von mehr als einer direkten Basisklasse ableiten, besteht die Gefahr, dass in diesen Basisklassen gleich lautende Elemente definiert sind. In der abgeleiteten Klasse führt dies dann zu einem Namenskonflikt. Der Namenskonflikt an sich stellt dabei gar kein so großes Problem dar, denn er kann mithilfe des Gültigkeitsbereichsoperators leicht gelöst werden. Mehrfach vererbte Elemente können aber auch schnell zu einem Design-Problem werden, und das ist dann meist nicht so elegant zu lösen.

Zwei gleich lautende Datenelemente, die beide benötigt werden:

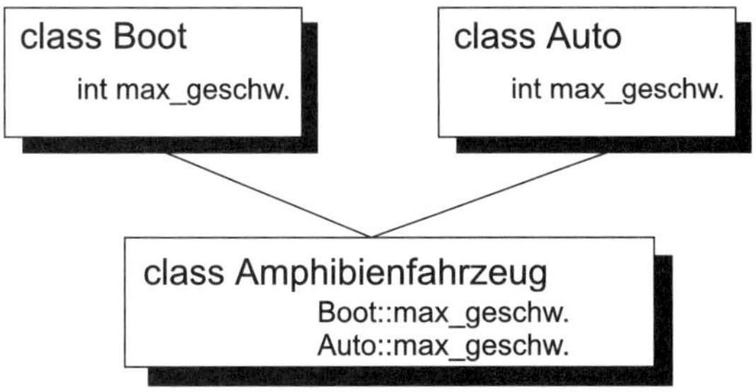

Angenommen, Sie haben eine Klasse `Boot` mit der Eigenschaft `max_geschw` und eine Klasse `Auto`, in der ebenfalls ein Datenelement `max_geschw` deklariert ist.

```
class Boot {
  private:
    int max_geschw;
    ...
  }

class Auto {
  private:
    int max_geschw;
    ...
  }
```

Wenn Sie nun eine Klasse `Amphibienfahrzeug` implementieren wollen, bietet es sich an, diese von den Klassen `Boot` und `Auto` abzuleiten. In der Klasse `Amphibienfahrzeug` gibt es das Datenelement `max_geschw` dann allerdings zweimal.

Namenskonflikte durch Qualifizierung lösen

Wenn Sie die maximale Geschwindigkeit in der Klasse `Amphibienfahrzeug` abfragen wollen, müssen Sie sich für eine der Maximalgeschwindigkeiten als Boot oder als Auto entscheiden und auf diese über den Namen ihrer Basisklasse zugreifen:

```
class Amphibienfahrzeug: public Boot, public Auto {
  public:
   Amphibienfahrzeug() {
     Boot::max_geschw = 15;     // Knoten
     Auto::max_geschw = 130;    // km/h
     }
  ...
```

Dies ist immerhin noch besser, als wenn Sie die Maximalgeschwindigkeit in den Klassen `Boot` und `Auto` mit unterschiedlichen Bezeichnern verbunden hätten:

```
class Boot {
  private:
    int max_geschw;
    ...
  }

class Auto {
  private:
    int max_geschwindigkeit;
    ...
  }
```

Dies führt in der abgeleiteten Klasse zwar zu keinem Namenskonflikt, dafür zu noch schwieriger zu verstehendem Code:

```
class Amphibienfahrzeug: public Boot, public Auto {
  public:
   Amphibienfahrzeug() {
     max_geschw = 15;
```

```
    max_geschwindigkeit = 130;
    }
  ...
```

Welche Maximalgeschwindigkeit sich da auf welche Komponente bezieht, dürfte nicht immer ganz leicht nachzuvollziehen sein.

Zwei gleich lautende Datenelemente, von denen nur eines benötigt wird:

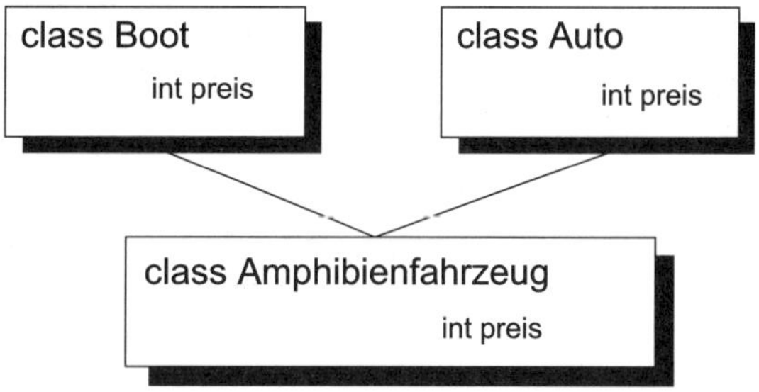

Angenommen, die Basisklassen verfügen über ein gleich lautendes Element, das in der abgeleiteten Klasse nur einmal gebraucht wird – wie zum Beispiel der Einkaufspreis.

```
class Boot {
  private:
    int preis;
    ...
  }

class Auto {
  private:
    int preis;
    ...
  }
```

Dies ist eine hässliche Sache, die man womöglich noch am besten dadurch löst, dass man die geerbten Datenelemente einfach ignoriert (Vorsicht mit geerbten Methoden, die diese Datenelemente benutzen) und einfach ein neues Datenelement in der abgeleiteten Klasse deklariert:

```
class Amphibienfahrzeug: public Boot, public Auto {
  public:
    int Preis;

    Amphibienfahrzeug(int w) {
      Preis = w;
      }
  ...
```

Eine bessere Lösung könnte die virtuelle Vererbung darstellen, die man aber nur dann einsetzen kann, wenn das doppelte Datenelement nicht auf die direkten Basisklassen, sondern auf eine gemeinsame Basisklasse der direkten Basisklassen zurückgeht (siehe nachfolgende Abbildung und Abschnitt 17.8.2).

17.8.2 Kreisschlüsse in der Vererbung

Am häufigsten kommt es zur Vererbung gleich lautender Elemente, wenn zwei oder mehr direkte Basisklassen auf eine gemeinsame Basisklasse zurückgehen (siehe Abbildung).

Abbildung 17.5: Kreisschluss durch indirekte Basisklasse

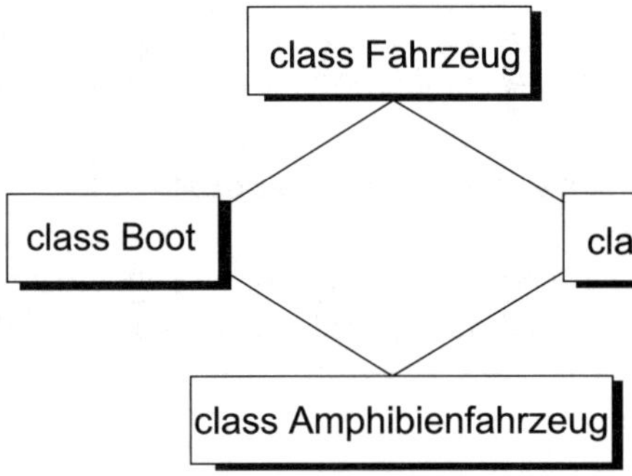

Die dabei auftretenden Namenskonflikte kann man, wie im vorangehenden Abschnitt beschrieben, mithilfe des Gültigkeitsbereichsoperators auflösen:

Zwei gleich lautende Methoden, die beide benötigt werden

In der folgenden Klassenhierarchie sind die Klassen `Boot` und `Auto` beide von der Basisklasse `Fahrzeug` abgeleitet und erben von dieser das `private`-Datenelement `max_geschw` und die `public`-Methode `get_geschw()`, die den Wert des `private`-Datenelements zurückliefert. Ansonsten definieren die Klassen nur noch Konstruktoren zur Initialisierung der Datenelemente.

```
class Fahrzeug
  {
  private:
    int max_geschw;

  public:
    Fahrzeug(int geschw)  { max_geschw = geschw;}
    int get_geschw()
      {
      return max_geschw;
      }
  };

class Boot : public Fahrzeug
```

```
  {
  public:
    Boot(int geschw) : Fahrzeug(geschw) {}
  };

class Auto : public Fahrzeug
  {
  public:
    Auto(int geschw) : Fahrzeug(geschw) {}
  };
```

Leitet man nun von den Klassen `Boot` und `Auto` eine Klasse `Amphibienfahrzeug` ab, erbt diese das Datenelement `max_geschw` sowie die Methode `get_geschw()` gleich zweimal, einmal über die Basisklasse `Boot` und noch einmal über die Klasse `Auto`.

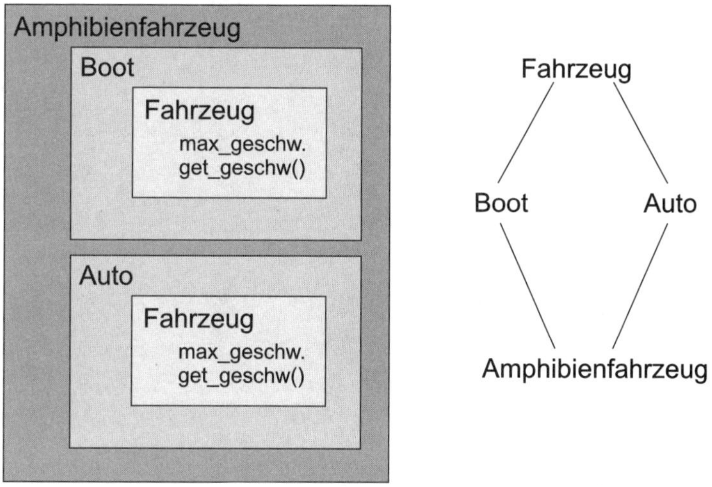

Namenskonflikte durch Qualifizierung lösen

Um diese Elemente auseinanderzuhalten, müssen wir sie über den Gültigkeitsbereich ihrer Klasse ansprechen.

```
class Amphibienfahrzeug : public Boot, public Auto
  {
  public:
    Amphibienfahrzeug(int geschw1, int geschw2)
      : Boot(geschw1), Auto(geschw2) {}
  };


int main()
  {
  Amphibienfahrzeug  Amph(14, 130);

  // Zugriff auf doppelt vererbte Elemente

  cout << "Maximale Geschwindigkeit als Auto: ";
```

```
  cout << Amph.Auto::get_geschw() << " km/h \n";

  cout << "Maximale Geschwindigkeit als Boot: ";
  cout << Amph.Boot::get_geschw() << " Knoten \n";

  return 0;
  }
```

Namenskonflikte durch Überschreibung lösen

Eine andere Möglichkeit wäre, die doppelt geerbten Methoden in der abgeleiteten Klasse zu überschreiben und dabei quasi zu kapseln:

```
class Amphibienfahrzeug : public Boot, public Auto
  {
  enum Modus {AUTO, BOOT};
  Modus ist_gerade;

  public:
    Amphibienfahrzeug(int geschw1, int geschw2)
      : Boot(geschw1), Auto(geschw2)
      { ist_gerade = BOOT;}

    int get_geschw()
      {
      if(ist_gerade == AUTO)
        return Auto::get_geschw();

      if(ist_gerade == BOOT)
        return Boot::get_geschw();
      }
  };


int main()
  {
  Amphibienfahrzeug  Amph(14, 130);

  cout << "Maximale Geschwindigkeit : ";
  cout << Amph.get_geschw() << endl;

  return 0;
  }
```

Zwei gleich lautende Methoden, von denen nur eine benötigt wird

Wie verfährt man, wenn ein mehrfach vererbtes Element in der abgeleiteten Klasse nur ein einziges Mal benötigt wird?

Betrachten wir dazu das folgende Beispiel, in dem in der obersten Basisklasse `Fahrzeug` die Eigenschaft `Preis` und die zugehörige Methode `get_Preis()` definiert sind.

```
class Fahrzeug
  {
  private:
    int Preis;

  public:
    Fahrzeug(int preis)  { Preis = preis;}
    int get_Preis()
      {
      return Preis;
      }
  };

class Boot : public Fahrzeug
  {
  public:
    Boot(int preis) : Fahrzeug(preis) {}
  };

class Auto : public Fahrzeug
  {
  public:
    Auto(int preis) : Fahrzeug(preis) {}
  };
```

Die Klasse `Amphibienfahrzeug` erbt das Datenelement `Preis` und die zugehörige Methode `get_Preis()` zweimal. Ein Amphibienfahrzeug hat aber nur einen Preis. Wir benötigen daher nur ein Datenelement `Preis` und nur eine Methode `get_Preis()`, die uns den Verkaufspreis zurückliefert. Dies zu erreichen, stehen uns verschiedene Möglichkeiten offen:

1. Wir ignorieren eine der geerbten Methoden mit dem zugehörigen Datenelement

```
class Amphibienfahrzeug : public Boot, public Auto
  {
  public:
    Amphibienfahrzeug(int preis)
      : Boot(0), Auto(preis) {}
  };


int main()
  {
  Amphibienfahrzeug  Amph(24750);

  cout << "Preis des Amphibienfahrzeugs: ";
  cout << Amph.Auto::get_Preis() << " DM" << endl;

  return 0;
  }
```

2. Wir weisen beiden geerbten Datenelementen `Preis` den gleichen Wert zu und können dann beide geerbten Methoden austauschbar verwenden.

```
class Amphibienfahrzeug : public Boot, public Auto
  {
  public:
    Amphibienfahrzeug(int preis)
      : Boot(preis), Auto(preis) {}
  };


int main()
  {
  Amphibienfahrzeug  Amph(24750);

  cout << "Preis des Amphibienfahrzeugs: ";
  cout << Amph.Boot::get_Preis() << " DM" << endl;

  return 0;
  }
```

3. Wir verdecken das Datenelement und überschreiben die Methode.

```
class Amphibienfahrzeug : public Boot, public Auto
  {
    int Preis;
  public:
    Amphibienfahrzeug(int preis)
      : Boot(0), Auto(0)
      { Preis = preis;}

    int get_Preis()  { return Preis; }
  };


int main()
  {
  Amphibienfahrzeug  Amph(24750);

  cout << "Preis des Amphibienfahrzeugs: ";
  cout << Amph.get_Preis() << " DM" << endl;

  return 0;
  }
```

4. Wir lassen das Datenelement und die Methode nur einmal vererben.

   Ja, auch das geht. Der Trick liegt in diesem Fall darin, Basisklassen als `virtual` zu vererben – weswegen man von virtuellen Basisklassen spricht.

17.8.3 Virtuelle Basisklassen

Die Vererbung als virtuelle Basisklasse bewirkt, dass die Elemente der virtuellen Basisklasse den abgeleiteten Klassen nicht mehrfach vererbt werden.

Um Missverständnissen gleich vorzubeugen:

1. Eine Basisklasse wird nicht dadurch zu einer virtuellen Basisklasse, dass man sie bei der Definition als `virtual` deklariert. Eine virtuelle Basisklasse ist im Gegenteil eine ganz normale Klasse, die erst bei der Vererbung als `virtual` gekennzeichnet wird. Dabei kann ein und dieselbe Klasse für verschiedene abgeleitete Klassen sowohl als normale wie auch als virtuelle Basisklasse auftreten.

```
class B {};
// Vererbung als virtuelle Basisklasse
class A1 : virtual public B {};
// Vererbung als normale Basisklasse
class A2 : public B {};
```

2. Die `virtual`-Deklaration erfolgt auf der Ebene, auf der die Klasse als direkte Basisklasse auftaucht, wird aber erst in höheren Ebenen für abgeleitete Klassen wirksam, die die virtuelle Basisklasse zur indirekten Basisklasse haben, siehe Abbildung.

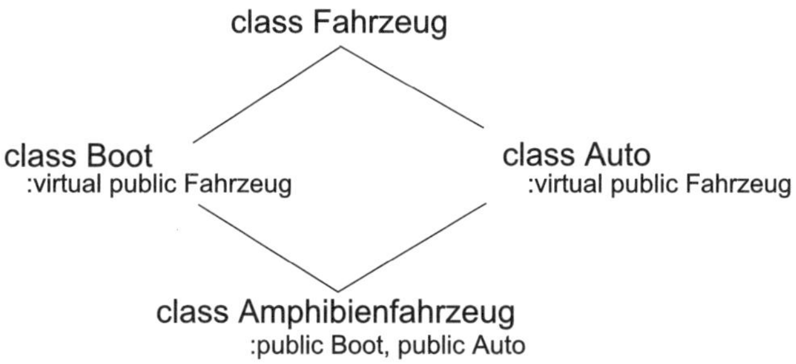

Abbildung 17.6: Virtuelle Vererbung

Beispiel

Kommen wir auf das Beispiel aus dem vorangehenden Abschnitt zurück. Wir wollten erreichen, dass das Datenelement `Preis` und die zugehörige Methode `get_Preis()` sich in den abgeleiteten Klassen jeweils nur einmal wiederfinden. Um dies ohne große Verrenkungen und unschöne Redeklarationen zu erreichen, deklarieren wir die Basisklasse `Fahrzeug` bei der Ableitung der Klassen `Boot` und `Auto` jeweils als `virtual`.

```
/* VirtBas.cpp   Virtuelle Basisklasse  */
#include <iostream>
using namespace std;

class Fahrzeug
  {
  private:
    int Preis;

  public:
    Fahrzeug(int preis)  { Preis = preis;}
    int get_Preis()
      {
      return Preis;
```

```
    }
  };

// Vererbung als virtuelle Basisklasse
class Boot : virtual public Fahrzeug
  {
  public:
    Boot(int preis) : Fahrzeug(preis) {}
  };

// Vererbung als virtuelle Basisklasse
class Auto : virtual public Fahrzeug
  {
  public:
    Auto(int preis) : Fahrzeug(preis) {}
  };



class Amphibienfahrzeug : public Boot, public Auto
  {
  public:
    Amphibienfahrzeug(int preis)
      : Fahrzeug (preis), Boot(0), Auto(0)
      { }
  };

int main()
  {
  Amphibienfahrzeug  Amph(24750);

  cout << "Preis des Amphibienfahrzeugs: ";
  cout << Amph.get_Preis() << " DM" << endl;

  return 0;
  }
```

Analyse Wie Sie sehen, können wir für ein Objekt der Klasse `Amphibienfahrzeug` nun ohne Umstände direkt die geerbte Methode `get_Preis()` aufrufen, ohne dass es zu einem Namenskonflikt kommt. Der Grund hierfür ist einfach, dass die Elemente der indirekten Basisklasse `Fahrzeug` nur einmal an die Klasse `Amphibienfahrzeug` weiter vererbt wurden.

Es fallen einem aber noch zwei weitere Punkte auf:

1. Die Basisklasse `Fahrzeug` wird sowohl bei der Ableitung der Klasse `Boot` als auch der Klasse `Auto` als `virtual` vererbt. Ist dies unbedingt erforderlich? Was wäre, wenn die Klasse `Fahrzeug` eine nicht virtuelle Basisklasse von `Auto` wäre?
2. Der Konstruktor der Klasse `Amphibienfahrzeug` ruft den Konstruktor der Klasse `Fahrzeug` auf. Dies ist erstaunlich, denn an sich darf man in einer Konstruktorliste Konstruktoren indirekter Basisklassen nicht aufrufen.

Zu 1: Vererbung als virtuelle und nicht virtuelle Basisklasse

Um zu entscheiden, wie viele Objekte einer indirekten Basisklasse in einem Objekt einer abgeleiteten Klasse enthalten sind, muss man sich die Pfade anschauen, über die die abgeleitete Klasse Objekte der Basisklasse erbt. Danach kann man die Anzahl der geerbten Basisklassenobjekte abzählen, wobei gilt:

- Jeder Pfad, über den die Basisklasse nicht virtuell vererbt wird, erzeugt in der abgeleiteten Klasse ein eigenes Basisklassenobjekt.
- Alle Pfade, über die die Basisklasse virtuell vererbt wird, erzeugen in der abgeleiteten Klasse ein gemeinsames Basisklassenobjekt.

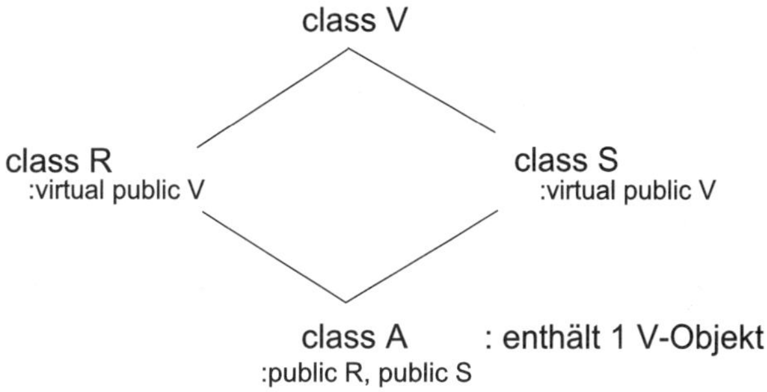

Abbildung 17.7: Basisklassen-Unterobjekte in abgeleiteter Klasse

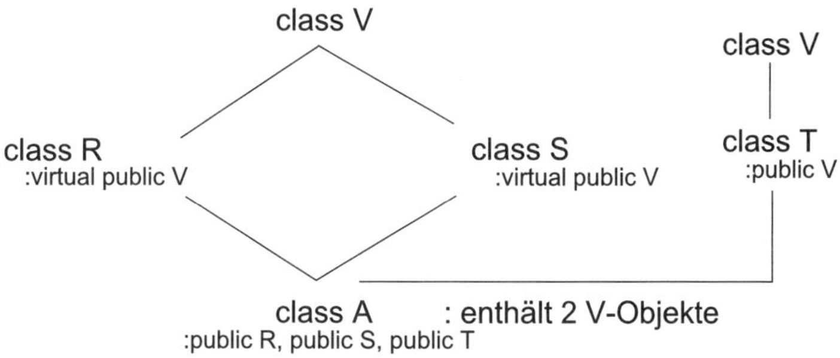

Abbildung 17.8: Basisklassen-Unterobjekte in abgeleiteter Klasse

Zu 2: Der Konstruktor virtueller Basisklassen

Grundsätzlich gilt, dass man in der Konstruktorliste keine Konstruktoren indirekter Basisklassen aufrufen kann. Will man also bei der Instanzbildung Argumente an Konstruktoren indirekter Basisklassen weiterreichen, muss man die Argumente an einen Konstruktor einer direkten Basisklasse weiterreichen, der das Argument seinerseits wieder an einen direkten Basisklassenkonstruktor weitergibt, und so fort, bis zum Konstruktor der gewünschten indirekten Basisklasse:

```
class Fahrzeug
  {
  private:
    int Preis;

  public:
    Fahrzeug(int preis)  { Preis = preis;}
  };

class Auto : public Fahrzeug
  {
  public:
    Auto(int preis) : Fahrzeug(preis) {}
  };

class Sportwagen : public Auto
  {
  public:
    Sportwagen(int preis) : Auto(preis) {}
  };
```

Virtuelle Basisklassen-konstruktoren

Für virtuelle Basisklassen ist diese Weiterleitung allerdings nicht mehr möglich. Ja, nicht nur die Weiterleitung ist ausgehebelt, auch die Einrichtung der virtuell geerbten Elemente bei der Instanzbildung erfolgt nicht mehr auf dem Weg über die direkten Basisklassenkonstruktoren.

Stattdessen ist es vorgesehen, dass für virtuelle Basisklassen der entsprechende Konstruktor wie ein Basisklassenkonstruktor direkt in der Konstruktorliste aufgerufen wird. Der Programmierer steht damit vor den gewohnten zwei Alternativen:

- Er kann die Initialisierung dem Standardkonstruktor der virtuellen Basisklasse überlassen – falls ein Standardkonstruktor verfügbar ist.
- Er kann einen Konstruktor der virtuellen Basisklasse in die Konstruktorliste aufnehmen.

```
class Fahrzeug
class Boot : virtual public Fahrzeug
class Auto : virtual public Fahrzeug

class Amphibienfahrzeug : public Boot, public Auto
  {
  public:
    Amphibienfahrzeug(int preis)
      : Fahrzeug (preis)
      { }
  };
```

Dominanz und Verdeckung geerbter Elemente

Wenn eine abgeleitete Klasse A1 Elemente überschreibt oder verdeckt, die sie von einer virtuellen Basisklasse V geerbt hat, gilt diese Verdeckung auch in Klassen, die von der Klasse A1 abgeleitet werden. Zudem gilt die Verdeckung nicht nur für den eigenen Pfad, sondern für jeden anderen Pfad.

Ausgehend von der folgenden Klassenhierarchie

```
class V {
  public:
    void func();
  }

class R : virtual public V {
  public:
    void func();
  }
class S : virtual public V {
  }

class A : public R, public S {
  public:
    void call()  { func(); }
  }
```

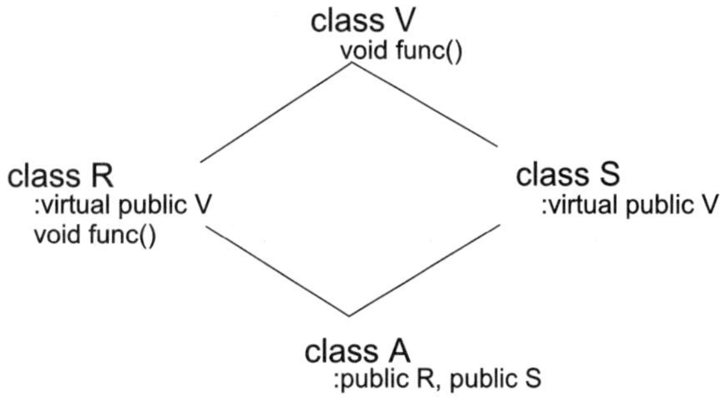

Abbildung 17.9: Dominanz bei der virtuellen Vererbung

ist es daher möglich, die Methode `R::func()` aus der Methode `A::call()` aufzurufen, ohne dass es zu einem Namenskonflikt mit der Funktion `V::func()` kommt.

Umgehung von Zugriffsbeschränkungen

Kann ein virtuell geerbtes Element über mehrere Pfade erreicht werden, erfolgt der Zugriff über den Pfad, der die weit reichendsten Zugriffsrechte einräumt.

```
class W                        { public: void func(); };
class A : private virtual W    { };
class B : public virtual W     { };
class C : public A, public B
  {
  void f() { W::func(); } // Zugriff über B
  };
```

Basisklassen in virtuellen und nicht virtuellen Teil aufspalten

Die Vererbung als virtuelle Basisklasse bewirkt, dass alle Elemente der Klasse in den abgeleiteten Klassen nur einmal vorhanden sind (sofern die Klasse nur über virtuelle Pfade geerbt wird).

Eingangs dieses Abschnitts haben wir dies genutzt, um unnötigen Namenskonflikten bei der Ableitung der Klasse Amphibienfahrzeug aus dem Weg zu gehen.

Enthält eine Basisklasse aber nicht nur Elemente, die einfach vererbt werden sollen, sondern auch Elemente, die mehrfach vererbt werden sollen, kommt man mit der virtuellen Vererbung allein nicht weiter.

Betrachten wir dazu die folgende Klassenhierarchie:

```
class Fahrzeug
  {
  private:
    int Preis;
    int max_geschw;

  public:
    Fahrzeug(int preis, int geschw)  {
      Preis = preis;
      max_geschw = geschw;
      }
    int get_Preis()   {return Preis;}
    int get_geschw()  {return max_geschw;}
  };

class Boot : virtual public Fahrzeug
class Auto : virtual public Fahrzeug

class Amphibienfahrzeug : public Boot, public Auto
```

In der Klasse Amphibienfahrzeug hätten wir gerne nur ein Vorkommen der Elemente Preis und get_Preis(), denn schließlich hat auch ein Amphibienfahrzeug nur einen Preis.

Von den Elementen max_geschw und get_geschw() hätten wir dagegen gerne beide Vorkommen, eines, das wir über Boot erben, und eines, das wir über Auto erben, denn schließlich erreicht das Amphibienfahrzeug unterschiedliche Maximalgeschwindigkeiten, je nachdem, ob es auf Land fährt oder im Wasser schwimmt.

Der erste Fall fordert die Vererbung der Klasse Fahrzeug als virtuelle Basisklasse, der zweite Fall schließt diese aus.

Was soll man also tun?

Im Zweifelsfall nicht virtuell vererben und unliebsame, mehrfach geerbte Elemente verdecken oder ignorieren.

Wenn wir den Quelltext der Basisklassen zur Verfügung haben, gibt es allerdings noch eine weitere Möglichkeit: die Aufspaltung der Klasse `Fahrzeug` in einen virtuellen und einen nicht virtuellen Teil. Dazu geht man einfach so vor, dass man die Elemente, die virtuell vererbt werden sollen, in eine eigene Klasse auslagert und die reduzierte Klasse `Fahrzeug` virtuell von dieser neuen Klasse ableitet:

```
/* VirtBas2.cpp   Virtuelle Basisklasse  */
#include <iostream>
using namespace std;

class FahrzeugVirt
  {
  private:
    int Preis;

  public:
    FahrzeugVirt(int preis)  {
      Preis = preis;
      }
    int get_Preis()   {return Preis;}
  };


class Fahrzeug : virtual public FahrzeugVirt
  {
  private:
    int max_geschw;

  public:
    Fahrzeug(int geschw, int preis = 0)
      : FahrzeugVirt(preis)
      {
      max_geschw = geschw;
      }
    int get_geschw()  {return max_geschw;}
  };
```

Allerdings dürfen wir dann auch nicht vergessen, die Konstruktoren anzupassen (der Konstruktor der virtuellen Basisklasse muss explizit aufgerufen werden, da die virtuelle Basisklasse keinen Standardkonstruktor zur Verfügung stellt).

```
class Boot : public Fahrzeug
  {
  public:
    Boot(int geschw, int preis = 0)
      : FahrzeugVirt(preis), Fahrzeug(geschw) {}
  };
```

```
class Auto : public Fahrzeug
  {
  public:
    Auto(int geschw, int preis = 0)
      : FahrzeugVirt(preis), Fahrzeug(geschw) {}
  };

class Amphibienfahrzeug : public Boot, public Auto
  {
  public:
    Amphibienfahrzeug(int preis, int geschw1, int geschw2)
      : FahrzeugVirt(preis), Boot(geschw1), Auto(geschw2)
      { }
  };


int main()
  {
  Amphibienfahrzeug  Amph(24750, 17, 145);

  cout << "Preis des Amphibienfahrzeugs: ";
  cout << Amph.get_Preis() << " DM" << endl;
  cout << endl;

  cout << "Maximale Geschwindigkeit als Auto: ";
  cout << Amph.Auto::get_geschw() << " km/h \n";

  cout << "Maximale Geschwindigkeit als Boot: ";
  cout << Amph.Boot::get_geschw() << " Knoten \n";

  return 0;
  }
```

17.8.4 Mehrfachvererbung und Speicherauslegung

Werfen wir zuletzt noch einen Blick darauf, was ein Compiler-Hersteller bei der Unterstützung der Mehrfachvererbung zu beachten hat.

Objekte abgeleiteter Klassen als Objekte ihrer Basisklassen

Nicht nur, dass die von einer Basisklasse geerbten Elemente in Objekten der abgeleiteten Klasse wie Unterobjekte behandelt werden – man kann auch Objekte abgeleiteter Klassen als Objekte ihrer Basisklassen auffassen.

```
class Fahrzeug
  {
  public:
    int basis;
  };

class Auto : public Fahrzeug
  {
  public:
```

```
    int abgeleitet;
  };

int main()
  {
  Auto          meinAuto;
  Fahrzeug      einFahrzeug;
  einFahrzeug = meinAuto;
  einFahrzeug.abgeleitet = 3;   // Fehler
```

Die Umwandlung eines Objekts einer abgeleiteten Klasse in ein Objekt einer ihrer Basisklassen (oben durch Zuweisung an das Basisklassenobjekt einFahrzeug) bedeutet, dass man danach über das auf sein Basisklassen-Unterobjekt reduzierte Objekt der abgeleiteten Klasse nur noch auf die Elemente zugreifen kann, die es von der Basisklasse geerbt hat.

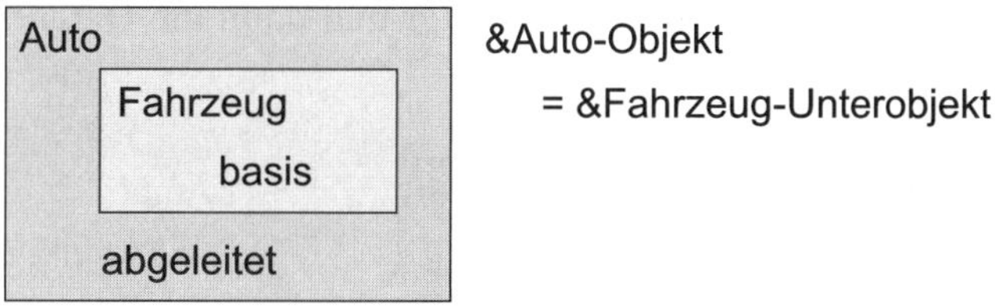

Abbildung 17.10: Geerbte Unterobjekte in abgeleiteten Objekten

Da der Compiler das Speicherlayout abgeleiteter Klassen üblicherweise so gestaltet, dass im Speicherbereich eines abgeleiteten Objekts zuerst das Basisklassen-Unterobjekt kommt, bedeutet dies, dass die auf das Basisklassen-Unterobjekt folgenden Elemente der abgeleiteten Klasse ignoriert werden (auch wenn sie natürlich nach wie vor da sind).

Dieses Speicherlayout bewirkt im Übrigen auch, dass das Basisklassen-Unterobjekt an der gleichen Adresse beginnt wie das abgeleitete Objekt.

```
#include <iostream>
using namespace std;

class Fahrzeug
  {
  public:
    int Wert;
  };

class Auto : public Fahrzeug
  {
  public:
    int Wert;
  };

int main()
  {
  Auto  meinAuto;
```

```
  cout << "&meinAuto           :" << &meinAuto << endl;;
  cout << "&meinAuto::Fahrzeug :" << (Fahrzeug*) &meinAuto;
  cout << endl << endl;

  return 0;
  }
```

Ausgabe:

```
&meinAuto           :0x0065fdfc
&meinAuto::Fahrzeug :0x0065fdfc
```

Bei der Mehrfachvererbung haben wir den Fall, dass in einem Objekt der abgeleiteten Klasse mehrere Basisklassen-Unterobjekte vorhanden sind.

Der Compiler löst dies, indem er im abgeleiteten Objekt zuerst die Basisklassen-Unterobjekte unterbringt und dann die Datenelemente des abgeleiteten Objekts anhängt.

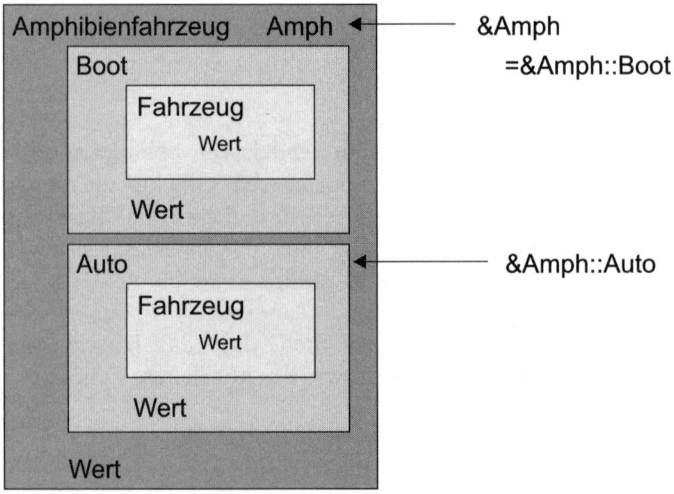

Abbildung 17.11: Abgeleitetes Objekt nach Mehrfachvererbung

Allerdings kann jetzt nur noch das erste Basisklassen-Unterobjekt die gleiche Adresse haben wie das abgeleitete Objekt. Die weiteren Basisklassen-Unterobjekte besitzen eigene Adressen.

```
/* MV_1.cpp   Mehrfachvererbung  */
#include <iostream>
using namespace std;

class Fahrzeug
  {
  public:
    int Wert;
  };
```

```
class Boot : public Fahrzeug
  {
  public:
    int Wert;
  };

class Auto : public Fahrzeug
  {
  public:
    int Wert;
  };

class Amphibienfahrzeug : public Boot, public Auto
  {
  public:
    int Wert;
  };


int main()
  {
  Amphibienfahrzeug  Amph;

  cout << "&Amph       :" << &Amph << endl;;
  cout << "&Amph::Boot :" << (Boot*) &Amph << endl;
  cout << "&Amph::Auto :" << (Auto*) &Amph << endl;
  cout << endl;

  return 0;
  }
```

Ausgabe:

```
&Amph       :0x0065fdf0
&Amph::Boot :0x0065fdf0
&Amph::Auto :0x0065fdf8
```

Das Speicherlayout der Objekte wird nicht vom ANSI-Standard vorgegeben, sondern ist compilerspezifisch. Das vorgestellte Modell ist daher keineswegs verbindlich, auch wenn es recht gebräuchlich ist. In jedem Fall kann es uns aber helfen, die Arbeit des Compilers und den Mechanismus der Vererbung besser zu verstehen.

Objekte mit virtuell geerbten Basisklassenobjekten

Abbildung 17.12 können Sie entnehmen, wie das Speicherlayout für abgeleitete Objekte üblicherweise aussieht. Die Abbildung zeigt auch, wie Basisklassen-Unterobjekte selbst wieder Basisklassen-Unterobjekte enthalten können. Konkret ist es in diesem Fall die oberste Basisklasse `Fahrzeug`, die den Klassen `Boot` und `Auto` als Basisklasse dient und daher in den entsprechenden Unterobjekten der Klasse `Amphibienfahrzeug` enthalten ist.

Wie könnte das Speicherlayout nun aussehen, wenn wir die Klasse `Fahrzeug` virtuell vererben? In diesem Fall sollte sich von der Klasse `Fahrzeug` ja nur ein Unterobjekt in den Objekten der Klasse `Amphibienfahrzeug` wiederfinden.

Abbildung 17.12: Abgeleitetes Objekt nach virtueller Vererbung

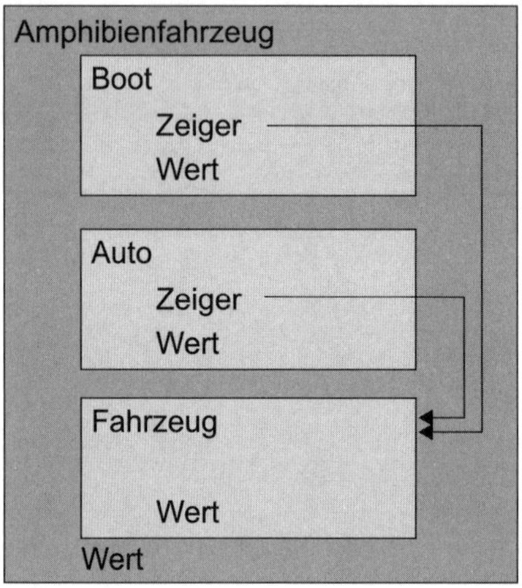

Der Compiler löst dies, indem er an das Ende des abgeleiteten Objekts ein Objekt der virtuellen Basisklasse anhängt. Die Unterobjekte der direkten Basisklassen erhalten statt eines eingeschlossenen Fahrzeug-Unterobjekts einen Zeiger auf das angehängte Unterobjekt.

```
/* MV_2.cpp   Mehrfachvererbung  */
#include <iostream>
using namespace std;

class Fahrzeug
  {
  public:
    double Wert;
  };

class Boot :  virtual public Fahrzeug
  {
  public:
    int Wert;
  };

class Auto :  virtual public Fahrzeug
  {
  public:
    int Wert;
  };

class Amphibienfahrzeug : public Boot, public Auto
  {
```

```
  public:
    int Wert;
  };

int main()
  {
  Amphibienfahrzeug  Amph;

  cout << "&Amph            :\t" << &Amph << endl;;
  cout << "&Amph::Boot      :\t" << (Boot*) &Amph << endl;
  cout << " Boot::Wert      :\t" << &Amph.Boot::Wert << endl;
  cout << endl;
  cout << "&Amph::Auto      :\t" << (Auto*) &Amph << endl;
  cout << " Auto::Wert      :\t" << &Amph.Auto::Wert << endl;
  cout << " Amph::Wert      :\t" << &Amph.Wert << endl;
  cout << endl;
  cout << "&Amph::Fahrz     :\t" << (Fahrzeug*) &Amph << endl;
  cout << " Fahrzeug::Wert :\t" << &Amph.Fahrzeug::Wert << endl;
  cout << endl;

  return 0;
  }
```

Ausgabe:

```
&Amph           :       0x0065fde8
&Amph::Boot     :       0x0065fde8
 Boot::Wert     :       0x0065fdec

&Amph::Auto     :       0x0065fdf0
 Auto::Wert     :       0x0065fdf4
 Amph::Wert     :       0x0065fdf8

&Amph::Fahrz    :       0x0065fdfc
 Fahrzeug::Wert :       0x0065fdfc
```

17.9 Abschlussübung: Anpassung einer Klassenhierarchie an die Mehrfachvererbung

Klassenhierarchie ist hier etwas übertrieben. Ausgangspunkt für unsere kleine Übung sind die beiden folgenden Klassen und der Wunsch, aus diesen Klassen eine Klasse für kombinierte Telefon/Faxgeräte abzuleiten.

```
/* MV_Ueb1.cpp   Übung zur Mehrfachvererbung  */
#include <ctime>
#include <iostream>
using namespace std;

class Telephon
  {
  private:
    float Preis;
```

```
    int   Anschlussnummer;
    int   Verbindungsdauer;

  public:
    Telephon(int preis, int nummer)  {
      Preis = preis;
      Anschlussnummer = nummer;
      Verbindungsdauer = 0;
      }

    int waehlen(int rufnummer)
      {
      bool verbunden = true;
      char dummy;
      time_t start, stop;

      while(verbunden)
        {
        start = time(NULL);
        cout << "Verbunden mit " << rufnummer << endl << endl;
        cout << "<Druecken Sie die Return-Taste, um aufzulegen>"
             << endl;
        cin.get(dummy);

        verbunden = false;
        stop = time(NULL);
        Verbindungsdauer = difftime(stop, start);
        cout << "Nach " << Verbindungsdauer << " sec. aufgelegt"
             << endl;
        }
      return Verbindungsdauer;
      }
  };

class Faxgeraet
  {
  private:
    float Kaufpreis;
    int   Nummer;
    int   Verbindungsdauer;

  public:
    Faxgeraet(int preis, int nummer)  {
      Kaufpreis = preis;
      Nummer = nummer;
      Verbindungsdauer = 0;
      }

    int waehlen(int rufnummer)
      {
      // identisch zu Telephon::waehlen
      }
  };
```

Unser Plan ist wie gesagt, eine Klasse für kombinierte Telefon/Faxgeräte zu implementieren. Was liegt da näher, als die zugehörige Klasse, nennen wir sie `Kombi`, von den Klassen `Telephon` und `Fax` abzuleiten:

```
class Kombi: public Telephon, public Faxgeraet
```

Diese Mehrfachvererbung kann viel Arbeit sparen. (Bedenken Sie, dass wir uns hier zu didaktischen Zwecken auf die gleichlautenden Elemente konzentrieren, während die Klassen `Telephon` und `Faxgeraet` in einer realistischen Implementierung wesentlich umfangreicher sein dürften.)

Mit der Ableitung der Klasse `Kombi` von `Telephon` und `Faxgeraet` allein ist es aber nicht getan, denn damit würden wir uns mehr Probleme als Vorteile einhandeln. Wir müssen die Klassen `Telephon` und `Faxgeraet` zuerst auf die Mehrfachvererbung vorbereiten.

1. Virtuelle Destruktoren definieren.

   Klassen, von denen abgeleitet wird, sollten grundsätzlich einen virtuellen Destruktor enthalten. Wir erweitern also die Klassen `Telephon` und `Faxgeraet` um entsprechende Destruktoren:

   ```
   ~Telephon()  {}
   ~Faxgeraet() {}
   ```

2. Elemente gleicher Bedeutung in gemeinsame Basisklasse auslagern.

   Die beiden Klassen `Telephon` und `Faxgeraet` enthalten einige Elemente, die zwar zum Teil unterschiedliche Namen haben, die aber im Grunde für die gleichen Eigenschaften oder Methoden stehen.

Telephon	**Faxgeraet**
Preis	Kaufpreis
Anschlussnummer	Nummer
Verbindungsdauer	Verbindungsdauer
waehlen()	waehlen()

   Wir lagern diese Elemente in eine gemeinsame Basisklasse `Telekommunikationsgeraet` aus, wobei wir für die Methode `waehlen()` nur einen leeren Anweisungsteil vorgeben. Um ganz korrekt zu sein, müsste man die Methode `waehlen()` als rein virtuelle Methode deklarieren (siehe Kapitel 18.3.1), um sicherzustellen, dass sie in den abgeleiteten Klassen überschrieben wird. (In diesem Beispiel sind beide Methoden zwar identisch, aber in der Realität würde der Wählvorgang für Telefon und Fax unterschiedlich aussehen.)

```
class Telekommunikationsgeraet
  {
  private:
    float Preis;
    int   Anschlussnummer;
    int   Verbindungsdauer;

  public:
    Telekommunikationsgeraet(int preis, int nummer)  {
      Preis = preis;
      Anschlussnummer = nummer;
      Verbindungsdauer = 0;
      }
    ~Telekommunikationsgeraet() {}

    int waehlen(int rufnummer)
      {
      }
  };
```

3. Als Nächstes spalten wir diejenigen Elemente, die in der Klasse `Kombi` nur einmal vorhanden sein sollen, in eine virtuelle Basisklasse `TKgeraetVirt` ab.

   Dies betrifft hier nur das Datenelement `Preis`. Beachten Sie auch die Anpassung des Konstruktors der Klasse `Telekommunikationsgeraet` an die virtuelle Basisklasse.

```
class TKgeraetVirt
  {
  private:
    float Preis;

  public:
    TKgeraetVirt(int preis)  {
      Preis = preis;
      }
    ~TKgeraetVirt() {}
  };

class Telekommunikationsgeraet : virtual public TKgeraetVirt
  {
  protected:
    int   Anschlussnummer;
    int   Verbindungsdauer;

  public:
    Telekommunikationsgeraet(int preis, int nummer)
      : TKgeraetVirt(preis)
      {
      Anschlussnummer = nummer;
      Verbindungsdauer = 0;
      }
    ~Telekommunikationsgeraet() {}

    int waehlen(int rufnummer)
```

```
        {
        }
  };
```

4. Jetzt wird es Zeit, dass wir die Klassen `Telephon` und `Faxgerät` ableiten. Zu beachten sind hierbei insbesondere der Aufruf des Konstruktors und die Überschreibung der Methode `waehlen()`.

   Das vollständige Programm sieht dann wie folgt aus:

```
/* MV_Ueb_L.cpp   Übung zur Mehrfachvererbung */
#include <iostream>
#include <ctime>
using namespace std;

class TKgeraetVirt
  {
  private:
    float Preis;

  public:
    TKgeraetVirt(int preis)  {
      Preis = preis;
      }
    ~TKgeraetVirt() {}
  };


class Telekommunikationsgeraet : virtual public TKgeraetVirt
  {
  protected:
    int   Anschlussnummer;
    int   Verbindungsdauer;

  public:
    Telekommunikationsgeraet(int preis, int nummer)
      : TKgeraetVirt(preis)
      {
      Anschlussnummer = nummer;
      Verbindungsdauer = 0;
      }
    ~Telekommunikationsgeraet() {}

    int waehlen(int rufnummer)
      {
      }
  };
class Telephon : public  Telekommunikationsgeraet
  {
  public:
    Telephon(int preis, int nummer)
      : TKgeraetVirt(preis),
        Telekommunikationsgeraet(preis, nummer)
      {
      }
```

```
    ~Telephon() {}

    int waehlen(int rufnummer)
      {
      bool verbunden = true;
      char dummy;
      time_t start, stop;

      while(verbunden)
        {
        start = time(NULL);
        cout << "Verbunden mit " << rufnummer << endl << endl;
        cout << "<Druecken Sie die Return-Taste, um aufzulegen>";
        cout << endl;
        cin.get(dummy);

        verbunden = false;
        stop = time(NULL);
        Verbindungsdauer = difftime(stop, start);
        cout << "Nach " << Verbindungsdauer << " sec. aufgelegt";
        cout << endl;
        }
      return Verbindungsdauer;
      }
  };

class Faxgeraet : public  Telekommunikationsgeraet
  {
  public:
    Faxgeraet(int preis, int nummer)
      : TKgeraetVirt(preis),
        Telekommunikationsgeraet(preis, nummer)
      {
      }
    ~Faxgeraet() {}

    int waehlen(int rufnummer)
      {
      bool verbunden = true;
      char dummy;
      time_t start, stop;

      while(verbunden)
        {
        start = time(NULL);
        cout << "Verbunden mit " << rufnummer << endl << endl;
        cout << "<Druecken Sie die Return-Taste, um aufzulegen>";
        cout << endl;
        cin.get(dummy);

        verbunden = false;
        stop = time(NULL);
        Verbindungsdauer = difftime(stop, start);
        cout << "Nach " << Verbindungsdauer << " sec. aufgelegt";
        cout << endl;
```

```
        }
      return Verbindungsdauer;
      }
    };

class Kombi: public Telephon, public Faxgeraet
  {
  public:
    enum Anschluss {TELE, FAX};

    Kombi(int preis, int telnr, int faxnr)
      : TKgeraetVirt(preis),
      Telephon(preis, telnr), Faxgeraet(preis, faxnr)
      {
      }

    int waehlen(Anschluss geraet, int rufnummer) {
      if( geraet == TELE)
        return Telephon::waehlen(rufnummer);
        else
        return Faxgeraet::waehlen(rufnummer);
      }
  };

int main()
  {
  Kombi TelFax(370, 587130, 587131);

  TelFax.waehlen(Kombi::TELE, 555300);
  cout << endl << endl;

  TelFax.waehlen(Kombi::FAX, 555302);
  cout << endl << endl;

  return 0;
  }
```

Wenn Sie möchten, können Sie das Programm jetzt gerne einmal ausprobieren. Es ist nicht ganz so nützlich wie ein echtes Telefon/Faxgerät, dafür aber billig im Gebrauch.

Ausgabe:

```
Verbunden mit 555300

<Druecken Sie die Return-Taste, um aufzulegen>

Nach 3 sec. aufgelegt


Verbunden mit 555302

<Druecken Sie die Return-Taste, um aufzulegen>

Nach 5 sec. aufgelegt
```

18 Polymorphismus

Der Begriff des Polymorphismus ist eng an das Konzept der Vererbung gebunden. Er bezeichnet das Phänomen, dass eine Methode in verschiedenen Klassen einer Hierarchie unterschiedlich implementiert sein kann.

Die Betonung liegt dabei auf der Einbindung der Klassen in eine gemeinsame Klassenhierarchie. Zwei beliebige Klassen, die zufällig über eine Methode gleichen Namens verfügen, sind kein Beispiel für Polymorphismus.

Wenn aber eine Basisklasse eine oder mehrere Methoden an ihre abgeleiteten Klassen vererbt und die abgeleiteten Klassen diese Methoden überschreiben, um die geerbten Methoden an ihre eigenen Bedürfnisse anzupassen, dann haben wir es mit Polymorphismus zu tun.

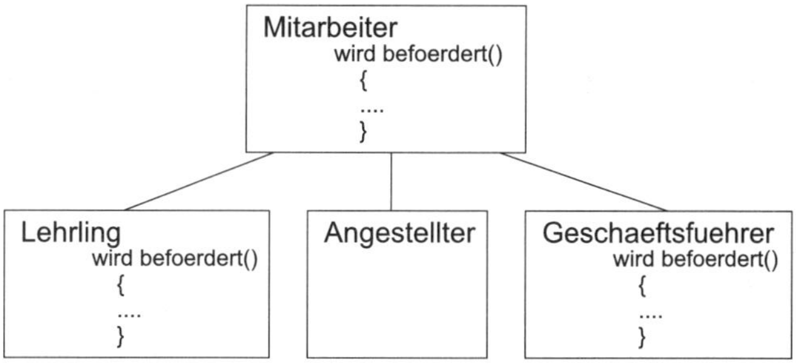

Abbildung 18.1: Polymorphismus durch Überschreibung geerbter Methoden

```
// Basisklasse
class Mitarbeiter
  {
    int Gehalt;

  public:
    Mitarbeiter(int pGehalt) { Gehalt = pGehalt;}
    virtual ~Mitarbeiter() {}

    virtual void wird_befoerdert() {Gehalt += 1000;}
  };

// Abgeleitete Klassen
class Lehrling : public Mitarbeiter
  {
  public:
```

```
    Lehrling(int pGehalt)
      : Mitarbeiter(pGehalt) {}

    virtual void wird_befoerdert()   {Gehalt += 200;}
  };

class Angestellter : public Mitarbeiter
  {
  public:
    Angestellter(int pGehalt)
      : Mitarbeiter(pGehalt) {}
  };

class Geschaeftsfuehrer: public Mitarbeiter
  {
  public:
    Geschaeftsfuehrer(int pGehalt)
      : Mitarbeiter(pGehalt) {}

    virtual void wird_befoerdert()   {Gehalt *= 1.2;}
  };
```

Ausgehend von obiger Klassenhierarchie kann man Objekte für Lehrlinge, normale Angestellte und Geschäftsführer einrichten und zur Beförderung aller dieser Mitarbeiter die Methode `wird_befoerdert()` aufrufen:

```
Lehrling Hans(1000);
Angestellter Stefanie(4200);
Angestellter Jochen(5700);
Geschaeftsfuehrer Claudia(8500);

Hans.wird_befoerdert();
Stefanie.wird_befoerdert();
Jochen.wird_befoerdert();
Geschaeftsfuehrer.wird_befoerdert();
```

Man könnte das Phänomen des Polymorphismus also auch unter dem Slogan

»Einheitliche Schnittstelle – polymorphes Verhalten«

zusammenfassen, und damit betonen, dass die Schnittstellen – die Gesamtheit der `public`-Methoden und -Datenelemente, über die man Instanzen der Klasse manipulieren kann – der abgeleiteten Klassen zumindest zum Teil von der Basisklasse geerbt wurden und daher für alle abgeleiteten Klassen gleich sind, dass die Implementierung dieser Methoden in den Klassen aber verschieden sein kann.

Anders ausgedrückt: Die abgeleiteten Klassen erben Verhaltensweisen von ihren Basisklassen, die Ausprägung dieser Verhaltensweisen legen sie aber selbst fest.

Damit aber nicht genug. Die Polymorphie bleibt nicht bei den Methoden stehen. Auch die Behandlung eines Objekts einer abgeleiteten Klasse als Objekt einer ihrer Basisklassen ist eine Art Polymorphie.

Grundsätzlich sollte man zwischen beiden Formen der Polymorphie

- eine Methode – mehrere Implementierungen
- ein Objekt – mehrere Datentypen

streng unterscheiden und der Begriff des Polymorphismus wird üblicherweise auch nur im Zusammenhang mit den überschriebenen Methoden verwendet. Andererseits muss man sehen, dass, obwohl beide Konzepte technisch vollkommen unabhängig voneinander sind, beide am sinnvollsten und nutzbringendsten eingesetzt werden, wenn man sie kombiniert. Der nachfolgende Abschnitt ist genau diesem Thema gewidmet.

INFO

Auch das Überladen von Funktionen und Operatoren wird gelegentlich als Polymorphie bezeichnet.

18.1 Idee und Umsetzung

Wie entsteht Polymorphie? Auf welchen Techniken gründet sie? Was gibt es bei der Polymorphie zu beachten? Welche Möglichkeiten und Konzepte bauen auf der Polymorphie auf? Dies sind die Fragen, denen wir im Folgenden nachgehen werden.

Aufbau eines Grafikprogramms

Beginnen wir mit einem konkreten Problem aus der Praxis. Sie sollen eine kleine Klassenbibliothek für ein vektororientiertes Zeichenprogramm implementieren. Die Bibliothek soll Klassen enthalten, mit denen man die verschiedenen Zeichenobjekte wie Linien, Rechtecke und Kreise verwalten kann. Damit das Grafikprogramm sinnvoll mit der Klassenbibliothek arbeiten kann, müssen zumindest die beiden folgenden Aktionen unterstützt werden:

1. Für jede Form, die der Anwender seiner Zeichnung zufügt, soll eine Instanz der entsprechenden Klasse gebildet werden.

   Für eine Linie würde dies ungefähr so aussehen, dass in der Instanz Farbe, Anfangs- und Endpunkt der Linie gespeichert werden, für einen Kreis würde man neben der Farbe den Mittelpunkt, den Radius und den Füllmodus abspeichern.

   Die einzelnen Instanzen (sprich Zeichenobjekte), aus denen die Zeichnung aufgebaut ist, müssen irgendwie verwaltet werden (Array oder Liste etc.).

2. Es soll möglich sein, die Zeichnung bei Bedarf (Aktualisieren, Laden von Datei, Drucken) durch Rekonstruktion der einzelnen Formen neu aufzubauen.

Beginnen wir mit dem Aufbau einer rudimentären Klassenhierarchie.

18.1.1 Die grundlegende Klassenhierarchie

Um ein Zeichenobjekt jederzeit korrekt rekonstruieren zu können, müssen für jedes Zeichenobjekt bestimmte Informationen abgespeichert werden:

- Für eine Linie sind dies die Koordinaten des Anfangs- und des Endpunkts.
- Für ein Rechteck sind es die Koordinaten der vier Ecken.
- Für einen Kreis sind es der Mittelpunkt und der Radius.

Daneben gibt es aber auch Eigenschaften und Verhaltensweisen, die allen Zeichenobjekten zu Eigen sind:

- die Farbe
- der Referenzpunkt (den man beispielsweise zum Drehen benutzen könnte)
- die Methode `zeichnen()`, um das Objekt beim Laden, Aktualisieren oder Drucken der Zeichnung zu rekonstruieren.

Diese lagern wir in eine gemeinsame Basisklasse `ZeichenObjekt` aus, von der wir die Klassen für die eigentlichen Zeichenobjekte (`Linie`, `Rechteck`, `Kreis`) ableiten.

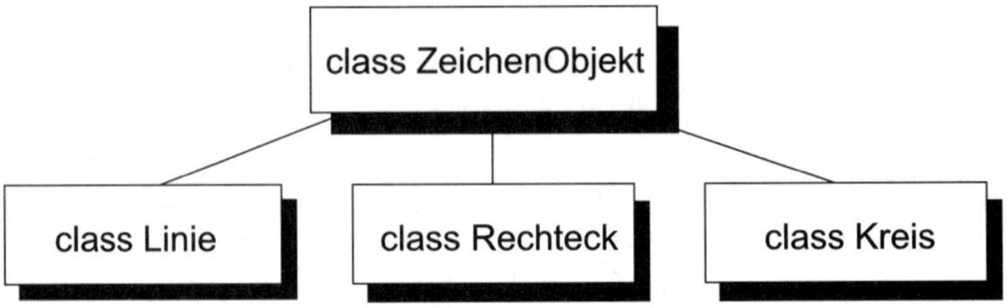

Abbildung 18.2: Klassenhierarchie der Zeichenobjekte

```
/* Polymor1.cpp */
#include <iostream>
using namespace std;

// globale Hilfsstruktur für Koordinatenangaben
struct Punkt {
  int x, y;
  };

// globale Hilfsstruktur für Farben
struct Farbe {
  int r, g, b;      // RGB-Darstellung
  };

// Basisklasse
class ZeichenObjekt {
```

```
  protected:
    struct Punkt referenzpunkt;
    struct Farbe farbe;

  public:
    ZeichenObjekt(Punkt p, Farbe f) {
      referenzpunkt = p;
      farbe         = f;}
    virtual ~ZeichenObjekt() {}

    void zeichnen() {
       // zeichne allgemeines Zeichenobjekt
       cout << "X";
       }
  };


// Linien
//    Eine Linie wird definiert durch ihre Farbe sowie
//    durch Anfangs- und Endpunkt
//    Referenzpunkt ist der Anfangspunkt
class Linie : public ZeichenObjekt {
  protected:
    Punkt anfangspunkt;
    Punkt endpunkt;

  public:
    Linie(Punkt anf, Punkt end, Farbe f)
      : ZeichenObjekt(anf, f)
      {
      anfangspunkt = anf;
      endpunkt = end;
      }

    void zeichnen() {
       // zeichne Linie
       cout << "I";
       }
  };

// Rechtecke
//    Ein Rechteck wird definiert durch seine Farbe sowie
//    die Koordinaten der 4 Ecken
//    Referenzpunkt ist die linke obere Ecke
class Rechteck : public ZeichenObjekt {
  protected:
    struct Punkt ecken[4];

  public:
    Rechteck(Punkt lo, Punkt lu, Punkt ro, Punkt ru, Farbe f)
      : ZeichenObjekt(lo, f)
      {
      ecken[0] = lo;
      ecken[1] = lu;
      ecken[2] = ro;
```

```
      ecken[3] = ru;
      }

    void zeichnen() {
       // zeichne Rechteck
       cout << "#";
       }
  };

// Kreise
//    Ein Kreis wird definiert durch seine Farbe sowie
//    die Koordinaten des Mittelpunkts und seinen Radius
//    Referenzpunkt ist der Mittelpunkt
class Kreis : public ZeichenObjekt {
  protected:
    int radius;

  public:
    Kreis(Punkt mitte, int r, Farbe f)
      : ZeichenObjekt(mitte, f)
      {
      radius = r;
      }

    void zeichnen() {
       // zeichne Kreis
       cout << "O";
       }
  };


int main()
  {
  struct Farbe rot = {255, 0, 0};
  struct Punkt p1 = {12,33};
  struct Punkt p2 = {400,5};
  struct Punkt p3 = {10,75};
  struct Punkt p4 = {1,13};

  class Linie    linie1(p1,p2, rot);
  class Linie    linie2(p3,p4, rot);
  class Rechteck recht1(p1,p2,p3,p4, rot);
  class Kreis    kreis1(p2,10,rot);

  linie1.zeichnen();
  linie2.zeichnen();
  recht1.zeichnen();
  kreis1.zeichnen();

  return 0;
  }
```

Ausgabe:

```
II#O
```

Wie werden Zeichenobjekte erzeugt?

Analyse

In einem echten Grafikprogramm könnte die Erzeugung der Zeichenobjekte ungefähr wie folgt aussehen:

1. Der Anwender wählt über ein Menü oder eine Werkzeugpalette aus, welche geometrische Form er einzeichnen will (Linie, Kreis, Rechteck).
2. Der Anwender wählt über eine Palette oder ein Dialogfeld eine Farbe aus.
3. Dann klickt der Anwender mit der Maus auf den Referenzpunkt. (Unter Windows würde dies eine Botschaft über das Drücken der linken Maustaste auslösen. Diese fangen Sie in Ihrem Programm ab und speichern die übertragenen Koordinaten des Mausklicks.)
4. Dann zieht der Anwender mit der Maus ein umschließendes Rechteck auf und lässt die bis dahin gedrückt gehaltene Maustaste los. (Unter Windows würde dies eine Botschaft über das Loslassen der linken Maustaste auslösen. Diese fangen Sie in Ihrem Programm ab und speichern die übertragenen Koordinaten des Mausklicks.)

Alle Informationen für die Erzeugung des Zeichenobjekts liegen jetzt vor: die Farbe, die geometrische Form, der Referenzpunkt, die Koordinaten des umschließenden Rechtecks, aus denen die Koordinaten für das Objekt berechnet werden können. Je nachdem, welche geometrische Form vom Anwender ausgewählt war, bildet das Programm jetzt eine Instanz der entsprechenden Klasse und übergibt dem Konstruktor der Klasse die zusammengestellten Informationen.

Zum Schluss wird für die Instanz die `zeichen()`-Methode aufgerufen, damit das Objekt auch auf dem Bildschirm des Anwenders sichtbar wird.

Wie werden Zeichenobjekte ausgegeben?

Einfach durch Aufruf der Methode `zeichnen()`. Allerdings erfordert das Zeichnen einer Linie eine andere Vorgehensweise als das Zeichnen eines Kreises. Die von der Basisklasse `ZeichenObjekt` geerbte Methode `zeichnen()` muss daher in den abgeleiteten Klassen überschrieben und mit einem eigenen Definitionskörper versehen werden.

In unserer kleinen Beispielhierarchie simulieren wir dies durch die Ausgabe verschiedener Buchstaben:

```
int Linie::zeichnen()    { cout << "I"; }
int Rechteck::zeichnen() { cout << "#"; }
int Kreis::zeichnen()    { cout << "O"; }
```

INFO

In einem Windows-Programm würde man stattdessen die entsprechenden Windows-API-Funktionen aufrufen

```
MoveTo(ZielDerAusgabe,x1,y1);
LineTo(ZielDerAusgabe,x2,y2);

Rectangle(ZielDerAusgabe,x1,y1,x2,y2);
Ellipse(ZielDerAusgabe,x1,y1,x2,y2);
```

oder – falls man mit einer Klassenbibliothek wie der OWL von Borland arbeitet, die die API kapselt – die entsprechenden Methoden.

18.1.2 Abgeleitete Objekte als Basisklassenobjekte

In der `main()`-Funktion des oben aufgesetzten Beispielprogramms haben wir jedes Zeichenobjekt mit einem eigenen Bezeichner verbunden. Für die Aktualisierung der Zeichnung ist dies äußerst ungünstig, da wir für alle Objekte explizit die `zeichnen()`-Methode aufrufen müssen.

Arrays mit Objekten abgeleiteter Klassen

Wesentlich eleganter wäre es, wenn man die einzelnen Zeichenobjekte der Zeichnung in einem Array oder einer Liste verwalten würde und die Objekte in der Liste dann zur Rekonstruktion der Zeichnung in einer Schleife durchlaufen könnte.

Da es uns in diesem Kapitel weniger um die Datenverwaltung als mehr um die Polymorphie geht, begnügen wir uns im Moment mit einem statischen Array statt einer dynamischen Liste.

Unabhängig davon, ob wir die Zeichenobjekte in einem Array oder einer Liste verwalten, stellt sich ein Problem:

In einem Array kann man immer nur Objekte eines Datentyps verwalten. Wir haben es aber mit drei verschiedenen geometrischen Figuren zu tun; in einem echten Grafikprogramm könnte es sogar noch mehr zu unterscheidende Figuren geben.

Nun könnte man natürlich auch für die Objekte jedes Datentyps (also für Linien, Rechtecke und Kreise) jeweils ein eigenes Array anlegen. Für unser Beispiel wäre das noch ganz annehmbar, doch je mehr Objekte unterschiedlicher Datentypen in einem Programm zu unterscheiden sind, umso mehr erweist sich diese Lösung als unzureichende Krücke.

Glücklicherweise kommen uns genau hier die Errungenschaften der objektorientierten Programmierung, speziell der Vererbung, zu Hilfe.

Wenn Sie eine Klasse von einer anderen Klasse ableiten, sind in den später angelegten Objekten der abgeleiteten Klasse die geerbten Elemente aus der Basisklasse als Unterobjekt vorhanden.

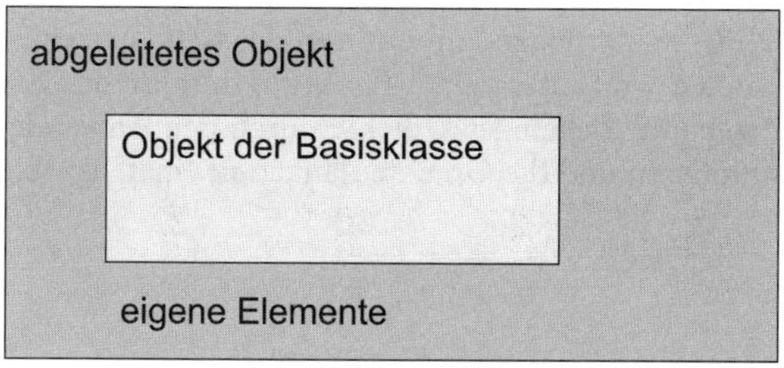

Abbildung 18.3: Geerbte Basisklassenobjekte in abgeleitetem Objekt

Dieses Unterobjekt ist für den Compiler substanziell fassbar, und er erlaubt es uns daher, das abgeleitete Objekt als ein Objekt seiner Basisklasse zu behandeln, es also auf sein Unterobjekt zu reduzieren. (Voraussetzung ist, dass die Basisklasse `public` vererbt wurde.)

Dass dies nicht nur eine technische Spitzfindigkeit ist, sondern ein mächtiges Hilfsmittel zur effizienten Programmierung, dürfte unmittelbar einsichtig sein, ermöglicht es uns doch, alle Objekte der für die Zeichenobjekte abgeleiteten Klassen als Objekte ihrer gemeinsamen Basisklasse `ZeichenObjekt` aufzufassen.

Das bedeutet aber auch, dass wir alle Objekte, Linien, Rechtecke und Kreise in einem Array von `ZeichenObjekt`en oder besser noch in einem Array von Zeigern auf `ZeichenObjekt`e ablegen können:

```
class ZeichenObjekt  *geomFig[10][10];

geomFig[loop1][loop2] = new Linie(p1,p2,rot);
geomFig[loop1][loop2] = new Rechteck(p1,p2,p3,p4,rot);
geomFig[loop1][loop2] = new Kreis(p1,10,rot);
```

Warum Zeiger auf Objekte?
Wir könnten die Objekte in dem Array auch direkt ablegen, doch hat dies programmtechnisch einige Nachteile.

- *Zuerst einmal müssten die Objekte in dem Array direkt mit diesem angelegt werden. Wir müssten also entweder für einen Standardkonstruktor oder eine Initialisierungsliste sorgen.*
- *Die Handhabung von Arrays von Objekten ist ineffizienter, sowohl bei der Einrichtung als auch bei der Übergabe an Funktionen/Methoden.*
- *Für abstrakte Basisklassen (siehe Kapitel 18.1.4) können keine Arrays angelegt werden.*

- *Schließlich geht man durch die Reduzierung von abgeleiteten Objekten in Basisklassenobjekten der Vorzüge der Polymorphie (siehe unten) verlustig, da man das reduzierte Objekt nicht mehr in ein abgeleitetes Objekt zurückverwandeln kann.*

Ohne Änderungen an unserer Klassenhierarchie vornehmen zu müssen, können wir in der `main()`-Funktion mithilfe des Zufallsgenerators `rand()` die Erzeugung beliebiger Objekte durch den Anwender des Zeichenprogramms simulieren und die Objekte danach in einer `for`-Schleife ausgeben.

```
// aus Polymor2.cpp
int main()
  {
  struct Farbe rot = {255, 0, 0};
  struct Punkt p1 = {12,33};
  struct Punkt p2 = {400,5};
  struct Punkt p3 = {10,75};
  struct Punkt p4 = {1,13};

  class ZeichenObjekt  *geomFig[10][10];

  int welchesObjekt;
  for(int loop1 = 0; loop1 < 10; loop1++)
    for(int loop2 = 0; loop2 < 10; loop2++)
      {
      welchesObjekt = rand() % 3;
      switch (welchesObjekt)
        {
        case 0  :  geomFig[loop1][loop2] =
                             new Linie(p1,p2,rot);
                   break;
        case 1  :  geomFig[loop1][loop2] =
                             new Rechteck(p1,p2,p3,p4,rot);
                   break;
        case 2  :  geomFig[loop1][loop2] =
                             new Kreis(p1,10,rot);
                   break;
        }
      }

  for(int loop1 = 0; loop1 < 10; loop1++)
    {
    for(int loop2 = 0; loop2 < 10; loop2++)
      geomFig[loop1][loop2]->zeichnen();

    cout << endl;
    }

  return 0;
  }
```

Dass wir die gesamte Zeichnung mit allen geometrischen Figuren in einer Schleife rekonstruieren können, haben wir, wie vorab angekündigt, dem Zusammenkommen zweier objektorientierter Konzepte zu verdanken:

- der Überschreibung der Methode `zeichnen()`
- der Behandlung von abgeleiteten Objekten als Objekte ihrer Basisklasse

Schaut man sich allerdings die Ausgabe des Programms an, ist diese wenig überzeugend:

```
XXXXXXXXXX
XXXXXXXXXX
XXXXXXXXXX
XXXXXXXXXX
XXXXXXXXXX
XXXXXXXXXX
XXXXXXXXXX
XXXXXXXXXX
XXXXXXXXXX
XXXXXXXXXX
```

18.1.3 Virtuelle Methoden

Wandelt man ein Objekt einer abgeleiteten Klasse in ein Objekt seiner Basisklasse um, beispielsweise indem man einen Basisklassenzeiger auf das Objekt einrichtet und über diesen Zeiger auf das Objekt zugreift, erlaubt der Compiler nur den Zugriff auf die Elemente, die aus dem Basisklassen-Unterobjekt stammen. Dies gilt auch für die überschriebenen Methoden.

In unserem Beispielprogramm führt dies dazu, dass bei der Ausgabe für die verschiedenen Zeichenobjekte immer nur die Basisklassenversion der `zeichnen()`-Methode aufgerufen wird.

Im Grunde müsste man also in der Schleife für jedes Array-Element den eigentlichen Typ feststellen (den Typ der abgeleiteten Klasse), es dann in diesen Typ zurückverwandeln und dann die `zeichnen()`-Methode aufrufen (siehe Kapitel 21).

Es geht aber noch wesentlich eleganter. Man muss dem Compiler nur mitteilen, dass er sich beim Aufruf einer überschriebenen Methode nicht nach dem Datentyp des Zeigers, über den auf das Objekt zugegriffen wird, richten soll, sondern nach dem tatsächlichen Typ des Objekts. Dies erreicht man, indem man die Methode in der Basisklasse als `virtual` deklariert.

INFO

Grundsätzlich sollte man sich angewöhnen, eine einmal als `virtual` *deklarierte Methode auch in den abgeleiteten Klassen als* `virtual` *zu deklarieren. Es besteht zwar keine Notwendigkeit für dieses Vorgehen, doch es kann anderen Programmierern die Einarbeitung in Ihren Code erleichtern (und Ihnen selbst auch, wenn nach einer gewissen Zeit einmal Anpassungen oder Verbesserungen an der Implementierung erforderlich werden sollten).*

Setzen Sie jetzt also einfach in der Klasse `ZeichenObjekt` vor die Deklaration der Methode `zeichnen()` das Schlüsselwort `virtual`:

```
class ZeichenObjekt {
  public:
    ...
    virtual void zeichnen() {
```

Ausgabe:

```
##O###I###
#O##I#IIOI
O#OOOOII##
I###OO#OII
IOOIIIOIO#
I###IIO###
I#II#IOIO#
O#O#OOOO#O
IIOII#OI##
O##OO#OI#I
```

18.1.4 Abstrakte Klassen

Zum Schluss stellen wir fest, dass die Basisklasse `ZeichenObjekt` nur Datenelemente und Methoden, die überschrieben werden sollen, vererbt.

Weiter stellen wir fest, dass von der Klasse `ZeichenObjekt` keine eigenen Instanzen gebildet werden, dass sie also rein als Basisklasse fungiert.

Tatsächlich ist es sogar so, dass eine Instanziierung von Objekten der Klasse `ZeichenObjekt` beim Aufsetzen der Klasse gar nicht in Betracht gezogen wurde, und wir bei der Implementierung der `zeichnen()`-Methode davon ausgingen, dass diese ehedem in allen abgeleiteten Klassen überschrieben wird.

Was aber nicht sein soll, das sollte man gleich verbieten. Es würde unser Klassen-Design wesentlich verbessern, wenn wir dem Compiler mitteilen würden, dass die Methode `zeichnen()` in den abgeleiteten Klassen überschrieben werden muss und dass keine Instanzen von der Klasse `ZeichenObjekt` gebildet werden dürfen.

Dazu genügt es, die Methode `zeichnen()` als rein virtuell zu deklarieren. Verwenden Sie dazu das Schlüsselwort `virtual`, und hängen Sie an die Deklaration der Methode das Suffix `= 0` an (um anzudeuten, dass die Methode keine gültige Implementierung besitzt).

```
class ZeichenObjekt {
  public:
     ...
     virtual void zeichnen() = 0;
```

Eine Klasse, die mindestens eine rein virtuelle Methode enthält, nennt man auch eine abstrakte Klasse. Da abstrakte Klassen eine oder mehrere Methoden enthalten, zu denen es keine gültige Implementierung gibt, ist die Klassendefinition unvollständig. Eine Instanzierung ist daher nicht möglich.

Das fertige Programm heißt Polymor3.cpp *und ist auf der Begleit-CD zu finden. Den vollständigen Code finden Sie auch im Abschnitt 18.3.2 abgedruckt.*

18.2 Virtuelle Methoden und Überschreibung

Virtuelle Methoden und Überschreibung hängen eng zusammen, denn vor allem die Methoden, die in abgeleiteten Klassen überschrieben werden sollen, kommen als Kandidaten für die `virtual`-Deklaration infrage.

18.2.1 Die Überschreibung

Von Überschreibung spricht man, wenn man in einer abgeleiteten Klasse eine geerbte Methode neu definiert. Im Gegensatz zur Überladung werden dabei nicht nur der Methodenname, sondern auch die Signatur (Anzahl und Typ der Parameter) beibehalten. Nach der Überschreibung verdeckt die in der abgeleiteten Klasse definierte Version die geerbte Version (im Gegensatz zur Überladung, nach der beide Versionen nebeneinander existieren).

Die Überschreibung ist daher ein wichtiges Instrument, um geerbte Funktionalität in abgeleiteten Klassen anzupassen (Polymorphismus).

```
#include <iostream>
using namespace std;

class Basis {
 public:
       void id() {cout << "Dies ist die Basis-Klasse\n";};
 };

// Abgeleitete Klasse mit überladener Funktion
class Abgeleitet: public Basis {
```

```
public:
      void id() {cout << "Dies ist die abgeleitete Klasse\n";};
};

int main()
{
Basis bas;
Abgeleitet abg;

bas.id();
abg.id();

return 0;
}
```

Ausgabe:

```
Dies ist die Basis-Klasse
Dies ist die abgeleitete Klasse
```

Analyse Hier haben wir den Fall vorliegen, dass eine Methode der Basisklasse in einer abgeleiteten Klasse überschrieben wird (gleicher Name und Signatur, aber andere Implementierung).

Wichtig ist dabei, dass nach obiger Deklaration für ein Objekt vom Typ `class Basis` die Methode `id()` der Klasse `Basis` und für ein Objekt vom Typ class `Abgeleitet` die Methode `id()` der Klasse `Abgeleitet` aufgerufen wird.

Der Compiler erkennt also anhand des Typs des Objekts, welche Methode aufzurufen ist.

Für den Aufruf `bas.id()` ist dies nicht sonderlich erstaunlich, denn schließlich wissen die Klasse `Basis` und deren Objekte nichts davon, dass es irgendwo eine abgeleitete Version mit einer alternativen Implementierung gibt.

Für Objekte der Klasse `Abgeleitet` gilt aber, dass diese ja die Methode `id()` von der Klasse `Basis` geerbt haben. Im Grunde enthält die Klasse `Abgeleitet` also zwei Versionen von `id()`.

- `id()` aus `Basis`
- `id()` aus `Abgeleitet`

Durch die Überschreibung verbindet der Compiler mit dem Namen `id()` nur die Version aus der abgeleiteten Klasse und erlaubt den Zugriff auf die Basisklassenversion nur über den vollständigen Namen `Basis::id()`.

Der Aufruf `abg.id()` führt also zum Aufruf der `id()`-Version, die in der Klasse `Abgeleitet` implementiert wurde.

Auch wenn man schon erahnt, dass sich hinter dem ganzen Verfahren mehr verbirgt, als man auf den ersten Blick vermuten mag, läuft bisher alles darauf hinaus, dass der Compiler einfach die Version aufruft, die am besten zu dem Typ des Objekts passt.

Basis	Abgeleitet (von Basis)	Aufruf
–	`id()`	`abg.id()` ruft Methode aus `Abgeleitet` auf
`id()`	–	`abg.id()` ruft geerbte Methode aus `Basis` auf
`id()`	`id()`	`abg.id()` ruft überschriebene Methode aus `Abgeleitet` auf `Basis::abg.id()` ruft überschriebene Methode aus `Basis` auf

Bis hierher ist also alles so, wie man es intuitiv erwarten würde. Jetzt aber kommt der Haken.

Reduzierung zu Basisklassen-Unterobjekt

C++ erlaubt es uns, ein Objekt einer abgeleiteten Klasse als Objekt einer ihrer Basisklassen zu betrachten (wir haben dies bereits in Abschnitt 18.1.2 benutzt, um Objekte verschiedener abgeleiteter Klassen gemeinsam in einem Array zu verwalten).

Die Umwandlung eines Objekt einer abgeleiteten Klasse in ein Objekt einer ihrer Basisklassen – beispielsweise durch Übergabe der Adresse des Objekts an einen Zeiger vom Typ der Basisklasse – bedeutet, dass man über einen solchen Zeiger nur noch auf die Elemente des abgeleiteten Objekts zugreifen kann, die dieses von der Basisklasse geerbt hat (siehe Kapitel 17).

Zu diesen Elementen gehören aber auch die Methoden, die in der abgeleiteten Klasse überschrieben wurden. Welche Version dieser Methoden wird der Compiler aufrufen? Die in der Basisklasse definierte Version oder die Version der abgeleiteten Klasse?

```
class Basis {
  public:
    void id() {cout << "Dies ist die Basis-Klasse\n";};
  };

// Abgeleitete Klasse mit überschriebener Funktion
class Abgeleitet: public Basis {
  public:
    void id() {cout << "Dies ist die abgeleitete Klasse\n";};
  };
```

```
int main()
  {
  Abgeleitet abg;
  Basis *bptr = new Basis;
  bptr->id();

  bptr = &abg;  //verweise mit Basis-Zeiger auf Abgeleitet-Objekt
  bptr->id();

  return 0;
  }
```

Ausgabe:

```
Dies ist die Basis-Klasse
Dies ist die Basis-Klasse
```

Wie der Compiler Methodenaufrufe auflöst

Wie man sieht, richtet sich der Compiler beim Aufruf der Methode nach dem Typ des Zeigers (`Basis *`) und nicht nach dem Typ des Objekts, auf das der Zeiger verweist (`Abgeleitet`).

Dies bringt für die überschriebenen Methoden aber nur selten das gewünschte Ergebnis, denn wir haben die geerbte Methode in der abgeleiteten Klasse ja extra mit dem Ziel überschrieben, dass für abgeleitete Objekte nur die neue Version der Methode aufgerufen wird. Und auch wenn wir das abgeleitete Objekt über einen Zeiger vom Typ einer seiner Basisklassen ansprechen, sollte sich daran nichts ändern (vergleiche das Beispiel aus Abschnitt 18.1.3).

Irgendwie müssen wir dem Compiler also mitteilen, dass er beim Aufruf nach dem Typ des tatsächlichen Objekts und nicht nach dem Typ des Zeigers gehen soll.

Dies erreicht man mithilfe des Schlüsselworts `virtual`.

18.2.2 Virtuelle Methoden

Virtuelle Methoden sind Methoden, die mit dem Schlüsselwort `virtual` deklariert wurden. Für eigenständige Klassen ist das Schlüsselwort `virtual` uninteressant. Erst wenn die Klasse in eine Klassenhierarchie eingebunden wird (sei es, dass die Klasse von einer anderen Klasse abgeleitet wird, sei es, dass sie selbst einer anderen Klasse als Basisklasse dient oder irgendwann einmal dienen könnte, sei es, dass beide Fälle gegeben sind), wird die `virtual`-Deklaration interessant.

Deklariert man in einer Klasse eine Methode als `virtual`, erreicht man damit, dass für Objekte abgeleiteter Klassen, die diese Methode überschreiben, stets die Version aus der abgeleiteten Klasse aufgerufen wird – auch dann, und gerade dann, wenn man auf das Objekt über einen Zeiger vom Typ der Basisklasse zugreift.

```
class Basis {
  public:
    virtual void id() {
      cout << "Dies ist die Basis-Klasse\n";};
  };

class Abgeleitet: public Basis {
  public:
    void id() {cout << "Dies ist die abgeleitete Klasse\n";};
  };

int main()
  {
  Abgeleitet abg;
  Basis *bptr = new Basis;
  bptr->id();

  bptr = &abg;  //verweise mit Basis-Zeiger auf Abgeleitet-Objekt
  bptr->id();

  return 0;
  }
```

Ausgabe:

```
Dies ist die Basis-Klasse
Dies ist die abgeleitete Klasse
```

18.2.3 Frühe und späte Bindung

Trifft der Compiler im Zuge der Kompilation auf einen Aufruf einer überschriebenen Methode, muss er entscheiden, welche Version dieser Methode er aufrufen soll.

Üblicherweise richtet er sich dabei nach dem Typ der Instanz oder dem Typ des Zeigers, über die oder den die Methode aufgerufen wird.

```
class Basis {
  public:
    void id() {cout << "Dies ist die Basis-Klasse\n";};
  };

class Abgeleitet: public Basis {
  public:
    void id() {cout << "Dies ist die abgeleitete Klasse\n";};
  };

int main()
  {
  Abgeleitet abg;
  abg.id()                // ruft Abgeleitet::id() auf
```

```
Basis base;
base.id()               // ruft Basis::id() auf

Basis *bptr = &abg;
bptr->id();             // ruft Basis::id() auf

return 0;
}
```

Frühe Bindung

Man bezeichnet dies auch als *frühe Bindung*, weil der Compiler anhand des deklarierten Typs zur Kompilierzeit feststellen kann, welche Methode aufzurufen ist.

Späte Bindung

Durch die Deklaration einer Methode als `virtual` schaltet man dagegen für diese Methode die *späte Bindung* ein.

!! STOP

Achtung! Wichtig ist, dass die Methode in der Basisklasse als `virtual` *deklariert wird.*

Man sollte sich allerdings angewöhnen, eine einmal als `virtual` *deklarierte Methode auch in allen abgeleiteten Klassen als* `virtual` *zu deklarieren. Bedenken Sie, dass eine* `virtual`*-Deklaration für einen Programmierer immer auch ein Signal ist, dass diese Methode dafür ausgelegt ist, überschrieben zu werden. Es ist also günstig, wenn man geerbten Methoden nicht bis in die oberste Basisklasse nachspüren muss, um herauszufinden, ob die Methode irgendwo als* `virtual` *deklariert wurde.*

Die späte Bindung einer Methode bewirkt, dass der Compiler beim Aufruf der Methode über einen Zeiger nicht selbst entscheidet, welche Version dieser Methode aufgerufen werden soll, sondern Code erzeugt, der zur Laufzeit feststellt, von welchem Typ das Objekt ist, auf das der Zeiger verweist, und dann die zu diesem Typ passende Version aufruft.

Die Bezeichnung *späte Bindung* kommt also daher, dass die tatsächlich aufzurufende Methode nicht zur Kompilierzeit, sondern erst zur Laufzeit bestimmt wird.

Abbildung 18.4: Frühe und späte Bindung

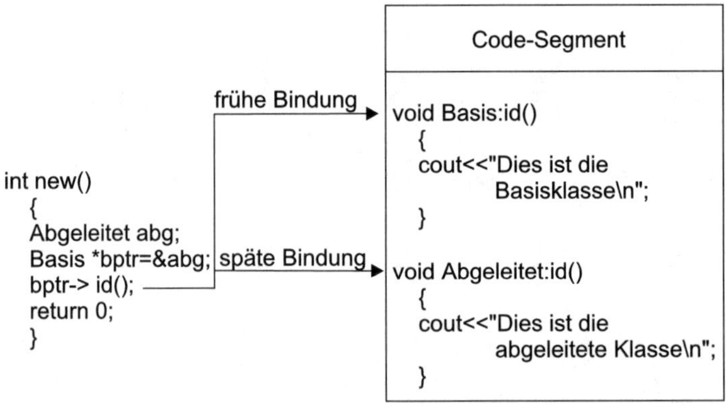

Automatische Typidentifizierung durch späte Bindung

Der Zugriff auf ein Objekt einer abgeleiteten Klasse über einen Zeiger vom Typ einer Basisklasse ist ein in C++ recht gebräuchliches Stilmittel, das es uns erlaubt, Objekte unterschiedlicher abgeleiteter Klassen, die auf eine gemeinsame Basisklasse zurückgehen, zusammen in einem Array oder einer Liste zu verwalten (siehe Abschnitt 18.1.2) oder an generische Methoden zu übergeben (siehe Abschnitt 18.4).

Die Rückverwandlung, also die Übergabe eines abgeleiteten Objekts von einem Zeiger vom Typ einer Basisklasse an einen Zeiger vom Typ der abgeleiteten Klasse stellt allerdings meist ein Problem dar, denn oftmals kann der Programmierer zur Programmierzeit nicht wissen, von welcher abgeleiteten Klasse das Objekt, auf das der Basisklassenzeiger gerade verweist, tatsächlich stammt.

```
class ZeichenObjekt;

class Linie    : public ZeichenObjekt;
class Rechteck : public ZeichenObjekt;
class Kreis    : public ZeichenObjekt;

int main()
  {
  class ZeichenObjekt  *geomFig[10];

  // Array mit Linien, Rechtecken und Kreisen füllen
  int welchesObjekt;
  for(int loop = 0; loop < 10; loop++)
      {
      welchesObjekt = rand() % 3;
      switch (welchesObjekt)
        {
        case 0  :  geomFig[loop] = new Linie(p1,p2,rot);
                   break;
        case 1  :  geomFig[loop] = new Rechteck(p1,p2,p3,p4,rot);
                   break;
        case 2  :  geomFig[loop] = new Kreis(p1,10,rot);
                   break;
        }
      }

  // Rückverwandlung
  for(int loop = 0; loop < 10; loop++)
    {
    class Linie    *pL = dynamic_cast<Linie *>(geomFig[loop]);
    oder
    class Rechteck *pR = dynamic_cast<Rechteck *>(geomFig[loop]);
    oder
    class Kreis    *pK = dynamic_cast<Kreis *>(geomFig[loop]);

    cout << endl;
    }

  return 0;
  }
```

Der Programmierer muss also Code aufsetzen, der zur Laufzeit den tatsächlichen Typ des abgeleiteten Objekts feststellt und dann die entsprechende Konvertierung vornimmt (wie man dies mithilfe der Operatoren `dynamic_cast` und `typeid()` bewerkstelligen kann, ist in Kapitel 21 beschrieben).

Dies ist aber ein recht umständliches und daher auch fehleranfälliges Verfahren. Besser ist es in jedem Fall, die Typidentifizierung gänzlich dem Compiler zu überlassen, und dies geht wiederum nur mit den virtuellen Methoden.

virtual ermöglicht Zugriff auf überschriebene Methoden

Statt den Basisklassenzeiger, der auf das abgeleitete Objekt verweist, umständlich in einen Zeiger vom Typ der abgeleiteten Klasse zurückzuverwandeln, ruft man einfach über den Basisklassenzeiger die überschriebenen Methoden auf. Sind diese in der Basisklasse als `virtual` deklariert, sorgt der Compiler dafür, dass nicht automatisch die Version der Methode aufgerufen wird, die in der Basisklasse definiert ist. Stattdessen schaut der Compiler nach dem Typ des abgeleiteten Objekts, auf das der Zeiger verweist, und ruft die Methode auf, die zum Typ des Objekts gehört.

Zwei Dinge sind dabei im Kopf zu behalten:

- Man kann über den Basisklassenzeiger nur auf die von der Basisklasse geerbten Elemente und die überschriebenen Methoden zugreifen. Der Zugriff auf die in der abgeleiteten Klasse definierten Elemente ist über den Basisklassenzeiger nicht möglich – hierfür ist eine explizite Rückverwandlung erforderlich (siehe Kapitel 21). Es ist daher Aufgabe des Klassen-Designers, dafür zu sorgen, dass die wichtigsten Methoden in der Basisklasse definiert und als `virtual` deklariert sind.
- Der Compiler kann für einen Methodenaufruf nur dann die Version aus der abgeleiteten Klasse aufrufen, wenn die Methode in der Basisklasse als `virtual` deklariert ist.

18.2.4 Realisierung der späten Bindung

Wie der Compiler die späte Bindung von Methoden im Detail realisiert, ist im Grunde für die Programmierung und den Umgang mit dem Wörtchen `virtual` bedeutungslos.

Als Programmierer brauchen Sie nur zu wissen,

- dass man durch die `virtual`-Deklaration die späte Bindung für eine Methode einschalten kann, und
- dass virtuelle Methoden Typidentifizierungen zur Laufzeit ersetzen können (und sollen).

Andererseits gilt, dass Hintergrundkenntnisse und das Wissen um implementierungsspezifische Details den Programmierstil durchaus verbessern können. Es lohnt sich also, den Compiler-Entwicklern einmal über die Schulter zu schauen, um zu sehen, wie die späte Bindung intern realisiert wird.

INFO

Der ANSI-Standard legt nur Syntax und Semantik der virtuellen Methoden fest, in der Realisierung sind die Compiler-Entwickler gänzlich frei. Die nachfolgende Ausführung beschreibt also lediglich ein Modell – ein häufig verwendetes Modell, aber kein verbindliches Modell.

Virtuelle Tabellen

Die Realisierung der späten Bindung fußt auf dem Anlegen so genannter virtueller Tabellen.

Die Tabelle ist dabei üblicherweise nichts Anderes als ein Array (oder eine Liste), in dem die Adressen aller virtuellen Methoden einer Klasse abgelegt sind. Von einer virtuellen Tabelle spricht man einfach deshalb, weil in der Tabelle die virtuellen Methoden aufgeführt sind.

Was nun die Deklaration einer Methode als `virtual` bewirkt, ist zweierlei:

1. Die Methode wird in die virtuelle Tabelle eingetragen. Verfügt die Klasse, in der die Methode deklariert ist, noch über keine virtuelle Tabelle, wird diese neu angelegt, und in der Klasse wird ein verborgener Zeiger definiert (nennen wir ihn `vptr`), der auf die Tabelle weist.

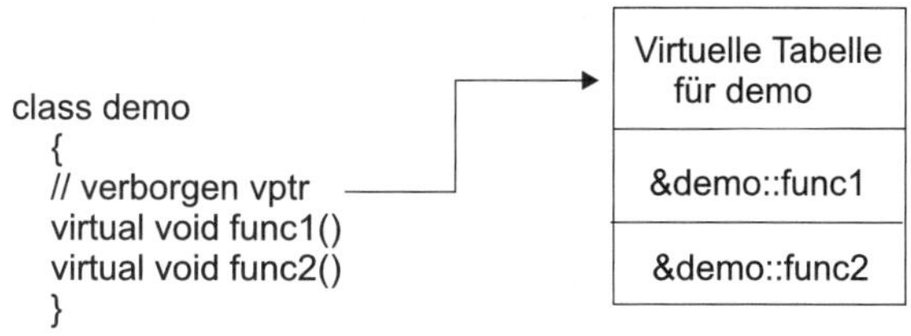

Abbildung 18.5: Anlegen einer virtuellen Tabelle

2. Trifft der Compiler bei der Kompilation auf den Aufruf einer virtuellen Methode, ersetzt er diesen nicht durch einen direkten Assembler-Befehl, der die gewünschte Methode aufruft, sondern springt in die virtuelle Tabelle, sucht in dieser nach der Methode und ruft dann die Methode auf, deren Adresse er in der Tabelle gefunden hat.

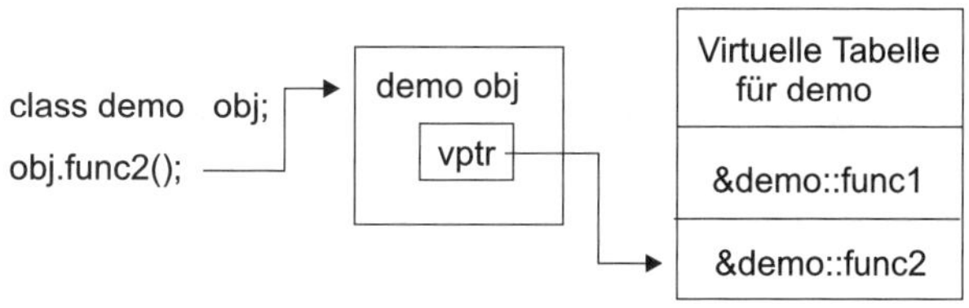

Abbildung 18.6: Methodenaufruf über virtuelle Tabelle ermitteln

Wie findet der Compiler die Methoden in der Tabelle?
Die Adressen der Methoden sind in der Tabelle in der gleichen Reihenfolge abgelegt, in der sie auch in der Klasse deklariert sind. Ist die aufgerufene Methode also die dritte virtuelle Methode, die in der Klasse deklariert ist, springt der Compiler zum dritten Eintrag in der Tabelle.

Was passiert, wenn man in einer abgeleiteten Klasse eine virtuelle Methode überschreibt?
Die abgeleitete Klasse erbt zuerst einmal alle Elemente der Basisklasse, einschließlich der virtuellen Methoden. Für Letztere wird der abgeleiteten Klasse eine virtuelle Tabelle zugeteilt, in der die Adressen der geerbten Methoden (also die Implementierungen aus der Basisklasse) eingetragen sind. Wird jetzt eine dieser Methoden überschrieben, ersetzt der Compiler die Adresse der Basisklassenversion durch die Adresse der Methode aus der abgeleiteten Klasse.

Die Verwendung virtueller Methoden führt also sowohl zu einer Code-Aufblähung

- Für jede Klasse mit mindestens einer virtuellen Methode wird eine eigene virtuelle Tabelle angelegt.
- Jede Instanz einer Klasse mit einer virtuellen Methode erhält einen zusätzlichen verborgenen Zeiger auf die virtuelle Tabelle ihrer Klasse.

als auch zur Laufzeitverschlechterung.

- Für den Aufruf virtueller Methoden muss die korrekte Aufrufadresse zur Laufzeit ermittelt werden.

Der vptr-Zeiger auf die virtuelle Tabelle

Dem verborgenen Zeiger auf die virtuelle Tabelle kann man im Übrigen leicht nachspüren.

```
/* VPTR.cpp    Zeiger auf virtuelle Tabelle */
#include <iostream>
using namespace std;

class Basis1 {
  public:
    double wert;
    void id() {cout << "Dies ist die Basis-Klasse\n";};
  };

class Basis2 {
  public:
    double wert;
    virtual void id() {cout << "Dies ist die Basis-Klasse\n";};
  };
```

```
int main()
  {
  Basis1 bobj1;
  Basis2 bobj2;

  cout << "Groesse von Basis1 : " << sizeof(Basis1) << endl;
  cout << "Adresse von Basis1 : " << &bobj1 << endl;
  cout << "Adresse von Wert   : " << &bobj1.wert << endl;
  cout << endl;

  cout << "Groesse von Basis2 : " << sizeof(Basis2) << endl;
  cout << "Adresse von Basis2 : " << &bobj2 << endl;
  cout << "Adresse von Wert   : " << &bobj2.wert << endl;

  return 0;
  }
```

Ausgabe:

```
Groesse von Basis1 : 8
Adresse von Basis1 : 0x0065fdfc
Adresse von Wert   : 0x0065fdfc

Groesse von Basis2 : 12
Adresse von Basis2 : 0x0065fdf0
Adresse von Wert   : 0x0065fdf4
```

Der Ausgabe können Sie entnehmen, dass die Klasse `Basis2`, in der die Methode `id()` als `virtual` deklariert ist, um 4 Byte größer ist als die Klasse `Basis1`. 4 Byte entspricht unter einem 32-Bit-System aber genau der Größe eines Zeigers.

Zudem beginnt das Datenelement in dem `Basis2`-Objekt 4 Byte hinter der Anfangsadresse des Objekts. Der Compiler hat also den `vptr`-Zeiger auf die virtuelle Tabelle als erstes Element im Objekt abgelegt.

18.2.5 Regeln für die Überschreibung

Wenn man eine geerbte Methode überschreiben will, schaut man natürlich zuerst einmal, ob die Methode in der Basisklasse als `virtual` deklariert ist.

INFO

Wenn Sie sich nicht darauf verlassen wollen, dass virtuelle Methoden in der Klassenhierarchie von dem Ort ihrer ersten `virtual`*-Deklaration an in allen abgeleiteten Klassen als* `virtual` *deklariert wurden, sollten Sie in der Hierarchie weiter nach oben wandern, bis zu der Basisklasse, in der die Methode das erste Mal definiert wurde.*

virtual ist ein Signal für Compiler und Programmierer

Wurde die Methode in der Basisklasse als `virtual` deklariert, ist dies ein Freizeichen, das uns mitteilt, dass der Designer der Basisklasse die Methode zumindest als Kandidat für eine potenzielle Überschreibung erkannt hat.

Wurde die Methode in der Basisklasse als rein virtuell deklariert (siehe Abschnitt 18.3.1), heißt dies, dass die Methode überschrieben werden muss.

Ist die Methode nicht als virtuell deklariert, ist dies ein Warnzeichen, das besagt, dass der Designer der Basisklasse vermutlich nicht mit einer Überschreibung der Methode gerechnet hat. Möchte man nicht auf die Überschreibung verzichten, sollte man zumindest erhöhte Vorsicht walten lassen.

Ansonsten hängt die Überschreibung immer davon ab, welcher Code bereits in der Basisklassenversion vorgesehen ist und wie wichtig dieser Code ist.

Grundsätzlich gibt es daher bei der Überschreibung drei Möglichkeiten:

- *Einfach ersetzen*:

  Der Code aus der Basisklassenversion ist unwichtig und wird einfach ersetzt.

```
class Basis {
  public:
    virtual void func() { /* nicht wichtig */ };
  };

class Abgeleitet : public Basis {
  public:
    virtual void func() {
      // neuer Code
      ...
      }
  };
```

- *Basisversion aufrufen*:

  Der Code in der Basisklassenversion ist hilfreich, wichtig oder gar unersetzlich.

  Dann kann man die Basisklassenversion in der abgeleiteten Version aufrufen – beispielsweise zu Beginn oder am Ende der neuen Definition (hängt von dem jeweiligen Code ab).

```
class Basis {
  public:
    virtual void func() { /* wichtig */ };
  };

class Abgeleitet : public Basis {
  public:
    virtual void func() {
```

```
        // Basisklassenversion aufrufen
        Basis::func();

        // neuer Code
        ...
        }
    };
```

➡ *Basiscode wiederholen*:

Der Code in der Basisklassenversion enthält wichtigen, aber auch störenden Code.

Dann kann man den wichtigen Code in der abgeleiteten Version wiederholen. Allerdings könnte eine solche Vorgehensweise auch auf einen Design-Fehler hindeuten.

```
class Basis {
  public:
    virtual void func() { /* wichtig */ };
  };

class Abgeleitet : public Basis {
  public:
    virtual void func() {
      // Basisklassen.Code wiederholen
      ...

      // neuer Code
      ...
      }
  };
```

18.3 Abstrakte Methoden und Klassen

In den vorangehenden Kapiteln haben wir vor allem den Aspekt der Vererbung von Code in den Vordergrund gestellt. Durch den Polymorphismus sind wir nun darauf gestoßen, dass Basisklassen nicht nur zur Vererbung von Code herangezogen werden können, sondern dass es mindestens genauso interessant sein kann, eine einheitliche Schnittstelle zu vererben. Nichts Anderes ist nämlich die Programmierung mit virtuellen Methoden, die in den abgeleiteten Klassen überschrieben werden (der geerbte Name (die Schnittstelle) wird übernommen, die Definition (der Code) wird ersetzt).

In Fortsetzung dieses Gedankens kommt man zu Basisklassen, die vornehmlich zur Vererbung von Schnittstellen dienen. Eine solche Klasse braucht im Prinzip gar keinen Code mehr für ihre virtuellen Methoden vorzugeben, da für die Vererbung ja doch nur der Name der Methoden benötigt wird.

Dies führt uns zu den abstrakten oder »rein virtuellen« Methoden.

18.3.1 Rein virtuelle Funktionen

Die Deklaration einer rein virtuellen Funktion erfolgt mit dem Schlüsselwort `virtual` und der Zuweisung der Null.

```
virtual Typ FunkName (PARAMETERLISTE) = 0;
```

Abstrakte oder rein virtuelle Methoden benötigen keinen Definitionsteil. Ihre Aufgabe ist es, als Schnittstellenvorgabe an andere Klassen weitervererbt zu werden. Aufgabe der abgeleiteten Klassen ist es dann, die geerbten rein virtuellen Methoden zu überschreiben und mit einem Definitionskörper auszustatten.

Eine Klasse, die zumindest eine abstrakte Methode enthält, bezeichnet man als abstrakte Klasse. Abstrakte Klassen können nicht instanziiert werden, d. h. man kann keine Objekte dieser Klasse bilden. Abstrakte Klassen können also lediglich als Basisklassen sinnvoll eingesetzt werden.

Wenn Sie also eine Klasse aufsetzen, die Ihnen lediglich als Basisklasse für verschiedene abgeleitete Klassen dienen soll und in der Sie virtuelle Methoden deklarieren, die ehedem in allen abgeleiteten Klassen überschrieben werden (d. h. die Auslagerung der Methoden in die Basisklasse dient nicht der Vererbung von Code, sondern geschieht im Hinblick auf die Möglichkeiten, die Ihnen Polymorphismus und späte Bindung eröffnen), bietet es sich an, die betreffenden Methoden in der Basisklasse als rein virtuell zu deklarieren.

Der Compiler kann dann an Ihrer Stelle darüber wachen, dass die rein virtuellen Methoden in allen abgeleiteten Klassen überschrieben werden. Eine Klasse, die eine rein virtuelle Methode erbt und nicht überschreibt, wird nämlich selbst zur abstrakten Klasse. Dies kann gewollt sein, es kann aber auch ein Fehler sein. Im letzteren Fall wird der Programmierer spätestens bei der Instanzbildung darauf aufmerksam gemacht, dass er versucht, eine abstrakte Klasse zu instanziieren.

18.3.2 Abstrakte Klassen

Eine virtuelle Methode, die derart auf Null gesetzt wird,

```
virtual Typ FunkName (PARAMETERLISTE) = 0;
```

nennt man eine abstrakte oder rein virtuelle Methode.

Eine Klasse, die mindestens eine rein virtuelle Methode enthält, nennt man abstrakte Klasse.

- Von einer abstrakten Klasse lassen sich keine Instanzen bilden.
- Wird eine abstrakte Methode geerbt, aber nicht in der abgeleiteten Klasse überschrieben, so enthält die abgeleitete Klasse eine abstrakte Methode und wird somit selbst zur abstrakten Klasse.
- Abstrakte Klassen stehen in Klassenhierarchien naturgemäß stets ganz oben, um geeignete Schnittstellen vorzugeben und so der Hierarchie ein einheitliches Gepräge zu verleihen und Polymorphismus und späte Bindung zu unterstützen.

Im folgenden Beispiel ist die Klasse `ZeichenObjekt` eine abstrakte Basisklasse, da sie die rein virtuelle Methode `zeichnen()` deklariert. Das Programm wurde bereits in Abschnitt 18.1 besprochen.

```
/* Polymor3.cpp */
#include <iostream>
#include <cstdlib>
//using namespace std;

// globale Hilfsstruktur für Koordinatenangaben
struct Punkt {
  int x, y;
  };

// globale Hilfsstruktur für Farben
struct Farbe {
  int r, g, b;      // RGB-Darstellung
  };

// Basisklasse
class ZeichenObjekt {
  protected:
    struct Punkt referenzpunkt;
    struct Farbe farbe;

  public:
    ZeichenObjekt(Punkt p, Farbe f) {
      referenzpunkt = p;
      farbe         = f;}
    virtual ~ZeichenObjekt() {}

    virtual void zeichnen() = 0;
  };


// Linien
//    Eine Linie wird definiert durch ihre Farbe sowie
//    durch Anfangs- und Endpunkt
//    Referenzpunkt ist der Anfangspunkt
class Linie : public ZeichenObjekt {
  protected:
    Punkt anfangspunkt;
    Punkt endpunkt;
```

```
  public:
    Linie(Punkt anf, Punkt end, Farbe f)
      : ZeichenObjekt(anf, f)
      {
      anfangspunkt = anf;
      endpunkt = end;
      }

    virtual void zeichnen() {
       // zeichne Linie
       cout << "I";
       }
  };

// Rechtecke
//    Ein Rechteck wird definiert durch seine Farbe sowie
//    die Koordinaten der 4 Ecken
//    Referenzpunkt ist die linke obere Ecke
class Rechteck : public ZeichenObjekt {
  protected:
    struct Punkt ecken[4];

  public:
    Rechteck(Punkt lo, Punkt lu, Punkt ro, Punkt ru, Farbe f)
      : ZeichenObjekt(lo, f)
      {
      ecken[0] = lo;
      ecken[1] = lu;
      ecken[2] = ro;
      ecken[3] = ru;
      }

    virtual void zeichnen() {
       // zeichne Rechteck
       cout << "#";
       }
  };

// Kreise
//    Ein Kreis wird definiert durch seine Farbe sowie
//    die Koordinaten des Mittelpunkts und seinen Radius
//    Referenzpunkt ist der Mittelpunkt
class Kreis : public ZeichenObjekt {
  protected:
    int radius;

  public:
    Kreis(Punkt mitte, int r, Farbe f)
      : ZeichenObjekt(mitte, f)
      {
      radius = r;
      }

    virtual void zeichnen() {
       // zeichne Kreis
       cout << "O";
```

```
      }
  };

int main()
  {
  struct Farbe rot = {255, 0, 0};
  struct Punkt p1 = {12,33};
  struct Punkt p2 = {400,5};
  struct Punkt p3 = {10,75};
  struct Punkt p4 = {1,13};

  class ZeichenObjekt  *geomFig[10][10];

  int welchesObjekt;
  for(int loop1 = 0; loop1 < 10; loop1++)
    for(int loop2 = 0; loop2 < 10; loop2++)
      {
      welchesObjekt = rand() % 3;
      switch (welchesObjekt)
        {
        case 0  :  geomFig[loop1][loop2] = new Linie(p1,p2,rot);
                   break;
        case 1  :  geomFig[loop1][loop2] =
                                  new Rechteck(p1,p2,p3,p4,rot);
                   break;
        case 2  :  geomFig[loop1][loop2] = new Kreis(p1,10,rot);
                   break;
        }
      }

  for(int loop1 = 0; loop1 < 10; loop1++)
    {
    for(int loop2 = 0; loop2 < 10; loop2++)
      geomFig[loop1][loop2]->zeichnen();
    cout << endl;
    }


  return 0;
  }
```

18.4 Generische Zeiger

Generische Zeiger – da denken C-Programmierer zuerst einmal an Zeiger auf `void`. Die objektorientierte Programmierung kennt aber noch eine weitere Form des »allgemeinen« Zeigers, nämlich den Basisklassenzeiger.

Und damit möchte ich Sie ein letztes Mal darauf hinweisen, wie praktisch es für uns doch ist, dass man einem Zeiger vom Typ einer Basisklasse auch Objekte der abgeleiteten Klasse zuweisen kann.

Ausgangspunkt soll noch einmal das Zeichenprogramm aus dem ersten Abschnitt sein, dessen Klassenhierarchie unverändert übernommen wird:

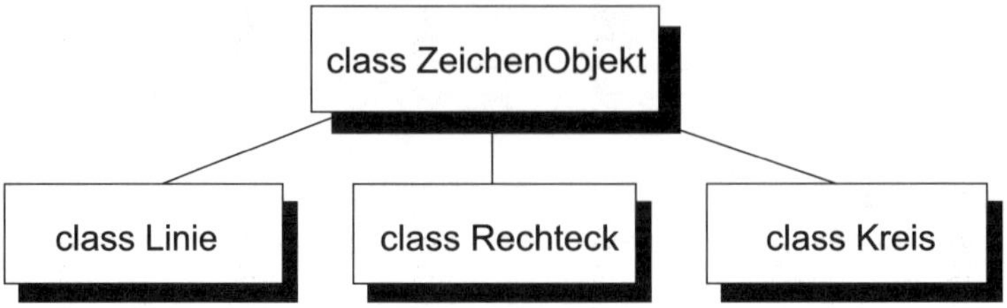

Wir erweitern das Programm nun um eine Klasse `Zeichnung`, deren Objekte die einzelnen Zeichnungen repräsentieren sollen. Das Array mit den einzelnen Zeichenobjekten deklarieren wir nun nicht mehr als lokale Variable der `main()`-Funktion, sondern als Datenelement der Klasse `Zeichnung`. Die kleinen marginalen Veränderungen im Quelltext sind im Folgenden kurz zusammengefasst.

```
class Zeichnung {
  public:
    class ZeichenObjekt  *geomFig[10][10];

  };

int main()
  {
  struct Farbe rot = {255, 0, 0};
  struct Punkt p1 = {12,33};
  struct Punkt p2 = {400,5};
  struct Punkt p3 = {10,75};
  struct Punkt p4 = {1,13};

  class Zeichnung z1;

  int welchesObjekt;
  for(int loop1 = 0; loop1 < 10; loop1++)
    for(int loop2 = 0; loop2 < 10; loop2++)
      {
      welchesObjekt = rand() % 3;
      switch (welchesObjekt)
        {
        case 0  :  z1.geomFig[loop1][loop2]
                                = new Linie(p1,p2,rot);
                   break;
        case 1  :  z1.geomFig[loop1][loop2]
                                = new Rechteck(p1,p2,p3,p4,rot);
                   break;
        case 2  :  z1.geomFig[loop1][loop2]
                                = new Kreis(p1,10,rot);
                   break;
        }
      }

  return 0;
  }
```

Worum es nun eigentlich geht, ist, dass wir in der Klasse `Zeichnung` eine Methode `markieren()` implementieren wollen, der man ein beliebiges Zeichenobjekt (Linie, Kreis oder Rechteck) übergeben kann, und die dann das betreffende Zeichenobjekt markiert.

In einem echten Grafikprogramm würde man einen Markierungsrahmen um das Objekt anzeigen, wir werden dies in unserem Beispiel im Textmodus simulieren.

INFO

Das Problem ist nun, dass die verschiedenen Zeichenobjekte unterschiedlichen Klassen angehören. Vor dem Studium dieses Kapitels hätten Sie wahrscheinlich gesagt: »Kein Problem! Dann überladen wir die Methode einfach.«, und das Ergebnis hätte vielleicht wie folgt ausgesehen:

```
class Zeichnung {
  public:
    class ZeichenObjekt  *geomFig[10][10];

    void markieren(const Linie&     linie) {
          linie.zeichnen();
          }
    void markieren(const Rechteck&  rechteck) {
          rechteck.zeichnen();
          }
    void markieren(const Kreis&     kreis) {
          kreis.zeichnen();
          }
};
```

Mittlerweile dürften Sie aber erkennen, dass eine solche Konstellation förmlich nach einem Basisklassenzeiger und der Nutzung polymorpher Methoden schreit.

Nun, die Methode `zeichnen()` ist schon als virtuell deklariert und in den abgeleiteten Klassen überschrieben, wir müssen uns also nur noch um den Parameter der Methode kümmern.

Statt eines Basisklassenzeigers können wir dabei genauso gut eine Basisklassenreferenz verwenden:

```
class Zeichnung {
  public:
    class ZeichenObjekt  *geomFig[10][10];

    void markieren(ZeichenObjekt& objekt)
      {
      cout << " -----" << endl;
      cout << "|  ";
      objekt.zeichnen();
      cout << "  |" << endl;
```

```
    cout << " -----" << endl;
    }
};
```

Schon kommen wir mit einer einzigen Methode `markieren()` aus.

CD

Das fertige Programm heißt Polymor4.cpp *und ist auf der Begleit-CD zu finden.*

18.5 Überladung versus Überschreibung

Zum Schluss möchte ich kurz noch einmal die Unterschiede zwischen der Überladung und der Überschreibung von Methoden zusammenfassen.

Überschreibung

- Mithilfe der Überschreibung von Methoden implementiert man polymorphes Verhalten.
- Von Überschreibung spricht man, wenn eine geerbte Methode in einer abgeleiteten Klasse neu definiert wird (wobei Name und Signatur beibehalten werden).
- Überschreibung findet nur bei der Vererbung statt, wobei die überschriebene Methode der Basisklasse angehört und die Methode, mit der überschrieben wurde, der abgeleiteten Klasse angehört. Beide Methoden stammen also aus unterschiedlichen Gültigkeitsbereichen.

Überladung

- Mithilfe der Überladung von Methoden kann man mehrere Methoden gleichen Namens implementieren, die alle die gleiche Aufgabe erfüllen, diese aber je nach Typ und Anzahl der Parameter unterschiedlich angehen.
- Von Überladung spricht man, wenn mehrere Methoden gleichen Namens, aber unterschiedlicher Signatur definiert werden.
- Die Überladung funktioniert nur innerhalb eines gemeinsamen Gültigkeitsbereichs.

INFO

Geerbte Methoden überladen
Wenn Sie eine geerbte Methode in der abgeleiteten Klasse überladen wollen, müssen Sie die Methode zuerst überschreiben. Danach können Sie die neue Methode überladen.

19 Zugriff auf Klassenelemente

Grundsätzlich gilt:

- Durch die Deklaration in `public`-, `protected`- und `private`-Abschnitten bestimmt die Klasse selbst, auf welche Elemente von außen zugegriffen werden kann.
- Die Methoden einer Klasse haben freien Zugriff auf alle Elemente, die in der Klasse deklariert sind, freien Zugriff auf geerbte Elemente, die in der Basisklasse als `public` oder `protected` deklariert sind, keine besonderen Zugriffsrechte auf die Elemente eingebetteter Objekte.
- Die Methoden einer Klasse können die Elemente der eigenen Klasse, einschließlich der geerbten Elemente, direkt – ohne den Umweg über eine Instanz – aufrufen.
- Der Zugriff von außen erfolgt über eine Instanz oder einen Zeiger auf ein Objekt der Klasse.
- Von außen kann nur auf `public`-Elemente zugegriffen werden.
- Prinzipiell werden Klassen so ausgelegt, dass sie ihre Datenelemente durch die Deklaration als `private` oder `protected` verstecken und Manipulationen nur über eine Auswahl bestimmter, als `public` deklarierter Methoden ermöglichen.

In der Praxis gibt es allerdings eine Vielzahl von Situationen mit unterschiedlichsten Zugriffsberechtigungen und Zugriffsmöglichkeiten. Um den Überblick zu behalten, werden diese in den folgenden Abschnitten zusammengefasst.

19.1 Public, protected, private

Die Verwendung der Zugriffsspezifizierer wurde bereits in den Kapiteln 16.5 und 17.3 erläutert. Hier noch einmal eine Zusammenfassung:

Verwendung in Klassendeklaration:

`public` Das Element kann von jeder Methode/Funktion benutzt werden.

`private` Das Element kann nur von Methoden und Friends der Klasse, in der es deklariert wurde, benutzt werden.

`protected` Es gilt das Gleiche wie für `private`. Zusätzlich ist jedoch die Benutzung durch Methoden und Friends von Klassen, die von der deklarierten Klasse abgeleitet sind, möglich. Gibt es keine abgeleiteten Klassen, sind `private` und `protected` identisch.

Verwendung bei der Vererbung:

`public` Die Elemente der Basisklasse behalten in der abgeleiteten Klasse ihre ursprünglichen Zugriffsattribute.

public -> public
protected -> protected
private -> private

`protected` Das Attribut `public` aus der Basisklasse wird zu `protected` in der abgeleiteten Klasse.

public -> protected
protected -> protected
private -> private

`private` Alle von der Basisklasse geerbten Elemente gelten in der abgeleiteten Klasse als `private`.

public -> private
protected -> private
private -> private

!! STOP

Die Zugriffsspezifizierer für die Vererbung legen nur fest, wie der Zugriff auf die geerbten Elemente von außen erfolgt (über eine Instanz der abgeleiteten Klasse oder aus einer Klasse, die von der abgeleiteten Klasse abgeleitet ist). Welche Zugriffsrechte die Methoden der abgeleiteten Klasse auf die geerbten Elemente haben, wird allein durch die Zugriffsdeklarationen in der Basisklasse festgelegt.

19.2 Zugriff innerhalb der Klasse

Zugriff innerhalb einer Klasse bedeutet, dass innerhalb des Funktionskörpers von Methoden auf andere Elemente (Daten oder Funktionen) der eigenen Klasse zugegriffen wird. Dies ist der innerste Bereich, der praktisch keinen Beschränkungen unterliegt. Der Zugriff auf die Elemente erfolgt direkt über deren Namen.

```
class demo {
  private:
   int wert1, wert2;
   int func1() {return wert1*wert2;}

  public:
   ...
   void func2(int i) {
                     wert1=i+1; wert2=i-1;
                     wert2 = func1();
                     }
   };
```

Methoden, die als `const` deklariert sind, können keine Datenelemente verändern (siehe Kapitel 16.4.6).

Statische Methoden können nur statische Datenelemente ansprechen (siehe Kapitel 16.4.5).

Eine statische Methode kann aber sehr wohl ein Objekt der Klasse als lokale Variable oder als Parameter definieren.

19.3 Zugriff aus abgeleiteter Klasse

Für abgeleitete Klassen muss man zwischen den eigenen und den geerbten Elementen sowie dem Zugriff aus den Methoden der abgeleiteten Klasse oder dem Zugriff von außen unterscheiden.

Zugriff aus den Methoden der abgeleiteten Klasse

Die Methoden, die in der abgeleiteten Klasse deklariert sind, können sowohl auf die eigenen als auch die geerbten Elemente direkt über den Elementnamen zugreifen.

```
class Basis {
  public:
    int basis_pub;
  };

class Abgeleitet : private Basis {
    int abg_priv;

  public:
    void abg_func(int n)
      {
      abg_priv   = n;       // direkter Zugriff ueber
      basis_pub  = n;       // Elementname
      }
  };
```

Während der Zugriff auf die eigenen Elemente jedoch keinerlei Beschränkungen unterliegt, wird der Zugriff auf die geerbten Elemente durch die Zugriffsspezifizierer aus der Basisklassendeklaration geregelt. Eine Methode der abgeleiteten Klasse hat Zugriff auf `public`- und `protected`-Elemente, nicht aber auf `private`-Elemente.

```
class Basis {
     int basis_priv;

   protected:
     int basis_prot;

   public:
     int basis_pub;
   };

class Abgeleitet : private Basis {
     int abg_priv;

   public:
     void abg_func(int n)
       {
       basis_pub   = n;
       basis_prot  = n;
       //basis_priv  = n;    // Fehler, kein Zugriff
       }
   };
```

Geerbte `private`-Elemente können in den Methoden der abgeleiteten Klasse nur auf dem Umweg über `public`- oder `protected`-Methoden angesprochen werden.

```
class Basis {
     int basis_priv;

   protected:
     int basis_prot;

   public:
     int basis_pub;
     void basis_func(int i)
       {
       basis_priv = i;
       }
   };

class Abgeleitet : private Basis {
     int abg_priv;

   public:
     void abg_func(int n)
       {
       abg_priv    = n;
```

```
      basis_pub   = n;
      basis_prot  = n;
      //basis_priv  = n;    // Fehler, kein Zugriff
      basis_func(n);
      }
  };
```

Zugriff von außen

Nach außen gibt es keinen Unterschied zwischen den eigenen und den geerbten Elementen einer Klasse. Will man also über eine Instanz oder die Methode einer abgeleiteten Klasse auf die Elemente einer Klasse zugreifen, ist nur interessant, welche Zugriffsbeschränkungen für das jeweilige Element gelten, nicht aber, ob das Element explizit in der Klasse deklariert oder von einer Basisklasse geerbt wurde.

Wichtig ist zu wissen, welche Zugriffsrechte die abgeleitete Klasse für die geerbten Elemente nach außen weitergibt.

Grundsätzlich gelten die Zugriffsrechte, die in der Basisklasse, aus der die Elemente stammen, spezifiziert wurden:

```
class Basis {
  public:
    int basis_pub;
  protected:
    int basis_prot;
  private:
    int basis_priv;
  };

class Abgeleitet : public Basis {
  };


int main()
  {
  class Abgeleitet abg;

  abg.basis_pub;                //ok
  abg.basis_prot;               //Fehler
  abg.basis_priv;               //Fehler

  return 0;
  }
```

Man kann aber durch die Zugriffsspezifizierer der Vererbung die Zugriffsrechte verschärfen (siehe Kapitel 17.3).

```
class Basis {
  public:
    int basis_pub;
```

```
  protected:
    int basis_prot;
  private:
    int basis_priv;
  };

class Abgeleitet : private Basis {
  };


int main()
  {
  class Abgeleitet abg;

  abg.basis_pub;              //Fehler
  abg.basis_prot;             //Fehler
  abg.basis_priv;             //Fehler

  return 0;
  }
```

Für einzelne Elemente kann man die bei der Vererbung eingeengten Zugriffsrechte durch Redeklaration oder mithilfe des Schlüsselworts `using` wieder auflockern (siehe Kapitel 17.3).

```
class Basis {
  public:
    int basis_pub;
  protected:
    int basis_prot;
  private:
    int basis_priv;
  };

class Abgeleitet : private Basis {
  public:
    using Basis::basis_pub;
  };


int main()
  {
  class Abgeleitet abg;

  abg.basis_pub;              //Fehler
  abg.basis_prot;             //Fehler
  abg.basis_priv;             //Fehler

  return 0;
  }
```

Zugriff auf verdeckte oder überschriebene Methoden

Wird eine geerbte Methode in der abgeleiteten Klasse durch Deklaration einer gleichnamigen Methode mit gleicher Signatur überschrieben oder durch die Deklaration einer gleichnamigen Methode mit abweichender Signatur verdeckt, kann man mithilfe des Gültigkeitsbereichsoperators weiterhin auf die Version der Basisklasse zugreifen.

Dies funktioniert ebenso gut von innerhalb wie von außerhalb der Klasse.

```
class Basis {
  public:
    void func(int)     {cout << "Basis-Version" << endl;};
  };

class Abgeleitet : public Basis {
  public:

    void func(char*)
      {
      // Zugriff auf verdeckte Basisklassenversion
      Basis::func(3);
      cout << "abgel. Version" << endl;
      };
  };

int main()
  {
  class Abgeleitet abg;

  // Zugriff auf verdeckte Basisklassenversion
  abg.Basis::func(3);          // ok

  return 0;
  }
```

19.4 Zugriff von außerhalb der Klasse

Von außerhalb der Klasse kann man nur auf `public`-Elemente zugreifen. Dafür gibt es mehrere Syntaxmöglichkeiten für den Zugriff.

Zugriff über Instanznamen .

Der Zugriff erfolgt über den Instanznamen und den Punktoperator.

```
class demo {
  public:
    int wert1;
    int func1();

  private:
```

```
    int wert2;
    int func2();
    };

int main()
  {
  // Instanzbildung
  class demo obj;

  // korrekter Zugriff
  cout << obj.wert1 << endl;

  // korrekte Syntax, aber kein Zugriffsrecht
  cout << obj.wert2 << endl;

  return 0;
  }
```

Zugriff über Zeiger auf Objekte ->

Der Zugriff erfolgt über den Zeiger und den Verweisoperator.

```
class demo {
  public:
    int wert1;
    int func1();

  private:
    int wert2;
    int func2();
    };

int main()
  {
  // Instanzbildung
  class demo *obj = new demo;

  // korrekter Zugriff
  cout << obj->wert1 << endl;

  // korrekte Syntax, aber kein Zugriffsrecht
  cout << obj->wert2 << endl;

  return 0;
  }
```

Zugriff über Elementzeiger .* ->*

Diese beiden Operatoren dienen dazu, Zeiger auf Klassenelemente zu dereferenzieren.

```
Objekt.*ptr2element
ptr2Objekt->*ptr2element
```

Beachten Sie den Unterschied zu den Zugriffsoperatoren . und ->.

- Die Operatoren . und -> greifen – über einen Objektnamen oder einen Zeiger auf ein Objekt – *auf ein Element* einer Klasse (inklusive Strukturen) zu.

```
.element
->element
```

- Die Operatoren .* und ->* greifen – über einen Objektnamen oder einen Zeiger auf ein Objekt – *auf einen Zeiger, auf ein Element* einer Klasse zu (inklusive Strukturen).

```
.*zeiger_auf_element
->*zeiger_auf_element
```

Der Einsatz dieser Zeiger erfolgt in den für Zeiger üblichen drei Schritten. Ausgangspunkt für das nachfolgende Beispiel ist die Klasse

```
class demo {
  public:
    int wert;
    int func()   { return wert;}
    };
```

1. *Deklaration*: Um bei der Deklaration zu kennzeichnen, dass es sich um einen Zeiger auf ein Klassenelement handelt, wird der Name der Klasse mit dem Gültigkeitsbereichsoperator vorangestellt.

```
int demo::*ptr_wert;          // Zeiger auf Datenelement
int (demo::*ptr_func)();      // Zeiger auf Methode
```

2. *Initialisierung*: Der nächste Schritt ist, dem Zeiger die Adresse des entsprechenden Elements zuzuweisen. Ein Elementzeiger soll aber nicht auf ein Element einer speziellen Instanz verweisen, sondern auf ein Element einer Klasse.

   Man stellt sich dies am besten so vor, dass man dem Zeiger statt einer festen Speicheradresse eine relative Adresse zuweist, die die Position des gewünschten Elements in der Klasse angibt.

```
ptr_wert = &demo::wert;
ptr_func = &demo::func;
```

3. *Dereferenzierung*: Bei der Dereferenzierung muss man noch die Instanz angeben, deren Element über den Zeiger aufgerufen werden soll.

```
obj.*ptr_wert = 133;
cout << (obj.*ptr_func)() << endl;
```

Beispiel

```
/* ZugrZeig   Zugriff über Elementzeiger */
#include <iostream>
using namespace std;
```

```
class demo {
  public:
    int wert;
    int func()    { return wert;}
    };

int main()
  {
  // Instanzbildung
  class demo obj;

  int demo::*ptr_wert;
  int (demo::*ptr_func)();

  ptr_wert = &demo::wert;
  ptr_func = &demo::func;

  obj.*ptr_wert = 133;
  cout << (obj.*ptr_func)() << endl;

  return 0;
  }
```

Für Zugriffe über Zeiger auf Objekte verwendet man zur Dereferenzierung den ->*-Operator:

```
p_obj->*ptr_wert = 133;
cout << (p_obj->*ptr_func)() << endl;
```

INFO

Da Elementzeiger mit relativen Adressen von Klassenelementen initialisiert werden und der instanzspezifische Bezug erst bei der Dereferenzierung festgelegt wird, kann man sie beispielsweise in Schleifen nutzen, die Arrays von Objekten durchlaufen.

Zugriff auf eingebettete Objekte

Der Zugriff auf eingebettete Objekte erfolgt ganz normal wie jeder Zugriff von außen.

```
class CMotor {
  public:
    int   PS;
    int   max_Drehzahl;
  };

class Auto {
    int raeder;
    int tueren;
    float verbrauch;
    CMotor motor;           // eingebettetes Objekt

  public:
   tunen (int p, int m)  {
```

```
    motor.PS           = p;   // Zugriff über
    motor.max_Drehzahl = m;   // Instanzname
    }
};
```

Zugriff auf statische Elemente **class::element**

Der Zugriff auf statische Elemente kann innerhalb der Klasse direkt und außerhalb der Klasse über den Namen einer Instanz oder den Namen der Klasse erfolgen:

```
class Demo {
  public:
    static int statischesElement;

  public:
     // Zugriff innerhalb der Klasse
     void func()  {statischesElement++;}
  };

int Demo::statischesElement = 0;

int main()
  {
  // Zugriff über Klassenname
  cout << Demo::statischesElement << endl;

  Demo obj;

  // Zugriff über Instanz
  cout << obj.statischesElement << endl;

  return 0;
  }
```

19.5 Zugriff über Friends

Manchmal ist es sinnvoll, die strengen Regeln der Zugriffsberechtigungen durch `public`, `protected` und `private` zu umgehen und einer beliebigen Funktion oder Methode Zugriff auf `protected`- und `private`-Elemente einer Klasse zu erteilen. Das Schlüsselwort `friend` ermöglicht dies.

Um eine Friend-Funktion einzurichten, bedarf es zweierlei: Man muss

1. die Funktion in der Klasse, auf die sie Zugriff haben soll, als `friend` deklarieren und
2. eine Referenz oder Instanz der Klasse an die Friend-Funktion übergeben.

Beispiel

```
/* Friend.cpp  Friends */
```

```
#include <iostream>
using namespace std;

class demo {
    int wert;

    friend int func(demo&);  // Friend-Deklaration
    };

int func(demo& objekt) {
    objekt.wert = 111;
    return objekt.wert;
    }

int main() {
   class demo d;
   cout << func(d);

   return 0;
   }
```

Die Ausgabe dieses Programms ist:

```
111
```

Beachten Sie die Feinheit, dass die Deklaration als `friend` *in der Klasse vorgenommen werden muss. Die Klasse bestimmt also selbst, welche Funktionen* `friend` *sind und welche nicht, und kann ihre Daten immer noch vor unkontrolliertem Gebrauch schützen.*

20 Templates

Template bedeutet übersetzt Schablone, und tatsächlich sind Templates nichts Anderes als Schablonen für Funktionen oder Klassen (in deutschsprachigen Programmierbüchern gelegentlich auch als Vorlagen bezeichnet).

Das Ziel der Templates ist es, Implementierungen zu erzeugen, die möglichst typenunabhängig sind, d.h. sie werden nicht für einen bestimmten Datentyp aufgesetzt, sondern für einen später festzulegenden Datentyp. Dies wird erreicht, indem man in der Funktions- oder Klassendefinition statt der speziellen Typbezeichner Platzhalter verwendet. Die Platzhalter werden zu Anfang der Template-Definition aufgelistet und bekannt gemacht und vor das Ganze setzt man das Schlüsselwort `template`.

Die folgende Ausführung demonstriert, wie aus einer Funktion ein Template wird.

1. Die Funktion

```
int vergleich(int a, int b)
   {
   return(a > b);
   }
```

2. Ersetzen des Datentyps `int` durch einen Platzhalter `T`

```
int vergleich(T a, T b)
   {
   return(a > b);
   }
```

3. Bekannt machen des Platzhalters

```
<class T> int vergleich(T a, T b)
   {
   return(a > b);
   }
```

4. Deklaration als Template

```
template <class T> int vergleich(T a, T b)
   {
   return(a > b);
   }
```

Templates zu deklarieren, ist also gar nicht so schwer. Doch wie setzt man ein Template ein? Im einfachsten Fall wie eine ganz normal definierte Funktion:

```
/* Templates.cpp     Template definieren und verwenden */
#include <iostream>
using namespace std;

template <class T> int vergleich(T a, T b)
   {
   return(a > b);
   }


int main()
  {
  int i,j;
  double r,s;

  i = 12;
  j = 43;

  if(vergleich(i,j))
    cout << i << " ist groesser als " << j << endl;
    else
    cout << i << " ist kleiner gleich " << j << endl;

  cout << endl;

  r = 12.4;
  s = 43.5;

  if(vergleich(r,s))
    cout << r << " ist groesser als " << s << endl;
    else
    cout << r << " ist kleiner gleich " << s << endl;

  return 0;
  }
```

Ausgabe:

```
12 ist kleiner gleich 43
12.4 ist kleiner gleich 43.5
```

Wie Sie sehen, können Sie eine Template-Funktion wie eine ganz normale Funktion aufrufen – und das sogar noch mit beliebigen Argumenten. Wie das möglich ist, das werden wir weiter unten im Abschnitt 20.4 klären. Im Moment wollen wir erst einmal untersuchen, wann, wozu und wie man Templates einsetzen sollte.

20.1 Templates und Typenunabhängigkeit

Templates erlauben dem Programmierer, allgemeine – weil typenunabhängige – Funktionen (oder Klassen) aufzusetzen. Allgemeine Lösungen sind und waren schon immer erstrebenswertes Ziel der meisten Programmierbemühungen und natürlich gibt es nicht erst seit C++ entsprechende Lösungsansätze. Makros, Standardkonvertierungen und überladene Funktionen heißen die Konzepte, zu denen die Templates in Konkurrenz treten und an denen wir sie messen müssen.

20.1.1 Templates versus Standardkonvertierungen

Greifen wir zuerst noch einmal das Beispiel *Templates.cpp* aus dem vorangehenden Abschnitt auf. Ersetzen Sie einfach die Template-Deklaration durch die folgende Funktionsdefinition.

```
int vergleich(int a, int b)
   {
   return(a > b);
   }
```

Jetzt würde ich gerne Ihr Gesicht sehen, wenn Sie das Programm kompilieren und ausführen lassen:

- Ist es gelangweilt, weil Sie schon längst durchschaut haben, worauf ich abziele?
- Ist es verwundert, weil das Programm auch mit der Funktion statt dem Template kompiliert wird und das korrekte Ergebnis liefert?
- Oder ist es gelangweilt, weil Sie noch gar nicht erfasst haben, was an dem Programm nicht stimmen könnte?

Nun, das »Erstaunliche« ist natürlich, dass in dem Programm die Funktion `vergleich(int, int)` mit zwei `double`-Werten als Argumenten aufgerufen wird. Die strenge Typenprüfung des Compilers sollte dies eigentlich nicht zulassen – und sie tut es auch nicht.

Dass das Programm dennoch kompiliert werden kann, liegt daran, dass der Compiler beim Funktionsaufruf die übergebenen `double`-Argumente per Standardkonvertierung in `int`-Werte umwandeln kann.

Konvertierungen führen nur zur Scheintypenunabhängigkeit

Wir haben also ein erstes Beispiel dafür gefunden, wie man Standardkonvertierungen zur Implementierung typenunabhängiger Funktionen verwenden kann. Allzuweit her ist es mit dieser Typenunabhängigkeit aber nicht, denn:

- Es können der Funktion nur Argumente von Typen übergeben werden, für die es Standardkonvertierungen gibt (siehe Kapitel 6.9).
- Auch wenn für die Argumente verschiedene Typen zugelassen sind, haben die Parameter in der Funktion natürlich nur einen festen Typ.

Letzter Punkt ist auch der Grund dafür, warum das obige Programm nicht unbedingt immer zu den Ergebnissen führt, die man erwarten würde, denn die Funktion vergleicht beim Aufruf mit `double`-Argumenten nicht die `double`-Werte, sondern die durch Konvertierung gewonnenen `int`-Werte. Für einen Aufruf der Form

```
vergleich(12.4, 43.5)
```

geht dies gut, denn er entspricht dem Aufruf `vergleich(12, 43)`. Der Aufruf

```
vergleich(12.6, 12.1)
```

liefert allerdings nicht mehr das gewünschte Ergebnis, denn er entspricht dem Aufruf `vergleich(12,12)`[1] und resultiert in der Meldung, dass 12.6 kleiner gleich 12.1 sei.

Gleiches wird Ihnen mit Templates nicht passieren, da der Compiler hierbei aus der Template-Vorlage passende Funktionen erzeugt, die zu den Datentypen der Argumente passen (siehe Abschnitt 20.4).

!! STOP

Standardkonvertierungen erlauben Funktionsaufrufe mit Argumenten unterschiedlichster Datentypen, führen aber nicht zu wirklich typenunabhängigen Lösungen.

20.1.2 Templates versus Makros

Typenunabhängige Lösungen, die weder auf Standardkonvertierungen angewiesen noch mit deren Problemen behaftet sind, versucht man in C meist mit Makros zu lösen.

Die Funktion `vergleich()` würde als Makro beispielsweise wie folgt aussehen:

```
#define vergleich(a,b) ((a > b) ? a : b  )
```

Obwohl das obige Makro in unserem Beispielprogramm *Templates.cpp* sicherlich einen vollwertigen Ersatz für die Template-Vorlage darstellen

1 Die genaue Art und Weise, in der Fließkommawerte bei der Konvertierung in Integer-Werte umgewandelt werden, ist in C++ durch die const-Variable numeric_limits <double>::round_style festgelegt.

würde, bleiben Makros im Großen und Ganzen doch weit hinter den Möglichkeiten der Templates zurück.

- Makros sind für größere Funktionen ungeeignet.
- Makros setzen die Typüberprüfung durch den Compiler außer Kraft.
- Makros sind in der Anwendung recht fehleranfällig.

Insgesamt kann man sagen, dass Templates eine mächtigere, sicherere und sauberere Programmiertechnik darstellen als Makros – weswegen C-Makros wie `min` und `max` in C++ üblicherweise als Templates definiert sind.

In C++ sollte man Makros zur Realisierung typenunabhängiger Funktionen vermeiden. Templates sind sicherer und leistungsfähiger.

20.1.3 Templates und überladene Funktionen

Technisch gesehen macht es keinen großen Unterschied, ob Sie für die typenunabhängige Lösung einer Aufgabe ein Funktionstemplate oder einen Satz überladener Funktionen implementieren.

Um beispielsweise eine Funktion sowohl mit `int`- als auch mit `double`-Werten aufrufen zu können, können Sie also

```
template <class T> int vergleich(T a, T b)
   {
   return(a > b);
   }
```

oder

```
int vergleich(int a, int b)
   {
   return(a > b);
   }

int vergleich(double a, double b)
   {
   return(a > b);
   }
```

schreiben.

Trotzdem werden Sie in einem solchen Fall das Funktionstemplate vorziehen, denn es spart Ihnen Tipparbeit und erleichtert die Wartung des Codes.

Funktionstemplates und Funktionenüberladung sollte man aber nicht als konkurrierende, sondern vielmehr als sich ergänzende Techniken ansehen.

Tabelle 20.1: Template-Funktionen versus Überladung

Stärken der Templates	Stärken der Überladung
Die Implementierung als Funktionstemplate hat den Vorteil, dass man nur eine Definition der Funktion im Quelltext stehen hat. Dies erleichtert die Wartung, Korrektur oder Erweiterung des Codes.	Dass jede überladene Funktion einen eigenen Anweisungsteil besitzt, kann aber auch von Vorteil sein – dann nämlich, wenn die Implementierungen der Funktionen je nach Typ der Parameter unterschiedlich sein sollen.
Der Compiler erzeugt sich bei der Übersetzung des Programms aus dem Template selbstständig passende Funktionsdefinitionen für die gewünschten Funktionsaufrufe. Man muss also nicht wie bei der Überladung für jeden Satz von Argumenten Code aufsetzen.	Bei der Überladung kann man nicht nur die Typen der Parameter, sondern auch ihre Anzahl variieren.

Das Thema Template und Überladung ist aber nicht damit abgetan, dass man sich in einem konkreten Fall für oder wider eine Template-Lösung entscheidet:

- Zum einen bietet es sich in vielen Fällen an, Templates mithilfe überladener Funktionen oder Operatoren zu implementieren.
- Zum anderen kann man auch Templates überladen – sowohl durch andere Funktionstemplates als auch durch normale Funktionen.

Überladene Funktionen in Templates

Kommen wir wieder zu unserem Eingangsbeispiel, dem Programm `Templates.cpp` mit dem Template:

```
template <class T> int vergleich(T a, T b)
   {
   return(a > b);
   }
```

Die Template-Deklaration erlaubt es uns, in der Funktion Platzhalter statt echter Datentypen zu verwenden und die Einrichtung passender typabhängiger Funktionen dem Compiler zu überlassen. Doch allein mit der Verwendung von Platzhaltern kommt man noch nicht zu einer wirklich typenunabhängigen Implementierung. Typenabhängigkeiten schleichen sich nämlich auch durch die Verwendung von Operatoren und Funktionen im Anweisungsteil des Templates ein.

Das obige Template wendet beispielsweise den >-Operator auf die Parameter `a` und `b` an. Dank der Verwendung des Platzhalters `T` für die Parameter `a` und `b` kann man diesen zwar beim Aufruf Argumente beliebigen Datentyps übergeben, doch ob die Template-Funktion dann ausführbar ist und ob sie das gewünschte Ergebnis liefert, hängt auch davon ab, ob der >-Operator Operanden des jeweiligen Datentyps akzeptiert.

Nehmen wir als Beispiel einfach den Fall, Sie wollten mithilfe des Templates `vergleich()` zwei C-Zeichenketten alphabetisch vergleichen:

```
char *str1 = "Wuppertal";
char *str2 = "Aachen";

if(vergleich(str1,str2))
    cout << str1 << " kommt nach " << str2 << endl;
    else
    cout << str1 << " kommt vor " << str2 << endl;
```

In diesem Fall bekämen Sie als Antwort:

```
Wuppertal kommt vor Aachen
```

Der Grund hierfür ist einfach, dass der >-Operator nicht die beiden C-Zeichenketten vergleicht, sondern die beiden `char`-Zeiger, die auf die Zeichenketten verweisen. Da für Zeiger die in ihnen enthaltenen Adressen verglichen werden, und der String `"Wuppertal"` vor dem String `"Aachen"` allokiert wurde, ist die Adresse in `str1` kleiner als die Adresse in `str2`.

Nutzen Sie die Überladung bei der Implementierung der Templates

Um typenunabhängige Funktionen zu schaffen, reicht es also nicht aus, einfach Funktionstemplates mit Platzhaltern zu verwenden. Es muss auch sichergestellt werden, dass die Implementierung des Funktionstemplates zu den verschiedenen Datentypen passt. Letzteres stellt aber ein Problem dar, das vom Programmierer des Funktionstemplates nur in den seltensten Fällen allein gelöst werden kann.

Am einfachsten ist es noch, wenn Sie das Funktionstemplate sozusagen für den Hausgebrauch aufgesetzt haben und es nur zum Vergleichen von Integer- und Fließkommawerten verwenden.

Wie aber sieht es aus, wenn Sie das Funktionstemplate als Teil einer Bibliothek an Andere weitergeben? Sie können unmöglich voraussehen, mit welchen selbst definierten Klassentypen Ihre Kollegen das Template verwenden möchten.

In so einem Fall müssen Sie den anderen Programmierern angeben, welche Bedingungen ein Datentyp erfüllen muss, damit er mit dem Template verwendet werden kann, beispielsweise:

```
// T steht fuer einen beliebigen Datentyp, fuer den der
// >-Operator passend ueberladen ist
template <class T> int vergleich(T a, T b)
```

```
{
return (a > b);
}
```

Für die C++-Klasse `string` ist der >-Operator standardmäßig überladen. Zwei `string`-Objekte können also mithilfe des Templates korrekt verglichen werden:

```
string str1 = "Wuppertal";
string str2 = "Aachen";

if(vergleich(str1,str2))
    cout << str1 << " kommt nach " << str2 << endl;
    else
    cout << str1 << " kommt vor " << str2 << endl;
```

Jetzt lautet die Antwort wie gewünscht:

```
Wuppertal kommt nach Aachen
```

INFO

Wenn Sie ein Funktionstemplate aufsetzen

- *achten Sie darauf, dass auch die Implementierung der Funktion möglichst typenunabhängig ist,*
- *dokumentieren Sie die Bedingungen, die ein Datentyp erfüllen muss, damit er einen Platzhalter ersetzen kann,*
- *bemühen Sie sich darum, dass selbst definierte Klassentypen mit möglichst wenig Aufwand (Überladung von Operatoren oder Funktionen/ Methoden) für den Einsatz mit dem Template aufgerüstet werden können.*

Templates überladen

Funktionstemplates können sowohl durch andere Funktionstemplates als auch durch normale Funktionen überladen werden:

```
// Funktionstemplate
template <class T> int vergleich(T a, T b)
   {
   return(a > b);
   }

// Überladung durch weiteres Template
 template <class T> int vergleich(T a, T b, int modus)
   {
   if(modus == 1)
     return(a > b);
     else
     return(a >= b);
   }
```

```
// Überladung durch normale Funktion
int vergleich(char *a, char *b)
   {
   return(strcmp(a,b));
   }
```

Der Sinn der Überladung dürfte klar sein – meist geht es darum,

- die Funktion mit einem anderen Satz von Parametern aufrufen zu können

  ```
  template <class T> int vergleich(T a, T b, int modus)
  ```

  oder

- für einen speziellen Satz von Argumenten eine bessere Implementierung vorzugeben:

  ```
  int vergleich(char *a, char *b)
     {
     return(strcmp(a,b));
     }
  ```

Schwieriger zu verstehen ist auf jeden Fall, welche Funktion der Compiler für welchen Aufruf heranzieht.

Auflösung der Überladung

Ziel des Compilers ist es natürlich, möglichst die Funktion aufzurufen, die am besten zu den Aufrufargumenten passt. Dazu geht er folgendermaßen vor:

1. Zuerst stellt er alle Funktionen zusammen, die an der Überladung teilnehmen.

   Für jedes Funktionstemplate, das vom Namen und den Parametern zum Aufruf passt, nimmt der Compiler eine auf der Basis des Templates generierte Funktion in die Liste der infrage kommenden Funktionen auf. Zusammen mit den normalen überladenen Funktionen bilden diese den Satz Kandidaten, aus dem die aufzurufende Funktion ausgewählt werden soll.

2. Auf die Gruppe der Kandidatenfunktionen wendet der Compiler die üblichen Regeln zur Auflösung der Überladung an (siehe Kapitel 12.6).

3. Die Funktion, die nach der Auflösung am besten zu den Argumenten des Funktionsaufrufs passt, wird aufgerufen.

   Findet er zwei Funktionen, die gleich gut zu den Argumenten passen und von denen eine auf der Basis eines Templates erzeugt wurde, während die andere eine normale Funktion ist, wird die normale Funktion bevorzugt.

So weit, so gut! Die Strategie ist einfach, die Durchführung einleuchtend. Einen Grund zum Frohlocken haben wir dennoch nicht, der Teufel steckt wie immer im Detail.

Mehrere passende Template-Funktionen

Wenn nach der Auflösung der Überladung zwei Funktionen übrig bleiben, die gleich gut zu den Argumenten passen und von denen eine auf der Basis eines Templates erzeugt wurde, während die andere eine normale Funktion ist, wird die normale Funktion bevorzugt.

Wenn nach der Auflösung der Überladung zwei normale Funktionen übrig bleiben, kann der Compiler nicht entscheiden, welche Funktion aufzurufen ist, und gibt eine Fehlermeldung aus (meist mit dem ungefähren Wortlaut: »Ambiguity between ...«).

Was aber passiert, wenn zwei Template-Funktionen gefunden werden, die gleich gut zu den Argumenten passen?

Angenommen, Sie hätten die folgenden drei Funktionstemplates definiert:

```
template<class T> void func(T);
template<class T> void func(T*);
template<class T> void func(const T*);
```

und rufen jetzt

```
int main()
  {
  const int *p_int;
  func(p_int);
```

auf.

Da das Aufrufargument zu allen drei Funktionstemplates passt, generiert der Compiler für jedes Template eine Funktion:

```
void func<const int *> (const int *p)
void func<const int>   (const int *p)
void func<int>         (const int *p)
```

Um nun nicht gleich mit einer Ambiguity-Fehlermeldung wegen nicht aufzulösender Überladung abbrechen zu müssen, wendet der Compiler für die Template-Funktionen noch ein weiteres Kriterium an:

Er prüft, ob eine der Template-Funktionen stärker spezialisiert ist als die anderen. Dabei gilt:

Eine Template-Funktion ist spezialisierter als eine andere Template-Funktion, wenn man mit allen Argumenten, mit denen die erste Template-Funktion aufgerufen werden kann, auch die andere Template-Funktion aufrufen kann, es umgekehrt aber Argumente gibt, mit denen man die andere Template-Funktion, nicht aber die erste Template-Funktion aufrufen kann.

Für das obige Beispiel bedeutet dies, dass `func(const T*)` spezialisierter ist als `func(T)` oder `func(T*)`. Für die weitere Auflösung der Überladung wird also nur die Template-Funktion `void func<int> (const int *p)` in die Liste der Kandidatenfunktionen aufgenommen.

Ableitung von Template-Argumenten

Das obige Beispiel führte nebenbei einen weiteren interessanten Aspekt bei der impliziten Erzeugung von Template-Funktionen ein. Um beim Aufruf einer Funktion entscheiden zu können, ob für den Aufruf eine Template-Funktion infrage kommt, muss der Compiler aus dem Typ der Argumente die Typen der Platzhalter ableiten.

Im einfachsten Fall ist dies eine 1:1-Entsprechung:

```
template<class T> void func(T) {...}

int main()
  {
  const int *p_int;
  func(p_int);
```

Hier ist das Argument des Funktionsaufrufs vom Typ `const int*`. Der Compiler versucht nun, auf der Grundlage des Templates eine passende Template-Funktion zu erzeugen, und bestimmt dazu zuerst den Typ, mit dem er den Platzhalter T ersetzen muss. In diesem Beispiel ist dies der Typ des Arguments, also `const int *`.

In anderen Fällen entspricht der Typ für den Platzhalter aber nicht direkt dem Argument:

```
template<class T> void func(T*) {...}
template<class T> void func(const T*) {...}

int main()
  {
  const int *p_int;
  func(p_int);
```

Hier ergeben sich für den Platzhalter `T` die Typen `const int` und `int`.

Die Ableitung der Platzhaltertypen aus den Aufrufargumenten weist aber noch eine weitere Besonderheit auf.

Der ANSI-Standard legt nämlich fest, dass für Platzhaltertypen, die durch Ableitung aus Funktionsargumenten bestimmt wurden, keine weiteren Standardkonvertierungen verwendet werden dürfen.

Wenn Sie also ein Funktionstemplate

```
template <class T> int vergleich(T a, T b)
   {
  return(a > b);
   }
```

definieren und auf der Grundlage dieses Templates dann vom Compiler eine Template-Funktion für den folgenden Aufruf anlegen lassen wollen

```
int i = 12;
short s = 3;

vergleich (i,s);
```

werden Sie enttäuscht werden, denn der Compiler wird nicht, wie Sie vermutlich erwartet oder gehofft haben, eine Template-Funktion `vergleich(int a, int b)` generieren und diese dann mit dem `int`- und dem `short`-Argument aufrufen.

!! STOP

Standardkonvertierungen
Der Verzicht auf die Standardkonvertierungen geschieht aus reinem Selbstschutz. Würde man nicht auf die Standardkonvertierungen verzichten, wäre in vielen Fällen eine implizite Funktionsgenerierung durch den Compiler nicht möglich, weil dieser einfach zu viele gleichwertige Alternativen zu berücksichtigen hätte.
Um trotzdem eine Template-Funktion implizit generieren und im gleichen Aufruf mit Argumenten aufzurufen, für die Standardkonvertierungen erforderlich sind, gibt es die Möglichkeit, die Datentypen für die Platzhalter beim Aufruf explizit als Argumente mitzugeben. (Auf die Standardkonvertierungen wird ja nur für die Platzhaltertypen verzichtet, die sich der Compiler selbst herleiten muss.)

Ein Aufruf der Form

```
int i = 12;
short s = 3;

vergleich<int> (i,s);
```

würde also genau zu dem gewünschten Ergebnis führen: Der Compiler generiert eine Template-Funktion `vergleich(int a, int b)` *und ruft diese dann mit dem* `int`*- und dem* `short`*-Argument auf.*

Explizite Spezialisierung

Die Überladung eines Funktionstemplates mit einer normalen Funktion ist nicht die einzige Möglichkeit, um für einen Satz spezieller Argumente eine andere Implementierung vorzusehen.

Die zweite Möglichkeit ist die explizite Spezialisierung:[2]

```
// Funktionstemplate
template <class T> int vergleich(T a, T b)
   {
   cout << "Erstes Template:\t";
   return(a > b);
   }

// Spezialisierung für Datentyp char *
template <> int vergleich<char*>(char *a, char *b)
   {
   return(strcmp(a,b));
   }
```

Die explizite Spezialisierung werden wir uns im Abschnitt 20.4.3 noch genauer ansehen. Im Zusammenhang mit der Überladung und der Auflösung der Überladung ist anzumerken, dass eine explizite Spezialisierung eine Template-Funktion darstellt und bei der Auflösung der Überladung mit den anderen Template-Funktionen verglichen wird. Gibt es eine normale Funktion, die ebenso gut zu den Aufrufargumenten passt wie die explizite Spezialisierung, wird die normale Funktion bevorzugt.

Compiler

Zum Schluss muss man die obigen Ausführungen ein wenig relativieren, denn bezüglich der impliziten Generierung von Template-Funktionen und der Auflösung von Funktionsaufrufen in Gegenwart von Funktionstemplates und Template-Funktionen verhält sich kaum ein Compiler so wie der andere. Dies liegt nicht nur an den Compiler-Herstellern, sondern auch an den Empfehlungen für den C++-Standard.

- Anfangs wurden normale Funktionen, die Funktionstemplates überladen, nämlich als Spezialisierungen des Funktionstemplates betrachtet – es waren also im Prinzip explizit definierte Template-Funktionen.
- Dann wurde eine Zeit lang propagiert, dass Template-Funktionen Priorität über gleich lautende normale Funktionen haben sollten. Da dies aber bedeutete, dass man nicht mehr für spezielle Parametertypen spezielle Implementierungen vorgeben konnte, musste ein Ersatz geschaffen werden. Dies war die Möglichkeit zur expliziten Spezialisierung von Funktionstemplates.

2 Anders als die Überladung kann die explizite Spezialisierung eine Funktion auch an bestimmte Rückgabetypen anpassen.

- Schließlich kam man wieder zurück zur früheren Überladung von Funktionstemplates durch normale Funktionen. Allerdings werden diese nun nicht mehr als Spezialisierungen des Templates angesehen – diese Besonderheit ist den expliziten Spezialisierungen vorbehalten.

20.2 Funktionstemplates

Ein Funktionstemplate ist eine Schablone für eine unbegrenzte Zahl von Funktionen mit gleicher Implementierung und gleicher Schnittstelle, aber unterschiedlichen Datentypen. Im Gegensatz zur »normalen« Funktion ersetzt man im Funktionstemplate alle Vorkommen eines Datentyps (oder mehrerer Datentypen) durch einen (oder mehrere) Platzhalter.

Abbildung 20.1: Funktionstemplate

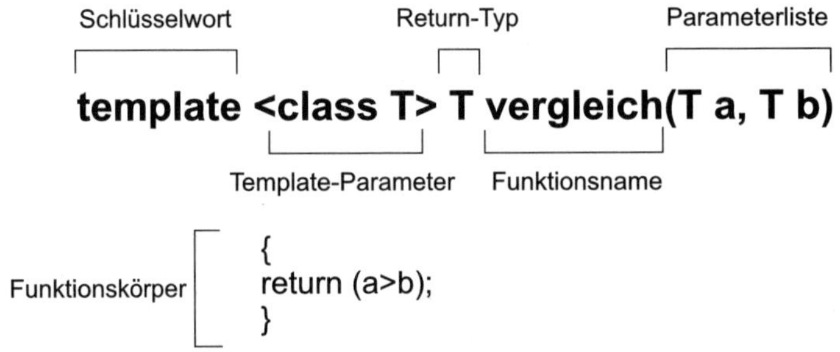

- Argumentenliste: In der Argumentenliste werden, durch Kommata getrennt, die später zu ersetzenden Platzhalter aufgelistet. Jedem Platzhalter ist dabei das Schlüsselwort `class` vorangestellt, obwohl der Platzhalter durch jeden beliebigen Typ ersetzt werden kann (also auch elementare Datentypen wie `int` oder `double`).

```
template <class T1, class T2> void demo(T1 a, T1 b)
   {
   T2 local;
   cout << a << endl;
   }
```

Außer Platzhaltern kann man auch konstante Werte an ein Template übergeben.

```
template <class T1, int offset> void demo(T1 a, T1 b)
   {
   cout << a << endl;
   cout << offset << endl;
   }
```

Durch implizite oder explizite Instanzbildung sowie durch vollständige explizite Spezialisierung erhält man aus einem Funktionstemplate aufrufbare Funktionen – so genannte Template-Funktionen (siehe Abschnitt 20.4).

Funktionstemplates können überladen werden. Was dabei zu beachten ist, wurde bereits in Abschnitt 20.1.3 beschrieben.

20.3 Klassentemplates

Ein Klassentemplate ist eine Schablone für eine unbegrenzte Zahl von Klassen mit gleicher Implementierung und gleicher Schnittstelle, aber unterschiedlichen Datentypen. Im Gegensatz zur »normalen« Klasse ersetzt man im Klassentemplate alle Vorkommen eines Datentyps (oder mehrerer Datentypen) durch einen (oder mehrere) Platzhalter.

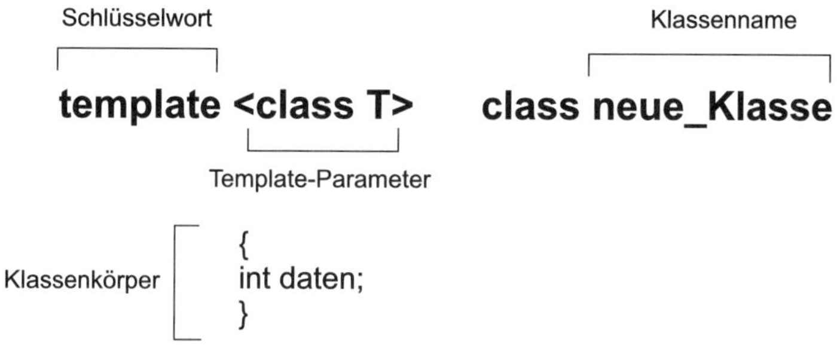

Abbildung 20.2: Klassentemplate

- Argumentenliste: In der Argumentenliste werden, durch Kommata getrennt, die später zu ersetzenden Platzhalter aufgelistet. Jedem Platzhalter ist dabei das Schlüsselwort `class` vorangestellt, obwohl der Platzhalter durch jeden beliebigen Typ ersetzt werden kann (also auch elementare Datentypen wie `int` oder `double`).

```
template <class T> class demo {
    T var1;
    int var2;
  public:
    T func() {var2++; return var1;};
   };
```

Außer Platzhaltern kann man auch konstante Werte an ein Template übergeben.

```
template <class T, int i=3> class demo {
    T feld[i];
  public:
    T func() {var2++; return var1;};
  };
```

Methoden in Klassentemplates

Methoden von Klassentemplates sind automatisch Template-Funktionen, d.h. sie können die Platzhalter des Klassentemplates gebrauchen, ohne dass eine explizite Template-Deklaration für diese Platzhalter erforderlich ist.

Innerhalb des Templates unterscheidet sich ihre Syntax praktisch nicht von Methoden gewöhnlicher Klassen. Außerhalb des Klassentemplates, zum Beispiel zur ausgelagerten Definition, müssen sie als Element ihres Klassentemplates gekennzeichnet werden:

Beispiel

```
template<class T, class S> class demo {
   T var1;
   S var2;
  public:
   demo(T a, S b) {var1 = a; var2 = b;}
   T func();
  };

template<class T, class S> T demo<T,S>::func() {
    cout << var1 << endl;
    cout << var2 << endl;
    return var1;
    }
```

Statische Elemente in Klassentemplates

Statische Elemente von Klassentemplates, seien es statische Datenelemente oder statische Methoden, sind automatisch Template-Elemente, die die gleichen Template-Parameter verwenden wie das Klassentemplate. Bei der Definition der Elemente außerhalb der Klasse ist dies zu berücksichtigen. Hier ein Beispiel für die Definition eines statischen Datenelements außerhalb der Klasse:

```
template<class T> class demo
  {
  static T svar;
  };

//Definition und Initialisierung außerhalb der Klasse
template<class T> T demo(T)::svar = 0;
```

Lokale Klassen in Klassentemplates

Auch für Klassen, die innerhalb von Klassentemplates definiert werden, gilt, dass diese automatisch Templates darstellen, und ihre Template-Parameter von der Definition des Klassentemplates übernehmen.

Funktionstemplates in Klassentemplates

Grundsätzlich ist jede Methode, die innerhalb eines Klassentemplates deklariert wird, bereits ein Funktionstemplate, das seine Template-Parameter von dem Klassentemplate übernimmt. Wenn Ihnen das nicht reicht, können Sie eine Methode innerhalb eines Klassentemplates selbst wieder als Funktionstemplate mit eigenen Template-Parametern deklarieren. Innerhalb der Methode können Sie dann sowohl die Klassentemplate-Platzhalter als auch die speziell für das Funktionstemplate vorgesehenen Platzhalter verwenden.

Wenn Sie eine solche Methode außerhalb der Klasse definieren, müssen Sie daran denken, dass Sie zuerst die Parameter des Klassentemplates und dann die Parameter des Funktionstemplates aufführen:

```
template<class T1> class demo
  {
  public:
    template<class T2> int func(const T2&);
  };

template<class T1> template<class T2>
        int string(T)::func(const T2& s) { ... }
```

Haben Sie Verständnis für Ihren Compiler
Templates stellen derzeit eine der größten Herausforderungen für die Hersteller von C++-Compilern dar. Wer sich schon ein bisschen eindringlicher mit der Instanziierung von Templates und der Auflösung von überladenen Template-Funktionen beschäftigt hat, wird dies den Compiler-Herstellern sicherlich nachfühlen können. Dass diese Aufgabe für die Compiler-Hersteller durch die Vorgabe des ANSI-Standards, dass nun auch die Deklaration von Funktionstemplates innerhalb von Klassentemplates erlaubt sein soll, nicht gerade leichter wurde, dürfte ebenso nachvollziehbar sein.
Haben Sie also Verständnis dafür, wenn Ihr Compiler keine Funktionstemplates in Klassentemplates erlaubt.

INFO

Klassentemplates und Vererbung

Templates können sowohl von Templates als auch von normalen Klassen abgeleitet werden und können wiederum ihrerseits als Basisklasse für andere Templates oder Klassen verwendet werden.

Friend-Funktionen in Template-Klassen

Friend-Funktionen, die in Template-Klassen deklariert werden, sind nicht automatisch Template-Funktionen, d.h., standardmäßig sind solche Funktionen Friends zu allen typisierten Klassen, die aus dem Template gebildet werden.

Erst wenn eine `friend`-Funktion in ihrer Deklaration einen Platzhalter der Template-Klasse enthält, gibt es für jede typisierte Klasse eine eigene `friend`-Funktion.

Man kann `friend`*-Funktionen auch als spezialisierte Templates deklarieren, um so anzuzeigen, dass die* `friend`*-Deklaration nur für die angegebenen Spezialisierungen des Templates gilt.*

INFO

Friend-Templates dürfen nicht im Template definiert werden.

Beispiel

```
template<class T> class demo
  {
  friend void func1();
  friend void func2(demo(T)& par);

  ...
```

In diesem Beispiel ist `func1()` eine Friend-Funktion zu jeder Klasse, die auf der Grundlage des Klassentemplates `demo` gebildet wurde, während eine Spezialisierung des Funktionstemplates

```
template<class T> void func2(demo(T)& par)
```

für den Datentyp `double` nur ein Friend der Klasse `demo<double>` ist.

20.4 Instanzbildung und Spezialisierung

Ein Template ist lediglich eine Schablone, eine Vorlage für später zu erstellende Funktionen oder Klassen. Der nächste Schritt nach der Definition eines Templates besteht also darin, auf der Grundlage des Templates eine oder mehrere Funktionen (oder Klassen) zu erzeugen, mit denen man arbeiten kann. Die grundsätzliche Vorgehensweise dabei ist, dem Compiler anzugeben, welche konkreten Datentypen er für die Platzhalter des Templates verwenden soll, und diesem dann die Aufgabe zu überlassen, aus dem typenunabhängigen Template und den spezifizierten Datentypen eine echte Funktion oder Klasse zu generieren.

Die Funktionen oder Klassen, die auf der Grundlage eines Templates erzeugt werden, bezeichnet man als Spezialisierungen.

Template-Funktionen

Die Spezialisierungen eines Funktionstemplates bezeichnet man als Template-Funktionen, die Spezialisierungen eines Klassentemplates als Template-Klassen.

Um dem Compiler anzuzeigen, dass er für einen bestimmten Satz von Datentypen aus einem Template eine Spezialisierung erzeugen soll, gibt es drei Möglichkeiten:

Tabelle 20.2: Möglichkeiten der Spezialisierung

Spezialisierung durch	Beschreibung
Implizite Instanziierung	Der Compiler erzeugt bei Bedarf automatisch eine Spezialisierung.
Explizite Instanziierung	Der Programmierer weist den Compiler an, eine Spezialisierung zu erzeugen, auch wenn diese im Moment vielleicht noch nicht benötigt wird.

Spezialisierung durch	Beschreibung
Vollständige explizite Spezialisierung	Der Programmierer gibt nicht nur die Datentypen vor, sondern sieht auch gleich eine eigene Definition für diesen Satz von Datentypen vor.

Tabelle 20.2: Möglichkeiten der Spezialisierung (Forts.)

20.4.1 Implizite Instanziierung

Bei der impliziten Instanzbildung überlässt der Programmierer fast die gesamte Arbeit dem Compiler. Der Programmierer muss lediglich dafür Sorge tragen, dass der Compiler alle Informationen hat, um den Platzhaltern des Templates konkrete Datentypen zuweisen zu können.

Implizite Instanziierung für Funktionstemplates

```
template <class T1, class T2> void demo_func(T1 a, T2 b)
   {
   ...
   }

int main()
  {
  demo_func(13,14);
  demo_func<int>(13.2,14.3);
  demo_func<int, int>(13.2,14.3);
  return 0;
  }
```

Die implizite Instanzbildung erfolgt, wenn der Compiler erkennt, dass eine Spezialisierung des Templates benötigt wird. Was bedeutet dies für die obigen Funktionsaufrufe?

- `demo_func(13,14);`

  Der Compiler erkennt, dass eine Spezialisierung des Templates `demo_func` benötigt wird. Anhand der Typen der Aufrufargumente kann er die gewünschten Typen für die Platzhalter `T1` und `T2` bestimmen. Der Compiler erzeugt also eine Spezialisierung `demo_func<int, int>` und ruft diese mit den Argumenten `(13,14)` auf.

- `demo_func<int>(13.2,14.3);`

  Der Compiler erkennt, dass eine weitere Spezialisierung des Templates `demo_func` benötigt wird. Den Typ für den ersten Platzhalter `T1` entnimmt er den Template-Argumenten, die in spitzen Klammern übergeben wurden. Den Typ für den zweiten Platzhalter `T2` entnimmt er dem Typ des zugehörigen Aufrufarguments. Der Compiler erzeugt also eine Spezialisierung `demo_func<int, double>` und ruft diese mit den Argumenten `(13.2,14.3)` auf.

- demo_func<int, int>(13.2,14.3);

  Der Compiler erkennt, dass die gewünschte Spezialisierung demo_func<int, int> bereits vorhanden ist, und ruft diese mit den Argumenten (13.2,14.3) auf. (Die Argumente werden beim Aufruf per Standardkonvertierung in int-Werte umgewandelt.)

Implizite Instanziierung für Klassentemplates

Bei der Instanziierung von Klassentemplates müssen die Datentypen für die Platzhalter immer vollständig angegeben werden:

```
template<class T> class demo_class {
     T var;
   public:
     T func() { return var; }
    };

int main()
  {
  demo_class<int> obj;       // implizite Instanzierung
  cout << obj.func();

  demo_class<int> *p_obj;    // keine implizite Instanzierung
  return 0;
  }
```

Für die Deklaration eines Zeigers auf eine Template-Klasse ist es nicht erforderlich, dass diese zuvor instanziiert wird.

20.4.2 Explizite Instanziierung

Die explizite Instanziierung ist eine Aufforderung an den Compiler, die gewünschte Spezialisierung des Templates sofort zu erzeugen, auch wenn diese Spezialisierung noch gar nicht benötigt wird.

Eingeleitet wird die explizite Instanziierung durch das Schlüsselwort template. Die Argumente für die Template-Parameter werden allerdings nicht an das Schlüsselwort template, sondern an den Namen der Funktion oder Klasse angehängt (dies dient der Unterscheidung zur expliziten Spezialisierung).

Explizite Instanziierung für Funktionstemplates

```
template <class T1, class T2> void demo_func(T1 a, T2 b)
   {
   cout << a << " " << b <<endl;;
   }

// Explizite Instanzierung
template void demo_func(int, int);
```

```
template void demo_func<int, double>(int, double);
template void demo_func(double, double);

int main()
  {
  demo_func(13,14);
  demo_func<int>(13.2,14.3);
  demo_func<int, int>(13.2,14.3);
  return 0;
  }
```

Der Compiler entnimmt die Datentypen für die Platzhalter den Template-Argumenten oder den Parametern der Funktion.

Explizite Instanziierung für Klassentemplates

Bei der Instanziierung von Klassentemplates müssen die Datentypen für die Platzhalter immer vollständig angegeben werden:

```
template<class T> class demo_class {
     T var;
   public:
     T func() { var = 1; return var; }
    };

template class demo_class<int>;

int main()
  {
  demo_class<int> obj;
  cout << obj.func();

  return 0;
  }
```

20.4.3 Explizite Spezialisierung

Während wir unter einer Spezialisierung einfach eine konkrete Funktion oder Klasse verstehen, die auf der Basis eines Templates generiert wurde, sprechen wir von expliziter Spezialisierung, wenn

- einzelne oder alle Platzhalter eines Templates durch konkrete Datentypen ersetzt werden, und wenn
- für dieses stärker typabhängige Template eine eigene Definition vorgesehen wird.

Die Syntax der Spezialisierung erfordert zwei Template-Parameterlisten in spitzen Klammern:

```
template <erste_Liste>   Name <zweite_Liste>
```

- In der ersten Liste, die auf das Schlüsselwort `template` folgt, werden die Template-Parameter aufgeführt, die in der Spezialisierung noch weiterverwendet werden.
- In der zweiten Liste, die auf den Namen der Spezialisierung folgt, werden Argumente für die Template-Parameter des primären Templates übergeben.

Die Spezialisierung eines Funktionstemplates könnte damit wie folgt aussehen:

```
// Funktionstemplate
template <class T> int vergleich(T a, T b)
   {
   cout << "Erstes Template:\t";
   return(a > b);
   }

// Spezialisierung für Datentyp char *
template <> int vergleich<char*>(char *a, char *b)
   {
   return(strcmp(a,b));
   }
```

Analyse

In obigem Beispiel handelt es sich um eine vollständige explizite Spezialisierung, d.h. in der Spezialisierung werden keine Platzhalter mehr verwendet. Die ersten spitzen Klammern bleiben daher leer. In den zweiten spitzen Klammern werden die Datentypen angegeben, durch die die Platzhalter des primären Templates ersetzt werden sollen – in unserem Fall gibt es nur einen Platzhalter, und dieser wird durch den Datentyp `char*` ersetzt.

!! STOP

Ältere Compiler
Die Syntax mit dem vorangehenden Schlüsselwort `template` *und der nachfolgenden Template-Parameterliste ist noch recht neu. Die meisten Compiler erlauben Spezialisierungen nur in Form einer vereinfachten Syntax ohne das Schlüsselwort* `template`*:*

```
// aeltere Form der Spezialisierung
int vergleich<char*>(char *a, char *b)
   {
   return(strcmp(a,b));
   }
```

Partielle Spezialisierung

Die neue Syntax erlaubt auch die partielle Spezialisierung:

```
template <class T1, class T2>  class demo           {...}; //1
template <class T>             class demo<T, char>  {...}; //2
template <class T>             class demo<T*, T>    {...}; //3
template <>                    class demo<int, int> {...}; //4
```

Analyse

- Die erste Zeile enthält die Definition des primären Templates.
- Darunter folgen zwei partielle Spezialisierungen, die nur noch einen Platzhalter verwenden. In der Template-Argumentenliste wird festgelegt, welche Datentypen oder Platzhalter zu den Platzhaltern des primären Templates korrespondieren.
- Die letzte Zeile definiert eine vollständige explizite Spezialisierung.

Explizite Spezialisierungen haben stets Vorrang vor impliziten oder expliziten Instanziierungen. Für die folgenden Definitionen von Klassenobjekten greift der Compiler also bevorzugt auf die Spezialisierungen zurück:

```
demo<int, int>       obj1;  // verwendet 4
demo<char, char>     obj2;  // verwendet 2
demo<double, double> obj3;  // verwendet 1, das primäre Template
```

INFO

Eine explizite Instanzbildung oder Spezialisierung muss im gleichen Namensbereich (namespace) erfolgen wie das zu spezialisierende Template.

20.5 Genauer hingeschaut: die Template-Parameter

Schauen wir uns die Template-Parameter noch einmal etwas näher an.

Die übliche Verwendung für Template-Parameter ist die Deklaration eines oder mehrerer Platzhalter:

```
template<class T> class demo {
     T var;
   public:
     T func() { return var; }
   };

template <class T1, class T2> int func(T2 a, T2 b)
   {
   return(a > b);
   }
```

Die auf diese Weise eingeführten Platzhalter können dann innerhalb der Template-Definition als Platzhalter für beliebige Typen verwendet werden.

class oder typename

In den Beispielen aus diesem Kapitel wurde zur Deklaration der Platzhalter stets das Schlüsselwort `class` verwendet. Dies entspricht der traditionellen Syntax, die von den C++-Compilern, die Templates unterstützen, problemlos erkannt wird.

Der Einsatz des Schlüsselworts `class` zur Deklaration von Platzhaltern für Templates ist allerdings nicht ganz glücklich, denn er vermittelt unwillkürlich das Gefühl, es müsste einen besonderen Zusammenhang zwischen Klassentypen und Platzhalter geben. Um diesem Missverständnis entgegenzuwirken, erlaubt der ANSI-Standard mittlerweile auch die Verwendung des Schlüsselworts `typename` zur Deklaration von Platzhaltern.

Welches Schlüsselwort sich in der Zukunft durchsetzen wird, oder ob beide Schlüsselwörter friedlich koexistieren werden, bleibt abzuwarten.

INFO

Typendefinitionen in Templates
Das Schlüsselwort `typename` *wird noch in einem weiteren Zusammenhang mit Templates verwendet. Der Compiler hat nämlich Probleme damit, selbst definierte Typen in Template-Definitionen als Typen zu erkennen. Der ANSI-Standard sieht daher vor, dass Bezeichner in Templates grundsätzlich nicht für Typen stehen. Will der Programmierer einen selbst definierten Datentyp in einem Template verwenden, muss er den Typ durch die Voranstellung des Schlüsselworts* `typename` *kennzeichnen.*

Templates als Template-Parameter

Platzhalter können nicht nur für Datentypen stehen, sie können auch Templates repräsentieren.

```
template<class T1, template<class T> class T2>
class demo
  {
  T2<T1> obj1;
  T2<int> obj2;
  ...
```

Zu beachten ist hierbei, dass

- nicht jeder Compiler solche Konstruktionen unterstützt
- bei der Übergabe von Template-Spezialisierungen an diese Platzhalter die spitzen Klammern durch ein Leerzeichen getrennt werden sollten:

```
demo<int, tmpl_spez<int> > obj;
```

Werte als Template-Parameter

Template-Parameter können nicht nur Datentypen, sondern auch Werte bezeichnen.

```
template <class T1, int i> void demo_func(T1 a, T1 b)
   {
   T1 feld[i];
   ...
   }
```

Erlaubt sind allerdings nur

- Integer-Typen
- Aufzählungstypen (enum)
- Zeiger oder
- Referenzen

denen man wiederum nur konstante Werte als Argumente übergeben kann.

Vorgabeargumente für Template-Parameter

Template-Parameter können auch mit Vorgabeargumenten versehen werden.

Auf diese Weise kann man beispielsweise für Funktionstemplates, die Template-Parameter deklarieren, für die der Compiler die passenden Argumente nicht aus den Aufrufargumenten deduzieren kann, die implizite Instanziierung ermöglichen.

```
template <class T1, int i = 10> void demo_func(T1 a, T1 b)
   {
   T1 feld[i];
   ...
   }

int main()
  {
  demo_func(13,14);  // implizite Instanzierung

  return 0;
  }
```

In obigem Fall kann der Compiler das Argument für T1 aus den Aufrufargumenten ableiten, als Argument für i nimmt er das Vorgabeargument.

Die ANSI-C++-Bibliothek enthält eine Reihe von Template-Klassen, die Template-Spezialisierungen als Vorgabeargumente für Platzhalter definieren;

```
template <class T, class Allocator = allocator<T> >
class list
    {
     ...
```

Solche Konstruktionen stellen die Compiler-Bauer vor etliche Probleme, weswegen die meisten Compiler diese Konstruktionen derzeit noch nicht unterstützen.

Wenn Ihr Compiler solche Konstruktionen unterstützt und Sie diese Möglichkeiten selbst nutzen wollen, achten Sie darauf, die spitzen Klammern durch Leerzeichen voneinander zu trennen.

Typen für Rückgabewerte von Funktionstemplates

Bei der Instanzierung von Funktionen kann man in vielen Fällen auf die explizite Angabe von Template-Argumenten verzichten, da der Compiler sich die Informationen aus den Datentypen der Aufrufargumente ableiten kann. Definiert das Funktionstemplate allerdings einen eigenen Platzhalter für den Rückgabewert der Funktionen, ist dies nicht mehr möglich. Sie müssen dann entweder den Typ für den Rückgabewert explizit angeben (siehe nachfolgendes Beispiel) oder den Platzhalter für den Rückgabetyp mit einem Vorgabeargument versehen (siehe obigen Abschnitt zu den Vorgabeargumenten).

```
template <class T1, class T2> T1 demo_func(T2 a, T2 b)
   {
   ...
   }

int main()
  {
  demo_func<int>(13.2, 14.0);
```

21 Laufzeitidentifizierung (RTTI)

Laufzeitidentifizierung (englisch RunTime Type Identification = RTTI) bedeutet, dass man Code schreibt, der während der Ausführung des Programms den Datentyp eines Objekts feststellen und entsprechend reagieren kann.

Das klingt wie eine wunderbare Sache, etwas, worauf man als Programmierer schon immer gewartet hat und das einem nun endlich die volle Kontrolle über die Vorgänge in einem Programm erlaubt.

Aber Vorsicht! Die Laufzeitidentifizierung von C++ ist an Klassenhierarchien mit virtuellen Methoden gebunden. Sie kann also nicht einfach auf jedwedes Objekt angewendet werden. Und dies aus gutem Grund.

RTTI ist an virtuelle Methoden gebunden

21.1 Wofür braucht man RTTI?

Wann ist eine Laufzeitidentifizierung erforderlich? Nur dann, wenn der Programmierer den Typ eines Objekts zur Programmierzeit nicht wissen kann. Dies ist aber eher selten der Fall.

- Der Datentyp eines einfachen Objekts kann beispielsweise immer zur Programmierzeit festgestellt werden. Der Programmierer muss nur zur Deklaration des Objekts zurückgehen. Dass mancher Programmierer dazu zu faul ist oder die passende Deklaration im Wirrwarr seines Programms nicht finden kann, ist kein Grund, hierfür eine Laufzeitidentifizierung einzurichten.
- Der Datentyp eines Objekts, auf das über einen Zeiger verwiesen wird, ist ebenfalls zur Programmierzeit feststellbar. Der Programmierer muss dazu nur zur Deklaration des Zeigers zurückgehen.

Nur wenn der Typ eines Zeigers nicht mit dem Typ des Objekts, auf das er verweist, übereinstimmt, kommt es überhaupt zu Situationen, in denen die Bestimmung des Objekttyps problematisch werden kann.

- In C tritt dieser Fall bei der Verwendung von `void`-Zeigern ein. Eine Laufzeitidentifizierung für `void`-Zeiger (genauer gesagt, zur Identifizierung des Typs des Objekts, auf das ein `void`-Zeiger verweist) ist allerdings weder in C noch in C++ vorgesehen.

RTTI funktioniert nicht für void-Zeiger

Der Programmierer muss seinen Code also entweder so aufsetzen, dass klar ist, welchem Typ die Objekte angehören, auf die ein `void`-Zeiger verweist, oder tricksen und Code aufsetzen, der selbst weitgehend für die korrekte Rückverwandlung eines `void`-Zeigers in Zeiger vom Typ der über den `void`-Zeiger transportierten Objekte sorgt (siehe Kapitel 8.3.3 zum Gebrauch von `qsort()`).

- In C++ kann man mit einem Basisklassenzeiger (oder auch einer Basisklassenreferenz) auf ein Objekt einer beliebigen abgeleiteten Klasse verweisen. Dies kann relativ schnell zu Situationen führen, in denen zur Programmierzeit nicht mehr festzustellen ist, von welchem Typ das Objekt ist, auf das der Basisklassenzeiger verweist. Und genau hier kommt uns die RTTI-Laufzeitidentifizierung zu Hilfe.

Die folgenden Beispiele zeigen zwei Situationen, in denen der Programmierer zur Programmierzeit nicht voraussagen kann, welchem Typ das Objekt angehört, auf das der Basisklassenzeiger `b_ptr` verweist.

REF

Wie man sinnvoll mit Basisklassenzeigern arbeitet, war bereits Thema des Kapitels 18.

Beispiel

Ausgangspunkt ist dabei die folgende Klassenhierarchie aus dem Programm *Schloss.cpp*.

```
class Berg {
  protected:
    string logo;

  public:
    Berg()          : logo("    BBBBBBBBBBBBBB\n"
                           "   BBBBBBBBBBBBBBBB\n"
                           "  BBBBBBBBBBBBBBBBBB\n"
                           " BBBBBBBBBBBBBBBBBBBB\n") {}

    virtual void ausgeben()     {cout << logo;}
};

class Schloss : public Berg {
  protected:
    string logo;

  public:
    Schloss()       {logo = "     SSS  SSS\n"
                            "     SSS  SSS\n"
                            "     SSSSSSSS\n"
                            "     SSSSSSSS\n";};

    virtual void ausgeben()     { cout << logo;
                                  Berg::ausgeben(); }
```

```
    virtual void aendern() {logo = "     SSS  SSS\n"
                                   "     S S  S S\n"
                                   "     SSSSSSSS\n"
                                   "     SSSSSSSS\n";};
  };

class Fahne : public Schloss {
  protected:
    string logo;

  public:
    Fahne()         {logo = "          IFFFF\n"
                            "          I  FFFF\n"
                            "          I\n"
                            "          I\n";};

    virtual void ausgeben()     { cout << logo;
                                  Schloss::ausgeben(); }

    virtual void aendern() {logo = "                FFFF\n"
                                   "            IFFFF\n"
                                   "            I\n"
                                   "            I\n"
                                   "            I\n";
                             Schloss::aendern(); };
  };
```

Analyse

Ziel dieser Klassenhierarchie ist die Ausgabe eines Schlosses, das auf einem Berg steht und eine Fahne auf einem der Türme hat.

```
            IFFFF
            I  FFFF
            I
            I                   class Fahne : public Schloss
       SSS  SSS
       SSS  SSS
       SSSSSSSS
       SSSSSSSS                 class Schloss : public Berg
    BBBBBBBBBBBBBB
   BBBBBBBBBBBBBBBB
  BBBBBBBBBBBBBBBBBB
 BBBBBBBBBBBBBBBBBBBB           class Berg
```

Der Berg

Die oberste Basisklasse `Berg` definiert ein Datenelement `logo` (das die Zeichenkette für die Darstellung des Bergs enthält) und die virtuelle Methode `ausgeben()` (die den Berg auf den Bildschirm zaubert).

Das Schloss

Die Klasse `Schloss` ist von der Klasse `Berg` abgeleitet (und wird selbst später der Klasse `Fahne` als direkte Basisklasse dienen).

- Sie definiert ein eigenes Datenelement `logo`, das die Zeichenkette für die Darstellung des Schlosses enthält.

- Sie überschreibt die geerbte Methode ausgeben(), damit diese zuerst das Schloss und dann den Berg ausgibt.
- Des Weiteren definiert die Klasse Schloss eine eigene Methode namens aendern(), die eine alternative Darstellung des Schlosses bewirkt.

Die Fahne

Die Klasse Fahne ist von der Klasse Schloss abgeleitet.

- Sie definiert ein eigenes Datenelement logo, das die Zeichenkette für die Darstellung der Fahne enthält.
- Sie überschreibt die geerbte Methode ausgeben(), damit diese zuerst die Fahne und dann das Schloss und den Berg ausgibt.
- Sie überschreibt die geerbte Methode aendern(), damit diese die Darstellung der Fahne und des Schlosses ändert.

Kommen wir jetzt zu unserem eigentlichen Anliegen: zwei Situationen, in denen der Programmierer zur Programmierzeit nicht voraussagen kann, welchem Typ das Objekt angehört, auf das der Basisklassenzeiger b_ptr verweist.

1. Beispiel

```
int main()
  {
  Berg *b_ptr;
  switch(rand() % 3)
    {
    case 0  :  b_ptr = new Berg;
               break;
    case 1  :  b_ptr = new Schloss;
               break;
    case 2  :  b_ptr = new Fahne;
               break;
    }

  b_ptr->ausgeben();
  cout << endl;

  return 0;
  }
```

Wie sieht die Ausgabe dieses Programms aus? Ist es ein Berg mit Schloss und Fahne? Ist es ein Schloss mit Berg oder ist es nur der Berg?

Wir können es nicht vorhersagen, da wir nicht wissen, auf welches Objekt der Basisklassenzeiger b_ptr verweist.

Dass wir überhaupt die Methode ausgeben() über den Basisklassenzeiger aufrufen dürfen, liegt daran, dass die Methode in allen Klassen definiert ist. Ein Aufruf der Methode aendern()

```
b_ptr->aendern();
```

würde allerdings zum Programmabsturz führen, wenn b_ptr auf ein Berg-Objekt verweist.

2. Beispiel

```
void ausgeben(Berg * b_ptr)
  {
  b_ptr->ausgeben();
  }

int main()
  {
  Berg *b_ptr;

  b_ptr = new Berg;
  ausgeben(b_ptr);
  cout << endl;

  b_ptr = new Schloss;
  ausgeben(b_ptr);
  cout << endl;

  b_ptr = new Fahne;
  ausgeben(b_ptr);
  cout << endl;

  return 0;
  }
```

Wissen wir in der Funktion ausgeben, auf welchen Objekttyp der Parameter b_ptr verweist? Nein. Wir wissen es für einen bestimmten Aufruf. Da es aber Aufrufe mit Argumenten verschiedener Klassentypen gibt, können wir in der Funktion nicht sagen, auf welche Art von Objekt b_ptr verweist.

Wie im obigen Beispiel gilt, dass wir zwar die Methode ausgeben() über den Basisklassenzeiger aufrufen dürfen, weil die Methode in allen Klassen definiert ist, ein Aufruf der Methode aendern() allerdings zum Programmabsturz führen würde, wenn b_ptr auf ein Berg-Objekt verweist.

21.2 Wie funktioniert die RTTI?

Die RTTI von C++ sieht drei unterschiedliche Wege zur Typidentifizierung zur Laufzeit vor. Diese sind in Tabelle 21.1 kurz zusammengefasst.

Tabelle 21.1: Möglichkeiten der Typidentifizierung

Typidentifizierung	Einsatzgebiet

virtuelle Methoden	Über einen Basisklassenzeiger soll für ein abgeleitetes Objekt eine in der abgeleiteten Klasse überschriebene Methode aufgerufen werden.
	`base_ptr = &abg_obj;`
	`base_ptr->ueberschriebeneMethode();`
	Die Typidentifizierung erfolgt automatisch durch den Compiler.
	Soweit möglich und sinnvoll, sollte man diese Form der Typidentifizierung nutzen.

dynamic_cast	Über einen Basisklassenzeiger soll für ein abgeleitetes Objekt eine in der abgeleiteten Klasse neu definierte Methode oder ein neu definiertes Datenelement aufgerufen werden.
	`base_ptr = &abg_obj;`
	`if(abg_ptr =`
	`      dynamic_cast<Abgleitet *>(base_ptr))`
	`  {`
	`  abg_ptr->neueMethode();`
	`  abg_ptr->Datenelement();`
	`  }`
	Der Programmierer benutzt den `dynamic_cast`-Operator zur Umwandlung des Basisklassenzeigers in einen Zeiger auf Objekte einer abgeleiteten Klasse und überlässt dem Operator die Aufgabe, sicherzustellen, dass diese Umwandlung korrekt ist.
	Wird in Fällen eingesetzt, in denen man mit virtuellen Methoden nicht weiterkommt.

typeid	Vergleicht zwei Datentypen, beispielsweise den Typ eines Objekts, auf das ein Basisklassenzeiger verweist, mit dem Typ einer abgeleiteten Klasse.
	`base_ptr = &abg_obj;`
	`if(typeid(*base_ptr) == typeid(Abgeleitet))`
	`  {`
	`  cout << "Objekt ist vom Typ Abgeleitet";`
	`  }`
	Der Operator dient lediglich der Typidentifizierung und wird meist verwendet, wenn keine Rückverwandlung des Basisklassenzeigers erforderlich ist (sonst würde man möglichst den Operator `dynamic_cast` verwenden).
	Sollte möglichst sparsam eingesetzt werden. Den virtuellen Methoden und dem `dynamic_cast`-Operator ist – womöglich – der Vorzug zu geben.

RTTI und die virtuellen Tabellen

Alle drei Wege der Typidentifizierung sind darauf angewiesen, dass in der Basisklasse virtuelle Methoden definiert sind.

Kosten der Laufzeitidentifizierung

Dies hat seine Gründe.

- *Codegröße*: Die Typidentifizierung zur Laufzeit ist darauf angewiesen, dass zur Laufzeit zusätzliche Informationen über den Typ eines Objekts vorhanden sind. Diese Informationen müssen für jeden Datentyp angelegt werden und jedes Objekt eines bestimmten Datentyps muss einen Verweis auf die Typinformationen seines Datentyps enthalten. Die Laufzeitidentifizierung wird also mit der Aufblähung des Codes bezahlt.
- *Ausführungsgeschwindigkeit*: Soll der Typ zur Laufzeit identifiziert werden, müssen die Typinformationen aufgesucht und abgefragt werden, was zudem zu einer Laufzeitverzögerung führt.

C++ wird aber gerade als äußerst effiziente Sprache geschätzt, mit der man schnellen und schlanken Code schreiben kann. Würde C++ die Laufzeitidentifizierung uneingeschränkt für alle Datentypen unterstützen, würde es diesem Anspruch nicht mehr voll gerecht werden. Andererseits gibt es Fälle, in denen man auf eine Laufzeitidentifizierung nicht verzichten kann.

INFO

Eigene Laufzeitidentifizierung
Natürlich kann der Programmierer beim Aufbau seiner Klassenhierarchien für eine eigene Laufzeitidentifizierung sorgen (beispielsweise, indem er jede seiner Klassen mit einer eindeutigen Kennung und einer Methode zur Abfrage der Kennung ausstattet), doch ist dies für die Entwickler wie die Anwender von Klassenbibliotheken recht unbequem. Der Entwickler hat den Mehraufwand, und ein Anwender, der verschiedene Klassenbibliotheken käuflich erworben hat, muss sich damit herumplagen, dass jede dieser Klassenbibliotheken ihr eigenes System zur Laufzeitidentifizierung verwendet.

C++ geht daher einen Mittelweg. Man unterstützt die Laufzeitidentifizierung, aber nur in den wichtigsten Fällen und nur dort, wo der Mehraufwand für die RTTI vertretbar ist.

Was hat das mit virtuellen Methoden zu tun?

Und damit sind wir bei den virtuellen Methoden.

Enthält eine Klasse eine virtuelle Methode (sei es, dass sie die Methode erbt oder selbst definiert), impliziert dies zwei Dinge:

- Die Methode ist dazu gedacht, in abgeleiteten Klassen überschrieben zu werden. Ein starker Hinweis darauf, dass die Klasse Teil einer Klassenhierarchie ist und der Programmierer die Vorteile des Polymorphismus nutzen will – einschließlich der Möglichkeit, Basisklassenzeiger auf abgeleitete Objekte zu nutzen.

- Zur Unterstützung der späten Bindung (siehe Kapitel 18.2.3) legt der Compiler für die Klasse eine virtuelle Tabelle an und stattet alle Objekte der Klasse mit einem Zeiger auf die virtuelle Tabelle aus.

Für Klassen mit virtuellen Methoden ist die RTTI-Unterstützung also nicht nur sinnvoll, sie lässt sich auch mit relativ wenig Mehraufwand realisieren, da man die nötigen Typinformationen in die ehedem vorhandene virtuelle Tabelle ablegen kann. Der Zugriff auf diese Tabelle erfolgt dann einfach über den `vptr`-Zeiger auf die virtuelle Tabelle.

INFO

Einige Compiler unterstützen RTTI wegen der impliziten Mehrkosten nicht automatisch. In solchen Fällen kann man die Laufzeitidentifizierung meist über Compiler-Optionen einschalten.

Klassen mit virtuellen Methoden bezeichnet man als polymorphe Klassen

RTTI und nicht polymorphe Typen

- Der `typeid()`-Operator kann auch auf Zeiger auf Objekte von nicht polymorphen Klassen (Klassen, die keine virtuelle Methode enthalten) sowie auf normale Variablen angewendet werden. In diesen Fällen liefert der Operator einfach den Datentyp seines Operanden zurück. Für einen Zeiger `Basis *ptr`, der auf ein Objekt der nichtpolymorphen Klasse `Abgeleitet` verweist, würde er also den Typ `Basis *` zurückliefern, für die Dereferenzierung des Zeigers (`*ptr`) den Typ `Basis`.
- Der `dynamic_cast`-Operator kann auch für andere Zeigerkonvertierungen verwendet werden (siehe Kapitel 7.13.2) und ist dabei nicht auf das Vorhandensein virtueller Methoden angewiesen. Downcasts (Umwandlung eines Basisklassenzeigers (oder -referenz) in einen Zeiger auf eine abgeleitete Klasse) oder Crosscasts (Umwandlung eines Zeigers auf eine Basisklasse in einen Zeiger auf eine zweite Basisklasse (auf dem Weg über eine gemeinsame abgeleitete Klasse)) sind allerdings nur für polymorphe Klassen, also Klassen, die virtuelle Methoden enthalten, möglich.

21.3 Virtuelle Methoden

Deklariert man in einer Klasse eine Methode als `virtual` (siehe Kapitel 18.2), aktiviert man für diese Methode die so genannte »späte Bindung« (siehe Kapitel 18.2.3). Wird die Methode in abgeleiteten Klassen überschrieben, sorgt die späte Bindung dafür, dass bei einem Aufruf immer die Implementierung ausgeführt wird, die zu dem Objekt gehört, für das der Aufruf erfolgt – selbst dann, wenn wir einen Basisklassenzeiger verwenden, der auf das Objekt verweist.

```
class Basis {
  public:
    virtual void id() {
    cout << "Dies ist die Basis-Klasse\n";};
```

```
  };

class Abgeleitet: public Basis {
  public:
    void id() {cout << "Dies ist die abgeleitete Klasse\n";};
  };

int main()
  {
  Abgeleitet abg;
  Basis *bptr = new Basis;
  bptr->id();

  bptr = &abg;  //verweise mit Basis-Zeiger auf Abgeleitet-Objekt
  bptr->id();

  return 0;
  }
```

Ausgabe:

```
Dies ist die Basis-Klasse

Dies ist die abgeleitete Klasse
```

Virtuelle Methoden sollten bevorzugt eingesetzt werden

Dies ist unbestreitbar die beste und effizienteste Form der Typidentifizierung. Sie überlässt die Typidentifizierung gänzlich dem Compiler, bedarf keiner Typumwandlung des Zeigers, erzeugt keinen unnötigen Code.

Voraussetzung ist natürlich, dass bei der Konzeption der Basisklassen an die Unterstützung des Polymorphismus und die Einrichtung der virtuellen Methoden gedacht wurde.

In der bereits eingangs dieses Kapitels verwendeten Klassenhierarchie zur Ausgabe des Schlosses war dies der Fall.

```
/* Schloss_1.cpp   Laufzeitidentifizierung*/
#include <iostream>
#include <string>
#include <stdlib.h>
using namespace std;

class Berg {
  protected:
    string logo;

  public:
    Berg()           : logo("    BBBBBBBBBBBBBB\n"
                            "   BBBBBBBBBBBBBBBB\n"
                            "  BBBBBBBBBBBBBBBBBB\n"
                            " BBBBBBBBBBBBBBBBBBBB\n") {}

    virtual void ausgeben()     {cout << logo;}
```

```
  };


class Schloss : public Berg {
  protected:
    string logo;

  public:
    Schloss()      {logo = "       SSS  SSS\n"
                           "       SSS  SSS\n"
                           "       SSSSSSSS\n"
                           "       SSSSSSSS\n";};

    virtual void ausgeben()     { cout << logo;
                                  Berg::ausgeben(); }

    virtual void aendern() {logo = "       SSS  SSS\n"
                                   "       S S  S S\n"
                                   "       SSSSSSSS\n"
                                   "       SSSSSSSS\n";};
  };

class Fahne : public Schloss {
  protected:
    string logo;

  public:
    Fahne()        {logo = "             IFFFF\n"
                           "             I  FFFF\n"
                           "             I\n"
                           "             I\n";};

    virtual void ausgeben()     { cout << logo;
                                  Schloss::ausgeben(); }

    virtual void aendern() {logo = "                 FFFF\n"
                                   "             IFFFF\n"
                                   "             I\n"
                                   "             I\n"
                                   "             I\n";
                                   Schloss::aendern(); };
  };


int main()
  {
  Berg *b_ptr = new Fahne;

  b_ptr->ausgeben();
  cout << endl;

  return 0;
  }
```

Ausgabe:

```
            IFFFF
            I  FFFF
            I
            I
      SSS  SSS
      SSS  SSS
      SSSSSSSS
      SSSSSSSS
   BBBBBBBBBBBBBB
  BBBBBBBBBBBBBBBB
 BBBBBBBBBBBBBBBBBB
BBBBBBBBBBBBBBBBBBBB
```

Dank der `virtual`-Deklaration führt der Aufruf der Form

```
Berg *b_ptr = new Fahne;
b_ptr->ausgeben();
```

dazu, dass die Methode `Fahne::ausgeben()` aufgerufen wird (und nicht etwa `Berg::ausgeben()`), die zuerst die Fahne ausgibt und dann die geerbte Version `Schloss::ausgeben()` aufruft, welche das Schloss ausgibt und ihrerseits die geerbte Version `Berg::ausgeben()` aufruft, die zuletzt den Berg ausgibt.

21.4 Umwandlung mit dynamic_cast

```
ptr_1 = dynamic_cast <Zieltyp*> (ptr_2);
```

- *Zieltyp*: Angabe des Referenz-Typs, in den `ptr_2` umgewandelt werden soll.
- *ptr_2*: Umzuwandelnder Zeiger (oder Referenz).

Mit dem `dynamic_cast`-Operator (siehe Kapitel 7.13.2) kann man einen Basisklassenzeiger in einen Zeiger vom Typ einer abgeleiteten Klasse umwandeln.

Dabei prüft der `dynamic_cast`-Operator gleichzeitig, ob eine solche Umwandlung überhaupt statthaft ist.

- Ist die Umwandlung möglich, liefert der Operator den umgewandelten Zeiger zurück.
- Ist eine Umwandlung eines Zeigers nicht möglich, liefert der Operator als Ergebnis einen Null-Zeiger zurück.
- Ist eine Umwandlung einer Referenz nicht möglich, löst der Operator eine Exception vom Typ `bad_cast` aus.

static_cast

Die interne Typenprüfung durch den `dynamic_cast`*-Operator bedingt eine geringfügige, aber vorhandene Laufzeitverschlechterung. In Fällen, in denen Sie sich über die Korrektheit der Typumwandlung ganz sicher sind, sollten Sie daher den* `static_cast`*-Operator verwenden.*

Wie arbeitet der dynamic_cast-Operator?

Schauen wir uns dazu zwei Beispiele an. Ausgangspunkt ist jeweils die Klassenhierarchie

```
class Berg;
class Schloss : public Berg;
class Fahne : public Schloss;
```

aus dem Schloss-Beispiel (siehe oben).

1. Beispiel

Wir weisen einem Basisklassenzeiger (`Schloss *`) ein Objekt einer abgeleiteten Klasse (`Fahne`) zu und versuchen dann, den Zeiger in einen Zeiger auf die abgeleitete Klasse zurückzuverwandeln.

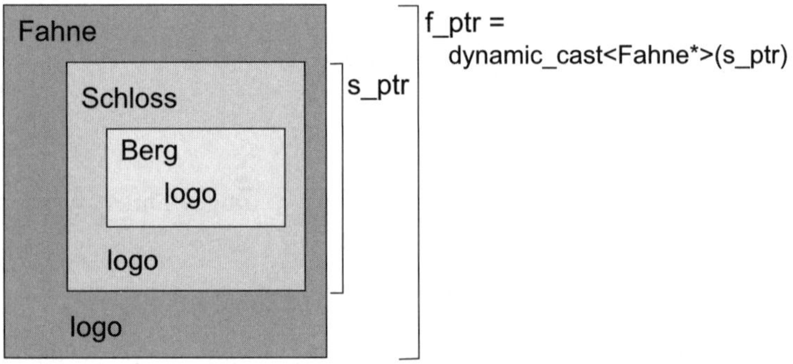

Abbildung 21.1: Unterobjekt in Objekt der abgeleiteten Klasse zurückverwandeln

```
int main()
  {
  Schloss *s_ptr = new Fahne;

  Fahne *f_ptr;
  if(f_ptr = dynamic_cast<Fahne *>(s_ptr))
    cout << "Umwandlung vollzogen" << endl;
    else
    cout << "Umwandlung nicht moeglich" << endl;

  return 0;
  }
```

In diesem Fall wird die Umwandlung anstandslos vollzogen, weil der Basisklassenzeiger auf ein Basisklassenobjekt verweist, das Unterobjekt eines Objekts der abgeleiteten Klasse ist.

2. Beispiel

Wir weisen einem Basisklassenzeiger (`Schloss *`) ein Objekt der gleichen Klasse (`Schloss`) zu und versuchen dann, den Zeiger in einen Zeiger auf eine abgeleitete Klasse (`Fahne`) umzuwandeln.

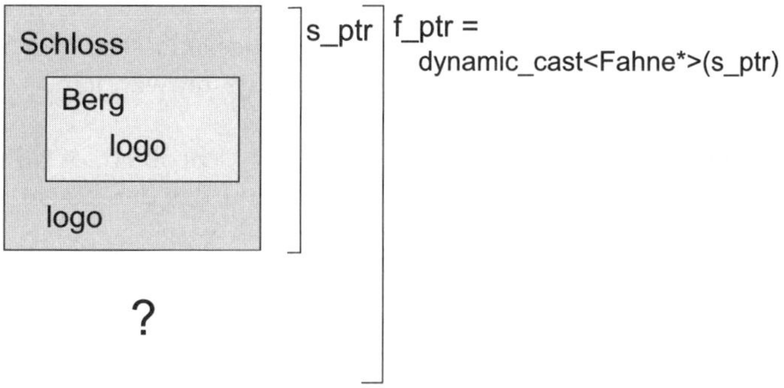

Abbildung 21.2: Basisklassenobjekt als abgeleitetes Objekt auffassen?

```
int main()
  {
  Schloss *s_ptr = new Schloss;

  Fahne *f_ptr;
  if(f_ptr = dynamic_cast<Fahne *>(s_ptr))
    cout << "Umwandlung vollzogen" << endl;
    else
    cout << "Umwandlung nicht moeglich" << endl;

  return 0;
  }
```

In diesem Fall ist die Umwandlung nicht möglich, denn der Operator kann aus einem Basisklassenobjekt, das kein Unterobjekt eines abgeleiteten Objekts ist, nicht einfach ein Objekt einer abgeleiteten Klasse machen. Würde er es doch, würde er die Speicherbereiche, die auf das Basisklassenobjekt folgen, als Speicherbereich des abgeleiteten Objekts betrachten. Zugriffe auf diese Bereiche würden damit unweigerlich zu einer Speicherverletzung führen.

Umwandlung in Zwischenstufen

In unserem Schloss-Beispiel wird in der Klasse `Schloss` eine neue Methode `aendern()` definiert und an die Klasse `Fahne` weitervererbt.

Die Methode kann also für Objekte vom Typ `Schloss` und vom Typ `Fahne` aufgerufen werden, nicht aber für Objekte vom Typ `Berg`.

Wenn Sie einen Basisklassenzeiger auf Berg vorliegen haben und

- auf der einen Seite, wenn möglich, gerne die Methode `aendern()` aufrufen würden,
- auf der anderen Seite aber nicht wissen, auf welche Art von Objekt der Basisklassenzeiger verweist,

können Sie so vorgehen, dass Sie den Basisklassenzeiger vom Typ `Berg*` in einen Basisklassenzeiger vom Typ `Schloss*` umwandeln.

Danach können Sie die Methode `aendern()` problemlos aufrufen – unabhängig davon, ob es sich bei dem Objekt, auf das der Zeiger verweist, um eine Fahne oder ein Schloss handelt.

```
/* aus Schloss_2.cpp */
int main()
  {
  Berg *b_ptr;
  switch(rand() % 3)
    {
    case 0  :  b_ptr = new Berg;
               break;
    case 1  :  b_ptr = new Schloss;
               break;
    case 2  :  b_ptr = new Fahne;
               break;
    }

  Schloss *s_ptr;
  if(s_ptr = dynamic_cast<Schloss *>(b_ptr))
    {
    s_ptr->aendern();
    s_ptr->ausgeben();
    cout << endl;
    }
    else
    {
    b_ptr->ausgeben();
    cout << endl;
    }

  return 0;
  }
```

Ausgabe für `(rand() % 3) == 2`

```
               FFFF
            IFFFF
            I
            I
            I
      SSS  SSS
      S S  S S
      SSSSSSSS
      SSSSSSSS
   BBBBBBBBBBBBBB
  BBBBBBBBBBBBBBBB
 BBBBBBBBBBBBBBBBBB
BBBBBBBBBBBBBBBBBBBB
```

21.5 Der typeid()-Operator

Mithilfe des `typeid()`-Operators kann man zur Laufzeit exakt feststellen, von welchem Typ ein Objekt ist. Der Operator liefert allerdings nicht direkt den Typ des Objekts zurück, sondern ein `type_info`-Objekt, das den Datentyp charakterisiert.

Für die Verwendung des `typeid()`*-Operators muss daher die Header-Datei* `<typeinfo>` *eingebunden werden:*

```
#include <typeinfo>
```

!! STOP

Um dem `type_info`-Objekt die gewünschte Typinformation zu entlocken, verwendet man entweder die Operatoren == und != oder die Methode `name()`.

Datentyp durch Vergleich ermitteln

In den Klammern des `typeid()`-Operators übergibt man den Typ, für den das `type_info`-Objekt zurückgeliefert werden soll.

Dieser Operand kann

- eine Typbezeichnung sein

  `typeid` liefert das `type_info`-Objekt des Typs zurück.

- ein Objekt, ein Zeiger, eine Referenz auf ein nicht polymorphes Objekt, ein dereferenzierter Zeiger auf ein nicht polymorphes Objekt sein

  `typeid` liefert das `type_info`-Objekt des Typs des Objekts oder des Zeigers zurück.

- eine Referenz auf ein polymorphes Objekt sein

  typeid liefert das type_info-Objekt des Typs des Objekts zurück, auf das die Referenz verweist.

- ein dereferenzierter Zeiger auf ein polymorphes Objekt sein

  typeid liefert das type_info-Objekt des Typs des Objekts zurück, auf das der Zeiger oder die Referenz verweisen.

Interessant sind dabei vor allem die erste und die beiden letzten Möglichkeiten. Sie ermöglichen uns (polymorphe Klassen vorausgesetzt) die genaue Ermittlung des Typs eines Objekts, auf das ein Zeiger (oder eine Referenz) verweist.

Da der typeid()-Operator allerdings den Typ nicht direkt, sondern in Form eines type_info-Objekts zurückliefert, müssen wir zur Typüberprüfung einen Vergleich formulieren, der üblicherweise so aussieht, dass man das type_info-Objekt des dereferenzierten Zeigers mit dem type_info-Objekt des erwarteten Typs vergleicht:

```
if(typeid(*b_ptr) == typeid(Klassenname))
```

!! STOP

Vorsicht, Null-Zeiger!
Für Null-Zeiger löst der Operator eine bad_typeid-*Exception aus.*

Angewendet auf unser Schloss-Beispiel (siehe Abschnitt 21.1) könnte das dann wie folgt aussehen:

```
/* aus Schloss_3.cpp */
int main()
  {
  Berg *b_ptr;
  switch(rand() % 3)
    {
    case 0  :  b_ptr = new Berg;
               break;
    case 1  :  b_ptr = new Schloss;
               break;
    case 2  :  b_ptr = new Fahne;
               break;
    }

  if(typeid(*b_ptr) == typeid(Berg))
    {
    cout << "Leider nur ein Berg" << endl;
    }
    else if (typeid(*b_ptr) == typeid(Schloss))
    {
    cout << "Immerhin ein Berg mit Schloss" << endl;
    }
    else if (typeid(*b_ptr) == typeid(Fahne))
```

```
    {
    cout << "Woww, alles da" << endl;
    }

  return 0;
  }
```

Die name()-Methode

Statt eines Vergleichs zwischen einem Objekt und einem Datentyp kann man sich den Namen des Datentyps des Objekts auch als String zurückliefern lassen.

Zu diesem Zweck ruft man die `name()`-Methode des `type_info`-Objekts auf:

```
cerr << typeid(*b_ptr).name() << endl;
```

Man nutzt dies üblicherweise zum Debuggen und spart sich damit die verschachtelten `if`-Bedingungen zur Ermittlung des Datentyps.

22 Objektorientiertes Programmieren

Objektorientiertes Programmieren erlernt man nicht, indem man Syntaxregeln auswendig lernt. Objektorientiertes Programmieren ist an objektorientierte Vorstellungen und Konzepte geknüpft, erfordert eine eigene Art des Denkens, ist mehr Philosophie als Technik.

Die wichtigsten Ideen und Konzepte hinter der objektorientierten Programmierung möchte ich daher noch einmal kurz zusammenfassen.

22.1 Kapselung und Information Hiding

Klassen sind wie »black boxes«. Von außen kann man die Box über eine Reihe von Schaltern und Knöpfen bedienen. Was innerhalb der Box vor sich geht, bleibt verborgen.

Nur, dass man bei einer Klasse statt Schaltern und Knöpfen eine Schnittstelle aus `public`-Elementen hat und die Interna der Klasse, die nach außen verborgen werden, aus den `private`-Elementen und den Implementierungen der Methoden bestehen.

Welche Elemente gehören in die `public`-Schnittstelle, und welche Rolle kommt den `protected`-Elementen zu?

In die `public`-Schnittstelle gehört alles, was zum korrekten Arbeiten mit Instanzen der Klasse unerlässlich ist, und vielleicht auch ein bisschen Luxus, damit das Arbeiten mit der Klasse Spaß macht.

Die `protected`-Elemente nehmen eine Art Zwitterstellung ein: Für abgeleitete Klassen sind sie Teil der öffentlichen Schnittstelle, für die restliche Außenwelt gehören sie zu den privaten Interna.

Das Ganze erinnert ein bisschen an den Umgang mit einem Videorecorder.

Der normale Anwender nutzt die üblichen Funktionen: An- und Ausschalten, Abspielen und Aufnehmen, Standbild und Zeitlupe, Vor- und Rücklauf. Für die Klasse sind dies die `public`-Elemente. Wichtige Funktionen wie Aufnehmen, Vor- und Rücklauf dürfen hier nicht fehlen, den Videorecorder würde sonst zu Recht niemand kaufen. Bestimmte optionale Zusatzfunktionen wie Longplay, Stereoaufnahmen etc. werden gerne gesehen, Schnickschnack wie »integriertes Radio« oder »Wechselgehäuse in unterschiedlichen Farben« bedeutet unnötige Mehrkosten und ist verpönt.

Versierte Anwender können ihren Videorecorder auch programmieren. Dies entspricht in etwa den Möglichkeiten, die die `protected`-Elemente den abgeleiteten Klassen bieten. Voraussetzung ist allerdings, dass der Anwender die Gebrauchsanweisung liest, denn das Programmieren des Videorecorders erfordert schon ein wenig Hintergrundwissen, ebenso wie die Programmierung mit den `protected`-Elementen ein wenig mehr Vorsicht und Verantwortung bedeutet als das Aufrufen von `public`-Methoden.

Den Videorecorder aufmachen und in das Innenleben des Geräts eingreifen – das muss den Fachmännern und -frauen vorbehalten bleiben.

22.2 Datensicherheit

Die Klasse regelt selbst mithilfe der Zugriffsspezifizierer, welche ihrer Elemente die öffentlich zugängliche Schnittstelle bilden (`public`), welche Elemente zur Unterstützung abgeleiteter Klassen gedacht sind (`protected`) und welche Elemente nur intern eingesetzt werden (`private`).

Die Vergabe der Zugriffsspezifizierer ist eine Gratwanderung zwischen Freizügigkeit und Protektionismus, ein Schwanken zwischen Offenheit und Angst, zwischen Extrovertiertheit und Introvertiertheit.

Je mehr Elemente eine Klasse öffentlich macht, umso mehr gibt sie von sich preis und umso verletzlicher wird sie gegenüber fahrlässigem Umgang mit ihren Instanzen. Je mehr ihrer Elemente sie als `private` deklariert, je weniger Elemente sie als `public` deklariert, um somehr schränkt sie sich selbst ein, und umso geringer ist ihr praktischer Nutzen.

Glücklicherweise kann man aber in den meisten Fällen sauber zwischen `public`- und `private`-Elementen trennen, und wo nicht, da ist es Aufgabe eines wohl durchdachten Klassen-Designs, diese Trennung zu vollziehen (beispielsweise durch Kapselung einer `private`-Methode in einer `public`-Methode).

Keinesfalls ist die Vergabe der Zugriffsspezifizierer eine Frage von Vertrauen und Misstrauen. Grundsätzlich ist es Aufgabe der Klasse, sicherzustellen, dass mit ihren Instanzen kein Missbrauch getrieben werden kann. Fehler im Umgang mit der Klasse, beispielsweise die Übergabe von Null-Zeigern an eine Methode oder die Zuweisung eines ungültigen Werts an ein Datenelement, sollten von der Klasse abgefangen oder am besten gar nicht zugelassen werden. Dies geschieht durch entsprechende Sicherungen in den Implementierungen der Methoden sowie durch die `private`-Deklaration.

Für die `private`-Deklaration gibt es zwei wichtige Gründe:

- Das Element wird nur intern verwendet und ist für die Arbeit mit der Klasse entbehrlich.
- Ein Datenelement darf nur bestimmte Werte annehmen oder darf nicht unabhängig von anderen Datenelementen geändert werden. In einem solchen Fall deklariert man das Datenelement als `private` und definiert – soweit erforderlich – `public`-Methoden für das Lesen und Schreiben des Datenelements. In diesen Methoden, insbesondere der Methode zum Verändern des Werts, kann dann für die begleitenden Maßnahmen beim Ändern des Werts des Datenelements gesorgt werden.

Bei der Implementierung der Methoden kann man als Autor einer Klasse schon einmal darauf vertrauen, dass Programmierer, die mit Instanzen der Klasse arbeiten, selbst auch etwas Verantwortung übernehmen und nicht gänzlich sorglos mit den Instanzen umgehen. Dies widerspricht zwar der Idealvorstellung von einer Klasse, ergibt sich in der Realität aber nahezu zwangsläufig, denn

- zum einen kann man eine Klasse nicht gegen jegliche Eventualitäten absichern,
- zum anderen geht jede Sicherung (Überprüfen der Wertebereiche von Parametern, Überwachung von dynamischen Allokationen, Abfangen von Exceptions) zu Lasten der Codegröße und der Ausführungsgeschwindigkeit. Ein Abwägen ist also unabdingbar.

22.3 Vererbung und Wiederverwertung

Klassen unterstützen die Modularisierung des Quellcodes auf eine ganz eigene Art und Weise. Nicht nur, dass man Klassen verschachteln oder Objekte von Klassen als Elemente in anderen Klassen aufnehmen kann, Klassen können auch durch Vererbung aufeinander aufgebaut werden.

Man sollte dies aber nicht nur nutzen, um eigene Klassen von Klassen aus gekauften Klassenhierarchien (beispielsweise der ANSI-C++-Bibliothek) abzuleiten.

Auch bei der Implementierung neuer Klassen sollte man an die Möglichkeiten der Vererbung denken. Schließlich bringt es eine Reihe von Vorteilen, wenn man statt aufgeblähter Klassenungetüme eine wohl durchdachte Klassenhierarchie aufbaut (natürlich nur unter der Voraussetzung, dass die

Objekte, die man letztendlich durch die Klassen repräsentieren möchte, sich in eine hierarchische Struktur einbinden lassen).

- Die Aufteilung des Codes auf mehrere Klassen fördert die Modularisierung und erleichtert die Wartung. (Beachten Sie aber, dass bei der Aufteilung des Codes in Basisklassen und abgeleitete Klassen die objektorientierte Sichtweise, dass eine Klasse eine bestimmte Art von Objekt repräsentiert, üblicherweise weit mehr Gewicht hat als die bloße Modularisierung.)
- Die Reduzierung der Codegröße durch die Auslagerung gemeinsamen Codes in gemeinsame Basisklassen.
- Die vereinfachte Ausweitung der Klassenhierarchie um neue Klassen durch Ableitung von bestehenden Klassen der Klassenhierarchie.
- Die Möglichkeiten des Polymorphismus.

22.4 Polymorphismus

Übersetzt bedeutet Polymorphie nichts Anderes als »Vielgestaltigkeit«. Übertragen auf Klassenhierarchien bedeutet dies Klassen mit gleichen Verhaltensweisen, aber individuellem Verhalten.

Da das »Verhalten« einer Klasse durch die Methoden der Klasse bestimmt wird, bedeutet »gleiche Verhaltensweise« »Methoden gleichen Namens«, und »individuelles Verhalten« bedeutet »unterschiedliche Implementierung«.

Die Polymorphie gründet also darauf, dass Methoden von gemeinsamen Basisklassen ausgehend durch eine Klassenhierarchie hindurch vererbt und in den abgeleiteten Klassen überschrieben werden.

Träger der Polymorphie sind also vor allem die überschriebenen Methoden. Doch mit der Überschreibung allein ist es nicht getan. Zudem möchte man sichergestellt wissen, dass für ein Objekt einer abgeleiteten Klasse stets die Version der Methode aufgerufen wird, die in der Klasse selbst definiert wurde, und nicht etwa die Version aus einer Basisklasse.

Dass dies nicht ganz selbstverständlich ist, liegt daran, dass wir Objekte abgeleiteter Klassen auch als Objekte ihrer Basisklassen ansehen können. So kann ein Basisklassenzeiger durchaus auf ein Objekt einer abgeleiteten Klasse verweisen. Damit man auch über einen solchen Basisklassenzeiger immer die Definition der Methode aufruft, die zu dem Objekt gehört, auf das der Zeiger verweist, müssen die überschriebenen Methoden als `virtual` deklariert werden.

Die Umwandlung eines abgeleiteten Objekts in ein Objekt einer seiner direkten oder indirekten Basisklassen (die in der Praxis einer Reduzierung des abgeleiteten Objekts auf eines seiner geerbten Unterobjekte entspricht) und die Möglichkeit, dank der virtuellen Methoden auch für diese umgewandelten Objekte die zu dem Objekt gehörenden überschriebenen Methoden aufzurufen, bilden zusammen eines der mächtigsten Konzepte der objektorientierten Programmierung.

22.5 Abstrakte Klassen als Schnittstellenvorgaben

Die Polymorphie beruht auf der Vererbung von Methodennamen. Wie die vererbten virtuellen Methoden in den oberen Basisklassen implementiert sind, kann dabei gänzlich unwichtig sein (es sei denn, die oberen Basisklassen dienen nicht nur als reine Basisklassen, sondern werden selbst noch instanziiert, oder die virtuellen Methoden aus den oberen Basisklassen werden in den gleichnamigen Methoden der abgeleiteten Klassen aufgerufen).

Das Zurücktreten der Code-Vererbung gegenüber der Namensvererbung bei den oberen Basisklassen führt zum Konzept der abstrakten Klassen, die rein virtuelle Methoden ohne Anweisungsteil deklarieren und stärker als normale Klassen die Vererbung einer einheitlichen Schnittstelle zum Ziel haben.

Sinnvoll eingesetzt, führen abstrakte Klassen in größeren Hierarchien zu einem übersichtlichen und in sich logischen Design, das den Grundstein für das polymorphe Verhalten der gesamten Klassenhierarchie legt.

22.6 Eingeschlossene Objekte versus Vererbung

Um in einer neu zu definierenden Klasse A die Funktionalität einer bestehenden Klasse B zu nutzen, gibt es grundsätzlich drei Möglichkeiten:

1. Die Klasse A wird von der Klasse B abgeleitet.
2. Die Klasse A erhält eines oder mehrere Objekte vom Typ der Klasse B als Instanzvariablen.
3. Die Klasse A wird in der Klasse B als `friend` deklariert.

Zu Lösung Nr. 1 greift man, wenn man sagen kann: »Ein Objekt der Klasse A ist auch ein Objekt der Klasse B« – wie zum Beispiel ein Sportwagen auch ein Auto ist.

Zu Lösung Nr. 2 greift man, wenn man sagen kann: »Ein Objekt der Klasse A enthält ein Objekt der Klasse B« – wie zum Beispiel ein Sportwagen auch einen Motor enthält.

Zu Lösung Nr. 3 greift man, wenn keine der oben aufgeführten Beziehungen zwischen den Klassen A und B besteht, die Klasse A aber dennoch freien Zugriff auf die Elemente der Klasse B benötigt. Unnötig anzumerken, dass man mit solchen `friend`-Deklarationen sparsam sein sollte, da sie den natürlichen Selbstschutz der Klassen aushebeln.

22.7 Die Bedeutung der Standardelemente

Damit der Compiler korrekt mit einer Klasse arbeiten kann, muss diese über folgende Elemente verfügen:

Konstruktor	zur Instanzbildung
Destruktor	zur Instanzauflösung
Kopierkonstruktor	zur Initialisierung mit Objekten der eigenen Klasse
Zuweisungsoperator	zur Unterstützung des =-Operators
Adressoperator	liefert den Wert des `this`-Zeigers zurück

Damit der Programmierer nicht für jede noch so kleine Klasse stets alle dieser fünf Elemente definieren muss und damit man in C++ auch weiterhin in gewohnter Weise mit Strukturen arbeiten kann (die in C++ ja Spezialfälle von Klassen sind), sorgt der Compiler dafür, dass Klassen, denen eines oder mehrere dieser Elemente fehlen, Standardimplementierungen dieser Elemente zugeordnet werden.

Der Konstruktor

Von besonderem Interesse ist dabei der automatisch zugewiesene Konstruktor. Der Compiler weist nämlich einen Standardkonstruktor zu (Konstruktor, der ohne Parameter aufgerufen werden kann), was den Vorteil hat, dass Objekte der Klasse in jedem Kontext – also beispielsweise auch als Elemente eines Arrays, als eingebettete Objekte oder geerbte Basisklassenobjekte – mithilfe des Konstruktors eingerichtet werden können.

Definiert der Programmierer einen eigenen Konstruktor, verzichtet der Compiler auf die Einrichtung eines Standardkonstruktors für die Klasse, d. h. die Klasse ist ohne Standardkonstruktor – es sei denn, der Programmierer achtet darauf, selbst einen Standardkonstruktor zu definieren.

Der Destruktor

Einen eigenen Destruktor braucht man nur dann, wenn es gilt, spezielle Initialisierungen (dynamische Speicherallokation, Anforderung von Ressourcen) eines Konstruktors zurückzunehmen oder die Klasse als Basisklasse dienen soll. In letzterem Fall sollte man wenigstens dafür sorgen, dass der Destruktor der Klasse als `virtual` deklariert ist – der vom Compiler zugewiesene Destruktor ist es aus Effizienzgründen nämlich nicht.

Kopierkonstruktor und Zuweisungsoperator

Kopierkonstruktor und Zuweisungsoperator muss man meist nur dann selbst definieren, wenn eine Klasse Zeiger als Elemente enthält.

Der Adressoperator

Den Adressoperator braucht man üblicherweise nicht selbst zu definieren.

22.8 Erweiterung der Standardkonvertierungen

C/C++ ist auf der einen Seite eine recht typenstrenge Sprache, auf der anderen Seite in bestimmten Fällen aber auch recht freizügig im Umgang mit den Typen. Der Grund für diese Paradoxität liegt in den so genannten Standardkonvertierungen, die der Compiler auf Operanden von Operatoren und Argumente aus Funktions- und Methodenaufrufen anwendet.

Waren diese Standardkonvertierungen ursprünglich vor allem dazu gedacht, den Compiler-Entwicklern das Leben zu erleichtern, sind sie heute irgendwie zu einem Standard-Feature der Sprache geworden, das Jahr für Jahr tausende von Anfängern an den Rand der Verzweiflung bringt, das erfahrene C/C++-Programmierer aber meist nicht mehr missen möchten und oftmals sogar explizit nutzen.

In C++ sind die Standardkonvertierungen nun endgültig zu einem vollwertigen Feature der Sprache aufgestiegen, und der Programmierer hat sogar die Möglichkeit, das Repertoire der Standardkonvertierungen um Konvertierungen für seine selbst definierten Klassen zu erweitern (Definition von Konvertierungskonstruktoren und Überladung des cast-Operators).

Da diese Konvertierungen aber auch bei der Auflösung des Aufrufs überladener Funktionen und Methoden in Betracht gezogen werden, kann man sich durch die Definition eigener Standardkonvertierungen für Klassentypen auch schnell eine Reihe von Compiler-Meldungen wegen unauflösbarer Funktionsaufrufe einhandeln. In solchen Fällen muss man sich überlegen, mit welcher Kombination von Konvertierungsmethoden und überladenen Funktionen/Methoden man die besten Ergebnisse erzielt.

22.9 Typenunabhängigkeit mit Templates

Eines der Grundthemen, mit dem man sich als Programmierer immer und immer wieder auseinander setzen muss, ist die Implementierung allgemeiner, generischer Lösungen.

Dies beginnt mit der Zusammenstellung der Parameterlisten für Funktionen, setzt sich fort in der Überladung von Funktionen, schließt die Ausnutzung der Standardkonvertierungen ein, führt zum Einsatz von Zeigern, von Zeigern auf Zeiger, von Zeigern auf Funktionen und schließlich von generischen Zeigern (`void`- und Basisklassenzeiger), macht auch nicht vor dem Einsatz von Makros halt und findet seinen vorläufigen Höhepunkt in den ...

... Templates.

22.10 Exception Handling

Zuletzt noch ein Wort zu einem wenig erfreulichen Thema: der Fehlerbehandlung.

C++ wartet mit einem neuen Konzept zur Fehlerbehandlung auf – den Exceptions und der Exception-Behandlung.

Die Exception-Behandlung ist allerdings nicht dazu gedacht, traditionelle Formen der Fehlerbehandlung ersatzlos zu verdrängen. Hauptaufgabe der Exception-Behandlung ist das Abfangen schwerwiegender Fehler im Programmablauf (Datei konnte nicht geöffnet, Speicher konnte nicht allokiert werden), die eine korrekte Weiterführung des Programms nicht erlauben. Dies schließt allerdings nicht aus, dass man in anderen Fällen auf traditionelle Weise versucht, den Fehler noch einmal auszubügeln (konnte beispielsweise eine Datei nicht gefunden werden, kann man den Anwender auffordern, den Pfad zu der Datei einzugeben, und es dann mit dem korrigierten Pfad nochmals versuchen). Tatsächlich bietet es sich oft an, beide Konzepte zu kombinieren: traditionelle Fehlerbehandlung mit dem Versuch, die Situation zu retten, und Exception-Behandlung, wenn eine direkte Fehlerkorrektur nicht mehr möglich ist.

Ansonsten hat die Exception-Behandlung den Vorteil, dass zum einen der normale Programmablauf vom Ablauf der Fehlerbehandlung und zum anderen der Ort der Fehlerauslösung vom Ort der Fehlerbehandlung getrennt werden können.

Letzter Punkt ist gerade für die Entwickler von Bibliotheken interessant, doch ist dabei gleich anzumerken, dass der übertriebene Einsatz von Exceptions in einer Bibliothek nicht nur den Code aufbläht, sondern auch den Programmierern, die mit der Bibliothek arbeiten, schnell die Laune verderben kann, wenn diese nur noch mit dem Abfangen von Exceptions aus der Bibliothek beschäftigt sind.

Halten Sie sich also an den Grundsatz, Exceptions nur für schwere Ausnahmen einzusetzen.

23 Zeichenketten und Strings

Neben der Verarbeitung numerischer Informationen spielt bei der Datenverarbeitung auch der Umgang mit Texten eine große Rolle. Mit diesen werden wir uns in diesem Kapitel intensiver beschäftigen.

Ausgangspunkt wird dabei für uns der C-Datentyp `char` sein, der zur Repräsentation einzelner Zeichen dient. Einen eigenen Datentyp für Zeichenketten, die aus mehr als einem Zeichen bestehen, kennen allerdings weder C noch C++.

C versus C++

In C müssen wir uns die Strings daher aus Folgen von Zeichen zusammenbasteln, in C++ haben wir immerhin die Möglichkeit, auf die Klasse `strings` (gehört zum Standardumfang der C++-Bibliotheken) zurückzugreifen.

Noch ein Wort zu den Zeichen an sich.

Die Zeichen, aus denen wir unsere Texte aufbauen: »C«, »å« oder »£«, sind für den Computer Integer-Werte: 99, 229, 163 (letztendlich sind es natürlich Bitfolgen).

Welches Zeichen dabei durch welchen Integer-Wert repräsentiert wird, wird in einer Tabelle, dem so genannten Zeichensatz, festgelegt. Problematisch ist dabei allerdings, dass es mehrere Zeichensätze gibt, dass ein Zeichen in unterschiedlichen Zeichensätzen durch unterschiedliche Integer-Werte repräsentiert werden kann, dass in kleineren Zeichensätzen (insbesondere den 7- oder 8-Bit-Zeichensätzen wie ASCII oder ANSI) nicht immer alle gewünschten Zeichen vorhanden sind.

So kommt es, dass die Ausgabe des folgenden Programms ganz unterschiedlich ausfällt, je nachdem, ob Sie die Ausgabe unter Unix, MS-DOS oder in einem Windows-Editor betrachten.

```
/* Zeichen.cpp   Auswirkung der Zeichensätze */
#include <stdio.h>

int main()
  {
  printf("c å £");
```

```
return 0;
}
```

Ausgabe unter MS-DOS:

```
C:\CC++Kompendium\Progs\Kap23>zeichen

c Õ ú
```

Ausgabe unter Notepad:

```
C:\CC++Kompendium\Progs\Kap23>zeichen > test.cpp

In Test.cpp:   c å £
```

Einen Ausweg aus diesem Zeichensatzwirrwarr soll in Zukunft der UNICODE-Standard bringen – ein 16-Bit-Zeichensatz, in dem alle wichtigen Zeichen, von den Buchstaben des lateinischen Alphabets bis zu den Charakteren der asiatischen Silbensprachen, enthalten sind. Immer mehr Programme werden für UNICODE ausgelegt und Windows NT 4.0 arbeitet – im Gegensatz zu Windows 95/98 – bereits standardmäßig mit UNICODE.

C definiert zur Repräsentation von Zeichen zwei spezielle Typen (siehe Kapitel 6.5):

`char` für 7- und 8-Bit-Zeichensätze (ASCII, ANSI)

Die Zeichen werden durch 8-Bit-Integer-Werte (Byte) codiert.

`wchar_t` für 16- und 32-Bit-Zeichensätze (UNICODE)

Die Zeichen werden durch Integer-Werte (meist `int`) codiert.

C++ erlaubt dem Programmierer dagegen die Definition eigener Datentypen zur Repräsentation von Zeichen. Damit man aus diesen Zeichen auch Zeichenketten zusammensetzen kann, die sich mit der C++-Klasse `string` manipulieren und verwalten lassen, muss für den jeweiligen Zeichentyp eine Spezialisierung des Templates `char_traits` definiert werden. In diesem Template werden Datentypen und Methoden definiert, auf die die Klasse `string` zur Verwaltung und Bearbeitung der Zeichenketten angewiesen ist. Für die Zeichentypen `char` und `wchar_t` sind entsprechende Spezialisierungen bereits in der Header-Datei `<string>` definiert.

Die Methoden aus char_traits *sind meist recht kurz, weswegen sie üblicherweise direkt in der Klassendeklaration definiert werden. Schauen Sie also einfach mal in den Quelltext der Header-Datei* <string> *hinein, und suchen Sie nach der Spezialisierung:* template<> struct char_traits<char> *oder nach* string_char_traits *für Compiler, die noch die ältere Version des ANSI-Drafts unterstützen.*

TIPP

23.1 Strings als Zeichenketten (C)

C kennt, wie gesagt, keinen eigenen Datentyp zur Repräsentation größerer Texte, sondern nur Datentypen für einzelne Zeichen: char und wchar_t. Größere Texte müssen wir uns daher als eine Folge von einzelnen Zeichen denken, so genannte Zeichenketten oder Strings. Um diese in unseren Programmen in Variablen zu verwalten, haben wir in C zwei Möglichkeiten.

23.1.1 Repräsentation von C-Strings

C-Strings sind nullterminierte Zeichenketten

C interpretiert eine Zeichenkette, auch String genannt, als eine Folge von Zeichen, die mit dem ASCII-Zeichen '\0' (dem Nullterminierungszeichen) beendet wird.

Abbildung 23.1: Speicherbelegung für einen String

INFO

Wie viel Speicher benötigt eine String-Variable?
Für String-Variablen gibt es, wie gesagt keinen eigenen Datentyp, folglich gibt es auch keine Vorgabe dafür, wie groß der Speicherbedarf einer String-Variablen ist. Kann es ja auch nicht geben, denn jede Zeichenkette hat ja ihre eigene Größe – abhängig davon, wie viele Zeichen sie enthält:

```
"Dies ist eine Zeichenkette"
   "Ich bin ebenfalls eine Zeichenkette"
   "Z"
```

Weil die Größe nicht vorgegeben ist, ist auch das Abschlusszeichen so wichtig. Alle C-Funktionen zur Behandlung von Zeichenketten arbeiten mit Zeigern, die die Anfangsadresse der Zeichenkette enthalten, und lesen von dieser Position im Speicher bis zum Erscheinen des Nullterminierungszeichens.

Deklaration von C-Strings

String-Variablen, die Zeichenketten aufnehmen können, werden entweder als Zeichen-Arrays:

```
char str1[25];
```

oder als Zeiger auf `char` deklariert:

```
char *str2;
```

Im Umgang mit diesen Strings müssen Sie drei Dinge beachten:

- Sie sind beim Umgang mit C-Strings ganz alleine für die korrekte Speicherverwaltung zuständig.
- C-Strings müssen mit dem Nullterminierungszeichen (`'\0'`) enden.
- Die Funktionen der Laufzeitbibliothek, mit denen Sie Strings manipulieren können (`strcpy()`, `strcat()` etc.), übernehmen für Sie die Verwaltung des Nullterminierungszeichens, aber nicht die Speicherverwaltung.

Gehen wir diese Punkte im Einzelnen durch.

Wie wird Speicher für eine String-Variable bereitgestellt?

Zeichen-Arrays

Wenn Sie ein Zeichen-Array deklarieren, geben Sie gleich bei der Deklaration an, wie viel Speicher (in Bytes) bereitgestellt werden soll. Da jedes Zeichen ein Byte belegt, haben Sie damit auch gleich die Obergrenze für die Länge der Strings festgelegt, die Sie im Array speichern können (minus eins für das Nullterminierungszeichen). Der Nachteil ist, dass dieser Speicher für viele Strings verschwenderisch groß und für andere zu klein sein kann.

Zeiger auf `char`

Wenn Sie einen Zeiger auf `char` deklarieren, haben Sie damit noch keinen Speicherbereich reserviert. Wenn Sie also in der Folge vergessen, die Zeigervariable mit einem Speicherplatz zu verbinden, ernten Sie mit Sicherheit Laufzeitfehler, wenn Sie später den Zeiger dereferenzieren. Um neuen Speicherbereich für den Zeiger bereit zu stellen, können Sie die Funktion `malloc()` verwenden. Wenn Sie den Zeiger nicht mehr benötigen, geben Sie ihn mittels der Funktion `free()` wieder frei. Auf diese Weise können Sie den Speicherbereich zur Laufzeit an die jeweilige Größe des aufzunehmenden Strings anpassen. Wenn Sie dies jedoch einmal vergessen, kann es Ihnen wie bei den Zeichen-Arrays passieren, dass Sie versuchen, Strings in einen zu kleinen Speicherbereich zu schreiben. Zudem laufen Sie Gefahr, Speicherbereiche zu allokieren, die Sie später nicht mehr freigeben.

Eine weitere Möglichkeit, Speicher mit einem Zeiger zu verbinden, besteht einfach darin, ihm die Adresse eines bereits reservierten Speicherbereichs zuzuweisen:

- Dies kann ein String-Literal sein

  ```
  char *ptr;
  ptr = "Dies ist ein Test";
  ```

  (Achtung: String-Literale sind die einzigen Konstanten, für die Speicher bereitgestellt wird.)

- oder der Speicherbereich eines anderen Zeichen-Arrays oder Zeigers auf `char`.

  ```
  char str1[25];
  char *str2;
  str2 = str1;
  ```

  Dass diese Form der Zuweisung möglich ist, haben wir dem Compiler zu verdanken, der auf der linken Seite von Zuweisungen den Arraynamen als Adresse des ersten Elements im Array ansieht.

INFO

Arrays sind keine Zeiger!
Sie können zwar Arrays als Funktionsargumente an Zeigerparameter übergeben (die Laufzeitfunktionen zur Stringbehandlung, wie `strcpy()`, `strcat()` *etc. definieren zur Übernahme von Zeichenketten stets Zeiger auf* `char` *als Parameter, weil man diesen sowohl Zeichen-Arrays als auch Zeiger auf* `char` *übergeben kann), aber Sie sollten daraus nicht die Schlussfolgerung ziehen, Zeiger und Arrays wären prinzipiell gleich (siehe Kapitel 8.2.4).*

Wann ist ein String zu Ende?

Strings haben noch eine andere Besonderheit, die Sie beachten müssen: Sie werden mit einem Nullterminierungszeichen (`\0`) abgeschlossen (ASCIIZ-String). Der Sinn dieses Abschlusszeichens wird Ihnen unmittelbar klar werden, wenn Sie sich vorstellen, Sie hätten eine String-Variable für 20 Zeichen definiert (egal, ob als Array oder Zeiger auf `char`). Dieser String-Variablen haben Sie den String `"Hello World"` zugewiesen und wollen nun den String mittels `printf()` ausgeben:

```
char str1[20] = "Hello World";

printf("%s\n",str1);
```

Eigentlich würde man erwarten, dass die ganzen 20 Byte des Arrays – auch die Bytes, die nicht initialisiert wurden – ausgegeben werden. Dem ist aber nicht so. Stattdessen hat der Compiler die Stringkonstante `"Hello World"` mit einem abschließenden Nullterminierungszeichen in das Array kopiert, und `printf()` gibt den Inhalt des Zeichen-Arrays nur soweit aus, bis es auf das Nullterminierungszeichen trifft.

Nullterminierungszeichen und die String-Funktionen der Laufzeitbibliothek

Glücklicherweise wird Ihnen die korrekte Verwendung des Nullterminierungszeichens weitgehend vom Compiler und den Laufzeitfunktionen zur Stringmanipulation abgenommen. Doch sollten Sie sich der besonderen Bedeutung des Nullterminierungszeichens bewusst sein. Im folgenden Programm verhindert beispielsweise die Handhabung der Strings und deren Nullterminierungszeichen durch die Laufzeitfunktionen die schnelle Entdeckung einer unsachgemäßen Speicherbehandlung.

!! STOP

Vorsicht!
Das Programm kann bei der Ausführung abstürzen.

```
/* ASCIIZ.cpp   Nullterminierungszeichen */
#include <stdio.h>
#include <string.h>

int main()
  {
  char str[2][10] = {"String1", "String2"};

  strcpy(str[0],"Dieser String ist zu lang");
  printf("1.String: %s\n",str[0]);
  printf("2.String: %s\n",str[1]);

  return 0;
  }
```

Ausgabe von ASCIIZ:

```
1.String: Dieser String ist zu lang

2.String: ing ist zu lang
```

Analyse Wie Sie an der Ausgabe sehen können, wird der erste String im Array eigentlich noch ganz wie gewünscht, ausgegeben. Erst am zweiten String lässt sich ablesen, dass etwas schief gelaufen ist. Der Fehler geht natürlich auf die Zeile

```
strcpy(str[0],"Dieser String ist zu lang");
```

zurück, da hier ein 25 Zeichen langer String in ein Array-Element kopiert werden soll, das nur für 9 Zeichen plus Nullterminierungszeichen ausgelegt ist.

Der `strcpy()`-Funktion fällt dies allerdings nicht auf, da sie kein Zeichen-Array übernimmt, sondern einen Zeiger auf `char`. Der Compiler wandelt also bei der Übergabe das Array-Argument in die korrekte Adresse um, und `strcpy()` kopiert den ganzen String einschließlich seines abschließenden

Null-Zeichens in den Speicherbereich hinter dieser Adresse – ohne sich darüber im Klaren zu sein, dass der für das Array-Element reservierte Speicher bereits nach 10 Byte aufhört und danach schon in das zweite Element geschrieben wird.

In gleicher Weise liest die Funktion `printf()` den String aus dem Array-Element aus. Auch ihr wird nur die Anfangsadresse des Strings übergeben, und sie liest alles, was darauf folgt, bis zum nächsten Null-Zeichen ein und gibt es auf den Bildschirm aus. Beide Funktionsaufrufe merken also nichts von der Speicherverletzung und geben auch dem Programmierer keinen Hinweis darauf. Erst die Ausgabe des zweiten Array-Elements bringt es ans Licht.

Bei Beendigung des Programms stürzt dieses dann sogar noch komplett ab, was einfach daran liegt, dass der Text, den wir in `str[0]` kopieren, so lang ist, dass er nicht nur in das zweite Array-Element hinein-, sondern sogar über den Speicherbereich des ganzen Arrays hinausreicht. Wir schreiben also in Speicherbereiche, die nicht für unser Programm reserviert wurden, und dies wird zum Schluss mit einem Programmabsturz quittiert.

Wie kann man diese Fehler beheben?

23.1.2 C-Strings und Speicherverwaltung

Um unliebsamen Überraschungen beim Umgang mit C-Strings aus dem Weg zu gehen, sollten Sie bei jeder Zuweisung von Text an einen C-String kontrollieren, ob der C-String mit genügend Speicher verbunden ist, um den Text aufzunehmen. Im Beispiel *ASCIIZ.cpp* aus dem vorangehenden Abschnitt könnten Sie dies bereits dadurch erreichen, dass Sie die Feldgröße des Arrays `str` auf `str[2][50]` heraufsetzen.

char-Arrays

Die Speicherverwaltung von `char`-Arrays sieht damit noch ganz einfach aus.

Sofern Sie von vornherein wissen, wie groß der größte Text sein wird, der in einer `char[]`-Variablen jemals abgelegt werden könnte, und sofern dieser Speicherbedarf nicht die Grenzen des Computers sprengt, brauchen Sie das Array nur entsprechend groß zu dimensionieren.

Der Nachteil dieses Verfahrens ist natürlich, dass dabei viel Speicher verschwendet wird, wenn wesentlich kleinere Strings in dem Array gespeichert werden, und dass es trotzdem noch zu Abstürzen kommen kann, wenn Sie den Speicherbedarf falsch abgeschätzt haben.

Zeiger auf char

Dies bringt uns zu den Zeigern auf char. Diese haben den Vorteil, dass Sie zur Laufzeit dynamisch Speicher zu den Zeigern allokieren können. Das folgende Beispiel demonstriert, wie einfach die Programmierung mit Zeigern auf char sein kann, wenn man

- die Zeiger auf bestehende Strings richtet,

und wie kompliziert die Programmierung mit Zeigern auf char sein kann, wenn man deren Speicherbedarf dynamisch anpassen und dabei

- zuerst den Speicherbedarf feststellen,
- dann den Speicher allokieren
- und schließlich den String in den Speicherbereich kopieren muss.

Beispiel

```
/* C_String.cpp   Zeiger auf char   */
#include <stdio.h>
#include <stdlib.h>
#include <string.h>

int main()
  {
  char str[3][21] = {"String1", "String2", "String3"};
  char *p_str;
  int bytes;

  //str[0] bis str[2] sind jetzt mit Speicherbereichen von
  //jeweils 21 Byte (20 char-Zeichen + \0) verbunden
  //p_str ist definiert, aber mit keinem Speicherbereich
  //verbunden. Wir holen dies jetzt nach und lassen str_p
  //auf das zweite Array-Element zeigen.

  p_str = str[1];
  strcpy(p_str,"Weise 20 Zeichen zu!");
  for(int loop = 0; loop < 3; loop++)
    {
    printf("str[%d]= %s\n",loop, str[loop]);
    }
  puts("\n\n");
  //wenn wir mehr als 20 Zeichen zuweisen wollen, brauchen
  //wir mehr Speicher; kopieren wir str[0] bis str[2] in
  //p_str

  //zuerst berechnen wir den Speicherbedarf
  bytes = (strlen(str[0]) + strlen(str[1]) +
              strlen(str[2]) + 1)*sizeof(char);
  //dann allokieren wir den Speicher
  p_str = (char*) malloc(bytes);
  //dann kopieren wir die Strings
  strcpy(p_str,str[0]);
```

```
32:   strcat(p_str,str[1]);
33:   strcat(p_str,str[2]);
34:   printf("String = %s enthaelt %d Bytes\n",p_str,bytes);
35:   free(p_str);

36:   return 0;
37:   }
```

Ausgabe:

```
str[0]= String1
str[1]= Weise 20 Zeichen zu!
str[2]= String3

String = String1Weise 20 Zeichen zu!String3 enthaelt 35 Bytes
```

Analyse

In Zeile 15 richten wir den Zeiger `p_str` auf das zweite Element des Arrays `str`. Der Speicherbereich, auf den `p_str` weist, reicht damit bis zum Ende des Arrays, obwohl das Schreiben über die Grenzen von Array-Elementen natürlich meist nicht gewünscht sein wird – auch wenn es nicht gleich zum Programmabsturz führt. In obigem Beispiel achten wir daher darauf, nicht mehr als 20 abgezählte Zeichen zuzuweisen (das 21. Zeichen, das Nullterminierungszeichen, wird automatisch angehängt).

Im zweiten Schritt soll ein größerer String (bestehend aus den Strings in `str[0]` bis `str[2]`) in `p_str` abgelegt werden. Die einzelnen Array-Elemente sind zu klein, um diesen String aufzunehmen, und sollen auch gar nicht überschrieben werden. Wir allokieren darum diesmal extra Speicher für den Zeiger `p_str`, statt den Zeiger auf einen bereits allokierten Speicherbereich zu richten.

Der Speicherbedarf (Zeile 26) berechnet sich aus den Längen der einzelnen Strings (beachten Sie, dass die RTL-Funktion `strlen()` die Größe des tatsächlich übergebenen Strings ohne Nullterminierungszeichen zurückliefert und nicht die Größe des Array-Elements) plus dem abschließenden Nullterminierungszeichen und das alles multipliziert mit dem Speicherbedarf eines `char`-Zeichens.

Danach kann der Speicher allokiert (Zeile 29) und die einzelnen Strings in den Speicher geschrieben werden (Zeilen 31 bis 32).

Vorsicht!
Zum Schluss nochmal eine Warnung zur Speicherverwaltung von Zeigern auf `char`*. Wenn Sie einen Zeiger auf* `char` *auf einen bestehenden Speicherbereich richten, kann es Probleme geben, wenn der zugewiesene Speicher von einer lokal angelegten Variablen stammt und der Zeiger auf* `char` *nach dem Verlassen dieses Gültigkeitsbereichs immer noch gültig ist. Dies würde dann dazu führen, dass der Zeiger weiterhin existiert, während der Speicherbe-*

reich, auf den er verweist, bereits aufgelöst wurde. Probleme durch unerlaubte Speicherzugriffe sind dann vorprogrammiert (siehe auch Kapitel 9.4.6).

23.1.3 C-Strings bearbeiten

C stellt eine Reihe von Funktionen zur Manipulation von Strings zur Verfügung, die in der Header-Datei <string.h> (<cstring> nach dem ANSI-C++-Standard) deklariert sind.

Strings zuweisen

Der Zuweisungsoperator

Mit dem Zuweisungsoperator können Sie String-Variablen mit String-Literalen initialisieren oder einen Zeiger auf char auf einen bestehenden String richten.

```
char stringVar[stringGroesse] = stringLiteral;
```

Beispiel:

```
char str[100] = "C und C++";
char *p_str   = "C und C++";

char *p_str   = str;
```

!! STOP

Vorsicht!
Wenn Sie mit dem Zuweisungsoperator einen Zeiger auf char*, der bereits auf einen Speicherbereich verweist, auf einen neuen Speicherbereich richten, müssen Sie sicher sein, dass der alte Speicherbereich immer noch über einen Zeiger (oder einen Array-Namen) erreichbar ist. Sollte dies nicht der Fall sein, können Sie den alten Speicherbereich vor der Neuorientierung des Zeigers mithilfe der Funktion* free() *freigeben:*

```
free(p_str);
```

Die Funktion strcpy()

Möchte man dagegen einen String in einen anderen String kopieren, benutzt man die Funktion strcpy().

```
char* strcpy(char* ziel, const char* quelle)
```

Diese Funktion kopiert den String aus quelle in den Speicherbereich von ziel. Die Funktion geht davon aus, dass der kopierte String mit einem Nullzeichen endet und dass der Zielstring groß genug ist, um den Quellstring aufzunehmen. Der Kopiervorgang ist beendet, nachdem das Nullzeichen erreicht wurde.

Der Unterschied zwischen

```
char *p_str   = str;
```

und

```
strcpy(p_str,str);
```

ist der, dass im ersten Fall `p_str` nicht nur den Inhalt, sondern auch den zur Verfügung stehenden Speicher von `str` übernimmt (tatsächlich weisen nach der Zuweisung ja `p_str` und `str` auf den gleichen Speicher), während im zweiten Fall `p_str` den eigenen Speicherbereich behält und nur der Inhalt kopiert wird.

Vorsicht!
Bevor Sie mit `strcpy()` *einen String in einen Zeiger auf* `char` *kopieren, muss entsprechender Speicher für den Zeiger auf* `char` *reserviert worden sein.*

Die Funktion strdup()

Mit der Funktion `strdup()` können Sie einen String duplizieren. Die erforderliche Speicherallokation wird in diesem Fall ausnahmsweise von der Funktion übernommen.

```
char* strdup(const char* quelle)
```

Die Funktion kopiert die Zeichen in dem Quellstring und liefert einen Zeiger auf den duplizierten String zurück.

Die Funktion strncpy()

Die Funktion `strncpy()` entspricht der Funktion `strcpy()`, nur dass Sie zusätzlich über den Parameter `anzahl` angeben können, wie viele Zeichen zu kopieren sind (enthält der zu kopierende String weniger als `anzahl` Zeichen, werden Nullterminierungszeichen angehängt).

```
char* strncpy(char* ziel, const char* quelle, size_type anzahl);
```

Die Länge eines Strings

Die Funktion strlen()

Für die Speicherallokation von Strings, die aus bestehenden Strings zusammengesetzt werden (siehe `strcat()`), braucht man die Länge der zu kopierenden Strings. Die Länge eines Strings, genauer gesagt, die Anzahl der Zeichen in einem String ohne das Nullterminierungszeichen, wird von der Funktion `strlen()` zurückgeliefert:

```
size_type strlen(const char* string)
```

Der Ergebnistyp `size_type` ist mit `typedef` meist als `unsigned int` definiert.

Strings aneinander reihen (Konkatenation)

Die Funktion strcat()

Oft erstellen Sie einen String, indem Sie zwei oder mehr Strings konkatenieren, d. h. aneinander reihen. Diese Konkatenation von Strings wird durch die Funktion `strcat()` unterstützt.

```
char* strcat(char* ziel, const char* quelle)
```

Wenn Sie mehrere Strings aneinander reihen, wird der erste String üblicherweise mit `strcpy()` an den Anfang des Zielstrings kopiert und die nachfolgenden Strings mit `strcat()` angehängt.

```
strcpy(p_str,str[0]);
strcat(p_str,str[1]);
strcat(p_str,str[2]);
```

Die Funktion strncat()

Die Funktion `strncat()` entspricht der Funktion `strcat()`, nur dass Sie zusätzlich über den Parameter `anzahl` angeben können, wie viele Zeichen maximal anzuhängen sind (enthält der anzuhängende String weniger als `anzahl` Zeichen, wird *nicht* mit Nullterminierungszeichen aufgefüllt!!!).

```
char* strncat(char* ziel, const char* quelle, size_type anzahl)
```

Strings vergleichen

Da Strings entweder in Zeigervariablen oder Arrays von Zeichen verwaltet werden, können Sie nicht einfach die Operatoren ==, !=, >, <, etc. zum Vergleichen der Strings verwenden. Die Header-Datei `<string.h>` der Laufzeitbibliothek stellt Ihnen als Ersatz eine ganze Reihe spezieller Funktionen zum Vergleichen von Strings zur Verfügung, deren Prototyp die Funktion `strcmp()` ist.

Die Funktion strcmp()

```
int strcmp(const char* str1, const char* str2);
```

Die Funktion vergleicht zwei Strings `str1` und `str2` (wobei zwischen Groß- und Kleinschreibung unterschieden wird und sämtliche Zeichen berücksichtigt werden). Das Ergebnis des Vergleichs wird in dem Rückgabewert der Funktion angezeigt:

- < 0 wenn `str1` kleiner ist als `str2`
- = 0 wenn `str1` gleich `str2` ist
- > 0 wenn `str1` größer ist als `str2`

Beispiel

```
/* Str_vgl.cpp   C-Strings vergleichen*/
#include <stdio.h>
#include <string.h>

int main()
  {
  char string1[] = "C und C++";
  char string2[] = "C++ und C";

  if(strcmp(string1, string2) > 0)
     printf("%s ist groesser als %s\n",string1,string2);
     else
     printf("%s ist kleiner oder gleich %s\n",
                                        string1,string2);

  return 0;
  }
```

Ausgabe:

```
C und C++ ist kleiner oder gleich C++ und C
```

Analyse

Aufmerksamkeit bedarf die Auswertung des Rückgabewerts der Funktion `strcmp()` in der `if`-Bedingung. Wenn Sie nur vergleichen wollen, ob zwei Strings identisch sind, brauchen Sie nur zu testen, ob der Rückgabewert gleich Null (Strings identisch) oder ungleich Null ist:

```
  if(!strcmp(string1, string2))
     puts("Strings sind identisch\n");
     else
     puts("Strings sind nicht identisch\n");
```

In obigem Fall wird der Rückgabewert einfach als boolescher Wert interpretiert (Null = false, !Null = true).

Wenn Sie wissen möchten, ob ein String größer als ein anderer String ist (größer im Sinne der alphabetischen Reihenfolge, wobei Kleinbuchstaben üblicherweise größer sind als Großbuchstaben (hängt von Codierung im Zeichensatz ab)), reicht der Vergleich auf Null nicht, da ein Ergebnis ungleich Null noch nichts darüber aussagt, ob der erste String größer oder kleiner als der zweite String ist. Folgender Vergleich wäre also falsch:

```
if(strcmp(string1, string2))
  printf("%s ist groesser als %s\n",string1,string2);
  else
  printf("%s ist kleiner oder gleich %s\n",string1,string2);
```

In obigem Fall bekämen Sie für die Vergleiche `strcmp(string1, string2)` und `strcmp(string1, string2)` die gleiche Ausgabe! Bei Vergleichen auf größer/kleiner sollten Sie also immer testen, ob der zurückgelieferte Integer-Wert positiv oder negativ ist.

Die Funktion stricmp()

Die Funktion `stricmp()` vergleicht zwei Strings unter Berücksichtigung sämtlicher Zeichen, aber ohne zwischen Groß- und Kleinschreibung zu unterscheiden.

```
int stricmp(const char* str1, const char* str2);
```

Die Funktion strncmp()

Die Funktion `strncmp()` vergleicht unter Berücksichtigung der Groß- und Kleinschreibung die ersten `anz` Zeichen aus zwei Strings.

```
int strncmp(const char* str1, const char* str2, size_type anz);
```

Die Funktion strnicmp()

Die Funktion `strnicmp()` vergleicht die ersten `anz` Zeichen aus zwei Strings, ohne dabei zwischen Groß- und Kleinschreibung zu unterscheiden.

```
int strnicmp(const char* str1, const char* str2, size_type anz);
```

Strings konvertieren

Zur Umwandlung der Zeichen eines Strings von Kleinbuchstaben in Großbuchstaben stellt Ihnen die Header-Datei `<ctype.h>` die Funktionen `tolower()` und `toupper()` zur Verfügung.

Die Funktion tolower()

```
int tolower(int ch)
```

Die Funktion `tolower()` konvertiert einen Großbuchstaben in einen Kleinbuchstaben. Bei erfolgreicher Konvertierung liefert die Funktion den umgewandelten Buchstaben zurück.

Die Funktion toupper()

```
int toupper(int ch)
```

Die Funktion `toupper()` konvertiert einen Kleinbuchstaben in einen Großbuchstaben. Bei erfolgreicher Konvertierung liefert die Funktion den umgewandelten Buchstaben zurück.

Die Funktion strtod()

```
double strtod(char* quelle, char **ende)
```

Die Funktion `strtod()` wandelt den String `quelle` in eine Gleitkommazahl um und liefert das Ergebnis als Rückgabewert zurück. Der Zeiger `ende` markiert das Ende des zu konvertierenden Bereichs.

INFO

Für die umgekehrte Konvertierung können Sie die Funktion `sprintf()` *verwenden*

```
int sprintf(char *str,
            const char *format[, argument, ...]);
```

die analog zur Funktion `printf()` *(siehe Kapitel 3.3.7) arbeitet, nur dass sie die Ausgabe nicht auf den Bildschirm, sondern in den String* `str` *schreibt.*

Die Funktion strtol()

```
long strtol(char* quelle, char **ende, int basis)
```

Die Funktion `strtol()` wandelt den String `quelle` in eine Integer-Zahl um und liefert das Ergebnis als Rückgabewert zurück. Der Zeiger `ende` markiert das Ende des zu konvertierenden Bereiches. Der Parameter `basis` gibt die Basis des zu verwendenden Zahlensystems an.

INFO

Als Pendant zu `strtol()` *stellen die meisten Compiler die Funktion*

```
char *itoa(int value, char *string, int radix);
```

zur Verfügung, die allerdings nicht zum ANSI-Standard gehört. ANSI-kompatibel ist die Verwendung der `sprintf()`*-Funktion (siehe* `strtod()`*).*

Die Funktion strtoul()

```
unsigned long strtoul(char* quelle, char **ende, int basis)
```

Die Funktion `strtoul()` wandelt den String `quelle` in eine vorzeichenlose Integer-Zahl um und liefert das Ergebnis als Rückgabewert zurück. Der Zeiger `ende` markiert das Ende des zu konvertierenden Bereichs. Der Parameter `basis` gibt die Basis des zu verwendenden Zahlensystems an.

Nach Zeichen suchen

Die Funktion strchr()

Die Funktion `strchr()` lokalisiert das erste Vorkommen eines Zeichens in einem String.

```
char* strchr(const char* quelle, int c)
```

Die Funktion lokalisiert das erste Vorkommen des Zeichens c in dem String quelle. Die Funktion liefert den Zeiger auf das Zeichen im String quelle zurück, das mit dem angegebenen Muster c übereinstimmt. Sollte das Zeichen c nicht im String vorkommen, lautet der Rückgabewert der Funktion 0.

Die Funktion strrchr()

Die Funktion strrchr() lokalisiert das letzte Vorkommen eines Zeichens in einem String.

Die Funktion strspn()

Die Funktion strspn() untersucht, bis zu welcher Position der String str ausschließlich aus Zeichen besteht, die in dem String muster enthalten sind.

```
size_type strspn(const char* str, const char* muster)
```

Beispiel:

```
char str[] = "C++Builder";
char substr[] = "derC+uB ";
int index;

index = strspn(str, substr);
```

Diese Anweisung weist der Variablen index den Wert 5 zu, da in den Zeichen aus substr zu jedem der ersten fünf Buchstaben von str eine Übereinstimmung gefunden wurde.

Die Funktion strcspn()

Die Funktion strcspn() überprüft einen String und liefert als Ergebnis die Anzahl der führenden Zeichen eines Strings zurück, die mit keinen Zeichen eines zweiten Strings übereinstimmen.

```
size_type strcspn(const char* str1, const char* muster)
```

Die Funktion strpbrk()

Die Funktion strpbrk() durchsucht einen String nach dem ersten Vorkommen eines beliebigen Zeichens aus einer Gruppe von Zeichen.

```
char* strpbrk(const char* str, const char* muster)
```

Ist keines der Zeichen des Musterstrings in dem String `str` enthalten, liefert die Funktion 0 zurück.

Nach Strings suchen

Die Funktion strstr()

```
char* strstr(const char* str, const char* substr);
```

Die Funktion `strstr()` durchsucht den String `str` nach dem ersten Vorkommen des Teilstrings `substr`. Die Funktion liefert den Zeiger auf das erste Zeichen in dem String `str` zurück, mit dem ein Vorkommen von `substr` beginnt. Ist `substr` nicht in dem String `str` enthalten, liefert die Funktion 0 zurück.

Beispiel:

```
char str[] = "Hallo, wie geht es Ihnen";
char substr[] = "wie";
char* ptr;

ptr = strstr(str, substr);
cout << ptr << endl;
```

Das Ergebnis dieses Beispiels lautet `"wie geht es Ihnen"`.

Strings parsen

Die Funktion strtok()

Die Funktion `strtok()` ermöglicht es Ihnen, mithilfe eines spezifizierten Satzes an Begrenzungszeichen einen String in Teilstrings (so genannte Tokens) zu zerlegen.

```
char* strtok(char* quelle, const char* begrenzer);
```

Die Funktion zerlegt den String `quelle` in Tokens, die jeweils durch die Zeichen aus dem Parameter `begrenzer` spezifiziert werden. Der Satz von Begrenzungszeichen wird als String übergeben. Die Funktion `strtok()` verändert den Quellstring, indem sie nach jedem Token das Nullterminierungszeichen `'\0'` einfügt.

Beispiel

```
/* Strtok.cpp   C-Strings parsen*/
#include <stdio.h>
#include <string.h>

int main()
  {
  char *text = "Zerlege mich in Woerter";
  char *token;
```

```
  token = strtok(text," ");
  printf("%s\n",token);

  while(token = strtok(0," "))
    {
    printf("%s\n",token);
    }

  return 0;
  }
```

Ausgabe:

```
Zerlege
mich
in
Woerter
```

Analyse Beim ersten Aufruf der Funktion `strtok()` übergeben wir ihr den zu zerlegenden String (`text`) und einen zweiten String mit den Trennzeichen (hier nur das Leerzeichen `" "`). Die Funktion liefert daraufhin den ersten Teilstring als Ergebnis zurück.

Um den `text`-String weiter zu parsen und nicht beim nächsten Aufruf nur wieder den ersten Teilstring zurückgeliefert zu bekommen, rufen wir `strtok()` die nächsten Male mit Null als erstem Argument auf. In der `while`-Bedingung prüfen wir, ob ein weiterer Teilstring gefunden wurde, oder ob der String bereits vollständig geparst wurde.

23.2 Strings als Klasseninstanzen (C++)

Um den Programmierer von der lästigen Aufgabe der Speicherverwaltung für Strings zu befreien, wurde in C++ eine eigene Klasse zur Kapselung von Strings eingeführt. Durch die Verwendung dieser String-Klasse können Sie sich die Arbeit mit Strings wesentlich vereinfachen. Neben der einfachen und sicheren Handhabung, die durch die Klassenimplementierung sichergestellt wird, stehen Ihnen eine ganze Reihe Methoden und überladene Operatoren zur Manipulation der Strings zur Verfügung.

23.2.1 Die Klasse string

Die Klasse `string` geht zurück auf das Template `basic_string`, das in der Header-Datei `<string>` definiert ist:

```
template<class charT, class traits = char_traits<charT>,
         class Allocator = allocator<charT> >
         class basic_string;
```

Was wir der Einfachheit halber als `string`-Klasse bezeichnen, ist dabei in Wirklichkeit nichts anderes als ein Alias für die Instanzierung des Templates für den Zeichentyp `char`.

```
typedef basic_string<char> string;
```

Analog gibt es eine entsprechende Typdefinition `wstring` *für den Zeichentyp* `wchar_t`.

Alle Methoden und Operatoren, die wir zur Manipulation der Strings verwenden, gehen also auf `basic_string` zurück.

Das Template `basic_string` selbst greift bei der Implementierung seiner Methoden auf Methoden und Typen zurück, die in den Templates `char_traits` (zeichenspezifische Funktionalität) und `allocator` (für die Speicherverwaltung) definiert sind. Um sicherzustellen, dass eine Spezialisierung des Templates `basic_string` für einen bestimmten Zeichentyp (beispielsweise `char`) nur mit den Instanziierungen der Templates `char_traits` und `allocator` zusammenarbeitet, die für den gleichen Zeichentyp spezialisiert wurden, werden diese Spezialisierungen als Vorgabeargumente zu den entsprechenden Template-Parametern vorgegeben.

23.2.2 Methoden und Operatoren der Klasse string

Die folgende Liste enthält die wichtigsten Methoden und Operatoren der Klasse `string` nach Aufgaben geordnet.

Die Deklarationen der Methoden und Operatoren sind gegenüber den Deklarationen im ANSI-Standard ein wenig vereinfacht. Zum einen verwende ich statt des Template-Namens `basic_string` *die Typdefinition* `string`, *zum anderen habe ich in manchen Fällen Parameter, die mir für den alltäglichen Gebrauch von untergeordneter Bedeutung zu sein schienen, unterschlagen.*

Beispielsweise ist der Standardkonstruktor in der Klasse `basic_string` *in Wirklichkeit mit einem* `Allocator`*-Parameter und passendem Vorgabeargument deklariert:*

```
explicit basic_string(const Allocator& a
                                        = Allocator());
```

Da dies für die alltägliche Arbeit mit der Typdefinition `string` *aber nichts Anderes als die Deklaration eines Standardkonstruktors darstellt, finden Sie im Folgenden nur die Angabe:*

```
string();
```

Konstruktoren

Leeren String anlegen.

```
string();
```

String auf Basis eines anderen Strings anlegen.

```
string( const string &s );
string( const char *cp );
```

Die Zeichen von der Position pos bis zum Ende des Strings s, maximal aber n Zeichen, in den neuen String kopieren.

```
string( const string &s, size_typeype pos, size_typeype n = NPOS );
string( const char *cp,  size_typeype pos, size_typeype n = NPOS );
```

Neuen String anlegen und das Zeichen c n-mal in den String kopieren.

```
string( char c, size_typeype n );
```

Den String mit den Zeichen zwischen den Speicherpositionen, auf die die Iteratoren begin und end zeigen, kopieren.

```
template<class InputIterator>
        basic_string(InputIterator begin, InputIterator end);
```

Destruktor zur Auflösung von String-Objekten

```
~string();
```

Zuweisung

```
string& operator = (const string &s );

string& assign( const string &s );
string& assign( const char* s);
```

Die Zeichen von der Position pos bis zum Ende des Strings s, maximal aber n Zeichen, in den String kopieren.

```
string& assign(const string &s, size_typeype pos,
                                size_typeype n = NPOS);
```

Aneinanderreihung

```
string& operator += ( const string &s );
string& operator += ( const char *cp );
string& operator += ( const char c );

string& append( const string &s );
string& append( const char *cp );
```

Die Zeichen von der Position pos bis zum Ende des Strings s, maximal aber n Zeichen, an das aktuelle Ende des Strings anhängen.

```
string& append(const string &s, size_typeype pos,
                                size_typeype n = NPOS);
string& append(const char *cp,  size_typeype pos,
                                size_typeype n = NPOS );
```

Einfügen

Fügt den String s an der Position pos des aktuellen Strings ein.

```
string& insert( size_typeype pos, const string &s );
string& insert( size_typeype pos, const char* s );
```

Die Zeichen von der Position pos2 bis zum Ende des Strings s, maximal aber n Zeichen, an der Position pos1 des Strings einfügen.

```
string& insert( size_typeype pos1, const string &s,
                size_typeype pos2, size_typeype n = NPOS );
```

Entfernen

Entfernt ab dem pos-ten Zeichen n Zeichen aus dem aktuellen String.

```
string& erase( size_typeype pos, size_typeype n = NPOS);
```

Entfernt das Zeichen, auf das der Iterator p verweist.

```
iterator erase(iterator p);
```

Entfernt, beginnend mit dem Zeichen, auf das first verweist, alle Zeichen bis zur Position, auf die der Iterator last verweist.

```
iterator erase(iterator first, iterator last);
```

Ersetzen

Ersetzt, beginnend ab Position pos, n Zeichen aus dem aktuellen String durch den String s.

```
string& replace(size_typeype pos, size_typeype n, const string &s );
```

Ersetzt, beginnend ab Position pos1, n1 Zeichen aus dem aktuellen String durch maximal n2 Zeichen aus String s, beginnend ab der Position pos2.

```
string& replace(size_typeype pos1, size_typeype n1, const string &s,
                size_typeype pos2, size_typeype n2 = NPOS );
```

Vergleiche

Vergleicht String s mit dem aktuellen String.

```
int compare(const string &s) const;
int compare(const char *s) const;
```

Die Zeichen von der Position pos bis zum Ende des aktuellen Strings, maximal aber n Zeichen, werden mit dem String s verglichen.

```
int compare(size_typeype pos, size_typeype n,
                                   const string &s) const;
```

Die Zeichen von der Position pos1 bis zum Ende des aktuellen Strings, maximal aber n1 Zeichen, werden mit den Zeichen von der Position pos2 bis zum Ende des Strings s, maximal aber n2 Zeichen, verglichen.

```
int compare(size_typeype pos1, size_typeype n1,
            const string& s,
            size_typeype pos2, size_typeype n2) const;
```

Global definierte Vergleichsoperatoren:

```
int operator == ( const string &s1, const string &s2 );
int operator == ( const string &s, const char *cp );
int operator == ( const char *cp, const string &s );

int operator != ( const string &s1, const string &s2 );
int operator != ( const string &s, const char *cp );
int operator != ( const char *cp, const string &s );
```

Analoge Deklarationen gibt es für die Operatoren <, <=, > und >=.

Zugriff auf einzelne Zeichen

Liefert eine Referenz auf das Zeichen an der Position pos zurück.

```
char& operator[]( size_typeype pos );
```

Liefert wie der []-Operator eine Referenz auf das Zeichen an der Position pos zurück, löst aber zusätzlich eine Exception aus, wenn der String weniger als pos Zeichen enthält.

```
char* at( size_typeype pos );
```

Nach Zeichen suchen

Suche das erste Vorkommen des Strings s im aktuellen String.

```
size_type find( const string &s ) const;
size_type find( const char *s ) const;
```

Suche ab der Position pos nach dem ersten Vorkommen des Strings s im aktuellen String.

```
size_type find( const string &s, size_type pos ) const;
size_type find( const char *s   , size_type pos ) const;
```

Suche nach dem letzten Vorkommen des Strings s im aktuellen String.

```
size_type rfind( const string &s ) const;
size_type rfind( const char *s ) const;
```

Suche nach dem letzten Vorkommen des Strings s, das vor der Position pos im aktuellen String steht.

```
size_type rfind( const string &s, size_type pos ) const;
size_type frind( const char *s   , size_type pos ) const;
```

Suche das erste Vorkommen eines Zeichens aus String s im aktuellen String.

```
size_type find_first_of( const string &s ) const;
size_type find_first_of( const char *s )   const;
```

Suche ab der Position pos im aktuellen String nach dem ersten Vorkommen eines Zeichens aus String s.

```
size_type find_first_of(const string &s, size_type pos) const;
size_type find_first_of(const char *s,   size_type pos) const;
```

Suche das letzte Vorkommen eines Zeichens aus String s im aktuellen String.

```
size_type find_last_of( const string &s ) const;
size_type find_last_of( const char *s )   const;
```

Suche nach dem letzten Vorkommen eines Zeichens aus dem String s, das vor der Position pos im aktuellen String steht.

```
size_type find_last_of(const string &s, size_type pos) const;
size_type find_last_of(const char *s,   size_type pos) const;
```

Suche im aktuellen String nach dem ersten Vorkommen eines Zeichens, das nicht im String s enthalten ist.

```
size_type find_first_not_of( const string &s ) const;
size_type find_first_not_of( const char *s )   const;
```

Suche ab der Position pos im aktuellen String nach dem ersten Vorkommen eines Zeichens, das nicht im String s enthalten ist.

```
size_type find_first_not_of(const string &s,
                            size_type pos) const;
size_type find_first_not_of(const char *s,
                            size_type pos) const;
```

Teilstrings zurückliefern

Liefert den hinteren Teil des aktuellen Strings ab dem `pos`-ten Zeichen zurück.

```
string substr( size_type pos ) const;
```

Liefert den Teilstring zurück, der mit dem `pos`-ten Zeichen beginnt und nach `n` Zeichen oder mit dem letzten Zeichen des aktuellen Strings endet.

```
string substr( size_type pos, size_type n ) const;
```

Aus Streams einlesen, in Streams schreiben

```
istream&  operator>>( istream  &is, string &str);
istream&  getline   ( istream  &is, string &str);
istream&  getline   ( istream  &is, string &str,
                      char endezeichen);

ostream&  operator<<( ostream  &os, string &str );
```

Sonstiges

Länge des aktuellen Strings in Anzahl der Zeichen

```
size_type  length() const;
```

String ganz löschen

```
void clear();
```

String-Objekt in C-String umwandeln und zurückliefern

```
const char  *  c_str() const ;
```

Beispiel:

Das Programm *Cpp_Str.cpp* zeigt exemplarisch für eine kleine Auswahl an Methoden und Operatoren den Umgang mit `string`-Instanzen:

```
/* Cpp_str.cpp   C++-Strings*/
#include <iostream>
#include <string>
using namespace std;

int main()
  {
```

```
  int erg;
  size_type pos;

// Deklaration von string-Variablen

  string text1;
  string text2;
  string nachricht;


// Strings einlesen

  cout << "Geben Sie zwei Strings ein\n";
  cin >> text1 >> text2;


// Lexikographischer Vergleich

  erg = text1.compare(text2);   // oder if(text1 == text2)

  cout << endl;
  if (erg == 0)
      nachricht = "Die Zeichenketten sind gleich!";
      else if (erg > 0)
        nachricht = "Die erste Zeichenkette ist groesser!";
        else
        nachricht = "Die zweite Zeichenkette ist goesser!";

  cout << "\t" << nachricht << "\n\n";


// Kopieren

  cout <<"Text2 wird in den String \"Nachricht\" kopiert" <<endl;

  nachricht.assign(text2); // oder nachricht = text2

  cout << "\tNachricht = " << nachricht << endl << endl;


// Pattern Matching

  cout << "Text1 wird auf Vorkommen des Buchstabens i "
                                       "ueberprueft" << endl;
  pos = nachricht.find("i");
  pos++;
   cout << "\t";
  if(pos)
   {
   cout << "i wurde in String " << nachricht
        << " an Position " << pos << " gefunden" << endl << endl;
   }
  else
   cout << "i kommt in " << nachricht << " nicht vor\n\n";
```

```
// Concatenation
  cout << "Text2 wird an Text1 angehaengt" << endl;

  text1.append(text2);   // oder text1 += text2

  cout << "\tErgebnis = " << text1 << "\n\n";

  return 0;
  }
```

Ausgabe:

```
Geben Sie zwei Strings ein

Baum Haus

        Die zweite Zeichenkette ist goesser!

Text2 wird in den String "Nachricht" kopiert
        Nachricht = Haus

Text1 wird auf Vorkommen des Buchstabens i ueberprueft
        i kommt in Haus nicht vor

Text2 wird an Text1 angehaengt
        Ergebnis = BaumHaus
```

24 Ein- und Ausgabe

Programme dienen dazu, Daten zu verarbeiten. Die ganze wunderschöne Datenverarbeitung nützt allerdings meist nichts, wenn das Programm nicht in der Lage ist, Daten einzulesen und auszugeben.

Beispiel

Ein Programm, das sich selbst die Daten für eine Kurve erzeugt, die Kurve als Linienzug annähert und dann abbricht, ist von äußerst geringem Nutzen.

Ein Programm, das Messdaten aus einer Datei auslesen kann, diese dann in Form einer Kurve aufbereitet und als Linienzug auf dem Bildschirm anzeigt oder über den Drucker ausgibt, kann dagegen ein sehr nützliches Hilfsmittel sein.

Obwohl die Ein- und Ausgabe von so zentraler Bedeutung sind, kennt C/C++ keine eigenen Schlüsselwörter zum Einlesen oder Ausgeben von Daten (im Gegensatz zu anderen Programmiersprachen wie Pascal, Perl oder Basic). Dies ist nicht ganz unbegründet, denn Ein- und Ausgabeoperationen sind stets implementierungsspezifisch. C/C++ geht daher einen anderen Weg.

In C/C++ sind die Operationen zur Ein- und Ausgabe von Daten als Funktionen (C) und Klassen (C++) implementiert. Diese Funktionen und Klassen sind fester Bestandteil der ANSI-Laufzeitbibliotheken, sodass sie stets verfügbar sind und Programme, die diese Funktionen oder Klassen verwenden, von jedem C/C++-Compiler übersetzt werden können. Für den Programmierer entstehen also keine Nachteile daraus, dass C/C++ keine in der Sprache selbst verankerten E/A-Operationen unterstützt.

Tatsächlich kann man die Auslagerung der E/A-Operationen in die Laufzeitbibliotheken auch als Glücksfall ansehen, denn die in den Bibliotheken definierten E/A-Operationen

- sind einerseits so ausgelegt, dass es für die grundlegenden E/A-Aufgaben ganz einfache Lösungen gibt, und
- sind andererseits von einer Komplexität und einem Umfang, welche auch gehobeneren Ansprüchen genügen und dem Programmierer erlauben, detailliert in die Ein- und Ausgabe einzugreifen.

24.1 Formatierte und unformatierte E/A

Bevor man eine Ein- oder Ausgabe vornehmen kann, muss man entscheiden,

- in welcher Form die Daten übertragen werden sollen,
- von wo nach wo die Daten übertragen werden sollen.

Von der Beantwortung dieser Fragen hängt ab, welche Funktionen und Klassen man zur Ein- oder Ausgabe einsetzt. Beginnen wir mit der Beantwortung der ersten Frage.

Letztendlich werden Daten (Integer-Werte, Strings, Strukturvariablen) immer in Form von Bitströmen ausgetauscht. Dies bedeutet aber nicht, dass auch wir uns bei der Programmierung mit Bitströmen herumschlagen müssen. Stattdessen unterstützen C und C++ den Datenaustausch in Form von

- unformatierten Byte-Strömen oder
- formatierten Dateneinheiten.

Formatierte E/A

Bei der formatierten Ein- und Ausgabe können die Daten in ihrem ursprünglichen Datenformat ausgegeben werden:

```
int integer = 3;
char zeichen = 'A';

printf("%d",integer);        // formatierte Ausgabe in C
printf("%c",zeichen);

cout << integer;             // formatierte Ausgabe in C++
cout << zeichen;
```

Unformatierte E/A

Bei der unformatierten Ein- und Ausgabe werden die Daten dagegen als eine Folge von Bytes behandelt:

```
fwrite(&zeichen, sizeof(char), 1, stdout);
fwrite(&integer, sizeof(int), 1, stdout);

cout.put(zeichen);
cout.write((char *) &integer, sizeof(int));
```

Bei der formatierten Ein- und Ausgabe können die Daten durch explizite Typumwandlung im Zuge der Ausgabe auch umformatiert werden:

```
char zeichen = 'A';

printf("%d",zeichen);        // Ausgabe: 65
cout << (int) zeichen;       // Ausgabe: 65
```

Zudem kann die Ausgabe mithilfe von Sonderzeichen (\n für Zeilenumbruch, \t für Tabulator) und speziellen Formatierungsanweisungen weiter formatiert werden.

```
// Feldbreite der Ausgabe auf 5 Zeichen setzen
printf("%5d",integer);
printf("%5c\n",zeichen);     // Ausgabe:    3    A

// Feldbreite der Ausgabe auf 5 Zeichen setzen
cout.width(5);
cout << integer;
cout.width(5);
cout << zeichen << endl;     // Ausgabe:    3    A
```

24.1.1 Formatierte Ein- und Ausgabe

C

Die wichtigsten Funktionen zur formatierten Ein- und Ausgabe in C sind in der Header-Datei <stdio.h> deklariert, siehe Tabelle 24.1.

Tabelle 24.1: Die wichtigsten C-Funktionen zur formatierten Ein- und Ausgabe

C-Funktion	Beschreibung
fclose	Datenstrom[a] schließen.
feof	Testet Datenstrom auf Dateiende.
ferror	Testet Datenstrom auf Fehler.
fflush	Leert Puffer eines Datenstroms.
fgetc	Liest Zeichen von einem Datenstrom.
fgetpos	Ermittelt Positionszeiger eines Datenstroms.
fgets	Liest eine Zeile von einem Datenstrom.
fopen	Öffnet einen Datenstrom.
fprintf	Formatierte Ausgabe an einen Datenstrom.
fputc	Schreibt ein Zeichen an Datenstrom.
fputs	Schreibt einen String an Datenstrom.
freopen	Öffnet einen Datenstrom erneut.
fscanf	Liest formatiert von Datenstrom.
fseek	Positioniert Dateizeiger neu.
fsetpos	Positioniert Dateizeiger neu.

Tabelle 24.1: Die wichtigsten C-Funktionen zur formatierten Ein- und Ausgabe (Forts.)

C-Funktion	Beschreibung
`ftell`	Liest Position des Dateizeigers.
`getc`	Liest Zeichen aus Datenstrom.
`getchar`	Liest Zeichen aus Datenstrom `stdin`.[b]
`gets`	Liest String von `stdin`.
`printf`	Formatierte Ausgabe an `stdout`.[c]
`putc`	Schreibt Zeichen in Datenstrom.
`putchar`	Schreibt Zeichen an Datenstrom.
`puts`	Schreibt Zeichenkette an Datenstrom `stdout`.
`rewind`	Positioniert Dateizeiger auf Anfang des Datenstroms.
`scanf`	Formatierte Eingabe von `stdin`.
`setbuf`	Einrichtung eines eigenen Datenstrompuffers.
`setvbuf`	Datenstrompufferung und Puffergröße verändern.
`sprintf`	Formatierte Ausgabe in einen String.
`sscanf`	Formatierte Eingabe aus einem String.
`ungetc`	Zeichen wieder zurück an Datenstrom schicken.

a. Datenstrom steht hier für die Quelle oder das Ziel der Ein- und Ausgabe (dies kann eine Datei, die Tastatur oder der Bildschirm sein).
b. Der Datenstrom stdin steht standardmäßig für die Tastatur.
c. Der Datenstrom stdout steht standardmäßig für den Bildschirm.

C++

Die formatierte Ein- und Ausgabe in C++ gründet auf den Stream-Operatoren:

```
basic_ostream& operator<<(int n);
basic_istream& operator>>(int& n);
```

- Diese sind für alle elementaren Datentypen überladen.
- Auch für die Ein- und Ausgabe von C-Strings und Objekten der wichtigsten Klassen der C++-Laufzeitbibliothek sind die Operatoren bereits überladen.
- Möchte man Objekte eigener Klassen auf bequeme Weise mithilfe der Stream-Operatoren >> und << ein- und ausgeben, kann man die Operatoren für Operanden vom Typ der jeweiligen Klassen überladen (siehe Kapitel 7.16.12).

24.1.2 Unformatierte Ein- und Ausgabe

Bei der unformatierten Ein- und Ausgabe werden die Daten in Form von einfachen Byte-Strömen ausgetauscht. Dieses Konzept ist für C mit Sicherheit wichtiger als für C++, da die formatierte Ausgabe in C nicht auf selbst definierte Datentypen ausgedehnt werden kann.

Beispiel

Betrachten wir hierzu ein Beispiel. Angenommen, Sie arbeiten viel und häufig mit der Struktur

```
struct Koord {
   double x;
   double y;
   double z;
   };
```

zur Repräsentation von Koordinaten im dreidimensionalen Raum.

Formatierte Ausgabe mit printf()

Wenn Sie nun mithilfe der C-Funktionen zur formatierten Ausgabe eine Variable `v1` dieser Struktur ausgeben wollen, stehen Sie vor dem Problem, dass Sie die Variable nicht als Einheit ausgeben können. Stattdessen müssen Sie die Elemente der Struktur alle einzeln ausgeben:

```
struct Koord v1 = {33, 2, 0.5};

printf("v1 = ");
printf("(%3.1lf, %3.1lf, %3.1lf)\n", v1.x, v1.y, v1.z);
```

Für umfangreichere Strukturen, die womöglich noch Objekte anderer Strukturen einschließen, ist dies ein äußerst umständliches Verfahren.

Unformatierte Ausgabe mit fwrite()

Sofern Sie die Variable nicht auf den Bildschirm ausgeben, sondern in eine Datei schreiben wollen, bietet sich in solchen Fällen die unformatierte Ausgabe mit `fwrite()` an.

```
struct Koord v1 = {33, 2, 0.5};
fwrite(&v1, sizeof(Koord), 1, datei);
```

Die Funktion

```
fwrite(const void *ptr, size_t size, size_t n, FILE *stream);
```

schreibt `n` Datenelemente der Größe `size` Bytes in die durch `stream` gegebene Datei. Die zu schreibenden Daten beginnen bei der Adresse, auf die `ptr` zeigt.

`fwrite()` *für die Bildschirmausgabe*

Prinzipiell können Sie als Ausgabestream für `fwrite()` *auch den Standardstream* `stdout` *für den Bildschirm angeben. Allerdings dürfen Sie dann nicht erwarten, dass die* `double`*-Werte der Variablen* `v1` *auch als Fließkommazahlen auf dem Bildschirm erscheinen, denn der Bildschirm empfängt die* `double`*-Werte als Byte-Folgen, also als 3 mal 8 Zeichen. Die Ausgabe von* `v1` *auf den Bildschirm würde unter DOS beispielsweise wie folgt aussehen:*

```
Ç@@       @       Ó?
```

Formatierte Ausgabe mit cout

In C++ hat man nun das Glück, dass man die Operatorfunktion für die formatierte Ausgabe mit << für die Struktur `Koord` überladen kann.

Man definiert also einmalig in der überladenen Operatorfunktion, wie Variablen der Struktur `Koord` durch Ausgabe ihrer Elemente auszugeben sind, deklariert die überladene Operatorfunktion noch als `friend` der Struktur `Koord` und kann dann Variablen der Struktur `Koord` wie Variablen elementarer Datentypen ausgeben:

```
struct Koord {
   // Friend-Deklaration
   friend ostream & operator<<(ostream & os, const Koord & v);

   double x;
   double y;
   double z;
   };

// Überladung der Operatorfunktion
ostream & operator<<(ostream & os, const Koord & v)
  {
  os << "(";
  os.width(4);
  os << v.x << ",";
  os.width(4);
  os << v.y << ",";
  os.width(4);
  os << v.z << ")";
  return os;
  }


int main()
  {
  struct Koord v1 = {33, 2, 0.5};

  // Ausgabe
  cout << "v1 = ";
  cout << v1 << endl;
```

```
return 0;
}
```

Funktionen und Methoden zur unformatierten Ein- und Ausgabe

C stellt zur unformatierten Ein- und Ausgabe die Funktionen `fread()` und `fwrite()` zur Verfügung.

Tabelle 24.2: C-Funktionen zur formatierten E/A

C-Funktion	Beschreibung
`fread()`	Liest Daten unformatiert aus einem Datenstrom ein.
`fwrite()`	Schreibt Daten unformatiert in einen Datenstrom.

Viele Compiler stellen zudem den folgenden Satz von Funktionen zur Verfügung, der auf Unix zurückgeht, allerdings nicht ANSI-C-kompatibel ist und daher eher gemieden werden sollte.

Tabelle 24.3: C-Funktionen zur unformatierten E/A (kein ANSI)

C-Funktion	Beschreibung
`close()`	Schließt einen geöffneten Datenstrom.
`lseek()`	Setzt den Dateizeiger auf eine spezifizierte Position.
`open()`	Öffnet einen Datenstrom.
`read()`	Liest Daten unformatiert in einen Puffer ein.
`write()`	Schreibt Daten unformatiert aus einem Puffer in einen Datenstrom.

C++ stattet seine Streamklassen zur unformatierten Ein- und Ausgabe mit einer Reihe von Methoden aus, die mit `char`-Zeichen arbeiten.

Tabelle 24.4: Stream-Methoden zur unformatierten E/A

Methode	Beschreibung
Einlesen	
`istream::get()`	Liest ein einzelnes Zeichen ein.
`istream::get()`	Überladene Methode, mit der man eine Folge von Zeichen in einen Zielstring laden kann.
`istream::getline()`	Überladene Methode, mit der man eine Folge von Zeichen in einen Zielstring laden kann. Bricht bei Auftreten eines NeueZeile-Zeichens ab, wobei das NeueZeile-Zeichen aus dem Stream entfernt, aber nicht in den Zielstring geschrieben wird.

Tabelle 24.4: Stream-Methoden zur unformatierten E/A (Forts.)

Methode	Beschreibung
`istream::read()` `istream::readsome()`	Zwei Methoden zum Einlesen einer bestimmten Zahl von Zeichen. Die Methoden reagieren unterschiedlich, wenn die spezifizierte Zahl von Zeichen nicht gelesen werden kann.
`istream::ignore()`	Überliest eine bestimmte Anzahl von Zeichen.
`istream::gcount()`	Gibt an, wie viele Zeichen bei der letzten unformatierten Leseoperation eingelesen wurden.
`istream::peek()`	Liefert eine Vorschau auf das nächste Zeichen im Stream, ohne es auszulesen.
`istream::unget()` `istream::putback()`	Stellt das zuletzt gelesene Zeichen in den Stream zurück.
Ausgeben	
`istream::put()`	Schreibt ein einzelnes Zeichen in einen Stream.
`istream::write()`	Schreibt eine Folge von Zeichen in einen Stream.
`istream::flush()`	Leert den Puffer des Ausgabestreams (zwischengespeicherte Ausgaben werden endgültig ausgegeben).

24.2 Was sind Streams?

Streams sind Datenströme, über die Daten von einer Quelle zu einem Ziel bewegt werden.

Abbildung 24.1: Datenströme

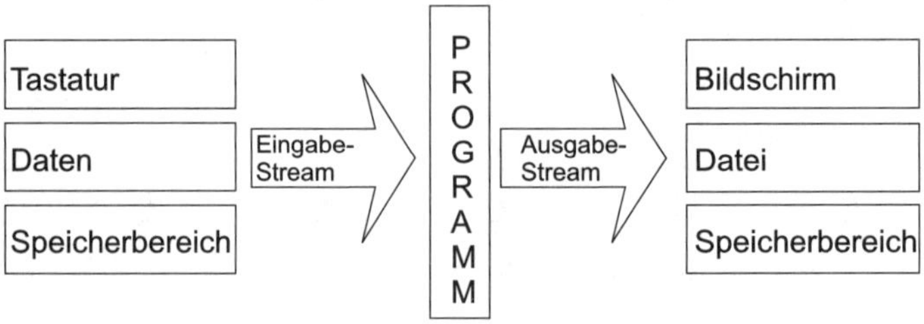

24.2.1 Streams in C und C++

Die Stream-Objekte, mit denen wir arbeiten, bezeichnen jeweils ein Ende eines Datenstroms (Quelle oder Ziel), verfügen über interne Informationen über die Abwicklung des Datenaustauschs und sind standardmäßig mit einem Zwischenpuffer verbunden.

Dies gilt ebenso für C wie für C++, auch wenn die Stream-Objekte in beiden Fällen natürlich unterschiedlich realisiert und unterschiedlich ausgestattet sind.

C-Streams

In C stehen uns die folgenden Standard-Stream-Objekte zur Verfügung:

`stdin` Die Standardeingabe, typischerweise die Tastatur.

`stdout` Die Standardausgabe, typischerweise der Bildschirm (genauer gesagt, die Konsole).

`stderr` Die Standard-Fehlerausgabe, typischerweise die Konsole, allerdings mit der Besonderheit, dass dieser Stream nicht gepuffert ist.

Zur Definition eigener Streams steht der in <*stdio.h*> definierte Datentyp `FILE` zur Verfügung.

```
typedef struct  {
  int            level;      // Fuellung des Puffers
  unsigned       flags;      // Dateistatus
  char           fd;         // Dateideskriptor
  unsigned char  hold;       // Ungetc char, wenn kein Puffer
  int            bsize;      // Puffergroesse
  unsigned char *buffer;     // Puffer
  unsigned char *curp;       // Aktiver Zeiger
  unsigned       istemp;     // Temporaere Datei
  short          token;      // Gueltigkeit
  }   FILE;[1]
```

C++-Streams

In C++ stehen uns die folgenden Standard-Stream-Objekte zur Verfügung:

char	wchar_t	Externes Gerät
`cin`	`wcin`	Die Standardeingabe, typischerweise die Tastatur.
`cout`	`wcout`	Die Standardausgabe, typischerweise der Bildschirm (genauer gesagt, die Konsole).
`cerr`	`wcerr`	Die Standard-Fehlerausgabe, typischerweise die Konsole, allerdings mit der Besonderheit, dass dieser Stream nicht gepuffert ist.
`clog`	`wclog`	Die Standard-Protokollausgabe, typischerweise die Konsole.

1 Die Definition des Typs FILE wird von ANSI-Standard vorgeschrieben, die Zusammensetzung der zugrunde liegenden Struktur ist implementierungsspezifisch.

Eigene Streams können als Instanzen der vordefinierten Streamklassen eingerichtet werden. Zudem besteht die Möglichkeit, von den in der Laufzeitbibliothek definierten Stream-Templates durch Spezialisierung eigene Streamklassen (beispielsweise für selbstdefinierte Zeichentypen) abzuleiten.

24.2.2 Die C++-Streamklassen

Das Grundgerüst der C++-Streamklassen sieht nach dem neuen ANSI-Standard wie folgt aus:

Abbildung 24.2: Herzstück der Streamklassen-Hierachie

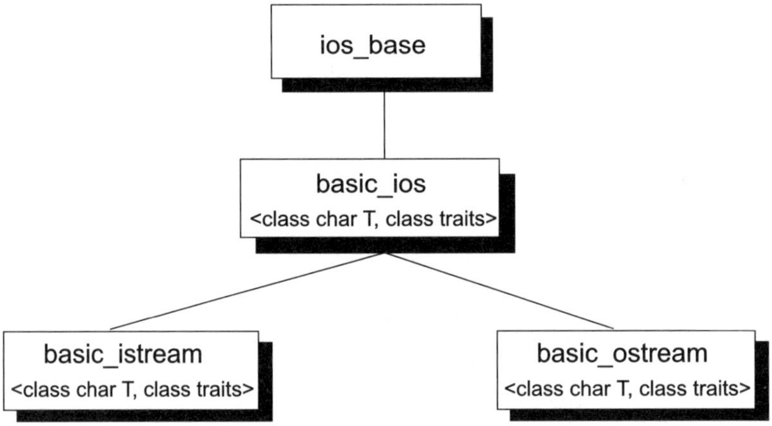

`ios_base` Die Klasse `ios_base` enthält Informationen sowie Typ- und Konstantendefinitionen, die von allen Streamklassen verwendet werden und nicht von einem speziellen Zeichentyp abhängen – beispielsweise die Format-Flags, die Status-Bits, die Öffnungsmodi für Dateien.

(Viele Elemente, die mittlerweile in `ios_base` definiert sind, standen früher in `ios`.)

`basic_ios` Die grundlegende Basisklasse. Sie ist als Template definiert, um zeichentypspezifische Spezialisierungen zu erlauben. Als Template-Argumente erwartet sie den Namen des Zeichentyps und eine `char_traits<charT>`-Spezialisierung, die den Zeichentyp charakterisiert. `basic_ios` stellt durch die Definition entsprechender Methoden und Konstruktoren die Verbindung zu einem Pufferobjekt (für die Zwischenspeicherung von Ein- und Ausgaben) und einem `locale`-Objekt (zur Anpassung an nationale Formate) her.

`basic_istream` und `basic_ostream`

Abgeleitete Klassen-Templates, die `basic_ios` als virtuelle Basis erben.

Die Klassen `istream` und `ostream`, die man zur Einrichtung von Ein- und Ausgabestreams instanziieren kann, sind Spezialisierungen dieser Klassen-Templates für den Datentyp `char`. Die im vorangehenden Abschnitt vorgestellten Streamobjekte `cin`, `cout`, `cerr`, `clog` sind beispielsweise Instanzen der Klassen `istream` und `ostream`.

Die Klassen-Templates `istream` und `ostream` dienen selbst wieder anderen Streamklassen-Templates als Basisklassen.

Welche weiteren Hilfsklassen und abgeleiteten Klassen von diesem Grundgerüst abhängen, sehen Sie in der Abbildung 24.3.

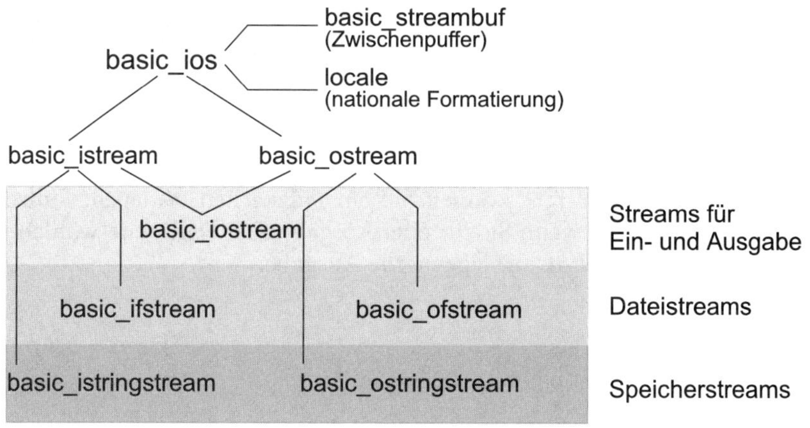

Abbildung 24.3: Streamklassen-Hierarchie

24.2.3 Formatierung

Die C++-Streams sehen verschiedene Möglichkeiten vor, die auszutauschenden Daten zu formatieren.

Spezielle Methoden

Die Methode width()

Mithilfe der Methode `width()` kann man für die Ausgabe des nächsten Werts eine minimale Breite festlegen.

```
cout.width(10);
```

Achtung!
Für alle, die es überlesen haben: Ein Aufruf von `width()` *bezieht sich nur auf die Ausgabe des nächsten Werts.*

Umfasst die Ausgabe weniger Stellen, als `width()` als Argument übergeben wurde, werden Füllzeichen eingefügt. Das endgültige Format hängt dann vom ausgewählten Füllzeichen (siehe `fill()`) und der Ausrichtung (`left`, `right`, `internal`) ab.

```
double f = 23.5;

cout.width(5);
cout << f << endl << f << endl;
```

Ausgabe:

```
 23.5
23.5
```

Wird `width()` mit 0 als Argument aufgerufen, werden keine Füllzeichen verwendet (Standard).

Die Methode fill()

Mit der Methode `fill()` können Sie ein Füllzeichen festlegen. Füllzeichen werden verwendet, wenn Sie für eine Ausgabe eine Feldbreite wählen (siehe oben), die größer ist als die eigentliche Ausgabe.

```
double f = 23.5;

cout.fill('.');
cout << f << endl;

cout.width(6);
cout << f << endl;

cout.setf(iosbase::left);
cout.width(6);
cout << f << endl;
```

Ausgabe:

```
23.5
..23.5
23.5..
```

Standardmäßig wird das Leerzeichen als Füllzeichen verwendet.

Die Methode precision()

Mit der Methode precision() kann die Anzahl der Ziffernstellen bei der Ausgabe von Fließkommazahlen festgelegt werden. Standardwert sind dabei 6 Stellen.

Allerdings ist dabei zu unterscheiden, ob die Fließkommazahlen im Standardmodus ausgegeben werden, oder ob zuvor eines der Format-Flags fixed oder scientific gesetzt wurde.

- Im Standardmodus legt precision() die Gesamtzahl der Ziffern fest.
- Im fixed- oder scientific-Modus legt precision() die Zahl der Nachkommastellen fest.

```
f = 20.123456789;
cout << f << endl;   // Standard-Precision = 6

cout.precision(5);
cout << f << endl;

cout.setf(ios_base::fixed);
cout << f << endl;
```

Ausgabe:

```
20.1235
20.123
20.12346
```

Format-Flags

Die Formatierungsflags können mithilfe der Methoden setf() und unsetf() für einzelne Streams ein- und ausgeschaltet werden.

```
cout.setf(ios_base::showpos | ios_base::boolalpha);
cout.unsetf(ios_base::showpos);
```

Compiler, die nicht ganz aktuell sind, definieren diese Format-Flags in der Klasse ios.

INFO

Tabelle 24.5: Format-Flags

Flag	Wirkung	entspricht in C	Vorgabe
`boolalpha`	Boolesche Werte als Zahlen oder als Worte		0
`left`	Linksbündige Ausgabe	-0	right
`right`	Rechtsbündige Ausgabe		
`internal`	Freiraum nach Vorzeichen oder Basis		
`dec`	Dezimaldarstellung	%d, %u	dec
`oct`	Oktaldarstellung	%o	
`hex`	Hexadezimaldarstellung	%x	
`fixed`	Feste Stellenzahl	%g, %f	fixed
`scientific`	Exponentialschreibweise	%e, %E	
`showbase`	Basis anzeigen		0
`showpoint`	Dezimalpunkt anzeigen	#	0
`showpos`	Plus-Zeichen mit ausgeben	+	0
`skipws`	Whitespace-Zeichen bei Eingabe überlesen		1
`unitbuf`	Nach Formatierung Ausgabe-Stream leeren		0
`uppercase`	Bestimmte Kleinbuchstaben (z.B. Hex-Zeichen) als Großbuchstaben ausgeben	%X %E %G	0

Manipulatoren

Um die Formatierung zu erleichtern, wurde das Konzept der Manipulatoren in den ANSI-Standard aufgenommen.

Manipulatoren sind Funktionen, die als Operand der Stream-Operatoren verwendet werden können.

endl Einer dieser Manipulatoren ist beispielsweise `endl`, der wie folgt implementiert sein könnte:

```
ostream& endl(ostream& os)
  {
  os.put(os.widen('\n'));        // Newline-Zeichen
  os.flush();                    // Puffer leeren
  return os;                     // für Verkettung
  }
```

Die zugehörige Überladung des Ausgabeoperators sähe dann wie folgt aus:

```
ostream& ostream::operator<<(ostream& (*p_manip)(ostream&))
  {
  return (*p_manip)(*this);
  }
```

Als Ergebnis können wir schreiben:

```
cout << 3.1415 << endl;
```

In Tabelle 24.6 sind die verschiedenen Manipulatoren aufgeführt. Der Tabelle können Sie auch entnehmen, welche Manipulatoren nur bei der Eingabe (e), nur bei der Ausgabe (a) oder in beiden Fällen (e/a) verwendet werden können. (Definiert sind die Manipulatoren in den Header-Dateien *<iostream>* und *<iomanip>*).

Tabelle 24.6: Manipulatoren

Manipulator	E/A	Wirkung
boolalpha	e/a	wie setf(ios_base::boolalpha)
noboolalpha	e/a	wie unsetf(ios_base::boolalpha)
left	a	wie setf(ios_base::left, ios_base::adjustfield)
right	a	wie setf(ios_base::right, ios_base::adjustfield)
internal	a	wie setf(ios_base::internal, ios_base::adjustfield)
dec	e/a	wie setf(ios_base::dec, ios_base::basefield)
oct	e/a	wie setf(ios_base::oct, ios_base::basefield)
hex	e/a	wie setf(ios_base::hex, ios_base::basefield)
fixed	a	wie setf(ios_base::fixed, ios_base::floatfield)
scientific		wie setf(ios_base::scientific, ios_base::floatfield)
showbase	a	wie setf(ios_base::showbase)
noshowbase	a	wie unsetf(ios_base::showbase)
showpoint	a	wie setf(ios_base::showpoint)
noshowpoint	a	wie unsetf(ios_base::showpoint)
showpos	a	wie setf(ios_base::showpos)
noshowpos	a	wie unsetf(ios_base::showpos)
skipws	e	wie setf(ios_base::skipws)
noskipws	e	wie unsetf(ios_base::skipws)

Tabelle 24.6: Manipulatoren (Forts.)

Manipulator	E/A	Wirkung
unitbuf	a	wie setf(ios_base::unitbuf)
nounitbuf	a	wie unsetf(ios_base::unitbuf)
uppercase	a	wie setf(ios_base::uppercase)
nouppercase		wie unsetf(ios_base::uppercase)
resetiosflags (ios_base::fmt-flags mask)	e/a	Flags löschen
endl	a	Neue Zeile und Stream leeren
ends	a	Nullterminierungszeichen ('\0') ausgeben
flush	a	Stream leeren
setbase(int base)	e/a	Basis für Integer-Werte
setfill(charT c)	e/a	wie fill(c)
setiosflags (ios_base::fmt-flags mask)	e/a	Flags setzen
setprecision(int n)	e/a	wie precision(n)
setw(int n)	e/a	wie width(n)
ws	e	Whitespace-Zeichen überlesen

24.2.4 Fehlerbehandlung

In C erfolgt die Fehlerbehandlung vornehmlich durch die Überprüfung der Rückgabewerte der Funktionen zur Ein- und Ausgabe.

In C++ basiert die Fehlerbehandlung auf den Statusbits, die jeder Stream von seiner Basisklasse `ios_base` erbt. Geht bei der Ein- und Ausgabe etwas schief, wird das entsprechende Statusbit auf 1 gesetzt.

Tabelle 24.7: Die Statusbits

Statusbit	Fehler
ios_base::goodbit	Kein Fehler aufgetreten, alles ist in Ordnung. (In Wirklichkeit kein Bit, sondern der Wert 0.)
ios_base::eofbit	Beim Einlesen wurde das EOF-Zeichen erreicht (kann bei der Einabe von Tastatur zur Not durch `Strg`+`D` oder `Strg`+`Z` simuliert werden).

Tabelle 24.7: Die Statusbits (Forts.)

Statusbit	Fehler
ios_base::failbit	Bei der Eingabe konnte das erwartete Zeichen (beispielsweise wegen falschem Format) nicht eingelesen werden. Bei der Ausgabe konnte das gewünschte Zeichen nicht ausgegeben werden.
ios_base::badbit	Der Stream kann aus irgendeinem Grund nicht mehr korrekt arbeiten (meist ist dies der Fall, wenn es Probleme mit dem zugrunde liegenden Puffer (basic_streambuf-Objekte) gibt).

Sowie eines dieser Bits für einen Stream gesetzt wird, ist dieser blockiert, d. h. nachfolgende Ein- und Ausgabe-Operationen werden nicht mehr durchgeführt.

Dies kann äußerst unangenehme Folgen zeitigen. Nehmen Sie zum Beispiel an, Ihr Programm liest Eingaben von Tastatur ein, der Anwender hält sich aber nicht an das geforderte Format:

```
int d1, d2;

cin >> d1;                        // Eingabe 3.1
cin >> d2;                        // wird nicht ausgefuehrt

cout << "d1 = " << d1 << endl;    // Ausgabe d1 = 3
cout << "d2 = " << d2 << endl;    // Ausgabe d2 = 4304684
```

In diesem Fall würde das Programm einfach mit dem zufällig in d2 stehenden Wert weiterrechnen.

Will man sich also nicht darauf verlassen, dass bei der Ein- und Ausgabe immer alles glatt geht, muss man an kritischen Stellen den Streamstatus abfragen.

Streamstatus abfragen

Um sicherzugehen, dass eine Eingabe (oder eine Ausgabe) ordnungsgemäß ausgeführt wurde, kann man nach der Eingabe den Streamstatus abfragen. Hierzu gibt es verschiedene Möglichkeiten.

Tabelle 24.8: Streamstatus abfragen

Methode	Beschreibung
bool good()	true, wenn kein Statusbit gesetzt wurde
bool eof()	true, wenn eofbit gesetzt wurde
bool fail()	true, wenn failbit oder badbit gesetzt wurde

Tabelle 24.8: Streamstatus abfragen (Forts.)

Methode	Beschreibung
bool bad()	true, wenn badbit gesetzt wurde
bool operator!()	true, wenn failbit oder badbit gesetzt wurde
iostate rdstate()	liefert den gesamten Streamstatus zurück

Will man nicht auf einen speziellen Fehler prüfen, bietet sich der Einsatz von `good()` an.

Das folgende Beispiel fasst die Eingaben in eine Endlosschleife ein. Nachdem die gewünschten Werte eingelesen wurden, wird durch Aufruf der Methode `good()` der Status des Eingabestreams überprüft.

- Ist alles in Ordnung, wird die Endlosschleife mithilfe von `break` beendet.
- Ansonsten soll das Einlesen in der nächsten Schleifeniteration wiederholt werden. Dazu muss aber der Eingabestream wieder reaktiviert werden.
  - Der erste Schritt dazu ist, die Statusbits des Streams zu löschen. Dies übernimmt die Methode `clear()`.
  - Der zweite Schritt besteht darin, die in dem Stream verbliebenen Zeichen zu löschen. Dazu lesen wir die Zeichen einfach bis zum nächsten Newline-Zeichen aus.

```
while(1)
    {
    cout << "Geben Sie zwei Integer-Wert ein\n";
    cin >> d1 >> d2;

    if(cin.good())
        break;
      else
        {
        cin.clear();
        while(cin.get() != '\n')
              ;
        }
    }

  cout << "d1 = " << d1 << endl;
  cout << "d2 = " << d2 << endl;
```

INFO

Exceptions
Die C++-Streams lösen standardmäßig keine Exceptions aus. Wenn man möchte, kann man aber Exceptions des Typs `ios_base::failure` *auslösen lassen. Dazu ruft man für den Stream die Methode* `exceptions()` *auf und übergibt ihr als Argumente die Statusbits, deren Auftreten in Zukunft mit einer Exception quittiert werden soll:*

```
try {
   cin.exceptions(ios_base::badbit);
   cin >> x;
   }
catch(ios_base::failure& exc) {
   cerr << exc.what() << endl;
   throw;
   }
```

24.2.5 Pufferung

Alle Standardstreams sind gepuffert, d. h. die Eingaben oder Ausgaben erfolgen nicht direkt zum Ziel des Streams, sondern werden im Speicher zwischengepuffert.

Sinn der Pufferung

Abbildung 24.4: Pufferung von Datenströmen

Der Puffer beschleunigt Ein- und Ausgabe

Die wichtigste Aufgabe des Puffers besteht darin, die Ein- und Ausgabe effizienter zu gestalten. Meist greift man bei der Ein- oder Ausgabe auf externe Geräte zu (Tastatur, Bildschirm, Festplatte, Laufwerk). Diese Zugriffe sind stets um ein Vielfaches langsamer als Zugriffe auf Speicherbereiche. Man kann den Datenaustausch aber beschleunigen, indem man die Daten in möglichst großen zusammenhängenden Blöcken überträgt.

Wenn Sie beispielsweise eine Datei von 324 Zeichen einlesen wollen, ist es wesentlich effizienter, die 324 Zeichen als einen großen Block von 324 Byte und nicht Zeichen für Zeichen einzulesen. Allerdings ist das zeichenweise (oder wortweise) Einlesen aus Sicht des Programmierers viel einfacher und günstiger zu implementieren.

Die automatische Pufferung der Streams löst dieses Problem auf elegante Weise. Der Puffer wird automatisch zwischen Ihr Programm und die Datei geschaltet. Wenn Sie jetzt die Datei Zeichen für Zeichen einlesen, greift Ihr Programm in Wirklichkeit nicht auf die Datei, sondern den Puffer zu. Bei der ersten Anforderung eines Zeichens erkennt der Puffer, dass das gewünschte Zeichen nicht verfügbar ist. Das Zeichen muss also aus der Datei eingelesen werden. Der Puffer liest jetzt aber nicht bloß ein einzelnes Zeichen aus der Datei, sondern gleich einen größeren Block von Zeichen. Diesen kann unser Programm nun zeichenweise aus dem Puffer einlesen. Hat das Programm alle Zeichen aus dem Puffer ausgelesen, fordert der Puffer den nächsten Block von Zeichen aus der Datei an – und so weiter und so fort, bis das Ende der Datei erreicht wird.

Der Puffer sorgt also dafür, dass die Datenübertragung zwischen Speicher und externen Geräten immer in größeren Blöcken erfolgt, während das Programm mit dem im Speicher befindlichen Puffer Daten ohne große Geschwindigkeitseinbußen auch in kleineren Mengen austauschen kann.

Programmieren mit Puffern

Üblicherweise merkt man als Programmierer ziemlich wenig von den Puffern, da diese im Hintergrund arbeiten und eine direkte Manipulation der Puffer für das korrekte Arbeiten mit den Streams üblicherweise nicht erforderlich ist.

An bestimmten Verhaltensweisen eines Programms kann man aber ablesen, dass Ein- und Ausgaben gepuffert werden.

- Stürzt ein Programm ab, während es in eine Datei schreibt, kann es sein, dass in der Datei von den bereits ausgegebenen Daten nichts zu finden ist, da diese noch im Speicher zwischengepuffert waren.
- Eingaben von Tastatur beendet man üblicherweise mit dem Drücken der [↵]-Taste. Das Drücken der [↵]-Taste ist dabei eine Aufforderung, den Eingabepuffer zu leeren. Die Eingabe wird dann direkt vom Programm eingelesen.
- Umgekehrt beendet man Ausgaben in C/C++-Programmen üblicherweise mit einem `'\n'`-Zeichen. Dies ist eine Aufforderung, den Puffer des Ausgabestreams zu leeren. Die Ausgabe wird dann direkt auf dem Bildschirm angezeigt.

Puffer leeren

Jeder Puffer hat eine festgelegte Größe. Ist der Puffer voll, leert er sich selbst. Darüber hinaus gibt es aber auch Möglichkeiten, einen Puffer direkt leeren zu lassen.

- Durch Aufruf der Methode `flush()` (`fflush()` für C-Streams).
- Der Tastaturpuffer kann durch Drücken der [↵]-Taste geleert werden.
- Der Konsolenpuffer (Streams `stdout`, `cout`, `clog`) wird bei Ausgabe des Newline-Zeichens geleert (`cout << "\n";` oder `cout << endl;`). Zudem ist der Ausgabepuffer `cout` (`stdout`) mit dem Eingabepuffer `cin` (`stdin`) verbunden, sodass vor jeder erwarteten Eingabe der Ausgabepuffer geleert wird.
- Die Fehlerausgabe `cerr` (`stderr`) ist nicht gepuffert.

Zugriff auf die Puffer

Hinter den Puffern stehen Klassen, die alle auf das Klassentemplate `basic_streambuf` zurückgehen.

Die Verbindung zwischen einem Stream und seinem Puffer wird bei der Instanzbildung des Streams durch den Konstruktor hergestellt.

Nach der Initialisierung kann der Stream über die Methode `rdbuf()` auf seinen Puffer zugreifen,

- entweder, um sich eine Referenz auf den eigenen Puffer zurückliefern zu lassen und dann diesen über seine `public`-Schnittstelle zu manipulieren (beispielsweise zur Anpassung der Puffergröße mit `setbuf()`)

```
basic_streambuf<charT,traits>* rdbuf() const;
```

- oder um den Stream mit einem anderen Puffer zu verbinden (beispielsweise mit dem Puffer eines anderen Streams).

```
basic_streambuf<charT,traits>*
                         rdbuf(basic_streambuf<charT,traits>* sb);
```

24.2.6 Internationalisierung

Die Darstellung bestimmter Daten wie Fließkommazahlen, Währungssymbole, Datumsangaben etc. unterliegt länderspezifischen Gepflogenheiten.

Um Programme dynamisch an derartige nationale Formatierungen anpassen zu können, unterstützt der ANSI-Standard die Arbeit mit Sprachumgebungen (locales).

Jede lokale Sprachumgebung besteht aus mehreren Kategorien und jede dieser Kategorien ist einer speziellen Aufgabe gewidmet.

Tabelle 24.9: Locale-Kategorien für C und C++

Kategorie	Aufgabe
LC_ALL (C) all (C++)	Umschließt alle Kategorien
LC_COLLATE (C) collate (C++)	Beeinflusst String-Vergleiche (in C beispielsweise die Arbeitsweise der Funktionen strcoll() und strxfrm())

Tabelle 24.9: Locale-Kategorien für C und C++ (Forts.)

Kategorie	Aufgabe
LC_CTYPE (C) ctype (C++)	Zeichenklassifizierung (Erkennung von Zeichen als Buchstaben, Zahlen, druckbare Zeichen etc. (isdigit()-Funktionen)) Zeichenumwandlung zwischen Zeichensätzen (Multibyte-Funktionen)
LC_MONETARY (C) monetary (C++)	Währungsformat
LC_NUMERIC (C) numeric (C++)	Zahlenformate, beispielsweise Dezimalpunkt in Fließkommazahlen
LC_TIME (C) time (C++)	Datums- und Zeitangaben
messages (C++)	POSIX-Botschaftenkatalog

C

In C können Sie eine lokale Sprachumgebung mithilfe der `setlocale()`-Funktion auswählen. Die Sprachumgebung gilt dann global für das gesamte Programm.

```
setlocale(LC_ALL,"C");   //Alle Kategorien der C-Standardumgebung
setlocale(LC_ALL,"de_DE");  //Sprachumgebung Deutsch in Deutschl.
setlocale(LC_ALL,"en_GB");  //Sprachumgebung Englisch in Großbrit
setlocale(LC_ALL,"fr_CH");  //Sprachumgebung Französ. in Schweiz
setlocale(LC_ALL,"zh_CN");  //Sprachumgebung Chinesich in China
```

C++

In C++ können Sie jeden Stream mit einer eigenen Sprachumgebung verbinden. Die Sprachumgebungen selbst werden durch Objekte der Klasse `locale` (definiert in `<locale>`) repräsentiert.

Mithilfe der Methode `imbue()` wird ein `locale`-Objekt für einen Stream ausgewählt.

```
cout.imbue(locale("De_DE"));[2]
cout << 10000.50 << endl;
```

Die obige Anweisung wählt die deutsche Sprachumgebung für den Ausgabestream `cout`. Die nachfolgende Ausgabe der Fließkommazahl 10000.50 wird gemäß der Sprachumgebung so umformatiert, dass statt des Dezimalpunkts ein Komma verwendet wird:

```
10000,50
```

2 locale (»German«) für Visual C++

Die Programmierung mit lokalen Sprachumgebungen ist in C++ nicht immer ganz so einfach wie in dem oben verwendeten Beispiel.

- In C++ zerfällt jede Kategorie wieder in Facetten, für die es eigene Klassentemplates gibt. Um eine Formatierung an eigene Bedürfnisse anzupassen, muss man unter Umständen eigene Spezialisierungen dieser Facetten definieren und in eigene `locale`-Objekte aufnehmen.
- Voraussetzung dafür, dass die lokalen Formatierungen bei der Ein- und Ausgabe mithilfe der Streamoperatoren berücksichtigt werden, ist, dass bei der Implementierung der Streamoperatoren auch die Einstellungen aus dem `locale`-Objekt verwendet werden (wichtig vor allem bei der Überladung der Streamoperatoren).

INFO

Die Klasse `locale` *wurde erst mit dem ANSI-C++-Arbeitspapier eingeführt und wurde in letzter Zeit noch mehrfach geändert, weswegen die meisten Compiler die Arbeit mit* `locale`*-Objekten noch nicht im Sinne des ANSI-Standards unterstützen.*

24.3 Bildschirm und Tastatur

24.3.1 Die C-Funktionen printf(), scanf()

Aus den Kapiteln 3.3.7 und 3.3.8 kennen Sie bereits die grundlegenden Funktionen `printf()` und `scanf()` für die Ausgabe und Eingabe von Daten unter C. Dem gibt es eigentlich wenig hinzuzufügen, außer vielleicht die Bemerkung, dass

- die Ausgabe mit `printf()` an sich sehr komfortabel ist, wenn man sich erst mal an die Syntax der Funktion gewöhnt hat, und die daher häufig auch in C++-Programmen eingesetzt wird.
- die Funktion `scanf()` wegen der vielfältigen Unwägbarkeiten, die zu unvollständigen oder fehlerbehafteten Eingaben führen können, selbst in C-Programmen gemieden und durch `fgets()` und `sscanf()` ersetzt werden sollten.

INFO

Der größte Nachteil der C-Funktionen ist, dass sie äußerst ungeeignet sind, wenn es darum geht, komplexere, strukturierte Daten – sprich Objekte von `struct`- *oder* `class`*-Datentypen – einzulesen oder auszugeben. Aus diesem Grunde gibt es in C++ das Stream-Konzept zur Ein- und Ausgabe von Daten.*

Die Funktion printf()

Die Funktion `printf()` dient zur Textausgabe unter C/C++. Sie ist fester Bestandteil der Laufzeitbibliothek von C (ihre Deklaration steht in der Header-Datei <stdio.h>).

Die Funktion `printf()` ist ein Beispiel für eine Funktion mit variabler Argumentenzahl. Als erstes Argument erwartet sie einen Formatstring, in den man auch Platzhalter einfügen kann.

Zu jedem Platzhalter

- muss man ein Argument übergeben
- kann man weitere Angaben zur Formatierung des Arguments des Platzhalters machen

Eine vollständige Auflistung der Optionen für die Formatierung der Ausgabe mit `printf()` finden Sie in Kapitel 3.3.7. Ich verzichte hier darauf, diese Tabellen noch einmal zu wiederholen, sondern werde versuchen, Sie stattdessen mit ein paar Beispielen zu erfreuen.

Beispiele

```
int     i = 69;
float   flt = 3.1;
double  dbl = 123456.123456;
char    ch = 'A';
char    str[4] = "ABC";
```

Ausgabe von `int`, `float`, `double`, `char`, und String

```
printf(" %d \t %f \t %lf \t %c \t %s\n",i,flt,dbl,ch,str);
```

Ausgabe:

```
69      3.100000        123456.123456   A       ABC
```

Umformatierung bei der Ausgabe

```
printf("Integer     %d  als char    : %c\n",i,i);
printf("Integer     %d  als Hex-Wert: %x\n",i,i);
printf("Fliesskomma %f  als int     : %d\n",flt,(int)flt);
```

Ausgabe:

```
Integer     69       als char    : E
Integer     69       als Hex-Wert: 45
Fliesskomma 3.100000 als int     : 3
```

Festlegung der minimalen Feldbreite

```
printf("%1d\n",i);
printf("%2d\n",i);
printf("%3d\n",i);
printf("%4d\n",i);
```

Ausgabe:

```
69
69
 69
  69
```

Fließkommazahlen

```
printf(" %lf\n",dbl);
printf(" %3lf\n",dbl);         // minimale Feldbreite
printf(" %20lf\n",dbl);
printf(" %20.3lf\n",dbl);      // Nachkommastellen
printf(" %+3.3le\n",dbl);      // Exponentialschreibweise
```

Ausgabe:

```
 123456.123456
 123456.123456              // minimale Feldbreite < Breite
        123456.123456       // minimale Feldbreite > Breite
           123456.123       // 3 Nachkommastellen
 +1.235e+05                 // Exponentialschreibweise
```

scanf()

Die Funktion `scanf()` wurde bereits in Kapitel 3.3.8 vorgestellt und beschrieben. Dort wurde auch bereits aufgezeigt, wie man durch Kombination der Funktionen `fgets()` und `sscanf()` ein sichereres Verfahren zum Einlesen von Tastatureingaben implementieren kann.

Wer trotzdem lieber mit `scanf()` arbeiten möchte, der beachte bitte folgende Punkte:

- `scanf()` erwartet als Argumente die Adressen der Variablen, in die die Eingaben eingelesen werden sollen. (Achten Sie darauf, dass diese Adressen auch mit reservierten Speichern verbunden sind.)

```
int     i_var;
scanf("%d",&i_var);

char    str[10];
scanf("%s",str);
```

- Der Formatstring von scanf() dient nicht nur zur Angabe der Platzhalter, sondern gleichzeitig als Maske, d. h. der Text in dem Formatstring muss bei der Eingabe wiederholt werden.

```
// Zwei Werte, getrennt durch Whitespace, einlesen
scanf("%d %lf",&i_var, &dbl_var);

// Telefonnummer im Format Vorwahl/Nummer einlesen

scanf("%d/%d",&i_var, &i_var2);
```

- scanf() lässt im Falle eines Fehlers die restlichen Zeichen im Eingabepuffer stehen. Zudem lässt scanf() auch abschließende Whitespace-Zeichen stehen (inklusive Newline). Es empfiehlt sich daher, nach einer scanf()-Operation den Eingabepuffer zu löschen (auf jeden Fall aber vor der nächsten Einlese-Operation, da sonst die zurückgebliebenen Zeichen ausgelesen werden).

```
scanf("%d",&i_var);
fflush(stdin);

scanf("%lf",&dbl_var);
fflush(stdin);

scanf("%s",str);
fflush(stdin);
```

24.3.2 Ein- und Ausgabe-Streams in C++

Was Streams sind, wie sie funktionieren und wie man mit ihnen programmiert, wurde bereits in Abschnitt 24.2 ausführlich dargestellt.

Das folgende Programm soll nur noch einmal den grundlegenden Umgang mit den Ein- und Ausgabe-Streams cin und cout demonstrieren.

```
#include <iostream>
using namespace std;

int main()
  {
  double x;
  int a;
  cout << "Geben Sie, durch Leerzeichen getrennt, "
          "eine Ganzzahl und eine Fliesskommazahl "
          "(Dezimalpunkt) ein:\n\n";

  cin >> a >> x;
  cout << endl;

  // Ausgabe der Werte mit unterschiedlicher Breite
  cout.width(2);    cout << a << endl;
  cout.width(3);    cout << a << endl;
```

```
cout.width(4);    cout << a << endl;

// Ausgabe der Werte mit unterschiedlicher Genauigkeit
cout.precision(3); cout << x << endl;
cout.precision(4); cout << x << endl;
cout.precision(5); cout << x << endl;

return 0;
}
```

Ausgabe:

```
Geben Sie, durch Leerzeichen getrennt, eine Ganzzahl und eine Fliesskommazahl
(Dezimalpunkt) ein:

103  3.14159

103
103
 103
3.14
3.142
3.1416
```

Mehrere Werte gleichzeitig einlesen
Wenn Sie cin *benutzen, um mehrere Werte auf einmal einzulesen, so sind einige Regeln zu beachten:*

- *Zwischen mehreren aufeinander folgenden nummerischen Eingaben muss jeweils ein Leerzeichen eingefügt werden.*
- *Zwischen aufeinander folgenden einzelnen Zeichen muss keine Leerstelle eingefügt werden, sie kann aber eingefügt werden.*
- *Zwischen aufeinander folgenden Strings muss eine Leerstelle eingefügt werden.*
- *Zwischen einem Zeichen und einer Nummer muss nur dann eine Leerstelle eingefügt werden, wenn es sich bei dem Zeichen um eine Ziffer handelt.*
- *Der Eingabestrom ignoriert Leerstellen.*
- *Die Eingabe kann über mehrere Zeilen erfolgen. Die endgültige Abarbeitung des Befehls erfolgt erst, wenn die vorgegebene Zahl von Variablen eingegeben ist.*

24.4 Dateien

Zum Abschluss wollen wir uns anhand einer Reihe kleinerer Beispielprogramme noch die Arbeit mit Dateien anschauen.

24.4.1 Dateien in C

Um auf eine Datei zugreifen zu können, braucht man einen Zeiger auf eine FILE-Struktur:

```
FILE *dat_ein;
```

Mittels der Funktion fopen() wird der Dateizeiger initialisiert.

```
dat_ein = fopen("TEST.DAT", "wt");
```

- Das erste Argument zu fopen() ist der Dateiname.
- Das zweite Argument ist ebenfalls ein String, der angibt, welche Operationen auf der Datei erlaubt sind (Modus):

Tabelle 24.10: Modus-Argumente zu fopen()

Wert	Bedeutung
r	nur Lesen
w	nur Schreiben, existierende Dateien werden überschrieben, nicht existierende Dateien werden erzeugt
a	nur Schreiben, an existierende Dateien wird angehängt, nicht existierende Dateien werden erzeugt
r+	Lesen und Schreiben, Datei muss existieren
w+	wie w, erlaubt aber auch Lesen
a+	wie a, erlaubt aber auch Lesen

An diese Spezifikationen kann man noch »t« oder »b« anhängen, für Text- beziehungsweise Binärmodus.

Text- oder Binärmodus

Die Suffixe »t« und »b« legen keineswegs fest, ob die Daten als ASCII-Zeichen oder in binär codierter Form gelesen oder ausgegeben werden.

Ob Sie einen int-Wert in seiner binär codierten Form (beispielsweise 0x0000 000F = 15, siehe Kapitel 6.2) oder als Text (»16«, ASCII-Zeichen »1« und »6«) ausgeben, hängt davon ab, ob Sie zum Ausgeben eine der Funktionen/Methoden zur formatierten oder unformatierten Ausgabe aufrufen, siehe Abschnitt 24.1.

Die Suffixe »t« und »b« dienen nur der Anpassung an unterschiedliche Betriebssysteme, die bestimmte Zeichen – vor allem für Zeilenumbruch und Dateiende – unterschiedlich kodieren.

C/C++ repräsentiert den Zeilenumbruch durch das Newline-Zeichen `'\n'`, das dem LineFeed LF von Unix entspricht.

Macintosh dagegen repräsentiert den Zeilenumbruch durch einen Carriage Return CR und DOS durch eine Kombination aus Carriage Return und LineFeed CR/LF.

Wie soll sich ein C/C++-Programm nun angesichts dieses Wirrwarrs verhalten?

- Im Textmodus (»t«) konvertiert das Programm bei der Ausgabe das Newline-Zeichen `'\n'` in die Repräsentation, die der Plattform entspricht, für die es kompiliert wurde. Entsprechend konvertiert es beim Einlesen die Zeilenumbrüche in sein Newline-Zeichen `'\n'`.
- Im Binärmodus unterlässt das Programm diese Konvertierungen.

Das folgende Programm öffnet eine Textdatei und gibt den Inhalt auf den Bildschirm aus.

```
/* DateiC1.cpp     Textdatei öffnen und einlesen */
#include <stdio.h>

int main()
  {
  FILE *dat_ein;
  char dateiname[50];

  puts("Geben Sie den Namen der zu oeffnenden Datei ein: "
                                                   "\n\n\t");
  scanf("%s",dateiname);
  fflush(stdin);
  puts("\n");

  if ((dat_ein = fopen(dateiname, "rb")) == NULL)
    {
    fprintf(stderr, "Datei konnte nicht geoeffnet werden!\n");
    return 1;
    }

  while (!feof(dat_ein))
    putchar(fgetc(dat_ein));

  fclose(dat_ein);

  return 0;
  }
```

Zum Einlesen würde man beispielsweise die Funktion `fscanf()` *(Pendant zu* `scanf()` *) oder die Funktion* `fgets()` *(siehe Kapitel 3.3.8) verwenden.*

INFO

Binärdateien

Von Binärdateien spricht man, wenn der Inhalt der Datei nicht nach ASCII oder einem anderen Zeichensatz codiert ist. In dem folgenden Programm werden beispielsweise Objekte der Struktur

```
struct Demo {
  int wert;
  char text[30];
  };
```

unformatiert in eine Datei *Ausgabe.dat* geschrieben. Dazu verwenden wir die Funktion `fwrite()`, der wir als Parameter übergeben:

- die Adresse, an der die auszugebenden Daten zu finden sind
- die Größe der einzelnen Objekte (hier die Größe der Struktur)
- die Anzahl der auszugebenden Objekte (da die Strukturen in einem Array abgelegt sind, können wir gleich alle Elemente im Array ausgeben)
- den Ausgabestream

Die Funktion `fwrite()` schreibt daraufhin die im Speicher angetroffene Bitfolge unverändert in die Datei, was bedeutet, dass das Strukturelement `wert` jeweils nach dem 2er-Komplement und das Element `text` ASCII-codiert in die Ausgabedatei geschrieben wird. Wenn Sie nach Ausführung des Programms die Datei *Ausgabe.dat* mit einem Texteditor öffnen, können Sie folglich nur die `text`-Elemente lesen:

```
□□□□□□□□□□□□□□□□0. Strukturvariable□□□□□□□□□□□□□□□□0. Strukturvar
```

Hier nun das Programm:

```
/* DateiC2.cpp     Binärdatei schreiben und lesen */
#include <stdio.h>

struct Demo {
  int wert;
  char text[30];
  } strukturen[10];

int main()
  {
  FILE *dat_ein, *dat_aus;

  // Array mit Strukturen initialisieren
  int loop;
  for(loop=0; loop < 10; loop++)
    {
    strukturen[loop].wert = loop;
```

```
    sprintf(strukturen[loop].text,"%d. Strukturvariable",loop);
    }

  // Ausgabedatei oeffnen
  if ((dat_aus = fopen("Ausgabe.dat", "wb")) == NULL)
    {
    fprintf(stderr, "Datei konnte nicht geoeffnet werden!\n");
    return 1;
    }

  // Array mit Strukturen in Datei schreiben
  fwrite(strukturen,sizeof(struct Demo),10,dat_aus);

  fclose(dat_aus);


  // Eingabedatei oeffnen
  if ((dat_ein = fopen("Ausgabe.dat", "rb")) == NULL)
    {
    fprintf(stderr, "Datei konnte nicht geoeffnet werden!\n");
    return 1;
    }

  // Strukturen einlesen
  loop = 0;
  while (!feof(dat_ein))
    {
    fread(&strukturen[loop],sizeof(struct Demo),1,dat_ein);
    loop++;
    }

  // eingelesene Strukturen auf Bildschirm ausgeben
  for(loop=0; loop < 10; loop++)
    {
    printf("%s\n\t",strukturen[loop].text);
    printf("%d\n\n",strukturen[loop].wert);
    }


  fclose(dat_ein);

  return 0;
}
```

Wahlfreier Zugriff

Mithilfe der Funktion

```
int fseek(FILE *fp, long offset, int origin);
```

kann man den Streamzeiger verschieben, der bestimmt, von welcher Position als Nächstes gelesen wird (oder wohin geschrieben wird).

Die Position gibt man an, indem man

- für `origin` eine der folgenden Konstanten auswählt:

SEEK_SET	steht für Dateianfang
SEEK_CUR	steht für aktuelle Position des Streamzeigers
SEEK_END	steht für Dateiende

- und für `offset` die Anzahl der Bytes spezifiziert, um die der Streamzeiger von dem `origin` aus verrückt werden soll.

```
/* DateiC3.cpp     Wahlweiser Zugriff */
#include <stdio.h>

struct Demo {
  int wert;
  char text[30];
  } strukturen[10];

int main()
  {
  FILE *dat_ein, *dat_aus;
  int element;
  struct Demo read_obj;

  // Array mit Strukturen initialisieren
  int loop;
  for(loop=0; loop < 10; loop++)
    {
    strukturen[loop].wert = loop;
    sprintf(strukturen[loop].text,"%d. Strukturvariable",loop);
    }

  // Ausgabedatei oeffnen
  if ((dat_aus = fopen("Ausgabe.dat", "wb")) == NULL)
    {
    fprintf(stderr, "Datei konnte nicht geoeffnet werden!\n");
    return 1;
    }

  // Array mit Strukturen in Datei schreiben
  fwrite(strukturen,sizeof(struct Demo),10,dat_aus);

  fclose(dat_aus);


  // Eingabedatei oeffnen
  if ((dat_ein = fopen("Ausgabe.dat", "rb")) == NULL)
    {
    fprintf(stderr, "Datei konnte nicht geoeffnet werden!\n");
```

```
  return 1;
  }

 // Welche Struktur einlesen
 printf("Welches Element soll eingelesen werden <0 - 9> : ");
 scanf("%d",&element);
 fflush(stdin);

 // Dateizeiger positionieren
 fseek(dat_ein, element*sizeof(struct Demo),SEEK_SET);

 // Struktur einlesen
 fread(&read_obj,sizeof(struct Demo),1,dat_ein);

 // eingelesene Struktur auf Bildschirm ausgeben
 printf("%s\n\t",read_obj.text);
 printf("%d\n\n",read_obj.wert);

 fclose(dat_ein);

 return 0;
 }
```

24.4.2 Die Datei-Streams von C++

Für die Ein- und Ausgabe in Dateien mittels Streams verwenden Sie die Klassen `ifstream`, `ofstream` oder `fstream`.

Zum Öffnen einer Datei verwendet man die Methode `open()`, zum Schließen die Methode `close()`.

Die Methode `open()` hat folgende Syntax:

```
void open( const char* filename,
           openmode mode = in
           );
```

- Der erste Parameter gibt den Dateinamen an.
- Der zweite Parameter gibt an, in welchem Modus die Datei geöffnet werden soll. Sie können folgende Modi einsetzen:

Tabelle 24.11: ios_base-Dateimodi für fstream

Modus	(in C)	Bedeutung
in[a]	r	nur Lesen
out | trunc out[b]	w	nur Schreiben, existierende Dateien werden überschrieben, nicht existierende Dateien werden erzeugt

Tabelle 24.11: ios_base-Dateimodi für fstream (Forts.)

Modus	(in C)	Bedeutung
out | app	a	nur Schreiben, an existierende Dateien wird angehängt, nicht existierende Dateien werden erzeugt
in | out[c]	r+	Lesen und Schreiben, Datei muss existieren
in | out | trunc	w+	Lesen und Schreiben, existierende Dateien werden überschrieben, nicht existierende Dateien werden erzeugt
in | out | app	a+	Lesen und Schreiben, an existierende Dateien wird angehängt, nicht existierende Dateien werden erzeugt

a. Vorgabe für ifstreams
b. Vorgabe für ofstreams
c. Vorgabe für fstreams

Zudem können Sie noch vom Text- in den Binärmodus schalten, indem Sie »`| binary`« anhängen.

Text- oder Binärmodus

Durch das Setzen oder Auslassen des Modus `ios_base::binary` wird keineswegs festgelegt, ob die Daten als ASCII-Zeichen oder in binär codierter Form gelesen oder ausgegeben werden.

Ob Sie einen `int`-Wert in seiner binär codierten Form (beispielsweise 0x0000 000F = 15, siehe Kapitel 6.2) oder als Text (»16«, ASCII-Zeichen »1« und »6«) ausgeben, hängt davon ab, ob Sie zum Ausgeben eine der Funktionen/Methoden zur formatierten oder unformatierten Ausgabe aufrufen, siehe Abschnitt 24.1.

Der Modus `ios_base::binary` dient nur der Anpassung an unterschiedliche Betriebssysteme, die bestimmte Zeichen – vor allem für Zeilenumbruch und Dateiende – unterschiedlich kodieren.

C/C++ repräsentiert den Zeilenumbruch durch das Newline-Zeichen '\n', das dem LineFeed LF von Unix entspricht.

Macintosh dagegen repräsentiert den Zeilenumbruch durch einen Carriage Return CR, und DOS durch eine Kombination aus Carriage Return und LineFeed CR/LF.

Wie soll sich ein C/C++-Programm nun angesichts dieses Wirrwarrs verhalten?

- Im Textmodus konvertiert das Programm bei der Ausgabe das Newline-Zeichen `'\n'` in die Repräsentation, die der Plattform entspricht, für die es kompiliert wurde. Entsprechend konvertiert es beim Einlesen die Zeilenumbrüche in sein Newline-Zeichen `'\n'`.
- Im Binärmodus unterlässt das Programm diese Konvertierungen.

Das folgende Programm öffnet eine Textdatei und gibt den Inhalt auf den Bildschirm aus.

Das nachfolgende Listing zeigt, wie aus einer Datei gelesen und in sie geschrieben werden kann:

```
/* DateiCP1.cpp     Textdatei öffnen und einlesen */
#include <iostream>
#include <fstream>
#include <string>
using namespace std;

int main()
  {
  ifstream dat_ein;
  string dateiname;

  cout << "Geben Sie den Namen der zu oeffnenden Datei ein: "
                                                       " \n\n\t";
  cin >> dateiname;
  cout << endl;

  dat_ein.open(dateiname.c_str(), ios_base::in);
  if(!dat_ein)
    {
    cerr << "Datei konnte nicht geoeffnet werden!\n";
    return 1;
    }

  char zeichen;
  while (!dat_ein.eof())
    {
    dat_ein.get(zeichen);
    cout << zeichen;
    }

  dat_ein.close();

  return 0;
  }
```

Zum Einlesen kann man analog den >>-Operator verwenden.

Analyse

Die `if`-Bedingung

```
if(!dat_ein)
    {
    cerr << "Datei konnte nicht geoeffnet werden!\n";
    return 1;
    }
```

prüft, ob der Stream korrekt eingerichtet wurde. Will man nur prüfen, ob der Stream geöffnet ist, kann man auch die Methode `is_open()` verwenden:

```
if (dat_ein.is_open())
```

Zu beachten ist auch die Verwendung der Methode `get()`, die ein Zeichen in das ihr übergebene Argument einliest. Bequemer wäre es, wenn die Methode `get()` das eingelesene Zeichen als Rückgabewert zurückliefert. Zwar gibt es eine überladene Version von `get()`, die dies tut, allerdings konvertiert diese das eingelesene Zeichen in sein Integer-Pendant. Vor der Ausgabe muss das Zeichen also wieder in einen `char` zurückverwandelt werden.

```
cout << (char) dat_ein.get();
```

Schließlich kann man auf das Abfragen von `eof()` verzichten und stattdessen auch

```
while (dat_ein.get(zeichen))
    {
    cout << zeichen;
    }
```

schreiben.

Binärdateien

Von Binärdateien spricht man, wenn der Inhalt der Datei nicht nach ASCII oder einem anderen Zeichensatz codiert ist. In dem folgenden Programm werden beispielsweise Objekte der Struktur

```
struct Demo {
  int wert;
  char text[30];
  };
```

unformatiert in eine Datei *Ausgabe.dat* geschrieben. Dazu verwenden wir die Methode `write()`, der wir als Parameter übergeben:

- die Adresse, an der die auszugebenden Daten zu finden sind
- die Anzahl der auszugebenden Bytes

Die Methode `write()` schreibt daraufhin die im Speicher angetroffene Bitfolge unverändert in die Datei, was bedeutet, dass das Strukturelement `wert` jeweils nach dem 2er-Komplement und das Element `text` ASCII-codiert in die Ausgabedatei geschrieben wird. Wenn Sie nach Ausführung des Programms die Datei *Ausgabe.dat* mit einem Texteditor öffnen, können Sie folglich nur die `text`-Elemente lesen:

```
□□□□□□□□□□□□□□□□□0. Strukturvariable□□□□□□□□□□□□□□□□□0. Strukturvar
```

Hier nun das Programm:

```
/* DateiCP2.cpp     Binärdatei schreiben und lesen */
#include <iostream>
#include <fstream>
#include <string>
#include <stdio.h>
using namespace std;

struct Demo {
  int wert;
  char text[30];
  } strukturen[10];

int main()
  {
  ifstream dat_ein;
  ofstream dat_aus;

  // Array mit Strukturen initialisieren
  int loop;
  for(loop=0; loop < 10; loop++)
    {
    strukturen[loop].wert = loop;
    sprintf(strukturen[loop].text,"%d. Strukturvariable",loop);
    }

  // Ausgabedatei oeffnen
  dat_aus.open("Ausgabe.dat", ios_base::out);
  if (!dat_aus)
    {
    cerr << "Datei konnte nicht geoeffnet werden!\n";
    return 1;
    }

  // Array mit Strukturen in Datei schreiben
  dat_aus.write((char *)strukturen, sizeof(struct Demo)*10);
```

```
  dat_aus.close();


  // Eingabedatei oeffnen
  dat_ein.open("Ausgabe.dat", ios_base::in);
  if (!dat_ein)
    {
    cerr << "Datei konnte nicht geoeffnet werden!\n";
    return 1;
    }

  // Strukturen einlesen
  loop = 0;
  while(!dat_ein.eof())
    {
    dat_ein.read((char *) &strukturen[loop],sizeof(struct Demo));
    loop++;
    }

  // eingelesene Strukturen auf Bildschirm ausgeben
  for(loop=0; loop < 10; loop++)
    {
    cout << strukturen[loop].text << endl;
    cout << "\t" << strukturen[loop].wert << endl;
    }

  dat_ein.close();

  return 0;
  }
```

Wahlfreier Zugriff

Mithilfe der Methoden

```
// fuer ifstream
seekg(off_type offset, ios_base::seekdir origin);

// fuer ofstream
seekp(off_type offset, ios_base::seekdir origin);
```

kann man den Streamzeiger verschieben, der bestimmt, von welcher Position als nächstes gelesen wird (oder wohin geschrieben wird).

Die Position gibt man an, indem man

- `origin` eine der folgenden Konstanten auswählt:

ios_base::beg	steht für Dateianfang
ios_base::cur	steht für aktuelle Position des Streamzeigers
ios_base::end	steht für Dateiende

- und dem off_type-Parameter die Anzahl der Bytes übergibt, um die der Streamzeiger von dem origin aus verrückt werden soll.

```
/* DateiCP3.cpp     Wahlweiser Zugriff */
#include <iostream>
#include <fstream>
#include <string>
#include <stdio.h>
using namespace std;

struct Demo {
  int wert;
  char text[30];
  } strukturen[10];

int main()
  {
  ifstream dat_ein;
  ofstream dat_aus;
  int element;
  struct Demo read_obj;

  // Array mit Strukturen initialisieren
  int loop;
  for(loop=0; loop < 10; loop++)
    {
    strukturen[loop].wert = loop;
    sprintf(strukturen[loop].text,"%d. Strukturvariable",loop);
    }

  // Ausgabedatei oeffnen
  dat_aus.open("Ausgabe.dat", ios_base::out);
  if (!dat_aus)
    {
    cerr << "Datei konnte nicht geoeffnet werden!\n";
    return 1;
    }

  // Array mit Strukturen in Datei schreiben
  dat_aus.write((char *)strukturen, sizeof(struct Demo)*10);

  dat_aus.close();


  // Eingabedatei oeffnen
  dat_ein.open("Ausgabe.dat", ios_base::in);
  if (!dat_ein)
    {
    cerr << "Datei konnte nicht geoeffnet werden!\n";
    return 1;
    }

  // Welche Struktur einlesen
  cout << "Welches Element soll eingelesen werden <0 - 9> : ";
  cin >> element;
```

```
// Dateizeiger positioniern
dat_ein.seekg(element*sizeof(struct Demo),ios_base::beg);

// Struktur einlesen
dat_ein.read((char *) &read_obj,sizeof(struct Demo));

// eingelesene Struktur auf Bildschirm ausgeben
cout << read_obj.text << endl;;
cout << read_obj.wert << endl;

dat_ein.close();

return 0;
}
```

25 Modulare Programmierung

Bisher hatten wir es in diesem Buch fast ausschließlich mit kleineren Beispielprogrammen zu tun, die aus einer einzigen kleinen Quelltextdatei bestanden. Dies ist für ein Lehrbuch recht sinnvoll und praktisch, hat aber wenig mit der Realität zu tun.

Sowie Sie von der Erstellung kleiner Demonstrations- und Übungsprogramme zur Entwicklung größerer, nutzbringender Programme übergehen, wird Ihr Quellcode schnell anschwellen und Sie werden gut beraten sein, sich eine sinnvolle Organisation für Ihren Code zu überlegen. Üblicherweise bedeutet dies, Teilprobleme in Form von Funktionen oder Klassen zu lösen und in eigene Dateien auszulagern.

Spätestens wenn Sie mit mehreren Programmierern zusammen an einem größeren Software-Projekt arbeiten, werden Sie um die Verteilung des Codes auf mehrere Quelltextdateien nicht mehr herumkommen, denn nichts ist schlimmer, als zu zweit oder zu dritt an einer Quelltextdatei zu arbeiten.

25.1 Sinn, Zweck und Problematik der Modularisierung

Drei ganz wesentliche Gründe sprechen für die Verteilung des Quellcodes auf mehrere Quelltextdateien:

1. Der Quelltext ist besser organisiert und übersichtlicher

Für kleinere Programme mit wenigen Funktionen oder minimalen Klassen besteht natürlich kein zwingender Grund, den Code auf mehrere Dateien zu verteilen. Für größere Programme empfiehlt es sich, einzelne Aufgaben- oder Verantwortungsbereiche zu identifizieren (für ein Programm zur statistischen Auswertung von Daten beispielsweise: Einlesen der Daten, statistische Auswertung, Ausgabe der Ergebnisse) und für jeden dieser Verantwortungsbereiche eine eigene Quelltextdatei aufzusetzen, in der dann die Funktionen oder Klassen für diesen Aufgabenbereich definiert sind. In einem C-Programm stünden in der Datei dann eine Sammlung verwandter Funktionen, in einem C++-Programm würde man die Verantwortungsbereiche möglichst so wählen, dass jeder Verantwortungsbereich von einer einzigen Klasse übernommen werden kann, d.h. man strebt dem Ideal »1 Klasse – 1 Datei« entgegen.

1 Klasse – 1 Datei

Ganz wörtlich darf man den Grundsatz »1 Klasse – 1 Datei« nicht nehmen. Gemeint sind im Wesentlichen Klassen, die eine bestimmte Verantwortung im Programm übernehmen. Sollte es nötig oder opportun sein, zur Unterstützung einer solchen Klasse Funktionalität in eine eigene, untergeordnete Klasse auszulagern, muss man für diese nicht unbedingt eine eigene Quelldatei anlegen. Später fragt man sich dann nur, wofür diese Klasse gebraucht wird. Hilfsklassen und andere untergeordnete Elemente von lokaler Bedeutung implementiert man besser zusammen mit der Klasse, von der sie benötigt werden.

Was man bei der Modularisierung also letztlich macht, ist, die gestellte Programmieraufgabe zu analysieren, Verantwortungsbereiche festzulegen und diese dann durch Klassen (oder Funktionen), die in eigenen Dateien implementiert werden, zu realisieren. Mit fortschreitender Programmierpraxis werden Sie schnell erkennen, dass das Hauptproblem dabei gar nicht in der Aufteilung des Codes auf mehrere Dateien (dem Thema dieses Abschnitts), sondern vielmehr in der Analyse der gestellten Aufgabe und dem Design der Klassen besteht – Themen, mit denen sich die objektorientierte Analyse (OOA) und das objektorientierte Design (OOD) befassen (siehe Kapitel 32).

2. Der Quellcode kann leichter wiederverwertet werden

Gehen wir noch einmal davon aus, dass Sie ein Programm zur statistischen Auswertung von Messdaten erstellt haben. Sie haben das Programm in Funktionen und Klassen modularisiert, aber den gesamten Code in eine einzige Quelltextdatei gepackt. Nun arbeiten Sie an einem zweiten Programm, für das ebenfalls statistische Auswertungen erforderlich sind, und Sie würden gerne den existierenden Code wieder verwenden. Weil Sie es versäumt haben, den Code für die statistische Auswertung in eine eigene Quelltextdatei auszulagern, müssen Sie jetzt die Quelldatei des alten Programms in einen Editor laden, die verschiedenen Funktionen und Klassen zur statistischen Auswertung heraussuchen und in das neue Programm kopieren. Aber passen Sie auf, dass Ihnen dabei keine globalen Variablen, keine untergeordneten Funktionen, Klassen oder Datentypdefinitionen entgehen, die von den Funktionen und Klassen zur statistischen Auswertung benötigt werden! Hätten Sie alle diese Elemente bereits beim ersten Programm in eine gemeinsame Quelltextdatei ausgelagert, bräuchten Sie diese nur in das Verzeichnis des neuen Programms zu kopieren und mit dem Rest des Programms kompilieren zu lassen.

3. Die Implementierung des Quellcodes kann auf mehrere Programmierer verteilt werden

Größere Software-Projekte lassen sich heute meist nur noch in Team-arbeit realisieren. Dies hat zum einem damit zu tun, dass die Programmierung immer komplexer wird und es für einen einzelnen Programmierer heute praktisch unmöglich ist, mit allen Programmiertechniken (OOP, Windows-

Programmierung, Datenbankanbindung, Grafik und Animation, COM, CORBA, Treiberentwicklung, etc.) gleich gut vertraut zu sein. Zum anderen werden die Entwicklungszeiten natürlich erheblich reduziert, wenn mehrere Programmierer gleichzeitig an einem Projekt arbeiten. Die parallele Arbeit mehrerer Programmierer an einem gemeinsamen Projekt ist in der Praxis aber nur dadurch zu koordinieren, dass jeder Programmierer ein mehr oder weniger abgegrenztes Teilproblem löst und dazu seine eigenen Dateien aufsetzt und bearbeitet.

Die Verteilung des Quelltextes auf mehrere Dateien zieht aber auch einige Fragen und Probleme nach sich:

1. *Wie erstelle ich aus den einzelnen Quelltextdateien ein Programm?*
2. *Wie kann man aus einer Quelltextdatei A auf Elemente (Variablen, Funktionen, Klassen) aus einer Quelltextdatei B zugreifen?*
3. *Wie kann ich verhindern, dass Elemente einer Quelltextdatei A in anderen Quelltextdateien sichtbar sind?*

Die nachfolgenden Abschnitte sind der Beantwortung dieser drei Fragen gewidmet.

25.2 Programme aus mehreren Quelldateien erstellen

Nehmen wir an, Sie sollen ein Programm schreiben, das einen Satz Messwerte einliest und diese statistisch auswertet, indem es Mittelwert und Standardabweichung bestimmt.

***Standardabweichung:** Eine statistische Kennzahl, die angibt, wie stark die einzelnen Werte vom Mittelwert abweichen*

Statistische Auswertung von Messdaten

Statistische Auswertung bedeutet hier nicht, dass es darum geht, Tabellen aufzustellen, die Ihnen sagen, dass die Deutschen im Durchschnitt 75 Jahre alt werden (Männer 72,9; Frauen 79,6), und dann in die Statistik der häufigsten Todesursachen einzugehen.

Die Statistik ist auch eine Hilfswissenschaft der empirischen Wissenschaften. Wenn Sie beispielsweise sicher feststellen wollen, ob weiße Bohnen größer oder kleiner sind als rote Bohnen, kaufen Sie sich einmal im Lebensmittelladen je ein Päckchen weiße und rote Bohnen und messen Sie je 100 Bohnen aus, wobei Sie sich die Längen jeder Bohne säuberlich notieren. Danach berechnen Sie für die weißen wie die roten Bohne die Mittelwerte. Vermutlich ist der Mittelwert der roten Bohnen größer; daraus aber zu schließen, dass rote Bohnen allgemein größer sind als weiße Bohnen, ist vermessen. Genauso gut könnten Sie zwei unterschiedlich große Tüten mit roten Bohnen vergleichen. Wenn dann die kleinere Tüte die größeren Bohnen enthält, werden Sie daraus sicherlich nicht schließen wollen, dass dies allgemein der Fall ist. Was wir also brauchen, ist eine objektive Verifizierung unseres Verdachts, dass die roten Bohnen größer sind als die weißen. Dies leistet ein spezieller statistischer Test, der so genannte t-Test, mit dem man Mittelwerte vergleichen kann (zur Durchführung eines t-Testes, siehe Bücher zur Statistik). Danach kann man sagen, dass – mit einer bestimmten Wahrscheinlichkeit, die von der Schärfe des Tests abhängt – die roten Bohnen größer sind als die weißen – oder eben nicht.

Doch halt! Der t-Test gilt nur für normalverteilte Messwerte. Normalverteilte Messwerte sind einfach Messwerte, die einer Normalverteilung folgen. Die Normalverteilung nennt man übrigens auch Gauß-Verteilung, und wenn Sie nicht wissen, wie eine Gauß-Verteilung aussieht, schauen Sie sich einmal einen 10-€-Schein genauer an.

Um herauszufinden, ob Ihre Bohnenlängen normal verteilt sind, teilen Sie den Messbereich (von der größten bis zur kleinsten gemessenen Länge) in ungefähr 7 Teilbereiche und notieren für jeden Teilbereich, wie viele Bohnen von ihrer Länge her in diesen Teilbereich fallen (es reicht, wenn Sie dies für die roten Bohnen tun). Dann tragen Sie die Häufigkeiten pro Teilbereich in einem Histogramm auf und versuchen, eine Glockenkurve über das Histogramm zu legen. (Um ganz exakt zu sein, müsste man mithilfe der Formel auf dem 10-€-Schein eine »bestangepasste« Normalverteilung über dem Histogramm konstruieren, wobei μ und σ aus der Formel für Mittelwert und Standardabweichung der Messwerte stehen.) Um objektiv abzusichern, dass unsere Messwertverteilung eine Normalverteilung ist, muss man dann noch einen χ^2-Test durchführen.

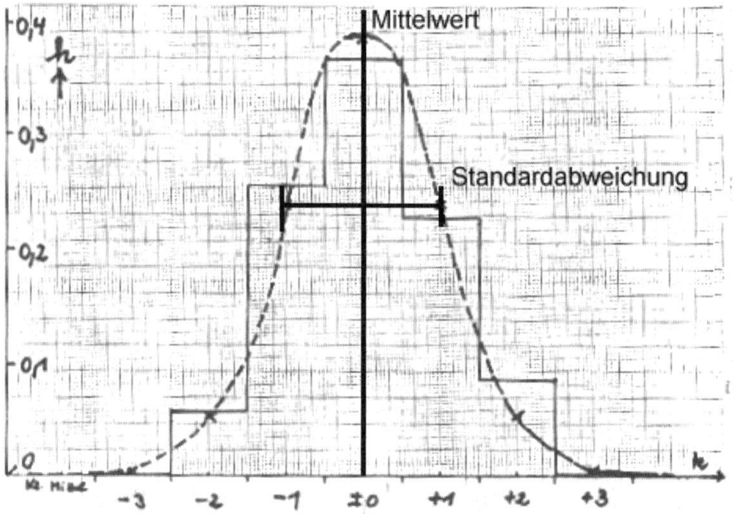

Abbildung 25.1: Normiertes Histogramm mit bestangepasster Normalverteilung

Ich hoffe, Sie verzeihen einem studierten Biologen die Begeisterung für statistische Feinheiten und finden den kleinen Ausflug in die Statistik nicht allzu uninteressant. Im übrigen gibt es durchaus Fälle, in denen statistische Methoden auch für Informatiker von Bedeutung sind. Im Kapitel 31 werde ich Ihnen beispielsweise die Funktionsweise genetischer Algorithmen vorstellen. Genetische Algorithmen basieren darauf, dass sie aus einem Satz zufälliger Werte einen Funktionswert berechnen. Die zufälligen Werte werden über mehrere Iterationen (man spricht dabei von Generationen) geändert, wobei man hofft, dass der zugehörige Funktionswert sich dabei einem gewünschten Zielwert nähert.

Hat man nun zwei verschiedene genetische Algorithmen, könnte man deren Leistungsfähigkeit dadurch abschätzen, dass man beide Algorithmen mit den gleichen Zufallszahlen starten lässt und dann einfach schaut, welcher Algorithmus weniger Generationen benötigt. Mittlerweile sollte Ihnen aber klar sein, dass man es sich nicht so einfach machen darf.

Um eine wissenschaftlich fundierte Aussage zu treffen, müsste man beide Algorithmen mehrfach (mit unterschiedlichen Ausgangswerten) starten und sich die benötigten Generationen notieren. Dann bildet man die Generationenmittelwerte für beide Algorithmen und testet diese (auch ein Vergleich der Standardabweichungen oder ein Vergleich der Streuung (Quadrat der Standardabweichung) mit der Differenz der Mittelwerte kann hilfreich sein).

Zurück zu unserem Programm

Zuerst legen Sie die Hauptdatei des Programms an: *STATISTIK.CPP*. In ihr setzen Sie die `main()`-Funktion auf, in der Sie

1. die Messwerte einlesen
2. Mittelwert und Standardabweichung berechnen
3. die Ergebnisse ausgeben

Für die Berechnung von Mittelwert und Standardabweichung setzen Sie eigene Funktionen auf. Sie definieren die Funktionen allerdings nicht zusammen mit der `main()`-Funktion in *STATISTIK.CPP*, sondern in einer eigenen Datei namens *STATFUNKT.CPP* – vielleicht schon mit dem Hintergedanken, dass man diese Funktionensammlung ja auch gut für andere Programme gebrauchen könnte.

Jetzt besteht Ihr Programm also aus zwei Dateien: *STATISTIK.CPP* und *STATFUNKT.CPP*. Was in diesen Dateien steht oder wie man es schafft, in der Datei *STATISTIK.CPP* auf die Funktionen aus *STATFUNKT.CPP* zuzugreifen, soll uns im Moment nicht berühren (mehr dazu im nachfolgenden

Abschnitt), was uns interessiert, ist, wie man aus diesen zwei Dateien ein Programm erstellt.

Grundsätzlich sind hierfür zwei Schritte erforderlich:

1. Der Compiler muss jede der beiden Quelltextdateien in Maschinencode übersetzen und als Objektdatei abspeichern.
2. Der Linker muss die beiden Objektdateien (zusammen mit den Objektmodulen der Laufzeitbibliothek) zu einem ausführbaren Programm zusammenbinden.

Kommandozeilenwerkzeuge

Früher rief man dazu Compiler und Linker explizit von der Konsole (unter Windows 95/NT wäre dies die MS-DOS-Eingabeaufforderung) auf und übergab ihnen die zu verarbeitenden Dateien, beispielsweise:

```
c:\Programme\Statistik> cl /c Statistik.cpp StatFunk.cpp
c:\Programme\Statistik> link Statistik.obj StatFunk.obj
```

für Visual C++. (Das Beispiel geht davon aus, dass die beiden Quelltextdateien *STATISTIK.CPP* und *STATFUNKT.CPP* im Verzeichnis C:\PROGRAMME\STATISTIK stehen.)

MAKE-Dateien

Dieses Verfahren erfordert allerdings viel unnötige Tipparbeit (insbesondere, wenn ein Programm aus vielen Quelltextdateien besteht, die unter Umständen noch mit unterschiedlichen Compileroptionen erstellt und zahlreichen Bibliotheksmodulen gelinkt werden müssen). Also ersann man eine Konvention, um die Compiler- und Linkeraufrufe zur Erstellung des Programms in einer Textdatei festzuhalten – der so genannten *MAKE*-Datei.

Fortan brauchte man nur noch ein spezielles *MAKE*-Programm aufzurufen (beispielsweise NMAKE für Visual C++), das die *MAKE*-Datei abarbeitete und Compiler und Linker zur Erstellung des Programms aufrief.

Projektverwaltung

Im Zeitalter der integrierten Entwicklungsumgebungen und grafischen Entwickleroberflächen ist aber auch dies noch zu umständlich. Aus diesem Grunde verfügen moderne Compiler üblicherweise über eine leistungsfähige Projektverwaltung. Die Arbeit an einem neuen Programm beginnt dann mit dem Anlegen eines neuen Projekts (siehe Kapitel 3.5), das womöglich wiederum als Teil eines Arbeitsbereichs, in dem mehrere Projekte zusammen verwaltet werden können, erzeugt wird. In das Projekt nimmt man über die entsprechenden Befehle der Projektverwaltung neue oder bestehende Quelltextdateien auf, die man im Editor bearbeiten kann. Lässt man das Projekt vom Compiler erstellen, sorgt die Projektverwaltung automatisch dafür, dass alle zum Projekt gehörenden Quelltextdateien kompiliert und zu einem gemeinsamen Programm gebunden werden. Über spezielle Dialogfenster kann man einstellen, mit welchen Compileroptionen das Projekt und die einzelnen Dateien übersetzt werden sollen. (Weitere Informationen zur Projektverwaltung entnehmen Sie bitte der Dokumentation Ihres Compilers.)

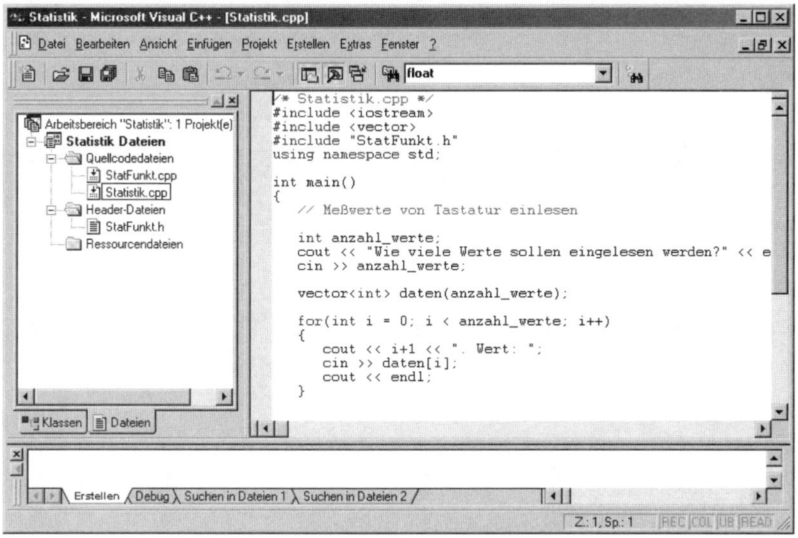

Abbildung 25.2: Projektverwaltung in Visual C++

25.3 Elemente über Dateigrenzen hinweg verwenden

Um Quelltext auf mehrere Dateien aufzuteilen, muss man nicht gleich vollständig in die Tiefen der Namensbereiche, Gültigkeitsbereiche, Sichtbarkeit und Linkage hinabsteigen (siehe Kapitel 3.1, 4.2 und 12.7). Wichtig ist vor allem,

- dass alle Quelldateien zu einem Programm zusammengebunden werden (wie dies geht, hängt vom verwendeten Compiler ab, meist nutzt man Compiler mit Projektverwaltung, ansonsten muss man von der Kommandozeile aus angeben, welche Quelldateien zusammengebunden werden sollen, siehe vorangehender Abschnitt).
- dass Elemente, die in mehreren Dateien verwendet werden sollen, in allen Modulen, in denen sie zum Einsatz kommen, deklariert sind (damit der Compiler mit den Bezeichnern etwas anfangen kann), aber nur einmal definiert werden (also nur ein Speicherbereich für diese Bezeichner reserviert wird).

Vorwärtsdeklarationen und Header-Dateien

Kommen wir noch einmal auf das Beispielprogramm zur statistischen Auswertung von Messdaten zurück. Nehmen wir an, Ihre Hauptdatei *STATISTIK.CPP* sähe mittlerweile wie folgt aus:

```
/* Statistik.cpp */
#include <iostream>
#include <vector>
using namespace std;

int main()
{
   // Messwerte von Tastatur einlesen

   int anzahl_werte;
   cout << "Wie viele Werte sollen eingelesen werden?" << endl;
   cin >> anzahl_werte;

   vector<int> daten(anzahl_werte);

   for(int i = 0; i < anzahl_werte; i++)
   {
      cout << i+1 << ". Wert: ";
      cin >> daten[i];
      cout << endl;
   }


   // Mittelwert und Standardabweichung berechnen

   double mWert;
   double stdAbw;

   mWert  = mittelwert(daten.begin(), daten.end(), daten.size());
   stdAbw = standardabw(daten.begin(),daten.end(),daten.size());

   cout << "Mittelwert: " << mWert << endl;
   cout << "Standardabweichung: " << stdAbw << endl;


   return 0;
}
```

Im unteren Abschnitt sehen Sie die Aufrufe der Funktionen `mittelwert()` und `standardabw()`, die allerdings nicht in *STATISTIK.CPP*, sondern in *STATFUNKT.CPP* definiert sind:

```
/* StatFunkt.cpp */
#include <vector>
#include <cmath>
using namespace std;

double mittelwert(vector<int>::const_iterator anfang,
                  vector<int>::const_iterator ende,
                  int anzWerte)
{
   double summe = 0;
   typedef vector<int>::const_iterator iter;
   for(iter ci = anfang; ci < ende; ci++)
```

```
	{
		summe += *ci;
	}

	return (summe / anzWerte);
}


double standardabw(vector<int>::const_iterator anfang,
                   vector<int>::const_iterator ende,
                   int anzWerte)
{
	double mw;
	mw = mittelwert(anfang, ende, anzWerte);

	double summe = 0;
	typedef vector<int>::const_iterator iter;
	for(iter ci = anfang; ci < ende; ci++)
	{
		summe += (*ci - mw) * (*ci - mw);
	}

	return sqrt( summe/(anzWerte - 1) );
}
```

Wenn Sie dieses Programm so erstellen lassen, werden Sie zwei Compiler-Meldungen erhalten, denn bei der Übersetzung der Quelltextdatei *STATISTIK.CPP*, trifft der Compiler völlig unvermutet auf die zwei Bezeichner `mittelwert()` und `standardabw()`. Das Problem ist, dass Sie hier Bezeichner verwenden, die nicht zuvor deklariert wurden – etwas, was Ihnen kein C++-Compiler verzeiht.

Um diesen Missstand zu beheben, müssen Sie die Funktionen vor ihrer Verwendung deklarieren:

```
/* Statistik.cpp */
#include <iostream>
#include <vector>
using namespace std;

// Vorwärtsdeklarationen für den Compiler
double mittelwert(vector<int>::const_iterator anfang,
                  vector<int>::const_iterator ende,
                  int anzWerte);

double standardabw(vector<int>::const_iterator anfang,
                   vector<int>::const_iterator ende,
                   int anzWerte);

int main()
{
...
```

Bestünde das Programm noch aus weiteren Quelltextdateien, die ebenfalls die Funktionen `mittelwert()` und `standardabw()` verwenden, könnten Sie prinzipiell nach dem gleichen Verfahren vorgehen, und an den Anfang jeder Datei, die die Funktionen benötigt, die Funktionsdeklarationen stellen. Wenn Sie dann aber die Signatur einer der Funktionen ändern (beispielsweise einen neuen Parameter hinzufügen), müssen Sie diese Änderung in allen Dateien mit den Funktionsdeklarationen vornehmen – eine recht ärgerliche Angelegenheit.

Header-Dateien vereinfachen Wiederverwendung und Wartung

Aus diesem Grunde legt man üblicherweise für jede Quelltextdatei, in die man Code ausgelagert hat (ich werde diese Dateien fortan als Implementierungsdateien (Endung .c oder .cpp) bezeichnen), eine Header-Datei (Endung .h oder .hpp) an. In diese schreibt man die Deklarationen der Elemente aus der Implementierungsdatei, die man in anderen Quelldateien des Programms verwenden möchte. In letzteren Dateien führt man dann nicht mehr die benötigten Deklarationen auf, sondern bindet per `#include`-Anweisung die Header-Datei ein.

Die Header-Datei für unser Statistikprogramm sähe dann folgendermaßen aus:

```
/* StatFunkt.h */
#include <vector>
#include <cmath>
using namespace std;

double mittelwert(vector<int>::const_iterator anfang,
                  vector<int>::const_iterator ende,
                  int anzWerte);

double standardabw(vector<int>::const_iterator anfang,
                  vector<int>::const_iterator ende,
                  int anzWerte);
```

Und die Quelltextdateien würden die Header-Datei einbinden:

```
/* Statistik.cpp */           /* StatFunkt.cpp */
#include <iostream>
#include <vector>
#include "StatFunkt.h"        #include "StatFunkt.h"
using namespace std;

int main()                    double mittelwert(...
{                             {
```

Werden jetzt Änderungen an der Signatur einer der Funktionen erforderlich, müssen Sie nur die Definition in der Implementierungsdatei und die Vorwärtsdeklaration in der Header-Datei anpassen.

INFO

Wie Sie wissen, ist die `#include`*-Direktive eine Anweisung an den Präprozessor, den Quelltext der angegebenen Datei an die Stelle der Direktive einzufügen. Wenn Sie also die Header-Datei einer Funktionensammlung, in der einige Dutzend Funktionen definiert sind, in eine Implementierungsdatei einbinden, werden alle Deklarationen dieser Funktionen in die Implementierungsdatei kopiert, auch wenn Sie vielleicht nur eine dieser Funktionen in der Implementierungsdatei benötigen. In besonders kritischen Fällen, wo es wichtig ist, den Quellcode möglichst klein zu halten, kann es daher sinnvoll sein, auf die Header-Dateien zu verzichten und auf die explizite Vorwärtsdeklaration zurückzugreifen (oder eine eigene, kleinere Header-Datei für die Funktionensammlung aufzusetzen). In aller Regel besteht dazu aber kein Grund (siehe dazu auch den Abschnitt zum sinnvollen Einsatz von Header-Dateien).*

Nicht immer ist der Austausch von Code-Elementen über Dateigrenzen hinweg so einfach wie in obigem Beispiel mit den Funktionen. Es lohnt daher, sich den Austausch der verschiedenen Code-Elemente einzeln anzuschauen:

Funktionen über Dateigrenzen hinweg verwenden

Der Austausch von Funktionen ist extrem einfach:

Die Definition der Funktion kommt in die Implementierungsdatei, die Deklaration in die Header-Datei, die dann von den anderen Quelldateien, in denen die Funktion verwendet wird, per `#include`-Anweisung eingebunden wird.

Implementierungsdatei	Header-Datei

`#include "Headerdatei.h"`
`int func(char * str) {`
`   ...`
`   }`
	`int func(char * str) ;`

inline-Funktionen

Eine Ausnahme bilden allerdings die `inline`-Funktionen. Diese müssen in jeder Datei, in der sie verwendet werden, identisch definiert werden (liegt daran, dass eine `inline`-Deklaration automatisch interne Linkage mit sich bringt, siehe Kapitel 4.2.4). Aus diesem Grunde wird für Inline-Funktionen die Funktionsdefinition in die Header-Datei gestellt.

Für Inline-Funktionen, die als Methoden direkt innerhalb einer Klasse definiert werden, geschieht dies automatisch, wenn man die Klasse in der Header-Datei deklariert. Für Methoden, die außerhalb der Klasse definiert werden, und für normale Funktionen muss man daran denken, die Definition in die Header-Datei zu schreiben.

Implementierungsdatei	Header-Datei

`#include "Headerdatei.h"`	`inline int func(char * str) {`
	`   ...`
	`   }`
	Oder:
	`class Demo {`
	`...`
	`   int func1() {return 1;}  // inline`
	`   int func2() ();`
	`};`
	
	`inline int Demo::func2()`
	`{`
	`   ...`
	`   return 1;`
	`}`

Variablen über Dateigrenzen hinweg verwenden

Elemente, die über Dateigrenzen hinweg ausgetauscht werden sollen, müssen im globalen Dateibereich oder in einem Namensbereich definiert werden. Bei Funktionen ist dies stets der Fall, da Funktionen in C/C++ überhaupt nur im globalen Dateibereich oder Namensbereich definiert werden können. Wenn Sie Variablen über Dateigrenzen hinweg austauschen wollen, denken Sie daran, dass dies für lokale Variablen weder möglich noch sinnvoll wäre (schließlich wäre die lokale Variable gar nicht mehr existent, wenn aus einer anderen Quellcodedatei auf sie zugegriffen wird).

Ansonsten gilt auch für Variablen, dass die Deklaration in die Header-Datei kommt, die Definition in die Implementierungsdatei. Das Besondere ist hierbei die Unterscheidung zwischen Deklaration und Definition, denn die übliche Deklaration

```
typ variablenbezeichner;
```

ist zugleich Deklaration und Definition.

Um anzuzeigen, dass mit einer solchen Deklaration keine Speicherreservierung einhergehen soll, stellt man das Schlüsselwort `extern` voran.

```
extern typ variablenbezeichner;
```

Wird im Zuge einer `extern`*-Deklaration die Variable initialisiert, hebt dies den Effekt der* `extern`*-Deklaration auf, denn für die Zuweisung des Wertes muss ja Speicher für die Variable definiert werden. Variablen dürfen daher nie in Header-Dateien initialisiert werden.*

Implementierungsdatei	**Header-Datei**

`#include "Headerdatei.h"`
`int variable;`
`class Demo obj;`
	`extern int variable;`
	`extern class Demo obj;`

Wie wäre es, wenn Sie die Variable oder Instanz nicht in der Implementierungsdatei, sondern direkt in der Header-Datei definieren würden:

```
// Header-Datei:
class Demo {
...
};

Demo obj;
int variable;
```

In diesem Fall würde der Compiler bei der Übersetzung jeder Quelldatei, die die Header-Datei `#include` *einbindet, Speicher für die Bezeichner* `obj` *und* `variable` *reservieren. Wenn der Linker dann die Quelldateien zu einem Programm zusammenbindet, stößt er auf das Problem, dass er mehrere Speicherbereiche mit einem Bezeichner verbinden soll. Damit wird er nicht fertig, denn die Zuordnung der Bezeichner zu den Speicherbereichen muss eindeutig sein. Der Linker gibt eine Fehlermeldung aus. (Manche Linker geben nur eine Warnung aus und erzeugen intern für jede Quelldatei ein eigenes Objekt. Das Problem ist dann, dass diese Objekte wie globale* `static`*-Variablen sind, über die man keine Daten zwischen den Quelldateien austauschen kann.)*

Klassen über Dateigrenzen hinweg verwenden

Definieren Sie die Klasse einfach in der Header-Datei.

Methoden, die `inline` sein sollen, definieren Sie direkt in der Klasse oder in der Header-Datei. Alle anderen Methoden definieren Sie in der Implementierungsdatei zu der Klasse.

`const`-Datenelemente dürfen Sie, wie gehabt, in der Konstruktorliste initialisieren.

`static`-Datenelemente müssen noch einmal in der Implementierungsdatei definiert werden (nicht in der Header-Datei, sonst gibt es Mehrfachdefinitionen, die der Linker nicht auflösen kann)!

Wenn Sie zu der Klasse auch direkt eine Instanz mitliefern wollen, denken Sie daran, die Instanz in der Implementierungsdatei zu definieren und in die Header-Datei eine `extern`-Deklaration aufzunehmen.

Implementierungsdatei	Header-Datei

`#include "Headerdatei.h"`
 	
`int Demo::stat_wert = 11;`
`Demo obj;`
	`class Demo {`
	`public:`
	`   static int stat_wert;`
	`   const int const_wert;`
	
	`   Demo() : const_wert(44) {}`
	`};`
	
	`extern Demo obj;`

Typdefinitionen

Typdefinitionen (wozu im Übrigen auch Klassendefinitionen gehören) haben keine Linkage und werden einfach direkt in die Header-Datei geschrieben und nach Belieben verwendet.

Implementierungsdatei	Header-Datei
`#include "Headerdatei.h"`	`typedef  unsigned int UINT;` `enum Farben {BLAU, ROT, GRUEN};`

Templates

Der einfachste Weg zum Austausch von Templates besteht darin, sie wie `inline`-Funktionen zu behandeln, d.h., die Template-Definition vollständig in die Header-Datei zu schreiben. Allerdings kann dies zu einer lästigen und manchmal auch Fehler provozierenden Codevervielfältigung führen.

Alternativ kann man das Template mit dem Schlüsselwort `export` definieren. Um das Template in anderen Quelltextdateien verwenden zu können, brauchen Sie dann nur noch die Template-Deklaration in die Header-Datei zu stellen.

Implementierungsdatei	Header-Datei

`#include "Headerdatei.h"`
`export template<class T> void func()`
`{`
`...`
`}`
	`template<class T> void func();`

Namensbereiche

Statt die auszutauschenden Elemente im globalen Dateibereich zu definieren, können Sie die Elemente auch in einen Namensbereich stellen. Dies hat den Vorteil, dass man in den anderen Quelltextdateien bei Bedarf einzelne Elemente aus dem Namensbereich gezielt einführen und Namenskonflikte vermeiden kann (siehe Kapitel 4.3).

Übersicht

Zum Abschluss noch einmal ein Beispiel, das Ihnen Definition, Deklaration und dateiübergreifende Verwendung der wichtigsten Code-Elemente demonstriert.

Zuerst die Header-Datei:

```
/* Modular2.h */
#include <iostream>
using namespace std;

class Demo {                         // Typdefinition und Klasse
public:
   static int stat_wert;             // statisches Element
   const int const_wert;             // const Element

   Demo() : const_wert(44) {}

   void inline1();                   // inline-Methoden
   void inline2() {cout << "inline2" << endl;}

   void methode();                   // nicht inline
};


inline void Demo::inline1()
{
   cout << "inline1" << endl;
}


extern Demo obj;                    // Variablen
extern int wert;

int func();                         // Funktion
```

Die Implementierungsdatei enthält die zugehörigen Definitionen:

```
/* Modular2.cpp */
#include "Modular2.h"

int Demo::stat_wert = 11;            // statisches Element

void Demo::methode()                 // nicht-inline-Methode
```

```
{
   cout << "Methode" << endl;
}


Demo obj;                              // Variablen
int wert = 7;


int func()                             // Funktion
{
   return 13;
}
```

Andere Quelltextdateien können nach Einbindung der Header-Datei auf die Elemente zugreifen:

```
/* Modular.cpp */
#include <iostream>
#include "Modular2.h"
using namespace std;

int main()
{
   cout << "const_wert:  " << obj.const_wert << endl;
   cout << "stat_wert :  " << Demo::stat_wert << endl;
   cout << "wert      :  " << wert << endl;

   Demo obj2;
   obj2.inline1();
   obj2.inline2();
   obj2.methode();

   cout << "func liefert : " << func() << endl;

   return 0;
}
```

25.4 Elemente auf einzelne Dateien begrenzen

Manchmal möchte man globale Elemente definieren, deren Gültigkeit aber auf den eigenen Dateibereich beschränkt bleiben soll, beispielsweise eine globale Variable, über die alle Funktionen in der aktuellen Datei Daten austauschen können, die aber von gleich lautenden globalen Variablen anderer Übersetzungseinheiten des Programms unterschieden werden soll (damit der Linker sich nicht über Mehrfachdefinitionen beschwert).

Traditionell verwendet man zur Definition von Funktionen und Variablen, die in ihrer Datei global, ansonsten aber auf ihre Datei beschränkt sein sollen, das Schlüsselwort `static`. In C++ kommt dies der Deklaration in einem unbenannten Namensbereich gleich.

Alternativ kann man in C++ die Elemente auch in einem benannten Namensbereich deklarieren. Dies hat den Vorteil, dass man danach in anderen Übersetzungseinheiten immer noch entscheiden kann, ob man auf die Elemente durch Einführung des Namensbereiches oder über qualifizierte Bezeichner zugreifen möchte. Die Einbindung in einen unbenannten Namensbereich hat dagegen den Vorteil, dass man den Elementen aus dem Namensbereich beim Zugriff keinen Namensbereichqualifizierer voranstellen muss.

Möchte man beispielsweise in einer zweiten Quelltextdatei eigene Definitionen für eine globale Funktion `func()` und eine globale Variable `i` verwenden, muss man dem Bezeichner interne Bindung zuweisen. Dies geschieht durch die Deklaration als `static`

```
/* Quelltext1.cpp */               /* Quelltext2.cpp */
int func(int par) {...}            static int func(int par) {...}
int i;                             static int i;
```

Alternativ kann man in C++ die Elemente in einem Namensbereich definieren (wird vom ANSI-Standard empfohlen):

```
/* Quelltext1.cpp */               /* Quelltext2.cpp */
                                   namespace {
int func(int par) {...}              int func(int par) {...}
int i;                               int i;
                                   }
```

Beachten Sie, dass die Elemente in obigem Beispiel nicht dafür vorgesehen wurden, über Dateigrenzen hinweg verwendet zu werden. Da die Funktion und die Variable aber im globalen Dateibereich definiert sind, sind sie in allen Dateien des Programms sichtbar (der globale Dateibereich der einzelnen Quelltextdateien verschmilzt zu einem globalen Gültigkeitsbereich). Dies kann zu Namenskonflikten führen, wenn in zwei Dateien gleichnamige globale Bezeichner verwendet werden. Durch die `static`*-Deklaration oder die Einbindung in Namensbereiche kann man diese Namenskonflikte umgehen (siehe auch Kapitel 4.3.6).*

Etwas anders stellt sich das Problem dar, wenn Sie in einer Quelltextdatei die Elemente einer anderen Quelltextdatei verwenden wollen, dazu die Header-Datei der Implementierungsdatei einbinden, dann aber feststellen, dass einige Bezeichner aus der Header-Datei genauso lauten wie globale Bezeichner in Ihrer Quelltextdatei.

Dieses Problem lösen Sie am besten durch den Einsatz benannter Namensbereiche (siehe Kapitel 4.3) oder die Vergabe eindeutiger Bezeichner, damit Sie alle benötigten Code-Elemente in Ihrer Datei eindeutig ansprechen können.

25.5 Header-Dateien sinnvoll einsetzen

Was ist eine Header-Datei?

Was ist eine Header-Datei? Einfach eine Textdatei, die bestimmten Konventionen entspricht. Sie hat kein besonderes Format und sie wird auch nicht allein dadurch zur Header-Datei, dass man ihr eine der Endungen .h oder .hpp anhängt.

Was wir unter einer Header-Datei verstehen, ist eine Datei, in der die Deklarationen von Code-Elementen zusammengefasst sind, die in einer oder mehreren Quelltextdateien (oder Bibliotheken) definiert sind und die mithilfe der Header-Datei und der `#include`-Direktive auf einfache Weise in anderen Quelltextdateien bekannt gemacht werden sollen.

Wie man Deklarationen und Definitionen der verschiedenen Code-Elemente auf Header- und Implementierungsdateien verteilt, haben wir bereits im vorangehenden Abschnitt besprochen. Nachtragen möchte ich noch zwei allgemeine Anmerkungen zum Aufbau von Header-Dateien.

Mehrfachaufrufe verhindern

Bei der Verwendung von Header-Dateien kann es schnell dazu kommen, dass eine Header-Datei in einer Übersetzungseinheit (CPP-Datei mit Header-Dateien) mehrfach aufgerufen wird. Grund dafür ist meist, dass Header-Dateien selbst wieder andere Header-Dateien aufrufen.

Verwendet beispielsweise eine Implementierungsdatei zwei Header-Dateien A1 und A2, die selbst beide wiederum die Header-Datei B aufrufen, wird B in der Übersetzungseinheit für die Implementierungsdatei unnötigerweise zweifach aufgerufen.

Um unnötige Mehrfachaufrufe von Header-Dateien zu unterbinden, bedient man sich der bedingten Kompilierung. Man überlegt sich einen Compiler-Schalter, dessen Definition darüber entscheidet, ob der Inhalt der Header-Datei kompiliert werden soll oder nicht. Üblicherweise lautet dieser Compiler-Schalter ähnlich wie die Header-Datei.

Wichtig ist, dass der Compiler-Schalter zu Anfang nirgends definiert ist.

In der Header-Datei wird geprüft, ob der Schalter definiert ist. Ist dies nicht der Fall, wird der Schalter jetzt definiert und daraufhin der Inhalt der Header-Datei aufgeführt. Bei weiteren Aufrufen der Header-Dateien ist der Schalter definiert und die Deklarationen der Header-Datei werden übersprungen.

```
/* StatFunkt.h */
#ifndef _StatistH_
  #define _StatistH_
```

```
  #include <vector>
  #include <cmath>
  using namespace std;

  double mittelwert(vector<int>::const_iterator anfang,
                    vector<int>::const_iterator ende,
                    int anzWerte);

  double standardabw(vector<int>::const_iterator anfang,
                    vector<int>::const_iterator ende,
                    int anzWerte);
#endif
```

Auch die Header-Dateien der Laufzeitbibliothek verwenden diese Technik. Schauen Sie sich den entsprechenden Code einmal an.

TIPP

Header-Dateien sind Schnittstellen

Grundsätzlich stehen in einer Header-Datei die Deklarationen (für bestimmte Elemente auch die Definitionen) zu den Elementen einer Implementierungsdatei.

Doch nicht für alle Elemente einer Implementierungsdatei muss man passende Deklarationen in die Header-Datei stellen. Erinnern wir uns daran, wozu die Header-Datei verwendet wird: zur Bekanntmachung von Bezeichnern, die in anderen Quelltextdateien verwendet werden sollen.

Daraus folgt, dass man nicht uneingeschränkt für alle Elemente einer Implementierungsdatei Deklarationen in die Header-Datei stellen sollte, sondern nur für die Elemente, die anderen Quelltextdateien zur Verfügung gestellt werden sollen. Die Header-Datei wirkt also wie eine Art öffentliche Schnittstelle, die festlegt, welche Elemente einer Implementierungsdatei von anderen Dateien verwendet werden können und welche nicht.

Nehmen wir an, Sie haben in einer Implementierungsdatei zwei Funktionen aufgesetzt, die über eine globale `enum`-Variable Informationen austauschen (kein sehr empfehlenswertes Verfahren, aber sei´s drum). Zudem ist die zweite Funktion recht komplex, weshalb Sie einen Teil des Codes, der innerhalb der Funktion öfters benötigt wird, in eine eigene untergeordnete Funktion ausgelagert haben:

```
// Implement.cpp
// Hilfselemente
enum Farbe {KARO, HERZ, PIK, KREUZ};
Farbe trumpffarbe;
int stich_auswerten() {
   ... // liefert den Wert eines Stichs zurück
}

// zu exportierende Elemente
```

```
void karten_verteilen() {
  ...
  // letzte aufgedeckte Karte bestimmt Trumpffarbe
}

int stich_spielen() {
  ...
  return stich_auswerten();
}
```

Anderen Quelltextdateien sollen lediglich die Funktionen `karten_verteilen()` und `stich_spielen()` zur Verfügung gestellt werden. Der Typ `Farbe`, die zugehörige Variable `trumpffarbe` und die Funktion `stich_auswerten()` sind nur für die interne Implementierung der Funktionen `karten_verteilen()` und `stich_spielen()` erforderlich und sollen vor den anderen Quelltextdateien verborgen und geschützt werden. In der Header-Datei werden sie folglich nicht erwähnt:

```
// Header.h
void karten_verteilen();
int stich_spielen();
```

INFO

Beachten Sie, dass die Header-Dateien auch eine gute Informationsquelle darstellen, der man entnehmen kann, welche Elemente zur Verfügung gestellt werden und wie man sie aufruft.

25.6 Von der Quelltextdatei zur Bibliothek

Die Auslagerung von Code in eigene Quelltextdateien kann der erste Schritt zum Aufbau eigener Bibliotheken sein.

Anfangs hat man nur eine Sammlung von Funktionen und/oder Klassen zu einem speziellen Aufgabenbereich, deren Code in eigenen Implementierungsdateien mit zugehörigen Headern steht. Werden diese Funktionen/Klassen für ein Programm benötigt, kopiert man die Quelldateien in das Programmverzeichnis und nimmt sie in die Projektverwaltung auf. Besteht die Funktions-/Klassensammlung aus mehreren Quelldateien, für die es ursprünglich jeweils eigene Header-Dateien gab, lohnt es sich eventuell, eine neue Header-Datei anzulegen, in der alle Deklarationen für die Funktionen/Klassen zusammengefasst werden. Dies spart Tipparbeit beim Aufsetzen der Quelldateien, die Elemente der Sammlung verwenden, vergrößert aber auch deren Codeumfang.

Irgendwann ist einem dieses Verfahren zu mühsam. Um sich das ständige Kopieren und Neukompilieren zu sparen, lässt man die Implementierungsdateien der Funktionen/Klassen kompilieren und kopiert sie in den Objektmodul/Bibliothekspfad des Compilers (diesen Pfad kann man üblicherweise über die Projektoptionen einstellen und erweitern).

Schließlich wird man aus den Objektdateien mithilfe spezieller Tools (beispielsweise TLIB von Borland) oder aus den Quelldateien mit Unterstützung der Projektverwaltung eigene statische Bibliotheken erzeugen.

Am Beispiel einer Funktionensammlung wurde diese Entwicklung bereits in Kapitel 12.7 exemplarisch nachvollzogen.

26 System-Programmierung

In diesem Kapitel werden wir erkunden, was Hardware und Betriebssystem den auf ihnen laufenden Programmen zu bieten haben und wie Programm und Umgebung interagieren können.

26.1 Zeit abfragen

Zum Abfragen der aktuellen Zeit gibt es in den C/C++-Bibliotheken verschiedene Funktionen und Klassen. Welche Funktion oder Klasse man verwendet, hängt davon ab, wofür man die Zeitangaben benötigt.

- Wenn Sie tatsächlich an der aktuellen Zeit oder dem aktuellen Datum interessiert sind (etwa, um die Ausführung einer Demoversion nach einem bestimmten Datum zu unterbinden oder einfach, um die aktuelle Zeit auszugeben), lassen Sie sich die Zeit von der C-Funktion `time()` zurückliefern und verwenden Sie die weiteren Time-Funktionen zum Formatieren und Ausgeben der Zeit oder nutzen Sie alternativ die Möglichkeiten der C++-Bibliothek.
- Wenn Sie dagegen nur an einer Zeitdifferenz interessiert sind (etwa, um eine Warteschleife zu programmieren oder eine Laufzeitmessung im Programm vorzunehmen), lassen Sie sich die Zeit von der C-Funktion `clock()`zurückliefern und berechnen die Differenz zwischen zwei Aufrufen von `clock()` mit `difftime()`.

Zeit und Datum ausgeben

Die Ausgabe einer Uhrzeit oder eines Datums erfolgt grundsätzlich in vier Schritten:

1. Sie binden die Header-Datei `time.h` ein.

```
#include <time.h>
```

2. Die aktuelle Zeit wird vom System abgefragt.

Hierzu bedient man sich der Funktion `time()`. Diese liefert die aktuelle Zeit allerdings in codierter Form als `time_t`-Wert zurück (`time_t` ist üblicherweise ein `typedef`-Synonym für `long`).

```
time_t zeit;
time(&zeit);
```

3. Der time_t-Wert muss für die Ausgabe aufbereitet werden. Dies bedeutet für gewöhnlich, dass man den time_t-Wert in eine tm-Struktur aufschlüsselt.

Für die Aufschlüsselung der Zeit-/Datumangabe in eine tm-Struktur stehen die Funktionen gmtime() und localtime() zur Verfügung.

- localtime() konvertiert die aktuelle Zeit im time_t-Format in eine tm-Struktur.
- gmtime() konvertiert nicht nur in eine tm-Struktur, sondern rechnet gleichzeitig aus der lokalen Zeit in die Greenwich Mean Time (GMT) zurück (wobei auch die Sommerzeit berücksichtigt wird).

Wenn Sie also im Datum/Uhrzeit-Fenster der Windows-Systemsteuerung als Zeitzone »(GMT +01:00) Amsterdam, Berlin, Bern, Rom, Stockholm, Wien« und Sommerzeit eingestellt haben (siehe Abbildung 26.1) und es gerade 15:53 Uhr ist,

Abbildung 26.1: Einstellung der Systemzeit

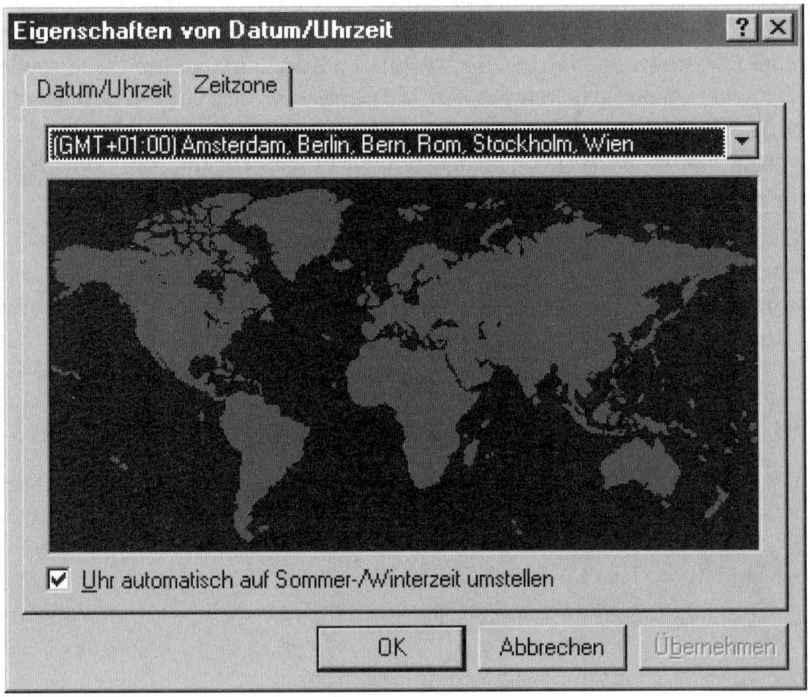

erzeugen die Aufrufe:

```
localtime(&zeit);     // zeit ist vom Typ time_t
gmtime(&zeit);
```

neben dem Datum die folgenden Uhrzeiten:

```
15:53:35        // lokale Zeit (Berlin + Sommerzeit)
13:53:35        // GMT-Zeit
```

4. Die Zeitangabe wird ausgegeben.

Im letzten Schritt wird aus der `tm`-Struktur ein String erzeugt, den man ausgeben kann. Im einfachsten Fall verwendet man hierzu die Funktion `asctime()`:

```
// Datum.cpp Datum und Uhrzeit
#include <stdio.h>
#include <time.h>

int main()
{
  time_t zeit;
  time(&zeit);
  printf("Aktuelle Zeit = %s \n", asctime(localtime(&zeit)));
  printf("Aktuelle Zeit = %s \n", asctime(gmtime(&zeit)));
  return 0;
}
```

Ausgabe:

```
Aktuelle Zeit = Wed Sep 15 16:02:41 1999
Aktuelle Zeit = Wed Sep 15 14:02:41 1999
```

Der Aufruf `asctime(localtime(&zeit))`, der die aktuelle, lokale Zeit im `time_t`-Format in eine `tm`-Struktur umformatiert und aus dieser einen String erzeugt, entspricht im Übrigen dem Aufruf der Funktion `ctime(&zeit)` – für alle die, die beim Ausgeben der Zeit keine Zeit verlieren wollen.

Wem das Ausgabeformat der Funktion `asctime()` nicht gefällt, der kann es mithilfe der Funktion `strftime()` ändern.

```
size_t strftime(char *s, size_t maxsize,
                const char *fmt, const struct tm *t);
```

Die Funktion `strftime()` erwartet als Argumente:

- einen String s, in dessen Speicherbereich die formatierte Zeitangabe geschrieben werden soll.
- eine Angabe, wie viel Zeichen maximal in den String geschrieben werden sollen.

- einen Formatstring, indem man verschiedene Platzhalter für die einzelnen Elemente der tm-Struktur angeben kann (siehe Tabelle 26.1).
- eine tm-Strukturvariable, die die aktuelle Zeit enthält.

Tabelle 26.1: Platzhalter für den strftime()-Formatstring

Platzhalter	Bedeutung
%a	Abgekürzter Name des Wochentags
%A	Voller Name des Wochentags
%b	Abgekürzter Name des Monats
%B	Voller Name des Monats
%c	Datum und Zeit
%d	Tag des Monats (01 – 31)
%H	Stunde (00 – 23)
%I	Stunde (01 – 12)
%j	Tag des Jahres (001 – 366)
%m	Monat (01 – 12)
%M	Minute (00 – 59)
%p	AM oder PM
%S	Sekunde (00 – 59)
%U	Wochennummer (00 – 53), Woche beginnt mit Sonntag
%w	Wochentag (0 – 6), Sonntag = 0
%W	Wochennummer (00 – 53), Woche beginnt mit Montag
%x	Datum
%X	Uhrzeit
%y	Jahr ohne Jahrhundertangabe (00 – 99)
%Y	Jahr mit Jahrhundertangabe
%Z	Name der Zeitzone

Die Formatierung durch `strftime()` unterliegt dabei den Einstellungen der globalen Lokale (siehe Kapitel 27) und kann daher gegebenenfalls durch einen vorangehenden Aufruf von `setlocale()` lokalisiert werden.

Welche Lokale zur Verfügung stehen, hängt im Wesentlichen von Ihrem Compiler ab. Übliche Namen sind: de_DE, De_DE, German, en_US, en_GB, etc. Das vorliegende Programm kann beispielsweise mit dem Visual-C++-Compiler erstellt werden, der die Lokale German kennt.

```
// Zeit_Lok.cpp   Formatierung über Lokale
#include <stdio.h>
#include <locale.h>
#include <time.h>

int main()
{
  time_t zeit;
  time(&zeit);
  char *lokale;
  char zeit_str[100];

  // Lokale für Zeitangaben einstellen
  lokale = setlocale(LC_TIME,"German");

  // Zeitangabe formatieren
  if(lokale)
    {
    strftime(zeit_str,99,"%a %m %b %Y, %X",localtime(&zeit));

    // Zeitangabe ausgeben
    printf("Aktuelle Zeit = %s \n", zeit_str);
    }
  else
    printf("Lokale nicht verfügbar\n");
  return 0;
}
```

Ausgabe:

```
Aktuelle Zeit = Mi 09 Sep 1999, 16:28:23
```

Die Ausgabe von Zeitangaben mithilfe objektorientierter Mittel ist weit aufwändiger. In Kapitel 27 zur Internationalisierung und Lokalisierung werde ich kurz darauf eingehen.

Laufzeitmessungen und Warteschleifen

Für Laufzeitmessungen, wie auch zur Implementierung von Warteschleifen, arbeitet man üblicherweise nicht mit der `time()`-Funktion, sondern nutzt die `clock()`-Funktion, die angibt, wie viele Ticks seit einem bestimmten implementierungsspezifischen Zeitpunkt vergangen sind.

Indem Sie `clock()` zu Beginn und am Ende der Laufzeitmessung aufrufen und die jeweiligen Werte in eigenen `clock_t`-Variablen abspeichern, können Sie errechnen, wie viele Ticks in dem Zeitraum der Messung vergangen sind.

Mithilfe der Konstante CLOCKS_PER_SEC, die angibt, wie viele Ticks eine Sekunde enthält, können Sie zwischen Ticks und Sekunden umrechnen.

Längere Zeiträume können auch mit time()-Aufrufen gemessen werden. Die Funktion difftime() liefert die Differenz in Sekunden zwischen zwei time_t-Werten zurück.

REF

Die Implementierung von Warteschleifen wurde bereits in Kapitel 11.3 angesprochen.

26.2 Interrupt-Programmierung und Hook-Funktionen

In DOS-Programmen ist es üblich, bei Bedarf auf Interrupts als Verbindung zu den Betriebssystem- und Hardwarefunktionen zurückzugreifen. Unter Windows95/NT ist dies nicht mehr ganz so einfach, da etliche Interrupts von Windows abgeschirmt werden. Dies ist erforderlich, um die Integrität der Multitasking-Betriebssysteme Windows95/NT aufrecht zu erhalten. Als Ersatz stehen dem Windows-Programmierer eine Reihe von speziellen Windows-API-Funktionen zur Verfügung, mit denen sich in etwa die gleichen Aufgaben erledigen lassen, für die man früher die betreffenden Interrupts verwendete.

Neben dem direkten Aufruf eines bestimmten Interrupts kann es auch interessant sein, einen Interrupt-Handler einzurichten, der immer dann ausgeführt wird, wenn der betreffende Interrupt ausgelöst wird. Auch dies ist in 32-Bit-Windows-Programmen so nicht mehr möglich. Einen gewissen Ersatz für die Interrupt-Handler bieten die so genannten Hook-Funktionen, mit deren Hilfe man sich in die Nachrichtenverarbeitung unter Windows einklinken kann.

Es liegt zwar nicht in meiner Absicht, das vorliegende C/C++-Buch zum guten Schluss noch in ein Windows-Programmierbuch übergehen zu lassen, aber die Hook-Funktionen möchte ich Ihnen doch noch ein wenig genauer vorstellen, da sie für findige Windows-Programmierer eine interessante Option darstellen, die leider nur selten in der Fachliteratur erwähnt wird.

Eingerichtet werden Hook-Funktionen durch einen Aufruf der API-Funktion SetWindowsHookEx().

```
HHOOK SetWindowsHookEx(
    int idHook,        // Typ des zu installierenden Hooks
    HOOKPROC lpfn,     // Adresse der Hook-Funktion
    HINSTANCE hMod,    // Handle der Anwendung
    DWORD dwThreadId   // Thread, für den Hook installiert wird
   );
```

- Für `idHook` übergibt man eine der in der Windows-API zur Kennzeichnung des Hook-Typs definierten Konstanten, beispielsweise `WH_KEYBOARD` für einen Hook, der die Eingabe über Tastatur überwacht.
- Für `lpfn` übergibt man die Adresse der Hook-Funktion, die automatisch aufgerufen werden soll, wenn ein entsprechendes Ereignis eintritt (in unserem Fall das Drücken einer Taste). Die Signatur der Hook-Funktion wird durch den Typ der Hook-Funktion festgelegt.
- Für den Handle der Anwendung übergeben wir Null und für die Thread-ID den Hauptthread der Anwendung. Auf diese Weise wird der Hook nur für den aktuellen Thread registriert. Alternativ kann man Hook-Funktionen in DLLs implementieren, um sie global verwenden zu können, doch so tief wollen wir hier wirklich nicht in die Windows-Programmierung einsteigen.

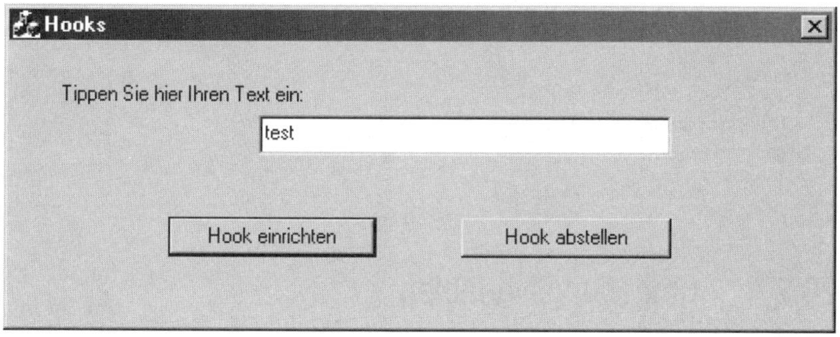

Abbildung 26.2: Hook-Programm

Das Programm *Hooks* enthält ein Eingabefeld sowie zwei Schalter zum Ein- und Ausschalten des Tastatur-Hooks. Wenn Sie den Schalter HOOK EINRICHTEN drücken, wird der Hook registriert. Tastatureingaben werden daraufhin von einem Klicken des Systemlautsprechers begleitet. Durch Drücken des zweiten Schalters kann man den Hook wieder abstellen.

Das Programm selbst wurde mithilfe der MFC erstellt, Visual C++´s Klassenbibliothek für die Windows-Programmierung. Ich erspare mir und Ihnen den Ausdruck des vollständigen Listings[1] und zeige nur die Definition der Hook-Funktion und der Behandlungsfunktionen für die Schalter, mit denen die Hook-Funktion eingerichtet und abgestellt wird.

```
// Die Hook-Funktion
HHOOK hook_id = NULL;

LRESULT CALLBACK KeyboardProc(
    int code,           // Hook-Code
    WPARAM wParam,      // virtueller Tasten-Code
```

1 Wenn Sie an Windows-Programmierung mit der MFC und Visual C++ interessiert sind, kann ich Ihnen mein Buch »Jetzt lerne ich Visual C++« empfehlen.

```
    LPARAM lParam        // Information über Ereignis
   )
{
  if(code == HC_ACTION)
     MessageBeep(0xFFFFFFFF);
  return 0;
}

// Hook einrichten
void CHooksDlg::OnHookOn()
{
if (hook_id == NULL)
    hook_id = SetWindowsHookEx(WH_KEYBOARD,
                               (HOOKPROC) KeyboardProc,
                               0, GetCurrentThreadId() );
}

// Hook abmelden
void CHooksDlg::OnHookOut()
{
if (hook_id)
     {
     UnhookWindowsHookEx(hook_id);
     hook_id = NULL;
     }
}
```

26.3 Umgebungsvariablen

Umgebungsvariablen sind systemspezifische Werte, die auf Betriebssystemebene definiert sind und von Ihren Programmen abgefragt werden können.

Typische Umgebungsvariablen einer DOS/Windows-Umgebung sind beispielsweise WINDIR (Installationsverzeichnis von Windows) oder PATH (Liste der Verzeichnisse, in denen nach ausführbaren Programmen gesucht wird).

SET : Umgebungsvariablen anzeigen lassen

Wenn Sie sich darüber informieren wollen, welche Umgebungsvariablen auf Ihrem Windows-PC gesetzt sind, begeben Sie sich in die DOS-Ebene (MS-DOS-Eingabeaufforderung aufrufen oder Windows im DOS-Modus neu starten) und tippen Sie den DOS-Befehl SET ein.

```
D:\>set
TMP=C:\WINDOWS\TEMP
TEMP=C:\WINDOWS\TEMP
PROMPT=$p$g
winbootdir=C:\WINDOWS
COMSPEC=C:\WINDOWS\COMMAND.COM
windir=C:\WINDOWS
BLASTER=A220 I5 D1 H5 P330 T6
PATH=D:\MICROS~1\COMMON\MSDEV98\BIN;
...
```

SET : Umgebungsvariablen setzen

Mit dem gleichen DOS-Befehl können Sie Umgebungsvariablen auch definieren. Sie müssen dazu nur hinter dem `SET`-Befehl den Namen der neu anzulegenden Umgebungsvariable angeben und diesem, direkt von einem Gleichheitszeichen gefolgt, den Wert der Variablen zuweisen.

```
C:>\Programme>set DEMO=123
```

Unter Windows gilt eine so gesetzte Variable allerdings nur für das aktuelle MS-DOS-Eingabeaufforderungsfenster und auch nur so lange, wie dieses besteht. Um Umgebungsvariablen auf Dauer zu setzen, müssen Sie diese in der *autoexec.bat* definieren.

Bevor Sie jetzt allerdings darangehen, Ihre Umgebung mit lauter anwendungsspezifischen Umgebungsvariablen zu überhäufen, seien Sie gewarnt:

- Der Platz für Umgebungsvariablen ist unter DOS begrenzt.
- Anwendungsspezifische Daten sind nicht dafür gedacht, als Umgebungsvariablen abgelegt zu werden. Als Umgebungsvariablen sollte man nur Daten definieren, die von allgemeinem Interesse sind, wie zum Beispiel das Windows-Installationsverzeichnis, das für die Installationsroutinen aller Programme interessant ist, die DLLs oder andere Dateien in eines der Windows-Verzeichnisse kopieren müssen. Anwendungsspezifische Daten, die permanent gespeichert werden sollen, gehören in eine INI-Datei oder – unter Windows 95 – in die Systemregistrierung.

INFO

Um Daten in der Windows-Systemregistrierdatenbank abzuspeichern oder Informationen aus der Systemregistrierdatenbank abzufragen, muss man sich spezieller Windows-API-Funktionen bedienen, wie `RegOpenKeyEx()`, `RegQueryValueEx()`, `RegCreateKeyEx()` *und* `RegCloseKey()`.

Umgebungsvariablen abfragen

Um den Wert einer Umgebungsvariablen in einem C/C++-Programm abzufragen, benutzen Sie die C-Funktion `getenv()` aus `stdlib.h`:

```
char *getenv(const char *name);
```

Beim Aufruf übergeben Sie der Funktion den Namen der Umgebungsvariablen, deren Wert Sie abfragen möchten. Die Funktion liefert Ihnen daraufhin einen Zeiger auf einen String mit dem Wert der Umgebungsvariablen zurück – oder einen Null-Zeiger.

!! STOP

Versuchen Sie nicht, über den zurückgelieferten Zeiger den Wert der Umgebungsvariablen zu ändern.

```
// umgebung.cpp   Abfragen einer Umgebungsvariablen
#include <stdlib.h>
```

```
#include <stdio.h>

int main()
  {
  char *umgVariable;

  umgVariable = getenv("windir");

  if(umgVariable)
  {
    printf("windir = %s\n",umgVariable);
  }
  else
  {
    puts("Umgebungsvariable nicht definiert\n");
    exit(1);
  }

  return 0;
  }
```

Ein Beispiel aus der Praxis

Interaktive Webseiten werden häufig mit Formularen ausgestattet, über die der Besucher einer Webseite Informationen an den Webserver (und damit letztendlich an den Betreiber der Webseite) übermitteln kann. Wenn Sie schon einmal eine Demo-CD via Internet bestellt haben oder in einem Online-Shop waren, kennen Sie dies sicherlich.

Wie aber kann der Browser die Formulareingaben an den Webserver übertragen? Traditionell gibt es dafür zwei Möglichkeiten:

- GET: Der Browser schickt die Daten an ein spezielles Programm auf dem Server. Die Formulareingaben werden vom Browser als Zeichenkette an den URL des Programms angehängt. Der Server übernimmt die Daten und schreibt sie in die Umgebungsvariable `QUERY_STRING`.
- POST: Der Server stellt die Daten über die Standardeingabe (`stdin`) zur Verfügung. Die Länge des Datenstrings kann über die Umgebungsvariable `CONTENT_LENGTH` ermittelt werden.

Neben `QUERY_STRING` und `CONTENT_LENGTH` wird für die Datenübertragung noch eine weitere Umgebungsvariable benötigt: `REQUEST_METHOD`. In dieser Umgebungsvariablen speichert der Server die Information ab, ob die Daten via GET oder POST übertragen wurden. Die Umgebungsvariablen werden üblicherweise bei der Installation des Servers eingerichtet.

CGI-Programme

Die oben beschriebenen Formen der Datenübertragung folgen der CGI-Spezifikation (Common Gateway Interface), weshalb man Programme, die unter Berücksichtigung dieser Schnittstellenspezifikation Daten austauschen, als CGI-Programme bezeichnet. CGI-Programme können praktisch in jeder beliebigen Programmiersprache aufgesetzt werden, C/C++ mit eingeschlossen.

Ein einfaches CGI-Programm, das Formulareingaben auswertet und als HTML-Seite an den Browser zurückschickt, könnte wie folgt aussehen:

```
#include <stdio.h>
#include <stdlib.h>
#include <string.h>

int main()
  {
  char method[10];
  char eingabe[150];
  char ausgabe[200];
  int laenge;

  // Welche Übertragungsmethode wurde verwendet?
  strcpy(method,getenv("REQUEST_METHOD"));

  if(!strcmp(method,"GET"))
    {
    // Daten aus Umgebungsvariable einlesen
    sprintf(ausgabe, "GET: %s\n",getenv("QUERY_STRING"));
    }
  if(!strcmp(method,"POST"))
    {
    if(getenv("CONTENT_LENGTH") != NULL)
      {
      // Daten aus stdin einlesen
      laenge = atoi(getenv("CONTENT_LENGTH"));
      fread(eingabe, sizeof(char), laenge, stdin);
      sprintf(ausgabe, "POST: %s\n",eingabe);
      }
    }

  // HTML-Dokument zurückliefern
  /* CGI Header */
  printf("Content-Type: text/html\r\n\r\n");

  /* HTML-Code */
  printf("<html>\n");
  printf("<head>\n");
  printf("<title>Bestätigung</title>\n");
  printf("</head>\n");
  printf("<body>\n");
  printf("<h1>%s<br></h1>\n",ausgabe);
  printf("</body>\n");
  printf("</html>\n");
  return 0;
  }
```

26.4 Kommandozeilenargumente

Kommandozeilenargumente, auch Befehlszeilenargumente genannt, sind Daten, die dem Programm beim Aufruf des Programms über die Kommandozeile übergeben werden.

Wie Sie Kommandozeilenargumente in C/C++-Programmen auswerten, wurde bereits in Kapitel 12.5 in Verbindung mit der Eintrittsfunktion `main()` beschrieben.

Hinzufügen möchte ich noch, dass man auch Windows-Programmen Kommandozeilenargumente übergeben kann (beispielsweise bei Aufruf aus dem MSDOS-Fenster heraus oder über den Ausführen-Befehl). Die Kommandozeilenargumente werden von Windows entgegengenommen und an das Windows-Programm, genauer gesagt, an den dritten Parameter `LPSTR lpCmdLine` der `WinMain()`-Funktion, übergeben (siehe auch Kapitel 28).

26.5 Ports (serielle Schnittstellen)

Ein reizvolles, aber nicht ganz einfaches Gebiet, an dem erstaunlich viele Leser Interesse zeigen, ist die Programmierung der seriellen und parallelen Schnittstellen oder allgemeiner ausgedrückt: der Port-Programmierung.

Ports sind Adressen

Damit das Herzstück des PC, der Prozessor, mit den verschiedenen Peripheriegeräten kommunizieren kann, werden diesen eindeutige Adressen zugewiesen (von BIOS und Betriebssystem). Diese Adressen bezeichnet man als Ports, also quasi als »Tore« zu den Peripheriegeräten. Über diese Adressen kann der Prozessor (und damit auch jedes im Prozessor ablaufende Programm) Werte in die Peripheriegeräte schreiben und aus diesen lesen – ganz analog zum Zugriff auf Speicherstellen im RAM.

Als Beispiel für die Port-Programmierung möchte ich hier die serielle Schnittstelle herausgreifen. Standardmäßig sind den seriellen Schnittstellen COM1 und COM2 die Port-Adressen 3F8h (dezimal 1016) und 2F8h (dezimal 760) zugewiesen. Wenn Sie sich informieren wollen, welche Portadressen den seriellen Schnittstellen auf Ihrem Windows-PC zugewiesen sind, rufen Sie im START-Menü den Befehl EINSTELLUNGEN/SYSTEMSTEUERUNG auf und doppelklicken Sie in dem erscheinenden Ordner auf das Symbol SYSTEM. Wechseln Sie im Dialogfeld EIGENSCHAFTEN VON SYSTEM zur Registerkarte GERÄTE-MANAGER, expandieren Sie den Knoten zu den Anschlüssen und lassen Sie sich die Eigenschaften der COM-Anschlüsse, Registerkarte RESSOURCEN, anzeigen.

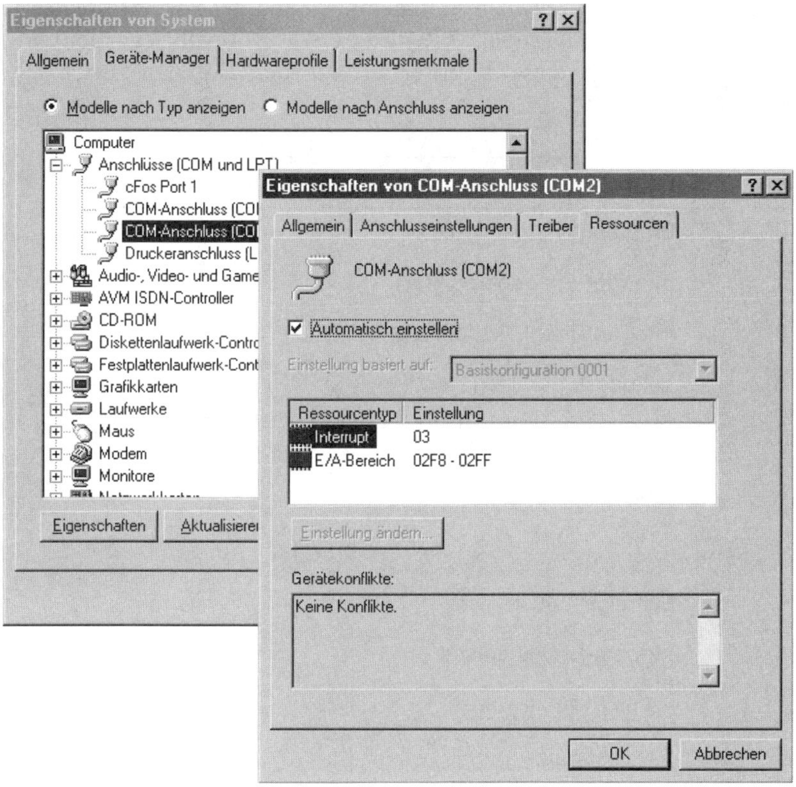

Abbildung 26.3: Port-Adresse der COM2-Schnittstelle

Die serielle Schnittstelle

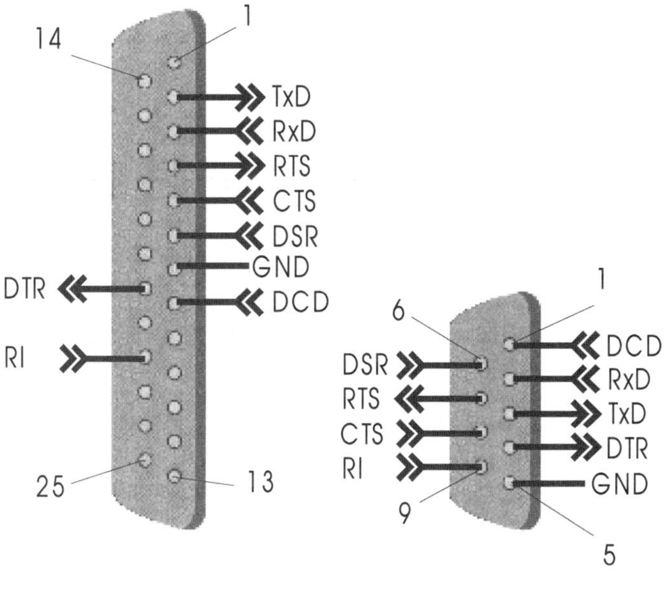

Abbildung 26.4: PIN-Belegung

Jede serielle Schnittstelle belegt, angefangen von der Portadresse der Schnittstelle, 8 Adressen, über die 10 Register (zwei Doppelbelegungen) angesteuert werden. Über diese Register erfolgt der Datenaustausch über die Schnittstelle.

Tabelle 26.2: Register der seriellen Schnittstellen

Nr.	Register
0	Empfangs-/Senderegister
1	Interrupt-Freigaberegister
2	Interrupt-Identifikationsregister
3	Leitungskontrollregister `Bit 7 6 5 4 3 2 1 0` `TxD` (Bit 7)
4	Modem-Kontrollregister `Bit 7 6 5 4 3 2 1 0` `RTS` (Bit 1) `DTR` (Bit 0)
5	Leitungsstatusregister
6	Modem-Statusregister `Bit 7 6 5 4 3 2 1 0` `DCD` (Bit 7) `RI` (Bit 6) `DSR` (Bit 5) `CTS` (Bit 4)
7	Scratch-Register
0	Divisor für Baudratengenerator (LSB)
1	Divisor für Baudratengenerator (MSB)

So viele Register für einen einfachen Datenaustausch?! Nun, der Datenaustausch über die serielle Schnittstelle ist mit einem beträchtlichen Verwaltungsaufwand verbunden. Der Grund hierfür ist, dass der Datenaustausch über die serielle Schnittstelle byteweise erfolgt und es spezieller Absprachen zwischen Sender und Empfänger bedarf, damit die Daten korrekt übertragen werden. Sie kennen dies sicherlich von der Einstellung des Übertragungsprotokolls und der Parameter für Ihr Modem.

Wenn man den PC statt zur Datenübertragung zur Ansteuerung einfacher externer Geräte einsetzen will (beispielsweise eines Ventilators, der Ihnen Kühlung verschafft, wenn Ihnen beim Erstellen Ihrer C/C++-Programme der Kopf brummt), kann man aber auf die Unterstützung der verschiedenen Übertragungsprotokolle verzichten.

Leser, die an der Übertragung größerer Datenmengen und der Implementierung der Übertragungsprotokolle interessiert sind, seien an die entsprechende Fachliteratur verwiesen. Eine Empfehlung möchte ich diesbezüglich allerdings nicht aussprechen, da mir der Überblick fehlt und ich das *Standardbuch zur Schnittstellen-Programmierung noch nicht gefunden habe.*

INFO

Steuern mit dem PC

Die serielle Schnittstelle eignet sich recht gut zum Ansteuern externer Geräte, da sie

- relativ sicher gegen Spannungs- und Stromschäden ist,
- bis zu drei Ausgänge TxD, DTR, RTS und
- bis zu vier Eingänge DCD, DSR, CTS, RI bietet.

Die einzelnen Ausgänge können zwischen ca. -10 V und +10 V im Vergleich zu Ground (Pin 5) hin- und hergeschaltet und mit bis zu 10 mA belastet werden (für externe Geräte, die höhere Leistungswerte haben, kann man einen Transistor oder ein Relais zwischenschalten).[2]

Ich werde Ihnen im Folgenden nun zeigen, wie man auf dem Weg über die serielle Schnittstelle eine Ampel steuern kann – und zwar sowohl für DOS als auch Windows. Sie können das Programm natürlich austesten, indem Sie ein handelsübliches Spannungsprüfgerät hernehmen und während der Ausführung des Programms die Spannung an den Pins Ihrer seriellen COM2-Schnittstelle[3] abgreifen und kontrollieren, aber ich sage Ihnen gleich, dass das Programm nur dann wirklich Spaß macht, wenn Sie auch eine kleine, nachgebaute Ampel anschließen.

Die Ampel

Benötigtes Material:[4]

- 3 LEDs in Rot, Gelb und Grün
- 3 Vorwiderstände 150 Ohm
- isoliertes Kabel
- 9polige (oder 25polige) Buchse ohne Gehäuse
- Verlängerungskabel für serielle Schnittstelle

2 Vorsicht! Mit der Leistung des Verbrauchergeräts steigt das Risiko für Ihren PC. Sichern Sie die serielle Schnittstelle gegebenenfalls durch Relais oder zwischengeschaltete optische Koppler.

3 Ich gehe davon aus, dass an COM1 Ihre Maus angeschlossen ist.

4 Wenn Sie sich das CompuLab-Interface der Firma Modul Bus bestellen (siehe Ende des Kapitels), können Sie sich Experimentiermaterial, mit dem auch die Ampel zu realisieren ist, gleich mitliefern lassen (allerdings ohne Buchse für den Anschluss an die serielle Schnittstelle).

Zum Aufbau einer Ampel brauchen Sie noch nicht einmal zum Lötkolben zu greifen. Besorgen Sie sich einfach 3 LEDs in Rot, Gelb und Grün, drei passende Vorwiderstände (150 Ohm), eine Lüsterklemme und dünnes isoliertes Kabel.

Dann stecken Sie die Ampel wie in Abbildung 26.5 zusammen.

Abbildung 26.5: Ampel-Schaltung

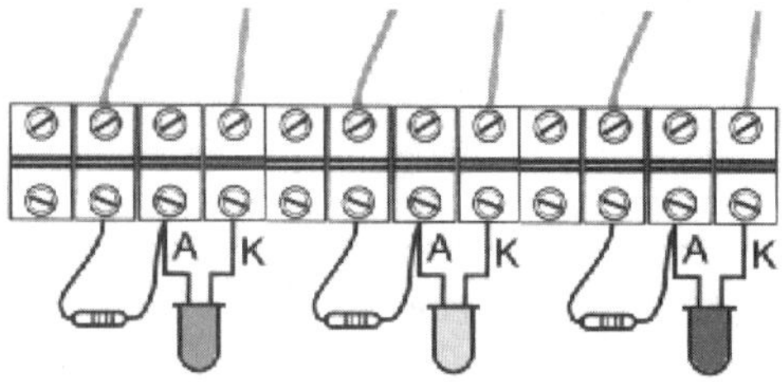

Die freien Kabelenden müssen Sie jetzt noch mit den Pins der seriellen Schnittstelle verbinden, um die Stromkreise zu schließen und die Ansteuerung über den PC zu ermöglichen. Hierfür benutzt man dann doch am besten den Lötkolben.

Kaufen Sie zusammen mit dem Material für die Ampel ein Verlängerungskabel an Ihre COM2-Schnittstelle, damit Sie die Ampel nicht unterm Tisch am hinteren Ende Ihres PC anschließen müssen, sondern bequem an Ihrem Tisch arbeiten können. Des Weiteren benötigen Sie eine 9polige Buchse ohne Gehäuse (je nach Anschluss und Verlängerungskabel, das Sie benutzen, brauchen Sie eine 25polige Buchse oder einen Stecker), die Sie mit dem Verlängerungskabel zusammenstecken können und an deren freien Enden Sie die Kabel der Ampel anlöten können.

Die Kabelenden, die in der Lüsterklemme direkt mit der LED zusammengesteckt sind, löten Sie zuerst zusammen und dann an den Ground-Pin (5). Die restlichen Kabel verbinden Sie mit den drei Ausgangspins: das Kabel der roten LED mit RTS, die gelbe LED mit DTR und die grüne LED mit TxD.

DOS

Das DOS-Programm

Das folgende Programm muss als DOS-16-Programm erstellt und unter MS-DOS ausgeführt werden

In Anlehnung an das Ampel-Programm aus Kapitel 8.2.5 setzen wir vier Funktionen für die verschiedenen Zustände der Ampel auf und tragen diese in der richtigen Reihenfolge in ein Array von Funktionszeigern ein.

Eine spezielle Wartefunktion sorgt für eine passende Verzögerung zwischen den Schaltzuständen der Ampel.

Der wirklich interessante Code steht in den Funktionen für die Schaltzustände.

```
#define PORT 0x2F8
...
void rot()
  {
  printf("\nrot");
  outp(PORT+4, inp(PORT+4) | 0x2 );          // Rot = RTS setzen
  outp(PORT+4, inp(PORT+4) & 0xFE);
  outp(PORT+3, inp(PORT+3) & 0xBF);
  warten(10);
  }
```

Zum Schreiben und Lesen werden die Funktionen `outp()` und `inp()` verwendet. Diese Funktionen sind nicht Teil der ANSI-Bibliothek und auch nicht unbedingt in den Bibliotheken jedes Compilers zu finden. Wenn Sie allerdings über einen Compiler verfügen, der noch echte 16-Bit-MS-DOS-Programme erstellen kann (Turbo C++ 3.0, Borland C++-Compiler), werden Sie sicherlich auch diese Funktionen (oder ähnlich lautende: `_outp`, `outportb`, etc.) finden.

In diesem Zusammenhang möchte ich gleich darauf hinweisen, dass dieses Programm als echtes REAL-DOS-Programm (16 Bit) erstellt werden muss. Ihr Compiler sollte eine entsprechende Option oder einen passenden Projekttyp unterstützen. Mit dem Compiler auf der Buch-CD ist dies leider nicht möglich (Win32-Konsolenprogramme sind keine echten 16-Bit-DOS-Programme). Ich selbst habe das Programm mit Borland C++ 5.01 erstellt. Leser, die ebenfalls diesen Compiler verwenden, können die auf der Buch-CD befindliche Projektdatei (Extension .die) verwenden. Ansonsten gilt, dass Sie zum Ausführen des Programms Windows beenden und den MS-DOS-Modus aktivieren müssen (siehe Option im Beenden-Menü von Windows).

Für Freunde der Assembler-Programmierung sei angemerkt, dass die Funktionen `outp()` *und* `inp()` *meist nicht viel mehr machen, als die Assembler-Befehle* `out` *und* `in` *aufzurufen.*

Wie erfolgt der Zugriff auf die Pins der seriellen Schnittstelle?

In der Funktion `rot()` möchten wir das Pin für die rote Ampel (RTS) auf +10 Volt schalten. Dazu muss man wissen, welches Register der seriellen Schnittstelle für das RTS-Pin verantwortlich ist. Es ist dies das Modem-Kontrollregister, das 5. Register der Schnittstelle – die Adresse des Registers ist also PORT + 4, wobei PORT die Anfangsadresse der seriellen Schnittstelle ist.

Das zweite Bit des Modem-Kontrollregisters ist für den RTS-Pin verantwortlich. Indem wir dieses Bit auf 1 setzen, legen wir +10 V auf Pin RTS. Würden wir jetzt aber einfach hingehen und mittels `outp()` an die Adresse PORT + 4 den Wert 0x2 ausgeben, hieße dies, dass alle Bits in dem Register auf 0 gesetzt und nur das 2. Bit auf 1 gesetzt wird.

0x2 gleich 000 0010

Dies ist aber nicht unbedingt erwünscht, da zum Beispiel das erste Bit des Registers die DTR-Leitung (für unsere Schaltung die gelbe LED) setzt.

Aus diesem Grunde lassen wir uns zuerst von `inp(PORT+4)` das aktuelle Bitmuster des Registers zurückliefern und sorgen dann mittels OR-Verknüpfung dafür, dass das RTS-Pin zusätzlich gesetzt wird.

```
outp(PORT+4, inp(PORT+4) | 0x2 );          // Rot = RTS setzen
```

Analog löschen wir mittels AND-Verknüpfung die Bits für die Leitungen DTR und TxD. (TxD wird über das 7. Bit im dritten Register angesprochen). Für die AND-Verknüpfung werden Werte benutzt, in den alle Bits des Registers, mit Ausnahme des zu löschenden Bits, auf 1 gesetzt sind.

Der vollständige Quelltext sieht wie folgt aus:

```
/* Ampel.cpp  Ampelschaltung */
#include <stdio.h>
#include <time.h>
#include <conio.h>

#define PORT 0x2F8
unsigned int bits;

void warten(int sekunden)
  {
  clock_t start;
  sekunden *= CLOCKS_PER_SEC;
  start = clock();
  while( clock() < start + sekunden)
    ;
  }

// Funktionen für Schaltzustände
void rot()
  {
  printf("\nrot");
  outp(PORT+4, inp(PORT+4) | 0x2 );          // Rot = RTS setzen
  outp(PORT+4, inp(PORT+4) & 0xFE);
  outp(PORT+3, inp(PORT+3) & 0xBF);
  warten(10);
  }

void rot_gelb()
  {
  printf("\nrot\tgelb");
  outp(PORT+4, inp(PORT+4) | 0x2);          // Rot = RTS setzen
  outp(PORT+4, inp(PORT+4) | 0x1);          // Gelb = DTR setzen
  outp(PORT+3, inp(PORT+3) & 0xBF);
  warten(2);
  }
```

```
void gruen()
  {
  printf("\n\t\tgruen");
  outp(PORT+3, inp(PORT+3) | 0x40);          // Gruen = TxD setzen
  outp(PORT+4, inp(PORT+4) & 0xFE);
  outp(PORT+4, inp(PORT+4) & 0xFD);
  warten(6);
  }

void gelb()
  {
  printf("\n\tgelb");
  outp(PORT+4, inp(PORT+4) | 0x1);           // Gelb = DTR setzen
  outp(PORT+4, inp(PORT+4) & 0xFD);
  outp(PORT+3, inp(PORT+3) & 0xBF);
  warten(3);
  }



// Array von Zeigern auf Funktionen
void (*fpointer[4]) ();

int main()
  {
  int i;

  // Zeiger initialisieren (mit Funktionen)
  fpointer[0]=rot;
  fpointer[1]=rot_gelb;
  fpointer[2]=gruen;
  fpointer[3]=gelb;


  // Array durchlaufen (Ampel in Betrieb nehmen)
  for (i=0; i<=3; i++)
    fpointer[i]();


  return 0;
  }
```

Das Windows-Programm

Windows

Unter Windows ist der direkte Zugriff auf die meisten Systemadressen verboten. Dies muss so sein, da unter Windows mehrere Anwendungen gleichzeitig ausgeführt und damit prinzipiell auch gleichzeitig auf die Systemressourcen zugreifen können. Windows muss dafür sorgen, dass solche »gleichzeitigen« Zugriffe irgendwie synchronisiert werden, oder es riskiert, dass das System laufend abstürzt.

Aus diesem Grunde ist Windows-Programmen (und dies schließt Win32-Konsolenprogramme ein) der Zugriff meist nur über Funktionen der Windows-API gestattet.

Das folgende Programm ist eine Win32-Konsolenanwendung, die mit dem Visual-C++-Compiler erstellt wurde. Da es Funktionen der Windows-API verwendet, wurde die Header-Datei *windows*.h eingebunden. Für das Linken der zugehörigen Bibliotheken sorgt bereits die Projektverwaltung von Visual C++.

Die Verbindung zur seriellen Schnittstelle stellt die API-Funktion `CreateFile()` her. Das heißt, die serielle Schnittstelle wird wie eine Datei auf Festplatte behandelt!

```
hCom = CreateFile("COM2",
      GENERIC_READ | GENERIC_WRITE,
      0,    // 0 obligatorisch für serielle Schnittstellen
      NULL, // keine Sicherheitsattribute
      OPEN_EXISTING, // obligatorisch für ser. Schnittstellen
      0,    // keine überlappende Ein- und Ausgabe
      NULL  // NULL obligatorisch für ser. Schnittstellen
      );
```

Zum Setzen der Register der seriellen Schnittstelle dient die API-Funktion `SetCommState()`, der eine DCB-Struktur übergeben wird. Diese enthält Felder zum Setzen der einzelnen Pins, beispielsweise:

```
void rot()
{
  printf("\nRot");
  dcb.fDtrControl = DTR_CONTROL_DISABLE;
  dcb.fRtsControl = RTS_CONTROL_ENABLE;

  fSuccess = SetCommState(hCom, &dcb);

  if (!fSuccess) {
    printf("Status nicht gesetzt\n");
  }
  else
  {
   warten(10);
  }
}
```

Ein bisschen problematisch ist die grüne LED, die mit dem Sende-Pin TxD verbunden ist. Um dieses zu setzen, müssen wir fortwährend in die serielle Schnittstelle schreiben (mit `WriteFile()`). Ich jedenfalls habe keinen anderen Weg gefunden.

Hier das vollständige Programm:

```
/* Ampel.cpp  Ampelschaltung */
#include <stdio.h>
#include <time.h>
#include <windows.h>

  DCB dcb;
  HANDLE hCom;
  DWORD dwError;
  BOOL fSuccess;

void warten(int sekunden)
  {
  clock_t start;
  sekunden *= CLOCKS_PER_SEC;
  start = clock();
  while( clock() < start + sekunden)
    ;
  }

// Funktionen für Schaltzustände
void rot()
{
  printf("\nRot");
  dcb.fDtrControl = DTR_CONTROL_DISABLE;
  dcb.fRtsControl = RTS_CONTROL_ENABLE;

  fSuccess = SetCommState(hCom, &dcb);

  if (!fSuccess) {
    printf("Status nicht gesetzt\n");
  }
  else
  {
   warten(10);
  }
}

void rot_gelb()
{
  printf("\nRot\tGelb");
  dcb.fDtrControl = DTR_CONTROL_ENABLE;
  dcb.fRtsControl = RTS_CONTROL_ENABLE;

  fSuccess = SetCommState(hCom, &dcb);

  if (!fSuccess) {
    printf("Status nicht gesetzt\n");
  }
  else
  {
   warten(2);
  }
}
```

```
void gruen()
{
  printf("\n\t\tGruen");

  dcb.fDtrControl = DTR_CONTROL_DISABLE;
  dcb.fRtsControl = RTS_CONTROL_DISABLE;

  fSuccess = SetCommState(hCom, &dcb);

  if (!fSuccess) {
    printf("Status nicht gesetzt\n");
  }
  else
  {
    unsigned long geschrieben;
    unsigned char zeichen = 0;
    clock_t start;
    int sekunden = 2 * CLOCKS_PER_SEC;
    start = clock();
    while( clock() < start + sekunden)
    {
      zeichen++;
      zeichen %= 255;
      WriteFile(hCom,&zeichen,1,&geschrieben,0);
    }
  }
}

void gelb()
{
  printf("\nGelb");
  dcb.fDtrControl = DTR_CONTROL_ENABLE;
  dcb.fRtsControl = RTS_CONTROL_DISABLE;

  fSuccess = SetCommState(hCom, &dcb);

  if (!fSuccess) {
    printf("Status nicht gesetzt\n");
  }
  else
  {
   warten(3);
  }
}



// Array von Zeigern auf Funktionen
void (*fpointer[4]) ();

int main()
{

  hCom = CreateFile("COM2",
      GENERIC_READ | GENERIC_WRITE,
```

```
        0,    /* comm devices must be opened w/exclusive-access */
        NULL, /* no security attrs */
        OPEN_EXISTING, /* comm devices must use OPEN_EXISTING */
        0,    /* not overlapped I/O */
        NULL  /* hTemplate must be NULL for comm devices */
        );

  if (hCom == INVALID_HANDLE_VALUE)
  {
     dwError = GetLastError();

     /* handle error */
     printf("Mist! nicht geoeffnet\n");
}

fSuccess = GetCommState(hCom, &dcb);

if (!fSuccess) {
    /* Handle the error. */
    printf("Mist! kein Status\n");
}


  int i;

  // Zeiger initialisieren (mit Funktionen)
  fpointer[0]=rot;
  fpointer[1]=rot_gelb;
  fpointer[2]=gruen;
  fpointer[3]=gelb;


  // Array durchlaufen (Ampel in Betrieb nehmen)
  for (i=0;i<=3;i++)
    fpointer[i]();

  CloseHandle(hCom);
  hCom = NULL;

  return 0;
}
```

Messen mit dem PC

Um Messungen und anspruchsvollere Steuerungen mit dem PC vorzunehmen (beispielsweise für Forschungszwecke), sind die seriellen und parallelen Schnittstellen eher ungeeignet.

In solchen Fällen fährt man meist besser damit, in leistungsfähige AD-Wandler-Karten zu investieren. Achten Sie beim Kauf darauf, dass die AD-Wandler-Karte mit einer API (Bibliothek) ausgeliefert wird, deren Funktionen Sie in Ihren Programmen aufrufen und nutzen können.

Das CompuLab-Interface

Wer schnell und ohne großen Programmieraufwand mit seinem PC messen, steuern und experimentieren möchte, dem kann ich das CompuLab- oder das SIOS-Interface von

```
AK-Modul-Bus
Technische Lehrmittel
Tel. 02574 / 8090
www.modul-bus.de
```

empfehlen (auch wenn es nicht ganz billig ist).

27 Internationalisierung und Lokalisierung

Internationalisierung und Lokalisierung sind zwei Begriffe, die eng zusammenhängen. Internationalisierung bedeutet, dass man Programme für den internationalen Markt so implementiert, dass man sie später mit möglichst geringem Aufwand an die nationalen Eigenheiten verschiedener Kulturkreise anpassen kann. Die Anpassung an die nationalen Eigenheiten bezeichnet man als Lokalisierung.

Grundsätzlich sind es drei Punkte, die bei der Lokalisierung eines Programms zu berücksichtigen sind:

- der verwendete Zeichensatz.
- bestimmte nationale Eigenheiten (Währungssymbol, Darstellung von Gleitkommazahlen, Datumsangaben)
- Textausgaben des Programms.

27.1 Der Zeichensatz

Grundsätzlich muss ein Programm in der Lage sein, Text und Eingaben der jeweiligen Landessprache einzulesen, zu verarbeiten und auszugeben.

Grundsätzlich ist dies für Programme aus dem westlichen Kulturraum kein allzu großes Problem, da der jeweils verwendete Compiler viel abfangen kann.

Mehrsprachige Eingaben

Der ANSI-Zeichensatz

Windows-Compiler unterstützen als Ausführungszeichensatz derzeit üblicherweise den ANSI-Zeichensatz, sodass es mit der Verarbeitung der Zeichen westlicher Länder kaum Probleme gibt.

INFO

In Zukunft werden die Compilerbauer vermutlich auf Unicode[1] umsteigen – für Java ist dies bereits geschehen.

1 Unicode ist ein standardisierter 16-Bit-Zeichensatz, in dem auch die arabischen und asiatischen Zeichen definiert sind.

Wenn Sie also ein Windows-Programm schreiben, das vom Anwender dessen Namen abfragt, ist es egal, ob der Anwender `Müller` oder `Bjørnsen` heißt. (Ich hoffe, das norwegische »ö« ist jetzt nicht beim Satz verloren gegangen.) Sofern Ihr Compiler den ANSI-Zeichensatz als Ausführungszeichensatz unterstützt, kann er ü und ø ohne Probleme verarbeiten.

Wie sieht es aufseiten der Anwender aus?

Der Deutsche Müller kann seinen Namen auf seinem PC ohne Probleme eingeben, ebenso kann der Norweger Bjørnsen seinen Namen auf seinem PC in Norwegen ohne Probleme eingeben. Wenn der Norweger aber in Deutschland arbeitet und mit Herrn Müller an dessen PC sitzt, gibt es ein Problem: Wie soll er das ø eintippen?

Die Tastaturbelegung

Dieses Problem hat allerdings nichts mit dem Programm, sondern viel mehr mit dem Betriebssystem, speziell der Tastaturbelegung zu tun. Eine Möglichkeit wäre – unter Windows 95/98 –, über die Systemsteuerung, Symbol TASTATUR, Registerkarte SPRACHE, die Tastaturunterstützung für Norwegisch einzurichten und dann bei Bedarf über eines der Tastenkürzel oder das Symbol in der Taskleiste die Tastaturbelegung umzustellen. Eine andere Möglichkeit wäre, den ANSI-Code des Zeichens über die numerische Tastatur einzugeben: numerische Tastatur aktivieren, `ALT`-Taste gedrückt halten und 0248 eingeben.

INFO

Die MS-DOS-Eingabeaufforderung unterstützt nicht den ANSI-, sondern nur den ASCII-Zeichensatz, weswegen deutsche Umlaute nie korrekt ausgegeben werden. Man kann dem abhelfen, indem man in den Stringausgaben des Programms, die ANSI-codiert sind, den ASCII-Code des auszugebenden Zeichens eintippt:

```
cout << "\x84 \x94 \x81" << endl;
```

Die Fonts

Es gibt noch andere Probleme, die mit dem Betriebssystem zu tun haben. Beispielsweise, wenn Ihr Programm Zeichen ausgibt, die auf der Plattform, auf der das Programm ausgeführt wird, nicht dargestellt werden können, weil der gewählte Font für die betreffenden Zeichen keine Darstellung hat (üblicherweise sieht man dann nur leere Kästchen). Unter Umständen kann man sich in solchen Fällen durch die Auswahl eines anderen Fonts behelfen.

Zeichen vergleichen

Wichtig ist aber nicht nur die korrekte Darstellung der Zeichen eines Zeichensatzes. Kritisch wird es auch, wenn ein Programm Strings vergleicht oder herauszufinden versucht, ob ein bestimmtes Zeichen ein Buchstabe, eine Ziffer oder überhaupt ein druckbares Zeichen darstellt.

Die C++-Bibliothek sieht für Fälle, in denen der Programmierer mit dem Standardverhalten nicht auskommt, die Implementierung eigener Lokale und Facetten vor – für Zeichenvergleiche beispielsweise die Facette `collate`.

Auf Lokale und Facetten werde ich im Abschnitt 27.2 noch etwas näher eingehen.

Als letzten Aspekt möchte ich noch das Einlesen und Verarbeiten mehrsprachiger Dokumente anführen, die – um Platz zu sparen – häufig in mehreren Zeichensätzen codiert werden. In Programmen werden solche Texte üblicherweise in einen 16- oder 32-Bit-Zeichensatz umgewandelt, was die Bearbeitung des Textes durch das Programm erleichtert. Beim Zurückschreiben in die Datei wird dann wieder in die verschiedenen Zeichensätze konvertiert (siehe auch Kapitel 6.5).

C/C++ stellt zur Unterstützung größerer Zeichensätze (beispielsweise UNICODE) den Datentyp `wchar_t`, eine Reihe von passenden C-Funktionen (aus `wchar.h` und `wctype.h`) und die C++-Klasse `wstring` zur Verfügung.

27.2 Nationale Formatierungen und Lokale

Wird ein Programm ausgeführt, läuft es innerhalb einer lokalen Umgebung ab, die festlegt, wie sich das Programm bezüglich bestimmter nationaler Eigenheiten zu verhalten hat. Zu diesen lokalen Einstellungen gehören beispielsweise die Formatierung von Fließkommazahlen (Komma oder Punkt zur Abtrennung von Nachkommstellen), das Format für Datumsangaben, das zu verwendende Währungszeichen, etc.

Die Gesamtheit dieser Einstellungen bezeichnet man als Lokale, einzelne Kategorien (Datum, Währungssystem, Zeichencodierung) innerhalb einer Lokale als Facetten.

Ein C/C++-Programm läuft per Voreinstellung unter der Standard-C-Lokale `"C"` ab, es kann aber auch andere Lokale verwenden, sofern solche vom Betriebssystem oder dem Compiler zur Verfügung gestellt werden.

In C++ kann ein Programm darüber hinaus eigene Lokale definieren oder Facetten bestehender Lokale durch eigene Facetten ersetzen (indem es eine neue Locale als Kopie einer bestehenden Locale erzeugt und dabei dem Konstruktor zusätzlich den Ersatz für die betreffende Facette übergibt).

Mit Lokalen arbeiten

In C verwendet man zum Wechseln der Facette die Funktion `setlocale()`. Die ausgewählte Lokale beeinflusst die Arbeitsweise anderer C-Funktionen, wie z.B. `printf()`, `strftime()` oder `tolower()`.

In C++ erzeugt man die Lokale als Objekte der Klasse `locale` (wobei man in C++ auch mehrere `locale`-Objekte gleichzeitig in einem Programm haben kann). Diese Lokale kann man mithilfe der Methode `imbue()` auf Streams anwenden.

INFO

Wenn man in einem C++-Programm Lokale-abhängige C-Funktionen verwendet (siehe oben) und deren Verhalten durch eine im Programm definierte `locale`*-Instanz anpassen möchte, kann man die* `locale`*-Instanz mithilfe der statischen Methode* `locale::global()` *zur globalen Lokale machen.*

Welche Lokale stehen zur Verfügung?

Um mit bestehenden Lokalen zu arbeiten, muss man wissen, wie diese heißen.

Stets zur Verfügung stehen die Lokale:

- `"C"` eine minimale Umgebung für C-Compiler (Anfangs-Lokale bei jeder Programmausführung)
- `" "` die implementierungsspezifische native Umgebung der Plattform

Welche weiteren Lokale zur Verfügung stehen und wie diese heißen, hängt von Ihrem Betriebssystem und Ihrem Compiler ab. Übliche Namen sind:

`de_DE`, `De_DE`, `German`, `en_US`, `en_GB`, etc.

Ansonsten kann man in C++ neue Lokale auf der Grundlage bestehender Lokale erzeugen.

Datumsanzeige lokalisieren

Das folgende Programm versucht, das aktuelle Datum gemäß dreier Lokalen zu formatieren und auszugeben:

- gemäß der Lokale `"German"`
- gemäß der Lokale `"C"`
- gemäß der nativen Lokale `""`

```
// localC.cpp    Lokale in C
#include <stdio.h>
#include <locale.h>
#include <time.h>

int main()
{
  time_t ltime;
  struct tm *akttime;
```

```
    unsigned char str[100];

    setlocale(LC_ALL, "German");
    time (&ltime);
    akttime = gmtime(&ltime);

    strftime((char *)str, 100, "%x", (const struct tm *)akttime);
    printf("Datumsangabe fuer deutsche Lokale: '%s'\n",str);

    setlocale(LC_ALL, "C");
    time (&ltime);
    akttime = gmtime(&ltime);

    strftime((char *)str, 100, "%x",(const struct tm *)akttime);
    printf("Datumsangabe fuer C-Lokale: '%s'\n",str);

    setlocale(LC_ALL, "");
    time (&ltime);
    akttime = gmtime(&ltime);

    strftime((char *)str, 100, "%x",(const struct tm *)akttime);
    printf("Datumsangabe fuer native Lokale: '%s'\n",str);

    return 0;
}
```

Wird das Programm mit dem Visual-C++-Compiler erstellt und unter einer deutschen Windows-Plattform ausgeführt, liefert es die folgende Ausgabe aus (siehe Abbildung 27.1).

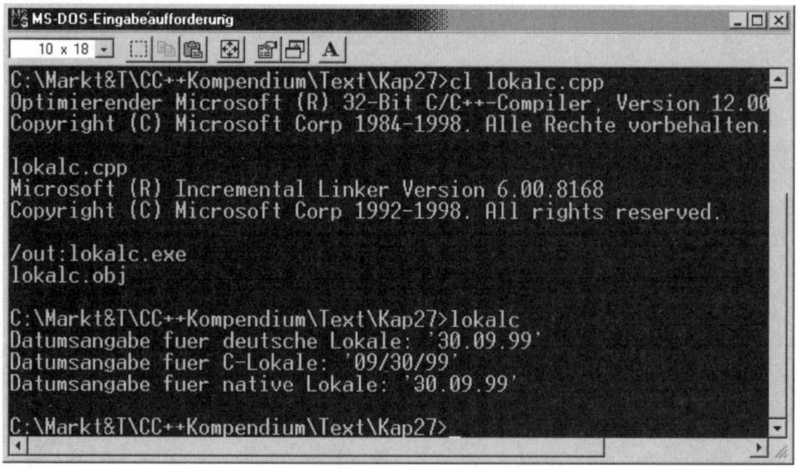

Abbildung 27.1: Lokalisierte Datumsausgabe

Gleitkommaausgaben lokalisieren

Das folgende Beispiel zeigt, wie man in C++ eine eigene Facette und eine eigene Lokale zur Formatierung von Gleitkommazahlen definiert – beispielsweise, wenn der Compiler keine deutsche Lokale unterstützt.

```
// Lokalcpp.cpp
#include <iostream>   // Die locale-Einstellungen können auch
#include <locale>     // bei der Überladung der Streamoperatoren
                      // eingesetzt werden.
#include <stdio.h>
using namespace std;

// Eigene Facette, die Komma statt eines Dezimalpunkts setzt
class de_Num : public numpunct_byname<char> {
  public:
    de_Num(const char* name) : numpunct_byname<char>(name) {
      }
  protected:
    virtual char_type do_decimal_point() const {
      return ',';
      }
  };

int main(int argc, char **argv)
  {
  // Eigene locale mit de_Num-Facette
  // nach ANSI:  locale myloc(locale("C"), new de_Num(""));
  // fuer Visual C++:
  locale myloc = _ADDFAC(locale("C"), new de_Num(""));

  cout << "Gleitkommazahl unter der Lokale C: \t" << 3.1415
       << endl;

  // locale für Stream setzen
  cout.imbue(myloc);
  cout << "Gleitkommazahl unter neuer Lokale:\t" << 3.1415
       << endl;

  return 0;
  }
```

Abbildung 27.2: Lokalisierung von Gleitkommazahlen

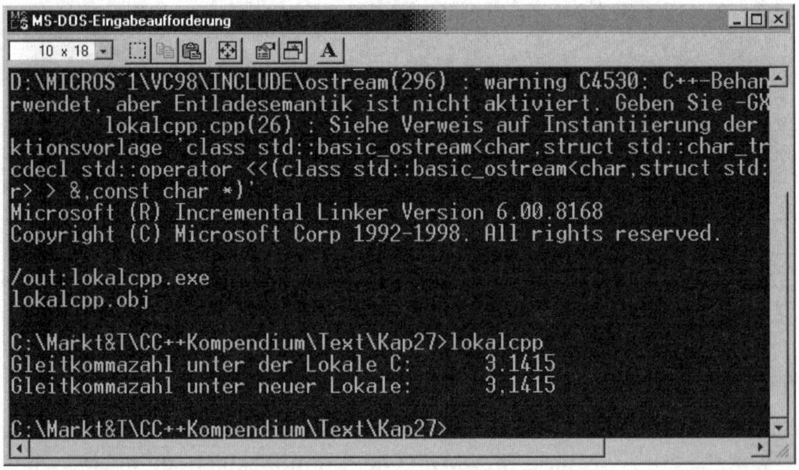

Für die Formatierung von Gleitkommazahlen, speziell die Darstellung des Zeichens zur Trennung von Vor- und Nachkommastellen, ist die Facette `numpunct` zuständig. Das obige Programm leitet daher zuerst eine eigene Klasse von `numpunct_byname` für den Datentyp `char` ab und überschreibt in dieser die Methode `do_decimal_point()`.

Um diese Facette bei der Ausgabe nutzen zu können, sind zwei Schritte erforderlich:

1. Es muss eine Lokale erzeugt und in diese die Facette eingebaut werden.
2. Die Lokale mit der Facette muss mit dem Ausgabestream verbunden werden.

Den ersten Punkt erledigt man durch Aufruf des passenden `locale`-Konstruktors:

```
locale myloc(locale("C"), new de_Num(""));
```

Visual C++ unterstützt diese Syntax derzeit noch nicht (genauer gesagt, werden die erforderlichen Template-Konstruktoren nicht unterstützt). Schreiben Sie in Visual C++-Programmen daher:

```
locale myloc = _ADDFAC(locale("C"), new de_Num(""));
```

Um die Lokale mit einem Stream zu verbinden, verwendet man die Stream-Methode `imbue()`:

```
// locale für Stream setzen
  cout.imbue(myloc);
```

Um in C++-Builder-Programmen mit Lokalen arbeiten zu können, muss man zuerst die Unterstützung für Lokale einschalten:

```
#define __USELOCALES__
```

In C gibt es immer nur eine globale Lokale, was recht unpraktisch sein kann – beispielsweise, wenn man zum Einlesen eine andere Lokale verwenden will als zum Ausgeben.

27.3 Text und Stringtabellen

Programme verwenden an vielen Stellen Textausgaben:

- für Menüs
- für Eingabeaufforderungen
- für Warnungen und andere Meldungen etc.

Sind diese Textpassagen als String-Literale über das ganze Programm verstreut, ist es sehr mühsam, das Programm bei Bedarf für den Verkauf in einem anderen Land zu lokalisieren, sprich die Literale in eine andere Sprache zu übersetzen.

Man kann die Lokalisierung von String-Literalen aber durch verschiedene, mehr oder wenig aufwändig zu implementierende Konzepte erleichtern.

- Man kann alle Strings in Form einer Stringtabelle am Anfang des Programms definieren. Im Falle einer Lokalisierung braucht man dann nur die Tabelle zu bearbeiten (siehe Beispiel).
- Man kann auch gleich mehrere lokalisierte Stringtabellen vorsehen. Welche Stringtabelle verwendet wird, kann über Compiler-Schalter und bedingte Kompilierung gesteuert werden.
- Ohne Neukompilation kommt man aus, wenn man die Strings aus einer externen Datei einliest. Windows-Programme verwenden dieses Konzept nicht nur für Stringtabellen, sondern auch für Menüs, Dialogfelder und andere Elemente – die so genannten Ressourcen.

```
// StrTab.cpp
#include <stdio.h>

// Stringtabelle
const char *meldung[] =
   {
   "Programm wird beendet",
   "Geben Sie eine Zahl zwischen 0 und 5 ein: ",
   "Die Eingabe war nicht korrekt!",
   "Fuer Hilfe F1 druecken",
   "Bitte warten...",
   "Das Programm wurde unerwartet abgebrochen.",
   };


int main()
  {
  int eingabe;
  printf("Willkommen beim Stringtabellen-Testprogramm\n\n");

  do
    {
    printf("%s\n\n",meldung[1]);
    scanf("%d",&eingabe);
    fflush(stdin);

    if(eingabe>=0 && eingabe <=5)
      printf("Meldung: %s\n\n\n",meldung[eingabe]);
    } while(eingabe!=0);

  return 0;
  }
```

28 Windows-GUI-Programmierung

Als Programmierneuling beginnt man üblicherweise mit der Erstellung von Konsolenprogrammen (unter Windows sind dies Programme, die im Fenster der MSDOS-Eingabeaufforderung ablaufen). Die Beschränkung auf Konsolenprogramme ohne grafische Benutzeroberfläche hat den Vorteil, dass man sich ganz auf das Erlernen der C/C++-Syntax konzentrieren kann und sich nicht noch zusätzlich mit den speziellen Anforderungen auseinandersetzen muss, die Windowing-Systeme an die unter ihnen laufende Programme stellen.

Ich möchte damit allerdings nicht den Eindruck erwecken, Konsolenprogramme seien nichts anderes als eine Spiel- und Lernwiese für C/C++-Anfänger. Für Konsolenprogramme, oder allgemein für Programme, die nicht unter einem multithreadfähigen Windows-System laufen, gibt es eine Vielzahl von Einsatzmöglichkeiten: Programme zur Durchführung wissenschaftlicher Berechnungen, Programme zur Steuerung von technischen Geräten, Maschinen und Robotern, Serverprogramme etc..

Auf der anderen Seite wird von Anwenderprogrammen für den PC heute erwartet, dass sie unter grafischen Window-Oberflächen laufen (Windows 95/98/NT/XP, X, OSF MOTIF, etc.). Viele C++-Programmierer hegen daher das Bestreben, irgendwann auch für solche fensterorientierten Multithread-Systeme zu programmieren. Die folgenden Ausführungen sollen Ihnen eine Vorstellung davon geben, was bei der Windows-GUI[1]-Programmierung auf Sie zukommt. Die Ausführungen konzentrieren sich auf die Windows 95/NT-Familie, gelten im Wesentlichen aber auch für XWindows und OSF Motif.

28.1 Windows-Grundlagen

Windows verlangt eine völlig andere Art der Programmierung als DOS, UNIX oder die Windows-Konsole. Konsolenprogramme sind egoistische Algorithmen, die sämtliche Systemressourcen für sich beanspruchen. Sie verlangen ungeteilte Aufmerksamkeit – was ihre Schnittstelle zur Außenwelt stark vereinfacht. Für die wichtigsten Interaktionen mit der Außenwelt (Eingabe von Tastatur, Ausgabe an Bildschirm, Dateimanagement) kann man

1 Die Abkürzung GUI steht für »Graphical User Interface«, sprich »grafische Benutzerschnittstelle«.

die Standardfunktionen aus der C/C++-Laufzeitbibliothek nutzen. Fortgeschrittenere Interface-Techniken, wie zum Beispiel die Behandlung von Mausaktionen oder grafische Benutzeroberflächen, müssen dagegen zumeist in mühsamer Kleinarbeit auf niedrigster Ebene programmiert werden (oder man besorgt sich entsprechende Bibliotheken). Aufruf und Wechsel in andere Programme sind nur möglich, wenn das laufende Programm beendet wird.

Ganz anders unter Windows. Hier teilen sich mehrere Programme die Systemressourcen und der Wechsel zwischen Anwendungen ist kein Problem. Dies erfordert allerdings einen erheblichen Mehraufwand bei der korrekten Verwaltung der Systemressourcen. Glücklicherweise nimmt Ihnen dies der Windows-Manager ab. Er sorgt dafür, dass sich gleichzeitig aufgerufene Anwendungen nicht ins Gehege kommen und dass die einzelnen Anwendungen korrekt mit der Außenwelt kommunizieren. Darüber hinaus stellt Ihnen das Windows Application Programming Interface (API) eine Reihe mächtiger Funktionen zur Verfügung, die die grafischen Fähigkeiten Ihrer Programme revolutionieren, neue Wege der Kommunikation zwischen Anwendungen eröffnen und ein erhebliches Plus an Bedienerfreundlichkeit bringen. Von Ihnen wird dafür verlangt, dass Sie eine korrekte Schnittstelle zwischen Ihrem Programm und dem Windows-Manager bereitstellen und sich mit den Möglichkeiten der API-Funktionen vertraut machen.

Windows aus Sicht des Programmierers

Wem braucht man heute noch zu erklären, wodurch sich ein fensterbasiertes Betriebssystem wie Windows auszeichnet?! Nun kann man aber ein und dasselbe Ding von verschiedenen Seiten beleuchten, und daraus dass man sich mit einer Seite, einem Aspekt, gründlich beschäftigt hat, folgt keineswegs, dass man auch etwas über die andere Seite ableiten kann. Ich zum Beispiel bin perfekt in der Bedienung meines Fernsehers. Damit meine ich, dass ich den Fernseher nicht nur ein- und ausschalten oder einen bestimmten TV-Kanal einstellen kann, sondern dass ich auch weiß, wie man Kanäle einstellt, wie man Videotext nutzt und wie ich den Ton des Fernsehers über meine Stereoanlage ausgeben kann. Aber hilft mir das etwas, wenn der Bildschirm nur noch Ameisenhaufen zeigt oder ganz dunkel bleibt? Leider nein, denn meine Auffassung von einem Fernseher ist dafür viel zu begrenzt und zu einseitig. Dafür benötigt man schon einen Fernsehtechniker, der den Fernseher mit ganz anderen Augen sieht (und sich seine Einsicht in die Materie meist entsprechend vergüten lässt). Meine Freundin wiederum sieht den Fernseher als Staubfänger – eine Sichtweise, die mir bislang ebenso verschlossen geblieben ist, wie das Know-how des Fernsehtechnikers.

Ich denke, man könnte noch eine ganze Anzahl weiterer interessanter Ansichten und Einsichten zum Thema Fernseher zusammentragen, doch wir wollen nicht zu weit abschweifen und wieder zu unserem eigentlichen

Metier zurückkehren. Versuchen wir zusammenzutragen, wie sich fensterbasierte Betriebssysteme im Allgemeinen und die Windows 95/NT-Familie im Besonderen dem Programmierer darstellen.

Stellvertretend für die meisten fensterbasierten Betriebssysteme hält Windows folgende Herausforderungen und Möglichkeiten für den Programmierer bereit:

- Windows ist vollkommen grafisch orientiert. Das perfekte Eingabemedium für grafische Oberflächen ist die Maus. Auch wenn Windows rein über die Tastatur zu bedienen ist, stellt die Maus das bei weitem gebräuchlichere Medium dar. Die meisten Windows-Programme unterstützen daher die Maus in vielfältiger Weise.
- Unter Windows können mehrere Programme gleichzeitig ablaufen. Allerdings handelt es sich dabei um keine echte parallele Verarbeitung. Stattdessen teilen sich die laufenden Anwendungen die CPU, den Speicher, etc. Die Verteilung der Ressourcen des Systems (Rechenzeit, Speicherkapazität, etc.) übernimmt Windows. Damit mit diesem so genannten Multitasking eine quasi-parallele Verarbeitung möglich wird, ist es wichtig, dass die einzelnen laufenden Anwendungen stets nach kurzer Zeit die Kontrolle über das System an Windows zurückgeben (dabei ist zwischen dem kooperativen Multitasking von Win16 (Windows 3.x) und dem preemptiven Multitasking von Win32 (Win95 und WinNT) zu unterscheiden).

PREEMPTIVES MULTITASKING: Beim preemptiven Multitasking hat das Betriebssystem die Möglichkeit, jede Anwendung zu praktisch jedem beliebigen Zeitpunkt anzuhalten und den Prozessor und die anderen Systemressourcen einem anderen Programm zuzuweisen. Zum einen wird das System damit stabiler, da nun auch Anwendungen, die in Endlosschleifen gefangen sind, vom Betriebssystem gestoppt werden können, zum anderen ist es möglich, durch die Vergabe von »Zeitscheiben« an die einzelnen Anwendungen, diese quasi parallel auszuführen, indem sie einfach nacheinander, immer für die Dauer einer Zeitscheibe aufgerufen werden.

MULTITHREADING: Unter 32-itindows ist eine Anwendung ein Prozess mit mindestens einem, möglicherweise aber mehreren Threads. Der Hauptthread ist dabei die Anwendung selbst. Daneben kann ein Prozess weitere Threads erzeugen und parallel ablaufen lassen. Alle Threads gehören dann dem gleichen Prozess an und können mit diesem kommunizieren, haben aber wie gesagt den Vorteil, dass sie parallel ablaufen. So kann eine Editor-Anwendung eine Druckerausgabe als Thread starten und dem Benutzer auf diese Weise ermöglichen, während der Druckerausgabe mit der Textbearbeitung fortzufahren. Allerdings verlangsamt jeder laufende Thread die Performance des Gesamtsystems (schließlich müssen sich ja alle Threads eine CPU teilen).

- Da unter Windows zumeist mehrere Anwendungen gleichzeitig ablaufen, muss sichergestellt werden, dass Eingaben vom Benutzer (über Maus oder Tastatur) auch zu den richtigen Anwendungen gelangen. Diese Aufgabe übernimmt ebenfalls Windows. Benutzereingaben werden also nicht direkt an die betreffende Anwendung verschickt. Vielmehr werden alle Benutzereingaben von Windows aufgefangen. Gleichzeitig stellt der Windows-Manager fest, zu welcher Anwendung die Eingabe gehört. Dies ist meist diejenige Anwendung, zu der das gerade aktive Fenster gehört. Dann sendet der Windows-Manager eine entsprechende Nachricht an die Anwendung.
- Windows übernimmt die Verwaltung der Peripheriegeräte. Programme können daher weitgehend Hardware-unabhängig programmiert werden. Für die Kommunikation zwischen den Anwendungen und den Peripheriegeräten sorgt Windows.
- Windows verlangt eine besondere Art der Speicherverwaltung. Da mehrere Anwendungen gleichzeitig in den Arbeitsspeicher geladen werden können, muss sichergestellt sein, dass sich die Programme nicht ins Gehege kommen. So muss beispielsweise verhindert werden, dass ein Programm wichtige Daten eines anderen Programms überschreibt. Andererseits ist der Arbeitsspeicher auf den meisten PCs noch immer ein wertvolles Gut. Der Umgang mit dem Arbeitsspeicher sollte daher möglichst effizient erfolgen. Neben dem Programmierer sorgt hierfür auch wieder der Windows-Manager.

Was müssen Sie beachten?

So weit, so gut. Über die wichtigsten Charakteristika von Windows in seiner Eigenschaft als fensterbasiertes Betriebssystem wären wir uns damit einig. Jetzt stellt sich die Frage, welche Konsequenzen sich aus diesen Punkten für die tägliche Programmierarbeit ergeben? Was muss beachtet werden?

1. Jedes unter Windows ausgeführte Programm wird beim Windows-Manager angemeldet und bekommt von diesem eine eindeutige Kennung, den so genannten Instanz-Handle, zugewiesen. Aufgabe des Programms ist es daher, diesen von Windows vergebenen Instanz-Handle zu übernehmen. Unter anderem aus diesem Grunde beginnen Windows-Programme mit einer besonderen Eintrittsfunktion, die jetzt `WinMain()` und nicht mehr `main()` heißt, und neben dem Instanz-Handle noch drei weitere Parameter zugewiesen bekommt.
2. Windows-Programme bestehen aus Fenstern, die die grafische Schnittstelle zum Anwender darstellen. Für jedes Fenster, das Sie erzeugen, muss aber zuvor unter Windows eine Fensterklasse angemeldet worden sein. (Man spricht hier zwar von Fensterklasse, Windows erwartet aber, da es selbst nicht objektorientiert programmiert ist, eine Struk-

tur.) Auf der Grundlage einer einmal angemeldeten Fensterklasse können Sie beliebig viele »reale« Fenster erzeugen. Für bestimmte Fenster, namentlich die uns allen bekannten Meldungsfenster und Standardsteuerelemente (Eingabefelder, Schaltflächen, Listenfelder, etc.), sind die zugehörigen Fensterklassen bereits in Windows selbst definiert.

3. Windows muss mit Ihren Fenstern kommunizieren können. Dies sieht kurz gesagt so aus, dass Windows Nachrichten an die Fenster schickt, um die Fenster über irgendwelche Vorkommnisse zu informieren. Glücklicherweise müssen Sie als Programmierer nun nicht alle einkommenden Windows-Nachrichten verarbeiten (es sind nach letzter Zählung über 200), sondern haben die Freiheit, nur die für Sie interessanten Nachrichten abzufangen. Auf jeden Fall müssen Sie aber Windows eine Adresse übergeben, die Windows anzeigt, wohin es die Nachrichten für ein Fenster schicken soll. Diese Adresse ist schlichtweg die Adresse der Funktion, in der die Nachrichten abgefangen und bearbeitet werden. Das Programm definiert für jede Fensterklasse eine solche Funktion, die so genannte Fensterfunktion, und übergibt Windows deren Adresse. Hat Windows Nachrichten für das Fenster, ruft es diese Funktion auf und übergibt ihr als Parameter alle nötigen Informationen zu der zu verarbeitenden Nachricht. Da die Fensterfunktion von Windows aufgerufen wird, spricht man auch von einer Callback-Funktion. In der Definition der Funktion filtert der Programmierer die zu verarbeitenden Nachrichten heraus (traditionell in einer `switch`-Anweisung) und legt die Bearbeitung dieser Nachrichten fest.

4. Ein Windows-Programm muss auch Eingaben vom Benutzer empfangen können. Diese werden von Windows in Nachrichten verpackt und in eine so genannte Nachrichtenwarteschlage eingetragen und müssen von der Anwendung ausgelesen werden (Unter Win32 verfügt nicht nur jede Anwendung, sondern jeder Thread einer Anwendung über eine eigene Nachrichtenwarteschlange.) Nach dem Auslesen der Nachrichten durch die Anwendung werden die Nachrichten dann wieder auf dem Umweg über Windows an die entsprechenden Fensterfunktionen verschickt. Für die Verarbeitung der Benutzereingaben sorgt im Programm eine `while`-Schleife aus drei API-Funktionen, die man als »Message Loop« bezeichnet.

28.2 API-Programmierung

Jedes Windows-Programm muss obige vier Punkte beachten. Ein einfaches Windows-Programm, das Klicke mit der linken Maustaste abfängt und mit einer Textausgabe quittiert, käme damit schon auf stattliche 79 Zeilen:

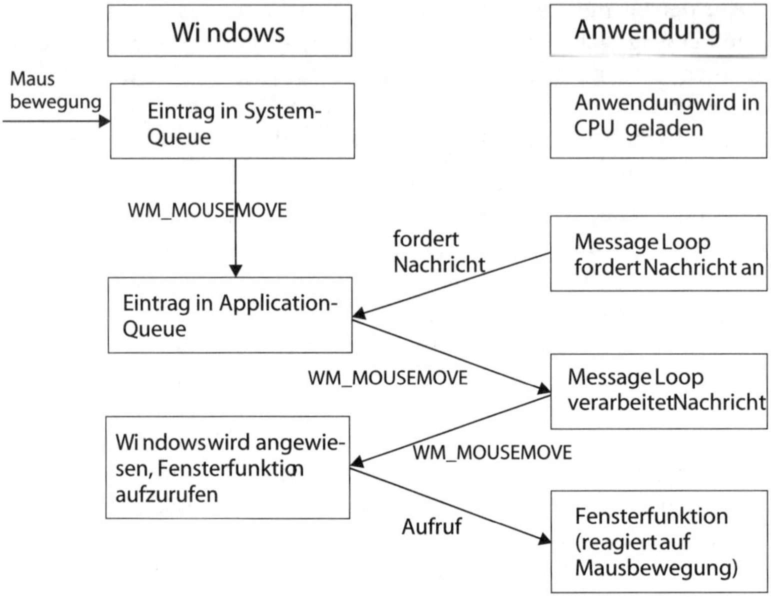

Abbildung 28.1: Nachrichtenverarbeitung unter Windows

Um das folgende API-Programm mit Visual C++ zu erstellen und auszuführen, legen Sie über den Befehl Datei/Neu eine neue Win32-Anwendung an. Entscheiden Sie sich im nachgeschalteten Dialog für die Option Ein leeres Projekt. Kopieren Sie dann die Datei API.CPP von der Buch-CD in das Verzeichnis des neu angelegten Projekts. Über den Befehl Projekt/Dem Projekt hinzufügen/Dateien können Sie die Quelltextdatei in die Projektverwaltung aufnehmen. Über den Befehl Erstellen/Ausführen von ... (Strg + F5) können Sie das Programm erstellen und ausführen.

Um das API-Programm im C++-Builder zu erstellen und auszuführen, legen Sie über das Menü Datei eine neue Anwendung an. Lassen Sie sich dann das Fenster der Projektverwaltung anzeigen (Befehl Projektverwaltung im Menü Ansicht) und laden Sie per Doppelklick den Projektquelltext in den Editor. Ersetzen Sie die komplette `WinMain()`*-Funktion des Projektquelltextes durch den nachfolgenden Code (Inhalt der Datei* API.CPP *auf der Buch-CD). Entfernen Sie die Unit1-Datei aus dem Projekt. Erstellen Sie das Programm über den Menübefehl Start/Start:*

```
// API.cpp : Ein echtes Windows-Programm.
//

#include <windows.h>

// Vorwärtsdeklaration
LRESULT CALLBACK WndProc(HWND, UINT, WPARAM, LPARAM);

// Eintrittsfunktion, die Argumente werden von Windows an
// die Funktion übergeben
```

```
int APIENTRY WinMain( HINSTANCE hInstance,
                      HINSTANCE hPrevInstance,
                      LPSTR     lpCmdLine,
                      int       nCmdShow )
{
  HWND          hWindow;     // Fenster-Handle
  MSG           Message;     // Struktur für Nachrichten
  WNDCLASS      WinClass;    // Fensterklasse

 // Fensterklasse einrichten
 memset(&WinClass,0,sizeof(WNDCLASS));
 WinClass.style = CS_HREDRAW | CS_VREDRAW;
 WinClass.lpfnWndProc = WndProc;
 WinClass.hInstance = hInstance;
 WinClass.hbrBackground = (HBRUSH) (COLOR_WINDOW+1);
 WinClass.hCursor = LoadCursor(NULL, IDC_ARROW);
 WinClass.lpszClassName = "Windows-Programm";

 // Fensterklasse anmelden
 if(!RegisterClass(&WinClass))
    return(FALSE);

 // erstelle Hauptfenster der Anwendung
 hWindow = CreateWindow("Windows-Programm",
                        "API-Programm",
                        WS_OVERLAPPEDWINDOW, 10, 10,
                        400,300,NULL,NULL,hInstance,NULL);
 // Hauptfenster anzeigen
 ShowWindow(hWindow, nCmdShow);
 UpdateWindow(hWindow);

 // Message loop
 while (GetMessage (&Message, NULL, 0, 0) )
    {
    TranslateMessage(&Message);
    DispatchMessage(&Message);
    }

 return (Message.wParam);
 }


 // Fensterfunktion WinProcedure
 LRESULT CALLBACK WndProc(HWND hWnd, UINT uiMessage,
                          WPARAM wParam, LPARAM lParam)
 {
 char str[30] = "Hier erfolgte Mausklick";
 HDC dc;

 // beantworte Nachrichten mit entsprechenden Aktionen
 switch(uiMessage)
 {

    case WM_LBUTTONDOWN:
         dc = GetDC(hWnd);  // Gerätekontext anfordern
```

```
66:
67:             TextOut(dc, LOWORD (lParam), HIWORD (lParam),
68:                      str,strlen(str));
69:
70:             ReleaseDC(hWnd, dc); // Gerätekontext freigeben
71:             return 0;
72:
73:         case WM_DESTROY:
74:             PostQuitMessage(0);
75:             return 0;
76:         default:
77:             return DefWindowProc(hWnd,uiMessage,wParam,lParam);
78:     }
79: }
```

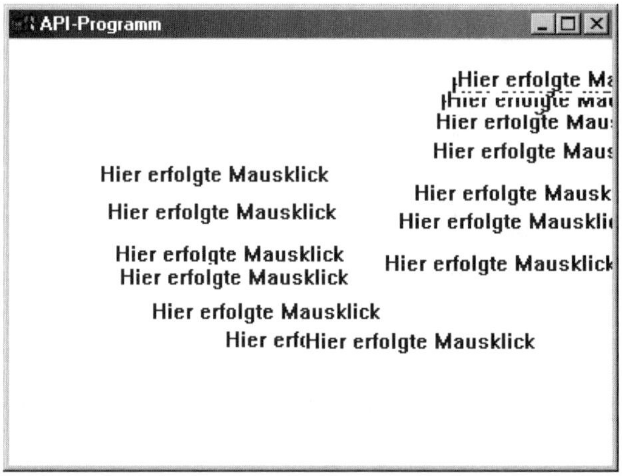

Abbildung 28.2: Ausgabe des API-Programms

Analyse

In den ersten Zeilen stehen lediglich die `#include`-Direktive für die Header-Datei zu den Windows-Bibliotheken (für deren Einbindung sorgt die Projektverwaltung Ihres Compilers; wir haben dazu extra ein Windows-Projekt als Ausgangspunkt gewählt) und die Vorwärtsdeklarationen für die Fensterfunktion des Hauptfensters.

Abgesehen von diesem einleitenden Teil besteht das Programm nur aus den Definitionen zweier Funktionen:

- Der Eintrittsfunktion `WinMain()` (Zeilen 11 bis 51)
- Der Fensterfunktion `WndProc()` (Zeilen 54 bis 79)

Name und Signatur der Eintrittsfunktion `WinMain()` sind genau festgelegt und dürfen nicht verändert werden. (Dies liegt einfach daran, dass das Programm nicht mit der `WinMain()`-Funktion beginnt, sondern mit Anweisungen, die intern vom Compiler erzeugt werden und die als erste Ihrer Funktionen die Funktion `WinMain()` aufrufen. Mit `WinMain()` beginnt also nicht das ganze Programm, aber immerhin der von Ihnen aufgesetzte Code. Da der Compiler mit dem Aufruf eine Funktion `WinMain()` aufruft, müssen Sie sich auch brav nach ihm richten und eine Funktion `WinMain()` entsprechender Signatur als Eintrittspunkt bereitstellen.)

Die Funktion `WinMain()` bekommt von Windows vier Argumente übergeben:

- `HINSTANCE hInstance`: Windows muss alle im System existierenden Objekte (Anwendungen, Fenster, Gerätekontexte, Dateien, etc.) verwalten. Dazu muss es diese Objekte natürlich auch irgendwie identifizieren und ansprechen können. Zu diesem Zweck weist Windows den Objekten so genannte Handles zu – so auch jeder neu aufgerufenen Anwendung. Und damit die Anwendung selbst auch weiß, was für ein Handle ihr zugewiesen wurde, übergibt Windows der Anwendung ihren eigenen Handle als Argument an `hInstance`.
- `HINSTANCE hPrevInstance`: Dieser Parameter ist ein Relikt von Win16 und hat unter Win32 keine Bedeutung mehr (Unter Win16 ist dies das Handle der vorherigen Instanz der Anwendung – falls das Programm mehrfach ausgeführt wird. Wenn Sie unter Win32 kontrollieren wollen, ob ein Programm bereits einmal ausgeführt wird, können Sie mit Hilfe der API-Funktion `FindWindowEx()` nachschauen, ob bereits ein Hauptfenster der Anwendung existiert).
- `LPSTR lpszCmdLine`: Dieser Parameter ist schon interessanter, denn ihm wird die Kommandozeile des Programmaufrufs übergeben.
- `int nCmdShow`: Ein Parameter, der angibt, wie Windows das Hauptfenster der Anwendung beim Start darstellen soll (ob in den normalen Abmaßen, ob als Symbol oder Vollbild, etc.). Die möglichen Werte für `nCmdShow` sind durch die SW_-Konstanten vorgegeben, die im Anhang aufgeführt sind. Meist ist es nicht notwendig, diesen Parameter abzufragen.

WinMain()

Was geschieht nun in `WinMain()`?

1. Zuerst wird die Fensterklasse vorbereitet. In Zeile 18 wurde dazu eine entsprechende Strukturvariable namens `WinClass` angelegt, die dann in den nachfolgenden Zeilen gefüllt wird. In Zeile 23 wird dabei so ganz nebenbei auch noch die Adresse der Fensterfunktion (in diesem, wie in vielen anderen Windows-API-Programmen auch, `WndProc()` genannt) übergeben.
2. In Zeile 30 wird die Fensterklasse registriert. Danach können wir daran gehen, unser Hauptfenster zu erzeugen.
3. In Zeile 34 wird endlich das Hauptfenster erzeugt. Die nachfolgenden Zeilen sorgen dann noch dafür, dass das Fenster auch auf dem Bildschirm erscheint (was nicht ganz selbstverständlich ist, da man Fenster auch erzeugen kann, ohne sie gleich anzuzeigen).

4. Jetzt brauchen wir nur noch dafür zu sorgen, dass die Eingaben des Benutzers korrekt von der Anwendung verarbeitet werden können. Dies geschieht durch die Implementierung der so genannten Message Loop in den Zeilen 43 bis 47. (Die drei Funktionsaufrufe in diesen Zeilen sind übrigens wieder fest vorgegeben und in praktisch jedem Windows-Programm zu finden.)

Was passiert jetzt, wenn der Anwender mit der linken Maustaste in das Hauptfenster der Anwendung klickt?

Windows stellt eine `WM_LBUTTONDOWN`-Nachricht in die Nachrichtenwarteschlange der Anwendung. In der Message Loop wird diese dann von der Funktion `GetMessage()` ausgelesen, von `TranslateMessage()` aufbereitet und über `DispatchMessage()` an die Fensterfunktion des Hauptfensters geschickt – an `WndProc()` also, wie Sie sich sicher erinnern. Werfen wir also einen Blick in das Innere der Fensterfunktion `WndProc()`.

WndProc()

Der Parameter `uiMessage` enthält den Namen der Nachricht: `WM_LBUTTONDOWN`. In der `switch`-Anweisung (Zeile 61) wird dieser Parameter abgefragt. Im Anweisungsblock der `switch`-Anweisung werden dann die verschiedenen Nachrichten ihrer korrekten Bearbeitung zugeführt. So wird die Nachricht `WM_DESTROY` beispielsweise in der üblichen Weise in einer `case`-Anweisung abgefangen und führt dann zum Aufruf der API-Funktion `PostQuitMessage()`, die dann zum Beenden der Anwendung führt (die gezeigte Behandlung der `WM_DESTROY`-Nachricht ist typisch für Hauptfenster).

Als Antwort auf die Nachricht `WM_LBUTTONDOWN` wird ein Gerätekontext für die Ausgabe in das Fenster der Anwendung angefordert (Zeile 65). In diesen Gerätekontext kann man dann mit Hilfe spezieller API-Funktionen zeichnen (Zeilen 67/68). Zum Schluss muss der Gerätekontext wieder freigegeben werden (Zeile 70).

Alle anderen eintreffenden Nachrichten, die wir nicht selbst bearbeiten wollen, führen wir der vorgegebenen Funktion `DefWindowProc()` zu.

Wenn Sie jetzt den Eindruck gewonnen haben, dass Windows-Programmierung recht kompliziert ist, so kann ich Ihnen nur beipflichten. Die Windows-Programmierung muss genauso mühsam erlernt werden wie die C++-Programmierung. Allerdings gibt es eine Reihe von Hilfsmitteln, die die Windows-Programmierung vereinfachen und dem Anfänger den Einstieg erleichtern können.

Klassenbibliotheken

Zum einen wären da die Klassenbibliotheken, beispielsweise die MFC von Microsofts Visual C++, die die ungeordnete Sammlung der API-Funktionen in die logisch nachvollziehbare Ordnung einer wohl strukturierten Klassenhierarchie kapseln. Mit Hilfe einer solchen Klassenbibliothek programmiert es sich schon wesentlich leichter, zumal viele Formalitäten der Windows-Programmierung in den Klassen erledigt und vor dem Programmierer versteckt werden. Visual C++ stellt Ihnen zusätzlich verschiedene Assistenten an die Seite, mit denen Sie Programmgerüste für die verschiedensten Anwendungstypen erstellen können. Ein solcher Assistent erspart Ihnen das manuelle Anlegen von Projekten über die Projektverwaltung, er erzeugt ausführbaren Code für das Grundgerüst des Windows-Programms (Eintrittsfunktion, Hauptfenster) und er kann für bestimmte Probleme mehr oder weniger vollständig funktionsfähigen Code implementieren (Einrichtung eines Menüs, einer Symbolleiste, Funktionalität eines Texteditors, etc.).

RAD-Programmierung

Noch schneller als mit den traditionellen Klassenbibliotheken geht es mit einer RAD-Umgebung wie dem C++-Builder. Die RAD-Umgebung erlaubt Ihnen praktisch, die gesamte grafische Benutzerschnittstelle Ihrer Programme visuell zu erstellen. Statt Code aufzusetzen, müssen Sie nur noch Ihre Fenster mit Steuerelementen und anderen Komponenten bestücken. Um für ein Fenster eine Nachrichtenbehandlungsfunktion einzurichten, müssen Sie nur einmal mit der Maus klicken, schon ist die Nachrichtenbehandlung eingerichtet und Sie brauchen nur noch den Quellcode für die Antwort auf die Nachricht einzutippen.

28.3 MFC-Programmierung

Die führenden Compiler auf dem PC-Sektor waren jahrelang der Visual C++-Compiler von Micosoft und der Borland C++-Compiler von Borland/ Inprise. Diese beiden Schlachtschiffe zeichnen sich nicht nur durch im Laufe der Jahre gewachsene Mächtigkeit und breites Leistungsspektrum aus, sondern auch durch jeweils eigene Klassenbibliotheken, die die Windows-API kapseln und die Windows-Programmierung erleichtern sollen. Für den Borland Compiler ist dies die OWL (Object Windows Library), für den Micosoft Compiler die MFC (Microsoft Foundation Classes).

Die OWL und der Borland C++-Compiler haben Mitte der Neunziger (genau genommen zum Zeitpunkt der Einführung von Windows 95 und dem Umstieg auf die 32-Bit-Programmierung) immer weiter an Bedeutung und an Marktanteilen verloren.

Die MFC ist ein typisches Microsoft-Produkt mit allen Ecken und Kanten. In Verbindung mit dem MFC-Anwendungs- und dem Klassenassistenten von Visual C++ kann man als Anfänger relativ schnell und bequem passable Windows-Anwendungen erstellen. Was darüber hinausgeht, kostet allerdings viel Schweiß. Dies liegt nicht nur daran, dass die Arbeit mit einer Klassenbibliothek ebenfalls gelernt sein will, sondern auch daran, dass die MFC und der von den Assistenten erzeugte Code in vielfältiger Weise auf Formalitäten und Abhängigkeiten aufbauen, die vom Programmierer beachtet werden müssen.

Das folgende Listing enthält den Code einer kleinen Windows-Anwendung, die mit Hilfe der MFC (aber ohne Unterstützung durch den Anwendungsassistenten von Visual C++) erstellt wurde. Die Anwendung verfügt über ein eigenes Symbol, das in der Titelleiste des Hauptfensters oder auch im Windows Explorer zu sehen ist und Mausklicke in den Arbeitsbereich des Fensters mit dem Einzeichnen von Kreisen beantwortet.

Ein MFC-Programm

Abbildung 28.3: Ein MFC-Programm

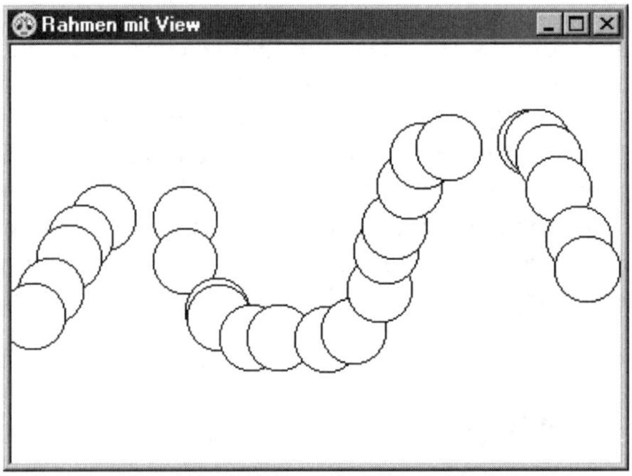

Das Programm besteht aus einer Quelltextdatei mit zugehöriger Header-Datei sowie einer Ressourcendatei (wieder mit zugehörigem Header). Beginnen wir mit der Header-Datei:

```
// Header-Datei Applik.h
#include <afxwin.h>
#include <afxext.h>

class CAnsicht : public CView {
 public:
   CAnsicht(CFrameWnd *parent);
 protected:
   afx_msg void OnDraw(class CDC *);
   afx_msg void OnLButtonDown(UINT nFlags, CPoint point);
   DECLARE_MESSAGE_MAP()
 };

class CRahmenfenster : public CFrameWnd {
 public:
    CRahmenfenster();
 };

class CMyApp : public CWinApp {
  public:
    virtual BOOL InitInstance();
  };
```

Der Header-Datei kann man entnehmen, dass hier drei Klassen definiert werden. Von unten nach oben sind dies:

CMyApp Eine Klasse, von der ein Objekt zur Repräsentation der Anwendung selbst erzeugt wird. Die Klasse ist von der MFC-Klasse `CWinApp` abgeleitet, in der alle wesentliche Funktionalität bereits vorgesehen ist. Der Grund, warum hier eine eigene Anwendungsklasse abgeleitet wird, ist der, dass wir die Methode `InitInstance()` überschreiben wollen. In diese Methode gehört der Code zur Konfiguration der Anwendung.

CRahmenfenster Eine Klasse, von der ein Objekt zur Repräsentation des Hauptfensters der Anwendung erzeugt wird. Die Klasse ist von der MFC-Klasse `CFrameWnd` abgeleitet, in der alle wesentliche Funktionalität für Hauptfenster vorgesehen ist. Der Grund, warum hier eine eigene Rahmenfensterklasse abgeleitet wird, ist der, dass wir dem Hauptfenster ein untergeordnetes Client-Fenster zuteilen wollen. Dieses wird, für den Anwender gar nicht als eigenes Fenster erkennbar, den Arbeitsbereich (Client-Bereich) des Rahmenfensters ausfüllen. Die Trennung in Rahmenfenster und Client-Fenster ist sinnvoll, da beide Fenster unterschiedliche Aufgaben wahrnehmen. Das Rahmenfenster stellt den Rahmen und die darin eingebetteten Elemente (Menüleiste, Symbolleisten, Bildlaufleisten, Statusleiste). Das Client-Fenster füllt den Arbeitsbereich und dient der Kommunikation mit dem Anwender.

CAnsicht Eine Klasse, von der ein Objekt zur Repräsentation des Client-Fensters des Hauptfensters erzeugt wird. Die Klasse ist von der MFC-Klasse `CView` abgeleitet, in der alle wesentliche Funktionalität für Client-Fenster vorgesehen ist. Der Grund, warum hier eine eigene Fensterklasse abgeleitet wird, ist der, dass die Methode `OnDraw()` abstrakt ist und daher überschrieben und implementiert werden muss. Zudem wird in dieser Klasse die Nachrichtenbehandlungsfunktion für Klicke mit der linken Maustaste implementiert.

Um die Verbindung zwischen der Nachrichtenbehandlungsfunktion und der Windows-Nachricht `WM_LBUTTONDOWN` herzustellen, muss man eine so genannte Message-Map (Nachrichtentabelle) anlegen. Zu diesem Zweck wird das Makro `DECLARE_MESSAGE_MAP()` in die Klassendeklaration aufgenommen.

INFO

Ein Rahmenfenster ist ein Fenster, das über einen dicken Rahmen verfügt. Ein Hauptfenster ist das »Hauptfenster« einer Anwendung, das beim Start angezeigt wird. Wird das Hauptfenster geschlossen, wird die Anwendung automatisch beendet. Ein Hauptfenster ist üblicherweise ein Rahmenfenster.

Damit kommen wir zum Quelltext der Implementierungsdatei:

```
// Quelltextdatei Applik.cpp
#include "Applik.h"
#include "resource.h"

// Anwendungs-Objekt erzeugen
CMyApp  Anwendung;


// Ansichtsfenster
BEGIN_MESSAGE_MAP(CAnsicht, CView)
  ON_WM_LBUTTONDOWN()
END_MESSAGE_MAP()

CAnsicht::CAnsicht(CFrameWnd *parent)
{
  Create(0,0, WS_CHILD | WS_VISIBLE,
         CRect(), parent, AFX_IDW_PANE_FIRST);
}

// muss überschrieben werden, da sonst abstrakte Klasse
void CAnsicht::OnDraw(class CDC *dc)
{
}

void CAnsicht::OnLButtonDown(UINT nFlags, CPoint point)
{
  CClientDC dc(this);
  dc.Ellipse(point.x-20, point.y-20, point.x+20, point.y+20);
}



// Rahmenfenster
CRahmenfenster::CRahmenfenster()
{
  LPCTSTR wndClass = AfxRegisterWndClass(NULL,
                            AfxGetApp()->LoadCursor(IDC_ARROW),
                            (HBRUSH) (COLOR_WINDOW+1),
                            AfxGetApp()->LoadIcon(IDI_ICON1));
  // Fenster erzeugen
  Create(wndClass,"Rahmen mit View",
         WS_OVERLAPPEDWINDOW & ~WS_THICKFRAME,
         CRect(20,20,400,300));

  // Ansicht erzeugen
  new CAnsicht(this);
}
```

```
// Anwendung initialisieren
BOOL CMyApp::InitInstance()
{
  // Rahmenfenster-Objekt erzeugen und Fenster anzeigen
  CRahmenfenster *pMainWnd = new CRahmenfenster;

  m_pMainWnd = pMainWnd;
  m_pMainWnd->ShowWindow(m_nCmdShow);
  m_pMainWnd->UpdateWindow();

  return TRUE;
}
```

Statt den vorliegenden Code im Detail Zeile für Zeile durchzugehen, möchte ich den MFC-Code lieber dem API-Code aus dem vorangehenden Abschnitt gegenüberstellen. Das API-Programm begann mit der Eintrittsfunktion `WinMain()`. In dieser wurde zuerst die Anwendung konfiguriert (d.h. die Fensterklassen-Struktur des Hauptfensters wurde ausgefüllt), dann wurde das Rahmenfenster erzeugt und angezeigt. Zuletzt trat `WinMain()` in die Message Loop ein, um auf Benutzereingaben zu warten. Ereignisse, die das Hauptfenster der Anwendung betrafen, wurden von der Message Loop an die Fensterfunktion des Hauptfensters weitergeleitet. In dieser wurden die einkommenden Nachrichten mit Hilfe einer `switch`-Anweisung verteilt und einer adäquaten Bearbeitung zugeführt.

Wo finden sich diese Elemente im MFC-Code?

WinMain() — Im Quelltext unseres Programms ist keine `WinMain()`-Funktion zu entdecken. Diese ist vielmehr im Code der MFC versteckt und wird vom Linker mit dem Programm verbunden. Die `WinMain()`-Funktion der MFC greift über eine globale `AfxWinMain()`-Funktion auf unser Anwendungsobjekt `Anwendung` zu und ruft dessen `InitInstance()`-Methode auf.

Konfiguration — Geschieht im Wesentlichen in der `InitInstance()`-Methode.

Rahmenfenster — Aufgepasst. Die Erzeugung des Rahmenfensters wie auch jeden anderen Fensters geschieht in der MFC in zwei Schritten. Zuerst wird ein Objekt der zugehörigen Fensterklasse erzeugt. Dieses Objekt ist aber anfänglich nur eine Hülle, die geeignet ist, die Verbindung zu einem echten Fenster herzustellen. Dieses echte Windows-Fenster wird in einem zweiten Schritt durch Aufruf der `Create()`-Funktion erzeugt und mit dem C++-Objekt verbunden.

Das Rahmenfenster-Objekt wird in der `InitInstance()`-Methode, das echte Windows-Fenster im Konstruktor der Rahmenfensterklasse erzeugt. Als letzte Anweisung wird im Konstruktor ein Client-Fenster erzeugt und mit dem Rahmenfenster verbunden (wozu das Rahmenfenster als Argument an den Konstruktor der Client-Fensterklasse übergeben wird).

Message Loop

Die Message Loop ist in den MFC-Anwendungen in der `CWinApp`-Methode `Run()` versteckt. Diese wird von der `AfxWinMain()`-Funktion der MFC aufgerufen. Wir haben damit nichts zu tun.

Fensterfunktion

Soll ein Fenster auf eine bestimmte Windows-Nachricht – beispielsweise WM_LBUTTONDOWN für das Drücken der linken Maustaste – reagieren, erweitert man dazu üblicherweise die `switch`-Anweisung der Fensterfunktion um einen passenden `case`-Block. Im MFC-Programm richtet man stattdessen für das Fenster eine Message-Map (Nachrichtentabelle) ein, bei deren Aufbau man sich spezieller MFC-Makros bedient. Diese funktionieren allerdings nur, wenn man sich bei den Namen für die Nachrichtenbehandlungsfunktionen an gewisse Konventionen hält. So muss beispielsweise die Antwortfunktion für die WM_LBUTTONDOWN-Nachricht `OnLButtonDown()` heißen und einen `UINT` und einen `CPoint`-Parameter definieren.

Eigentlich wollte ich nicht noch tiefer in die Windows-Programmierung eindringen, Ihnen raucht wahrscheinlich ehedem schon der Kopf, aber da es sich gerade so wunderbar anbietet, anhand des obigen MFC-Programms noch auf zwei weitere Besonderheiten von Windows-Programmen einzugehen, möchte ich die Gelegenheit doch wahrnehmen.

Ressourcen für Windows-Anwendungen

Windows-Anwendungen arbeiten viel mit Ressourcen. Gemeint sind in diesem Falle nicht Arbeitsspeicher, Handles oder Festplattenkapazität, sondern vielmehr bestimmte Elemente von Windows-Anwendungen, die nicht als Code im Quelltext, sondern in einer speziellen Syntax in eigenen Ressourcendateien definiert sind. Zu diesen Ressourcen gehören:

- Dialogfenster (Design-Vorlage)
- Menüs (Befehlsstruktur)
- Symbole

- Bitmaps
- Tastaturkürzel
- String-Tabellen

etc.

Man kann diese Ressourcen direkt als Text in eine Ressourcenskriptdatei schreiben (Extension .rc) oder mit Hilfe spezieller Editoren anlegen und bearbeiten (beispielsweise einem Bitmap-Editor für Bitmaps und Symbole oder einem grafischen Designer für Dialoge). Die Ressourcenskriptdatei wird von einem speziellen Ressourcen-Compiler übersetzt und vom Linker zum Code des Programms gebunden.

Die Auslagerung der Ressourcen hat vor allem zwei Vorteile:

- Erstens lassen sich die Ressourcen dank der speziellen Editoren viel einfacher bearbeiten.
- Zweitens kann man Ressourcen austauschen, ohne den Programmcode ändern oder neu kompilieren zu müssen. Wenn Sie beispielsweise zur Lokalisierung eines Programms die Beschriftungen in einem Dialogfenster von Englisch in Deutsch ändern müssen, brauchen Sie nur die Design-Vorlage des Dialogfensters zu ändern und können dann das Programm gleich neu linken. Der Quellcode, der auf der Grundlage der Design-Vorlage das eigentliche Dialogfenster erzeugt, anzeigt und auswertet, braucht nicht überarbeitet zu werden.

Die obige Anwendung verwendet ein eigenes Symbol. Das Symbol ist in der Ressourcenskriptdatei (*Applik.rc*) der Anwendung definiert, allerdings nur als Verweis auf eine .ico-Datei. Letztere wurde mit dem Bitmap-Editor von Visual C++ erstellt:

```
// Applik.rc
...
/////////////////////////////////////////////////////////////////////
//
// Icon
//

IDI_ICON1               ICON    DISCARDABLE     "icon1.ico"
...
```

In der Implementierungsdatei wird die Ressource geladen (identifiziert wird sie über ihren Ressourcenbezeichner `IDI_ICON1`) und über die Fensterklasse des Hauptfensters mit der Anwendung verbunden:

```
// Rahmenfenster
CRahmenfenster::CRahmenfenster()
{
  LPCTSTR wndClass = AfxRegisterWndClass(NULL,
                          AfxGetApp()->LoadCursor(IDC_ARROW),
                          (HBRUSH) (COLOR_WINDOW+1),
                          AfxGetApp()->LoadIcon(IDI_ICON1));
  ...
```

In Fenster zeichnen

Wenn Sie das obige Programm ausprobieren, werden Sie vielleicht feststellen, dass der gesamte Fensterinhalt verloren geht, wenn man das Hauptfenster der Anwendung vorübergehend als Symbol in der Task-Leiste ablegt und dann wieder auf Normalgröße bringt. Wenn Sie das Fenster dagegen nur auf dem Desktop verschieben, bleibt der Fensterinhalt erhalten.

Dies liegt daran, dass Windows das Zeichnen des Rahmenfensters, nicht aber das Zeichnen des anwendungsspezifischen Inhalts des Arbeitsbereichs des Fensters übernimmt. Beim Verschieben des Fensters auf dem Desktop kann Windows das gesamte Fenster Bit für Bit verschieben und somit den Fensterinhalt mitverschieben. Den Fensterinhalt nach der Ablage als Symbol oder nach Verkleinerung der Fenstergröße zu rekonstruieren, liegt dagegen außerhalb der Möglichkeiten von Windows.

Was Windows daher macht, ist immer dann, wenn der Fensterinhalt rekonstruiert werden muss, eine entsprechende Nachricht, WM_PAINT, an das Fenster zu schicken. Ihre Aufgabe ist es, diese Nachricht abzufangen und entsprechend zu beantworten.

Die MFC sorgt bereits intern für das Abfangen der WM_PAINT-Nachricht und leitet sie der Methode `OnDraw()` zu, die für alle MFC-Fenster definiert ist. Dies ist auch der Grund, warum die MFC uns zwingt, diese Methode in unseren Fenstern zu überschreiben. Wir sollen in ihr den Code aufsetzen, der den Fensterinhalt rekonstruiert.

In obigem Beispiel haben wir dies versäumt. Stattdessen zeichnen wir direkt in der Behandlungsmethode für WM_LBUTTONDOWN. Dagegen ist nichts zu sagen, nur geht der Fensterinhalt dann beim Verkleinern des Fensters verloren. Um den alten Fensterinhalt zu rekonstruieren, könnte man ein dynamisches Feld von Koordinaten anlegen, in dem man bei jedem Klick mit der linken Maustaste die Koordinaten der Maus abspeichert. In der `OnDraw()`-Methode geht man dieses Feld dann durch und zeichnet für jede Koordinate den zugehörigen Kreis.

Achten Sie darauf, dass Sie in der `OnDraw()`*-Methode nur in den Gerätekontext schreiben, den Windows der Methode beim Aufruf als Argument übergibt.*

Wie geht es weiter?

Wie gesagt, die Windows-Programmierung – ob nun mit der API oder der MFC – muss wie die reine C++-Programmierung Schritt für Schritt gelernt werden. Ich denke, der obige Crash-Kurs durch die wichtigsten Windows-Konzepte wird Sie davon überzeugt haben. Wenn Sie sich dennoch entschlossen haben, die Windows-Programmierung mit Visual C++ und der MFC zu erlernen, kann ich Ihnen mein Buch »Jetzt lerne ich Visual C++« aus dem Markt & Technik-Verlag empfehlen. Es führt Sie Schritt für Schritt in die Programmierung von Windows-Anwendungen mit Visual C++ und der MFC ein. Sie lernen nicht nur, wie man die MFC und die Werkzeuge des Visual C++-Pakets zur effizienten Entwicklung von Windows-Anwendungen nutzt, sondern erfahren auch eine Menge über Windows, die API und die Konzepte und Techniken der MFC. Die meisten Einsteigerbücher und auch etliche Fortgeschrittenenbücher zu Visual C++ behandeln diese Themen etwas stiefmütterlich. Meines Erachtens zu unrecht, denn ich kann mir nicht vorstellen, wie ein Leser ohne dieses Hintergrundwissen in der Lage sein soll, später auf eigenen Füßen zu stehen oder sich auf eigene Faust weiterzubilden.

28.4 RAD-Programmierung

Wesentlich vereinfacht wurde die Windows-Entwicklung durch das Aufkommen der RAD-Programmierung. Dabei werden Programme aus Formularen und Komponenten zusammengebaut. Begonnen wird meist mit einem Formular, das nichts anderes als ein Fenster darstellt. Menü, Symbolleisten, Steuerelemente, Timer, Datenbankverbindungen etc. werden als Komponenten mit der Maus auf dem Formular abgelegt. Die einzelnen Komponenten kann man über einen speziellen Eigenschaftendialog konfigurieren. Über so genannte Ereignisbehandlungsroutinen wird die Verbindung zu den Windows-Nachrichten hergestellt.

Das Ganze ist ein wenig gewöhnungsbedürftig, aber glauben Sie mir, man lernt es im Handumdrehen und möchte es dann nicht mehr missen.

Ein Windows-RAD-Programm

Um beispielsweise das obige Programm mit dem C++-Builder[2] (und der ihm zugrunde liegenden VCL-Klassenbibliothek) nachzuprogrammieren, ginge man wie folgt vor:

2 Je nach C++-Builder-Version können die Menübefehle zur Projektverwaltung anders heißen als hier angegeben.

1. Legen Sie eine neue Anwendung an (Befehl DATEI/NEUE ANWENDUNG). Das Hauptfenster erscheint als Formular auf dem Bildschirm.
2. Speichern Sie das Projekt und die Dateien (Befehl DATEI/PROJEKT SPEICHERN UNTER), wobei Sie darauf achten müssen, der CPP-Datei des Formulars einen anderen Namen zu geben als der Datei mit dem Projektquelltext.
3. Gehen Sie zum Objektinspektor und geben Sie auf der Seite EIGENSCHAFTEN für die Eigenschaft CAPTION einen Titel für das Hauptfenster ein – beispielsweise »Windows-Programm«. Wählen Sie für die Eigenschaft COLOR den Eintrag CLWINDOW.
4. Wechseln Sie zur EREIGNIS-Seite des Objektinspektors und geben Sie in das Eingabefeld zu dem ONMOUSEDOWN-Ereignis des Formulars den Namen der anzulegenden Ereignisbehandlungsfunktion an (ohne Klammern): `respond_to_left_mouse`. Wenn Sie die Eingabetaste drücken, wird die Ereignisbehandlungsfunktion angelegt und der C++-Builder springt in den Editor, wo Sie direkt den Code der Funktion eingeben können.

Abbildung 28.4: Ausgabe des RAD-Programms

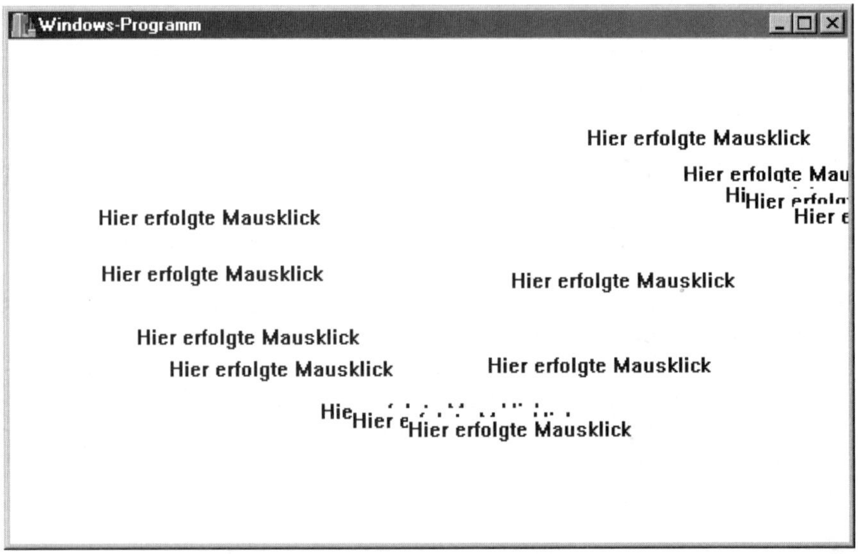

5. Die Implementierung der Ereignisbehandlungsfunktion `respond_to_left_mouse()` erfolgt analog zu dem obigen API-Beispiel, nur dass wir zusätzlich erst noch prüfen müssen, ob auch wirklich die linke (und nicht die rechte oder mittlere) Maustaste gedrückt wurde:

```
void __fastcall TForm1::respond_to_left_mouse(TObject *Sender,

      TMouseButton Button, TShiftState Shift, int X, int Y)
{
if(Button == mbLeft)
```

```
   {
   HDC dc = GetDC(Handle);    // Geraetekontext
   char str[30] = "Hier erfolgte Mausklick";

   TextOut(dc,X,Y,str,strlen(str));
   }
}
```

6. Kompilieren Sie die Anwendung und führen Sie sie aus (Befehl START/START).

28.5 Welcher Compiler ist nun für Sie der Richtige?

- *Wenn Sie möglichst schnell eigene Windows-Anwendungen erstellen wollen,* empfehle ich Ihnen den C++-Builder. Die ganze Komplexität der Windows-Programmierung (Aufbau der grafischen Benutzeroberfläche, Anpassung des Programms an die Ausführung unter Windows) wird dann von der RAD-Umgebung abgefangen und reduziert sich auf ein paar Mausklicks. Den Code für die eigentliche Funktionalität des Programms schreiben Sie in die Nachrichtenbehandlungsfunktionen der RAD-Komponenten. Windows-Programmierung mit dem C++-Builder unterscheidet sich kaum von der Erstellung von Konsolenprogrammen, nur dass man sich ein wenig mit der RAD-Umgebung und den Klassen der VCL auseinander setzen und bekannt machen muss. Bei aller Bequemlichkeit sollte man aber nicht vergessen, sich nach und nach die Grundlagen der Windows-Programmierung selbst beizubringen. Je mehr Sie über Windows wissen und je besser Sie die allem zugrunde liegende Windows-API kennen, um so klarer und professioneller werden Sie Ihre Programme konzeptionieren und aufbauen.

- *Wer selbstständig professionelle Windows-Anwendungen entwickeln will* – sei es, dass man Programme für den eigenen Bedarf erstellt, sei es, dass man sich als Programmierer selbstständig macht und Kundenaufträge bearbeitet, sei es, dass man für den freien Markt programmiert – der fährt mit dem C++-Builder ebenfalls sehr gut. Die Leistungsfähigkeit des C++-Builders ist bemerkenswert, die Zeitersparnis dank der RAD-Programmierung enorm.

- *Wer seine Qualifikation für eine spätere Bewerbung als Software-Programmierer verbessern will,* der sollte sich mit Visual C++ und der MFC vertraut machen. Laut Microsoft ist Visual C++ der mit Abstand am weitesten verbreitete Compiler unter professionellen C++-Entwicklern.

28.6 Windows-Programme mit Visual C++

Zum Abschluss möchte ich Ihnen noch zeigen, wie Sie mit dem auf der Buch-CD befindlichen Visual C++-Compiler grafische Benutzeroberflächen zu Ihren Programmen aufsetzen können.

Ein Programm zur Zinsberechnung

Als Beispiel dient uns ein einfaches Programm zur Zinsberechnung.

Das Programm soll als Hauptfenster ein Dialogfenster erhalten, das Eingabefelder enthält, über die der Anwender

- das Startkapital,
- die Verzinsung (in Prozent) und
- die Laufzeit

eingeben kann.

Aus diesen Daten wird dann berechnet, wie sich das eingezahlte Kapital (ohne Zinseszinsberechnung) über die Jahre vermehrt. Die zugehörige Formel lautet:

Endkapital = Startkapital * (1 + Laufzeit * Verzinsung/100)

wobei das Startkapital in DM, die Verzinsung in Prozent und die Laufzeit in Jahren angegeben werden.

(Sollen ausgezahlte Zinsen mitverzinst werden, lautet die Formel: Kn = K0 * (1 + 0.1) ^n.)

Projekt anlegen

In Visual C++ werden Programme in Form von Projekten verwaltet.

Ein Projekt ist im Grunde ein Bausatz für die Erstellung eines Programms. Es besteht aus

- den Quelltextdateien des Programms (dem Baumaterial),
- der Information, wie diese Quelltextdateien übersetzt und zu einer ausführbaren Datei (dem Programm) gelinkt werden können (der Bauanleitung),
- einem Verzeichnis auf Ihrer Festplatte, in dem die Dateien des Projekts abgelegt sind (der Baukasten).

Um ein neues Projekt anzulegen, gehen Sie in Visual C++ 6 wie folgt vor:

1. Rufen Sie den Befehl DATEI/NEU auf und lassen Sie im Dialogfeld NEU die Seite PROJEKTE anzeigen.

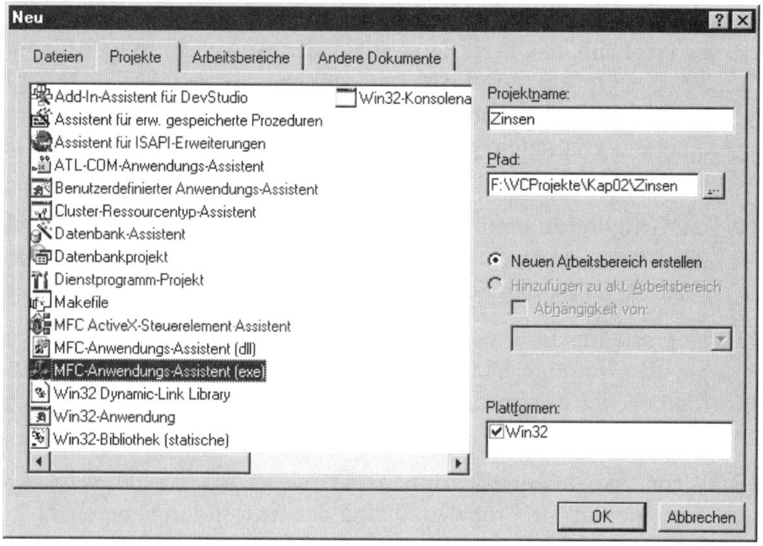

Abbildung 28.5: Anlegen eines neuen Projekts in Visual C++ 6

2. Geben Sie im Feld PROJEKTNAME einen Namen (beispielsweise Zinsen) und im Feld PFAD ein Verzeichnis für das Projekt an.
3. Im Feld PFAD steht das Projektverzeichnis. In diesem Verzeichnis werden die Dateien des Projekts abgespeichert.
4. Standardmäßig verwendet Visual C++ den Namen des Projekts auch als Namen für das Projektverzeichnis, d.h., wenn Sie über den ...-Schalter das Dialogfeld VERZEICHNIS WÄHLEN aufrufen und mit dessen Hilfe ein übergeordnetes Verzeichnis auswählen, hängt Visual C++ den Projektnamen automatisch an das ausgewählte Verzeichnis an.
5. Wählen Sie einen Arbeitsbereich für das Projekt aus. Per Voreinstellung ist die Option NEUEN ARBEITSBEREICH ERSTELLEN ausgewählt. Achten Sie darauf, dass diese Option gesetzt ist, damit Visual C++ für das neue Projekt einen eigenen Arbeitsbereich anlegt.
6. Die Option HINZUFÜGEN ZU AKT. ARBEITSBEREICH ist nur verfügbar, wenn bei Aufruf des Befehls DATEI/NEU bereits ein Arbeitsbereich in der IDE geöffnet war. Sollte dies der Fall sein, können Sie durch Aktivieren der Option Ihr Projekt dem aktuell geöffneten Arbeitsbereich hinzufügen. Auf diese Weise können Sie beispielsweise verschiedene Versionen eines Programms in einem Arbeitsbereich verwalten, oder Sie speichern ein Programm und eine DLL, die von dem Programm benötigt wird, in einem gemeinsamen Arbeitsbereich ab.

7. Wählen Sie im linken Teil des Dialogfeldes einen Projekttyp aus. Für unser Beispiel verwenden wir den MFC-ANWENDUNGS-ASSISTENTEN (EXE). Ich möchte Ihnen aber auch noch die anderen Projekttypen vorstellen.
8. Drücken Sie auf OK.
9. Es erscheint das erste Dialogfeld des Anwendungsassistenten, in dem Sie die Option DIALOGFELDBASIEREND auswählen. »Dialogfeldbasierend« bedeutet nichts anderes, als dass das Hauptfenster der Anwendung ein Dialogfeld sein wird. Für unser Zinsprogramm ist dies genau die richtige Wahl.
10. Im Grunde könnten Sie jetzt schon auf FERTIGSTELLEN drücken, aber wir wollen noch einige untergeordnete Änderungen vornehmen. Drücken Sie daher den Schalter WEITER.
11. Es erscheint das zweite Dialogfeld des Anwendungsassistenten, indem Sie die Optionen DIALOGFELD "INFO" und ACTIVEX-STEUERELEMENTE löschen, da wir an diesen Elementen in unserem Projekt nicht interessiert sind.
12. Wenn Sie möchten, können Sie im letzten Eingabefeld des Dialogs einen netten Titel für den Dialog der Anwendung eingeben.
13. Drücken Sie jetzt auf FERTIGSTELLEN.
14. Es erscheint noch ein abschließendes Kontrollfenster, das Sie mit OK abschicken.

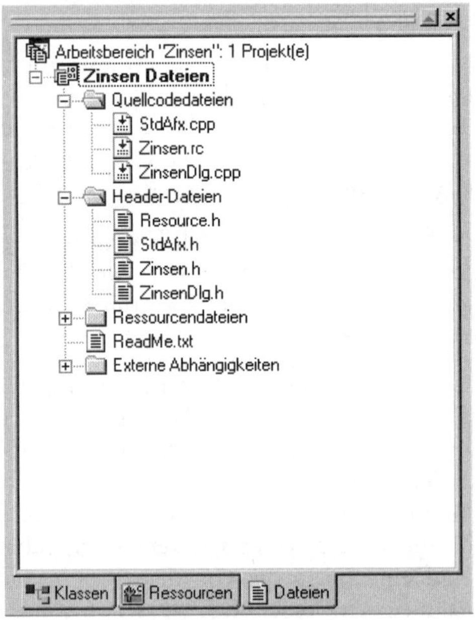

Abbildung 28.6: Das Arbeitsbereichfenster, Seite Dateien, für das Zinsenprojekt

Im Arbeitsbereichfenster, Registerkarte DATEIEN, können Sie sehen, welche Dateien für das Projekt angelegt wurden.

Weitere Quelldateien anlegen

Getreu den Prinzipien der modularen Programmierung wollen wir die Funktion zur Berechnung der Kapitalentwicklung bei Verzinsung ohne Zinseszins in einer eigenen Datei implementieren. Diese kann später bei Bedarf ohne Probleme in andere Projekte aufgenommen oder um zusätzliche Funktionen erweitert werden.

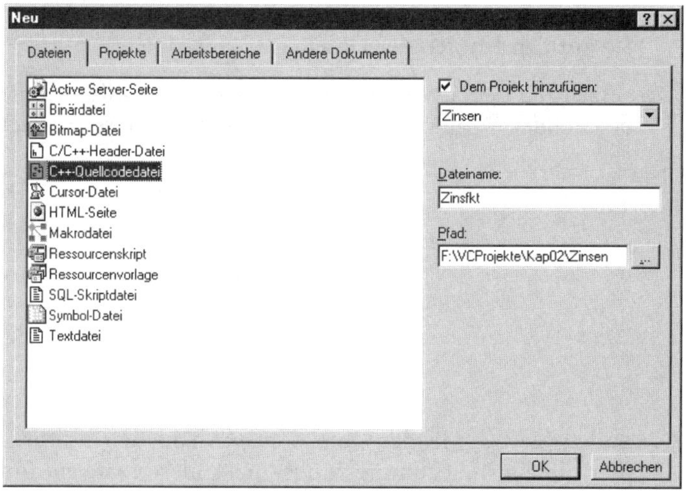

Abbildung 28.7: Neue Datei in Projekt aufnehmen

1. Rufen Sie den Befehl DATEI/NEU auf und lassen Sie die Seite DATEIEN anzeigen.
2. Geben Sie einen Dateinamen ein (beispielsweise *Zinsfkt*)
3. Kontrollieren Sie, ob die Option DEM PROJEKT HINZUFÜGEN aktiviert und das Projekt *Zinsen* in dem darunter liegenden Listenfeld angezeigt wird. (Sollte dies nicht der Fall sein, war vermutlich bei Aufruf des Befehls DATEI/NEU nicht das Projekt Zinsen geöffnet.)
4. Wählen Sie links den Typ der neuen Datei aus – für unser Beispiel also C++-QUELLCODEDATEI.
5. Wiederholen Sie die ganze Prozedur noch einmal, um eine gleichnamige Header-Datei anzulegen.

Jetzt ist die leere Datei *Zinsfkt.cpp* Teil unseres Projekts und wird zusammen mit diesem kompiliert. Sie ist aber noch nicht Teil unseres Programms. Dazu müssen wir erst einmal Code in die Datei schreiben und dafür sorgen, dass dieser Code aus den anderen Dateien des Projekts aufgerufen werden kann – und wird. Wir müssen die neuen Dateien also editieren.

Der Editor

Um eine Quelltextdatei in ein Editorfenster zu laden, bedient man sich üblicherweise des Arbeitsbereichfensters und doppelklickt in der DATEIEN-Ansicht auf den Knoten der zu öffnenden Datei.

INFO

Möchte man gezielt zur Deklaration einer Klasse oder der Definition einer Elementfunktion einer Klasse springen, kann man diese in der KLASSEN-Ansicht des Arbeitsbereichfensters doppelklicken.

6. Laden Sie die Datei *Zinsfkt.cpp* zur Bearbeitung in den Editor. Gehen Sie dazu im Arbeitsbereichfenster zur Seite DATEIEN und doppelklicken Sie auf den Knoten der Datei.

7. Setzen Sie den Code für die Zinsberechnungsfunktionen auf und binden Sie der Ordnung halber auch die zugehörige Header-Datei ein:

```
#include "stdafx.h"
#include "Zinsfkt.h"

double ErtragOhneZinseszins( double startkapital,
                             double prozZins,
                             double laufzeit )
{
    return startkapital *  ( 1 + prozZins/100.0 * laufzeit);
}
```

8. Laden Sie die Header-Datei *Zinsfkt*.h in den Editor. Deklarieren Sie hier die Zinsberechnungsfunktion. Andere Dateien, in denen die Zinsberechnungsfunktion aufgerufen werden soll, brauchen dann nur die Header-Datei einzubinden:

```
#include <math.h>

double ErtragOhneZinseszins( double startkapital,
                             double prozZins,
                             double laufzeit );
```

Jetzt ist es an der Zeit, dass wir uns um die Benutzeroberfläche unseres Programms kümmern. In unserem Fall besteht die Benutzeroberfläche aus einem einzigen Dialogfeld, das beim Einrichten des Projekts vom Assistenten bereits für uns angelegt wurde. Was der Assistent nicht für uns erledigen konnte, war die Ausstattung des Dialogfelds mit Steuerelementen (Eingabefeldern, Beschriftungen, etc.). Dies müssen wir nachholen.

Dialogfenster bearbeiten

Im Dialog-Editor werden Dialogfelder durch Auswahl, Platzierung und Konfiguration einzelner Steuerelemente erstellt und bearbeitet. Das Fenster, in dem der Dialog bearbeitet wird, ist eine grafische Arbeitsfläche, in der Sie genau sehen, wie der Dialog später angezeigt wird (WYSIWYG = What You

See Is What You Get). Nachdem Sie den Dialog-Editor zur Bearbeitung einer Dialog-Ressource geöffnet haben, wird die Menüleiste der IDE um das Popup-Menü LAYOUT erweitert. Hier finden Sie alle wichtigen Befehle zur Einrichtung und Bearbeitung des Dialogs, während Sie über den Befehl EIGENSCHAFTEN aus dem Kontextmenü des Dialog-Editors den Dialog und seine einzelnen Steuerelemente konfigurieren können.

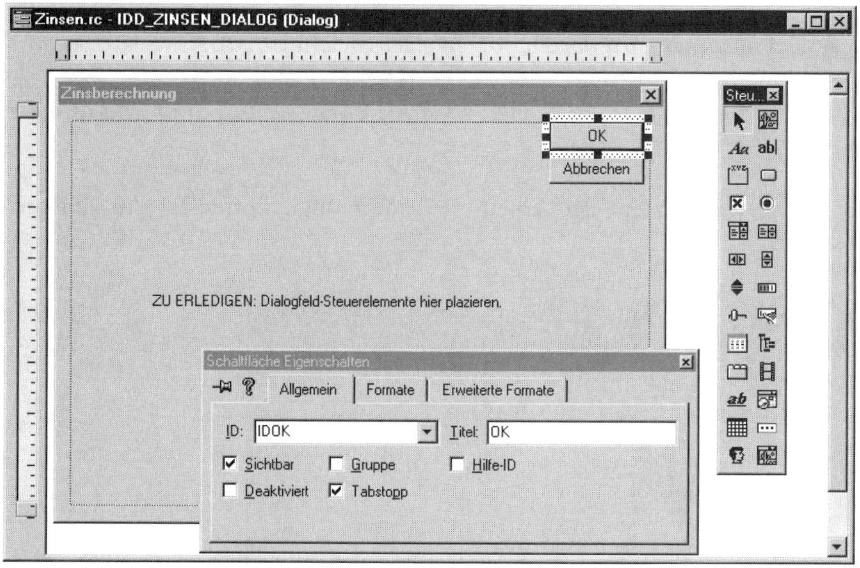

Abbildung 28.8: Bearbeitung von Dialogfenstern

Die grundlegende Vorgehensweise zur Einrichtung eines Dialogs sieht wie folgt aus:

- *Legen Sie eine neue Dialog-Ressource an.* Klicken Sie in der RESSOURCEN-Ansicht des Arbeitsbereichfensters auf den übergeordneten Ressourcenknoten und rufen Sie im Kontextmenü den Befehl EINFÜGEN auf. Daraufhin erscheint das Dialogfeld RESSOURCE EINFÜGEN, in dem Sie als Typ der neu anzulegenden Ressource DIALOG auswählen. Danach klicken Sie auf Neu.
- *Steuerelemente in Dialog einfügen*: Die benötigten Steuerelemente werden in der Symbolleiste Steuerelemente ausgewählt und per Klick mit der Maus in den Dialog aufgenommen.
- *Steuerelemente platzieren*: Die einzelnen Steuerelemente werden im Dialog platziert und übersichtlich angeordnet. Die Grobarbeit kann dabei direkt mit der Maus vorgenommen werden (Verschieben oder Aufziehen des Markierungsrahmens), für Feinarbeiten empfiehlt sich der Einsatz der entsprechenden Befehle aus dem Menü LAYOUT.

- *Steuerelemente konfigurieren.* Dies geschieht über den Befehl EIGENSCHAFTEN aus dem Kontextmenü des Steuerelements. In dem zu diesem Befehl erscheinenden Dialogfeld stehen Ihnen alle Optionen zur Konfiguration des Steuerelements zur Verfügung: Vergabe einer eigenen Ressourcen-ID, Angabe eines Titels, Festlegung des Anfangszustandes, Tastenkombination für schnellen Zugriff, etc. – die einzelnen Optionen variieren, je nach markiertem Steuerelement.

- *Zum Schluss wird der Dialog getestet* (Befehl LAYOUT/TESTEN).

Zum Löschen eines Steuerelements markieren Sie es im Editor und drücken Sie die `Entf`*-Taste.*

Beginnen wir nun mit der Arbeit an dem Dialoghauptfenster des Zinsprogramms.

Abbildung 28.9: Das Hauptfenster des Zinsprogramms

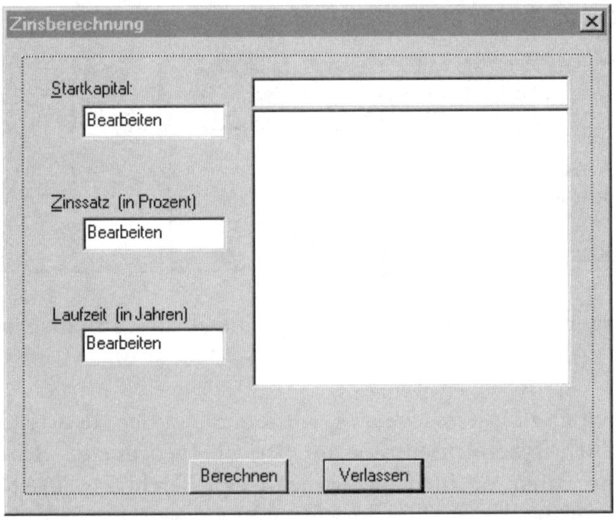

1. Laden Sie den Dialog zur Bearbeitung in den Editor. Gehen Sie dazu im Arbeitsbereichfenster zur Seite RESSOURCEN, expandieren Sie den übergeordneten Knoten und den Knoten DIALOG und doppelklicken Sie auf den Knoten IDD_ZINSEN_DIALOG.
2. Löschen Sie das ZU ERLEDIGEN-Feld.
3. Verschieben Sie die Schalter nach unten.
4. Halten Sie dazu die `⇧`-Taste gedrückt und markieren Sie per Mausklick zuerst den Abbrechen-Schalter und dann den OK-Schalter. Rufen Sie den Menübefehl LAYOUT/SCHALTFLÄCHEN ANORDNEN/UNTEN auf.
5. Konfigurieren Sie die Schalter.

6. Klicken Sie mit der rechten Maustaste auf den Schalter ABBRECHEN und wählen Sie im Kontextmenü den Befehl EIGENSCHAFTEN aus. Ändern Sie die ID des Schalters in ID_BN_RECHNEN und den TITEL in »Berechnen«.
7. Klicken Sie mit der rechten Maustaste auf den Schalter OK und wählen Sie im Kontextmenü den Befehl EIGENSCHAFTEN aus. Ändern Sie die ID des Schalters in ID_OK und den TITEL in »Verlassen«.
8. Nehmen Sie drei Textfelder auf.
9. Halten Sie dazu die [Strg]-Taste gedrückt, wenn Sie in der Steuerelementleiste auf das Symbol des Textfeldes klicken. Die [Strg]-Taste aktiviert die Mehrfachablage, das heißt, mit jedem nachfolgenden Klick in Ihr Formular fügen Sie ein neues Textfeld ein. Legen Sie auf diese Weise drei Textfelder in Ihrem Formular ab.
10. Benennen Sie die Textfelder, die als Beschriftungen für die Eingabefelder dienen sollen.
11. Nehmen Sie drei Eingabefelder in Ihr Formular auf.
12. Über die Eingabefelder kann der Anwender bei Ausführung des Programms Startkapital, Zinssatz und Laufzeit eingeben.
13. Nehmen Sie ein Kombinationsfeld in Ihr Formular auf.
14. In dem Kombinationsfeld werden wir das Ergebnis unserer Berechnungen anzeigen.
15. Klicken Sie mit der rechten Maustaste auf das Kombinationsfeld und wählen Sie im Kontextmenü den Befehl EIGENSCHAFTEN aus. Wählen Sie auf der Seite FORMATE im Feld AUSWAHL den Eintrag EINZEL und deaktivieren Sie die Option SORTIEREN.
16. Arrangieren Sie die Steuerelemente übersichtlich auf Ihrem Formular.
17. Mit der Maus können Sie einzelne Steuerelemente im Dialog verschieben oder durch Aufziehen/Zuziehen des Markierungsrahmens ihre Größe verändern.
18. Indem Sie mehrere Steuerelemente gleichzeitig markieren (Aufziehen eines Markierungsrahmens um die Steuerelemente oder Anklicken mit der Maus bei gleichzeitigem Gedrückthalten der [⇧]-Taste) und den entsprechenden Befehl im Menü LAYOUT aufrufen (AUSRICHTEN oder GLEICHMÄSSIG VERTEILEN), können Sie Steuerelemente zueinander ausrichten – beispielsweise in gleichem vertikalem Abstand und linksbündig.
19. Testen Sie den Dialog (Menübefehl LAYOUT/TESTEN).

Ereignisbehandlung für das Dialogfenster

Jetzt müssen wir noch dafür sorgen, dass beim Anklicken des Schalters BERECHNEN die Werte in den Eingabefeldern (Startkapital, Zinssatz und Laufzeit) in das Programm eingelesen und daraus die Kapitalentwicklung berechnet wird. Das Ergebnis der Berechnungen soll im Kombinationsfeld angezeigt werden (mit dem Endkapital im oberen Feld des Kombinationsfelds).

Zuerst müssen wir Elementvariablen einrichten, die eine Verbindung zwischen der Zinsen-Dialogklasse unseres Programms und den Steuerelementen im Dialog herstellen.

1. Rufen Sie den Klassen-Assistenten von Visual C++ auf (Befehl ANSICHT/KLASSEN-ASSISTENT) und wechseln Sie zur Seite MEMBER-VARIABLEN.

Abbildung 28.10: Elementvariable für Dialogsteuerelement einrichten

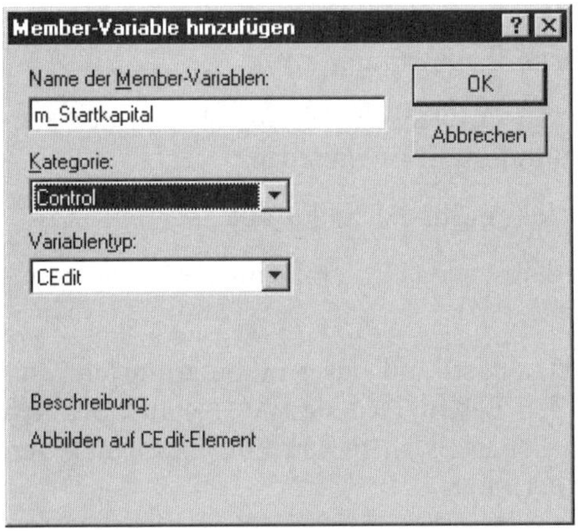

2. Richten Sie eine Member-Variable für das `Startkapital`-Eingabefeld ein.
3. Wählen Sie im Feld KLASSENNAME die Klasse des Dialogs CZINSENDLG aus.
4. Markieren Sie im Feld STEUERELEMENT-IDS die Ressourcen-ID des Eingabefelds. (Wenn Sie nicht wissen, welche ID zu dem Steuerelement gehört, wechseln Sie zum Dialog-Editor, klicken Sie mit der rechten Maustaste auf das Eingabefeld und schauen Sie im EIGENSCHAFTEN-Dialog nach).
5. Drücken Sie den Schalter VARIABLE HINZUFÜGEN.
6. Im Dialogfeld MEMBER-VARIABLE HINZUFÜGEN geben Sie einen Namen (`m_Startkapital`) ein, wählen als Kategorie CONTROL und drücken auf OK.

7. In gleicher Weise richten Sie Elementvariablen für die Eingabefelder zum Zinssatz (`m_Zinssatz`) und zur Laufzeit (`m_Laufzeit`) sowie für das Listenfeld ein. Letztere sollte vom Typ CLISTBOX sein.
8. Wechseln Sie im Klassen-Assistenten zur Seite NACHRICHTENZUORDNUNGSTABELLEN und richten Sie eine Behandlungsmethode für den Berechnen-Schalter ein.
9. Wählen Sie im Feld KLASSENNAME den Wert CZINSENDLG aus.
10. Wählen Sie im Feld OBJEKT-IDS die Ressourcen-ID des Schalters ID_BN_RECHNEN aus.
11. Wählen Sie im Feld NACHRICHTEN den Eintrag BN_CLICKED aus.
12. Drücken Sie den Schalter FUNKTION HINZUFÜGEN.
13. Drücken Sie den Schalter CODE BEARBEITEN.
14. Setzen Sie den Code für die Methode auf:

```
void CZinsenDlg::OnBnRechnen()
{
    // TODO: Code für die Behandlungsroutine der
    // Steuerelement-Benachrichtigung hier einfügen
    double Startkapital, Zinssatz;
    int  Laufzeit;
    double Ertrag;
    char str[100];

    // alte Werte aus Liste löschen
    m_Ausgabe.ResetContent();

    // Benutzereingaben einlesen
    m_Startkapital.GetWindowText(str, 100);
      Startkapital = atof(str);
    m_Zinssatz.GetWindowText(str, 100);
      Zinssatz = atof(str);
    m_Laufzeit.GetWindowText(str, 100);
      Laufzeit = (int) atof(str);

    // Kapitalentwicklung über die Jahre
    for (int i = 0; i <= Laufzeit; i++)
    {
        Ertrag =  ErtragOhneZinseszins(Startkapital,
                                       Zinssatz, i );
        sprintf(str,"%lf", Ertrag);
        m_Ausgabe.AddString(str);
    }
    m_Ausgabe.SetCurSel(Laufzeit);
}
```

15. Da wir die Funktion `ErtragOhneZinseszins()` aufrufen, müssen wir am Anfang der Datei noch die Header-Datei *Zinsfkt.h* einbinden:

```
// ZinsenDlg.cpp : Implementierungsdatei
//

#include "stdafx.h"
#include "Zinsen.h"
#include "ZinsenDlg.h"
#include "Zinsfkt.h"
```

Fertigstellung des Zinsprogramms

So langsam naht die Stunde der Wahrheit. Der Quellcode steht, es ist an der Zeit, den Compiler aufzurufen und aus dem Projekt ein ausführbares Programm zu erstellen.

1. Alles, was Sie dazu tun müssen, ist im Menü ERSTELLEN den Befehl ZINSEN.EXE ERSTELLEN aufzurufen (oder die Taste [F7] zu drücken).

   Dass es so einfach ist, verdanken Sie der Projektverwaltung von Visual C++.

   Wurde das Programm ohne Fehlermeldung kompiliert, können Sie es in Visual C++ testen.

2. Rufen Sie im Menü ERSTELLEN den Befehl AUSFÜHREN VON ZINSEN.EXE auf (oder drücken Sie die Tastenkombination [Strg] + [F5]).

29 Datenbank-Programmierung

Praktisch jede Anwendung manipuliert Daten – und wenn es nur zwei Integer-Werte sind, die multipliziert werden. Wenn die Datenmengen, die ein Programm zu verarbeiten hat, über ein bestimmtes Maß anwachsen, stellt sich irgendwann die Frage, wie man die Daten am besten verwaltet.

Daten im RAM verwalten

Im einfachsten Fall werden alle Daten während der Ausführung des Programms im Arbeitsspeicher gehalten. Aufbewahrt und organisiert werden die Daten dabei

- in einzelnen Variablen
- in Arrays oder dynamischen Feldern (siehe Kapitel 8.2 und 9.4.5)
- in höheren Datenstrukturen (wie sie beispielsweise in den STL-Container implementiert sind, siehe Anhang B).

Daten extern speichern

Sollen Daten zwischen den Aufrufen des Programms persistent abgespeichert werden, sichert man sie üblicherweise in eine Datei. Dies kann eine einfache Binärdatei sein, in der Daten gleichen Typs lückenlos hintereinander abgelegt sind, oder eine Textdatei, in der die einzelnen Daten durch besondere Zeichen (beispielsweise Kommata) getrennt werden.

Mithilfe von Textdateien kann man auch schon kleine Datenbanken anlegen, indem man jeweils einen Datensatz in eine Zeile schreibt und die einzelnen Felder eines Datensatzes durch Kommata (oder ein anderes Zeichen) trennt (die meisten professionellen Datenbankprogramme können solche Dateien einlesen und in ihr eigenes Format konvertieren).

Sind größere Datenmengen zu verwalten, geht man dazu über, die Daten permanent in einer Datenbank zu speichern und mit dem Programm dann nur die Daten einzulesen, die man gerade benötigt.

Steigen dann auch noch die Ansprüche an die Organisation der Daten in der Datenbank, empfiehlt es sich, für die Verwaltung der Datenbank eine spezielle Datenbank-Software (etwa Access oder Oracle) zu verwenden und mit dem eigenen C/C++-Programm dann nur noch die Daten bei Bedarf aus der Datenbank abzufragen und eventuell neue oder geänderte Daten in die Datenbank zurückzuschreiben.

Hierzu benötigt man (neben der Datenbank) einen Treiber für die Datenbank sowie eine API, eine Sammlung von Funktionen, mit denen das C/C++-Programm die Datenbank-Software steuern und auf die Daten in der Datenbank zugreifen kann. Leistungsfähige Compiler wie Visual C++ oder der C++Builder stellen spezielle Klassen für die Herstellung einer Datenbankverbindung und den Datenbankzugriff zur Verfügung.

29.1 Anbindung und Nutzung bestehender Datenbanksysteme

Die Integration eigener Datenbankroutinen in ein Programm hat den Vorteil, dass weder Programmierer noch Anwender auf eine spezielle Datenbanksoftware angewiesen sind und dass Datenbankverwaltung und Datenbankzugriff ganz auf die Bedürfnisse des Programms abgestimmt werden können.

Auf der anderen Seite ist die Entwicklung eigener Datenbankroutinen aufwändig, und der Aufwand ist umso größer, je höher die Anforderungen an die Datenverwaltung sind. Es liegt daher nahe, auf bestehende Datenbank-Software zurückzugreifen.

In den beiden folgenden Abschnitten möchte ich Ihnen zeigen, wie Sie aus einem C++-Programm auf eine externe Datenbank zugreifen und diese steuern können.

Ich habe mich dabei für Microsoft Access als Datenbank und ODBC als Schnittstelle zwischen C++-Programm und Datenbank entschieden.

Microsoft Access habe ich ausgewählt, weil ich davon ausgehe, dass die meisten Leser Access kennen und womöglich sogar nutzen (oder einen Bekannten haben, der Access nutzt).

Für den Zugriff über ODBC-Treiber habe ich mich wegen der Universalität dieser Schnittstelle entschieden. Microsoft empfiehlt seiner Visual-C++-Gemeinde zwar DAO und OLE DB für den Zugriff auf Datenbanken, für die – wie für Microsoft Access – passende Treiber verfügbar sind, doch steht demgegenüber, dass sich Microsofts Datenbanktechnologien oftmals schneller ändern, als der Markt&Technik-Verlag überarbeitete Auflagen drucken kann. ODBC gibt es hingegen schon seit einigen Jahren und es stellt eine weit verbreitete und verlässliche Technologie dar, über die man eine Vielzahl von Datenbanken ansprechen kann (natürlich nur, wenn die entsprechenden Treiber installiert sind). Zudem wird die ODBC-Schnittstelle auch von anderen Compilern, beispielsweise dem C++Builder oder dem JDK zur Erstellung von Java-Programmen, unterstützt – ein Umstand, der es mir erlaubt, Ihnen sowohl für Visual C++ als auch den C++Builder zu zeigen, wie man auf eine Access-Datenbank zugreift.

Die ODCB (Open Database Connectivity)

ODBC definiert eine standardisierte Schnittstelle, über die C/C++-Programme mittels eines Standardsets von SQL-Anweisungen auf verschiedenste Datenbanken zugreifen können. Voraussetzung ist, dass ein passender ODBC-Treiber für die anzusprechende Datenbank registriert ist (siehe weiter unten).

Der Vorteil des ODBC-Systems liegt vor allem darin, dass Sie eine einheitliche Schnittstelle für alle möglichen Datenbanken verwenden. Ihr Programm kommuniziert in immer gleicher Weise mit der ODBC-Schnittstelle und diese reicht die Befehle unter Zuhilfenahme der zugehörigen ODBC-Treiber dann in Form von SQL-Anweisungen an die Zieldatenbank weiter. Um also eine Datenbank-Anwendung, die mit einer Access-Datenbank arbeitet, zu Paradox zu portieren, brauchen Sie nur die ODBC-Treiber zu wechseln – eine Überarbeitung des Programmcodes ist üblicherweise nicht erforderlich.

Der Nachteil dieser standardisierten Schnittstelle ist, dass über ODBC lediglich ein Teil des jeweiligen Leistungsspektrums der eingebundenen Datenbank-Systeme verwendet werden kann (quasi der kleinste gemeinsame Teiler), wobei spezielle Optionen und Möglichkeiten einzelner Datenbank-Systeme verloren gehen (beispielsweise bietet ODBC wenig Unterstützung für die Arbeit mit Indizes).

Zugegriffen wird auf die ODBC-Schnittstelle über die Funktionen der ODBC-API oder spezielle Klassen, die von Ihrem Compiler zu diesem Zwecke zur Verfügung gestellt werden.

Datenbank anlegen

Im Folgenden werden wir eine kleine Adressen-Datenbank einrichten. Ich verwende MS Access als Datenbankprogramm in der Annahme, dass die meisten Leser, die mit Datenbanken arbeiten wollen, ebenfalls über Access verfügen. Wenn Sie stattdessen Paradox oder dBase oder irgendeine andere Datenbank verwenden wollen, schauen Sie in der ODBC-Verwaltung nach, ob ODBC-Treiber für Ihre Datenbank eingerichtet sind (siehe nächsten Abschnitt).

Wenn Sie für eine Datenbanksoftware einen ODBC-Treiber installiert haben, aber nicht über das Datenbankprogramm selbst verfügen, können Sie neue Datenbanken über die ODBC-Verwaltung aus der Windows-Systemsteuerung anlegen (siehe nächsten Abschnitt).

1. Rufen Sie Microsoft Access auf.
2. Legen Sie eine neue Datenbank an.
3. Erstellen Sie in der Entwurfsansicht eine neue Tabelle.

Abbildung 29.1: Felderstruktur einer Access-Tabelle

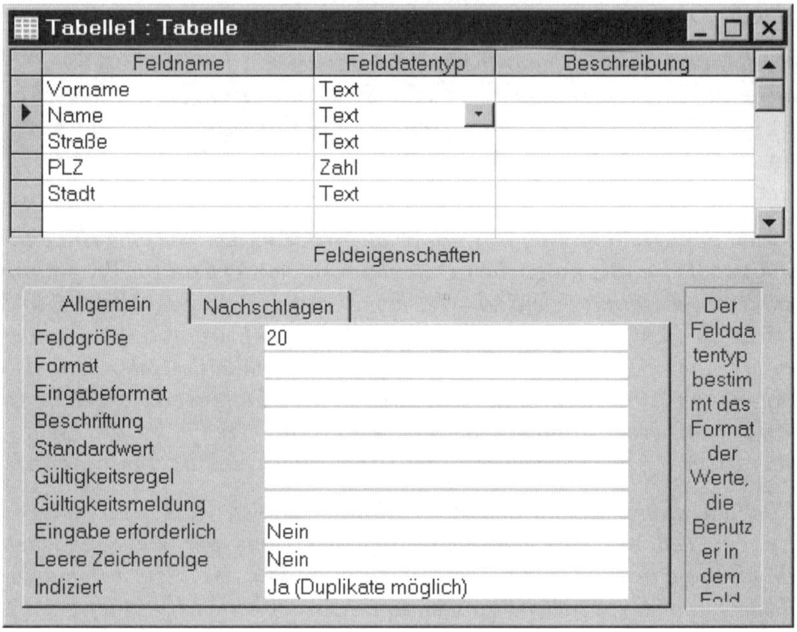

4. Legen Sie die Felderstruktur der Tabelle fest. Für eine Adressenverwaltung könnten Sie beispielsweise die Felder VORNAME, NAME, STRASSE, PLZ und STADT anlegen. Zu jedem Feld geben Sie
   - den Feldnamen (Spaltenüberschrift)
   - den Felddatentyp, der bestimmt, welche Eingaben in dem Feld erlaubt sind (eine Auswahl der erlaubten Typbezeichnungen wird über die Pfeilschalter der Eingabefelder angeboten),
   - eine optionale Beschreibung und
   - die Feldgröße an.
5. Speichern Sie die Tabellenstruktur ab und schließen Sie die Entwurfsansicht. Wenn Sie es nicht selbst schon getan haben, legt Access jetzt noch einen Primärschlüssel für die Tabelle an.

Abbildung 29.2: Die Datensätze

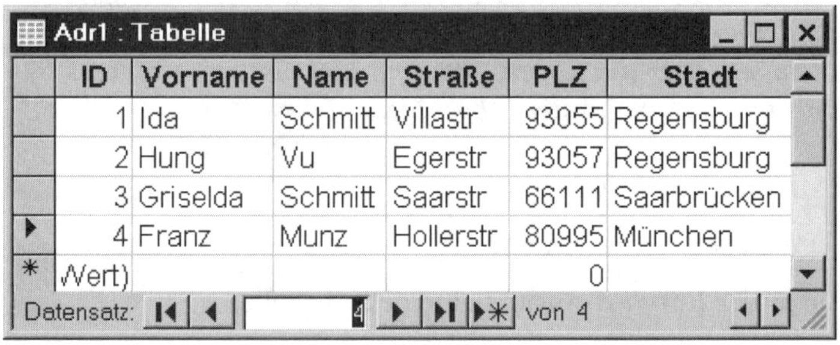

6. Öffnen Sie die Tabelle zum Eingeben Ihrer Datensätze (geben Sie zumindest ein paar Datensätze zum Austesten Ihrer Datenbank-Anwendungen aus).

Datenbanktreiber und Treiberverbindungen einrichten

Damit Sie über ODBC auf eine Datenbank (beispielsweise MS Access) zugreifen können, benötigen Sie einen passenden Treiber für diese Datenbank.

1. Zuerst muss der Treiber unter Windows registriert werden. Üblicherweise geschieht dies bei der Installation der zugehörigen Datenbank-Anwendung bzw. bei der Installation Ihres Compilers. Sie können aber auch entsprechende Treiber nachkaufen und mit den (hoffentlich) vorhandenen Setup-Routinen installieren.

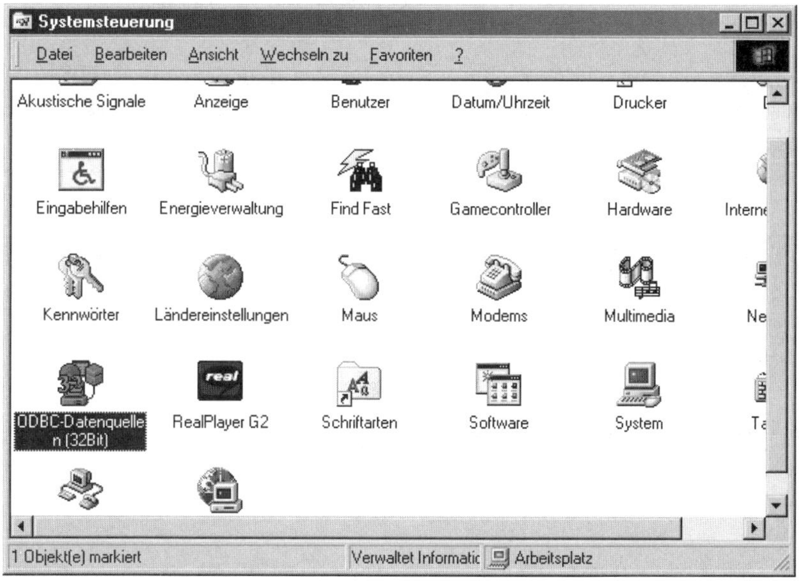

Abbildung 29.3: Die ODBC-Verwaltung

2. Definieren Sie die ODBC-Benutzer-Datenquelle. Auf diese Weise wird die Verbindung des Treibers mit einer Datenquelle (eine existierende Datenbank oder ein Verzeichnis, in dem später noch eine Datenbank angelegt werden soll) eingerichtet. Gehen Sie dazu folgendermaßen vor:

Rufen Sie das Windows-Fenster SYSTEMSTEUERUNG auf und doppelklicken Sie auf den ODBC-Eintrag. (HINWEIS: Auf der Seite für die TREIBER können Sie sich noch einmal davon überzeugen, dass Ihr ODBC-Treiber korrekt registriert ist).

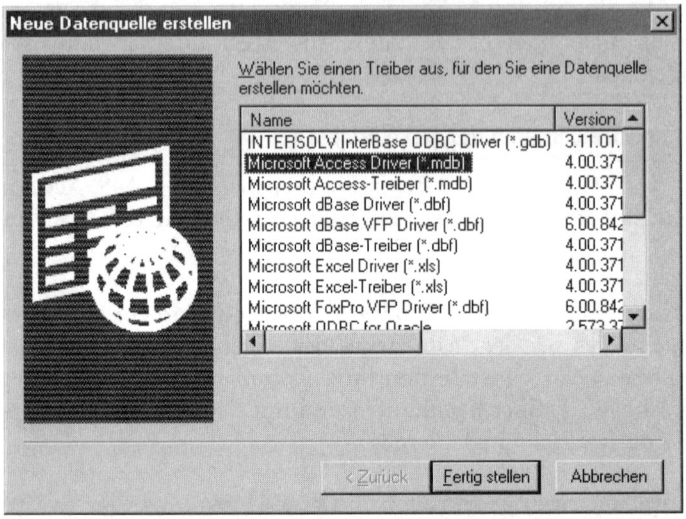

Abbildung 29.4: Treiber auswählen

Klicken Sie auf der Seite BENUTZER-DSN auf den Schalter HINZUFÜGEN, wählen Sie in dem erscheinenden Dialogfenster Ihren Access-Treiber aus und schicken Sie das Dialogfenster ab (Schalter FERTIG STELLEN). (HINWEIS: Die Seite BENUTZER-DSN ist nur für lokale Datenbanken.)

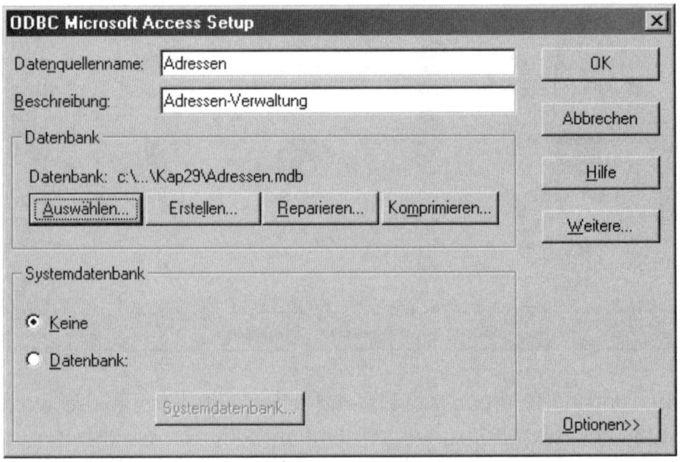

Abbildung 29.5: Verbindung zur Datenbank herstellen

In dem nächsten Dialogfenster wird die Verbindung konfiguriert. Geben Sie einen beliebigen Namen und eine Beschreibung für Ihre Datenquelle an. Mit den Schaltern im Feld DATENBANK können Sie sodann eine existierende Datenbank auswählen oder eine neue Datenbank erstellen. Über den Schalter ERWEITERT können Sie den Zugriff an ein `spezielles` Passwort binden.

Wenn Sie das Fenster abschicken, wird die neue Datenbank-Verbindung auf der Seite BENUTZER-DSN angezeigt.

29.2 Datenbankprogrammierung mit Visual C++

Jetzt wollen wir versuchen, aus einem Visual C++-Programm heraus, auf die Daten in der Datenbank zuzugreifen. Unsere wichtigste Hilfe sind dabei die ODBC-Datenbankklassen `CRecordset` und `CRecordView` sowie der MFC-Anwendungs-Assistent, mit dessen Hilfe wir eine Datenbankverbindung zu einer bestehenden Datenquelle einrichten können.

Die folgenden Ausführungen gehen davon aus, dass Sie mit der Programmierung mit Visual C++ bereits ein wenig vertraut sind. Einzelheiten und Grundlagen der MFC-Programmierung werden daher nicht mehr erläutert (siehe dazu Kapitel 28).

INFO

1. Rufen Sie den Befehl DATEI/NEU auf, um ein neues Projekt für das Datenbankprogramm anzulegen.
2. Geben Sie auf der Seite PROJEKTE Name und Verzeichnis des Projekts an und rufen Sie den MFC-ANWENDUNGS-ASSISTENTEN (.EXE) auf.
3. Entscheiden Sie sich auf der ersten Seite des Assistenten für die Optionen EIN EINZELNES DOKUMENT (SDI) und UNTERSTÜTZUNG DER DOKUMENT-/ANSICHT-ARCHITEKTUR. Gehen Sie weiter zur nächsten Seite (SCHRITT 2).

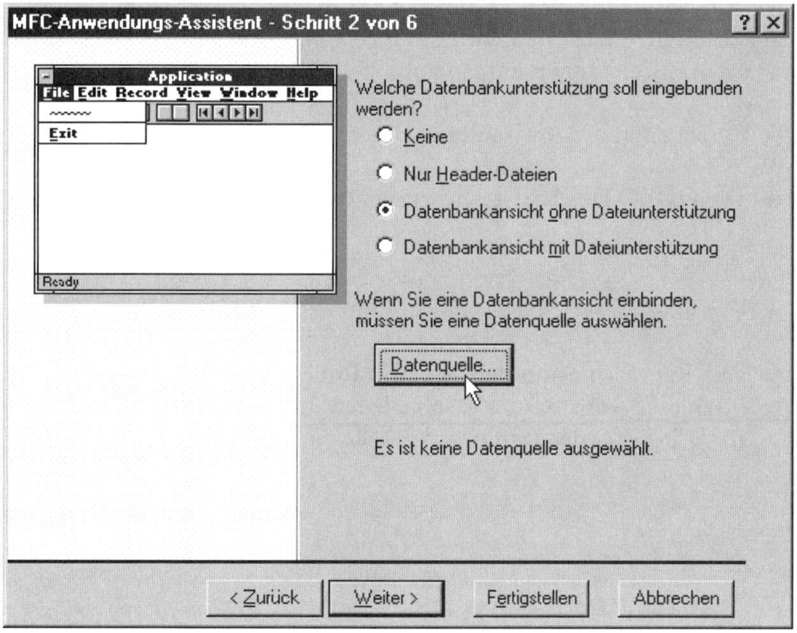

Abbildung 29.6: Datenbankunterstützung auswählen

4. Aktivieren Sie auf der zweiten Seite des Anwendungs-Assistenten die Option DATENBANKANSICHT OHNE DATEIUNTERSTÜTZUNG und klicken Sie auf den Schalter DATENQUELLE, um die zu verwendende Datenbank und Datenbanktabelle auszuwählen.

Abbildung 29.7: Datenquelle auswählen

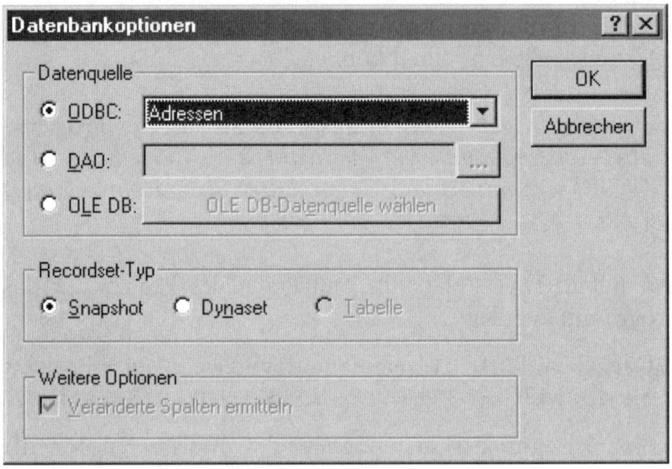

5. Lassen Sie den Assistenten das Projekt fertig stellen.

Der Assistent erstellt daraufhin eine lauffähige, aber noch nicht funktionsfähige Anwendung. Bevor ich Ihnen zeige, wie man die Daten aus der Datenbank anzeigt, verschaffen wir uns einen Überblick darüber, welche Arbeiten uns der Assistent abgenommen hat.

Die Vorarbeiten des Anwendungsassistenten:

- Die ODBC-Headerdateien wurden per `#include` aufgenommen.

<afxdb.h>	in stdafx.h
#include "l.deu\\afxdb.rc"	in der Ressourcenscriptdatei

- Zur Repräsentation der Daten in Ihrer Anwendung wurde eine Datensatzklasse von `CRecordset` abgeleitet. In dieser Datensatzklasse wurde für jedes Feld der Datenbanktabelle ein Datenelement deklariert.

```
class CAdressen_VCSet : public CRecordset
{
public:
    CAdressen_VCSet(CDatabase* pDatabase = NULL);
    DECLARE_DYNAMIC(CAdressen_VCSet)

// Feld-/Parameterdaten
    //{{AFX_FIELD(CAdressen_VCSet, CRecordset)
    long       m_ID;
```

```
    CString    m_Vorname;
    CString    m_Name;
    CString    m_Stra_e;
    long       m_PLZ;
    CString    m_Stadt;
    //}}AFX_FIELD
...
};
```

➠ Für die Verbindung zur Datenbank wurden die beiden Methoden GetDefaultConnect() und GetDefaultSQL() überschrieben. Die von diesen Methoden zurückgelieferten Informationen werden zur internen Herstellung der Datenbankverbindung genutzt (falls der Programmierer kein eigenes CDatabase-Objekt erzeugt).

```
CString CAdressen_VCSet::GetDefaultConnect()
{
    return _T("ODBC;DSN=Adressen");
}

CString CAdressen_VCSet::GetDefaultSQL()
{
    return _T("[Adr1]");
}
```

Für die Verbindung der Datenelemente der Datensatz-Klasse mit den Feldern der Datenbanktabelle sorgt die überschriebene Version der DoFieldExchange()-Methode.

```
void CAdressen_VCSet::DoFieldExchange(CFieldExchange* pFX)
{
    //{{AFX_FIELD_MAP(CAdressen_VCSet)
    pFX->SetFieldType(CFieldExchange::outputColumn);
    RFX_Long(pFX, _T("[ID]"), m_ID);
    RFX_Text(pFX, _T("[Vorname]"), m_Vorname);
    RFX_Text(pFX, _T("[Name]"), m_Name);
    RFX_Text(pFX, _T("[Straße]"), m_Stra_e);
    RFX_Long(pFX, _T("[PLZ]"), m_PLZ);
    RFX_Text(pFX, _T("[Stadt]"), m_Stadt);
    //}}AFX_FIELD_MAP
}
```

➠ In der Dokumentklasse wurde eine Variable vom Typ der abgeleiteten CRecordset-Klasse deklariert, um die Verbindung zwischen den Datenbankdaten und der Dokumentklasse herzustellen.

```
class CAdressen_VCDoc : public CDocument
{
...
// Attribute
public:
    CAdressen_VCSet m_adressen_VCSet;
```

- Die Ansichtsklasse wurde von CRecordView abgeleitet. CRecordViews basieren auf Dialog-Ressourcen und verwenden Steuerelemente zum Anzeigen und Editieren von Daten aus einer Datenquelle. Die Dialog-Ressource für die Ansichtsklasse ist bereits in der Ressourcenskriptdatei angelegt und kann im Dialog-Editor bearbeitet werden. Für die Verbindung zu den Datenbankdaten wurde ein Zeiger auf ein Objekt vom Typ der abgeleiteten CRecordset-Klasse deklariert.

```
class CAdressen_VCView : public CRecordView
{
...
public:
    //{{AFX_DATA(CAdressen_VCView)
    enum{ IDD = IDD_ADRESSEN__VC_FORM };
    CAdressen_VCSet* m_pSet;
...
```

- Die CRecordView-Methode OnInitialUpdate() wurde überschrieben. Die Überschreibung dieser Methode ist obligatorisch. Sie initialisiert den Zeiger auf das CRecordset-Datenelement und ruft die Basisklassenversion auf, um die Datensatzgruppe (und implizit die Datenbankverbindung) zu öffnen.

```
void CAdressen_VCView::OnInitialUpdate()
{
    m_pSet = &GetDocument()->m_adressen_VCSet;
    CRecordView::OnInitialUpdate();
    GetParentFrame()->RecalcLayout();
    ResizeParentToFit();
}
```

- Die CRecordView-Methode OnGetRecordset() wurde überschrieben. Die Überschreibung dieser Methode ist obligatorisch. Die Methode liefert einfach einen Zeiger auf das CRecordset-Objekt zurück.

```
CRecordset* CAdressen_VCView::OnGetRecordset()
{
    return m_pSet;
}
```

Datensätze anzeigen

Der nächste Schritt besteht darin, die Dialog-Ressource der Ansichtsklasse einzurichten und die Steuerelemente des Dialogs mit den Feldern der Datenbank zu verbinden.

1. Öffnen Sie die Ressourcenskriptdatei und laden Sie die Dialog-Ressource für die Ansichtsklasse in den Dialog-Editor. Richten Sie den Dialog für die Anzeige Ihrer Daten ein. Üblicherweise nehmen Sie dazu für jedes Datenbankfeld, dessen Inhalt angezeigt werden soll, ein passendes Steuerelement (in unserem Falle Eingabefelder) und ein statisches Beschriftungsfeld in den Dialog auf.

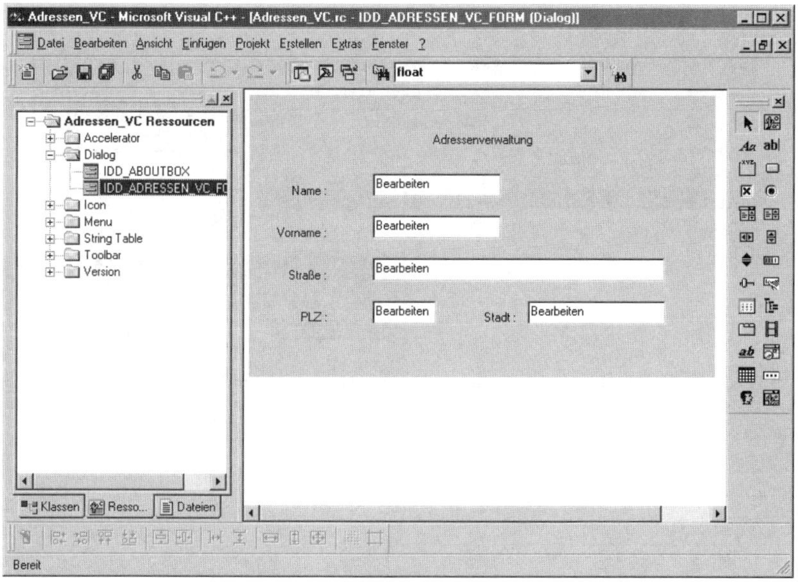

Abbildung 29.8: Das Dialogfeld für die Ansichtsklasse

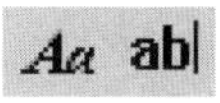

➠ Ziehen Sie die Steuerelemente einfach aus der Werkzeugleiste STEUERELEMENTE in das Dialogfeld. Richten Sie die Steuerelemente mithilfe der Maus und den Befehlen im Menü LAYOUT aus.

Beachten Sie, dass Sie die Eigenschaften `STIL = UNTERGEORDNET` *und* `RAND = KEINE` *für das Dialogfeld nicht ändern (Befehl EIGENSCHAFTEN im Kontextmenü des Dialogfelds).*

2. Speichern Sie die Ressource.

3. Verbinden Sie die Steuerelemente des Dialogs mit den `CRecordSet`-Datenelementen für die Felder der Datenbanktabelle.

➠ Nutzen Sie dazu den Klassen-Assistenten, den Sie über das Menü ANSICHT aufrufen können.

➠ Wechseln Sie im Klassen-Assistenten zur Registerkarte MEMBER-VARIABLEN und wählen Sie im Feld KLASSENNAME die VIEW-KLASSE aus. Im unteren Feld werden jetzt die Eingabe-Steuerelemente Ihres Dialogs aufgeführt.

➠ Wählen Sie jeweils die ID des Steuerelements aus und klicken Sie dann auf den Schalter VARIABLE HINZUFÜGEN. Im aufspringenden Dialogfeld wählen Sie die MEMBER-VARIABLE aus, mit der das Steuerelement verbunden werden soll, behalten WERT als Kategorie bei und wählen einen passenden Variablentyp (`CString` für Text, `int` für die Postleitzahl).

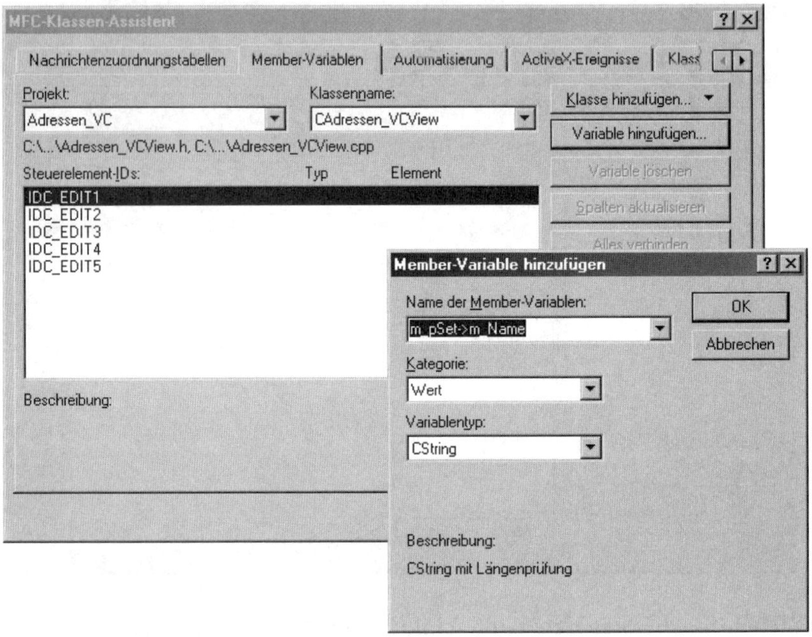

Abbildung 29.9: Instanzvariablen mit Dialogelementen verbinden

➠ Wenn alle Verbindungen hergestellt sind und der Klassen-Assistent mit OK beendet wurde, steht der Quellcode für die Verbindung in der `DoDataExchange()`-Methode der View-Klasse:

```
void CAdressen_VCView::DoDataExchange(CDataExchange* pDX)
{
    CRecordView::DoDataExchange(pDX);
    //{{AFX_DATA_MAP(CAdressen_VCView)
    // HINWEIS: Der Klassenassistent fügt an dieser
    // Stelle DDX- und DDV-Aufrufe ein
    DDX_FieldText(pDX, IDC_EDIT1, m_pSet->m_Name, m_pSet);
    DDX_FieldText(pDX, IDC_EDIT2, m_pSet->m_Vorname, m_pSet);
    DDX_FieldText(pDX, IDC_EDIT3, m_pSet->m_Stra_e, m_pSet);
    DDX_FieldText(pDX, IDC_EDIT4, m_pSet->m_PLZ, m_pSet);
    DDV_MinMaxLong(pDX, m_pSet->m_PLZ, 0, 100000);
    DDX_FieldText(pDX, IDC_EDIT5, m_pSet->m_Stadt, m_pSet);
    //}}AFX_DATA_MAP
}
```

4. Da wir in dem Datenbankprogramm keine Dateien unterstützen, braucht auch kein Dateiname im Titel des Rahmenfensters angezeigt zu werden. Rufen Sie daher die Methode `SetWindowText()` auf, um dem Rahmenfenster einen sinnvollen Titel zuzuweisen:

```
BOOL CAdressen_VCApp::InitInstance()
{
  ...
  // Das einzige Fenster ist initialisiert und kann jetzt
  // angezeigt und aktualisiert werden.
```

```
m_pMainWnd->SetWindowText("Datenbank-Betrachter");
m_pMainWnd->ShowWindow(SW_SHOW);
m_pMainWnd->UpdateWindow();
...
```

5. Führen Sie die Anwendung aus.

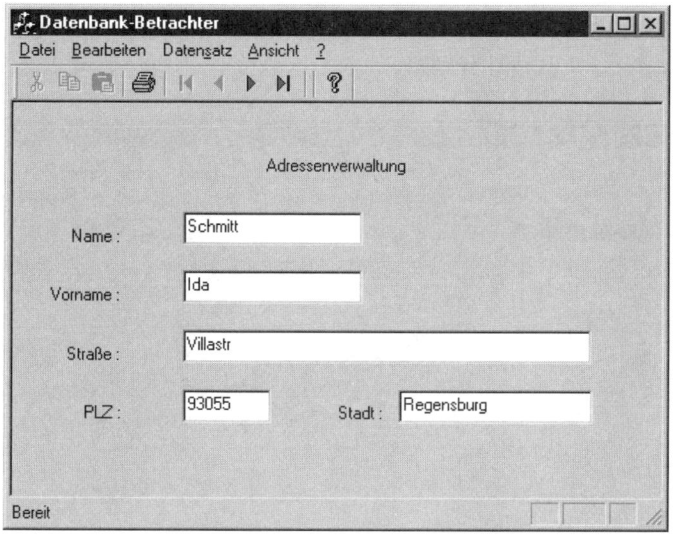

Abbildung 29.10: Das fertige Programm

In Datenbank bewegen

INFO

Für das obige Beispiel hat der Anwendungs-Assistent bereits für ein eigenes Menü mit den Befehlen zum Bewegen in der Datenbank (genauer gesagt, zum Springen zwischen den Datensätzen, die von dem `CRecordSet`*-Objekt repräsentiert werden) gesorgt.*

Die gesamte Einrichtung der Nachrichtenbehandlung für diese Menübefehle (von den Menübefehl-IDs über die Antworttabelle bis zu den Behandlungsmethoden und der Befehlsaktivierung) ist bereits in der Implementierung der MFC-Klasse `CRecordView` *vordefiniert und basiert auf den entsprechenden Methoden der Klasse* `CRecordSet` *(*`MoveFirst()`, `MoveLast()`, `MoveNext()`, `MovePrev()`*) die Sie auch selbst aufrufen und nutzen können.*

29.3 Datenbankprogrammierung mit dem C++Builder

Mit dem C++Builder ist die Herstellung einer Datenbankanbindung sogar noch einfacher.

INFO

Die folgenden Ausführungen gehen davon aus, dass Sie mit der Programmierung mit dem C++Builder bereits ein wenig vertraut sind. Einzelheiten und Grundlagen der RAD-Programmierung werden daher nicht mehr erläutert (siehe dazu Kapitel 2.4 und 3.5).

1. Legen Sie eine neue Anwendung an (Befehl DATEI/NEUE ANWENDUNG).
2. Rufen Sie den Datenbankformular-Experten auf (Befehl DATENBANK/FORMULAREXPERTE).

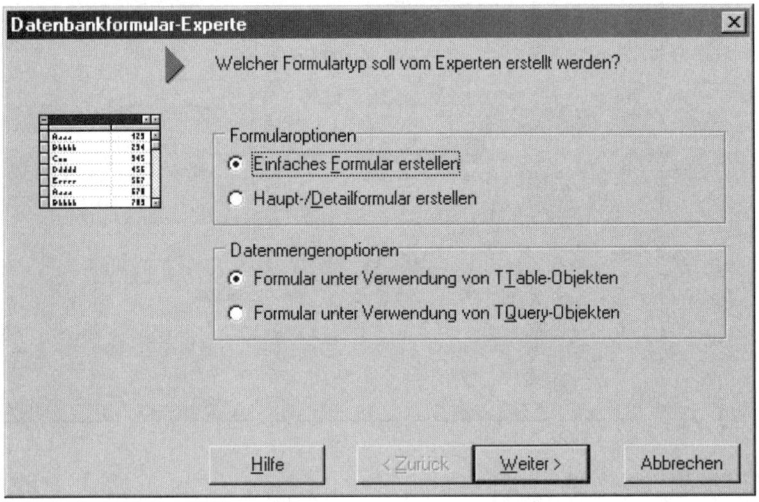

Abbildung 29.11: Erste Seite des Datenbank-Experten

3. Auf der ersten Seite des Datenbankformular-Experten entscheiden Sie sich für ein einfaches Formular und die Repräsentation der Datenbank durch ein TTABLE-Objekt.

INFO

HAUPT/DETAIL-FORMULARE: Für einfach strukturierte Datenbanken genügt meist ein einfaches Formular. Der Vorteil relationaler Datenbanken liegt aber unter anderem darin, dass eine Datenbank aus mehreren Tabellen bestehen kann, die über gemeinsame Felder verknüpft sind (in Relation stehen). Ein Haupt/Detail-Formular ist dafür eingerichtet, eine solche hierarchische Strukturierung zu unterstützen. Hierzu wird eine Tabelle als Haupt-Tabelle geöffnet, eine zweite Tabelle als Detail-Tabelle, wobei beide Tabellen über ein gemeinsames Feld verbunden sein müssen. Beide Tabellen werden dann so verknüpft, dass sich die Anzeige der Daten aus der Detail-Tabelle danach richtet, welcher Eintrag in der Haupt-Tabelle ausgewählt wurde (beispielsweise könnte man in der Haupt-Tabelle die Verzeichnisse eines Laufwerks speichern und in der Detail-Tabelle die Dateien der Verzeichnisse. Im Formular würden dann nur die Dateien angezeigt, die in dem Verzeichnis stehen, das in der Haupt-Tabelle gerade ausgewählt ist).

`TTable` *bietet einen einfachen Zugriff auf eine ganze Tabelle und unterstützt die wichtigsten Operationen in Zusammenhang mit Datenbanken. Mit* `TQuery` *können Sie darüber hinaus die Daten, auf die zugegriffen wird, vorfiltern und SQL-Abfragen starten.* `TQuery` *kann daher nicht nur ganze Tabellen, sondern auch Teiltabellen repräsentieren.*

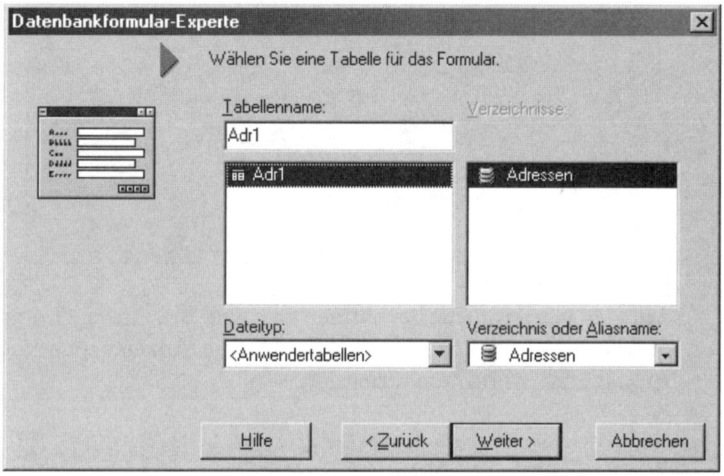

Abbildung 29.12: Zweite Seite des Datenbank-Experten

4. Auf der zweiten Seite wählen Sie eine Datenbank-Tabelle aus. Wählen Sie zuerst im Feld VERZEICHNIS ODER ALIASNAME die ODBC-Treiberverbindung aus und dann im Feld TABELLENNAME die Tabelle mit den Adressen.

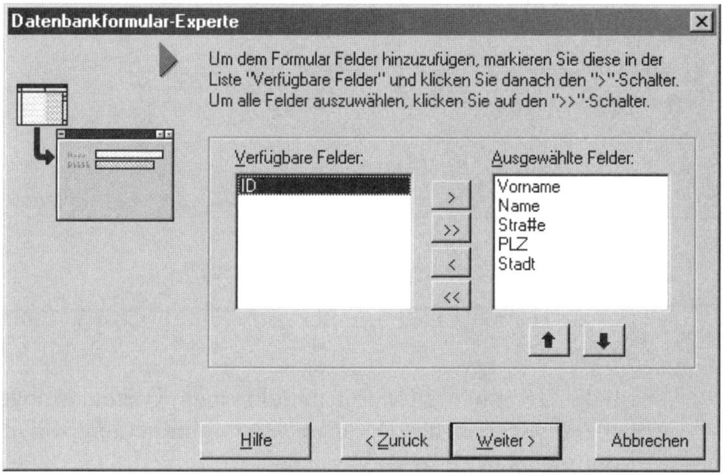

Abbildung 29.13: Dritte Seite des Datenbank-Experten

5. Auf der dritten Seite wählen Sie die Felder der Tabelle aus, für die Zugriffs- und Anzeigekomponenten im Formular eingerichtet werden sollen.

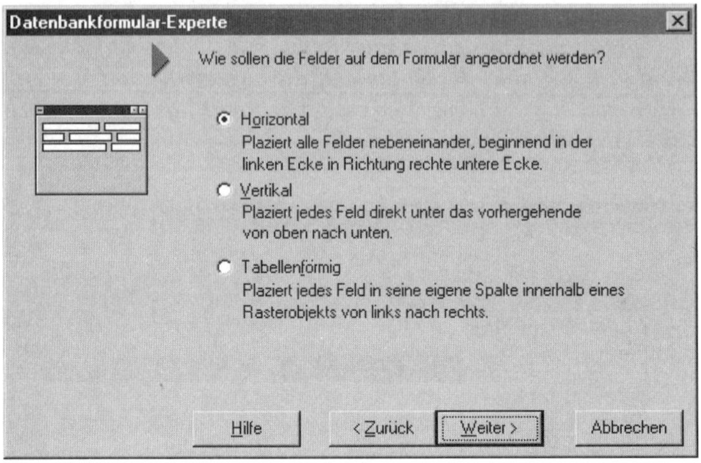

Abbildung 29.14: Vierte Seite des Datenbank-Experten

6. Auf der vierten Seite bestimmen Sie, wie die Anzeigekomponenten im Formular angeordnet werden (wobei die Anzeige sich auch nach den Abmaßen des Formulars richtet).

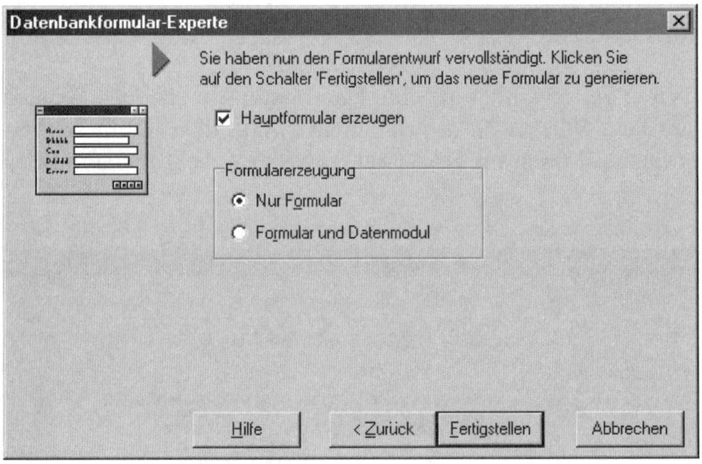

Abbildung 29.15: Fünfte Seite des Datenbank-Experten

7. Auf der letzten Seite können Sie festlegen,
   - ob das Datenbank-Formular zum Hauptfenster gemacht werden soll und
   - ob die Datenbankkomponenten in einem Formular abgelegt werden sollen, oder ob die Datenzugriffskomponenten von den Anzeigekomponenten getrennt werden.

Abschließende Arbeiten

1. Arrangieren Sie die Anzeigekomponenten des Formulars nach Ihren Vorstellungen.
2. Löschen Sie das ehemalige Hauptformular aus dem Projekt (Befehl PROJEKT/AUS DEM PROJEKT ENTFERNEN).
3. Wählen Sie im Objektinspektor das Datenbankformular aus und geben Sie für die CAPTION-Eigenschaft einen passenden Namen ein (beispielweise »Datenbank-Betrachter«).
4. Speichern Sie das Projekt (Befehl DATEI/PROJEKT SPEICHERN UNTER).
5. Drücken Sie [F9], um die Anwendung zu kompilieren und auszuführen.

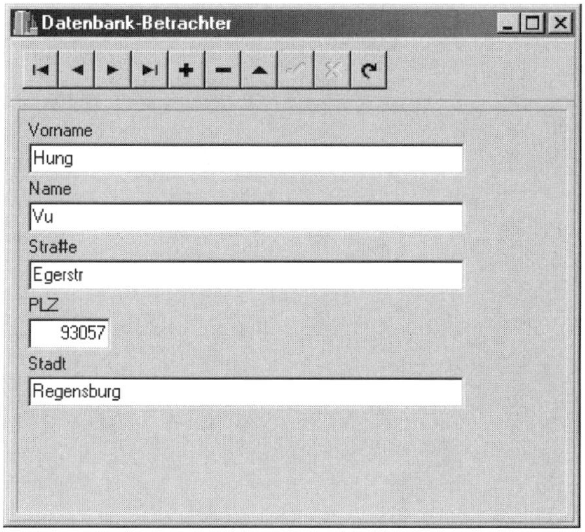

Abbildung 29.16: Der Datenbank-Betrachter

30 Assembler-Programmierung

»Alan McPearson, Sie gelten als Dandy und Playboy. Was hat Sie bewogen, Ihren Porsche Targa gegen einen Formel-1-Rennwagen einzutauschen?«

»Der Rausch der Geschwindigkeit. Wie Sie wissen, liebe ich schnelle Wagen. Es war für mich also nur eine Frage der Zeit, bis ich die letzte Herausforderung annehmen und mich in einen Rennwagen setzen würde. Aber ich hoffe natürlich auch, dass die in der Formel 1 gesammelten Erfahrungen meinen Fahrstil insgesamt verbessern und mir beim Handling meines Porsches zugute kommen werden.«

Vier Tage später verunglückte Alan McPearson bei einer Testfahrt auf dem Hockenheimring tödlich.

Warum ich Ihnen das erzähle? Nun, etwas von Alan McPearson steckt in uns allen, und es ist der Alan McPearson in uns, der uns dazu treibt, unsere C/C++-Programme durch Assembler-Code noch schneller zu machen.

Wenn Sie jetzt allerdings annehmen, dass ich Ihnen hier auf den nächsten Seiten zeigen werde, wie Sie mithilfe von Assembler aus Ihren schnellen C/C++-Programmen superschnelle C++/Assembler-Programme machen (nur damit Sie mit Ihren Programmen superschnell verunglücken), muss ich Sie leider enttäuschen.

Erstens bin ich bei weitem kein Assembler-Experte (meine Assembler-Kenntnisse sind eher bescheiden), zweitens kann man Assembler-Programmierung nicht auf wenigen Seiten vermitteln. Was ich Ihnen aber zeigen kann, ist,

- wie Assembler-Code aufgebaut ist (quasi als kleine Einführung in die Assembler-Programmierung)
- wie Sie Assembler-Code in Ihre C/C++-Programme integrieren können
- wie Sie Ihr C/C++-Compiler bei der Assembler-Programmierung unterstützen kann.

Ich denke, dass dies für C/C++-Programmierer mit die interessantesten Themen sind, da sie in Assembler-Lehrbüchern üblicherweise nicht angesprochen werden.

30.1 Grundlagen der Assembler-Programmierung

Letzten Endes funktioniert ein Assembler-Programm auch nicht anders als ein C++-Programm:

- Man speichert und verschiebt Daten und führt Operationen auf diesen Daten aus.
- Während wir jedoch in C/C++ unsere Daten in Variablen verwalten können, müssen wir uns in Assembler auf die Ebene von Registern und physikalischen Speicheradressen begeben.
- Zur Bearbeitung der Daten steht uns in C/C++ ein Satz von vordefinierten Operatoren zur Verfügung, in Assembler steht uns ein Satz von Assembler-Befehlen zur Verfügung (der sich allerdings vom Leistungsumfang nicht vollkommen mit den C/C++-Operatoren deckt).
- Für alles Weitere muss man in C/C++ wie in Assembler eigene Datentypen und Funktionen erstellen.

Woran man sich bei der Assembler-Programmierung gewöhnen muss, ist, dass man tatsächlich auf CPU-Ebene programmiert (siehe Kapitel 2) und dass die Assembler-Befehle, die man verwendet, weit elementarere Operationen darstellen als C/C++-Operationen oder -Anweisungen.

Schauen wir uns aber zuerst einmal eine einfache Entsprechung zwischen C und Assembler an.

Variablen und elementare Befehle

Zugriff auf globale Variablen

- Gegeben sei eine globale Variable `int globVar;`
- Dieser weisen Sie irgendwo weiter unten einen Wert zu:

```
globVar = 5;
```

In Assembler sähe dies wie folgt aus:

```
mov globalVar, 5
```

`mov` ist der Assemblerbefehl. Dieser Befehl kopiert einen Wert von einer Quelle in ein Ziel. Ziel und Quelle werden als Operanden des Befehls aufgeführt (getrennt durch ein Komma). Zuerst kommt der Operand für das Ziel, dann der Operand für die Quelle.

`globalVar` ist das Ziel. Der Assembler erwartet hier die Angabe eines Registers oder einer Speicherstelle. In obigem Beispiel geben wir die Speicherstelle durch den Variablennamen an, den wir in dem C-Programm definiert haben.[1]

`5` ist eine Konstante, die das Ziel und den zu kopierenden Wert darstellt.

Rechenoperationen in Assembler

Doch nur selten gibt es so einfache Entsprechungen zwischen dem C-Code und den Assembler-Befehlen. Rechenoperationen sind beispielsweise in Assembler aufwändiger als in C++.

Gegeben sei diesmal eine beliebige Funktion mit zwei lokalen `int`-Variablen `var1` und `var2`. Die Werte dieser beiden Variablen sollen addiert und in einer dritten lokalen Variablen `ergebnis` abgespeichert werden.

In C wird dafür nur eine Anweisung benötigt:

```
ergebnis = var1 + var2;
```

In Assembler braucht man dazu drei Anweisungen:

- Zum einen den `ADD-Befehl`, der den Wert seines zweiten Operanden zu dem Wert des ersten Operanden addiert und das Ergebnis im ersten Operanden abspeichert. Aus der Besprechung der CPU wissen Sie vielleicht noch, dass solche Berechnungen in der ALU durchgeführt werden. Der Befehl erwartet daher, dass einer der Operanden in einem der Rechenregister steht (genauer gesagt `EAX` für den ersten Operanden, `EDX` für den zweiten Operanden).
- Vor Aufruf des `ADD`-Befehl müssen wir also den Wert einer Variablen mithilfe von `MOV` in das Register `EAX` (erster Operand) kopieren.
- Nach Aufruf von `ADD` steht dann die berechnete Summe in `EAX` und muss von dort – wieder mithilfe von `MOV` – in die Variable `ergebnis` geschrieben werden.

```
mov    eax, var1        ; var1 nach eax
add    eax, var2        ; var2 zu eax addieren
mov    ergebnis, eax    ; eax nach ergebnis
```

Datentypen

Bisher haben wir davon profitiert, dass wir davon ausgegangen sind, dass unsere Operanden stets vom Datentyp `int` sind, der auf einer 32-Bit-Umge-

1 Variablen sind nichts anderes als symbolische Bezeichner für Speicheradressen, die der Assembler ebenso unterstützt wie der Compiler. Wenn Sie Assembler-Code in ein C/C++-Programm einfügen, können Sie in dem Assembler-Code üblicherweise die gleichen Variablenbezeichner verwenden, die Sie auch im C/C++-Programm nutzen.

bung 4 Byte umfasst und damit wunderbar zur Größe des EAX-Registers und der Spezifikation des MOV-Befehls wie auch des ADD-Befehls passt.

Für long-Operanden würden obige Assembler-Befehle immer noch funktionieren (long und int sind unter 32-Bit-Windows üblicherweise beide gleich groß), nicht aber für den Datentyp short, der unter 32-Bit-Windows üblicherweise nur 2 Byte umfasst. Der MOV-Befehl wird für short-Operanden streiken, da versucht wird, einen 16 Bit großen Wert in ein 32 Bit großes Register zu laden.

Der Ausweg aus einem solchen Dilemma liegt üblicherweise im Ausweichen auf einen anderen Assembler-Befehl, in diesem Fall MOVSX, der seinen zweiten Operanden an die Größe des Zielregisters anpasst.

Für:

```
short var1 = 11;
short var2 = -7;
short ergebnis;
```

würde man daher schreiben:

```
movsx   eax, var1
movsx   ecx, var2
add     eax, ecx
mov     ergebnis, ax  ;  ax ist die untere Hälfte des
                      ;  eax-Registers
```

Für float-Operanden, die zwar ebenfalls 4 Byte belegen, aber ganz anders codiert und daher auch nach anderen Verfahren addiert werden, müsste man auf ganz andere Befehle ausweichen: FLD, FADD, FSTP.

30.2 Die wichtigsten Register

Wir haben nun die ganze Zeit schon intensiv mit Registern gearbeitet. Es ist daher wohl an der Zeit, dass wir uns die wichtigsten Register der CPU genauer anschauen.

Jeder Prozessor verfügt über seinen eigenen Satz von Registern. Für die Prozessoren der Intel-Familie gilt allerdings, dass sie alle über den Basissatz an Registern verfügen, den schon der 8086er hatte.

Da wären zuerst die Rechenregister AX, BX, CX und DX, die 16 Bit groß sind und jeweils in ein höherwertiges Byte (Bitpositionen 8 bis 15) und ein niederwertiges Byte (Bitpositionen 0 bis 7) untergliedern. In ihnen werden grundsätzlich Variablen und insbesondere Operanden und Ergebnisse von Berechnungen zwischengespeichert.

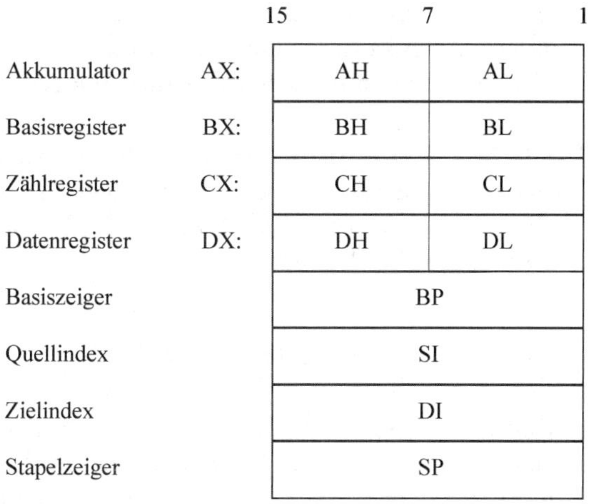

Abbildung 30.1: Die allgemeinen Register des 8086er

Akkumulator AX	Wird von vielen Befehlen zur Aufnahme eines Operanden und des Ergebnisses verwendet. Speichert bei Portzugriffen die zu übertragenden Daten.
Basisregister BX	Wird vorzugsweise als Zeiger auf den Anfang von Datenstrukturen verwendet.
Zählregister CX	Nimmt bei Schleifenoperationen den Zähler auf.
Datenregister DX	Für beliebige temporäre Daten.

Hinzu kommen zwei Register für den Stack und zwei für die Indizierung.

Stackzeiger SP	Weist auf die aktuelle Spitze (Ende) des Stacks
Basiszeiger BP	Weist auf den Beginn des aktuellen Stackrahmens
Quellindex SI	Zeiger auf eine Datenstruktur, meist auf einen Quellstring
Zielindex DI	Zeiger auf eine Datenstruktur, meist auf einen Zielstring

Zwei Register dienen der Statusüberwachung:

Befehlsregister IP	Enthält die Adresse des auszuführenden Maschinenbefehls im Codesegment des RAM
Flagregister F	Enthält eine Reihe von Statusbits, wie z.B. Überlauf, Vorzeichen, Zero-Flag, etc.

Zum Schluss wären noch die Segmentregister `CS`, `DS`, `ES` und `SS` für die segmentierte Adressierung zu nennen, die vielen Programmierern von DOS und Windows 3.x noch in »guter« Erinnerung sein wird.

!! STOP

Für höhere Prozessoren (ab dem 386er) sind die Register 32 statt 16 Bit groß und werden mit vorangestelltem »e« gekennzeichnet. Statt `ax` *gibt man also* `eax` *an, statt* `bp` *schreibt man* `ebp`. *Die alten Namen bezeichnen die untere Hälfte der Register.*

30.3 Die wichtigsten Befehle

Soweit in der Beschreibung der Befehle zu den Operanden Ziel und Quelle nichts weiter gesagt wird, kann man für Quelle und Ziel prinzipiell beliebige Register, Speicherstellen und Konstanten (nur für Quelle) angeben. Beachten Sie aber, dass die Werte in den Registern, Speicherstellen und Konstanten nach ihrer Größe in Byte (8 Bit), Wort (16 Bit) und Doppelwort (32 Bit) unterschieden werden müssen.

Grundsätzlich müssen Ziel und Quelle die gleiche Größe haben. So ist es nicht möglich, mit dem `MOV`-Befehl einen 16-Bit-Wert (`short`) in ein 32-Bit-Register zu schreiben:

```
mov eax short_var
```

Dazu müssen Sie entweder den Befehl `MOVSX` verwenden, oder ein 16-Bit-Register als Ziel angeben:

```
mov ax short_var
```

Tabelle 30.1: Die wichtigsten Assembler-Befehle

Befehl	Beschreibung
Datentransfer	
MOV Ziel, Quelle	Kopiert Quelle nach Ziel.
MOVSB, MOVSW, MOVSD	Kopiert String byte-, wort- oder doppelwortweise von DS:SI nach ES:DI
MOVSX Ziel, Quelle	Kopiert Quelle nach Ziel und erweitert Quelle (Byte- oder Word-Wert) auf die Größe von Ziel (16- oder 32-Bit-Register). Der High-Teil des Ziels wird mit dem führenden Bit (Vorzeichen) der Quelle gefüllt.
MOVZX Ziel, Quelle	Wie MOVSX, nur dass der High-Teil des Ziels mit Nullen gefüllt wird.

Tabelle 30.1: Die wichtigsten Assembler-Befehle (Forts.)

Befehl	**Beschreibung**
XCHG Ziel, Quelle	Tauscht die Inhalte der Operanden. Für Quelle und Ziel sind keine Konstanten erlaubt.
STOSB, STOSW, STOSD	Speichern Byte, Wort oder Doppelwort (aus AL, AX oder EAX) in String, dessen Adresse in ES:DI steht.
LODS, LODSW, LODSD	Laden Byte, Wort oder Doppelwort aus einem String, dessen Adresse in DS:SI steht, in die Register AL, AX oder EAX.
Konvertierung	
CDQ	Konvertiert Doppelwort in EAX zu Quadwort in EDX:EAX.
CWD	Konvertiert Wort in AX zu Doppelwort in EAX.
CBW	Konvertiert Byte in AL zu Wort in AX.
MOVSX Ziel, Quelle	siehe oben
MOVZX Ziel, Quelle	siehe oben
Arithmetische Befehle	
ADD Ziel, Quelle	Addiert Wert in Quelle zu Wert in Ziel.
SUB Ziel, Quelle	Subtrahiert Wert in Quelle zu Wert in Ziel.
MUL Op	Multipliziert Wert in AL, AX oder EAX mit Op und schreibt Ergebnis in AX, EAX. Keine Konstanten erlaubt.
IMUL Op1, Op2	Integer-Multiplikation mit Vorzeichenberücksichtigung. Unterstützt auch Konstanten.
DIV Op	Dividiert Wert AX durch Op. Je nachdem, ob der Operand byte-, Wort- oder Doppelwortgröße hat, steht das Ergebnis in Al, AX oder EAX und der Rest in AH, DX oder EDX. Keine Konstanten erlaubt.
IDIV Op1, Op2	Integer-Division mit Vorzeichenberücksichtigung. Keine Konstanten erlaubt.
INC Ziel	Erhöht Op um 1.
DEC Ziel	Verringert Op um 1.

Tabelle 30.1: Die wichtigsten Assembler-Befehle (Forts.)

Befehl	**Beschreibung**
Vergleiche	
CMP op1, op2	Vergleicht die beiden Operanden durch formelle Subtraktion des zweiten Operanden vom ersten. Das Ergebnis des Vergleichs wird durch Setzen bestimmter Flags angezeigt. (Zero-Flag für =, Carry-Flag, wenn op1 < op2 und beide vorzeichenlos, Overflow-Flag, wenn op1 < op2 und vorzeichenbehaftet)
CMPS	Vergleicht zwei Strings in DS:SI und ES:DI.
NOT Ziel	Logische Negation des Operanden.
AND Ziel, Quelle	UND-Verknüpfung der beiden Operanden.
OR Ziel, Quelle	OR-Verknüpfung der beiden Operanden.
XOR Ziel, Quelle	XOR-Verknüpfung der beiden Operanden.
Programmfluss	
JMP Ziel	Sprung zur übergebenen Befehlsadresse.
CALL Ziel	Aufruf einer Unterfunktion. CALL springt zur übergebenen Befehlsadresse, legt aber zuvor die auf den CALL-Befehl folgende Adresse auf dem Stack ab.

LOOP Label	Zur Programmierung von Schleifen. Simuliert:
	`dec cx`
	`jnz Label`

Sonstiges	
IN Ziel, DX	Liest ein Byte, Wort oder Doppelwort aus einem Port. Je nach Größe des einzulesenden Wertes verwendet man für Ziel AL, AX oder EAX. Die Port-Adresse muss zuvor in DX abgelegt werden.
OUT DX, Quelle	Schreibt ein Byte, Wort oder Doppelwort in einen Port. Je nach Größe des auszugebenden Wertes verwendet man für Quelle AL, AX oder EAX. Die Port-Adresse muss zuvor in DX abgelegt werden.
INT Interrupt[a]	Auslösung eines Interrupts. Als Operand wird die Kennziffer des Interrupts übergeben.

Tabelle 30.1: Die wichtigsten Assembler-Befehle (Forts.)

Befehl	Beschreibung
PUSH Quelle	Legt Quelle (Wort oder Doppelwort) auf der Spitze des Stacks ab. Der Stackzeiger wird danach vorgerückt (SP wird erniedrigt, da Stack nach unten wächst).
POP Ziel	Holt Wort oder Doppelwort von Spitze des Stacks nach DX (Wort) oder EAX (Doppelwort) oder in eine Speicherzelle. Der Stackzeiger wird danach zurückgesetzt (SP wird erhöht, da Stack nach unten wächst).

a. Unter DOS und Windows 3.x war es unter Assembler-Programmierern weit verbreitet, Interrupts zu nutzen – sei es durch direkten Aufruf, sei es durch die Implementierung eigener Interrupt-Handler. Unter Windows 9x und NT ist die Arbeit mit Interrupts gravierend eingeschränkt worden. Das Betriebssystem behält sich die Kontrolle über die Interrupttabelle vor und unterbindet den Aufruf zahlreicher Interrupts. Dafür stellt es den Programmierern über neue Funktionen der Windows-API alternative Konzepte zur Verfügung.

30.4 Assembler-Anweisungen in C++-Programmen

Mithilfe des Schlüsselwortes `asm` können Assembler-Befehle in den C/C++-Quelltext eingebaut werden. Es kann sowohl zum Einfügen einzelner Assembler-Befehle

```
asm mov       dword ptr [ebp-4],12
asm mov       dword ptr [ebp-8],5
...
```

wie auch zum Einbinden von Assembler-Blöcken

```
asm
  {
    mov       dword ptr [ebp-4],12
    mov       dword ptr [ebp-8],5
    ...
  }
```

verwendet werden.

Laut ANSI-Standard erfolgt die Integration eines Assembler-Befehls allerdings in Form eines geklammerten String-Literals:

```
asm ("mov   dword ptr [ebp-4],12");
```

Doch wie der Compiler auf diesen Code zu reagieren hat, ist nicht näher spezifiziert, auch wenn der Standard davon ausgeht, dass der Befehl irgendwie zum Assembler durchgereicht wird.

Ich kenne allerdings keinen Compiler, der derzeit diese Syntax unterstützt. Die meisten Compiler verstehen dagegen die eingangs vorgestellte Syntax – manchmal muss man allerdings `_asm` oder `__asm` statt des Schlüsselworts `asm` schreiben.

Damit wären wir bei den Compiler-Eigenheiten bezüglich der Verarbeitung von Assembler-Befehlen.

Assembler und die verschiedenen C++-Compiler

Die genaue Syntax der Assemblerbefehle kann von Compiler zu Compiler variieren. Auch unterstützen nicht alle Compiler das ANSI-Schlüsselwort `asm`. Der Visual-C++-Compiler von Microsoft verwendet beispielsweise in der 6.0-Version noch weiterhin das compilerinterne Schlüsselwort `__asm`.

Die genaue Syntax der Assembler-Befehle kann von dem integrierten Assembler abhängen, den Ihr Compiler verwendet. Um sich mit der Syntax vertraut zu machen, lassen Sie sich vom Compiler zur Ihrem C++-Quelltext eine .asm-Datei erzeugen.

- Im Falle des C++Builders brauchen Sie dazu nur `asm`-Befehle in den Quelltext aufzunehmen. Der Compiler legt dann automatisch eine .asm-Datei an, die Sie in den Editor laden können[2].
- Im Falle des Visual-C++-Compilers wechseln Sie im Dialogfeld der Projekteinstellungen zur Seite `C/C++` und wählen die Kategorie `Listing-Dateien` aus. Im Feld `Typ der Listing-Datei` können Sie dann beispielsweise die Option `Assembler mit Quelltext` auswählen und im darunter gelegenen Feld den Namen für die anzulegende .asm-Datei angeben. Nach Neuerstellung des Projekts können Sie die .asm-Datei dann in den Editor laden.

Assembler-Code in C++-Programme integrieren

Zur Übung möchte ich Sie anregen, ein Programm zu schreiben, dass in `main()` zwei lokale Variablen definiert, diesen Werte zuweist, das Produkt der beiden Variablen in einer dritten Variable abspeichert und das Ergebnis ausgibt. Der Code für die Zuweisung der Werte und die Multiplikation sollen in Assembler implementiert werden.

Versuchen Sie zuerst, das Programm selbstständig aufzusetzen!

2 Wenn keine .asm-Datei erstellt wird, bauen Sie einen Fehler in den Assembler-Code ein, dann wird bestimmt eine .asm-Datei erzeugt.

Wenn Sie nicht mehr weiterwissen, gehen Sie wie folgt vor:

1. Implementieren Sie das Programm ganz in C++.
2. Lassen Sie es kompilieren. Weisen Sie den Compiler aber vorher an, eine .asm-Datei für das Programm zu erzeugen.
3. Laden Sie die .asm-Datei in einen Editor und schauen Sie sich an, wie der Compiler die C++-Anweisungen für die Wertzuweisung und die Multiplikation in Assembler-Befehle umgesetzt hat.
4. Versuchen Sie dann erneut, ein gemischtes C++/Assembler-Programm aufzusetzen.

Wenn Sie weiterhin Probleme haben, schauen Sie sich das Listing assembl.cpp *auf der Begleit-CD an, das mit dem Visual-C++-Compiler erstellt werden kann.*

CD

Funktionen, Parameter, lokale Variablen

Beim Durchsehen des vom Compiler erzeugten Codes werden Sie vielleicht festgestellt haben, dass dieser auf die lokalen Variablen nicht über deren Namen, sondern über eine Adressenangabe zugreift.

Wie dies funktioniert, möchte ich Ihnen gerne noch erklären, da wir damit unsere Kenntnisse über die Stack-Verwaltung (Kapitel 12.3) vertiefen und vervollständigen können. Für die tägliche Programmierarbeit sind diese Ausführungen weniger relevant, da Sie bei der Programmierung mit Assembler – wo immer möglich – die Variablenbezeichner aus dem umliegenden C++-Code verwenden sollten.

Stackaufbau

Für die Intel-Plattform und C/C++-Compiler gilt, dass der Stack von oben nach unten wächst. Das aktuelle Ende des Stacks wird im SP-Register festgehalten. Das BP-Register enthält die Anfangsadresse des aktuellen Stackrahmens (der für die gerade in Ausführung befindliche Funktion angelegt wurde).

Was passiert, wenn eine neue Funktion mit drei Parametern und zwei lokalen Variablen aufgerufen wird?

```
#include <stdio.h>

void func(int par1, int par2, int par3) {
    int var1;
    int var2;

    var1 = 0x1111;    // 00 00 11 11
    var2 = 0x2222;    // 00 00 22 22

        par1 = 11;        // 00 00 00 0B
```

```
        par2 = 12;          // 00 00 00 0C
        par3 = 13;          // 00 00 00 0D
}

int main()
{
  func(0x1111, 0x2222, 0x3333);
  return 0;
}
```

1. Wie Sie bereits wissen, wird bei einem Funktionsaufruf ein neuer Stackrahmen angelegt – allerdings nicht als Erstes. Als Erstes werden die Argumente für den Funktionsaufruf auf dem Stack abgelegt – und zwar noch im Stackrahmen der aufrufenden Funktion.

2. Ausgehend von der aktuellen Stackspitze (im `SP`-Register) wird also Speicher für drei Parameter reserviert. Dabei werden für jeden Parameter 4 Byte reserviert (gilt auch für kleinere Parameter wie `short` oder `bool`, für `float`- oder `double`-Werte werden mehrere 4-Byte-Blöcke reserviert). Etwas ungewöhnlich ist die Reihenfolge, in der die Parameter auf dem Stack angelegt werden. Die Parameter werden von rechts nach links eingerichtet (also `par3` zuerst, darunter `par2` und zuletzt `par1`).

3. Dann kommt die Rücksprungadresse (4 Byte), an der das Programm nach Beendigung der Funktion weiter ausgeführt wird und schließlich der Inhalt des BP-Registers (4 Byte) – also die Stackadresse, an der der noch aktuelle Stackrahmen beginnt.

4. Jetzt erst wird die Adresse der aktuellen Stackspitze (`SP`) in `BP` geschrieben – der neue Stackrahmen für die aufgerufene Funktion ist eingerichtet und beginnt hier.

5. In dem neuen Stack wird sodann der Speicher für die lokalen Variablen reserviert – in der Reihenfolge ihrer Deklaration.

Mit diesem Wissen kann man nun, ausgehend von der Anfangsadresse des aktuellen Stackrahmens (`BP`), die Adressen der Parameter und lokalen Variablen berechnen.

- Der erste Parameter (`par1`) wurde, wie gesagt, als Letztes auf dem Stack abgelegt, deswegen ist er dem Stackrahmenanfang am nächsten. Seine Anfangsadresse ist `EBP+8` (zwischen ihm und dem Stackrahmenanfang liegen je 4 Byte für den Anfang des alten Stackrahmens und die Rücksprungadresse). Er belegt 4 Byte von `EBP+8` bis `EBP+12`. An `EBP+12` beginnt der zweite Parameter (`par2`).

- Die erste lokale Variable `var1` hat die Anfangsadresse `EBP-4` und belegt den Speicher von `EBP-4` bis `EBP`. Die weiteren lokalen Variablen folgen in der Reihenfolge ihrer Deklaration.

Mithilfe des Debuggers können Sie dem Stack und den Registern EBP *und* ESP *selbst nachspüren. Die meisten Compiler verfügen über Ansichtsfenster zur Darstellung des Stacks und der CPU-Register. Besonders übersichtlich ist das CPU-Fenster des C++Builders, in dem alle relevanten Informationen, vom zugehörigen Quelltext bis zum Speicherinhalt, übersichtlich angeordnet sind (siehe Abbildung 30.2).*

:-) TIPP

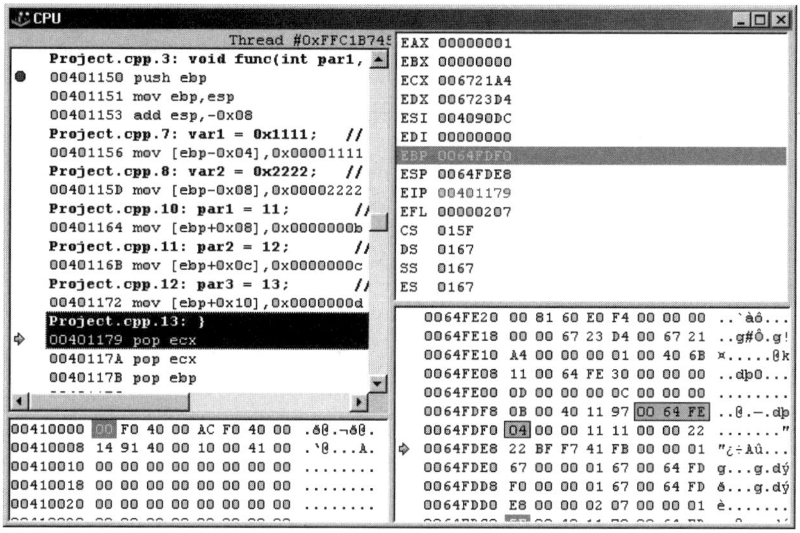

Abbildung 30.2: Register und Stack nach Funktionsaufruf

31 Genetische Algorithmen

Eigentlich war an dieser Stelle ein Kapitel zur allgemeinen Algorithmenlehre geplant. Nun ist die Algorithmenlehre aber ein ausgesprochen weites Feld und selbst kurz gehaltene Einführungen in Such- und Sortieralgorithmen, in Datenstrukturen, Graphen und lineare Programmierung, in Datenkomprimierung, Kryptologie, Triangulierungen und wie die Gebiete alle heißen, liegt im Grunde außerhalb der Möglichkeiten dieses Buches.

Andererseits gibt es viele gute Bücher zu diesen Themen, insbesondere das Standardwerk von Robert Sedgewick kann ich Ihnen nur empfehlen (siehe Literaturverzeichnis), sodass ich mich guten Gewissens auf das Standardthema konzentrieren könnte, mit dem jedes bessere C++-Buch aufwartet: der Implementierung einer Liste.

Vor ein paar Jahren, als die STL noch nicht Bestandteil der C++-Standardbibliothek war, hätte ich dies wohl auch getan. Heute verweise ich Sie dagegen an list, vector und Co aus Anhang B und wende mich einem Thema zu, das mir selbst viel mehr Freude bereitet: den genetischen Algorithmen.

31.1 Was sind genetische Algorithmen?

Aus Sicht des Informatikers ist die Evolution nichts anderes, als eine besonders geschickte, wenn auch sehr langwierige Strategie zur Lösung von Optimierungsproblemen.

Genetische Algorithmen sind Versuche, diese Strategie auf dem PC zu simulieren und auf diesem Wege Lösungen zu Problemen zu finden, die sich anderen Lösungsansätzen entziehen.

Evolution als Optimierungsstrategie

Schauen wir uns zuerst einmal an, wie die Natur optimiert. Zu diesem Zweck stellen wir der Natur eine Optimierungsaufgabe:

»Gegeben sei eine Gruppe von Zebras, die täglich von Löwen gejagt wird. Entwickle ein Zebra, das von den Löwen nicht gefangen werden kann!«

Das Ausgangsmaterial

Jedes Zebra verfügt über individuelle Eigenschaften: Gewicht, Länge der Beine, Schärfe der Augen, Fellmuster, und so weiter. Gleichzeitig stellt jedes einzelne Zebra eine mögliche Lösung zu dem gestellten Problem dar. Was die Natur daher macht, ist, für jedes einzelne Zebra zu überprüfen, wie nah es an der Lösung dran ist. Zu diesem Zweck lässt die Natur die Zebras von den Löwen jagen.

Fitnessbewertung

Einige Zebras werden von den Löwen gefressen. Manche können den Löwen nur mit Mühe und Not entkommen und sind von der Jagd stark mitgenommen. Manchen Zebras macht die Jagd kaum etwas aus.

Die Natur hat nun einen Satz von Lösungen vorliegen, für den sie weiß, wie nah die einzelnen Lösungen an dem gesetzten Ziel liegen (wie fit die Individuen für den Überlebenskampf sind). Jetzt ist es an der Zeit, den nächsten Schritt zu tun. Aus diesem Satz von Lösungen soll ein zweiter Satz von Lösungen erstellt werden, der gute Aussichten hat, noch bessere Lösungen zu enthalten.

Wie geht das?

Fortpflanzung

Ganz einfach, durch Fortpflanzung. Das Grundmodell der Fortpflanzung sieht so aus, dass jedes Zebra von sich eine identische Kopie anfertigt. Damit allein wäre aber nichts gewonnen.

Erinnern wir uns daran, dass jedes Zebra über eine Vielzahl individueller Eigenschaften verfügt. Wie erfolgreich ein Zebra den Löwen entkommen kann, wie »fit« es ist, hat mit diesen Eigenschaften zu tun. Ein Zebra hat vielleicht Beine, mit denen es schneller laufen kann, ein anderes hat die schärferen Sinnesorgane und nimmt angreifende Löwen früher wahr. Was liegt also näher, als diese guten Eigenschaften zu kombinieren?

Hier ergibt sich ein Problem:

Die Natur weiß gar nicht, welche Eigenschaft ein Zebra erfolgreich macht, sie weiß nur, wie erfolgreich bestimmte Kombinationen von Eigenschaften (sprich ganze Zebras) sind.

Selektion und Rekombination

Als Ausweg aus diesem Dilemma probiert die Natur wahllos verschiedene Kombinationen aus, legt aber fest, welche Zebras wie oft an der Fortpflanzung und Kombination teilnehmen dürfen. Zebras, die sich bei der Löwenjagd bewährt haben, dürfen sich häufig fortpflanzen und ihre Anlagen mit anderen Zebras tauschen. Zebras, die von der Jagd müde sind, werden sich seltener fortpflanzen. Zebras, die bei der Jagd von den Löwen gefangen wurden ... Schwamm drüber!

Damit hätten wir die zweite Generation von Zebras, die zweite Gruppe von möglichen Lösungen. Diese werden bewertet und dürfen sich dann in Relation zu ihrer Fitness fortpflanzen. So geht es dann weiter von Generation zu Generation, bis die Lösung gefunden ist oder ...

... die Zebras durch Inzucht eingehen.

Bedenken Sie, dass bei dem bis hierher vorgestellten Verfahren nur ganze Eigenschaften ausgetauscht werden. Wenn es in der ersten Generation nur Zebras mit Beinlängen von 1,20 und 1,10 Metern gab, wird es auch in den nachfolgenden Generationen nur Zebras geben, bei denen die Eigenschaft Beinlänge gleich 1,20 oder 1,10 ist. Die optimale Beinlänge könnte aber bei 1,00 oder 1,15 Metern liegen. Schlimmer noch: Vielleicht haben in der ersten Generation die Zebras mit den schärfsten Sinnen alle die Beinlänge 1,10. Wenn diese nun wesentlich erfolgreicher sind als die Zebras mit der Beinlänge 1,20 kann dies schnell dazu führen, dass Zebras mit der Beinlänge 1,20 in zukünftigen Generationen nicht mehr vorhanden sind, die Eigenschaft Beinlänge gleich 1,20 also unwiederbringlich verloren geht. Dabei könnte es durchaus sein, dass gerade die Kombination aus 1,20 Meter langen Beinen und bestimmten anderen Eigenschaften das optimale Zebra ergibt.

Reine Zuchtauswahl und Kombination von Eigenschaften führt also zur steten Verminderung der in der Population vorhandenen Eigenschaften, bis zum Schluss die ganze Population aus identischen Kopien eines Individuums besteht.

Die Natur behilft sich in diesem Fall durch zwei unterschiedliche Mechanismen:

Crossing Over

- Die Eigenschaften sind keine atomaren Einheiten. Vielmehr geht jede Eigenschaft auf eine Abfolge von so genannten Nukleotiden zurück, die in den Chromosomen angeordnet sind. Die Rekombination erfolgt auf der Ebene dieser Nukleotidsequenzen, sodass nicht nur ganze Eigenschaften, sondern auch Bruchstücke von Eigenschaften gegeneinander ausgetauscht werden können.[1]

Mutation

- Zweitens gibt es die Mutation, die ebenfalls auf der Ebene der Nukleotide ansetzt und diese zufällig verändert.

Beide Mechanismen tragen dazu bei, dass die genetische Vielfalt erhalten bleibt und neue Ausprägungen der Eigenschaften erzeugt werden.

1 Vermutlich fehlt Ihnen in dieser Darstellung die Erwähnung der Gene als Träger der Erbinformation. Ein Gen ist eine Abfolge von Nukleotiden, in der die Information zum Aufbau eines Proteins codiert ist. Das Zusammenspiel der Proteine bestimmt den Phänotyp, das äußere Erscheinungsbild des Individuums, womit wir bei den im Beispiel beschriebenen Eigenschaften wären. Für das Verständnis der genetischen Algorithmen ist es unerheblich, ob wir von Genen oder Eigenschaften sprechen. Wichtig ist, dass von den Genen/Eigenschaften die Fitness der Individuen abhängt und dass hinter den Genen/Eigenschaften Nukleotidsequenzen stehen.

Damit hätten wir alle Komponenten zur Implementierung eines funktionierenden genetischen Algorithmus zusammengetragen.

Benötigte Datenstrukturen:

- Träger der kodierten Information (Chromosomen)
- Feld, in dem alle Informationsträger zusammengefasst sind (Population)

Benötigte Funktionen:

- Fitnessbewertung
- Auswahl zur Fortpflanzung
- Fortpflanzung mit und ohne Crossing Over
- Mutation

31.2 Wie implementiert man genetische Algorithmen?

Die Generationenabfolge

Beginnen wir mit dem grundlegenden Ablauf, nach dem die Individuen jeder Generation (die möglichen Lösungen) aufwachsen, bewertet werden, sich fortpflanzen, variiert werden.

```
int generation = 1;
// 1. Generation vorgeben
chromosomen_initialisieren();
best.fitness = fitness_ziel - 100.0;

// Hauptschleife
// wird abgebrochen, wenn fitness_ziel erreicht oder
// bestimmte Zahl Generationen ueberschritten
while ( (best.fitness < (fitness_ziel - TREFFERGENAUIGKEIT) )
        && (generation < ABBRUCH_NACH_GENERATIONEN) )
    {
    aufwachsen();

    for (int j=0; j<POPULATION; j++)
       {
      fitness_berechnen(j);
      }

    // bestes Individuum zur Kontrolle festhalten
    fitness_festhalten();

    // Chromosomen nach Fitness sortieren
    // nur die besten sollen sich fortpflanzen
    fitness_sortieren();
```

```
21:      // Fortpflanzung und Rekombination */
22:      fortpflanzen();

23:      // Mutation
24:      mutation();

25:      generation++;
26:      printf("Bisher bestes Ergebnis: %8.5f\n",best.fitness);
27:      }

28:    puts("\n\n");
29:    printf("Ziel erreicht nach  ");
30:    printf("%d Generationen\n", generation-1);
31:    ausgabe();
32:    }
33: return 1;
34: }
```

Zuerst muss die Population angelegt werden. Da ich die Population in Form eines zweidimensionalen Feldes namens `chromosomen` implementieren werde, habe ich die Funktion zur Erzeugung der Population `chromosomen_initialisieren()` genannt (Zeile 3).

Dann wird die Fitness des bisher besten Individuums so gesetzt, dass sie kleiner ist als die angestrebte Fitness (Zeile 4). Dies ist eine ganz willkürliche Festsetzung, die lediglich sicherstellen soll, dass wir 4 Zeilen weiter unten in die Hauptschleife, die Generationenschleife, des genetischen Algorithmus eintreten.[2]

Das Fitness-Ziel muss schon vorher bestimmt worden sein. Da der genaue Wert des Fitness-Ziels für den Ablauf des Algorithmus aber unerheblich ist, tragen wir die Berechnung des Fitness-Ziels nach, wenn wir das von dem Algorithmus zu lösende Problem definieren.

In Zeile 8 geht es dann in die Hauptschleife, die erst beendet wird, nachdem eine Lösung gefunden oder eine bestimmte Anzahl von Generationen überschritten ist. Wie nah die gefundene Lösung an dem Fitness-Ziel zu liegen hat, bestimmt die Konstante `TREFFERGENAUIGKEIT`.

Die Hauptschleife besteht aus folgenden Schritten

- `aufwachsen`. Hier wird aus der Nachkommengeneration die aktuelle Generation bestimmt.
- `fitness_berechnen`. Hier wird bestimmt, wie »fit« jedes Individuum ist.

2 Genauso gut könnte man tatsächlich die beste Fitness der gerade erzeugten Population berechnen und diese mit dem gesetzten Fitness-Ziel vergleichen.

- `fitness_festhalten`. Ist ein Individuum aufgewachsen, das besser ist als alle Individuen vor ihm, werden seine Werte festgehalten. In der Bedingung der `while`-Schleife wird die Fitness dieses Individuums mit dem Fitness-Ziel verglichen.
- `fitness_sortieren`. Bevor wir Individuen gemäß ihrer Fitness für die Fortpflanzung auswählen, legen wir ein Feld an, in dem die Individuen nach ihrer Fitness sortiert sind.
- `fortpflanzen`. Hier können speziell ausgewählte Individuen ihre genetische Information auf die Nachkommen übertragen (mit oder ohne Crossing over).
- `mutation`. Hier wirkt der Zufall ein.

Die Population

Unsere Population besteht aus n Individuen. Jedes Individuum trägt kodierte Information, die als Folge von `char`-Zeichen abgelegt wird. Jedes `char`-Zeichen kann die Werte '0' und '1' annehmen (d.h., wir verwenden einen binären Code).

Anders als in der Natur, wo die genetische Information auf mehrere Chromosomen verteilt ist, verfügt in unserem Algorithmus jedes Individuum über ein einziges Individuum, sodass wir auch gleich von Chromosomen statt von Individuen sprechen können.

Die Länge der Chromosomen und die Größe der Population werden durch Konstanten festgelegt.

```
char chromosomen[POPULATION][CHROMLAENGE];
```

Eine zweite Population repräsentiert die Nachkommen:

```
char chromosomen_nachkommen[POPULATION][CHROMLAENGE];
```

Des Weiteren brauchen wir Variablen:

- für die Fitnesswerte

  ```
  double fitness[POPULATION];
  ```

- für das Fitness-Ziel

  ```
  double fitness_ziel = 0.0;
  ```

- zum Festhalten des besten Individuums

  ```
  struct Bestes_Individuum {
    char chromosom[CHROMLAENGE];
  ```

```
        double fitness;
        } best;
```

➠ zum Sortieren der Population

```
       struct  Sortiertes_Array {
         double fitness;
         int    nachkommen;
         int    chromosom;
         } sa[POPULATION];
```

Das zu lösende Problem

Nehmen Sie an, Sie haben eine Funktion und wüssten gerne, an welcher Stelle die Funktion ihr Minimum hat und wie groß das Minimum tatsächlich ist. Sofern sich die Lösung nicht durch mathematische Methoden (Ableitung) finden lässt, könnten Sie hierfür einen genetischen Algorithmus verwenden.

Für unsere Zwecke werden wir das Problem allerdings ein wenig abwandeln.

Wir definieren vier Funktionen, für die wir das Minimum kennen. Dies hat den Vorteil, dass wir die Funktionen als Testfunktionen zur Bewertung unseres genetischen Algorithmus verwenden können.

Die vier Testfunktionen, die allgemein in Literatur und Praxis als Testfunktionen für genetische Algorithmen verwendet werden, sind:

```
// Testfunktionen fuer genetische Algorithmen.
//
// F1 =  min{sum (x[i]^2)
//                    | -500.0 <= x[i] <= 500.0}
//                    Minimum: x[i] = 0.0
// F2 =  min{100 + sum (x[i]^2 - 10cos(2PIx[i]))
//                    | -5.12 <= x[i] <= 5.12}
//                    Minimum: x[i] = 0.0
// F3 =  min{sum(-x[i]sin(sqrt(abs(x[i]))))
//                    | -500.0 <= x[i] <= 500.0}
//                    Minimum: x[i] = 420.9687
// F4 =  min{sum(x[i]^2/4000) - prod(cos(x[i]/sqrt(i))) +1
//                    | -600 <= x[i] <= 600}
//                    Minimum: x[i] = 0.0
```

Für die Funktion ist das Minimum an sich recht einfach zu lösen, da es keine Irrwege gibt. Jede kleine Verbesserung im Fitness-Wert ist tatsächlich ein Schritt hin zum Minimum, das gleich Null ist und erreicht wird, wenn die x1 und x2 gleich Null sind.

Abbildung 31.1: Die Funktionen F1 und F2

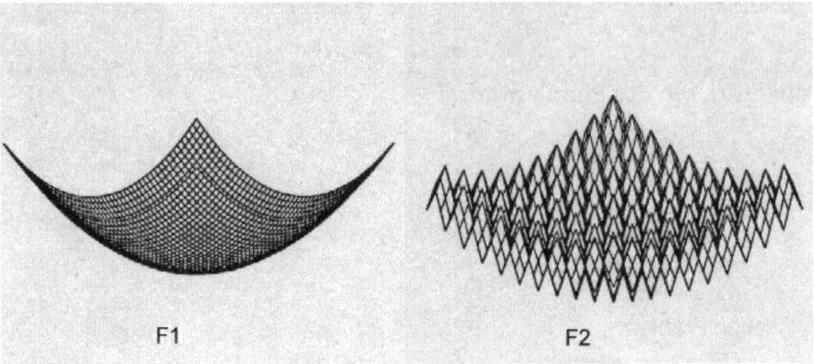

Die Funktion F2 ist der Funktion F1 recht ähnlich, wenn sie auch mit unzähligen lokalen Minima übersät ist.

Beide sollten für einen genetischen Algorithmus kein großes Problem darstellen.

Abbildung 31.2: Die Funktionen F3 und F4

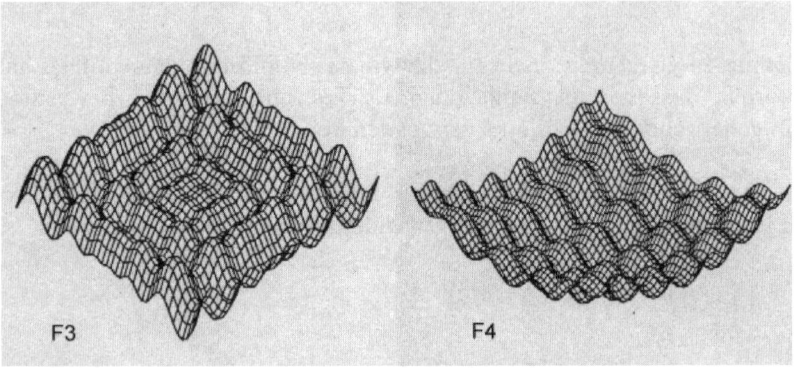

Die Funktion F3 ist schon recht schwierig. Ihr globales Minimum ist gleich 100 – 10*DIM (DIM ist die Dimension von x) und liegt bei x1 = x2 = 420.9687. Sie hat – je nach Dimension – mehrere zweitbeste Minima, die unerfreulicherweise weit vom globalen Minimum entfernt sind und die Population daher von der eigentlichen Lösung abbringen können.

Am schwierigsten ist F4, deren globales Minimum wieder Null ist und bei x1 = x2 = 0 liegt.

Die folgende Funktion berechnet für alle vier Testfunktionen den Funktionswert zu einem gegebenen Satz von x-Parametern:

```
enum {F1, F2, F3, F4, ENDE, UNGUELTIG};
double funktionswert_berechnen(int option,
                                         double params[ANZ_PARAMETER])
```

```
{
int loop2;
double y_fkt = 0;
double zw_wert;

switch(option)
  {
  case F1: for(loop2=0;loop2<ANZ_PARAMETER;loop2++)
             {
             y_fkt += pow(params[loop2],2);
             }
           break;

  case F2: for(loop2=0;loop2<ANZ_PARAMETER;loop2++)
             {
             y_fkt += pow(params[loop2],2)
                      - 10*cos(2*M_PI*params[loop2]);
             }
           y_fkt += 100;
           break;

  case F3: for(loop2=0;loop2<ANZ_PARAMETER;loop2++)
             {
             y_fkt += -(params[loop2] *
                        sin(sqrt(fabs(params[loop2]))));
             }
           break;

  case F4: for(loop2=0;loop2<ANZ_PARAMETER;loop2++)
             {
             y_fkt += pow(params[loop2],2);
             }
           y_fkt /= 4000.0;
           zw_wert = 1;
           for(loop2=0;loop2<ANZ_PARAMETER;loop2++)
             {
             zw_wert *= (cos(params[loop2]/sqrt(loop2+1)));
             }
           y_fkt -= (zw_wert-1);
           break;

  default: printf("Auswahl nicht unterstützt\n");
           break;
  }
return y_fkt;
}
```

Welche Testfunktion jeweils berechnet werden soll, kann der Benutzer des genetischen Algorithmus über ein Menü auswählen.

```
// Für welche Funktion soll das Minimum gefunden werden
int menue()
  {
  char func;
```

```
printf("Fuer Funktion F1 druecken Sie       <1>\n");
printf("Fuer Funktion F2 druecken Sie       <2>\n");
printf("Fuer Funktion F3 druecken Sie       <3>\n");
printf("Fuer Funktion F4 druecken Sie       <4>\n");
printf("Beenden                              <e>\n\n");

func=getchar();
fflush(stdin);
switch(func)
    {
    case '1':   return(F1);
    case '2':   return(F2);
    case '3':   return(F3);
    case '4':   return(F4);
    case 'e':   return(ENDE);
    default :   return(UNGUELTIG);
    }
}
```

In der `main()`-Funktion wird die Funktion `menue()` aufgerufen. Hat der Benutzer sich für eine Testfunktion entschieden, wird das Minimum der Funktion als Fitness-Ziel festgesetzt.

```
int main(int argc, char *argv[])
  {
  while(1)
    {
    int generation = 0;

    welche_Funktion = UNGUELTIG;
    while(welche_Funktion == UNGUELTIG)
          welche_Funktion = menue();

    switch(welche_Funktion)
      {
      case F1: fitness_ziel = 0.0;
               break;
      case F2: fitness_ziel = 100 - 10*ANZ_PARAMETER;
               break;
      case F3: fitness_ziel = -ANZ_PARAMETER*418.9828873;
               break;
      case F4: fitness_ziel = 0.0;
               break;
      case ENDE:  exit(0);
      default :   printf("Fehler !!!\n");
                 exit(0);
      }

    // 1. Generation vorgeben
    chromosomen_initialisieren();
    best.fitness = fitness_ziel - 10.0;

    // Hauptschleife
    while ( (best.fitness < (fitness_ziel - TREFFERGENAUIGKEIT) )
```

```
            && (generation < ABBRUCH_NACH_GENERATIONEN) )
      {
... siehe oben
```

Kodierung der Parameter auf den Chromosomen

Um mithilfe unseres genetischen Algorithmus herauszufinden, bei welchen x-Werten die Minima der Funktionen liegen, müssen wir die x-Werte auf den Chromosomen kodieren.

Wir speichern die x-Werte im Binärformat mit führendem Vorzeichen. Für jeden x-Wert stellen wir 20 Bit zur Verfügung. Wir berechnen die zweidimensionalen Funktionen, haben also 2 x-Werte auf jedem Chromosom.

```
#define ANZ_PARAMETER           2
#define PARAMLAENGE             20
```

Die Länge der Chromosomen lässt sich damit berechnen, zu:

```
#define CHROMLAENGE     (ANZ_PARAMETER * PARAMLAENGE)
```

Nach der Codierung der Parameter unterscheidet man zwischen evolutionären und genetischen Algorithmen. Die evolutionären Algorithmen speichern die Parameter direkt als Fließkomma- oder Integer-Zahlen, die genetischen Algorithmen kodieren diese Werte und ahmen dadurch stärker das Vorbild der Natur nach. Ansonsten gibt es keine großen Unterschiede zwischen der Implementierung evolutionärer und genetischer Algorithmen, außer, dass man bei evolutionären Algorithmen stärker die Mutation gegenüber dem Crossing Over betont.

INFO

Es gibt allerdings große Unterschiede in der Eignung der Algorithmen für bestimmte Probleme. Ich werde darauf noch einmal im letzten Abschnitt dieses Kapitels zu sprechen kommen.

Initialisierung der Population

Wir sind jetzt soweit, dass wir die Population initialisieren können. Dazu füllen wir die Bits sämtlicher Chromosomen der Population mit zufälligen Werten.

```
void chromosomen_initialisieren()
  {
  int j, k;

  for (j=0; j<POPULATION; j++)
    {
    for (k=0; k<CHROMLAENGE; k++)
      {
      chromosomen_nachkommen[j][k] = rand()%2;
      }
```

```
    }
  }
```

Aufwachsen

Dann lassen wir die Generation aufwachsen, d.h., wir kopieren die Bitwerte einfach von `chromosomen_nachkommen` nach `chromosomen`.

```
// Änderungen in chromosomen übernehmen
void aufwachsen()
  {
  int i, j;

  for (i=0; i<POPULATION; i++)
    {
    for (j=0; j<CHROMLAENGE; j++)
      {
      chromosomen[i][j] = chromosomen_nachkommen[i][j];
      }
    }
  }
```

Kodierung der Parameter / Berechnung der Fitness

In jeder neuen Generation werden die Individuen auf ihre Fitness hin untersucht. Dies erfolgt in drei Schritten:

- aus dem Bitmuster auf dem Chromosom werden die Parameter bestimmt
- aus den Parametern wird der Funktionswert bestimmt
- aus dem Funktionswert wird die Fitness bestimmt (und zwar so, dass sich die Fitness immer von unten dem Fitness-Ziel nähert)

```
double* fitness_berechnen(int individuum)
  {
  int vorzeichen;
  int loop;
  int zaehler = 0;
  int index = 0;
  int wert = 0;
  bool stop = false;
  static double parameter[ANZ_PARAMETER];

  // 1. Parameter bestimmen
  do
    {
    /* chromosomen zu Ende */
    if(index+PARAMLAENGE-1 > CHROMLAENGE)
      {
      stop = true;
      continue;
      }
```

```
    wert = 0;

    /* bestimme Vorzeichen */
    if(chromosomen[individuum][index])
      vorzeichen = -1;
      else
      vorzeichen = 1;

    /* decodiere Betrag der Variablen */
    for(loop = 1; loop < PARAMLAENGE; loop++)
      {
      wert += chromosomen[individuum][index+loop]
              * (int) pow(2,(PARAMLAENGE-1-loop));
      }
    parameter[zaehler] = vorzeichen*wert/1000.0;
    zaehler++;
    index += PARAMLAENGE;
    } while(!stop);

  // 2. aus Parametern die Fitness berechnen
  if(!(zaehler==ANZ_PARAMETER))
       printf("Zuwenig Parameter ausgewertet\n");
    else
      {
      double y_wert;
      double differenz;

      // skaliert Werte fuer F2
      if(welche_Funktion == F2)
        for(loop=0; loop <ANZ_PARAMETER; loop++)
           parameter[loop] /= 100.0;

      y_wert =
        funktionswert_berechnen(welche_Funktion, parameter);

  // 3. Fitness bestimmen
      // sicherstellen, dass sich die Fitness-Werte dem
      // Fitness-Ziel sich von unten naehern
      differenz = fitness_ziel - y_wert;
      fitness[individuum] = fitness_ziel - fabs(differenz);
      }
  return parameter;
  }
```

Das Individuum mit der besten Fitness halten wir fest.

```
// beste Fitness und bestes Chromosom festhalten
void fitness_festhalten()
  {
  int individuum;

  for (individuum=0; individuum<POPULATION; individuum++)
    {
    if (fitness[individuum] > best.fitness)
      {
```

```
        best.fitness = fitness[individuum];
        for (int j=0; j<CHROMLAENGE; j++)
          {
          best.chromosom[j] = chromosomen[individuum][j];
          }
        }
      }
    }
```

Beachten Sie, dass wir nicht das beste Individuum einer Generation, sondern das beste Individuum aller Generationen festhalten.

Die Fitness dieses Individuums geht in die Abbruchbedingung unserer Hauptschleife ein.

Zusätzlich geben wir an jeder Iteration der Hauptschleife den Fitness-Wert des besten Individuums aus, um zu sehen, wie der Algorithmus voranschreitet. Bedenken Sie aber, dass der Algorithmus nicht von Generation zu Generation immer bessere Individuen produzieren muss. Es kann gut sein, dass sich der Algorithmus für etliche Generationen verschlechtert, um urplötzlich mit einer noch besseren Lösung aufzuwarten.[3]

Individuen zur Fortpflanzung auswählen

Damit kommen wir zu einem schwierigen Thema. Welche Individuen sollen für die Fortpflanzung ausgewählt werden?

Ich habe dieses Problem relativ einfach gelöst: Ich sortiere die Individuen nach ihrer Fitness und wähle zur Fortpflanzung immer nur Individuen aus dem oberen Viertel aus.

Zum Sortieren verwende ich die C-Funktion `qsort()`.

```
// Vergleichsfunktion für qsort() in fitness_sortieren()
int vgl( const void *a, const void *b)
  {
  struct Sortiertes_Array *vgl1,*vgl2;

  vgl1 = (struct Sortiertes_Array *)a;
  vgl2 = (struct Sortiertes_Array *)b;

  if(vgl1->fitness == vgl2->fitness)
    return( 0 );
    else
    if(vgl1->fitness > vgl2->fitness)
      return(-1);
      else
      return(1);
```

3 Man kann diese Verhaltensweise übrigens über verschiedene Parameter (Populationsgröße, Selektion, Mutationsrate, etc.) steuern.

```
  }


// Chromosomen nach Fitness sortieren
void fitness_sortieren()
  {
  int loop;

  for(loop=0;loop<POPULATION;loop++)
    {
    sa[loop].chromosom = loop;
    sa[loop].fitness = fitness[loop];
    }
  qsort((void *)sa, POPULATION, sizeof(sa[0]), vgl);
  }
```

Ausgewählt werden die Individuen in der Funktion `fortpflanzen()`, zu der ich gleich komme. Die Funktion `fortpflanzen()` bestimmt, wie die Fortpflanzung vonstatten geht, nicht aber, wer sich fortpflanzen darf. Dazu ruft sie die Funktion `auswaehlen()` auf.

```
int* auswaehlen()
  {
  int i;
  static int ausgewaehlt[2];

  int index;
  for (i=0; i<2; i++)
    {
    index = rand()%POPULATION/4;
    ausgewaehlt[i] = sa[index].chromosom;
   }

  return ausgewaehlt;
  }
```

Die Funktion `auswaehlen()` liefert ein Paar von Individuen aus dem oberen Viertel der Population. Schlechte Individuen kommen also bei der Fortpflanzung nicht zum Zuge.[4]

Fortpflanzung, Crossing Over und Mutation

In der Funktion `fortpflanzen()` wird die neue Generation erzeugt. Wer sich fortpflanzen darf, wird mithilfe der Funktion `auswaehlen()` (siehe oben) bestimmt.

Wo es zu einem Crossing Over und damit zur Vertauschung von Chromosomenstücken kommt, wird zufällig bestimmt. Wie oft es zum Crossing Over kommt, kann über die Konstante `CROSS_HAEUFIGKEIT` gesteuert werden.

4 Verzeihen Sie mir den Trick mit der statischen Variablen als Rückgabewert.

```
#define CROSS_HAEUFIGKEIT         70  // Wert zwischen 0 und 100

void fortpflanzen()
  {
  int *ausgewaehlt;

  for (int individuum = 0; individuum < POPULATION;
                           individuum = individuum + 2)
    {
    // zwei Chromosomen zur Fortpflanzung auswaehlen
    ausgewaehlt = auswaehlen();

    if (rand()%100 < CROSS_HAEUFIGKEIT)
      {
      // Fortpflanzen mit Crossing Over
      int i;
      int co_punkt;

      co_punkt = rand()%CHROMLAENGE;

      for (i=0; i<co_punkt; i++)
        {
        chromosomen_nachkommen[individuum][i] =
            chromosomen[ausgewaehlt[0]][i];
        }
      for (i=co_punkt; i<CHROMLAENGE; i++)
        {
        chromosomen_nachkommen[individuum][i] =
            chromosomen[ausgewaehlt[1]][i];
        }
      for (i=0; i<co_punkt; i++)
        {
        chromosomen_nachkommen[individuum+1][i] =
            chromosomen[ausgewaehlt[1]][i];
        }
      for (i=co_punkt; i<CHROMLAENGE; i++)
        {
        chromosomen_nachkommen[individuum+1][i] =
            chromosomen[ausgewaehlt[0]][i];
        }
      }
    else
      {
      // Fortpflanzen ohne Crossing Over
      int i;

      for (i=0; i<CHROMLAENGE; i++)
        {
        chromosomen_nachkommen[individuum][i] =
            chromosomen[ausgewaehlt[0]][i];
        chromosomen_nachkommen[individuum+1][i] =
            chromosomen[ausgewaehlt[1]][i];
        }
      }
    }
}
```

Nach der Fortpflanzung setzen wir die neue Generation dem Beschuss durch kosmische Strahlung aus und lassen die Individuen mutieren. Wie häufig es zu Mutationen kommen soll, kann über die Konstante `MUT_HAEUFIGKEIT` gesteuert werden.

```
#define MUT_HAEUFIGKEIT          1.5 // 1 = 100 %
void mutation()
  {
  int individuum, gene;
  int i;

  for (i=0; i< (int) POPULATION*MUT_HAEUFIGKEIT; i++)
    {
    individuum = rand()%POPULATION;
    gene = rand()%CHROMLAENGE;

    chromosomen_nachkommen[individuum][gene] =
            (chromosomen_nachkommen[individuum][gene]+1)%2;
    }
  }
```

Ergebnis ausgeben

Zum Schluss präsentiert der Algorithmus das gefundene Ergebnis: das Individuum mit der besten Fitness.

```
void ausgabe()
  {
  double *params;
  int j;
  printf("beste Fitness    : %f\n", best.fitness);

  printf("\nChromosom:");
  for (j=0; j<CHROMLAENGE; j++)
      {
      if( !(j % PARAMLAENGE))
             printf("  ");
      putchar(best.chromosom[j]+48);
      chromosomen[0][j] = best.chromosom[j];
      }
  puts("\n");
  printf("\nParameter:");

  params = fitness_berechnen(0);
  for (j=0; j < ANZ_PARAMETER; j++)
      {
      printf("  %f \t", params[j]);
      }
  puts("\n\n");
  }
```

Der Programmaufbau

```
// GenetAlg.cpp
#include <stdlib.h>
#include <math.h>
#include <stdio.h>
#include <string.h>

// Konstanten, die angepasst werden können
#define ABBRUCH_NACH_GENERATIONEN 10000
#define CROSS_HAEUFIGKEIT         70  // Wert zwischen 0 und 100
#define MUT_HAEUFIGKEIT           1.5 // 1 = 100 %
#define ANZ_PARAMETER             2
#define PARAMLAENGE               20
#define POPULATION                200
#define TREFFERGENAUIGKEIT        0.001

// Diese Konstanten nicht ändern
#define M_PI             3.141592654
#define CHROMLAENGE      (ANZ_PARAMETER * PARAMLAENGE)
enum {F1, F2, F3, F4, ENDE, UNGUELTIG};
char chromosomen[POPULATION][CHROMLAENGE];
char chromosomen_nachkommen[POPULATION][CHROMLAENGE];
double fitness[POPULATION];
double fitness_ziel = 0.0;
int welche_Funktion;

struct Bestes_Individuum {
  char chromosom[CHROMLAENGE];
  double fitness;
  } best;
struct  Sortiertes_Array {
  double fitness;
  int   nachkommen;
  int   chromosom;
  } sa[POPULATION];


//**************************************************
// Testfunktionen fuer genetische Algorithmen.

double funktionswert_berechnen(int option,
                               double params[ANZ_PARAMETER])
  {
... siehe oben
  }


//**************************************************
// Funktionen zur Fitness

int vgl( const void *a, const void *b)
  {
... siehe oben
  }
```

```
void fitness_sortieren()
  {
... siehe oben
  }

void fitness_festhalten()
  {
... siehe oben
  }

  double* fitness_berechnen(int individuum)
  {
... siehe oben
  }


//**************************************************
// Funktionen zur Fortpflanzung

int* auswaehlen()
  {
... siehe oben
  }


void fortpflanzen()
  {
... siehe oben
}


void aufwachsen()
  {
... siehe oben
  }


// Mutation
void mutation()
  {
... siehe oben
  }


//**************************************************
// Sonstige Funktionen

int menue()
  {
... siehe oben
  }

void chromosomen_initialisieren()
  {
... siehe oben
```

```
  }

void ausgabe()
  {
... siehe oben
  }


int main(int argc, char *argv[])
  {
... siehe oben
  }
```

Ausgabe:

```
Fuer Funktion F1 druecken Sie      <1>
Fuer Funktion F2 druecken Sie      <2>
Fuer Funktion F3 druecken Sie      <3>
Fuer Funktion F4 druecken Sie      <4>
Beenden                            <e>

1

...
Bisher bestes Ergebnis: -0.08528
Bisher bestes Ergebnis: -0.08528
Bisher bestes Ergebnis: -0.03658
Bisher bestes Ergebnis: -0.00912
Bisher bestes Ergebnis: -0.00912
Bisher bestes Ergebnis: -0.00063


Ziel erreicht nach  15 Generationen
beste Fitness     : -0.000628

Chromosom:  10000000000000001100  10000000000000010110

Parameter:  -0.012000     -0.022000
```

31.3 Wie steuert man genetische Algorithmen?

Zu diesem Thema gibt es unzählige Veröffentlichungen und man könnte ohne Mühe ein ganzes Buch darüber schreiben. Ich möchte mich daher darauf beschränken, einige mir wichtig erscheinende Aspekte herauszustreichen. Im Übrigen sollten Sie nicht vergessen, dass gerade auch das Ausgangsmaterial, die Startpopulation, einen ganz entscheidenden Einfluss haben kann (dies um so mehr, je kleiner die Population ist).

Crossing Over versus Mutation

Bei einem genetischen Algorithmus ist immer zwischen Selektion und Crossing Over auf der einen Seite und Mutation auf der anderen Seite abzuwägen.

Wenn man zu sehr die Selektion und das Crossing Over betont, läuft man – insbesondere bei kleinen Populationen – Gefahr, dass sich der Algorithmus festsetzt. Das heißt, die Mannigfaltigkeit des Ausgangsmaterials schrumpft, die – auch in unserer realen Welt vielfach beschworene – genetische Vielfalt geht verloren, und der Algorithmus kann sich nicht mehr verbessern. Lösungen mit lokalen Minima, wie F3 und F4, begünstigen solche Entwicklungen.

Man kann solchen Entwicklungen durch die Mutation entgegenwirken. Eine zu hohe Mutationsrate kann allerdings dazu führen, dass der Vorteil der Selektion und des Crossing Overs – die zielgerichtete Verbesserung – verloren geht und der Algorithmus zu einem Monte-Carlo-Experiment verkommt.

Auswahl der Besten

Wenn man in jeder Generation nur die Besten auswählt (wie in obigem Beispiel geschehen), macht man es sich zwar einfach, verschenkt aber viel genetisches Material.

Ein wesentlich besserer Ansatz ist, die Individuen proportional zu ihrer Fitness an der Fortpflanzung zu beteiligen. Dies ist allerdings nicht ganz einfach zu implementieren und so habe ich in diesem Beispiel darauf verzichtet.

Introns, doppeltes Crossing Over, Reparatur etc.

Wenn man sich mit genetischen Algorithmen näher befasst, schaut man auch irgendwann einmal in Fachbücher zum Thema Genetik hinein. Dort erfährt man dann, dass in Wirklichkeit alles noch viel komplizierter ist. Die Natur arbeitet mit

- INTRONS: DNA-Sequenzen zwischen Genen, die keine Information beinhalten.
- DOPPELTES CROSSING OVER: Die Chromatide der Chromosomen werden gleichzeitig an zwei Stellen aufgebrochen.
- REPARATUR: Die DNA schützt sich mithilfe von Reparaturenzymen vor Mutation.

Wer Spaß daran hat, der findet hier unzählige Anregungen, seine genetischen Algorithmen hochzuzüchten.

Evolutionäre versus genetische Algorithmen

Die Kodierung der Parameter in den genetischen Algorithmen hat gegenüber der direkten Verwendung von Zahlenwerten, wie es für die evolutionären Algorithmen charakteristisch ist, Vor- und Nachteile.

Die Vorteile liegen in den Möglichkeiten der Rekombination und der Einflussnahme auf Bitebene.

Nachteilig kann sein, dass genetische Algorithmen bei der Optimierung stetiger Funktionen (wie in unserem Fall) wenig zielgerichtet sind. Der Grund ist einfach, dass es durch die Kodierung der Parameter meist dazu kommt, dass kleine Änderungen der kodierten Form große Änderungen in den Parameterwerten hervorrufen.

Nehmen wir an, der Algorithmus arbeitet mit einem Parameter von 8 Bit und sucht ein Optimum, das bei Null liegt. Nachdem der Algorithmus mit zwei Individuen

0111 1100 und 1110 1111

gestartet ist, hat er sich der Lösung nun bereits beträchtlich genähert, seine Individuen kodieren die Zahlenwerte 1 und 39:

0000 0001 und 0010 0111

Kommt es nun zu einer Mutation in einem der höherwertigen Bits des ersten Individuums:

0000 0001 -> 1000 0001

wird der Algorithmus weit zurückgeworfen, denn die kleine Änderung im Bitmuster bewirkt eine drastische Verschlechterung des Parameters und der Fitness, sodass das an sich gute Chromosom (das nur um 2 Bit von der optimalen Lösung entfernt ist) kaum Chancen hat, sich zu vermehren.

Andererseits kann genau diese Diskrepanz zwischen kodierter und dekodierter Form von Vorteil sein, wenn es lokale Optima gibt, die versuchen, den Algorithmus »einzufangen«.

32 Objektorientiertes Design

Objektorientierte Programmierung bietet viele Vorteile, ist aber nicht ganz einfach. Dies gilt für den Einsteiger wie für den Fortgeschrittenen. Was Einsteiger und Fortgeschrittene aber unterscheidet, sind die Probleme, die sie umtreiben.

Während der Einsteiger sich vornehmlich mit Fragen zur Syntax beschäftigt:

- Wie definiere ich eine Methode außerhalb der Klasse?
- Wie erzeuge ich ein Array von Objekten meiner Klasse?
- Warum kann ich in meiner abgeleiteten Klasse nicht auf die privaten Elemente der Basisklasse zugreifen?
- Warum meldet der Compiler laufend »Ambiguity«-Fehler für meine Template-Funktion?

stellen sich dem fortgeschrittenen Programmierer ganz andere Fragen:

- Welche Klassen brauche ich zur Realisierung meines Projekts?
- In welchen Beziehungen sollen diese Klasse zueinander stehen?
- Welche Eigenschaften und Methoden sollen die Klassen haben?
- In welchen Schritten soll ich das Projekt überhaupt erstellen? Wie plant man Projekte?

Letztere Fragen zu beantworten, ist das erklärte Ziel der objektorientierten Analyse (OOA) und des objektorientierten Designs (OOD).

32.1 OOA, OOD und UML

Die objektorientierte Software-Entwicklung ist in mehrere Phasen gegliedert (siehe nächster Abschnitt), von denen zwei Phasen besondere Bedeutung zukommt.

- Der Analyse-Phase, in der eruiert wird, mit welchen Objekten man es überhaupt zu tun hat und in welcher Beziehung diese zueinander stehen.
- Der Design-Phase, in der man die Erfahrungen aus der Analyse zur Konzeption der C++-Klassen nutzt.

Zu beiden Phasen gibt es unzählige Vorschläge, Methoden, Theorien und Veröffentlichungen, wie man am besten vorzugehen hat. Tatsächlich hat sich so etwas wie eine eigene Wissenschaft der objektorientierten Software-Entwicklung herausgebildet, deren Kernthemen die objektorientierte Analyse (OOA) und das objektorientierte Design (OOD) sind (wobei der Begriff des »objektorientierten Designs« häufig ausgedehnt und als Oberbegriff für den gesamten Entwicklungsprozess verwendet wird).

Wie jede aufstrebende Wissenschaft hat auch die objektorientierte Software-Entwicklung ihre Vordenker und Gurus:

- Beck und Cunningham, die Erfinder der CRC-Karten
- Grady Booch, den Begründer der Booch-Methode für objektorientiertes Design (OOA und OOD)
- James Rumbaugh, den Begründer der OMT-Methode (Object Modeling Technique), die neben der Booch-Methode am häufigsten verwendet wird

  und
- Ivar Jacobson, auf den die objektorientierte Analyse mithilfe von Anwendungsfällen (use cases) zurückgeht,

... um nur einige zu nennen.

Die Methoden

Auf den Arbeiten dieser Männer beruhen die Methoden, die wir bei der objektorientierten Software-Entwicklung einsetzen. Eine Methode kann sich dabei auf einen bestimmten Aspekt des Entwicklungsprozesses konzentrieren (CRC-Karten, Anwendungsfälle) oder den gesamten Weg von der Modellierung des Problems bis zur Auslieferung des Programms beschreiben (Booch, OMT).

Welche Methode ist die Richtige?

Angesichts der Vielfalt der angebotenen Methoden stellt sich die Frage, welche Anregungen man aufgreifen, welchen Methoden[1] man folgen soll.

1 Als Methode bezeichnet man eine vollständige Beschreibung, wie man bei der objektorientierten Software-Entwicklung vorzugehen hat. Verbreitete Methoden sind die Booch-Methode, OMT.

Wenn Sie sich als Programmierer bei einer Firma bewerben und in deren Software-Team eingegliedert werden, arbeiten Sie mit der Methode, nach der das Team grundsätzlich vorgeht.

Wenn Sie sich selbstständig machen oder die Aufgabe übernehmen, ein Software-Team aufzubauen, können Sie sich frei entscheiden, ja Sie können sich sogar aus den verschiedenen Methoden das Beste herauspicken.

Welche Methode Sie verwenden, ist letzten Endes für den Erfolg Ihrer Projekte gar nicht so wichtig. Entscheidend ist, dass Sie die adaptierte Methode mit Verstand umsetzen. Aus diesem Grunde werde ich mich in diesem Kapitel auch nicht auf eine bestimmte Methode konzentrieren, sondern Sie allgemein mit den wichtigsten Grundprinzipien des objektorientierten Designs vertraut machen.

CASE-Tools und UML

Unabhängig von den verwendeten Methoden beruht die objektorientierte Software-Entwicklung im Wesentlichen auf drei Punkten:

1. Einsatzgebiet und Aufgabe des zu erstellenden Programms werden analysiert und in irgendeiner Weise modelliert.
2. Aus dem Modell wird ein Klassen-Design entwickelt.
3. Das Klassen-Design wird implementiert.

CASE-Tools sind Programme, die den Entwickler bei der Umsetzung dieser Punkte unterstützen. Sie erlauben die Modellierung des Aufgabengebiets (das so genannte Domänen-Modell), helfen bei der Umwandlung des Domänen-Modells in ein Klassen-Design und übernehmen die Transformierung des Klassen-Designs in echten C++-Code – manche CASE-Tools helfen sogar noch bei der Dokumentierung des Entwicklungsprozesses.

Wie man sich denken kann, kommt der grafischen Darstellung der Modelle und des Klassen-Designs dabei eine entscheidende Bedeutung zu. Die grafischen Modelle sollten übersichtlich, eindeutig und informativ sein – eine Herausforderung, die dankbar angenommen wurde. So kam es, dass Anfang der Neunziger praktisch jede Methode ihre eigene grafische Notation definierte. Doch schon Mitte der Neunziger begann ein Konsolidierungsprozess, der – angestoßen von Booch und Rumbaugh – zur Entwicklung einer universellen Modellierungsprache führte: UML, der Unified Modeling Language.

UML

UML ist eine standardisierte Notation zum Aufbau grafischer Modelle. Ausgehend von einem (erweiterbaren) Satz von Modellelementen mit zugeordneten grafischen Symbolen kann man mit UML Modelle entwickeln, die verschiedene Aspekte eines Systems darstellen und verdeutlichen. UML unterstützt viele Konzepte der Methoden, die bei der Entwicklung von UM Pate standen (Anwendungsfälle, Klassendiagramme, Zustandsdiagramme, etc.)

Die meisten CASE-Tools unterstützen heute UML, beispielsweise

- Rational Rose von Rational
- objectiF von MicroTool

32.2 Projektplanung

Größere Software-Projekte kann man nicht im Hauruck-Verfahren implementieren. Man kann schon ..., aber man läuft dann Gefahr, sich hoffnungslos zu verstricken. Je komplexer eine gestellte Programmieraufgabe ist, je mehr Abhängigkeiten es gibt, umso mehr Zeit sollte man in die gründliche Analyse des Problems stecken.

Ein Mathematik-Programm mit einem Menü, in dem der Anwender zwischen zwei darzustellenden Funktionen wählen kann, ist keine große Herausforderung. Für ein solches Programm kann man sich die Analyse sparen und gleich mit dem Aufsetzen des Quellcodes beginnen.

Nicht viel anders sieht es aus, wenn das Programm in seinem Menü 10 oder 100 Funktionen zur Auswahl anbietet. Dadurch steigt zwar der Umfang des Programms, nicht aber die Komplexität. Man braucht sich nur hinzusetzen und eine Funktion nach der anderen zu implementieren.

Wenn Sie allerdings ein Programm schreiben, das auf der einen Seite verschiedene Möglichkeiten zur Auswahl einer darzustellenden Funktion unterstützt:

- Auswahl über Menü
- Eintippen beliebiger Funktionen über ein Eingabefeld (inklusive der Definition einer geeigneten Makrosprache, in der die Funktionen eingegeben werden müssen)
- Einlesen von Funktionen aus einer Datei, in der die Funktion als Folge von Wertepaaren definiert ist

und auf der anderen Seite verschiedene Anzeigemöglichkeiten bietet:

- Darstellung als Kurve
- Kennzeichnung der Extremstellen
- Variierung einzelner Parameter

so sind Sie gut beraten, sich vorab ein Konzept aufzusetzen, wie Sie ihren Code organisieren. (Vermutlich werden Sie das Programm in einzelne Verantwortungsbereiche, »Funktion einlesen«, »Funktionsdaten berechnen«, »Funktion anzeigen«, aufteilen und die Schnittstellen zwischen den Verantwortungsbereichen definieren, bevor Sie mit der Implementierung beginnen.)

Wenn jemand an Sie mit der Bitte herantritt, für ihn eine Lehr-Software zu entwickeln, die mathematische Funktionen visualisieren soll, muss die Analyse noch früher ansetzen und erst einmal klären, was das Programm überhaupt leisten muss.

Ist dieser Jemand ein Kunde, der das fertige Produkt bis zu einem bestimmten Datum in Händen halten möchte, sollten Sie schließlich ganz auf irgendwelche Experimente verzichten und möglichst professionell an die Sache herangehen. Die Methoden der objektorientierten Software-Entwicklung helfen Ihnen dabei und sichern Sie gegen Rückschläge (die sich dennoch einstellen werden) weitgehend ab.

Phasen der Projektplanung

Zu den grundlegenden Phasen der objektorientierten Software-Entwicklung gehören:

1. Konzeptionierung
2. Analyse
3. Design
4. Implementierung
5. Testen
6. Auslieferung

Beachten Sie aber, dass die Software-Entwicklung keine Einbahnstraße ist. In jeder Phase können (und werden) sich Erkenntnisse ergeben, die auf vorangehende Phasen zurückwirken. Dies ist ein ganz normaler, ja gewollter Vorgang, dem man sich nicht verschließen sollte. Es wäre ja auch verwunderlich, wenn die erste Analyse des Aufgabenbereichs bereits so genau und umfassend ausfiele, dass man, ausgehend von dem analysierten Objektmodell, direkt zu einem passenden Klassen-Design und der fertigen Implementierung käme. Meist tauchen bereits beim Klassen-Design Aspekte auf, die man bei der Analyse übersehen hat. Dies ist kein Beinbruch, wichtig ist nur, dass man zur Analyse zurückgeht, diese anpasst und so dafür Sorge trägt, dass alle Phasen des Projekts auf dem gleichen Stand bleiben.

!! STOP

Objektorientierte Software-Entwicklung ist ein iterativer Prozess, bei dem man die verschiedenen Phasen so lange durchläuft, bis man irgendwann Punkt 6 erreicht.

Konzeptionierung

Der erste Schritt besteht darin, eine Programmidee zu entwickeln. Wenn Sie Glück haben, tritt ein Kunde mit seiner Programmidee an Sie heran.

Analyse

In der Analyse-Phase wird herausgearbeitet, welche Anforderungen an das Programm gestellt werden. Nach Beendigung der Analyse-Phase sollten Sie eine klare Vorstellung davon haben, wie die Anwender Ihr Programm nutzen und was sie von dem Programm erwarten. Zudem sollte die Analyse einen Eindruck von den Abläufen im Programm geben und erste Hinweise auf die benötigten Klassen liefern.

Die beiden wichtigsten Methoden zur Anforderungsanalyse sind

- die Analyse der ANWENDUNGSFÄLLE (siehe unten)
- die CRC-KARTEN (siehe unten)

die alternativ oder ergänzend eingesetzt werden können. Am effektivsten ist es, wenn man mit der Analyse der Nutzungsfälle beginnt und dann eine CRC-Sitzung abhält (deren Ergebnisse wiederum in die Nutzungsfälle eingebaut werden können).

INFO

Versuchen Sie, in den Analyse-Prozess Leute einzubinden, die sich in dem Anwendungsgebiet des Programms gut auskennen. Wenn Sie beispielsweise eine Software zur Online-Kundenbetreuung für Banken entwickeln wollen, sollten Sie unbedingt jemand aus dem Bankfach für die Analyse gewinnen. Wenn Sie einen Kundenauftrag bearbeiten, sollten Sie jemand aus dem Kundenkreis in die Analyse einbeziehen.

Prototypen

Für größere Projekte empfiehlt sich die Erstellung von Protoypen. Zur Erstellung eines Prototyps schreiten Sie nach einer ersten Analyse schnell zu Design und Implementierung weiter. Dabei verzichten Sie auf die Implementierung von Details, aufwändige interne Operationen werden simuliert (beispielsweise könnte man in einem Prototyp für ein Programm zur Verwaltung von Mitarbeiterdaten den Zugriff auf eine zugrunde liegende Datenbank zum Anfordern von Mitarbeiter-Daten dadurch simulieren, dass man einfach die Daten eines feststehenden Mitarbeiters zurückliefert). Wichtig ist, dass die Benutzeroberfläche des Programms steht und dass der Kunde ausprobieren kann, wie sich mit dem Programm arbeiten lässt.

Kritik und Anregungen, die sich aus der Begutachtung des Prototyps durch den Kunden ergeben, lässt man in Analyse und Design einfließen.

Design

Auf der Grundlage der Anforderungsanalyse erzeugt man ein Klassen-Design. In UML wird das Klassen-Design von drei grundlegenden Diagrammtypen getragen, die jeweils unterschiedliche Aspekte des Klassen-Designs verdeutlichen:

- dem statischen KLASSENDIAGRAMM, in dem die Klassen und ihre Abhängigkeiten beschrieben werden (siehe unten)
- dem dynamischen SEQUENZDIAGRAMM, in dem festgehalten wird, wie die Objekte der Klassen miteinander agieren (siehe unten)
- dem ZUSTANDSPROGRAMM, in dem für einzelne Klasse dargestellt wird, wie der Lebenszyklus der Objekte dieser Klasse verläuft (siehe unten)

Implementierung

In diesem Schritt wird das Klassen-Design in Quelltext umgesetzt. Gute CASE-Tools erzeugen automatisch den zum Klassen-Design passenden Quellcode. Was für den Programmierer bleibt, ist im Wesentlichen die Implementierung der Klassenmethoden.

Testen

Schließlich kommt die Stunde der Wahrheit – und der Ernüchterung. Testen Sie das Programm gründlich und gehen Sie alle Anwendungsfälle und Szenarien, die in der Analyse-Phase erarbeitet wurden, durch.

Mit der Mängelliste in der Hand treten Sie dann erneut in den Entwicklungsprozess ein. Manche Fehler gehen auf falsch implementierte Methoden zurück, andere Fehler decken Mängel im Design oder der Analyse auf.

32.3 Die Analyse-Phase

Wenn Sie mit der Anforderungsanalyse beginnen, sollten Sie im Hinterkopf behalten, dass es dabei nicht um die Identifizierung irgendwelcher Klassen, Objekte und Methoden geht. Es geht einfach nur darum, zu begreifen und zu analysieren, wie das Programm eingesetzt wird und was es leisten muss. Für eine gute Anforderungsanalyse ist daher viel wichtiger, dass man sich in dem Arbeitsfeld auskennt, in dem das Programm eingesetzt wird (der so genannten Domäne), als dass man über Kenntnisse in objektorientierter Programmierung verfügt.

INFO

Je komplexer das Einsatzfeld und die Aufgaben des Programms sind, umso wichtiger ist es, Fachleute aus dem jeweiligen Einsatzfeld in die Analyse einzubeziehen. Ebenfalls von Vorteil sind bereits gesammelte Erfahrungen in objektorientierter Analyse. In größeren Software-Teams wird die Analyse daher meist von Spezialisten übernommen.

Zwei weit verbreitete Verfahren zur objektorientierten Analyse möchte ich Ihnen etwas näher vorstellen.

Anwendungsfälle (use cases)

Die Analyse mit Anwendungsfällen beginnt mit der Identifizierung der Akteure und Anwendungsfälle. In Anwendungsfalldiagrammen werden sodann die Beziehungen und Interaktionen zwischen den Akteuren und den Anwendungsfällen grafisch dargestellt. Zum Schluss setzt man detailliertere Beschreibungen der Anwendungsfälle – die so genannten Szenarien – auf.

Das Projekt

Nehmen wir an, Sie wollen ein Programm für Hausbesitzer schreiben, das die Verwaltung der Mieteinnahmen und Reparaturausgaben erleichtert.

Akteure identifizieren

Akteure sind Menschen oder Systeme, die mit dem Programm arbeiten und kommunizieren.

Welche Akteure arbeiten mit unserem Programm?

Nur der Hausbesitzer, der die Mieteinnahmen und Reparaturkosten mit dem Programm erfasst und sich bei Bedarf Übersichtslisten und Salden ausdrucken lässt.

Vielleicht stammt die Idee für das Programm aber auch von einem Kunden, der seine Mieteinnahmen und Reparaturkosten bereits in einer Datenbank erfasst hat und an Sie herangetreten ist, damit Sie ihm ein Front-End-Programm zum leichteren Zugriff auf die Datenbank schreiben. In diesem Fall speichert das Programm die eingegebenen Mieteinnahmen und Reparaturkosten nicht selbst, sondern leitet sie an die zugrunde liegende Datenbank weiter. Umgekehrt fordert das Programm Daten über Mieter, Mieteinnahmen und Reparaturkosten von der Datenbank an. In so einem Fall wäre die Datenbank, mit der das Programm kommuniziert, ein zweiter Akteur.

INFO

Datenbanken und Back-Office-Systeme, mit denen ein Programm kommuniziert, sind neben den Anwendern die häufigsten Akteure.

Anwendungsfälle identifizieren

Anwendungsfälle sind erst einmal alle Aufgaben, die das Programm übernehmen soll:

- Erfassung von Mieteinnahmen
- Erfassung von Reparaturkosten
- Anlegen eines neuen Mieters
- Löschen eines Mieters
- Bericht über Mieteinnahmen
- Bericht über Reparaturkosten
- Erstellung des Jahressaldos

Der nächste Schritt besteht üblicherweise darin, diese Anwendungsfälle in elementare Anwendungsfälle zu untergliedern, die stärker die internen Vorgänge/Aufgaben des Programms widerspiegeln.

So könnte die Erfassung der Mieteinnahmen so aussehen, dass das Programm den Namen des Mieters und die Höhe der eingegangenen Miete abfragt, dann intern die Verbindung zwischen dem angegebenen Mieter und der zugehörigen Wohnungsnummer herstellt und zum Schluss die Liste der Mieteinnahmen aktualisiert.

Die Erfassung der Mieteinnahmen würde somit in die drei elementaren Anwendungsfälle

- Mieteinnahmen erfassen
- Wohnung ermitteln
- Aufzeichnung der Mieteingänge aktualisieren

aufgeteilt.

Anwendungsfalldiagramme

Die Beziehung zwischen den Akteuren und den Anwendungsfällen wird in einem Anwendungsfalldiagramm dargestellt. In Abbildung 32.1 sehen Sie beispielsweise das Diagramm für den Anwendungsfall »Erfassung von Mieteinnahmen«.

Beziehungen

Wie Sie der Abbildung entnehmen können, werden die Beziehungen zwischen den Akteuren und Anwendungsfällen unterschiedlich klassifiziert.

- `<<kommuniziert>>`. Drückt die Beziehung zwischen einem Akteur und einem Anwendungsfall aus.
- `<<benutzt>>`. Drückt aus, dass ein Anwendungsfall einen anderen »aufruft«.

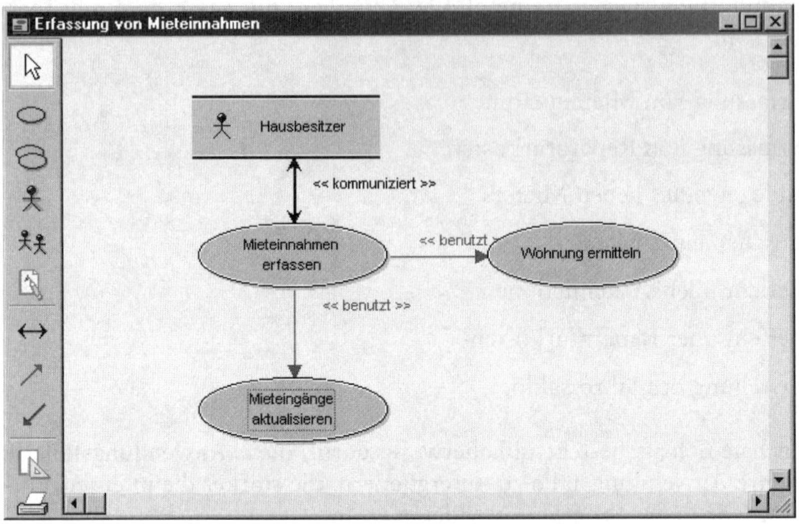

Abbildung 32.1: Anwendungsfalldiagramm

- <<`erweitert`>>. Drückt aus, dass ein Anwendungsfall unter bestimmten Bedingungen durch die Einbindung eines anderen Anwendungsfalls erweitert wird.

In unserem Anwendungsfalldiagramm »Erfassung von Mieteinnahmen« könnte man den Anwendungsfall »Mieteinnahmen erfassen« durch den Anwendungsfall »Neuen Mieter anlegen« erweitern, der aufgerufen wird, wenn der Akteur Mieteinnahmen für einen Mieter erfassen will, der noch gar nicht eingetragen ist.

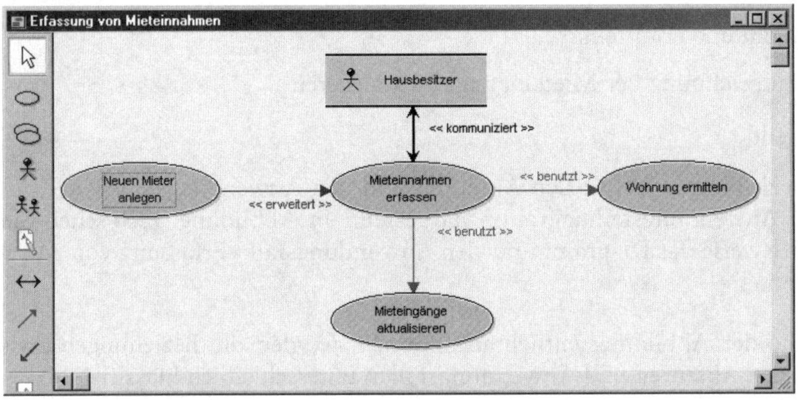

Abbildung 32.2: Beziehungen in Anwendungsfalldiagrammen

Beschreibungen und Szenarien

Anwendungsfalldiagramme eignen sich hervorragend dazu, komplexe Abläufe zu visualisieren. Für eine gründliche Analyse ist es aber notwendig, weiter ins Detail zu gehen. Aus diesem Grunde setzt man Beschreibungen und Szenarien für die einzelnen Anwendungsfälle auf.

Die Beschreibung des Anwendungsfalls »Mieteinnahmen erfassen« könnte wie folgt aussehen:

AuslöserDer Hausbesitzer ruft den Menübefehl zum Erfassen von Mieteinnahmen auf.

1. Das Programm öffnet einen Dialog zum Eingeben des Mieternamens und des Betrags der eingegangenen Miete.
2. Der Anwender füllt den Dialog aus.
3. Der Anwendungsfall »Wohnung ermitteln« wird aufgerufen.
4. Der Anwendungsfall »Mieteingänge aktualisieren« wird aufgerufen.

Erweiterung zu 4. Kann keine Wohnung gefunden werden, muss es sich um einen neuen Mieter handeln.

5. Der Anwendungsfall »Neuen Mieter anlegen« wird aufgerufen.

CRC-Sitzungen

Alternativ oder ergänzend zu der Formulierung der Anwendungsfälle kann man Sitzungen mit CRC-Karten durchführen. CRC-Karten haben den Vorteil, dass man mit Karteikarten statt mit grafischen Symbolen arbeitet, wodurch dieses Verfahren für »Laien« (Kunde, Domänen-Experten aus dem Einsatzgebiet des Programms), die mit den Verfahren der objektorientierten Analyse nicht vertraut sind, leichter zugänglich ist.

Teilnehmer

Zur Durchführung einer CRC-Sitzung versucht man zuerst, eine geeignete Teilnehmergruppe zusammenzubekommen. An einer CRC-Sitzung sollten teilnehmen:

Ein Moderatorder die Sitzung leitet. Der Moderator sollte Kenntnisse in objektorientiertem Design, objektorientierter Programmierung und der Durchführung von CRC-Sitzungen haben.

Domänen-Expertendie in dem Bereich arbeiten, in dem das Programm zum Einsatz kommen soll und gegebenenfalls noch weitere Mitarbeiter aus dem Projektteam.

Objekte identifizieren

Zu Beginn der CRC-Sitzung versucht man, die Objekte aus der Domäne zu identifizieren. Tatsächlich sind wir gar nicht an einzelnen Objekten interessiert, sondern an den Klassen, die hinter den Objekten stehen. Doch so technisch wollen wir in einer CRC-Sitzung gar nicht werden. Der Moderator sollte im Auge behalten, dass die Objekte bereits für mögliche Klassen des angestrebten Programms stehen. Für die Kommunikation mit den anderen Teilnehmern an der CRC-Sitzung ist es aber meist einfacher, von Objekten als von Klassen zu reden.

Eine übliche Vorgehensweise zur Identifizierung der Objekte besteht darin, in wenigen Sätzen die Aufgaben des Programms zu formulieren und dann die Substantive aus diesen Sätzen herauszuziehen. Jedes Substantiv könnte für ein Objekt stehen.

»Das Programm hilft Hausbesitzern, den Überblick über Einnahmen und Ausgaben durch die Vermietung von Wohnungen zu behalten. Es erlaubt die Buchung von Mieteinnahmen und Reparaturkosten und unterhält eine Liste der aktuellen Mieter. Es kann Berichte über Mieteinnahmen und Reparaturkosten erstellen und Jahresbilanzen anlegen.«

Streicht man Synonyme (Einnahmen, Mieteinnahmen) und allgemeine Begriffe, die mit der Domäne offensichtlich nichts zu tun haben, kommt man zu folgenden Domänen-Objekten:

- Mieteinnahmen
- Reparaturkosten
- Wohnungen
- Liste der Mieter
- Bericht zu Mieteinnahmen
- Bericht zu Reparaturkosten
- Jahresbilanz

Es ist nicht tragisch, wenn Objekte übersehen wurden oder Objekte mit aufgenommen werden, die im Grunde ohne Relevanz sind – im Laufe der CRC-Sitzung wird dies automatisch korrigiert.

INFO

Es ist allerdings meist einfacher, am Ende der Sitzung überflüssige Objekte zu verwerfen, als während der Sitzung neue Objekte aufnehmen zu müssen.

Wenn Sie bereits Anwendungsfälle formuliert haben, suchen Sie auch in den Beschreibungen der Anwendungsfälle (Szenarien) nach Substantiven und möglichen Objekten.

In der Beschreibung des Anwendungsfalls »Mieteinnahmen erfassen« stoßen wir auf den »Dialog zum Erfassen von Mieteinnahmen«. Dialoge, speziell Eingabeformulare, sind weitere Objekte, die wir aufnehmen können. Dialoge gehören zu einer größeren Gruppe von Objekten: den Schnittstellenobjekten, die die Kommunikation zwischen den Anwendungsfällen und den Akteuren regeln.

- Eingabeformular für Mieteinnahmen
- Eingabeformular für Reparaturkosten
- Formular zum Anlegen von Mietern
- Formular zum Löschen von Mietern

Eingabeformulare sind typische Schnittstellenobjekte zwischen Anwendungsfällen und menschlichen Akteuren. Mindestens ebenso wichtig sind Schnittstellen zwischen Anwendungsfällen und externen Systemen. Tritt beispielsweise eine externe Datenbank als Akteur auf, in der die Daten (in unserem Beispiel Mieter, Wohnungen, Mieteinnahmen und Reparaturkosten) verwaltet werden, sollte das Programm zum Abfragen und Speichern von Daten nicht direkt die Methoden der Datenbank-Software verwenden, sondern eine Schnittstelle zwischenschalten. Dies hat den Vorteil, dass Änderungen in der Datenbank-Software nur die Schnittstelle betreffen, den Rest des Programms aber unberührt lassen.

CRC-Karten anlegen

Für jedes identifizierte Objekt, das stellvertretend für eine Klasse von Objekten steht, legen Sie eine CRC-Karte an (meist ergibt es sich automatisch, dass die identifizierten Objekte keine einzelnen Objekte (Mieter A, Mieter B), sondern repräsentative Stellvertreter (Mieter) darstellen, die direkt zur Bezeichnung der Klassen verwendet werden können).

Eine CRC-Karte ist eine einfache Karteikarte, auf die Sie den Namen der Klasse schreiben. Darunter teilen Sie die Karte in zwei Abschnitte:

- Verantwortungen und
- Kollaborationen

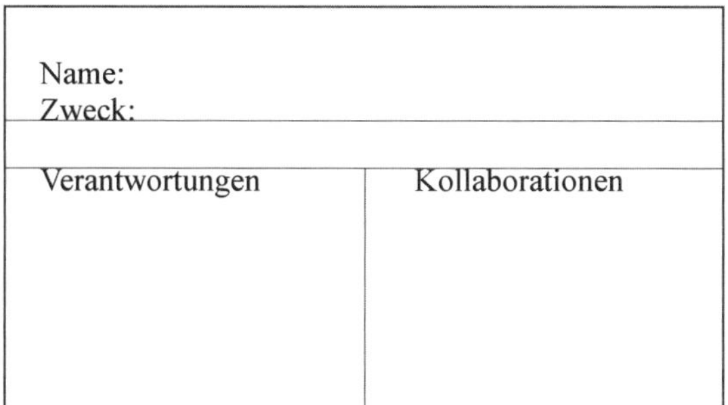

Abbildung 32.3: Aufbau einer CRC-Karte

In der Spalte »Verantwortungen« werden die Aufgaben eingetragen, die die Objekte der Klasse übernehmen. Später, wenn wir die Klassen entwerfen, sind die Verantwortungen Kandidaten für die Methoden der Klasse.

Wenn eine Klasse zur Erfüllung einer Aufgabe auf die Mithilfe einer anderen Klasse angewiesen ist, wird diese Klasse unter der Spalte »Kollaborationen« eingetragen. Später, wenn wir die Klassen entwerfen, sind die Kollaborationen Kandidaten für die eingebetteten Objekte der Klasse.

Auf der Rückseite der CRC-Karte können wir gegebenenfalls Datenelemente der Klasse vermerken, obwohl diese in der CRC-Sitzung nur von untergeordneter Rolle sind. Wichtig ist die Identifizierung der Klassen (Classes), Verantwortungen (Responsibilities) und Kollaborationen (Collaborations) – daher auch der Name CRC-Karte.

Eine CRC-Sitzung durchführen

Zur Durchführung von CRC-Sitzungen gibt es mehrere Möglichkeiten.

Eine Methode ist, die CRC-Karten vor sich auszubreiten oder an eine Wand zu pinnen und die Karten einzeln durchzugehen.

Beispielsweise könnte der Moderator auf die Karte »Eingabeformular für Mieteinnahmen« zeigen und fragen:

»Welche Aufgabe übernimmt diese Klasse?«

Ein Mitglied der Sitzung antwortet:

»Sie fordert den Anwender auf, anzugeben, welcher Mieter wie viel Miete bezahlt hat.«

Der Moderator – oder ein anderes Teammitglied, das speziell mit dem Notieren der Ergebnisse beauftragt wurde – notiert in der Spalte »Verantwortungen«:

```
getMiete()
```

»Vielleicht sollten wir auch gerade festhalten, welche Daten genau vom Anwender abgefragt werden?«

»Gut«, sagt der Moderator und dreht die Karte um. Auf der Rückseite notiert er:

```
mieter
betrag
```

Einer der Domänen-Experten ergänzt: »Wir sollten auf jeden Fall auch festhalten, für welchen Monat die Miete ist und wann die Miete bezahlt wurde!«

Der Moderator erweitert die Liste um:

```
monat
einzahlungsDatum
```

»Von welchem Datentyp ist einzahlungsDatum?«

»Am besten definieren wir eine eigene Klasse. Diese kann dann auch gleich einen Operator zum Vergleichen von Datumsangaben definieren.«

»Das macht Sinn!«

Der Moderator legt eine neue CRC-Karte für die Klasse Datum an.

»Was geschieht nun mit den eingegebenen Daten? Sollen wir warten, bis die Daten von einem anderen Objekt abgefragt werden oder soll die Klasse die Daten gleich selbst weiterleiten?«

»Ich wüsste nicht, was dagegen spricht, die Daten direkt abzuspeichern, die Frage ist nur wo? Wir haben keine Klasse dafür.«

»Doch!« sagt der Moderator und weist auf die Karten »Mieteinnahmen« und »Reparaturkosten«.

»Gut! Dann soll das Eingabeformular die Daten an ein Objekt der Klasse Mieteinnahmen schicken.«

Der Moderator notiert unter »Verantwortungen«:

```
mieteEintragen()
```

Dann erklärt er: »Um die Mieteinnahmen eintragen zu können, braucht die Klasse aber Zugriff auf das »Mieteinnahmen«-Objekt, das für die Speicherung der Mieteingänge verantwortlich ist. Ich trage daher unter Kollaborationen die Klasse »Mieteinnahmen« ein.«

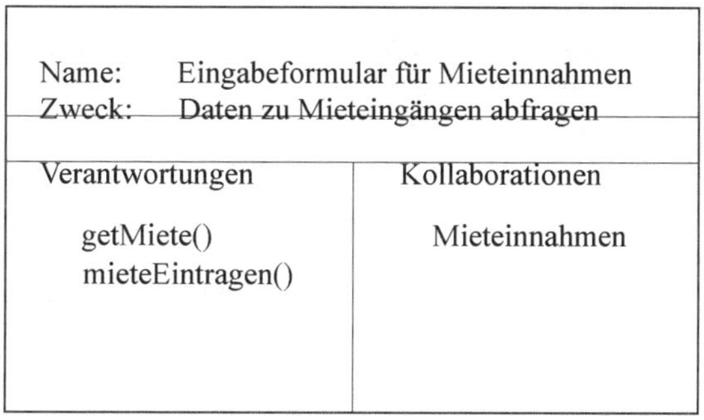

Abbildung 32.4: Die CRC-Karte »Eingabeformular für Mieteinnahmen«

An dieser Stelle klinken wir uns aus der laufenden CRC-Sitzung aus.

Eine weitere Möglichkeit zur Durchführung von CRC-Sitzungen besteht darin, dass der Moderator eingangs der Sitzung die CRC-Karten auf die Teilnehmer verteilt. Jeder Teilnehmer »spielt« dann die Objekte seiner Klassen und meldet sich zu Wort, wenn eines seiner Objekte verwendet wird. Das soll aber nicht bedeuten, dass die Teilnehmer ansonsten zu schweigen hätten – der freie Austausch ist auch bei dieser Form das Wichtigste.

Zum Abschluss noch zwei allgemeine Bemerkungen zur Durchführung von CRC-Sitzungen:

- Wenn vor der CRC-Sitzung eine Analyse der Anforderungsfälle stattgefunden hat, können Sie die Anforderungsfälle in der CRC-Sitzung durchspielen. Halten Sie dann auf jeden Fall CRC-Karten und Anforderungsfälle auf einem Stand.
- Wenn eine CRC-Karte so vollgeschrieben ist, dass Sie keinen Platz mehr haben, um weitere Verantwortungen der Klasse zu notieren, sollten Sie sich überlegen, ob Sie dieser Klasse nicht zu viel aufbürden. Prüfen Sie, ob man nicht einen Teil der Verantwortungen in eine neue Klasse auslagern könnte.

32.4 Die Design-Phase

In der Design-Phase geht es darum, die Erkenntnisse aus der Analyse in ein funktionierendes Klassen-Design umzuwandeln. Der erste Schritt hierzu ist die Erstellung eines Klassendiagramms.

Klassendiagramme

Hinweise auf die Klassen, die wir benötigen, geben uns die CRC-Karten und/oder die Beschreibungen der Anwendungsfälle. Je nach Komplexität des Programms und Anzahl der benötigten Klassen kommt man mit einem Klassendiagramm aus oder legt deren mehrere an.

INFO

Gibt es viele Klassen, ist es am übersichtlichsten, wenn man für jedes Anwendungsfalldiagramm ein eigenes Klassendiagramm erstellt. Besonders komplexe Anwendungsfälle kann man in mehreren Klassendiagrammen nachbilden. Auf jeden Fall sollte man sich um eine Zuordnung von Anwendungsfall- und Klassendiagrammen bemühen, da dies die Orientierung erleichtert (denken Sie daran, dass objektorientierte Programmierung ein iterativer Prozess ist, in dem man meist mehrmals von der Analyse zum Design und wieder zurückspringt).

Im Klassendiagramm werden die einzelnen Klasse mit ihren Attributen (Datenelementen) und Methoden sowie die Beziehungen zwischen den Klassen abgebildet.

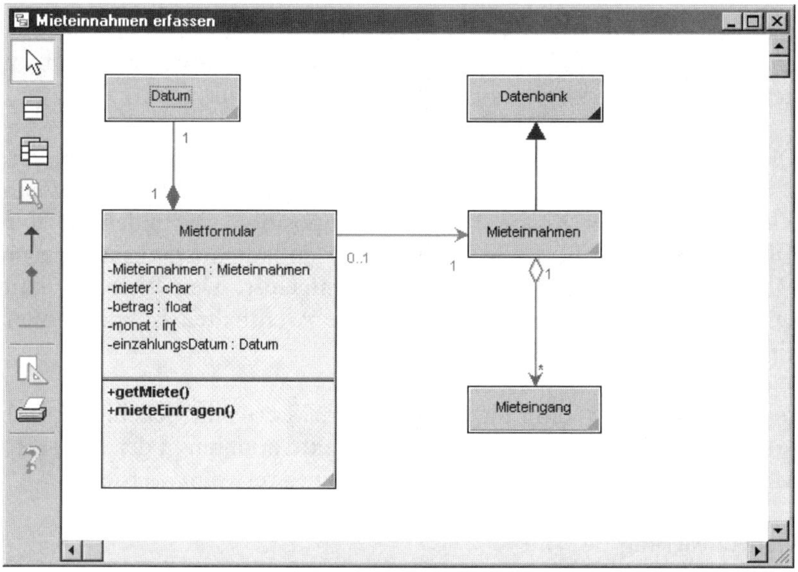

Abbildung 32.5: Klassendiagramm

UML kennt drei grundlegende Beziehungen zwischen Klassen. Zwei dieser Beziehungen bestehen auf Objektebene:

- Assoziation und
- Aggregation

Die dritte Beziehung findet auf Klassenebene statt:

- Generalisierung

Assoziation

Die Assoziation ist die häufigste Beziehung zwischen zwei Klassen. Sie besagt, dass eine Klasse zur Erfüllung einer oder mehrerer ihrer Aufgaben auf eine andere Klasse angewiesen ist. Das erinnert Sie an etwas? Richtig! Die Assoziation ist das UML-Pendant zur Kollaboration der CRC-Karten. In Abbildung 32.5 wurde daher eine Assoziation zwischen den Klassen `Mietformular` (auf die der CRC-Karte hieß die Klasse noch Eingabeformular für Mieteinnahmen) und `Mieteinnahmen` eingerichtet.

Die Assoziation ist gerichtet. Ein Pfeil zeigt an, welche Klasse eine andere (die, auf die der Pfeil weist) benötigt. Sind die beiden Klassen gegenseitig aufeinander angewiesen, wird die Assoziation durch eine Linie ohne Pfeile dargestellt.

Im Quellcode wird aus der Assoziation ein Zeiger auf ein Objekt der benötigten Klasse.

Aggregation

Aggregation bedeutet, dass eine Klasse ein oder mehrere Objekte einer anderen Klasse enthält. Die Aggregation ist ebenfalls gerichtet. Eine unausgefüllte Raute markiert das Ende der Klasse, die eine andere enthält.

Die normale Aggregation kann noch verstärkt werden. Man spricht dann von Komposition (angezeigt durch eine ausgefüllte Raute). Wenn eine Klasse B mit einer Klasse A durch Komposition verbunden ist, wird das Objekt der Klasse B, das in der Klasse A enthalten ist, zusammen mit den Objekten der Klasse A erzeugt und aufgelöst. Des Weiteren kann ein Objekt, das in einem Objekt der Klasse A enthalten ist, nicht mehr Teil eines anderen Objekts sein.

In Abbildung 32.5 kann die Klasse `Mieteinnahmen` eine beliebige Anzahl von `Mieteingang`-Objekten enthalten. (Die Objekte könnten in der Klasse `Mieteinnahmen` beispielsweise in einem STL-Container verwahrt werden.)

Generalisierung

Generalisierung kennzeichnet die Vererbung. Angezeigt wird die Generalisierung durch einen Pfeil, der von der abgeleiteten Klasse zur Basisklasse weist. In Abbildung 32.5 ist die Klasse `Mieteinnahmen` von der Basisklasse `Datenbank` abgeleitet.

Alle Beziehungen im Klassendiagramm haben eine Multiplizität, die angibt, wie viele Elemente einer Klasse mit wie vielen Elementen einer anderen Klasse in Verbindung stehen.

In Abbildung 32.5 sind folgende Multiplizitäten dargestellt.

0..1 --- 1 Ein oder kein Mietformular-Objekt benutzt ein Mieteinnahmen-Objekt.

1 --- * Ein Mieteinnahmen-Objekt enthält beliebig viele Mieteingang-Objekte.

Nicht dargestellt ist eine dritte Möglichkeit:

2,3 --- Zwei oder drei Objekte verwenden ...

CASE-Tools erlauben nicht nur den Aufbau von Klassendiagrammen am Bildschirm. Sie wandeln die Information aus den Diagrammen üblicherweise auch gleich in Quellcode um.

INFO

Sequenzdiagramme

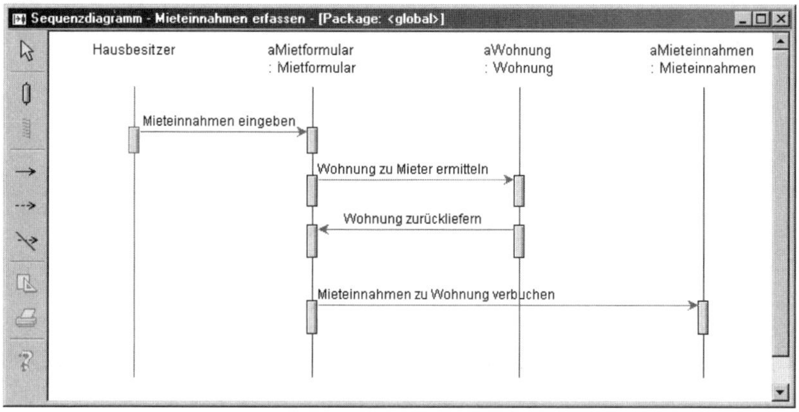

Abbildung 32.6: Sequenzdiagramm

Klassendiagramme modellieren das statische Design. Sie sagen kaum etwas über die Abläufe im Programm aus. Diese kann man in Sequenzdiagrammen nachbilden.

Ein Sequenzdiagramm besteht aus einer Reihe von senkrechten Linien, die für die Lebenslinien bestimmter Klassenobjekte stehen. Die Namen der Objekte stehen als Überschrift in der obersten Zeile des Diagramms. Pfeile zwischen den Linien symbolisieren den Austausch von Botschaften zwischen den Objekten.

Die Reihenfolge, in der die Objekte und ihre Lebenslinien aufeinanderfolgen, enthält keine Information, sollte aber so gewählt werden, dass die Botschaftspfeile nicht zu wild hin- und herweisen.

Zustandsdiagramme

Zustandsdiagramme beziehen sich immer auf einzelne Klassen und veranschaulichen die Übergänge zwischen den Zuständen, die ein Objekt der betreffenden Klasse im Laufe seines Lebenszyklusses annehmen kann.

Zustandsdiagramme müssen nicht für jede Klasse aufgestellt werden. Kommt den Zuständen eines Objekts aber eine besondere Bedeutung zu (wie im Falle des Mieteinnahmen-Objekts, das nach der Verbuchung neuer Mieteingänge nicht mehr mit der zugrunde liegenden Datenbank konsistent ist) oder sind diese äußerst komplex, kann sich die Aufzeichnung eines Zustandsdiagramms lohnen.

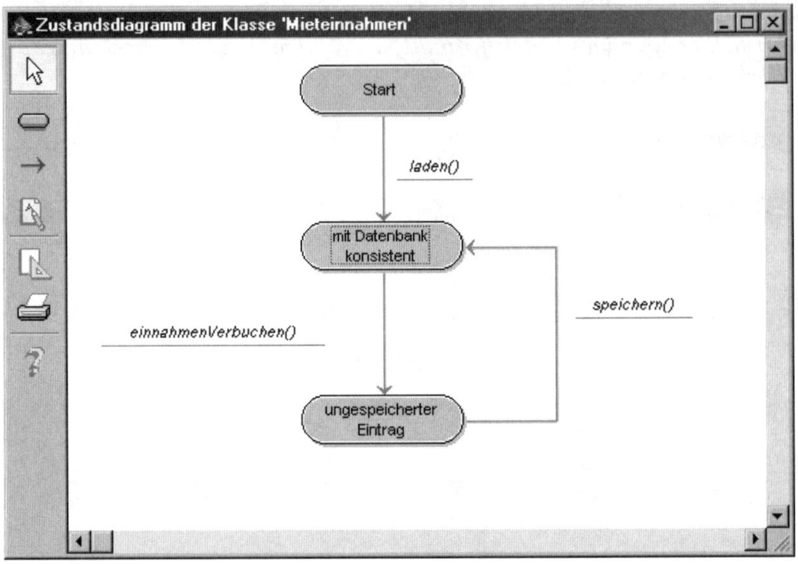

Abbildung 32.7: Zustandsdiagramm in objectiF

CD

Wenn Sie sich intensiver in die Methoden des objektorientierten Designs einarbeiten wollen, können Sie dazu beispielsweise die Demo-Version von objectiF, verfügbar unter `www.microTool.de`, herunterladen.

33 .NET-Framework-Programmierung, Managed C++ und C#

.NET ist eine von Microsoft im Jahre 2000 ins Leben gerufene, umfassende Strategie, die in der Hauptsache darauf abzielt, Web und Betriebssystem zu verschmelzen. .NET kombiniert Weiterentwicklungen vieler aktueller Microsoft-Technologien (COM+, IIS, ASP+ etc.) mit offenen Internet-Standards wie HTTP, XML und SOAP. .NET erleichtert die Erstellung verteilter Anwendungen, fördert die Entwicklung und Integration von Software-Komponenten und unterstützt die Vermarktung von Software als Dienste.

Zur Realisierung dieser Ziele wurde eine umfangreiche Architektur entworfen, in deren Zentrum das .NET-Framework steht.

33.1 Das .NET-Framework

Das .NET-Framework besteht aus

- einer Laufzeitumgebung (der Common Language Runtime), in der alle Programme, die für .NET programmiert wurden, ausgeführt werden (siehe auch Kapitel 2.3.3), und
- einer Klassenbibliothek für die Erstellung von Konsolen-, Windows- (GUI-) und Webanwendungen.

Es wird derzeit zusammen mit Windows XP ausgeliefert (auf verschiedenen älteren Windows-Versionen, beispielsweise Windows NT und Windows 2000, kann es nachinstalliert werden).

Aus Sicht des Programmierers ist natürlich erst einmal die Klassenbibliothek des .NET-Framework von Interesse. Diese ist komfortabel ausgestattet und enthält, aufgeteilt auf verschiedene Namensbereiche, Klassen für praktisch jede denkbare Programmieraufgabe.

Tabelle 33.1: Einige ausgewählte .NET-Namensbereiche

Namensbereich	Beschreibung
`System`	Elementare Klassen, die direkt oder indirekt von jedem .NET-Programm genutzt werden – beispielsweise Object, die oberste Basisklasse, Console, String, Array und Exception.
`System.IO`	Klassen für Streams und zur Arbeit mit Dateien und Verzeichnissen.
`System.Collections`	Container-Klassen (vergleichbar den Container-Klassen der STL, siehe Anhang B)
`System.Security`	Klassen zur Implementierung von Sicherungsmechanismen.
`System.Net`	Klassen zur Erstellung von Netzanwendungen.
`System.Windows.Forms`	Klassen zur Erstellung von GUI-Anwendungen
`System.Web.Services`	Klassen zur Implementierung von Webdiensten

Für die .NET-Plattform ist allerdings die Laufzeitumgebung des .NET-Framework weit wichtiger als die Klassenbibliothek.

Die Laufzeitumgebung des .NET-Framework ist der Laufzeitumgebung von Java, der so genannten Virtual Machine recht ähnlich – was nicht weiter verwunderlich ist, schließlich verfolgt .NET gleiche Ziele wie Java und Microsoft konnte bei der Implementierung seiner eigenen Laufzeitumgebung auf Erfahrungen aus der Implementierung der Java-Laufzeitumgebung zurückgreifen.

Die Laufzeitumgebung des .NET-Framework übernimmt drei wichtige Aufgaben:

- Sie interpretiert die im Framework ausgeführten Programme. Programme, die für das .NET-Framework geschrieben wurden, werden beim Kompilieren in plattformunspezifischen IL-Code übersetzt (siehe Kapitel 2.3.3). Dieser IL-Code, gepaart mit zu dem Quelltext erzeugten Metadaten, werden erst bei der Ausführung des Programms von der Laufzeitumgebung des .NET-Framework interpretiert. (Streng genommen, wird der Code nicht interpretiert, sondern durch einen Jitter genannten Compiler Stück für Stück nach Bedarf in plattformspezifischen Code übersetzt.) Auf diese Weise kann ein einmal übersetzter Code auf jedem System ausgeführt werden, auf dem das .NET-Framework installiert ist – eine wichtige Voraussetzung für die Verteilung von Anwendungen über das Internet.

- Die Laufzeitumgebung übernimmt die Speicherverwaltung für den Code der in ihr ausgeführten Anwendungen. Speicher- und Sicherheitslecks durch fehlerhafte oder fahrlässig implementierte Zeigeroperationen werden so weitgehend vermieden. Des Weiteren bietet die Laufzeitumgebung Typensicherheit sowie eine vereinfachte Installations- und Versionskontrolle.
- Bis hierher unterscheidet sich das .NET-Framework kaum von der Java-Laufzeitumgebung. Während diese jedoch nur Java-Programme ausführt, kann man für das .NET-Framework in mehreren Sprachen programmieren – beispielsweise in C#, ASP.NET, VB.NET (die Laufzeitumgebung des .NET-Framework wird daher auch »Common Language Runtime« genannt).
- Für den Erfolg von .NET ist dies von entscheidender Bedeutung. Zum einem können auf diese Weise Programmierer, die für die Windows-Plattform entwickeln und das .NET-Framework nutzen wollen, weiter in ihrer gewohnten Sprache programmieren, zum anderen kann veröffentlichter binärer Code über Sprachgrenzen hinweg genutzt werden (beispielsweise ist es innerhalb des .NET-Framework kein Problem, in einer C#-Anwendung eine `public`-Klasse aus einer Visual Basic-DLL zu verwenden). Austausch und Wiederverwendung von binären Komponenten werden also im Vergleich zum Einsatz von COM, COM+ und ActiveX wesentlich vereinfacht.

33.2 Managed C++

Angesichts der Vorteile, die das .NET-Framework mit sich bringt (automatische Speicher- und Ressourcenverwaltung, Wiederverwendung binärer Software-Komponenten, eine gegenüber der MFC wesentlich verbesserte Klassenbibliothek zur Erstellung von GUI-Anwendungen etc.), stellt sich die Frage, ob es nicht möglich und sinnvoll ist, mit C++ für das .NET-Framework zu programmieren?

Die Antwort ist ja, es ist grundsätzlich möglich, und nein, es ist in der Regel nicht sinnvoll.

Möglich wird die C++-Programmierung für das .NET-Framework durch die Managed Extensions, syntaktischen Erweiterungen der C++-Sprache, und einen passenden Compiler.

Mit Visual C++ .NET können Sie durch Setzen der Compiler-Option `/clr` erreichen, dass das aktuelle Projekt für das .NET-Framework kompiliert wird. Im Klartext bedeutet dies, dass der Projektcode in plattformunspezifischen, verwalteten (managed) IL-Code übersetzt wird. Ansonsten bleibt das Programm aber ein normales C++-Programm, ohne die Annehmlichkeiten der automatischen Speicherverwaltung und der Interoperabilität zwischen Software-Komponenten, die das .NET-Framework sonst bietet. Immerhin ist es aber möglich, die grundlegenden Klassen aus dem .NET-Framework zu nutzen. Das vorliegende Beispiel verwendet neben dem C++-Objekt `cout` auch die .NET-Methode `Console::WriteLine()` zur Ausgabe eines Textes auf die Konsole:

```
#using <mscorlib.dll>

#include <iostream>
using namespace std;
using namespace System;


int main(void)
{
    cout << "Hallo Welt" << endl;
    Console::WriteLine("Hallo Welt");

    return 0;
}
```

In der ersten Zeile wird mit Hilfe der `#using`-Direktive eine DLL importiert, die elementare Klassen des .NET-Framework zur Verfügung stellt. Danach werden die benötigten Namensbereiche importiert: `std` (für `cout`) und System (für die .NET-Klasse `Console`). In der `main()`-Funktion sehen Sie, wie die statische Methode `WriteLine()` aufgerufen wird.

Wenn Sie möchten, dass die Klassen Ihres Managed C++-Programms an der automatischen Speicherverwaltung teilnehmen oder von anderen Programmen genutzt werden können, müssen Sie die Klassen mit Hilfe spezieller Schlüsselwörter in managed Datentypen verwandeln oder managed Hüllklassen für die Klassen schreiben. Ausführliche Hinweise hierzu finden Sie in der Dokumentation des Visual C++ .NET-Compilers.

Managed C++ ist vor allem dafür gedacht, bestehende C++-Programme ohne großen Aufwand auf die .NET-Plattform zu portieren. Für neu zu schreibende Anwendungen empfiehlt sich hingegen, selbst für eingefleischte C++-Entwickler, die Umstellung auf eine echte .NET-Sprache – beispielsweise C#.

33.3 C#

C# wurde speziell für die .NET-Programmierung entworfen. C# erschließt dem Programmierer von vornherein sämtliche Vorteile der .NET-Plattform und hat darüber hinaus den Vorteil, dass es C++ recht ähnlich ist. Die folgende Einführung soll dies untermauern und Sie in die C#-Programmierung einweisen.

Noch mehr Ähnlichkeit als zwischen C# und C++ besteht übrigens zwischen C# und Java. Ebenso wie Java ist C# rein objektorientiert und verzichtet weitgehend auf schwer zu handhabende Konzepte wie Zeiger, Mehrfachvererbung oder Templates.

33.3.1 Grundgerüst und Objektorientierung

C# ist vollständig objektorientiert. Funktionen oder globale Variablen gibt es in C# daher nicht. Der gesamte Code ist in Klassendefinitionen gepackt. Dies schließt auch die Eintrittsfunktion `main()` mit ein. In C#-Programmen ist diese als statische Methode einer Klasse definiert (und wird übrigens groß geschrieben):

```
// Ein erstes C#-Programm
using System;

class HalloWelt
  {
  static void Main()
    {
    Console.WriteLine("Hallo Welt!");
    }
  }
```

Wie Sie sehen, verwendet C# keine Header-Dateien. Das obige Programm bindet lediglich den Namensbereich `System` ein, um bequem auf die .NET-Framework-Klasse `Console`, die im Namensbereich `System` definiert ist, zugreifen zu können.

Weiterhin ist zu beachten, dass `Console` kein vordefiniertes Objekt, sondern wirklich eine Klasse und `WriteLine()` eine statische Methode der Klasse `Console` ist. In C++ würden Sie für den Zugriff auf die statische Methode den `::`-Operator verwenden, in C# verwenden Sie stets den `.`-Operator.

33.3.2 Konstanten

C# kennt Literale und konstante Variablen, aber keine symbolischen Konstanten (es gibt keine `#define`-Direktive):

```
'c'                        // einzelnes Zeichen
"Dies ist ein Text"        // String
true                       // Boolescher Wahrheitswert
333                        // Ganzzahl
333.33                     // Gleitkommazahl
1.6021892e-19              // Exponentialschreibweise
0xF12D                     // Hexadezimaldarstellung

const int PI 3.1415        // konstante Variable
```

33.3.3 Variablen und Datentypen

C# verwendet in etwa die gleichen elementaren Datentypen wie C++:

```
bool    // Wahrheitswerte: true, false
char    // einzelnes Zeichen
byte    // Ganzzahlen im Bereich von 0 bis 255
short   // Ganzzahlen im Bereich von -32768 bis 32.767
int     // Ganzzahlen im Bereich von -2147483648
        //                      bis 2147483647
long    // Ganzzahlen von -9223372036854775808
        //            bis 9223372036854775807
float   // Gleitkommazahlen im Bereich von ±1.5 × 10-45
        //                             bis ±3.4 × 10+38
double  // Gleitkommazahlen im Bereich von ±5.0 × 10-324
        //                             bis ±1.7 × 10+308
decimal // Gleitkommazahlen im Bereich von ±1.0 × 10-28
        //                             bis ±7.9 × 10+28
```

Auch die Variablendefinition sieht wie in C++ aus:

```
int meineVar;           // einfache Deklaration
double var1, var3;      // mehrere Variablen eines Typs
char zeichen = 'd';     // Definition mit
                        // Initialisierung
```

Da C# rein objektorientiert ist, muss es aber zwangsläufig auch Unterschiede geben:

- In C# sind die elementaren Datentypen intern als Klassen implementiert. Die Schlüsselwörter, die Sie bei der Variablendefinition verwenden, sind lediglich Aliase für die dahinter stehenden Klassen (beispielsweise `int` für `System.Int32`).
- Variablen treten in C# nur als Klassenvariablen, Instanzvariablen (in C# auch Felder genannt) oder lokale Variablen von Methoden auf.
- Da Variablen in C# also Objekte von Klassen sind, können sie über die Variablen die Methoden der Klasse aufrufen. Beispielsweise definieren alle Klassen für die elementaren Datentypen die Methode `ToString()`, die den Wert der Variablen in einen String umwandelt.

INFO

In C# gehen alle Klassen auf die Basisklasse `Object` *zurück. Von dieser erben Sie u.a. die Methode* `ToString()`*, die von den Klassen für die elementaren Datentypen überschrieben ist.*

33.3.4 Typumwandlung

Für die Umwandlung in Strings verwenden Sie in C# üblicherweise die Methode `ToString()` (die Sie in eigenen Klassen überschreiben können).

Für sonstige Typumwandlungen steht die Klasse `Convert` mit ihren Methoden zur Verfügung.

Methode	Umwandlung in
ToBoolean()	bool
ToByte()	byte
ToChar()	char
ToDecimal()	decimal
ToDouble()	double
ToInt16()	short
ToInt32()	int
ToInt64()	long
ToString()	string

Tabelle 33.2: Auswahl der wichtigsten Umwandlungsmethoden

Mit Hilfe dieser Methoden können Sie Konstanten und die Werte von Variablen in andere Datentypen umwandeln:

```
int    zahl  = 8754;
string str;

str  = 8754.ToString();
str  = zahl.ToString));
```

Die explizite Typumwandlung durch Voranstellung des Zieltyps ist ebenfalls möglich:

```
short s_zahl = (short) i_zahl;
```

33.3.5 Strings

Strings werden in C# als Literale in doppelten Anführungszeichen

```
"Dies ist ein String"
```

bzw. als Objekte vom Typ string

```
string meinStr = "Hallo Welt";
```

erzeugt.

In String-Literalen können Sie die üblichen Escape-Sequenzen verwenden, beispielsweise `\"` zur Maskierung von doppelten Anführungszeichen innerhalb des Strings oder `\n` zum Einfügen eines Zeilenumbruchs.

Eine nette Aufmerksamkeit von C# ist, dass String-Literale mit dem +-Operator aneinandergehängt werden können:

```
Console.WriteLine("Dies ist ein langer Text, den man"
                + "im Quelltext am liebsten auf mehrere"
                + "Zeilen verteilen würde!");
```

Außerdem stellt die Klasse `string` eine Reihe von Methoden zur Programmierung mit Strings zur Verfügung (weitere Informationen zu diesem Thema finden Sie in der Dokumentation Ihres C#-Compilers.)

33.3.6 Ein- und Ausgabe

Zum Ein- und Auslesen von Daten über die Konsole stehen Ihnen die folgenden Methoden der Klasse `Console` zur Verfügung:

```
Read()
ReadLine()
Write()
WriteLine()
```

`Write()` und `WriteLine()` erwarten die Übergabe eines auszugebenden Strings. Dieser String kann (ähnlich wie `printf()`) Platzhalter enthalten. Die einzufügenden Werte folgen dann durch Kommata getrennt hinter dem Ausgabestring:

```
Console.WriteLine("Die Wurzel von {0} ist {1}", eingabe, wurzel);
```

Die Platzhalter werden durchnummeriert und stehen in geschweiften Klammern. Sie können um Formatierungsangaben ergänzt werden (weitere Informationen zu diesem Thema finden Sie in der Dokumentation Ihres C#-Compilers.)

33.3.7 Operatoren

Die Operatoren von C# entsprechen (bis auf wenige Sonderfälle, wie z.B. `new`) den Operatoren von C++.

33.3.8 Ablaufsteuerung

Auch die Konstruktionen zur Ablaufsteuerung entsprechen ihren C++-Pendants:

```
using System;

class Quadratzahlen
  {
  static void Main()
    {
    for (int loop=1; loop <= 100; ++loop)
      {
      Console.WriteLine("Das Quadrat von " + loop +
                        " ist: " + (loop*loop));

      if (loop%10 == 0)
         Console.ReadLine();

      }
    }
  }
```

C# kennt aber noch eine zusätzliche Form der Schleife: die `foreach`-Schleife, mit der Sie die Elemente eines Arrays durchlaufen können:

```
foreach (int elem in meinArray)
     Console.WriteLine(elem);
```

33.3.9 Aufzählungen

Aufzählungen werden wie C++ in deklariert:

```
enum Tage {Sonntag, Montag, Dienstag, Mittwoch,
           Donnerstag, Freitag, Samstag};
enum Tage {Sonntag = 1, Montag, Dienstag, Mittwoch,
           Donnerstag, Freitag, Samstag};
```

Auf die einzelnen Werte des Typs können Sie über den .-Operator zugreifen:

```
Tage.Montag
```

33.3.10 Wert- und Referenztypen

In C++ können Sie selbst entscheiden, ob eine Variable einen Wert oder eine Referenz enthält. In C# legt dies der Datentyp der Variablen fest. Variablen elementarer Datentypen, Strukturen und Aufzählungstypen sind Werttypen, alle anderen Variablen sind Referenztypen. Variablen von Werttypen speichern direkt das Objekt, das ihnen zugewiesen wurde, Variablen von Referenztypen speichern lediglich einen Verweis auf das zugewiesene Objekt – mit allen Konsequenzen.

Werttyp-Variablen können bei Bedarf in Objekte verwandelt werden. Man bezeichnet dies als Boxing:

```
double wert = 3.14159;
object obj = wert;  // Boxing
```

Später kann das Objekt wieder mit Hilfe einer expliziten Typumwandlung in einen Werttyp zurückverwandelt werden (Unboxing):

```
double wieder_wert = (double) obj;
```

C# erlaubt auch die Arbeit mit Zeigern, jedoch nur innerhalb von Code-Abschnitten, die als `unsafe` *gekennzeichnet sind.*

33.3.11 Arrays

Arrays werden mit Hilfe des `[]`-Operators deklariert:

```
int[] meinArray;
```

Arrays sind Referenztypen. Die Deklaration erzeugt lediglich eine Array-Variable, die noch mit keinem Array-Objekt verbunden ist. Dieses muss erst mit dem `new`-Operator erzeugt und der Variablen zugewiesen werden. Die folgende Anweisung erzeugt ein Array für 100 `int`-Werte:

```
meinArray = new int[100];
```

Auf einzelne Elemente in einem Array können Sie wie üblich durch Angabe eines Index zugreifen:

```
meinArray[3] = 14.5;
```

Falsche Indizierung von Array-Elementen führt in C# zur Ausgabe einer Exception.

Wenn Sie ein Array in einer Schleife durchlaufen, können Sie die Anzahl der Elemente im Array von der Array-Eigenschaft `Length` abfragen:

```
for (int i = 0; i < meinArray.Length; ++i)
  {
  meinArray[i] = (i+1)*(i+1);
  }
```

Außerdem können Sie die foreach-Schleife zum Durchlaufen eines Arrays verwenden:

```
foreach (int elem in meinArray)
    {
    Console.WriteLine(elem);
    }
```

Wenn Sie Arrays von Referenztypen (beispielsweise eigenen Klassen) einrichten wollen, müssen Sie die Objekte, die in den Elementen gespeichert werden sollen, einzeln erzeugen:

```
class Demo {}..
Demo[] objekte = new Demo[5];

for (int i = 0; i < objekte.Length; ++i)
   {
   objekte[i] = new Demo(i);
   }
```

Die Klasse Array enthält eine Reihe von statischen Methoden, die Sie zur Bearbeitung von Arrays verwenden können (weitere Informationen zur Klasse Array finden Sie in der Dokumentation Ihres C#-Compilers.)

33.3.12 Klassen

C#-Klassen werden weitgehend in der gleichen Weise wie C++-Klassen definiert. Beachten Sie aber, dass in C#

- jedes Klassenelement seinen eigenen Zugriffsspezifizierer erhält,
- ein zusätzlicher Zugriffsspezifizierer internal definiert ist, der das betreffende Element für alle Klassen in der gleichen Übersetzungseinheit verfügbar macht (ersetzt im Wesentlichen das Konzept der Friends),
- Methoden immer innerhalb der Klasse definiert werden,
- es keine const-Methoden oder const-Parameter gibt,
- es keine Vorgabeargumente für Methodenparameter gibt,
- call-by-reference-Übergaben über die Schlüsselwörter ref und out implementiert werden können,
- die Klasse selbst einen der Zugriffsspezifizierer public (zugänglich innerhalb des .NET-Framework) oder internal (zugänglich in Übersetzungseinheit, Standardeinstellung) haben kann:

```
public class Klassenname
  {
  public double feld1;
  public double feld2;
  int feld3;            // per Voreinstellung private

  // Konstruktoren
  public Klassenname()
    {
    feld = 0;
    }
  public Klassenname(double wert)
    {
    feld = wert;
    }

  // Methoden
  public void Methodenname(int p)
    {
    // ... Anweisungen
    return p;
    }
  }
```

Ein typisches Design-Element der objektorientierten Programmierung sind private Instanzvariablen (Felder in C#-Terminologie), für die die Klasse `public`-Methoden bereitstellt, die steuern, wie der Wert der Variablen gesetzt oder zurückgeliefert wird. In C# bezeichnet man diese Klassenelemente als Eigenschaften. Sie werden mit einer speziellen Syntax deklariert:

```
class Demo
  {
  double w1;  // private Datenelemente zu Eigenschaften
  double w2;
  ...

  // Eigenschaften
  public double wert1
    {
    get { return w1; }
    set { w1 = value;
          w2 = 2 * value; }
    }

  public double wert2
    {
    get { return w2; }
    }

  }
```

Jede Eigenschaft besteht aus einem Namen (in obigem Beispiel etwa wert1) und einer oder zwei Zugriffsmethoden: get für den Lesezugriff und set für den Schreibzugriff.

Die get- und set-Methoden werden automatisch ausgeführt, wenn über ein Objekt auf die Eigenschaft zugegriffen wird:

```
obj.wert1 = 3;                // führt set-Methode der
                              // Eigenschaft wert1 aus
Console.WriteLine(obj.wert1); // führt get-Methode der
                              // Eigenschaft wert1 aus
```

Objekte von Klassen werden immer mit new erzeugt:

```
Klassenname objname = new Klassenname();
```

33.3.13 Vererbung

Bei der Vererbung ist zu beachten,

- dass Sie immer nur eine direkte Basisklasse angeben können,
- dass es keine Zugriffsspezifizierer der Vererbung gibt,
- dass die Basisklasse nicht weniger zugänglich sein darf als die abgeleitete Klasse,
- Verdeckung durch das Schlüsselwort new anzuzeigen ist,
- Überschreibung durch die Schlüsselwörter virtual und override angezeigt wird,
- der Zugriff auf überschriebene oder verdeckte Elemente über das Schlüsselwort base erfolgt:

```
class Basis
  {
  protected double feld;

  public Basis(double w)
    {
    feld = w;
    }

  public void Methode1()
    {
    }
  virtual public void Methode2()
    {
    }
  }
```

```
class Abgeleitet : Basis
  {
  // Verbergen eines Datenelements
  new protected double feld;

  // Basisklassenkonstruktor aufrufen
  public Abgeleitet(double w) : Basis(w)
    {
    }

  // Methode verbergen
  new public void Methode1()
    {
    // auf verborgenes Element zugreifen
    feld = base.feld;
    }
  // Methode überschreiben
  override public void Methode2()
    {
    // auf überschriebene Methode zugreifen
    base.Methode2();
    }
  }
```

Statt der Mehrfachvererbung gibt es in C# das Konzept der Schnittstellen.

33.3.14 Schnittstellen

Schnittstellen entsprechen ungefähr den abstrakten Basisklassen von C++. Eine Klasse, die eine Schnittstelle implementiert, verpflichtet sich, alle in der Schnittstelle aufgeführten Methoden und Eigenschaften zu definieren:

```
using System;

public interface IDemo
   {
      int eineMethode();
      double eineEigenschaft
      {
         get;
         set;
      }
   }

class Class1 : IDemo
  {
      int    wert1;
      double wert2;

      public int eineMethode()
      {
         return wert1;
      }
```

```
      public double eineEigenschaft
      {
         get {return wert2;}
         set {wert2 = value;}
      }
   }
```

Elemente von Schnittstellen sind per Voreinstellung immer `public`, während Klassenelemente standardmäßig `private` sind. Daher ist es in obigem Beispiel erforderlich, dass die Klasse `Class1` die zu implementierenden Schnittstellenelemente explizit als `public` deklariert.

Während eine Klasse immer nur eine direkt Basisklasse haben kann, darf sie beliebig viele Schnittstellen implementieren:

```
class Demo: ISchnittstelle1, ISchnittstelle2
{
```

33.3.15 Exception-Behandlung

Die Exception-Behandlung von C# entspricht weitgehend der Exception-Behandlung von C++, wird aber innerhalb der Sprache intensiver genutzt, da C# ja rein objektorientiert ist. So lösen beispielsweise Indexüberschreitungen bei Arrays oder Fehler bei der Typumwandlung von Strings in Zahlen Exceptions aus:

```
using System;

class Wurzel
  {
  static void Main()
    {
    double eingabe;
    double wurzel;

    try
     {
     Console.Write("\n Geben Sie bitte eine Zahl ein: ");
     eingabe = Convert.ToDouble( Console.ReadLine() );

     if (eingabe >= 0)
       {
       wurzel = Math.Sqrt(eingabe);

       Console.WriteLine("\n Die Wurzel von {0:F} ist {1}",
                         eingabe, wurzel);
        }
       else
        {
        Console.WriteLine("\n Die Wurzel ist nur für "
```

```
                      + " positive Zahlen definiert.");
          }
       }
     catch (FormatException e)
       {
       Console.WriteLine("\n  Falsches Eingabeformat."
                         + " Keine Zahl!");
       }
     catch (Exception e)
       {
        Console.WriteLine("\n Es ist eine Exception "
              + "aufgetreten! \n Informieren Sie bitte "
              + "den Support!");
       }
     }
   }
```

33.3.16 Mehr C#

Hier endet unser Schnellkurs C#. Auch wenn nicht alle Konzepte der Klasse angesprochen wurden, sollte diese Einführung ausreichen, Ihnen eine genauere Vorstellung von C# zu geben. Lesern, die mehr über C# erfahren und sich intensiver in C# einarbeiten möchten, darf ich das Buch »C# in 21 Tagen« von Shinja Strasser und meiner Wenigkeit empfehlen.

Teil 5 Anhang

A Die C-Laufzeitbibliothek

Um Bibliotheksfunktionen in Ihren Programmen aufrufen zu können, müssen Sie zuvor die Funktionsdeklarationen dem Compiler bekannt machen. Dazu dienen die Header-Dateien, in denen die Funktionen thematisch geordnet sind, und die Sie mittels der `#include`-Direktive in Ihre Programme aufnehmen können.

Im Folgenden werden die Funktionen nach Header-Dateien geordnet vorgestellt, wobei die Namen der C-Konvention verwendet wurden.

C versus C++

Nach dem neuen C++-Standard wird den Dateinamen der C Header-Dateien jeweils ein »c« vorangestellt und die Extension ».h« fällt weg (`<stdlib.h>` würde also beispielsweise zu `<cstdlib>`).

<assert.h>

assert	Prüft eine Bedingung ab und bricht bei Nichterfüllung das Programm ab.

<ctype.h>

Enthält die Funktionen zur Klassifizierung und Konvertierung einfacher Zeichen.

isalnum	Testet, ob Zeichen eine Ziffer oder ein Buchstabe ist.
isalpha	Testet, ob Zeichen ein Buchstabe ist.
iscntrl	Testet, ob Zeichen ein Kontrollzeichen ist.
isdigit	Testet, ob Zeichen eine Zahl ist.
isgraph	Testet, ob Zeichen druckbar ist (ohne Leerzeichen).
islower	Testet, ob Zeichen ein Kleinbuchstabe ist.
isprint	Testet, ob Zeichen druckbar ist (mit Leerzeichen).
ispunct	Testet, ob Zeichen ein Interpunktionszeichen ist.

isspace	Testet, ob Zeichen ein Zwischenraumzeichen (Whitespace) ist.
isupper	Testet, ob Zeichen ein Großbuchstabe ist.
isxdigit	Testet, ob Zeichen eine Hexadezimalziffer ist.
tolower	Wandelt Groß- in Kleinbuchstaben um.
toupper	Wandelt Klein- in Großbuchstaben um.

Das folgende Programm durchsucht den eingelesenen String nach Ziffern.

```
/* Isdigit.cpp */
#include <stdio.h>
#include <string.h>
#include <ctype.h>

int main()
  {
  int loop;
  char str[101];
  char zeichen;

  printf("Geben Sie einen Text von bis zu 100 Zeichen ein: \n\n");
  gets(str);

  puts("\n\n");

  for(loop=0; loop < strlen(str); loop++)
    {
    zeichen = str[loop];
    if(isdigit(zeichen))
      putchar(zeichen);
    }

  return 0;
  }
```

<errno.h>

Enthält verschiedene Makros, die zur Benachrichtigung über Fehler verwendet werden.

EDOM	Wird im Falle eines ungültigen Funktionsarguments von den mathematischen Funktionen in errno kopiert.

ERANGE	Wird im Falle eines ungültigen Ergebniswerts von den mathematischen Funktionen in errno kopiert.
errno	Wird im Fehlerfall von den mathematischen Funktionen gesetzt.

<float.h>

Enthält verschiedene Makros, die zu verschiedenen implementierungsspezifischen Konstanten expandieren (siehe Kapitel 6.3). Aufgeführt sind nur die Konstanten für den Datentyp `float`. Die Konstanten für `double` und `long double` beginnen mit den Suffixen `DBL` beziehungsweise `LDBL`. (`FLT_ROUNDS` gilt für alle drei Fließkommatypen).

FLT_DIG	Anzahl der signifikanten Ziffern in der Mantisse, wenn dargestellt zur Basis 10.
FLT_EPSILON	Differenz zwischen 1 und der nächstgrößeren darstellbaren Zahl.
FLT_MANT_DIG	Anzahl der Ziffern in der Mantisse, wenn dargestellt zur Basis FLT_RADIX.
FLT_MAX	Größte positive Zahl.
FLT_MAX_10_EXP	Größte positive Zahl für den Exponenten zur Basis 10.
FLT_MAX_EXP	Größte positive Zahl für den Exponenten zur Basis FLT_RADIX.
FLT_MIN	Kleinste positive Zahl. (Wie nah kommt man an 0 heran)
FLT_MIN_10_EXP	Kleinste negative Zahl für den Exponenten zur Basis 10.
FLT_MIN_EXP	Kleinste negative Zahl für den Exponenten zur Basis FLT_RADIX.
FLT_RADIX	Basis des Exponenten.

FLT_ROUNDS	Modus, nach dem Zahlen gerundet werden:
	`-1 unbestimmt`
	`0 zu Null`
	`1 zum nächsten Wert`
	`2 zu +unendlich`
	`3 zu -unendlich`
	Gilt auch für `double`- und `long double`-Zahlen.

<iso646.h>

Synonyme für bestimmte Operatoren.

<table>
<tr><td>and</td><td>&&</td></tr>
<tr><td>and_eq</td><td>&=</td></tr>
<tr><td>bitand</td><td>&</td></tr>
<tr><td>bitor</td><td>|</td></tr>
<tr><td>compl</td><td>~</td></tr>
<tr><td>not</td><td>!</td></tr>
<tr><td>not_eq</td><td>!=</td></tr>
<tr><td>or</td><td>||</td></tr>
<tr><td>or_eq</td><td>|=</td></tr>
<tr><td>xor</td><td>^</td></tr>
<tr><td>xor_eq</td><td>^=</td></tr>
</table>

<limits.h>

Enthält Konstanten, die Größe und Wertebereiche der elementaren Datentypen festlegen (die Werte sind implementierungsspezifisch und werden vom Compiler festgelegt).

CHAR_BIT	Anzahl der Bits in kleinstem Datentyp.
CHAR_MIN	Kleinster Wert für Objekte vom Typ char.
CHAR_MAX	Größter Wert für Objekte vom Typ char.
INT_MIN	Kleinster Wert für Objekte vom Typ int.
INT_MAX	Größter Wert für Objekte vom Typ int.
LONG_MIN	Kleinster Wert für Objekte vom Typ long int.
LONG_MAX	Größter Wert für Objekte vom Typ long int.
MB_LEN_MAX	Maximale Anzahl von Bytes in Multibyte-Zeichen.
SCHAR_MIN	Kleinster Wert für Objekte vom Typ signed char.
SCHAR_MAX	Größter Wert für Objekte vom Typ signed char.

SHRT_MIN	Kleinster Wert für Objekte vom Typ short int.
SHRT_MAX	Größter Wert für Objekte vom Typ short int.
UCHAR_MAX	Größter Wert für Objekte vom Typ unsigned char.
UINT_MAX	Größter Wert für Objekte vom Typ unsigned int.
ULONG_MAX	Größter Wert für Objekte vom Typ unsigned long int.
USHRT_MAX	Größter Wert für Objekte vom Typ unsigned short int.

<locale.h>

Enthält Funktionen und Makros, um landesspezifische Eigenheiten festzulegen und definiert dazu die Struktur `lconv` (siehe auch Kapitel 24.2.6).

localeconv	Die Struktur lconv initialisieren.
setlocale	Landesspezifische Werte abfragen und verändern.

<math.h>

Deklariert die mathematischen Funktionen. Während unter C nur die `double`-Versionen der Funktionen verfügbar sind, sind sie unter C++ zusätzlich für die Datentypen `float` und `long double` überladen.

acos	Arkuskosinus berechnen.
asin	Arkussinus berechnen.
atan	Arkustangens berechnen.
atan2	Arkustangens berechnen.
ceil	Rundet auf nächste Ganzzahl auf.
cos	Kosinus berechnen.
cosh	Kosinus hyperbolicus berechnen.
exp	Exponentialfunktion berechnen.
fabs	Ermittelt Absolutwert.
floor	Größtmögliche Ganzzahl ermitteln, die kleiner oder gleich dem Argument ist.
fmod	Rest einer Fließkommazahl berechnen.

frexp	Exponentialwert berechnen.
ldexp	Fließkommazahl multiplizieren.
log	Natürlichen Logarithmus berechnen.
log10	Logarithmus zur Basis 10 berechnen.
modf	Argument in ganzzahligen und gebrochenen Teil zergliedern.
pow	Zahl potenzieren.
sin	Sinus berechnen.
sinh	Sinus hyperbolicus berechnen.
sqrt	Quadratwurzel berechnen.
tan	Tangens berechnen.
tanh	Tangens hyperbolicus berechnen.

```
/* Math.cpp */
#include <stdio.h>
#include <math.h>

int main()
  {
  int loop;
  char str[101];
  double zahl;

  printf("Geben Sie ein Zahl: \n\n");
  scanf("%lf", &zahl);
  fflush(stdin);

  puts("\n\n");

  printf("  Quadrat von %lf      = %lf\n",zahl,zahl*zahl);
  printf("  %lf^3                = %lf\n",zahl,pow(zahl,3));
  printf("  Log.2 von %lf        = %lf\n",zahl,log(zahl));
  printf("  Log.10 von %lf       = %lf\n",zahl,log10(zahl));
  printf("  Sinus von %lf (RAD)  = %lf\n",zahl,sin(zahl));
  printf("  Sinus von %lf (GRAD) = %lf\n",
                                   zahl,sin(2*M_PI*zahl/360));

  return 0;
  }
```

Ausgabe:

```
Geben Sie ein Zahl:

5

  Quadrat von 5.000000       = 25.000000
  5.000000^3                 = 125.000000
  Log.2 von 5.000000         = 1.609438
  Log.10 von 5.000000        = 0.698970
  Sinus von 5.000000 (RAD)   = -0.958924
  Sinus von 5.000000 (GRAD) = 0.087156
```

<setjmp.h>

Definiert den Datentyp `jmp_buf`, der von dem Makro `setjmp()` und der Funktion `longjmp()` benutzt wird. Mithilfe von `setjmp()` und `longjmp()` kann man Sprünge zwischen Funktionen ausführen (im Gegensatz zu `goto`, mit dem man nur innerhalb von Funktionen springen kann).

longjmp	Umgebung wiederherstellen nach nicht lokalem Sprung.
setjmp	Umgebung sichern. Umgebung kann mittels `longjmp()` wiederhergestellt werden.

<signal.h>

Definiert Konstanten und Funktionen, die für die Behandlung von Sonderbedingungen (Signalbearbeitung) erforderlich sind.

raise	Sendet ein Signal an das Programm.
signal	Legt die Verarbeitung eines Signals fest.

<stdarg.h>

Definiert die Makros, mit denen Funktionen mit einer variablen Anzahl von Argumenten verarbeitet werden können (siehe Kapitel 12.5.3).

va_list	va_list ist der Array-Typ, der die von va_arg und va_end benötigten Informationen speichert. Wenn eine aufgerufene Funktion eine variable Argumentliste übernimmt, deklariert sie eine Variable ap vom Typ va_list.
va_start	va_start ist ein Makro, das ap auf den ersten variablen Parameter setzt, der der Funktion übergeben wird. va_start muss vor va_arg und va_end aufgerufen werden.

va_arg	Das Makro va_arg erwartet einen Zeiger ap auf einen der variablen Parameter und den Datentyp des Parameters. Der erste Aufruf von va_arg liefert den Wert des ersten variablen Parameters zurück und erhöht ap entsprechend, sodass ap danach auf den nächsten Parameter zeigt. Weitere Aufrufe von va_arg – wieder mit ap – liefern die jeweils nachfolgenden Parameter zurück.
va_end	Das Makro va_end hilft der aufgerufenen Funktion, einen normalen Rücksprung durchzuführen. va_end sollte aufgerufen werden, nachdem va_arg alle Argumente abgearbeitet hat.

<stddef.h>

Definiert die folgenden Typen und Makros:

NULL	Wert des Null-Zeigers.
offsetof	Ermittelt den Offset eines Elements in einer Struktur.
ptrdiff_t	Ganzzahliger, vorzeichenbehafteter Datentyp, der das Ergebnis der Subtraktion zweier Zeiger repräsentieren kann.
size_t	Vorzeichenloser Ganzzahltyp, der von sizeof als Ergebnistyp verwendet wird.
wchar_t	Zeichentyp für umfangreichere Zeichensätze.

<stdio.h>

Enthält die Funktionen zur Ein- und Ausgabe sowie zur Arbeit mit Dateien (siehe Kapitel 24).

clearerr	Fehlerbedingung aus Datenstrom entfernen.
fclose	Datenstrom schließen.
feof	Testet Datenstrom auf Dateiende.
ferror	Testet Datenstrom auf Fehler.
fflush	Leert Puffer eines Datenstroms.
fgetc	Liest Zeichen von einem Datenstrom.
fgetpos	Ermittelt Positionszeiger eines Datenstroms.
fgets	Liest eine Zeile von einem Datenstrom.

fopen	Öffnet einen Datenstrom.
fprintf	Formatierte Ausgabe an einen Datenstrom.
fputc	Schreibt ein Zeichen an Datenstrom.
fputs	Schreibt einen String an Datenstrom.
fread	Liest Daten von Datenstrom.
freopen	Öffnet einen Datenstrom erneut.
fscanf	Liest formatiert von Datenstrom.
fseek	Positioniert Dateizeiger neu.
fsetpos	Positioniert Dateizeiger neu.
ftell	Liest Position des Dateizeigers.
fwrite	Schreibt Daten unformatiert an Datenstrom.
getc	Liest Zeichen aus Datenstrom.
getchar	Liest Zeichen aus Datenstrom stdin.
gets	Liest String von stdin.
perror	Schreibt Fehlermeldung an stdout.
printf	Formatierte Ausgabe an stdout.
putc	Schreibt Zeichen in Datenstrom.
putchar	Schreibt Zeichen an Datenstrom.
puts	Schreibt Zeichenkette an Datenstrom stdout.
remove	Löscht eine Datei.
rename	Benennt eine Datei um.
rewind	Positioniert Dateizeiger auf Anfang des Datenstroms.
scanf	Formatierte Eingabe von stdin.
setbuf	Datenstrompufferung verändern.
setvbuf	Datenstrompufferung und Puffergröße verändern.
sprintf	Formatierte Ausgabe an einen String.
sscanf	Formatierte Eingabe von einem String.
tmpfile	Temporäre Datei erzeugen.
tmpnam	Temporären Dateinamen erzeugen.

ungetc	Zeichen wieder zurück an Datenstrom schicken.
vfprintf	Formatierte Ausgabe an Datenstrom.
vprintf	Formatierte Ausgabe an stdout.
vsprintf	Formatierte Ausgabe in String.

<stdlib.h>

Enthält die Standard-Bibliotheksfunktionen, zu denen u.a. die dynamische Speicherverwaltung und die Prozesskontrollroutinen gehören.

abort	Beendet Programm unverzüglich.
abs	Ermittelt Absolutwert einer Integerzahl (in C++ für long int, float und long double überladen).
atexit	Funktion registrieren, die beim Programmende ausgeführt werden soll.
atof	Wandelt String in Fließkommazahl um.
atoi	Wandelt String in Integerzahl um.
atol	Wandelt String in long int um.
bsearch	Binäre Suche durchführen.
calloc	Speicher allokieren und initialisieren.
div	Ganzzahldivision durchführen (in C++ für long überladen).
exit	Programm beenden.
free	Dynamisch angeforderten Speicher freigeben.
getenv	Eintrag in Programmumgebung lesen.
labs	Absolutwert einer Zahl vom Typ long int ermitteln.
ldiv	Ganzzahldivision mit Zahlen vom Typ long int (in C++ für long überladen).
malloc	Speicher anfordern.
mblen	Länge eines Multibyte-Zeichens ermitteln.
mbstowcs	Zeichenkette mit Zeichen, die aus mehreren Bytes bestehen, in Wide Character-String umwandeln.
mbtowc	Zeichen, das aus mehreren Bytes besteht, in Wide Character umwandeln.

qsort	QuickSort durchführen.
rand	Pseudo-Zufallszahl erzeugen.
realloc	Speicherblock neu zuordnen.
srand	Pseudo-Zufallszahl erzeugen.
strtod	String in Fließkommazahl umwandeln.
strtol	String in long int umwandeln.
strtoul	String in unsigned long umwandeln.
system	Programm unterbrechen und anderes ausführen.
wcstombs	Zeichenkette mit Wide Characters in Multibyte-String umwandeln.
wctomb	Wide Character in Multibyte-Zeichen umwandeln.

Das Folgende demonstriert

- die Abfrage der Systemzeit in Prozessorticks

```
start=clock();
```

- die Umrechung der Systemzeit in Sekunden

```
reaktionszeit = (float)(clock() - start)/CLOCKS_PER_SEC;
```

- die zufällige Initialisierung des Zufallsgenerators (der sonst für jeden Programmlauf die gleiche Folge von Zufallszahlen liefert)

```
srand((unsigned)time(NULL));
```

- die Erzeugung einer Zufallszahl im Bereich 3 bis 9

```
wait=(rand()%7+3)*CLOCKS_PER_SEC;
```

INFO

Das Programm verwendet die Funktion `kbhit()`, *um festzustellen, ob eine Taste gedrückt wurde. Die Funktion* `kbhit()` *gehört zum Standardumfang der meisten DOS-Compiler, nicht aber zu ANSI-C. Um das Programm erstellen zu können, benötigen Sie einen Compiler, der* `kbhit()` *und* conio.h *unterstützt (beispielsweise Visual C++ 6). Nach der Erstellung können Sie es in der MSDOS-Eingabeaufforderung ausführen. (Eine Windows-Version dieses Programms finden Sie im Verzeichnis zu Kapitel 11.)*

```
/* Reaktion.cpp */
#include <stdio.h>
#include <stdlib.h>
```

```
#include <time.h>
#include <conio.h>

int main()
  {
  clock_t start, wait, zeit1, zeit2;
  float reaktionszeit;
  float intervall = 0.05*CLOCKS_PER_SEC;


  printf("Testen Sie Ihre Reaktionszeit!!\n\n");
  printf("Sowie Sie dazu aufgefordert werden, druecken Sie"
         " eine beliebige Taste");


  // kurze Zeit warten
  srand((unsigned)time(NULL));
  wait=(rand()%7+3)*CLOCKS_PER_SEC;

  start=clock();
  while(clock() < start+wait);

  printf("Taste drücken!!\n");
  start=zeit1=clock();
  do
    {
    zeit2 = clock();
    if( (zeit2 - zeit1) > intervall)
      {
      puts("*\n");
      zeit1 = zeit2;
      }
    }
    while(!kbhit() );

  reaktionszeit = (float)(clock() - start)/CLOCKS_PER_SEC;
  printf("Ihre Reaktionszeit betrug %f sec.\n", reaktionszeit);

  return 0;
  }
```

Ausgabe:

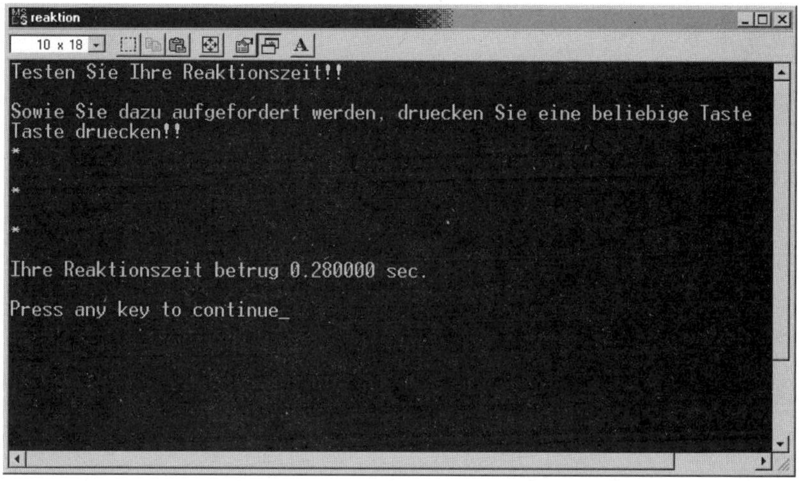

<string.h>

Enthält die Funktionen zur Manipulation von Zeichenketten (siehe Kapitel 23).

memchr	Sucht in einem Speicherbereich nach erstem Vorkommen eines Zeichens.
memcmp	Vergleicht zwei Speicherbereiche.
memcpy	Kopiert Anzahl Zeichen von einem Speicherbereich in einen anderen.
memmove	Kopiert Anzahl Zeichen von einem Speicherbereich in einen anderen, der sich mit dem Ursprungsbereich überlappen darf.
memset	Initialisiert einen Speicherbereich mit einem Zeichen.
strcat	Fügt Zeichenkette an eine andere an.
strchr	Ermittelt Zeiger auf erstes Vorkommen eines Zeichens in String.
strcmp	Vergleicht zwei Zeichenketten.
strcoll	Vergleicht zwei Zeichenketten.
strcpy	Kopiert einen String in einen anderen.
strcspn	Sucht in Zeichenkette nach Zeichen, die in anderer Zeichenkette nicht enthalten sind.
strerror	Übersetzt eine Fehlernummer in eine Zeichenkette.

strlen	Ermittelt die Länge einer Zeichenkette.
strncat	Fügt n Zeichen einer Zeichenkette an andere an.
strncmp	Vergleicht einen String mit einem Teil eines anderen Strings.
strncpy	Kopiert n Zeichen eines Strings in einen anderen.
strpbrk	Sucht nach erstem Vorkommen eines beliebigen Zeichens aus einer Zeichenkette in einer anderen Zeichenkette.
strrchr	Ermittelt Zeiger auf letztes Vorkommen eines Zeichens in einer Zeichenkette.
strspn	Ermittelt Index des ersten Zeichens in einer Zeichenkette, das nicht zum Zeichensatz einer anderen Zeichenkette gehört.
strstr	Ermittelt erstes Vorkommen einer Zeichenkette in einer anderen.
strtok	Sucht nach nächstem Grundsymbol in Zeichenkette.
strxfrm	Wandelt String unter Berücksichtigung landesspezifischer Gegebenheiten um.

<time.h>

Enthält die Datentypen `time_t` und `clock_t` sowie die Datenstruktur `tm` und die allgemeinen Zeitfunktionen (siehe Programm *Reaktion.cpp* aus dem Abschnitt `<stdlib.h>`).

asctime	Wandelt eine als Struktur gespeicherte Zeit in eine Zeichenkette um.
clock	Ermittelt, wieviel Ticks seit dem Start des aufrufenden Prozesses verbraucht wurden.
ctime	Wandelt Zahl vom Typ time_t in Zeichenkette um.
difftime	Ermittelt die Differenz zwischen zwei Zeiten.
gmtime	Berechnet aus lokaler Zeit und definierter Zeitdifferenz die Greenwich Mean Time (GMT).
localtime	Wandelt einen Zeitwert vom Typ time_t in die Lokalzeit um.
mktime	Wandelt Zeit aus Struktur in Kalenderzeit um.
strftime	Formatiert Zeit nach landesspezifischen Bedingungen.
time	Gibt aktuelle Zeit an Variable vom Typ time_t zurück.

<wchar.h>

Enthält die Funktionen zur Bearbeitung von Wide-Character-Strings (inklusive Ein- und Ausgabe).

btowc	Wandelt ein 1-Multibyte-Zeichen in ein Wide-Character-Zeichen um.
fgetwc	Liest Zeichen von einem Datenstrom.
fgetws	Liest eine Zeile von einem Datenstrom.
fputwc	Schreibt ein Zeichen in Datenstrom.
fputws	Schreibt einen String in Datenstrom.
fwprintf	Formatierte Ausgabe an stdout.
fwscanf	Liest formatiert von Datenstrom.
getwc	Liest Zeichen aus Datenstrom.
getwchar	Liest Zeichen aus Datenstrom stdin.
mbrlen	Länge eines Multibyte-Zeichens ermitteln.
mbrtowc	Zeichen, das aus mehreren Bytes besteht, in Wide Character umwandeln.
mbsinit	Ermittelt, ob sein Argument einen anfänglichen Konvertierungsmodus anzeigt.
mbsrtowcs	Multibyte-String in Wide-Character-String umwandeln.
putwc	Schreibt Zeichen in Datenstrom.
putwchar	Schreibt Zeichen an Datenstrom stdout.
swprintf	Formatierte Ausgabe in einen String.
swscanf	Formatierte Eingabe von einem String.
ungetwc	Zeichen wieder zurück an Datenstrom schicken.
vfwprintf	Formatierte Ausgabe an Datenstrom.
vswprintf	Formatierte Ausgabe in String.
vwprintf	Formatierte Ausgabe an stdout.
wcrtomb	Wide Character in Multibyte-Zeichen umwandeln.
wcscat	Fügt Zeichenkette an eine andere an.
wcschr	Ermittelt Zeiger auf erstes Vorkommen eines Zeichens in String.

wcscmp	Vergleicht zwei Zeichenketten.
wcscoll	Vergleicht zwei Zeichenketten.
wcscpy	Kopiert einen String in einen anderen.
wcscspn	Sucht in Zeichenkette nach Zeichen, die in anderer Zeichenkette nicht enthalten sind.
wcsftime	Formatiert Zeit nach landesspezifischen Bedingungen.
wcslen	Ermittelt die Länge einer Zeichenkette.
wcsncat	Fügt n Zeichen einer Zeichenkette an andere an.
wcsncmp	Vergleicht einen String mit einem Teil eines anderen Strings.
wcsncpy	Kopiert n Zeichen eines Strings in einen anderen.
wcspbrk	Sucht nach erstem Vorkommen eines beliebigen Zeichens aus einer Zeichenkette in einer anderen Zeichenkette.
wcsrchr	Ermittelt Zeiger auf letztes Vorkommen eines Zeichens in einer Zeichenkette.
wcsrtombs	Zeichenkette mit Wide Characters in Multibyte-String umwandeln.
wcsspn	Ermittelt Index des ersten Zeichens in einer Zeichenkette, das nicht zum Zeichensatz einer anderen Zeichenkette gehört.
wcsstr	Ermittelt erstes Vorkommen einer Zeichenkette in einer anderen.
wcstod	String in Fließkommazahl umwandeln.
wcstok	Sucht nach nächstem Grundsymbol in Zeichenkette.
wcstol	String in long int umwandeln.
wcstoul	String in unsigned long int umwandeln.
wcsxfrm	Wandelt String unter Berücksichtigung landesspezifischer Gegebenheiten um.
wctob	Wandelt Zeichen in ein 1-Multibyte-Zeichen um.
wmemchr	Sucht in einem Speicherbereich nach erstem Vorkommen eines Zeichens.
wmemcmp	Vergleicht zwei Speicherbereiche.
wmemcpy	Kopiert Anzahl Zeichen von einem Speicherbereich in einen anderen.

wmemmove	Kopiert Anzahl Zeichen von einem Speicherbereich in einen anderen, der sich mit dem Ursprungsbereich überlappen darf.
wmemset	Initialisiert einen Speicherbereich mit einem Zeichen.
wprintf	Formatierte Ausgabe an stdout.
wscanf	Formatierte Eingabe von stdin.

<wctype.h>

Enthält die Funktionen zur Klassifizierung und Konvertierung von Wide-Character-Zeichen, sowie die Hilfstypen: `wint_t`, `wctrans_t` und `wctype_t` plus dem Makro `WEOF`.

iswalnum	Testet, ob Zeichen eine Ziffer oder ein Buchstabe ist.
iswalpha	Testet, ob Zeichen ein Buchstabe ist.
iswcntrl	Testet, ob Zeichen ein Kontrollzeichen ist.
iswctype	Testet, ob Zeichen einer bestimmten Klasse angehört. Die Klasse wird durch einen Aufruf von wctype spezifiziert: iswctype(wc, wctype(»digit«)) // = iswcdigit(wc)
iswdigit	Testet, ob Zeichen eine Zahl ist.
iswgraph	Testet, ob Zeichen druckbar ist (Leerzeichen ausgenommen).
iswlower	Testet, ob Zeichen ein Kleinbuchstabe ist.
iswprint	Testet, ob Zeichen druckbar ist.
iswpunct	Testet, ob Zeichen ein Interpunktionszeichen ist.
iswspace	Testet, ob Zeichen ein Zwischenraumzeichen ist.
iswupper	Testet, ob Zeichen ein Großbuchstabe ist.
iswxdigit	Testet, ob Zeichen eine Hexadezimalziffer ist.
towctrans	Konvertiert ein Wide-Character-Zeichen.
towlower	Wandelt Groß- in Kleinbuchstaben um.
towupper	Wandelt Klein- in Großbuchstaben um.
wctrans	Ermittelt eine Abbildung von einem Wide-Character-Zeichensatz in einen anderen (nach LC_TYPE)
wctype	Wird zusammen mit iswctype() verwendet und erlaubt die Identifizierung einer Klasse anhand eines Strings.

B Die C++-Laufzeitbibliothek

Die C++-Laufzeitbibliothek umfasst

- die STL (Standard Template Library) – eine Sammlung von Klassen und Funktionen zur Datenverwaltung. Die STL selbst besteht aus:
  - Containern: Höhere Datenstrukturen, die der Verwaltung und Speicherung beliebiger Daten dienen und jede eine eigene Schnittstelle für den Zugriff auf die Daten definiert. Unter den Containern finden Sie Datenstrukturen wie Vektoren (entsprechen Arrays), Warteschlangen, Mengen oder Stacks.
  - Hinzu kommen die Iteratoren. Iteratoren sind den Zeigern verwandt und dienen dem Zugriff auf die Elemente, die in Containern abgespeichert wurden.
  - Drittens steht eine Reihe von Algorithmen (Funktionen) zur Verfügung, die mithilfe von Iteratoren auf den Elementen der verschiedenen Container operieren können. Sie stellen also eine allgemeine Erweiterung der Funktionalität der Container-Klassen dar.
  - Schließlich gibt es noch eine Reihe von Hilfsklassen und -funktionen, wie Funktionsobjekte, Adapter, etc.
- die Streamklassen für die Ein- und Ausgabe
- die String-Klassen für die Arbeit mit Zeichenketten
- die Klassen zur Internationalisierung
- eine Reihe weiterer nützlicher Klassen (von `complex` bis `autoptr`).

B.1 Die Container-Klassen

<bitset>

```
template <size_t N> bitset
```

Die Klasse `bitset` dient der Verwaltung von Bit-Werten, also Folgen von Nullen und Einsen. Instanzen der Klasse `bitset` können zur übersichtlichen Verwaltung von Diagnose- und Schaltervariablen (Flags) herangezogen werden (definiert in <bitset>). Gegenüber dem Einsatz der von C stammenden Bitoperatoren oder der Bitfelder bieten die für bitset zur Verfügung stehenden Methoden und Operatoren mehr Komfort.

- Die Anzahl von Bits im Bitset wird durch den Platzhalter N bei der Instanziierung des Templates festgelegt und kann später nicht mehr geändert werden. Zur Verwaltung einer variablen Zahl von Flags kann man auf den Container vector<bool> zurückgreifen.

```
bitset<4> options; // Bit-Container anlegen
```

- Die Klasse verfügt über einen Konstruktor, dem ein String aus Nullen und Einsen übergeben werden kann. Das Bitset enthält dann so viele Elemente, wie sich Zeichen in dem String befinden, und wird mit den Werten aus dem String initialisiert.

```
bitset<4> options("0100");
```

- Die Methoden to_ulong() und to_string() wandeln ein Bitset in einen Integer-Wert oder ein String-Objekt um.
- Die Methoden set(), reset() und flip() können zum Setzen einzelner Bits verwendet werden.
- Zur Abfrage einzelner Bits dienen die Methoden test(), any() und none().
- Zur Manipulation einzelner Bits ist zudem der Index-Operator [ ] überladen.
- Für Mengenoperationen stehen die üblichen Bit-Operatoren zur Verfügung.

<deque>

```
template <class T, class Allocator = allocator> class deque
```

Die Abkürzung deque steht für »double ended queue«. Dahinter verbirgt sich eine Datenstruktur, die üblicherweise auf einer Verkettung von Arrayblöcken basiert und ihre Elemente in einer sequenziellen Folge anordnet.

Die Klasse deque gleicht der Klasse vector und bietet wie diese schnellen direkten Zugriff auf einzelne Elemente ([]-Operator, Methode at()) sowie Einfügen und Löschen von Elementen an beliebigen Positionen (insert(), erase()). Anders als der Zugriff auf bestehende Elemente ist das Einfügen oder Löschen von Elementen allerdings recht zeitaufwändig, da diese Operationen meist mit dem internen Umkopieren der Elemente im Container verbunden sind. Lediglich am Anfang oder Ende der Datenstruktur kann in konstanter Zeit eingefügt oder gelöscht werden.

- Im Vergleich zu vector ist der Zugriff auf beliebige Positionen etwas langsamer, dafür ist die Speicherverwaltung meist günstiger.
- Im Vergleich zu einem list-Container ist das Einfügen und Löschen an mittleren Positionen zeitaufwändiger, dafür erlaubt deque den bequemen indizierten Zugriff auf bestimmte Positionen (zum Lesen oder Schreiben).

Iteratoren für deque-Container sollten mindestens der forward_iterator-Kategorie angehören, verschiedene Funktionen verlangen aber höhere Iteratorenkategorien. Einfüge- und Löschoperationen in der Mitte des Containers führen stets zur Ungültigkeit bestehender Iteratoren und Referenzen auf Container-Elemente.

- Hinter deque steht ein Klassentemplate, aus dem man zuerst eine Container-Klasse erzeugt. Dabei übergibt man dem ersten Template-Parameter T den Datentyp der zu verwaltenden Objekte.

  ```
  deque<int> container;
  ```

- Die überladenen Formen der Konstruktoren erlauben die Einrichtung leerer Container oder Container, die mehrere Kopien eines Elements bzw. die Kopie einer Sequenz von Elementen aus einem anderen Container enthalten.
- Neue Elemente können mittels insert(), push_front(), push_back(), resize() oder assign() eingefügt werden, wobei letztere Funktion den Container zuvor leert.
- Bestehende Elemente können mittels erase(), pop_front(), pop_back(), resize() oder clear() gelöscht werden.
- Zugriff auf einzelne Elemente kann mithilfe zurückgelieferter Iteratoren geschehen (begin(), end(), rbegin(), rend() sowie insert()) oder über zurückgegebene Referenzen (Operator [], at(), front(), back()).
- Schließlich ist es möglich, über die globalen Funktionen der Header-Datei <algorithm> Container zu manipulieren, zu sortieren, in ihnen zu suchen, etc.

<list>

```
template <class T, class Allocator = allocator > class list
```

Das Klassentemplate list repräsentiert wie deque und vector einen sequenziellen Container mit direktem Zugriff auf das erste und letzte Element sowie Einfügen und Löschen von Elementen an beliebigen Positionen.

Das Einfügen und Löschen von Elementen an beliebigen Positionen innerhalb des Containers erfolgt für list schneller als für deque oder vector, da diese Operationen nicht mit dem Verschieben der nachfolgenden Elemente verbunden ist. Dafür fehlt `list` der indizierte Zugriff auf Elemente an einer bestimmten Position.

Iteratoren für `list`-Container sollten mindestens der `forward_iterator`-Kategorie angehören, verschiedene Funktionen verlangen aber höhere Iteratorenkategorien. Einfüge- und Löschoperationen beeinträchtigen nicht die Gültigkeit bestehender Iteratoren und Referenzen auf Container-Elemente.

- Hinter `list` steht ein Klassentemplate, aus dem man zuerst eine Container-Klasse erzeugt. Dabei übergibt man dem ersten Template-Parameter `T` den Datentyp der zu verwaltenden Objekte.

```
list<int> container;
```

- Die überladenen Formen der Konstruktoren erlauben die Einrichtung leerer Container oder Container, die mehrere Kopien eines Elementes bzw. die Kopie einer Sequenz von Elementen aus einem anderen Container enthalten.
- Neue Elemente können mittels `insert()`, `push_front()`, `push_back()`, `resize()`, `assign()` oder `merge()` eingefügt werden.
- Bestehende Elemente können mittels `erase()`, `pop_front()`, `pop_back()`, `resize()`, `clear()`, `unique()` oder `remove()`, `remove_if()` gelöscht werden.
- Der Zugriff auf einzelne Elemente kann mithilfe zurückgelieferter Iteratoren geschehen (`begin()`, `end()`, `rbegin()`, `rend()` sowie `insert()`) oder über zurückgegebene Referenzen (`front()`, `back()`).
- Mittels der Funktion `sort()` können die Elemente sortiert werden, wobei die Art der Sortierung durch den <-Operator oder eine selbst definierte Vergleichsfunktion bestimmt werden kann. Mittels `reverse()` kann die Reihenfolge umgekehrt werden.
- Schließlich ist es möglich, über die globalen Funktionen der Header-Datei `<algorithm>` Container zu manipulieren, zu sortieren, in ihnen zu suchen, etc.

<map>

```
template <class Key, class T,
              class Compare = less<T>
              class Allocator = allocator> class map
```

Datenstruktur, die mithilfe von eindeutigen Schlüsseln auf ihre Elemente zugreift (ideales Hashing). Die Idee dabei ist, dass den zu verwaltenden Objekten so genannte Schlüssel beigeordnet sind (man kennt dies beispielsweise von Arrays, bei denen die einzelnen Elemente mit Indizes verbunden sind; Schlüssel können aber im Gegensatz zu Indizes jedem geordneten

Datentyp angehören). Ähnlich den Indizes eines Arrays soll aus den Schlüsseln auf die Lokation des Objektes geschlossen werden können.

In den Containern werden die Elemente nach ihren Schlüsseln sortiert abgelegt. Die Sortierung erlaubt ein schnelles Auffinden von Elementen nach ihren Schlüsseln. Der Wert eines Schlüssels eines eingefügten Elements darf nicht geändert werden, da dies die Sortierung zerstören würde.

Iteratoren auf `map` müssen von der Kategorie `bidirectional` sein.

Maps werden in Situationen eingesetzt, wo Implementierungen mit Vektoren größere Speicherverluste bedingen würden. In diesen Fällen sucht die Verwendung von Schlüsseln einen Mittelweg zwischen effizientem Zugriff und kostengünstigem Speicherbedarf (definiert in `<map>`).

- Map-Containern werden bei der Instanzbildung neben dem Datentyp der zu verwaltenden Objekte auch ein Datentyp für den Schlüssel (Key) und ein Vergleichsoperator (Compare) übergeben, der die Ordnung der Schlüssel festlegt (siehe Funktionsobjekte).

```
map<int, string> container;
map<int, string, greater<int> > container;
```

- Die überladenen Formen der Konstruktoren erlauben die Einrichtung leerer Container ebenso wie von Containern, die eine Sequenz von Elementen aus einem anderen Container erhalten.
- Neue Elemente können mittels `insert()` oder `[]` eingefügt werden.
- Bestehende Elemente können mittels `erase()`oder `clear()` gelöscht werden.
- Zugriff auf einzelne Elemente kann mithilfe zurückgelieferter Iteratoren geschehen (`begin()`, `end()`, `rbegin()`, `rend()`, `find()`, `lower_bound()`, `upper_bound()` sowie `insert()`).

<map>

```
template <class Key, class T,
             class Compare = less<T>
             class Allocator = allocator> class multimap
```

Datenstruktur, die mithilfe von nicht unbedingt eindeutigen Schlüsseln auf ihre Elemente zugreift (Hashing).

Während die Klasse `map` nur eindeutige Schlüssel erlaubt, können in `multimap` mehrere Schlüssel bezüglich der Vergleichsfunktion identisch sein. Dies bedeutet, dass ein Schlüssel auf mehrere Objekte verweist, die dann noch extra durchsucht werden müssen, um ein bestimmtes Objekt herauszufinden. Dies bedeutet meist verlängerte Laufzeiten bei geringerem Speicherbedarf, hat aber den Vorteil, dass auch Elemente mit Schlüsseln, die bereits vorhanden sind, in den Container aufgenommen werden (definiert in <map>).

➠ Die Klasse multimap verfügt über keinen Indexoperator [].

<set>

```
template <class T, class Compare = less<T>
            class Allocator = allocator> class multiset
```

Datenstruktur, in der die Elemente automatisch sortiert abgespeichert werden. In einem multiset-Container können – im Gegensatz zu set – mehrere Elemente gleichen Werts abgelegt werden (definiert in <set>).

<queue>

```
template <class T, class Container = vector<T>,
            class Compare = less<Container::value_type> >
            class priority_queue
```

Datenstruktur, die das Einfügen neuer Elemente erlaubt und bei Pop-Zugriffen stets das Element höchster Priorität (beispielsweise das größte Element) löscht.

Warteschlangen werden üblicherweise zum differenzierten Abarbeiten zeitlich geordneter Eingaben/Befehle eingesetzt. Die Eingaben werden aufgrund bestimmter Eigenschaften (Größe, Wert einer Variablen etc.) mit einer Priorität versehen. Bei der Abarbeitung überspringen dann Eingaben höherer Priorität alle anderen Eingaben, während Eingaben gleicher Priorität in der Reihenfolge ihres zeitlichen Auftretens bearbeitet werden (definiert in <queue>).

Die Klasse priority_queue implementiert keinen wirklich neuen Container. Stattdessen verwendet sie eine protected-Instanz eines sequenziellen Containers und macht nur diejenigen Methoden dieser Containerklasse zugänglich (durch Definition eigener public-Methoden, die lediglich die entsprechenden Methoden der Containerklasse aufrufen), die für die Implementierung einer Prioritäts-Warteschlange nötig sind.

➠ Hinter priority_queue steht ein Klassentemplate, aus dem man zuerst eine Container-Klasse erzeugen muss. Dabei übergibt man dem ersten Template-Parameter T den Datentyp der zu verwaltenden Objekte.

```
priority_queue<int> container;
```

➠ Zusätzlich kann man als zweiten Template-Parameter einen Container spezifizieren, der intern zur Verwahrung der Elemente verwendet wird.

Der übergebene Container muss über die Methoden empty(), size(), front(), back(), push_back(), pop_back() verfügen und Random-Access-Iteratoren unterstützen (wie beispielsweise vector oder deque, aber nicht list). Standardmäßig wird ein vector<T>-Container verwendet.

```
priority_queue<int, deque<int> > container;
```

- Als dritten Template-Parameter kann man ein Funktionsobjekt übergeben, das das Sortierkriterium für die Feststellung der Priorität spezifiziert.

```
priority_queue<int, deque<int>, greater<int> > container;
```

<queue>

```
template <class T, class Container = deque<T> >
              class queue
```

Eine queue oder Warteschlange ist eine sequenzielle Datenstruktur, die das Einfügen neuer Elemente nur an ihrem Ende, und das Löschen von Elementen nur am Anfang erlaubt – eben ganz so wie eine echte Warteschlange (FIFO = First in, First out).

Warteschlangen werden üblicherweise zum differenzierten Abarbeiten zeitlich geordneter Eingaben/Befehle eingesetzt.

Die Klasse queue implementiert keinen wirklich neuen Container. Stattdessen verwendet sie eine protected-Instanz eines sequenziellen Containers und macht nur diejenigen Methoden dieser Containerklasse zugänglich (durch Definition eigener public-Methoden, die lediglich die entsprechenden Methoden der Containerklasse aufrufen), die für die Implementierung einer Warteschlange nötig sind.

- Hinter queue steht ein Klassentemplate, aus dem man zuerst eine Container-Klasse erzeugen muss. Dabei übergibt man dem ersten Template-Parameter T den Datentyp der zu verwaltenden Objekte.

```
queue<int> container;
```

- Zusätzlich kann man als zweiten Template-Parameter einen Container spezifizieren, der intern zur Verwahrung der Elemente verwendet wird. Der übergebene Container muss über die Methoden empty(), size(), front(), back(), push_back(), pop_front() verfügen (wie beispielsweise list oder deque, aber nicht vector). Standardmäßig wird ein deque<T>-Container verwendet.

```
queue<int, list<int> > container;
```

<set>

```
template <class T, class Compare = less<T>
              class Allocator = allocator> class set
```

Datenstruktur, in der die Elemente automatisch sortiert abgespeichert werden.

In einem set-Container können – im Gegensatz zu multiset – keine Elemente mit gleichem Sortierwert abgelegt werden (definiert in <set>).

Die Klassen set und multiset sind praktisch identisch zu map und multimap, mit dem Unterschied, dass map (multimap) ihre Elemente nach einem Schlüssel und set (multiset) die Elemente nach ihrem Wert sortieren.

Sets sollten in Fällen eingesetzt werden, wo häufig auf beliebige Positionen im Container zum Einfügen und Entfernen zugegriffen wird, da der Zugriff schneller als bei anderen Containern (deque, vector, list) erfolgt.

- Hinter set und multiset stehen Klassentemplates, aus denen man zuerst Container-Klassen erzeugen muss. Dabei übergibt man dem Template-Parameter T den Datentyp der zu verwaltenden Objekte.

  ```
  set<int> container;
  ```

- Zusätzlich kann man als zweiten Template-Parameter ein Funktionsobjekt übergeben, das festlegt, wie die Elemente im Container sortiert werden sollen.

  ```
  set<int, greater<int> > container;
  ```

- Die überladenen Formen der Konstruktoren erlauben die Einrichtung leerer Container ebenso wie von Containern, die eine Sequenz von Elementen aus einem anderen Container erhalten.
- Neue Elemente können nur mittels insert() eingefügt werden.
- Bestehende Elemente können mittels erase() gelöscht werden.
- Zugriff auf einzelne Elemente kann mithilfe zurückgelieferter Iteratoren geschehen (begin(), end(), rbegin(), rend(), find(), lower_bound(), upper_bound() sowie insert()).
- Der Index-Operator [] ist nicht definiert.

<stack>

```
template <class T, class Container = deque<T>> class stack
```

Keller oder Stapel. Datenstruktur, die Einfügen und Löschen jeweils nur am oberen Ende erlaubt (LIFO = Last in, First out).

Ein stack ist eine sequenzielle Datenstruktur, die das Einfügen und Löschen von Elementen nur am oberen Ende erlaubt – ähnlich wie man Bücher übereinander stapelt (definiert in <stack>).

Die Klasse stack implementiert keinen wirklich neuen Container. Stattdessen verwendet sie eine protected-Instanz eines sequenziellen Containers und macht nur diejenigen Methoden dieser Containerklasse zugänglich (durch Definition eigener public-Methoden, die lediglich die entsprechenden Methoden der Containerklasse aufrufen), die für die Implementierung eines Stacks nötig sind.

- Hinter stack steht ein Klassentemplate, aus dem man zuerst eine Container-Klasse erzeugen muss. Dabei übergibt man dem ersten Template-Parameter T den Datentyp der zu verwaltenden Objekte.

  ```
  stack<int> container;
  ```

- Zusätzlich kann man als zweiten Template-Parameter einen Container spezifizieren, der intern zur Verwahrung der Elemente verwendet wird. Der übergebene Container muss über die Methoden empty(), size(), back(), push_back(), pop_back() verfügen (wie beispielsweise list, vector oder deque). Standardmäßig wird ein deque<T>-Container verwendet.

  ```
  stack<int, list<int> > container;
  ```

<vector>

```
template <class T, class Allocator = allocator> class vector
```

Datenstruktur, die Einfügen und Löschen auf beliebigen Positionen unterstützt, wobei Operationen auf dem Ende der Datenstruktur am schnellsten sind. Den Container vector kann man sich am einfachsten als Verallgemeinerung von Arrays vorstellen. Seine größten Vorteile sind sicherlich der schnelle indizierte Zugriff und die dynamische Speicherverwaltung. Seine größten Nachteile sind das relativ ineffiziente Einfügen und Löschen (beide Operationen sind umso aufwändiger, je weiter vorne das zu löschende oder einzufügende Element liegt, da die nachfolgenden Elemente dann jeweils umkopiert werden müssen; das Suchen und Lesen von Daten in sortierten Vektoren ist dagegen wieder sehr effizient) und das Problem, dass Einfüge- und Löschoperationen dazu führen können, dass bestehende Iteratoren und Referenzen auf Container-Elemente ungültig werden. Beide Nachteile hat ein list-Container nicht (definiert in <vector>).

Als Spezialisierung des Templates vector ist die Klasse vector<bool> definiert, die eine optimierte Speicherverwaltung für Bitwerte garantiert und zusätzlich die Funktion flip() zum Invertieren aller Bits bereitstellt.

- Hinter `vector` steht ein Klassentemplate, aus dem man zuerst eine Container-Klasse erzeugt. Dabei übergibt man dem ersten Template-Parameter `T` den Datentyp der zu verwaltenden Objekte.

  ```
  vector<int> container;
  ```

- Die überladenen Formen der Konstruktoren erlauben die Einrichtung leerer Container oder Container, die mehrere Kopien eines Elements beziehungsweise die Kopie einer Sequenz von Elementen aus einem anderen Container enthalten.
- Die Größe des Containers kann nach seiner Einrichtung durch Löschen und Einfügen von Elementen verändert werden.
- Neue Elemente können mittels `insert()`, `push_back()`, `resize()` oder `assign()` eingefügt werden, wobei letztere Funktion den Container zuvor leert.
- Bestehende Elemente können mittels `erase()`, `pop_back()` oder `resize()` gelöscht werden.
- Der Zugriff auf einzelne Elemente kann mithilfe zurückgelieferter Iteratoren geschehen (`begin()`, `end()`, `rbegin()`, `rend()` sowie `insert()`) oder über zurückgegebene Referenzen (Operator `[]`, `at()`, `front()`, `back()`).
- Schließlich ist es möglich, über die globalen Funktionen der Header-Datei `<algorithm>` Container zu manipulieren, zu sortieren, in ihnen zu suchen, etc.

INFO

Wahrscheinlich werden Sie in dieser Aufzählung einige Datenstrukturen vermissen, beispielsweise Implementierungen für binäre Suchbäume oder Hash-Tabellen. Dies ist aber nicht unbedingt ein Manko, denn diese und andere wichtige Container-Typen können aus den zur Verfügung stehenden Containern abgeleitet werden (so kann der Container `set` *beispielsweise als Ersatz für einen Binärbaum dienen und mehrdimensionale Arrays können aus Vektoren, die Vektoren als Elemente enthalten, aufgebaut werden).*

Übersicht

Entschließt man sich, Daten oder Objekte in einem Container zu verwalten, gilt es als Nächstes zu entscheiden, welcher Container der Richtige ist. Dabei orientiert man sich nach der Art und Weise, in der die Elemente im Container abgelegt werden und nach den Zugriffsarten, die der Container bereitstellt und für die er optimiert ist.

Tabunter B.1: Die STL-Container

Container	Beschreibung
bitset	Für Bit-Folgen feststehender Größe. Fällt etwas aus dem Rahmen der anderen Container heraus.
deque	Lineare Datenstruktur, die für Einfügen und Löschen am Anfang und Ende der Datenstruktur sowie schnellen Zugriff auf beliebige Positionen optimiert ist. (dynamisches Array aus mehreren verknüpften Blöcken). Verwenden Sie deque, wenn Sie Elemente vorzugsweise am Anfang und Ende einfügen oder löschen und ansonsten den indizierten Zugriff mit [] oder at() (at() prüft auf gültigen Index) nutzen wollen.
list	Sequenzielle Datenstruktur, die für schnelles Einfügen und Löschen an beliebigen Positionen optimiert ist, im Zugriff aber langsamer als vector und deque ist (doppelt verkettete Liste). Verwenden Sie list, wenn Sie Elemente an beliebigen Positionen einfügen oder löschen wollen und ansonsten die Elemente vornehmlich sequenziell durchgehen (Verzicht auf indizierten Zugriff mit [] oder at()).
map	Assoziative Datenstruktur, deren Elemente aus Schlüssel/Wert-Paaren bestehen und nach ihren Schlüsseln sortiert werden. Jeder Schlüssel darf nur einmal in der Datenstruktur vertreten sein. Ein map entspricht einer Liste mit schnellerem Zugriff auf die einzelnen Elemente (Binärbaum, Hashing).
multimap	Datenstruktur, die zu map identisch ist, aber auch mehrere Elemente mit gleichen Schlüsseln aufnehmen kann (Binärbaum, Hashing).
multiset	Datenstruktur, die zu set identisch ist, aber auch mehrere Elemente mit gleichen Werten aufnehmen kann (Binärbaum, Hashing).
queue	Adapterklasse, die auf einer sequenziellen Datenstruktur (beispielsweise deque) basiert und diese mit einer für Warteschlangen typischen Schnittstelle versieht: Einfügen von Elementen nur am Ende, Entfernen von Elementen nur am Anfang (First in, First out).
priority_queue	Adapterklasse, die auf einer sequenziellen Datenstruktur (beispielsweise vector) basiert und diese mit einer für Prioritätswarteschlangen typischen Schnittstelle versieht: liefert bei Pop-Zugriffen stets das Element höchster Priorität (die Priorität wird durch ein Vergleichsobjekt definiert).

Tabelle B.1: Die STL-Container (Forts.)

Container	Beschreibung
set	Assoziative Datenstruktur, die ihre Elemente nach deren Werten sortiert. Jeder Wert darf nur einmal in der Datenstruktur vertreten sein. Ein set entspricht einer Liste mit schnellerem Zugriff auf die einzelnen Elemente (Binärbaum).
stack	Adapterklasse, die auf einer sequenziellen Datenstruktur (beispielsweise vector) basiert und diese mit einer für Stacks (Keller) typischen Schnittstelle versieht: Einfügen und Löschen ist jeweils nur am oberen Ende erlaubt (Last in, First out).
vector	Lineare Datenstruktur, die für Einfügen und Löschen am Ende der Datenstruktur sowie schnellen Zugriff auf beliebige Positionen optimiert ist (dynamisches Array). Verwenden Sie vector, wenn Sie Elemente vorzugsweise am Ende einfügen oder löschen und ansonsten den indizierten Zugriff mit [ ] oder at() (at() prüft auf gültigen Index) nutzen wollen.

Hat man sich für einen Container entschieden, bindet man die Header-Datei ein:

```
#include <vector>
```

und erzeugt aus dem Template der Container-Klasse ein Container-Objekt für Elemente des gewünschten Datentyps

```
vector<int> meineDaten;  // Spezialisierung für int
```

Dann können Sie ihre Daten in den Container einfügen.

!! STOP

Legen Sie in Containern keine Zeiger als Elemente ab. Die Container verschieben und kopieren Elemente, was bei Zeigerelementen zu Fehlern führen kann.

Beispiel für sequenziellen Container

```
// /* STL_CONT1.CPP    Verwendung eines deque-Containers
#include <iostream>
#include <deque>
using namespace std;

int main()
  {
  deque<int> zahlen_container(5);

  // Container initialisieren
  for(int i = 0; i < zahlen_container.size(); i++)
```

```
10:     {
11:      zahlen_container[i] = i;
12:     }

13:    // Elemente hinzufuegen
14:    for(int i=0; i < 6; i++)
15:     {
16:      zahlen_container.push_front(i + 10);
17:     }

18:    // Elemente loeschen
19:    zahlen_container.pop_front();
20:    zahlen_container.pop_back();

21:    //Elemente ausgeben
22:    for(int i = 0; i < zahlen_container.size(); i++)
23:     {
24:      cout << i << ": " << zahlen_container[i] << endl;
25:     }
26:    return 0;
27:    }
```

Ausgabe:

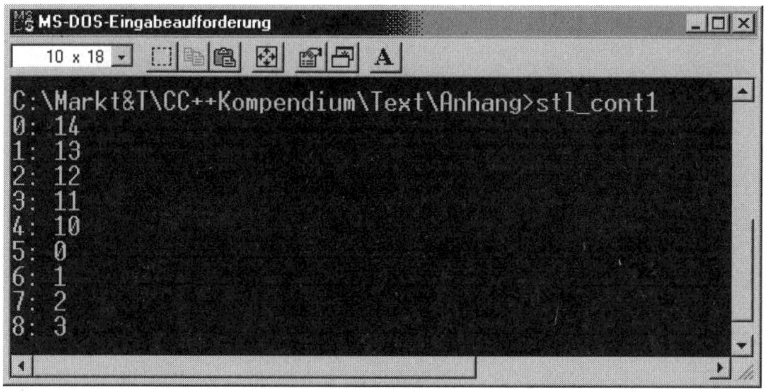

Analyse

Falls Sie die graue Theorie zu den Containern etwas verschreckt haben sollte, sind Sie jetzt sicherlich erstaunt, wie einfach doch das Programm aussieht. Aber seien Sie deswegen nicht enttäuscht – das dritte Programm zur STL wird schon etwas komplizierter sein.

Bevor Sie einen STL-Container verwenden können, müssen Sie

- seine Header-Datei aufnehmen (Zeile 3), wobei Sie im Falle von `stack`, `queue` und `priority_queue` daran denken müssen, auch für den bei der Instanzbildung spezifizierten Containertyp die entsprechende Header-Datei anzugeben.
- den Namensbereich `std` einschalten, in dem alle STL-Container deklariert sind (Zeile 4).

In Zeile 7 sehen Sie dann, wie eine Template-Spezialisierung für den Datentyp int definiert und eine entsprechende Klasseninstanz zahlen_container mit 5 Elementen direkt erstellt wird.

Danach kommen verschiedene Methoden von deque zum Einsatz, mit denen Container-Elemente initialisiert, hinzugefügt, gelöscht und ausgegeben werden. Für den Zugriff auf einzelne Elemente im Container wird dabei vornehmlich der Index-Operator [] verwendet.

Im nachfolgenden Abschnitt werden wir sehen, wie man über Iteratoren auf Container-Elemente zugreift und welche neuen Möglichkeiten uns dies bietet. Zuvor aber noch ein Beispiel für einen assoziativen Container (der bereits mit Iteratoren arbeitet).

Beispiel für assoziativen Container

```
/* STL_CONT2.CPP    Verwendung eines deque-Containers */
#include <iostream>
#include <string>
#include <utility>
#include <map>
using namespace std;

int main()
  {
  map<int,string> container;

  // Elemente aufnehmen
  // Der Index-Operator fügt das Element ein, wenn der Schlüssel
  // neu ist
  container[10] = "Meldung: Datei wird geladen";
  container[11] = "Meldung: Bitte warten";
  container[21] = "Fehler: Kein korrektes Datum";
  container[20] = "Fehler: Falsche Eingabe";
  container[30] = "Warnung: Speicher wird knapp";

  // Elemente ausgeben
  // Iterator i liefert Elemente als pair-Objekte zurück
  typedef map<int, string>::const_iterator iter;
  for(iter i = container.begin(); i != container.end(); ++i)
    {
    cout << "Schluessel: " <<  i->first << ";  ";
    cout << "Wert:       " <<  i->second << endl;
    }
  return 0;
  }
```

Ausgabe:

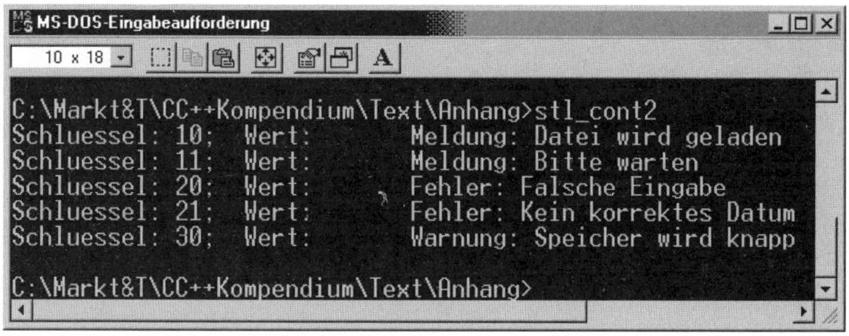

B.2 Der Gebrauch von Iteratoren

<iterator>

Container stellen für den Zugriff auf ihre Elemente so genannte Iteratoren bereit.

Iteratoren sind dabei nichts anderes als zeigerähnliche Schnittstellen, die zwischen den Containern und externen Funktionen, die auf die Elemente in den Containern zugreifen wollen, vermitteln.

Das Problem, das hierbei auftaucht und weswegen die STL mit Iteratoren arbeitet, besteht darin, dass der Algorithmus mit einer feststehenden Syntax über die Iteratoren auf die Elemente im Container zugreifen und gegebenenfalls von Element zu Element springen möchte. Auf der anderen Seite liegen den Containern unterschiedliche Datenstrukturen (dynamische Arrays, Listen, Bäume, etc.) zugrunde, für die Operationen wie das Springen von Element zu Element ganz unterschiedlich gelöst werden müssen. Aus diesem Grunde implementiert jeder Container seine eigenen Iteratoren, hält sich dabei an die für alle Iteratoren festgelegte Schnittstelle.

Beispielsweise verfügen alle Iteratoren über die ++-Operatorfunktion, mit der man von einem Element zum nächsten springen kann. Diese Operatorfunktion muss allerdings für einen `map`-Container ganz anders implementiert werden als für einen `vector`-Container. Aus diesem Grunde überlässt man die Implementierung der Iteratoren den Containern. Da die Schnittstelle aber normiert ist (der Operator zum Springen von einem Element zum nächsten immer ++ heißt), kann man Funktionen und Algorithmen definieren, die mit beliebigen Containern verwendet werden können.

Ein Punkt ist aber zu beachten. Es gibt mehrere Spezifikationen für Iteratoren, die so genannten Iteratorkategorien:

Input-Iterator

Mit Input-Iteratoren kann man auf Container-Elemente zugreifen, um ihre Werte auszulesen, aber man kann die Elemente nicht verändern. Außerdem können Sie sich mit einem Input-Iterator von der Position seiner Initialisierung an nur in Richtung des Container-Endes bewegen, das heißt, Sie können einen Input-Iterator inkrementieren (++), aber nicht dekrementieren (--).

Output-Iterator

Output-Iteratoren stellen das Pendant zu den Input-Iteratoren dar. Mit ihnen können Sie Werte speichern (nur überschreiben), aber nicht auslesen. Sie können ebenfalls nur inkrementiert werden.

Zum Einfügen neuer Werte in einen Container dienen spezielle Adaptionen – die so genannten Insert-Iteratoren, die Zuweisungen an das Element des Iterators in eine Einfüge-Operation umsetzen.

Forward-Iteratoren

Mit Forward-Iteratoren kann man einen Container ebenfalls nur in Richtung Ende durchlaufen, man kann sie aber zum Lesen und Schreiben verwenden (eine Forward-Iteration ist eine Kombination aus Input- und Output-Iterator).

Bidirectional-Iteratoren

Bidirektionale Iteratoren können wie Vorwärtsiteratoren zum Lesen und Schreiben eingesetzt werden, erlauben es aber zusätzlich, sich vorwärts wie rückwärts in einem Container zu bewegen, d.h. sie können inkrementiert und dekrementiert werden. Bidirektionale Iteratoren werden beispielsweise von `list`, `set`, `multiset`, `map` und `multimap` verwendet.

Random-Access-Iteratoren

Die Random-Access-Iteratoren können wie bidirektionale Iteratoren verwendet werden, haben aber den Vorteil, dass sie nicht nur inkrementiert oder dekrementiert werden können, sondern dass sie auch beliebige Sprünge erlauben (Plus- und Minus-Operatoren sind definiert). Sie entsprechen damit praktisch normalen Zeigern. Iteratoren für wahlfreien Zugriff werden von `vector` und `deque` verwendet.

Beispiel:

```
/* STL_Iter.cpp   Verwendung von STL-Containern */
#include <stdlib.h>
#include <iostream>
#include <deque>
using namespace std;

// Generator fuer ungerade Zufallszahlen
int get_ungerade()
  {
  int zufallszahl;
  zufallszahl = rand() % 10000;
  if (! (zufallszahl & 1L))
    return zufallszahl + 1;
    else
    return zufallszahl;
  }

typedef deque<int>::iterator iter;

int main(int argc, char **argv)
  {
  deque<int> container(5);

  // Werte initialisieren
 for(iter i = container.begin(); i != container.end(); i++)
    {
    *i = get_ungerade();
    }

  // Werte hinzufuegen
  container.insert(container.end(),6, get_ungerade());

  // Werte loeschen
  container.pop_front();
  container.erase(container.begin(),container.begin()+3);

  //Werte ausgeben
  int count = 1;
  for(iter i = container.begin(); i != container.end(); i++)
    {
    cout << count++ << ": " << *i << endl;
    }

  return 0;
  }
```

Ausgabe:

Analyse

Hier wurden die `for`-Schleifen auf die Verwendung von Iteratoren umgestellt. Die meisten `for`-Schleifen schreien geradezu nach dem Einsatz von Iteratoren.

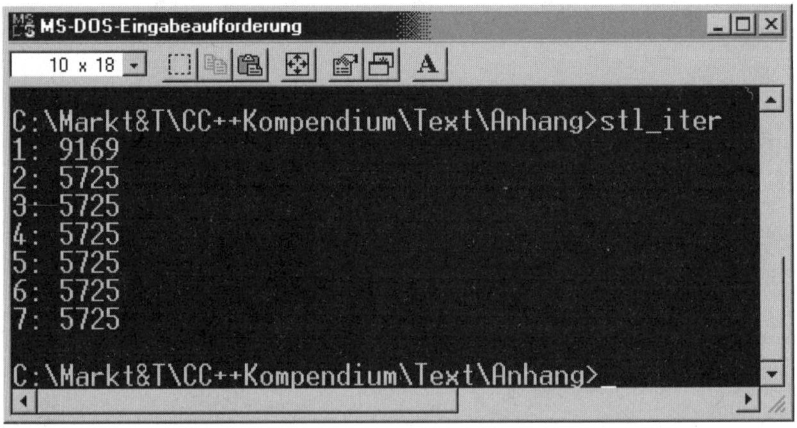

Iteratoren und Schleifen

Um einen Iterator als Schleifenvariable verwenden zu können, muss er zuerst erzeugt und dann initialisiert werden. Bei der Erzeugung beziehungsweise Deklaration des Iterators ist zu beachten, dass er den richtigen Typ erhält. Sie können dies sicherstellen, indem Sie die Typendefinition aus der Container-Klasse übernehmen. Jede Container-Klasse definiert nämlich einen Typ für die zu ihr passenden Iteratoren. Um nicht bei jeder Deklaration eines Iterators die ganze Typdefinition wiederholen zu müssen, habe ich in Zeile 16 das Kürzel `iter` für diesen Iteratortyp definiert.

In den Schleifen wird also zuerst ein Iterator vom Typ `iter` deklariert und dann initialisiert. Allerdings kann man einen Iterator nicht wie eine Integer-Variable einfach auf Null setzen. Stattdessen verwenden wir die Container-Methode `begin()`, die einen Iterator auf das erste Element zurückliefert. Auch die Abbruchbedingung hat sich geändert. Der Iterator wird jetzt mit dem Iterator auf das Container-Ende verglichen.

!! STOP

Vorsicht!

Die Methode `end()` *liefert einen Iterator, der hinter das letzte Element im Container verweist. Dies ist wichtig, damit man ans Ende eines Containers einfügen kann. Da aber mit diesem Iterator kein Element mehr verknüpft ist, dürfen Sie ihn nicht dereferenzieren.*

In der ersten Schleife werden also wie zuvor die fünf Elemente im Container mit zufälligen ungeraden Zahlen initialisiert.

Elemente in Container einfügen

Als Nächstes werden dem Container sechs neue Zahlen hinzugefügt. Statt in einer Schleife wird dies durch einen Aufruf der Methode `insert()` erledigt. Diese Funktion liegt in drei überladenen Versionen vor:

- 1. Version

  ```
  iterator insert(iterator position, const T& x = T());
  ```

  Das erste Argument gibt die Position an, vor der eingefügt wird. Das zweite Argument bezeichnet das Objekt, das eingefügt werden soll.

- 2. Version

  ```
  void insert (iterator position, size_type n, const T& x);
  ```

  Das erste Argument ist hier wiederum die Einfügeposition, das letzte Argument bezeichnet das einzufügende Objekt. Das zweite Argument gibt an, wie viele Kopien des Objekts eingefügt werden sollen. Diese Version wird in Zeile 26 aufgerufen. Im Gegensatz zum letzten Beispielprogramm werden damit sechs identische statt sechs unterschiedliche Werte eingefügt.

- 3. Version

  ```
  template <class InputIterator>
      void insert (iterator position,
                   InputIterator first,
                   InputIterator last);
  ```

  Die letzte Version dient dazu, eine Sequenz von Objekten einzufügen.

Allgemein gilt, dass das gleichzeitige Einfügen von Elementen effektiver ist, da für alle Objekte zusammen Speicher allokiert wird.

INFO

Elemente löschen

Das erste Element im Container kann durch Aufruf der Methode `insert()` gelöscht werden (Zeile 28).

Um Elemente an beliebigen Positionen zu löschen, verwendet man die Methode `insert()`, die wie die Methode `erase()` überladen ist, um sowohl einzelne Elemente als auch Sequenzen von Elementen löschen zu können. In Zeile 29 wird `erase()` aufgerufen, um die ersten drei Elemente im Container zu löschen. Wir nutzen dabei die Tatsache, dass die Container-Klasse `deque` Iteratoren mit wahlfreiem Zugriff unterstützt, weswegen wir den von `begin()` zurückgelieferten Iterator einfach um 3 erhöhen können.

Zum Schluss werden die Werte der Elemente im Container ausgegeben.

B.3 Die Algorithmen

<algorithm>

Nachdem wir uns in die Verwendung von Iteratoren eingearbeitet haben, ist es nur noch ein kleiner Schritt zur Verwendung der STL-Algorithmen.

Tabelle B.2: Die STL-Algorithmen

Algorithmus	**Beschreibung**
adjacent_find	Benachbarte Vorkommen aufspüren
binary_search	Element in sortierter Sequenz suchen
copy	Sequenz kopieren (beginnt mit erstem Element)
copy_backward	Sequenz kopieren (beginnt mit letztem Element)
count	Elemente in Sequenz zählen
count_if	Bestimmte Elemente in Sequenz zählen
equal	Elemente in Sequenz paarweise vergleichen
equal_range	Einheitliche Sequenz suchen
fill	Elemente in Sequenz einen Wert zuweisen
fill_n	Den ersten n Elementen in Sequenz einen Wert zuweisen
find	Wert in Sequenz suchen
find_end	Letztes Vorkommen einer Teilsequenz suchen
find_first_of	Element in Sequenz suchen
find_if	Bestimmtes Element suchen
for_each	Funktion auf Elemente anwenden
generate	Sequenz einen berechneten Wert zuweisen
generate_n	Ersten Elementen einer Sequenz einen berechneten Wert zuweisen
includes	Sequenz enthalten in anderer Sequenz
inplace_merge	Zwei Sequenzen vermengen
iter_swap	Zwei Elemente tauschen
lexicographical_compare	Zwei Sequenzen lexikographisch vergleichen
lower_bound	Element in sortierte Sequenz einfügen

Tabunter B.2: Die STL-Algorithmen (Forts.)

Algorithmus	Beschreibung
make_heap	Sequenz in Heap umwandeln
max	Maximum zweier Werte bestimmen
max_element	Maximum einer Sequenz bestimmen
merge	Zwei Sequenzen vermengen
min	Minimum zweier Werte bestimmen
min_element	Minimum einer Sequenz bestimmen
mismatch	Ersten Elemente zweier Sequenzen, die nicht gleich sind
next_permutation	Nächste Permutation erzeugen
nth_element	ntes Element einsortieren
partial_sort	Teilsequenz sortieren
partial_sort_copy	Teilsequenz sortiert kopieren
partition	Elemente, die eine Bedingung erfüllen, nach vorne kopieren
pop_heap	Element von Heap entfernen
prev_permutation	Vorangehende Permutation erzeugen
push_heap	Element in Heap einfügen
random_shuffle	Elemente in Sequenz neu verteilen
remove	Elemente mit bestimmtem Wert entfernen
remove_copy	Nur Elemente kopieren, die ungleich einem bestimmten Wert sind
remove_copy_if	Nur Elemente kopieren, die eine bestimmte Bedingung nicht erfüllen
remove_if	Bestimmte Elemente entfernen
replace	Elemente mit bestimmtem Wert ersetzen
replace_copy	Sequenz kopieren, bestimmte kopierte Elemente durch Wert ersetzen
replace_copy_if	Sequenz kopieren, bestimmte kopierte Elemente durch Wert ersetzen
replace_if	Bestimmte Elemente ersetzen

Tabelle B.2: Die STL-Algorithmen (Forts.)

Algorithmus	Beschreibung
reverse	Reihenfolge der Elemente umkehren
reverse_copy	Sequenz in umgekehrter Reihenfolge kopieren
rotate	Elemente rotieren
rotate_copy	Sequenz in rotierter Reihenfolge kopieren
search	Teilsequenz suchen
search_n	Teilsequenz mit identischen Werten suchen
set_difference	Differenz zweier sortierter Sequenzen (für Elemente aus A, aber nicht B)
set_intersection	Schnitt zweier sortierter Sequenzen
set_symmetric_difference	Differenz zweier sortierter Sequenzen (für Elemente entweder in A oder B)
set_union	Vereinigung zweier sortierter Sequenzen
sort	Sequenz sortieren
sort_heap	Heap sortieren
stable_partition	Elemente, die eine Bedingung erfüllen, unter Beibehaltung ihrer relativen Ordnung nach vorne kopieren
stable_sort	Sequenz sortieren (Reihenfolge gleicher Elemente bleibt erhalten)
swap	Zwei Elemente tauschen
swap_ranges	Elemente zweier Sequenzen tauschen
transform	Elementen einer Sequenz neue Werte zuweisen
unique	Duplikate aus Sequenz entfernen
unique_copy	Sequenz ohne Duplikate kopieren
upper_bound	Element in sortierte Sequenz einfügen

Damit kommen wir zu unserem letzten Beispiel zur STL.

Beispiel:

In dem nachfolgenden Programm wird die Algorithmusfunktion `generate()` zur Initialisierung der Container-Elemente herangezogen. Sie erspart uns eine weitere `for`-Schleife.

Danach wird der Container – wie im letzten Beispiel auch – um sechs neue Elemente mit identischen Werten erweitert.

Zum Schluss wird der Container sortiert und die Werte der Elemente ausgegeben.

```
/* STL_ALGO.CPP Verwendung von STL-Containern */
#include <cstdlib>
#include <iostream>
#include <functional>
#include <algorithm>
#include <deque>
using namespace std;

// Generator fuer ungerade Zufallszahlen
int get_ungerade()
 {
 int zufallszahl;
 zufallszahl = rand()%10000;
 if (! (zufallszahl & 1L))
   return zufallszahl + 1;
   else
   return zufallszahl;
 }

typedef deque<int>::iterator iter;

int main(int argc, char **argv)
 {
 deque<int> container(5);

 // Werte initialisieren
 generate(container.begin(), container.end(),get_ungerade);

 // Werte hinzufuegen
 container.insert(container.end(),6,get_ungerade());

 // Werte sortieren
 stable_sort(container.begin(), container.end(),
             greater<int>());

 //Werte ausgeben
 int count = 1;
 for(iter i = container.begin(); i != container.end(); i++)
   {
   cout << count++ << ": " << *i << endl;
   }

 return 0;
 }
```

Ausgabe:

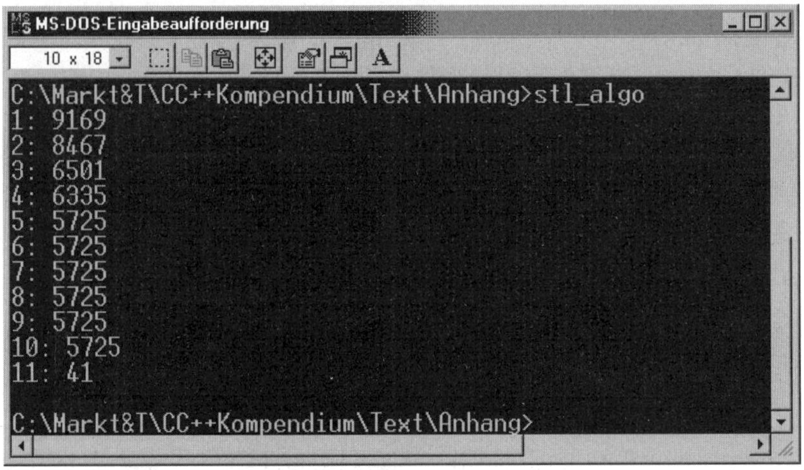

Analyse In Zeile 23 wird die Funktion `generate()` aufgerufen. Für diese Funktion gibt es zwei Versionen:

```
template<class ForwardIterator, class Generator>
  void generate(ForwardIterator first,
                ForwardIterator last,
                Generator gen);

template<class OutputIterator, class Size, class Generator>
  void generate_n(OutputIterator first,
                  Size n,
                  Generator gen);
```

Der ersten Version werden zwei Iteratoren übergeben, die den zu initialisierenden Bereich festlegen. Als drittes Argument erwartet Sie ein Funktionsobjekt (in unserem Beispiel wird einfach eine Funktion übergeben), das die Werte für die Initialisierung der Elemente zurückliefert. Im Gegensatz zur Methode `insert()`, die im letzten Beispiel beschrieben wurde, wird das Funktionsobjekt allerdings zur Initialisierung jedes einzelnen Elementes aufgerufen, sodass man die Möglichkeit hat, den Bereich mit unterschiedlichen Werten zu initialisieren.

Für die zweite Version wird der zu initialisierende Bereich durch einen Iterator und die Anzahl der Elemente statt durch zwei Iteratoren spezifiziert.

Der zweite Algorithmus, den wir verwenden, ist `stable_sort()` (Zeile 27).

```
template<class RandomAccessIterator>
   void stable_sort(RandomAccessIterator first,
                    RandomAccessIterator last);

template<class RandomAccessIterator, class Compare>
   void stable_sort(RandomAccessIterator first,
                    RandomAccessIterator last,
                    Compare comp);
```

Im Unterschied zu sort() ist bei stable_sort() garantiert, dass Elemente, die gemäß der Sortierfunktion identisch sind, zueinander in der gleichen relativen Reihenfolge bleiben, die sie vor der Sortierung hatten. Dies macht in unserem Beispiel zwar keinen Unterschied, kann aber in anderen Fällen bedeutsam sein.

INFO

Stellen Sie sich beispielsweise vor, die Elemente Ihres Containers wären Strukturen mit den Namen und Adressen Ihrer Bekannten. Jetzt sortieren Sie den Container zuerst nach den Nachnamen, dann nach den Wohnorten. Wenn Sie beim zweiten Mal stable_sort() *verwendet haben, ist der Container jetzt nach Wohnorten sortiert und alle Einträge zu einem Wohnort sind wiederum nach Nachnamen sortiert. Haben Sie dagegen bei der zweiten Sortierung* sort() *verwendet, kann es sein, dass die Einträge zu einem Wohnort nicht mehr nach den Nachnamen sortiert sind, sondern durcheinander gekommen sind.*

Standardmäßig wird stable_sort() der zu sortierende Bereich in Form zweier Iteratoren übergeben und die Sortierung erfolgt dann in aufsteigender Reihenfolge. Natürlich wollen wir dies gerade nicht, sondern ziehen es vor, unsere Werte in absteigender Folge auszugeben. Statt aber die Ausgaberoutine umzuschreiben, nutzen wir die zweite Version von stable_sort(), der ein Vergleichsobjekt übergeben werden kann. In der Header-Datei <functional> sind glücklicherweise schon eine ganze Reihe von Vergleichsobjekten, die zu der allgemeineren Kategorie der Funktionsobjekte gehören, vordefiniert.

B.4 Funktionsobjekte

<functional>

Die Implementierung generischer Funktionen beruht oftmals auf der Übergabe von Funktionen als Parameter (vergleiche qsort()). Die STL erweitert dieses Konzept, indem sie Klassen definiert, deren Objekte wie Funktionen eingesetzt werden können. Allen diesen Klassen ist gemeinsam, dass der ()-Operator für sie überladen wurde, damit die Instanzen der Klasse (die Funktionsobjekte) wie Funktionen aufgerufen werden können.

Funktionsobjekte sind mächtiger als Funktionen, da sie auf die internen Daten und Methoden ihrer Klasse zurückgreifen können. Zudem sind alle

Funktionsobjekte der STL als Templates implementiert, um mit beliebigen Datentypen arbeiten zu können.

Die STL unterscheidet:

- arithmetische Funktionsobjekte, die eine arithmetische Operation durchführen (`divides`, etc.).
- Prädikate, die einen Vergleich durchführen (`equal_to`, etc.), `bool` als Ergebnistyp haben und in den Algorithmen der STL häufig verwendet werden, um eine Bedingung zu definieren, die die Elemente, auf denen die Algorithmenfunktion operiert, erfüllen müssen.
- Negatoren, die ein Prädikat negieren.
- Binder, die es erlauben, ein binäres Funktionsobjekt (zwei Argumente) wie ein Funktionsobjekt mit einem Argument einzusetzen.
- Adapter, die es ermöglichen, Methoden oder Zeiger auf Funktionen als Argumente an Algorithmen zu übergeben.

Tabelle B.3: Funktionsobjekte und Prädikate

divides	**arg1 / arg2**
equal_to	arg1 == ag2
greater	arg1 > arg2
greater_equal	arg1 >= arg2
less	arg1 < arg2
less_equal	arg1 <= arg2
logical_and	arg1 && arg2
logical_not	!arg
logical_or	arg1 || arg2
minus	arg1 – arg2
modulus	arg1 % arg2
multiplies (früher times)	arg1 * arg2
negate	-arg
not_equal_to	arg1 != arg2
plus	arg1 + arg2

Wie funktionieren Funktionsobjekte?

Funktionsobjekte werden vor allem dort eingesetzt, wo man einer Funktion (oder Methode) am liebsten eine andere Funktion mit Parametern übergeben würde.

Angenommen, Sie haben ein Feld

```
int feld[10];
```

und wollen eine Funktion aufsetzen, die alle Elemente im Feld durchgeht und manipuliert (dies ist eine vereinfachte Analogie zu dem Algorithmus `for_each()`, mit dem man eine Folge von Container-Elementen durchgehen und manipulieren kann).

Wie die Funktion die Feldelemente manipuliert, soll nicht festgelegt werden. Wie kann man dies erreichen? Man übergibt der Funktion eine zweite Funktion als Parameter und wendet diese zweite Funktion auf alle Elemente im Feld an:

```
void fuer_alle(void (*func)(int&)) {
  for(int i=0; i < 10; i++)
    func(feld[i]);
  }
```

Die zweite Funktion könnte beispielsweise zu jedem Element den Wert 13 addieren:

```
void addiere_13(int& elem) {
  elem += 13;
  }
```

Der zugehörige Aufruf sähe dann wie folgt aus:

```
fuer_alle(addiere_13);
```

Angenommen, Sie wollten den Wert 14 addieren. In diesem Falle müssten Sie eine eigene Funktion `addiere_14()` definieren. Sie könnten auf die Idee verfallen, die Funktion `addiere()` so aufzusetzen, dass sie den zu addierenden Wert als zweiten Parameter übernimmt. Doch leider funktioniert dies nicht, denn abgesehen davon, dass Sie die Deklaration von `fuer_alle()` dahingehend ändern müssten, dass diese Funktion eine Funktion mit zwei Parametern übernimmt, gibt es keine Möglichkeit, den zweiten Parameter zu übergeben:

```
fuer_alle(addiere_13(wert));  // Fehler: Funktion kann nicht mit
                              // Argument übergeben werden
```

Wenn schon, dann müssten Sie den zu addierenden Wert als Parameter an die Funktion fuer_alle() übergeben und diese dann so implementieren, dass sie den Parameter an die zweite Funktion weiterreicht. Doch damit schränken Sie die Einsetzbarkeit der Funktion fuer_alle() ein.

Wie kann man also Funktionen mit Parameter übergeben? Gar nicht! Stattdessen übergeben Sie ein Klassenobjekt, für das der ()-Operator überladen ist. Wenn Sie für das Klassenobjekt den ()-Operator aufrufen, ist dies die gleiche Syntax wie für einen Funktionsaufruf. Deshalb spricht man von Funktionsobjekten, da diese Objekte wie Funktionen eingesetzt werden können. Den Wert, den man gerne als Argument an einen Funktionsparameter übergeben hätte, übergibt man dem Konstruktor der Klasse.

```
class addiere {
  int wert;
 public:
  addiere(int w) {wert = w;}
  void operator() (int& elem) {elem += wert;}
 };
```

Beim Aufruf

```
fuer_alle(addiere(-26));
```

wird ein Objekt der Klasse addiere erzeugt, dessen Datenelement wert auf -26 gesetzt wird. Für dieses Objekt wird in der for-Schleife der Funktion fuer_alle() in jeder Iteration die ()-Operatorfunktion ausgeführt und dabei das aktuelle Feldelement als Parameter übergeben. Die Operatorfunktion addiert zu dem Feldelement den Wert des Datenelements wert.

Ein Problem gibt es noch. Die obige Definition der Funktion fuer_alle() erlaubt es nicht, Objekte der Klasse addiere als Argument zu übergeben. Möchte man, dass die Funktion fuer_alle() sowohl echte Funktionen als auch Funktionsobjekte als Argument akzeptiert, muss man diese als Funktionentemplate definieren.

Verwendung vordefinierter Funktionsobjekte der STL

```
// für einen vector-Container
typedef vector<int>::iterator iter;
...
// Verwendung eines Funktionsobjekts
// Werte sortieren; vgl. Beispiel zu <algorithm>
stable_sort(container.begin(), container.end(), less<int>());

// Verwendung eines Binders
// ersten Wert groesser 500 suchen
iter i = find_if(container.begin(), container.end(),
                        bind2nd(greater<int>(),500));
if(i==container.end())
```

```
      cout << "Element nicht gefunden" << endl;
      else
      cout << "Element gefunden: " << *i << endl;
    }
```

Definition eigener Funktionsobjekte

```
// STL_FunkObj.cpp
#include <iostream>
#include <string>
#include <algorithm>
using namespace std;

#define MAX 5

int feld[MAX];

class addiere
  {
   int wert;
  public:
   addiere(int w)              {wert = w;}
   void operator() (int& elem) {elem += wert;}
  };

template <class Funktion> void fuer_alle(Funktion func)
  {
  for(int i=0; i < MAX; i++)
    func(feld[i]);
  }

int main()
  {
  int i;

  cout << "Feld initialisieren" << endl;
  for(i=0; i < MAX; i++)
    feld[i] = i;

  for(i=0; i < MAX; i++)
    cout << feld[i] << endl;

  cout << "Mit Funktionsobjekt 10 abziehen" << endl;
  fuer_alle(addiere(-10));

  for(i=0; i < MAX; i++)
    cout << feld[i] << endl;

  return 0;
  }
```

Ausgabe:

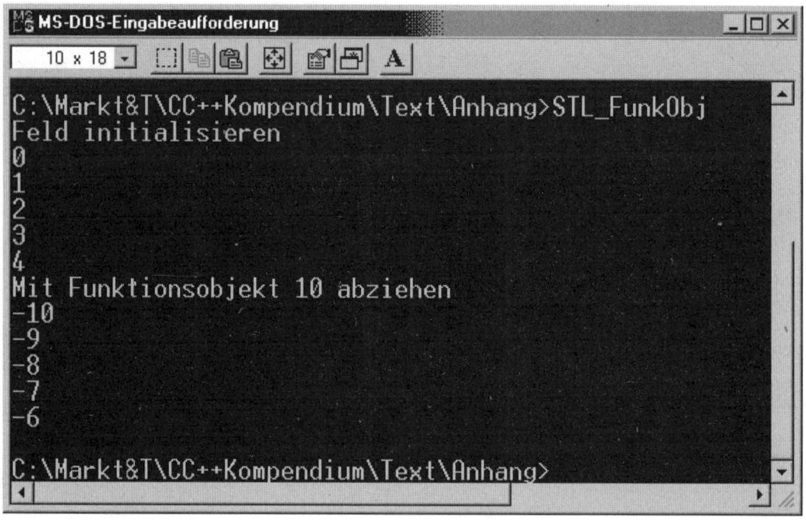

INFO

Wenn Sie selbst Funktionsobjekte definieren, sollten Sie diese von einer der Klassen `unary_function` *(für Funktionsobjekte mit einem Parameter) oder* `binary_function` *(für Funktionsobjekte mit zwei Parametern) ableiten, damit Ihre Funktionsobjekte zusammen mit Funktionsadaptern verwendet werden können.*

B.5 Die Stream-Klassen

Wie man mit den Stream-Klassen der ANSI-Laufzeitbibliothek programmiert, haben Sie bereits in Kapitel 24 gesehen.

	<fstream>
basic_fstream	Stellt HighLevel-Routinen zur Ein- und Ausgabe von und in Dateien zur Verfügung (mit Spezialisierungen für char und wchar_t).
basic_ifstream	Stellt HighLevel-Routinen zum Einlesen aus einer Datei zur Verfügung (mit Spezialisierungen für char und wchar_t).
basic_ofstream	Stellt HighLevel-Routinen zum Ausgeben in eine Datei zur Verfügung (mit Spezialisierungen für char und wchar_t).

basic_filebuf	Von basic_streambuf abgeleitete Pufferklasse, die die Ein- und Ausgabe mit einer Datei verknüpft (mit Spezialisierungen für char und wchar_t).

<iomanip>

Enthält verschiedene Manipulatoren zur formatierten Ein- und Ausgabe.

resetiosflags	Formatierungsflag löschen
setbase	Basis des Zahlensystems festlegen
setfill	Füllzeichen festlegen
setiosflags	Formatierungsflag setzen
setprecision	Genauigkeit festlegen
setw	Feldbreite festlegen

<ios>

Klassen

basic_ios	Basisklasse der iostream-Klassen
ios_base	Definiert Aufzählungstypen, Bitfelder und verwandte Funktionen für die Streamkonfiguration und -diagnose

Enthält neben den I/O-Streamklassen auch verschiedene Manipulatoren zur formatierten Ein- und Ausgabe.

boolalpha	bool-Typ berücksichtigen
dec	Dezimaldarstellung
hex	Hexadezimaldarstellung
fixed	Feste Stellenzahl
internal	Bestimmte Stellen mit Füllzeichen
left	Linksbündige Ausgabe
noboolalpha	bool-Typ nicht berücksichtigen
noshowbase	Basis des Zahlensystems nicht anzeigen

noshowpoint	Gleitkommazahlen ohne Dezimalpunkt
noshowpos	Positive Zahlen ohne Vorzeichen
noskipws	white space mit einlesen
nouppercase	Keine Konvertierung in Großbuchstaben
oct	Oktaldarstellung
right	Rechstbündige Ausgabe
scientific	Darstellung mit Mantisse und Exponent
showbase	Basis des Zahlensystems anzeigen
showpoint	Gleitkommazahlen mit Dezimalpunkt
showpos	Positive Zahlen mit Vorzeichen
skipws	white space nicht einlesen
uppercase	Bestimmte Zeichen als Großbuchstaben

<iosfwd>

Enthält Vorwärtsdeklarationen der Stream-Klassen und Stream-Objekte.

<iostream>

Enthält Vorwärtsdeklarationen der wichtigsten vordefinierten Ein- und Ausgabestreams (cin, cout, etc.).

<istream>

Klassen

basic_istream	Stellt HighLevel-Routinen zum Einlesen aus einem Streampuffer zur Verfügung
istream	Spezialisierung für Datentyp char
wistream	Spezialisierung für Datentyp wchar

Enthält neben den istream-Klassen auch den Manipulator ws.

ws	white space-Zeichen lesen

<ostream>

Klassen

basic_ostream	Stellt HighLevel-Routinen zum Schreiben in einem Streampuffer zur Verfügung
ostream	Spezialisierung für Datentyp char
wostream	Spezialisierung für Datentyp wchar

Enthält neben den ostream-Klassen auch verschiedene Manipulatoren.

endl	Zeilenvorschub und Puffer leeren
ends	Stringende-Zeichen schreiben
flush	Puffer leeren

<sstream>

basic_istringstream	Stellt HighLevel-Routinen zum Einlesen zur Verfügung
istringstream	Spezialisierung für Datentyp char
wistringstream	Spezialisierung für Datentyp wchar
basic_ostringstream	Stellt HighLevel-Routinen zum Ausgeben zur Verfügung
ostringstream	Spezialisierung für Datentyp char
wostringstream	Spezialisierung für Datentyp wchar
basic_stringstream	Stellt HighLevel-Routinen zum Einlesen und Ausgeben zur Verfügung
stringstream	Spezialisierung für Datentyp char
wstringstream	Spezialisierung für Datentyp wchar
basic_stringbuf	Von basic_streambuf abgeleitete Pufferklasse für Objekte der Klasse basic_string
stringbuf	Spezialisierung für Datentyp char
wstringbuf	Spezialisierung für Datentyp wchar

<streambuf>

basic_streambuf	Basisklasse für gepufferte LowLevel-Operationen
streambuf	Spezialisierung für Datentyp char
wstreambuf	Spezialisierung für Datentyp wchar

B.6 Die String-Klassen

Die Programmierung mit Strings in C++ wurde bereits in Kapitel 23 behandelt.

<string>

Klassen

basic_string	Template-Klasse zur String-Behandlung
string	Spezialisierung von basic_string für Datentyp char
char_traits	Definiert grundlegende Funktionen und Datentypen für die Zeichen eines Zeichensatzes
char_traits<char>	Spezialisierung für Datentyp char
char_traits<wchar_t>	Spezialisierung für Datentyp wchar_t
wstring	Spezialisierung von basic_string für Datentyp wchar_t

Funktionen

getline	Liest eine Zeile aus einem Eingabestream
swap	Zuweisung eines neuen Textes

B.7 Sonstige Klassen

<complex>

Klassen

complex	Klasse für komplexe Zahlen
complex<double>	Spezialisierung für Datentyp double
complex<float>	Spezialisierung für Datentyp float
complex<long double>	Spezialisierung für Datentyp long double

Funktionen

abs	Betrag berechnen
arg	Argument ermitteln
conj	Konjugierte Komplexe bestimmen
cos	Kosinus berechnen
cosh	Kosinus hyperbolicus berechnen
exp	Exponentialfunktion berechnen
imag	Imaginärteil bestimmen
log	Natürlichen Logarithmus berechnen
log10	Logarithmus zur Basis 10 berechnen
norm	Norm bestimmen
polar	Komplexe Zahl aus Polarform bestimmen
pow	Zahl potenzieren
real	Realteil bestimmen
sin	Sinus berechnen
sinh	Sinus hyperbolicus berechnen
sqrt	Quadratwurzel berechnen
tan	Tangens berechnen
tanh	Tangens hyperbolicus berechnen

<exception>

Klassen

exception	Basisklasse der in der Laufzeitbibliothek definierten Exception-Klassen
bad_exception	Für Exception-Objekte, die von der Funktion unexpected() ausgelöst werden

Enthält verschiedene Funktionen zur Fehlerbehandlung.

set_terminate	Richtet Funktion zum Programmabbruch ein
set_unexpected	Richtet Funktion zur Behandlung unerwarteter Exceptions ein
terminate	Ruft Funktion zum Programmabbruch auf
uncaught_exception	Liefert true, wenn eine noch nicht abgefangene Exception ausgelöst wurde
unexpected	Ruft Funktion zur Behandlung unerwarteter Exceptions auf

<limits>

Enthält das Klassentemplate `numeric_limits` (siehe Kapitel 6.2) sowie Spezialisierungen für die verschiedenen elementaren Datentypen.

numeric_limits	Klasse mit Informationen zur implementierungsspezifischen Darstellung eines Datentyps

<locale>

In bestimmten Anwendungen ist es notwendig, lokale Einstellungen zu berücksichtigen. Dies betrifft zum Beispiel landesspezifische Darstellungen von Zeichen oder Datumsangaben oder die Darstellung numerischer Werte. Die einzelnen Bereiche werden als Kategorien bezeichnet, die wiederum in Facetten (Spezialisierungen der entsprechenden Klassentemplates) untergliedert werden.

Mithilfe der Klasse `locale` und ihrer Elementfunktionen können verschiedene lokale Einstellungen und ihre Kategorien oder Facetten ausgewählt werden (siehe auch Kapitel 24.2.6).

codecvt	Kategorie ctype. Unterstützt die Konvertierung zwischen Codierungsformen.
codecvt_base	Definiert Aufzählungstyp für Ergebniswerte.
codecvt_byname	Auswahl spezifischer Implementierungen anhand des Namens der lokalen Einstellung.
collate	Klasse zur gleichnamigen Kategorie. Unterstützt den Vergleich und die Aufspaltung von Zeichenketten.
collate_byname	Auswahl spezifischer Implementierungen anhand des Namens der lokalen Einstellung.
ctype	Klasse zur gleichnamigen Kategorie. Unterstützt die Zeichenerkennung sowie das Einlesen und Formatieren von Zeichenketten.
ctype<char>	Spezialisierung für den Datentyp char.
ctype_base	Definiert Bitfeld zur Zeichenklassifizierung.
ctype_byname	Auswahl spezifischer Implementierungen anhand des Namens der lokalen Einstellung.
ctype_byname<char>	Spezialisierung für den Datentyp char.
locale	Klasse zur Verwaltung lokaler Einstellungen.
messages	Klasse zur gleichnamigen Kategorie. Unterstützt das Herauslesen von Strings aus Botschaftskatalogen.
messages_base	Definiert den Datentyp catalog.
messages_byname	Auswahl spezifischer Implementierungen anhand des Namens der lokalen Einstellung.
money_base	Definiert Aufzählungstyp part zur Formatierung von Währungsangaben und den Rückgabetyp pattern.
moneypunct	Kategorie monetary. Unterstützt die Punktsetzung in Währungsangaben.
moneypunct_byname	Auswahl spezifischer Implementierungen anhand des Namens der lokalen Einstellung.
money_get	Kategorie monetary. Unterstützt das Einlesen von Währungsangaben.
money_put	Kategorie monetary. Unterstützt die formatierte Ausgabe von Währungsangaben.
numpunct	Kategorie numeric. Unterstützt die Punktsetzung in numerischen Werten.

numpunct_byname	Auswahl spezifischer Implementierungen anhand des Namens der lokalen Einstellung.
num_get	Kategorie numeric. Unterstützt das Einlesen numerischer Werte.
num_put	Kategorie numeric. Unterstützt die Formatierung bei der Ausgabe numerischer Werte.
time_base	Definiert Aufzählungstyp zur Abfolge von Datumsangaben.
time_get	Kategorie time. Unterstützt das Einlesen von Zeitangaben in eine Variable des Typs tm.
time_get_byname	Auswahl spezifischer Implementierungen anhand des Namens der lokalen Einstellung.
time_put	Kategorie time. Unterstützt die Ausgabe von Zeitangaben.
time_put_byname	Auswahl spezifischer Implementierungen anhand des Namens der lokalen Einstellung.

Enthält überladene Formen zur Zeichenklassifizierung und -konvertierung, die als zweites Argument – neben dem Zeichen – ein `locale`-Objekt zur Festlegung landesspezifischer Besonderheiten erwarten.

isalnum	Testet, ob Zeichen eine Ziffer oder ein Buchstabe ist.
isalpha	Testet, ob Zeichen ein Buchstabe ist.
iscntrl	Testet, ob Zeichen ein Kontrollzeichen ist.
isdigit	Testet, ob Zeichen eine Zahl ist.
isgraph	Testet, ob Zeichen darstellbar ist.
islower	Testet, ob Zeichen ein Kleinbuchstabe ist.
isprint	Testet, ob Zeichen druckbar ist.
ispunct	Testet, ob Zeichen ein Interpunktionszeichen ist.
isspace	Testet, ob Zeichen ein Zwischenraumzeichen ist.
isupper	Testet, ob Zeichen ein Großbuchstabe ist.
isxdigit	Testet, ob Zeichen eine Hexadezimalziffer ist.
tolower	Wandelt Groß- in Kleinbuchstaben um.
toupper	Wandelt Klein- in Großbuchstaben um.

<memory>

Klassen

allocator	Für spezielle Speicheranforderungen.
auto_ptr	Zur automatischen Freigabe dynamischen Speichers.
raw_storage_iterator	Zur Ablage in nichtinitialisierten Speicherbereichen.

Funktionen

get_temporary_buffer	Pufferbereich suchen.
return_temporary_buffer	Pufferbereich liefern.
uninitialized_copy	Iteratoren: Bereich initialisieren.
uninitialized_fill	Iteratoren: Bereich initialisieren.
uninitialized_fill_n	Iteratoren: Bereich initialisieren.

<new>

Klassen

bad_alloc	Für Exception-Objekte, die bei gescheiterten Speicherreservierungen ausgelöst werden.
nothrow	Strukturtyp zur Übergabe an new-Operator.

Enthält zudem die überladenen Operatorfunktionen für `new` und `delete` (siehe Kapitel 7.10) sowie die Funktion:

set_new_handler	Richtet Funktion zur Fehlerbehandlung von new ein.

<numeric>

accumulate	Iterator: Summe berechnen.
adjacent_difference	Iteratoren: Differenz zuweisen.
inner_product	Iteratoren: »Skalarprodukt« berechnen.
partial_sum	Iteratoren: Teilsumme berechnen.

<stdexcept>

domain_error	Für Exception-Objekte, die bei Auftreten unzulässiger Werte ausgelöst werden.
invalid_argument	Für Exception-Objekte, die bei Übergabe ungültiger Argumente ausgelöst werden.
length_error	Für Exception-Objekte, die ausgelöst werden, wenn die zulässige Größe von Datenstrukturen oder -typen überschritten wird.
logic_error	Für Exception-Objekte, die logische Fehler betreffen.
out_of_range	Für Exception-Objekte, die ausgelöst werden, wenn ein Argument nicht im vorgesehenen Bereich liegt.
overflow_error	Für Exception-Objekte, die bei arithmetischen Überläufen ausgelöst werden.
range_error	Für Exception-Objekte, die bei Verletzung von Gültigkeitsbereichen ausgelöst werden.
runtime_error	Für Exception-Objekte, die Laufzeitfehler betreffen.

<utility>

Klassen

pair	Template-Klasse für Strukturen mit zwei Elementen unterschiedlicher Datentypen.

Funktionen

make_pair	Pair-Objekt erzeugen.

<typeinfo>

bad_cast	Für Exception-Objekte, die bei gescheiterten dynamic_cast-Operationen ausgelöst werden.
bad_typeid	Für Exception-Objekte, die ausgelöst werden, um einen Null-Zeiger in typeid-Ausdrücken anzuzeigen.
type_info	Verwaltet Informationen (beschreibender String, Prioritätswert) zu Datentypen.

<valarray>

Die Headerdatei `<valarray>` definiert die Datenstruktur `valarray`, die ihre Elemente wie in einem Array verwaltet (der Speicher wird allerdings dynamisch verwaltet). Die Klasse `valarray` erlaubt eine Vielzahl von Operationen, die jeweils auf sämtlichen Elementen des Arrays ausgeführt werden, sowie die Möglichkeit, mit Unterstützung ihrer Hilfsklassen Teilmengen zu bilden.

gslice	Hilfsklasse zur Definition einer mehrdimensionalen Teilmenge aus einem eindimensionalen valarray-Objekt.
gslice_array	Hilfsklasse zur Manipulation einer mehrdimensionalen Teilmenge aus einem eindimensionalen valarray-Objekt.
indirect_array	Hilfsklasse zur Manipulation einer Teilmenge eines valarray-Objekts. Die Teilmenge wird mittels eines Index-Arrays erzeugt.
mask_array	Hilfsklasse zur Manipulation einer Teilmenge eines valarray-Objekts. Die Teilmenge wird mittels einer Maske erzeugt.
slice	Hilfsklasse zur Definition einer Teilmenge konstanter Schrittweite aus einem valarray-Objekt.
slice_array	Hilfsklasse zur Manipulation einer Teilmenge konstanter Schrittweite aus einem valarray-Objekt.
valarray	Eindimensionales dynamisches Array mit einer Vielzahl von Operationen, die gleichzeitig auf allen Elementen ausgeführt werden.

Funktionen

abs	Betrag berechnen.
acos	Arkuskosinus berechnen.
asin	Arkussinus berechnen.
atan	Arkustangens berechnen.
atan2	Arkustangens berechnen.
cos	Kosinus berechnen.
cosh	Kosinus hyperbolicus berechnen.
exp	Exponentialfunktion berechnen.
log	Natürlichen Logarithmus berechnen.

log10	Logarithmus zur Basis 10 berechnen.
min	Minimum
max	Maximum
pow	Zahl potenzieren.
sin	Sinus berechnen.
sinh	Sinus hyperbolicus berechnen.
sqrt	Quadratwurzel berechnen.
tan	Tangens berechnen.
tanh	Tangens hyperbolicus berechnen.

C Zeichensatz

C.1 Der ASCII-Zeichensatz

Die hier aufgeführten ersten 127 Zeichen sind identisch zu den ersten 127 Zeichen des ANSI-Zeichensatzes (Eingabe über numerische Tastatur mit vorangehender 0).

Tabunter C.1: ASCII-Zeichensatz

Dec	Hex	Zeichen	Dec	Hex	Zeichen	Dec	Hex	Zeichen	Dec	Hex	Zeichen
0	00	NUL	32	20	SP	64	40	@	96	60	`
1	01	SOH	33	21	!	65	41	A	97	61	a
2	02	STX	34	22	"	66	42	B	98	62	b
3	03	ETX	35	23	#	67	43	C	99	63	c
4	04	EOT	36	24	$	68	44	D	100	64	d
5	05	ENQ	37	25	%	69	45	E	101	65	e
6	06	ACK	38	26	&	70	46	F	102	66	f
7	07	BEL	39	27	'	71	47	G	103	67	g
8	08	BS	40	28	(	72	48	H	104	68	h
9	09	HT	41	29	)	73	49	I	105	69	i
10	0A	NL	42	2A	*	74	4A	J	106	6A	j
11	0B	VT	43	2B	+	75	4B	K	107	6B	k
12	0C	NP	44	2C	,	76	4C	L	108	6C	l
13	0D	CR	45	2D	-	77	4D	M	109	6D	m
14	0E	SO	46	2E	.	78	4E	N	110	6E	n
15	0F	SI	47	2F	/	79	4F	O	111	6F	o
16	10	DLE	48	30	0	80	50	P	112	70	p
17	11	DC1	49	31	1	81	51	Q	113	71	q
18	12	DC2	50	32	2	82	52	R	114	72	r

Tabelle C.1: ASCII-Zeichensatz (Forts.)

Dec	Hex	Zeichen	Dec	Hex	Zeichen	Dec	Hex	Zeichen	Dec	Hex	Zeichen
19	13	DC3	51	33	3	83	53	S	115	73	s
20	14	DC4	52	34	4	84	54	T	116	74	t
21	15	NAK	53	35	5	85	55	U	117	75	u
22	16	SYN	54	36	6	86	56	V	118	76	v
23	17	ETB	55	37	7	87	57	W	119	77	w
24	18	CAN	56	38	8	88	58	X	120	78	x
25	19	EM	57	39	9	89	59	Y	121	79	y
26	1A	SUB	58	3A	:	90	5A	Z	122	7A	z
27	1B	ESC	59	3B	;	91	5B	[	123	7B	{
28	1C	FS	60	3C	<	92	5C	\	124	7C	|
29	18	CAN	61	3D	=	93	5D	]	125	7D	}
30	19	EM	62	3E	>	94	5E	^	126	7E	~
31	1A	SUB	63	3F	?	95	5F	_	127	7F	DEL

C.2 Der ANSI-Zeichensatz

In den Zeichen 32 bis 127 ist die ANSI-Tabelle identisch zur ASCII-Tabelle. Für die weiteren Zeichen 128 bis 255 gibt es verschiedene Codeseiten. Welche Codeseite verwendet wird, hängt von der Konfiguration des Betriebssystems und der jeweiligen Anwendung ab. Die nachfolgende Codierung ist typisch für deutsche Installationen.

Tabelle C.2: ANSI-Zeichensatz

Dec	Hex	Zeichen	Dec	Hex	Zeichen	Dec	Hex	Zeichen	Dec	Hex	Zeichen
128	80	|	160	A0		192	C0	À	224	E0	à
129	81	|	161	A1	¡	193	C1	Á	225	E1	á
130	82	‚	162	A2	¢	194	C2	Â	226	E2	â
131	83	ƒ	163	A3	£	195	C3	Ã	227	E3	ã
132	84	”	164	A4	¤	196	C4	Ä	228	E4	ä
133	85	…	165	A5	¥	197	C5	Å	229	E5	å
134	86	†	166	A6	¦	198	C6	Æ	230	E6	æ

Tabunter C.2: ANSI-Zeichensatz (Forts.)

Dec	Hex	Zeichen	Dec	Hex	Zeichen	Dec	Hex	Zeichen	Dec	Hex	Zeichen
135	87	‡	167	A7	§	199	C7	Ç	231	E7	ç
136	88	ˆ	168	A8	¨	200	C8	È	232	E8	è
137	89	‰	169	A9	©	201	C9	É	233	E9	é
138	8A	Š	170	AA	ª	202	CA	Ê	234	EA	ê
139	8B	‹	171	AB	«	203	CB	Ë	235	EB	ë
140	8C	Œ	172	AC		204	CC	Ì	236	EC	ì
141	8D	|	173	AD	-	205	CD	Í	237	ED	í
142	8E	|	174	AE	®	206	CE	Î	238	EE	î
143	8F	|	175	AF	¯	207	CF	Ï	239	EF	ï
144	90	|	176	B0	°	208	D0	Ð	240	F0	ð
145	91	‘	177	B1	±	209	D1	Ñ	241	F1	ñ
146	92	’	178	B2	²	210	D2	Ò	242	F2	ò
147	93	“	179	B3	³	211	D3	Ó	243	F3	ó
148	94	”	180	B4	´	212	D4	Ô	244	F4	ô
149	95	•	181	B5	µ	213	D5	Õ	245	F5	õ
150	96	–	182	B6		214	D6	Ö	246	F6	ö
151	97	—	183	B7	·	215	D7	×	247	F7	÷
152	98	˜	184	B8	¸	216	D8	Ø	248	F8	ø
153	99	™	185	B9	¹	217	D9	Ù	249	F9	ù
154	9A	š	186	BA	º	218	DA	Ú	250	FA	ú
155	9B	›	187	BB	»	219	DB	Û	251	FB	û
156	9C	œ	188	BC	¼	220	DC	Ü	252	FC	ü
157	9D	|	189	BD	½	221	DD	Ý	253	FD	ý
158	9E	|	190	BE	¾	222	DE	Þ	254	FE	þ
159	9F	Ÿ	191	BF	¿	223	DF	ß	255	FF	ÿ

D Literaturverzeichnis

Bevor ich darangehe, Sie im Folgenden auf einige weitere interessante Bücher zum Thema »C/C++-Programmierung« hinzuweisen, möchte ich vorausschicken, dass die von mir getroffene Auswahl natürlich nicht ganz willkürlich ist. Zum einen habe ich darauf geachtet, nur solche Bücher auszuwählen, die sich von der Thematik und dem Niveau nicht zu sehr mit dem C/C++-Kompendium überschneiden, zum anderen halte ich alle nachfolgend aufgelisteten Bücher für äußerst interessant und lesenswert.

Was nicht heißen soll, dass es nicht noch jede Menge weiterer guter Programmierbücher gibt, die in meiner Liste nicht aufgeführt sind.

INFO

C

»Programmieren in C«, Kernighan, Ritchie, Hanser-Verlag. Einfach der C-Klassiker.

»Expert C Programming«, van der Linden, Prentice Hall-Verlag. Das ultimative Lesebuch für jeden, für den C mehr als nur eine Programmiersprache ist.

C++

»The C++-Programming Language, Third Edition«, Stroustrup, Addison-Wesley-Verlag. Vom Entwickler von C++. Interessant für alle, die mit der objektorientierten Programmierung schon vertraut sind. Am besten in Englisch lesen.

»Die C++-Standardbibliothek«, Josuttis, Addison-Wesley-Verlag. Eine der derzeit besten Referenzen zur neuen ANSI-C++-Bibliothek.

»In C++ denken«, Eckel, Prentice Hall-Verlag. Gerade noch so in die Liste aufgenommen worden. Viele interessante Punkte, aber verspricht mehr, als es hält.

»Effective C++: 50 Specific Ways to improve your programs and designs«, Scott, Addison-Wesley-Verlag.

Zeitschriften

»C/C++ User Journal«, 1601 West 32rd Street, Suite 200, Lawrence, KS 66046-9950.

Java

»Jetzt lerne ich Java«, Louis, Müller, Markt+Technik-Verlag. Unterhaltsamer Einstieg in die Java-Programmierung. Leicht verständlich geschrieben, dabei sehr informativ, für Ein- und Umsteiger, die mehr wissen wollen.

C#

»C# in 21 Tagen«, Strasser, Louis, Markt+Technik-Verlag. Für Einsteiger und Umsteiger. Vermittelt Grundlagen und fortgeschrittene Anwendung.

Windows

»Jetzt lerne ich Visual C++«, Louis, Markt+Technik-Verlag. Für C/C++-Programmierer, die mit Visual C++ und der MFC in die Windows-Programmierung einsteigen wollen.

»Programming Windows 95«, Petzold, Microsoft Press. Immer noch mit das beste Buch zur Windows-API-Programmierung.

»Windows-Programmierung für Experten«, Richter, Microsoft Press. Nur für erfahrene Windows-API-Programmierer.

Assembler, Prozessor

»Vom Prozessor zum Programm«, Lutz, Schmitt, Fachbuchverlag Leipzig. Hintergrundinformationen zur Arbeit des Prozessors und des Compilers.

»Das Assembler-Buch«, T.E. Podschun, Addison-Wesley Leipzig. Ausführliches Standardwerk.

Algorithmenlehre

»Algorithmen in C++«, Sedgewick, Microsoft Press. Das Standardwerk zur Algorithmenlehre. Als C++-Buch allerdings etwas enttäuschend, da kaum ein Unterschied zur C-Version.

Objektorientiertes Design

»Objektorientierte Softwareentwicklung mit der Unified Modeling Language (UML)«, Neumann, Hanser-Verlag. Theoretische Einführung mit Fallbeispielen.

PC-gesteuerte Messtechnik

»PC-gestützte Mess- und Regeltechnik«, Schulz, Franzis-Verlag. Theoretische Grundlagen. Leider nur wenig Programmcode, allerdings nicht in C.

E Internet-Adressen

Eine Sammlung interessanter Links:

`http://www.austinlinks.com/CPlusPlus/`

Die interessantesten FAQ-Seiten

`http://www.c-sar.de/forumstart.htm`
`http://www.cplusplus-forum.de/`

Online-Einführungskurs in C++

`http://www.mathematik.uni-marburg.de/~cpp/`

Die Homepage des C/C++ User Journals

`http://www.cuj.com/home/`

Die Homepage des Visual C++ Developers Journal

`http://www.vcdj.com/`

Bjarne Stroustrup´s Homepage

`http://www.research.att.com/~bs/homepage.html`

Zum Herunterladen des GNU-Compilers

`http://gcc.gnu.org/`

Zum Herunterladen der Borland-Compilers

`http://www.borland.de/`

Zum Herunterladen des CD2-ANSI-C++Drafts von 1996

`ftp://ftp.maths.warwick.ac.uk/pub/c++/std/cd2/`

Zum Herunterladen der aktuellen objectiF-Demo-Version

`http://www.microTOOL.de/`

Zum Herunterladen der UML-Spezifikation

http://www.rational.com/uml/

Sonstige Links

http://www.programmersheaven.com/
http://www.xprogramming.com/

F Glossar

Abstrakte Klasse — Als abstrakte Klasse bezeichnet man eine Klasse, die eine oder mehrere rein virtuelle Methoden (Methoden ohne Definitionsteil) enthält und üblicherweise vor allem als Schnittstellenvorgaben für Klassenhierarchien dient. Von abstrakten Klassen können keine Instanzen gebildet werden.

casting — Englischer Begriff für die explizite Typumwandlung.

Container — Klasse, die implementiert wurde, um Daten oder Objekte anderer Klassen aufzunehmen und zu verwalten. Hinter den verschiedenen Container-Klassen der C++-Laufzeitbibliothek stehen verschiedene höhere Datenstrukturen, wie Felder, Listen, Bäume, die die Effizienz und das optimale Einsatzgebiet der Container bestimmen.

copy constructor — Englischer Begriff für den Kopierkonstruktor.

default constructor — Englischer Begriff für den Standardkonstruktor.

Definition — Definition eines Bezeichners (für eine Variable, Funktion, Typen, etc.). Geht für Variablen und Funktionen mit der Reservierung von Speicher einher.

Deklaration — Einführung und Bekanntmachung eines Bezeichners in einen Programmquelltext.

Destruktor — Spezielle Methode, die bei Auflösung der Objekte der Klasse aufgerufen wird.

Feld — Zusammenhängender Speicherblock für Objekte eines Datentyps, wird üblicherweise in Form eines Arrays oder als dynamisches Feld mittels malloc() oder new reserviert.

Friends — Funktionen oder Methoden, die von einer Klasse besondere Zugriffsrechte eingeräumt bekommen, sodass sie auch auf private- und protected-Elemente der Klasse zugreifen können.

Header-Datei — Quelltextdatei mit der Extension (.h, .hpp), in der traditionsgemäß die Deklarationen zu den Definitionen einer Implementierungsdatei (.c, .cpp) zusammengefasst werden.

information hiding Je weniger ein Programmierer über den Aufruf einer Funktion wissen muss, um so einfacher kann er sie einsetzen. Viele Funktionen, die C zur Verfügung stellt, werden eingesetzt, ohne dass den Programmierern ihr Quellcode bekannt ist. C++ wendet dies auf den Umgang mit Klassen an. Klassen stellen dem Programmierer Methoden zur Verfügung, um mit den Objekten der Klasse in korrekter Weise umgehen zu können. Die Klasse selbst erscheint für den Programmierer wie eine Blackbox.

Instanz Variable eines Klassentyps.

Instanzvariable Elementvariable, die in einer Klasse deklariert ist und von dem jede Instanz der Klasse eine Kopie erhält.

Internationalisierung Ausrichtung eines Programms für den internationalen Einsatz (Berücksichtigung landesspezifischer Eigenheiten wie Sprache, Format von Datumsangaben, etc.).

Iteratoren Zeigerähnliche Objekte, die in der C++-Laufzeitbibliothek für den Zugriff auf Container-Elemente eingesetzt werden.

Kapselung Besagt, dass reale Objekte in ihrer Repräsentation im Programm als aus Eigenschaften (Daten) und ihrem Verhalten (Methoden) bestehend angesehen werden. Die Eigenschaften und das Verhalten eines Objektes werden in der Klasse, die es repräsentiert, zusammengefasst. Mit dem Konzept der Kapselung verbindet sich die Forderung nach Abstraktion und dem Design sinnvoller Schnittstellen.

Klassen Klassen umfassen und repräsentieren Objekte mit gemeinsamen Eigenschaften und Verhaltensweisen.

Klassenvariable Elementvariable, die in einer Klasse als static deklariert ist und die von allen Instanzen der Klasse gemeinsam verwendet wird. (Auf Klassenvariablen kann man direkt über den Klassennamen zugreifen.)

Konstruktor Spezielle Methode, die bei Einrichtung (Instanzbildung) der Objekte der Klasse aufgerufen wird.

Kopierkonstruktor Konstruktor, der mit einem Argument vom Typ seiner eigenen Klasse aufgerufen wird und dazu dient, ein neues Objekt auf der Basis eines bestehenden Objekts seiner Klasse einzurichten.

Lokale Beschreibung der lokalen, landesspezifischen Umgebung, unter der ein Programm ausgeführt wird.

Lokalisierung Anpassung eines Programms an landesspezifische Eigenheiten wie Sprache, Format von Datumsangaben, etc..

Methoden

Als Methoden bezeichnet man Funktionen, die zu einer Klasse gehören. Sie implementieren das Verhalten, das Objekte der Klasse haben (Elementfunktionen).

Modul

Alle Quelltextdateien, die zusammen in einem Schritt vom Compiler übersetzt und zu einer Objektdatei kompiliert werden, bezeichnet man als Modul oder Übersetzungseinheit. Eine Übersetzungseinheit besteht aus einer Implementierungsdatei (Extension .c oder .cpp) und allen Quelltextdateien, deren Inhalt direkt oder indirekt per #include-Anweisung eingebunden werden.

Multibyte-Zeichen

Zeichen, die durch mehrere Bytes kodiert werden. Die Anzahl der Bytes kann dabei variieren (wird üblicherweise zur Abspeicherung mehrsprachiger Texte (z.B. Deutsch / Chinesisch) in Dateien verwendet.

Nullterminierungszeichen

Spezielles Zeichen ('\0'), das in C/C++ das Ende eines Strings anzeigt.

Objekte

Objekte bezeichnen einerseits real-existierende Dinge, die Vorbild für eine Klasse sind. Umgekehrt wird der Term Objekt auch zur Bezeichnung einer Klasseninstanz benutzt.

Objektorientierung

In der objektorientierten Programmierung werden Probleme gelöst, indem man Objekte identifiziert, diese in Form von Klassen implementiert und dann mit diesen Klassen weiterarbeitet. Ein großer Teil des Programmieraufwands fließt dabei in die Implementierung einer entsprechenden Klasse zur Repräsentation der Objekte. Der Rest des Programms vereinfacht sich danach, da nur noch Methoden der Klassen aufgerufen werden. Dabei stellen diese Methoden selbst sicher, dass sie richtig ausgeführt werden. Die Implementierung der Klasse braucht den Programmierer nicht mehr zu interessieren! Der Vorteil ist die Entstehung besser wiederbenutzbaren Codes in Form von Klassen. Darüber hinaus steht die objektorientierte Sichtweise der menschlichen Art und Weise, Dinge zu sehen und zu klassifizieren, näher als der Umgang mit elementaren Datentypen.

Operatorenüberladung

Mit Überladung bezeichnet man die Zuweisung mehrerer Operationen an einen Operator. Der Compiler kann anhand der Zahl und der Typen der Operanden feststellen, welche Operation auszuführen ist.

Overloading

Englischer Begriff für Überladung. Wird allerdings auch gelegentlich im Kontext von Klassenhierarchien und Polymorphismus verwendet, obwohl der Begriff Overriding (Überschreibung) in diesem Zusammenhang präziser und intuitiv besser verständlich ist.

Polymorphismus

Erlaubt es, durch Überschreibung geerbter Methoden auf unterschiedlichen Objekten gleichlautende Operationen auszuführen. Beispielsweise könnte man zwei Klassen Kreis und Rechteck von einer gemeinsamen Basisklasse

GeomForm ableiten. Beide abgeleitete Klassen erben die Methode zeichnen(). Das Zeichnen eines Kreises bedarf aber ganz anderer Operationen als das Zeichnen eines Rechtecks. Durch Überschreibung der geerbten Methode zeichnen() in den abgeleiteten Klassen ist es möglich, den Namen der Methode beizubehalten und sie mit einer klassenspezifischen Implementierung zu verbinden. Der Polymorphismus abgeleiteter Klassen ist ein besonders interessantes Konzept der objektorientierten Programmierung, das am sinnvollsten in Verbindung mit virtuellen Methoden und Basisklassenzeigern eingesetzt wird.

Im weiteren Sinne kann auch die Überladung von Funktionen und Operatoren als eine Art Polymorphie aufgefasst werden.

Puffer Ein- und Ausgabeoperationen über Streams (beispielsweise auf stdin, cin oder in und aus Dateien) werden größtenteils standardmäßig gepuffert, um die Ausführungsgeschwindigkeit zu erhöhen. Bei der Arbeit mit den C++-Streamklassen kann man selbst auf die Pufferung Einfluss nehmen.

Schnittstelle Möglichkeiten zum Informationsaustausch zwischen Funktionen, Klassen, Modulen etc. Die Schnittstelle einer Funktion ist beispielsweise durch ihre Parameter, den Rückgabewert oder globale Variablen gegeben. Klassen bieten demgegenüber public- oder protected-Methoden an oder definieren Friends. Schnittstellen sollten einerseits möglichst klein sein, andererseits den sinnvollen Einsatz einer Klasse nicht verbauen.

Standardkonstruktor Konstruktor, der ohne Argumente aufgerufen werden kann.

Stream Datenstrom zwischen einer Ein- oder Ausgabeeinheit und dem Programm.

String Zeichenkette.

STL Teil der C++-Laufzeitbibliothek. Kernstück der STL sind die Container, die Iteratoren und die Algorithmen.

Template Typenunabhängige Vorlage für eine Funktion oder Klasse, aus der der Compiler nach Spezifikation der zugehörigen Datentypen reale Funktionen oder Klassen erstellen kann.

Überladung Mit Überladung bezeichnet man die Zuweisung mehrerer Operationen an einen Operator. Gleichzeitig fällt unter diesen Begriff auch die Deklaration mehrerer Funktionen eines Namens. Im Falle der Operatorenüberladung kann der Compiler anhand der Zahl und der Typen der Operanden feststellen, welche Operation auszuführen ist. Im Falle der Funktionenüberladung zieht der Compiler die Zahl und Typen der Parameter zur eindeutigen Identifizierung des aufzurufenden Funktionskörpers heran. Überladene Namen müssen in einem gemeinsamen Gültigkeitsbereich liegen (Overloading).

Überschreibung

Als Überschreibung bezeichnet man die Neudefinition einer ererbten Funktion in einer abgeleiteten Klasse. Der Sinn ist, dass die abgeleitete Klasse auf einen entsprechenden Funktionsaufruf in spezifischer Weise reagiert. Zur korrekten Implementierung ist es erforderlich, Funktionen, die überschrieben werden, als virtual zu deklarieren. Überschreibung ist daher das Konzept, das Polymorphismus ermöglicht (Overriding).

Übersetzungseinheit

Alle Quelltextdateien, die zusammen in einem Schritt vom Compiler übersetzt und zu einer Objektdatei kompiliert werden, bezeichnet man als Modul oder Übersetzungseinheit. Eine Übersetzungseinheit besteht aus einer Implementierungsdatei (Extension .c oder .cpp) und allen Quelltextdateien, deren Inhalt direkt oder indirekt per #include-Anweisung eingebunden werden.

Vererbung

Klassen lassen sich in Klassenhierarchien zusammenfassen. Abgeleitete Klassen können die Eigenschaften der übergeordneten Klasse übernehmen (erben).

Whitespace

Zeichen, die Leerräume erzeugen: Leerzeichen, Tabulatoren, Zeilenumbruch.

Wide Characters

Zeichen, die durch 16- oder 32-Bit-Werte kodiert werden (i.G. zu 8 Bit ASCII oder ANSI).

G Zur CD-ROM

Auf der CD-ROM, die dem Buch beiliegt, befinden sich neben einer Auswahl nützlicher Zusatztools auch

- die Quelltexte der Beispielprogramme
- die Autoren-Edition des Visual C++ 6.0-Compilers

Für UNIX/LINUX-Anwender ist kein spezieller Compiler auf der CD mit dabei. Ich denke aber, dass dies nicht allzu tragisch ist, da leistungsfähige Compiler wie der GNU-Compiler zur Grundausstattung nahezu aller UNIX/Linux-Systeme gehören. Falls nicht, können Sie den GNU-Compiler aus dem Internet herunterladen (`http://gcc.gnu.org/`). Auf diese Weise ist auch sichergestellt, dass Sie mit der aktuellen Version arbeiten.

G.1 Die Visual C++ Autoren-Edition

Mit der Autoren-Edition von Visual C++ können Sie die in diesem Buch vorgestellten Beispielprogramme nachvollziehen und sich mit der Entwicklungsumgebung Visual C++ 6.0 vertraut machen. Die bedeutendste Einschränkung der Autoren-Edition gegenüber der Standard-Version des Visual C++-Compilers betrifft die Erstellung der ausführbaren Dateien. Die Lizenzbestimmungen der Autoren-Edition erlauben es nicht, die mit dieser Visual C++-Version erstellten Programme kommerziell zu vermarkten oder zu vertreiben. Vorbeugend wird daher in die erzeugten EXE-Dateien ein Dialogfeld aufgenommen, das vor dem Start der eigentlichen Anwendung erscheint und den Anwender darauf aufmerksam macht, dass das vorliegende Programm unrechtmäßig vermarktet wurde. Als Privatnutzer soll Sie das aber nicht stören.

Installation der Visual C++ Autoren-Edition

Bevor Sie das Setup-Programm der Visual C++ Autoren-Edition aufrufen, sollten Sie alle anderen Programme schließen. Speichern Sie vor allem Ihre Daten und Dateien, da Windows im Laufe der Installation neu gestartet wird.

Danach starten Sie das Setup-Programm (*setup.exe* im Unterverzeichnis *VC6* der CD-ROM) und folgen einfach den Anweisungen.

Bestimmt ist der Visual C++-Compiler nicht das erste Windows-Programm, das Sie installieren, sodass ich mir die Beschreibung der einzelnen Installationsschritte sparen kann. Auf einen Punkt möchte ich Sie allerdings hinweisen: Das Setup-Programm legt für Sie im Laufe der Installation die Batch-Datei *vcvars32.bat* an und speichert diese im BIN-Verzeichnis des Visual C++-Compilers (eine entsprechende Meldung am Ende der Installation wird Sie darauf hinweisen). In dieser Datei sind unter anderem die Pfade zu den Kommandozeilenversionen des Compilers und des Linkers enthalten. Wenn Sie die Batch-Datei ausführen, können Sie die Kommandozeilentools danach aus jedem Verzeichnis heraus aufrufen. Doch wer arbeitet schon mit den Kommandozeilentools, wenn er eine leistungsfähige integrierte Entwicklungsumgebung zur Verfügung hat? Niemand, und trotzdem ... für das Ausprobieren der Beispielprogramme auf der Buch-CD ist es meines Erachtens bequemer die Kommandozeilentools zu verwenden, als die Entwicklungsumgebung zu bemühen (siehe Abschnitt "Erstellung und Ausführung der Beispielprogramme").

G.2 Erstellung und Ausführung der Beispielprogramme

Sicherlich wissen Sie selbst am besten, wie Sie die Beispielprogramme mit Ihrem Compiler übersetzen müssen. Damit aber auch Programmieranfänger, die noch mit keinem der gängigen Compiler gearbeitet haben, nicht an der Programmerstellung scheitern müssen, nur weil sich die Bedienung des Compilers als die einzige Sache erweist, die noch schwieriger ist als C – hier eine kleine Starthilfe.

Programmerstellung mit Visual C++

In der IDE von Visual C++ werden Programme in Form von Projekten verwaltet. Die Projekte wiederum werden in Arbeitsbereichen organisiert (auf diese Weise können beispielsweise die Projekte für eine Windows-Anwendung und etwaige unterstützende DLLs und LIBs zusammen in einem Arbeitsbereich verwaltet werden).

1. Legen Sie ein neues Konsolen-Projekt an (Befehl DATEI/NEU für Visual C++ 6.0). Es erscheint ein mehrseitiges Dialogfenster, in dem Sie zur Seite PROJEKTE wechseln.

2. Geben Sie einen Projektnamen ein, wählen Sie den Pfad aus, unter dem das Verzeichnis für die Quelldateien des Projekts eingerichtet wird, aktivieren Sie die Option NEUEN ARBEITSBEREICH ERSTELLEN und doppelklicken Sie dann auf das Symbol WIN32-KONSOLENANWENDUNG.

3. Im Dialogfeld Schritt 1 von 1 wählen Sie die Option EIN LEERES PROJEKT.

4. Nehmen Sie eine neue Quelltextdatei in das Projekt auf. Rufen Sie den Befehl DATEI/NEU auf und wechseln Sie zur Registerkarte DATEIEN. Geben Sie einen Dateinamen ein und doppelklicken Sie dann auf das Symbol C++-QUELLCODEDATEI.

5. Nachdem die Datei erstellt wurde, doppelklicken Sie im Arbeitsbereich-Fenster (Seite DATEIEN) auf den gleichnamigen Knoten, um die Datei in ein Editorfenster zu laden.

6. Geben Sie Ihren Quelltext ein und sichern Sie.

7. Kompilieren und Linken Sie das Projekt (Befehl ERSTELLEN/ <ZIELDATEI> ERSTELLEN).

8. Führen Sie das Programm aus (Befehl ERSTELLEN/AUSFÜHREN VON <ZIELDATEI>).

Windows-Programme

Zur Erstellung von Windows-Programmen doppelklicken Sie im Schritt 1 auf das Symbol WIN32-ANWENDUNG statt auf WIN32-KONSOLENANWENDUNG.

Kompilierung der Beispielprogramme auf der CD

Die meisten Programme auf der Buch-CD bestehen nur aus einer einzigen Quelldatei. Um diese schnell und bequem anzuschauen und zu testen, können Sie wie folgt vorgehen:

- Kopieren Sie die Quelldatei des Programms auf Ihre Festplatte. Wechseln Sie in Visual C++ und schließen Sie etwaige geladene Projekte. Laden Sie jetzt die Quelldatei in den Editor von Visual C++ (Befehl DATEI/ÖFFNEN). Wenn Sie jetzt den Befehl zur Erstellung des Programms aufrufen, bietet Visual C++ Ihnen an, ein passendes Projekt für die Quelldatei anzulegen.

- Eine andere Möglichkeit besteht darin, den Compiler von der Kommandozeile (MSDOS-Eingabeaufforderung) aus aufzurufen. Öffnen Sie die MSDOS-Eingabeaufforderung (über START/PROGRAMME) und führen Sie die Batch-Datei *vcvars32.bat* aus, die Visual C++ für Sie eingerichtet hat. (Eventuell müssen Sie den Umgebungsspeicher der MSDOS-Eingabeaufforderung zuvor heraufsetzen. Rufen Sie in einem solchen Fall im Systemmenü der MSDOS-Eingabeaufforderung den Befehl EIGENSCHAFTEN auf und setzen Sie auf der Seite SPEICHER den Umgebungsspeicher herauf.) Kompilieren Sie die Quelldateien dann mit *Prompt:> cl dateiname.cpp*.

Programmerstellung mit dem C++Builder

Eine Trial-Edition des C++-Builders können Sie von der Borland-Website, *www.borland.de*, herunterladen. (Achtung! Die Trial-Version ist in Englisch!).

Auch der C++Builder arbeitet mit einer Projektverwaltung.

1. Legen Sie ein neues Konsolen-Projekt an (Befehl FILE/NEW für C++Builder 5.0 Trial-Version). Es erscheint ein mehrseitiges Dialogfenster, in dem Sie zur Seite NEW wechseln.
2. Doppelklicken Sie auf das Symbol CONSOLE WIZARD.
3. Es erscheint ein Dialog, in dem Sie die Optionen C++ und CONSOLE APPLICATION aktivieren. Schicken Sie den Dialog ab.
4. Der C++Builder legt das Projekt inklusive einer Quelldatei mit `main()`-Funktion für Sie an.
5. Geben Sie Ihren Quelltext ein – entweder indem Sie ihn in das vorgegebene Gerüst einpassen oder indem Sie das vorgegebene Gerüst zuvor löschen und dann Ihren Text eintippen.
6. Speichern Sie Projekt und Quelltext (Befehl FILE/SAVE ALL).
7. Führen Sie das Programm aus (Befehl RUN/RUN).

!! STOP

Wenn Sie mit dem C++Builder 3 arbeiten, müssen Sie in Ihre Konsolenanwendungen u. U. auch die Header-Datei `<condefs.h>` *aufnehmen.*

Windows-Programme

Zur Erstellung von Windows-Programmen doppelklicken Sie im Schritt 1 auf das Symbol APPLICATION statt auf CONSOLE WIZARD.

Kompilierung der Beispielprogramme auf der CD

Die meisten Programme auf der Buch-CD bestehen nur aus einer einzigen Quelldatei. Um diese schnell und bequem anzuschauen und zu testen, können Sie wie folgt vorgehen:

- Kopieren Sie die Quelldatei des Programms auf Ihre Festplatte und heben Sie den Schreibschutz für die Datei auf (im Windows Explorer das Kontextmenü zu der Datei aufrufen und den Befehl EIGENSCHAFTEN auswählen). Wechseln Sie in den C++-Builder und schließen Sie etwaige geladene Projekte. Laden Sie jetzt die Quelldatei in den Editor des C++-Builders (Befehl FILE/OPEN). Borland fragt Sie jetzt automatisch, ob Sie ein passendes Projekt für die Quelldatei anlegen möchten. Nachdem Sie dies bestätigt haben, sehen Sie den Quelltext des Programms im Editor. Scrollen Sie bis zum Ende der `main()`-Funktion und fügen Sie vor der return-Anweisung den Aufruf `getchar()` ein, damit das Programm so lange ausgeführt wird, bis der Benutzer die [↵]-Taste drückt. (Ansonsten sehen Sie von dem Programm bei Ausführung im C++-Builder, Befehl RUN/RUN, nicht mehr als ein kurz aufflackerndes Konsolenausgabefenster.)

Programmerstellung mit dem Borland C++ Compiler

Den reinen Borland C++ Compiler, ohne integrierte Entwicklungsumgebung, können Sie kostenlos von der Borland-Website *http://www.borland.de* herunterladen.

Führen Sie danach die heruntergeladene EXE-Datei aus, um den Compiler installieren zu lassen. Nach Beendigung des Installationsprogramms sollten Sie noch Ihr System so anpassen, dass Sie den Compiler möglichst bequem aufrufen können. Tragen Sie dazu das Bin-Verzeichnis des Compilers in Ihren Systempfad ein.

Den Systempfad können Sie über das Programm *msconfig* (Aufruf über START/AUSFÜHREN) oder direkt in der autoexec.bat-Datei setzen. Wenn Sie den Compiler in das Verzeichnis *C:\Borland\Bcc55* installiert haben, könnten Sie den Systempfad beispielsweise wie folgt erweitern:

```
SET PATH=%PATH%;c:\Borland\Bcc55\bin;
```

Legen Sie des Weiteren im BIN-Verzeichnis des Compilers eine Datei *bcc32.cfg*:

```
-I"c:\Borland\Bcc55\include"
-L"c:\Borland\Bcc55\lib"
```

und eine Datei *ilink32.cfg* an:

```
-L"c:\Borland\Bcc55\lib"
```

Starten Sie den Rechner danach neu.

Rufen Sie nach dem Neustart die Windows-Konsole auf (START/PROGRAMME/MSDOS-EINGABEAUFFORDERUNG oder START/PROGRAMME/ZUBEHÖR/EINGABEAUFFORDERUNG) und tippen Sie bcc32 ein. Es sollte nun eine Liste der Aufrufoptionen des Compilers erscheinen. Wenn Sie stattdessen eine Meldung der Form "Befehl oder Dateiname nicht gefunden" erhalten, haben Sie entweder den Compiler-Namen falsch eingetippt oder der PATH-Eintrag stimmt nicht.

Ist der Compiler ordnungsgemäß installiert und eingerichtet, können Sie Ihre Programme wie folgt kompilieren:

1. Tippen Sie den Quelltext des Programms in einen Texteditor ein – beispielsweise Notepad (Aufruf über START/PROGRAMME/ZUBEHÖR/EDITOR).
2. Speichern Sie das Programm mit der Extension .cpp.

   Falls Notepad beim Abspeichern die Extension .txt anhängt, wechseln Sie in den Windows Explorer, markieren Sie die Datei, rufen Sie den Befehl DATEI/UMBENENNEN auf und löschen Sie die angehängte Extension.
3. Kompilieren und erstellen Sie das Programm.

   Rufen Sie dazu die Konsole auf (START/PROGRAMME/MSDOS-EINGABEAUFFORDERUNG oder START/PROGRAMME/ZUBEHÖR/EINGABEAUFFORDERUNG).

   Wechseln Sie in der Konsole mit Hilfe des cd-Befehls in das Verzeichnis, in dem das Programm steht (beispielsweise cd c:\meineProgramme).

   Kompilieren Sie die Datei mit folgendem Befehl:

   ```
   bcc32 dateiname.cpp
   ```

   Sollten Sie eine Fehlermeldung der Art "Unable to open include file 'stdio.h'" angezeigt bekommen, kontrollieren Sie, ob Sie die Dateien *bcc32.cfg* und *ilink32.cfg* korrekt aufgesetzt und im BIN-Verzeichnis des Compilers abgelegt haben.
4. Führen Sie das Programm in der Konsole aus. (Namen der EXE-Datei eintippen und abschicken).

Kompilierung der Beispielprogramme auf der CD

Die meisten Programme auf der Buch-CD bestehen nur aus einer einzigen Quelldatei. Wenn Sie eines dieser Programme erstellen möchten, kopieren Sie die Quelldatei des Programms auf Ihre Festplatte und rufen Sie den Borland-Compiler mit dem Namen der zu kompilierenden Quelldatei auf.

Programmerstellung mit dem GNU-Compiler

Der GNU-Compiler ist ein reiner Compiler ohne integrierte Entwicklungsumgebung, der vor allem unter UNIX/Linux weit verbreitet ist.

1. Setzen Sie Ihren Quelltext mit einem beliebigen ASCII-Editor auf und speichern Sie die Datei.

2. Sofern Sie das */bin*-Verzeichnis des Compilers in Ihren Pfad eingetragen haben, sodass der Compiler `gcc` oder `g++` von überall aufrufbar ist, wechseln Sie in das Verzeichnis, in dem die Quelltextdatei steht.

3. Rufen Sie den Compiler mit dem Dateinamen der Quelltextdatei auf:
   - `g++ quelltext.cpp` [1]
   - oder
   - `gcc quelltext.c`
   - für den Aufruf des reinen C-Compilers

4. Das fertige Programm lautet *a.exe* und kann direkt ausgeführt werden.

Wenn Sie möchten, können Sie auch einen expliziten Namen für die ausführbare Datei angeben:

```
g++ quelltext.cpp -o progname
```

Programme, die aus mehreren Modulen bestehen, erstellen Sie durch Auflistung aller beteiligten Quelldateien (`#include`-Dateien werden nicht aufgeführt):

```
gcc quelltext1.cpp quelltext2.cpp -o progname
```

Kompilierung der Beispielprogramme auf der CD

Die meisten Programme auf der Buch-CD bestehen nur aus einer einzigen Quelldatei. Wenn Sie eines dieser Programme erstellen möchten, kopieren Sie die Quelldatei des Programms auf Ihre Festplatte und rufen Sie den GNU-Compiler mit dem Namen der zu kompilierenden Quelldatei auf.

Besondere Programme

- *VEdit_app* aus Kapitel 06. Dieses Programm muss mit dem C++-Builder erstellt werden (siehe Hinweise im Kapitel). Unter Windows können Sie die EXE-Datei direkt aufrufen. (Achtung: zugehörige DLL muss im gleichen Verzeichnis stehen.)
- *WReact* aus Kapitel 11. Dieses Programm benutzt Funktionen der Windows-API und muss daher als Windows-Anwendung erstellt werden. Unter Windows können Sie die EXE-Datei direkt aufrufen.
- *Modular* und *Statistik* aus Kapitel 25. Diese beiden Programme wurden mit Visual C++ 6 erstellt. Wenn Sie selbst auch mit Visual C++ 6 arbeiten und eines dieser Projekte erstellen wollen, brauchen Sie nur die Arbeitsbereichsdatei des Projekts (Extension .dsw) in Visual C++ zu

1 Je nach verwendeter Compilerversion könnte der Compiler auch anders heißen (beispielsweise egcs).

laden. Wenn Sie mit einem anderen Compiler arbeiten, müssen Sie mit Ihrem Compiler ein neues Projekt anlegen und die Quelldateien in Ihr Projekt aufnehmen. Wenn Sie mit einem Kommandozeilen-Compiler ohne Projektverwaltung arbeiten, müssen Sie im Aufruf des Compilers alle zu kompilierenden Quelldateien angeben (siehe Hinweise weiter oben).

- *AmpelDOS* aus Kapitel 26. Dieses Programm benutzt DOS-Funktionen (Headerdatei *conio.h*) und muss mit einem Compiler erstellt werden, der noch reine DOS-Anwendungen erstellen kann und die Funktionen `outp()` unterstützt (wie z.B. der alte, mittlerweile nicht mehr lieferbare Borland C++ 5-Compiler). Um das Programm auszuführen, müssen Sie Ihren Windows-Rechner im DOS-Modus starten (sofern ihr Betriebssystem dies erlaubt).
- *AmpelWin* und *Hooks* aus Kapitel 26. Diese beiden Programme sind Windows-Programme und wurden mit Visual C++ erstellt.
- *Localcpp* aus Kapitel 27. Dieses Programm richtet eine eigene Facette ein. Da Visual C++ in diesem Punkt nicht ganz ANSI-treu ist, sieht der Quelltext für Visual C++ anders aus als für ANSI-kompatible Compiler. Im Quelltext wird der Visual C++-Code verwendet, der ANSI-kompatible Code steht darüber in einer auskommentierten Zeile.
- *API* aus Kapitel 28. Dieses Programm benutzt Funktionen der Windows-API und muss daher als Windows-Anwendung erstellt werden (siehe Anweisungen im Text).
- *MFC* aus Kapitel 28. Dieses Programm demonstriert die Windows-Programmierung mit der MFC und dem Visual C++-Compiler.
- *RAD* aus Kapitel 28. Dieses Programm demonstriert die Windows-Programmierung mit der VCL und dem C++-Builder.
- *Zinsen* aus Kapitel 28. Dieses Programm demonstriert die Windows-Programmierung mit der MFC und dem Visual C++-Compiler.
- *Reaktion* aus Anhang A. Dieses Programm benutzt die DOS-Funktion `kbhit()` aus der Headerdatei *conio.h*. Es muss mit einem Compiler erstellt werden, der diese Funktion noch unterstützt (beispielsweise Visual C++ 6 oder der alte Borland C++ 5-Compiler).

Stichwortverzeichnis

Q

R